技术创新与双创管理

打造科技产品核心竞争力的工业设计管理

小米科技有限责任公司

小米科技有限责任公司（以下简称小米）成立于2010年4月，是一家有实体经济的互联网公司，目前有员工约15000人。小米始终坚持用真材实料做质高价优的产品，不仅专注于智能手机、智能家居、互联网电视等创新科技，同时在新零售、国际化、人工智能、互联网金融（银行、移动支付、信贷、保险、理财等）、互动娱乐和影业等领域积极布局并初具规模。小米用互联网开发模式、极客精神研发产品，利用“硬件＋新零售＋互联网”铁人三项的创新优势，迅速崛起成为我国“互联网＋”创新型企业的代表，身体力行的激发实体经济新动能。小米多次被评选为“中国互联网百强企业”（2017年排名第11位）、“电子信息百强企业”（2017年排名第12位）、“软件业务百强企业”（2016年排名第32位），是一家在互联网、电子信息、软件业务三业跨界且具有良好业绩的企业。

一、打造科技产品核心竞争力的工业设计管理背景

工业设计是工业革命的产物，是一种旨在确定工业产品形式属性的创造活动，从生产者和用户双方的角度解读产品的外部特征和结构、功能之间的关系。作为制造业体系中的一个环节，工业设计主要以产品设计为核心，解决企业及用户需求等实际问题。

（一）抓住制造强国战略和消费升级全新机遇的需要

《中国制造2025》提出，坚持“创新驱动、质量为先、绿色发展、结构优化、人才为本”的基本方针，国家对工业设计给予了充分强调，而且提出了推动工业设计发展带动产业转型升级的一系列具体要求。要把智能、绿色、协同为特征的先进设计理念贯彻到设计各个环节中，既保证增长又保证增效，提升先进设计制造水平。此外，随着中国经济增长结构逐渐发生根本性转变，消费已经取代投资成为中国经济增长的第一驱动力。中国市场也已经从纯电商与传统线下对立的单维度时代，升级到了新零售的时代，随之而来的便是消费升级，而消费升级的核心就是设计升级。近年来，居民品质消费趋势表现为：更加注重技术革新所带来的生活智能化，如智能电视终端渗透率已达80％以上；更加注重技术革新带来的品质提升与营养价值提升，如IH电饭煲深受消费者追捧；更加注重健康与卫生，如空气净化器、扫地机器人等频频出现市场爆款；更加注重节能环保，更加注重生活品位与艺术。因此，人们对产品的要求不再仅仅满足于“能用”。只有性能优良、造型美观、使用方便、具有强烈时代感的符合人机工程学的产品才能符合当下的市场需求，才能从竞争激烈的市场中脱颖而出。

（二）增强企业可持续发展竞争力的现实需要

随着产业的快速发展，我国工业设计取得了一定成就，但我国工业设计创新的整体水平与发达国家有一定差距，包括缺乏全新的、系统的工业设计创新理念；工业设计创新意识增强，但动力不足；缺乏优秀的工业设计创新人才等问题。目前，我国已形成了完备的工业体系和产业配套能力。在联合国公布的500余种主要工业产品中，有220多种产量位居世界第一。但在关键核心技术、产品质量和可靠性水平等方面，仍与世界制造强国有明显差距。一方面是产品难以满足有效需求；另一方面则是产业存在着大量同质化和产能过剩。互联网企业竞争力的核心是产品创新，而工业设计的实质在于创造。提高产品的工业设计水平，使其占据一定的市场份额，是互联网企业的竞争力得以提升的重要途径之一。面对国内工业设计产业发展现状，小米致力于将工业设计提高到行业水平之上，成为小米产品的核心竞争力。

（三）打造科技产品核心竞争力的需要

作为小米“硬件+新零售+互联网”铁人三项的创新商业模式的核心业务方向之一，硬件既是互联网应用和服务的载体，也是新零售的商品对象，工业设计对小米硬件产品具有举足轻重的意义。小米的硬件产品体系以手机为核心，包括电视、路由器和盒子，以及广泛的生态链产品。一方面手机产品市场竞争激烈，工业设计成为竞争核心；另一方面，小米打造的智能硬件生态将工业设计作为产品的品牌标识及产品优势。小米认为在践行供给侧结构性改革的过程中，要品质为先，极其重视设计，提升商业效率的同时兼顾研发创新，将工业设计作为小米的战略方向。

二、打造科技产品核心竞争力的工业设计管理内涵和主要做法

小米以工业设计达到国际一流水平为战略目标，围绕用户需求，坚持“质高价优”“感动人心”的工业设计定位以及合理、简约、自然等工业设计原则，设置专门研究机构和吸引世界级设计人才，加强对工业设计项目启动规划、实施、监控及结尾全过程的管控，在内部实现研究机构与产品研发、生产等部门的无缝合作，在外部利用生态链的投资孵化模式，将工业设计风格和方法赋能合作伙伴，推动工业设计外延发展，从而将工业设计打造成企业的核心竞争力。主要做法如下。

（一）依据产品战略，明确工业设计定位

工业产品由传统的机械产品向机电一体化、电子产品方向发展，产品更新换代加快，市场竞争日趋激烈，消费者从只重视产品的技术功能转变为重视产品对使用者的良好匹配。决定消费者购买的最主要因素不单是功能，其创新性、美观性、宜人性等因素越来越受到重视，因此在工业设计过程中秉承人本位现代设计理念，最大可能满足消费者的实用需求，是工业设计的方向和目标。小米以让每个人都享受科技乐趣为愿景，为用户提供质高价优、感动人心的产品。“质高价优”“感动人心”为产品的工业设计提出明确要求：产品不仅要有精美的外观，同时在实用性、功能性、创新性，以及细节之处要做到极致，能够为用户带来美的享受。

首先，工业设计与技术相匹配，在国家相关的技术范围内充分应用创新技术改进用户体验和功能痛点。例如，小米产品米家LED智能台灯的立杆为圆柱形，灯臂则未延续圆形而转为略扁的跑道形拉伸体，这样的设计避免圆形灯臂打出的光直接打到用户眼睛。将灯臂做得又细又薄，在国家安全标准范围内做到极限，兼顾美观、极致与护眼的功用。

其次，工业设计与可靠性相匹配，通过可靠性为用户体验传递安全感。例如，米家LED智能台灯在立杆与灯臂的连接处采用精细小巧的转轴，十余个元件环扣精密相连，标准与笔记本转轴相同，精美的同时保证安全可靠。区别于常规台灯采用的普通转轴，使用寿命可达到10000次弯折，远远超过行业2000～3000次的使用寿命。

最后，工业设计与美学相匹配，工业设计与美学的合理融合不仅提升产品外观，而且能够对生活美学产生潜移默化的影响。例如，基于整个硬件产品的设计考虑，米家LED智能台灯灯臂尾部有一小段电线必须露在外面，尝试多个颜色后，最终采用红色，为整个台灯增加灵气。

（二）成立工业设计中心，与研发、生产、产品等环节无缝合作

小米于2010年9月1日在公司内部设立“小米科技工业设计中心”（以下简称中心），作为独立的部门为旗下及生态链企业等多家法人单位提供设计研发服务。中心下设造型设计部、结构设计部、平面包装部、UI设计部、UE设计部、米聊视觉部及独立项目部七个部门，主要承担小米品牌系列产品的设计研发工作。

自创立以来，中心与产品研发和生产部门无缝合作，在小米的产品研发中具有较强的话语权和影响力，并赢得合作部门的尊重。小米在工业设计活动中，首先由产品计划部门提出产品设计的初步设想和任务需求，经由市场调研人员进行针对性的市场调研以及数据处理分析，获得消费者设计需求意向，这

些需求既包括对使用功能的需求，也包括情感性的需求。然后，交由设计部门，由工业设计师和工程设计师进行内、外形式的协同设计，形成可以投放生产的技术资料和模型等。再交付工艺设计部门进行产品成型工艺及表面处理的设计，由生产部门进行现实制造，最后由销售部门设计销售模式开展市场销售。通过与产品研发和生产部门的无缝合作，中心推动诸多优秀产品问世。2015 年，中心被工业和信息化部认定为全国消费电子类国家级企业工业设计中心，对小米产品在工业设计领域的地位予以认可与肯定。

（三）明确工业设计原则，打造独特设计风格

1. 寻找设计最优解：兼顾美感、生产、实用

小米及小米生态链产品以智能硬件为主，硬件设计的合理性和后期的生产制造、产品美感、用户体验都息息相关。因此，设计时不能违背硬件的设计原则，同时要考虑能够帮助后续环节提高效率，兼顾美感、生产、实用。小米的设计展现 70％理性和 30％感性。设计的合理性首先要求造型要与技术相匹配。工业设计师本能强调产品的造型美观，而工程师则主要考虑技术和功能，小米要求在技术合理的前提下实现产品的美观。其次，设计的合理性要与可靠性和美学相匹配。最后，设计还要与使用场景相匹配。如小米和小米生态链产品多以白色哑光为主，顶尖的材料将白色哑光的质感大大提升，但米家压力 IH 电饭煲采用白色亮光代替白色哑光，原因在于中国家庭的厨房都是重油环境，哑光材料不利于卫生打理，小米将这种合理性用技术美学的方式展现出来。

2. 追求极简：少即是多，聚焦核心功能与体验

小米工业设计的第二个原则是追求极简。250 平方米的小米之家陈列着上百种不同产品，但看起来统一协调，因为产品有着共同的极简特点。极简的第一个好处是普适，公司定义产品时会选择 80％的大众用户群体所能接受的，20％小众群体的偏爱通常会被放弃。极简的第二个好处是保证后期的生产效率，特殊的造型效果会对后期的生产造成很大困难。极简的第三个好处是保持整体风格的协调统一，随着小米产品的不断丰富，一个一个进入用户家庭，如果每件产品都极具个性，将为家庭环境的视觉与体验带来困扰。此外，极简的设计有利于保证聚焦到产品的核心功能，便于用户操作。

在追求极简设计原则的时候，通常会面临取舍的纠结，即有些产品功能可做可不做，但放弃非常可惜。小米坚持从用户使用的角度思考。例如，市场上扫地机器人产品问世已久，但始终不温不火，米家扫地机器人在定义产品时，明确该产品的四个特性：第一，清扫能力强，一次性清扫干净；第二，覆盖面广，每一个角落都被清扫；第三，效率高；第四，老人孩子都可以轻松操作。小米紧紧围绕这四个特性进行设计和研发，保证米家机器人的市场好评率。

3. 自然，不突兀：突破产品自身，考虑整体环境和谐

通常用户的家居产品要考虑家庭装修风格，现实生活中用户的装修风格差异较大，多数家庭的家电产品是一件一件采购，鲜有整体配套进行设计和购买。小米在设计产品时考虑如何与家庭环境相协调，与其他家具、家电自然地融为一体，力求与每一种装修风格实现“百搭”。通过大量实践与反复论证，小米选择白色作为主色调，一方面白色简单、低调，符合小米极简的设计风格。另一方面中国室内装修以白色墙体为主，小米产品进入家庭后能够很自然地与整体环境搭配。

4. 不自嗨，不炫技：保持工业设计初心，站在产业链高度审视设计效益

小米坚持认为设计是从用户而不是从工程师出发，大众产品要给用户带来便利，而不是带来困扰，好用、实用、稳定，比拥有一堆用户搞不懂的新功能更有价值。此外，小米拒绝让 80％的用户为 20％的需求和功能买单，因为许多所谓的新功能、新技术根本不在用户的使用范围内，而这部分往往是成本最高的部分，最终由用户买单。为了保证量产的稳定性，小米选用成熟和通用的零件，因为越成熟的技术及工业化的零部件，越能保证生产的平稳性，对供应链合作伙伴也有益处。基于以上三点原因，小米

产品在设计时坚持选用成熟技术和通用零件，遇到不成熟的新技术，或可能给用户带来烦恼或增加麻烦的新功能，工业设计师会砍掉该功能甚至整个项目。

5. 干掉说明书：让用户便捷操作、快捷掌握

技术进步越来越快，每个人对产品的认知差异较大，这都要求小米的产品采用最简单便捷的打开方式和应用方式。因此，小米决定干掉说明书，通过技术解放人性，让人以最自然的方式使用科技产品，产品带来的便利又会将人带到一种最自然的状态中。干掉说明书并非不提供说明书，而是尽量减少用户在使用过程中的麻烦。基于此，小米要求在设计上尽量采用直觉设计，让产品使用符合人性的特点；通过一些快速引导语帮助用户在最短时间内了解产品；通过简单的图文结合设计说明书，帮助用户快速了解和使用产品。

（四）开展工业设计团队建设，形成“精兵作战部队”

小米在工业设计领域一直保持着不遗余力地持续投入，目前设计团队已经超过400人，小米科技工业设计中心共有176名员工，团队成员多来自诺基亚、三星、LG、联想、中兴、比亚迪及国内外著名设计咨询公司，手机设计团队平均工作经验超过10年。

在人员引进方面，为吸收和稳定优秀的高水平人才，颁布包括人才引进、公开竞聘、绩效考核管理、薪酬管理、荣誉管理和补充医疗保险在内的人力资源规章制度，确保人才“引得进、留得住”；此外，根据长期发展要求，制定切实可行的员工持股计划，将公司的成长与员工切身利益紧密挂钩，提高员工稳定性和创新积极性。

在人员培养方面，采用“小步快跑”方式，通过着力培养年轻设计师、吸纳外部优秀选手、少量末位淘汰等方式，在保持团队稳定的情况下，加速形成“精兵作战部队”，提高设计师的个人生产力。此外，中心提供良好的职业培训和再教育平台，每年安排多人次设计师赴国外参观、参展、参赛、交流学习；组织设计师参加高端设计论坛、培训（如由 Art Center College of Design 来华举办的 Create Change 等）。

（五）加强设计项目管理，提供服务支持

产品设计的核心是为功能和用户体验服务，与通用项目管理相同，小米的设计项目管理主要由项目启动规划、实施、监控及结尾组成，不同之处在于工业设计是对美学与科技的融合管理，在管理中尤其强调工业设计与技术、可靠性、美学的匹配。

在项目启动阶段，主要开展项目前期准备工作，对设计项目的实施进程进行全面、系统地描述和安排，小米科技工业设计中心在项目启动阶段通常会通过研讨会明确设计项目的方向、目标，制订详细的项目计划，对方案的实施计划、人员分配、计划变更、项目进度、财务预算以及其他资源等进行规划，确保设计项目在最短的时间内，以最小的成本完成小米产品的工业设计任务。

在项目实施阶段，小米科技工业设计中心根据项目计划表推进项目，首先根据项目的任务需求进行市场调研及收集数据，提取产品工业设计的有效信息，根据市场反馈信息进行产品的概念设计，并由工业设计师与工程设计师通力合作进行产品的详细设计，然后将完整的产品设计方案交由生产制造部门进行产品的试制，最后进行批量生产，并推向市场。

项目监控通常贯穿整个项目实施过程，小米科技工业设计中心对每个设计项目进行设计质量和进度的双重监控。设计质量是监控的首要要素，直接影响产品的设计质量，同时开展进度监控，保证项目有序、按期完成。

在项目结尾阶段，项目负责人正式提交产品设计给生产部门，保证项目有序结束。小米科技工业设计中心还需要对项目进行审议，包括产品设计审议和视觉识别审议。每项设计审议必须涵盖客观、适当的目的与执行、销售与财务记录、对公司的重要性、材料与零件的使用、美学与样式、制造与装配、包

装与售后服务、行销与分配。视觉识别审议内容为企业识别的元素、应用的范围、使用识别系统的规定、整体视觉与企业形象。

（六）广泛合作，打造设计生态链

小米工业设计系统的工作流可分为四个大的阶段：构想阶段、市场调查与分析阶段、开发设计阶段、生产准备阶段，在此工作过程中必须加强多方协同，除了需要内部人员参与之外，还需要与消费者、同行和供应商进行合作。

在与消费者合作方面，用户群和潜在用户群是小米产品工业设计构想的主要提供者，在构想阶段，大量做消费者调查，了解消费者对产品造型和性能的需求。在开发设计阶段，从产品使用经验丰富的主要消费者处获得有关新产品的建议，进行定性分析，完善并确定新产品概念，然后针对大量消费者进行新产品概念测试，以验证未来的目标市场。在生产准备阶段，市场部门制订试用计划，进入市场试用。通过市场试用后，根据试用顾客的试用意见进行归纳并反馈到工程技术部门或者造型设计部门，对产品进行进一步改进。

在与供应商合作方面，加强与各供应商的沟通，争取掌握业界最前沿的技术资讯，及时有效地应用于新产品线。小米科技工业设计中心展开概念产品及制成效果的预研工作，选取具有前瞻性的概念设计，与供应商进行合作开发，推动新技术、新材料的可行性量产加速提升。在竞争激烈的“红海”市场中，探索和确立小米独特的设计语言及品牌特征。

在与同行合作方面，小米科技工业设计中心向国内中小创业团队和传统家电制造企业提供工业设计、用户需求分析、智能大数据云平台和营销渠道等方面的服务，深入到产品的整个研发设计过程中，从产品定义、元器件选型、ID 设计，到软硬件开发、测试等全方面帮扶企业完成在智能终端、智能穿戴、智能家居等领域智能产品的研发及市场推广工作。

在与社会组织合作方面，为保证在设计领域的持续创新能力，小米科技工业设计中心本着产学研用的思路积极与清华大学、北京邮电大学等高校和科研院所开展关键创新技术研究合作和行业标准制定等工作。

三、打造科技产品核心竞争力的工业设计管理效果

（一）培育了突出的设计能力，产品获得了广泛好评

通过定战略、搭团队、定风格、重培养等系列，反复探索，小米工业设计部门形成了“合理的简约设计”的品牌风格，助力小米及生态链企业累计推出数百款产品，数十款产品凭借卓越的工业设计和极致性价比等优势成为爆款。如小米手机、小米手环、小米移动电源、小米空气净化器、米家扫地机器人、米家压力 IH 电饭煲、米家 LED 智能台灯、小米净水器等。工业设计能力成为小米系产品的核心竞争力。以小米净水器（厨上式）为例，该产品独创 4 层 5 向 11 条立体集成水路，取代传统净水器产品 40 余个管接件的组装方式，杜绝漏水风险。采用 400G 大通量 R0 反渗水滤芯，保证实时出水量，降低废水比。取消储水罐，避免二次污染。用户通过米家 APP 可以获得机器运行、水质净化、滤芯寿命等实时信息。该产品获得“2016IF 奖”红点设计奖“中国优秀工业设计奖金奖”等荣誉，以及百余项发明专利，零部件创新比例超过 90%。截至目前，小米及生态链产品累计获得国内外工业设计大奖 110 余项，屡次问鼎被称为设计界奥斯卡的德国红点奖、德国 IF 奖与美国的 IDEA 奖，实现红点奖金奖、IF 奖金奖、IDEA 奖金奖三大满贯。小米设计在国际工业设计领域已经得到了业界的高度认可，为中国制造与中国品牌赢得世界赞誉。

（二）支持了企业的稳步发展，构建了良好的生态链

小米帮助生态链公司提升了工业设计能力，支持了生态链公司的发展，使工业设计成为小米产品体系的核心竞争力。截至 2017 年 9 月，小米生态链公司数量已经达到 89 家，其中有 4 家估值过 10 亿美

元的独角兽公司，3 家公司年销售额超过 10 亿元，16 家公司年销售额超过 1 亿元，是全球最大的智能硬件产品孵化平台。产品用户遍及 40 余个国家和地区。市场调研机构 Strategy Analytics 发布的 2017 年第二季度全球智能手机厂商出货量及市场份额报告显示，小米手机出货量居全球第五。Strategy Analytics 调研报告还显示，2017 年第二季度小米手环超越苹果、Fitbit 等知名厂商，蝉联智能可穿戴设备领域出货量和市场占有率全球第一。

（成果创造人：雷　军、刘　德、李宁宁、陈　露、任　恬、张　磊、朱　印）

以建成国际一流航天防务公司为目标的创新创业体系构建

中国航天科工集团公司

中国航天科工集团公司（以下简称航天科工）是中央直接管理的战略性、高科技、国家级创新型企业，从事着关系国家安全的战略性产业。前身为1956年10月成立的国防部第五研究院，先后经历了第七机械工业部、航天工业部、航空航天工业部、中国航天工业总公司的历史沿革。航天科工现由总部、6个研究院、17个直属单位和控股公司构成。现有职工14.4万余人，拥有包括8名两院院士、200余名国家级科技英才在内的一大批知名专家和学者。拥有多个国家重点实验室、技术创新中心、成果孵化中心以及专业门类配套齐全的科研生产体系。航天科工2017年位列世界企业500强第355位，经济规模首次突破2000亿元大关。

一、以建成国际一流航天防务公司为目标的创新创业体系构建背景

（一）建设创新型国家、培育产业发展新动力的必然要求

当前，我国经济发展进入新常态，必须依靠创新驱动打造发展新引擎，培育新的经济增长点，持续提升经济发展的质量和效益。推进“大众创业、万众创新”对于推动经济结构调整、打造发展新引擎、增强发展新动力、走创新驱动发展道路具有重要的历史和现实意义。高科技军工集团开展“大众创业、万众创新”工作，有利于培育新一代航天技术与产业发展的新动力，营造良好的创业创新环境；有助于推动创业创新向更大范围、更高层次、更深程度发展，进而牵引和带动全社会营造创业创新的发展氛围，为创新驱动战略落地提供有力支撑，为创新型国家建设和经济发展动能转换积聚能量。

（二）带动小微企业创新创业、实现共享发展的切实选择

“大众创业、万众创新”就是要调动全社会各类市场主体的创新创造活力。小微企业在创新创业过程中产业发展资源匮乏、创新经验不足，随规模或业务扩展急需资金支持及外部资源。中央企业通过向产业链的中高端和产品的中高档集聚，为小微企业创新创业留下了广阔的市场空间，同时通过资源共享、创新扶持等手段有效整合小微企业创新力量，放大“双创”效应。航天科工作为军工企业，也是中央企业的一份子，需要充分发挥领军企业核心优势，在推动企业转型升级的同时，促进形成开放共享的“互联网+”创业创新平台，以平台聚集的资源、能力为创客群体提供完备的配套服务，以平台汇聚的需求拉动创客群体释放创业创新潜能，履行社会责任的同时，实现资源的高效协同和有效利用，推动适应互联网经济发展需求的产业发展新业态和共享经济新生态的加速构建。

（三）助推企业转型升级、实现国际一流的内在需求

在工业化时代褪去、信息化时代到来之际，航天科工从2013年开始持续解决“通过创新推动转型升级”这道难题。当社会大军如火如荼地开展综合创新实践时，航天科工作为我国高科技产业领域的国家队，着眼于当前发展形势下的“国际一流企业”新特点，系统梳理集团公司与实现国际一流防务公司的现实差距，立足未来20年、30年复合型领军人才的培养，正视自身创新体系的短板，构建新一代创新创业体系，深化企业创新，着力推动航天科工资源整合与能力协同，剔除内部各单位之间的数字围墙，盘活现有的存量资源，倍增原有的投资收益，实现资源共享、能力协同、开放合作、互利共赢，不断释放发展活力，助推集团公司转型升级。

二、以建成国际一流航天防务公司为目标的创新创业体系构建内涵和主要做法

航天科工作为首批国家级双创示范基地，坚持以“线上平台为牵引、线下载体为支撑，建设新业

态、培育新生态”为主线，搭建工业互联网平台——航天云网，研究制订“两条战线、两套打法、两个目标”的创新创业工作总体思路，围绕创新运行管理体系、线上创新平台、线下辅导中心、成果转化及产业化通道、重大创新工程等五大方面，积极探索实践有特色、可复制、能推广的特大型工业企业“双创”建设之路，实现“信息互通、资源共享、能力协同、开放合作、互利共赢”的预期目标，打造“制造与服务结合、线上与线下结合、创新与创业结合”的新业态，努力建设“企业有组织、资源无边界”的共享型经济发展新生态。主要做法如下。

（一）明确“两条战线、两套打法、两个目标”创新创业体系的总体建设思路

航天科工以高科技大系统工程技术创新见长，以大兵团作战方式研发复杂系统项目为主，这样的企业要同步开展大众化、草根化的“双创”的确不简单。面临的核心问题是如何让经过60年实践并不断优化的内部研发体系与刚刚诞生不久的“双创”体系并存融合，以及如何做到内外兼顾，与外部“双创”接轨。为此，航天科工制订“两条战线、两套打法、两个目标”的总体思路。

1. 积极梳理并明确“两条战线”

内部“双创”战线。航天科工制定了“在岗创新，在职创业”政策，满足了青年科技精英既想干航天又想当创客的心愿，明确内部双创战线，开展内部双创工作。

外部“双创”战线。借助国家“双创”示范基地，充分发挥“航天科工航天云网双创示范基地项目”和“航天科创中心建设项目”两个双创示范基地的带动作用，打造外部双创战线，构建开放、高效、富有活力的社会双创生态系统，推动社会性“双创”发展。

2. 明确“两套打法”

一是明确内部打法：明确“三期三池，四个机制”。航天科工围绕企业内生的“双创”需求，创新项目培育模式，明确“双创”实现路径，激发企业员工双创活力。明确以“三期三池一企业”为基础的内部“双创”项目培育模式，着力开展示范推广构建“小团队、大联合”的创业创新模式。“三期”是指“双创”中的创意种子培育期、创新产品孵化期和创业产业加速期三个时期。“三池”是指“双创”形成的创意池、种子池和产品池。“四个机制”是指四个相关独有特定的机制，即需求生成机制、项目申报机制、项目遴选机制、孵化实施机制，形成自顶向下与自底向上双向模式的项目生成机制。

二是明确外部打法：设计打造“三园两通道，六类两保障”外部双创总体建设运行方案，实现服务“多维度多方式多层次”。针对项目团队、初创企业、成长企业三类用户群体设立科技苗圃园、项目孵化园、产业成长园。设计完善两种社会“双创”的毕业通道，即内部、外部两条成果转化及产业化通道。构建线上线下一体的六类服务体系，即空间物业、基础服务、创业辅导、金融服务、营销服务、技术服务。搭建天使投资、创业投资两种资本投资保障体系。

3. 明确“两个目标”

“两个目标”中第一个目标是在航天科工新一代武器装备技术、航天发射与应用技术、信息安全与自主可控技术、智能制造技术、新材料新工艺技术、微系统基础技术、智慧产业基础技术等领域，出成果、出人才、出效益；第二个目标，首先是实现国家“双创”示范基地建设与运行目标，更高目标是培育出若干具有核心技术竞争力的创新团队或企业，为我国的供给侧结构性改革、催生经济发展新动能做出力所能及的贡献。

（二）构建适应双创的运行管理体系

航天科工以增强企业创新发展能力为目标，构建适应双创的企业运行管理体系，加强组织领导，着力推进机制创新与政策先行先试。充分利用国有企业改革的有利契机，深化组织管理制度创新与激励机制创新，激发和保护企业家精神，大力支持“双创”工作开展。

1. 成立组织机构，加强组织领导

为贯彻落实国家部署，系统推进创新创业各项工作，航天科工在已有科技创新领导小组的基础上，专门成立以集团公司总经理为组长的“中国航天科工集团公司‘双创’工作领导小组”，统筹负责组织推进相关工作，同时明确集团公司总部部门推进“双创”工作职责，由发展计划部统筹集团公司“双创”工作，并负责国家级“双创”示范基地建设工作，科技与质量部负责内部“双创”工作，经济合作部负责外部“双创”工作，明确分工，协同推进实施。

2. 强化内外部“双创”衔接机制保障

航天科工累计出台19项关于开展“双创”工作的制度，强化内外部“双创”衔接机制保障。一是积极支持科研人员创业人事管理机制创新。建立灵活的工作制度，实行“核心＋弹性”工作时间制、工作地点弹性制，支持员工在岗创业，创业时间2年，特殊情况不超过3年；建立回岗保障制度，为企业员工自主创业、企业内部再创业扫清制度障碍。二是创新双创利益共享机制，形成多方共赢的良好局面。完善双创成果产权归属与收益分配制度，将“双创”成果知识产权列为职务发明，“双创”成果产业化转让后扣除前期投入成本后，剩余部分的50%由“双创”团队享有。建立“双创”项目团队原单位的回报机制，即享有优先收购权和新设公司优先控股权。三是建立专有云网双创项目试验、检测保障条件支持机制。支持现有试验检验条件在保证主要科研生产任务的前提下优先支持双创项目使用。其中，军用产业“双创”项目原则上可无偿使用；民用产业“双创”项目可以按照市场价格予以一定的优惠。

3. 以创新特区的形式优化双创政策环境

完善“三创新特区”（技术创新、商业模式创新、管理创新）机制，通过“点穴式”支持打破双创政策藩篱，为双创提供全方位的政策保障。强化组织管理制度创新，在不涉及保密、安全、财务制度等“红线”的前提下，为“双创”团队开展活动提供便利与支持。通过实施骨干人员持股、高端人才特殊薪酬、投资审批权限适度下放等政策措施，健全激励机制，用行政权力的“减法”换取创业创新热情的“乘法”，增强企业创新发展能力。

4. 推动“双创”人才有序流动

给予企业“双创”项目团队人员双向选择权，即在“双创”项目结束时，可选择回原单位继续工作或与原单位解除劳动合同并转入航天科工所属单位控股的创业项目公司工作，企业工龄连续计算；当“双创”项目公司被集团以外企业并购时仍可选择回原单位工作，且企业工龄连续计算；健全双创容错纠错机制，营造宽容失败的宽松氛围，打消员工双创顾虑；积极培育以航天精神为核心的创客文化，让热爱创新、热衷实践的创客充分展现才华，激发员工创造力，让创业创新蔚然成风。建立外部优秀创客评价制度，对优秀的高校、科研院所等专业技术人员、毕业大学生、海外创客等外部创客，通过实施“双创”人才引智试验区政策，将其引进航天科工上岗创业。

（三）搭建内创与外创相结合的协同创新线上双创平台

航天科工搭建基于内部专有云网、工业互联网和国际工业互联网的双创线上平台，为大众创业创新者提供良好的工作空间、网络空间、社交空间和资源共享空间，实现“双创”资源的充分共享与能力协同，以及全产业链各环节业务的高效聚合。

1. 搭建面向企业员工内部“双创”的专有云平台

重点聚焦军用产业和军民结合产业领域的跨界创新、颠覆性创新、原始创新，航天科工搭建了航天科工专有云网平台，以“软整合”方式优化资源配置，打造“主线创业创新与多维创业创新”相互促进的新局面；支持企业内部员工开展“在岗创新、在职创业”等多种形式的双创活动，促进创客团队线上线下协作、跨单位多地联合创新，以“三期三池一企业”为基础的内部双创项目培育模式，构建“小团队、大联合”的创业创新形式。

一是创意种子培育期。在创意启动阶段，航天科工内部创客以个人或团队形式提出创意，按照“五个新一代”“四项基础技术”“一个新业态”和“其他”四大类进行注册登记后自动进入专有云创意池。创意种子培育期以创意方案选拔开始，培育形成较为完善的技术或产品创意方案，或形成证明其项目价值的原理样机、服务模型等成果，初步制订粗略的经营和销售计划，组建以技术研发为主的“双创”团队，以完成种子项目遴选为结束标志。

二是创新产品孵化期。种子项目经遴选进入产品池，已具备产品技术方案、经营和销售计划，形成以技术研发为主的“双创”团队，“双创”产品或服务正式进入产品开发阶段，此时产品研发、生产、销售的费用不断增加，展示出较强商业价值或产业化前景。

三是创业产业加速期。产品池项目成果具备产业化条件的，通过集团公司产业加速器，拓展生产能力或服务能力。通过构建“双创”工作运行机制解决创客从提出创意到创意落地、形成产品、催生产业等过程中找人才、找资金、找场地、找后勤、找技术等问题，促进专有云众创空间的良性发展。

2. 搭建面向外部“双创”的工业互联网和国际工业互联网平台

着眼于“大防务、大安全”发展理念，航天科工成功打造了工业互联网云平台——航天云网，充分发挥工业互联网和国际工业互联网两个主要业务平台众创空间的集聚效应，打通航天科工与社会资源乃至国际资源的对接通道，开辟社会力量乃至国际力量双创的广阔空间，努力打造满足众创、众包、众扶、众筹需要的外部“双创”生态环境。构建基于互联网平台的标准规范池、知识产权池、专家池、软件池等各类产业资源和能力云池；构建覆盖设计、研发、制造、试验、检测等制造领域各环节的需求发布和智能匹配平台，并向社会各界开放，从而实现创新创业资源的充分共享、智能制造能力的高度协同、全产业链各环节的业务协同，以平台聚集的资源、能力为创新创业者提供支撑与辅导，推动大众创业、万众创新。

航天云网众创空间充分发挥航天科工优势，立足制造，深度服务，进行资本入驻，为创业企业和团队提供融资、场地、管理、运营、第三方资源等一系列创业服务，目前已完成融资服务、招聘服务、办公场地、日常运营、政府资源、技术服务、创业咨询、客户推广、IT服务、创业网校十个模块的上线运行。航天云网平台入驻企业87万户，线上汇集1.3万件专利、3.5万份标准、126个工业软件、3000余项能力无偿提供外部“双创”团队使用。航天云网线上众创空间汇聚外部双创项目11000多个，项目以“互联网＋智能制造”领域为主，并结合各线下区域特色，共涉及工业制造、机器人、无人机、电子芯片、基础材料、医疗健康、能源材料、环境监测、智能家居、金融服务等10余个门类。

（四）深入开展七大创新工程

航天科工全集团形成2200多个内部“双创”团队，其中前沿基础探索团队100余个，技术研发和装备研制创新团队1600余个，军民融合创新创业团队500余个。围绕防务装备、商业航天、信息技术、智能制造、智慧产业、应用性基础技术、前沿技术等七大特色领域开展重点工程建设，通过线上平台与线下载体的有力支撑，深化技术创新与“双创”的有效结合，推进各领域新兴技术跨界创新，形成一批新技术、新产品、新产业，构建特色产业技术体系，以技术的群体性突破支撑引领新兴产业集群发展。

1. 防务装备领域“双创”工程

依托专有云网平台，以体系化、信息化为主导，以满足联合作战要求，体系贡献度高、作战效能强、成本可控的新一代武器装备技术及应用为重点，推进防务装备领域双创工程。激发武器装备型号科研人员的双创活力，重点突破防务装备技术核心关键，着力打造“探索一代、预研一代、研制一代、生产一代”的防务装备发展格局，支撑我国武器装备发展，提升我国国防实力，保障国家安全。

2. 商业航天领域“双创”工程

以空间运输系统、空间平台及载荷、空间信息应用服务为重点，推进商业航天领域“双创”工程，充分利用社会创业创新资源，以商业化运作、高性价比、产业拉动作用强为着力点，重点突破商业航天领域关键技术，带动和辐射上下游产业发展，形成布局合理、特点鲜明、军民商协调、可持续发展的良好局面。

3. 信息技术领域“双创”工程

以信息安全为核心，开展信息技术领域双创工程。紧密围绕信息技术升级和产业转型升级，依托企业内部“双创”与社会“双创”，加快自主可控信息系统技术与集团化运用，推进以云计算、物联网、大数据、移动互联网、信息安全为代表的新一代信息技术产业发展。打造3～5家国际知名、国内一流的信息技术企业，不断提升航天科工作为我国信息安全产业生力军的地位。

4. 智能制造技术领域“双创”工程

围绕制造业数字化、网络化、智能化发展趋势，着力开展智能制造技术领域“双创”工程。结合制造业发展层次不均的现状，在航天科工先行先试，全面推广“三哑”改造，并以智能制造样板间入手着力开展双创工作，努力实现资源、信息、物品、设备和人的互通互联，科学编排生产工序，改善资源使用效率，为实现个性化、柔性化定制生产创造条件，促进智能制造大环境的形成。

5. 智慧产业技术领域“双创”工程

坚持规划咨询、技术研发、产品制造、应用系统集成和运营服务并举，重点推进智慧总体技术、感知与识别、标准与安全等基础性技术的“双创”工作，形成支撑智慧产业发展的技术能力、创新产品和整体解决方案，不断强化航天科工作为智慧国家建设先锋队的战略定位。

6. 应用性基础技术领域“双创”工程

围绕微系统、自主可控信息安全、智慧产业等领域开展应用性基础技术“双创”工程。以“深圳航天工业技术研究院”为依托，加速推进应用性基础技术在安全保障、社会民生等领域的深度融合。

7. 前沿技术领域“双创”工程

支持各类有独到之处的技术创新概念先导性研究，重点围绕现实增强、太赫兹、脑科学、量子器件与应用、增材制造、社会安全体系等战略前沿与应用技术开展“双创”工作。

（五）构建“双创”成果转化与产业化绿色通道

依托航天科工强大的产业基础，构建“双创”项目成果转化与产业化通道，有效解决“双创”项目出路问题，提高“双创”项目成功率。

1. 建立企业内生“双创”成果转化通道

以支持员工自主创业、企业内部再创业为宗旨，通过内部接收或通过线下载体实现社会转化两条通道推动双创成果转化，营造企业内生“双创”团队“信息互通、资源共享、能力协同、开放合作、互利共赢”的小环境。如“双创”成果与员工所在单位业务兼容，则由本单位根据项目成熟度予以持续支持，纳入正常的产业发展链条之中；如与本单位业务不兼容，则由航天科工进行评估后依托创新基金进行融资支持，并由线下辅导平台提供产品化、产业化支持，当达到正常的产业化发展程度时，创新基金退出，产业成果纳入航天科工产业发展链条之中。

2. 搭建外部“双创”成果转化及产业化通道

为外部创客提供集团内部、外部两条“双创”成果转化及产业化通道。对于内部通道，即“双创”成果与航天科工的业务兼容且外部创客有意愿纳入航天科工的创新体系，则由航天科工进行评估后依托创新基金进行融资支持，并由线下辅导平台提供产品化、产业化支持，当达到正常的产业程度时，创新基金退出，产业成果纳入航天科工产业发展链条之中。对于外部通道，利用航天科工与其他省市签署战略合作关系的有利条件，对接国家高新区等产业园区“双创”政策，为外部创客牵线搭桥，或者由外部创客自主选择社会机构和基金为其提供后续支撑。

3. 搭建投融资渠道

航天科工设立内部“双创”准公益专项基金，初期规模为1亿元“双创”项目，进行产业化应用或公司化发展时基金退出；对于实现产业化的“双创”项目，投入基金的年化收益率不高于6%；对于实现公司化的“双创”项目，投入基金的年化收益率不高于8%；对于对外转让的“双创”项目，投入基金的年化收益率按照市场规则确定。

航天科工基于专有云平台建立5亿元规模的贷款池。对创意阶段项目的支持，航天科工组织所属各单位投入不少于本单位自筹研发经费总额1%的经费；对种子阶段项目的支持，航天科工每年投入不少于自主创新经费总额2%的经费；对产品阶段项目的支持，针对具有较高商业价值和产业化前景的外部双创项目，航天科工发起设立航天科工军民融合科技成果转化创业投资基金、湖北航天高投光电子创业投资基金、北京航天科工信息产业投资基金、南京航天紫金军民融合产业投资基金和航天工业互联网智能制造产业投资基金等6只投资基金，管理基金总规模接近40亿元，目前正在筹建航天科工科创中心双创投资基金等双创扶持基金。

航天科工利用与国内金融机构签署战略合作关系的有利条件，推进银行机构的“双创”支持政策落地，帮助“双创”项目进行大额融资；联合央企组建“双创”联盟基金，并对接国家和地方政府“双创”活动财政资金支持政策，为“双创”项目积极争取资金支持。

（六）建设线下辅导中心，构建线上线下相结合的“双创”服务体系

1. 统筹开展线下辅导中心区域布局

航天科工结合在国内外的产业布局，协同央企、高校等社会优质“双创”资源，搭建适应内部“双创”与外部“双创”、国内“双创”与国际“双创”生态环境发展需求的线下支撑载体，以中关村众创空间，南昌、深圳、成都、昆明等地区科创中心，以及北京雍和航星产业园、南京1865产业园等线下辅导和孵化平台为依托，扩大并优化线下服务体系的区域布局，依托航天科工在国外的技术创新中心和科研机构，开展国际化“双创”活动的相关渠道，形成覆盖重点区域、各具特色、协同联动的良好局面，如表1所示。

表1 线下辅导中心区域布局及服务内容

序号	辅导中心	区域布局	主题定位	服务内容
1	中关村众创空间	北京	互联网+智能制造	运营面积8500平方米，致力于为小微企业提供体系化的“双创”综合服务，提供试验条件、路演等公共创业服务和专业技术服务
2	雍和航星产业园	北京	移动信息服务	运营面积23万平方米，为外部180个企业和团队共计12400位创客提供集科技、金融、孵化、商业、国际交流合作于一体的项目孵化产业服务
3	南京晨光1865产业园	江苏南京	文化创意	运营面积21万平方米，建设“科技+创意”特色的线下“双创”平台，为210家创业企业提供特色服务
4	江西科创中心	江西南昌	智能制造	运营面积3000平方米左右，拥有众创空间、展示空间及试制试验空间等三大功能空间，提供空间物业、基础服务、创业辅导、金融服务、营销服务、技术服务六大服务体系

续表

序号	辅导中心	区域布局	主题定位	服务内容
5	深圳科创中心	广东深圳	运营和投融资	运营面积4000平方米，引进9位院士、20余位专家开展智慧产业、现实增强领域的项目孵化和合作运营
6	四川科创中心	四川成都	光电	首期运营面积8000平方米，包括众创空间、试制试验空间（含检测中心）、展示空间等条件功能

2. 构建线上线下一体的六类服务体系

发挥航天科工产业基础与科技创新技术人才优势，通过挖掘、梳理、集聚和运用各类资源，打造集技术咨询、试制试验、重大科技专项、科技成果转移、企业创建及发展咨询等服务于一体的、共性资源与定制方案相辅相成的双创服务体系，向创业团队、企业提供集研制、咨询、展示、交流、交易、推介和评估于一体的科技成果转化服务以及融资、市场、担保、法律、投资、孵化等产业全方位服务体系。

一是空间服务。建立相应的线下物理空间，为外部“双创”团队及创业企业提供必备的入驻空间以及相应的基础物业服务。包括满足创业企业研发、日常经营的办公空间；匹配完善的安防、保洁、绿化、水电、网络通信等基础物业服务；公共会议室、产品展示厅、商务接待厅、小型仓储配套等公共服务空间。

二是基础服务。配备企业政务一站式服务中心。提供开办设立、企业资质、工商、税务、规划管理、项目审批、海关、出入境、政府采购、人才交流、劳动保护等服务以及法律、财务、担保、信息服务、专利认证、知识产权代理、商务统购等专业化服务。

三是创业辅导。组织各类专家、导师和服务机构，围绕初创型科技创业企业，开展创业辅导服务。包括组织开办各类创业培训班，讲授创业所需的基础知识；帮助创业者形成或完善创业项目构想，并对其未来企业的产品、客户、市场发展前景和商业模式等做出专业指导；为创业者提供项目论证服务，指导开展项目市场调研、项目可行性分析、项目风险评估、投资效益等创业各环节的预测服务；为创业者分析和确定创业资金需求，并协助完成其创业融资所需的商业计划书，提供融资和引资方面的洽谈和对接服务。

四是技术服务。充分集聚高校、科研院所和集团公司内部的优势资源，大力加强高校、科研机构和集团公司内部的联动合作，完善科技中介服务，推动产学研用相结合，提供包括产学研用对接、仪器设备共享、检验检测、试验试制、技术攻关等服务。

五是营销服务。深度利用航天云网营销平台，拓宽中小企业产品营销渠道；推进行业龙头企业、市场大客户单位和中小企业的业务对接，帮助中小企业“借船出海”扩大市场；不定期组织入驻企业参加国内外各种展会，鼓励和引导入驻企业开拓国内外市场。

六是科技金融服务。聚焦培育高科技新兴产业，为创业企业的早期成长提供股权投资、创业导师、创业场所一体化、一揽子的综合服务，包括创业投资、债权融资、金融中介等，实现“基金＋基地”“孵化＋投资”“投贷联动”等各类创新型投融资运作模式。

三、以建成国际一流航天防务公司为目标的创新创业体系构建效果

（一）创新带动作用明显，企业效益得到大幅提升

航天科工通过大力推动创新创业体系构建，在信息技术、装备制造领域研发推出了一系列高附加值的新技术产品，产业结构得到稳步调整，企业经营指标及效益得到大幅提升。2016 年，航天科工防务装备、航天产业、信息技术、装备制造、现代服务业板块增长迅速，收入占比由 2012 年的 66.7％提高到 80.5％；传统产业占比逐年下降，以新一代信息技术、智能制造为首的新经济业务占比达到 35.8％，

比2012年提高了10.8个百分点。实现营业收入2050.6亿元（首次超过2000亿元），同比2012年增长53%；总产业增长64.6%，工业总产值增长93.6%，利润总额增长66.7%，达到148.9亿元。队伍建设拾级而上，体制机制逐步完善，绩效指标持续提升，核心竞争力不断增强，2016年位列世界军工企业排名第10位，品牌知名度不断扩大。

（二）创新能力稳步提升，创新效果得到社会各界高度评价

航天科工通过创新创业体系构建，加速了企业发展新动能的形成过程，创新能力得到稳步提升，累计形成有效专利13785项，其中有效发明专利6602项，获国家科技进步特等奖4项、国家科学技术奖13项、国防科学技术奖234项。2016年10月，航天科工受邀在中外创客领袖座谈会上作主题发言，为大型高科技企业在"双创"工作中起到示范和引领作用，闯出了大小企业融合发展的新路。航天科工逐步走出了一条大型国有企业创新创业之路。

（三）创新创业成果突出，创新体系得到显著完善

航天科工聚焦主攻方向，各级各类创新平台数量不断扩大，拥有各级创新平台达到184个，并吸引了一批社会创业者和中小企业加盟，形成了协同创发展的新模式，内部创新活力得到充分释放，创新体系得到完善。以混合所有制方式吸纳国际一流创新创业团队，成功研制国内首台4万瓦高功率、高质量单光纤激光器，激光泵浦芯片、特种光纤等产品打破国外垄断并形成产业化；"以社会性总体院、总体部、总装厂"模式研制的"快舟"系列通用型固体运载火箭使成本降为传统方式的二分之一，研制周期降为传统的三分之一，"快舟－1A"固体运载火箭以"一箭三星"方式首次完成商业发射，引领我国商业航天领域发展。

（成果创造人：刘石泉、马天晖、年　丰、熊海洋、陈国瑛、焦　珣、舒金龙、刘瑞华、李曙春、常　贺、王　飞、马驰原）

基础科研院所“一体两翼”技术创新体系建设

中国飞机强度研究所

中国飞机强度研究所（以下简称强度所），创建于1965年4月，隶属于中国航空工业集团公司。目前已经形成“一个总部、两个中心”的运行格局，总部位于西安市高新技术产业开发区，阎良国家航空产业基地设有军机科研中心，上海浦东新区设有民机科研中心。围绕飞行器“安全性、可靠性、经济性、舒适性”等研制需求，设有静强度、动强度、疲劳强度、热强度、航空声学、气候环境适应性等14个专业，拥有全尺寸飞机结构静力/疲劳等3个航空科技重点实验室。现有职工1500余人，拥有国家级、省部级专家9人，享受政府特殊津贴专家30余人。建所52年来，完成了我国所有研制、改型和引进的军民机全机静力试验/疲劳试验/振动试验，各类材料级、元件级、部件级试验；主持完成国家重点预研课题300余项，获40余项国家级科技成果，350余项省部级科技成果。

一、基础科研院所“一体两翼”技术创新体系建设背景

（一）践行航空报国使命的根本要求

新时期的国家安全形势对我国武器装备的创新能力和批产能力提出了更高的要求。当前和今后一段时期，我国空军将按照空天一体、攻防兼备的战略要求，加快实现由国土防空型向攻防兼备型转变。与此同时，近几年国家高度重视民用航空产业发展，部署实施了大型飞机重大专项和航空发动机与燃气轮机重大专项，推进“两干两支”民机产业布局，加速打破西方发达国家在该领域的垄断。作为国家的战略性支柱产业，航空工业以航空报国为使命，必须依靠自主创新，研制出高性能的航空装备。作为航空基础科研院所，强度所有着基础性、前沿性、支撑性的特点，在应对研制能力、交付能力和优化能力的挑战中应发挥冲锋攻坚作用，不断加强强度技术储备、加大关键技术攻关力度、完善试验验证体系等，以满足型号研制需求。这就要求强度所必须从根本上建立行之有效的技术创新体系，助推国家航空型号研制能力的提升，有力践行航空报国使命。

（二）实现创新驱动发展的原生动力

党中央提出了实施创新驱动发展的重大战略，航空工业作为国防建设的核心力量和国家创新体系的重要组成部分，正逐步由型号牵引为主，向型号牵引和技术牵引并重的阶段过渡。一系列制约航空装备发展的基础问题、瓶颈问题和短板问题亟须解决，一系列前瞻性、先导性与探索性的前沿技术亟须部署。未来武器装备必须建立在坚实的基础技术储备之上，“技术牵引，基础先行”日益紧迫，强度所在专业技术发展和支撑型号研制方面还存在若干挑战：一是科技成果的转化率不高，对未来型号需求研究不充分，对型号研制和产业发展的支撑力度不够；二是创新深度和广度不足，以应用创新为主，缺少重大的基础性创新成果；三是创新体系开放度不够，未能有效融入社会资源，对市场需求和产业发展的反应不够敏锐。要应对上述挑战，必须系统构建技术创新体系，从源头上实现创新驱动发展。

（三）推进军民深度融合的必由之路

党和国家从国家发展和安全全局的战略高度出发，把军民融合发展上升为国家战略。航空工业是军民融合发展的重点领域。强度所要着力抓住战略发展机遇期，优化产业结构、调整管控模式、推进技术融合、坚持开放共享，实现价值创造方式的转型升级。但长期以来形成的以型号研制为主的科研体系不能为军民深度融合发展提供持续动力，主要体现在：一是推进军民融合发展的思路和产业结构布局不清晰；二是融合发展方式和市场选择仍待明确；三是主营业务研究成果产品转化率方面存在明显短板，试

验技术服务市场潜力挖掘不够，强度技术从航空工业向一般军民工业的技术迁移存在不足，对相关工业产业的带动作用不明显；四是产业发展基础薄弱，创新动力不足。作为工业领域的通用专业，强度专业具有军民深度融合的潜力，为打通航空技术市场化、军用技术民用化的“最后一公里”，构建技术创新体系是其必经之路。

二、基础科研院所“一体两翼”技术创新体系建设内涵和主要做法

强度所把提升技术创新能力作为跨越式发展的核心，运用战略管理思想，联合内外创新资源，打造协同创新平台，构建以“基础创新为主体，工程创新和产业创新为两翼”的“一体两翼”技术创新体系，贯通需求到实现的自主创新链，提高技术研究、工程应用与产品研发间的黏性，实现了技术创新体系与预先研究、型号研制和技术产业三大主营业务的相互融合，提升了技术创新与自主研发能力，支撑了国家航空型号研制，实现了价值创造和发展升级。主要做法如下。

（一）以发展战略为引领，科学规划技术创新体系

强度所在制订发展规划过程中，将技术创新战略提升为企业战略的核心，做实战略，运用战略管理思想，通过顶层战略引领，实现全面发展。体现在以下三个方面。

一是系统性地提出全面实施“一二三四五六”的总体发展战略。即围绕一个愿景：打造世界一流的航空强度研究与验证中心；紧抓两条主线：强度研究、型号验证；聚焦三大目标：大所、强所、富所发展目标；坚持四项原则：航空为本、创新驱动、军民融合、协调发展；着力五大战略：科技发展、型号研制、技术产业、能力建设、运营管理；构建六大保障：管理保障、组织保障、制度保障、技术保障、人才保障、文化保障。

二是基于对航空技术发展趋势的判断，确定强度专业“大强度、新强度、数字强度”的发展思路。“大强度”即研究对象由过去较为单一的结构演进为涵盖材料、结构、设备、系统、全状态飞机的大范畴；“新强度”即研究方向由过去较为单一的安全性演进为安全性、稳定性、可靠性、舒适性、适应性等相互交融；“数字强度”即研究手段从最初的解析法发展到工程法、数值法，再到基于模型的数字化阶段。

三是制定技术创新体系建设框架。强度所“一体两翼”技术创新体系的核心是“一个主线，两条回路，三点联动”，即以技术成熟度（TRL）为主线，打造“基础创新——工程创新”和“基础创新——产业创新”两条回路，实现预先研究、型号研制和技术产业三大业务的良性互动。基础创新平台主要聚焦于技术成熟度1～6的基础研究和应用研究，形成的研究成果有两个流向：一个流向工程创新平台，经工程实践和验证后，将研究成果技术成熟度提升至7～9，应用于型号研制；另一个流向产业创新平台，根据市场需求进行产品商品化试制，将研究成果技术成熟度提升至7～9，形成成熟产品或技术推向市场。同时，在服务型号研制和市场推广的过程中，将型号应用和产品提升的创新需求输入到基础创新平台，构成创新活动的两条闭环回路，实现三大业务的互动提升。构建三个创新平台，打通基础创新、工程创新、产业创新的创新链条，形成从技术孕育到转化应用的闭环；加大技术创新投入，整合内外部创新资源，最大程度发挥技术创新资源的效率与效益；激发创新活力，健全技术创新评价机制、对接机制、市场机制；夯实管理基础，引入现代管理理论与工具，提高技术创新投入产出比。

（二）瞄准完整创新链，构建三大创新平台

1. 着眼技术的孕育与成长，打造基础创新平台

一是深挖内部潜力，厚植自主创新。强度所坚持深挖内部创新动力，成立所创新基金，致力于核心技术的提升、科研项目的储备和未来发展的布局。自2013年起，每年投入经费2000万元，持续资助自主创新项目，营造了良好的创新环境，形成一大批创新成果。强度所创新基金目前已经成为基础研究探索、原理样机验证和青年人才成长的沃土，形成对国家资助项目的有力补充。

二是着力纵向申报，推动重大基础研究。针对预先研究普遍具有的基础性、前瞻性、探索性和验证性等特点，强度所加强前端技术储备，跟踪初期规划指南，放大过程价值导向，建立由“专业领域——型号需求——立项渠道”构成的科研项目三维规划论证体系。其中，专业领域由 14 个重点专业构成，根据立项渠道、未来热点等进行适时合并、拓展，结合型号需求，覆盖基础研究、应用研究、技术开发等全过程。在此基础上，系统分析各立项渠道的特点，建立起不同渠道与型号需求的映射关系，各专业基于这种映射关系申请项目立项，做到项目申报有的放矢。此外，为了提升项目的论证质量，在项目论证模式上采取自下而上“自主申报、所内评审”和自上而下“系统策划、重点申报”的模式，提升项目申报的成功率，并通过预研项目提升技术水平，培养创新能力。

三是突出创新主体，完善实验室体系。强度所本着“开放、流动、联合、竞争”的运行机制，通过构建所级实验室、省部级实验室和国家级实验室三级互为支撑的实验室体系，聚焦基础研究和应用基础研究，承担自主投入和纵向国家课题。具体而言，从所级专业技术体系出发，建立所级实验室体系，向上支撑省部级重点实验室；在做实省部级实验室的基础上，强化基础研究能力，培养学科领军人才；打造国家级实验室，强化基础研究院所的地位，提升行业和外部影响力。目前，已建成覆盖 14 个重点专业的所级实验室，3 个航空科技重点实验室，正在建设 2 个国家级重点实验室（飞行器强度与结构完整性国防科技重点实验室和飞机地面强度试验技术创新中心）。

2. 着眼技术的成熟与应用，打造工程创新平台

一是突出成果转化，实现需求与应用闭环。为了促进预先研究成果的转化，强度所建立预先研究与型号研制有机衔接的管理模式。第一，从型号研制的专用技术创新点和突破点出发，提炼出专业发展中的通用技术问题，并将这些技术问题归类形成预先研究课题，从而从源头上解决型号具体需求与预先研究通用研究的衔接问题。第二，针对型号研制的具体需求，将预先研究成果进行工程化提升，形成系列化的成果应用。如飞机强度虚拟试验技术，源于型号物理试验的具体需求，在预先研究成果的基础上，通过工程创新，提高该技术成熟度，成功应用于型号研制，完成了大型客机 C919、大型水陆两栖飞机 AG600 的全机静力虚拟试验，有效降低了试验风险、提高了研制效率，开创了我国航空强度领域物理试验与虚拟试验有机结合的新时代。

二是发挥多专业优势，攻克型号关键技术。新一代型号研制过程中往往要突破诸多关键技术，尤其是一些瓶颈技术能否突破会严重影响型号研制进度。为此，针对不同型号的需求，强度所建立一套较为完善的攻克型号研制的关键技术系统方法。首先，加强与航空主机厂所的密切协作，针对具体型号的研制进度，适时启动关键技术攻关项目；其次，针对具体攻关项目，通过成立多专业联合型号攻关团队，整合所内资源，发挥多专业背景的优势，注重交叉融合技术研究，积极开展关键技术攻关工作。最后，通过对若干关键技术的集成应用，实现对型号研制的全面保障。如通过开展全机落震技术攻关，解决了多项关键技术，首次在国内开展了全机落震载荷分析与试验技术，并获得成功，标志着我国成为继美国之后具有该试验能力的国家，达到世界领先水平。

三是主动持续创新，系统提升研制能力。经过多年的发展，强度所积累了丰富的飞机型号验证经验，尽管可在一定程度上支撑新型飞机研制，但在验证质量与效率等方面尚有提升空间。为此，强度所确立支撑飞机型号研制的主动创新思路：首先，积极对标国际先进强度验证技术，认真梳理差距，明确提升方向；其次，围绕如何提升验证质量与效率，成立相应的攻关小组，主动创新，研发出先进的验证技术和装置；最后，在已研发技术和装置的基础上，不断进行升级换代，有力支撑一代又一代飞机的研制。如一体化框架整体加载技术截至目前已形成三代技术，第一代技术应用于 MA600 飞机疲劳强度验证，第二代技术应用于 ARJ21－700 飞机疲劳强度验证，第三代技术应用于 C919 飞机全机静强度验证，有效地提升了验证效率，降低了验证风险。

此外，强度所不仅仅局限于验证技术的单点提升，还注重强度验证能力的整体系统提升。综合运用积木式管理思想，构建从材料、元件直至全机的完善的强度验证体系。近年来，通过潜心研究新的试验技术和方法，加强试验分析与评估，制定系列的标准与规范，元件、部件、全机各层级试验技术得到全面发展，形成国内能力较强、配套较齐全的地面强度验证体系，有力推动了各类军民机型号的研制工作。

3. 着眼技术的融合与转化，打造产业创新平台

强度所明确“技术产业”的理念定位，即基于强度核心技术开发低成本、高附加值的技术服务和高端产品，并提出“以军融航，服务大航空；以军融军，进军大防务；以军融民，支持大工业”的发展思路。基于“三融”发展思路，强度所在打造产业创新平台方面的主要做法如下。

一是加强预研成果转化创新。强化预研项目论证管理，将成果孕育孵化作为项目论证的重要组成部分，在论证初期就明确研究成果的转化应用方向；加强预研项目的后端管理，基于对重要预研成果的特点分析，成立预研成果转化创新团队，对接市场需求，根据技术应用和产品需求分类进行成果转化，打通技术成熟度从1～6到7～9的关键环节；将成果转化情况纳入预先研究项目的结题考核，建立预研成果转化分红激励机制，充分激发基础科研人员开展研究成果转化创新的动力。通过上述一系列举措，实现从基础创新成果到成熟技术和产品的闭环，提升研究成果的转化率。

二是加强成熟技术应用创新。开展航空强度成熟技术向其他军民用行业的应用创新。根据客户需要，基于在型号研制中研究和积累的成熟技术和手段，开展技术迁移，创造市场价值，促进国民经济发展。一方面深入研究其他行业在强度技术标准、体系方面的特点，针对其要求对成熟强度技术体系进行适应性演进，实现与其他行业的深层次融合；另一方面结合具体应用需求，开展强度分析和验证技术的改进、拓展和再创新。如在石油化工领域，结合对其行业标准和客户需求的分析研究，基于成熟的飞机静强度研究技术，研制用于石油油井管的复合加载试验系统，能够同时对油井管施加拉、压、弯、扭等多种载荷，打破了国外垄断。

三是开展自主产品开发。以强度技术创新体系为支撑，强度所广泛开展市场调研，针对市场需求开展自主产品开发。首先是结合强度专业技术形成产品核心概念，明确产品的主要特点、主要客户和应用场景；其次是取得核心技术的突破，针对其技术成熟度，分类开展研究工作，对于技术成熟度较低的，通过自主创新投入开展研究，形成研究成果；再次完成产品开发的后续创新环节，即根据产品概念进行从原理样机到最终产品的迭代分析、测试；最后在推向市场后，进行商品化创新降低产品成本，提升产品质量。如根据民航飞机的座椅液压锁产品市场需求，组建产品研制团队，针对关键结构和液压技术进行攻关，进行产品试制，并模拟航空座椅进行产品测试。目前，该产品已进入最终的分析测试阶段，将于近期推向市场。

（三）夯实创新基础，建立协同、开放创新模式

1. 优化专业体系，强化创新基础

围绕如何提高强度专业发展水平这一中心思想，强度所结合科技发展战略，梳理专业发展方向，制定专业发展路径，组织进行专业技术体系建设。一是持续挖掘传统专业基础理论，实现传统专业的纵深发展，如针对缩短型号疲劳试验周期的迫切需求，强度所深挖耐久性损伤容限等传统专业，开展疲劳加速研究，并成功应用于MA600飞机全机疲劳试验，试验周期缩短40%以上；二是不断探索前沿技术，发展新兴专业，实现专业领域的横向拓展，如随着飞机全空域飞行、跨地域部署带来的气候环境适应性问题，发展了气候环境适应性新专业新方向；三是加强传统专业、新兴专业和新兴科学问题的交叉融合，实现专业转型升级和能力持续提升，如研究由高超声速飞行器发展引出的静、热、振、噪等多物理场耦合问题，形成了多场耦合条件下结构强度验证的新方法和新技术，率先在国内航空领域攻克多场耦

合仿真分析与应用难题。通过以上三个方面的做法，逐步形成十四个重点发展专业，优化完善强度专业体系。

2. 集聚多方智慧，深化协同创新

在专业体系基础上，强度所按照“开放、共享、合作、共赢”的指导思想，构建“一个讲堂、两个论坛、四级专家”的强度技术共鸣平台。“一个讲堂”是“强度大讲堂”，邀请国内外知名专家开展系列讲座，分享前沿性、基础性研究成果；“两个论坛”是中国航空强度技术发展高峰论坛和中国航空强度技术青年论坛，高峰论坛聚焦大家学者，青年论坛聚焦青年才俊，特别是高峰论坛已连续举办5届，成为国内强度领域影响力较大的交流平台；“四级专家”是聘请30名国内外知名专家学者为强度所秦岭特聘专家，打造由“秦岭特聘专家、秦岭专家、所科技委常委、所科技委委员”构成的四级专家体系。依托技术共鸣平台，强度所博采众长、集聚多方科研智慧，共同研究基础理论共鸣点、共同孕育应用技术共鸣点、共同挖掘产业市场共鸣点，通过联合研究、联合攻关、联合研发等合作模式，集聚优势资源、深化协同创新，逐步形成以强度所为主体、产学研相结合的协同、共享创新格局。如基于强度高峰论坛产生的共鸣点，强度所积极联合西安交通大学，发挥各自在应用研究和理论研究的优势，在材料基因工程领域成功申报国家重点研发计划项目，致力于探索高温材料强度理论及服役性能评价工作。

3. 内外互联互动，推进开放创新

强度所积极探索建立开放式的创新体系，凝聚内外部资源，主动与国内外院校、科研机构及企业开展多种形式的合作，寻求创新突破口，提升创新效率。一方面，联合国内资源组建“国家队”，充分挖掘强度技术的潜在用途，实现价值突破。如与上海交通大学联合开展纳米陶瓷铝合金材料研制，与民航二所联合开展航空座椅及关键附件设计分析与验证，与吉利汽车研究院在整车/部件环境适应性验证、车用主动降噪产品研发等方面联合开展技术研究。另一方面，联合国外资源，开展广泛战略合作，形成强度所对外合作的“三三制”架构，即通过确立一批欧洲高等院校、一批国家科研机构、一批航空企业三个层面的合作对象，开展在委托培养博士、派遣访问学者、项目联合研究等三个方面的合作，共同推进人才培养、技术创新和型号研制的协同发展。先后与英国帝国理工、德国ZWICK集团、德国IABG公司等国外科研机构签订一系列战略合作协议，目前已形成与帝国理工联合共建工程力学与强度技术实验室、与德国ZWICK集团共建先进材料力学性能实验室等多项成果；同时，基于政府间科技合作框架，在前沿科技领域与国外科研机构开展联合研究，如在中欧合作降低飞机噪声的研究项目（IMAGE）中，强度所代表中方与欧盟共同选题、共同论证、共同研究，开拓了强度所国际合作的新方式。

（四）健全评价机制，激发创新活力

1. 完善评价机制，夯实绩效管理

强度所逐步构建并形成“一个报告、两种方式、三个维度、四大目标”的技术创新评价体系。一个报告是指《年度技术创新工作评估报告》，在每年的一季度面向所内发布；两种方式是指定量评估与定性评估相结合；三个维度是指评价对象包括科研项目、科研室、科研人员；四大目标是指涵盖科研项目全周期的评价预研项目论证申报、在研项目完成情况、在研项目成果产出以及科研成果转化应用四大指标。具体而言，该评价体系根据基础科研院所基础性技术研究为主的特点，对计划执行、资料归档以及创新成果等方面，通过客观数据统计进行定量评估；对关键技术突破、预期效益等方面，通过会议和书面两种方式进行定性评估，并按照定性评估和定量评估的权重进行量化处理，形成创新指数，以此作为依据对科研室、科研项目、科研人员进行排名，并将评估与排名结果以《年度技术创新工作评估报告》的文件形式在内部进行公开发布。目前，该体系形成多维度综合性技术创新工作评价，不仅是对强度所自身技术创新能力、科研工作的自我诊断，也是对强度所以技术创新为核心的经济运行绩效分配体系的有力支撑。

2. 建立对接机制，贯通创新链条

强度所着力技术牵引，从需求对接、风险对接、服务对接三个方面建立起技术创新对接机制，以此促进基础创新平台、工程创新平台和产业创新平台的无缝对接，从根本上增强创新动力、提高成果转化率、畅通转化渠道、扩大推广范围，进而凸显技术创新效益。

需求对接方面，聚焦国家和强度相关行业的战略需求和具体需求，按照国家层面、航空客户、非航空客户进行分类，将其研究、研制、研发需求分别与基础创新平台、工程创新平台和产业创新平台对接，从而开展相应的创新活动；风险对接方面，针对基础创新成果转化应用的风险，以及工程创新和产业创新成果应用的风险，通过需求端与实现端的项目主管、副总工程师、总工程师间的分层研讨，开展演示验证，通过召开技术评审会、专项研讨会、风险评估会等方式，消除客户疑虑，增强对新技术、新产品的信心，为新技术、新产品的推广奠定基础；服务对接方面，跟踪新技术、新产品的实际应用效果，做好数据分析、产品售后等服务工作，客观全面收集客户意见和改进需求，并将其反馈至三大创新平台，不断完善现有技术和产品，实现升级换代，促进持续创新。

3. 聚焦市场需求，强化价值导向

一是加强技术产业发展的市场导向机制。以市场为导向，密切跟踪和深入分析市场需求，提炼出核心技术创新需求，并借助“一体两翼”创新体系开展技术和产品开发，实现市场价值。完善市场体系建设，统筹全所各业务市场资源，实现资源共享、信息流通，建立客户关系提升机制，及时了解、跟进和创造客户需求，根据市场需求进行技术和产品创新。

二是完善技术产业发展的激励机制。制定股权或分红激励制度，对开展科技创新成果转化并产生应用价值的职工予以奖励，年均奖励总额达到近500万元；制定灵活的市场拓展激励政策，对于在市场开拓、产业形成中做出贡献的职工提供低成本的创新创业机会；修订投资企业绩效管理办法，形成以利润和EVA为核心的短期经营业绩与长期经营业绩相结合的考核体系，引导企业积极培育和孵化与主业相关、市场竞争力强的优质业务，促进航空技术产业化、军用技术民用化。

三是健全技术产业发展的运行机制。对作为产业创新实体的子公司开展全民所有制企业公司制改制工作，使其具备建立现代企业制度的体制机制基础；调整管控模式，制订投资企业管理办法，强化企业独立自主的法人地位；对接意向投资方，开展子公司混合所有制改革的调查研究，促进互补性产权融合，进一步释放体制机制活力。通过上述举措，解决制约创新发展的体制机制束缚，充分释放产业创新主体的创新活力，形成产业创新与管理提升有效结合、相互促进的良好发展局面。

（五）统筹优化，保障创新资源

1. 科研经费支持不断增加

近三年，强度所年度预先研究项目获批经费超过2亿元，民机科研资助经费总额位居航空集团前列。年度预先研究到款经费已从三年前的不足4000万元上升至1.3亿元。

2. 优化人才队伍，提供人才支撑

强度所制定并实施“623”卓越技术人才计划和“123”卓越管理人才计划。“623”卓越技术人才计划，即引进或培养一批世界排名前50位的国外知名院校博士，引进或培养一批国内重点知名院校博士，选拔培养一批公派留学人员。“123”卓越管理人才计划，即培养或引进一批国内外知名院校的管理专业硕士，选拔一批优秀中层领导干部进行管理提升培训，选拔一批优秀管理人才进行项目管理培训。通过实施，强度所近年来的人才结构得到不断优化，人才素质得到不断提高，为技术创新体系提供了人力资源保障。

3. 引入管理工具，提供理论支撑

强度所积极推进基于模型的系统工程（MBSE）和多项目管理（MPM）等管理理论和工具的运用。

利用基于模型的系统工程理论构建强度试验系统模型，将分析与试验有机结合，完善试验的流程与规范，形成快速的迭代验证，建立合理高效的飞机强度分析与试验管理体系，目前正在 MA700 部件试验和 C919 全机静力试验中实践。依托多项目管理平台，以强度所战略目标与发展规划为指导，实施项目组合管理，优化资源配置，实现三大业务领域全部项目的集中管控，支撑战略经营层的管理决策，强化项目管理层管理水平，提高项目实施层的执行效率。

运用客户管理思想，根据型号任务情况对型号市场进行细分，建立客户分级管理模式，构建区域化市场及客户管理机制，完善型号试验报价体系，提升强度试验价值。加强与军方和主机厂所的交流与沟通，拓展强度所在航空发动机、直升机等装备研制中的业务服务范围。

4. 完善能力建设，提供硬件支撑

强度所瞄准型号研制需求，抢抓能力建设机遇，做好试验室及配套设施建设工作，加强传统试验能力，填补新兴试验能力，突破综合试验能力。建成的阎良新区主要为各类军机提供全机静力/疲劳、动强度、热强度、噪声、振动以及坠撞等体系化试验。建成的上海新区主要为 C919 等民机研制搭建基础性结构强度验证平台，逐步形成较为完备的民机结构强度验证体系。通过强度试验配套能力建设，强度所拥有复合材料结构、动强度、航空噪声、热强度、气候环境适应性、航空发动机强度等 10 余个专业研究室，拥有国内规模较大、试验设备和测试技术较先进的飞机结构强度实验室。通过能力体系的完善，强度所保障了国家重点型号的研制需要，极大地推动了强度研究与试验技术的发展。

三、基础科研院所“一体两翼”技术创新体系建设效果

（一）转型升级成效显著，实现了跨越发展

巩固和强化了基础创新在“一体两翼”中的主体地位，技术创新能力得到有效提升，催生了重大科研成果，有效支撑了重点型号研制，为产业发展提供了新的业务增长点。在经济结构上，改变了长期以来强度所产值主要依靠型号研制的单一经济结构，实现了预先研究、型号研制和产业发展的三维联动，形成协调发展的新格局。近三年来，强度所总产值年增长率保持在 15%左右；利润年增长率保持在 20%左右，营利能力和价值创造能力显著提升。由技术创新带来的产值占年度总产值的比重从 27%增加到 39%，技术创新对于年产值的带动作用明显。

（二）创新能力全面提升，有效践行国家使命

基于三维规划论证体系，在总装预研基金、基础科研等多个渠道获得突破，实现了由民机科研一元为主向军方预研、政府科研、集团科研等渠道多元并举，促进了强度所预先研究的健康协调发展，在航空工业 33 家航空院所预先研究工作评价中位居前列。形成了振动/噪声等多场耦合条件下结构强度验证的新方法和新技术，以及气候环境试验、虚拟试验和数字化试验的新专业新方向等，完善了结构强度专业体系。复合材料强度分析与验证、金属结构耐久性与损伤容限等多个专业达到了国际先进水平。近三年来，强度所获省部级以上科技奖 40 余项，授权专利 140 项，其中发明专利 96 项，发表高质量论文 600 余篇，核心期刊、SCI、EI 检索文章占比不断提高。强度所近年来承担并按期完成了研制、改型和引进的军民机重点型号的强度试验任务，有力保障四代机、大型运输机、C919、AG600 等国家重点型号的首飞、设计定型、列装部队，极大地提高了我国型号研发与试验能力，有力地支撑了国家高新武器装备研制，为我国航空事业和经济发展起到积极有效的推进作用。出色完成 600 余项试验任务，确保了国家多项重大科研任务的高效优质完成，践行了航空报国的使命。其中，全尺寸飞机静力和疲劳试验 50 余项，涉及机型数十种，数量之多，开创了世界航空史的先河。

（三）技术产业取得突破，推进了军民融合

通过“一体两翼”技术创新体系获得持续发展动力，产品、服务和市场均取得重大突破。产品服务方面，应用于石油钢管研制生产的复合加载试验设备形成了从 500 吨～3000 吨规格的系列产品，在国

际公开招标中击败了美国应力工程公司等跨国企业，打破了国外的技术封锁；技术服务方面，实现了从试验设备研制到为客户提供“一揽子”解决方案的技术服务突破，先后承担了兵器工业集团装甲车减振降噪工程、航天二院静热联合实验室、中车集团长春客车公司噪声实验室的建设项目；客户市场方面，实现从以航空市场为主发展到航空航天、船舶兵器、轨道交通、石油化工、汽车等多个军民产业并举的局面。

（成果创造人：王彬文、尚忠弟、段世慧、徐　浩、周建锋、刘小川、黄　河、郭冬梅、徐晓东、李　明、杨家驹）

基于人单合一模式的共享式双创平台建设

海尔集团公司

海尔集团公司（以下简称海尔）创立于1984年。2016年全球营业收入实现2016亿元，同比增长6.8%，利润实现203亿元，同比增长12.8%，近十年收入复合增长率达到6.1%，利润复合增长率达到30.6%。2017年上半年，海尔实现营业收入1048亿元，同比增长16%；利润总额64亿元，同比增长20%。目前，海尔在全球有10大研发中心、21个工业园、66个贸易公司、143330个销售网点，全球员工总数达到7.3万人，用户遍布全球100多个国家和地区。海尔在全球布局了十多个主流品牌：海尔、卡萨帝、日日顺、GEA、AQUA、斐雪派克、统帅、DCS、MONOGRAM等。

一、基于人单合一模式的共享式双创平台建设背景

（一）主动应对互联网时代带来的“三大颠覆”挑战的需要

互联网新技术的发展和应用改变了用户消费习惯，引领经济发展步入以体验、共享和社群为特征的新阶段，不断催生出新的商业模式和市场竞争格局，企业传统的经营管理理念和管理模式逐渐失效，已无法适应互联网时代用户个性化的需求。互联网对企业的颠覆主要体现在以下三方面：商业模式从分工式颠覆为分布式，对于企业而言，资源遍布世界；制造模式从大规模制造颠覆为大规模定制，企业必须能够满足用户的个性化需求；消费模式从产品经济颠覆为体验经济，企业必须创造用户体验而不能以自我为中心、以产品为中心。因此，企业必须从传统的经营模式转型为互联网的经营模式，以适应时代变化。海尔始终坚持“没有成功的企业，只有时代的企业”，持续创业创新的两创精神已成为海尔的文化基因。探索双创平台是海尔激活企业、员工创业创新活力，顺应互联网时代商业环境变化的必然趋势。

（二）积极响应国家“大众创业，万众创新”号召的需要

当前，我国经济形势缓中趋稳、稳中向好，但经济运行仍存在不少突出矛盾和问题，如产能过剩和需求结构升级矛盾突出等。培育新动能、加快新旧发展动能接续转换是我国经济发展新常态的必然选择，也是企业转型发展的着力点。“十三五”期间，我国坚持“创新驱动”发展战略，大力推动“大众创业，万众创新”，激发全社会创新潜能和创业活力。目前，“双创”已经在全国各地普遍展开，但诸如创业资源分散，没有规模优势，个人或小微企业“单兵作战”面临成功率低、风险性高、科技成果不易转化等问题，成为“双创”发展的隐患。不少地方只是做孵化器，提供创业空间或者税费减免、人才公寓等配套政策，没有从创业小微的全生命周期、全产业链角度进行全方位扶持，往往导致创业企业成活率不高，带来政府政策投入的资源浪费。海尔建设共享式双创平台，深入分析社会上双创建设中存在的问题，通过自身实践探索双创平台建设，助力全社会“大众创业，万众创新”。

（三）海尔的人单合一模式实践为双创平台提供了基础和保障

早在2005年，基于互联网时代“零距离”“去中心化”及“去中介化”的特征，海尔便开始探索人单合一管理模式。“人单合一”中，“人”是指员工，“单”是指用户价值，“合一”意味着员工和用户的零距离连接。“人单合一”使每个员工都成为自己的CEO，并组成直面市场的自组织，员工通过为用户创造价值实现自身价值。经过12年的持续探索，目前人单合一已迭代升级为“人单合一2.0——共创共赢生态圈模式”。“人”从员工升级为攸关各方，“单”从用户价值升级到用户资源，“双赢”升级为共赢，最终目的是实现共创共赢生态圈的多方共赢增值。海尔创新人单合一管理模式，就是探索企业互联网转型，从传统企业转型为开放的平台型企业，搭建平台让员工、创客可以在海尔平台上发挥自己的创

造力，实现自我价值，为海尔双创平台提供战略指导和机制保障。

海尔双创平台是首家以大企业创业转型为依托，全面开放大企业资源的开放式创业加速平台，着力搭建一个开放的、可复制推广的共享式双创平台：一方面将员工创客化变成创业者，打造一个利益共享、共创、共赢的平台，每一位创客都有公平、公开创业发展的机会；另一方面，向社会开放，为创业企业成长和个人创业提供低成本、便利化、全要素的开放创业生态系统，让每个有创业梦想的人都可以通过海尔开放平台进行孵化。

二、基于人单合一模式的共享式双创平台建设内涵和主要做法

海尔以人单合一管理模式为驱动，建设共享式创业平台，打造全球领先的“互联互通新生态，共创共赢新平台”：以搭建共创共赢生态圈的战略明确双创平台的指导原则；颠覆传统的科层制为网络节点组织，开放连接世界资源；以用户付薪颠覆企业付薪，解决创业中的激励问题；建立战略损益表、共赢增值表，帮助创业者锁定引领的战略目标以及实践路径；搭建5大模块服务平台，建立创业服务生态系统；提供6种创客孵化模式，帮助创客实现创业梦想。主要做法如下。

（一）推进企业战略转型和组织变革

1. 战略转型明确双创平台建设方向

战略转型是企业转型发展的前提。互联网时代，海尔以人单合一模式探索互联网转型，战略上就是要从“有围墙的花园”变成生生不息的“热带雨林”，从以企业为中心、以利润最大化为目的的封闭体系变成以用户为中心的共创共赢生态圈。海尔的目标是成为互联网企业，颠覆传统企业自成体系的封闭系统，变成网络互联中的节点，互联互通各种资源，打造后电商时代基于用户价值交互的共创共赢生态圈，实现攸关各方的共赢增值。这为海尔建设双创平台奠定了基础，指明了方向。海尔颠覆传统的企业边界思维，转型为开放的创业平台，为创业者提供低成本、便利化、全要素的开放创业生态系统，驱动实现从制造产品到孵化创客的转型。

2. 搭建互联互通的节点组织，开放连接世界资源

战略和组织的关系是从属关系——战略跟着时代走，组织跟着战略走。战略上，海尔要变成一个无边界的平台，组织就必须把封闭的科层制的企业变成互联网的一个节点，甚至企业里的所有人、组织都要变成节点。海尔颠覆了传统组织方式，将企业从金字塔式科层组织颠覆为以创业小微为基本单元的节点组织。组织颠覆后，海尔平台上没有传统的管理者，而是有平台主、小微主和创客三类人：平台主是平台服务者，小微主是小微的负责人，创客是小微的员工、创业者，三类人不是传统的上下级管控关系，而只是掌握的用户资源不同，他们都在为用户的最佳体验服务。创业小微作为海尔平台上的基本单元，以用户需求为中心，开放链接、整合外部优势资源，搭建共创共赢生态圈。

与此同时，海尔颠覆了传统的“市场分析—技术研发—工业设计—采购—制造—营销—服务”串联流程为并联流程，建立以用户为中心的开放并联平台，让研发、生产、制造、销售等环节围绕着用户需求并联起来，组成生态圈，协同为用户提供整体解决方案。例如，海尔馨厨首创了全球第一代互联网冰箱，除了具备一台传统冰箱的功能之外，更是互联网的入口，连接电商、娱乐、菜谱等服务，构建厨房场景下的生态系统。馨厨的创造者是一群不懂冰箱的人，但正因为不懂冰箱，所以他们更专注于用户的交互体验，更开放地整合全球一流资源，参与到冰箱的全流程设计制造中。实际上，不仅小微成了一个节点，小微产品也成为服务用户的节点，通过构建馨厨生态圈，馨厨冰箱也成为服务用户生活的平台/载体。目前，馨厨生态圈已吸引了中粮、欣和、金龙鱼、古井贡、雪花、统一、瞄上生鲜、蜻蜓FM、爱奇艺等30个资源方入驻平台。

（二）搭建创业服务生态体系

海尔致力于建成一个对全社会开放的共享式创业平台，依托海尔的用户资源、管理服务资源、供应

链和研发技术资源以及海尔品牌的影响力，建设“众创—众包—众扶—众筹”的智慧生态圈，为创业者提供“创意→设计→制造→销售”全产业、全要素的专业服务，形成专业、开放、共享三大特点，帮助解决创客项目成功率低、效率低、技术水平低三大问题。海尔双创平台下设创客学院、创客空间、创客工厂、创客服务、创新资源5个子平台，实现创新与创业、线上与线下、孵化与投资的系统结合，提供创客培养—创意落地—创业支持—产品市场化—小微引爆全流程、一站式孵化加速服务，构建了海尔的开放创业创新生态系统。

1. 创客学院

创客学院专门为加速培养创客而设立，依托海尔平台，吸引内外资源，通过公开课、训练营、导师辅导、互动社区等多种形式提升创客能力，搭建创客项目与投资人对接的平台，已形成集创客公开课、创业训练营、导师辅导、互动社区等多样化的创客加速培养体系。创客学院不仅培训创客，而且培养创客讲师，已累计培养创客讲师125名，帮助创客由原来的执行者转变为创业者；同时整合全球一流导师资源，吸引包括世界一流专家在内的20余名外部专家任创客学院客座导师，让普通创客也有机会聆听企业管理大师的指导。目前，创客学院累计组织了85期免费公开课，10余个项目对接众筹平台，为包含中兴通讯、国家电网、清华大学等企事业单位输出海尔模式。累积到现在，培训了2.6万名创客，这个数字相当于一个专业培训机构五年对创业人才的培养数量。

2. 创客工厂

近年来，新创的小微企业普遍面临新产品试制成本高的问题。要开发一个新产品，开发试制产品需要开模具，模具成本对于初创企业很高。为此，海尔开放企业核心模具资源，打造以国家级模具中心为基础的创客工厂，为小微企业提供高效低碳的创业服务。海尔也是第一家开放模具资源的企业。但在海尔的3D打印设备、模具工厂开放之后，就可以提供初创企业这一项服务，可直接降低初创企业研发成本的35%。目前，创客工厂云设计平台已搭建完成，云数据平台已建成青岛海尔样板工厂；创客工厂已实现孵化创客团队8家，孵化创新产品15款；为创客提供大规模定制生产服务的产品种数15个，年生产创客产品50000台，带动社会就业10000余人。

3. 创客空间

创客空间建设项目包含新建海尔信息谷、实体创客智慧空间、海尔创客数字技术服务平台（DTS）和海客会生活服务平台等。目前，海尔创客空间已升级为“产城创生态圈”模式，产业集群发展平台、双创平台、智慧生活平台三级联动，以产业带动创业，以创业促进就业，配套智慧生活社区，解决传统城市一个中心的发展掣肘，推动城市向多中心化发展，均衡城市的资源分配布局，为城市发展提供新动能和新样板，形成产业、创业、生活为一体，开放、共创、共赢的平台式生态圈。海尔“产城创生态圈”已在青岛、天津、上海、济南等城市落地，为创客提供不同体验的创业环境，打造“一公里”智慧生态圈。

4. 创业服务

海尔凭借管理优势，打造了线上创业孵化平台、创客交互平台、社区服务平台、物流配送平台、创客金融服务平台，形成一整套完善的创业服务体系，为小微企业提供专业服务，大大提高了创业效率。例如，创客金融服务平台目前累计新增投资项目18个，投资金额接近60亿元，金融服务覆盖中小微企业接近10000家。截至目前，在海尔双创平台上，线上累计孵化创业项目量达2180个。

5. 创新资源

海尔建立了开放的创新资源平台，包括HOPE创新平台、全球十大研发中心、检测验证与体验平台，致力于打造全球最大的创新生态系统和全流程创新社区，把研发者资源和创新创业结合起来，为创客创业创新提供资源和服务。目前，平台可触及的全球一流资源达420万个，注册用户资源50多万户，平均每年产生创意超1000个，累计成功孵化220个创新项目。通过创新资源平台的搭建，研发周期由12个月缩短到8个月，研发资源匹配周期从过去的8周缩短至4周，体验设计的服务周期较之前缩短了25%，模型检测验证周期缩短30%，大大降低创客的创业成本。

（三）探索建立不同类型的创业孵化模式

海尔人单合一模式驱动创客以用户需求为中心，通过用户交互发掘创业机会和市场，开放整合世界资源，形成共创共赢生态圈，实现创客、用户和利益相关方的共赢增值。目前，依托人单合一模式，海尔共享式双创平台为创客提供了6种创业孵化模式，帮助创客实现创新创业的梦想。

1. 企业员工在平台创业

这种模式指的是海尔员工在提出创业项目之，经过论证，集团能够支持，同时还能提供天使基金。在创业成立的公司中海尔是大股东，如果发展好并且和海尔的规划发展方向吻合，海尔享有优先回购权。如果创业公司的发展与海尔的方向不十分吻合，海尔就能够考虑卖出去。例如，小帅私人影院就是海尔员工在互联网平台上获得一些个性化需求后，整合资源成立的小微，需求一提出来就吸引了美国硅谷的创客团队及拥有大量供应链资源的行业专家一起创业。首先整合到美国硅谷技术，并找到了美国的德州仪器作为资源方，同时在武汉光谷布局生产基地，并在青岛进行投资孵化，全过程开放创新出解决方案，实现小帅投影仪的从无到有，首批5000台产品不足半小时即告售罄。2015年7月，创建小帅智能科技股份有限公司，目前产品已迭代到第三代，获得了B轮融资，市场估值2亿元。

2. 内部员工脱离企业在平台创业

这种模式指的是员工与海尔解除劳动关系，海尔会利用其平台支持创业。例如，2001年成立的海尔家居，隶属于海尔集团家居平台。因各种原因，业绩和人员反复变动，在市场上没有竞争力，发展前景不容乐观。2014年，海尔家居脱离海尔走上创业，通过实践人单合一模式，借助海尔资源实现了自身收入和利润的持续增长，并孵化出互联网装修的开创者——有住网。2016年，海尔家居、有住网等发起成立智慧住居生态圈——少海汇。目前该生态圈成员企业已有36家，年产值过百亿。2017年，海尔家居完成B轮融资，估值29亿元，继续朝着IPO的目标一步步迈进。

3. 合作伙伴在平台创业

这种模式是指上下游企业在海尔平台上创业，共享价值，实现共赢增值。例如，日日顺乐家在小区里放置“日日顺乐家快递柜”，用户只要凭借发送到手机上的密码就能够直接打开快递柜取走快递，通过服务获取用户信息，把用户变成资源，不仅可以入户营销，还可以把用户导流在线上。日日顺乐家的商业模式包括四个方面：快递末端解决方案、便民服务（包含居家养老服务）、农特产品直供平台和社区新媒体等。截至现在，日日顺乐家在全国已经有了1万多个社区智能柜和社区驿站，吸引100多个广告商、1100多个农产品供应商，还和多个金融公司和便民服务商建立了合作关系。

4. 社会资源在平台创业

通过定制化产品组合打通上下游，匹配服务型平台，做通整条产业链，盘活产业生态，撬动整个行业升级。例如，海尔产业金融致力于构建农业产业生态圈，提供的不是单一的资金，而是从整个产业生态角度提供金融工具。食品农业小微2014年成立，5个创业者从管理咨询公司来到海尔的创业平台，创业者从帮助蛋鸡品牌商整合全产业链开始，将供应端（种鸡农、饲料企业、设备商）、生产端（蛋农）、销售端（蛋品销售平台）、研发中心（蛋品研究中心）整合到一起，从培育健康的仔鸡开始，到安全养殖、稳定销售等，形成一个完整的闭环，为广大的消费者提供安全健康的鸡蛋。同时，产业链上的各方资源都找到了创业成长的平台。

5. 全球资源在平台创业

海尔坚持“世界是我的研发部”“世界是我的人力资源部”理念，全球所有人、机构都能够在海尔平台上看到用户提出的需求，可以根据需求提出自己的创意。例如，2013—2014年，海尔洗衣机团队在网上征集洗衣机内筒脏这一问题的创意解决方案，当时吸引了990多万用户参与交互，共收集到846个创意方案，最后，一名19岁的重庆大学生网友提出的点子获得了众多创客的支持，认为最具商业化价值，于是创意被采纳。该项目还吸引了来自全球的26个专家团队及美国3M、联合利华、陶氏等全球500强企业进行了资源整合和专利分享。免清洗洗衣机上市以来受到了用户广泛好评，也实现了多方共赢。每卖一台免清洗洗衣机，这名提交方案的学生就会有利益分享，同时资源方供应商参与设计，优先供给，员工也可以获得收益。目前海尔免清洗系列洗衣机销量已突破100万台，并出口销售至印度、巴基斯坦及东南亚等多个国家。

6. 用户在平台创业

这种模式就是用户可以自己定制产品，如果创意好，经过论证可在海尔平台发布，用户可以参与分成。例如，顺逛微店是海尔官方微店，面向全社会招募微店主，并且所有微店都可以获得日日顺的官方认证，所以很多用户都从消费者转为微店主，自己开起店来。因为顺逛背靠海尔强大的产品质量、售后、物流等保证，微店主无须为送货犯愁。同时，微店有独特的赚取佣金方式，解决了很多普通消费者想创业但没有货源、渠道、资金和场地的瓶颈。

（四）建立双创平台的保障机制和核算工具

1. 从企业付薪到用户付薪，驱动人人创客

在建设双创平台的过程中，海尔颠覆传统的“选、育、用、留”式人力资源管理，驱动员工从雇用者、执行者，变成创业者、合伙人，实现“人人创客”。海尔平台上，海尔不再给员工提供一个工作岗位，而是提供创业机会，海尔把自主决策权、分配权、用人权的三权让渡给小微，小微、创客不是和用户、企业博弈，而是与自己的能力博弈。在实践中，小微“竞单上岗、按单聚散”，坚持人力、资本社会化的原则，实现“自创业、自组织、自驱动”的“三自”机制的动态循环。

作为企业的重要驱动力，在激励方面，海尔颠覆传统的企业付薪为用户付薪，创客的薪酬不是领导决定，而是用户决定，每个创客的薪酬和自己创造的用户价值一一对应，这避免了传统模式下，所有人吃企业的“大数”，个人贡献和收益不匹配的问题。此外，海尔双创平台坚持资本社会化的原则，创业小微一定有外部风投投资，即社会资本的参与，同时创业者参与跟投，跟投多少与创客自身能创造的价值相对应，并以跟投股本做对赌，实现利益共享、风险共担。例如，海尔雷神游戏笔记本小微团队就是由“80后”的三位年轻人创建。他们利用互联网交互平台深入挖掘了3万条用户数据，自主发现市场机会，并开放链接、整合代工厂和设计资源，实现雷神品牌的从无到有。目前，雷神小微已实现向海外用户市场的拓展，2016年，雷神小微的销售收入达到9.6亿元，C轮估值6亿元，目前已登陆新三板。

2. 创建“二维点阵表、共赢增值表”管理工具

基于让员工、创客实现自我管理和自我激活，在创造用户价值的过程中实现自我价值的目的，海尔创新地提出了纵横轴匹配的二维点阵表和共赢增值表的管理工具，帮助创客更好地锁定创业创新的战略方向、差异化路径及绩效衡量。

一是纵横轴匹配的二维点阵。“二维点阵”上接海尔的战略损益表，下连创客的对赌承诺，实现全流程闭环。二维点阵承接战略损益表中的“战略与目标”，包括横轴和纵轴两个维度。横轴是企业价值（如收入、利润、平台交易额、市值等），体现企业在市场上的竞争力位次。纵轴是网络价值，是实现市场竞争力的驱动机制和发展所需的具体路径，聚焦的不是短期而是长期的持续发展。

二维点阵的创新性体现在四个方面。一是横轴目标设定。不是和自己比，比的是在行业中的竞争力。横轴分2、4、6、8、10五个分区，每个分区代表目标在行业中的竞争力——2区位表示行业平均水平，4区位表示行业平均1.2倍，6区位表示行业领先，8区位表示行业引领，10区位表示行业持续

优先——分区越高，说明目标在行业中的竞争力越强。二是纵横轴互为验证。纵轴是对横轴的校验，纵轴承接战略的因，产生横轴市场竞争力的果。横轴区位和纵轴区位相互匹配，例如横轴实现 6 区位的目标，纵轴不会达到 8 区位的水平。三是自主抢单。摒弃传统组织自上而下分配任务的模式，通过竞单上岗鼓励员工主动挖掘用户需求，抢更大的单。单是事前算赢的，每个员工都有事前算赢的三项，评价流程为公开透明、自报公议的方式。四是体系开放。单目标是开放的、动态优化的，体现的是行业竞争力水平。

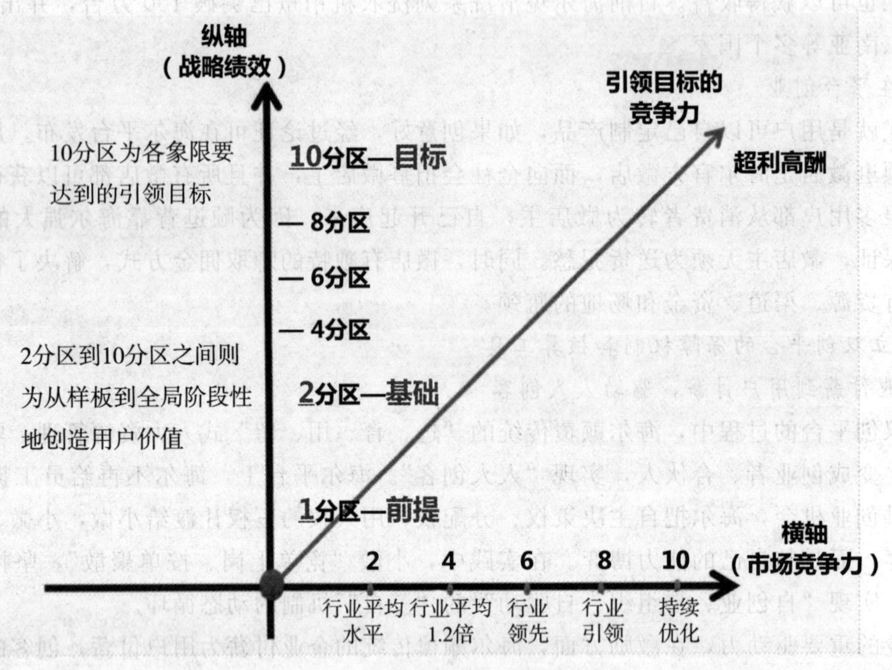

图 1　二维点阵示意图

二是共赢增值表。为实现创客收益与其创造的价值匹配，海尔创新探索出了共赢增值表。海尔平台上每个创客都有自己的共赢增值表，创客只有创造了用户资源才能实现个人的分享。共赢增值表主要包含 5 个部分，即用户资源、用户增值分享、收入、成本、边际收益。用户资源：全流程参与设计，最佳体验迭代升级，形成生态圈的用户；用户增值分享：差异化模式让生态利益各方按创造的增值共赢共享；收入：用户资源价值转化的直接体现，包括硬件及生态收入；成本：为实现用户价值所投入的资源成本，包括硬件及生态成本；边际收益：每单位（产品/用户/资金）所创造的收益，如图 2 所示。

共赢增值表的目标是促进创客建立多边市场，创造出共创共赢的平台。与传统损益表见数不见人不同，共赢增值表以用户增值为核心，目的是使生态圈中的所有利益相关方共赢增值。它驱动小微实现由封闭到开放的、有用户和资源方参与的模式，将消费者从产品购买者加速转化为用户资源，并持续驱动小微生态圈从边际效益递减的同质化竞争泥潭进入边际效益递增的自演进生态。

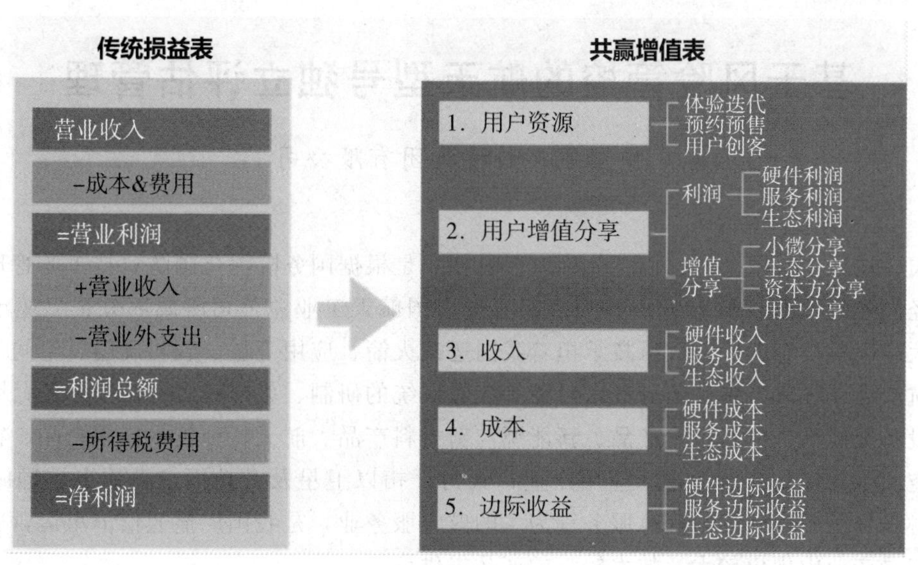

图 2 海尔共赢增值表示意图

三、基于人单合一模式的共享式双创平台建设效果

（一）建成国家级双创示范基地

目前，海尔双创平台已经成为国家首批“创客空间”和首批“山东省创客之家”，海尔双创模式先后得到了各界的高度赞同。

（二）经济效益显著

截至目前，海尔平台上已经汇聚了 3600 多家双创资源，1333 家风投机构，搭建了 15 个双创基地以及超过 120 亿元的创投基金。海尔平台上有 200 多个创业小微、3800 多个节点小微和上百万微店正在努力实践着资本和人力的社会化，已涌现出雷神、小帅、日日顺快递柜、海尔产业金融、有住网等众多具有代表性的小微，有超过 100 个创业小微年营收过亿元，47 个小微引入风投，其中 16 个小微估值过亿元，具备了创业板上市资格，海尔直接和间接创造了 160 万个就业机会。

（三）社会效益显著

海尔通过双创探索，转型成为开放的创业平台，助力创业者整合优势资源创业创新，共创共赢，实现了企业经济效益与社会责任、社会效益的有机融合，促进了企业与社会的共同发展。目前海尔创业平台已为全社会提供超过 160 万个就业机会；海尔产业金融帮助湘西肉牛企业打通全产业链，创新精准扶贫模式，使政府倡导的产业扶贫和金融扶贫落到实处；海尔跨境电商平台提升中小企业对接国际市场的竞争力，让中小企业具备与跨国公司对话的资质；海尔日日顺健康水站小微开展“一村一水站”项目，不仅解决农村饮用水痛点，而且以健康水站为载体，构建起遍布全国的农村生态圈，吸引到家电、酒水、快消品、农资、便民服务等多领域的近十家资源方共同合作的同时，更帮助村民自主创业。

（成果创造人：张瑞敏、周云杰、张玉波、赵建华、郑子辉、尹同刚、杨吉虎、赵艳滨、高　燕）

基于风险管控的航天型号独立评估管理

中国航天科技集团有限公司

中国航天科技集团有限公司（以下简称航天科技）是根据国务院深化国防科技工业管理体制改革的战略部署，经国务院批准，于 1999 年 7 月 1 日在原中国航天工业总公司所属部分企事业单位基础上组建的国有特大型高科技企业。航天科技承担着我国运载火箭、应用卫星、载人飞船、空间站、深空探测飞行器等宇航产品及战略导弹和部分战术导弹等武器系统的研制、生产和发射试验任务；同时，着力发展卫星应用设备及产品、信息技术产品、新能源与新材料产品、航天特种技术应用产品、特种车辆及汽车零部件、空间生物产品等航天技术应用产业；大力开拓以卫星及其地面运营服务、国际宇航商业服务、航天金融投资服务、软件与信息服务等为主的航天服务业，是我国广播通信卫星运营服务商；是我国影像信息记录产业中规模较大、技术较强的产品提供商。

一、基于风险管控的航天型号独立评估管理背景

（一）适应航天发展新形势，确保任务成功的需要

目前，随着航天技术的发展以及国家战略的需要，航天型号发射任务大幅增加，各类航天型号发射进入高密度发射阶段，产品研制单位的科研生产任务日益繁重。同时，航天型号紧跟国际技术前沿，不断提高技术指标和性能要求，由此导致大量新技术、新材料、新工艺、新产品的应用，这些都给型号研制的质量管理提出了新挑战。基于工程第三方的装备风险独立评估工作可以为型号研制质量管理提供新的方法和途径，能够利用航天领域丰富的专家资源和全行业的工程经验，在研制过程中进行风险识别和分析，为研制单位提供切实有效的改进建议，提高研制质量管理的针对性和有效性。同时，独立风险评估能够为各级管理部门的决策提供公正、客观的建议，有力支撑机关管理工作，为管理机关在研制过程的关键环节准确、全面地掌握装备质量风险提供抓手。

（二）创新风险管控模式，提升评估效果的需要

党中央国务院高度重视航天事业，实施了以载人航天工程、嫦娥探月工程、新一代运载火箭、重大专项为代表的一批国家重点工程。航天科技作为这些重大型号的主要承研承制单位，需要创新集团管控手段，提高管控效率，深入型号研制过程，既要全面掌握研制情况，又要保证研制单位与用户及时沟通，调配资源保证技术创新的高质量高可靠，全面满足任务要求。因此，集团公司研究实施航天型号独立评估制度，通过实施航天型号独立评估，建立第三方评估机制，提升评估的客观性和准确性；同时，协调用户、管理机关和研制单位，通过评估，深入全面掌握各重点型号研制状态，强化风险管控，有效识别型号技术方案风险，避免因信息不通畅和风险识别不到位导致的管理效率降低，从而对研制进度和质量造成的负面影响，确保重大型号一次成功。

（三）促进知识经验的传承，弥补年轻队伍工程经历不足的需要

近年来，在高密度发射、多型号任务研制的背景下，大量年轻员工走向核心技术岗位。年轻人善于创新、有干劲，已初步成为中国航天的中流砥柱。但是，年轻人的不足就是缺少经验。所以，还得需要相关行业和领域的著名专家和有经验的员工实施独立评估，将过去在型号研制过程中走过的艰难历程、取得的经验教训与型号研制队伍进行交流。这是控制型号任务风险，保证产品质量最有效的方式。独立风险评估工作实质上是充分利用老专家们的经验和阅历，采用包括专题评审、复核复算、试验验证和仿真分析等手段，分析重大风险领域，挖掘风险隐患。通过独立风险评估的方式，让老专家们为年轻的型

号队伍把关，帮助型号研制单位发现问题，提出解决问题的建议措施，以确保型号任务成功的同时，达到培养研制队伍的目的。

二、基于风险管控的航天型号独立评估管理内涵和主要做法

航天型号独立评估工作作为一项基于系统工程管理的，服务于工程、型号总体的风险管控实践活动，在国内外国防军工领域属首创。航天科技对此进行顶层策划、科学规划，对独立评估的特征做出明确界定并充分协调资源予以保障，以型号任务成功为导向，全面覆盖聚焦评估；以科学流程策划为基础，确保规范有序评估；以独立权威团队为保证，细化专业分工评估；以深入型号一线为特点，迭代闭环充分评估；以完善文件体系为保障，形成评估长效机制。

（一）明确思路，确定航天型号独立评估的目标和原则

航天型号独立评估是针对国家专项工程、航天科技重点型号、首飞型号以及技术风险较大的在研型号，由独立于型号研制团队以外相关领域的知名院士、航天科技内外具有丰富工程研制经验的顶级权威专家团队，围绕关键技术、关键产品和关键过程，通过开展专题调研、交流以及复核复算等工作，对被评估型号的设计、生产、试验中的重大风险项目进行识别、分析和评价的活动。

航天科技明确航天型号独立评估的总体思路。秉承航天“严肃认真、周到细致、稳妥可靠、万无一失”十六字方针，以“严、慎、细、实”的工作作风为指导，坚持“大胆质疑、小心求证、关注细节、眼见为实”的理念，依托型号相关领域技术资源和专家队伍资源，以型号研制任务书和研制过程技术文件为客观依据，独立评估主要从识别风险的角度，运用文件查阅、实物考证、交流质询和试验验证等多种形式，围绕研制任务总目标的实现，对技术方案、产品设计、试验验证、可靠性、故障预案以及关键技术突破情况等方面进行独立、客观、深入的专业评估。

确立航天型号独立评估的目标。发挥群体专家的作用，群策群力，确认技术指标一致性、系统间接口考核验证的全面性、重大关键技术及重大工艺攻关情况、研制过程重大技术状态更改控制情况、重大质量问题归零情况、转阶段遗留问题处理情况、关键产品设计裕度合理性、评估可靠性设计方案的正确性、分析和验证工作的合理性和充分性、环境条件设计的合理性以及仿真模型的正确性和计算结果的合理性等，帮助型号研制单位识别出可能影响型号任务成功的重大风险项目、重大技术薄弱环节和潜在技术风险，提出建议和措施，并为确保型号任务成功提供权威的评估意见。

航天型号独立评估的原则。独立性、专业性、客观性、深入性。独立性：独立评估专家应由独立于被评估型号研制团队的专家担任。专业性：独立评估组应由被评估型号专业技术领域的权威专家组成。客观性：独立评估应以被评估型号的研制任务书、研制方案、技术资料、产品实物、研制过程记录和报告等证实材料为客观依据。深入性：独立评估应遵循“大胆质疑、小心求证”的态度，深入型号研制工作，深入分析技术方案和技术细节，开展必要的复核复算和试验验证，跟踪问题和建议的闭环。

（二）以型号任务成功为导向，全面覆盖聚焦评估

独立评估工作围绕航天型号任务目标，将风险管控理念贯穿独立评估工作全过程，识别影响任务成败的重大技术薄弱环节和潜在技术风险，以“加强航天型号风险识别和分析工作若干要求”“宇航型号技术风险分析与控制要求”“武器型号技术风险分析与控制工作管理办法”等文件为基础，创新性地提出：方案可行性、合理性和正确性；技术指标满足任务要求情况；关键技术成熟度情况；新技术、新材料、新工艺等情况；可靠性、安全性和环境适应性设计、分析、试验、评估的正确性及有效性；系统接口的协调性和匹配性；试验验证、仿真分析的全面性、充分性以及测试覆盖性情况；关键软件研制、关键元器件保证等情况；技术状态控制、生产过程质量控制和质量问题归零等情况；其他薄弱环节和潜在技术风险10个方面的独立评估内容。

（三）以科学流程策划为基础，确保规范有序评估

航天型号独立评估工作针对的是航天重点型号、国家重大专项工程，评估工作参与人员数量多，被评估单位地理分布广，评估专家工作时间安排难度大，尤其是评估工作持续时间长，一般为3～6个月。为保证评估工作规范有序开展，按照策划、实施、总结、闭环四个阶段，明确相应的评估工作思路和重点工作内容。

一是评估策划阶段。本阶段的工作思路是解放思想，集思广益。主要任务是紧密结合型号特点完成对评估委员会人选的提名，组建评估办公室，同时集团公司有关职能部门与型号两总沟通，确定独立评估重大项目及对应组建专项评估组。策划阶段结束的标志是召开评估委员会首次会议。评估委员会首次会上听取型号两总汇报，制订独立评估工作计划，明确评估内容、工作分工和进度安排。

二是评估实施阶段。本阶段的工作思路是“大胆质疑、小心求证、关注细节、注重证据”。本阶段的工作任务是对照各评估组关注风险项目分工，严格把关，帮助型号研制单位发现问题，提出解决问题的建议。本阶段工作结束的标志是各评估组召开末次会议，梳理重点关注问题及风险点解决情况，总结评估任务完成情况，形成初步评估结论与建议。

三是评估总结阶段。本阶段各专项评估组系统梳理评估工作成果，紧紧围绕评估组关注的风险点，回顾分析评估过程所提问题和型号系统对问题的书面答复，对风险的识别和管控措施有效性给出正式评估结论和评估建议，按照统一评估文件要求，编制完成专项评估报告；在此基础上评估办公室汇总整理各专项评估组评估报告，初步编写完成独立评估工作总报告。提请评估委员会讨论通过针对型号设计方案正确性、试验充分性、测试覆盖性等方面的最终评估结论和评估建议。

四是评估闭环阶段。评估闭环是体现航天型号独立评估工作深入性的重要特点，由于独立评估工作早于型号发射或飞行结束，因此截至评估工作总结会时，会存在型号研制方仍未完成评估问题答复和评估建议未完全落实的情况，对此，评估办公室会持续与型号研制方沟通，跟踪问题答复和建议落实情况，督促型号两总系统负责形成报告或说明，报集团公司有关部门，完成风险识别管控工作闭环。

（四）以独立权威团队为保证，细化专业分工评估

针对航天型号研制涉及专业领域广、专业能力要求高的特点，独立评估工作在评估专家选择方面，充分考虑专家的专业地位、专家来源和专家数量，充分吸纳、广泛吸收军方、中科院、高校及军工集团的型号研制领域顶级专家，建立集团公司独立评估专家库，目前已有20项专业领域的300余位评估专家，全部具有高级专业技术职称，其中院士16位。

在开展独立评估工作策划之初，坚持专家独立于型号研制队伍的原则，从根本上保证评估工作的独立性。同时，针对重大风险项目领域分别设置评估组，按照专家工作领域、型号工程经历、专业特长、型号独立评估工作经历，按照每个评估组10～20位的数量，选派专家进入专项评估组，参加相关型号的独立评估工作，从专家团队独立性、专业性和数量等方面确保独立评估工作效果。

（五）以深入型号一线为特点，迭代闭环充分评估

航天型号独立评估不同于通常意义上的论证、评审，具有持续时间长、介入程度深，与型号联系紧的特点，从评估工作启动开始，专家组要深入型号研制单位、研制队伍和研制现场，熟悉研制工作情况，围绕型号关键技术风险点，评估双方通过交流提问、型号答复、实施整改、效果评价等环节和上述流程的多轮迭代，确保风险被充分识别，确保风险管控措施有效，确保问题闭环。

首先，评估组深入了解型号研制情况，提出评估组关注问题清单，并反馈给被评估型号。接下来，型号系统组织开展相应工作，对评估组提出的问题进行书面答复，两总和设计师系统要提供有效的资料和依据。必要时提供证实性材料。评估组听取问题答复，对关键问题涉及的图纸、试验报告、结果、数据要亲自核验，做到眼见为实。对重点关注问题进行分析研究后提出需要进一步核实的问题，型号系统

进一步开展复核复算、试验验证等工作，再次反馈情况，评估双方进行充分交流，直至评估组与型号系统就风险识别的充分性、风险管控的有效性和故障预案的正确性、可靠性达成共识，落实风险管控措施，完成评估问题和评估建议闭环。

（六）以研制过程事实为依据，多种方式循证评估

航天型号独立评估突破单纯听取研制队伍汇报的评估检查方式，特别关注技术方案涉及的证据，以研制任务书、设计方案、研制报告和过程记录等为依据，综合运用查阅资料、实物考证、交流质询、分析研究、复核复算、试验验证等多种方式，深入开展评估工作。在评估过程中，各专项评估组可以采用多种方式开展评估活动，一般包括。

听取汇报。评估组听取型号系统研制方案、风险管控、试验验证等专题汇报，并与型号系统深入交流技术问题。

查阅资料。评估组查阅型号系统提供的方案设计、产品研制、专项试验、归零报告等技术文件，也可根据评估工作提出需查看的其他相关文件资料。

实物考证。评估组从产品、专业等角度开展实物考证工作，证实型号任务完成与技术方案实现情况。

分析与研究。评估组根据被评估型号提供的技术资料等客观证实文件，对重大风险项目进行分析与研究，综合考虑设计、试验和生产等方面的风险要素，梳理形成评估组关注问题清单。

交流质询。型号系统针对评估组提出的重点问题开展相关工作，将工作结果反馈给评估组，评估组就反馈情况与被评估型号系统进行沟通。

复核复算。评估组根据型号系统提供的数据，对重要技术指标组织开展复核复算工作。

试验验证。评估组可要求型号系统做进一步试验验证，必要时，评估组可安排第三方进行试验验证。

（七）以顶层策划组织为牵引，各方联动形成合力

航天型号独立评估实施以来，持续完善组织和支撑保障，已经建立了较为完善的组织管理体系、评估队伍体系，形成了科学规范的独立评估工作机制，有效保证了独立评估工作的顺利开展。

1. 组织管理体系

航天型号独立评估面向型号总体，涉及单位跨集团、院、厂（所），组织管理工作非常重要，为此，集团公司对独立评估组织工作进行系统梳理，建立完善的组织管理体系。

成立由集团公司科技委主任领衔的独立评估委员会，从顶层科学高效地策划和指导评估工作；集团公司牵头，联合工程总体、装备主管部门及用户成立独立评估办公室，在资源调配和组织协调方面突破了研制单位的局限性，确保评估工作的深入和高效。

集团公司相关职能部门、独立评估组织的职责，如表1所示。

表1 航天型号独立评估组织职责

属性	组织名称	职责
集团公司职能部门	科技委	负责明确评估委员会主任人选。评估委员会主任商集团公司总部有关部门及型号两总确定评估委员会委员名单并组织开展独立评估工作
	型号管理部门	负责提出需开展独立评估的型号，研究提出评估重点内容，并配合开展独立评估工作，负责编制预算，落实经费渠道

续表

属性	组织名称	职责
集团公司职能部门	质量技术部	对独立评估工作进行归口管理，负责策划组织实施评估工作，制订年度评估工作计划，组建评估委员会和评估办公室，协调评估有关工作事项；归口管理独立评估工作经费预算，提出预算安排建议
	财务部	负责独立评估经费预算汇总及支付管理等工作
独立评估组织	评估委员会	评估委员会设主任1名，副主任和技术顾问视需要设定，成员为集团公司内外相关领域的专家。 评估委员会职责如下 (1) 确定型号评估的重大风险项目，制订独立评估工作计划 (2) 组建评估组，明确评估组组长及成员，审议各评估组评估总结报告 (3) 开展评估工作总结，提出独立评估结论和建议，形成独立评估工作总结报告
	评估办公室	评估办公室设主任1名，由集团公司质量技术部领导担任，副主任视需要设定，成员一般由集团公司质量管理部门、型号管理部门、科技委以及主要研制单位和航天标准化与产品保证研究院有关人员组成 评估办公室职责如下 (1) 协助评估委员会实施评估管理，协助制订评估工作计划，协助成立评估组，组织召开评估工作首次会议和末次会议 (2) 协助评估组开展评估实施工作，收集和整理评估过程技术资料 (3) 协助编写评估总结报告
	专项评估组	(1) 各评估组设组长1名，由相关领域权威专家担任，副组长和技术顾问视需要设定。评估组人员的组成应综合考虑被评估项目的专业覆盖范围等因素，可根据评估需求进行动态调整 (2) 评估专家组主要职责是制订评估组工作计划，确定评估内容、工作方式、专业分工和进度安排等；对型号重大风险项目实施评估；开展评估组工作总结，提出评估结论和建议，编写评估组评估总结报告。 (3) 评估组设技术秘书和综合秘书，技术秘书负责评估工作记录和评估组总结报告的编制工作，综合秘书协助评估组长组织协调评估工作
型号研制方	型号总体院型号两总	(1) 协助提出型号重大风险项目清单 (2) 向评估组派出技术秘书，协助承担技术支持工作 (3) 组织研制情况汇报，提供评估所需技术资料，答复评估组提出的问题 (4) 根据评估组意见，开展试验、计算、验证等工作 (5) 对评估组所提建议给出是否采纳的意见并说明原因，负责遗留问题的处理，完成评估内容的闭环
	型号抓总单位项目办	提供必要的保障条件，明确专人负责沟通联络、活动安排、文件传递、后勤保障等
	型号研制单位	根据评估组要求，汇报产品研制技术方案、可靠性设计验证、开展试验验证、仿真计算和复核复算等工作

2. 支撑保障体系

航天科技依托专业机构，组建具有质量管理、风险管理以及航天工程专业知识背景的独立评估秘书队伍，型号专项评估组一般设有技术秘书和综合秘书，分工负责独立评估组的支撑工作，服务于独立评估委员会和各专项专家组，及时记录管理专家组的评估成果，协调评估专家日程，负责与型号研制方面对接安排评估活动。

(八) 以完善文件体系为保障，形成评估长效机制

为确保航天型号独立评估工作的规范开展，形成长效机制，针对独立评估工作特点，航天科技组织

研究制定《航天科技集团公司型号独立评估准则》《航天型号独立评估工作管理要求》等一系列独立评估制度文件以及《独立评估工作总结报告》《专项评估组总结报告》《独立评估组会议纪要》等独立评估全过程规范化的技术报告、记录表格模板。其中，《航天科技集团公司型号独立评估准则》确定独立评估的定义、对象、时机、原则和作用等内容，明确评估内容；《航天型号独立评估工作管理要求》规定独立评估组织机构及各方职责，规定集团公司相关部门、各院、航天标准化院以及各评估组织在独立评估工作中的职责和工作程序，并就独立评估保障条件做出明确要求。

三、基于风险管控的航天型号独立评估管理效果

（一）确保了重大工程任务的顺利实施

目前开展独立评估的载人航天交会对接任务、探月工程嫦娥三号月球探测器、长征七号运载火箭和风云四号气象卫星等10余个重大航天型号、专项工程均获得一次成功。载人航天、探月等重大工程为国民经济建设和社会发展做出了重要贡献，独立评估工作的开展取得了巨大的经济和社会效益。2012年6月，我国首次载人航天交会对接任务圆满完成，实现了中国载人航天技术的又一重大突破；2013年11月，嫦娥三号着陆月球，中华民族几千年流传的嫦娥奔月神话传说成为现实；2015年至今，风云四号气象卫星、长征七号大推力运载火箭发射以及国家重大专项飞行试验任务相继获得成功，不断证明航天型号独立评估的有效性。同时，搭建了航天知识经验交流平台和高端技术人才成长平台。在评估专家团队的把关帮助和经验传授下，型号研制团队，特别是已经逐步成为中国航天中流砥柱的年轻型号设计师，获得了研制任务急需的相关领域核心技术成果和工程经验，提高了型号队伍技术攻关能力和型号管理水平，确保了任务顺利完成。

（二）促进了型号风险识别和关键技术的突破

开展航天型号独立评估，发挥专家群体优势，紧盯影响型号任务成败的关键风险点，实实在在地助力核心技术关键技术的突破。例如，嫦娥三号独立评估工作围绕月球探测器安全着陆以及开展月面巡视的可靠性、安全性和关键技术潜在的风险，提出405个问题，形成18项建议，解决了“一次近月制动中发动机提前关机预案时效性不足”“环月变轨单组元发动机推力判断错误”“着陆关键事件及动作风险紧急重要度排序分析不足”以及“巡视器月面直行避障右转模式故障预案缺失”等技术隐患。探月三期高超声速再入返回关键技术独立评估工作中，梳理出181个问题，形成3项建议，解决了“对烧蚀因素导致气动力矩干扰效应考虑不足”“亚跨声速喷流效率分析不足”“总体弹道设计与GNC系统制导律设计配合协调不充分”以及“防热结构材料的不连续致烧蚀不匹配问题管控措施风险”等关键技术风险，确保顺利突破再入返回关键技术。风云四号独立评估工作梳理了258个问题，形成9项建议，解决了“蓄电池充放电引至星表风险”“供电接口电路安全性、下位机及FPGA可靠性设计风险”“均衡管理器漏电流风险”“某关键载荷动力学干扰力矩影响卫星姿态控制风险”“活动部组件预紧力加载可能引起膜层破坏导致摩擦力矩异常的风险”等关键技术风险。长征七号独立评估工作梳理了26个问题，形成3项建议，解决了“增压输送系统长跨度管路连接边界动、静载荷影响分析不足”“箭地连接多余物防控风险大”“底部喷流辐射热环境天地差异问题”等关键技术风险。通过对十余个重点型号开展独立评估，共计识别技术风险和提出建议2500余项，帮助各型号研制队伍有效识别了技术风险，圆满完成了关键技术突破，有力地支撑了国家重大战略任务的研制工作。

（三）探索了航天型号风险管控的新思路

在航天新的发展阶段，风险管控已经成为贯穿航天型号研制的主线，航天科技也在不断摸索和完善风险识别与控制的方法和手段。型号独立评估工作探索了航天型号风险管控的新模式新方法，并在实际应用过程中取得了实效，形成了支撑航天型号风险管控的组织、队伍、流程和工作机制。自2010年首次对载人航天工程任务开展独立评估以来，在后续开展过程中，不断取得良好效果，有力地保障了嫦娥

三号、长征七号、上面级、长征十一号、风云四号卫星等重大任务的圆满完成，其风险管控作用已得到国防科工局和装备主管部门的高度认可。独立评估工作经过持续不断的发展完善，形成的模式方法可以为其他型号开展风险管控提供有益借鉴。

（成果创造人：徐　强、师宏耕、杨多和、卿寿松、贾成武、李　胜、贾纯锋、王　磊、张　华、朱　放、张　然、仲维昆）

突破第三代采铀技术的科技创新管理

中国铀业有限公司

中国铀业有限公司（原中核集团地质矿产事业部，以下简称中国铀业）是在全面整合中国核工业地质局、中核金原铀业有限责任公司和中国国核海外铀业有限公司管理职能的基础上组建的，是铀矿地质勘查的主力军，是国内天然铀产品的专营供应商，是国外天然铀勘查开发的核心力量。中国铀业肩负着打造“核军工发展基石、核电发展粮仓”的历史使命，是核工业发展的先行、前提和基础。中国铀业下辖 30 余家地勘、采冶、设计、科研等企事业单位，形成了集铀矿勘探、采冶、纯化转化、科研、设计施工、仓储为一体的完整体系。截至 2016 年年底，中国铀业资产总额 210.5 亿元，净资产 62.3 亿元，共有在岗职工 1.07 万人。中国铀业 2000 年以来获国家科技进步奖 9 项，“十二五”以来获国家科技进步二等奖 3 项，省部级科技进步奖数十项。

一、突破第三代采铀技术的科技创新管理背景

（一）充分利用我国自有资源满足国家对天然铀保障能力的需求

天然铀是核工业的“粮食”，是发展独立自主核工业的前提和基础，是履行我国核军工历史新使命和核能产业规模化发展的基础安全屏障。受国际核强国新型军事力量博弈和地缘政治变化的新影响，铀资源国际贸易、核心技术和配套装备愈发成为各国政府的严格管控对象和外交筹码。国内天然铀必须满足核军工和国防建设的需求。军用铀资源供给既要考虑到正常情况下的供给，更要考虑到战争或国家安全受到威胁时候的供给。因此，立足国内，快速提升铀资源采冶核心技术水平，促进铀资源开发产业升级，缩短与先进国家和国际大公司的差距，形成与我国实际相适应的铀资源开发技术水平，具有重大的战略意义和现实意义。同时，核能产业的快速发展也对天然铀保障能力提出了长远需求。我国已成为当前全球核电站在建规模最大的国家，根据国家《核电中长期发展规划（2011－2020）》，到 2020 年我国核电装机容量至少达到 5800 万千瓦。根据我国核电发展的速度和规模测算，2020 年当年需要提供天然铀 1 万余吨，从目前到 2020 年累计需要铀资源近 5 万吨，以后的需求量还将不断攀升。国内铀资源的开发在满足核军工需求的同时，也必须为核能产业的发展提供必要的保障。自我国铀矿采冶工业体系建立以来，我国铀矿开发以南方硬岩为主，由于存在单个矿床规模较小、矿性较复杂、开采成本偏高、自动化程度低、安全隐患多等问题，同时在铀矿开发技术研发上也遇到了瓶颈，仅依靠硬岩开发的铀产量不能满足国防建设和核能产业发展对铀资源的需求。为切实提高天然铀的安全供应保障能力，必须超前开展铀资源关键技术攻关，提升铀资源开发的技术能力，为天然铀开发提供技术保障。因此，研究开发新一代提铀技术，形成先进铀提取技术体系，是满足核能产业发展和核军工对天然铀保障能力的要求。

（二）提升天然铀提取水平的必然选择

铀资源是国家战略资源和重要的能源资源，是核军工和核电的重要原料。我国铀资源的基本特点是散、贫，矿体分散，矿石品位低，铀矿石类型复杂，研究相应铀矿石的高效开发技术意义重大。我国铀矿采冶工业自建立之初，经历了不同的技术阶段，形成了不同层次的铀矿采冶技术体系。进入 21 世纪以来，随着铀矿地质勘查程度的深入和扩大，我国铀资源分布变为以北方砂岩型铀资源为主，其中砂岩型铀资源量占比超过 40%。在我国已探明的砂岩型铀资源中，低品位、低渗透、高碳酸盐、高矿化度等“两高两低”型复杂砂岩型铀资源占砂岩型铀资源量的 70%以上，依靠原有采铀技术难以开采。因此，针对资源量巨大的“两高两低”复杂砂岩型铀矿，开发具有自主知识产权的新一代地浸采铀新工艺

势在必行。

（三）创新驱动发展的必然要求

2012 年，中核集团发布龙腾科技创新计划，龙腾计划是中核集团全面实施创新驱动发展战略的重大举措，是科研的主线。为落实全国科技创新大会的总体部署，大力实施创新驱动发展战略，加快推进世界一流核科技创新集团建设，中核集团发布《创新科技管理体制机制、促进科技成果转化的若干措施》，以充分激发广大科技人员的创新热情，支撑我国核力量加速提升和核能安全高效发展。中国铀业依托技术创新，创建了中国铀矿勘查开发的技术体系，为我国核工业的创建和发展做出了重大贡献。但是，进入 21 世纪以来，铀矿采冶技术发展呈现停滞态势，科研工作与生产所需技术出现脱节现象，科研和工业生产之间出现各自孤立的趋势，不能满足产业发展需求。因此，必须创新科技管理思路，以产业发展需求为导向，紧密结合铀矿采冶产业发展重点方向，针对铀资源禀赋条件现状，开展科研技术攻关，研发有针对性的提铀技术，建立新一代铀矿采冶技术体系，为我国铀资源的高效、科学、可持续开发提供技术支撑保障。2012 年，中国铀业确立了突破第三代采铀技术，实现“两高两低”复杂砂岩型铀资源工业化经济开发的目标。

二、突破第三代采铀技术的科技创新管理内涵和主要做法

中国铀业为服务于我国铀资源开发，以产业发展需求为导向，梳理产业发展现状，确定第三代采铀技术的研发目标，确立赶超对标体系，明确攻关重点技术，整合集团优势专业资源，组建科技创新团队，进行产学研联合攻关，加强内部协同合作，协同考核绩效，形成标准化解决方案等，形成并掌握具有自主知识产权的第三代采铀技术，实现储量巨大的“两高两低”复杂砂岩型铀矿资源开发利用，大大提高我国已查明砂岩型铀资源的利用率，使“呆矿”变为经济可采的宝贵资源。主要做法如下。

（一）梳理产业发展现状，确定突破第三代采铀技术的研发目标

1. 梳理天然铀产业生产现状

我国铀矿开发主要以南方硬岩为主，开采方法以地下采掘为主、露天采掘为辅，水冶工艺采用搅拌浸出、堆浸和原地破碎浸出技术。从 20 世纪 90 年代开始，逐步研发并完善了砂岩地浸酸法采铀技术。我国已开发利用铀矿资源总的特点是单个矿床规模较小、工业类型多，矿体厚度薄、产状变化大、赋存条件复杂；矿石品位较低、伴生元素多、矿性较复杂；可地浸砂岩型铀矿资源矿床地质、水文地质条件复杂；绝大部分矿床处于偏僻落后、经济不发达的山区，开发条件较差，建设投资大。在开发过程中，由于铀矿矿床储量普遍不大，资源禀赋条件普遍复杂，对应不同的矿床特性需要研发相适应的工艺技术，因此开发工艺种类繁多、开采成本偏高、自动化程度低，同时安全事故多发。在铀矿开发的技术研发上遇到了瓶颈。

2. 分析北方铀矿勘查成果

近 15 年来，随着我国铀矿勘查程度的持续深入，铀矿地质找矿工作在北方实现重大突破，新形成伊犁、吐哈、鄂尔多斯、二连、通辽、巴音戈壁 6 个大型铀资源基地，已探明 10 多个万吨至数万吨的特大型铀矿床，鄂尔多斯盆地成为我国首个 10 万吨级铀矿基地。因此，铀矿采冶技术研发的重心必须进行转变，从以南方硬岩开发为主，转向针对资源储量巨大的北方砂岩型铀资源开发技术。

3. 明确第三代采铀技术科技创新的研发目标

在 2000 年前后，用硫酸做溶浸液的地浸在我国实现规模化工业应用，并形成酸法地浸的技术体系，标志着酸法地浸工艺技术基本成熟。针对含矿层化学结垢和钻孔堵塞非常严重的矿床，酸法工艺并不适用。采用碱法工艺，堵塞问题得到有效缓解，但浸出速度相比酸法缓慢，液铀浓度相对较低，且生产成本过高。

为突破第三代采铀技术，中国铀业调配各方优势资源，实施科技攻关，尝试使用 CO_2 和 O_2 进行地

浸采铀试验，在地下水中加入 CO_2，形成的碳酸氢根离子与矿层中的铀发生反应，使铀溶解在溶液中，并有效抑制钙离子沉淀的形成，从而解决这类砂岩型铀矿地浸开采中耗酸量大、易堵塞的技术难题。但是，气体在液体中容易逸出，要将气体加入液体，需要解决几个关键问题。首先要让气体溶于液体注入矿层，然后让溶液选择性溶出矿层中的铀，回收时将铀从浸出液中分离，技术难度巨大。

同时，为配合科技创新，大力推进组织机构变革、机制体制创新，建立内外部协同的研发体系，力争尽快突破“两高两低”型复杂砂岩铀矿开发技术，形成第三代采铀技术体系，并实现工业化应用。

4. 争取多渠道资金支持

针对第三代采铀关键技术攻关，大力争取多渠道经费支持，主要包括国防预研、核能开发、集团集中研发、铀矿冶自主研发基金项目等，为第三代采铀技术的攻关提供资金保障。

（二）确立赶超对标体系，明确攻关重点技术

世界核能协会及国际原子能机构的资料显示，世界上现有 20 余个国家的 50 多座铀矿山在生产运行，其中露天开采约占 20%，地下开采约占 25%，地浸占 45%。由此可见，世界铀矿采冶技术以露天开采、地下开采等常规采冶和地浸采铀工艺为主，其中地浸采铀占比较大。针对铀资源丰富、资源禀赋条件较好、开发成本较低的砂岩型铀资源，地浸采铀技术以酸法为主，如哈萨克斯坦采用酸法地浸采铀工艺，年产量约为 2 万铀。针对低渗透、高碳酸盐等复杂砂岩型铀资源，美国开发的 CO_2+O_2 地浸采铀技术较先进，能够实现这类资源的低成本有效开发。美国是唯一工业化应用该技术的国家，但对关键技术严加封锁和保密，不可能直接引进应用。面对我国储量巨大、不能应用酸法地浸采铀技术开发的铀资源，自主研发采用 CO_2+O_2 的新一代地浸采铀技术，实现这类铀资源的开发利用迫在眉睫，为此，中国铀业重点开展如下工作。

一是确立第三代采铀技术对标体系。针对研发应用 CO_2+O_2 的第三代采铀技术，瞄准国际先进水平，确定技术对标体系。

二是确定第三代采铀技术体系。为实现第三代采铀技术突破，精确定位需要攻关的技术重点，组织编制第三代采铀技术体系图，确定技术研发的方向，主要包括 CO_2 和 O_2 浸出铀机理、CO_2 和 O_2 井场浸出采铀技术、大流量地浸钻孔技术、浸出液加 CO_2 带压离子交换吸附技术、吸附尾液转型树脂和转型废水反渗透处理回用技术等。其中，CO_2 和 O_2 的高效注入，浸出液加 CO_2 带压吸附等技术突破难度大，是技术研发的重点。

（三）整合集团优势专业资源，组建科技创新团队

1. 组建梯次型科技攻关团队

按照第三代采铀技术研发需要，组建第三代采铀技术攻关团队，聘任集团公司首席专家为攻关团队负责人。设置“两总师”，即总指挥和总设计师，组织协同各项目团队在首席专家的带领下开展技术攻关；依托集团公司学科带头人计划和中国铀业青年英才计划汇聚各相关领域顶尖技术专家和青年骨干科研人员，形成各分专业领域的技术团队，老、中、青各层次技术人员协同工作，集中力量开展科研技术攻关。

2. 组建精干高效的现场试验项目组

针对第三代采铀技术现场试验攻关，按照“小核心、大协作”的原则，组建精干高效的现场试验项目组。从组织领导上，由中核金原铀业有限责任公司副总经理为现场项目组负责人，靠前指挥，实行扁平化管理，针对现场出现的问题，及时、快速、高效、协同解决，提高决策效率，快速推进项目实施。从人员配备上，抽调下属科研、钻探、生产单位中各领域的骨干力量，组成学科配置齐全、技术力量雄厚的现场试验团队，开展现场条件试验和扩大试验，全力推进第三代采铀技术的工业化应用。

3. 成立专业的地浸技术研究所

为实现资源优化整合、提高技术研发效率，中国铀业打破固有的机构设置和专业设置，依托核工业北京化工冶金研究院成立铀矿地浸技术研究所，从各单位选聘不同专业的技术骨干，专门从事铀矿地浸技术研发。铀矿地浸研究所人员队伍专业齐整、科研水平普遍较高，并建立人员动态流动机制，可根据技术研发需要从其他部门抽调技术骨干力量组建团队，精准对位进行关键技术研发。

（四）以军民融合进行产学研联合攻关

第三代采铀技术研发涉及基础理论创新和工程化应用研究。基础理论创新主要依托实验室完成，工程化应用研究必须结合现场试验条件。中国铀业在铀浸出、铀提取分离技术等方面具有技术优势，但是在新技术基础理论研究、新材料新设备研发与应用等方面比较薄弱，需要引进外部优势资源联合攻关。

1. 扎实推进基础理论研究

联合中国科学院、北京大学、天津大学、东华理工大学、南华大学等高校和科研院所，进行第三代采铀技术基础理论研究，建立 CO_2+O_2 地浸采铀低浓度铀溶液化学行为数学模型，揭示 CO_2 和 O_2 浸出铀的反应、吸附和沉淀机理。

2. 加快开展工程化应用技术研究

联合地浸生产企业中有丰富现场工程技术经验的技术骨干单位，如天山铀业、核工业二〇八大队、湘核勘、通辽油田等单位，在 CO_2 和 O_2 加压浸出、地浸钻孔施工技术等方面开展工程化应用技术研发。

3. 联合科研院所和企业进行材料装备研发

深入贯彻军民融合战略，充分吸收科研院所和优秀民营企业深度融合参与，联合北京大学、天津大学、国内材料装备制造行业龙头企业等单位，在大通量离子交换装备和新型树脂提铀材料研发等方面开展联合研发工作。

（五）加强内部合作，推动一体化协同

1. 构建探采一体化协同机制

铀矿地浸技术涉及钻孔布置、钻探、水文地质、地浸液抽注、铀提取等专业领域。地勘单位在钻探工程、水文地质等领域具有技术优势，矿冶单位在钻孔布置、地浸液抽注、铀提取等技术领域较擅长。针对第三代采铀技术研发攻关，在中国铀业的统筹协调下，建立实施探采一体协同机制。在砂岩型铀矿勘查阶段，核化冶院提前介入，对相应区段资源的可开采利用情况进行技术研发，时刻跟踪铀矿勘查的全过程，将铀矿资源的可开发利用情况反馈给地勘单位，指导铀矿勘查的重点和方向；在转入铀矿开发技术攻关阶段后，地勘单位（核工业北京地质研究院、核工业二〇八大队、核工业二一六大队等）全程介入，指导地浸试验钻孔施工、水文试验，协同工作，实现优势互补。

2. 构建科研—试验—设计—试生产协同机制

在传统的铀矿开发模式下，实验室试验、现场试验、工程设计和试生产是各自独立的环节，致使铀矿开发周期长、新技术不能实现快速转化、铀矿开发的成本普遍偏高，已不能满足试验现阶段对铀资源开发的要求。

在开发第三代采铀技术时，建立科研、现场试验、工程设计和试生产的协同模式。针对要开发的目标铀资源，把科研、试验、设计和试生产整合到一个平台上，在科研试验阶段，设计单位（核工业衡阳设计院、中核第四研究设计工程有限公司等）人员提前介入；在现场试验阶段，设计人员和试生产单位（中核通辽铀业有限公司、新疆中核天山铀业有限公司等）人员参与，及时掌握试验结果，并从设计和生产角度对试验内容提出意见，通过沟通协调后融入试验过程；在设计阶段，科研试验人员对设计思路和具体工艺提出意见和建议，修正设计过程中存在的瑕疵；在试生产阶段，试验人员和设计人员全程介入，对试生产进行指导，对于试运行中出现的技术问题及时提出解决措施，对于出现的设计缺陷及时提出修正方案。

（六）协同考核绩效，确保密切合作

1. 建立科研、矿权、设计、总承包、生产单位的绩效考核协同机制

2011 年 9 月，中核集团地矿事业部成立，组建后的地矿事业部将中国核工业地质局和中核金原铀业有限公司全面融合，对铀矿探采实施一体化管理和专业化经营，为科研、设计、地勘、生产等单位统筹协同奠定了基础。在第三代采铀技术研发攻关并进行工业化应用的过程中，统筹进行相关科研、矿权、设计、总承包、生产单位的绩效考核，按照所承担工作的权重、任务难度、工作效率和质量、完成情况进行评价，并计入本单位的年度绩效中。

2. 统筹短期与中长期技术研发项目绩效考核

为保证科研人员对第三代采铀技术进行持续研究，在无大型科研项目经费支持时，科研院所统筹协调绩效奖金，设立重点科研项目院长奖励基金，重点向技术突破难度大、研制周期长的技术攻关团队倾斜，调动科研人员的积极性，保持科研队伍的相对稳定。

3. 设立团队激励专项奖

针对完成难度大、产业发展急需突破的技术，设置团队激励专项奖。专项奖年度统一设立，年底考核兑现，打破传统的工资总额限制，将激励奖金直接发放给项目团队，大大调动科研人员的积极性。

（七）完善知识产权体系，形成标准化解决方案

1. 强化知识产权保护，及时申报专利

在科研攻关过程中，及时分析并掌握国内外相关专利技术现状，加强知识产权策划。在科研项目实施的同时，同步策划关键技术专利的申报，并跟踪专利的实时状态，使第三代采铀技术得到有效保护。

2. 编制企业级技术标准体系，形成第三代采铀技术中国解决方案

在第三代采铀技术实现关键技术突破后，着手组织编制地浸采铀试验和生产标准，建立健全标准体系，分层级固化标准，按照标准等级申报制度申报国家标准、行业标准、集团级企业标准或中国铀业公司级企业标准，标准制定后按程序批次发布，并制订标准的制（修）订计划，根据技术发展和行业发展随时更新标准体系，做到标准可用、适用，形成一套完整的地浸采铀技术研发和生产规范，为第三代采铀技术的应用提供整体解决方案。

三、突破第三代采铀技术的科技创新管理效果

第三代采铀技术的突破是我国铀矿采冶工业发展的一个重要里程碑。通过突破 CO_2+O_2 地浸采铀工艺的第三代采铀技术，建立了砂岩型铀矿开采的新技术体系，实现了低品位、低渗透、高碳酸盐、高矿化度砂岩型铀资源的绿色开采，填补了国外对该工艺的技术封锁，实现了工业化应用，主体技术和主要技术经济指标达到国际先进水平，环境效益、社会效益明显。

（一）形成第三代采铀技术体系，荣获国家科技进步奖

针对我国北方低品位、低渗透、高碳酸盐、高矿化度等复杂砂岩型铀矿资源，开发出了应用 CO_2 和 O_2 实现地浸采铀的铀矿开采技术，形成了第三代采铀技术体系。第三代采铀技术为国内首创，我国成为第二个掌握该技术的国家，攻克了低渗透性（渗透系数 0.1～0.2m/d）、低品位（边界品位 0.005%）砂岩型铀资源的开采难题，主要技术处于国际领先水平。第三代采铀技术获授权核心专利 10 余项，“CO_2 和 O_2 原地浸出采铀工艺技术研究与工程应用”于 2013 年获“中核集团公司特等奖”“国防科技进步一等奖”2014 年获得“国家科技进步二等奖”。

（二）第三代采铀技术实现大规模工业应用

目前已经建成新疆蒙其古尔和内蒙古钱家店两个具有国际水准的现代化地浸矿山，内蒙古纳岭沟铀

矿床完成了现场扩大试验。与以往的酸法、碱法浸出采铀工艺相比，这一技术资源利用率高，生产成本低，应用前景广。实际生产表明，采用第三代采铀技术，铀的浸出率达到75%，较上一代采铀技术，铀资源利用率显著提升；同时使铀的可开采品位由原来的万分之一下降到十万分之五，大大扩展了铀资源的利用范围。与传统的采矿工艺比，应用第三代采铀技术的铀矿山建设周期短、形成产能快，建设一个年产300吨天然铀产品的地浸矿山，只需要3年左右。第三代采铀技术更加绿色环保，从根源上控制了地下水污染，实现了工艺水循环利用，采冶过程基本实现了无废水、无废渣和无废气，运行过程自动化程度高，可实现无人值守，矿山生产运行实现零伤亡。

（三）夯实核军工发展基石，保障核电发展

随着第三代采铀技术的发明和工业化应用，超过我国铀资源总储量40%的北方砂岩铀资源得到有效开发利用，我国南方传统硬岩矿山得到有序关停，淘汰了落后的技术和产能，完成了天然铀产业结构的优化调整。目前应用第三代采铀技术的天然铀产能已占我国总产量2/3以上，保证了国内铀资源的长期可靠稳定供应，夯实了核军工的发展基石，为我国国防工业发展提供了资源保障。同时，应用第三代采铀技术的铀资源规模化开发，使我国获得更多的国际天然铀定价权和话语权，保障我国核能产业快速、协调、可持续发展。

（成果创造人：杜运斌、苏学斌、曾毅君、李成城、张金带、牛玉清、田胜军、苏艳茹、谭亚辉、李建华、张永明、常京涛）

迈向世界高端的纺织机械核心产品自主创新管理

常州市同和纺织机械制造有限公司

常州市同和纺织机械制造有限公司（以下简称同和公司）成立于1999年，是一家民营股份制企业，是国家高新技术企业，江苏省工程技术中心、江苏省管理创新示范企业。同和公司总资产10亿元，注册资本21188万元，员工750余人，拥有各类专利283项，其中发明专利56项，实用新型专利215项，软件著作权12项。目前，同和公司产品已拥有全球20多个国家的6000余家用户，除华茂股份、鲁泰股份、无锡一棉、赛得利等国内外知名纺织企业外，更有瑞士立达、德国青泽、日本丰田、德国特吕茨施勒、意大利马佐里、法国NSC等国际机械高端装备制造的领军企业。

一、迈向世界高端的纺织机械核心产品自主创新管理背景

（一）打破我国纺织机械核心产品长期以来被国外垄断的需要

中国是世界上最大的纺织机械生产国，也是需求大国，纺机品种全、产量大、产值高。中国的纺纱设备制造已形成较好的技术基础和产能规模。中国生产粗纱机、细纱机的纺织机械企业厂家达160余家。但长期以来中国纺织机械技术处于跟随状况，研发能力与世界先进水平存在较大差距，特别是效率、质量、自动化水平不能满足中国纺织提质增效和产业升级的需要。对于很多纺织企业来说，一些关键的设备、关键的部件国内根本就不能生产，即使能生产也没有经济价值。纺织机械关键部件长期被国外厂商垄断，且价格昂贵，交货周期长达2年以上，致使国内众多纺织企业苦不堪言。

（二）加入WTO为我国纺织机械行业发展带来机遇和挑战

加入WTO对中国的纺织品出口无疑会产生巨大的促进作用。但是由于中国的纺织机械生产与国际先进水平还存在很大的一段距离，主要表现在：在中国纺织机械领域中，低档产品生产能力过剩，高档产品生产能力不足，部分产品存在缺门。与这种落后的生产技术水平相适应，我国的纺织机械产品在国际贸易中同样处于竞争力较弱的地位。罗拉是影响纺纱质量的核心部件。国内虽有不少生产罗拉产品的纺织机械企业，价格仅30元/节，但是罗拉产品的质量瓶颈始终未有突破。为了保证纱线质量不得不引进西方昂贵的、每节300元的罗拉。但是欧洲进口罗拉交货期长达2年，严重制约了国内企业纱线、布匹的出口业务，影响出口贸易额。若能突破罗拉的质量瓶颈，不仅能打破世界垄断，并且能拥有高档罗拉的定价权，市场前景、利润不容小觑。

（三）实现公司打造世界优秀纺织机械制造供应商战略的需要

面对全球纺织产业的转移和升级，国际纺织服装市场低迷，纺机制造业经历洗牌，实现格局调整，国内外的需求发生变化。同和公司从成立之日起就确立“以振兴民族工业为己任”的使命，树立“科技同和、世界同和、百年同和”的愿景，要实现同和愿景必须要有百年不衰的产品。同和公司立志打造全世界最优秀的纺织机械制造供应商，为全人类能穿上更健康、更时尚、更文明的服饰而奉献一切。同和公司瞄准纺织机械核心部件——罗拉，对标国际先进的技术水平，专注于高品质、高标准的罗拉产品研发生产，攻克罗拉质量瓶颈，使同和罗拉在生产、质量、品种均居世界前列，结束高端罗拉依赖进口的历史。

二、迈向世界高端的纺织机械核心产品自主创新管理内涵和主要做法

同和公司从成立之日起就确立“以振兴民族工业为己任”的使命，瞄准纺织机械核心部件——罗拉、摇架、集聚纺装置等纺纱主机关键部件的创新研发，对标国际先进的技术水平和品质要求，研发生

产高品质、高标准的核心产品，打破了长期被国外垄断的局面，质量、品种、销售均居世界前列。主要做法如下。

（一）确立渐进式的自主创新策略

一是选择渐进式的自主创新策略。首先从纺织机械核心专件罗拉起步，致力于高品质、高标准的罗拉产品研发生产，通过原材料、加工工艺、动力等技术创新，以优越性价比、领先的质量攻克技术瓶颈，使同和罗拉在生产、质量、品种方面均居世界前列，结束高端罗拉依赖进口的历史；进而拓展到摇架、集聚纺装置等纺纱装备核心部件的创新研发，复制罗拉“精品”理念和技术领先战略。最后，同和公司进入纺纱主机领域，把传统产品做出高科技、高附加值，占据全球市场巅峰，为中国纺织机械在打造高端、智能、数字化、集成成套纺纱设备方面实现重大突破。二是坚持不求做大，只求做精、做久，量力而行，循序渐进。同和每开发一个产品都要树立一个世界级标杆。罗拉的标杆是日本丰田、摇架的标杆是德国绪森。同和公司坚持试制原则。产品设计完成后，从小试、中试、大试到小批量、中批量、大批量，先做机械试验，然后完全按照用户的使用环境做纺纱试验，最后推向市场，从容不迫、有条不紊地推进。三是坚持不借款、不贷款、不担保，有效管控经营风险。

（二）全方位突破核心专件产品技术和工艺难题

同和公司通过对罗拉、摇架、集聚纺装置等核心专件产品的原材料、热处理、表面处理、加工工艺进行全过程研究、改进，进行技术、工艺突破。

1. 自主开发核心专件产品

从核心专件的原理、结构、功能方面着手，在充分消化吸收国际先进技术的基础上，成功开发独特的摇架、集聚纺装置，包括设计宽握持区域的上罗拉握持座，设计制造独特的锁紧机构，利用流体力学原理优化设计负压风道结构、形状，形成独特的异形管表面处理工艺等，使产品能够完全替代进口产品。

2. 与钢铁企业合作解决核心产品原材料质量性能问题

针对原材料化学成分经热处理后的硬度均匀性以及变形情况，检测国外进口罗拉的化学元素，并在此基础上进行分析、大量试验，最终确定最适合罗拉的国产材料，并与国内某大型国有钢铁企业达成合作协议，全部定制，确保核心专件加工质量的稳定性、一致性。

3. 不断改进生产加工工艺，提升产品质量性能

为提升产品质量的一致性、稳定性、可靠性，同和公司提出“五少三提高”，即用工少、设备少、工序少、用电少、占地少，提高精度、提高效益、提高效率。投入大量人力、物力、财力，加大技术改造，对生产工艺、设备布局、操作方式、检测方式等进行改进，同时在生产过程中使用先进生产设备，包括机器人和自动化传输系统的使用，降低员工的劳动强度，保证加工的一致性。在改进工艺的同时，对热处理和表面处理也进行大胆研制、试验，通过利用 PLC 程序控制实施连续自动电镀技术等，有效保证表面处理后，镀层厚度、镀层硬度、外圆尺寸和圆度的一致性，产品寿命提升 30%。

（三）开发模块化、自动化、智能化的主机产品，抢占高端主机市场

同和公司以敏锐和开放的姿态吸收新技术革命成果，互联网等创新通用技术，结合两化融合，推进技术与管理的创新，打造同和公司自主的纺纱主机产品。

1. 开展整机产品的模块化设计

一是开发敏捷组合的整机框架模块。同和公司核心主机产品采用整机钢管式机梁模块化设计，将细纱机全机分车头、车尾、中段三大模块，其中段模块全部相同，安装时各部分用水平仪找平连接即可。采用细纱机模块化设计后，同样 6 个人 10 天的工作量仅需 3～4 天即可完成，装机效率提高了 50%；同时，机器之间的连接由定位销来保证装配精度，大大节省安装时间，提高工作效率，降低安装成本。二是开发自动落纱装置。传统细纱机均为人工拔纱，每次落纱需要大量的人工集中拔纱管、接线头，费

时、费工。同和公司采用钢带加托盘复合式自动落纱系统，此为同和公司独创，拥有自主知识产权；取消龙筋上中途空管寄存站，减少取满纱、放空管动程的50%，落纱时间小于3分钟；与自动落纱粗纱机及细络联型自动络筒机对接，实现粗细络联连续化生产。设备配置光电检测开关，使集体落纱装置运行更安全、更可靠。

2. 推进整机产品的自动化、数字化、智能化创新

一是研制高效节能柔性的数字化牵伸动力及机构。同和公司TH598J细纱机采用现代化数字控制与电子技术来实现对细纱机的运动控制，减少噪声污染，改善工作环境，避免润滑油的外溅和污染，解决了长期运转齿轮磨损造成的纱线错支等问题，大大降低主电机功率，实现无级变速，牵伸倍数最高调整至300倍，适纺范围更广。传统机型更换品种需要更换齿轮，每台车更换齿轮品种达100个重达120千克，更换时间长达2小时；新型机型为电子牵伸、电子升降，一键操作。通过多功能彩色触摸屏实现人机对话，设定纺纱程序，电脑快速变更品种和工艺参数，变换工艺品种时只需设置少量参数，纺织工艺设计与调整成为"一分钟"程序。实现纺纱信息的智能集成，可配有与云平台、大数据、互联网等信息技术相结合的数据接口，实现机器的集中控制与联网管理，监控运转状况、设置运行参数、控制制造过程，进一步提高生产效率；通过对大数据的采集与分析，有助于生产工艺的优化与机械质量的改进；并为纺织智能化制造打下基础。

二是开发高速、高精度的运行系统。高精度主轴：通过材质、加工工艺优化，确保机械性能更加稳定，并利用搭接抱合连接结构，有效地解决采用传统键连接影响主轴直线度而不利于高速的问题；高精度滚盘：同和公司独创开发铝合金滚盘，解决塑料、铁皮滚盘精度差、易磨损、老化、变形问题；锭带独立驱动锭子技术：通过独立电机带动各传动机构，用PLC闭环控制同步传动代替传统齿轮传动。实现卷绕独立驱动，变频调速自动控制，为高速提供条件。完成细纱机数字化监控系统的优化设计，并结合集成控制和物联网技术，实现与企业信息化系统的无缝集成。

三是开发平稳、精准、积极式电子升降机构。保证钢领板及导纱板升降平稳；减少传动升降导致的钢领板走动现象；减少纺纱断头和人工停车调整整修的时间；减少用工成本，提高生产效率。

3. 建立粗细联合的自动化生产线

在纺纱中，相邻工序间的半成品的运输、储存、领用是一项繁杂的工作。如果生产调度或操作不当，轻则造成成品质量不稳定、总体质量下降，重则会导致错支的严重后果。此外，该工作也是一个繁重的体力活。同和公司粗细联合生产线将粗纱机、细纱机无缝连接，并实现粗纱空、满管交换，去尾纱处理，从而降低劳动强度，减少用工。传统机型需纺纱女工在车间不断巡回，每天步行10公里；现代机型为全电脑操作，在显示室观察，无须大量挡车工车间巡回。可从以前最多100人减少至15人，减轻劳动强度，提高员工收益，降低企业成本，解决招工难、就业难双重困境。

4. 开发具有自主知识产权的高端整机产品

针对棉纺企业的各项需求，同和公司研发、生产适合于国内高档客户需求的纺机装备，研发、生产出TH598J新型集聚纺细纱机、THC2015型外置式全自动粗纱机、粗细联合智能纺纱生产线。TH598J新型集聚纺细纱机从原理、结构、功能等十几个方面实现了重大变革和创新，产品具有高速整体设计、集聚纺整体设计、智能电子牵伸、积极式电子升降、新型复合式集落装置、单元模块机组、牵伸八锭罗拉、整体式罗拉座等特点；同和公司粗纱机、细纱机形成粗细联，这在全球也仅有2家。

一直以来，同和公司就以贴身管家式的全程技术服务理念著称业界。若用户在使用中发现问题，将在最短的时间之内，得到"快速、果断、准确、彻底、满意"的解决，实行"终身跟踪、终身服务、终身升级、终身负责"，使用户无后顾之忧。

（四）开展以员工行为习惯培养为重点的精细化管理

同和公司核心产品和技术领先世界，超越世界同业巨头靠的不仅是先进技术，更是精细化的管理，对质量精益求精，对产品精雕细刻，在每个环节、每道工序、每个细节，做到专注、精准、极致、卓越。

1. 员工每日列队点名、讲评，养成令行禁止的工作作风

军事化管理是同和公司企业管理的一大特色。每天早晨的列队点名是员工训练令行禁止、增强团队意识、深化质量观念的必修课。通过列队点名，可以第一时间了解员工出勤情况，布置当天的工作内容，根据实际情况对各岗位、工序人员进行调整；部门经理和公司高层领导对工作表现、工作中的问题进行讲评、通报、点评。

2. 员工每日设备操作“四项检查”，确保同类工件多人多机加工的一致性

设备精度检查保证各操作系统运作正常，切削液充足，卡盘跳动、走刀量、主轴等符合设备和工艺要求；工装夹具、工位器具检查确保活络顶尖、合金顶尖、中心孔保护装置等符合工艺要求；计量器具检查确保游标卡尺、千分尺、百分表、千分表、长度检测台、样棒、气动量仪等合格；加工零件首件检查确保各项尺寸符合加工工艺要求。同和公司质管部、技术部、设备部、计量部等部门每日必须在车间巡视 30 分钟以上，配合、指导车间员工进行“四项检查”，及时处理、解决在“四项检查”中发现的各种问题。同和公司加工工序多，设备多，同工序设备多，只有每日坚持“四项检查”，才能确保同类工件多人多机加工的一致性，保证产品的一致性。

3. 员工每道工序、每件工件 100％自检自分档，实现质量自主管理

员工必须遵守自检自分档管理规定，严格按照产品加工工艺，做到不漏项、按自检比例检查。发现不合格产品单独存放，查找、分析原因，及时调整。个人无法解决的问题，及时上报分管专检、车间主任、技术员共同讨论、研究，彻底解决，确保工件流转 100％合格。同时，员工工序工件流转实现 100％抽检，确保工序工件流转合格率 100％。同和公司每名工序员工，达到流转定额数量后，对流转品种、规格、型号、质量等级、数量 100％检查，员工检验完成后交分管专检进行 100％抽查，并在《加工过程检验记录》中做好记录。经抽查 100％合格后，填写流转检验单，并登记员工个人台账后，方可流转，确保工序工件流转合格率 100％。此外，员工对核心成品部件每件、每项 100％检查，确保核心成品部件 100％的一致性。同和公司质管部、技术部根据公司质量内控标准，不定时对已检合格成品部件进行每件、每项 100％检查。检查过程中发现的返修品、回用品、报废品立即隔离，放置指定区域，分析原因、查找问题，制定解决措施，并根据《成品质量追溯奖罚制度》对相关人员进行奖罚。

4. 执行日“十二定”“十二清”，实现装备制造的一致性、可靠性、稳定性

同和公司视产品品质为天道，在生产质量管理中注重细节，做到每日“十二定，十二清”。十二定：一定时间、二定人员、三定工序、四定设备、五定量具、六定定额、七定单价、八定班次、九定专检、十定领导、十一定卫生区域、十二定定置管理。十二清：一清设备要擦清、二清量具要擦清、三清卫生区域要扫清、四清图纸要收清、五清工票要记清、六清合格品要流清、七清返修品要返清、八清废品要交清、九清料区要标清、十清交班要交清、十一清设备故障要排清、十二清产品要分清。同和公司每位员工心中时时、日日、月月、年年牢记“十二定，十二清”，保证同和公司从罗拉、摇架、集聚纺装置直至集成、成套主机装备的一致性、可靠性、稳定性。

（五）坚持高投入，加强创新条件建设

1. 加大资金投入

为不断地提升产品质量，满足用户的需求，同和公司每年投入销售的 5.79％，用于产品的研发、技术改造和展会推广，不断变革、持续创新，集中优势立足行业发展，百年只做一个行业——纺织机械。

2. 设备设施和实验室建设

同和公司自成立起，不断引进世界顶级的成套全流程加工设备，包括引进全流程热处理设备、德国自动精密矫直机、德国自动精密滚轧机、美国哈挺加工中心、日本马扎克立式加工中心、德国精密数控外圆磨床和日本精密磨床等各类设备1000余台/套。公司设立计量中心，配有各种精密检测仪器，包括测力仪、精密测量仪、圆柱度检测仪、轮廓检测仪、条干均匀仪、金相显微镜、试样镶嵌机、数据处理投影仪、纱线毛羽测试仪、全自动单纱强力仪、条干均匀度测试仪、数据处理万能测量仪、数显式弹簧拉压试验机、高频弹簧疲劳试验机、精密影像测量仪等。

3. 建设技术研究中心

2013年，该中心经江苏省科技厅认定为“江苏省纺织成套新设备及牵伸专件工程技术研究中心”；2016年，该中心经江苏省经信委认定为“江苏省企业技术中心”；2013年，该中心经江苏省经信委认定为“江苏省高端纺织成套装备工业设计中心”。

4. 建设世界一流的研发生产新基地

为顺应发展态势，期待新一轮增长，同和公司投资10亿元，打造世界一流纺织机械生产基地。同和公司新基地引进世界一流的罗拉智能制造生产线、板簧摇架智能制造装配生产线、铸件加工智能制造柔性生产线、钣金加工智能制造柔性生产线、新型细纱机模块装配生产线，实现少人或无人化生产。

（六）培育工匠精神，建设高技能人才队伍

1. 打造特色同和企业文化

同和企业文化理念就是“一个好的理念、一个好的思维、一个好的氛围、一个好的做法、一个好的习惯、一个好的养成”，人人、时时、事事、件件做好。同和公司总结成立以来的企业经营管理经验，在征得各级管理层意见的基础上，通过董事会、总经理办公会议、总经理办公扩大会议、职工代表大会、公司工会的反复酝酿、讨论、修改，制定百万字的同和宪法。同和公司宪法包括《同和宪法总则》《同和部门职责》《同和岗位职责》等，是同和公司日常工作、生产、经营、管理、生活的行为准则。同和公司宪法使公司全员有法可循、依法管理、按职办事，相互监督、相互检查，保障了正常的工作秩序、生产秩序、经营秩序、生活秩序。

2. 培育员工工匠精神

同和公司积极打造员工队伍，培养工匠精神。十八年来，同和公司员工从9人发展到700多人，80%的员工在同和公司工作了10年以上。有的员工做了十几年的车工、磨工，不轻易调整岗位，把自己的工作做精、做细，拿放大镜观察产品、观察工艺。员工队伍高度稳定，确保了同和公司产品、管理思路、方法的不断创新、改进、完善、优化、强化、升级。

3. 加强员工学习培训

同和公司把员工培训工作纳入重要日程，以提高员工综合素质为重点，注重培训制度建设，积极探索培训管理，着力实施内强素质。搞好员工培训工作的关键是建立完善良好的机制。同和公司构建培训机制，利用3～5年的时间提高员工素质计划；构建竞赛技能机制，每年开展技能大赛，让优秀员工脱颖而出；构建表彰奖励机制，推行首席员工评选制度；构建培训考核机制，通过量化考核，形成你追我赶、互学互帮的氛围。

4. 建立包含内部股权、期权在内的多种激励机制

一是同和公司拿出30%股权对核心管理团队进行激励；二是全体营销人员按营销业绩进行提成激励；三是全体技术人员实行即时激励和长效激励，即时激励即根据项目进度实行阶段式奖励。长效激励是指产品开发成功，推向市场，形成销售后，技术人员3年内可按既定比例享受新产品销售利润分红；四是全体基层员工，实施年度利润分红激励。多种激励机制的建立，全面激活全体员工的工作积极性和

创新热情，实现员工与公司的“八个共同体”，即“愿景共同体、精神共同体、宪法共同体、事业共同体、成长共同体、利益共同体、命运共同体、荣誉共同体”。

三、迈向世界高端的纺织机械核心产品自主创新管理效果

（一）占领了世界中高端纺织机械核心产品市场，成为纺织机械行业的细分冠军

同和公司以世界技术领先的纺织机械核心专件和主机，现已拥有各类专利283项，其中发明专利56项，实用新型专利215项，软件著作权12项。其中罗拉、摇架、集聚纺装置的质量、品种、销售均居世界第一，市场份额分别为70%、40%、50%，而主机及粗细络联系统的销售占同和公司的比例上升到70%。目前，同和公司产品已拥有全球20多个国家的6000余家用户。全球现有2.5亿纱锭，年产4000万吨纱，其中有3000万吨纱是经过同和公司罗拉纺出的。

（二）取得了显著经济效益，促进了企业的持续稳定发展

1999年同和公司在96万元资金、9台旧设备的基础上，以做罗拉起家。短短18年间，公司成功开发了各系列罗拉、摇架、集聚纺、主机产品。2013年，各系列产品完成销售收入6亿多元，实现利润6000多万元，速度和经济效益均比上年增长200%。2016年，在国内纺织机械行业整体萎靡的市场行情下，同和公司加大力量拓展海外市场，投资1500万元，带着产品参加了在越南、孟加拉国、印度尼西亚、印度等9个国际纺机展。产品外销比例从10%增加到30%。

（三）实现了纺织机械核心产品的进口替代，助推中国纺织行业转型升级

中国现有1.3亿纱锭，90%是传统、落后、人工操作的设备，靠进口细纱机设备实现转型升级是实现不了纺织强国梦的。同和公司通过自主创新，掌握了罗拉、摇架、集聚纺装置等纺织机械核心产品的技术工艺，取得了世界市场份额，实现了纺织机械核心产品的“中国创造”和“中国制造”，打破了国外厂商几十年的垄断，极大地推动了国内纺织行业的转型升级，提高了国内棉纺行业的国际竞争力，为实现中国纺织强国建设夯实了基础。

（成果创造人：崔桂生、崔　婷、黄新伟、屈臻辉、杜　志、李立新、
唐国新、盛维东、鲍玉荣、李伟国、胥惠英、钱成林）

面向需求、流程驱动的商用航空发动机产品研发体系构建与实施（一期）

中国航发商用航空发动机有限责任公司

中国航发商用航空发动机有限责任公司（以下简称中国航发商发）成立于2009年1月18日，是由中国航空发动机集团有限公司与上海烟草集团有限责任公司、上海电气（集团）总公司、上海国盛（集团）有限公司共同出资组建的股份多元化的企业，注册资本60亿元，主要从事商用飞机动力装置及其相关产品的设计、研制、生产、总装、试验、销售、维修、服务、技术开发和技术咨询等业务，是我国大型客机发动机项目的总设计师单位和总承制单位。企业下设研发中心、总装试车中心、大修中心、客户服务中心。中国航发商发现有员工1429人。

一、面向需求、流程驱动的商用航空发动机产品研发体系构建与实施（一期）背景

商用航空发动机是知识、技术和资金高度密集的高科技产品，产品要满足市场、客户、适航法规等相关方要求，是典型的集成多学科、跨领域、跨企业、跨阶段的协同研发的复杂产品。国内正向研制航空发动机的经验少，对商用航空发动机研发体系的探索更是基础薄弱，与国际航空发动机整机制造商相比差距巨大。在这样的背景下，中国航发商发提出基于系统工程建立面向需求、流程驱动的商用航空发动机产品研发体系的目标。

（一）适应高复杂性产品研制的需要

商用航空发动机产品需求复杂，涉及其功能、性能、可靠性、安全性、维修性、测试性、噪音和排放、经济性、可制造性、综合保障性等多领域的要求，如何在研发各阶段都要统筹考虑产品各领域的复杂要求，这对其研发过程管控提出了挑战，对建设面向需求的产品研发体系提出了基本需要。

（二）满足商用航空产品政府监管的需要

商用航空发动机产品直接关乎人的生命，产品研发和生产过程直接受国家适航当局颁布的相关法律法规监管。按照中国民航局推荐的标准要求，商用航空发动机企业应按照系统工程方法构建“需求一设计一制造一验证一确认”的研发流程。

（三）助推企业发展的需要

商用航空发动机是技术、资金密集型产品，需要企业常年的投入，形成大量核心的知识支撑产品研发。构建一套完善、健全的研发体系，确保企业在项目研制、基础预研中的管理和技术经验教训及研究成果等知识能持续沉淀，并转化为可持续的产品研发能力，是企业培养核心竞争力、实现持久发展的需要。

二、面向需求、流程驱动的商用航空发动机产品研发体系构建与实施（一期）内涵和主要做法

中国航发商发以系统工程方法为理论依据，结合流程管理和信息化使能技术，集成产品研制的技术、标准、工具、方法、数据、知识、人员、文化等要素，以需求工程、设计工程、制造工程、验证工程、服务工程、管理工程为总体架构，导入“正确的人、用正确的方法，规范且高效地做正确的事”的理念，建设面向需求分析与定义、概念设计、初步设计、详细设计和初始验证、验证与确认、产品交付和服务支持、产品退役的全生命周期的研发体系，实现商用航空发动机研发的规范化、模块化和专业化，满足我国航空发动机技术和产品持续发展的需要。主要做法如下。

（一）确立商用航空发动机产品研发体系架构，明确实施的总体思路

中国航发商发借鉴标杆实践、参考 APQC 框架，建立"业务为核心，流程为主导"的六级管理体系架构：流程类、流程集、流程域、流程组、程序文件、工作指导书。其中产品研发流程属于运营类、产品研发流程域，规定从客户获取需求到完成产品的研发过程活动。

1. 结构化的商用航空发动机产品研发流程

中国航发商发产品研发体系以"系统工程"方法为理论依据，借鉴标杆企业的产品研发体系，将产品研制的流程进行结构化定义，以横向分段、纵向分层的方式，按照时间维度划分为 7 个阶段，按照流程层级划分为整机定义、部件/系统定义、子系统定义 3 个层级的子流程。整机定义流程描述利益相关方（局方、飞机、民航等）的需求是如何在产品开发过程的各阶段被逐步、逐层分解和验证，以及各项需求（如重量和耗油率）在分解过程中是如何跨越组织职能协调的。部件/系统定义流程描述某一部件或系统承担的技术要求在其内部的各专业中是如何逐级向下分解和验证的。子系统定义流程根据实际情况，将系统需求进一步分解为软件、硬件等，描述其实现、验证、确认的过程。针对流程中的每个活动规定操作指导书和交付物模板，同时，这些指导书和交付物模板中承载着对该项活动的过程控制要求。

2. 阶段评审与高效决策

阶段评审是指在产品开发流程的特定阶段召开的决策会议，为这些重要阶段制定清晰的目标，只有在这些目标都达成的情况下，项目才能够继续进行。商用航空发动机产品开发过程中的决策评审点，按照上述产品研制的阶段划分进行定义，如图 1 所示。

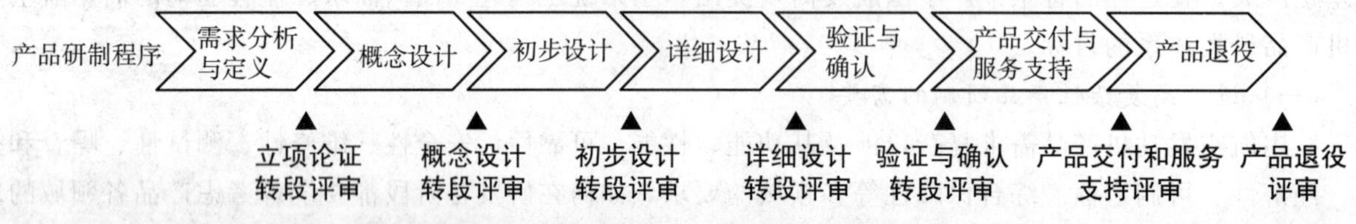

图 1　商用航空发动机开发过程中决策评审点设置

决策评审点根据项目需求可裁剪或合并。决策评审由公司项目管理决策团队负责，其评审的内容不仅仅包括产品的技术能力，还包含商务的内容，其目的是为了确保最终实现产品的商业目标。除决策评审点外，在每个层级的流程中还设置大量的技术评审点，从而确保产品满足其需求。

3. 构建基于流程的跨部门集成项目团队（IPT 团队）

依据结构化的商用航空发动机研发流程，建立三级集成项目团队，将项目、采购与供应商、质量、适航、财务、人力、工程研制、装配集成、材料等各个领域所需要的资源进行统筹协调和管理，以满足完成流程中规定的各阶段项目任务的要求。1 级 IPT 团队基于整机定义流程开展工作，负责整机产品实现和项目目标的实现、验证和确认。2 级 IPT 团队基于部件/系统定义流程开展工作，负责部件/单元体的实现、验证和确认。3 级 IPT 团队基于子系统定义流程开展工作，可根据项目的实际情况灵活调整、机动设置。

IPT 团队 3 级组织包括董事长任组长，由核心利益相关人组成的 0 级 IPT 团队，由 IPT 办公室和各工程项目经理组成的 1 级 IPT 团队，需求工程、设计工程、制造工程、验证工程、服务工程和管理工程 6 个 2 级 IPT 团队。各 2 级 IPT 团队人员构成包括项目经理、技术经理、项目主管、业务经理和相关职能主管。

（二）总体规划，分步实施

中国航发商发研发体系建设的目标是形成符合适航要求的覆盖需求、设计、制造、验证等各阶段的

流程、标准/规范，建设所需的工具和协同研发平台，建设工程数据库，实现产品研发过程中数据状态的追溯性管控。为了满足项目的需求，确保体系建设稍先于项目安排，研发体系建设划分为三个阶段。

第一阶段：依托验证机工作，重点开展设计工程中急需的要素建设，先解决有无问题，然后在项目中应用改进，集成设计工程体系要素，实现设计工程体系要素受控、设计过程规范化。

第二阶段：全面开展需求工程、制造工程、验证工程、管理工程的要素建设，重点是实现设计与制造（包括装配）并行协同，为产品研发提高协同效率。

第三阶段：重点开展服务工程建设，实现“5＋1”工程协同，产品全生命周期受控，建立“基于模型”的基础，实现基于模型的企业。

在分步实施过程中，通过树立紧迫感、组建研发体系 IPT 团队等措施为体系建设提供保障。从2010 年到 2016 年，中国航发商发先后组织多轮对国际标杆企业体系的研究和学习，开展 SAEARP 4754A 标准的培训，组织适航管理部门和研发部门开展 CAAC 适航章程学习，聘请空客公司专家来公司授课，与民航局专家进行研讨。公司上下通过对标分析、专家交流，认知到了公司与国外标杆企业在研发体系方面存在的差距，树立紧迫感。随着新思想、新概念的导入，员工对比自身原有的设计方法和经验，产生巨大的危机感。

（三）建用结合，逐步完善

研发体系要素的核心是研发流程，研发体系各个工程以产品研发流程为牵引，关联标准、工具和数据要素，通过对研发流程进行显性化、规范化、信息化，逐步牵引体系要素的整体构建。每项体系要素构建按照先试点应用再全面推广的模式开展工作。

以设计工程为例，通过组织各层级的设计人员对项目设计经验进行显性化积累，形成纪实性流程，解决“从无到有”是流程梳理的第一步。中国航发商发借鉴标杆企业的实践经验，制定标准化的工具、模板，开展流程要素的收集。例如，用数据字典梳理总体、部件之前的输入输出；用泳道图实现各设计阶段、各专业的纪实性流程；在设计流程的末级组织编写 500 余份设计工作指导书，充分挖掘、沉淀研发人员的经验。

在流程显性化的过程中，知识获得积累，形成大量的体系文件和工具，但随着体系要素重复使用的场景逐步增多，流程规范化的需求逐步显现，研发体系 IPT 团队基于标杆企业先进的流程框架，优化设计流程的组织形式，并逐步细化，规范设计流程、工作指导书的编写过程，同时配套规范性检查机制，为后期流程指导书的高效利用和信息化智能化的发展提供可能。

（四）搭建信息化平台，助力数字化研发

中国航发商发在以集成平台为核心的系统建设中充分发挥 IT 使能作用，实现研发体系流程、标准、工具、数据要素的落地。

1. 搭建高效、灵活的集成开发平台

中国航发商发分利用数字化的手段将研发体系建设的成果进行集成，形成产品集成设计平台（以下简称集成平台）。通过构建的高效集成平台，将结构化的研发流程以及集成项目计划管理关联起来，将产品研制的流程、标准、工具、方法、数据、知识、人员等基础要素集成，为研发提供快速高效的设计方法和统一的开发环境，提高设计质量，缩短研制周期，降低研制风险，全面支撑民用航空发动机技术和产品的发展。

为更好地推进商用航空发动机研发体系建设，各专业领域深入研究其所辖领域的标准、工具的使用。将研发体系按照专业领域划分为以需求工程、设计工程、制造工程、验证工程、服务工程、管理工程为内容的“5＋1 工程”，导入“正确的人、用正确的方法，规范且高效地做正确的事”的理念，建设面向需求分析与定义、概念设计、初步设计、详细设计和初始验证、验证与确认、产品交付和服务支持、产品退役的全生命周期的研发体系，以实现航空发动机研发的规范化、模块化和专业化，满足我国航空发动机技术和产品持续发展的需要。其中需求、设计、制造、验证、服务工程承接产品研制程序，规定下层级技术流程、标准、工具，并收集处理过程中产生的数据。管理工程从研发项目管理的角度出发规定矩阵式项目管理模式、IPT团队管理组织和职责、阶段评审决策门和评审管理等与技术管理相关的流程、标准、工具要求。

2. 实现流程在平台上的集成

集成平台作为中国航发商发研发体系实践并数字化的最佳载体和工具，将研发体系中的流程、标准、工具、数据数字化，将各要素有机地联合起来，随着时间的积累逐步形成研发体系成熟完整的数字化能力。

流程在集成平台上的集成分为三步：一是相关联工作形成若干工具模板；二是依据工作指导书将工具模板封装为活动模板；三是活动模板及其之间逻辑数据关系组成流程模板，实现流程的集成。模板提前搭建，并在执行项目时实例化为任务，模板基于版本管理，实现变更追溯。工具和设计软件通过可执行脚本和用户界面集成到工具模板中，被工具模板调用，并对软件型号、版本有效管控和追溯，工具软件存储在工具库中，在工具模板使用时按规范要求被调用。同时集成平台与高性能计算平台集成，将大规模计算分析作业提交到高性能计算集群，扩展集成平台的计算处理能力。标准规范集成至工具模板，在设计过程中设计人员可以实时查看参考，同时标准规范也融入工具模板的执行脚本和用户界面中，脚本对输入、输出参数是否符合标准做出判断，用户界面提示并限制不符合标准的输入参数。设计数据应被有效记录并存储，包括引用的工程数据，关联的试验数据等。设计活动产生的设计数据由数据库实现统一管理，并通过版本控制进行管理；上下游数据传递关系通过成套性算法实现精确匹配，基于多方案的数据管理实现研发过程中多层级间方案关系匹配、同层级间方案关系匹配，满足商用航空发动机方案管理需求。

3. 多种措施保障平台顺利实施

为支撑平台的数据利用，中国航发商发相继建设材料数据库和试验数据库。材料数据库和试验数据库的建设，为前期零散存放的材料性能数据，以及项目试验产生的大量数据，提供结构存储、分级管理、平台应用等整体的数据管理解决方案。通过数据库建设，中国航发商发收集前期零散存放的材料和试验数据，梳理数据使用的应用场景，完善体系数据管理制度。材料数据库、试验数据库与集成平台集成，使设计人员可在集成平台中直接调用库中的材料性能数据，也可直接调用试验数据与产品方案在平台中进行对比分析，保证了数据的唯一性和有效性，极大提高数据使用的效率。

为了处理研发体系流程、标准、工具、数据要素间复杂的耦合关系，中国航发商发开展研发体系要素管理建设，通过与集成平台、产品数据管理系统、试验数据库等信息系统集成，实现体系要素的归集、分析和自动校核。要素管理为高层提供决策依据，实时、准确地反映研发过程中研发要素的建设使用情况，充分挖掘利用体系要素数据，大幅提高研发体系要素管理水平。同时，秉承自动化运维理念，中国航发商发建设高性能计算平台管理门户，实现高性能计算平台运行管理的流程化、标准化、自动化，大幅提高运维效率和系统可用性。

集成平台IT实施过程中的主要管理机制。由于专业背景和知识结构的限制，设计人员通常无法准确描述集成需求，IT人员又无法从业务的角度及时判断需求的合理性，实施过程往往是先“实施一些”、然后“修改一些”、最后再“补充一些”，双方需要花费大量时间来进行沟通迭代，实施效率低下。同时，实施工作中过度依赖IT供应商开展模板封装和流程搭建工作，无法形成自主集成封装能力，项目验收后无法对平台进行持续改进完善。为解决这一难题，彻底打通一线设计人员与IT实施人员的沟通障碍，提高项目整体实施效率。中国航发商发组建由副总师技术领头、设计部门部长分模块负责、一线设计人员直接参与、研发体系建设管理人员策划和组织、IT 人员负责软件平台开发的联合实施团队。实施团队分为 1 个总体组和 8 个按业务划分的开发组。

集成平台实施过程中涉及的关键技术。一是设计流程执行过程中刚性与柔性的结合。按照系统工程的指导思想，中国航发商发针对各部件专业的设计过程进行系统梳理，建立数字化、规范化的流程集，保障研发过程的规范化、正确性，提高研发过程中的协作效率。流程执行过程中，如何保障刚性和柔性的结合和互补是集成平台开发实施过程中首先需要解决的问题。航空发动机的研发，专业内的设计协同过程一般是可以固化的，明确专业设计过程中涉及的设计活动、活动间的执行逻辑以及数据接口关系。发动机设计过程中跨专业协作的关系除发动机本身业务流程约束外，还跟专业本身的技术成熟度、人员能力水平、可用资源等因素有关系，跨专业的迭代优化过程难以完全固化。对于跨专业的设计协同，如果采取将多个专业的设计流程连接形成更大的流程，难以保障研发过程中的设计并行和频繁的设计迭代需求，也降低了流程应用的灵活性。针对以上对专业内协作和跨专业协作的过程和特征进行分析，中国航发商发采用专业内协作通过规范化的设计流程这种“强管控”的方式约束，跨专业协作通过规范化的数据接口关系这种“弱连接”的方式开展设计协作和迭代，从而保证集成平台满足发动机设计过程中对流程的刚性和柔性要求。二是设计过程中数据成套性的管理。航空发动机研发业务具有高度的复杂性，涉及多部件/系统、多专业的数据交互，而且在发动机研发过程中存在多方案并行以及大量的设计迭代。如何保障研发过程中所使用数据的方案及版本匹配，是设计集成平台重点要解决的核心技术问题。通过解决该问题，最终实现设计过程数据交互过程可记录、数据关系可追溯、各部件/系统/专业方案及版本的成套性可控制、可查看、可使用。如在发动机设计过程中，总体性能专业在接收发动机设计指标要求后，进行总体方案设计，产生对各部件的性能指标要求，并下发至各部件牵头专业开展设计工作，产生对本部件其他专业的设计要求，驱动本部件各专业协同产生本部门设计方案后，再反馈至总体进行验证确认形成整机设计方案。针对发动机设计中的多方案并行，存在接收上游多套方案要求形成本专业多套方案的情况，也存在接收上游一套方案自身迭代产生本专业多套方案的情况，还存在因接收下游多套反馈数据从而产生本专业多套方案的情况。中国航发商发制订多方案管理机制并开发相应的功能，实现对整机/部件/专业层级的方案的策划、部件专业协同时方案匹配关系的定义和记录、方案及数据版本的匹配性控制，从而保障设计过程中多方案并行和设计协同。设计流程下某一设计活动，在获取多个专业传递来的多套数据、多套版本时，由集成平台保障设计活动的多个输入数据及版本的成套性，从而保证设计活动是基于正确的、匹配的输入数据开展具体工作。

三、面向需求、流程驱动的商用航空发动机产品研发体系构建与实施（一期）效果

设计集成平台于 2016 年开始推广使用，目前已经搭建 158 个设计流程模板，封装 777 个活动模板，集成 516 个工具模板。在中国航发商发的 A 项目上已经有 171 人同时使用，实现了 1720 项任务分解执行；在中国航发商发的 B 项目上已经有 178 人同时使用，实现了 1127 项任务分解执行；在中国航发商发的 C 项目上已经有 160 人同时使用，实现了 1023 项任务分解执行。通过设计集成平台的应用，中国航发商发基本实现了设计过程可控，取得了预期的效果。

（一）流程集成，研发效率提高

通过对各专业设计方法和工具的流程化梳理，并通过集成平台集成封装，公司在部分专业设计上减少了设计操作步骤和数据处理时间，提高了设计效率。比如，涡轮传热数据处理，过去依靠人工交互完成模型数据的前后处理、数据导入导出，然后编制报告，约耗时 3 个工作日，目前基于研发体系平台仅需 1 个小时就可以完成，效率提高了近 24 倍；涡轮叶片强度分析，过去需要两个工作日，目前仅需 30 分钟即可完成，效率提高了近 32 倍。

（二）工具统一，研发质量提升

研发体系针对工具使用的全周期制定了一系列管理流程，并通过对工具的封装，基本固化了设计使用工具及其版本，降低了工具软件的使用门槛。同时，研发体系以流程为牵引，确保了在可认知范围内研发活动的完整性，从源头保证了客户的要求能够按照流程依次开展捕获、定义、分析、分解、落实、跟踪、变更控制、验证和确认等过程，并通过将适航要求在体系中落实，确保了适航要求可以融入每个相关的研发活动中。公司通过体系要素管理规范，借助信息技术手段规范研发流程，引导和驱动整个研发过程，实现了研发流程的统一建模和监控，在此基础上进行流程优化，从而保证产品设计研发流程的可视化管理和执行，保证研发过程规范有序，进而提升研发质量，降低设计差错率。

（三）数据结构化，能力储备提升

研发体系对于迭代过程中不同阶段不同专业产生的设计数据、材料性能测试数据、项目研制的试验数据，借助数据库工具，实现研发数据的全生命周期管理和有效追溯，使研发过程可复现，历史方案能够得到有效重复利用。通过构建一套完善、健全的体系要素框架，公司对研发流程和方法体系进行了沉淀固化，使知识能够不断积累复用，持续增强设计过程的知识储备，增强研发核心竞争力。

（成果创造人：杜　辉、张卫善、谢永波、王文耀、程　茵、罗婷婷、张　燕、魏利军、郭　宇、蒋　平、陈继悦、王凤森）

基于集成产品开发团队的民用飞机主制造商研制项目组织管理变革

中国商用飞机有限责任公司

中国商用飞机有限责任公司（以下简称中国商飞）成立于2008年，是中央管理的我国民用飞机核心企业和骨干中央企业，是实施我国大型飞机重大专项中大型客机项目的主体，也是统筹干线飞机和支线飞机发展、实现我国民用飞机产业化的主要载体，主要从事民用飞机及相关产品的科研、生产、试验试飞，从事民用飞机销售及服务、租赁和运营等相关业务。目前，ARJ21新支线飞机项目进入批生产阶段；C919大型客机成功首飞；CR929中俄远程宽体客机项目立项研制。

一、基于集成产品开发团队的民用飞机主制造商研制项目组织管理变革背景

（一）夺取生存发展空间和赶超国际一流企业的需要

中国商飞当前面临激烈的国际竞争，波音、空客先后推出A320neo和B737MAX等改进型，在飞机性能、交付时间、市场空间等方面对C919飞机形成一定压力；俄罗斯SSJ100支线飞机、日本MRJ支线飞机、巴西航空E系列支线飞机等，对ARJ21新支线飞机形成一定压力。公司项目管理与行业标杆企业差距明显，波音、空客经过百年和近半个世纪的积累，平均每3～3.5年推出一个新系列、每1～1.5年推出一个新型号，大部分项目从启动到首飞只有3～4年、取证时间只有1～1.5年，充分体现其优异的项目管理能力。为夺取生存发展空间和赶超行业标杆企业，中国商飞亟须进行研制项目组织管理模式变革，加快产品研制速度。

（二）更好地落实“以市场为导向、面向客户需求”的价值取向

“以市场为导向、面向客户需求”已成为现代民用飞机项目研制的根本价值取向。在项目控制方面，引入系统工程等管理理念和方法，强调客户需求的层层分解和集成，强调全局性统筹、迭代式深入，确保项目全员、全过程、全寿命周期受控；在项目组织方面，引入并行工程等管理思想，促进组织结构由职能式向矩阵式演变，流程由串行向并行转变，催生了多功能设计—制造团队（DBT，Design Build Team）和集成产品开发团队（IPT，Integrated Product Team）等专业团队，确保组织有力、高效；在项目效益方面，推行市场化理念和精益思想，高度重视跨部门协同和有效沟通，推进工作分工和业务外包，充分利用信息化手段，确保提高质量、降低成本、缩短周期。相比之下，中国商飞成立时间较短，对民用飞机发展规律和民用飞机研制模式的认识不够充分，对市场、客户等因素以及商业成功的目标考虑不够充分，项目管理的理念、工具方法、组织设计、文化营造、制度建设、流程变革等方面与市场结合还不够紧密，为更好地落实“以市场为导向、面向客户需求”的要求，必须进行研制项目组织管理变革。

（三）确保项目研制成功和提高研制效率的需要

民用飞机研制是一项复杂的系统工程，通常采用“主制造商—供应商”模式共同研发制造，由世界各地数百家供应商参与协作完成。按传统的串行研制模式很难满足飞机研制的需要，国外波音、空客等许多航空航天企业纷纷将“职能式”组织形式调整为“矩阵式”组织形式，构建面向产品实现的集成产品开发团队（IPT）。中国商飞自成立以来，一直采用职能式的项目组织形式，职能式的项目组织形式在行政职能作用发挥、资源调动、决策效率等方面具有强有力的优势，但在项目研制推进过程中，仍暴露出计划缺乏科学性和严肃性、进度拖延、成本控制和风险控制薄弱、项目资金超概算、供应商管控不足等诸多问题。因此，为顺应民用飞机研制规律和国际发展趋势，确保项目研制成功和提高研制效率，

应进行研制项目组织管理模式变革。

二、基于集成产品开发团队的民用飞机主制造商研制项目组织管理变革内涵和主要做法

中国商飞在分析原有职能式项目组织管理模式问题的基础上，借鉴波音、空客等国外航空航天企业矩阵式项目管理模式，根据“主制造商一供应商”模式的特点和公司实际，构建“两总”型号总指挥和型号总设计师领导下的矩阵式项目组织管理模式，纵横协同，组建各型号 IPT，将 IPT 打造成为项目作战单元和核心团队，并且不断规范 IPT 团队全生命周期的组织形态和管理办法，实现 IPT 团队管理的集中、有序、精干、高效。主要做法如下。

（一）确立研制项目组织管理变革的总体思路

1. 借鉴分析国外先进企业的矩阵式项目组织管理模式

中国商飞自成立以来，一直采用职能式的项目组织管理模式，在项目总指挥的领导下，通过“两总系统”（行政指挥系统和设计师系统）指挥，协调推进项目研制。这种职能式的项目组织管理模式主要通过行政职能的作用和手段开展项目研制，便于统一指挥、决策效率高，但在项目研制推进过程中，仍暴露出诸多问题，不能很好地实现产品集成和系统工程，不能很好地满足市场和客户的需要。相比而言，波音公司自 777 项目起在研制过程和组织形式上大力创新，引入矩阵式项目组织管理模式，组建 DBT，将工程、计划、工装、生产工艺、材料、质量保证、财务、用户支持等业务职能紧密地组织在一起，克服以往信息和数据利用不充分、部门之间协调困难等问题，将串行研制流程变成并行研制流程，强调协同工作，进行集成化并行设计。777 项目完成后，波音又在 DBT 的基础上发展 IPT，用以协调解决横向的系统性问题。而空客亦充分发挥职能和项目的结合优势。以 A380 项目为例，其顶层管理采用职能（横）项目（纵）矩阵式组织管理模式，由职能人员和项目人员共同组成了三类跨职能的管理团队：飞机总体设计管理团队（OADMT）、系统设备管理团队（SEMT）、飞机部件管理团队（AC-MT）。

2. 确立公司研制项目组织管理变革的原则

为顺应民用飞机研制的客观规律和项目组织形式的发展趋势，更加科学、高效地开展项目研制，中国商飞于 2013 年年底启动项目组织管理模式的变革，研究提出公司研制项目组织结构变革的方向和原则。

一是职能主导向项目主导转型的方向。越是市场化充分的行业越偏向于选择项目主导的组织形式；随着时间推移，越来越多企业的研发项目组织形式由职能主导向项目主导转变。国外民用飞机企业遵循系统工程和并行工程理念，通过长期实践选择了强矩阵的项目组织形式。二是围绕产品集成，注重跨专业协同。WBS 是项目管理的基础，大型复杂航空项目的 WBS 往往基于产品分解结构（PBS），着重关注产品的集成管理，落实产品责任和技术责任；项目的基层组织，注重设计、制造、可维修性等跨专业协同。三是组织形式的适应性与动态性原则。项目组织既保持相对稳定，又体现动态调整。没有一种组织形式是适用于一切场合的，甚至在同一项目的不同阶段也并不能始终适用。四是项目与职能平衡性原则。职能提供支持、实施监督；项目利用资源、完成任务、达成目标。五是管理要素的完备性原则。项目团队中，项目明确专职项目经理和顶层核心团队，项目管理的要素完备、匹配人员、落实责任。

3. 明确研制项目组织管理变革的思路

对比分析公司三个型号项目组织的现状，明确提出公司研制项目组织结构变革“四个转变”的总体思路，即从以“两总系统”为核心的项目组织向“两总”领导下的项目组织转变、从职能式一弱矩阵向强矩阵转变、从专业主导向产品主导转变、从专业分割管理向各专业协同融合转变，促进项目职能部门、基层组织与项目团队匹配运行，形成符合公司发展需求的项目组织模式，顺应项目组织结构变革。

（二）组建专职推进项目组织管理变革的机构

为坚定、理性、渐进、有效地推进公司项目组织形式变革的各项具体工作，中国商飞成立“1+3+5”的专职推进机构，负责项目组织形式变革工作的总体设计和前期策划工作。按照“领导挂帅、咨询指导、项目为主、各方配套”的原则，公司主要领导抓总，经营班子全力配合，成立总体组和总体组办公室、3个项目组、5个机制保障组，由来自公司各方面的专业人员组成。

总体组由公司主要领导担任组长、部分公司领导为成员，主要负责公司项目组织变革工作的顶层指导、方向把握和总体控制；审议推进工作中的重要事项。办公室作为领导小组办事机构，负责总体策划、决策建议、评估指导及工作协调。机制保障小组负责围绕项目组织调整，针对各项目小组有关配套机制的需求建议，按照分工梳理各项配套制度文件清单，制订编制计划，开展修订或编制工作，建立完善相关的配套制度文件；围绕具体项目的实施调整和各项目小组的有关诉求，制订保障措施，建立有效支持项目运行的外部环境。

在制度建设方面，一是制定了公司项目组织形式变革工作方案，明确工作目标、组织机构和职责、工作机制、决策机制、沟通机制和详细工作计划；二是制定了15份各类工作模板，包括“工作需求联络单”“团队汇报表”“情况通报表”等具体表单；三是构建了信息化工作平台，方便各组之间沟通联系；四是制定了《关于项目组织调整有关问题的原则意见》，从顶层指导变革项目工作的推进；五是编制机制保障文件。各机制保障组分别组织研究并编制了关于项目工作分解结构、项目成本分解结构、项目研制经费管理、项目资源管理、项目内部结算、项目合同管理、项目档案管理、项目人力资源管理、项目年度计划管理、项目信息化保障等方面的相关制度和文件。

（三）明晰项目IPT团队的运作流程及职责分工

1. 成立各型号项目IPT团队，明确定位和职责

2014年1月、7月、8月，公司正式成立C919项目IPT团队、ARJ21项目IPT团队、宽体客机项目团队，负责在规定时间、成本内完成产品集成开发任务，由跨单位、跨部门、跨国内外供应商的专业人员和管理人员组成工作团队。IPT团队负责民机产品，发挥型号研制主体作用。IPT团队是项目核心作战单元，按照“五管”（管人、管钱、管事、管需求、管结果）、“四盯”（盯需求、盯变化、盯节点、盯结果）的要求，做到“六个明确”（任务明确、目标明确、计划明确、保障明确、职责明确、验收明确）和“六个集成”（集成思想、集成人员、集成要素、集成方法、集成信息、集成产品），实现“一强化”，即总揽型号研制全局，协调各系统和工作包接口，有效控制变化，快速解决问题，强化总体与状态控制。

2. 明确实行“两总”领导下的项目经理负责制

型号总指挥是项目最高负责人，型号总设计师对项目技术方案和技术状态负总责。“两总”在董事长、总经理授权范围内，宏观上对项目的行政、技术进行领导、协调、监督和支持，对项目重大节点、重大变化、重大问题进行协调和决策。代表公司总经理，对项目总经理行使考核权。超出授权范围的，向公司经营层汇报决策。项目总经理根据授权对项目负全责，在“两总”领导下，按照批准的资源和权限，落实市场、客户、公司要求，通过需求管理和构型管理把握项目方向，通过质量和成本把握项目状态，按层层集成、层层验证的要求对项目进度、质量、成本、安全、适航、技术、风险等开展全要素管理，带领项目团队完成项目责任令下达的各项任务，并定期向“两总”汇报项目目标完成情况。

3. 明确IPT团队组成及其职责

IPT团队分为整机、系统、工作包、组件设备等类型，并按照产品实现逻辑关系和集成关系编码为0、1、2、3。IPT团队自上而下逐级分解明确任务和汇报关系。团队成员向团队负责人汇报，同时接受派出部门/单位和上级团队的业务指导。一是整机集成IPT团队（0级）。在飞机产品开发中，处于总体

决策和核心设计的顶层，是项目管理核心团队，负责整机产品；负责民用飞机产品整机项目策划、管理、集成和验证，从整机视角规划系统，解决周边交互关系，实现产品集成。二是系统集成 IPT 团队（1 级）。按照飞机系统、结构分类设立，具体负责飞机系统、机体结构等产品；负责民机产品大的部件、系统的策划、管理、集成和验证。三是工作包集成 IPT 团队（2 级）。按照工作分解结构（WBS）和产品集成逻辑，划分机体和系统产品单元，负责工作包产品；负责工作包的策划、管理、集成和验证。四是组件、设备研制 IPT 团队（3 级）。组件、设备研制 IPT 团队为设计－制造－维修－试验协同工作团队（简称 DBMT），是真正的基础作战单元；负责组件和设备的设计、制造、维修和试验工作。

4. 明确 IPT 团队各级人员间的汇报关系

0 级团队：项目副总经理是 0 级团队成员，项目工作向项目总经理负责，并接受派出部门指导。其他 0 级要素人员是 0 级 PMO 成员，也是项目副总经理的助手团队成员，接受有关项目副总经理的指导、管理和考核。EMO 是项目工程副总经理的助手团队，接受项目工程副总经理的指导、管理和考核。

1 级团队：1 级团队要素人员是 1 级 PMO 成员，项目工作向 1 级团队高级项目经理负责，协助 1 级 PMO 主任做好有关工作，并接受 0 级团队有关项目副总经理、0 级 PMO/EMO 有关要素人员的指导、管理和考核。

2、3 级团队：为强化工作包项目经理的全要素管理和系统集成能力，要素人员下沉至 2 级团队，必要时向下延伸至 3 级团队。项目工作向 2、3 级团队项目经理负责，并接受 1 级 PMO 有关要素人员的指导、管理和考核。

5. 厘清项目 IPT 团队与职能部门、功能中心的界面关系

各职能部门、功能中心围绕项目需求发挥核心能力支撑作用，加强专业能力建设，制定项目团队所需标准、规范、流程及通用要求，为 IPT 团队提供持续有力的体系保障、资源支持和政策支撑，第一时间响应、处理 IPT 团队提出的工作需求。IPT 团队按照职能部门和功能中心提供的标准、规范、流程完成产品集成开发任务，团队成员在型号研制中积累实践经验、提升实战能力，有利于职能部门、功能中心锁定型号技术发展方向，明确专业能力建设需求，更好地开展核心能力建设。

（四）完善项目 IPT 团队用人机制及绩效考核模式

针对 IPT 团队的组织架构，IPT 人员配备着眼于产品属性、任务属性，抛开单位属性。按照任务、计划和经费等要素，面向全公司和产品研制阶段细化人力资源需求，按照资源投入时间、数量的变化，组建和关闭团队。通过人员跨单位、跨部门、跨团队的动态调配，迭代提升核心能力建设和人力资源使用效率，形成人员能进能出、能上能下的灵活机制。

1. 明确人员资质需求

IPT 团队人员任命采用党委管理与项目经理人层层提名相结合的方式。一是人员招聘参照公司职位职级体系相关规定和公司项目通用 WBS 单元说明描述，结合 PMP 指南和国际民用飞机制造企业的管理实践，制订相应计划。二是建立人员选拔机制。项目总经理由“两总”提名，经公司主要领导审核同意后聘任。项目团队其他有关负责人由公司人力资源部商项目总经理提出建议名单，征求公司有关领导意见，报公司主要领导批准后，以公司名义下发文件。人力资源部提出 0 级以下 IPT 人员的通用资质要求，各工作包项目经理依据通用资质要求提出成员的特殊资质要求和人选建议，经人力资源部门与相关职能部门协调、考察、推荐后，由项目经理聘用。三是明确人员使用机制。IPT 团队组建和人员配置完成后，团队人员隶属关系不变，项目按期、按时租用，按照人员工时费率与派出单位进行内部结算。结合公司现阶段人力资源实际，0 级、1 级 IPT 团队项目经理人或技术负责人由职能部门负责人或“两总”系统人员兼任时，该人员仅限于服务一个型号，一般不跨项目、不跨团队兼职。

2. 制定绩效考核模式

鉴于民用飞机研制项目的特点，公司项目 IPT 团队的绩效考核模式遵循以下几方面原则。一是以公司发展战略为指引，以型号研制任务为核心，重点考核团队成员承担的研制任务；二是简化绩效考核的流程和方式，抓住核心绩效，重点控制绩效管理的关键环节；三是绩效考核贯穿 IPT 团队全生命周期，全面反映 IPT 团队成员业绩表现；四是确保绩效考核的准确性，客观反映绩效考核结果。中国商飞探索建立了 IPT 团队工时绩效考核机制。积极探索矩阵项目制下的市场化、多元化分配、激励机制，聚焦人员发展和薪酬收入，实施有效激励。使用工时作为员工绩效考核依据，遵循"三个依托"原则，即"工时分配依托《型号项目工作授权书》，绩效收入依托团队考核，经营业绩依托批准工时"。把计划工时和实动工时完成情况作为考核部门负责人的依据，建立部门负责人绩效工资与组织绩效（包括"挣工时"情况）相挂钩的具体办法。树立"挣工时"理念，专业部门需通过向 IPT 团队派出人员的方式将工时"挣回"部门，明确项目团队成员绩效考核结果纳入派出部门经营绩效考核。项目经理根据工时和绩效表现决定团队成员专项奖金额，由人力资源部负责兑现，并反馈各部门。员工实动工时与绩效挂钩，与其年终个人考评挂钩。通过实动工时对比分析，评价团队项目管理水平，推动工时填报真实反映工作进展和员工工作效率。

3. 完善绩效考核结果应用

一是作为绩效工资发放的依据。按照公司薪酬管理的有关办法，IPT 团队负责人及成员岗位工资由原单位人力资源部负责评定并发放。IPT 团队负责人及成员的绩效工资，按照公司人力资源部核定的绩效考核分数，由原单位按比例进行发放。二是作为员工职位晋升、薪酬浮动、培训教育、荣誉表彰、职称评审的依据。三是评选优秀 IPT 团队，并对 IPT 团队在项目工作期间表现优秀的成员予以表彰奖励。经过三年多的实践，基本实现 IPT 团队人力资源全生命周期的闭环管理，形成了一套集 IPT 团队的发起设立、日常运行、工时管理、绩效考核、验收关闭等 4 个阶段在内的管理内容和工具、办法。

（五）完善制度建设，定期评估 IPT 团队运行情况

1. 编制相关机制保障文件

编制《民用飞机项目工作分解结构及代码》《关于项目资源管理的有关原则意见》《内部结算价格定价方案》《项目合同管理办法》《项目通用成本分解结构（CBS）》《项目 IPT 研制经费管理办法》《IPT 项目资源配置管理实施办法》《IPT 档案管理方案》《公司项目经理人队伍和型号技术岗位职责设置方案》《公司 IPT 人力资源管理工作指南》《IPT 团队成员绩效考核实施细则》等文件，并试运行相关制度、文件和标准。

2. 定期组织调研和评估

2015 年，经深入 IPT 团队广泛调研，梳理形成 6 个方面 18 个重点问题，就其中项目团队兼职比例较高、工作包包长对团队的管控力度、工时管理的准确性和有效性、工作包经费的使用等 4 个重点问题进行了分析，提出对策，并会同人力资源部出台相关实施细则予以解决，显示了初步成效。2016 年，公司对项目组织形式变革工作进行了整体评估，调研发现 IPT 团队仍存在责权不匹配、IPT 模式有"泛化"倾向、项目人力资源与任务要求存在差距、工时与绩效挂钩不充分、存在 IPT 与职能间的职责矛盾、IPT 内部集成与协同效率不高、项目治理结构不清晰、缺少管理成熟度评价方法、任务经费等管控不完善等问题；研究提出"持续改进和完善 IPT，做实 DBMOT（设计－制造－维修－运行团队）"的整改目标和要求，并将其分解为 2016 年首先解决权责匹配、管理协同、工时应用、人员效率、团队培训等 18 项问题。2017 年起深化改革，推进解决项目管理成熟度、组织模式进化、标准工时体系、任务经费、资源管控、产品研制程序等 6 项问题；最终整改落实到 IPT 团队相关管理机制、规定、工具和方法的完善中，编制了《IPT 团队岗位说明书》《项目管理手册》；建立 IPT 工时与工资总额挂钩，

工时代码与 WBS、工作计划挂钩的机制；明确 IPT 技术文件审签流程，落实项目工程经理技术责任；健全项目资质认证培训体系；建立项目间常态化交流机制等。

三、基于集成产品开发团队的民用飞机主制造商研制项目组织管理变革效果

（一）构建了针对复杂产品项目管理的组织管理模式

中国商飞推行项目组织管理模式变革，构建了针对复杂产品项目管理的组织管理模式，打破了原有的基于职能划分的项目组织结构，形成了跨部门、跨专业、跨单位的团队组织方式，更贴近商用飞机这一类复杂产品集成的特点。截至 2017 年年中，三个项目 IPT 团队共计调配 5000 余人，有助于人力资源的高效利用；为团队设立的项目管理岗位开始起到协同和约束作用，发挥现代复杂产品项目管理的作用，初步体现了项目经理全权负责制，有利于各类项目要素形成合力，推动公司项目管理科学化。

（二）更好地满足了客户需求

中国商飞推行项目组织管理模式变革，按照系统工程管理理念和方法，着重关注产品的客户需求分解和集成管理。在项目研制初期，即从客户需求和市场竞争角度考虑，对客户各项需求进行层层分解；在项目研制推进工程中，落实产品责任和技术责任，由各相关 IPT 团队对客户需求进行不断跟进和综合集成，并注重设计、制造、可维修性等方面的跨专业协同，最终实现产品集成，更好地满足客户需求。

（三）提升了研制项目的效率和质量

中国商飞推行项目组织管理模式变革，推动设计、制造、维修、试验一体化，发挥并行工程的功能，减少因为沟通不畅引起的非必要的更改；尤其是在物理上实现了集中办公的 IPT 团队，团队内协调和问题解决更便利，也有利于工作任务的快速下达和接收，责任落实到人，推动产品研制更加高效。实行 IPT 团队工作制以来，制造现场问题解决速率提升 60.5%，工程更改发放速率提升 66.7%，FRR 平均处理周期从 5.5 天缩短至 3.6 天；机身工作包 IPT 团队实行专人盯零件、盯装配、盯材料配套、盯外协，IPT 团队成员通力合作，顺利实现前机身部件按时交付；平尾 IPT 团队问题关闭率周期也由原来的 10 天缩短到了目前的 2～3 天；实现了降本、增效、提质，确保了 C919 大型客机的成功首飞。

（成果创造人：秦福光、章引平、沈大立、王　欣、徐春夏、
俞彬彬、李　媛、徐　明、董　习、赵艳红、邹运佳）

面向舰船研制单位的科技信息资源知识服务管理

中国船舶重工集团公司第七〇一研究所

中国船舶重工集团公司第七〇一研究所（以下简称七〇一所）隶属于中国船舶重工集团公司，是我国重点军工产品科研单位之一。七〇一所主要承担海军水面战斗舰船、常规潜艇、辅助舰船以及陆军特种船（艇）的总体及系统研究设计，舰船辅助装置和设备研制等军工任务，先后为我国海军研究设计了近百型千余艘新型舰船，构成我国海军的主战装备，在舰船行业内总体资源优势和带动作用突出，牵引着我国海军装备建设技术发展方向，被誉为“战舰摇篮”。七〇一所现有职工2000余人，中国工程院院士2人，国家及省部级专家58人次。2007年，被中共中央、国务院、中央军委授予“高技术武器装备发展建设工程重大贡献奖”金质奖牌，曾先后荣获国家科技进步特等奖3项，国家科技进步一等奖6项，省部级及以上科技进步奖599项。

一、面向舰船研制单位的科技信息资源知识服务管理背景

（一）有效发挥总体资源优势，促进和带动舰船行业科技水平发展与进步的需要

海上维权要求我国战舰在型号及规模、舰船技术水平定位及装备、设备配置等方面能够与美国等发达国家海军战舰抗衡，这就需要为军队战舰装备决策部门，总体设计院所一线技术、管理人员，行业配套单位提供全专业、多方面、高时效的科技信息资源，促进各级部门知己知彼，有针对性地改进装备技术指标，提升系统及整船先进性，增强军种能力建设的针对性。七〇一所作为舰船总体设计单位，担负着引领舰船行业发展的责任和使命，在搞好本单位设计研究工作的同时，还要利用自身站得高、望得远、看得深的优势，带动和牵引舰船行业配套单位的技术发展，从而满足舰艇技术进步和行业科技水平提升的需要。

（二）有效解决传统舰船科技信息资源问题现状，为舰船研制提供全面高效知识服务的需要

传统舰船科技信息资源体系不仅不能提供知识服务，还存在多方面不足：一是信息获取方式单一，主要以纸质图书、期刊、档案等文献为主，仅少量文件实现了电子化；二是信息共享手段原始，科研和管理人员多以电话、会议等形式开展口头交流；三是信息服务形式简单，主要为内部文件、信息交流期刊等。因此，传统的舰船科技信息资源体系必须向实现跨专业、跨单位、跨地域协同的信息共享和知识服务模式转变。七〇一所构建覆盖整个舰船行业各系统各专业的科技信息资源知识服务体系，在服务好本单位舰船总体设计科研创新的同时，促进舰船装备发展决策部门、总体研究设计院所和配套单位之间科技信息资源的共享、交流、合作，盘活知识服务，推进跨单位、跨地域交流合作，促进协同创新。

（三）有效获取新领域信息和知识，促进总体设计院所拓展技术、经济新领域的需要

七〇一所为实现“国内领先，世界知名”的宏伟蓝图，努力向试验、研究和设计同时并重的方向转变。“十二五”期间需要承担数百项军品预研项目，涵盖背景预研项目、973项目、演示验证项目、共用技术项目、专用技术项目、支撑技术项目、自然科学基金项目等多个领域，并需要在舰船强电磁脉冲防护、抗爆抗冲击等技术上取得引领未来的跨越式发展。这些科研课题的立项论证、项目技术路线确立、关键技术攻关等，均需要舰船科技信息资源知识服务的支撑，以便快速了解同行研究进展，借鉴国内外先进技术，获取新领域的信息和知识，迅速接近领域前沿，不走或少走弯路。

二、面向舰船研制单位的科技信息资源知识服务管理内涵和主要做法

七〇一所以“支撑舰船行业战略决策及科研创新”为指引，以“促进信息深度共享、提供主动知识

服务”为目标，率先提出覆盖整个舰船行业全专业、全系统的全方位科技信息资源管理理念，依托信息技术逐步建立面向舰船研制单位的科技信息资源知识服务体系。在对分散于单位内部与外部的各类科技信息资源进行收集、筛选、整理、标引、封装、分类、入库的基础上，提取精华并消化、吸收、转化为知识服务；开拓尽可能多的信息推送、传播和交互渠道，通过体系化、集成化的信息资源共享、交流平台，将信息资源知识服务融入舰船科技研发创新的各个环节。主要做法如下。

（一）明确面向舰船研制单位的科技信息资源知识服务管理总体思路和组织保障

1. 明确建设原则，提出总体思路

在深刻剖析本单位和外单位的科技信息资源现状和用户需求的基础上，按照“可靠性、安全性、开放性、可扩展性、先进性”原则，七〇一所提出“总体设计、协同推进、分步实施、强化应用”的总体思路，策划并制定面向舰船研制单位的舰船科技信息资源知识服务体系，统筹全所组织、管理、技术、资金等各方面资源，全力推进体系构建和实施。

2. 跨部门协同，组建扁平化的知识管理推进组织机构

七〇一所高度重视舰船科技信息资源知识服务管理体系建设工作，将其列为“十二五”规划重点工作进行部署，采取扁平化的组织结构，由信息资源管理部门牵头，协同规划部门、信息化部门、保密部门以及各一线科研部门等共同推进实施。其中信息资源管理部门负责平台的资源建设、管理并提供个性化的知识服务；规划部门对项目进行顶层规划及论证；信息化部门为平台提供信息化技术支撑，负责软硬件系统维护、网络维护、信息安全防范等；保密部门负责科技信息输入、输出的保密管理流程审核，监控信息发布的安全性；各一线科研部门负责平台的应用并及时提出反馈意见。

（二）厘清用户需求，明晰分类

构建稳定高效的科技信息资源知识服务管理体系，既要考虑七〇一所及舰船行业内各系统、设备设计和制造单位的相关科技信息需求，还要考虑与外单位之间互通共享的需求。七〇一所按照用户的所属单位、工作性质和业务范围以及对信息资源知识服务的具体需求，将其分为管理决策者、专家智囊团、科研设计和管理人员、生产和制造人员和其他五个层级。同时，通过问卷调查、现场访谈、专题研讨等方式，对这五类用户使用科技信息资源知识服务的目的、参考范围、类型和产品形式，以及信息和知识获取的方式等进行深入挖掘，进一步理清用户特点和需求，从而为各类型用户提供个性化、特色化的信息知识服务奠定良好基础。

（三）多渠道获取资源，建立舰船总体特色全专业全系统的知识库

七〇一所依托总体资源优势，采取自建与外购相结合的方式，建立覆盖舰船全专业全系统的特色知识库，消除“信息孤岛”，确保信息资源深度共享，夯实知识服务管理基础，实现知识的快速加工和利用。

1. 以数字化图书馆系统为基础，建设舰船特色专题资源库

信息资源整合的主要目标是终结信息孤岛，实现信息资源的共享、快速搜索和统一服务。七〇一所的信息资源整合技术，经过多年的发展，从初期的元数据整合、中间件整合技术，到目前的基于网页代理搜索的虚拟资源整合技术等。数据共享平台采用虚拟资源整合方式对各类资源数据库进行整合。对于大多数符合标准开放协议的网络数据库资源进行实时、高细粒度的检索和访问，无须关注网络资源的存储位置、资源的检索方式、资源的显示格式，像访问本地资源一样访问整合的网络数据库资源。

根据七〇一所科研创新和科研生产的需求，建设航母工程库、潜艇工程库、驱护舰工程库、舰船技术视频资料库、舰船装备技术研究机构数据库、行业专家数据库、舰船中英文术语库、情报研究资料库、船用设备资料库、“舰船百科”知识库等十余种自建专题文献库。自建专题数据库以重点型号工程为服务对象，做到及时更新、完全开放，实现资源的按型号工程整合，提高知识服务针对性和利用效

率。自建专题结合所内各部门共建共享，充分集聚所内的优秀信息资源，形成具有舰船总体特色的船舶研发公共知识库。

2. 以智能化档案系统为核心，构建专题数字档案资源库

知识收集是知识管理的基础，七〇一所充分利用网络优势，全方位把收集和组织档案资源中的显性知识集群，同时挖掘隐性知识资源使之成为有机的整体，采用知识表示方式存储、组织、管理，确保数字档案馆提供全方位和一体化的知识服务。

数字档案资源库是在基础档案数据资源库建设的基础上，对档案信息文件所承载的原始信息进行分析，按照知识属性分类，由若干素材组合而成，以显性知识为主。实施档案管理和利用，依据一定的档案分类标准，按照档案来源、时间、内容和形式特征的异同点，对档案进行多层次的区分，形成档案分类体系。在智能化档案系统中，基于传统档案分类标准，以档案内容特性来划分形成专题数字资源数据库。

专题知识资源库是针对各个专业和研究的具体内容和问题，对专项信息资源进行编研，动态搜寻、挖掘提炼，从中识别出有效、新颖、潜在的档案信息背后的隐性知识。实现对研发知识的深度挖掘、快速积累、高效应用、充分共享，满足设计人员对研发知识的检索和学习的要求。

3. 建立知识分类地图，实现知识快速利用

为实现知识的快速加工和利用，七〇一所基于舰船特色专题资源库以及档案资源库，通过梳理多专业并行协同的研发流程，对总体、船体、动力、电气等专业设计的相关知识进行结构化管理，建立知识库的多层分类结构和知识分类地图，覆盖研发产品的全生命周期的设计过程，覆盖部门全部设计专业门类，实现流畅的产品研发过程、项目团队的高效协同、跨系统和组织的技术状态管理、提升单位知识和资源的使用效率，由以单纯数据管理为主向全面知识管理转变，持续提高产品研发和创新的执行力。

（四）自主创新与协同创新相结合，构建面向舰船研制单位的科技信息资源知识服务集成平台

1. 建立集成化、特色化、科学化、知识化内部科技信息资源集成平台

一是集成化。通过统筹整合外购镜像资源、自建舰船特色专题资源、档案资源、馆藏书目资源、互联网动态抓取资源、共建资源等，依托信息化手段，自主研发数字化图书馆管理系统、智能化档案管理系统、知识挖掘和共享社区等科技信息资源管理平台，并对七〇一所的武汉本部、上海分部、各地驻厂工作组等不同地域进行加密网络互联，实现以国防数字资源为基础的舰船各相关专业、各类型文献资料、各产品档案等的大集成，兼顾多地分散的机构，构建起跨地域的舰船科技信息资源知识服务平台。

二是特色化。舰船总体设计具体包括总体、结构、动力、电力、电子信息等十余个子系统，涉及力学、材料、机械、控制、电子、动力等数十个学科领域。依托总体设计研究所的优势，集成和管理覆盖舰船各专业各系统的信息资源与应用系统。科技资源系统还能与军工核心能力建设模块、产品数据管理系统、精益研发平台相融合，随科研生产环节流转、利用。统筹规划、自主建设与科研创新需求和专业设置有关的产品型号类、专业技术类专题数据库，筛选舰船研究设计各专业各系统有关的大量国防军工类资源，体现舰船总体特色。

三是科学化。通过统一的舰船科技信息资源知识共享服务业务平台，实现检索大数据的自动记录和统计功能，可基于大数据利用分析后的结果，分析高价值、高频次的重要信息。平台根据不同数据库之间的分库情况，实现跨库检索机制，优化调整用户的使用权限，既能保证涉密科技信息的安全，又能最大限度扩充信息资源的利用范围，显著提升信息资源的利用效能。

四是知识化。平台的知识管理模块可以为用户提供逐条或批量上传知识，提供知识条目录入界面，提供知识入库的校核、审查、批准等流程管理，此外还提供用户分享经验和体会的平台，把隐性知识转化为显性知识予以沉淀。平台具备知识智能推送功能，根据工作语境推送恰当的知识到前台供用户参

考、使用，帮助设计人员提高设计效率，减少重复性的检索工作。同时，平台支持对知识的多维度统计分析，从知识的时间、空间、组织三大维度，按照多种细分方式来进行统计，分析其构成分布以及变化趋势，统计结果以详细报表及直观的方式进行展现。

2. 依托新媒体技术，建立外部科技信息资源知识服务系统

七〇一所立足为广大舰船科技人员提供更全面的基于“互联网＋”的信息资源服务，在互联网上设立“中国舰船研究”门户网站，该网站将各种应用系统、数据资源和互联网资源集成到一个统一的信息管理平台之上，并以简洁的用户界面提供给科研人员，建立起七〇一所与外单位沟通交流合作的信息通道。2012 年 9 月，面向互联网的“中国舰船研究”门户网站开始全面运行，科技信息资源利用频率每月约 4 万条，科技信息资源下载总量近百万篇，注册并参与成果交流的专家学者数万人次，网站访问用户来自全球 100 多个国家和地区。

七〇一所利用移动终端搭建知识服务平台，开通微信公众号，通过科技动态、防务信息、学术成果、科普资讯等栏目，分层级满足不同用户需求。面向学术专家和普通科技人员分别开通微信群和 QQ 群，分层级定向扩散和精准推送知识相结合，分类进行前沿探讨和技术咨询交流，向舰船行业提供科技信息资源知识服务，为促进跨单位、跨区域、跨行业开展舰船科技协同创新奠定基础。微信公众号自开通以来，关注度持续增长，订阅用户有数万人，通过微信利用科技信息资源的总量达百万量级。

（五）融入科研创新各环节，提供科研生产全程跟踪知识服务

一是在需求挖掘阶段，科技信息知识服务团队提前参与重大科研项目以及装备预研和型号总体研制工程，在前期立项和论证阶段就与军方、海军机关、设计院所、船厂等相关单位密集接触和反复研讨，全方位挖掘其需求。

二是在检索阶段，有及时连续地对特定科研项目研究主题以及舰船装备及其关键技术进行跟踪检索，利用人工搜索和大数据技术相结合的手段，充分挖掘利用公开信息资源、单位内部知识以及宝贵的特种情报资料，确保检索结果具有较高的查全率、全准率和查新率。

三是在加工整理和组织阶段，对搜集到的公开信息进行筛选、过滤和归类，对经验知识和隐性知识进行挖掘、筛选、转换，对特种情报资料进行解降密处理，以目录、专题、主题树的形式呈现，主动将课题所需的相关知识以简报形式每周推送给科研人设计员，精选高价值文献和知识点标引入库，支撑科研设计工作。

四是在分析和研究阶段，运用归纳分析法、内容分析法、层次分析法、对比分析法等多种研究分析方法，还原事实，得出研究结论并提出启示建议。在整个研究过程中，充分保持与需求方和相关领域技术专家的紧密合作和反复研讨，不断完善研究成果，充分融入专家经验和知识，确保研究成果的创新性、实用性和重要价值，有力支撑科研和型号研制任务。

融入国防 973、国防科工局、国家自然科学基金等科研创新项目的实施过程，根据进展状况提供研究背景、现状及未来趋势综述，可行性、决策性情报研究报告，创新性论证分析报告，发展动向、专题研究、学科总结、预测性分析等研究报告和文集，服务于项目申报、开题、实施、结题、产品研发和成果鉴定、评奖全过程。

融入国产航空母舰、驱护舰、潜艇、海事执法船、海洋工程船、军贸船、无人系统等军民品舰船研制过程，围绕全世界主要海军大国的舰船装备及其关键技术展开深入、全面解读，还原外军准确的技术细节和数据，理清其发展特点和趋势，提供深入透彻的技术咨询。在研制过程中，随产品阶段不断深入，根据设计数据和相关信息的更迭，挖掘关联信息，提供知识咨询，服务于型号研制管理、总体论证和设计、生产建造、试验、使用保障等全周期过程。

（六）建立面向舰船研制单位的科技信息资源知识服务平台运行保障机制

1. 塑造知识型信息服务团队，确保知识服务管理平台长远发展

七〇一所在各类科技信息资源的共建共享中，注重培育造就一批符合舰船科技信息知识服务管理的专业化人才队伍，包括情报研究人员、翻译专业人员、信息化管理人员等。通过定期开展情报知识、知识管理、参考咨询、计算机网络技术等方面的培训，提高知识服务团队的业务技能。在该知识服务团队中以中青年科研骨干为主，人员保持相对稳定。通过不断研究和探索，逐步积累科技信息资源知识服务方面的经验，为平台的长远、稳定发展提供良好的人才保障。

2. 围绕运行保障机制，建立配套的规章制度

七〇一所围绕体系建设、质量管控等方面制定多项管理规范，具体包括《信息化总体规划管理规定》《数字图书馆使用管理规定》《智能化档案系统使用管理规定》等。建立配套规章制度，确保科技信息资源服务体系的安全、稳定、高效、规范运行。

3. 以标准化流程规范信息资源，多方面齐抓共检确保基础数据质量

七〇一所一方面成立专门的科技信息资源数据处理小组和质量控制小组，负责信息资源数据的标准化处理和网络发布，制订信息数据收集、筛选、整理、标引、封装、分类、入库、归档、发布的业务流程规范，编制《科技信息资源采集作业指导书》《数据格式转换作业指导书》《互联网信息抓取、筛选作业指导书》等十多份作业指导书，用标准作业的形式以清晰化的流程图进行总结和提炼，形成知识管理的重要内容。另一方面成立信息质量检查小组，综合利用信息资源管理部门、质量部门、信息化部门人员和专家、一线科研人员等多方面资源，不定期开展信息质量抽查。双管齐下，为舰船科技信息资源知识服务体系奠定高质量信息数据资源基础。

4. 与信息参与者共同营造质量文化，酝酿科技信息资源共建共享精品

七〇一所通过深入开展灵活多样的舰船科技信息质量学习和教育活动，在平台中建立科技信息质量宣传文化专栏，以“全国质量月”“世界标准日”“QC 小组”等活动为载体和契机，通过各种宣传报道，针对管理者和用户灌输质量价值观、质量意识和观念，逐步把质量文化的理念转变为自觉行为，共同打造“舰船科技信息资源共建共享精品”质量品牌。

三、面向舰船研制单位的科技信息资源知识服务管理效果

（一）有力支撑了对新领域信息和知识的获取，促进了单位新技术、经济新领域的拓展

七〇一所有效促进舰船科技信息资源的共享、交流、合作，盘活知识服务。在舰船强电磁脉冲防护、抗爆抗冲击等技术领域取得了重大研究进展，在综合保障领域奠定了舰艇全寿期维修保障总体技术抓总模式地位，取得经济新拓展。此外，七〇一所在军民融合和多元化方面发展迅猛，民品科技创新项目取得重大阶段性成果，持续推进了民用 ROV、水面无人艇等科技成果的转化和市场推广。“十二五”期间，七〇一所承担的新签课题项目数年均增长 15%，新签项目合同经费年均增长 18%，科研创新能力明显提升，整体经济效益逐年递增，在社会上树立了良好的企业形象。

（二）持续加强了与相关单位的交流合作，促进和带动了船舶行业的技术发展与进步

七〇一所持续加强了与船舶行业相关知名高校、研究机构、配套单位的交流合作，通过优势互补促进和带动了行业前沿性、基础性研究。一方面，舰船科技信息知识服务团队通过捕捉、消化、吸收国际上最新的舰船科技信息，在服务好本单位的同时，对外实现了全程科研跟踪知识服务、分层级定向扩散和精准知识推送，与外单位合作开展了数百项国内开创性的舰船装备技术研究工作。另一方面，七〇一所向多家船舶系统配套研制单位推广本研究成果，指导其将舰船全系统全专业的图书、期刊、情报和档案等科技信息资源的共享、利用融入办公自动化平台，与科研生产管理、设计系统相贯通，并共同组建知识服务团队，更好地提升了船舶行业的科研创新效益，获得了行业内外的一致好评。

（三）有力支撑了新型舰船加快突破关键技术，为强军强国做出了贡献

七〇一所编写了八十余份涉及航母的采购、研制、方案论证、总体设计以及动力系统、武器系统、电子信息系统、舰载机、舰机适配、航空保障等其他关键技术的情报分析报告，提供给工程设计人员使用，有力支撑了关键技术难题的突破，保障了我国首艘航母“辽宁”舰按工程节点完成研制并顺利交付海军，实现了我国航空母舰从无到有的历史性突破。舰船科技信息知识服务团队编制了数十份重要情报分析报告，有力保障了七〇一所在短期内完成国产航母的研制，以及首艘新型万吨级驱逐舰的完全自主研制等创新性研究设计工作的开展。

（成果创造人：蔡大明、喻　菁、陈捷捷、彭路瑶、黎汉军、王　娜、易基圣、符安邦、胡文莉、朱志安）

交通机电集成企业以实现智慧高速为引领的自主创新管理

江西方兴科技有限公司

江西方兴科技有限公司（以下简称方兴公司）成立于1995年，是赣粤高速公路股份有限公司的全资子公司，是一家专业从事高速公路机电系统集成建设、运行维护服务、交通机电产品研发推广、信息化软件开发的国家高新技术企业，获得公路交通工程多项经营资质。现拥有北京中瑞方兴科技有限公司、工程分公司、机电维护分公司、软件分公司、交通设施分公司、西南办事处、新疆办事处，以及江西省公路机电工程研究中心、江西省交通运输行业机电工程研究中心等下属企业及业务机构，连续七年被评为“江西省优秀高新技术企业”，先后获得“全国交通运输企业信息化智能化优秀企业”“江西省‘十二五’优秀软件企业（规模型）”等多项荣誉称号。

一、交通机电集成企业以实现智慧高速为引领的自主创新管理背景

（一）顺应高速行业智慧发展的趋势

近年来，我国高速公路实现了跨越式发展，截至2016年年底，全国高速公路通车总里程已超过13万公里，并且随着电子、通信、计算机和控制技术等在交通机电系统集成的快速运用，智慧高速已成为智慧交通发展的行业重点。智慧高速是基于现代电子信息技术面向公路交通运输的服务系统，已发展为集交通信息采集、通信传输、数据处理、控制指挥等技术为一体综合应用型产业。近年来取得许多进展：一是数字化水平明显提高。高速公路交通运输行业的基础数据库基本形成，公路重要基础设施运行状态数据采集率稳步提升。高速公路国家路网中心、各省高速公路监控指挥中心、应急调度中心基本建成，并对高速公路实现了运行动态监测等。二是行业管理协同化能力增强。依托交通行业信息化重大工程建设，重要业务领域信息化应用取得进展，高速公路跨区域、跨部门的业务协同水平明显提高。三是运输服务智能化运用不断增强。通过依托示范试点工程，高速公路运营管理、综合运输等智能化应用取得新突破，信息互通、共享等平台建设获得新进展。四是信息服务便捷化程度不断提升。随着信息系统集成技术应用和发展，高速公路公共服务能力的便捷化程度明显提高，公众出行信息服务体验不断改善，智慧服务环境持续优化。但总体上来看，智慧高速总体上仍然处于初步阶段，作为智慧高速支撑的重要领域——机电系统集成企业还迫切需要树立自主创新意识，加大技术创新力度，进一步提升智慧高速发展水平。

（二）高速公路机电系统企业创新发展的需要

高速公路机电系统建设起步于20世纪90年代初，经过二十多年的发展，已培育了一大批交通机电系统集成企业。对于机电集成企业而言，不仅要承担修建更多的高速公路基础设施任务，而且还要采用先进的信息、通信、控制等集成技术推进智慧高速运行管理和发展。由于高速公路机电系统集成的关键设备和技术更新很快，很多集成企业具备了快速掌握并合理应用新技术、新产品的能力，但这也导致其在自主创新和技术研发方面具有很强的依赖性。同时，行业实施低价中标的做法，使很多企业在工程质量、技术服务等方面比较懈怠和滞后，创新意识淡薄，企业整体发展水平还不高，增值盈利能力越来越低。这就要求交通机电集成企业加快实施自主创新驱动发展战略，加快产业转型升级，实现企业效益增长方式变革。

（三）提升企业核心竞争力的需要

近年来，高速公路建设市场规模不断扩大，但市场竞争日益激烈，加上机电系统集成有很多关键的高科技设备和技术更新很快，具有较高的技术壁垒，急需企业注重自主创新，加快推动技术创新、工艺

创新、产品创新等发展战略，才能在市场中赢得竞争，不断突破地域限制并在新区域赢得一席之地。同时，还要积极转变单纯依靠施工业务为主的经营理念，提升自主研发能力，合理延伸科技产业链，做大做强产业规模，不断提升核心竞争优势，促进企业实现可持续发展。

二、交通机电集成企业以实现智慧高速为引领的自主创新管理内涵和主要做法

方兴公司顺应智慧高速发展趋势，积极应对行业市场竞争，坚持以自主创新战略为突破口，紧扣“科技兴路”这条主线，积极谋划企业自主创新的发展思路、策略、目标，加快构建和完善企业科技创新管理体系与运行机制，并围绕产业多元化经营目标，以原创技术和研发能力为核心，进一步推进技术创新、工艺创新、产品创新的策略实施，加大科技研发投入，为自主创新管理提供必要的人才、资金、文化等保障条件，不断巩固、提升和发展企业自主创新能力，强劲经营模式转型升级引擎，形成自主创新与经营模式转型升级相互促进、共同发展的良性循环。主要做法如下。

（一）确立企业自主创新的指导思想、原则和目标

结合行业发展趋势、竞争对手、企业自身优势及业务现状的分析，方兴公司意识到，要想在激烈的市场竞争中获得主动权，就应立足自主创新之路，秉承“科技兴路”的经营理念，不断增强自主创新意识，提升企业核心竞争力与综合实力。

1. 明确总体思路

以理念创新为前提，以科技创新为路径，以制度创新为保证，推进技术创新、工艺创新、产品创新为载体，不断增强自主创新能力，努力形成以“工程建设、机电维护、科技产品、信息化软件开发”为主导的四大产业链，构筑以施工、研发、生产、市场推广为支撑的经营业务模式，全力打造“技术领先、质量领先、管理领先、规模领先、效益领先国内知名的智能交通企业”。

2. 确立基本原则

一是坚持“差异化”的原则。打破传统行业依靠“低成本优势”和依赖“技术引进”的常规模式，确立“优异化的开发定位，核心部件自主研发、核心技术自主掌握”的技术创新战略，开辟一条“人无我有、人有我优、人优我廉、人廉我转”的科技研发之路。二是坚持“标准化”的原则。从加强和完善机电行业标准化入手，通过制定标准、贯彻标准，使企业从事的施工、维护、技术、研发等活动制度化、程序化、科学化，从而实现创新能力的新突破。三是坚持“高端化”的原则。从相对“低端”机电施工向相对以高科技、高附加值、高知名度为特征的“高端”研发产业转型，逐步通过“科技筑路”“科技养路”“科技管路”等全产业链的创新方式，实现企业经济效益高增长。四是坚持“人本化”的原则。通过革除传统国有企业的管理体制机制弊端，不断激活自主创新活力，激励员工实现自我价值，从而凝聚企业自主创新发展的核心资源。

3. 树立发展目标

一是通过自主创新，推进企业经营理念创新、科技创新、管理创新和文化创新，实现提升企业核心竞争力的发展目标。二是通过自主创新，加快实现产业转型升级的发展目标．在拓展机电工程施工产业的同时，积极深化机电维护、科技产品、软件项目开发等多元业务发展，为智慧高速运营管理提供各类新产品、新工艺、新手段，并取得一批科研成果。三是通过自主创新，在巩固省内高速公路机电行业市场的同时，积极向外省市场拓展，走向全国，并通过与省内外同行合作，形成优势互补的市场发展目标。

4. 制订实施路径

一是围绕智慧高速行业发展趋势，积极开展技术探索和创新研究，力求在智能化交通管理技术、工程建养技术、一体化运输技术、交通科学决策支持技术、绿色交通技术等领域取得突破，通过理念创新、技术创新、系统集成创新，不断提升企业科技创新研究水平和能力。二是依托厅级、省级公路交通

工程技术研发中心，进一步优化整合内部相关科研资源，优化科技创新体系，建立跨部门、跨专业科技创新决策机制，明确分工，协调联动，形成合力，做好市场、技术、立项等方面的可行性分析，推动重点课题和科技任务的落实。三是始终把技术领先放在企业长远发展的重要位置，保证方兴公司始终站在行业技术的前列，在工程和机电维护方面积极推广新技术、新工艺、新材料的应用，满足智慧高速建设和稳定运行的需要。四是加快推进智能交通技术研发，力争在公路收费系统设备、公路气象检测设备、隧道行车安全诱导设备，路网监控系统、应急指挥管理系统等信息化技术研发方面获得成功，为高速公路运营管理单位提供各类新产品、新技术、新手段，并加快形成科技产业，逐步走上“以技术创新促发展”的良性循环之路。

（二）健全企业自主创新的管理和制度

1. 构建科技创新管理体系

方兴公司加快建立科学、规范的技术创新管理体系，逐步形成科技创新的决策、管理、研发、支撑四个层面的组织体系。一是成立以公司主要领导参与协调，总工程师为组长的企业科技创新领导小组，专门负责企业技术创新决策和部署，以及重大科研课题审查批准、公司自立课题鉴定验收等。二是将原来公司的方案部升格为总工办，其职能主要负责领导和管理企业的科学研究、技术开发、技术改造、新技术推广应用、研究成果申报等工作。三是技术研发部、软件分公司在公司科研领导小组的领导下，开展对科研课题的立项申报、技术攻关、结题、验收、成果鉴定等相关工作，并负责对其他部门所实施的科研课题的实施过程进行监控，为其他部门提供有关科研技术支持。四是在北京成立子公司，作为产业孵化和技术创新支撑平台，全面负责公司科技创新成果推广工作，通过市场实现技术转移和扩散，促进科技成果工程化、产业化，形成良性循环的创新发展能力。

2. 加强科技创新制度建设

一是健全完善技术创新制度，先后出台《江西方兴科技有限公司科研管理办法》《江西方兴科技有限公司知识产权（专利）管理办法》等制度，鼓励公司全体员工大力开展技术创新，推动公司科技进步，为企业长远发展积累雄厚技术储备和技术支持。二是完善技术创新团队制度建设，确立研发部、软件分公司作为企业技术创新的主体，发挥科研部门在技术创新中的主角作用。三是完善企业分配制度改革，加快建立技术创新的考核机制，强化激励机制，使企业技术骨干的收入率先与人才市场接轨。北京子公司也逐步实行新产品销售利润提成办法，把新产品开发、推广与效益直接挂钩，并对推进企业技术创新有重大贡献的科技人员进行重奖。

3. 优化技术创新运行机制

通过加强技术研发中心建设，走专业化之路，不断优化技术创新的运行机制。先后组建“江西省交通运输行业公路机电工程技术研究中心”“江西省公路机电工程技术研究中心，”并在此基础上，完善研发实验室和软件产业园基地，机电养护实验模拟基地等硬件设施，积极整合企业科技资源，承担重大综合性科研攻关、应用基础研究、特定区域技术研究，解决一批事关智慧高速发展而具有战略性、基础性、关键性的重大关键技术，使其成为具有较强影响力的智能交通工程、机电养护及软件开发技术创新基地。

（三）深入开展工艺和产品创新

一是工程施工工艺创新。为提升智慧高速机电工程的施工质量，方兴公司以打造“精品工程”为核心，在执行交通行业标准和规范的同时，积极构建涵盖高速公路通信、收费、监控、隧道机电等四大系统的施工标准化管理体系，并对施工过程的部分分项和设备材料做出技术规定，在工艺技术、工艺管理和工艺纪律三个方面实现协调创新，减少工程质量通病的发生，从而提高机电系统的使用周期。先后总结出台《高速公路机电工程施工标准化指南》，申报省部工法 5 个，在项目管理中全面落实工程施工标准化，全力推进施工工艺创新。

二是机电维护工艺创新。为实现智慧高速的畅通管理与安全出行，方兴公司加快机电维护“迅”服务体系建设和标准化工艺创新，从人员配置、办公环境、工具车辆、安全设施、维护作业等进行统一标准化管理，确保机电维护运行和服务的制度化、规范化、标准化。在遇到重大情况时，相邻的片区之间互相支援，最大限度地实现技术资源、人力资源、设备资源、信息资源的共享，形成网络化的运维服务管理模式，探索一套提高机电设备维护反应速度的工序及方法，使方兴公司不会因为技术服务人员的岗位调整、流失等因素，影响到高速公路机电维护的服务质量。先后总结编写《高速公路机电维护管理手册》《高速公路机电维护操作规程》等服务细则，进一步规范技术维护行为，保障服务的优质、高效。

三是新产品工艺创新。方兴公司围绕智慧高速行业技术特点和市场需求，完善升级新产品的品质和功能，重视用户体验和感受，持续改进产品薄弱环节，优化结构设计和布局。通过跟踪智慧高速机电工程科技发展前沿技术，结合自身产品研发和产品实现现状，精心策划前期方案，加大自主创新力度，不断攻克产品技术难关，在智能交通工程技术、信息化技术、交通安全与应急处置等方面，开发出具有自主知识产权的特色产品，并进行有效的推广应用。比如在“自测距滑动式无人值守发卡机”“车型识别器”的生产和安装过程中，发现配电系统存在诸多缺陷，且行业内没有规范的生产施工接线标准，也没有接线图纸，于是通过工艺创新，设计了自动发卡机、车型识别器配电图，使两个产品具备规范的生产工艺、安装程序。同时，根据业主单位意见反馈，新一代车道控制器经过工艺创新升级，与老款相比，外观尺寸不仅缩小了1/4，占用面积减少，而且整个布局简单，接线工艺合理、更加人性化，方便调试和日常维护。

（四）完善自主创新的资金、人才、文化等保障

1. 加大研发投入

一是积极争取国家的各种配套优惠政策，尤其是通过加大研发投入，获得科技成果，确保公司每三年成功申报国家高新技术企业。二是积极组织申报承担各级各类科技计划项目，努力争取交通行业主管部门的经费支持。三是逐步提高公司科技研发经费的比重，有重点、有选择的增加项目研发的科技投入，并探索建立科技经费的预算、项目绩效评价体系。

2. 重视企业人才培养

一是大力引进人才。通过公开招聘、推荐、人才猎头服务等多种方式，引进各类技术人才，充实公司人才队伍。同时，加大人才培养力度，重视技术人才的知识更新。每年都要举行一系列的高速公路设备及技术专题培训，举办技术交流会、论坛研讨会等，为员工学习教育提供平台。二是积极创造良好的工作环境和生活条件吸引和留住人才，在工资、奖金方面向技术员工予以倾斜。尤其打破“在编员工”和“自聘员工”的区别，不拘一格使用人才，做到“同工同酬”。三是倡导“人尽其才”的发展理念，充分尊重员工的兴趣意愿，全面考虑员工的能力特长，合理使用人才，让每个员工人尽其才，发挥员工的潜能优势，使员工劳其所能，能其所尽。尤其是推行转岗、轮岗制度，为公司锻炼和培养一批优秀技术人才。

3. 培育企业创新文化

一是构建“以人为本”的文化体系。总结形成“创新、合作、诚信、开放”的经营理念，“严谨、规范、科学、高效”的管理理念，“坚持技术立足，以技术优势引航企业的可持续发展”的发展理念，“安全承载生命重托、也承载着企业重托”的安全理念，“褒奖爱岗敬业、推崇德才兼备”的人才理念，并引导员工把职业发展和企业发展结合起来，个人价值取向和企业价值观统一起来，形成创新务实、团结协作、共谋发展的企业文化氛围。二是重视技术创新活动。方兴公司每年都要组织开展技术交流、知识竞赛、技能“大比武”等技术创新活动，不仅提高员工的综合素质和技能，而且还将技术经验书面材

料，编印成具有自主知识产权的学习教材，开创行业领先。三是积极引导员工转变思想观念，培育适应“科技兴企、人才强企”的创新意识，进一步激发员工学知识、强技能的热情，以适应企业自主创新的发展需要。

三、交通机电集成企业以实现智慧高速为引领的自主创新管理效果

（一）开发了一系列自主知识产权技术和品牌产品

方兴公司在高速公路系统集成建设发展的大潮中，始终高举“科技兴路”的旗帜，研发了一系列具有自主知识产权的品牌产品，如“高速公路全路段气象检测与交通信息实时提示系统”“便携式手持收费机与蓝牙打印机”“自测距滑动式无人值守发卡机”“高速公路自动车型自动识别器”“高速公路特殊路段行车诱导系统”“隧道智能照明控制系统”“IC 卡读写器”等，完成了部、省厅级多项重点科研课题，一些科研产品和项目填补了江西乃至全国高速公路机电行业的空白，获得技术专利及著作权 40 多项，其中 15 项为发明专利。此外，还围绕优化智慧高速运营管理的目标，在信息化软件项目开发、系统方案解决等方面取得显著成绩，为江西省内外高速公路管理单位开发完成“路网运行监测与服务管理系统”“应急指挥系统”“收费辅助管理系统”“服务区收银管理系统”“机电养护管理系统”“绿通取证稽核系统”等项目，引领了行业发展趋势。

（二）促进了产业多元化、市场多元化发展

方兴公司通过实施具有系统性的自主创新发展战略，在打造企业知名品牌的基础上，不仅实现了产业发展的多元化格局，而且还不断走向全国市场。先后完成省内外近百个机电、交安等工程项目，为用户和业主单位提供了优质施工服务和精品工程。先后承担了赣粤高速信息化、昌九改扩建信息化、江西高速集团信息化（1.2 期）等项目建设任务，开发完成“机电养护管理系统”“应急指挥系统”“区域联网监控系统”等一系列软件系统。2016 年承担的宁定智慧高速建设项目，将宁定高速公路打造成一个集“数据综合管理平台、路网监测与应急管理、公众出行服务、节能环保”为一体的国内智慧交通“样板工程”，顺利建成江西首条“智慧高速”。方兴公司已承担江西全省近 4000 公里（其中隧道 200 多公里）的高速公路机电养护业务，在全省高速公路范围内创造性地建立了南昌、九江、上高、吉安、赣州五大维护片区。近年来，方兴公司机电施工项目范围已涉及全国十多个省份，成为国内规模较大，市场分布较广的机电系统集成企业之一。目前，方兴公司的新产品已在江西、云南、湖南、贵州、河北、浙江、山东、安徽等省获得推广应用。

（三）提升了企业经济效益，巩固了行业发展地位

方兴公司通过自主创新，实现了各产业之间的优势互补与可持续发展，公司在市场投标、工程建设、机电维护、科技产业等方面的经营效益得到明显提高。从 2011－2016 年，企业总资产由原来的 2.52 亿元增加到近 6 亿元，净资产由原来的 0.88 亿元增加到 2.7 亿元，注册资本从 4000 万元增加到 10500 万元，企业营业收入共计实现 26 亿元，净利润共计实现 2 亿元。子公司——北京中瑞方兴公司从无到有，科技产品实现销售收入累计 5000 多万元，净利润近 1000 万元。同时，方兴公司还先后被省工信委认定为“江西重点软件企业 20 强”，获得“全国交通运输信息化、智能化建设优秀企业”“江西省‘十二五’优秀软件企业（规模型）”等多项荣誉称号，成为江西智慧高速机电集成的龙头企业，奠定其在行业发展中的领先地位。

（成果创造人：邝仲平、谢雄伟、李卫江、吴昌华、丁　军、杨新华）

航天研究所以市场为导向的科技创新管理

上海航天控制技术研究所

上海航天控制技术研究所（以下简称控制所）是中国航天科技集团公司第八研究院所属的航天控制技术专业研究所，是国防科研事业单位，位于上海闵行航天城，占地面积192.7亩，是一家同时承担战术武器、运载火箭和空间飞行器控制系统及其核心配套单机产品研制任务的大型综合性科研生产联合体。在横跨星、箭、弹、船等多应用领域，控制所飞行控制、光电探测与制导、惯性导航和伺服控制四大核心技术均达到国内先进水平，先后荣获国家科学技术进步奖、国家技术发明奖等荣誉，以先进的技术和高品质的产品为我国航天事业做出了突出贡献。

一、航天研究所以市场为导向的科技创新管理背景

（一）适应军民深度融合发展的必然选择

军民融合深度发展作为重大国家战略，是党和国家“四个全面”战略布局的重要组成部分。党的十八届三中全会特别指出，要健全国防工业体系，完善国防科技协同创新体制，改革国防科研生产管理和武器装备采购体制机制，全面推动军民融合深度发展。随着新军事变革的加快和国防科技工业竞争的加剧，系统性地整合科研生产要素、优化科研要素组织、提升科研核心竞争力是增强航天研究所科技持续创新能力的重要手段，也是其应对市场竞争、实现军民深度融合的必然选择。

（二）适应市场竞争压力的选择

市场化机制下，国防科技工业竞争日益加剧，航天科研院所面临着三大挑战：一是国际和国内市场的双重挑战和压力，只有不断提升核心技术优势，才能确保技术领先地位、保持核心竞争力；二是随着市场竞争日益激烈，产品的周期要求不断缩短，客观上要求科研院所在进行项目研制时，就要将产品化及成本管理工作贯穿其中。三是受传统体制和观念的约束，科研工作与市场需求匹配度差，技术创新与市场开发脱节，不能真正适应市场的需求。在此背景下，航天研究所必须坚持以市场为导向，构建适应市场发展需求的科技创新管理。

（三）适应企业改革提高科研生产效率的需要

2014年，根据“集中决策、分散经营”的原则，控制所实施初步的事业部制改革。事业部具有一定的经营自主权，可以独立进行生产经营活动并独立核算。在一年的运行过程中逐渐暴露出一些缺陷和不足：事业部只关注经济指标，缺乏对全所整体发展思路的理解和把握；所部对事业部的监督和管理力度不足，在成本管理、科研生产计划管理等方面存在松散现象，不能适应改革发展需求。

2015年起，控制所全面改革事业部制，一方面，事业部拥有完全的经营自主权，能独立进行生产经营活动并独立核算，是“独立的职能集合体（设计、研制、生产、市场开发）”；另一方面，事业部的经营活动需要在总部控制和监督下进行，总部的定位是监控、协调与服务的主体。随着事业部改革的持续深入，控制所需要进一步完善核心专业技术体系，全面梳理技术优势，聚焦核心产品，加速推进市场化、产业化，确保技术领先地位和市场竞争力。

二、航天研究所以市场为导向的科技创新管理内涵和主要做法

为了适应“企业化、市场化”战略转型，系统提升科技创新管理能力，控制所全面梳理核心技术与核心产品情况，制定差异化的技术发展和产品开发策略；以产品型谱为牵引，推动“产品选用集成”的去型号化；以“产品首席”为带头人，形成技术进步、市场开发、产品保证三位一体格局；以矩阵式项

目管理为抓手，形成“管理体系纵向打通、产出流程横向打通”的科研管理模式；以打造“建设产业集团”为目标，着力提升成本管理能力；以专业队伍建设为核心，夯实持续发展的根基，有效推进科技成果产业化发展，取得了良好的经济效益和社会效益。主要做法如下。

（一）加强顶层设计，明确科技创新战略方向

控制所坚持“以市场为导向，以技术创新为驱动”，紧密结合市场发展，同步设计和调整技术发展路径，按照核心程度梳理专业技术，制定专业技术层级图，加强关键核心技术的战略管理，采用差异化策略实现次核心技术创新，保持技术先进性，提升竞争能力，实现快速、健康、可持续发展。

1. 客观分析技术地位，找准技术优势

控制所开展“核心技术、核心产品向国内外先进水平对标”专项工作。在所科技委的指导下，首先梳理技术树，理清技术体系，对核心技术、支撑技术、一般技术进行全面识别；结合控制所具体情况制定发展策略，明确具体技术是自主发展还是依托合作伙伴发展。在此基础上，针对技术、产品两个方面，在功能、指标、生产能力、市场占有率、测试验证条件、创新平台建设、专家人才等多个维度，与以美、俄、欧、日为代表的国外同行及国内各军工集团同行单位进行对比，识别技术优势。

根据对标发现，在战术领域，控制所是我国战术导弹垂直发射变结构控制、红外导引头旋转凝视成像等核心技术的首创地，便携式防空导弹系统研发能力居国内领先地位；战术导弹飞行控制技术和红外制导技术达国内先进水平，已形成研发与批产滚动发展的产业规模；在宇航领域，控制所先后承担风云系列、实践系列和遥感系列等30余颗卫星导航制导与控制系统，以及星载陀螺、星敏感器和动量轮等关键单机的研制任务，高精度高稳定度控制技术、远程自主快速轨道交会及近距伴飞等技术达国内领先水平，高精度高稳定度反作用飞轮技术达世界先进水平，高动态、高精度、轻小型星敏感器技术居国内领先地位；在运载领域，控制所是我国最早从事运载火箭控制系统以及惯测产品、伺服机构等关键单机研制的单位，是率先运用运载火箭光纤捷联惯组、煤油直接引流液压伺服控制等先进技术的重要单位。

2. 采用差异化策略，适应市场竞争需求

为获得市场成功，控制所以细分市场的具体、特殊需求为依据，制定差异化策略，以创造和满足用户的个性化需要为指南，力求通过对现有技术进行二次开发和交叉、集成创新，以独创性提供独特的、用户关心的价值。以星敏感器为例，控制所在卫星领域的市场份额占有排名为国内第二，虽然产品的技术水平近年来进步较大，已逐步居于国内领先水平，然而在配套关系已经“锁定”的卫星市场中难以继续获得突破。经过对航空器、大型导弹等用户的分析研究和用户需求的培育，开展二次开发后，研制适应新使用条件的星敏感器产品，开辟新市场领域。

3. 完善科技创新组织体系

为确保有效推进创新，成立“1＋1＋6”科技创新组织：1个领导小组，由所长、各分管所领导组成，负责顶层决策、战略部署和资源保障，领导全所科技创新的组织实施；1个管理办公室，由科研生产部部门领导及各职能部门代表组成，科研生产部部长担任办公室主任，在领导小组的领导下，负责资源统筹、组织实施、协调推进和过程监督；6个专项工作小组，即技术驱动、技术与市场联动、产品化工程、科研流程优化、财务管理提升、专业化队伍建设专项工作小组，由科研生产部相关领导及各科研生产部门代表组成，贯彻落实领导小组的决定和部署，制定工作方案及计划，并推进和实施。

（二）构建技术与市场联动研发体系，提升市场快速响应能力

为快速响应市场需求、提高市场份额，开展有针对性的新技术、新产品开发，将所部与事业部的技术创新与市场开发工作联动起来，形成“所部—事业部”联动的市场开发模式。

1. 建立以市场为导向的“大研发”体系

控制所建立以市场为导向的大研发体系，从机构和人员队伍两个方面开展创新团队建设工作，以建

制和非建制机构形成多方位联动，通过市场为导向的人才队伍循环流动，促进技术和产品的创新发展。具体采用以下两方面措施。

一是建制与非建制结合的创新团队。在建制机构上，依托事业部、研发中心在所部的统一规划下进行联动。研发中心开展战略研究和前沿、基础、原始创新，事业部在研发中心技术成果的驱动下，依托用户需求，着重开展产品级、系统级集成创新，形成从概念到产品的“大研发”体系。在非建制机构上，设立27个所级实验室，开展规划论证、知识产权策划、专业技术交流等非项目形式的创新活动，促进专业建设，扩大市场影响力，积蓄市场成功的内功。

二是以市场为导向的创新团队循环。利用研发中心的“孵化器”作用，围绕用户特殊、重大需求组建创新团队，孵化出雏形后，以团队带技术的方式，从研发中心向事业部转移。根据市场需求及发展前景，形成在各事业部业务范围以外的新技术、新产品的，则独立成立新的部门。项目成功后，创新团队的部分人员重新回到孵化器研发中心，形成以技术、产品开发为主线，以市场需求为指引，全程为用户研发，骨干人员“大循环”的研发体系。

2. 以信息化手段搭建内外联动的市场资源共享平台

控制所以需求管理系统作为所部的市场资源共享平台，集市场信息的录入、审核、管理、落实和跟踪等功能于一体，以市场需求为导向，加快对市场的响应速度，建立以需求为牵引的市场开发管理机制。在全面搜集市场需求信息的基础上，组织讨论决策，对需求进行汇总、分类、筛选，并形成建议，组织对项目的规划和分工落实，形成督办计划并跟踪实施。技术创新团队主要负责对技术方向及技术可行性进行把关，事业部配合制定计划，快速开展落实，有力提升市场响应速度。

3. 设立“产品首席”制，赋予带头人技术与市场双重责任

将“首席技术官”和“首席市场官”深度融合为“产品首席”，赋予带头人技术与市场双重责任，明确“产品首席”五大核心职责：“牵引产品技术发展及制定规划、提升产品成熟度与解决关键问题、市场开拓、提供技术保证和改进、牵引产品技术发展及规划”，并从“爱岗敬业、专业理论知识、组织协调能力和门槛任职条件”四个维度明确“产品首席专家”的任职能力。

（三）稳步推进产品化工作，加速科技成果市场化、产业化进程

面对新形势下多型号并举、多任务并行、多型号批产的产品市场需求和技术发展趋势，控制所以各级各类关键通用产品为对象，加强产品化工作，促进产品市场化、产业化。

1. 以产品型谱为牵引，有序提升产品成熟度，适应市场化需求

控制所围绕自身科研生产任务需求，确定各级产品型谱对象，开展产品体系与型谱规划研究，形成动量轮、星敏感器、伺服机构等6大类重点产品型谱研究报告。一是统筹型谱产品各领域型号需求和总体规划技术发展趋势，加强系统和单机间的相互协调。二是对现有产品和新研产品进行全面、系统梳理与规格优化。三是产品不同规格之间开展部组件、模块级通用化设计。通过产品型谱工作，形成以轴承组件、光纤陀螺、导引头信息化处理电路为代表的部组件、模块型谱产品，实现产品继承，明确各领域通用产品的技术发展路线，推进产品系列化、可持续发展，全面覆盖当前和后续型号应用需求。

另外，控制所以产品型谱简表为基础，梳理制定产品成熟度提升工作策划和工作计划，设立成熟度量化目标。对照计划实施光纤惯组、CCD星敏感器、反作用飞轮3大类产品成熟度提升、评价和认定工作。

2. 推动部组件、模块级产品型谱建设，打造专业化的货架式产品

开展产品部组件、模块化通用设计，便于各组件并行生产、缩短周期及质量控制和提升可靠性，打造一批成熟先进的通用货架式产品，有效推动型号研制生产模式由“垂直研制为主”向“选用集成为主”转变。

以宇航领域惯性技术产品为例，各系列产品均采用模块化的设计思想，目前形成2大系列6种规格通用成熟产品，广泛应用于遥感、通信和导航等领域型号。在此基础上，控制所建立“产品选用集成”的去型号化科研生产模式，梳理货架式产品的管理架构；以产品成熟度为标尺，构建货架式产品的管理准则；以产品组批为方向，调整科研生产模式，进一步巩固货架式产品供应能力。

3. 提高装备智能化、通用化，推动柔性化生产线建设

对日益增长的航天型号生产任务，对航天产品生产组织管理体系和建设目标进行顶层规划，制定明确的装备制造智能化、通用化建设目标，积极推动柔性化生产线建设。控制所在建立整机、部组件型谱货架式产品基础上，以工艺流程优化、生产管理体系固化、生产研制设备通用智能化为手段，推进“管理＋数字化＋流水线”的生产线建设，利用通用化设计，有效地发挥现有软硬件资源能力，实现制造模式变革。

（四）变革科研生产管理体制，确保产品的交付与服务

1. 基于科研项目实践，引入矩阵式项目管理

基于项目管理创新和航天科研的特色，采用矩阵式项目管理替代传统的职能式项目管理，以项目研制过程为主线，以合同、计划和经费等业务管理为纲，以各层级职责体系为焦点，建立融质量9001体系、各领域研制程序、产品开发为一体的流程体系，用于项目（所/事业部）两级计划管理，并持续优化管理流程和规范，有效支撑多项目的全过程、全要素、全周期管控。

2. 基于一本计划，实现各层级全要素管理

基于现代科研生产流程，纵向打通计划、质量、经费、资源、生产、物质配套、交付售后等管理体系，以各层级项目交付目标为关注点，通过端到端的产出流程，规范系统、分系统到整机等的研制生产过程，横向打通协调各类资源，建立统一的科技成果管理平台，支撑型号计划、经费、质量、资源、风险等项目全要素的集成管理，实现型号项目一本计划，满足多型号并举状态下的型号管理工作要求。例如，运载型号研制计划由院科研一部接收集团责任令计划并分解到各项目办，编制各型号研制计划；所内系统事业部根据项目办型号计划，分解编制系统研制计划并下达单机事业部，由单机事业部分解单机研制计划。依据集团公司和八院下达的型号综合保障计划、与用户签订的售后服务合同、用户反馈、市场需求及控制所中长期战略规划，组织编制控制所售后服务计划。所科技成果管理部门统筹各事业部计划形成领域综合计划，并实施综合计划管理及考核。

3. 依托信息化，实现项目管理规范化和流程化

控制所梳理、优化项目管理流程，建立反映多要素信息的科研生产计划管理平台，开展面向过程的项目管理信息化建设，依托项目管理信息系统，建立面向型号全寿命周期的WBS计划管理体系。

（五）提升成本管理能力，加强财务管理对科研生产任务的保障作用

1. 从项目计划、预算申请到财务结算开展闭环管控

立项阶段事前策划，确保预算比例相对准确；实施阶段事中控制，确保成本与预算的差异能够及时调整；核算阶段合理归集，确保项目审计顺利过关。在项目启动阶段，计划与全周期预算同步策划，事业部科研经费预分预控，根据科研生产计划执行情况拨付事业部科研经费。科研经费的过程使用，与科研经费使用的计划匹配，对支出情况进行数据统计，并反馈科技成果管理系统。

2. 基于标准产品成本数据库，固化成本测算模型

建立标准化产品成本数据库，以“标准化、差异化、快速化”为目标，优化形成与产品指标、成本结构、经济性技术指标、产品领域等相关联的具有个性化的标准产品成本数据库，设计师可直接进行产品选用，同时根据历史项目成本模型快速进行成本测算，指导新项目全周期成本控制和运营决策。以卫星领域单机产品“飞轮”为例，通过成本库建设，明确飞轮产品中轴承、码盘、电路等部组件是决定成

本的关键性因素，产品可靠性及工作轨道高度的不同造成产品价格相差30%左右。在新产品研发阶段，设计师针对具体用户需求，结合通用化部组件设计库以及部组件成本库，从成本、周期、性能指标等多方面指导产品研发工作。

3. 建立成本管理体系，实施项目全周期成本管控

控制所以成本数据库为基础，以限价设计为核心，以"设计、制造、采购、市场、成本管理、项目管理等多部门协同与整合"为原则，建立"目标成本管理、动态成本管理、成本核算管理"相结合的成本管理体系，将产品经济性审查环节纳入研制流程中。项目立项阶段对比新项目与历史标杆项目成本测算模型，形成项目目标成本，将目标成本作为控制基线，并进行分解，将成本的控制转化为对外包/外协合同及作业成本的严格管控，形成目标成本管理策划方案，指导项目实施全周期内的成本管控。

（六）加强专业化队伍建设，夯实持续发展根基

1. 构建科学合理的专业队伍

构建科学合理的专业化队伍，以专业技术岗位设置为前提，以岗位管理为重点，通过"所部聘任组建"和"部门按岗位配置组建"两种方式，将科技人员组建为型号项目队伍、产品保证队伍、专业工程师队伍、产品设计队伍、工艺队伍、技术基础与保障队伍、创新研发队伍共七支队伍。

通过逐步探索，建立"有体制、有职责、有考核"的全面完善的产品设计和产品保障队伍，产品队伍与型号队伍的分离，产品设计队伍与保障队伍的分离，使产品设计师有更多的精力投入到新品开发，达到产品"定型一代、研发一代"、不断"推陈出新"的有序发展目标。

2. 基于胜任力模型牵引人才成长

控制所引入胜任力模型，以专业岗位体系为依托，探寻航天人才成长规律，按"族一群一类一岗一人"梳理搭建覆盖全员的7层25级的员工职业发展通道。为引导职工立足岗位成才，基于岗位不同层级人员的行为标准、能力素质，构建任职资格标准体系，明确人才的能力评价标准，促进个人发展。

坚持"以市场为导向"，着力培养复合型科技人才，从岗位需求维度、员工行为维度和战略发展维度，构建系统性的、有针对性的开放式培训体系。一是根据员工胜任力水平与胜任力模型的差距，开展富有针对性和个性化的知识和技能培训；二是强调态度、动机和价值观等隐性特质的培养，提升专业技术人员的团队意识、凝聚力和向心力；三是关注内、外部环境变化对专业技术人员培养的影响，避免人才的短视化，突出战略性和前瞻性。

3. 变革用人机制和激励机制

为最大限度地发挥人才潜力，控制所变革人才的选拔任用、考核评价、流动配置、激励监督的制度，对内建立"以绩效为导向"的用人机制，对外建立"以市场为导向"的选人机制；基于任职资格标准体系，构建"能力评定一岗位价值一绩效表现"三位一体的薪酬激励体系，将科研人员的薪酬与开发项目挂钩、与负责的产品线销量挂钩，让产品研发和市场开发体现在薪酬差距上，使科研人员通过成果转化获得合理收益；建立内部人员交流中心，促进内部人才有效合理流动；以"控总量、调结构、提效率、强能力"为人才队伍建设目标，在创新能力不足的科研人员中发掘擅长市场开发的人才，鼓励其从事市场开发工作，改善市场开发团队在专业技术知识上的不足，实现"人尽其才、才尽其用"的人才配置目标，充分调动员工积极性和主动性，发挥人力资源整体优势。

三、航天研究所以市场为导向的科技创新管理效果

（一）融入国家技术创新体系，专业建设成效显著

"十二五"期间，控制所共承担各类技术创新课题480余项，相比"十一五"期间的课题总量翻两番，其中近75%约360余项为与科研生产背景紧密贴合的项目，研究成果大部分转化为型号应用，极大地支撑了背景型号论证与关键技术攻关，促进了型号立项和市场开拓。"十三五"伊始，控制所在

"十二五"空白领域连续取得重要突破，获得非传统市场的"敲门砖"，标志着控制所市场策略取得了极大的成功。

（二）产品化工程取得阶段性成果，有效推动了产业化发展

控制所通过压缩型谱产品种类，固化产品整机技术状态，将型谱研究下沉至部组件、模块化产品，形成产品选用集成模式，并与成本控制工程深度融合，搭建了控制所宇航货架式产品清单以及各产品成本库。同时，在卫星领域开展了去型号化科技成果管理模式，卫星型号配套单机如三轴磁强计、磁力矩器、太阳敏感器等成熟度 5 级以上型谱产品均已实现货架式产品生产管理，通过组批备料、生产、试验，达到年均产量 30～40 余台。先后完成了 21 个主要成熟型号及单机的成本价格数据库建设，为内部结算、限价设计等运营决策及新项目的开发提供有效的指导和参考。通过智能化、通用化研制，有效提升了生产能力，实现了生产线柔性化。

另外，控制所积极将航天领域的优势、先进技术转移到民用领域，连续开发出新颖、实用的军民融合产品，例如基于卫星控制力矩陀螺技术的商船用减摇陀螺、基于防空导弹精确制导技术的高层建筑灭火导弹等。

（三）有效提升了科技创新管理效率，助力企业发展

控制所结合自身航天研究所的特点，开展以市场为导向的科技成果管理，有效提升了科技成果管理水平，两年来，所部科技成果管理机关人员通过削减、分流、下放等方式减少到原来的一半，而科研任务量保持了年均增加 15％以上的高速增长。2016 年控制所营业收入 24.99 亿元，同比 2014 年增长 33.5％；实现利润 3.60 亿元，同比 2014 年增长了 21.62％；全年实现预研项目经费到款 11738 万元，同比增长 22.69％。

（成果创造人：杨勤利、刘　莎、刘付成、耿　淼、胡元闻、柳明旻、何子辉、秦　捷、张嘉轩、杨海容、刘　颖、沈　洁）

军工科研院所基于创客平台的群众性创业管理

北京机械设备研究所

北京机械设备研究所（以下简称机械设备研究所）成立于1970年，隶属于中国航天科工集团第二研究院（以下简称二院），是以发射和发射控制技术为核心，集研究、设计、试验、生产和服务保障于一体的综合性工程技术研究所。发射及发射控制领域被国防科工委确定为重点保军专业领域。机械设备研究所承担多型航天产品装备科研生产任务，被中组部、人社部、工信部、国防科工局、军委政治部、军委装发部六部委联合授予装备发展建设突出贡献奖，荣获包括16项国家级科技进步奖、4项国家特等奖在内的科技成果132项。现有资产56亿元，年营收超过44亿元，现有在职职工1311人，其中研究员及高级工程师313人，享受政府特殊津贴专家24人。

一、军工科研院所基于创客平台的群众性创业管理背景

（一）积极响应国家号召军民融合发展的需要

随着科技的发展，尤其是国内民用技术日新月异，装备建设要求水涨船高，国防用户对装备技术性能和研发周期的要求越来越“苛刻”。党的十八大以来，装备建设体系面向社会单位日益开放，大量民营企业获颁资质，争相“民参军”，不断给传统军工行业带来新的挑战。在军民融合时代背景下，各军工科研院所打破传统专业领域界限，发挥各自技术和产业优势，争相承揽横向任务。在研发资源总量扩充有限的条件下，如何加速产品开发，构建集约、高效的产品研制新模式，成为各院所面临的重大课题。只有转变经营管理理念，主动打破传统产品研制模式，以民为师、军民融合，才能适应军民融合装备建设新形势。

（二）快速汇聚强大创新创业力量的需要

“十一五”以来，机械设备研究所步入高速发展的快车道，产值以平均每年超过16%的速度快速增长，前期积累的技术资源储备被快速消耗，为支撑研究所可持续发展，引导开展广泛性的群众性创新，充实技术创新资源池，成为“十二五”乃至“十三五”重要内容。随着市场竞争的加剧，研发节奏明显加快，传统技术创新和企业治理模式很难支撑机械设备研究所快速扩充技术储备，必须依靠“大众创业、万众创新”，大力实施群众性创新发展，汇聚强大的创新创业力量。

（三）持续激发员工创新活力、提升研发能力的需要

传统的航天产品项目研发围绕产品高质量、高可靠性展开，围绕质量和进度稳妥推进研发工作，经常是“一项产品、一批人马、一套图纸”，对新技术、新材料、新工艺的及时引入不足，对所研发产品的经济性、及时性、创新性考虑不够。在科技发展日新月异的今天，尤其是国内大量的新技术、新工艺爆炸式出现，基础元器件性能和工艺设计更新迭代快，只有激发并持续保持员工科技创新活力，提高创新意识，才能逐步提升快速设计能力。有效导入社会企业短平快式的产品设计开发理念，参考优秀设计实践经验，提升航天特色的小批量、多品种、高科技产品研发，是创新发展的必然途径。

从2012年开始，机械设备研究所启动创新创业发展战略，以创客平台建设为基础，着力推进群众性创业管理。

二、军工科研院所基于创客平台的群众性创业管理内涵和主要做法

机械设备研究所推进内部业务变革，营造活跃、健康的创新创业文化氛围，打造线上线下宽松、高效的创客工作条件，打造支撑“人人可创业，人人能评价，人人得收益”的创客管理平台，完善群众性

创业相关管理服务，基于技术成熟度评价构建创新创业项目成果测量体系，对技术成果进行定量评价，按照知识价值，试点技术参股，盘活引进社会资源，打造面向市场的群众性创新创业管理新模式。主要做法如下。

（一）落实“三创新”发展战略，明确群众性创业管理总体思路

落实中国航天科工集团“三创新”（技术创新、商业模式创新和管理创新）举措，将创新驱动发展纳入企业“十三五”重大发展战略，开展流程优化和管理环节裁减，对群众性创业“管理松绑”。在与群众性创业相关的形象宣传、项目经营、财务会计、物资采购、质量管理等方面，倾听创客呼声，资源管理和服务保障部门一手提能力，一手抓制度创新，提升创客项目运行效率，精简优化业务流程。

（二）积极营造市场化的内部创业环境，打造原点创客网上平台

积极营造市场化的内部创业环境，全力搭建“市场说了算”的创业环境。打造原点创客网上平台，支持创客项目一站式全寿命周期管理，实现创客项目的网上申报、网上路演、集资众筹、研发档案管理和项目结题管理等。

创客项目通过原点创客网上平台完成项目展示和“网上路演”，公开晒项目研发目标，阐述产品设计理念和研发基础、团队研发实力等，并通过网上平台发起资金众筹。机械设备研究所定期向职工网上众筹账户注入投资基金，并且明确投资基金只能专款专用，作为定向投资各众筹创客项目的专项投资基金。鼓励职工甄选具有市场化前景的创客项目，通过众筹平台发起定向投资，完成创客项目的众筹立项。

（三）为创客打造宽松、高效的线下创新工作环境

针对创客项目不同阶段对线下工作条件要求的不同，分别设置创意工作室和创新工作室。设立原点创客创意工作室，营造轻松的创客线下交流空间，主要用于创客之间内部交流、社会创客交流接待等。创新工作室突出易用、高效的设计功能，为创客提供常用工具和实验设施，保障创客高效地将创意转化为原理样机。创新工作室定期收集创客建议，补充必要的硬件设施。同时，发扬共享精神，各创客项目的采购设备在工作室内部充分共享，营造创客群体之间相互启发、相互支撑的高效开发环境。

1. 定期选举执行委员会，打造去行政化的项目管理模式

贯彻群众性特色的创新创业管理理念，打造去行政化的创客项目管理模式。机械设备研究所对创客群体的管理仅限于项目投资管理和服务支持，其他管理工作均交由创客自行协商解决，例如项目团队间资源协调和内外部学术交流、内部团队建设等。创客团队内部自发组织执行委员会，执行委员会定期换届，执行委员会代创客群体实施群众性自治管理，推行创客项目自运行管理。执行委员会代表创客团队，统一组织创客项目相关的内部交流、政策协调等，对内组织项目路演、立项、里程碑节点检查等，对外负责组织与社会其他创客群体间互访等。

2. 面向全员“零门槛”立项

营造面向全所职工的开放式创客吸纳模式，打造面向全体内部研发人员的创客平台。统一创客立项标准，明确项目管理要求，只要有创意、有创业意愿，就可以提炼创客项目，自由组建5个人以内的团队，公开募集启动资金，“零门槛”申请创客项目。

创客项目具有申请起点低、自然淘汰率高的特点，在项目前期，尤其是技术成熟度1—3级阶段，创客团队成员主要任务是提出并完善解决方案，一般不占用工作时间，只需征得所担任技术职务的型号项目负责人同意，即可参与创客项目。

创客团队在创客空间网上平台上提交《项目策划书》，公示项目开发目标、预算与资源需求、团队成员及分工、里程碑节点等信息，在网上平台公开路演，接受职工评价，通过众筹投票正式立项。

3. 灵活筹集创客项目资金

创客在网上平台公开晒创意，全体职工对感兴趣的创意进行留言质询，创客响应，并据此持续丰富创意，不断优化设计方案。

机械设备研究所每年通过网上众筹平台给全体职工发放“投资专用基金”，基金为虚拟货币，不能取现，只能用于投资创客项目，并且当期有效，到时账户自动清零，确保投资基金专款专用。手握投资决策权的职工通过众筹平台考察创客项目，以自由投票的方式完成投资决策。

为各创客项目设置统一的立项额度指标，各项目统一立项标准，根据众筹募集资金额度先达先得，达到立项标准即完成创客项目立项，确立“一切市场说了算”的项目立项管理规则。

4. “接力式”经营管理创客项目

创客项目研发周期短，产品开发节奏快，为确保 24 个月内项目结题，必须尽快推出原理样机，在快速发布产品基础上，通过版本迭代持续完善产品功能。考虑到创客项目上述特点，在传统产品研发两总制基础上，提出项目管理双长制，以第一代原理样机发布为界，样机发布前后分别设立首席创新长和首席运营长，根据项目不同阶段需求特点，集中优势资源，以最高效率促进技术成果转化。

构建项目管理“热备份”和“伴随跑”机制，样机发布过程为接力赛跑的递棒期，首席运营长提前介入产品发布过程，最大限度接手项目经营权，以接力赛跑的方式完成产品开发，各自发挥专业特长。在样机研发阶段，充分发挥首席创新长的创造热情，快速推进产品从创意到样机的进程。在样机版本迭代和产业化阶段，发挥以科技委总师为主的首席运营长对内外部资源的统筹作用，推进从产品到商品的进程。

（四）大力实施业务“管理松绑”，强化服务保障

在创客项目相关的运营制度设计上，突出“放”字，围绕创客项目高效运作，变“管理好”为“服务好”，在风险管控红线范围内，最大限度地实施“管理松绑”，鼓励为创客项目打造管理服务绿色通道。

为保障供货质量，传统军工产品研发项目在供方管理上实施白名单式的管理，严禁与未列入合格供方清单的供货方建立合作关系。鉴于创客项目所采购的物资一般为通用基础元器件，且需求小、散、急，划定物资管理供方特区，实施黑名单式的供方管理制度，除已明确存在质量问题的黑名单外，广开供货渠道，充分引入社会资源；开拓网上购物绿色通道，创客可通过电子商务平台，直接下单采购物资，免签书面合同，凭电商采购下单页面的截图和电子发票专项报销，极大地提升物资采购体验和采购效率。创客项目采购单据票额小、数量多，财务部门梳理各类报销要求，制定样例模板，定期派人到创新工作室现场办公，主动服务创客群体。

在军品质量体系基础上，梳理创客项目产品开发流程，按照创客项目实施特点，打破方案设计、工程研制、设计定型、批生产阶段划分和管理定式，以技术成熟度为基础，重新设计评审监控点，在确保研发过程可追溯的同时，大幅简化研发流程，将研发流程文件纳入机械设备研究所质量管控体系，确保过程受控。

（五）试行“知本”运作，基于项目分红分配利益

施行基于项目分红的利益共享，定期评估项目孵化成熟度，评估技术成果价值，定期分红。尊重资本价值，让项目成果惠及所有项目众筹投资人员；尊重知识创造价值，创客团队按照知识贡献价值享受项目成果分红。相对于资本的概念，引入“知识资本”（知本）的概念，知本与资本在利益分红上具有同等效力。围绕“资本＋知本”，打造群众性创业、群众性受益的项目利益分配模式。

以设备精灵创客项目为例，青年职工高宝龙准确把握集团公司在设备改造中对于设备运行状态探测的刚性需求，提出设备精灵的创意，利用设备精灵诊断设备耗电情况，结合设备运行特点，智能判断设

备运行状态。2014 年，高宝龙提出创客项目，并在网上路演中脱颖而出，顺利通过 3 万元的众筹门槛，完成创客项目立项。高宝龙高效履行首席创新长职责，在 5 个月的时间内快速推出第一代原理样机，完成样机发布。科技委员会副总师担任该项目首席运营长，参与第一代样机发布，结合集团内用户的业务痛点，针对军工单位厂区普遍不允许使用无线设备的特点，分别基于内部商密网和试验局域网两个场景提出新的改造方案，协调所内外各方资源，有效推进产品版本迭代。在新版设备精灵上增加工作证刷卡功能，在智能监控设备运行状态基础上，将设备运行状态同刷卡使用人建立关联，进一步丰富设备精灵在设备智能改造工作中的功能。首席运营长接手项目经营权后，组织相关部门，基于研究所实验室设备，搭建商密网服务器，打造实验室设备运行状态统一监管平台。通过应用样板间的搭建，设备精灵在二院及集团内部快速打开市场，很快获得内部市场客户首批 2000 套产品订单，初步实现产业化目标。

项目形成收益后，按照 1∶1 的比例，对创客项目团队和众筹投资人进行分红，各众筹投资人按照出资比例分红，创客项目团队内部按照成果贡献进行奖励分配。

2015 年，由于对需求的精准把握，设备精灵顺利开拓集团内部市场，随着产能需求的扩大，多家社会投资机构陆续登门交流，表达联合办厂、向项目注入投资的意愿。机械设备研究所决定联合项目团队注册成立产业化控股公司，按照公司制的合作模式推进项目产业化。新成立公司按照“研究所占股 49%、项目团队占股 51%”的配比组建，创客团队核心技术人员高宝龙个人持股超过 25%。后续公司化模式运营后，按照持股比例分红，并对公司员工实施股权激励。在机械设备研究所内部，按照创客项目“众筹投资”比例，对内部众筹投资人连续五年实施分红奖励，并于第五年一次性赎回与投资额等额的投资股本。

按照创客项目规划，设备精灵按照“集团级—院级—厂所级—研究室（车间）—单机设备”五个层级，布局集团内全局物联网，以满足不同层级用户需求，实施仪器设备的智能化管理。

（六）绩效指挥棒引导，激发群众性创业激情

基于技术成熟度评价，机械设备研究所打造创新项目十三级技术评价模型，将技术成果转化过程分为十三个评价等级，其中第一到九级主要用于评价创意到样机产品过程，第十到十三级衡量样机到产业化过程。在十三级评价模型中，针对每个成熟度评价等级均定义等级内涵，分别明确创新载体形式和评价要求，制定成熟度评价的交付物检查标准，通过定期组织检查，完成项目成熟度评价，以此作为衡量创客项目开发进度的唯一指标。

在项目成熟度评价基础上，基于实际绩效，对创客团队及其所在部门实施绩效激励。除分红激励外，设立创新专项奖励，根据相关部门和个人价值贡献度，对创客团队和项目投资人进行专项激励。“十二五”期间，机械设备研究所强力推进基于实际绩效激励的薪酬体系改革，逐步压缩固定收入比例，提升与创新相关的浮动收入占比，截至 2016 年年底，浮动收入占个人薪酬比重已达 70%左右，与创新创业相关的收入约占薪酬总收入的 30%。

通过绩效指挥棒，积极引导全员关注创新、关注创客项目，营造积极向上的内部创业环境，激励员工在岗创新、在职创业。在薪酬设计上，突出对群众性创新创业的鼓励和支持，给予政策倾斜，通过专项奖、技术分红和创新奖，确保创客团队获得丰厚的收入回报。据统计，创客收入比全所平均水平高出 10%左右。

技术成熟度七到九级是样机版本迭代的关键阶段，鼓励创客退出型号设计师序列，专注创业，设置停薪创业期限，在不超过两年的时间里，保留创客基本收入待遇，将产品孵化和创业成功作为创客唯一的价值衡量标准。

以设备精灵为例，在样机版本迭代过程中，基于集团公司内部市场开拓，高宝龙奠定了创业必胜的信心，主动申请停薪留职，全副精力聚焦创业孵化。停薪留职期间，积极协调社会资源，筹建股份制公

司，成功吸纳社会投资，有力地推进了产业化。组建新公司过程中，通过股权分配，对高宝龙创业孵化阶段的个人贡献，给予丰厚的物质回报。

（七）打造研究所特色的创新文化，激发员工创业热情

在群众性创业管理实践初期，机械设备研究所广泛征集创新文化建设方案意见，经过海选确定“挑战、敏锐、宽容、激情”的创新文化内涵，培育“洞悉市场、敢为人先、勇于挑战、抢抓机遇”的市场开拓精神，以及“大胆尝试、包容异想天开、勇于变革突破”的创新精神。

在立项阶段，明确各创客项目以创业成功为终极目标，以市场化、产业化的高标准严格要求创客项目，营造自我挑战的创新文化。通过绩效指挥棒，鼓励广大设计师积极实践创业梦想，强制创客通过网络平台公开晒创意、路演征求建议，施行群众性海选式众筹立项管理，倒逼创客不断完善设计方案，促使创客转变角色身份，从设计师转变为经营人员，从研发幕后走向市场和经营管理前台，主动迎接来自市场的挑战。

在创客项目运作管理上，突出宽松、自运行的管理特点，打造“零门槛”式的立项管理模式，构建去行政化的创客项目自运行组织，营造宽容的创客项目退出机制。机械设备研究所确保投入足额的预算，大力支持执行委员会组织创客沙龙，承办内外部创客论坛，将社会企业优秀的创客管理经验和杰出代表引进来，同时鼓励内部创客主动走出去，到其他创客和高校取经，建立产学研合作关系。鼓励广大设计师在自身型号和专业工作之余，以具体产品开发为目标，跨专业交流、主动学习思考，在宽容的工作环境中强化开放式自主学习能力，促进多学科交叉融合创新。

通过公开路演和网上众筹，强化创客项目的内部宣传，为确保项目成功立项和顺利市场化、产业化，创客必须培养敏锐的市场触觉，主动倾听用户声音，及时改进产品方案设计，时刻关注内外部创新创业环境，紧跟市场需求，杜绝基于技术堆砌的闭门造车。通过群众性创业管理和创客项目的实施，全员市场意识明显提升，瞄准市场需求进行产品开发的意识显著加强。

在薪酬设计上，突出“宽过程、严结果”的绩效管理思想，对产业化成功的创客项目加大奖励力度，对技术转化缓慢、产业化希望渺茫的项目，通过成熟度评价，及时辨识、引导退出。通过绩效指挥棒激发设计师创造欲望，培养创新热情，营造开放式的学习态度，专业知识与市场需求相结合，激发创业激情。

三、军工科研院所基于创客平台的群众性创业管理效果

（一）创客平台运行稳定，技术孵化成果显著

创客平台运行稳定，成果实施五年间，通过网上众筹顺利立项 67 项创客项目，直接投入创客项目预算 200 余万元，114 名设计师直接参与创客项目，带动研究所职工关注经营、关注管理，全员市场意识、管理意识明显提升，创新热情高涨，激活了创业激情。技术孵化成果显著，设备精灵项目成功孵化控股公司，通过社会融资，迅速打开产业化通道。在新能源产业领域，联合社会企业成立控股子公司，快速补齐产业短板，促进新能源产业健康发展。以高层楼宇灭火系统、可穿戴单兵空调等为代表的十余项技术成果陆续获得市场订单，初步彰显产业价值。科研项目的技术指标纵向保持明显的代差，横向保持明显的优势，孵化技术创新外部立项 218 项，同比增加 175.9%。

（二）创造显著经济效益，支持研究所稳步发展

创客项目培养了研发人员的经营和市场意识，重点领域市场开拓成果显著。以竞标第一的成绩成功斩获载人空间站某子系统，顺利承制某卫星平台飞轮、太阳翼结构等项目，打入空间工程领域。结合武器装备建设需求，持续推进人体机能增强外骨骼和脑控技术研究，组建集团级技术研究中心；在微机电、微动力技术研究等领域开拓成效显著。瞄准国民经济热点问题，利用发射专业技术优势，围绕反恐维稳、应急救援、消防三大领域开展相关产品开发，高层楼宇灭火系统、低慢小目标拦截系统、消防员

集群定位系统等诸多项目在国家消防局和北京市科委等平台成功立项，快速形成产品并先后投入市场。

（三）获得社会各界广泛认可

群众性创业活动先后被二院和集团公司树为“双创”典型，被二院推树为创新文化建设示范单位。中央办公厅、共青团中央、人民网等单位专程实地调研，高宝龙、臧金良、巫源清等青年创新人才不断涌现。2016年机械设备研究所收入44.14，利润总额5.98亿元，实现人均营业收入340万元，接近世界五百强中等水平，全员劳动生产率达到77.3元/人年，处于行业领先水平。

（成果创造人：刘　浩、王彦丰、韩世礼、汪　霞、薛　山、韩　永、
刘　婷、何春涛、杨海健、王小文、王　赟、曹　杰）

电信企业以物联网为载体的创新项目孵化管理

中国移动通信集团浙江有限公司杭州分公司

中国移动通信集团浙江有限公司杭州分公司（以下简称杭州移动）是中国移动浙江公司下属市级分公司，负责杭州地区通信业务的市场营销、客户服务、工程建设、运行维护等工作。多年来，杭州移动始终秉承中国移动集团公司“正德厚生、臻于至善”的企业核心价值观，贯彻浙江移动“善知善行、惟和惟新”工作文化，以“走在前列，实干担当，励精图治，创新有为”十六字为工作指引，致力于打造业绩优秀、管理出色、服务优质、行业领先的主导通信运营商。杭州移动拥有基站超万座，4G 用户超 730 万户，宽带用户超 120 万户，2016 年通信服务收入突破 90 亿元，先后获得“全国文明单位、全国五一劳动奖状、中央企业先进集体、全国现场管理推进先进企业、浙江省信息技术进步奖”等百余项国家、省市级荣誉。

一、电信企业以物联网为载体的创新项目孵化管理背景

（一）贯彻落实政府部署，助推“大众创业、万众创新”的需要

2017 年政府工作报告提出，要持续推进“大众创业、万众创新”，推动新建一批“双创”示范基地，鼓励大企业和科研院所、高校设立专业化众创空间，加强对创新型中小微企业支持，打造面向大众的“双创”全程服务体系。《浙江省人民政府关于大力推进大众创业万众创新的实施意见》中提出，要打造更为有力的创业创新平台，大力发展“创客空间”等新型孵化模式；鼓励企业将老厂房、旧仓库、存量商务楼宇等资源改造成为新型众创空间。在“互联网＋”蓬勃发展的浪潮下，作为网络基础设施的建设者和创新应用的推动者，杭州移动有责任也有能力，充分发挥自身在技术上的优势，推动技术更迭和创新孵化，降低企业创新创业的门槛。

（二）实施集团公司“大连接”战略，拓展物联网业务的需要

随着新一代信息技术走向深入，互联网逐步从人与人的连接、人与物的连接，扩展到物与物的连接。可以说，物联网是信息技术和通信技术的发展融合，是未来信息社会发展的趋势，目前已正式纳入国家“十三五”规划。根据工信部数据，预计 2020 年，我国物联网产业规模将达到 1.5 万亿元，较 2015 年翻一番，M2M（机器与机器之间通信）连接数将突破 17 亿，被视为继“互联网＋”之后的下一个风口。为了把握万物互联机遇，从 2016 年起，中国移动全面实施“大连接”战略，深化创新驱动，推动人与人的连接向人与物、物与物的连接扩展，持续提升连接价值，努力实现 2020 年连接数量较 2015 年“翻一番”。其中，物联网就是实现连接规模翻番的重要战略抓手。但与此同时，杭州移动也看到，物联网项目的研发（尤其是创新型项目），涉及产品创意、技术支撑、应用孵化、资源对接和市场推广各个环节，能否有效耦合、运行顺畅，是决定新型应用能否快速规模化应用推广的关键，因此必须要以“开放创新、合作共赢”为宗旨，优化项目全过程管理体系，加快新型项目的孵化和应用。

（三）顺应互联网＋新形势，实现公司业务升级转型的需要

通信行业在经历了多年高速发展、技术快速更迭后，当前面临着市场饱和、人口红利消失、移动互联网跨界竞争日益激烈等挑战。近几年来，杭州移动始终保持着较高幅度的主营收入增长（高于行业平均增幅），但受提速降费、4G 发展进入平台期、新零售渠道转型等多重因素影响，未来收入增长压力加大，亟须找到新的业务增长点。

二、电信企业以物联网为载体的创新项目孵化管理内涵和主要做法

杭州移动紧紧围绕“大连接”战略，以物联网技术发展为契机，整合自身资源优势，建设浙江省首个物联网开放实验室，并以物联网开放实验室为载体，构建“产学研一体化协同创新机制”“从创意到推广一站式服务机制”“创新项目孵化长效保障机制”三大机制，加强产业链上下游资源的整合和项目全过程孵化管理，为各类企业、个人提供一站式的项目孵化应用服务，率先推动有市场潜力的新型物联网应用的落地，促进企业转型升级，助推大众创业、万众创新。主要做法如下。

（一）明确以物联网为载体的创新项目孵化管理基本思路

杭州移动以“多方互利共赢”为原则，建设物联网开放实验室，依托自身的技术品牌等优势，整合产学研资源，与产业链合作伙伴和科创企业在终端、网络和应用研发等方面开展深度合作，共同拓展NB－IoT、EMTC等新技术应用在城市管理、交通物流、金融、能源、环境、智能家居等行业的试点落地和规模化发展，在数字化服务领域探索培育新的业务增长点，既为广大企业创新项目孵化、推广提供创新综合服务平台，更为移动公司的转型升级探索新的路径。

（二）搭建以物联网开放实验室为载体的创新孵化平台

1. 建设浙江省首个物联网开放实验室

2016年，由杭州移动牵头，携手杭州市团委、杭州市物联网行业协会（长三角物联网产业专委会）和浙江大学等建设物联网开放实验室，这也是浙江省首个用于推动新型物联网项目孵化和应用的实验室。实验室落户在杭州移动元通大厦三楼，总面积2000多平方米，设有众创空间、开放实验区、开放展示区、技术培训区和商业洽谈区五大功能区。

众创空间——可为初创企业提供免费的场地，开展创新应用研发，同时在研发技术指导、网络环境及设备成本补贴等方面给予扶持和支撑。目前已配置100多个工位，并提供水电、办公桌椅、客户接待室、会议室等办公设备。

技术培训区——定期组织开发者开放日、技术论坛、专项培训等活动，可为入驻实验室的企业提供NB－IoT关键技术、IoT终端操作系统、物联网平台、物联网应用开发等专业培训，以及创新产品和解决方案交流。

开放实验区——配备专用信号基站、信号衰减仪、电源分析仪等全套检测仪器以及周边配套设备，实现NB－IoT网络全覆盖，可同时为12家企业提供应用测试、方案验证以及开发能力认证等16项测试服务。

开放展示区——是一个新型物联网应用的集中展示和营销平台，可面向政府、物联网行业客户、合作伙伴推广物联网创新产品和应用。目前已展出车联网、物联网、家联网等三大类行业示范应用，以及中国移动物联网开放平台、能力开放平台、大数据平台等智能管理平台。

商业洽谈区——为各类初创企业提供场地，开展项目对接、投资合作洽谈，推动商业对接和市场合作，使各类创新应用更快的投向市场、规模推广。

五大功能区域实现协同闭环运营。商务洽谈区负责“引进创意”，寻求市场需求及与企业对接项目和商机，通过评估的项目将进入众创空间开发；技术培训区主要提供物联网技术和开发培训；开放实验区主要提供物联网应用功能测试、解决方案验证等技术支撑服务；孵化成功的项目可进入开放展示厅，通过邀请行业客户参观等形式，帮助企业获取潜在客户，最终也可再次进入商务洽谈区，进行产业对接和规模推广。

2. 构建线上线下并行的项目孵化模式

物联网实验室采取“线上开发社区＋线下设计研发”相结合的项目孵化模式。线下开发主要依托实验室“众创空间”实现，由现场技术人员协助支撑企业项目开发工作。线上开发主要依托中国移动物联

网平台资源，打造线上实验室，为企业在线提供应用和产品咨询、测试和服务。具体主要包含：一是基础开发服务。为 IoT 企业提供智能设备自助开发工具、后台技术支持服务，以及物联网专网、短彩信、位置定位、设备管理、消息分发、远程升级等基础服务。二是应用运营服务。打造线上第三方应用开发平台，帮助企业快速实现不同业务需求，快速搭建属于自己的 web 和 APP 应用；IoT 数据云提供高扩展的数据库、实时数据处理、智能预测离线数据分析、数据可视化展示等，帮助科创企业进行多维度的业务运营。三是开发者社区。通过汇聚不同的知识源，开展线上技术互动和交流，收集和传播项目与开发成果。同时，为了解决孵化过程中出现的终端、模组、芯片、网络对接等技术问题，保障创新项目顺利孵化，实验室还建立线上快速响应服务机制。客户企业可通过邮件方式将出现问题发送至物联网开放式实验室官方邮箱，技术支撑人员将于 1 个工作日进行问题答复。

（三）构建产学研一体化的协同创新机制

依托物联网开放实验室，杭州移动主导建立产学研一体化的协同创新机制，用于整合客户、项目、网络、芯片模组等资源和技术开发支撑、测试认证等服务，并落地形成由杭州移动、杭州市物联网行业协会（长三角物联网产业专委会）和浙江大学等共同参与的产学研协同创新联合委员会。委员会定期召开联席会议，协调合作各方制定项目实施方案、匹配开发资源、合理分配利益等。

项目资源支持。整合注入杭州移动自身客户资源和网络资源，一方面，依托杭州移动项目经理团队，重点挖掘公司现有合作客户需求，向物联网开放实验室引进潜在项目；另一方面，提供网络服务（NB－IoT、4G 等）、芯片模组和物联网管理平台等方面资源优惠，吸引合作伙伴入驻物联网开放实验室。

高校技术支持。杭州移动与浙江大学工业自动化国家工程研究中心开展技术服务合作，引入专业技术团队（由 5 名专职驻点人员和远程技术团队组成），为入驻实验室的企业和个人提供物联网应用设计、开发、测试和优化等方面服务。同时，双方开展常态化产学研交流，合作开展物联网关键重大技术攻关。

权威认证服务。杭州移动与中科院杭州射频识别技术研发中心、浙江科正电子信息产品检验有限公司达成战略合作，两家机构将赋能实验室、提供权威的天线测试国家标准和物联网行业标准测试认证。物联网开放实验室还将分别作为中科院杭州射频识别技术研发中心的战略合作基地和科测的浙江省物理网技术创新服务平台分平台，更好地助力和服务本省的物联网产业发展。

政府政策支持。杭州移动已与杭州团市委签订战略合作，以物联网开放实验室为载体，打造杭州市“青年创新创业示范基地”，双方共同促进大众创新、万众创业；同时取得杭州市经信委、科委等管理部门政策支持，落实高新技术企业所得税等各类优惠政策。

协会管理支撑。引入杭州市物联网行业协会，负责实验室的日常参观接待、入驻审批、技术交流等管理工作。同时，2017 年 6 月，长三角物联网产业专委会在杭州成立，这也是 2014 年以来杭州牵头的首个专委会，由杭州市物联网行业协会负责专委会日常工作。凭借长三角物联网产业专委会和杭州市物联网行业协会的影响力、成员单位优势，物联网开放实验室对产业资源的整合能力得到进一步增强。

（四）打造从创意到推广一站式服务机制

以物联网开放实验室为载体，杭州移动同时还建立一整套从应用孵化到市场推广的服务体系。

1. 全方位的项目评估

从项目可行性和人员技能两方面对入驻物联网实验室的项目进行全面评估，提升项目孵化效率，确保成果未来的市场化发展。

项目可行性评估。由产学研联合办公委员会对项目的可行性、创新性、市场发展潜力等进行评估，给出专业评估意见。

人员技能评估。通过开展物联网相关技术测试，对入驻企业的技术人员的技术能力和水平进行评估，形成评估报告，为后续资源和服务配置提供参考。

2. 个性化的资源配置

根据项目和创意评估报告，实验室将整合产业链资源，为其配置相应的开发资源和技术服务。

开发资源配置。入驻实验室的企业在项目研发期间可以获得免费的芯片、模组、网络和平台支撑，在项目孵化推广期间可以获得开发板、模组、平台、芯片、号码、流量等方面的补贴和优惠。其中在芯片方面，目前杭州移动主要与行业中最有影响力的 6 家芯片、模组、终端厂商进行合作，包含华为、利尔达、金卡等，可满足研发企业的个性化需求。在平台方面，杭州移动可提供物联网开放平台、能力开放平台、大数据应用平台三大平台能力调用。

个性化技术服务。通过技术服务合作，整合浙大、中科院、杭州安恒等 8 家集成厂商、技术认证、信息安全厂商的技术，根据客户需求和原有技术能力，提供基础服务和个性化服务两种服务。针对研发能力强的创业团队，主要提供项目开发基础技术咨询服务；针对研发技术能力弱或是产品研发存在重大技术难题的创业团队，可提供软硬件开发、系统对接、应用测试与优化等个性化服务，从而大大降低创业者项目研发的技术门槛，加快创新项目孵化和落地。

3. 市场化的“创物智”推广

为了加强物联网新应用的宣传和推广，为创新创业者提供良好的产品营销支持，杭州移动打破传统的运营模式，首创“创物智”品牌，面向产业合作伙伴和潜在客户企业推出创物智 IO Talk、创物智期刊等专题推介活动和宣传刊物，促进孵化产品与市场需求的及时对接。一是创物智 IO Talk。通过组织物联网产业高峰论坛、产品推荐会等多种形式，实现产品一对一精准营销。二是创物智期刊。通过期刊、微信、网站、官微、论坛、第三方媒体等多渠道全面宣传推广物联网开放实验室研发的新技术、新应用与成果等。

通过常态化、品牌化的营销推广，目前已成功孵化、应用和推广共享单车、智能停车、智能路灯、智能烟感等十余个标杆项目案例，推动传统行业转型升级，助力智慧城市的建设。以共享单车为例，依托实验室，杭州移动与产业合作伙伴金通科技首创“NB－IoT＋电子围栏”管理模式，帮助共享单车在规定区域内有序停放。目前该模式已在杭州市富阳地区、广东、黑龙江多地推广，累计 3000 多辆共享单车实现“NB－IoT 模块”和电子围栏的改造，试点成效良好。以智能路灯为例，2016 年年底，全国首个基于 NB－IoT 的智能路灯应用在实验室成功孵化。该应用目前已在杭州滨江物联网小镇附近落地试点，实现路灯“一跳式”的连接管理和控制，可大幅降低耗电量和管理成本。当时由于 NB－IoT 芯片尚未规模生产，第一阶段试点部署 NB－IoT 路灯控制器 20 个，预计下一步将持续部署 2 万个智能路灯。如以杭州市滨江区 2 万多盏路灯、每天耗电 2 万多度来测算，安装 NB－IoT 路灯智能化控制系统后预计可节省成本近 40％。

（五）建立创新项目孵化的长效保障机制

为了保障物联网开放实验室的持久运营，推动创新项目的孵化、应用和规模化，杭州移动从资金保障、人员保障、激励保障、企业合作支持等方面着手，构建物联网开放实验室长效运营机制。

一是多渠道资金保障。设立物联网开放实验室的专项创新基金，由杭州移动相关管理部门根据实验室项目孵化与管理情况，进行统筹协调、统一支付，实行专款专用。同时，物联网开放实验室根据近一年的技术实践，出版《移动物联网（NB－IoT）实战指南》学习教材，并面向全国高校有偿开设 NB－IoT 系统实战培训研讨班，该部分收入按比例纳入物联网开放实验室的运营费用；此外，入驻物联网开放实验室的企业，将优先使用杭州移动物联网卡、网络、平台和云服务等，该部分收入也将按比例纳入物联网开放实验室的运营费用，全面保障物联网开放实验室的持久运营。

二是专业化人员保障。为了保证物联网创新产品的应用和推广，杭州移动成立物联网 IDC 中心，由 17 名项目经理与客户经理组成，全面保障项目创新孵化成果的试点落地和推广。同时，定期开展人员培训、交流，不断提高实验室人员和项目经理的综合素质和业务能力。

三是多元化激励保障。项目激励包括内部团队、外部企业两部分。目前，物联网开放实验室项目孵化和应用纳入杭州移动员工绩效考核，对项目孵化管理成效突出的，给予一定的奖励。针对项目成功孵化并得到应用推广的企业，给予物联网卡、终端、模组补贴和优惠。

四是长期战略合作支持。杭州移动与产业合作伙伴、入驻企业等建立长期的战略合作，共同促进物联网开放实验室的长效运营和发展；与政府、杭州梦想小镇、物联网小镇以及各类产业园建立合作，推动物联网创新应用的推广落地。同时引入基金、投资机构等，形成众创、众包、众扶、众筹平台，促进创新项目成果的转化。

三、电信企业以物联网为载体的创新项目孵化管理效果

（一）形成“大众创业、万众创新”的良好氛围

依托物联网开放实室，杭州移动通过“搭平台、聚资源、促转化”，营造了物联网良好创业生态环境，不仅为小微创新企业成长和创客提供低成本、便利化、全要素的开放式双创平台，开启草根创业大门，全面降低创业门槛。同时通过与杭州市共青团合作，开展“杭州市青工五小科技创新创效活动”等赛事和“青年大讲堂”等创业培训活动，覆盖杭州十多所院校，辐射杭州1000多家科创企业，营造创新氛围，带动高校创新创业，以万众创业催生新职业、新岗位，实现更加充分、更高质量的就业。

（二）加快物联网创新型项目的孵化和应用

一方面，加快了中小企业物联网应用的孵化。基于物联网开放实验，杭州移动已为杭州大光明通信、龙尚科技、海兴电力、小茉莉科技等近30家中小企业，提供物联网创新应用研发和测试等技术服务，协助中小企业攻克应用测试中的电池功耗、网络对接等难题，全面缩短应用测试周期，降低测试成本。如燃气抄表、电气抄表等应用，测试周期从预期的 2 个月，缩短至 2 周，测试成本从10万减至2.5万，成本降幅为75%。

另一方面，加速了物联网新应用的规模发展。依托实验室，杭州移动与合作伙伴共同孵化了共享单车管理、智能停车、智能路灯、智能电表、智能烟感、硬井盖等10余个具有规模发展潜力的物联网应用，并在浙江杭州、广东、黑龙江等多地推广，打造多个行业标杆应用，孵化成熟商业模式，推进物联网创新应用在城市管理、民生、农业、环境、工业等各领域的落地和推广，扶持产业链的整体发展，助力智慧浙江的建设。

（三）逐步培育新的业务增长点，为企业转型创造良好条件

截至目前，入驻物联网开放实验室的测试企业已达80家，培训测试企业60余家，接待政府事业单位、行业龙头企业人员（如联想、摩拜、金通、数源、九阳集团等）600 人次，商机转化率达到75%，杭州移动物联网用户数达到440万户，带动移动物联网开放平台的终端设备的接入数达到近2万台。基于实验室的产业聚合效应和创新型应用的标杆效应，逐步实现企业从单一的管道连接服务向平台级服务和垂直应用领域拓展，打造电信级端到端信息基础设施体系和内容应用体系，持续提升连接价值，实现企业的转型升级。

（成果创造人：郑　杰、王文生、屠宇飞、盛　华、翁其艳、边恩炯、徐　明、柳　毅、陆恒力、金仁杰、赵晓娇、王士源）

基于高端军工制造型企业特色的知识工程管理

江苏曙光光电有限公司

江苏曙光光电有限公司（以下简称曙光公司）始建于1969年7月，隶属于中国兵器工业集团公司。2016年6月，根据兵器工业集团战略部署，曙光公司整体划入北方信息控制集团有限公司，组建北方信息控制研究院集团有限公司。曙光公司主要从事激光应用装备、特战与单兵光电装备、坦克装甲车辆火控系统等光电信息产品的研制生产，是国家重点保军单位。截至2016年年底，曙光公司资产总额为15.38亿元，在职员工1265人。曙光公司长期坚持"科技引领、创新驱动"战略，已发展成为具有现代化的设计研发、试制生产及试验检测条件，集科研开发、生产试制、系统集成于一体的高科技企业，在激光应用和光电信息装备的系统集成和工程化方面具有较强优势，产品广泛应用于各军兵种多个武器装备平台。

一、基于高端军工制造型企业特色的知识工程管理背景

（一）快速响应市场，提升科技实力储备的需要

曙光公司作为兵器工业集团重点光电企业，在近半世纪的发展过程中，逐步形成了以激光技术为核心，相关技术为支撑的技术体系，在推进光电信息产品工程化、产业化，以及科技进步、科研竞标方面成效显著。但随着国防军事装备建设竞争性采购机制的实施，曙光公司面临着日趋严峻的外部竞争压力，从过去的方案竞标到目前的实物竞标，研发生产周期越来越短，一般在3个月内就进行实物竞标，经过一轮又一轮的演示实验，与竞争对手比拼各项指标的符合性，这种项目争取模式对长期以来的企业发展态势形成了严峻的挑战，导致生产研发管理模式不得不进行调整。因此，曙光公司需要整合固有资源，优化集成形成系列化基础单元，大力提升科技实力的储备，以备在激烈竞争中有强有力的技术支撑。

（二）顺应全价值链体系化精益管理战略发展，提升知识管理水平的需要

兵器集团公司提出全价值链体系化精益管理战略发展，全面提升军工产品质量，在集团内部有序推进精益管理、精益研发和精益制造。为此，曙光公司积极响应兵器工业集团总部号召，全力推进精益工作。针对目前科技、技能人员之间知识交流共享不够，基础性预研技术成果没有技术交底和传承共享，以及由于部分有经验的技术人员和关键技能工人的退休，相应的经验诀窍未形成固化的可操作的知识，造成企业特色技艺流失等一系列问题，曙光公司迫切需要以开创性的思维，采用知识工程的理念和思路来解决所面临的问题，具体来说则是利用人工智能的原理方法及技术，采取信息化管理方法将各领域的基础数据库进行集成，建立综合知识工程库，对各领域的知识进行精益管理，同时配备专家系统对知识价值加以鉴别，以便提升知识管理水平。

（三）推进研发与生产工艺的协同发展，提升核心研制能力的需要

技术快速进步推进了分工协作，协同发展已经成为智能经济发展中的新常态。对于企业内部管理来说，只有在信息技术的高度发展中不断提升自身研发实力，才能推进企业长盛不衰。因而必须紧密连接科研与生产，在积累技术和生产经验的基础上提炼出真正适合企业的技术工艺，使科技研发与生产工艺协同开展，快速响应制造出符合用户需求的产品，因此开展知识工程项目，可以有效对技术经验和工艺诀窍进行管理，逐步建立适应曙光公司各类技术发展的知识工程库，有效提高技术水平，有力促进各专业、各部门的协同发展，从而提升企业核心研制能力。

二、基于高端军工制造型企业特色的知识工程管理内涵和主要做法

曙光公司坚持科研引领，主动顺应市场和用户需求，以创新驱动发展，关注知识的动态和静态管理，把知识工程作为常态项目来管理。推进知识工程项目化运作，重点关注知识工程在公司科研生产中的应用价值，同时以专业小组和专家小组两级评审相结合方式，优化整合零星分散的各类领域的数据和知识信息，促进其转化为系统资源，建立知识工程信息平台共享应用，实现工程管理“由上而下”，知识管理“由下而上”；通过规范程序固化各领域知识的产生、验证、集成、创新和管理，形成企业内部科研、生产工艺、检测等技术标准、规范的优化、积累和发展的完整体系，构建知识库，对知识进行管理，实现快速响应市场的精益研发与高效生产，提升曙光公司的价值创造力，促进企业持续发展。主要做法如下。

（一）建立知识管理的集成网络应用平台

曙光公司顺应市场和用户需求，深入推进全价值链体系化精益管理战略落地，以问题管理为导向，不断夯实管理基础，切实提高价值创造能力。为此，曙光公司综合科研、生产、检验、物资等各方面的状况，将一切可以利用的知识进行分门别类，系统梳理后形成知识工程库，并通过信息化建造一个可以实时调用的管理平台。这个平台包含知识等数据集中存储单元、成体系的知识分类系统、专家网络系统、知识应用交流服务系统。通过不断积累和研究完善实现知识库的丰富、知识应用平台的高效运转，并使知识资产能为科研生产提供更好的服务。

1. 明确知识工程项目实施思路

曙光公司明确知识工程项目实施思路：将公司现有的技术标准体系、技能诀窍、检验测验经验等分散的知识进行归集，选取真正对公司技术发展、科研生产有促进作用的知识，以图像编制和文档相结合的方式形成知识库的累计和传承，利用信息化手段形成网络应用平台，形成完整的流程并摸索出一套适合应用的知识管理为模式，同时将收集积累和需求征集相结合，实现存量知识的分类识别和建库工作，同时开展新知识项目的工程化，为企业可持续发展助力。

2. 设立专门组织机构进行管理和运作

为了保证知识工程项目的高效指挥和快速运作，曙光公司建立知识工程项目组织管理机构。在领导层面设立以副总经理为组长的项目指挥系统，并成立专项管理办公室，科研、运营、设计、工艺、物资、信息、生产等各相关部门负责人为办公室成员。项目指挥系统负责重大决策和适时奖励。专项管理办公室则负责组织目标的实施，根据各相关部门职责进行任务切分，制定相应工作计划和对工作中的难点及进度等进行协调，同时组织相关事项的讨论和纪要。

3. 构建网络集成知识工程数据库应用平台

项目组借力信息化，在网络平台上将单个的文档收集汇总，进行集中存储，规范统一数据源，分门别类进行补充和完善，并对知识进行挖掘和管理，以数据库为依托，不断进行优化，形成系统资源，将“十二五”期间建成的《金属切削刀具及设备信息数据库》《真空镀膜膜系数据库》《滤光片信息数据库》《光学镜头数据库系统》等多项基础科技信息数据库加以综合，利用信息化管理方法将系列基础数据库进行集成，范围涉及科研、工艺、检验、质量、物资采购等领域，充分发挥知识工程数据库的知识运用和升值作用。对各类知识进行精益管理，提升知识管理水平。同时为了降低采购成本，压缩生产配套周期，曙光公司组织技术人员和物资管理部门开展相关采购件的优选，大范围压缩采购种类。

（二）构建涵盖企业主要研发生产的四大体系

曙光公司自20世纪70年代以来，基本形成以激光、制导、火控等三大专业为主的上百种产品，通常是小批量、多品种，差异性较大，为了实现知识的共享和应用，全面系统梳理出各专业知识，曙光公司细分四大体系，分别为科研技术体系、工艺标准体系、技能诀窍体系和质量检验体系，每个体系均有

相应的专家系统作为支撑，对相应知识项目进行区分和审定。

1. 全面系统厘清知识结构，有效覆盖全部知识积累

为了全面了解各类知识构成，曙光公司在原通用规范的基础上，发动集团公司级科技带头人、内部科技带头人、技术骨干、青年英才、技能带头人以及各班组长，收集和各类有用的知识，并对收集的知识进行系统梳理，厘清各类知识的交点并进行细分，形成全覆盖的知识系统，并根据专业特点，分为4大体系、10类123项，把原来散布于各个项目、档案的知识梳理分类，并转化为电子信息，进入应用平台，使之更加直观和便捷查找、使用。

2. 以专业为导向建立专家机构，有效选取价值含量高的知识

采取划分专业小组、成立专家小组的方式对零散的知识进行分类整理的办法，各部门将收集整理的知识汇总以后，按照专业进行分类，专业小组对本专业所有知识进行编号、细分讨论，筛选出使用频率高和应用广泛的知识条目，形成目录和审查意见，交由专家小组决策。通过地毯式收集确保知识不遗漏，通过二级审查确保知识的质量，因而确保收录进入知识工程库的知识是含金量较高的，信息是完整而又准确的，能有效提高企业的生产和科研效率。

3. 找准专业构成中的知识差异，按四大体系的不同点进行知识点构建

根据曙光公司的历史积累和现状，对各领域的知识进行划分，形成四大体系分别为。

一是科研技术体系，根据曙光公司发展方向进行专业性划分，包含激光、火控和特战三大领域，其中激光领域中有包含激光器件、光电探测、激光测照、地面引导指示引导系统、重频测距等专业方向；火控领域则含固体激光测距、近程高精度测距、简易火控、炮瞄镜、图像稳像火控等装也方向；特战则分为半导体激光测距、图像处理、非致命激光装备、激光器驾束制导、单兵侦察设备等专业方向。共收录16种专业方向，17种设计规范，133项技术创新成果、69项专利成果。

二是工艺标准体系，以工艺技术中心知识积累为主体，在原工艺通用规范基础上进行进一步的深耕细作，细分为零件制造规范103种、装配调试规范17种、特种工艺规范16种（含光学镀膜、热处理等），近年来工艺技术创新成果及工艺基础积累知识19项专利。

三是技能诀窍体系，以各制造部门技能带头人为主体，通过制度激励与指引，按照专业分工，发布各类需求，使技能带头人将个人手中脑里的专业技能和知识贡献出来，使之变成有组织的知识，可以在同类技能人员中运用，更大的发挥效益，提高劳动生产率。同时通过建立《“师带徒”实施管理办法》，实现技能知识的传承。如各系列产品装配调试要点、各火控系统联调联试中问题收集与处理措施，各制造部门技能诀窍体系涉及光学、机械、光电集成、装配调试等多专业的技能创新成果及小改小革成果共计394项。

四是质量检验系统，以检验试验部的知识积累为主体，含20项测试检测技术规范及理化、化学等检测技术诀窍。此外，资深质量师根据多年的检验质量监督经验，编制《质量师手册》，手册中根据产品特点分类详细记录和分析各类产品在检验交付过程中曾经出现的质量问题以及解决措施，可以方便地完成各类检验中出现问题的解决，也是新入职质量师的培训教材。

（三）打造七个相对独立的知识数据管理模块

曙光公司采取模块化的方式进行管理和运作，按流程设计七种模块，使相应工作可以明晰顺畅地进行，各个模块形式上各自独立，按照流程化来设计，因此程序上相互联系，采集到的知识在完成相应的程序后提交转入下一流程，从而实现知识采集到利用的全过程；对同一类型的知识则着力建设知识库，形成有组织、有目的的知识积累，并通过筛选形成最有价值的知识，共同实现知识工程库的使命。

1. 数据采集模块

此模块专为收集或者征集知识所用，使用两种方式进行数据收集。一是申报，即自下而上，由技术

技能人员自行申请，发至数据采集模块；申报的知识工程项目由管理员负责登记，通知专业小组成员进行审查，专业小组审查后由管理员交专家组审定。二是征集，即为自上而下，由知识工程管理发布所需要的知识项目，鼓励相关人员进行知识贡献，征集的知识文档交由专家小组进行评价认定，符合要求则直接收录至知识工程库相应系统。不合格则予以退回。

2. 编制模块（含图像编制）

为了使所有的知识统一规范且便于查找，设置四种文档编制模块，根据不同的内容选择使用不同的表格，在申报之前进行格式选择便于管理人员进行分类管理。同时在技能诀窍体系中，额外增加图像录入模块，对一些关键技能技巧如镀银等，单凭文字及图片的形式不易掌握其操作要领和诀窍，因此得进行视频实时记录，对操作过程进行全程记录并加以保存，防止技能人员的退休而技艺未能传承。对于技能诀窍类的知识工程项目，一旦通过审查认定，就必须制作相应的影像资料收录至知识体系中。

3. 采信模块

对于提交的知识工程项目，是否真正值得进入知识的传承，或者是否能起到推动科研生产的作用，必须有相应的评价认定体系进行甄别。为此，设计评价采信模块，专门对提交的知识信息进行不定期的评判，评价采信模块中设置专业小组意见、专家意见及建议、最后结论等信息。提交人员通过此模块就能明了所提交的知识信息是否被采用以及改进的方向和建议等信息。一般来说提交后 5 个工作日内必须完成信息评价，这样快速处理提高信息的流通速度，也提高知识使用效率。

4. 录入模块

数据录入模块包含数据信息、专家小组意见、发布许可等内容。经过专家小组审定之后的知识信息进入录入阶段，知识管理人员对已经采信的知识进行录入，对文字材料进行校对审核，对影像材料进行检查，确保录入系统的知识信息的完整性和准确性及现行有效性。申报人协助知识管理人员进行数据录入工作，负责接收咨询及查验等。

5. 发布模块

信息发布模块包含信息确认，审批及发布。完成数据的录入后，知识管理人员不定期对完成审定的信息依照管理规定进行信息发布，对知识利用情况进行分析统计，对使用频次高的知识重点推介。

6. 库管理维护模块

对不时更新的知识数据系统必须进行维护才能长期运作，尤其随着技术的发展，知识的更新速度日新月异，除了对需要传承的知识进行重点推介外，对于使用率低，已经较为落后的知识必须予以移除，以确保知识共享的效率和利用的必要。因此，分三类来筛选知识信息，一是使用频率高重点推介，二是使用率低暂时保留，三是几乎无使用率可以删除。知识管理员对经过采信审查和录入的信息按其实用效率判断其有效性和价值高低，按分类标准进行维护。同时也根据运行中提出的质疑和订正信息经核查后，在系统中对发现的错误予以订正。

7. 智力支撑模块

设置专家智囊团，各类人员在工作中如有各类专业技术问题需要咨询时，可实时在线提出问题，专家在线可实时解答，如特别紧急则可以提请管理员联系相关专家解答；如单个专家仍不能解决时，则有管理员将问题发送至专家组，由专家组对相关问题进行充分讨论得出结论后提供专业解答。同时，建立公司内部讨论区，分为工程技术、曙光信息等多个讨论区，各类人员可以在线交流实时发表看法，充分发挥员工主观能动性，深入思考公司的各类问题，寻求完善的解决办法，提高工作效率及工作质量。

上述七个模块在知识管理的集成网络应用平台上，按照各个模块的功能，系统管理员适时进行管理，专业小组及专家小组各负其责，智力支撑团队在线答疑。各业务板块协同开展。保障知识在网络集成平台上的流程通畅及有效运行。

（四）建立一套相对完善的知识工程管理模式

曙光公司在大力开展精益工作的基础上，为了提升知识的全面获取、共享和利用，着力梳理和完成历年来的各领域知识信息的汇总，完成知识工程项目的运行，在项目运行的过程中形成较为成熟的流程，建立起一套相对完善的管理模式，并以企业管理制度的形式固化下来。

1. 设置人员管理，知识工程工作因此得以长效化发展

为了加强对知识管理，推动知识工程项目顺利实施和发展，曙光公司决定在各相关管理部门委派人员对知识工程信息进行管理，收集、登记和整理本部门知识申报情况，并做好相关数据的记录，全程参与知识信息的录入发布和维护。

2. 形成管理制度，促进知识工程管理模式制度化

制度的保障可以让杂散的工作走得更为顺利和长远，曙光公司在综合近几年开展知识工程项目的经验和流程，编制《知识工程管理办法》，以制度的形式确定知识管理的效用，并采取一定的激励措施。《知识工程管理办法》中首先对知识工程的范围进行定义，对类别进行界定划分，并对组织领导体系、评价管理方法等进行规范，以保护企业的特色技术及工艺诀窍，实现知识传承与共享。

其次，由于隐性知识隐藏于技术技能人员的头脑中，如果非自愿不可能获取，因此采取一系列的激励措施，将人员的绩效、晋升、和发展联系起来，把知识工程项目申报情况作为年度的考核指标之一，并根据情况进行经济奖励，鼓励员工持续贡献知识工程项目。尤其是在科研项目中对于项目主管、分主管对项目中形成的相关技术资料要进行技术报告，把技术报告优劣作为考核项目完成率的指标之一，并作为是否可以承担其他项目主管资格的必要条件之一，形成技术技能人员“多贡献多收益”的局面，有效保证知识工程项目的更新。此外对于知识工程项目在年度使用率中进行排行，对使用超过50次以上给予项目拥有人“终身成就奖”，并在日后产品产生收益时予以一定的提成奖励。

再次，通过《知识工程管理办法》的实施，从制度层面保障知识应用的价值，促进技术技能人员把个人知识转化为组织知识，从而形成团队合力，改变单打独斗的局面，在项目争取和技术问题的解决上以及生产问题的处理上更加有底气，相关人员也具备寻求帮助的意识和方向，促进科研生产效率。

3. 通过培训加大员工认知度，从而实现知识工程在企业内部的应用和推广

知识工程项目通过专家鉴定及生产科研验证的方式进行制度完善和固化，不断充实和完善知识工程库。曙光公司每年通过培训和考核来提高员工认知度，在新的设计师和技能工人岗位均有相应程度的知识供其了解，并作为入职必备知识，这样大范围收集知识项目覆盖全公司，而新入职员工经过培训学习和了解，获得技术技能知识的积累，并在工作中加以应用，使得知识工程库被直接推送至全公司范围内，并按照保密要求根据人员资质进行共享利用，每年都有源源不断的新知识贡献出来，被收录至知识工程库，持续为企业科研生产、技术技能发展贡献力量。

4. 通过使用效率对知识工程项目进行后评价，同时也验证其有效性

对于收录进知识工程库的知识，其有效性在短时间内可以反映在项目问题的解决上，但其使用的广泛性则需要通过其使用情况反映出来。如在解决某一科研生产问题中产生的知识如果能普遍性的解决一类或者多个项目类似的问题，则可以证明其有效性，对其后评价值也是相当高的。尤其是一些模块化、标准化的设计单元可以实现产品设计的快捷实现，同时对于企业在产品竞标中也处于相对有利的位置，是十分有益的尝试，对于推进精益生产、精益管理和精益研发都大有裨益。

三、基于高端军工制造型企业特色的知识工程管理效果

（一）各领域知识数据得到有效整合，提高了设计开发和生产反应速度

一是管理和整合各领域的智力资源，为企业提供知识应用平台。曙光公司的知识工程项目整合了在光学、电子、联调等方面的数据库，通过这一系列的优选数据库整理归集，整合企业内部分散的智力资源，有效地将各领域所需知识进行关联应用，消除知识孤岛。二是知识工程平台与企业科研生产任务高度融合，形成良性循环。三年来，曙光公司内部质量损失率下降了1.75个百分点，军品一交合格率均有不同程度的提高，科研项目和生产计划完成率均有不同程度的提高。同样，在生产、研发过程中，仍有新的研发理念、新的工艺、技能诀窍和管理经验等不断被挖掘出来，陆续充实企业的知识库，确保知识工程平台与企业科研生产任务高度融合，形成现有知识为科研生产提供支持、新知识从科研生产实际中来的良性循环。

（二）落实全价值链体系精益管理战略，提升企业管理水平和核心研发能力

曙光公司知识工程管理的实施在提升企业管理水平方面起到了积极作用，通过知识的集成和挖掘应用对企业核心研发能力也有了较大的促进，对于科研产品的竞标影响极大，曙光公司因体系化的知识结构传递，继承性良好及标准化的模块设计，在快速响应市场竞争能力得到大幅度的提高，使得科研项目竞标中保持了良好的态势：近三年来，曙光公司每年都有科研产品在短期内成功研发、参加竞标，在传统领域项目竞标成功率达到了100%，而在拓展性领域的竞标成功率也达到了60%，这在集团公司也是较为少见的，全面落实了企业全价值链体系。

（三）促进企业降本增效，经营业绩稳步提高

建成的具有曙光公司特色技术知识库，完成了公司产品核心部件激光器的通用化、系列化和组合化，同时以近三年科研生产产品在用采购件为依据，开展了电子、激光、光学、结构、工装、常用材料、辅料一级包装材料、包装箱等涉及产品从原件到单体的全系列的筛选和优化，将公司原有15000种左右的采购件优化压缩到4000种左右，极大地降低了采购成本。

通过知识工程项目的实施，曙光公司汇集了产品质量检验、物资采购优选目录、机加及光学加工研发工艺协同等管理经验，加快了新员工的成长速度，缩短了员工的培养周期，有效实现知识传承。三年来，曙光公司通过知识内部质量损失减少约420万元，材料采购成本减少约800万元，工艺性委托加工成本减少约1500万元，减少退休返聘人工成本约310万元，成本费用率呈现逐年下降趋势，2016年利润总额较2013年增长33.98%，三年来平均增长10.24%；全员劳动生产率增长14.79%，平均增长4.7%；资本保值增值率提高3.23个百分点。

（成果创造人：周昌平、黄金娥、陈　军、许茂斌、方　正、韩　冲、马红平、朱志国、于扣开、翁振武、付国青、刘红青）

大型航天企业海外研发机构管理

中国运载火箭技术研究院

中国运载火箭技术研究院（以下简称一院）隶属中国航天科技集团公司，是中国最大的运载火箭研制生产基地，是中国航天的发祥地。著名科学家钱学森为研究院首任院长。一院成立于1957年11月16日，下属13个中央在编事业单位（含院本级），3个预算内企业单位，6个院属非法人实体单位，3个院级全资公司，5个院级控股公司，两家上市公司。现有从业人员3.2万人，博士超过1100人，硕士超过6000人，资产总额1100亿元。截止到2017年9月，一院已经与英国、德国、瑞士等多个国家的科研机构建立了5个海外研发机构。

一、大型航天企业海外研发机构管理背景

（一）适应航天领域加强国际合作的需要

2016年5月30日，全国科技“三会”提出，到2020年时，使我国进入创新型国家行列，到2030年时使我国进入创新型国家前列，到新中国成立100年时使我国成为世界科技强国。十八大后，党中央提出改革开放再出发、深化改革、扩大开放新方略。十八届三中全会要求“加快走出去步伐，增强企业国际化经营能力，培育一批世界水平的跨国公司。”吹响全面深化改革的号角。2015年5月，国务院发布《关于推进国际产能和装备制造合作的指导意见》，将航天产业作为“走出去”的重点行业，要求“加强与发展中国家航天合作，积极推进对外发射服务。加强与发达国家在卫星设计、零部件制造、有效载荷研制等方面的合作，支持有条件的企业投资国外特色优势企业。”为中国航天事业的发展提供了新契机，对一院深入实施“走出去”发展战略、加快国际化建设步伐、开展航天领域的国际合作交流提出了新要求。

（二）适应企业建设国际一流大型航天企业集团战略的需要

作为我国航天工业的主导力量，航天科技集团公司第四次工作会提出“建设国际一流大型航天企业集团”的战略目标，将国际化发展成为集团公司六大战略转型之一；第五次工作会提出“推动国际化发展拓展工程，具备实力雄厚的国际竞争力和话语权”的奋斗目标。新一届党组也高度重视国际化工作，多次对国际化工作提出具体要求。集团领导在2015年外事与国际化工作领导小组暨军品贸易工作领导小组会上，对集团公司国际化工作现状进行了深入分析，指出国际化是集团公司当前工作的短板，与中央企业国际化经营收入占比和国际一流宇航企业国际化经营收入占比相比存在一定差距，要下大力气推动国际化工作。基于上述使命和要求，结合一院航天技术自身发展需要，经系统研究提出了一院海外研发机构总体布局和组织实施思路，为支撑我国航天事业发展，建设航天强国提供有力支撑。

二、大型航天企业海外研发机构管理内涵和主要做法

一院提出航天企业全球研发网络的建设原则及各阶段的建设目标，构建基于一院专业技术发展需求的海外研发机构“三条主线”的整体布局，按照院所两级层次，分别推进实施；首次提出海外研发机构“准实体化”的运行模式，各合作方出资源支持实验室日常运行，将一院技术骨干派遣驻外联合当地技术人员共同开展项目研发工作，融入当地科研生产环境；建立、完善并实施“131”战略管控模式，即一套完整的海外研发机构管理工作流程、三项涵盖海外研发机构建设/运行及知识管理的院级规章制度体系、一项以国际合作项目为核心的“四个一”日常管理模式，实施海外研发机构运行评估制度，保障海外研发机构的建设运行及国际合作项目的顺利开展。主要做法如下。

（一）明确海外研发网络的建设原则和目标

1. 分析航天企业技术研发特点，确定海外研发网络建设原则

一院提出面向世界航天强国的中国航天企业技术研发网络建设，特别是以运载火箭为代表的高新航天企业未来要构建全球研发模型，需坚持如下原则及总体思路。

一是坚持技术领先性原则。航天企业通过构建海外研发机构实现航天技术海外研发，首先该项技术需在国内行业领域处于领先地位或在国际上处于先进水平，通过“走出去”方式实现与国际研发水平接轨。二是坚持源于企业自身技术发展需求原则。海外研发机构的建设一定是源于企业在技术创新实践工作中的总结和提炼，符合企业长远发展的战略性技术方向，外部研发成果能够与企业后续的生产经营性活动有序衔接。三是坚持核心技术前沿性探索原则。对于核心技术坚持自主研发，从技术成熟度较低的技术入手，与国外先进技术研发保持同步，甚至引领国际航天相关专业技术发展。四是坚持基于当地优势资源原则。充分利用研发机构所在地区的技术、人才、信息等方面的优势资源，通过与当地优势企业建立技术联盟，集各地区行业及技术优势，共同发展。五是坚持平等、互补、互惠性原则。航天企业构建海外研发机构一定是符合当地的政策环境，特别是各合作方能够实现互补，都能够从合作中收益，保持稳定的合作关系。六是坚持研发成果多向应用原则。通过建立研发成果转化机制，将海外研发机构的研发成果一方面应用于航天装备科研生产，另一方面通过向其他行业转化产生商业价值，实现海外研发机构的良性发展。

2. 打造全球研发网络，最终目标支撑航天企业跨越式发展

以运载火箭为主要产品的中国航天企业，多年来走出了一条自主创新的道路。为了应对经济、技术全球化发展的趋势，中国航天企业在海外构建研发网络时，也应该充分继承航天传统，坚持以我为主，寻求战略合作伙伴联盟，充分利用当地的智力资源，以构建研发联盟为抓手，拓展产业方向，实现技术成果和商业成果的双成功。一院提出未来中国航天企业海外研发网络目标：在1.0阶段（阶段一），试点构建海外研发实验室，实现航天技术海外研发“点”的突破。在2.0阶段（阶段二），以构建创新研究院为依托，实现研发成果的商业化、产业化发展。在3.0阶段（阶段三），构建全球研发网络，实现基于各地优势资源的全球化研发。在4.0阶段（阶段四），全球化产业发展，实现全球产业网络的动态调整与更新，增强企业的持续创新能力。

（二）搭建海外研发机构“三条主线”为核心的整体布局

1. 对标院核心技术发展需求，确定海外研发机构技术突破方向

一院从完善院技术研发组织架构，支撑院核心技术发展方面，基于一院作为系统总体院的特色，遴选一批专业，作为开展国际技术交流与合作的重点专业协调推进。在上述原则和思路的指导下，系统总体技术、空间机电技术、先进制造技术、先进控制技术、精密机电测量技术等一批专业技术成为院开展国际技术交流与合作的重点方向。

2. 通过广泛国内外调研，确定合作重点及实施计划

一院根据不同的专业特点和技术依托的单位，确定一院海外研发机构的总体布局，即建立涵盖总体技术研发、产品研发和先进制造为代表的三条主线作为院级海外研发机构协调推进，形成支撑院级核心专业前沿技术研发的总体布局，服务于院军民产业发展；围绕先进控制技术、电磁环境技术、人工辅助心脏技术等重点专业方向，建立若干厂所级海外研发机构，包括中英航天机电系统技术联合实验室、中英航天先进结构与制造技术实验室、中意产品研发联合实验室、中德瑞人工辅助心脏联合实验室、中英先进控制技术联合实验室、中意电磁散射与辐射技术联合实验室、中英结构动力学与控制联合实验室，形成核心专业研发与重点专业研发相互支撑、互相促进的院海外研发机构整体布局。

（三）实施中国航天企业海外研发机构“准实体化”的运行模式

1. 将实验室设在海外融入当地科研环境，各合作方共同投入资源支撑

在中英航天机电系统技术联合实验室组建过程中，项目团队为了务求实验室研究工作与国际水平接轨，融入当地的科研环境，经系统研究，提出将实验室设在海外，依托海外合作方日常运行管理的思路，各方共同提供资源支撑实验室运行。依托英国思克莱德大学设计、制造与工程管理系进行管理及运行保障，并积极协调投入实验室的研究场地、办公设备、计算机及各类研究设施的条件保障。中方为实验室初期的项目研究工作提供研究人员、研究项目和部分经费支持。在双方资源的有效支撑下，实验室的建设、运行工作进展顺利。实践证明，一院首创的海外研发机构的建设和运行模式为中外研究人员提供了适宜开展技术研究所需要的环境和条件，使得不同知识背景、文化背景的研究人员能够在相对宽松、舒适的环境中开展研究工作，创造研究成果。实验室上述建设和运行模式在中英航天先进结构与制造技术实验室、中英先进控制技术联合实验室等海外研发机构建设过程中得到了应用推广。

2. 基于“准实体化”的运行模式，赋予技术人员、管理人员更多自主权

根据一院海外研发机构建设整体布局和阶段性目标，一院海外研发机构在设置之初，即考虑了未来“准实体化”运行的相关条件和要求。在实验室领导任命、实验室研究人员选聘等方面，给实验室的技术人员、管理人员充分的授权，调动实验室工作人员的积极性。中英航天机电系统技术联合实验室组建过程中，英国思克莱德大学和一院负责任命实验室的主任和副主任，赋予实验室主任在研究人员选聘、对外技术交流与合作、研究项目申请、项目研究过程组织等诸多方面的权利。英国思克莱德大学和一院对实验室施行目标管理。实验室成立至今的五年，根据中英双方设定的实验室研究方向及近年来研究项目需求，结合实验室申请到各类研究经费情况，形成30余人的研究团队，在实验室主任带领下开展项目研究工作。

3. 聘任国际知名学术委员会专家，为“准实体化”运行保驾护航

以中英航天机电系统技术联合实验室为例，实验室学术委员会在实验室建设及运行过程中发挥了重要作用。为了实现实验室“准实体化”运行的技术方向把关，实验室聘任航天机电领域的国际知名专家，对实验室未来技术研发方向、技术路线图进行联合“诊脉”。2013年9月，实验室学术委员会召开首次会议，审议通过《中英联合实验室学术委员会章程》，审定未来五年（2014年—2018年）实验室技术发展路线图。实验室未来主要研究包括在轨服务、空间机器人、空间结构与机构三大领域的共22项关键技术，并将每项技术进行细化分解。同时，实验室人员据此编写路线图的说明文件，对各项技术的内涵进行明确说明，梳理其中的关键技术挑战，设定各项技术的优先级、复杂度和可行性，并提出各项技术的潜在应用项目。2015年11月，中英联合实验室第二届学术委员会会议在英国召开。会议修订实验室“十三五”技术发展路线图，进一步明确后续发展的重点和重点。

（四）实施“131”战略管控模式，规范海外研发机构的建设及运行管理

1. 建立海外研发机构建设流程，规范各环节管理工作

明确海外研发机构的建设和运行模式后，一院意识到，建设海外研发机构并无现成的管理经验可以遵循，一院结合中英航天机电系统技术联合实验室的建设过程中出现的各类问题，建立一院海外研发机构建设流程，规范和指导海外研发机构建设和实施工作。

在工作流程中，院创新主管部门根据院国际化发展战略、技术发展规划等，研究制定院海外研发机构建设总体布局，初步明确各海外研发机构建设的依托单位和参与单位。在此基础上，院级海外研发机构建设流程分为：提出建设意向、与外方进行洽谈、建设方案论证、建设方案审批、合作协议商谈、合作协议审批与签订等阶段。在组建申请阶段，院属单位结合本单位技术发展需求及国际技术交流与合作情况，向院创新主管部门提出海外研发机构建设申请，编制海外研发机构建设方案报告。院创新主管部

门会同本部相关部门组织对院级海外研发机构建设方案进行研讨，并组织与外方进行洽谈。建设方案经相关部门审核后，报院级审查。通过院级审查后，院级海外研发机构建设方案经院长办公会审议批准后，院创新主管部门组织依托单位按照建设方案与外方进行进一步合作洽谈，起草合作协议。在协议洽谈及研究过程中，要明确各合作方知识产权归属、保密管理、各方资源投入等相关事项，经院领导审查后，报院长办公会审议。合作协议经审议、批准后，院创新主管部门组织与外方进行合作协议签署，院规划部门发文成立相关组织机构，院人力主管部门任命相关领导，院级海外研发机构依托单位牵头落实相关保障条件。

2. 出台三项涵盖海外研发机构建设、运行及知识管理的规章制度体系

为了及时总结、提炼一院海外研发机构建设及运行管理工作成果，一院通过院级规章制度的形式，将管理工作成果固化，形成涵盖海外研发机构建设、运行及知识管理的规章制度体系，明确和指导后续海外研发机构建设及运行等相关工作。

项目团队结合中英航天机电系统技术联合实验室的建设过程中出现的各类问题，总结出台《一院中外联合实验室建设与管理工作指导意见》，首次以红头文件的形式，明确海外研发实验室的定位、主要任务和建设目标，特别是初步形成院研发主管部门、人力主管部门、财务主管部门、外事主管部门、知识产权主管部门、法律主管部门及依托单位在建设海外研发机构过程中应承担的职责和任务。

从进一步规范海外研发机构知识产权管理角度，保护各合作方在技术合作过程中的知识产权，避免知识产权权属纠纷，加快专利国际化进程，一院研究并发布《一院海外科技合作项目知识产权保护管理要求》。

随着工作的深入，特别是中英航天先进结构与制造技术实验室、中英先进控制技术联合实验室的设立组建，出现由院内多个单位联合国外多个单位参加的院级海外研发机构及院内多个单位参加的厂所级海外研发机构建设的案例。一院通过完善海外研发机构管理机构，设立指导委员会、执行委员会和院内协调委员会的方式进一步明确实验室建设及运行管理的要求及相关职责分工，上述管理工作成果及时总结、固化到《一院海外研发机构建设与运行管理办法》之中正式颁布。此外，各海外研发机构在院级海外研发机构管理要求指导下，各自完善日常管理制度，规范实验室各项研究工作规范开展。

3. 构建以项目为核心和抓手的“四个一”日常管理模式

构建以国际合作项目为核心和抓手的项目管理模式，提出并实施前（海外研发机构）后（一院）方协同工作模式，前后方紧密配合、高效工作的模式初步形成，支撑实验室工作取得重大突破。创新海外研发机构日常管理模式，提出并实施“四个一”的日常管理要求，即每天邮件、微信、电话联络，每周工作情况周报，每月至少一次视频会议沟通，每年工作总结和策划报送，使得前后方工作紧密结合。

实验室是院国际交流、合作的前沿阵地，是国际化工作的“前方”。为了更好地发挥实验室的作用，院作为“后方”，必须要与“前方”实验室紧密配合、高效协同工作。以中英航天机电系统技术联合实验室为例，经过项目团队3年的努力，前后方紧密配合、高效工作的模式已经形成，支撑实验室工作以及院相关工作取得重要进展。作为“后方”，院积极发挥专业齐全的优势，支撑实验室完成“地平线2020”“牛顿基金农业机器人”等多个项目的申报工作，助力实验室获得多项欧盟及中国政府支持的国际合作项目。

作为“前方”，实验室利用参与国际交流机会多、文献查阅方便的优势，积极向“后方”提供有价值的情报信息。实验室人员在参加第20届美国航空航天国际空天飞机及高超声速系统和技术会议期间，积极记录会议交流报告，获得会议文献，编写参会总结报告，及时反馈会议信息和参会收获，供院内参考使用。实验室发挥其在机器人方面的技术优势，实验室中英双方共同研究的三维形状识别及模拟演示系统，在非合作目标点云提取、特征跟踪与匹配、三维形状识别等关键技术领域进行充分的技术交流，

该系统的成功开发，突破了基于扫描式激光的非合作目标特征检测、基于SQ（Super Quadrics，超二次面）视觉模型的非合作目标三维重建、非合作目标动态跟踪与速度估计等关键技术，并搭建3D物体识别和姿态估计的地面视觉演示系统，为进一步提高合作目标测量精度及识别效率、优化空间碎片治理方案等方面提供有力支撑。

（五）实施海外研发机构定期运行评估制度，实现闭环管理

1. 出台海外研发机构运行评估指标体系，强调战略引领

在一院海外研发机构日常管理“四个一”的基础上，为进一步规范、引导实验室建设及运行工作，项目团队研究提出一院海外研发机构定期运行评估制度，目的在于对海外研发机构的运行情况进行全面“体检”，强调战略引领，提出海外研发机构后续建设和改进的意见，并落实日常监督，确保战略闭环管控。为此，在《一院海外研发机构建设与运行管理办法》之中明确，由院创新主管部门牵头组织对海外研发机构从技术成果、实验室建设、学术交流、日常管理等方面进行运行评估。海外研发机构运行评估工作原则上每2～3年进行一次，由院成立评估专家组，通过听取工作进展汇报、实地考察、人员座谈等方式，对海外研发机构进行全面评估，并出具评估结果和改进意见。院评估专家组通过打分量化评估，取平均值作为最终评估结果，并将评估结果纳入当年院对院属单位“创新指数榜”考核，突出指标体系的战略引领作用。

2. 实施海外研发机构运行评估，实现闭环管理

一院实施海外研发机构运行评估，对于发现和解决实验室在运行过程中存在的问题，促进实验室健康发展具有重要作用。为此，基于实验室建设运行情况，项目团队出台评估细则并具体实施运行评估工作。以中英航天机电系统技术联合实验室为例，项目团队赴英国实施对院中英航天机电系统技术联合实验室首次进行运行评估。评估前，项目团队将评估的指标体系、打分评价标准等内容与实验室主任进行专题沟通。在研究座谈环节，包括院派驻实验室的工作人员，也包括实验室招聘的外籍专职研究人员、博士生等。在现场调研环节，项目团队考察实验室研究设施落实、研究项目的进展情况。

通过运行评估，项目团队提出了中英航天机电系统技术联合实验室在国家级研发平台建设、项目申报及承担、学术交流、人才培养等方面取得的成果，同时也指出在日常管理中存在的问题和不足，并督促实验室在后续年度计划中加以落实和改进提高。通过运行评估制度的实施，可以进一步深层次梳理实验室在建设及日常运行过程中出现的问题，对实验室健康长远发展具有重要意义。

（六）开展精英人员选聘＋骨干人员培养，打造高端人才培养平台基地

实施海外精英人员全球招聘＋骨干人员培养模式，将海外研发机构纳入院整个人才培养体系，定位为具有国际化视野的高端人才培养平台基地。在全球精英人才选聘方面，围绕实验室“准实体化”运行的有关要求，实验室依据各国际合作项目的进展情况，面向全球招聘符合岗位要求的人才，确保实验室的研究工作处于国际前端，与国际水平接轨。

在院内人员培养方面，项目团队将派驻实验室的工作人员培养纳入院整个人才培养体系，定位为具有国际化视野的高端人才进行培养，并从研究目标确定、任务分配、薪酬激励、评估考核等方面，对派驻人员的工作进行全方位管理，确保院驻外研究人员能够按照既定的培养计划完成各项研究任务，接受实验室主任、院及派出单位考核，实现完成项目既定计划和培养一院专业人才的有机统一。

为更好地对应聘人员的专业技术能力、语言能力等方面综合考察，项目团队经研究，成立面试专家组，明确采取英文面试的方式，请应聘者介绍个人情况、专业技术经历及对应聘岗位的认识等。专家组对应聘人员的基本素质（英文表达能力、沟通协调能力、应变能力）和专业能力（专业与岗位要求匹配程度、科研工作经历/经验、专业知识学习能力）两方面对应聘者进行综合评价，最终确定派驻人选。在派驻人员开展工作前，由实验室主任明确派驻人员的工作目标、计划及相关要求，使得派驻人员能够

很快适应在国外的研究环境并顺利开展研究工作。派驻人员期满后，由实验室主任、院及派出单位对派驻人员进行综合考核，兑现考核承诺。实践证明，通过实施驻外人员高水平业务培养，择优选取适宜海外研发机构的工作人员驻外开展研究工作，实现完成项目既定计划和培养一院专业人才的有机统一。

三、大型航天企业海外研发机构管理效果

（一）海外研发机构整体布局及实施进一步完善了一院技术创新体系

截止到 2017 年 6 月，一院已经与英国、德国、瑞士等多个国家的科研机构建立了 5 个海外研发机构，另有 1 个海外研发机构已完成组建工作准备，即将于 2017 年年底前挂牌成立，一院海外研发机构的总体布局已经实现，并成为一院技术创新体系的重要组成部分。其中，中英航天机电系统技术联合实验室被中英两国政府认定为国家级创新平台具有里程碑的意义。在各合作伙伴的大力支持下，“十二五”以来，各海外研发机构运行状况良好，达到预期目标，涌现出一批技术成果，累计获得来自欧洲高水平研究计划支持的研究经费近亿元人民币。一院海外研发机构的建设实施模式得到了国家层面的认可，并在集团公司内部得到推广应用，为我国航天强国建设，助推集团公司和一院国际化发展提供了重要支撑。

（二）海外研发机构产生一批研究成果，成为一院新领域拓展的重要手段

在实验室各合作方的共同努力支持下，一院海外研发机构已产生了一批重要的技术成果，发表学术论文 100 余篇，仅在国际重要期刊、会议上发表的论文达 50 余篇。其中，中英航天机电系统技术联合实验室申报的“未来航天任务中机器人操作载荷标准接口研究”和“空间机器人数据融合研究”两个项目的立项成功，是一院海外研发机构首次承担的欧盟地平线 2020 计划项目，标志着一院中外联合实验室的研究工作全面与欧盟高水平研究计划成功实现对接，对于支撑一院中外联合实验室健康发展，带动一院在该领域的影响力与话语权提升具有重要意义。

（三）对中国航天企业海外研发机构建设与实施具有示范作用

通过海外研发机构一系列“准实体化”运行措施的应用，显著提升了一院海外研发机构的创新能力，产出了一批能够支撑一院领域拓展的新技术成果。借助海外研发机构建设及实施，一院优选了一批具有国际化视野、基础扎实的骨干人员驻外主持研发工作。通过海外研发机构具体国际合作项目的实施，一院派驻人员要承受语言、文化等方面的挑战，与国外研究团队一起高质量地完成各项研究工作，对于派驻人员的各方面素质是一个全面的锻炼和提升。对于中国航天企业开展海外研发机构布局及建设工作，支撑中国航天企业实现国际化发展和航天强国建设具有重要的示范作用。项目成果对于其他的国有军工行业提升研发能力、拓展海外市场、增强企业的核心竞争力也有一定的参考意义。

（成果创造人：王国庆、张　巍、白志富、蒋先旺、曾　东、
张旭辉、丁鹏飞、齐春棠、韩志富、王国辉）

大型供热企业煤炭清洁高效利用技术管理

天津能源投资集团有限公司

天津能源投资集团有限公司（以下简称天津能源集团）是天津市国资委出资监管的国有独资公司，注册资本100.45亿元。天津能源集团以“四源”，即电源、气源、热源、新能源为主营业务，承担着保障天津市能源安全稳定供应和推动全市能源结构调整优化的重任。截至2016年年底，天津能源集团资产总额755亿元，拥有参控股企业125家，系统职工约10000人。2017年度天津能源集团入选天津百强企业第22位，中国服务业企业500强第168位，中国企业500强第458位。

一、大型供热企业煤炭清洁高效利用技术管理背景

（一）应对国内严峻的环保形势和京津冀协同发展的迫切需要

伴随着过去多年间国内经济的快速发展，我国在环境保护方面付出了很大代价，由于污染物排放量大、生态受损严重，我国资源环境约束日益趋紧，环境承载能力已经达到或接近上限。为尽快转变环境现状，督促企业深入开展节能减排，降低污染物排放，近年来，我国环境执法日趋严格，2015年1月1日新《环保法》施行，确定了“按日计罚，三倍可入刑”的规定。对包括供热企业在内的多数工业企业而言，常规的节能环保设施难以满足当前要求，必须研究应用更加深入、高效的新型技术和设备。同时，《京津冀协同发展规划纲要》中提出，要在京津冀交通一体化、生态环境保护、产业升级转移等重点领域率先取得突破。在生态环境方面，要打破行政区域限制，推动能源生产和消费革命，促进绿色循环低碳发展，加强生态环境保护和治理，积极应对气候变化。京津冀作为我国煤炭消耗量最大的三个地区之一，近年来雾霾现象频发。在地区能源结构短期内不能实现根本性转变的前提下，通过技术手段实现煤炭资源的清洁、高效和合理利用，是破解能源瓶颈的有效思路，需要相关企业做出成功试点，进而在京津冀地区进行有效的复制和推广应用。

（二）保障热源稳定供应和民生的需要

煤炭作为我国的优势资源，不仅供应稳定，而且成本低廉，但长久以来，煤炭被扣上了“低效、高污染”的帽子，国内许多地区都在利用天然气和新型能源对煤炭实施替代，然而大规模开展煤改气不仅需要大量的资金支持，而且随着燃气用量的激增，气源保障和供应压力剧增，燃气成本过高也给企业的生产经营带来了巨大压力。比如，天津能源集团下属热力公司华苑供热所建于2004年，为天津市西青区中北镇供热。厂区内现有4台兆瓦燃煤热水锅炉以及1台燃煤蒸汽锅炉。近年来，随着供热面积的迅速增长，现有锅炉难以满足供热需求。同时，由于既有燃煤锅炉建设时间较早，难以满足日益严格的环保要求，即使按照“常规”方案对现有锅炉实施煤改气，仍然会面临因深冷期气源短缺而影响居民稳定达标供热的问题。因此，急需寻求新的清洁供热方式解决热源总量和达标排放的问题。

（三）优化调整能源结构和提升企业核心竞争力的需要

北方地区冬季清洁取暖问题关系到广大人民群众生活，是重大的民生工程、民心工程。天津能源集团作为天津市能源项目投资建设与运行管理主体，承担着天津市能源保障和能源结构优化调整的重任，一方面要在清洁供热的发展速度和水平方面走在区域内企业的前列，以可行的清洁供热方式解决好天津市清洁供暖的总量和规模问题；另一方面要着力开展多种清洁供热形式的综合利用，实现多种清洁热源的同步发展。只有这样才能不断提升天津能源集团核心竞争力，并为区域清洁供热发展起到带动和引导作用。

二、大型供热企业煤炭清洁高效利用技术管理内涵和主要做法

天津能源集团认真贯彻国家绿色发展、节能减排的要求，紧密结合企业实际，不断加强对煤炭清洁高效燃烧技术的研究，在供热企业试点建设新型高效煤粉供热锅炉，使锅炉同样在以普通商品煤作为燃料的情况下，各类污染物排放能够优于我国燃气锅炉的排放标准，且锅炉燃烧效率与燃气锅炉比肩。同时，借助信息技术以及管理思维的应用，大幅提升锅炉系统的安全监控能力和自动化运营水平，将煤炭清洁高效利用系统与天津市供热联网调峰系统、供热调度指挥系统、地理信息系统、客户服务系统等大数据平台进行无缝对接，进而将煤炭清洁高效利用技术相比于传统煤炭资源利用方式以及“煤改气”方式的优势最大化地发挥出来，促进社会效益、经济效益的提高。主要做法如下。

（一）提前开展技术储备，将煤炭清洁高效利用列入集团“十三五”发展战略规划

为缓解燃气供应紧张的压力，突破能源瓶颈，探索煤炭清洁高效利用的新途径，天津能源集团结合天津市委、市政府的总体部署，自 2013 年起，抽调集团下属的天津市热电设计院、天津市部分电厂以及大型集中供热企业、燃料供应企业的技术专家，并与专业科研机构联合成立了煤炭清洁高效利用项目专家组，认真研究和分析西方国家煤炭清洁高效利用技术的研发和运行经验，并在两年时间内对国内外多家知名企业的煤炭燃烧技术以及供热信息化管理技术进行调研，辗转沈阳、山西忻州、乌鲁木齐、兰州、北京、浙江等多地开展实地考察，与科研院所开展技术交流，对煤炭清洁高效利用装备制造和主要技术路线进行深入论证和攻关，以“瞄准行业技术及科研前沿，坚持高标准、超前规划，确保技术可靠、效果突出”为原则，研究编制了独具特色的《天津能源投资集团有限公司煤炭清洁高效利用技术发展方案》。

2014 年，天津市政府第 38 次常务会议审议通过了《天津市煤炭清洁利用实施方案》，天津能源集团下属天津市热力有限公司华苑 558 兆瓦高效煤粉供热锅炉被列为试点项目，计划在试点成功后面向全市推广。

2015 年，天津能源集团进一步将《天津能源投资集团有限公司煤炭清洁利用技术发展方案》融入集团“十三五”战略发展规划，提出要以建设试点项目作为突破口，研究和总结实现煤炭清洁高效利用的技术方案和运行管理经验，在集团内推广使用，为天津市、华北地区乃至更大范围的地区提供煤炭清洁高效利用的技术和项目借鉴；同时，要重点通过信息技术的应用，解决煤炭清洁高效利用技术在安全隐患防控、生产运营管理以及与常规热源联合运行方面的技术门槛以及重点、难点问题，实现煤炭清洁高效利用技术的安全、经济、清洁、高效、普适应用，显著提升大型集中供热企业运行管理水平以及供热保障能力。

（二）加强组织领导，推动技术研究和项目建设顺利高效实施

煤炭清洁高效利用技术管理的实施是一项系统工程，在方案设计和编制、项目建设、技术支持、运行管理等方面均存在很大难度，且国内几乎没有类似规模的项目可供借鉴。

为加强组织保障，妥善应对各方面难点问题，提升沟通和衔接效率，确保项目科学、安全、稳定、高效实施，天津能源集团在组织保障方面做了深入准备，开展大量工作，实施一系列组织保障机制创新。一是组织领导方面，成立项目领导小组，由集团主要领导担任组长，领导小组下设技术攻关、前期协调、项目建设、物资保障、技术支持、运行管理 6 个专业工作组，明确任务分工，压实责任，协同开展各项工作。二是工作机制方面，面对工程建设量大、技术难点多、工艺要求高的实际情况，为了保障项目顺利实施，领导小组采取多项措施加强组织沟通和协调保障。首先，严格抓好计划编制和责任落实，组织各专业工作组编制网络协同进度计划，随时梳理工作进度，增强工作的计划性；同时，明确各节点工作责任人，层层落实责任，实现高效运转。其次，综合采取集中办公、周例会、周报、日报制度，提升沟通协调效率，及时交流反馈各项工作办理情况。另外，定期召开重点工作推动会，加强与相

关政府部门和专业院所、技术单位的汇报、沟通和对接，集中各方力量和资源解决项目难点问题，全力推动项目实施。

（三）大力开展技术攻关，保障供热锅炉安全、高效、环保运行

燃煤清洁利用规划确定后，在项目实施环节，仍面对一系列技术难题。一是煤粉在常规状态下极易自燃，容易产生大的安全生产事故，必须采取可靠措施保证安全性。二是传统区域的燃煤供热锅炉效率仅为50%～70%，如何突破技术瓶颈提升锅炉效率，真正实现煤炭高效利用具有相当大的难度。三是常规烟气处理技术处理后的烟气污染物排放值远高于燃气锅炉烟气排放标准，对常规技术进行多次改进仍难以解决燃煤锅炉污染物排放量大的问题。如何提升供热系统清洁环保运行的能力，实现高效、精准、科学、有序的管理，也是煤炭高效清洁利用需要解决的关键问题。

为突破常规燃煤供热锅炉效率低和环保性差的难题，天津能源集团组织专业规划设计单位对项目关键的安全运行、燃烧效率提升、烟气污染物联合脱除技术进行详细分析和技术攻关，经过多轮技术对比和论证，最终确定煤炭清洁高效利用技术的路线和方案。技术路线和方案确定后，聘请相关专家对项目技术路线和方案进行深入严谨的分析和论证，得到专家进一步确认后，才启动天津市煤炭清洁高效利用试点项目建设。实现燃煤供热锅炉的高效运行和超净排放，主要包括以下几个关键方面。

一是在安全运行方面，为防止煤粉自燃，确保系统安全运行，天津能源集团提出采用以惰性气体为干燥剂的一步法制粉以及氮气保护和吹送工艺，同时设置多种传感器、声光报警，防静电及惰性气体联锁保护装置，一举解决煤粉在制备、输送和储存环节易自燃、危险性极高等常规技术无法解决的难题。

二是在提高供热锅炉效率方面，应用煤粉燃烧技术，采用最新的“星鸟”耦合文丘里供料、中心逆喷双锥低氮燃烧和烟气再利用等核心技术，提升煤炭燃烧效率并降低热损失率，大幅提高燃煤供热锅炉效率。

三是在降低污染物排放方面，在供热行业创新应用选择性催化还原（SCR）＋选择性非催化还原（SNCR）脱硝、布袋除尘与湿电除尘相结合、石灰石膏湿法脱硫组合烟气处理技术，烟气污染物排放量大幅下降，实现燃煤供热锅炉污染物排放优于燃气锅炉排放标准的突破。

通过以上措施，天津能源集团于2015年完成天津市558兆瓦煤炭清洁高效利用供热系统建设，该项目是我国总规模最大、环保设计标准最高、烟气处理效果最好的燃煤供热锅炉。

（四）纳入“一张网”运行体系，为供热系统提供有力热源保障

2014年和2015年，天津能源集团投资8.6亿元，建成全国最大的集热电联产、清洁燃煤锅炉、燃气锅炉、地热等多种常规热源和新型热源于一体的“一张网”供热系统，对于确保全市供热安全起到了决定性作用。

由于煤炭清洁高效利用试点项目热源成本低于燃气锅炉，同时具有清洁、高效、环保的优势，2015年天津能源集团又投资1.4亿元，将试点项目与天津市中心城区“一张网”供热系统连接，纳入天津市中心城区“一张网”运行体系，成为启动优先级仅次于热电联产热源的主力热源，为“一张网”供热系统提供热量保障，成为“一张网”供热系统强有力的支撑，在热电联产热源不足或调峰区域热量需求增加时，试点项目可将热量输送至“一张网”供热系统，减少燃气锅炉房启动时间，降低天然气消耗，缓解天然气紧张局面。在其他热源故障的工况下，试点项目可向其他热源补充热量，降低故障影响，从而实现资源集约共享和效益的最大化，使中心城区“一张网”供热系统的安全可靠性和经济性得到进一步提升。

同时，煤炭清洁高效利用试点项目建成后，配套建立集控中心，对整个系统实行24小时运行监控，实现对周边供热负荷的稳定优质供热。为实现统一调度，与“一张网”供热系统进行匹配，集控中心按照“一张网”供热系统调度指令做好热源、管网运行的精细化调节工作，确保与其他热网和企业能够实

现快速、高效协调联动；将系统发生的各种情况实时上报，保证整个“一张网”供热系统安全、稳定运行。为提高安全稳定调控能力和调控准确性，搭建与“一张网”供热系统相融合的热网调度指挥系统，通过实时在线调度指令流转，实现与上级调度部门的闭合流程管理及缺陷上报管理；通过值班日志管理实现历史事件的追溯。根据故障报警启动应急方案，实现实时在线应急指挥，增强应急指挥和响应能力。

通过建立集控中心、搭建热网调度指挥系统、建立制度和流程等措施实现与“一张网”供热系统的快速响应、协调联动和区域热网精细化调节，保障热网的安全、平稳、高效运行。

（五）全面利用信息技术，建立全要素监控和自动优化控制体系，实现安全运行管理

1. 自动优化控制，实现“一键式”操作

数据监测和自动化控制系统是锅炉系统的“大脑”和“神经中枢”。天津能源集团积极将信息技术应用于项目，建立由传感器仪表系统、DCS 控制系统、通信系统等子系统组成的锅炉测控系统。测控系统将拥有 600 余个自控点位的设备进行连接，构成一个拥有“大脑”的高度自动化的设备自控网络。DCS 控制系统通过数据通信系统、数据采集系统（DAS）、模拟量控制系统（MCS）、顺序控制系统（SCS）对锅炉装置及其辅助系统进行调节控制，实现全要素监控、自动优化控制、系统的“一键式”操作和过程状态控制与调整等高度自动化的功能

2. 全要素全过程监控，实现安全管理自动化

为确保系统运行安全，天津能源集团借助信息技术，在各类设备上安装不同类型的安全监控传感器、联锁保护装置、视频监控系统，同时设置自喷和水幕、氮气置换和流化、二氧化碳灭火等消防系统，建立全区域、全流程、全源点覆盖的防火、防爆、安全运行等安全管理体系，实现 FSSS 炉膛安全检测、炉膛燃烧连续监视、故障预警报警、分析诊断、联锁保护等高度自动化安全管理的功能，实现供热安全管理自动化，杜绝安全生产事故。

三、大型供热企业煤炭清洁高效利用技术管理效果

（一）经济效益显著

天津能源集团通过煤炭清洁高效利用试点项目技术，实现了锅炉热效率的显著提升，北京节能技术监测中心和天津市节能中心分别对煤炭清洁高效利用系统进行了性能监测，锅炉热效率检测结果分别为 93.3%、90.7%，远高于同等规模的普通燃煤锅炉，与燃气锅炉比肩，热效率处于国内领先水平。根据实际运行情况核算，煤炭清洁高效利用项目供热成本略高于普通燃煤锅炉（高出 9%），在天津市现行气价下，相比于燃气锅炉，高效煤粉炉在成本方面具有比较明显的优势。使用煤炭清洁高效燃烧技术替代传统链条锅炉，与同等规模普通燃煤锅炉相比，每生产 1 吉焦热量可节约标准煤 8.9 千克，节煤率为 19.75%，2016—2017 年度采暖季试点项目 5 台 58 兆瓦高效煤粉锅炉共生产热量 225.4 万吉焦，节约标准煤约 2.0 万吨，成本降低约 1500 万元。

（二）环保效果突出

天津能源集团通过长期技术研究和持续攻关，不断优化系统配置，实现了燃煤锅炉污染物排放大幅降低。2016 年 3 月，天津市环境监测中心对煤粉炉排放情况进行了全面检测。从检测数据看，试点项目各项污染物排放优于国家及地区制定的燃煤、燃气锅炉排放标准。其中，颗粒物浓度分别比燃煤和燃气锅炉排放标准低 87.5% 和 62.5%；二氧化硫浓度分别比燃煤和燃气锅炉排放标准低 92.5% 和 25%；氮氧化物浓度分别比燃煤和燃气锅炉排放标准低 79% 和 44%。

（三）资源供给和供热保障能力得到大幅提升

2016—2017 年度采暖季，天津能源集团煤炭清洁高效利用试点项目圆满完成了自身承担的 800 万平方米的供热保障任务，在实现高效环保运行的同时减少天然气消耗约 6600 万标立方，有效缓解了天

津市天然气紧张局面。同时，通过煤炭清洁高效利用技术的实施，实现了与天津市热电联产联网调峰供热系统的联网运行，使其成为仅次于热电联产热源的主力热源，大幅提高了供热系统安全保障能力，有效解决了其他热源故障和个别供热区域用户温度不达标、用户不满意的情况。2015－2016 年、2016－2017 年连续两个采暖季天津能源集团用户满意率超过 99.4％，远高于国内同行业平均水平，提升了企业供热服务水平和品牌形象。2015－2016 年采暖季天津市供热办公室对全市 240 个供热单位供热服务质量进行评测，天津能源集团供热服务水平位列首位，得到供热用户及社会各界的一致好评，形成较高社会美誉度和影响力，取得较好的社会效益。

（成果创造人：李庚生、赖振国、王　勇、裴连军、梁家琪、柳　颖、
郭成更、柏　松、李晓冬、王　珊、侯玉玲、刘焕志）

传统军工企业开放协同式技术创新体系的构建与实施

北京大华无线电仪器厂

北京大华无线电仪器厂（原国营768厂，以下简称大华厂）于1958年建厂，是我国较早建成的微波测量仪器专业大型军工骨干企业，地处北京市学院路，占地19万平方米，在职职工400多人，拥有两个分公司、三个子公司、一个军工事业部、一个北京市级技术中心和一个北京市级特色产业园。大华厂自建厂以来主要从事国防、科研及重点工程配套仪器的研制和生产，产品覆盖稳定电源、微波测量仪器和新能源装备等三大门类、十一大系列、四百多种产品，广泛用于军工、科研、高校、通讯、工矿企业、冶金、铁路等部门。

一、传统军工企业开放协同式技术创新体系的构建与实施背景

（一）适应国家实施创新驱动发展战略和北京功能定位调整的需要

当前，我国持续加大推动经济发展模式转型的力度。北京作为首都积极落实创新驱动发展战略，按照推进京津冀协同发展的需要，进一步调整功能定位，提出要把首都建成全国的政治中心、文化中心、国际交流中心和科技创新中心。作为电子信息行业的基础和先导产业，中国电子测量仪器目前肩负着加快推动产业升级和自主创新的历史使命，处于中华人民共和国成立以来第二次发展机遇期。大华厂作为首都较早成立的电子测量仪器骨干企业，地处全球创新中心——中关村国家自主创新示范区核心地带，必须要紧跟国家和首都政策导向，抢抓产业发展机遇，通过构建开放协同的技术创新体系进一步提升自身技术创新能力和核心竞争力，实现企业的持续健康发展，进而承担起产业报国的使命。

（二）适应国防军工产业加快仪器设备国产化和推动军民融合战略的需要

近年来，我国加大国防和武器装备投入力度，国内军工产业进入快速发展期，按照“自主可控”的导向，军方已经明确提出加快仪器国产化和推动军民融合的战略。为满足军方武器装备研发测试维护保障的需要，大华厂作为传统军工企业，必须要加强技术创新体系建设，发挥品牌和技术优势，加大国内外创新资源整合力度，通过国际对标突破相应关键技术，提高国产测量仪器的技术水平，进而替代进口仪器设备，实现军工装备研制生产自主可控。

（三）推动自身科技产业实现跨越式发展、重振大华与768品牌的需要

多年来，大华厂科技产业发展一直处于低谷，产业规模萎缩、产品更新升级缓慢、品牌影响力逐步弱化甚至一度边缘化。究其原因，有市场拓展乏力、营销模式落后的因素，也有企业经营困难、产业投入不足的因素，还有员工队伍老化、骨干后备人才断档的因素，但更重要的是企业的技术创新体系和体制机制不能与市场接轨，不能适应产业发展环境和趋势，进而导致企业技术创新能力和创新资源整合能力不足。为摆脱产业发展困境和重振大华品牌，大华厂迫切需要立足企业现状和资源禀赋，着眼全球视野，探索出一种新型的技术创新体系和模式，推动自身科技产业实现跨越式发展。

二、传统军工企业开放协同式技术创新体系的构建与实施内涵和主要做法

大华厂立足于电子测量技术领域，充分发挥自身品牌和技术积累优势，在强化提升军工自主科研能力的基础上，通过明晰技术发展战略、优化创新体系顶层设计、加强科技平台和资质建设、强化技术创新项目和人才管理等措施，大力推动内外部创新资源整合，广泛开展产学研合作、产业链合作和国际化合作等开放式的科技合作，实施市场化导向的自主创新、集成创新和引进、消化、吸收再创新，重建开放协同的技术创新体系，探索出既符合自身资源禀赋，又适应社会科技资源配置规律和技术创新规律的

模式。主要做法如下。

（一）全面分析企业环境与自身条件，确定技术发展战略

2009年以来，大华领导班子带领企业内部核心团队，持续对企业进行全面、深入的调查研究，并运用系统、科学的战略分析方法和工具对宏观环境、行业趋势和自身资源禀赋与瓶颈进行全面分析。大华集团制定“一体两翼”发展战略，即以加快科技产业发展为根本，突出战略资源一体化配置，加大园区经营反哺科技产业力度，加强科技创新、科技产业、科技服务业的有机协同，形成大华科技产业和科技服务业两翼齐飞的局面。在科技产业发展上，要以市场需求为导向，以军工高端为定位，以国际对标为引领，重点发展电源与新能源装备业务，巩固发展微波仪器业务，加大创新力度，突出产品＋服务，实现科技产业跨越式发展。

企业发展战略的核心支撑战略是技术发展战略。2013年以来，大华厂大力提倡以开放包容的思维，明确和完善技术发展战略，即立足于电子测量技术领域，积极在稳定电源、新能源装备和微波测量等领域开展开放式合作，加快科研开发与成果转化；坚持市场导向、军工引领、高端对标，整合共享社会创新资源，强化军工自主科研能力提升，注重产学研结合、产业链合作与国际化合作；积极开展符合市场化导向的自主创新、集成创新和引进、消化、吸收再创新；力争在3～5年内在电子测量核心技术及行业应用领域取得关键性进展，推出一批具有国际一流和国内领先的创新成果，并实现成果转化与产业化布局，奠定恢复大华和768品牌的科研基础。

（二）完善技术创新组织架构，优化创新体系顶层设计

为提升自身技术创新体系的运行水平，2014年大华厂进一步调整完善技术创新管理的决策和组织架构，恢复组建企业技术中心，构建“113N”架构，即技术中心下设一个常设机构——技术委员会，一个非常设机构——专家委员会，内设三个业务部门——研发部、试验部、综合办，研发部下设N个项目组。

技术委员会作为技术评估和决策机构，审议和平衡集团研发项目的立项、定级和验收工作；统筹平衡集团科技研发项目的预算、核算和验收审计等工作；审议和平衡集团技术人员定级评估与晋级工作；负责对战略性、前瞻性的技术发展进行探讨和预判，提出产品产业发展方向性建议，审议集团技术和产品发展规划；负责对集团重大项目进行技术可行性论证和技术攻关咨询支持。

专家委员会作为技术咨询机构，由跨专业、跨行业内外部专家组成，对大华集团的重大项目问题不定期组织进行探讨和咨询。

研发部根据大华集团技术产品规划，负责具有战略性、前瞻性的新技术和新产品的研究开发，重点开展中长期的技术预研和新产品开发，结合市场需求，负责引进技术，并消化、吸收和再创新，形成具有自主知识产权的产品和技术；负责集团承接的军工和政府科技项目的前期方案设计和组织实施；负责为前端提供产品技术服务和支持。

试验部负责对新产品新工艺开发进行验证；负责对新产品的标准、工艺、质量等方面进行相关工作。

综合部开展对外技术合作和交流，与高校科研院所建立产学研合作关系；进行中心内部人员配置，提出人次需求，合理规划技术人员架构；获取、分析和判断行业及相关领域的技术信息情报，参与技术进步规划制定，配合技术委员会技术中心开发方向、重大技术问题及项目进展情况进行相关工作；组织安排本企业技术培训工作，组织学习成熟的共性技术；负责组织新产品、新技术的知识产权成果申报；负责协助集团人力资源部和战略发展部开展对研发人员和研发项目的考核评估；负责技术中心保密管理和安全管理。

（三）充分发挥科技平台和相关载体资质的作用，拓展创新资源整合空间

为克服自身科研设备投资压力大、科研人才引进难、科技项目储备少等不利条件的束缚，大华厂始终把科技平台建设作为重建集团技术创新体系、整合创新资源、提升科研能力的重要手段。近年来，大华厂依托北京市级技术中心平台与北京交通大学、北京邮电大学等高校科研院所建立多个联合实验室及产学研合作基地，依托军工资质和电子计量站等平台与多家企业联合研发和检测，依托新能源装备事业部与韩国 PNE 公司的国际先进企业进行技术合作和引进，先后在高精度开关电源、动中通微波通信项目、动力电池检测与化成分容系统方面进行积极的探索与尝试，形成联合研发、优势互补、利益共享、风险共担的技术创新合作体系，实现内部科技资源的优化整合和外部社会资源的协作利用。

大华厂还高度重视利用行业协会的作用，作为辐射平台加强技术交流与沟通。多年来，大华厂作为中国电子仪器行业协会副理事长单位、北京电子仪器行业协会副理事长单位、中国电源学会会员单位、中国雷达协会会员单位、中国电子学会微波分会委员单位、中国化学与物理电源行业协会会员单位以及稳定电源等多项行业标准的制定者，积极参与并组织业内相关技术交流与合作，持续拓展创新资源的整合空间。

（四）结合多种技术创新方式，拓宽技术来源和路径

近年来，大华厂在技术创新方式选择上采用自主研发与合作研发、集成创新和引进消化吸收再创新相结合的模式，拓宽技术来源和路径。

一是以自主研发为主持续强化军工科研能力。大华厂作为传统军工企业，对自身具备绝对科技优势或者遭到技术封锁的军工产品和技术，主要在国际对标的基础上以自主研发为主。近年来，大华厂依托自身的专家和骨干研发人才，累计申报和承担总装军用测试仪器年度指南计划项目十二项，自主掌握线性控制技术、开关变换技术、高精度高速度测控技术，先后完成“500W 高性能直流供电电源系列”“程控多通道直流电子负载项目”“1500W 高性能直流供电电源系列” “8mm 准相参雷达测试仪项目”“2CM 雷达测试仪”等项目，正在推进“大功率直流脉冲电源”等六个项目，承担“电子测量仪器可靠性设计制造技术研究”“军用测试仪器（电源）用研转化效益分析”等两项军用测量仪器预研项目。

二是通过自主研发与产学研合作相结合的方式提升民用产品的研发与成果转化能力。在传统民用产品领域，大华厂主要采用自主研发与产学研合作相结合的方式开展创新。近年来，大华厂通过发挥自有骨干人才的带头作用，完成传统线性电源的系列化改造和升级，开关电源新增 3 个产品系列，实现“3kW 恒功率开关电源系列化”“4500W 大功率电子负载小型化”。通过与北京交通大学开展产学研合作，成功研制“750V/300A /150kW 高精度恒功率充放电机”和“1000V/500A 双通道高压充放电机”，并实现销售。

三是通过国际化合作提升自身在新兴产业领域的产品技术开发、应用技术集成和产业化能力。在国外已有较成熟的应用技术成果且不受技术封锁的情况下，就要积极通过国际化合作开展引进、消化、吸收、再创新，及时转化国外先进技术成果。近年来，随着新能源汽车产业的快速发展，锂离子动力电池行业投资呈现爆发式增长，进而带动动力电池的工艺装备和检测设备市场需求的增长。大华厂基于自身的技术和能力积累，近年来一直在锂电池装备和检测设备领域进行预研跟踪和战略布局。但面对这一新兴产业领域，受自身工艺整合经验缺乏和自动化系统应用技术薄弱的影响，成果转化和产业化进程遇到瓶颈。2013 年以来，大华厂在自主研发电池包充放电机的基础上，积极与韩国 PNE 公司展开技术合作与交流，结成战略合作伙伴。在整合大华厂原有锂电池化成与测试业务的基础上，引进 PNE 的全自动化成分容系统、高端电池测试设备、模组/电池包自动测试系统（EOL）等先进技术，进行本地化生产和研发，相关产品于 2014 年开始投放市场。同时，历时三年，于 2016 年年底在中国共同投资设立合资公司——北京大华品耐科技有限公司。通过国际化合作与成立合资公司，使大华厂成功实现从传统电子

测量仪器设备提供商向电子测量仪器系统和高端装备系统解决方案提供商的转变。

（五）强化科技项目管理，建立和完善科技项目管理评估体系

为确保技术发展战略的有效推行，大华厂始终把加强和规范科技项目管理作为恢复企业技术创新能力的基本保障。科技的项目管理严格遵循项目管理的时间管理、成本管理、质量管理和风险管理等几大要素。2014 年，系统梳理和修订《大华科研创新项目管理制度》《科研经费管理办法》《大华知识产权管理方法》等，特别强化科技创新项目的立项把关、实施跟踪和验收评估等环节的管理，综合平衡项目重要性、技术难度和创新性、质量要求、项目成本、紧迫性和项目周期等因素，建立科技研发项目分类定级评估体系。

（六）构建有利于调动创新型人才活力的研发管理体系，建立对创新型人才的激励和考核体系

电子测量仪器和新能源装备产业是技术密集型产业，决定其发展的核心关键因素是人才，特别是高端研发与创新型人才。在技术类创新型人才方面，大华集团以重建技术中心为契机，打破原来条块式的垂直架构，推行平台制，实施由项目负责人主导的项目制、课题制或者承包制等人才使用形式，把技术中心建成技术类人才特区，引进、培养和统筹管理骨干创新型人才，在体制机制、资金投入、环境营造和工作模式等方面享有优先性和特殊性，实行一事一议、一人一策、特事特办等灵活多样的办法。在专家级高端创新型人才引进和使用方面，尝试通过产学研合作与国际化合作与北京交通大学、韩国 PNE 建立联合实验室，以合作的方式使用高端人才，不求所有，但求所用。

在薪酬体系方面，适时修订《大华集团技术研发人员薪酬考核管理办法》，探索建立职级并行的薪酬管理和调整机制，打破官本位体系，推动薪酬管理体系与市场接轨。在激励机制方面，对技术研发类人才以项目考核为主，突出市场与成果导向；对专业技术水平高、研发创新能力强、承担重大科研攻关任务的领军人才和技术带头人，对掌握核心技术、具有自主研发能力的拔尖人才，对持有专利技术和创造成果的创新人才，对有突出贡献的研发课题策划人、技术发明人、技改技革领头人，实行首席专家制、内部专家授衔制、课题承包制，采用利润分成、专家津贴、一次性奖励等多种办法进行激励。对产学研与国际化合作创新人才合法提供的新产品、新工艺、新技术，给予一次性成果转让费或其他奖励。除物质激励之外还有多样化的精神激励形式，如内部表彰、内部职称评定，以及为创新型人才获得社会荣誉创造条件等。

三、传统军工企业开放协同式技术创新体系的构建与实施效果

（一）有力支撑了大华厂整体发展战略的实施，提升了核心竞争力

通过构建开放式的技术创新体系，大华厂自主掌握了线性控制技术、开关变换技术、高精度高速度测控技术和高可靠性工艺整合技术，累计申请专利 40 项，具备了加快发展开关电源和锂电装备的技术创新能力，显著破解了大华厂多年来自有创新资源不足、创新投入乏力、产品技术更新升级缓慢和研发团队缺乏活力的难题，探索出了一种新型的科技创新模式，有力支撑了大华“三位一体”和“一体两翼”发展战略的顺利实施，基本破解了产业转型发展与当期生存稳定难以兼顾的历史困局，逐步加大了产业投入与调整的力度，产品与业务结构逐步得到优化。传统产品品类得到扩增，开关电源新产品实现了从无到有、从单一到系列的发展；微波测量仪器产品改型取得效果。通过自主研发与产学研合作、国际化合作相结合，成功研制锂电化成、充放电机和模组检测设备，奠定了大华科技产业实现跨越式发展的基础。同时，通过推行一系列的创新机制，引进和培养了一批骨干人才和创新型人才，逐步构建了一支精干、高素质、高效率的员工队伍。在管理体系上，正在从传统工厂制、制造型、留有计划体制“官本位”痕迹、相对粗放的管理体系，转向市场化、精细化、科技创新与服务型的现代企业管理体系；在工作模式上，正在从偏重经验式、依靠个人英雄主义寻求单点突破、多数员工松散式机械执行、节奏缓慢的状态转向需要持续创新、团队协同作战、快速响应市场的新常态，上述变化汇聚成大华集团正在加

速与市场接轨的新常态。

（二）有效释放了大华厂存量创新资源的价值，取得了显著的经济效益

大华厂创新资源得到有效的整合，产品开发更贴近市场需求，研发周期缩短，促进了营业收入持续增长，2016 年比 2011 年增长 117.91 %；经营质量持续提高，2016 年利润总额比 2011 年增长 4.96 倍；经营性现金流进入良性轨道，彻底摆脱了入不敷出的经营困境，并具备了持续加大科技产业投资推动科技产业加快实现跨越式发展的条件。

（三）为国防事业做出了应有的贡献，获得了军方的肯定与认可

作为国有原军工骨干企业，大华厂创新体系的构建与实施有力地支撑了军工项目仪器仪表产业的国产化。大华厂以原有的传统线性电源、开关电源为依托，逐步推进未来先进电源系统设备的高频化，推动了高新技术产品的小型化、轻便化。大华厂先进电源系统的发展与应用在国防军工、经济建设，以及在节约能源、节约资源及保护环境方面都具有重要的意义。大华厂其他的一些重点产品也应用于包括航空、航天、兵器、船舶、电子等军工科研生产单位，还应用于民航、机场、气象台站及其配套设备研制生产单位，以及各高等院校、科研院所和部队各军兵种等。这些军民融合的各种产品的研发生产和市场推广极大地丰富了大华厂的产品谱系，为大华厂产品的技术积累和企业更好更快的发展打下了良好的基础。

（成果创造人：叶　枫、李德友、高　飞、贾卫力、孙福清、东英华、
杨　勇、董宏波、闫立超、林培峰、赵云跃、杜建军）

生产运营与安全管理

以“安全、效能、成本综合最优”为目标的电网企业实物资产全寿命周期管理

国家电网公司

国家电网公司以建设运营电网为核心业务，承担着保障安全、经济、清洁、可持续电力供应的基本使命。国家电网公司经营区域覆盖我国26个省（自治区、直辖市），覆盖国土面积的88%以上，供电人口超过11亿人，用工总量166万人，在菲律宾、巴西、葡萄牙、澳大利亚、意大利等国家开展业务。2016年，国家电网公司完成售电量3.6万亿千瓦时，营业收入2.09万亿元，资产总额3.39万亿元，其中实物资产①占比超2/3，连续12年获评“中央企业业绩考核A级企业”，在世界500强企业排名第2位。

一、以“安全、效能、成本综合最优”为目标的电网企业实物资产全寿命周期管理背景

（一）实现电网资产保值增值的必然选择

国家电网公司作为实物资产规模超2万亿元的国有重点骨干企业，公司电力能源连接和服务千家万户，电网实物资产在经营服务上与社会大众紧密相关，具有明显的外部性；在物理分布上覆盖地域范围广，种类多、数量大、关联密切，具有显著的网络性；在价值实现上必须保证持续供电，发、输、用即时平衡，产、供、销瞬时完成，具有电力行业特有的实时性。因此，国家电网公司需要在保障电力供应，提供优质服务的同时，牢牢保持营收和利润增长势头，为国家经济社会发展和财政增收做出应有贡献。国家电网公司以更加积极有效、更加科学规范的方式管好电网资产是履行“三大责任”（政治责任、社会责任、经济责任），践行“四个服务”（服务党和国家工作大局、服务电力客户、服务发电企业、服务经济社会发展）宗旨的根本途径，也是降低资产运营成本，提高资产利用效率，实现各类资产保值增值的必然选择。

（二）建设“一强三优”现代公司的重要保障

国家电网公司为加快实现“两个一流”（世界一流电网、国际一流企业）愿景，提出建设“一强三优”（电网坚强、资产优良、服务优质、业绩优秀）现代公司的战略目标，其中优化实物资产管理方式，强化风险控制，降低总体成本，持续提升电网本质安全和资产精益管理水平是“资产优良”的主体内容，是实现“电网坚强”的必要条件，是“服务优质、业绩优秀”的物质基础。在以往的实物资产管理中，公司各专业过于侧重自身管理需求，缺乏全局意识。规划管理中存在安全风险考虑不足的问题；采购管理中存在设备价格因素占比偏高的问题；运维管理中存在过度追求设备技术性能的问题。国家电网公司深化电网实物资产全寿命周期管理，统筹内部资源，形成管理合力，可以科学平衡电网大规模投入带来的成本持续增长与电量增速趋缓导致的效益增长困难之间的冲突，解决资产管理业务环节多、管理链条长、业务系统整合难的问题，强化源头和前端控制，促进资产全寿命周期各环节的业务融合与信息共享，全面提升公司现代化管理水平。

---

① 电网实物资产包括电厂设备、电网一次设备、厂站自动化装置、调度自动化装置、继电保护及安全自动装置、电力通信设备、自动控制设备、电网（厂）生产建筑物、构筑物等辅助及附属设施、安全技术劳动保护设施、电能计量装置、试验及监（检）测装备、专用工器具、生产服务车辆及相关备品备件等。

（三）适应电网发展新趋势和技术发展新潮流的客观需要

国家电网公司为更好顺应世界电力行业发展趋势，积极主动实施“走出去”战略，打造世界级跨国公司，需要立足全球配置资本、人才、技术、市场等各类资源，提升国际市场份额，优化产业链和价值链，从本土向全球拓展发展空间。同时，随着众多新技术、新业态的迅猛发展，也迫切要求国家电网公司实现信息技术与电网技术的高度融合，以灵活适应和满足全社会各类发、用电客户的需求。资产全寿命周期管理作为一种先进的管理理念，在继承设备维修管理成功经验的基础上，吸取设备综合管理的思路及方法，统筹考虑设备可靠性和资产的经济性，在实物资产管理方面具有突出优势，已被国内外越来越多的资产密集型企业关注与践行。随着 PAS 55、ISO 55000 等国际资产管理系列标准陆续发布，英国、法国、加拿大等国的数十家电力企业已遵循国际标准建立了资产管理体系。国家电网公司构建符合国际发展趋势并适合自身发展需要的资产管理体系，形成一系列科学技术手段和高效管理方法，有助于搭建国际化交流平台，促进国际业务拓展，创建国际一流企业。

二、以“安全、效能、成本综合最优”为目标的电网企业实物资产全寿命周期管理内涵和主要做法

国家电网公司以“一强三优”战略目标为指引，遵循系统工程理论，从安全、效能、成本综合最优的总体目标出发，统筹考虑资产在规划、设计、采购、建设、运行、检修、报废各环节的管理和技术要求，运用实物流、信息流、价值流“三流合一”的方法实现资产全过程精益管理，完成管理机制从条块职能管理向高效协同管理的转变，管理方法从定性粗放管理向定量精益管理的转变，促进企业运营效率效益全面提升，推动企业创新发展和战略转型升级。主要做法如下。

（一）统筹制订目标原则，明确关键业务要求

1. 确立安全、效能、成本综合最优的资产管理总体目标

国家电网公司从资产管理“安全、效能、成本”三个维度，分别明确具体管控内容及评价标准，用以衡量公司整体资产管理水平。其中，安全（S）维度，强调资产管理首先要满足电网、人身、设备等安全强制性要求的约束条件；效能（E）维度，提高电网运行质量，提升资产使用效率，充分发挥资产在全寿命期间的使用价值；成本（C）维度，优化资产初始投资、运行维护、故障处置、退役报废等全寿命周期成本结构，提高资产运行效益。国家电网公司统筹协调安全、效能、成本的关系，在确保电网安全可靠的同时，提高电网资产质量和使用效率，降低全寿命周期成本，构建 SEC（安全效能成本）资产综合绩效指标，量化衡量综合最优的程度，通过持续降低 SEC 指标值，不断提高公司整体资产运营水平。

2. 坚持“一观、两化、三全”的资产管理基本原则

一观即整体资产观。国家电网公司将资产管理对象由设备层面上升到整体资产层面，对资产规划计划、采购建设、运维检修、退役处置进行统筹优化，将近期需求和未来电网发展需要进行统筹考虑，同时综合考虑资产不同环节的关联性，单体设备的全过程管理以及各级电网网架结构的协同性，加强资产管理的整体性、全局性、系统性，发挥资产的整体最大价值，促进企业运营管理整体效率效益的提升。

两化即精益化、差异化。“精益化原则”按照资产全寿命周期管理要求，实现单体实物资产全寿命周期成本的归集与分摊，为资产管理各个环节的业务开展提供科学的辅助决策；“差异化原则”充分考虑不同地区发展能力、装备水平、经营环境、运行环境等影响因素的差异，兼顾发达地区与欠发达地区电网规划、建设与运营水平的不同，因地制宜地开展资产全寿命周期管理工作，确保取得实效。

三全即全系统、全过程、全费用。“全系统”打破部门职能界限，将资产管理各个阶段的工作统筹考虑，以资产总体效益为出发点，寻求资产全寿命周期的最佳方案；“全过程”考虑从规划、立项、设计到报废的资产整个寿命周期，避免决策局限于某个时间段或某个节点，从机制上实现贯穿各个阶段的整体优化；“全费用”考虑整个寿命期间所有可能发生的费用，不仅考虑采购成本和建设成本，更要在

资产形成前期将运维成本、检修成本以及故障成本、报废成本等统一纳入进行考虑。

3. 明确实物资产全寿命周期管理关键业务要求

国家电网公司明确资产管理业务范围及业务间协同关系，梳理并形成覆盖全寿命周期各阶段、各环节的资产管理关键业务，实现业务纵向有效贯通，横向有机融合如图1所示。

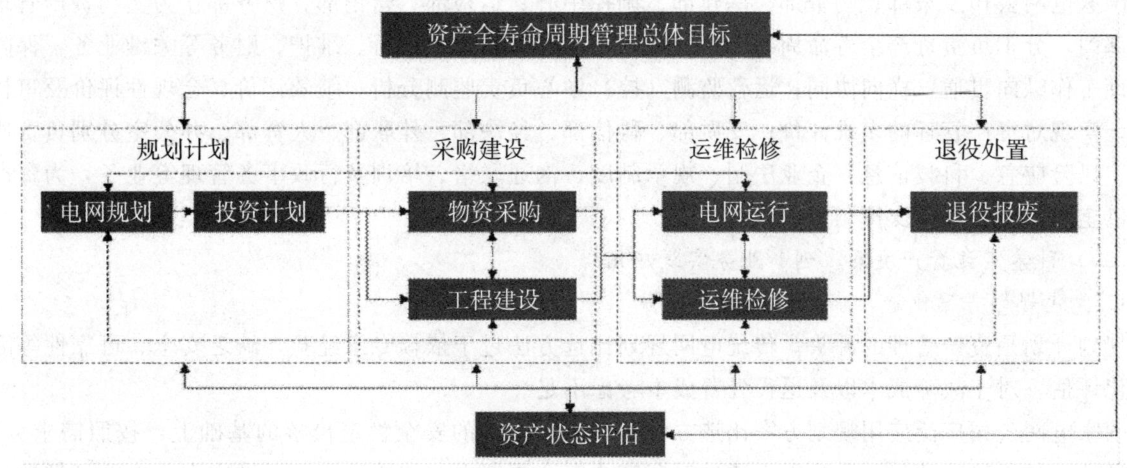

图1 资产全寿命周期管理关键业务

在电网规划环节，按照全寿命周期管理方法进行综合评估，满足负荷增长需求和电网安全稳定运行要求，选取可靠性、经济性、全寿命周期成本等综合评价最优的规划方案。

在投资计划环节，综合平衡各类项目的资金需求，对基建、技改、营销、检修、维护等各类项目进行投资风险评估后，做出综合决策或项目整合。

在物资采购环节，在评标过程中引入LCC① 评标方法，强化设备监造和抽检管理，对供应商进行综合评价。

在工程建设环节，从进度、质量以及资金和成本控制角度对项目建设全过程进行管理，实现项目预算执行从事后控制向事前控制转变，确保项目执行中各项费用准确归集。

在电网运行环节，统筹电网调度和设备运行资源，在保障电力系统安全、优质、经济运行的同时，实现输变电设备集中监控，并将收集到的状态信息及时反馈至资产状态评估流程，分析判断设备的健康状况。

在运维检修环节，基于资产状态评估及运行检测结果制订维护检修计划。以工单为主线对维护检修任务进行精细化管理以提高工作效率、优化维护检修成本。

在资产状态评估环节，对设备在线数据和历史数据进行分析，对设备历史缺陷、当前状态及未来趋势进行评估并将结果应用于指导设备维护检修计划的制订。

在退役报废环节，根据资产状态评估结果对退役资产做出甄别，并对其进行技术经济评估，根据评估结果选择再利用、转为备品、评估转让或报废处理等处置方案。

（二）构建统一的组织架构，落实资产管理职责

1. 建立资产全寿命周期管理组织架构

国家电网公司充分借鉴组织架构优化理论，在系统分析公司组织机构、业务职责、制度标准的基础

① LCC（全生命周期成本，Life Cycle Cost，简称LCC），也被称为全寿命周期费用，是指资产在有效使用期间所发生的所有成本，包括资产投入成本、运行成本、维护成本、故障成本、退役处置成本等。

上，创新提出包括决策层、管理层、执行层在内的资产管理组织体系，建立统筹全局的资产管理决策机构，纵向贯通、横向协同的资产管理组织架构及定位清晰的资产管理支撑保障机构，实现资产管理总部、省、地市、县分层分级管理。

2. 落实资产全寿命周期管理工作职责

国家电网公司发策部、物资部、基建部、调控中心、运检部、营销部、财务部作为实物资产管理的核心部门，分工负责资产全寿命周期管理的规划、采购、建设、运行、维护、财务等关键业务，保障资产管理工作纵向贯通，横向协同；运营监测（控）中心负责监测分析、绩效评价、合规性评价及审核等业务，实现对资产管理的多维评价；安质部、科信部、经法部、外联部、人资部、办公室分别负责质量监督、风险应急、科技信息、企业法制、规章制度、沟通联络、培训及行政事务管理等业务，为资产管理提供全面的基础保障支撑。

（三）科学实施资产决策，创新业务实践应用

1. 优化规划方案比选，实现电网精准投资

规划计划是资产管理的源头。传统电网规划比选方法过于依赖专家经验，缺乏安全、可靠性等因素的量化评估，对于故障成本以及退役处置成本考虑不足。

国家电网公司广泛应用规划方案比选方法，在满足基本的安全稳定校核的基础上，按照需求分析、方案设计和技术经济评价三个步骤，通过对资产全寿命周期内的初始投资、运维成本、电网可靠性和土地增值等指标的量化处理，建立电力规划综合成本计算模型和投资效益的测算模型，实现对规划方案的综合量化评估，比选确定安全、效能、成本综合最优的规划方案。以湖北公司为例，自2015年以来，在电网目标网架决策、项目建设时序决策及设备选型比选决策中，全面应用SEC规划方案比选方法，对徐东变等26个220千伏输变电工程进行量化评估，优选投资效益最佳方案，投资总金额28.4亿元，累计节约经济成本1.2亿元。

2. 实施LCC招标采购，夯实电网物质基础

采购建设是资产的形成阶段。传统物资招标采购原则是在设备满足技术标准前提下，将设备的初始报价作为供应商取舍的重要因素，容易导致设备质量参差不齐、故障率高，难以适应电网建设改造的高可靠性要求。

国家电网公司优化LCC招标采购策略，在变压器、断路器、电缆、电能表等设备招标采购中构建LCC招标模型，量化评估设备购置成本、运行维护成本、故障惩罚成本、报废处置成本等寿命全过程成本，实现对设备供应商的量化评价考核，科学选择优质供应商，有效提升设备质量。以陕西公司为例，2013—2016年，新增设备资产抽检不合格率由2.8%降至1.1%，故障停电时间减少40%，110千伏及以上优质工程率达到100%，新投产1年内设备缺陷率减少52%，检修停电时间减少15%。

3. 开展设备绩效检修，强化资产精益管理

运维检修是资产管理的主要阶段，时间跨度占设备寿命的80%以上。传统的检修方式以事后检修、定期检修为主，检修策略针对性不足，既降低供电可靠性，又容易浪费检修资源。

国家电网公司自动采集设备例行试验、监测信息、家族缺陷等多维度数据，辅以同类设备历史数据进行聚合对比分析，并建立综合资产价值、资产损失程度及设备故障概率的评估模型，对设备进行状态和绩效评价，并结合设备在电网回路中的重要度评估，科学制定设备大修、更换及退役报废策略。2016年，国家电网公司通过开展330千伏及以上输变电设备绩效检修，相对于传统检修方式降低设备检修比例至21.9%，平均停运检修时间间隔由1.5年延长到4.5年，减少检修停电时间50万时户数，单位资产运维检修成本减少8.44%，电网系统可靠率提升至99.563%，严重异常状态设备占比下降至0.25%。

4. 健全设备利旧机制，提高资产利用效率

资产退役处置处于资产管理的末端，是众多企业资产管理的薄弱环节。国家电网公司在满足安全、环保、技术等约束条件下，创新应用设备技术状态的评价结果及残值量化评价方法，统一设备退役技术和经济性鉴定标准和流程，为"设备是否再利用、再利用的适用条件"提供决策支撑，科学确定退役资产处置方式。2016 年以来，全公司实现省、地市、县内部 110 千伏及以下主变、配变、断路器等设备再利用 2.3 万台，节约电网建设资金 16.4 亿元；同时依托全公司退役设备利旧平台，实现跨省调拨再利用 2747 台，节约资金 2.2 亿元，促进了电网资产的全网范围优化配置，缓解了欠发达地区的投资压力。

（四）信息驱动管理转变，实现资产智能管理

1.统一资产身份编码，促进信息高效共享

电网企业资产全寿命周期管理业务环节多、管理链条长，由于信息系统建设的时序和专业管理存在差异，同一设备在不同业务环节的专业信息系统中均存在独立编码，这些编码各自具有特殊的专业含义，颗粒度不一致，无法关联，难以支撑资产管理全过程的信息贯通和业务协同。

为解决由于业务视角不同，专业管理差异带来的前端项目、物资信息与后端设备、资产编码难以对应，信息难共享、难追溯的问题，国家电网公司全面开展电网资产统一身份制度建设，通过从生产制造源头为每个设备确定唯一、终身不变的身份编码，固化物料、设备、资产间的分类对应关系，贯通电网资产各阶段管理中存在的项目编码、设备编码、资产编码等各类专业编码，促进设备全寿命周期内状态、成本、缺陷等信息的共享互通。同时，基于电力 4G 无线专网构建电网资产移动物联网，研发并推广应用物流仓储、基建安装、现场检修作业等资产管理核心业务的移动应用，大幅提升业务执行效率。

2. 强化专业管理协同，实现流程在线监测

国家电网公司为优化流程管控，促进管理高效协同，提出实物流、价值流、信息流"三流合一"管理理念，将传统设备管理及财务管理扩展至涵盖技术与经济的全面资产管理，实现电网实物资产的价值、技术和寿命管理有机统一。实物流、价值流、信息流分别反映资产全寿命周期管理的业务流转、价值变化以及信息传递等三个关键因素，其中，"实物流"包含电网设备在规划计划、采购建设、运维检修、退役处置等阶段的流转过程；"价值流"包含设备全寿命各阶段成本归集，体现资产全过程价值链；"信息流"包含设备全寿命周期数据和信息的传递和反馈。

国家电网公司以"三流合一"监控为手段，搭建资产全寿命周期管理在线分析管控平台，贯通规划、基建、物资、运检和财务等各环节关键业务，梳理并在线监测 147 个资产管理核心业务流程，实现关键业务流程在线监测分析及设备资产信息全流程追溯。以山东公司为例，2016 年，山东公司实时采集工程建设、物资供应、设备状况、检修工单、缺陷故障、资产价值成本等多口径海量数据，发现如项目已开工但物资和服务仍未招标、项目进度与物资到货及付款计划不匹配、设备缺陷故障频发供应商同类设备仍继续中标等典型问题 100 余项，并督促专业协同改进，持续提升资产管理效率效益。

3. 深度挖掘数据价值，实现智能辅助决策

国家电网公司积极探索数据资产管理模式，持续提升数据质量，深入挖掘数据资产价值，推动企业经营管理由"经验驱动"逐步向"数据驱动"转变。

国家电网公司以电网规划投资智能化为起点，深度挖掘资产数据价值，应用"大云物移"信息化手段，逐步将智能辅助决策延伸至整个资产全寿命周期价值链。公司在电网规划领域率先推行以数据为核心的辅助决策，通过对电源分布、网架结构、负荷变化、电能质量、可靠性等全维度数据资源价值的深度挖掘，构建电网智能规划数据资产基础。同时，综合运用多种智能分析决策模型，在变电站选址定容、通道规划、网架规划等专业领域以安全、效能、成本综合最优为目标评估规划项目优先级，遴选最

佳规划方案，显著提升电网规划数字化决策能力。

国家电网公司成功构建“资产可计量、收入可统计、成本可归集”的资产组管理模式，应用资产组价值地图①、资产组画像②等工具，辅以数据可视化技术，实现经济、技术指标多维组合决策，引导精准投资。利用大数据智能辅助平台打通信息系统之间的数据通道，进一步强化数据资源聚合效应，在此基础上拓展针对资产管理各个环节的数据价值挖掘，对核心业务环节的全过程数据进行汇集、处理、分析，助力精准投资、智慧物流、智能运检等业务持续推进。

（五）独创多维评价方法，持续改进追求卓越

国家电网公司遵循体系评价改进的相关理论，从组织、标准、制度、方法层面，系统建立资产管理常态评价改进机制，科学设计评价方法，创造性应用“分级＋量化”的评价模式，充分发挥评价工作的目标导向、监督激励和持续改进作用，引导、督促和推动公司资产管理水平整体提升，逐步实现安全、效能、成本综合最优。

1. 系统提出资产管理体系综合评价方法

国家电网公司遵循国际通行的管理体系审核方法及判定原则，创新“一个评价准则框架、两条评价主线、三个评价重点、四个评价模型”的资产全寿命周期管理综合评价方法，并在实践中完善固化，形成系统先进、覆盖全面的评价方法体系。

一个评价准则框架：国家电网公司建立包括 7 大类目的评价准则，形成以业务实施与管控为核心，以管理全过程、支撑全方位为关键，关注管理成效结果的评价框架体系，如图 2 所示。

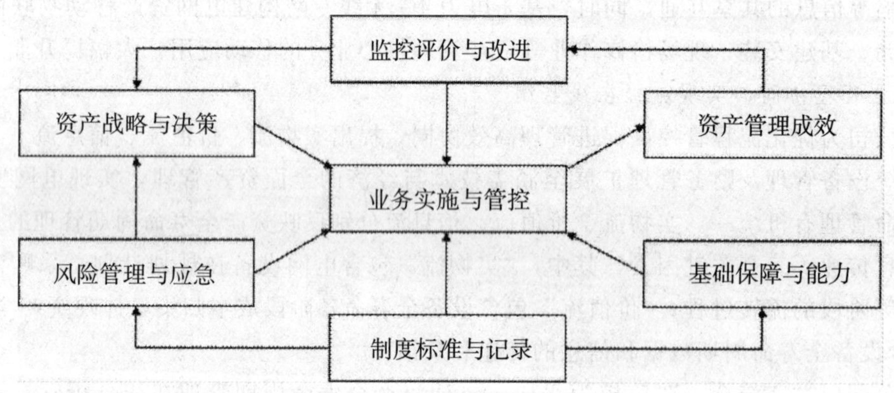

图 2　资产全寿命周期管理体系评价准则框架

两条评价主线：国家电网公司提出在评价思路拟定、评价方法设计、现场评价实施过程中，始终要贯穿实物资产和资产管理两大主线，即对于评价过程中任意评价单元、评价主题，均应从实物资产和资产管理两方面进行考虑，如图 3 所示。

① 资产组价值地图是借助“单位资产售电量”指标，在 GIS 地图上用不同颜色标识高效资产组和低效资产组，直观展示区域价值分布特征的方法。

② 资产组画像是一种直观展示资产组运行现状及运营效率，并科学出具体检报告的方法。

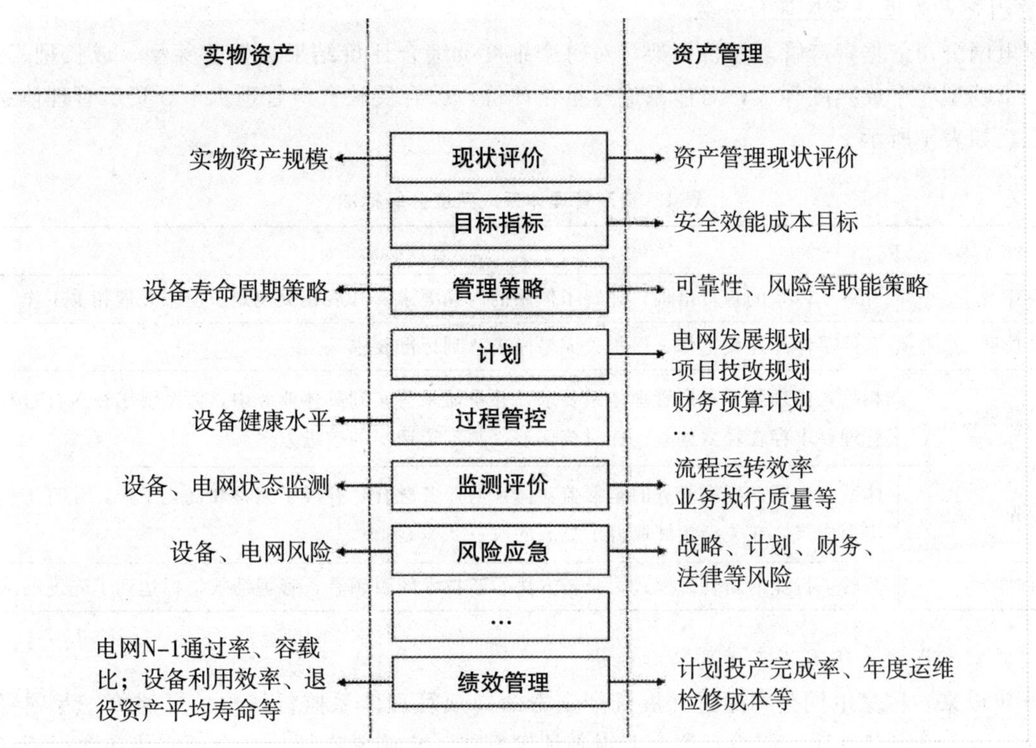

图 3 资产全寿命周期管理体系评价的两条主线

三个评价重点：对应评价准则框架和评价主线，国家电网公司将资产全寿命周期管理体系评价分为管理要素评价、关键业务评价和管理成效评价三个重点，如图 4 所示。

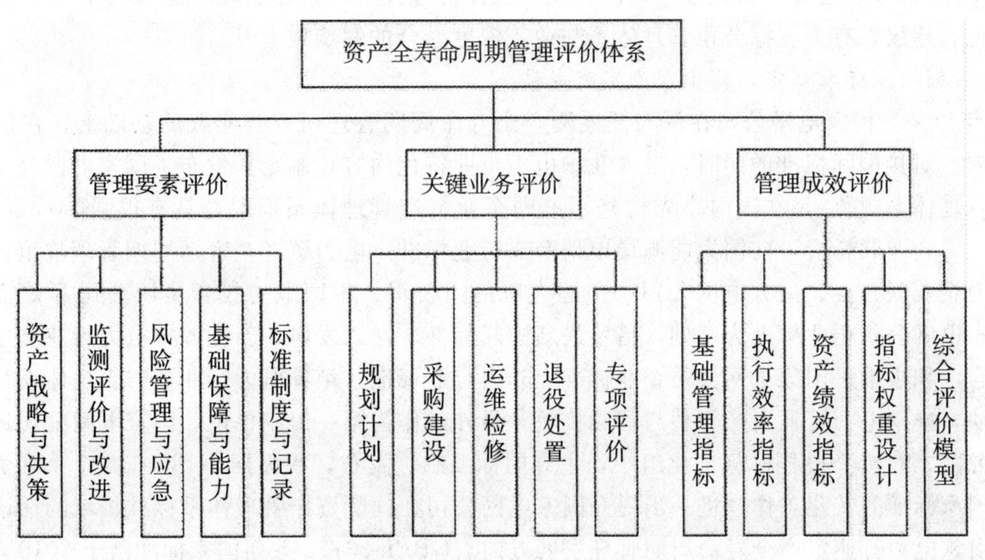

图 4 资产全寿命周期管理三大评价重点

四个评价模型：对应资产全寿命周期管理体系评价和管理要素、关键业务、管理成效三个方面的评价重点，国家电网公司创造性建立四个评价模型，即资产管理成熟度评价模型、管理要素评价模型、关键业务评价模型和管理成效评价模型。

2. 首创资产管理成熟度评价分级

国家电网公司依据资产管理评价框架，对每个维度及综合评价结果设置萌芽型、成长型、成熟型、领先型、卓越型 5 个成熟度等级，对体系进行量化评价，综合反映资产管理水平。资产管理体系成熟度分级标准，如表 1 所示。

表 1　资产管理体系成熟度分级标准

成熟度等级	管理状态
萌芽型	开展了体系的宣贯培训，理解了体系的内涵要求，开展相关规划，但未开展相关工作
成长型	开展了体系建设工作，但相关成果尚未达到标准要求
成熟型	相关人员理解了资产管理体系要求，并将体系落实到具体业务中，体系要求在执行过程中个别管理要求存在轻微偏差。针对该偏差，制定了翔实的改进方案
领先型	体系实现了对标准业务的全覆盖，体系与业务融合，开展了完善和优化工作，并将工作成果落实为成果，在关键领域取得了显著的改进
卓越型	开展了行业的新管理模式，是新方法、新技术的引领者，管理绩效指标达到了先进电网水平

3. 实施常态评价，实现资产管理持续改进

2014 年以来，国家电网公司通过开展资产全寿命周期管理体系监督评价、复评价、专项督查，结合省、地、县三级定期自评、同级互评、上级查评等方式，实施常态评价，全面宣传和践行资产管理思想和要求，营造全员参与的良好氛围，资产全寿命周期管理理念深入人心，实现了涵盖公司系统内 27 家省公司、328 个市级公司、1959 个县级公司和 6 家直属单位的省、市、县各层级资产全寿命周期管理体系全覆盖。截至 2016 年年底，已完成对所属 27 家省公司的两轮评价，全部通过“成熟型”评价验收，其中 10 家省公司通过“领先型”评价验收。在评价过程中，累计发现问题 1200 多项，并针对性提出改进意见和建议，有力支撑公司管理体系与业务深度融合的螺旋式上升。

（六）引领国家标准制定，输出理论实践成果

2012 年以来，国家电网公司在深入开展资产全寿命周期管理研究与实践的基础上，在借鉴先进标准核心要求、对接国际标准的同时，融入我国电力行业特色内容，制定并发布了国家电网公司《资产全寿命周期管理体系规范》，在国内率先构建了电网企业资产管理体系框架，具有很强的示范性。同时，联合中国电力企业联合会，向国家能源局申请牵头行业标准《电力资产全寿命周期管理规范》制定。协调中国电力企业联合会、南方电网公司、中国大唐集团公司、中国电力投资集团公司等单位组建编制组，以国家电网公司企业标准为基础，借鉴最新国际标准，融入发电、新能源等电力行业非电网领域资产管理内容，积极推进国家电网公司企业标准上升为行业标准，填补电力行业资产管理体系标准化建设方面的空缺，推动电力行业资产管理与国际接轨。另外，作为第一编制单位，国家电网公司还联合中国标准化研究院，对接 ISO 国际标准化组织，主导国标编制、发布，积极推动 ISO 55000 系列资产管理国际标准向国家标准的转化工作，进一步提升国家电网公司在国际资产管理体系标准领域的话语权和影响力，持续引领电力行业资产全寿命周期管理发展方向。GB/T 33172 系列国家标准已于 2016 年 10 月 13 日正式发布。

三、以“安全、效能、成本综合最优”为目标的电网企业实物资产全寿命周期管理效果

（一）电网运营安全效率效益大幅提升

一是保证了电网安全可靠运行。2016 年，国家电网公司 330 千伏及以上变压器、断路器、输电线路故障停运率分别比 2013 年降低 10.4%、30.2%、42.1%。城农网供电可靠率分别达到 99.956%和

99.852%，与2013年相比，城市和农村年户均停电时间分别缩短54.65%和61.56%。二是资产运营成本显著降低。2013—2016年，电网设备健康水平和服役年限明显提高，实际平均使用寿命提高2.1年，每万元电网实物资产的全寿命周期成本年均降低约6.6%，年均节约技改投入资金20亿元以上。三是电网资产运营效益明显提升。2016年，国家电网公司总投入5908亿元，固定资产投资5210亿元，电网投资4977亿元，各项经营指标明显提升。完成售电量36051亿千瓦时，同比增长4.5%；营业收入20946亿元，同比增长1.1%；实现利润866亿元，同比增加82亿元；经济增加值116.2亿元，增加10.5亿元；资产总额33898亿元，增加2824亿元；全员劳动生产率70.9万元/人·年，同比增长8.6%。

（二）资产全寿命周期管理迈上新台阶

一是资产管理系统性有效加强。国家电网公司通过优质高效建成投运“四交四直”7项，在建“四交七直”11项特高压，成为世界风电并网规模最大、光伏发电增长最快的电网。2016年实现外送西南水电1074亿千瓦时，同比增长7.4%，多措并举成功缓解“三北”新能源消纳矛盾，为推动我国电力和能源发展方式转变、在全国范围内优化配置能源资源提供了重要战略途径。二是业务协同能力有效提升。电网规划方面，实时获取电网投资后的设备负载、运维成本、投资收益等信息，实现项目购置设备“招标采购－到货验收－现场安装－投产运行”全过程信息追溯，全面准确开展重点项目后评估，科学指导电网投资。成本管控方面，能够实现对各环节成本的自动归集，能够有效支撑不同厂商设备比选、不同变电站LCC成本差异等跨专业量化分析。2014年以来，国家电网公司累计梳理各业务环节间管理要求不协同项1317个，根据协同要求优化技术标准672项、通用制度452项。

（三）成为中央企业“走出去”金色名片

一是实现了国际业务的高效发展。国家电网公司投资运营菲律宾、巴西、葡萄牙、澳大利亚、意大利、希腊等国家骨干能源网，并与30多个“一带一路”沿线国家开展电网工程建设等产能合作。截至目前，国家电网公司管理境外资产达560亿美元，利润11亿美元，资产投资年回报率全面突破12%。成功中标巴西美丽山特高压送出特许经营权和埃塞俄比亚、印度等国电网工程总承包项目，设备出口、海外工程承包合同金额累计达到18亿美元和212亿美元。二是核心指标达到国际先进水平。国家电网公司全面提高资产管理效率和运行绩效，电网安全运行水平、线损率等指标居世界前列。主导编制国际标准39项，在世界能源领域的影响力和话语权不断提升，实现了由传统企业向现代企业的战略转型。

（成果创造人：舒印彪、寇　伟、张智刚、单业才、张建功、胡庆辉、胡江溢、文卫兵、田洪迅、张兴辉、储　惠、齐立忠）

基于数字化、可视化、智能化的复杂军工电子装备全生命周期质量管理

中国电子科技集团公司第十四研究所

中国电子科技集团公司第十四研究所（以下简称十四所）建于1949年，是我国雷达工业的发源地，是从事国家战略产业并处于领先地位的国家核心骨干研究所。十四所具有引领国内、世界前列的预警探测技术创新能力，研制了国家80%以上的预警探测骨干装备、90%的国家大型骨干装备，获得国家级科技奖项60余项，现有职工5000余人，2016年实现营业总收入174亿元。十四所形成了砺人奋进的企业文化，培养了“三敢三严”作风和“海之星精神”“天虹精神”“预警机精神”，先后在“两弹一星”“载人航天”、北京奥运会等多项国家重点工程中承担关键任务。

一、基于数字化、可视化、智能化的复杂军工电子装备全生命周期质量管理背景

（一）应对全球发展变革，响应国家质量强国要求的战略选择

当今世界的经济竞争很大程度上取决于一个国家的产品和服务质量。质量水平的高低是一个国家经济、科技、教育和管理水平的综合反映。面对新形势，我国提出“要推动中国制造向中国创造转变、中国速度向中国质量转变、中国产品向中国品牌转变”的“三个转变”战略目标，大力倡导提质增效，要求企业充分认识全面实施质量强国战略的重大意义。加强质量管理是企业生存和发展之本，军工产品的质量直接关系到国家安全和战士生命，重要性无可代替。因此，军工企业应加强质量管理制度建设，以质量进步助推企业转型升级。

（二）顺应装备建设形势，提升装备作战效能的迫切需求

为建设世界一流军队、保障部队战斗力，必须保证武器装备高质量、高可靠性，并不断提升作战效能，军工企业要坚持质量至上，把质量要求贯穿到装备全寿命周期管理各个环节。近年来，我国军工企业装备质量建设扎实有效推进，针对“装备质量总体水平与保障打赢的根本要求不相适应，装备质量基础保障能力与支撑新型装备发展的现实要求不相适应，质量工作制度机制与社会主义市场经济的内在要求不相适应”三个“不相适应”的深层次问题，提出装备质量管理方式要实现根本性转变，推动装备向质量效能型转变，研制出好用、管用、耐用、实用的武器装备，提升装备作战效能，打赢信息化战争。中国电子科技集团公司也要求成员单位质量工作要从“任务保证型”向“质量效益型”转变，从“交付装备”到“交付效能”拓展升级，做到质量形势监控到位、反应灵敏和处置迅速。

（三）持续提升装备质量，实现向交付效能型转型的内在需求

十四所是专业提供雷达装备的企业，装备供给覆盖海、陆、空、天多个领域。雷达装备涉及专业领域广、技术要求高、质量特性多、设备组成量大、结构复杂，存在品种多、批量小、研发周期长、科研生产交叉以及项目团队、供方众多面宽等特点；采购质量问题突出，占到十四所装备质量问题的50%以上，采购质量风险不断增大；服务保障实施需从装备交付后直至退役，包括技术培训、技术支持、资源提供、现场服务等。因此，雷达装备研发、生产、采购、外包、服务和保障是一项系统工程。十四所作为中国雷达工业的发源地，国家诸多新型高端雷达装备的始创者，要继续保持在国际、国内竞争中处于技术创新、引领的地位，必须要树立新时期装备建设的质量理念，改革质量管理体制，解决过去更多地局限于设计论证书面推演、过程信息纸质传递、样机验证依托实物、过程控制依赖人工等传统的管控方法和手段，从本质上形成与十四所发展相适应的新型质量保障能力，进一步提高装备质量的正向设计

和预防能力，持续提升装备质量水平，实现十四所由质量交付装备型向交付效能型的转型发展。

二、基于数字化、可视化、智能化的复杂军工电子装备全生命周期质量管理内涵和主要做法

十四所针对复杂军工电子装备传统质量管理中存在的全员参与不够、协同性不高、人工事后把关、质量信息分散、改进决策定性等问题，基于“提高装备质量，提升装备作战效能”的管理目标，以信息化平台为支撑，以业务流程为驱动，运用数字样机贯通装备从需求确定直至交付使用、退役的全生命周期价值链，实施装备全层级、全流程、全特性协同虚拟仿真、设计验证、评审检查与试验检验控制，实现控制过程全互联，过程运行状况全面显性可视，质量信息数据实时可测，通过基础数据信息综合分析和知识整合，实现质量安全风险预警、控制与改进的智能决策，有效提高装备质量正向设计与预防能力，为保证装备作战效能的发挥奠定质量基础，取得很好的经济效益和社会效益。基于数字化、可视化、智能化的复杂军工电子装备全生命周期质量管理（以下简称装备“三化”质量管理）框架如图1所示。主要做法如下。

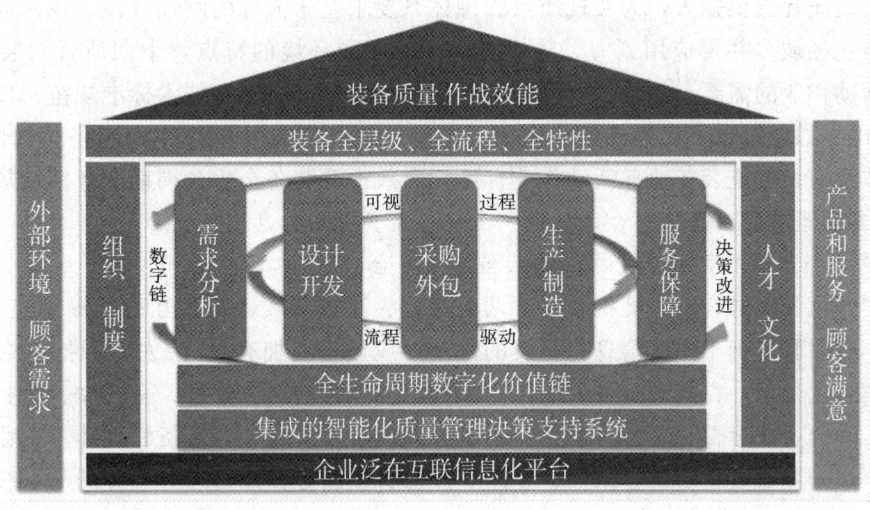

图1 装备“三化”质量管理框架

（一）顶层规划质量战略，建立健全质量管理体系

1. 确定质量发展战略，多举措推进质量战略落地

十四所始终把质量作为企业发展的核心战略来抓，专门制定《发展战略管理程序》，细化明确战略制定、评审、实施、监控和调整的管控流程和职责。在十四所战略规划委员会的统一领导下，专门成立质量规划分组，市场、运营、能力建设、信息化建设等职能部门协同参与论证，同步进行质量战略顶层设计与规划，于“十二五”初期，基于国家“两化融合”倡导、装备质量建设、集团“12543”战略等，确立坚持“以可靠性工程为中心，以质量管理体系为保障，打造质量精品，引领装备质量管理水平”的质量战略，将装备“三化”质量管理列为十四所“十二五”期间质量管理转型升级的一项战略性工作。为推进质量战略落地，十四所以战略为牵引，策划下达年度质量总目标，并按部门、业务进行细化分解，层层展开目标，落实责任部门和责任人。质量部协同相关机关职能部门，建立跟踪考核与激励机制，实施动态监视与月度、年度相结合的考核与激励，组织召开十四所年度管理评审会，评审评价目标实现情况以及质量战略、目标适宜情况，并修订完善，确保质量战略规划的有效落地。

2. 优化质量管理机构，建立“三全”质量管控队伍

十四所为确保以型号为主线的装备质量管控深入到装备全层级（系统、整机、分系统、组件及零部件）、覆盖到全流程（从装备需求确定到装备使用退役）和全特性（功能性能、“六性”等），不断优化

质量管理组织机构，配置一支规模始终保持在二百余人的专门司职十四所质量体系管理、型号装备质量与可靠性管理、采购及过程产品检验检测与试验、软件过程监控与测评的队伍。同时，设立质量制度体系建设领导小组及其工作办公室，实施全方位覆盖与装备质量相关部门的质量体系实施、保持与改进；向各型号装备派出负责质量可靠性的专职人员，实施装备全生命周期全程质量策划与监控；面向采购外包供方，下设专门处室，配置专门检验、筛选人员，实施采购外包产品过程监控与验证。在各生产调试一线设置专门检验点，配置专职检验人员，实施装备生产、调试过程具体质量控制，并设置软件测评师，深入到软件设计开发、编码和测试全过程。

3. 健全质量标准体系，制定细化业务活动作业规范

十四所针对质量管理体系三个层次的文件，以装备全生命周期业务流程为驱动，拆解细分各过程，明确关键控制环节，建立分阶段/活动、职能/角色的二维矩阵流程图，形成200余个由装备需求直至退役的相互衔接的流程，实现制度层面装备全生命周期业务流程的全面显现化，为企业信息化平台定制装备全生命周期活动流程提供输入，为实现质量管理体系要求基于流程的刚性管控提供保证。同时，基于雷达装备涉及专业领域多并要应用到海、陆、空、天等不同环境的特点，十四所针对装备不同专业领域、不同业务活动作业的需要，从技术、管理两个层面，专门制定相应技术标准规范、作业指导书、检查单等1400余份。如电讯数字化样机标准体系、结构数字化样机标准体系、装备“六性”标准体系、装备设计规范体系等，规范装备业务活动作业标准，有效提升装备全生命周期业务活动规范化水平。

（二）构建互联集成的信息化平台，提供“三化”质量管理信息化环境

1. 组建信息化推进机构，构建泛在互联的信息化平台

十四所以“两化深度融合”为契机，以“两化融合、注重实效、互联互通、提供支撑、服务科研”为指导，建制专门司职管理十四所信息化建设的部门，成立一支拥有30余人专职推进的团队，并依托十四所控股的信息化公司，在规划委员会的统一领导下，以打造“全数字、全互联、全智能”新型信息化企业为目标，融合企业运营、装备“三化”质量管理的建设路线，以装备管理体系、业务流程、标准规范等为输入，架构覆盖装备研发、采购、生产、外协直至服务保障管理等业务的子系统，并进行高度集成，实现互联互通。

2. 贯通显现业务活动流程，提供过程数据传输通道

十四所依托企业泛在互联的信息化平台，以质量管理体系、标准规范要求以及确定的业务流程、活动和职责为输入，于信息化平台中全面定制装备从需求确定到使用退役的全生命周期的业务流程，流程前伸到用户和供方，后延至配合装备总体联试、用户使用和服务保障等，使装备全生命周期业务活动实现流程自主驱动、过程状况显性可视，并提供装备从系统到元器件全特性质量管控的通道，使装备数字化样机以及过程活动信息有效传递，为装备“三化”质量管理提供信息化支撑。

3. 建设集成化质量管理系统，实时感知装备质量态势

十四所在各业务子系统的基础上，自主设计开发质量管理决策支持系统（QMS），将各子系统中包括正向结果（如检测数据记录、报告等）和异常信息（如设计更改、质量问题等）在内的质量数据信息，全面集成到QMS中，形成装备全生命周期质量档案，实现装备全生命周期质量活动可实时监控、活动信息集中可视，由此实现装备质量态势实时感知，以支持装备质量基于质量数据信息的分析与改进。

（三）开展装备需求确定过程“三化”质量管理

1. 构建数字化场景，实施场景质量审查

十四所根据用户需求，运用专用软件工具，创建装备作战使用数字化场景，利用数字化场景模拟装备未来作战态势，对数字化场景组织包括相关层级的所内外专家以及顾客或顾客代表等，进行场景准确

性评审，确保场景构建的质量。

2. 建立需求结构矩阵，开展需求质量评审

十四所根据构建的数字化作战场景，通过数字化解析装备研制需求，逐项提取装备具体功能、性能和“六性”等需求，形成需求结构树或矩阵，对需求进行专项评审，确认装备需求的正确性和完整性，提升数字化需求解析的质量。

3. 逐级展开质量特性，实施需求链路数字化回溯

基于需求结构树或矩阵，运用质量功能展开（QFD）工具，对需求进行分层、逐级分解展开，直至最小设计单元及其特性参数，展开过程利用需求关联矩阵进行比对、回溯，形成各层级需求清单，对需求清单设置专门审核点，安排经验丰富的专家实施审查，进一步审查需求链路闭环情况，确认需求分解的准确性和完整性，提升装备数字化需求分解的质量。这一做法使某型装备需求识别率达到95%以上，因需求差错导致的设计更改降低80%以上，需求精准度明显提升，如图2所示。

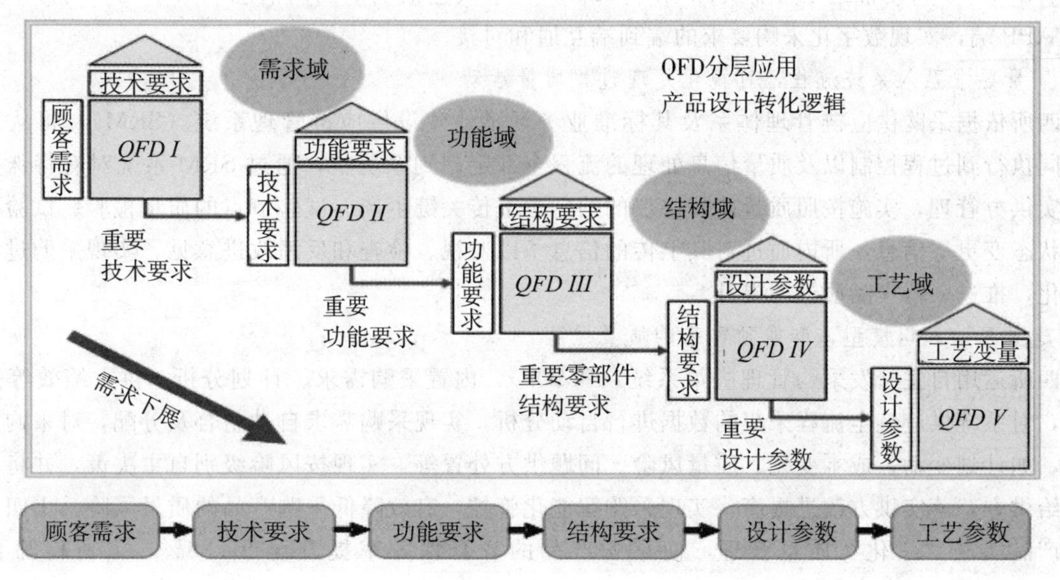

图2 装备需求数字化分解展开

（四）实施装备设计开发过程“三化”质量管理

1. 构建数字化样机，实施数字化验证与质量确认

装备传统设计开发模式是利用实物样机、试验来验证设计开发输出是否满足输入的要求。十四所建立电讯、结构数字化样机，对样机架构设计、模型构建、样机集成等实施质量审查、验证评估，基于数字化样机，在装备概念设计、方案设计、详细设计阶段以及工程实现的各过程，设计团队利用各类模拟、试验、检飞和知识数据库中的数据，协同实施数字化虚拟仿真、验证，并通过反复数字化仿真验证不断进行迭代，优化设计，实施优化验证评估和样机发布质量确认，减少设计差错和设计更改，实现从实物验证向虚拟与实物验证相结合的方式转变，有效提升设计开发质量与效率，大幅缩短装备研制周期。以两型号装备的非数字化协同设计和数字化协同设计为例，结构整件数量分别为492个和466个，研制周期由原来的355天减少到106天，设计更改率下降30%，设计差错率降低78%。

2. 推行数字化干涉检查，实施技术文件要素结构化

为提前暴露结构设计干涉，十四所专门定制三维干涉数字化检查软件工具，对结构数字化样机的三维装配模型实行智能干涉检查。同时，自主开发结构化文档编辑软件工具，将装备技术文件要求规定的

条目、要素全部进行逐条分解并作为属性管理，实现装备研发、设计、软件等技术文件的要素条目化、内容结构化，提升文档编制的规范性，提高设计开发策划、文件编制的质量和效率。

3. 主动升级设计开发信息，实现端到端智能化推送知识

十四所通过不断地设计迭代优化，主动升级知识管理系统中的设计、工艺参数、算法和模型库等，实施装备全生命周期活动知识的智能存储和主动推送。如在精益设计平台中可直接利用任务名称、关键词等，将知识自主精准地推送到设计端，辅助研发团队快速、高质完成任务，提升设计一次成功率。

（五）实施装备采购过程“三化”质量管理

1. 打通数字化采购通道，数字化传递质量信息

十四所进一步完善供应链管理体系，建立一套覆盖设计选型、供方选择评价、需求管理、风险控制、产品验证以及供方绩效考核等的制度流程，基于活动标准流程和电讯数字化样机，利用产品数据管理系统（PDM）中的元器件优选数据库信息，优化元器件选型，提出采购外包产品需求，形成采购物料清单（BOM），自动推送至企业资源系统（ERP），形成包括质量控制信息的数字化采购订单并传递给供方 APP 端，实现数字化采购要求的端到端互通和对接。

2. 质量要求融入系统流程，可视化处理过程质量活动

十四所依据采购供应链管理体系及其标准业务活动，建设供应链管理系统（SRM），将从采购需求、合同执行到过程控制以及质量信息处理的流程全部定制到系统中，通过 SRM 系统对有特殊要求的产品落实供方管理，实施按照质量监督协议的约定，上传关键生产、试验节点的质量检验、试验数据以及技术状态变更等信息，所内通过对其上传的信息予以监视、检查和反馈改进意见，实现采购过程控制的可视化，推进采购产品质量的提升。

3. 建立采购知识模型，智能预警采购质量风险

十四所运用自主开发采购管理决策系统（PMDS），内置采购需求、计划分析、供方绩效等采购知识模型，对系统供应链全流程采集的数据进行自动分析，实现采购需求自动整合及分配，对采购过程异常事件，如计划变动、成本变化、质量风险、问题供方处置等，实现按风险级别自主决策，并将决策结果传递给供方，落实供方改进提高，实现采购智能化管控，有效降低采购产品的质量风险。十四所通过对采购产品实施“三化”质量管理，使采购产品的齐套保障率提升至 97.89%，入所检筛合格率达 99.89%。

（六）实施装备制造过程“三化”质量管理

1. 工艺设计数字化，提供准确输入信息

十四所以结构数字样机为输入，通过建立制造特性结构化数据库，运用数字化对比方法，实行工艺与结构协同的一体化设计，构建工艺数字样机，实施三维工艺仿真与验证，实现数字化样机从设计端到工艺端的全面贯通，并基于 PDM 系统，专门定制结构化工艺设计功能模块，以工艺数字样机为输入，对包括工艺路线、制造方法、质量控制点在内的装备零部件、整机总装总调的工艺，进行全面结构化、数字化，以提供完整、准确的制造数据信息，防止制造差错和偏离。

2. 数字化工艺驱动制造，实现制造过程控制的可视化

十四所为确保制造过程活动可视、过程质量可控，自主开发制造执行系统（MES），并打通 MES 系统与企业资源系统（ERP），实现 MES 系统从 ERP 系统中获取生产订单信息，用数字化且结构化的工艺数据驱动制造，通过 MES 系统实时监视制造过程的计划进展、物料齐套、设备运行状况等信息，同时自主开发无纸化推送系统，将包括设计、工艺、检验等在内的制造所需的技术文件、标准和规范直接推送到操作端，确保制造用设计、工艺、检验依据受控和有效，提升制造过程基于工艺的管控质量。

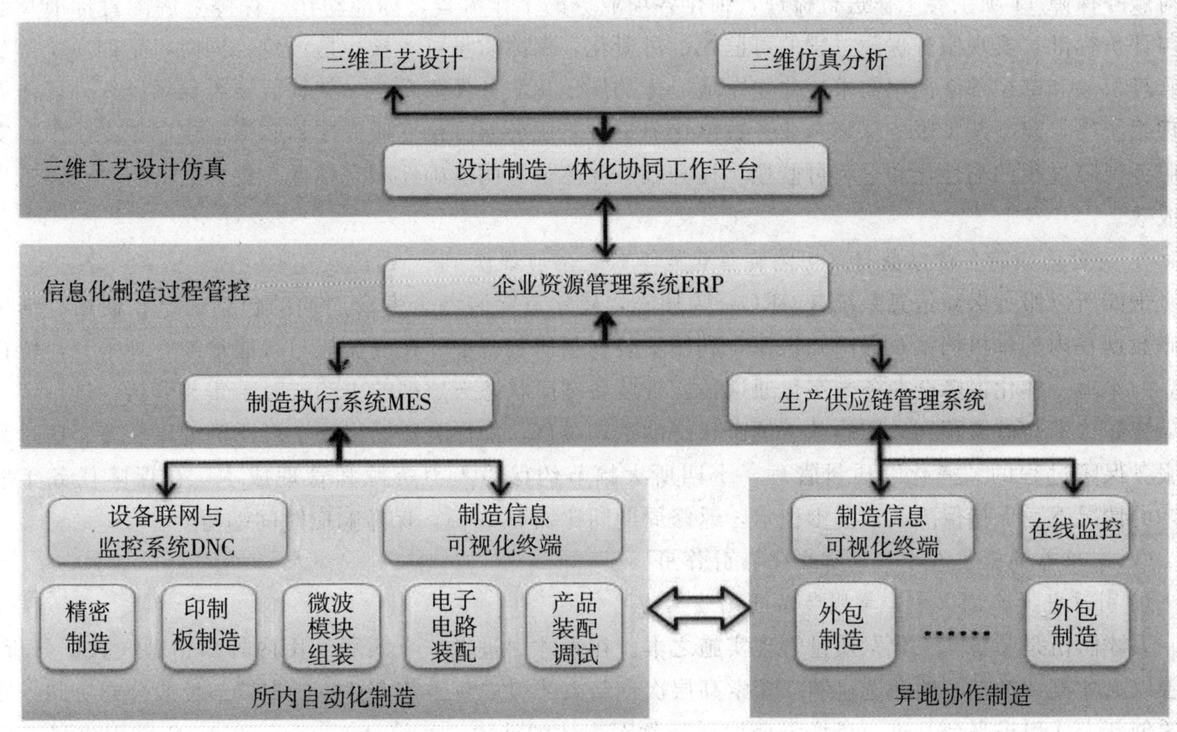

图 3 装备制造过程互联可视框架

3. 构建数字化检验系统，过程制件实施数字化检验

为同步控制基于数字化样机和数字化工艺制造出的装备零部件质量，十四所自主构建数字化检验系统，集成运用数字化检验、测试设备和软件工具，实施数字化检验与测试，预防错检和漏检。如结构零部件非接触式扫描比对（扫描实物与样机对比）、机械尺寸三坐标测量、机载雷达整机功能仿真测试等。

4. 智能采集制造过程信息，关键环节实现智能化质量控制

十四所基于制造管理需求，于 ERP 系统中定制生产组织及实施的预算模型，利用 PDM 系统中的设计、工艺数据，自动生成生产订单。在同图号的制件再次生产时，主动关联以往不合格信息，并自动推送至操作端，以警示操作者避免同样问题再发生。针对装备核心组件，十四所自主设计建设智能生产线，将前端设计、工艺需求通过信息系统传输到生产线，并基于“感知、分析、决策、反馈”的智能制造和质量控制，实时感知组件身份信息和状态属性，自动采集关键参数，实施在线质量检测，动态统计分析质量状况，实时优化工艺参数并反馈执行，实现对核心组件质量的智能控制。该生产线的技术水平和生产能力达到国内领先、世界一流。十四所通过装备制造过程的“三化”质量管理，使工艺差错率降低 56%，制件工序质量水平提升到 5.5 西格玛。

（七）实施装备服务保障过程“三化”质量管理

1. 构建保障数字化模型，提供服务保障精确信息

十四所利用数字化样机，于论证、方案与设计阶段，运用故障模式影响及危害度分析（FMECA）等方法工具，分析形成综合保障数字化需求模型，同比进行装备保障性需求分析、设计以及保障资源的设计、规划，为服务保障提供精确的输入信息。为帮助顾客用好装备，以三维动态、可视化的形式编制装备交互式电子手册，以指导顾客正确使用、检查、维护和保养装备。

2. 细化定制作业标准与流程，实现服务保障过程控制可视化

十四所以“作战引领、顶层规划、军地共建、机制创新”为指导思想，结合军改后部队的需求，重

新对服务保障11项主要工作进行梳理，细化各项业务的工作流程、标准动作、保障资源配置标准及监督与评价标准，实现服务保障过程的可监控、可量化，保障质量可考核、易评价。同时，十四所统筹装备管理机关和基层部队使用需求，建立军地一体的属地化服务保障系统，架构装备维保系统、外场作业管理系统等，建立装备服务保障全业务数字化通道，将服务保障标准业务流程和活动定制于系统中，实现服务保障过程的显性化和过程可监控，提升服务保障信息的准确性和完整性，提升装备服务保障工作的成效。

3. 实时采集装备健康数据，实施装备智能诊断、主动维修

十四所以服务保障信息系统（MRO）为核心，建立贯穿装备全寿命周期的包括测试、使用、维护维修数据在内的单机档案及保障知识库，利用安装在新研装备上的在线监控与智能诊断管理平台，依托建立的军地一体化保障全业务数字化通道，实现装备健康状态大数据的主动实时采集与分析，进行装备故障智能诊断与健康预判，实施基于健康状态的主动维修，确保装备始终处于可用的健康状态。通过装备服务保障过程的“三化”质量管理，十四所大幅节约保障人力资源和管理成本，在保障任务年增10%的情况下，保持保障人数基本稳定，返修周期同比缩短10%，保障响应时间缩短60%。

（八）培养高素质人才，发挥文化指引作用

1. 引进壮大高端人才，增强装备研制软实力

人才队伍是装备“三化”质量管理实施之本。在人才引进上，十四所运用内外部招聘大数据分析，完善以人才测评为核心的甄选机制，探索高层次创新人才引进新途径，打造所本部与控股公司协同一体化的创新人才引进平台，进一步增强获取科技领军人才的能力。经统计，2010－2016年共引进研究生835人，其中优秀博士研究生297人，先后引进获得国家和省市高技能竞赛佳绩的高技能人才81人。在质量部门200余人的专业队伍中，通过人才不断引进，硕博学历的人员占到19.3%，拥有研究员级高级工程师6名，壮大了适应装备“三化”质量管理需求的人才队伍。

2. 完善人才培养体系，提升员工岗位胜任能力

为确保员工胜任“三化”管理所需要的能力，十四所从培训教育入手，实行“请进来、走出去”措施，与院所、校企联合互动，邀请数字化、信息化、智能化等方面的内外部专家开设专题讲座，派员赴雷神、达索、PTC等美国、欧洲先进企业参观、调研与学习。十四所重点按照分类分级的“分路”人才发展思路，着力构建基于人才成长规律的“十四所大学”培训架构，并综合运用所网、E－learning、E－hr等平台进行广泛的内部宣传、培训、教育管理，基于人才成长规律研究，完善任职资格标准、跨部门锻炼、学习地图等一系列人才开发体系的构建及应用，构建注重标准与晋级的创新人才全生命周期培养体系，助推创新人才的成长与发展，提高各级各类员工能力，确保员工胜任装备研制覆盖的各工作岗位。

3. 实施多种激励机制，凝聚员工协同实践合力

十四所充分利用企业信息化资源，构建“项目计划完成率”“创新创效”等“规划—计划—行动—指标”绩效考核体系，形成“横向到边、纵向到底”的部门及全员绩效考核机制，并设置十四所管理创新奖、岗位分红权以及深化实施并扩大试点控股公司的股权激励，落实“多劳多得”和多种要素参与分配的分配政策，以事业单位养老保险改革为契机，研究制定与十四所实际相适应的职业年金、企业年金等补充养老保险方案，使广大科技创新人才最大程度享受到十四所发展所取得的成果，形成全所高度协同的装备“三化”质量管理的实践合力。

4. 通过长期的积淀、传承与融合，形成数据说话的质量文化

“数字化”是装备“三化”质量管理的基础，也是核心要素。长期以来，十四所领导高度重视质量文化建设，历届所领导班子不断积淀、传承，形成“求实、严谨、协同、创新”的科研观，“一丝不苟，

精益求精”的生产观，“人人关注细节，质量就是尊严”的质量观和“不把麻烦留给您”的服务理念，并不断发扬，把科研观、生产观和质量观有机地融入充满时代特征的精神、作风、方针和目标中。十四所将军工质量、集团文化理念全面融入十四所文化，并深入影响和指导每位员工的思想行为，工作中坚持“军工产品质量第一”的方针和“预防为先，防控结合”的指导思想，以数据为抓手，以装备“三化”质量管理、提升装备作战效能为目标，深入开展质量文化系列活动。为普及质量文化理念，十四所专门编制发布《质量文化手册》，被全体员工所认同，成为全体员工的行为准则。为使全体员工的质量理念和行动统一到“数据说话”上来，十四所还借助装备“三化”质量管理的实施，坚持编制《质量工作简报》，发布装备质量数据信息，特别是自2010年以来，以实现“质量问题‘双降’目标，提升装备质量”为推动，通过实施持续改进的能力建设工程、QC活动等，大力倡导和践行“数据说话，持续改进”的质量意识理念，有力推动十四所质量工作，为十四所的持续健康发展提供源源不断的文化动力。

三、基于数字化、可视化、智能化的复杂军工电子装备全生命周期质量管理效果

（一）装备质量水平持续提升，实现企业向交付效能型转型

基于数字化、可视化、智能化的复杂军工电子装备全生命周期质量管理自2010年实施以来，为十四所创造了良好的管理效益。装备实现过程能力明显提升，装备质量问题数量及其对计划影响的天数逐年大幅降低，累计降幅达80%以上；多项装备技术水平达到国内领先、国际先进水平；各领域装备在设备组成量大幅增加的情况下，表征装备作战效能指标之一的可靠性水平大幅提升，如机载领域装备任务可靠性提升3倍，地面情报领域装备任务可靠性平均提升了4倍多，舰载领域装备任务可靠性提升30%，有效保障了国防军工任务的完成，实现十四所由交付装备向交付效能型的转型。

（二）任务保障能力不断增强，实现企业盈利水平大幅增长

基于数字化、可视化、智能化的复杂军工电子装备全生命周期质量管理同时为十四所创造了显著的经济效益。新型质量管理模式为十四所创建了“天眼”“天虹”“海之星”等18个品牌，助力十四所在国内市场雷达装备占有率稳居前茅，并使十四所在国际上能与发达国家同台竞争，产品出口到欧美、中东、南亚、南美等数十个国家和地区；助力十四所销售（营业）收入自2010—2016年平均增长20%以上，盈利水平持续提高；质量损失大幅降低，累计节省设计、生产、采购外包、服务保障等成本8亿元以上；为国家安全提供了有力保障，重大任务保障成功率达100%。

（三）企业影响力进一步提升

十四所自2010年实施基于数字化、可视化、智能化的复杂军工电子装备全生命周期质量管理以来，也产生了良好的社会效益。十四所荣获多项国家及国防科技奖项，其中6项荣获“国家科技进步奖”，两种雷达分别荣获“国家科技进步一等奖”，33项荣获“国防科技进步奖”。2015年获第二届“中国质量奖提名奖”。2016年第二次荣获“国家重大工程贡献奖”。由于十四所质量管理创新成果的制度流程、信息化平台等操作性好、可复制，已被应用于航空、航天、电子、船舶等领域的一些企业，有效带动业界管理能力的提升，并可推广到民用装备制造业。

（成果创造人：胡明春、王　平、梅文辉、赵玉洁、刘扣贞、张其政、王　健、杨剑飞、胡金明、胡亮兵、张　柳、曾　静）

跨企业多车型共线混流生产体系构建与实施

东风汽车集团股份有限公司乘用车公司

东风汽车集团股份有限公司乘用车公司（以下简称东风乘用车公司）成立于2007年7月，是东风汽车集团股份有限公司（以下简称东风集团）全资组建的研发、制造、销售东风自主品牌乘用车的事业单元，在东风自主品牌事业中居核心地位。建立以来，东风乘用车公司致力打造自主品牌生产方式，于2015年建成基于“三个一体化”的生产体系，目前已拥有两个整车生产工厂和一个发动机生产工厂。公司始终坚持质量经营战略，以稳健的步伐进行产品研发与投放，不断提升产品质量，已投产并上市东风风神A60、东风风神AX7、东风A9、东风风神AX4、东风风神E70等多款车型，产品布局实现SUV＋轿车＋新能源汽车三线并进。2016年，整车销量达到150077台，同比增长49.5％。

一、跨企业多车型共线混流生产体系构建与实施背景

（一）有效利用闲置产能，解决汽车产业供需不平衡的需要

中国汽车市场经过近20年的持续高速增长，全社会汽车产能不断攀升。随着汽车消费增长进入“微增长”时代，产能与需求发展不平衡的矛盾日益加重。据统计，截至2015年年末，全国已形成汽车产能3722万辆（含在建产能），而同期汽车整体销量为2460万辆，部分企业产能利用率不足60％，中国汽车产业已经出现产能结构性过剩。2016年年底，国家发布文件禁止核准新建传统燃油汽车生产企业投资项目，严控现有汽车企业扩大传统燃油汽车产能，对于产能不足的汽车企业将难以通过传统的产能扩张方式来满足市场。面对经济发展新常态，国家提出制造业转型，倡导集约化发展、绿色制造。如果能够找到汽车企业间制造资源的共享方法，打造跨企业、多车型共线混流生产方式，实现企业间的产能互补，对于未来汽车行业发展将具有重要意义。

（二）快速满足多变的消费者市场，构建汽车企业集团战略优势的需要

当前，汽车市场的消费者需求趋向个性化、多样化，产品更新换代速度加快、生命周期缩短，产品投放市场的速度已成为企业核心竞争力的关键要素。通过新建产能扩展产品线、满足市场多样化需求的方式，不仅增加资金投入，更会造成时间成本的激增，错失市场良机。构建跨企业多车型共线混流生产体系，能够打通企业间制造资源的协同通道，能够极大地缩短新产品上市周期，快速响应多变的消费者市场需求，为汽车企业集团赢得未来战略优势。东风集团站在构建集团整体竞争优势和提升自主事业能力的高度，提出“大自主、大协同、大发展”的经营思路，为集团内部开展制造资源协同提供顶层支持，在集团内部推动一批制造协同项目，比如集团内某公司代工生产“东风风神AX5”等，但这些代工项目都是采取专线生产，未能真正实现共线混流生产。为更有效利用集团内闲置资源，同时满足委托企业对代工产品的质量、成本和交期要求，亟须构建跨企业多车型共线混流生产体系。

（三）解决跨企业多车型共线混流生产难题的需要

神龙汽车有限公司（以下简称神龙公司）与东风乘用车公司同为东风集团下属企业。2015年，在神龙公司“标致2008”持续旺销的情况下，东风集团协调两家企业在东风乘用车公司第二工厂实施东风乘用车产品与神龙公司“标致2008”混流生产，探索跨企业多车型共线混流生产体系的建设。神龙公司是东风集团与法国PSA标致雪铁龙集团（以下简称PSA集团）合资组建的乘用车生产企业，按照PSA集团的生产体系运行。东风乘用车公司的生产体系是在融合日系和法系生产模式的基础上建立的，与神龙公司存在比较大的差异，主要包括完全不同的生产方式，完全不同的物流模式，各自独立的信息

系统，各自独立的产品、制造数据，且数据编码规则不同等。要达成东风集团的产能协同目标，必须自主创新出一套完整的解决方案，以实现跨企业多车型共线混流生产。

二、跨企业多车型共线混流生产体系构建与实施内涵和主要做法

东风乘用车公司以“三个一体化”（产销平衡与生产计划的一体化，生产与零部件订单、物流的一体化，零部件仓储与上线配送的一体化）生产体系为基础，按照精益生产的理念，遵循大协同制造整体运行成本最优的设计原则，导入先进的信息技术，实现东风乘用车公司与神龙公司在生产计划、零部件物流、生产制造、质量保证、工艺技术等领域人员、标准、信息系统的全流程、全方位的协同创新，在客户、东风乘用车公司、神龙公司、供应商、物流公司之间，形成既可适应客户需求的多样性，又可提高效率的跨企业多车型共线混流生产方式。主要做法如下。

（一）组建跨公司、跨专业的矩阵式项目团队，整体规划混流生产方案

1. 组建跨公司、跨专业的矩阵式项目团队

东风乘用车公司与神龙公司联合组建项目管理和运营团队，成立联合工作指导委员会和联合工作办公室，下设综合技术组、生产物流组、制造工艺组、质量保证组等四个工作小组，主要任务：一是站在客户的角度，从两个企业的生产计划、零部件物流、生产制造、质量管理等业务环节，全方位梳理制造标准与流程，制定跨企业多车型共线混流生产体系；二是围绕计划排产、零部件物流和信息系统等六个课题难点，通过横向 CFT（Cross Functional Team，跨职能团队）活动开展课题攻关等。

2. 整体规划跨企业多车型共线混流生产的方案

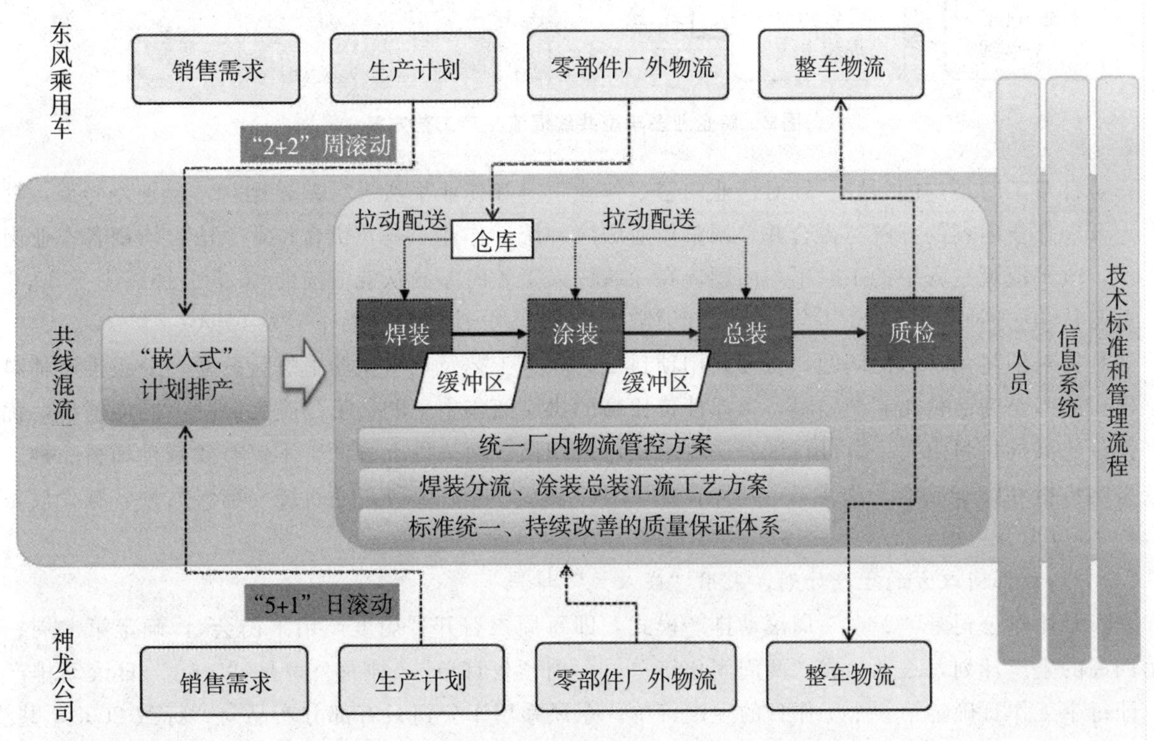

图 1 跨企业多车型共线混流生产整体方案

以东风乘用车公司的“三个一体化”生产体系为基础，整体规划跨企业多车型共线混流生产方案。一是存异求同，构建混流制造工艺方案，采取导入原“标致 2008”车型焊装线，与东风品牌车型焊装线分流，涂装和总装生产线汇流的方式进行混流生产。二是在计划层面协商确认品牌产量比，在排产层

面依据品牌产量比、车型、颜色等参数，采用“嵌入式”排产，通过系统自动运算生成混流序计划。三是遵循按需拉动原则，厂外物流分开管控，厂内物流由东风乘用车公司统一管控。四是从方针层、管理层、操作层三个层级实施，构架稳定的质量保证体系，在保证混流生产期间质量受控的同时，提升快速反应能力和质量水平。五是以东风乘用车公司的生产管理信息系统为基础，构建信息充分共享、业务高效协同的跨企业多车型共线混流生产信息系统。

（二）根据产品结构差异，采取焊装分流、涂装总装汇流

东风乘用车公司在线产品与神龙公司“标致 2008”在产品设计、技术理念、成本控制上存在较大差异，两者车身结构、材料和工艺差别较大。在不更改产品结构的前提下，如将东风风神和标致两个品牌的车型全线混流，需对焊装生产线进行主体改造，停产时间长，投资成本高，而涂装和总装生产线对产品结构的约束条件少，因此，为节约投资、缩短周期，采用导入原“标致 2008”车型焊装线，与东风品牌车型焊装线分流，涂装和总装生产线汇流的方式进行混流生产。秉承“存异求同”的技术思路，“存异”即保持双方车身结构及质量标准上的差异性；“求同”即在工时、辅料、工具、工位布置等不涉及产品结构的方面力求统一。

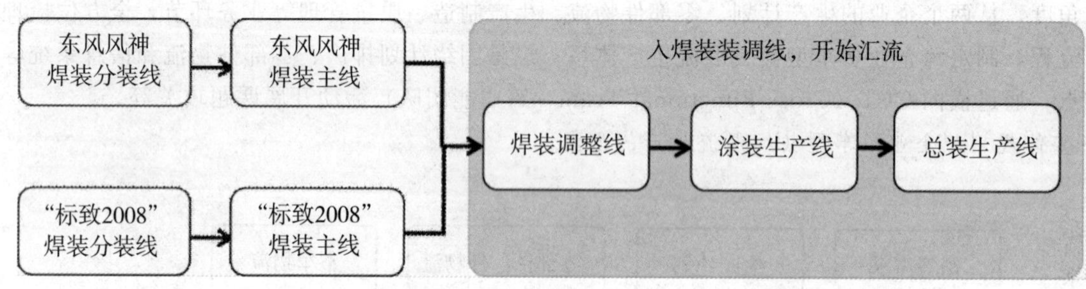

图 2　跨企业多车型共线混流生产工艺方案

一是针对工时不均的问题，针对作业内容、作业工具和作业手法进行差异比对，识别差异点，针对差异点开展作业内容的分解与再合并，调整作业顺序，统一作业工具，优化作业手法，均衡各作业岗位充实度，改善混流过程中的工时不均问题。在涂装的人工工时差异从混流前的 46.5 分钟减少至 30.6 分钟；总装从 40 分钟减少至 25.4 分钟，合计缩减工时 30.5 分钟，减少操作工人 12 人。

二是针对辅料品种多的问题，将可共用项目从材料、工艺及认可试验上进行分类，分级推进辅料合并工作。第一类为品种相同的辅料，选择性价比高的供应商集中采购；第二类为品种不同的辅料，优先选择性价比高的材料由另一方进行试验认可，认可后切换。通过以上方法，不仅有效减少辅料品种，更降低采购价格和整车成本。总装工艺共计合并 12 种，涂装合并 22 种，通过统一辅料品种，减少设备投资合计 1500 万元。

（三）高效协同双方的生产计划，采用“嵌入式”排产

东风乘用车公司是“2＋2”周滚动排产模式，即每周二召开“周度产销平衡会”，确定第二周、预告第四周的生产计划，滚动生成“两周固化订单，两周预告订单”；神龙公司是“5＋1”日滚动排产模式，即每个工作日确定第 6 个工作日的生产订单。东风乘用车公司只有部分产品与“标致 2008”共线，如因个别产品共线生产而改变东风乘用车公司既有的排产模式，则会导致公司生产物流成本的增加；如果要求神龙公司改变排产模式，采用手工排序方式，无法实现快速排产。因此，不能完全照搬其中任何一种排产模式，必须创新一种兼容两个品牌的排产模式，即制订“计划协同，排产统一”的混流计划排产方案。一是在计划层面协同，两家公司各派代表参加对方的月度生产计划委员会，共同生效月度生产计划。二是在排产层面统一，将两家公司的销售需求按规定的时间窗口申报，依据品牌产量比、车型批

量、颜色批量、关键总成等排序规则，通过“嵌入式”的排产方式，生成一份完整的混流序计划，实现快速排产。

（四）建立布局合理、同步供应的零部件物流模式

1. 统一设计零部件物流模式

东风乘用车公司与神龙公司的零部件物流模式不同。神龙公司是“看板拉动式”物流模式，即在工厂周边建立“中转库”，在生产线与仓库间建立“线边超市”，以“线边超市”物料的消耗数量，通过“人工扫卡”的方式，拉动物料需求。其优点是在工厂周边建立物料储备，物料供应异常时的机动性更强；其不足是仓储面积、管理费用成本较高。东风乘用车公司是“计划拉动式”物流模式，即围绕“三个一体化”的核心内容，制定物料订单。其优点是物流成本低；其不足是物料供应异常时的机动性略差。

由于东风乘用车公司与神龙公司的供应商体系不同且供应商平台属商业机密，以及厂外配送方式大相径庭等因素，不宜对两家公司的厂外物流采取统一的管理模式。在厂内物流环节，如果维持两套物流模式运转，成本优势和柔性优势将难以维持，因此必须克服困难，采取一个管控模式。基于管理便捷、成本最优的原则，最终形成“外协内统”的零部件物流管理模式。具体做法：一是由东风乘用车公司整体规划零部件物流模式，确定按照“计划拉动式”物流模式，以东风乘用车公司的卸货站台为“交汇点”，两家公司分开管控厂外物流，东风乘用车公司统一管控厂内物流；二是两家公司一起制定《供承关系变更流程》《包装更改流程》等10项实物流、信息流标准程序文件，明确责任，确保各项工作规范实施。三是统一分配零部件上线方式（计划配送、顺序配送、KIT集配、厂内同步、厂外同步），统一设计零部件的投料点、厂内物流时间、仓储地点和卸货站台等配送参数等。

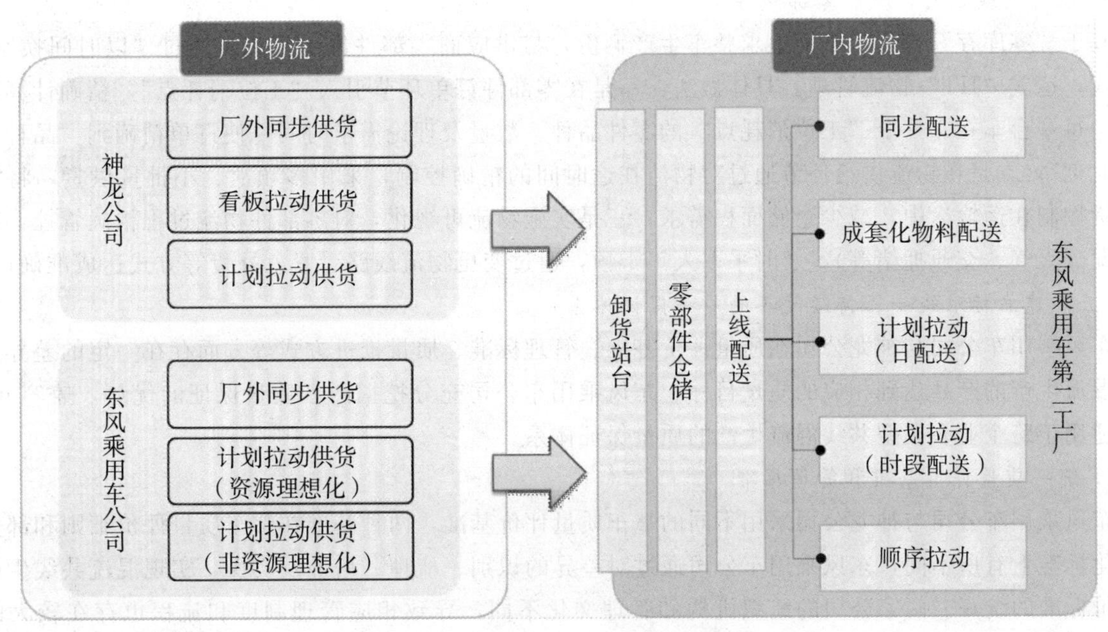

图3 跨企业多车型共线混流生产的零部件物流模式

2. 重新规划零部件仓库布局

混流生产后，零部件在库品种数增加一倍，按照原有的仓库布局方式，仓库面积缺口达到9482平方米。基于精益的理念，必须打破两家公司零部件资产归属的壁垒，进行仓库布局的重新规划。根据“仓储作业连续、搬运距离最短、空间利用率最高”的物流规划思路，采取三种措施：一是按照物流连

续作业需求及存放特殊要求，精益测算每个功能分区需求面积，统一优化仓库功能分区；二是将零部件库位与生产线体的装配顺序一一对应，统一分配零部件库位，确保零部件上线距离最短；三是小件采用“托盘”“标准件货架”形式存储，大件采用“背靠背”（存量在2个包装以内的零件，节省物流通道的个数）、“高位货架”（上线配送频次在两次以内的零件）、“直列式”等混合储位的形式，节约空间，提升仓库的储存量。

表1　仓库二次规划措施一览表

<table>
<tr><th>位置</th><th colspan="2">措施</th><th>节省面积/平方米</th></tr>
<tr><td rowspan="5">总装仓库</td><td rowspan="3">导入 DFPV
“三个一体化”</td><td>取消零件超市，辅料、空容器移至雨棚区</td><td>2905</td></tr>
<tr><td>桥线 102 种零件由库存填补式变拉动式</td><td>1092</td></tr>
<tr><td>优化库区布局</td><td>301</td></tr>
<tr><td rowspan="2">现场“5S”改善</td><td>工艺、工厂杂物清理</td><td>1334</td></tr>
<tr><td>呆滞件“5S 改善”</td><td>450</td></tr>
<tr><td rowspan="4">焊装仓库</td><td rowspan="2">布局调整</td><td>A94 布局优化</td><td>1492</td></tr>
<tr><td>高位货架（52 种件/低频次）</td><td>1208</td></tr>
<tr><td>内制库存优化</td><td>内制件：800 降为 400/生产批量</td><td rowspan="2">700</td></tr>
<tr><td>外制件优化物流参数</td><td>外制件运输单元：“2＋2”和“4＋4”</td></tr>
</table>

3. 以时间换空间，减少零部件存货

基于“零库存”理念，不懈追求整车生产辆份，与供应商零部件供给平衡，通过“以时间换空间”的方式，达成“JIT”物流管理。具体做法：一是在零部件订单环节引入“工位消耗点”，精确计算混流计划中每一台车在每一个“工位消耗点”的零件品种、数量及理论需求时间，使订单精确到“品种、数量、时刻”；二是在物流供给环节通过对物流在途时间的精确控制，采用多频次、小批量供货，将零部件存货控制在运输途中，减少仓储面积需求；三是实施物流可视化，对零部件物流过程精确管控，对突发状况（天气、交通拥堵等），及时采取人工干预，通过变更物流线路、紧急补货等方式达成准确调达。

（五）建立标准统一、持续改善的质量保证体系

东风乘用车公司与神龙公司在质量评价基准、管理标准、质量推进方式等方面存在一定的差异，为保证混流生产的产品达到相应的质量目标，东风乘用车公司充分挖掘两者质量保证的优势，兼容并济，搭建适用于跨企业多车型共线混流生产的质量保证体系。

1. 统一质量评价基准和管理标准

东风乘用车公司与神龙公司采用不同的整车质量评价基准，两种基准在整车质量评价细则和部分项目量化标准上有所不同，东风乘用车公司通过对差异的识别、梳理、培训及实操，实现混流共线生产整车评价标准的统一。两家公司的组织机构和管理文化不同，导致相应管理制度和流程也存在较大的差异。因此，东风乘用车公司从部门、科室、班组3个层级梳理混流生产后质量业务流程的变化，整合优化，先后建立或适配46项质量方面的管理制度和业务流程。

2. 推进实物质量持续提升

东风乘用车公司以市场客户感知质量为输入，在零部件、制造过程及流出防止方面不断改进，逐步增强保护客户利益、提升客户满意度的能力。另外，根据制造过程管控重点和难点，东风乘用车公司识别并梳理五大管控要点，制定作业标准，落实到岗，并实施联合保证。为保证混流生产过程中实物质量

得到持续提升，东风乘用车公司进一步完善现场管理三级推进机制和三级审核机制，定期组织标准作业培训，不断优化质量检查和评价标准，实施快速反应。2016 年东风乘用车公司对标 9 家合资车企，其市场质量水平（整车售后三个月故障率）略高于合资平均水平。

（六）建立共享集成、高效协同的混流生产信息系统

跨企业多车型共线混流生产的业务场景极其复杂，为建立和保持混流生产后的成本优势和柔性优势，必须构建一套“数据充分共享、业务高效协同”的信息管理系统。该系统既要自动识别不同编码规则的制造数据，又要充分共享两家公司的业务数据、高效整合跨企业的业务流程，还要有效集成两家公司的计划管理层与一个工厂的车间控制层。跨企业多车型共线混流生产信息系统实施难度巨大，成为本项目中关键且最具挑战性的一环。

神龙公司的生产制造核心信息系统为 PSA 集团所有，神龙公司或东风乘用车公司都无权改动。东风乘用车公司的信息系统全部是自主开发，灵活度相对更强。因此，本项目中跨企业多车型共线混流生产信息系统的构建，是以东风乘用车公司的信息系统为基础。

跨企业多车型共线混流生产信息系统可用以下两套方案，两者的优劣对比分析如表 2 所示。

表 2 系统方案比较

解决方案	优势	劣势
方案一：东风乘用车公司接收神龙公司的 BOM（物料清单）、工艺等数据，完全按照东风乘用车公司的数据标准转换，完全采用东风乘用车公司现有的生产管理信息系统，并作适应性改造	信息系统改造成本较小	数据转换代价高，数据维护刚性，且后期数据维护风险大
方案二：神龙公司与东风乘用车公司在生产计划、零部件厂外物流环节各自使用自己的信息系统，整车流的制造执行管理、零部件厂内物流全部采用东风乘用车公司的信息系统	数据转换代价低，数据维护弹性，无后期数据维护风险	系统开发代价较高

综合考虑，方案二可实施性更强，后期运行风险更低，且通过方案二的应用，跨企业信息资源全面集成的耦合度更低。该方案的整体框架，如图 4 所示。主要包括 5 个系统模块：制造数据识别、混流排产管理、零部件仓储管理、零部件厂内物流、制造执行管理。

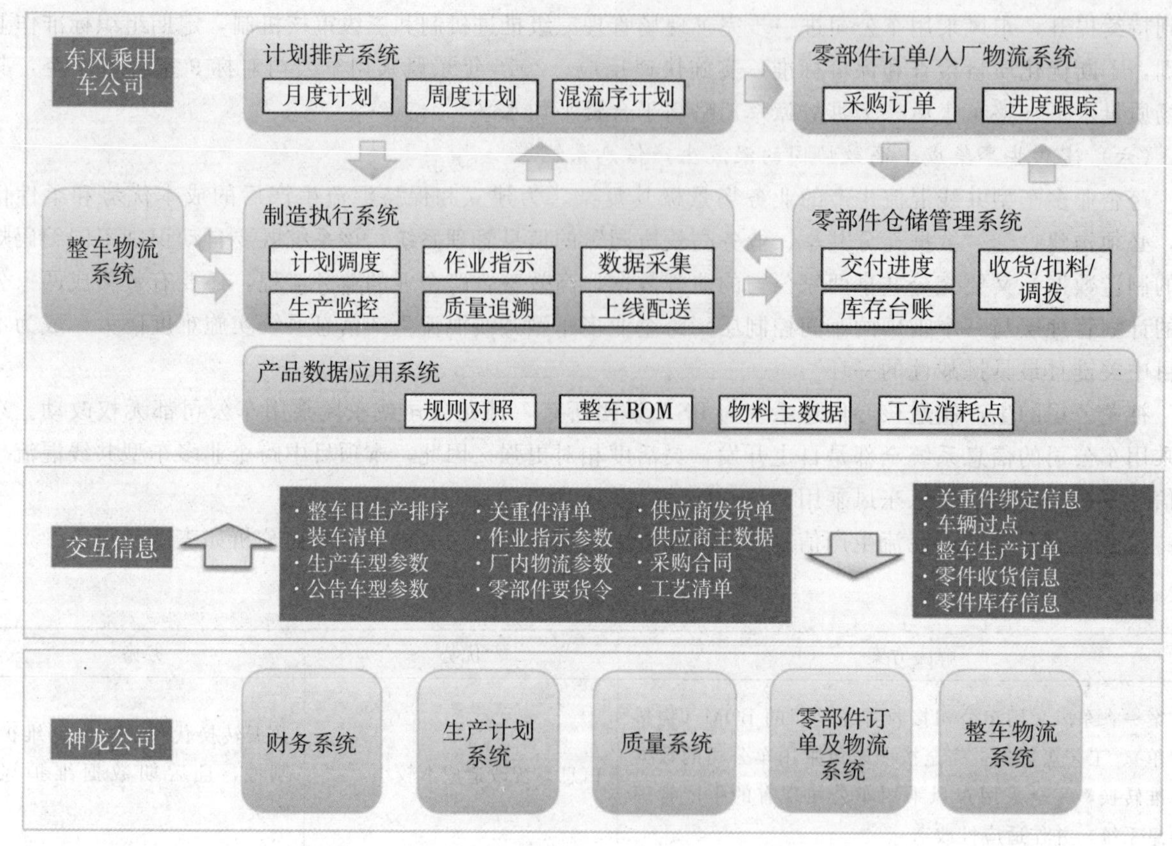

图 4 跨企业多车型共线混流生产信息系统整体框架

1. 制造数据的自动化识别和应用

BOM、工位消耗点等制造数据是混流生产信息系统成功运行的基础，而神龙公司诸多数据的编码规则与东风乘用车公司不同。根据数据在生产管理中的实际作用，制造数据的自动化识别采用三种处理方式。一是直接识别，接受不同规则的数据，不做任何处理，直接在系统中使用，关重件编码即采用这种方式。二是编码统一，将神龙公司的数据按东风乘用车公司的规则转化后再使用，工位消耗点编码和整车编码即采用这种方式。三是增加标识位，在神龙公司的数据中增加一个标识位，区分东风乘用车公司同类数据的编码，达成唯一识别的目的，零部件编码即采用这种方式。针对方式二和方式三，通过固化规则对照表和设置标识位，达成制造数据的自动化识别和应用。

表 3 制造数据规则对照

差异项	东风乘用车公司	神龙公司
整车编码	15 位数字、字符 B01－001－A1AA500	24 位数字、字符 1PWJS……IPFX
零部件编码	位数不固定 J230001J－D0200	10 位数字、字符 98151902VD
工位消耗点	7 位数字、字符 T01R－01	9 位数字、字符 L95B001AS
关重件编码	13 位数字、字符 10C3043822908	15 位数字、字符 DFMA15 G0111967

2. 构建跨企业的信息资源集成应用平台

混流生产之前，东风乘用车公司针对产品开发、生产物流、质量保证、营销及售后管理等核心业务流程建立了集成的信息化平台。本项目采用东风乘用车公司的信息系统，兼容管理神龙公司的信息资源，构建跨企业多车型共线混流生产信息平台，达成跨企业的信息资源集成应用，建立和保持混流生产后的成本优势和柔性优势。该平台主要包括三个部分：改造计划排产系统、新建制造执行管理系统、导入零部件厂内物流系统。

一是应用“嵌入式”方法，改造计划排产系统。东风乘用车公司的计划排产系统基于约束理论设计，可根据产能约束，按设定的排序规则，结合车型品种、颜色、批量等排序参数，自动运算排程计划。通过在系统中增加“品牌产量比”排序参数，优化排序规则处理逻辑的方式，适配“标致 2008”车型的计划排产。具体做法是：首先，东风乘用车公司执行周度排产时，系统按照“品牌产量比”的设定条件，预留“空席位”；其次，将接收的“标致 2008”车型生产订单按序“嵌入空席位”；最后，结合车型品牌、车型品种、颜色批量等排序参数，运算一套完整的混流序计划。

二是基于“全面自动化、探索智能化”的理念，新建制造执行管理系统。原制造执行管理系统是为单一生产体系而设计，很多地方不能满足混流生产业务管控的高效率要求，如计划管理层与车间控制层之间的信息传递依赖手动传递；再如数据的采集通过固定扫描器，条码识别的成功率低（约为 95%）。要达成跨企业多车型共线混流生产，必须提升生产控制自动化程度和数据采集效率。东风乘用车公司引用 PLC（可编程逻辑控制器）、RFID（无线射频技术）、PMC（生产监控平台）、PDA（手持电脑设备）等先进信息技术和设备，使生产数据采集自动化、生产过程透明化、生产调度动态化、现场作业指示目视化、零部件物流可视化。制造执行管理系统作为连接公司计划管理层与车间控制层的中间系统，向上与两家公司的企业计划管理系统对接，向下与车辆搬运系统、工艺设备数据采集系统、零部件集配系统、检测线系统等连接，实现物流、信息流的高度统一。

三是采取“集成关键信息、统一配送指示”的技术思路，导入东风乘用车公司的零部件厂内物流管理系统。零部件厂内物流系统需要识别“标致 2008”车型的零部件包装、工位消耗点等数据，需要兼容“标致 2008”车型的零件备货及上线配送指示。针对上述两个需要，采取“充分集成厂外物流信息、统一配送指示端口”的技术思路。具体做法是：首先，由东风乘用车公司统一设置零部件的上线配送方式、投料点、厂内物流时间等配送参数；其次，通过产品数据应用系统自动识别东风风神和标致两个品牌的零部件包装、工位消耗点等基础参数；再次，实时接收“标致 2008”车型的发货信息（零件交付单、包装标签）；最后，根据混流序计划、整车生产实绩，统一运算东风风神和标致两个品牌的零部件的上线配送指示。

3. 利用信息技术模拟工厂运行

借鉴“虚拟仿真”的理念，按设定的未来工厂环境，利用信息技术模拟工厂运行，全面模拟从整车订单、整车生产跟踪、车辆路由、现场作业指示到零部件上线配送等各环节。进行系统功能分析，通过及时分析发现开发过程中的问题，不断优化迭代，快速达成系统优选。用时一个月搭建完成本套虚拟生产环境，使系统开发周期缩短 3 个半月。东风乘用车公司基于虚拟生产环境的开发经验，在另外一条生产线上，成功构建虚拟仿真系统。

三、跨企业多车型共线混流生产体系构建与实施效果

（一）成功实现了跨企业多车型共线混流生产

深化和丰富了东风乘用车公司的“三个一体化”生产体系，成功实践了跨企业多车型共线混流生产体系。创造性地解决了跨企业多车型共线混流生产的难题，如生产计划难以混排、物流模式难以匹配、信息系统不兼容等。最终达成东风乘用车公司与神龙公司在产品数据、生产计划、零部件物流、生产制

造、质量保证、工艺技术等领域以及人员、标准、信息系统等领域全方位协同的创新。研究并成功实施具备自主知识产权的跨企业多车型共线混流生产的信息系统。该项目经过一年多时间的稳定运行，效果已得到充分的验证。

（二）经济效益显著

通过跨企业多车型共线混流生产项目的实施，避免了产能扩张带来的资金成本的上升。其中，通过共线混流生产，避免了设备、厂房、仓库以及配套公用动力等生产性投资合计 43401 万元；通过统一两家公司的辅料品种，减少了设备投资合计 1500 万元；通过统一设计零部件物流，重新规划零部件仓库布局，节省了仓库面积 9482 平方米。与新建或扩建产能相比，2016 全年达成了显著的降本效果。其中减少了直接和间接人员 280 人，减少了水资源消耗 4049 吨，减少了电、燃气等能耗 6368 吨标准煤，随着产量增加，降本的效果还将继续扩大。

（三）为提升中国汽车制造水平做出贡献

该成果将原有的本企业内多车型共线混流生产拓展为跨企业多车型共线混流生产，是汽车行业柔性化生产方式的一种突破。通过跨企业的制造资源协同，让产能不足的企业能够有效利用外部企业富余产能，以减少产能扩张的资金成本和时间成本，同时使新产品更加快速地投放市场，以最少的投入获取最佳的运营效益。

（成果创造人：刘卫东、余　军、刘玉俊、张　超、梅石磊、李庆华、李宏伟、石毅鹏、方　萱、曾　政、吴　威、向　燕）

以保障安全、高效运行为目标的天然气管网集中调控管理

中国石油天然气股份有限公司北京油气调控中心

中国石油天然气股份有限公司北京油气调控中心（以下简称调控中心）是中国石油为优化管道运营管理体制、适应管道业务的快速发展，于2006年5月8日正式成立，行政上是中国石油天然气股份有限公司的直属单位，业务上是天然气与管道分公司的派出机构，主要职能是对中国石油所属长输油气管道实施集中调度指挥、远程监控操作、维修作业协调和管网运行优化。调控中心员工223人，专业调度人员146人。

截至2016年年底，在调控中心集中调控运行的长输油气管道总里程近5.4万千米，已成为世界上调度运行的管线最多、管道运送介质最全、运行环境最复杂的长输油气管道控制中枢之一。其中，天然气管网约3.6万千米，年输气能力1711亿立方米，贯通中亚、塔里木、青海、长庆、西南几大气区和25个省市，1000多家大型用户，惠及近5亿人；原油管网8900千米，承担进口原油及国内13个油气田的原油外输和30多个炼厂的原料供应任务，连接42个油库、3个港口码头和7个铁路装车点，年输油能力2.4亿吨；成品油管网9000千米，年输油能力近3000万吨。

一、以保障安全、高效运行为目标的天然气管网集中调控管理背景

（一）应对天然气快速发展和管网调控模式优化的必然要求

进入21世纪以来，天然气在我国一次能源消费中占比逐年提高，是我国实现能源结构优化调整、改善大气环境最现实的能源。国家天然气发展“十三五”规划已明确指出要以提高天然气在一次能源消费结构中的比重为发展目标，大力发展天然气产业，逐步把天然气培育成主体能源之一。作为天然气运输最为有效的方式，我国天然气管道业务也正在经历着快速发展的阶段。从20世纪80年代开始，我国天然气管道采用“生活集中，生产轮班，分散控制，分线管理”的管理模式，管道单元以线为基础划定，形成一线一处或一线多处的调控运行管理格局。经过几十年的发展，天然气管道里程不断增加，随着西气东输二线、陕京三线和忠武线等管道陆续投产，“横跨东西、纵贯南北、联通海外”的全国性供气管网已经形成，原有天然气管道调控模式由于阻碍管网生产信息共享，导致调控协调过于复杂、生产效率不足，管网调控模式必须优化才能适应天然气与管道业务的发展。

2006年，中国石油成立调控中心，对中国石油长输油气管网实现统一的远程调控运行操作和管理。天然气管网的调控权移交调控中心统一管理，标志着管网调控运行模式由“分散管理”转变为“集中调控”。

（二）解决大型复杂天然气管网调控运行困难的选择

国内天然气管网资源跨度大，途经环境复杂，承担着重要的民生与社会责任。调控中心成立之初，对于大型复杂天然气管网的运行与管理经验有限，如何确保管网安全、高效运行面临着巨大的挑战和困难。

首先，由单个企业集中调控如此规模庞大、结构复杂的天然气管网在世界范围内尚属首次。虽然欧美发达国家天然气管网规模巨大且运行经验丰富，但由于其管网普遍由众多管道企业组成，单个企业的管理规模有限；俄罗斯管网虽由一家公司运营，但其调度中心“只调不控”，因此，国外管网运行管理经验的借鉴价值有限。

其次，与国外相比，国内天然气管网规模庞大，与上中下游各环节联系紧密，管输业务涉及面广。

规划设计的管道建设周期较长，通常与当前管网适应性较差，不能较好地发挥联网的优势，与中石化等兄弟管道互联互通不足，应急协调运行不畅。

另外，作为调峰重要手段的储气库有效工作气量只占全国天然气年消费总量的5%（世界平均水平在14%左右，部分天然气利用发达国家和地区更高达17%～25%）；下游用户计划用气量与实际用气量偏差较大，用气不规范，且季节峰谷差日益明显。这导致天然气管网过多地承担调峰功能，难以稳定在优化状态，增加管网安全运行的风险和保供的难度。

（三）实现企业“降本增效”“节能减排”的内在需求

天然气管道本身就是耗能大户，通常天然气长输干线管道需要消耗输送总量的3%～5%为管输设备提供动力。因此，“保安全，促优化”，提高生产效率，降低运行成本对企业降本增效和节能减排都有着重要的意义。在以往运行中，管道运营企业更注重管道安全，高效运行理念相对较弱。中国石油对油气管道实施区域化管理后，调控中心进一步认识到应以整个管网为对象，以中国石油整体效益最大化为目标，在确保管网运行安全的基础上，优化管网运行，降本增效。

调控中心从2006年成立开始，便有意识地归纳总结以安全、高效运行为目标的天然气管网集中调控管理要点和关键技术，特别是天然气管网实施全面远程操作后，该管理模式和关键技术得到进一步完善，可操作性也得到显著提高。

二、以保障安全、高效运行为目标的天然气管网集中调控管理内涵和主要做法

调控中心在自动化、通信、调控运行等技术革新的支持下，以SCADA系统、QHSE体系等为保障，细化调控运行管理方法和技术要点，强化人才保障，开展天然气管网集中调控，实现全管网、全系统、全时段安全、高效运行，有效控制管道生产能耗，促进管道企业降本增效，取得显著的经济和社会效益。主要做法如下。

（一）以实现全管网、全系统、全时段安全、高效运行为目标，明确总体思路

全面分析影响管网安全、高效运行的关键因素。第一，凭借自身积累的大量调度经验以及近年来管网仿真优化的技术进步，充分发挥行政直属、业务派出和职能单一等区位优势，以保障管网安全、高效运行。第二，调控中心作为承上启下的中间环节，既拥有熟知管道调控运行的优势，又具有与中国石油上中下游相关单位开展日常工作协商的便利，要有效协调规划与运行等环节，推动管网规划、运行一体化。第三，鉴于管道网络化运行趋势日益明显，着眼于对管网实现全时域、全空间的全生命周期管理。第四，精细化管理，在保障安全条件下实现降本增效，以此作为企业提升核心竞争力的内在动力。

在此基础上，调控中心以“实现全管网、全系统、全时段安全高效运行”为目标，确定“保安全、促优化”的指导思想，从技术革新、系统支持和管理创新以及人才培养等多方面出发，形成并明确天然气管网集中调控管理体系建设的总体思路：在管理理念上，实现分散、粗放的传统模式向集中、精细的现代模式转变；在业务范围上，实现调控运行层面向管网系统规划层面延伸；在时间维度上，实现月度运行方案向周、日运行方案细化；在空间维度上，实现骨干管道向全管网系统覆盖；在技术保障上，实现自动化、通信系统与先进技术的有机融合；在人才队伍建设上，实现单一调度运行人员向专业化的优化运行专家转变等，持续推动天然气管网运行集中调控管理水平不断提升。

（二）与上中下游相关单位密切合作，建立高效组织架构

中国石油天然气股份有限公司为优化管道运营管理体制、适应管道业务的快速发展，于2006年5月8日正式成立调控中心，为正局级单位。调控中心在行政上列中国石油天然气股份有限公司直属单位管理，业务上是专业公司的派出机构，承担长输油气管道生产运行监控、调度指挥的职能。同时，中国石油天然气股份有限公司天然气与管道分公司发布各种程序文件，授权调控中心实施油气管网集中调控职能，并直接执行地区管道公司能耗以及通信系统安全等监管职能。

调控中心按照“集中调控为主，区域按需监视为辅；统一调度指挥，分级管控负责”的原则，建立天然气管网集中调控组织架构，由调控中心、管道地区公司生产调度室、管道地区公司一级管道站控室、管道地区公司派出机构调度室等组成。以是否纳入调控中心调控为标准将中石油所辖天然气管道分为一级管道和二级管道，实行分级调控。其中，一级管道主要包括国家和省级主干管道、支干管道、联络管道以及跨地区公司管理的管道；二级管道主要包括地级（地级行政区内）及其以下的中石油控股合资管网公司的省内天然气配气管道等。调控中心对一级管道进行运行调度和监控操作；按需监视二级管道运行，对二级管道运行方案备案，并协调监督落实。管道地区公司生产调度室按需监视区域内一级管道运行，对区域内二级管道进行运行调度与监视。一级管道站控室执行调控中心调度和操作指令；按调控中心安排，在需要的时候进行站内相关操作；按需监视站内系统运行。管道地区公司派出机构调度室对区域内所辖二级管道进行运行调度指挥或监控操作。

（三）加强自动化、通信系统、QHSE体系建设，夯实天然气管网安全控制基础

1. 建设空地一体、主备结合的管道通信系统

为了保证生产信息的安全、可靠、畅通、高效传输，调控中心初步建成“以光通信为主信道、卫星通信为备用信道、租用公网为补充信道”的空地一体、主备结合的管道通信系统架构。管道通信系统是实现管道远程调控的基础。管道通信系统在系统配置、保护方式、系统架构等方面均采用目前国内外最先进的技术，使中国石油管道通信系统在企业通信领域处于领先水平。中石油在油气管道建设时同沟敷设光缆，建设光纤通信系统作为主用通信手段，用于传输管道运行实时数据、控制信号和其他信息业务数据，在系统设计方面既满足目前中石油管道业务数据传输需要，同时可通过平滑升级和扩容，满足未来一定时期内管道业务和中石油信息化业务传输需求。为提高管道通信系统的安全性和可靠性，同时建设备用通信系统，有效减少自然灾害对系统可靠性的影响。目前，随油气管道敷设的光缆长度已达到3.2万千米，建成光传输设备1000余套，卫星主站2座，卫星端站400余座，租用公网电路300余条。

2. 建设监控与数据采集（SCADA）系统

监控与数据采集（SCADA）系统是实现管道集中调控的必备条件。调控中心通过SCADA系统，对所辖管道统一集中监控、调度和管理，采集与监控的数据点已近50万点。在系统架构上，采用主备控制中心模式，监控功能实时备用；调控中心统一站场数据通信协议，确保数据通信高效可靠；采用管理集中、控制分散的分布式控制方式，实施调控中心、站场及就地三级控制；采用分布式SCADA系统部署，确保各管道运营实时监控的相对自治与独立。同时，系统基于开放的标准化和模块化设计，具有高度的适应性、灵活性与可扩充性，有效解决管道不断建设的容量与功能扩展需求。为了达到SCADA系统高可靠性和低失效率相统一的目的，采用冗余容错和安全保护技术，使系统运行时不受局部故障的影响，而且故障部件的维护对整个系统的功能实现没有影响，并可以实现在线维护。SCADA系统网络与其他网络物理隔离，中心网络与场站网络之间设置安全隔离措施，并相对独立。

3. 开展主、备控中心建设

为预防灾难性事件和突发事件对调控中心影响，分别在北京和廊坊建立主控中心和备控中心，主、备控中心配置相同的控制系统，直接与管道站场通信，进行数据采集与控制。主、备调控中心的应用数据库统一维护，同步更新，确保两套系统数据一致性。通过安全闭锁功能和身份认证实现管道控制权的切换，确保同一时间只有一个中心可以控制现场设备，实现控制权唯一。同时，建立备控中心“日常热备、季度例行启用”的管理制度，确保应急事件备控中心可以随时启用。

4. QHSE体系建设

建立科学完备的QHSE体系和响应迅速的全方位应急保障体系是夯实管网集中调控管理安全基础的重要举措。在中石油整体QHSE体系结构下，调控中心建立门类齐全、配套完善的调控业务QHSE

体系，该体系包括管理手册、程序文件、作业文件三个层级，其中作业文件包括管理标准、工作标准、技术标准，以及作业指导书、作业计划书、现场检查表和应急预案等。在 QHSE 体系运行保障下，调控中心自成立以来，调度运行和生产指挥达到安全、平稳、受控、高效，实现“计划方案零失误、调度命令零差错、运行操作零事故”。

5. 建立调控应急保障系统

在天然气管网集中调控组织架构下，建立调控应急保障系统，包括应急组织管理指挥系统、应急工程救援保障体系及应急预案机制等，确保应急联动响应。应急组织管理指挥系统负责应急事件中的天然气进销平衡与调整，充分发挥天然气管道集中调控优势，综合利用管道互联互通、LNG、储气库、管存的调节手段降低对天然气管道正常运行的影响；应急工程救援保障体系负责天然气管道通讯、SCADA、主备控等方面的建设与维护；应急预案机制从总体上阐述天然气管道事故的应急方针、政策，应急组织机构及相关应急职责，应急行动、措施和保障等基本要求和程序，并建立定期演练机制。调控中心总体应急预案已更新至 E 版，同时针对爆炸、泄露等具体事故类别、不同的事故地点制定事故专项、“一站一阀室”应急预案及现场处置方案。

(四) 严把六大优化控制点，覆盖天然气管网集中调控全空间

成果实施前，管网在空间维度上的管理无法覆盖从资源到市场的天然气管输产业链，系统性不足、可操作性不强。通过梳理总结多年集中调控的关键控制点，调控中心形成涵盖天然气管网集中调控全空间的“资源优化、销售优化、流向优化、机组优化、管存优化、压力优化”六大优化控制点。

1. 资源优化，全面提升管网供气能力

资源优化内容包括各进口管道（中亚和中缅管道）气量是否与管输能力匹配，是否按最优量进气；通过经济性比选，配置国产气与进口气，以及进口管道气与 LNG 的比例；平衡进口气照付不议与国产气增产增量配比。当整个管网系统资源供给不足时，调控中心充分发挥多气源优势，统筹协调各气源比例，整体提升管网供气能力；当资源供给基本平衡时，结合仿真及优化软件，考虑各进气口经济和非经济输量区间，通过计划安排和日常调整，尽量做到最优进气。

2. 销售优化，显著提高管网整体效益

销售优化主要以增大销售量为目的，考虑多供气点用户的分输位置和不均衡用气等因素，采取日指定控制、分输量匹配、压力和流量调节等优化措施，维持管网运行稳定；同时，根据管网负荷率，向销售公司提供销售优化建议，增加管网整体效益。例如，北京燃气集团具有多个供气口，通过销售优化，应尽量增大采育站、通州东站的日指定量，避免石景山站因进站压力较低出现供应不足的风险。

3. 流向优化，充分发掘管网输送潜力

根据气源供气量和用户用气需求，调整各区域管网的流量分配以及区域管网间的流向和流量，降低管网系统的生产能耗，保障管网的平稳运行。以长三角地区天然气管网为例，该区域管道互联互通，形成北线、中线和南线三个流向通道，在相同的总输量下，有多种输量分配和机组配置方式。当该区域管网输量为 6000 万方/天时，存在 5 种转供方式、23 种运行工况，以经济运行为指导目标，优选运行方案，总结出该区域管网流向优化规律，指导区域管网优化运行。

4. 管存优化，有效增强管网应急能力

管存作为管道的“第二气源”，其有效控制不仅可以降低生产能耗，还能减少突发异常工况对运行的影响，增强管网应急能力。管存优化的核心是对管存进行有效管理，调控中心通过管道仿真模拟与历史运行数据统计，针对各管道具体条件计算出相应的管存调节范围，建立“目标管存—应急管存—极限管存”的多区间管存管理。目标管存为理想工况下最优结果，而实际运行中管存在应急高管存和应急低管存区间内波动均属于正常，而一旦波动范围超过应急高管存和应急低管存区间，必须采取调整措施，

避免管存突破极限高管存和极限低管存，给管道运行带来危险。

5. 压力优化，有力保障管网运行安全

压力优化主要是以降低天然气管网能耗和控制目标管存为目的，通过机组运行工况及转供气量的调整，优化管网关键节点的运行压力。压力优化覆盖整个天然气管网系统，主要包括首站压力优化、中间压气站压力优化、联络站压力优化、分输站压力优化以及末站压力优化。

6. 机组优化，大幅降低管网系统能耗

压缩机组是管网主要耗能设备，其运行状况好坏直接决定管网系统能耗水平。经过多年运行经验的积累，调控中心形成一系列机组优化原则，确保机组在高效区运行，大幅降低管网系统能耗。具体包括各运行压缩机组要具备一定的上、下调节能力，以减小机组失效对全线运行的影响；根据输量大小合理选择各站不同类型的运行机组；实时监控各压缩机组运行工况，对运行效率低的机组做出及时调整。

（五）构建月、周、日三级优化管理模式，细化天然气管网集中调控时间

天然气管道联网运行后，整个管网作为统一的水力系统，瞬态特性更加明显。调控中心在原有月度计划的基础上，结合稳态和瞬态运行优化技术，提出“月方案优化、周预测控制、日平衡调整”三级优化管理模式。

1. 细化“月方案”编制，优化输送任务与落实

根据气源和用户的月度计划以及各条管道的维检修作业计划，利用管道稳态仿真和优化软件，编制系统能耗（费用）最低的月度运行方案，优化资源和市场配置，协调各条管道维检修作业，合理安排机组运行，明确管道不同时间的优化控制点。

管网月度方案编制过程中，自下而上分为三个层次：针对单条管线，依据运行经验划分输量台阶表，每个输量台阶下都有较优的全线压力分布和开机方案，以支撑上层区域管网和干线管网月度方案制定；不同管线组成区域管网后，通过在关键联络站进行转供，协调各管线间的流量分配，将多年运行工况总结成运行方案库，并不断更新，使区域优化效果最佳；在此基础上，形成整个干线管网的月度方案，既满足整体进销计划和管输任务的要求，也通过提前运行调整落实现场作业的需求，并制订结合本月运行及维检修安排的专项应急预案。

2. 控制“周预测”变化，优化运行跟踪与分析

由于气源和用户的实际供（提）气量与计划气量经常出现偏差，尤其是城市燃气用户更为明显，导致月度方案执行存在不确定性。根据气源或用户已经发生的实际供气量及用气量，结合月度生产运行方案，预测未来一周各气源、各销售公司及重点用户的用气量变化趋势，以及大管网和区域管网（线）的管存变化情况，结合仿真软件和稳态优化软件的计算结果，提前针对月度方案进行适度调整，制订周运行方案，明确各种管网进销变化后的应急运行调整措施。

当时间维度细化到周层面时，对进销和管存变化趋势的预测更加准确。此时，根据管网实际运行情况，结合仿真模拟和稳态优化技术，对月度方案进行适当调整，将整个管网控制在一个较优的运行水平。特别是针对一周内工作日和周末用户用气规律存在差异的情况，进一步制订工作日和周末（含节假日）两套运行方案，实现对管网运行状况的有效跟踪与分析。

3. 调整“日平衡”波动，优化实时监控与操作

通过每日统计气源进气量、用户用气量和管存变化情况，分析管网运行优化空间，结合对运行的实时监测，借助在线仿真模拟以及指定时段优化等技术，提出具体、可操作的优化调整建议，通过调整管道之间的转供量，压缩机组的运行方式，保障管网的供销气量平衡和管存的稳定，实时优化管网运行，当出现应急情况时，结合各站各阀室应急预案实施应急调整。

（六）强化天然气管网适应性分析与优化，实现管网规划与调控运行有效联动

天然气用户需求增长的连续性和资源开发及管道建设的阶段性特点决定了上中下游各环节发展不协调的问题将长期存在。管网适应性分析与优化工作每年滚动进行，核算进销平衡与管道输送能力的匹配性，归纳分析当前及未来管网输送瓶颈及运行风险，对当前管网运行提出优化及适应性改造建议，对管网未来的规划和计划提出优化建议。管网适应性分析与优化以进销数据、区域管网和管道情况为条件，应用管网输气能力校核、输送瓶颈分析、用气规律总结、调峰潜能挖掘四项系统分析手段，形成规划管道投产时间建议、站场适应性改造建议、区域管网最大供气能力、用户及管网用气不均匀性四类分析成果，将天然气管网业务规划、计划和管网运行有效整合，促进上中下游整体优化和协调发展。

同时，加强与中石化、中海油及地方燃气公司管道的互联互通适应性分析，实现应急时期的互供互保。近年来，共实施西气东输二线与中石化川气东送管道，陕京管道与中石化安济线，港清管道与中海油天津 LNG 外输管道及滨达燃气公司管道的互联互通。面对紧急事故，调控中心第一时间开展运行调整，充分发挥管道互通互联优势，及时对资源和流向做出一系列调整，保障我国华东、华南地区广大天然气用户的用气需求，将事故影响降至最低。

1. 结合设计条件，校核输气能力

根据现役管道基础资料和即将投产管道信息，建立区域管网仿真模型。基于管道当前运行情况和初步设计资料，选取模型计算边界条件，确定管网的物理状况、压力限值、压缩机机组能力和管道之间的相互转供点等信息。通过对现役管网和即将投产管道模型的模拟运算，校核管道、重点区域的最大输气能力。

2. 编制运行方案，分析输送瓶颈

根据天然气管网进销计划和管存情况，在最大输气能力范围内，制订各条管道运行优化方案，包括进销计划平衡表、输量分配表、机组配置表和运行参数表，协调优化各地区管道的管输流量和流向。抽取不同季节高峰月进行资源平衡和管输计算，反映未来管道运行中可能出现的瓶颈问题。

3. 收集历史数据，总结用气规律

天然气管网规模越来越大，天然气管网用户越来越多，各类型用户受季节、节假日、气温等因素影响，用气规律各不相同。在总结近几年用户用气历史数据的基础上，通过对主要用户类型（城市燃气用户、工业用户以及调峰电厂）用气量研究，分别用月度不均匀系数、日不均匀系数以及小时不均匀系数等参数来总结用户的用气规律，为调峰适应性分析提供依据。

4. 开展动态模拟，挖掘调峰潜能

在天然气管网典型用户用气不均匀性的基础上，利用仿真模拟，通过管存变化及关键点压力变化最大程度地反映未来管道运行中的调峰问题。根据天然气管网产运销平衡，分析天然气管网季节调峰问题，并根据用户实际用气规律分析管网日调峰和小时调峰问题。调控中心积极协调新建储气库加快投产进度，推动在役储气库进行扩容建设，同时根据实际调峰能力安排冬季销售计划，以提高冬季供应保障。

（七）打造核心技术与人才保障软实力，推进天然气管网运行管理水平持续提升

1. 引进吸收与自主研发相结合，构建技术保障

SCADA 系统安全防护技术：贯彻油气管道 SCADA 系统“分区分域，防控结合，横向隔离，纵向认证”的安全防护理念，使安全管理覆盖到物理、网络、系统和应用等各个层面，SCADA 中控系统已达到国家等级保护四级，站控系统已达到国家等级保护三级。

SCADA 系统软件自主研发技术：调控中心研发出具有中石油自主产权的国产 SCADA 系统软件，实现中控级大规模数据管理的国产化管道 SCADA 系统软件“零”的突破。

光传输网分层技术：突破传统管道光通信系统网络结构复杂、数据传输效率低的瓶颈，形成结构清晰、功能明确、管理高效的分层结构光传输网络。

天然气管道站场远控技术：通过SCADA系统软件进行升级改造等措施，实现压缩机组远程操作和控制、关键设备和支路远程自动开启和切换，以及天然气管道站场远程调控。

天然气管道仿真技术：在传统离线仿真的基础上，建立大型天然气管网在线仿真系统，成为国际上最复杂的在线仿真管网模型，实现对管网能耗、输量、关键点压力及其他运行参数的在线实时模拟和预测，实现对应急事故的趋势分析，加强天然气管网运行方案的准确性和应急方案的有效性，较好地提高大型复杂天然气管网的应变能力和保供能力。

生产数据分析与应用技术：搭建系统容量达50万点的中间数据库平台，通过实时采集并在线存储海量监控数据，实现针对SCADA系统生产数据的“一次读取，多次使用”，为十多个业务应用提供稳定、高效和统一的管道运行数据资源。通过大数据等数据分析技术，深度挖掘生产数据价值，细化数据分析方法，深化分析力度，实现运行数据集中分析与管理。

2. 构建专业人才队伍，优化分析与生产运行相统筹

调控中心根据多层次、立体化的集中调控管理体系需要，培养打造覆盖优化运行、工艺技术、运营管理等多个领域的专业化人才队伍。第一，建立岗位责任制，形成责任清晰、运转规范、执行高效的运营管理机制。第二，设置自控、通信、工艺等技术专家岗位，在集中调控管理各环节起到专业带头作用。第三，搭建综合调度长、值班调度长和调度台长的“三长管理机构”。第四，建立“调度员执业资格认证机制”，按照业务素质、工作经历等，开展调度员一、二、三级执业资格认证，一级调度执业资格认证达到100%，二、三级调度执业资格认证比例分别达到60%和20%以上。第五，加强集中调控管理体系人才培养，涵盖理论、仿真操作技能、专家讲座、专项技能培训、现场调研等多项内容，紧密结合业务特点组织技术培训，扎实推进导师带徒、现场实训、岗位交流、挂职锻炼等工作，促进全员能力素质提升。

加强培训平台建设，培训平台已成为中国石油指定的唯一油气管道调度执业资格认证机构，目前已承接中石油内外十余次的管道调度员培训。

三、以保障安全、高效运行为目标的天然气管网集中调控管理效果

（一）提升天然气管网管控能力

天然气管网集中调控管理实施前，2006年调控中心调控的天然气管道里程仅为1万千米，压缩机组57台，人均复杂度和管理技术与国际一流相差较远。而目前调控的天然气管道里程已达到3.6万千米，压缩机组266台。在集中调控管理的有效带动下，调控的天然气管网规模与复杂程度发生骤变，天然气管网管控水平得到全面提升，经与国际石油公司对标，调控中心调控水平已达到国际一流。

（二）创造显著的经济效益

在天然气管网规划建设、现有管道或站场改扩建方面，2015年提出梧州、广州等管道站场适应性改造建议，在满足下游市场需求增长的同时，大幅提高管道利用率，增加管输收益逾50亿元。分析设备使用情况，通过设备利旧解决管输瓶颈，仅2017年忠县及安平站机组利旧项目就为企业节省投资约5000万元。提前对规划管线进行研究，优化投产时间，2016年建议提前建设投产的宝香西管道为企业新增近25亿元的管输收益，建议缓建的部分压气站则为企业节省1000余万元的电费支出。仅2012年至今，累计为企业增加逾百亿元的收益，创造超过30亿元的综合效益。

在节能降耗、降本增效方面，2012—2016年，西气东输管道、陕京管道和涩宁兰管道等主要耗能管道在输量逐年增长的情况下，运行能耗反而显著下降，管道生产单耗下降近20%。天然气管网整体能耗率由2012年的2.5%降至2016年的1.7%，运行优化程度达到世界先进水平（发达国家天然气管

网的能耗率通常为1.5%～2.5%)。

以2012年运行水平和耗能单价为对比基准，过去四年理论上合计节约运行能耗成本超过22亿元。由于2012－2016年期间存在多条新管线投产的情况，考虑到新增管线对降低管网整体负荷率和减少能耗的影响，在核算各年度理论能耗成本时以上年度的运行水平为对比基准，则过去四年合计节约运行能耗成本约17亿元。

(三) 获得明显的社会效益

通过持续应用并不断地完善、细化集中调控管理，在实际生产运行中，解决一系列严峻的问题，获得明显的社会效益。

管网保供能力提升，维持了社会稳定和民族团结。圆满完成各年的冬季保供任务，为保障首都及周边地区的社会正常运转做出重要贡献。此外，通过冬季对乌鲁木齐市和新疆重点地区的保供，有效配合国家相关政策，体现重要的政治意义。

管网应急能力增强，保障国家能源供给安全。有效应对可能出现的各种工况，面对异常情况，方案调整速度和质量明显提高，管网应急能力显著增强。

能源利用效率提高，取得良好的节能减排效果。2012－2016年合计节省管道生产能耗173万吨标煤，减少碳排放逾500万吨，显著提高了能源利用效率，有效支撑企业实现节能减排目标。

(成果创造人：黄泽俊、杨　毅、范　莉、刁洪涛、唐善华、杨兴兰、徐春野、赵小川、刘　松、周晓莹、高　义、梁志敏)

基于特许经营的火力发电企业环保设施专业化、集约化运营管理

大唐环境产业集团股份有限公司特许经营分公司

大唐环境产业集团股份有限公司特许经营分公司（以下简称大唐环境特许经营分公司）现有员工531人，截至2016年年底，大唐环境脱硫、脱硝特许经营装机容量分别达到35500MW、27460MW，实现年销售收入23.33亿元、利润6.99亿元。大唐环境产业集团股份有限公司（以下简称大唐环境）是全国首批获得脱硫特许经营权的企业之一，是中国大唐集团发展环保节能产业的平台。

一、基于特许经营的火力发电企业环保设施专业化、集约化运营管理背景

（一）治理大气污染是中央企业责无旁贷的责任

我国是一个以煤为主要能源的国家。我国80%的电力能源燃料都来自煤，火力发电带来的污染是中国目前很大的污染源。随着我国经济的发展，对电的需求大幅增加，极大地增加了煤炭的消耗。由于煤在燃烧过程中释放出大量二氧化硫、氮氧化物等污染物，排放总量大大超出环境自净能力，造成近1/3的国土遭受酸雨污染的严重影响，带来严重的环境污染问题。因此，燃煤二氧化硫和氮氧化物污染物控制是目前我国大气污染控制领域最紧迫的任务。治理火力发电带来的污染有着重大的现实意义和社会意义。

（二）主动适应特许经营体制改革，积极探索有效的运营模式

根据国家发改委、环境保护部《关于开展火电厂烟气脱硫特许经营试点工作的通知》，火电厂将国家出台的脱硫电价、与脱硫相关的优惠政策等形成的收益权以合同形式特许给脱硫公司，由脱硫公司承担脱硫设施的投资、建设、运行、维护及日常管理，并完成合同规定的脱硫任务。2007年国家启动火电厂烟气脱硫特许经营试点工作。2013年发布大气污染防治行动计划，明确提出“完善促进环境服务业发展的扶持政策，推行污染治理设施投资、建设、运行一体化特许经营模式”。2014年，《关于推行环境污染第三方治理的意见》出台，明确对特许经营、委托运营类项目，要参考本行业平均利润、银行存贷款利率等因素，科学确定投资收益水平。为贯彻落实国家环保设施第三方运营的相关政策，大唐环境特许经营分公司制定详细的优化运行和对标管理方案，集中特许经营人才优势、技术优势和专业化管理优势，构筑特许经营专业化管理体系，创建“三个标准”，搭建信息化运营监控平台。

（三）企业自身快速发展、不断提升专业化管理的需要

大唐环境是以环保设施特许经营业务为主导，能够为客户提供便捷、优质的一揽子环保节能解决方案的上市公司，是专注于燃煤电厂脱硫、脱硝、除尘、节能等环保节能全产业链的科技环保公司。目前，大唐环境特许经营业务已分布全国16省、市、自治区，涉及26家发电企业，在运项目26个、新建项目15个，给特许经营专业化管理带来前所未有的压力和挑战。为彻底解决特许经营项目点多、线长、面广以及环保达标排放监管难度大的问题，特许经营的集约化运营、专业化管控势在必行。

二、基于特许经营的火力发电企业环保设施专业化、集约化运营管理内涵和主要做法

大唐环境特许经营分公司根据国家环境污染第三方治理要求，主动适应特许经营体制改革，积极探索有效的运营模式，不断提升专业化管控水平，提高运营效率。统一特许经营的管理标准、技术标准和工作标准，搭建信息化运营监控平台，建立新技术支撑体系、专业化人才及考核激励机制、综合性评价体系。利用“互联网+专业化”的手段，通过大数据采集、分析与建模，突破时间和空间的限制，对分

散在全国的环保设施进行实时监控、数据分析、优化运行、对标管理、设备劣化分析、文明生产等，并提供手机短信预警，提高特许经营专业化管控与决策水平，确保环保设施的达标排放，主动履行中央企业政治责任和社会责任。主要做法如下。

（一）建立健全特许经营的专业化、集约化的管理体制和运营机制

1. 确立特许经营发展思路

按照“统一规划、优势互补、依法合规、权责清晰、管理高效”的原则，在特许经营项目现场设立项目公司，同时为增强区域整体管理能力，在特许经营项目集中的区域建立区域中心项目公司，即以区域内的某个项目公司为基础组建中心项目公司，统筹区域内特许经营项目的专业化管理、成本管理、经营核算、对外协调等工作，不单独核定定员，在区域内各项目公司定员基础上统筹调配人员，进一步确立特许经营“集约化运营、专业化管控”的发展思路。

2. 实行物资采购集约化，降低采购成本

在编制采购计划时，将全国26个项目部申报的同类物资分别打包，集中采购，统招分签，以减少采购工作量，降低采购价格，降低库存，减少成本。按照业务种类及采购金额，一二级集中采购由大唐集团统一招标；三级采购由大唐环境特许经营分公司组织，招标公告在招标网上发布，招标文件经集中会审后对外发布。按照物资验收办法，办理物资入库手续，并将到货物资登录到特许经营共享信息中，实现联储联备，降低库存量。

（二）统一“三个标准”，为专业化、集约化运营管理提供支撑

1. 建立“三个标准”，实现特许经营项目的精细化和标准化管理

大唐环境特许经营分公司建立特许经营管理标准、技术标准和工作标准。其中，管理标准是基础，包括特许经营标准化管理办法，标准体系表编制规定，标准编制规则，检修管理标准、特许经营“三定”标准等管理标准。技术标准是核心，包括生产指标的全面对标管理标准，脱硫脱硝检修技术规范标准，全面优化运行和设计标准，设备劣化趋势分析技术标准、吸收塔防腐技术标准等技术标准。工作标准是保障，包括脱硫脱硝特许经营岗位工作标准，特许经营定编、定岗、定员标准等。

2. 统一“三个标准”，为特许经营专业化管理提供体系支撑

“三个标准”相辅相成、相互依托、密切联系，共同组成特许经营专业化管理的标准体系。“三个标准”是一个有机整体，标志着特许经营专业化管理体系的建立，为后续多个工作平台的搭建和具体应用提供强有力的体系支撑。目前，已编制完成特许经营“管理标准”36项、“技术标准”10项、“工作标准”2项。在管理标准、技术标准和工作标准的基础之上，大唐环境特许经营分公司利用“互联网＋专业化”手段，搭建信息化运营监控平台，创建“建立新技术支撑体系、专业化人才及考核激励机制、综合性评价体系”等，使集约化运营、专业化管控模式真正应用到特许经营专业化管理实践工作中。

（三）搭建信息化运营监控平台，实现环保设施生产一体化管控

大唐环境特许经营分公司建立环保运营监控中心，开展环保超标排放事件分析、整改方案的制定与落实，建立指标及对标体系，开展优化运行和达设计值工作，脱硝催化剂寿命管理与评价等，实现对标管理、专家诊断和动态管控，积累环保节能技术和运行经验。

1. 建立环保设施信息化运营监控平台

大唐环境特许经营分公司利用“互联网＋专业化”的手段，搭建环保设施生产运营监控平台。通过大数据采集、挖掘与建模、集中监控中心，突破时间和空间的限制，利用环保监控平台对各项目部的环保数据、优化运行、生产现场运行操作、设备检修、文明生产情况进行巡视，对环保排放数据进行统计分析，加强对环保设备整体运行的指导、评价和考核，提高特许经营管控与决策水平。其中，环保监控平台实现脱硫脱硝工艺流程监视、环保报表自动生成、污染物超标报警、运行管理、基建项目管理、运

行指标对标管理、远程视频监控、优化运行及设备劣化分析九大业务功能，监控中心通过环保监控平台对全国所有项目的排放、运行参数等生产运行指标进行监视，指导、监督开展优化运行工作。通过远程视频监控系统，远程调整摄像头监控角度，对各项目部生产过程中的关键环节、人员行为等安全要素做到实时监督、指导和考核。

2. 全面对标、争创一流，不断提升专业化管控水平

为突出解决指标标准建立的难题，通过收集、整理和比选，遴选出每个项目历史最好值、公司内最优值。在参考对比值的基础上，以不高于大唐环境特许经营分公司同期平均值、年度累计实际值为定标原则，多次组织环保运行专家调研，召开指标设置研讨会，结合脱硫脱硝系统运行工况，通过梳理、比选和甄别繁杂的指标后，把减排电耗、减排石灰石耗、减排还原剂耗、发电水耗、污染物小时均值超标次数和瞬时超标次数等作为评价优化运行成效的一级指标，设置统一标杆值。确立不同等级机组每项指标的标杆值，再利用信息化管控平台，形成较为合理的指标对标考评体系，并开展同单位不同机组、同类型机组、同区域机组、同行业机组对标工作，使体系内的指标可比较，既有合理性、又有挑战性，并将对标结果纳入月度绩效考核管理，形成层层传递压力、人人关心指标、人人重视指标，想方设法完成指标的责任共同体和利益共同体。

3. 超前谋划超低排放改造，提前完成国家节能减排目标

大唐环境特许经营分公司及时成立组织机构，明确超低排放改造目标、工作方法和职责分工，理顺工作关系，制定关键节点计划，有条不紊、全力推进。定期召开超低排放改造推进会，以管理手册为抓手，抽调人力现场驻点，着重协调解决超低排放过程中存在的难题，组织开展“四不两直”安全检查。强化对 EPC 总承包单位的管控，全面加强改造施工现场的安全、质量、进度管理，为改造项目顺利完成打下坚实的基础。全年共完成超低排放改造 20 台套，改造后的环保设施运行平稳，主要排放指标均达到设计值，受到发电企业的高度赞扬，得到集团和公司的一致好评。

4. 开展优化运行，深入推进降本增效

为降低脱硫系统厂用电率、节约运营成本，减少能源消耗，设计研发“基于摄动敏感性分析特性建模方法的脱硫系统优化运行技术”，实现对脱硫系统二氧化硫排放的有效预测，为脱硫系统浆液循环泵实时优化运行提供指导意见，在满足污染物达标排放要求的前提下，深度挖掘脱硫节能空间。

运用大数据分析方法充分挖掘物料平衡分析结果、现场运行数据和试验数据，建立脱硫系统二氧化硫污染物排放变化量的预测模型。从物料平衡分析结果提取各参数之间的相关性信息，为建立预测模型提供科学可靠的结构性信息；现场过程数据能够实时反映系统实际运行状况，体现系统实际运行状况与设计状况之间的差异性，有效提高预测模型的准确性和可靠性。

烟气脱硫系统作为火电机组的一个重要组成部分，它的实际运行状态受到多种外部条件的影响。由于外部条件的不断变化，脱硫系统很难处在一个长期稳定的运行状态，造成系统实际运行数据波动大，基于这些数据很难预测出准确的二氧化硫排放浓度。而基于摄动敏感性分析特性建模方法采，用二氧化硫排放浓度的变化量来代替二氧化硫排放浓度值作为模型的输出参量，是以多模型协作的方式来建立不同运行状况下脱硫系统关键参数与二氧化硫排放浓度变化量之间的关系性模型。摄动变化量的引入大大提高模型的可靠性和实用性，是大数据分析从理论到实际应用的重大突破。

（四）建立新技术应用支撑体系，发挥专业化管控优势

1. 搭建新技术支撑平台，形成多层次的技术支撑体系

大唐环境特许经营分公司以为集团公司环保设施和特许经营项目提供技术支持和服务为重点，依托技术研发、试验基地、催化剂大数据分析、监控中心等专业技术资源，建立环保设施标准化实验室、性能试验中心、专业技术协作网、专家库等，形成多层次的技术支撑体系，搭建新技术支撑平台。

2. 建立具有自主知识产权的环保治理先进成套技术，引领环保产业发展

不断加强与科研院校、同行业的技术交流，重点在烟气超低排放、多污染物协同治理、节能技术等方面进行技术研发，建立具有自主知识产权的环保治理先进成套技术，引领环保产业发展。2016 年，特许经营科技投入 9000 多万元，重点从事“火电厂脱硫超低排放技术研究”“火电厂脱硝超低排放技术研究”“基于数据驱动建模的脱硫系统节能调度方法研究”三个内部研究开发项目和“SCR 脱硝系统高效、长周期、低能耗优化运行”“环保设施生产运营监控平台”“火力发电厂脱硫吸收塔起泡机理研究”“燃煤电站 SCR 脱硝系统 AIG‘精细’自动控制技术及装备研发”四个外部研究开发工作。

3. 加快推进科技创新和新技术应用，加快科技成果转化

目前，已完成南京项目部脱硝系统自动喷氨系统评估报告，并在南京、吕四港、虎山和乌沙山等 4 个项目部开展脱硝自动喷氨优化技术试点工作。开展盘山、三门峡电厂环保设施智能化控制系统改造工作。在神头 3 号、洛河 1 号和潮州 2 号机组超低排放改造工程中应用气液耦合器、气旋除尘除雾器新技术。全面推进浆液循环泵、氧化风机、吸收塔搅拌器采用变频调速或永磁调速技术优化选型工作。

4. 积极参与制定国家和行业标准，引领特许经营行业良性、健康、可持续发展

大唐环境特许经营分公司在特许经营业务范围内协助集团公司制定集团标准，全面制定大唐环境企业标准。先后编制《燃煤电厂烟气脱硫脱硝第三方治理运营管理评价导则》等电力行业标准；起草《燃煤电厂烟气脱硫脱硝第三方治理（特许经营）合同范本》《燃煤电厂环境污染第三方治理负面清单制度》等行业标准。编制完成《燃煤电厂烟气脱硫脱硝测量、控制技术及应用》《燃煤电厂液氨罐区安全管理指导手册》《600MW 燃煤发电机组石灰石—石膏湿法烟气脱硫系统仿真机培训教材》《燃煤发电厂烟气脱硫技术及应用》《燃煤发电厂烟气脱硝技术及应用 》《脱硫值班员技师技能鉴定大纲、题库》《脱硫值班员培训手册》等环保培训教材，不断完善和延伸拓展特许经营“三个标准”理论体系，充分发挥大唐环境特许经营分公司在特许经营行业倡导者和领跑者的标杆作用，引领特许经营行业良性、健康、可持续发展。

（五）强化人才培养和考核激励，为专业化管理提供人才支撑

1. 多渠道培养人才

一是引进专业人才。根据特许经营业务快速发展的需要，原区域公司管理人员、项目部中的运行维护检修人员实行统筹调配，同时，每年春秋两季启动应届毕业生校园招聘计划，为特许经营快速发展提供强有力的人才支撑。二是实施全员重点培训。有针对性地组织各种与生产经营紧密相关的培训，培训内容覆盖生产、基建、安全、经营、财务、化验等各个专业，积极开展“人人受培训，人人上讲台”活动。此外，不断加强特许经营项目关键岗位、工种的技术培训，协助大唐集团做好环保专家人才队伍建设。三是双通道培养人才。首次聘任首批九名优秀员工作为中层助理，起到积极的引导和示范作用，广泛调动全体员工干事创业的积极性，实现员工个人成长和企业快速发展的双赢目标。针对入职工作 3～5 年的优秀大学毕业生、获得“技术能手”等荣誉的优秀青年，通过岗位轮换、借用交流，择优选派青年员工参加重点项目、重要工程、突击性任务等多种渠道，促使青年人才快速成长与锻炼。组建特许经营脱硫、脱硝、除尘、辅控运行四个工艺专业和电气、热控两个公用专业的专家人才队伍，培养适应特许经营快速发展的高技能人才队伍，建立人才培养的“双通道”。目前，中层干部、管理后备、生产技能等各类人才的梯队建设和储备工作已基本建立，为特许经营快速发展提供强有力的人才支撑。

2. 制定业绩考评实施办法，完善考核激励机制

大唐环境特许经营分公司结合特许经营特点，制订《特许经营项目部业绩考评实施办法》，按照月度与年度两个维度进行绩效考评，业绩考评结果与绩效工资挂钩，月度考评额度是月度绩效奖的 50%；年底按系数兑现，年度考评额度是年终奖。其中，月度考评指标包括利润完成值、利润偏差值、发电量

偏差等基本指标和分类指标，以及三项费用、统计报送、重大事项督办等限制指标。基本指标主要是指利润，分类指标主要为生产指标、财务指标、科信指标和物资管理指标等，限制指标主要为各职能部门职责范围内扣减分的指标。为促进全面管理的提升，引入指标的偏差考核，主要是利润指标与发电量指标的偏差考评。月度业绩考评于次月 6 日前完成并对各项目部公示，在月度工作例会上公布考核结果并兑现绩效。

年度指标考评的确保值主要依据《年度业绩考核责任书》、综合计划、专业计划以及对标管理的指标标准，争取值按比例提取。年度综合业绩考核包含两部分，月度考评平均分（权重 0.4）和年度考评得分（权重 0.6）。年度考评指标包括基本指标、分类指标与限制指标，以《年度业绩考核责任书》为准。年度业绩考评原则上在次年的 1 月中旬完成，在年度工作会议上公布考核结果并兑现年终奖。

（六）建立综合性评价体系，实现创新成果可控、在控

结合火电企业脱硫、脱硝系统的特点，大唐环境特许经营分公司的综合性评价体系负责实施定期的安全性评价、经济性评价、环保评价和绩效核查等，提出评价考核意见，实现特许经营项目安全、技术经济和环保等工作的监督检查、评价分析与风险预警预控。

1. 明确界定综合性评价体系的评价范围

主要内容包括基础评价、安全评价、设备评价、运行评价、监测评价、核查评价、指标评价。评价项目之间既各自独立，又相互承接和关联，有机地构成评价体系。其中，基础评价主要是对环保运营保障体系、管理制度、技术标准进行评价。安全评价主要是对人身伤害、职业卫生、安全设施标准化、防火管理、危险化学品管理、氨区管理、应急管理情况进行评价。设备评价主要是对日常维护、等级检修、技术监控、文明生产、重大特殊项目、技术改造进行评价。运行评价主要是对脱硫/脱硝控制、数据逻辑性、化验管理情况进行评价。监测评价主要是对监测管理、在线监测（CMES）、脱硫/脱硝 DCS 数据进行评价。核查评价主要是对迎检工作、验证试验、核查整改情况进行评价。指标评价主要是对脱硫脱硝同步投运率、环保排放指标、耗能指标、环保指标分析等情况进行评价。

2. 充分发挥综合性评价体系的管控作用

综合性评价体系是对每个评价项目进行细化，对细化的每个评价小项具体量化评价内容。通过全面的查评，最终形成量化的考评结果，反映项目部的管理状况，找出管理短板，并从问题出发，制定有针对性的整改措施。该平台的建立旨在通过对特许经营项目的监督评价，实现环保设施的规范运营，促进特许经营管理逐步实现标准化。通过生产运营标准化流程，保障生产过程不发生触碰安全和环保的“红线”，促使环保运营不断提升标准化、专业化水平，达到安全、可靠、经济、环保的运营目标，形成持续健康发展的局面，并对特许经营运营项目具有管控、指导、监督的作用。

三、基于特许经营的火力发电企业环保设施专业化、集约化运营管理效果

（一）大气污染治理成效显著

大唐环境特许经营分公司，从组织上、技术上和资金投入上不断加强环保污染第三方治理力度，大大减轻发电企业的环保压力。自 2016 年以来，脱硫系统投运率达 100％、达标排放率达 100％、脱硫效率达 97.66％；脱硝系统投运率达 99.90％、达标排放率达 99.87％、脱硝效率达 83.59％，全部符合国家环保达标排放要求。同时，二氧化硫排放浓度为 33.51mg/Nm^3，同比降低 42.16％；二氧化硫排放绩效为 0.11g/kWh，同比降低 42.11％；氮氧化物排放浓度为 47.79mg/Nm^3，同比降低 19.30％；氮氧化物排放绩效为 0.18g/kWh，同比降低 14.29％，为国家大气污染治理做出环保科技企业的贡献。

（二）探索了集约化、信息化的运营监控新模式

大唐环境特许经营分公司依托“互联网＋特许经营”新模式，将分散在全国 16 省、市、自治区，涉及 26 家发电企业的 41 个项目，建立了统一的管理标准、技术标准和工作标准，搭建了信息化运营监

控平台。仅 2016 年，通过发挥集约化运营的优势，全面实施集采分签，节约成本 2180 万元；通过降本增效各项措施的贯彻和落实，降低生产成本 4999 万元；通过计划外电量结算，增加收入 8596 万元；通过石膏销售增加收入 960 万元。最终通过深化特许经营改革，为特许经营产业的快速发展提供有力支撑，同时引领特许经营行业良性、健康和可持续发展。

（三）企业管理水平显著提升，经济效益明显

大唐环境特许经营分公司充分发挥信息化运营监控平台作用，通过建立生产经营指标对标体系，与上年同期比、与上月完成比、与同区域先进比、与同等级机组先进比、与同行业先进环保公司比，横向对标找差距、纵向对标深挖潜、持续对标促提升。仅 2016 年，通过开展对标管理和优化运行，节约生产成本 2009 万元；通过加强设备管理与检修费用控制节约成本 716 万元；通过加强可控费用管理节约成本 94 万元。最终通过信息化运营监控平台，全面提升各项指标管控水平，不断提升核心竞争力，全面打造“管理一流、技术一流、指标一流、成本一流”的特许经营行业龙头。

（成果创造人：邓贤东、刘银顺、江澄宇、张成虎、竺森林、姚学忠）

基于大数据的城市高负荷密度区安全可靠供电管理

国网重庆市电力公司市区供电分公司

国网重庆市电力公司市区供电分公司（以下简称市区公司）成立于2011年，由原城区供电局、杨家坪供电局、沙坪坝供电局合并组建而成，是国家电网公司30个大型供电企业之一，现有员工1365人，供区面积799平方千米，服务常住人口约300万人，供区覆盖重庆渝中、沙坪坝、九龙坡、大渡口等主城核心区域，担负着重庆市近百家市级重要单位、两个国家级开发区、15个省级重点园区、4个核心商圈等重要用户的供电任务。

一、基于大数据的城市高负荷密度区安全可靠供电管理背景

（一）服务区域经济社会发展的需要

市区公司供电辖区东西部经济发展不平衡。东部城市核心区域负荷密度高、重要敏感用户多、城市名片建筑群集中，全球影响力的企业总部、分部密集，特别是解放碑商圈，各类商贸品牌200个，世界500强企业90家，总部企业100多家，金融机构占全市90%以上，各类超高楼宇635幢。西部区域为年产值超千亿的重要经济增长极，如西永微电子产业园外向型电子信息产业群助推重庆成为全球领先的笔电生产基地，笔电产量占全球份额的1/3；西永综合保税区进出口总额占全市1/3左右；西部物流园作为“渝新欧”铁路的起点，已经步入世界商贸大格局。传统的电网规划、建设运维、应急抢修、营销服务管理，已经不能满足区域经济发展的新特征和新需求。

（二）提升公司精细化管理水平的需要

市区公司以中梁山为界，东西部负荷水平差异较大。中梁山以东区域平均负荷密度1.95万千瓦/平方千米，最高负荷密度达到13万千瓦/平方千米，与上海浦东最高负荷密度相近，电网负荷密度、站房设备密度均位居国内乃至世界前列。中梁山以西区域平均负荷密度0.12万千瓦/平方千米。

原来粗放的业务管理模式已无法满足高负荷密度区的安全可靠供电需求，主要体现在：一是专业化管理水平不够。配网规划建设的针对性不强，配网运维管理的实效性不强，故障抢修的智能水平不高，新技术及新设备应用不足等，需进一步提升专业管理的深度。二是业务协同能力不足。各专业信息来源分散、数据零乱，没有实现信息整合和数据共享，客观上存专业单打独斗的管理现状，无法将各专业局部最优转变为整体最优，需进一步提高专业管理的广度，从而全面提升公司的精细化管理水平。

（三）充分运用大数据技术突破传统供电管理瓶颈的需要

城市高负荷密度区的负荷特征、用户特征、区域经济、建筑楼宇和交通状态等情况，与传统区域安全可靠供电方式存在明显差异，传统电网运维模式难以破解目前高负荷密度区新的用电需求。随着智能电网和信息通信技术的快速发展，在电网生产、经营管理、电力服务等方面积累了海量的各类数据资源，电网业务数据从时效性层面进一步丰富和拓展，大数据的“量类时①”特征在海量实时的电网业务数据中进一步凸显。同时大数据存储管理技术、大数据分析技术、大数据处理技术以及大数据可视化技术等日趋成熟，能够有效支撑智能配电网的发展需求。以大数据为技术手段，挖掘电网实际运行数据更深层次的价值，针对性地开展电网规划建设、运维和抢修服务，可以有效破解目前电网管理难题，显著提高电网安全可靠水平和精细化管理水平。

---

① 量类时：大数据的三个特征，总结归纳为“3V”，即量（Volume）、类（Variety）、时（Velocity）。

基于以上三个方面的背景，市区公司从2012年开始，打破传统的配电网运维管理模式，坚持大数据应用指导配电网的全业务过程管理，大力实施高负荷密度区安全可靠供电管理。

二、基于大数据的城市高负荷密度区安全可靠供电管理内涵和主要做法

为解决城市高负荷密度区供电管理与用电需求的突出矛盾，坚持大数据分析应用和业务协同管理相结合的理念，建立大数据分析模型，在用电负荷预测、配网运行水平综合评估、配网故障定位研判以及风险评估预警等领域，深化大数据应用，推进高可靠网格化配网规划，评估优化重要负荷转移能力，建设城市商圈地下电缆隧道，实施差异化建设运维策略，实现故障快速隔离和负荷自动转移，指导配网顶层规划、建设运维、故障抢修以及风险管理全业务环节，提升高负荷密度区配网顶层规划的精准性、建设运维的实效性、故障抢修的及时性以及风险管理的科学性。主要做法如下。

（一）确立高负荷密度区安全可靠供电的总体思路和管理目标

坚持大数据分析应用和业务协同管理相结合的管理理念，将大数据分析结果应用于配网规划、建设运维、故障抢修和风险管理的全价值链业务环节，实现更安全可靠的管理目标。

一是量化管理目标。供电可靠率达到99.999%，年平均停电时间少于5分钟，实现较大规模故障下重要负荷可持续供电，达到东京、新加坡、巴黎等世界著名城市的电网水平。

二是明确管理思路。建立大数据分析平台，统筹企业内外部数据，完善大数据分析基础。以用电负荷预测模型指导顶层规划，以配网运行水平综合评估模型指导建设运维，以配网故障定位研判模型指导故障抢修，以风险评估预警模型指导风险管理，全面提升高负荷密度区安全可靠供电管理水平。

（二）建立大数据分析平台，完善大数据分析基础

建立大数据分析平台，由数据层、模型层和应用层组成，明确数据管理维护职责，发挥各专业在大数据维护管理、模型分析以及结果应用方面的协同效应。

1. 建立数据层，明确数据类别和来源

电力企业的数据类型主要包括外部数据和内部数据，其中外部数据包括气象数据、建筑数据、交通数据、人口分布数据以及地方经济数据等，主要来源于社会公共信息平台以及政府信息平台，以付费购买和政府合作两种形式获取，确保数据的质量和频度。企业内部数据包括输变配电设备在线传感器、电力地理信息（GIS）系统、智能电表、生产营销系统、95598业务系统等数据，主要来源于电力企业部署的各种信息系统数据和电力设备在线监测传感器的实时数据。

数据整合过程中，一是严格数据质量，建立模式化的操作规程、原始信息的校验、错误信息的反馈以及校正等过程，确保高质量的数据；二是集中进行核心数据分发，整合供电企业诸多业务系统中最核心、最权威的生产运营数据，作为大数据分析平台的核心数据，集中进行数据清洗和丰富，同步分发各应用子系统；三是统一管理和存储标准化元数据，收集各业务环节、不同信息系统涉及的元数据和指标，建立标准化元数据管理档案。

2. 建立分析层，提供大数据分析引擎

根据电网业务现状，设计四种数据模型：一是时间序列模型，主要用于预测，应用场景包括用电负荷预测、经营指标预测以及故障数量预测等；二是优化模型，主要用于优化，应用场景包括配网网架优化、变电站站址优化、抢修站点优化配置等；三是统计分类模型，应用场景包括指标预警、风险评估、故障定位研判等；四是聚类模型，主要用于预测、分类和聚类，应用场景包括配网综合评估、规划成效评价等。

3. 建立应用层，实现大数据分析应用

将大数据模型结果应用于以下方面：一是发现生产经营各项指标异常情况，及时提出预警；二是配网网架优化，形成符合量化要求的配网规划方案；三是用电负荷的精准预测，指导各级电网规划；四是

配网运行状态综合评估，发现配电网薄弱环节；五是配网故障定位研判，提高故障抢修效率；六是配网风险评估预警，为风险处置提供科学决策依据。

4. 划分数据管理职责，确保专业协同

规划部门作为企业外部数据的收集维护管理单位，按照数据周期进行数据收集和维护。运行、营销和检修部门作为企业内部数据的支撑维护单位，按照职责范围进行数据的核实和更新。规划部门牵头集成内外部数据，利用大数据分析引擎模型，进行大数据分析应用，并将模型结果反馈给运行、营销和检修部门。

（三）以大数据用电负荷预测为依据，提高配网顶层规划的精准性

以历史数据为蓝本，进行用电负荷精确预测，指导配网规划、成效评估以及故障模拟等，形成配网规划的闭环管理，提高配网规划的精准性。

1. 建立负荷预测模型，精准预测用电负荷水平

综合考虑经济结构和发展水平、气候气温影响、客户用电规律以及季节时段特点，以过去三年历史数据为基础，进行未来三年短期负荷预测。

第一步，完成基础数据收集和整理，并进行数据初步分析，排除修正异常数据，统一规范数据计量单位。

第二步，建立负荷预测模型，综合确定性预测法和不确定预测法的模型优缺点，建立确定性预测 2 种模型，包括非季节指数平滑 Holt－Winters 模型、自回归积分滑动平均 ARIMA 模型，以及 2 种不确定预测模型，包括灰色预测 GM（1，1）模型、三层 BP 神经网络模型。

第三步，根据历史数据，校验 4 种不同模型的预测精度，调整预测模型参数，综合考虑春节时期人员流动、冬夏降暑取暖负荷特征，4 种模型对负荷预测精确度均保持在 5％以内，具有较高的预测准确性。

第四步，以训练后的预测模型为基础，进行未来三年负荷预测，综合四种模型结果，分析、对比、判断和评价，确定负荷预测的最终结果。从低压用户、10 千伏线路、开闭所和变电站母线以及配网网格单元四个层面进行用电负荷预测，指导网格化配网规划、规划成效评估以及故障模拟等。

2. 实施网格化配网规划，推进精细化规划管理

以市政路格和电缆通道为界，把配电网划分为若干个地理上和电气上相对独立的供电网格，以每个网格作为配电网规划的最小管理单元，推进配电网精细化网格规划管理，主要原则包括：一是网格单元自身，至少保证来自 3 个不同变电站的不同电源，采用不同的电缆通道，公用开闭所数量原则上不超过 5 个，各开闭所之间按照典型网架配置模型形成联络，10 千伏线路供电半径小于 1 千米，确保网格内的互联互带能力。二是网格单元之间，要形成 1 个到 2 个应急支援通道，当某网格单元外部电源全部失电后，通过应急支援通道兜底重要负荷。例如，将解放碑高负荷密度区划分为 8 个供电网格单元，每个网格单元由 2～4 个公用开闭所组成，网格单元面积在 0.08～0.14 平方千米，最大供电长度为 340～556 米。完成网格化单元划分后，以高可靠配电网标准进行网格单元的升级优化。

通过网格化配网规划以及高可靠配网标准校验后，可以实现：网格单元内部高度自愈，网格内部故障快速隔离、配电网重构和负荷自动转移；网格间负荷快速转移，不造成重要负荷的对外停电。

3. 建立量化校验模型，科学评估配网规划效益

完成网格化配网规划后，对网格单元开展多维度可量化的成效校验，评价类别包括安全性、可靠性以及持续性。安全性方面关注供电能力的安全性校验，评价指标包括变电站（线路、变压器）全停负荷损失率、变电站全停重要用户损失率；可靠性方面关注电网运行质量的校验，评价指标包括供电可靠 RS－3 指标、变电站母线（主变、线路）N－1 通过率；持续性方面关注电网的拓展性和延续性，评价

指标包括变电站（变压器、线路）负载率分布，重点关注重载和轻载比例分布。

利用层次分析法确定各评价指标的权重，同时以大数据负荷预测结果为依据，对单一指标进行模糊打分，最终形成网格规划成效的综合评价，对于不满足量化评价要求的网格单元，重新进行规划调整和优化。

4. 以故障模拟为依据，提升重要负荷转移能力

高负荷密度区重要用户密集、电网设备高度集中，一旦发生变电站全停或者电缆通道断面起火等特别重大故障时，可能造成极为严重的社会政治影响，需要评估不同等级故障情况下重要负荷的转移能力，优化网架结构，制定负荷转移方案。

首先，定义故障等级及类别，包括三个等级：一般故障、严重故障和重大故障。一般故障是指单一线路或者单一设备的故障，通常故障点集中、影响范围小，包括 10 千伏主干线路故障、开关及配变故障等；严重故障是指多条线路或者造成多设备停运的故障，通常故障点分散、影响范围较大，包括 110 千伏单台变压器故障、10 千伏母线故障等；重大故障是指造成网络结构发生重大调整的故障，通常故障点多而分散、影响范围特别大，包括 110 千伏变电站全停及重要电缆通道截面失火避险等。

其次，在不同故障等级下进行重要负荷转移能力的评估。以大数据负荷预测结果为依据，根据典型运行方式，完善 10 千伏主干网架正常负荷和高峰负荷下的线路负载情况。模拟不同类型的故障情况，综合评估重要负荷转移能力和负荷转移通道。

最后，根据评估结果，优化网架结构，制定重要负荷转移方案以及应急处置预案，保障重要负荷不对外停电。

（四）以大数据配网运行水平综合评估为依据，提高配网建设运维的实效性

建立基于灰色聚类和多层次模糊评价的配电网运行水平综合评估模型，科学评估配电网运行水平，指导配电网的建设运维，提高建设运维的实效性。

1. 建立配网运行水平综合评估模型，综合评估设备状态

建立配电网运行水平综合评估两层评价体系。第一层为指标类，包括安全性、可靠性、持续性、效率和效益 5 大类指标，分别评估配网运行的安全水平、配网对用户连续供电的可靠程度、配网对未来负荷增长的适应性、配网整体运行效率以及配网投资效益。第二层为因素类，即分别影响各指标的相关因素，共计 15 项因素，各因素的数值特征分为正指标、负指标和混合指标。

建立基于灰色聚类和多层次模糊评价的配电网综合评估模型。第一步，结合供电区域特征及客户群体差异，确定各指标类权重，同时根据各因素影响指标类的重要程度，确定因素权重。第二步，收集过去五年配电网的基础运行数据，确定各因素的数值范围。定义各指标和因素的评价灰度集为优秀、良好、一般、较差、差。根据各因素的数值范围，定义白化权函数，确定某个评估对象各因素隶属评价灰度集的数值大小。第三步，计算各指标类隶属评价灰度集的数值大小，从而计算评估对象隶属评价灰度集的数值大小，由最大隶属度原则确定评估对象的综合评价结果。当评估对象总体评价为一般、较差以及差时，及时纳入运维重点关注集合，找准评估较为薄弱的指标以及对应的因素，从而针对性地提出建设运维和综合改造的建议措施。

2. 建设城市商圈地下电缆隧道，打造电力输送高速通道

根据配网运行水平综合评估结果，发现城市高负荷密度区的电缆总体运行水平不高，主要因为通道建设时间较早，建设标准不高，存在电缆交叉运行、老化严重、检修困难等问题，同时作为山城，地下沟道密集，无法扩建，严重影响安全可靠供电。

市区公司以分别出资、联合建设、同步施工的政企合作建设模式，投资 9954 万元，建设城市商圈地下电缆隧道，开创全国首例。该项目全长 2408 米，高度 2.8 米，宽度 2.4 米，连通周边 4 座 110 千伏变电站和规划的 2 座 110 千伏变电站，形成一条电力输送的高速通道，可支撑 38 万千瓦的输配协同

供给能力，彻底破解电力通道严重超载的困局。

3. 实施配网差异化建设运维策略，提高配网精益化水平

首先，综合考虑公用和专用变压器台数、居民用户数、重要用户和大型小区等因素，定义配电网运行单元的重要程度：一般重要，定义为C类配网单元，变压器台数小于3台，居民用户数少于200户，且无重要用户和大型小区；较为重要，定义为B类配网单元，变压器台数大于3台，但不超过8台，居民用户数少于1000户，且无重要用户和大型小区；特别重要，定义为A类配网单元，凡有重要用户和大型小区，或者变压器台数超过8台，居民用户数量超过1000户。其次，综合配网单元综合评估结果和重要程度，实施配网单元差异化建设运维策略。

（五）以大数据配网故障定位研判为依据，提高故障抢修的及时性

建立大数据配网故障定位研判模型，实现故障的精准定位和类别判断，实现故障快速隔离和抢修快速恢复。

1. 建立配网故障研判模型，实现故障研判和定位

依托GIS、PMS2.0、配电自动化、调度自动化、用电采集以及95598等信息系统的基础和实时数据，建立配网故障定位研判模型，实现配网故障的精确定位研判。

第一步，对配电自动化系统、调度自动化系统、95598故障报修等多系统的故障信息进行汇集，依据配电网的PMS基础台账、GIS图形以及单线图模型，进行故障信息合并。第二步，根据故障电流信息，判断短路故障还是接地故障。第三步，综合各种信息判断故障类别，如馈线故障、支线故障、开关故障、低压故障或者用户自身故障，明确故障点位置和故障设备，并在GIS图形中进行定位。第四步，根据故障类别和定位结果，配电自动化系统推送故障隔离和配网重构方案，自动化主站系统对涉及开关进行远程操作，实现故障快速隔离和非故障负荷转移。第五步，抢修班组根据故障定位研判结果，合理配置抢修人员、抢修物资以及车辆行程规划，提高抢修效率。

2. 深化配网自动化应用，快速实现故障隔离和负荷转移

在故障定位研判的基础上，充分发挥配网自动化在故障隔离和恢复中的首要作用，快速隔离故障，自动重构配电网网架，及时恢复非故障配网区域，减少停电用户数量和影响范围。

坚持配网一次设备与配电自动化改造“同步设计、同步实施、同步投运”的原则，对开闭所、环网柜全采用光纤通信方式进行配电自动化改造，实现开关“三遥”功能及全自动故障分析功能，开闭所、环网柜和配电线路自动化覆盖率实现100%。以2014年8月29日的配网故障为例，根据大数据配网故障研判定位模型，此次故障从判断至恢复非故障区域电源前后总计用时10分钟，常规方式用时至少120分钟左右。

3. 优化故障抢修资源配置，缩短故障抢修恢复时间

根据故障定位研判结果，从抢修队伍、备品备件、工器具以及抢修车辆等方面，优化抢修资源配置，提高抢修效率。发生配网故障后，准确研判故障类型，在GIS图形上精确定位故障位置，合理安排抢修班组和抢修人员、备品备件以及工器具，综合GIS系统、导航系统等，自动优化抢修车辆路径。基于无线电力抢修模式，抢修人员通过移动手持终端实时反馈故障信息和抢修进度，保障抢修工作的过程透明，提高抢修服务质量。

（六）以大数据风险评估预警模型为依据，提高风险管理的科学性

从风险识别、风险评估和风险处置三个方面，以大数据风险评估模型为支撑，提升风险管理的科学决策水平。

1. 以全业务环节为基础，系统识别风险来源

根据生产流程分析法，围绕供电管理全业务流程环节，逐个环节分析业务实施过程中潜在的风险因

素。配网规划环节，主要存在配变重过载、线路重过载等风险；配网建设环节，主要存在运行安全风险以及作业安全风险；配网运维环节，主要存在外力破坏风险、树簇超高风险、设备和电缆运行异常以及站房环境异常等风险；故障抢修环节，主要存在供电能力薄弱以及服务舆情风险；外部环境方面，主要存在自然灾害风险。

2. 建立风险评估预警模型，科学评估风险等级

基于风险识别结果，建立风险评估预警模型。明确各类风险评估预警的数据来源，以 GIS 地理信息系统以及 PMS 台账数据为基础，综合用电采集系统、营销客户档案台账、运行监测数据、计划停电信息、故障信息、气象等内外部数据。建立风险评估预警模型，建立配网重过载评估模型、运行异常数据挖掘模型、电网安全供电能力评估模型、外力破坏预警模型以及综合风险预警模型，对各类风险科学评估，形成具体的风险点以及对应风险等级，实现风险处置的科学性。

3. 强化风险目标管控，提升风险处置能力

以安全可靠供电作为风险管理的损前目标，采取分层分级管理。分层方面，从公司、部门、车间以及班组四个层面，落实风险处置的责任主体、预期目标、处置策略以及完成时限，强化过程监督以及结果评价，形成风险处置的闭环管控。分级方面，按照风险等级高低，合理安排风险处置的优先顺序，科学配置风险处置资源。

以履行社会责任作为风险管理的损后目标，推进应急管理体系建设，成立应急领导小组，下设安全生产、舆情稳定应急办公室，建立应急管理制度标准和应急预案体系。构建内外部协调联动、应急处置后评估反馈机制，强化应急协同效应。组建应急救援基干队和专家队伍，构建应急装备“1＋N”管理模式，建立“上下贯通、横向协作、反应迅速、运转高效”的应急物资调用网络。

三、基于大数据的城市高负荷密度区安全可靠供电管理效果

（一）运维管理成效显著，提升了安全可靠供电水平

利用大数据分析结果，打造国际一流的坚强智能配电网，安全可靠供电水平显著提升，达到新加坡、东京、巴黎等世界著名城市的电网水平。自 2012 年以来，10 千伏重过载线路由 147 条降低到 17 条，10 千伏 N－1 通过率由 65％提高到 97％，配网故障率下降 38.99％。高负荷密度区供电可靠率由 99.87％提高到 99.999％，基本与新加坡和东京持平，略高于巴黎的 99.998％；年用户平均停电时间由 34.7 分钟降低到 4.87 分钟，高于新加坡的 0.31 分钟和东京的 2 分钟，低于巴黎的 10 分钟。

（二）专业协同效应明显，提升了公司精细化管理水平

以大数据模型结果做支撑，规划精准性、配网运维成效以及故障抢修效率显著提高，10kV 停电时户数较 2011 年同比下降 30.7％，故障抢修平均修复时间由 2011 年 74 分钟缩短至 45 分钟，由此累计实现增供电量 14.78 亿千瓦时，增加售电收入 8.28 亿元。2016 年，市区公司大供对标排位 13 名，同比上升 10 位。完成售电量 115.2 亿千瓦时，同比增长 6.19％；完成投资 12.01 亿元，开工 110 千伏及以上输电线路 21.62 千米；投产 110 千伏及以上线路 11.11 千米，开工投产均创历史新高。

（三）履责能力全面彰显，有力保障了地方经济社会发展

通过超前谋划电网规划、升级提速电网建设，辖区生产总值突破 3000 亿元，荣膺重庆市政府颁发的市一等功。圆满完成渝洽会等 100 余次特级、重大保电工作，确保重大政务活动的有序开展。在服务富士康、英业达等大型笔电企业通电投运工作中屡破纪录，保障了地方经济社会发展。所建设的城市商圈地下电缆隧道得到多家主流媒体的集中报道，国网公司系统多家单位进行了参观学习。

（成果创造人：钟筱军、陶时伟、田　迅、谢　兵、王晓刚、陈　峥、陈文浩、许晓川、颜　东、邓世杰、刘会灯、周　亮）

以安全、优质、高效为目标的高速铁路运营体系管理

中国铁路上海局集团有限公司

中国铁路上海局集团有限公司（以下简称上海局）管辖范围跨苏、浙、皖、沪三省一市，十几年来，先后建成合宁、合武、沪宁、沪杭、京沪、合蚌、甬台温、温福、宁杭、杭甬、合福、宁安等高铁线路，“长三角”铁路全面进入高铁时代，上海局的高铁营业里程已占全国高铁里程的 1/6。截至 2016 年年末，全局营业里程 9996.6 千米，其中，高铁营业里程 3357 千米，占全局营业里程的 33%；开通运营时速 300 千米高速铁路 8 条、时速 200 千米客运专线 5 条，配属动车组共计 556 个标准组，管辖区域内日常开行动车组列车 898 对（高速列车 476 对，动车组 157 对、普速客车 265 对）。

一、以安全、优质、高效为目标的高速铁路运营体系管理背景

（一）实现高铁“大局”向“强局”转变的需要

近年来，上海局抓住“建设先进的现代运输企业”的历史机遇，发挥长三角区域优势，大力推进高铁建设、强化运营管理，无论从高铁营业里程、客发人数还是客运收入来看，上海局高铁规模日益扩大。但从发展过程来看，面对剧增的客运市场需求，上海局高铁运营安全风险进一步集聚、运营组织难度进一步加大、经营压力进一步增加，怎样从高铁“大局”发展到经营的“强局”，提高经营效益，需要找准落脚点，在实现客运产品开发科学化、动车组列车开行方案精细化、应急处置能力提升等方面寻找突破口。

（二）打造中国高铁服务品牌的需要

挑战和克服高铁运营一些特殊难点、转变传统的普速铁路客运方式、提高服务水平的需要。“长三角”地区高铁一流的运营品质需要一流的服务品牌来支撑，需要结合高铁快节奏、高速度、高密度的运营特点，由管理旅客向服务旅客转变，从旅客的角度解决问题，做到全系统、全过程、一体化制订服务方案，形成标准、制定规范、组织实施，方便旅客出行，同时还需要建立统一的智慧出行服务平台，提高员工的仪容仪表、职业道德、服务意识，不断提高客运营销水平。

（三）确立中国高铁运营模式的需要

我国高铁技术经历了引进、消化、吸收、创新的过程，在许多技术领域取得重大突破，达到世界领先水平。但在高铁运营组织上，我国高铁有自身特点，例如，全长 1318 千米的京沪高铁这样的通道型高铁线路，在全世界上都占有举足轻重的地位，其列车密度大，客流增长迅猛，跨线车和本线车混合运行，350km/h、300km/h、250km/h 的种类的列车兼顾，运营组织的复杂性和艰巨性都在世界著名。我国高铁不能照搬国外的运营模式，高铁运营管理是从“从无到有、从零开始”逐步摸索的实践过程。在高铁运营组织模式上，需要转变高铁运营管理理念、转变条块分割的运营组织模式，整合各类高铁运营信息系统。

二、以安全、优质、高效为目标的高速铁路运营体系管理内涵和主要做法

上海局以“安全、优质、高效”为目标创建高速铁路运营体系，对高铁的运营管理模式进行了大量的研究、探索，在高铁运营管理理念、客运产品设计、客运服务以及运输组织的一体化管理等方面形成了“长三角”高铁管理的特色，实现高铁管理不断规范、调度指挥更加科学、资源配置不断优化、运营安全持续提升。主要做法如下。

(一) 确立高铁运营体系管理的理念和思路

上海局高铁运营管理体系的理念是从以运输为中心、运输能力至上，转变为以市场为中心，围绕旅客运输进行高铁运营；由各专业相对独立，向一体化运营管理、各专业紧密配合转变。管理思路是以市场为导向、以旅客为中心，研究市场、把握需求，优化系统资源要素，集约化经营、品质化服务、常态化组织，构建高度集成、信息流畅、指挥有力、应对有序、面向市场的营销系统。以高铁安全为核心，管好用好高铁资源，建立各系统、各专业融合，条块结合、系统集成的运营组织系统。构建高铁运营数据集成共享平台，打破设备信息传递阻隔，围绕快速响应、智能比选的要求，为专业部门提供科学、系统、高效的管理辅助手段和运用支撑体系，为全面提升高铁运营管理水平提供基础保障系统。

(二) 基于大数据、智能化技术设计高铁产品

1. 强化市场调查的精准性

一是运用信息化技术创新市场调查分析。利用信息系统大量采集历史客流动态、客运市场发展状况以及社会、经济、行业等信息数据，加强数据分析，科学研判预测客流变化趋势。二是对各车站、车次的客票销售以及旅客乘车人数、方向、里程等信息进行自动集成，积累形成历史客流大数据，作为客流预测分析的第一手资料。三是掌握外部市场动态。建立常态化的市场调查机制，注重加强与政府、行业协会、新闻媒体、重点企业、学校等部门单位合作，积极开展网上调查，通过扩大样本量提高调查精准度；加强与公路、民航、水运等交通运输企业对接，建立信息开放、共享的平台，实时了解不同运输方式的客流变化。四是科学分析预测。动态开展客流同比、环比分析，以历史数据为主要依据，结合市场需求变化、天气变化等因素，对年度、月度、节假日以及春运、暑运等阶段性客流趋势进行分析预测，为运力资源配置提供科学依据。

2. 智能化辅助运营决策

一是针对高铁时代旅客出行和客运组织的新形势、新特点，围绕提升客运运营的效率、效益和旅客服务水平目标，运用信息化手段，建设以市场为核心，以生产组织为纽带，以需求分析、产品研发、运能调整、市场营销、效率和效益等功能为支撑的高铁客运营销辅助决策系统。通过对市场、生产、保障信息的有效集成与融合，来掌握市场规律、优化生产流程、提供产品服务、理顺经营行为，使生产、管理、经营过程可视化。二是借鉴客票收益管理的理念，加强票额收益管理，分车次建立票额分配档案，分线别、方向、阶段、时段制订列车票额席位共复用策略和票额以远站方案，实现票额精细管理。同时，为用好用足既有运能，通过对各趟列车始发站、沿途站的客流需求、历史售票数据进行大数据分析，逐一制定800多趟始发旅客列车的售票方案，一车一档，动态调整优化，明确列车始发和沿途各站在不同时间段允许发售的席位数量和位置、限售区段和时间、席位共复用和分段投入等具体策略，并采取计算机自动生成与人工确认相结合的方式，实现精准售票、精细管理。特别是为进一步推广较大枢纽站中转换乘，充分挖掘内部资源，充分利用复用票额。三是通过客运营销分析系统和收益管理，按照从整体到局部、从区域到线路、从线路到单个列车的顺序对旅客需求、运能供给、票额利用等进行大数据分析，并将运行图方案与分析结果相结合，明确各次列车的运输范围及目标，按时间段对票额进行预分，科学、合理地调控各次列车的票额供给数量、时间以及限售区间，有序引导旅客购买合适的列车车票。

3. 创新设计高铁客运产品

一是加强大数据分析创新客运产品。精心研究“长三角”客运市场特点和旅客出行习惯，科学编图、动态优化，推出贴近市场需求的客运产品，以客流预测分析结果和运输资源能力为依据，进行计算机自动生成、人工优化，每年分阶段对旅客列车基本运行图进行调整优化，丰富完善动车组列车产品体系，常态优化调整运力配置方案。二是优化运力资源配置。按照“旺季提高列车开行质量，淡季节约经

营成本”的原则，配合车辆运用，试点动车组在线替换，缩减部分交路列车编组，停运同时段、同方向、同经由列车，从而减少阶段性、时段性车票供给量，通过供给侧调整，力求减少过剩票额，实现淡季客座率提高，并利用节约下的车底适当增加重点方向运能投放。三是首开高铁夕发朝至的动卧列车。创新开行上海虹桥站至深圳北站、广州南站的夜间高铁动车组卧铺列车，从初期开行各1对增至各开行3对，几年来客座率不断提升，目前常态保持在90%以上。四是设计优化假日列车。针对长三角地区节假日客流高峰特点，研究实行春运、春游、暑运“季节性”运输方案和平日、周末、节假日“分号运行图”，做到满图铺画、阶梯投放、应急有备，提高客运产品供给与市场的契合度。

（三）创建“互联网+”高铁服务

1. 创建“互联网+”智能化客服中心

打造智能化、信息化、数据化、定制化、全媒化客服中心。一是与中国移动上海公司建立合作关系，瞄准“行业最优、同业领先”目标，立足服务、信息和营销三大核心职能，努力建设“机制创新、管理科学、服务标准、功能拓展”的综合性一流客服平台，全力打造“上铁12306”移动客户端，为高铁运营改进服务、拓展市场提供有力支撑。二是升级数据流转管理平台机制，完善工单业务流程，建立客户服务大数据库。拓展非集中式远程客户服务平台，建立远程客户服务标准体系，使远程客户服务团队达到与集中座席等同的效果。三是升级人工智能平台服务。搭载智能语音服务、语音质检、智能机器人和知识库，创建人工智能标准服务体系，以减少人工座席压力，提高人工服务质量效率。四是开发“上铁12306”手机APP多元化服务，尤其是团体订票和动车组订餐服务，利用高科技给客户带来便捷，开启全路首创的新型智慧客户服务。五是研发整合服务质量回访、团体票预订和动车组订餐、调令签收、信息发布、遗失物品查找、特殊重点旅客服务等业务操作系统，通过前台服务、客户管理、信息流转、数据统计等功能配套完善，实现服务与需求的无缝衔接。六是通过规范服务流程、严格服务标准，创新服务方式、拓展服务内容，努力为客户提供咨询、投诉、求助、增值等优质服务，并实现站车无线交互系统增加客运服务功能，提供规章文电查询、信息报告发布、文电传达等功能。

2. 提供“互联网+”全过程服务体验

一是优化售票组织方式，大力推广互联网、自助售票机等多渠道售票。根据售票、支付方式的变革，积极推进互联网、手机等自助售票方式，增设线下售取票终端，进一步加大自动售取票设备在火车站外的投放数量，并增加商场、机场、景点等新的投放场所，使自助式日常售票比例接近60%、高峰期达到80%；二是推出具有地域特色的便民品牌服务。如网上订餐服务、实名挂失补票、高铁优惠卡、WiFi站区信息发布智能服务平台等，为旅客提供多元化的售票服务、全方位的便民服务，实现铁路客运服务的升级。三是实施“空铁联运”。上海局联合东方航空公司、上海虹桥站、上铁国际旅游公司等单位，对长三角地区开展高铁航空客运合作项目的可行性进行专项调研和分析，最终确定在国家现行政策允许、技术支持等条件下可运行的联运组织模式。四是推出VIP出行体验，满足个性化的旅客需求。

3. 实施“互联网+”高铁服务质量评价

一是建立局域网旅客满意度信息化平台，开发互联网条件下铁路旅客满意度测评系统，实现对旅客满意度测评综合分析的常态化、规范化和信息化。二是通过借鉴国际通用的顾客满意度模型，在全路首先建立高铁服务满意度的测评体系，通过识别高铁客运服务的各环节和旅客的服务需求，设计上海局高铁服务满意度测评框架，每年通过第三方组织测评，在统计分析方面运用SPSS专业软件进行统计分析，针对旅客评价结果、影响力等方面的因素开展分析，为旅客出行服务改进提供支撑。

（四）以“调度指挥、施工维修、行车作业”为核心，实施一体化运输组织管理

1. 提升高铁调度指挥能力

一是由高铁调度指挥中心集中统一指挥上海局管内所有动车组运行，采用国际先进的CTC调度指

挥系统、CTCS－3 列车运行控制系统、GSM－R 无线通信系统，具备自动排列列车进路、自动控制运行速度、超速自动防护等功能，避免夜间运营情况下可能出现的人员精力不集中等问题。二是结合高铁运营对调度指挥各环节的内在要求，综合考虑调度区段里程、车站数量、列车密度、车站作业难度等因素，合理设置高铁调度相关岗位。同时，为保障调度安全、优化调度内部作业流程、解放调度岗位生产力。三是用信息化的建设提升高铁调度集中指挥水平。上海局建设 TDMS 系统并升级到 5.0 版本，将系统应用于调度生产指挥各环节，为确保每日旅客需求的实现，实现列车运行“一日一图”和日班计划协同编制、信息数据集成共享等功能，实现各专业协同编制日班计划及局站信息共享。四是以调度系统为核心，不断推进其他相关系统的建设，初步完成全局机务运安系统的建设，实现机务运安系统与 TDMS5.0 系统间的无缝对接和充分的信息共享，并逐步实现动车管理、客票管理、客车管理等系统与调度系统间的信息交互，为 TDMS5.0 系统提供更加有效、实时的信息源，支撑系统的运作。

2. 优化施工维修管理

高铁运营组织在施工维修方面与既有线不同，夜间 0：00～6：00 间需要采取“垂直天窗”（不安排列车运行、封锁线路）的方式进行设备维修以保证次日白天高铁列车大密度的运行需要。一是建设施工综合管理平台。通过创新施工管理理念，以确保施工安全为核心，以信息化技术为支撑，创建施工综合管理平台，建设施工综合管理体系，推进施工管理与运输生产协调发展。二是实现登销记作业的标准化。研发“电子登销记系统”，在上海局 130 个高铁行车室配备电脑和指纹仪，实现施工登记、销记的电子管理（“运统－46”登销记）内容的自动生成，落实管理责任。

3. 创建行车作业标准体系

一是明确行车作业特别是京沪高铁 350km/h 标准示范线创建目标和标准，按照创建标准强力推进。二是全面规范车务站段高速铁路中间站运营管理，进一步强化和提升运营管理水平，建立《高速铁路中间站运营管理标准》。三是修订岗位作业指导书。对京沪高铁 13 本《高铁作业指导书》进行全面检查，重点检查作业指导书是否根据《技规》（高速铁路部分）、《高速铁路行车组织细则》编制。

（五）强化以“协同”为核心的高铁安全应急管理

1. 构建高铁应急指挥协同平台

围绕“信息报告准确及时、应急指挥稳妥得当、应急响应快速全面、现场处置安全有序”的目标，上海局建立以应急调度台、站段应急指挥中心为核心的横向两级应急指挥层和纵向“行车指挥、应急把关”两条线构成的网络体系，形成“监控－评估－决策－指导－盯控”应急指挥模式，实施路局调度所“一元化”指挥和路局专业处室、站段专业科室技术支持并参与决策的应急工作机制。遇设备故障、突发事件、铁路交通事故等情况，应急调度台相关人员到列车调度台组织应急处置。值班人员根据具体情况，向有关领导报告，按等级启动响应，按照事故导向安全、按章处置、减少损失、单一指挥（不得干扰调度员单一指挥，维护调度员的集中统一指挥）的原则，在坚持调度单一指挥的原则前提下，一是为高铁调度员提供辅助决策；二是督促协调，掌握进度；三是对故障处置情况进行统计及分析，查找存在的问题，以便进一步改进应急处置工作记。同时，基于各类应急预案、案例知识库、应急资源以及现场状况等大数据的辅助决策平台，在应急处置时，根据设备故障影响范围和时间，自动提供影响范围内旅客列车相关资料，自动生成多套应急调整方案供选择，选择最优方案，并生成相关调度命令和调整方案，实现调整方案的下达和执行。

2. 强化“数据集成”的高铁安全检测监控管理

一是以信息透明、覆盖盲区的数据集成共享平台为支撑，打破设备信息传递阻隔，智能提取各类运营和管理信息，实现对设备的科学化集中管理，为专业部门提供科学管理辅助手段。二是信息集成。初步建成运输、客运专业数据集成平台，其他专业系统基于现有系统对人车天地图信息的实时采集，打破设备信息传递阻隔，强化研发，覆盖设备信息传递盲区，逐一纳入路局大数据平台统一管理，实现管理集中化、流程可视化、作业一体化。三是实现设备的智能管理。综合高铁运营设备状态监测、维修计划管理、故障、备品备件、人车等资源管理系统，跨区域信息共享，明晰人车动态和各类设备设施的状态，实现对设备的科学管理，智能提炼管理和运用信息，提高运用效率，提供维修辅助支持。四是提供运用辅助支持。融合远程故障查询、远程视频辅助、专家会诊和预防性维护系统，为相关专业及时提供远程和现场维修的技术支持。同时，结合故障案例库、智能搜索引擎、人员专家管理和设备能效管理等，为各专业部门提供科学管理的辅助手段。五是完善高铁防灾安全监控体系。针对高铁大量采用新技术设备、系统集成化程度高的特点，坚持"科技保安全"理念，完善可靠的高铁安全检测监控体系。因地制宜设置334处风速监测点、157处雨量监测点、151处异物侵限监测点，完善高铁地震监控预警系统、设备雷电防护设施等，有效防范大风、暴雨、雷电、地震等自然灾害对高铁运营特别是夜间运营安全带来的影响。六是完善固定设备检测监控体系。对高铁线路桥梁、牵引供电、通信信号等设备全面安装安全检测监控系统，每月开行高铁综合检测列车，每天开行无人空载确认列车，完善人工周期检查、专项检查、临时检查等机制，通过动静结合、人机结合，全方位、立体化监控。七是完善动车组运行检测监控体系。在车上设置上千个传感器设备，实时监控1800多项运行数据；在地面轨道上安装动车组运行TEDS检测系统（高速摄像头），实时采集动车组走行部等关键部位图像；将数据信息和图像资料通过无线网络传输到计算机终端，由地面技术人员通过专用软件采集和分析，确保动车组运行的绝对安全。

3. 实行高铁安全风险管理

一是完善高铁应急预案。组织涉及京沪高铁350km/h的8个站段各站段对高速铁路交通事故应急预案、高速铁路突发事件应急预案、防洪预案、非正常行车预案、扫雪除冰应急预案等5项应急预案重新修订完善，以流程化、图示化等方式补充相关场景下的处置程序、作业流程及安全卡控重点，做到一事一预案，切实保证作业人员操作规范化。二是站段结合管内安全实际，细化制定风险管控措施，严格落实风险认领制度，落实安全管理责任，确保高铁安全受控。三是开展高铁规章培训、高铁事故案例学习及实作演练。重点对《高铁技规》《高速铁路行车组织细则》、作业指导书、应急预案等进行学习，确保准确、熟练掌握相关内容。同时，事故案例进行记名式传达学习，通过对每个事故的违章分析解读，使高铁管理人员及车务应急值守人员真正清楚违章作业的风险，吸取事故教训，牢固树立安全意识。四是各高铁车站利用联锁（CTC）模拟机，对全线非正常行车内容实作演练，专业管理人员同步对实作过程进行分析评价，进一步提升高铁行车人员的应急处置能力。

三、以安全、优质、高效为目标的高速铁路运营体系管理效果

（一）安全保障能力稳步提升

通过应急资源系统整合和应急信息集中处置，增强了专业间、站段间的横向信息共享和系统内纵向信息交流，实现了应急指挥集中管理，有效防止了多头指挥、多专业决策和反应迟缓等现象的发生，确保了高铁运营安全和京沪高铁350km/h提速的成功。同时，通过设备保障管家系统和应急处置系统的集成，2016年设备故障率同环比减少了15%。上海局构建起人防、物防、技防"三位一体"安全保障体系，安全形势不断向好，安全周期不断延长。2016年满意度测评显示，人民群众对高铁服务满意度进一步提高。高铁列车满意度达到了83.87，同比上升了2.37；高铁站旅客满意度达85.85，比全局客站旅客满意度高出10.01。

（二）经济效益和运行效率显著提升

上海局地处长三角经济发达地区，旅客运输市场需求旺盛，近年来高铁客流保持年均30%左右的增幅。2016年9月调整列车运行图实施后，上海局共动车624.5对，占全局开行列车总数的70%。

2017 年 1 月调整列车运行图实施后，开行动车 633 对，运能增长 11%。2016 年，上海局高铁动车列车始发正点率达到 98.3%，运行正点率完成 95.4%。经统计，2016 年、2017 年上海局管辖范围内的长三角地区通过高铁出行的高端旅客数量（含商务座、特等座和一等座购票旅客）持续增长，高等级座席上车人数占高等级座席定员比例由 93.8%上升至 110.4%。2012—2016 年，上海虹桥站为空铁联运旅客做好应急处置服务达 967 批次，合计 2159 人。自 2016 年开始，上海局在动车组列车上正式试行收益管理客票销售策略，取得显著的经济效益。2016 年动车组列车客运收入 467.7 亿元，占全年客收的 76.8%。

（三）探索中国高铁运营集成化管理模式

上海局探索了一套符合中国国情的高铁运营管理模式，以市场为导向、以旅客为中心，优化系统资源要素，构建高度集成、信息流畅、指挥有力、应对有序、面向市场的营销系统，建立各系统、各专业融合，条块结合、系统集成的运营组织系统。构建高铁运营数据集成共享平台，得到了铁路总公司的肯定，其他铁路局经常到上海局组织学习、参观，具有广泛的推广示范作用。

（成果创造人：唐　强、卢万胜、陈　勇、李青松、向　岚、曹仕权、杨励民、何会兵、李　宏、曲思源、尹春峰、陆志华）

驻洛中央企业“三供一业”供电设施接收改造管理

国网河南省电力公司洛阳供电公司

国网河南省电力公司洛阳供电公司（以下简称洛阳公司）是国网河南省电力公司的所属分公司，担负着洛阳市九县六区690万人民群众生产生活的供电任务，供电面积1.5万平方千米。截至2016年年底，洛阳公司共有职工1297人，资产规模84.69亿元，售电量266亿千瓦时，全社会用电量达到397亿千瓦时。洛阳电网是国家西电东输的重要枢纽之一。目前已经形成以500千伏牡丹变、嘉和变、瀛洲变为主要支撑，220千伏核心双环网和市区110千伏双环网为骨干通道的网架结构，各县均已实现双回110千伏以上电源供电。近年来，洛阳公司先后荣获全国“五一劳动奖状”、国家电网公司“文明单位”“一流供电企业”等荣誉称号，行风评议实现全市公共服务行业十一连冠。

一、驻洛中央企业“三供一业”供电设施接收改造管理背景

（一）落实中央加快剥离企业办社会职能及做好试点工作的必然要求

剥离企业办社会职能是党中央、国务院深化国有企业改革的一项重大决策部署。国有企业职工家属区供水、供电、供热（供气）及物业管理（统称“三供一业”）分离移交是剥离国有企业办社会职能的重要内容，有利于国有企业减轻负担、集中精力发展主营业务，也有利于整合资源改造提升基础设施，进一步改善职工居住环境，实现公共服务专业化。2014年正式启动驻豫央企“三供一业”分离改造移交工作，洛阳市被国务院国资委确定为全国“三供一业”分离移交三个试点城市之一。洛阳公司作为全国试点城市的供电业务接收单位，必须认真贯彻落实国家工作部署、积极推进“三供一业”供电设施改造接收，不断扩大安全可靠的电力有效供给能力，切实让广大用户享受到便捷高效经济的供电服务。

（二）加快央企家属区电力基础设施改造，保障居民安全可靠用电的需要

洛阳市涉及“三供一业”分离移交的中央企业共有41家，9.76万户。这些企业家属区的水、电、暖及物业管理一直是各企业自主承担实施，在过去计划经济时代社会公共服务尚未完全建立的背景下，发挥了重要的保障作用。然而，随着社会经济发展，一方面，相关企业过多地承担了本不属于自身的社会职能，增加了企业负担，严重束缚企业持续健康发展。另一方面，这些生活区供电设施严重超期服役、配电变压器容量不足、线路老化十分普遍，在冬夏两季用电高峰时期，易发变压器烧毁、小区停电等安全事故，亟须对原有电力基础设施进行全面改造。因此，平稳有序推动“三供一业”分离移交，特别是对央企家属区老旧供电设施改造接收的实施，持续提高供电可靠性及优质服务水平，具有十分迫切的需求。

（三）统筹推动多方协同破解各项难题，实现合作共赢的需要

作为供电企业在新形势下面临的一项全新挑战，供电分离移交工作有许多需要解决的矛盾和问题。一是供电分离移交涉及面广、层级多，协调难度大，在多个领域、多个层级需要开展大量的沟通协调工作。二是前期统筹、改造施工、产权变更等面临难题多。供电分离移交工作需要入楼入户施工，会遇到许多意想不到的难题。三是没有现成的经验可以借鉴。洛阳是全国范围内开展供电设施分离移交的首批试点，没有以往经验能够参考，需要洛阳公司加强组织领导、精心组织、周密部署，运用全新的理念和管理方法，探索出解决多重矛盾和困难、推进供电设施改造接收的有效途径，开创移交企业、用户、供电公司和社会多方共赢的新局面。

二、驻洛中央企业“三供一业”供电设施接收改造管理内涵和主要做法

洛阳公司严格贯彻落实中央决策部署，在地方政府领导下，切实发挥供电设施改造接收责任主体作用，通过建立高效运转的组织体系，统筹做好项目前期安排，打造政企密切合作的多元协同机制；坚持维修为主、改造为辅，且高于城市供电设施平均水平，制定科学的工作方案和技术标准，奠定供电分离移交的坚实基础；以依法合规为核心，强化全方位综合管控，统筹做好招标环节、设备采购、项目资金、施工改造、风险防范等全过程管控；基于全局视角整合优化资源配置，提供多表合一“一站式”公共服务；稳妥做好供电资产移交接收，提供高标准专业化运维服务。有力促进各利益相关方在供电分离移交方面形成价值共识、凝聚合力，顺利完成15家央企、8家省属企业6.5万户的供电改造任务，实现央企家属区供电设施有效改善，用电安全可靠性显著增强。主要做法如下。

（一）建立高效运转的组织体系

1. 成立横向协同、纵向贯通的组织机构

“三供一业”供电设施改造接收涉及公司内部营销、运维、发策、设计、施工、物资、财务、审计等多个部门，洛阳公司成立供电分离移交组织领导机构，组建涵盖执行团队、沟通团队与宣传团队在内的三大团队，通过搭建一个强有力的组织领导体系，建立起跨专业横向协同、纵向贯通的专业团队，具体负责协调项目实施过程中的资源整合，确保供电分离移交工作在公司内部各环节的纵横联动和高效快速推进。

2. 优化协同内外部力量，形成分离移交绿色通道

洛阳公司通过强化超前服务、事前沟通，简化报装手续，建立“三供一业”供电分离移交工程的一站式服务。在项目实施的过程中，采取两级联动对接机制。一是主动对接省公司营销部，积极汇报项目的实施进展情况，取得国家电网总部及省公司的政策支持；二是主动对接洛阳市国资委，针对电力设施改造接收“落地难”的问题，积极协助政府部门建立城建、绿化、住建委、公安等多部门“三供一业”项目审批的“绿色通道”，进一步精简审批流程，有效缩短办理时间，为供电设施项目改造接收前期工作点亮绿灯，使工程提早具备核准条件。

（二）明确整体思路，制定实施方案

1. 超前谋划，制定移交工作实施方案

充分做好政策调研，密切关注“三供一业”全面剥离工作的最新进展、思路、政策和动态，在地方政府的统筹协调下，经过多次听取各方意见建议，洛阳公司积极协助市国资委确定改造计划，经过反复讨论修改，制订《洛阳市驻洛央企家属区供水供电供暖和物业分离移交工作方案》。进一步在总结公司相关业务接收过程中遇到的重大问题、供水供热企业的先进做法和公司现有成功经验的基础下，制订《驻洛阳中央企业供电分离移交改造意向书》和《驻洛央企“三供一业”供电分离移交协议》及补充协议，明确移交企业与供电公司的权利、义务和责任，为供电设施分离移交工作有序推进提供基本遵循与方向指引。

2. 细分任务阶段，制定各阶段行动指南

洛阳公司严格依据国资委、国家电网公司相关要求，在对公开招标、政策宣传等关键性问题进行逐一研究的基础上，最终与移交企业、政府部门达成共识，编制形成《驻洛央企“三供一业”供电分离移交改造工作流程》。将供电分离移交工作具体划分为“协议签订、方案制定、施工准备、工程施工、转资移交”五个阶段十七个工作步骤，从签署《供电分离移交改造意向书》到资产移交，明确每一个步骤的基本原则、招标程序、责任分工、工作任务、工作方式，确定在项目管理、改造资金、采购管理、项目施工、工作协调、竣工验收、资产移交、项目审计、历史遗留问题等环节各方的权利、义务、责任，为规范供电分离移交工作奠定坚实基础。

（三）以促进平稳移交为导向，做好项目前期统筹安排

1. 加强与移交企业的有效衔接，奠定分离移交的坚实基础

洛阳公司主动对接用户，通过开展上门约谈、现场勘察、问卷调查、意见征集等形式，积极与移交企业开展全方位沟通对接，为企业解疑释惑，并提前做好各种预案。通过与移交企业沟通，确定分离移交实施原则和双方的责任义务；对改造技术标准、费用测算、资料提交、资金准备、通道协调、流程规范、政策宣传等问题进行充分沟通，达成共识。洛阳公司主要领导多次到移交企业进行走访，研讨相关疑难问题。例如，在改造方案的设计上多次沟通，既做到“充分利旧”，又做到“适度超前”，实现与移交企业的协同运作。

2. 建立与政府沟通协调机制，搭建开放式多元合作平台

洛阳公司主动与市政府有关部门对接，积极推进政企紧密对接并承担核心任务。推动建立包含市政府、移交企业和接收企业参加的三方工作组，实施周例会、月通报工作制度，对分离移交改造工作中的难点、困难及时进行面对面协商沟通。同时，积极参与组建“三供一业”分离移交工作专家组，具体对分离移交“三供一业”工作中在改造工程造价、费用标准等疑难问题进行研究、论证和协调，构建便捷通畅的开放式多元合作平台。

3. 制定工作规范，明确改造施工技术标准

“三供一业”供电分离移交改造工作作为一项全新而复杂的系统工程，没有先例。需要对改造的技术标准、费用测算、资料提交、资金准备、通道协调、流程规范等精心设计。洛阳公司依据国家配电网规划、设计等相关技术标准和规范，遵循“维修为主、改造为辅、技术合理、经济合算、运行可靠，且不低于城市基础设施的平均水平”的原则，于 2014 年 5 月编制《洛阳市城（郊）区老旧居民小区电网改造技术标准》。该标准综合考虑居民房屋使用年限和面积，增加调节系数，尽可能节约移交企业投资；同时，致力于改善居民用电水平，努力提升居民生活质量。经过市国资委组织专家对各项技术标准进行充分论证，分别以政府文件的形式下发执行，确定供电设施改造费用的整体估算，并将洛阳市“三供一业”改造工作总预算报国务院国资委，为实施供电分离移交工作确定基本的技术规范。在具体设计操作过程中，洛阳公司针对不同移交企业的实际情况，在配电网设备的选择上，遵循设备全生命周期管理的理念，既坚持充分利旧，又要做到适度超前。

4. 坚持问题导向，因企制宜分类施策

洛阳公司作为“三供一业”供电分离移交工作的接收单位和实施主体，针对分离移交过程中存在的不同问题，主动谋划、科学制定不同的应对策略。一是针对资金筹措困难，根据国务院国资委相关政策，“三供一业”分离移交改造出资比例按照 5∶3∶2 的原则，由中央国有资本运营预算承担 50%，央企总部承担 30%，改造企业承担 20%的方式开展，有效杜绝因改造资金不足、企业内部改造意愿等可能造成供电分离改造整体进度不可控等问题。二是针对一些移交企业提供资料不全等问题，加强与移交企业沟通对接，部署专业人员进行摸底调查，重新绘制供电设施图纸等材料，尽快补齐相关资料。三是针对一些家属区居民担心电磁辐射或者谋取利益等阻碍施工，专门组建沟通协调小组，在居民区入户做好相关政策与电磁辐射解释说明工作，建立日会商、日沟通、日督察的工作机制，消除小区居民及其他利益相关方对电磁辐射的不理解。四是针对一些家属区内产权复杂，存在转供电和不属于移交企业的非居民设施，同步制定改造方案，以洛阳公司出资落实改造费用，确保后续同步开展施工改造。

（四）以依法合规为核心，强化全方位综合管控

1. 实现招标各环节有效管控

针对设计、施工、物资、监理、第三方审计等重点环节，由移交企业和接收企业共同委托市政府财政招标平台认可的第三方代理机构进行公开招标，对中标结果进行公示，确保招标过程公开透明，并通

过合同管理实施有效管控。同时，建立设计、施工、监理激励约束机制，依据合同履约情况加强对参建队伍进行动态评估管控。

2. 严把物资入口关

建立全过程质量监督机制。贯穿招标、监造、交货、安装各个环节，建立物资招标采购、生产制造、安装调试、运行维护等全寿命周期质量信息贯通机制。实行严格的产品准入制度，严格设备及材料选型、招标、监造、检查、供货商评级等全面质量控制，把好设备入口关。严格执行施工工艺标准，确保工程建设优质高效。

3. 严格项目资金管理

在立项与资金批复方面，为支持做好国企“三供一业”供电分离移交，国家电网及省公司专门设置电网配套工程，电网配套工程的项目申报和资金使用严格实施 ERP 综合管理，由地市营销、发策部门编制可研，汇总上报，确保项目及资金按时批复。在项目执行过程中，严格按照里程碑计划进行项目管理，实时进行进度跟踪与质量管控，资金支付比例严格按照项目进度进行分次支付，确保项目按计划有序推进。

4. 强化施工管控，构建施工质量闭环管理体系

洛阳公司在借鉴质量管理体系 PDCA 模式基础上，按照标杆工程、示范工程的标准，探索出一套“有计划、有执行、有监督、有总结”的重点工作闭环管理体系，强化对施工过程及工程质量的有效管控。一是精心筹划，落实责任。成立专项工程管理组织机构，将具体责任和工作分解、量化到各部门、各级管理人员、施工作业人员。二是深入分析，严格执行。精心编制安全、技术、组织、环境保护措施及施工方案，将业主、管理部室、设计单位、监理单位、施工单位相关信息有序录入信息系统；进行物资计划申报、到货验收、入出库发货、结余物资管理。三是岗位对接，考核评价。生产经营部、安全质量监察部、工程项目部对所有“三供一业”施工现场进行联合检查，加大督察、督办管理力度，对现场发现的问题下达《缺陷隐患整改通知书》，限期整改。四是持续改进，提升完善。由以往定期检查转变为周督办、周反馈、周通报的闭环管理体系，借助周工作例会平台，对各部门工作计划完成情况召开项目部周例会落实情况并进行通报，有效保证施工质量和进度。五是文明规范施工，营造良好的施工改造外部环境。

从服务央企家属区居民角度出发，加强“文明施工”管理，保障施工过程中居民的正常生活。通过实施“四个一”（一个项目指挥部、一部宣传片、一份宣传手册和一套宣传展板），负责居民的建档立户及相关政策的解释说明工作，积极争取居民的配合与支持，统筹协调施工现场各项问题。

5. 加强全过程风险防范，确保廉洁合规

供电分离移交工作环节多、涉及方方面面多个领域，风险点发散。针对项目实施过程中可能产生的法律风险、廉政风险、履约风险等各类风险，制定有针对性的风险防控措施，构建岗位、流程、制度一体化的风险防范长效机制，以此为抓手不断强化对人财物核心资源和重点环节的风险管控，及时预警、发现、解决和纠正问题，保障改造接收顺利实施。

（五）基于全局视角整合优化资源配置，提供多表合一“一站式”公共服务

一是全力创造供电、供水、供暖等一次性分离移交的工作条件。与水、气、暖等施工单位通力协作，洛阳公司积极协同供水、供暖企业进行方案优化，同步进行施工工期配合，减少供水、供暖交叉施工、重复施工对居民生活的影响。二是开展“多表合一”建设，推动公共服务资源效益最大化。采集应用能够显著改善用户用能互动化服务体验。洛阳公司为落实“便民、为民、惠民”的服务宗旨，统筹协调四方共同约定抄表周期，由供电公司牵头，利用现有的电能信息采集系统和通信资源，打造“多表合一”数据专线，实现水、电、暖等四大重要能源数据远程自动采集与推送，实现社会公共服务资源效益

最大化。三是设立现场项目部及一站式服务台，为小区居民提供上门服务。现场可直接办理客户用电申请，快速建档立户，为小区居民提供线路及空气开关检查，帮助客户安装“电 e 宝”、掌上电力等供电服务客户端软件。实施现场客户满意度调查，密切关注在施工过程中移交企业、小区居民、商业客户的诉求，从抄表质量、电费电价宣传、催缴方式方法、工程施工、现场项目部组建、供电抢修等各个方面强化统筹，积极展现供电企业履行社会责任的良好形象。

（六）做好供电资产移交接收，提供高标准专业化运维服务

1. 规范开展资产核对与移交接收

做好国有资产核算和产权变更工作，纳入预算管理体系，控制国有资产管理风险。在项目建设过程中及改造完成后，及时做好移交资产清查盘点、登记入账等工作，确保移交资产权属清晰无纠纷。施工完毕后，洛阳公司积极会同移交企业进行验收，及时启动第三方审计公开招标工作，同时协助移交企业完成国家资本经营预算资金申报，按要求签订完成转资移交协议，及时实现分离移交，做好资料归档。在项目竣工验收后，由第三方审计对项目进行全过程审计，出具规范的审计报告和物资清单，经移交企业和接收企业书面确认后，办理规范的转资移交手续。

2. 高标准、高质量开展后续运维服务

丰富缴费手段，提供 24 小时网格化服务。针对新移交接收的央企家属区，洛阳公司配备专业队伍，对新移交的客户开展营业普查，迅速完成电子档案、纸质档案建档工作。持续优化缴费方式。洛阳公司针对央企家属区居民缴费方式发生变更的实际情况出发，通过现场张贴温馨提示、为客户在手机上安装电 e 宝、掌上电力等客户端软件，帮助指导客户及时进行电费、电量查询和缴纳。着力提供网格化服务。洛阳公司为客户提供 24 小时网格化服务。通过 95598 客服电话、台区经理建立的客户供电服务微信群，实现对客户诉求提供高品质服务的快速响应。

提供专业设备运维，确保电力设备安全稳定运行。洛阳公司接收前，央企家属区供用电设施长期缺乏维护，缺陷较多，某些困难企业明知设备有缺陷，但既无资金又无技术力量消缺。贯彻落实政策规定，电网企业只接收分离移交供电设施资产，不接纳移交企业从事“供电”的有关人员。接收后，洛阳公司专门组织专业运维队伍定期对供、用电设施进行巡视，发现问题第一时间组织专业力量消缺，确保电力设备安全稳定运行。对相同类型的故障，洛阳公司接收后，处理故障的时间也大大缩短。

遵循“充分利旧”原则，在确保安全可靠基础上帮助移交企业有效节约资金成本。洛阳公司组织专业力量，在与移交企业充分研究的基础上，本着减轻企业负担的原则，精细测算、合理利旧，结合技术导则和实际情况拟定供电方案。做好央企家属区供电设施移交接收与电网融合，在确保电网运行安全、可靠的前提下，充分利用移交企业原有供配电设施、站址用房等，努力降低工程改造费用，确保技术合理、经济合算和运行可靠。洛阳公司通过全面开展现场排查和资料收集，共编制完成现场各类资料图纸 900 余份。在确保电网运行可控、能控和在控的基础上，对移交企业原有的供电设施进行安全评估，对于满足安全和技术要求的部分变压器、电缆、表箱等供电设施充分利旧，全面优化供电改造方案，既保证电网安全又提升居民用电质量，同时帮助企业节约资金约 3700 万元。

三、驻洛中央企业“三供一业”供电设施接收改造管理效果

（一）接收工作平稳有序推进，为减轻企业办社会负担做出积极贡献

供电分离移交工作的顺利实施，有效帮助企业减轻负担，增强活力和竞争力。洛阳市涉及供电分离移交的央企合计 41 家，共有 160 个小区，9.76 万户，已全部签订分离移交协议，签约率 100%。累计完成 15 家央企，8 家省属企业 6.5 万户的供电改造分离移交工作。相关央企供电分离移交后，企业将不再承担对职工家属区的老旧供电设施的维修、维护成本，同时相应的供电维护值班人员将予以大幅减少。实现对核心资源优化管控，经济效益得到显著提升，有力减轻了企业办社会负担。

（二）大力改善央企家属区供电设施，用电安全可靠性显著增强

对央企家属区老旧供电设施进行改造之后，企业小区的电力设施的运行维护由供电公司提供 24 小时全程服务，全面实现“同网同价”，做到供电、抄表、收费、服务实现“四到户”，解决了移交企业小区长期存在的用电难题，使人民群众可以享受国家统一的居民电价和专业、优质的供电服务，满足居民群众不断增长的用电需求，提高供电可靠性及优质服务水平，使得“国家电网”可靠、可信赖的品牌形象在广大居民中更加深入人心。改造后的居民供电运行系统实现了水、电、气、暖等四大重要能源数据远程自动集采集抄和自动推送，利用智能终端实现电、水、气、暖各类明细账单实时查询与便捷缴费，有效解决了合表用电期间居民之间因电费分摊产生的矛盾，供电优质服务水平实现本质提升。

（三）发挥示范引领作用，社会效益显著

洛阳公司以平稳有序、多方共赢为导向的供电设施改造接收管理具有较强的扩展性与示范性，其方法具有通用性，可复制性强，在操作层面能够落地实施，具有良好的示范推广应用价值。省属央企“三供一业”分离移交工作全面启动，省国资委、省公司将“洛阳标准”作为全省供电分离移交的标准进行全省推广，此项成果将在全国电力系统供电分离移交工作中得到更加广泛的借鉴和应用。

（成果创造人：赵仲民、刘志贺、马晓久、郭　雷、李建华、李积会、
裴明军、孙志强、宁　奎、石玉红、田　海、贾　佳）

核燃料元件制造企业以创新为引领的新生产线建设与运行管理

中核建中核燃料元件有限公司

中核建中核燃料元件有限公司（以下简称中核建中公司）是我国核燃料循环和核电发展的重要企业，始建于1965年。现注册资本6.38亿元，总资产148.69亿元，净利润4.58亿元。现有员工4100余人，总占地面积3356亩。中核建中公司现已发展成为以核电燃料元件制造为主导产业，香料、金属锂、锂电池为非核主要民品的军民结合型国有大型企业。2011年以来，中核建中公司以核燃料元件生产线扩建技改工程新生产线（以下简称新生产线）建设为契机，大力实施创新，建成以管理科学、技术领先、装备先进、质量优良、安全可靠、清洁高效为主要特征的核燃料元件新生产线。

一、核燃料元件制造企业以创新为引领的新生产线建设与运行管理背景

（一）适应国家核电快速发展的需要

核电在全球电力中的平均发电量已经达到14%，我国核电仅占总发电量的2%，是我国未来能源建设的重点。国家《核电安全规划（2011—2020年）》和《核电中长期发展规划（2011—2020年）》明确要求，"在确保安全的基础上高效发展核电"。随着国家核电发展步伐的加快，核燃料元件产能的不足与核电对核燃料元件的需求之间矛盾日益凸显，中核建中公司原有400吨铀/年生产能力已经无法满足2015年到2020年间国内核电站对燃料元件的需求，为此，创新技术和管理，引进采用世界先进工艺设备，提高核燃料元件产能与质量，适应核电的快速发展需要新建安全、高效的自动化生产线。

（二）核燃料元件产业发展的需要

随着国家核电战略发展，核燃料元件供货量逐年增加，为适应多个电站、多品种、多富集度产品供货要求，满足我国今后一段时期核电发展对核燃料元件的需求，适度超前配置核燃料元件生产能力，加快实施核燃料元件生产线扩建技改工程建设，对现有生产线的优点和缺点进行分析，综合运用精益设计思想对新的生产线进行布局规划，建设一条满足发展需要、生产周期短、内部物流相对合理的新生产线成为企业实现产业发展的现实需要。

（三）促进企业持续健康发展的需要

核燃料元件具有结构复杂，零件的种类和数量多，精度要求高，制造难度大，质量控制的环节多等特点，其生产涵盖核化工转化、粉末冶金、燃料棒制造及组件组装、理化分析检测等工艺技术，对标世界一流企业，中核建中在自动化水平、生产管理方式、信息化水平等方面存在较大差距。建设装备先进精良、自动化水平和辐射防护水平大幅度提升的新生产线，是追赶国际先进燃料元件制造企业，赢取市场竞争优势，做大做强企业的迫切需求。

二、核燃料元件制造企业以创新为引领的新生产线建设与运行管理内涵和主要做法

中核建中公司以创新为引领，紧扣核燃料元件生产制造关键要素及环节，以建成国际一流核燃料元件制造基地为目标，通过建立高效系统的组织管理模式，严格工程建设全过程管理，提升信息化自动化水平，全力打造数字化车间，建设"一流的装备、一流的管理、一流的素养"的新生产线，大幅度提升公司产能及产品制造效率，促进主要经济技术指标与环保水平达到国际先进一流水平，为我国核燃料元件产业升级和跨越式大发展提供坚实的技术支持和装备保障。主要做法如下。

（一）对标先进，确立新生产线建设目标

近年来，国内核燃料市场化进程加快，核燃料产业竞争日益加剧，中核建中公司开始系统思考提升核燃料元件制造能力与水平，按照“对标世界一流，领先行业发展”的思路，采取分层次、分步骤，重点突出、流程指标并重的方式，构建了以对标、对照、对表为对标理念的“三对”对标管理体系，选取世界一流核燃料元件制造企业和国内同行以及企业内部先进，从科研、工艺技术、安全环保、质量管理、生产运行、设备装备等方面系统开展对标管理，充分挖掘和掌握企业自身和对标对象的差距，确定了新生产线建设目标：采用合适的设备类型，有效利用设备、人员和空间，建设一条技术、设备、工艺更加先进，布局更加合理，运行更加高效的核燃料元件生产线，产能达到800吨铀/年，助力公司跃升为全球为数不多具有较大规模的核燃料元件制造专业化公司。

（二）实施项目建设全过程管理，打造国际一流核燃料元件生产线

新生产线建设是一个系统工程，包括零部件加工生产线、干法化工生产线和芯块、单棒、组件组装一体化生产线，共涉及多个子项。每个子项又包含土建、电气、管道、设备安装等若干方面的工作；同时还包含复杂的政府许可取证和生产准备工作。因此，必须加强项目建设全过程管理，抓好顶层设计、系统策划、统筹兼顾、全面推进。

1. 加强组织领导，强化组织协同管理

遵循“统一管理、分级负责、全程管控”的原则，中核建中公司成立以总经理为组长的新生产线建设工程领导小组，公司副总经理、总工程师担任工程技术总监，总经理助理负责定期组织召开建设工程例会，研究部署工作任务、协调处理工程建设过程的问题，确保新建工程按计划节点顺利完工投入生产。工程项目部负责建设工程组织、协调，并按工程建设程序，加大对现场工程项目的管理力度；扩产办负责新建工程总体协调；物资设备部负责提前预订扩产工程所需重要物资设备；安全环保部负责整个工程的安全和环境保护的评价；质量管理部负责提前编制生产和技改质量保证程序；技术部负责及时组织新项目投产前的各项鉴定工作；维修安装部负责安排施工；相关车间单位负责新建生产线自主创新工作。

2. 积极介入项目前期设计，瞄准关键工艺与设备实施创新

针对核燃料元件生产制造过程的关键工艺与设备，中核建中公司对应成立了专项工作组，主动对原设计方案中所采用的传统工艺及设备提出修改意见，大力开展创新，优化制造工艺，提升设备能力。首先，选择当前国际最优工艺。采用二氧化铀粉末干法化工生产工艺和2140芯块、单棒、组件组装一体化生产等新工艺，实现了立体分布密闭式粉末制粒、压制，自动装舟和生坯、烧结芯块的物料自动运，燃料棒压力电阻焊，燃料棒、钆棒、导向管和管座格架零部件的立体存放等，基本实现芯块、单棒、组件组装的全自动化生产，提升生产效率。其次，瞄准关键设备与工艺，协同攻关。对关键重大设备与工艺，中核建中公司通过建立产学研合作机制。根据实际需要采取委托研究、联合攻关、组建创新协同中心等三种方式实施协同创新。

一是委托高校、研究院所开发研究。由中核建中投入人力、资金，根据公司制造技术创新的需求提出技术合作要求，高校或研究院投入人力和技术，合作双方共同参与，公司也能够以较低的成本获得和使用先进技术。比如与中国核电工程公司郑州分公司合作，完成GFX－200干法转换装置的汽化、转化炉、检查料斗、尾气系统、控制系统的设计，自主实现了铀化工干法转换装置的研制，二氧化铀粉末的生产能力达到了200吨铀/年，满足生产工艺设计要求，填补了我国无大型铀化工干法转换装置的空白。通过产学研合作方式，还成功研制了二氧化铀芯块自动装舟系统、燃料棒自动氩弧焊机、燃料棒中子活化富集度自动检测系统、燃料组件骨架机器人焊机、燃料组件检查仪等重大装备，提升了生产线自动化水平。

二是联合攻关。对于产、学、研有共同需求的项目，合作各方以纵向拨款或共同出资为经费来源，组建联合攻关团队，开展攻关活动。各方在攻关活动中以任务书或联合攻关协议的形式明确责、权、利，有分工，有合作，利益共享，风险共担。如与核工业第八研究所就含铀含氟废液处理技术研究项目形成合作协议，建立含铀废液有效处理方法，降低处理成本和减少二次废物产生，实现达标排放。

三是组建创新协同中心。中核建中以拥有的"国家级企业技术中心"及核电元件生产线为平台，与大学或研究机构共同组建创新协同中心。如与南华大学组建"核燃料循环技术与装备创新协同中心"，形成产学对接，南华大学的现有研究成果可以以较低的成本应用到公司的特定项目上。

3. 强化工程项目建设全过程管理

一是推行工程建设项目负责人制。在项目建设中引进并试点实施项目负责人制度，打破部门领导—科长—工程管理人员和各工种、专业的界限的传统管理模式，由项目负责人总体协调项目建设过程中各项重点工作，建立起新生产线建设工程协调周例会制度、分管领导日例会制度，及时协调解决新生产线建设推进过程中遇到各类问题。

二是推行项目建设网络计划。通过利用网络图对工作进度进行计划和估计，按季、月、周制定切实可行的季、月、周计划（包括土建计划、设备安装计划、设备到货和验收计划）三级计划，相关单位、部门按照上述计划安排到天，确保新生产线项目推进蓝图实施按进度顺利开展。在实施过程中，所有工作要求工作定量、计划翔实，做到月度计划必须保证在前月月末完成下月计划，并正式下达，周计划必须在前周周末下达。同时周计划调整滞后 2 天以内的由工程项目部领导审批，超过 2 天由公司项目建设分管领导审批。将关键控制点纳入科学发展绩效考核任务书，严格考核。工程项目部作为业主方，按照月、周计划加大管理、协调、考核力度，对没按计划完工的外部施工单位和公司内部相关单位给予处罚，对按计划完成或提前完成计划节点的单位、子项目负责人给予奖励。

三是严格安全、质量、预算控制。第一，强化安全体系全面覆盖。按照"零事故、零伤害、零环境污染"的 HSE 管理目标，在辐射防护和核安全上采用更为严格的国际标准和欧洲标准，全面落实国家工程建设安全法规，严格落实安全责任。建立监督检查机制，预控安全风险。制定《核设施安全运行质保大纲》《核安全重要物项分类管理办法》和《核安全运行限值与条件监督方案》，建立日常检查规范化、综合检查制度化、专项检查特色化、解剖检查常态化、评审检查专业化"五位一体"的监督检查机制，做到统一编制计划、统一检查标准、统一协调运行、统一评价考核、统一信息反馈"五统一"，提高监督质量。组织开展建设项目"三同时"专项检查，完善重点项目"三同时"预警机制，推进建设项目环境监理，全面提高"三同时"管理水平。第二，实施项目建设全过程质量管理。质量关口前移，强化工程项目论证、设计质量，专项工作组成员参加项目论证、设计审查与技术联络会，在工程设计阶段及时发现问题，把缺陷消除在萌芽状态。同时，加强招标阶段质量管理。在工程施工、原材料采购、设备采购招标阶段，明确资质与质量要求，将施工单位、原材料及设备供应单位质量保证体系纳入工程质量管理体系构架中。此外，加强过程监督检查，严把过程中间及最终质量验收关。中核建中发挥设计、监理、施工等各方面作用，加强现场施工质量巡视与监管，有针对性地成立土建、安装、原材料、设备专项检查组，对工程建造过程中的施工安全、质量、进度、不符合项处理及纠正措施等进行严格的监督管理，确保施工质量及施工过程中的安全。比如，施工中的各种原材料均按照规范要求，送试验室进行复试；各种建筑材料在具备产品合格证、出厂检测报告和进场复试报告合格的情况下，才可在本工程中使用。用于工程的钢筋、碎石、砂、水泥等材料，坚持"先验后用"的原则，不论进场渠道如何，均按规定批量进行见证取送样进行复试，合格后才可用于工程施工。同时，督促施工单位认真执行工艺标准和操作规程；加强各工序质量控制，加强对隐蔽工程的验收检查，对工序中重点部位进行旁站管理；对不符合规范要求的质量问题坚决要求按规定进行整改。

四是实施全面预算，全程监控。将投资控制贯穿于新生产线建设全过程。修订完善投资项目管理办法，强化投资项目的前期工作管理，加大对投资项目的计划、进度和费用的管控力度，严格工程资金管理，将工程造价控制在上级部门或计划下达部门所批复的概算内，严格审核把关工程中各类费用支付。加强工程建设过程的跟踪、检查以及重大形象节点和投资完成率考核，开展项目月度完成情况总结和季度执行情况及风险评估工作。严格招投标采购，制定设备类、建筑工程类项目标准招标文件及一整套适用于招投标工作实际的标准表格、文档模板，使整个招投标过程有据可查。

（三）开发数字化车间信息系统，全面提升核燃料元件制造自动化、信息化水平

针对目前公司生产管理现状，中核建中以数字化装备和管理信息化为基础，以实现信息化、无纸化、可视化、柔性化和虚拟化管理，达成高品质、高效率和低成本生产为目标，通过对产品、计划、资源、物流、工艺和质量的数字化应用，构建集芯块制造、单棒焊接、骨架焊接、组件组装及理化分析为一体，信息流畅、过程严谨、管控一体的数字化车间。数字化车间生产工艺设备 247 台套，通过部署采集与监控模块可将设备与工艺关键状态、监控图表、设备管理业务有机地结合起来，实现管控精准化、预警超前化、决策智能化，使生产线的信息化和自动化水平进一步提升，新生产线以不到老生产线 1/3 的员工数量实现老生产线的产出水平。

（四）开展设备运行可靠性及核燃料元件产品制造全过程质量管理，强化生产线运行管控

针对新生产线投产，遵循中核建中质量管理体系、环境管理体系和职业健康安全管理体系，编制高效一体化的过程控制程序文件，突出生产过程管理规范化，突出设备运行可靠化，提高了新生产线运行管理的规范化、标准化水平，促使新生产线在较短的时间内形成了产能。

1. 提升设备运行可靠性

中核建中核燃料元件有限公司根据自身核燃料元件生产特点，吸收 TPM 设备管理理念方法，构建提升设备运行可靠性相关软硬件管理系统，使设备运行可靠性大大提升。一是构建提升设备运行可靠性管理体系。建立了从点检发现设备运行状态变化到设备检修到备品备件提供到检修后评价改进等三方面的管理流程。二是实施产品合格性鉴定、工艺合格性鉴定、设备合格性鉴定三大鉴定，通过“三大鉴定”确定设备性能最稳定可靠、最适宜生产工艺和连续生产的最佳设备参数区，将提升设备运行可靠性管理领域外延至工艺系统、质量管理系统，点检人员不仅关注设备运行，同时还对关键性工艺参数进行监控，按一定频率采集运行参数并进行统计分析，生成参数趋势图，一旦运行状态偏离工艺参数及时反应。三是构建“三三制”点检体制，形成“三级设备”“三级主体”与“三级点检”相结合点检体制，系统掌握设备运行状态，根据设备运行状态确定维护检修内容，增强维护检修的针对性和精准性，使设备计划维修不再仅仅依赖人员的经验或习惯，做到应修必修。四是整合检修力量，多专业协同分析与处置设备故障。整合各生产车间设备维修人员，组建维修安装部，成立精修班及设备运行保障班，由机械、电气、仪表及工艺专业协同进行设备运行状态分析评价，制定维修作业标准，使各专业在问题诊断及故障处置过程中不仅做好自身工作，还能对其他专业的关联有明确认识和协调配合。建立检修后评价设备管理改进的循环机制，在每次检修完成后，对照检修方案评价检修作业质量与效果，一段时期内通过点检跟踪维修后设备运行状态，通过维修中发现的问题改进设备操作与管理，促进设备运行可靠性进一步提升。

2. 强化核燃料元件产品制造全过程质量管理

中核建中开展以提高产品质量可靠性为核心的生产制造全过程质量管理，推行原材料、制造工艺、制造过程“100%可靠”，持续提高核燃料元件产品制造质量可靠性。

一是原材料 100%可靠。从物料性能 100%可靠和物料使用 100%可靠两方面入手，将“原材料可

靠性管理”嵌入到核燃料元件生产制造的整个体系中，从根源上保障核燃料元件产品制造质量可靠性。

二是管控原材料质量，确保原材料质量性能100%可靠。编制《供方评价程序》，确定评价方法、流程与评价标准，质量管理部、技术部等专业部门对原材料供应方进行质量保证能力、技术能力、供货（服务）能力评价，根据评价结果，编制《合格供方清单》。只有列入《合格供方清单》的供应商才能为中核建中提供核燃料组件原材料或零部件。对关键原材料，中核建中派出质量、技术人员全程参与供方的技术攻关、工艺试验、工艺和产品合格性鉴定和质量管理体系建设，定期对供方进行质保监察，充分掌握供方的质量状况，将材料采购的风险降至最低。关注供应商所提供的材料性能的一致性和稳定性。编制《燃料元件重要物项清单》《重要物项监造管理规定》，根据关键特性确定适宜的驻厂监造或性能复验频率。必要时，组织编写源地验收大纲，在供方现场进行源地验收，避免有缺陷的原材料进入生产现场。为避免出现重大质量隐患，在重要物项进入到厂后再次对其质量文件、技术特性进行复查，复查不合格物料不予接收入库。

三是管控材料使用，确保材料使用100%可靠。明确材料的性能或功能标准，建立材料性能与产品性能的相关关系，监控材料关键性能变化情况，针对材料性能变化适时采用适用的工艺。比如建立UO2粉末性能的标准测试程序，开展粉末性能与芯块制造工艺及芯块性能的关系研究，针对粉末性能提出适宜芯块制造的最佳制造工艺。编制《放行管理程序》，对影响产品质量的主要零部件、原材料、外购件等采用质量检验放行方式；在重要工序间实行对质量文件进行现场审核签字的质量监督放行，生产岗位只有在得到相关原材料、半成品或成品的相关放行单后，才能进行下一步生产制造工作，避免不满足要求的原材料进入生产制造工序。加强原材料出入库和标识管理，防止材料误用：编制发布《物项验收、入库、保管和发放管理程序》《燃料组件、单元件、部件的编号规则》等文件，对燃料元件原材料出入库、存储、生产流转过程进行规范管理，避免出现材料误用。

四是制造工艺“100%可靠”。中核建中从设计技术条件管理、工艺技术管理、技术状态管理三方面入手，实施制造工艺“100%可靠”管理，从技术上保证核燃料元件产品制造质量可靠性。中核建中修改完善《设计控制程序》，建立从设计文件的适用性审查、设计文件的编制和转化、设计文件的确认、适用设计文件目录的建立和更改、设计文件技术状态管理到文件兼容审查的工作流程。为保证能够连续稳定生产出符合技术条件要求的核燃料元件产品，建立以工艺试验、预鉴定、工艺鉴定、产品鉴定为主线的工艺管理整个流程，形成制造工艺摸索、形成、调整、验证、固化的管理模式。为避免批量性产品质量波动，中核建中制定技术状态管理程序，明确生产中技术状态项目的功能和物理特性，确定评审要素，强化评审控制，建立技术状态跟踪处理机制，记录和报告这些特性更改处理过程及执行情况，使技术特性状态100%刚性受控，满足产品技术要求。

五是生产现场100%可靠。中核建中在核燃料元件生产线上全面推行以6S管理。通过6S管理及时有效把握生产过程中的人、设备、技术、物流和操作的每一个细节，实现对生产现场的有效管控，彻底改变全员参与流于形式、现场管理失控的缺陷，促使员工工作行为标准化，从而将现场生产状态一目了然地、呈现出来，及时暴露并排除异常问题，减少失误，实现预先防范管理。在组织层面上，构建公司、部门、车间、岗位四级6S精益管理组织体系，将一线操作人员、专业技术人员、各级管理人员等各级员工与生产岗位及生产过程紧密联系在一起。在实施流程上，注重实施过程、内容的标准化，将原来各岗位、各部门纷繁的做法和措施结合精益管理理念、工具总结归纳、修改完善形成标准化的6S管理实施方案。在具体推进上，确立以“五个一切”（使生产现场的一切物品都有区/位，一切区域都有标识，一切设备设施的用途和状态都有说明，一切污染源都得到有效控制，一切不安全因素都有效排除）为核心的6S管理目标。在评价考核上，设置岗位物品定置率、岗位清洁度、设备工装管理、产品成品率等评价标准，编制《6S专项检查记录表》《6S管理评分表》《6S日常监督检查记录表》等，定期组织对生产单位6S精益管理水平进行量化评价考核。

三、核燃料元件制造企业以创新为引领的新生产线建设与管理效果

（一）实现了核燃料元件产能跃升

新生产线建设按照“全力以赴、全体动员、全面推进、全程问责”的总体工作要求，通过协同创新，研制采用了当今世界最先进的干法转化工艺制备UO2粉末，烧结工序采用高温动梁式烧结炉，单棒制造工序引进压力电阻焊机及配套视觉自动检查装置，骨架制造工序自主升级双工位骨架焊机、研制了骨架整体胀接装置等先进的工艺和设备，创新了工程项目建设管理、新生产运行管理，高效建成了一条现代化、一体化、自动化的崭新核燃料元件制造生产线，并一次试车成功并形成产能，创造了中核建中公司大型工程建设的奇迹。新生产线的建成，为公司对标国际一流提供了坚实的技术支持和装备保障，使公司核燃料元件制造能力无论从技术上还是从产能上都实现了新跨越，公司总体产能跻身世界核燃料元件产能前六，谱写了我国核燃料元件能力升级的新篇章。

（二）显著提升生产管理水平

新产线的建成运行，使核元件生产由原来粗放型的生产管理模式向信息化精细化方向转变，减少了生产管理环节，大幅降低了生产成本，提升了核燃料元件综合管理水平，确保了中核建中公司保安全、高质量、有效益、可持续发展。生产计划达成率平均提高16%；设备故障率平均降低6%；人员效率平均提升21%；生产周期平均缩短20%；产品与物料的流转效率提升50%以上。同时，新生产线采用先进的变风量阀调节技术，采用DCS系统进行通风系统监控运行等手段，提高了通风系统对现场辐射防护的控制水平。中核建中公司“三废”排放完全符合国家和地方标准规定的要求，核元件生产线岗位现场空气中放射性气溶胶浓度平均值控制在管理限值以内，全年放射性、非放射性气、液态流出物实现100%达标排放，环境监测结果对比历史监测结果无显著差异，企业厂区周围环境空气、水体、土壤以及生物中放射性物质含量处于本地区的本底水平，展示了公司绿色生态环保的核工厂形象。

（三）取得了很好的经济和社会效益

新生产线建成以来，中核建中公司的经济效益和社会效益持续提升，2014年，工业总产值首次登上50亿元台阶，达到62.54亿元；工业增加值10.4亿元；利润总额首次突破3亿元，达到3.36亿元；EVA值2.73亿元，分别同比增长33%、24%、75%和92%。2015年，实现工业总产值近60亿元；工业增加值11.04亿元，同比增长6%；主营业务收入32.49亿元，同比增长11%；利润5.4亿元，同比增长62%；EVA值4.7亿元，同比增长41%。中核建中公司核燃料组件产量从2011年的911组增加到2015年的1585组，燃料组件无一因制造原因出现破损，得到用户高度评价。继2012年度以来，中核建中公司连续三年荣获中核集团公司“业绩突出贡献奖”。

（成果创造人：任宇洪、童慎修、简旭宏、杨焕明、李　羽、华月强、李建华、张　兵、余希木、吴　军、邓昌义、车友均）

供电企业以全员参与为导向的本质安全管理

国网冀北电力有限公司唐山供电公司

国网冀北电力有限公司唐山供电公司（以下简称国网唐山供电公司）是隶属于国网冀北电力有限公司的国有大型供电企业，承担着唐山地区经济发展、人民生产生活供电任务，供电最大距离东西、南北均为150千米，供电区域面积13472平方千米。截至2016年12月，唐山供电公司所辖变电站354座，变电总容量3707万千伏安。2016年售电量619.43亿千瓦时，营业收入298.70亿元，资产总额136.76亿元，职工人数7319名，连续9年荣获“全国安康杯竞赛优胜单位”，连续29年被命名为“唐山市文明单位”，连续27年被命名为“河北省文明单位”，先后获得“全国‘五一’奖状”“全国模范职工之家”“全国电力行业质量管理优秀企业”“中国质量协会全国用户委员会用户满意标杆企业”。

一、供电企业以全员参与为导向的本质安全管理背景

（一）针对“救火式”应急管理现状，亟须改进安全管理模式

安全是企业的“生命线”，做好安全工作，不仅是促进社会和谐、实现企业安全发展的必然要求，更是保障员工权益的基本需求。然而，传统安全管理常常表现为一种“救火式”的应急管理方式。虽然电力企业时刻强调安全的重要性，而电力检查、运行检修等工作中，不安全事件、事故仍然不断暴露和发生，安全事故总是像隐藏着的杀手，时时威胁着人身、电网和设备安全。传统安全管理工作中通常采用“调查事故发生的原因、追查事故经过、制定整改措施、严惩违章者、强化工作监督考核”等工作模式。因此，在“救火式”管理模式下，管理者始终摆脱不了“走钢丝”的安全状态，管理方法需要从员工“被动安全管理”向员工“自我安全管理”进行变革。

（二）针对违章现象屡禁不止问题，亟须实施全员融入式管理

供电企业始终在不断努力强化安全管理，安全管理的制度不断出台、考核越来越重、安全管控工作越来越细，却并未真正实现安全生产的“可控、能控、在控”。任何一次事故无一例外地都表现为违章、计划措施执行不到位、不安全行为和缺乏安全意识，现场工作中违章现象时有发生，这与安全管理的不断强化形成一定的反差。根本原因在于，原有的安全管理实际上是一种零散的、阶段性的、独立事件型的管理方式，以“自上而下”的指令性管理为主，管理机制上缺乏高效的“自下而上”的沟通渠道，缺乏一种能让员工自我纠错和自我规避风险的管理方式，员工主动融入安全风险管控的积极性调动不足。

（三）针对安全隐患遗留搁置问题，亟须建立常态化管理流程

员工是企业贯彻安全生产精神和管控措施落地执行的最基础环节，安全生产的根本就在于每一名员工的安全。安全隐患排查治理大多以专项活动形式开展，在隐患排查治理活动过程中，能够直接解决的隐患问题可以得到有效治理，而部分难以有效解决的隐患问题容易随着隐患排查专项工作的结束而被遗留搁置。根源在于，对难度大、处理周期长的重大风险问题，缺乏解决的明确流程、监督机制和闭环管理，缺乏调动全体员工常态化开展风险辨识和风险解决的工作方法，缺乏风险问题常态化逐级上报、逐级解决、逐级管控的工作机制，缺乏员工参与安全风险管控的系统性、常态化的管理机制和流程。

基于以上背景，国网唐山供电公司从2015年起开始实施以全员参与为导向的本质安全管理，对现有安全管理模式进行改善。

二、供电企业以全员参与为导向的本质安全管理内涵和主要做法

国网唐山供电公司高度重视职工在本质安全中的重要作用，通过引领全体员工主动融入本质安全管

理，全员主动参与设计改良、技术改造、成果固化等方式，建立系统化、常态化的安全管理体系，实施“依靠职工、全员参与、自下而上、上下结合”的安全管理方法，开展班组、车间和职能部门三个层级的风险闭环管控，实现安全管理的自我纠错与持续改进，创新提出本质安全“四张表”工作方法，开展“典型案例库”“风险辨识库”“风险化解措施库”的本质安全“三库”建设，实现员工安全意识、业务技能、风险管控、管理能力持续的自我提升，激发广大员工参与安全管控的积极性、主动性和创造性，从而确保人身、电网和设备的安全，如图1所示。主要做法如下。

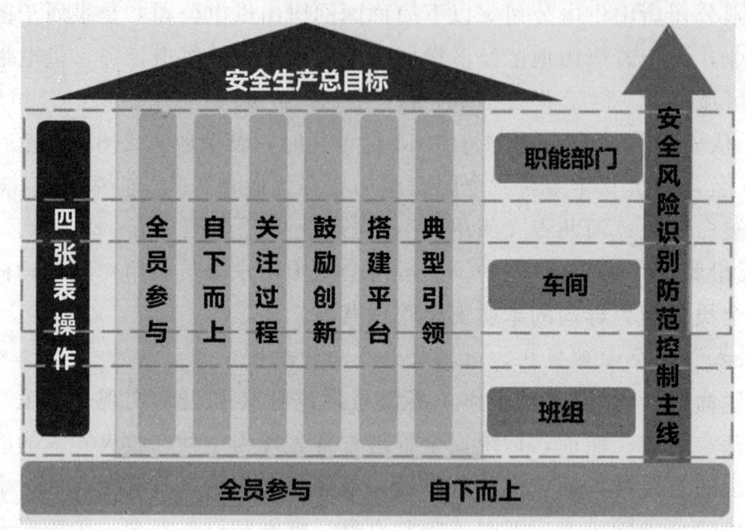

图1　供电企业以全员参与为导向的本质安全管理框架图

（一）突出本质安全的全员参与理念，提升职工安全能力

1. 开展全员安全教育培训，夯实安全管理基础

国网唐山供电公司通过对安全理念、安全技术、安全问题、违章分析、事故教训的讨论、反思、改进、分享，让职工走上讲台，用亲身经历或身边人、身边事教育人，不断提高安全意识和安全技能。开展“一人一小课”活动，为一线员工创造展示自己的舞台，在授课过程中深刻理解本质安全内涵，提升本质安全能力。课程内容涉及工作中关键作业活动的分析、工作风险点讲解、风险点解决措施、工作经验提炼、创新成果分享以及本质安全案例介绍等。邀请国家电网公司专家重点讲解供电企业本质安全管理的理念和工作思路，积极引领全体员工积极融入全员参与为导向的本质安全管理，开展部门级、车间级、班组级的本质安全专题培训，确保全员的本质安全管理理念深入人心。

2. 构建本质安全“三库”，用身边实例开展安全教育

一是建立典型案例库，提升本质安全理念。国网唐山供电公司通过“一人一案例”活动，引导广大员工主动查找本质安全资料、主动学习本质安全理念、主动编写本质安全案例，将典型案例完善汇总，形成“典型案例库”。“典型案例库”分为人身风险篇、电网风险篇、设备风险篇三部分，每个典型案例从案例背景、风险点描述、风险度评价、危险源分析、本质化措施五方面展开，通过分析日常工作和生活中的本质安全案例逐步提升职工本质安全理念。

二是建立风险辨识库，提升安全风险能力。国网唐山供电公司鼓励全员主动开展风险辨识，将人身风险、电网风险、设备风险进行分类汇总，不断积累发现的安全风险点，以全体员工的主动发现为支撑，通过不断汇集基层班组本质安全工作经验，积累整理各级人员发现的安全风险点，按照风险度评价分值进行排序，自下而上形成各级“风险辨识库”。

三是建立风险化解措施库，提升安全风险化解能力。国网唐山供电公司培养员工主动分析危险源并研究制定解决措施的习惯，针对某项风险分别制定“风险临时隔离措施”“风险消除措施”和“风险本质化解决措施”，不断汇集全员本质安全管控成果，自下而上形成各级“风险化解措施库”，促进本质安全工作能力的稳步提升。

（二）应用“四张表”工作方法，有效确保安全风险闭环管理

本质安全“四张表”是本质安全管理的核心，如图2所示。

岗位工作项目及安全目标清单

单位：　班组（岗位）：　填写日期：

序号	本岗位专业工作项目	关键作业活动	安全控制目标（指标）

法律法规、技术标准、管理制度清单

单位：　班组（岗位）：　填写日期：

序号	分类（填写法律法规、技术标准或管理制度）	文件名称（全称）	版本号、标准号、文号	对应表1中工作项目编号	备注

风险源分析与风险控制措施表

单位：　班组（岗位）：　填写日期：

序号	不安全情况（风险点）	主要原因说明（危险源）	控制措施或建议	措施提出人	实施负责人	完成时间

风险辩识风险度评价表

单位：　班组（岗位）：　填写日期：

序号	不安全情况（风险点）	风险评价分值	是否是重大和不可容许风险	提出人	备注

图2　供电企业以全员参与为导向的本质安全管理的“四张表”及其衔接关系

1. 全员梳理岗位工作项目，量化安全作业指标

本质安全“四张表”的第一张表是《工作项目及安全目标清单》，涵盖细化梳理岗位工作职责、作业项目，分解关键作业活动，量化安全作业目标等内容。国网唐山供电公司发动职能部门、车间、一线班组三个层级的全体员工，全面梳理各层级工作职责，明确每个层级的安全目标。

一是全员梳理岗位职责，明晰风险管控责任范围。各层级全体员工依据上一层级下达的工作职责，逐级讨论和细化，形成职能部门、车间、一线班组三个层级的工作职责体系，确保岗位职责分工与工作实际相符，部门、车间、一线班组之间的工作职责无空白、无交叉、不重复，管理人员之间的工作职责

无空白、无交叉、不重复，促进安全管理基础工作完善提升。

二是人人细化工作项目，有效落实岗位安全职责。一线班组（业务专责）依据班组职责（岗位职责），进一步细化为班组（岗位）工作项目，做到岗位职责与工作项目的一一对应，确保工作项目对岗位职责的有效支撑，确保岗位职责的有效执行，实现岗位安全职责有效落实。

三是分解关键作业活动，精细管理风险控制节点。在班组工作项目基础上，班组成员对一项工作进行再细化、再分解，识别工作过程中影响安全目标的关键作业环节，实现岗位工作项目的逐项展开，把抽象的安全生产落实到一个个具体工作环节中，实现风险管控的节点化、精细化管理。

四是量化安全作业指标，建立全员安全目标体系。针对每一个关键作业活动，班组成员立足工作实际，量化为可测量、可控制、可预防的具有操作性的安全目标或业务工作质量目标，确保每个关键作业活动都有管控目标，促进安全管理工作的“基础、基层、基本功”逐步夯实。

2. 全员梳理法规制度标准，确保各项工作有据可依

本质安全“四张表”的第二张表是《法律法规、标准制度、管理制度清单》，内容包括梳理并细化落实每个工作项目对应的法律法规、技术标准和管理制度，健全职能部门、车间、班组三个层级的文件、制度的有序衔接。确保每个工作项目有据可依。职能部门、车间、班组从上到下、分层级梳理适用的法律法规、技术标准、管理制度，逐级落实实施。

依照“执行”“掌握”和“了解”划分文件、制度落实程度。对应工作项目的法律法规、技术标准、管理制度作为胜任该岗位的基本要求，做到熟记于心；对于各岗位应掌握和了解的文件，各岗位人员应在工作闲暇，熟悉与自身工作的业务接口工作，便于各项工作的高效运转和有序衔接。提升全员应用法律法规、技术标准、管理制度的能力，促进全员在风险管控过程中不断学习和掌握法律法规、技术标准、管理制度。

3. 全员主动开展风险辨识，实施风险量化评价

本质安全“四张表”的第三张表是《风险辨识风险度评价表》，内容包括开展风险点描述、风险类型统计、风险量化评价过程记录、风险提出人登记等。

首先，全员参与风险辨识。通过构建“全员基于量化的安全目标体系辨识风险”和“全员依据明确的制度标准体系辨识风险”的两条风险辨识线索，国网唐山供电公司全体员工从人员、设备、材料、作业方法、环境等方面查找影响目标实现的所有因素，确定这些因素是否得到有效控制，未能受控的因素纳入本质安全管理进行管控。

其次，规范全体员工风险点描述规则。风险点描述应具体、准确，涵盖风险点发生的具体时间、地点、范围、数量和风险程度、违反的标准制度、影响的安全目标等。国网唐山供电公司通过开展全体员工风险辨识的规范化管理，实现全员风险点的准确记录，建设各层级“风险辨识库”，全面掌握人身风险、电网风险、设备风险的第一手情况，提升全员风险精准识别和描述的能力。

再次，实现风险量化评价。为全面掌握风险危急和危害程度，实现风险的量化评价，国网唐山供电公司参照《国家电网公司事故调查规程》，采用人身风险 LEC 评价法、电网风险 LC 评价法和电网设备风险 LC 评价法，对各项工作面临的人身风险、电网风险、设备风险进行风险的量化评价。

最后，科学排序，依次处置风险。经过量化评价的各类风险具有自身的风险量化分值，按照风险量化分值由高到低依次排序风险，依序制定风险管控工作计划，确保各类风险的有序解决和全面管控。

4. 全员参与风险根源分析，分层分级控制解决风险

本质安全“四张表”的第四张表是《风险源分析与风险控制措施表》，内容涵盖应用“追根溯源”理念深入分析风险根源，将风险追溯到人员能力、设备质量、制度流程、系统环境等根本原因，依据本质安全理念制定解决措施，风险措施提出人登记、风险措施实施负责人登记等。其中风险控制措施分为

"风险临时隔离措施""风险消除措施"和"风险本质化解决措施"三个步骤。

结合已辨识的风险，制定风险隔离、消除、解决措施。在班组建立危险源分析制度，班组全体员工结合安全日活动，通过集体讨论的形式，开展危险源分析，提升全员危险源分析能力，同时引导全员从根源上消除风险。

逐级报送各层级无能力消除的风险。班组在辨识风险点后，首先落实"风险临时隔离措施"，降低风险点造成损害的可能性，具备条件的应制定"风险消除措施"并实施，努力探索制定"风险本质化解决措施"。对于尚无解决措施的风险点，按照班组、车间、职能部门的层级逐级上报直至解决。车间对班组上报的风险点，制定"风险消除措施"，依据车间风险度排序，有序安排工作计划消除风险。职能部门结合工作实际，研究探索"风险本质化解决措施"，并在规定的时间内制定并下达安全风险化解措施、实施计划或说明暂缓执行的具体原因，制定解决措施后确定实施负责人督促消除风险，并将解决措施反馈至风险点提出人，实现对风险点的闭环管控。当"风险本质化解决措施"暂不具备执行条件时，纳入"风险化解措施库"进行统筹管理，确保下级的安全风险问题得到有效答复和落实解决。职能部门无法解决的安全风险上报至国网唐山供电公司安委会解决，确保集全员之力有效化解生产一线安全风险。

（三）推行"挂牌""摘牌"，激发全员创新活力

国网唐山供电公司坚持"发现风险就是成绩、化解风险就是创新"的本质安全管理理念，推行本质安全"挂牌""摘牌"管理，激发一线员工在本质安全管理每项活动中的创新创效活力。

职能部门、车间、一线班组三个层级的全体员工，通过全员参与讨论，全面梳理各层级工作职责及其安全目标，进一步理清单位间、班组间管理分工和工作界面。与此同时，通过职工对管理制度和技术标准提出完善修订建议，促进制度标准的不断完善提升，实现各层级制度标准的深化应用。通过讨论，上述问题无法有效解决时，将该问题进行"挂牌"处理，鼓励广大员工立足本职岗位，针对"挂牌"问题提出具有可操作性和合理性的解决措施，进行问题"摘牌"，激发全员的安全管控工作活力。

国网唐山供电公司在一线班组、车间、职能部门三个层级开展风险管控，对于某一风险在无有效管控措施时，进行风险"挂牌"，鼓励全员立足本职岗位，申报具有可操作性和经济合理性的解决措施，从而实现风险"摘牌"。

（四）加强组织领导，严密制定并组织落实保障措施

1. 突出"自下而上"，实现三级联动风险管控

国网唐山供电公司逐步引导广大一线员工成为本质安全的主动管理者。突出"自下而上"，激发广大一线员工参与本质安全管理的活力。以一线班组、车间、职能部门为三个层级，通过"安全职责、安全目标、法规标准制度、风险辨识、风险控制措施、措施实施、风险报告"的安全风险闭环管控主线，建立本质安全三级联动管控体系，不仅确保每个层级自成体系，而且各层级体系之间上下衔接、相互支撑和监督，确保风险管控的自我管理和相互制约。

国网唐山供电公司始终坚持"依靠职工、全员参与、自下而上、上下结合"的工作方法，发挥风险流转各层级主观能动性，实现各层级风险的逐级管控和全员高效互动。

国网唐山供电公司依托本质安全"四张表"工作法，在班组辨识风险点后，落实风险临时隔离措施，降低风险造成损害的可能性，具备解决条件的制定风险消除措施并实施。车间和职能部门对下级上报的风险点，制定风险消除措施，依据风险度量化，有序安排工作计划消除风险。各单位结合工作实际，努力探索本质化消除风险的措施。

2. 通过事事评价，做好本质安全过程管控

国网唐山供电公司通过将本质安全管理各项工作成效评价转化为单位的积分，实现事事评价、事事

排名、事事积分；重视每一项活动、每一件工作的过程管理，通过每一个细节的过程管控和过程评价，确保各项工作质量的有效管控。

3. 应用随机抽样，确保一线的每名员工行动起来

国网唐山供电公司开展本质安全管理周期查评。通过全面梳理职工信息，在各层级建立职工信息库，并采取顺序编码的形式，给每个人生成一个唯一的编号；随机抽样通过抛骰子确定编号，从而确定被查评人员。在每个查评周期内，均严格执行现场随机抽取被查评班组和被查评人员，被随机抽取人员的查评成绩视同被查评单位的整体成绩，确保全员参与理念方法的有效落地。

4. 注重典型引领，发挥示范带动作用

国网唐山供电公司重点加强各类评比中的先进人物、先进班组、先进单位的再培养和再提升，不断挖掘优秀人才，通过选树本质安全管理的典型标杆个人（单位），有效调动全员和各单位全过程参与本质安全管理的积极性，广泛宣传优秀员工突出事迹，成为广大员工学习的榜样，激励本质安全管理各项工作高效有序开展。

（五）重点提炼，打造本质安全企业文化

1. 秉承供电企业安全优良传统，做好优质可靠电力供应

国网唐山供电公司秉承国家电网“诚信、责任、创新、奉献”的核心价值观和“你用电、我用心”的服务理念，始终做好“服务党和国家工作大局、服务电力客户、服务发电企业、服务经济社会发展”的“四个服务”工作，致力于建设与唐山市地位相匹配的坚强智能电网，致力于服务唐山社会经济的可持续发展，为经济社会提供安全可靠优质的电力供应。

2. 搭建本质安全展示舞台，展现员工工作风采

国网唐山供电公司组织开展“一人一案例”评比、“一人一小课”评比、“一人一手册”评比、优秀风险辨识评比、优秀化解措施评比、优秀推进员评比、优秀推广案例评比、优秀评审员评比等各类评比，通过梯级的评比、鼓励奖励、展示宣传等各种方法，全面展示每一名员工在本质安全工作中突出贡献。

3. 鼓励职工创新，调动一线班组安全管控工作活力

国网唐山供电公司通过设置本质安全创新工作奖，对展板宣传、工作推动、交流展示、安全小课、安全案例、工作手册、风险辨识、风险管控、业务融合等各类工作中的创新思想、创新做法和创新成果进行鼓励和奖励，充分调动一线班组和全员的积极性，激发全员的安全管控工作活力。

4. 建章立制，保障本质安全管理有序开展

国网唐山供电公司建立、修订、完善与本质安全管理体系建设相关的工作方案和评价办法，其中工作方案 10 项，与其配套的评价方法 12 项。国网唐山供电公司按照公开公平、全面积分、分组考评的积分管理原则，将本质安全管理各环节、各节点的工作任务全部纳入绩效评价体系，按照绩效评价结果进行积分排名，形成本质安全管理全过程闭环管控的高效管理机制，充分调动广大职工和各单位参与本质安全管理的积极性，促进本质安全管理工作的不断完善和提升。

三、供电企业以全员参与为导向的本质安全管理效果

（一）全员高度融入安全管理工作

国网唐山供电公司通过加强本质安全管理工作，调动了一线员工积极性、主动性、创造性，提供展现职工个人风采的广阔平台，培养和挖掘优秀人才，促进了全员深刻理解本质安全理念，体会自身价值，感受到本质安全工程建设带来的益处，不断提升各级安全管理水平，实现了全员在本质安全管理过程中的经验共享，打造了一支“想安全、会安全、能安全”的本质安全型员工队伍，营造供电企业本质安全管理的良性互动氛围。

(二) 本质安全管理体系得到进一步完善

国网唐山供电公司通过实施以全员参与为导向的本质安全管理，全面落实国家电网公司、国网冀北电力有限公司本质安全工作各项部署，全面提升全员风险辨识和管控能力，实现了人身风险、电网风险、设备风险的全覆盖，实现了安全风险辨识和风险管控的标准化、常态化、系统化，实现了安全风险隐患可控、能控、在控，为本质安全管理水平的整体提升奠定了坚实的基础。该项成果能够有效促进安全管控目标落地执行和激励一线职工活力，适用于电力行业以及各类生产企业安全生产管理提升工作，获得了多家媒体的广泛宣传报道，得到社会各界一致好评。

(三) 供电水平稳步提升，经济效益显著

国网唐山供电公司通过全面、全员、全过程、全方位开展本质安全管理，充分应用积分评价和建立正向激励机制，不断汇集基层单位本质安全工作经验和管控成果，将本质安全理念和方法全面根植于安全生产管理全过程，促进人员本质安全工作能力的持续提升，确保电网安全稳定运行，确保设备运行状态良好。提高了电网供电可靠性率、降低了线路掉闸率、增强了电能输送能力、提升了设备健康水平等。唐山供电公司通过创新构建以全员参与为导向的本质安全管理，供电水平稳步提升，2016 年共取得经济效益 3558.1 万元，经济效益显著。

(成果创造人：宋天民、刘福义、石庆周、李　华、朱长荣、张　鸿、贺则铭、李　钢、马伟强、秦浩然、张兆鑫、李　岳)

基于价值创造的特种产品生产组织管理变革

重庆长安工业（集团）有限责任公司

重庆长安工业（集团）有限责任公司（以下简称长安工业）隶属于中国兵器装备集团公司，是国有大型军民结合型企业、国家重点保军骨干企业。其前身是李鸿章在1862年创办的上海洋炮局，是中国历史最悠久的工业企业之一。长安工业总部位于重庆市渝北区，产业地跨重庆、四川等地，拥有占地达22400余亩的全新的现代化生产基地。截至2016年年底，长安工业共有职工4601人，全年销售收入63.2亿元，其中特种产品销售收入26.28亿元。

一、基于价值创造的特种产品生产组织管理变革背景

（一）应对武器装备领域竞争日益激烈的需要

目前，我国军队武器装备的采购已由原来的单一来源采购逐步向以招投标为主的竞争性采购转变，军工制造行业竞争日趋加剧。在复杂多变的竞争环境中，产品质量、技术创新、履约能力、制造成本等环节已成为企业获得竞争优势的重要因素。通过优化管理方式、实施管理变革、提高生产效率，成为提高企业经营质量和核心竞争力的有效途径。长安工业作为一个典型的特种产品制造型企业，只有在生产组织管理上进行主动变革，缩短制造周期，降低制造成本，才能在行业激烈竞争中取得领先优势。

（二）实现企业可持续发展的需要

长安工业作为“百年老店”，创造了辉煌的历史，但也造就企业陈旧的思想观念、落后的制造管理方式，生产过程不均衡，年初任务松懈、年底进行加班延时的现象屡见不鲜；计划编制靠经验，缺乏科学管理方法的运用，无法对生产有效进行指导；生产组织方式落后，过程信息流转环节多，信息不能进行共享，沟通途径不畅通，存在孤岛现象，管理效率低下，无法对生产进度进行有效管控；管理手段落后，采用传统手工报表统计零部件生产进度情况，工作效率极低，且容易出错，难以准确地指导生产。近年来，随着公司生产任务量的不断扩大，原有的粗放式管理模式难以适应新的要求，急迫需要进行生产组织管理方式变革，提高产品履约交付能力，获得长久竞争优势，保证企业可持续发展。

（三）适应自身产品特点的需要

长安工业特种产品制造既有多品种少批量生产方式，也有大批量生产方式；产品结构层次复杂，零部件品种多；加工工序多，制造周期长；零部件机加设备主要以产品对象专业化和工艺专业化相结合的方式进行布局，这些特殊性质都对公司生产组织管理带来一定的困难，汽车等标杆企业的成熟管理经验也无法直接借鉴。为此，长安工业必须引进优秀的管理理念，运用精益管理方法、应用先进管理技术和手段，积极探索适合自身生产特点的管理模式，全面提升管理水平，促进企业做强做优，支撑企业更好地实现可持续发展。

二、基于价值创造的特种产品生产组织管理变革内涵和主要做法

长安工业从产品价值创造实现过程的相关管理业务活动着手，从物流、信息流和资金流三方面进行突破，应用信息化管理技术，导入先进管理理念和方法，推进生产组织管理变革，实施精细化管理，减少生产管理流程中的不增值环节和活动，实现均衡生产、准时交付和降低制造成本，为提升企业核心竞争力，确保公司长远可持续发展奠定基础。主要做法如下。

（一）以业务流程改进为主线，实施组织机构变革

1. 搭建扁平化组织架构

为减少信息流转环节，避免管理过程中信息的失真，提高组织沟通效率，公司通过减少管理层级，撤销处级和工段级组织，将原有的管理机构由5级调整为3级，共取消处级机构56个，班组由700个精简为318个，实现管理组织更加扁平精化、精干高效、运行有序。

2. 优化调整职能机构

以业务流程改进为主线，对公司组织机构进行优化整合，打破块式管理和“部门墙”，建立基于价值流、业务流的链式管理。引入“分厂制”，将生产单位由12个车间整合为5个生产分厂，强化生产制造核心，突出生产制造专业化，缩短制造管理链条；将生产制造部和物料配送中心整合成为制造物流部，使生产物流、生产计划、生产组织、物资仓储、设备管理、能源管理等职能集中到一个部门，更加高效的统一调度和管控各种生产资源，有利于生产的组织和协调，确保生产均衡性和准时性；推进业务流程信息化工作，使信息化和管理业务有效结合，让组织运作更加高效，逐步实现职能型企业向流程型企业转变。

（二）运用科学管理方法实现生产计划的龙头牵引作用

1. 运用成组理论搭建公司产品生产网络图

长安工业导入并运用成组技术理论将相似的零部件进行聚类分组，形成零部件簇，从而将多品种小批量汇集成少品种多批量进行管理。根据产品零部件结构及工艺特性的不同，采用不同的方法对其进行分组。最后将产品零部件分组形成的生产单元，按照工艺流程形成虚拟流水线，汇总编制成产品生产网络图，根据产品零部件簇虚拟流水线进行生产作业计划编制，提高生产计划的科学性和指导性，为实现均衡生产打下坚实的基础。

2. 加强生产能力评估，为科学编制生产计划提供支撑

长安工业的生产能力主要取决于瓶颈工序设备的加工能力，通过对虚拟流水线生产流程进行分析，识别出瓶颈环节，测算出该工序设备的加工能力。加工能力测算时考虑该工序设备数量、工作时间以及生产效率三方面的因素，其中，设备数量为该工序能够用于生产的所有设备数量，每天工作时间采用每日制度工作时间减去班前会、设备换模、设备日常清洁点检维护以及员工正常生理休息等得到的时间，生产效率用单台设备加工制造单位产品的时间消耗量表示，即单位产品的标准工时。由于公司每条生产线都有多个产品零部件进行混线加工，不同产品加工周期都不相同，需要用一个标准的、统一的产品来定义该工序设备加工能力，长安工业采用代表产品法，从该生产线产品零部件簇中选择产量较大的、产品结构与工艺过程稳定的产品作为生产能力的代表。最后得到生产线能力测量计算公式为：每天生产能力＝瓶颈设备数量×每天工作时间÷代表产品标准工时。

3. 构建分层级计划管理体系

长安工业按照管理性质建立三层次的计划管理体系，实现计划由长期到短期、粗略到细致、策划到执行的有序管控。第一层为长期生产计划，属于战略层，主要内容为公司核心能力建设规划。第二层为中期生产计划，属于策划层，主要内容包括商品计划、年度生产计划大纲。第三层是短期生产计划，是年度生产计划的继续和具体化，属于执行层，主要内容包括主生产计划、生产作业计划、分厂月/周排产计划。

4. 应用ERP系统，推进基于良品率的净需求计划

在ERP系统中以导入良品率的系统输出数据为准，推进实施基于良品率方法的月度净需求计划。MDS主需求计划由业务部门根据总需求，考虑在制、库存，运行净需求计划，计划定期进行滚动生产，物料需求申请、物料配送、生产安排均严格按系统计划执行。当计划滚动时，对已变化的需求采取相应

的调整，确保录入信息及时准确。MPS主生产计划由业务部门输入，计划选项中考虑在制（已有工单）、库存（物流半成品库、分厂子库等）等参数，计划量均以导入良品率的系统输出数据为准，不再放量，成品根据当期需求发放，计划数量根据总的需求与供应相匹配，产品部件或零件数量根据系统生成的计划单在满足齐套性的前提下发放；由业务部门对已有离散任务进行重新计划，提前、延后、取消处理或运行计划关联报表覆盖原有工单。同时，通过在领投料环节中对分厂线边库存量进行预判，若库存量满足领料要求则系统不会触发生成新的领料需求，防止生产单位过量领投料。

（三）以信息化平台为支撑，实现生产组织过程无缝衔接

长安工业以ERP、DNC等系统数据库资源为基础，针对生产调度管理需求，开发全新的生产信息化管理平台，让生产调度管理人员从微观到宏观、产品到零部件、全年到月度，以报表形式从不同角度直观地了解生产任务总量、任务分类（量）、月度零部件计划及完成情况、全年零部件计划及完成情况，及时准确地掌握各项生产资源，有效地进行生产调度及管控。

1. 通过信息大数据平台，实现对生产完成进度的全面管控

建立零部件生产日报表，该报表以商品计划、订货备件计划、科研计划、临时性通知等为计划来源，充分考虑生产制造周期、库存，自动分解零部件，形成月度生产计划控制报表。调度管理人员通过日期、主制单位、产品代号、零部件类型等方式对零部件生产日报表进行查询，实现点、线、面精准数据获取，了解物料当月计划、年初结存、入库情况、原材料的投料情况及当日缺件等信息，准确掌握零部件生产完成进度情况和缺件情况，能够对生产过程异常进行及时纠偏，确保生产严格按照计划执行，保障上下工序生产单位之间及时衔接，减少或消除因零部件不齐套而产生的等待时间。生产日报表平台操作简便、快捷，数据全面、准确、实时滚动更新，消除人工查计划、查库存、查缺件工作，让生产管理人员将更多的时间投入到生产组织的协调工作中，减轻工作量，提高生产管理人员工作效率，为提高零部件齐套率、商品准时交付率，推进均衡生产提供有效的数据支撑。

2. 运用约束理论抓住关键管理，实现对生产过程的有效管控

长安工业运用约束理论分析发现，关重零部件占用生产单位大部分资源，生产能力也受制于瓶颈工序、瓶颈设备的约束。因此，长安工业以ERP系统为基础，针对公司承制两类产品的生产模式与组织方式的不同，以及关注重点不一致，分别建立不同的零部件工序日控制表，对关键零部件和关键工序的日计划及生产完成情况进行监控，从而让调度人员将有限的时间和精力放在关键部位的管理和控制上。

对I类产品，因其品种多、批量大，采用组批生产模式，零件实行100%全检，零件从生产完成到检验合格录入ERP系统会存在时间差，生产管理人员在ERP系统上不能完全掌握生产单位内部的生产动态。对此，长安工业设置零部件工序日控制表，它是由各生产单位根据主生产计划，将月度生产任务分解细化到周、日，再到工序，形成日计划。各生产单位将当日零部件重点工序计划及完成情况录入到ERP系统中，形成零部件工序日控制表，关注组批数量及流转工序，主要体现生产单位当天生产的关重零部件的关重工序生产情况，可面向公司各级管理人员进行展示，有利于管理人员及时掌握关键工序生产情况，能够对影响生产进度完成的风险因素进行事前预防和处理解决。

对II类产品，因其零部件品种多、批量小，全面管理难度大。因此，长安工业将非关重零部件生产管理权限下沉至各生产单位，由生产单位对本单位承制零部件的生产进度负责，生产职能管理部门只将加工难度大、加工周期长、瓶颈工序多的零部件，作为公司的重点零部件进行全面关注。零部件工序日控制表关注重点零部件每日加工工序及完成数量，通过展示重点零部件日生产动态，掌控重点零部件生产进度情况，通过平台展示及时发现并协调解决影响生产进度的异常问题，同时为后期生产安排决策提供数据支持。

3. 以数据为支撑，严格控制投入产出

长安工业在零部件生产日报表的基础上，建立全年计划完成报表，体现全年的计划完成情况及零部件的库存情况。全年计划完成报表以ERP系统数据库为基础，涵盖当年所有需生产的物料信息。计划完成率体现的是全年计划的完成情况，直观的显示出零部件的具体生产情况，有利于生产管理人员进行全局把控，为生产排产提供数据支撑。多余库存量为计划编制提供库存量数据支持，减少生产计划人员查库存、算需求的时间。运用多余库存量数据，直观展示库存多余盈量，在下达计划时，综合平衡计划需求，减少零部件的投入产出，降低库存。

4. 实现科研产品的有序管理，提高计划追溯性

为保证科研产品生产的顺利进行，强化科研项目过程管理，有效掌控生产全过程，及时发现和解决问题，长安工业充分利用信息化管理手段，在信息化平台中建立《科研产品完成情况报表》，从原材料投入到零部件产出，通过在ERP系统录入各项数据，再形成汇总报表，以看板形式展示科研产品生产全过程进度，通过全价值流控制，加强生产管理，提高生产管理效率。

5. 建立“点、线、面一体”的异常管理处理机制

一是推进“异常问题快速响应”看板运用。该看板融合看板管理与红牌作战的方式，将生产现场出现的问题分为“生产设备”“生产工装”“生产过程”及“技术质量”四个方面并设置四块看板，看板内容包括“异常问题描述”“状态反馈”“响应结果”三大主要要素，以“提出问题→响应问题→确认结果”的方式处理现场问题，形成闭环，真正做到问题解决过程的透明化，有效避免以往因解决现场异常问题过程中不公开流程而造成的重复提问、重复找人、重复解决的问题，节约人力物力，对分厂职能组室解决问题的进度起到监督作用的同时，大大提升职能组室解决问题的效率，使职能组室“靠前一步，服务一线”的理念真正得到落实。

二是建立生产信息异常预警流程。对原《生产异常信息流转卡》进行流程信息化，通过信息系统提高对各分厂生产异常信息处置的效率和时效性。生产异常信息按对生产任务或目标影响的程度、时限分为一般、重要、重大三个级别，其中一般异常信息影响单个零部件或后续滚动生产，重要异常信息影响当前或当月生产任务或目标的完成，重大异常信息影响季度或年度生产任务或目标完成。通过生产预警信息管理，促使各单位主动发现、反馈、预见各类影响生产的问题，从被动地解决问题转变为主动的发现、解决问题，尽量将问题消弭在萌芽状态，初步实现问题由事后解决向事中控制、事前预防转变。

三是实施运用生产调度令管理。生产调度令是对生产经营活动中出现将影响生产或已影响生产顺利进行的问题时，对各生产单位发布生产调度信息、指令和命令通知。生产调度令分为三种，即白牌、黄牌和红牌，分别对应生产调度信息通知单、生产调度指令通知单、生产调度命令通知单。通过实施生产调度令管理，确保公司领导、制造管理部门布置的工作顺利完成，确保经营目标顺利实现，提高各部门的办事效率及工作质量。

（四）以实现JIT为核心，构建精准物流配送管理体系

1. 推进以需求为拉动的准时配送管理

长安工业改变物料领料和投料管理方式，实施以分厂生产需求为拉动的配送制管理模式。配送制属于拉式发料，按需直接配送到作业工位，通过配送“四精准”，即物料需求精准、配送时间精准、配送数量精准、配送地点精准，减少作业人员的领料、运输等不增值时间，提高员工工作效率，并能发挥生产计划的龙头和牵引作用，有效促进均衡生产，减少生产单位库存积压。配送制首先要根据生产单位设备布局、工艺加工，制定配送工位或区域编码，确保原材料准确配送至指定地点；其次，在配送频率上，要求生产单位根据周排产计划每隔一天提出物料需求申请，并提前2天在ERP系统上创建物资领料单，便于库房有充裕时间备料，领料单注明物料编码、需求数量、需求时间、需求工位等信息，仓储

管理人员按需进行取料、打包、排序，并按时运送至指定工位；现场物料交接基于“二八原则”，对易配错、价值高、规格小、制造周期长的少部分主要零部件，进行数量和品种全检式点交，而对大部分非主要零部件，基于“双方信任原则”，不进行点交，由此产生的差异成本由双方共同均摊，从而减少点交过程不增值的作业，提高工作效率。

2. 实施端到端的直供管理模式

长安工业对物流管理进行变革，对大批次物料以及外形尺寸较大、质量保障较高的零部件实行端到端的直供配送。在 ERP 系统上新增虚拟直供件库房，机加分厂直供件生产检验合格后，可在 ERP 系统内及时完工入库，但实物仍在机加分厂现场区域进行保管，制造物流部仓储管理人员提前一天将总装分厂物料需求信息反馈给机加分厂，机加分厂根据需求直接配送至总装分厂装配工位，并由制造物流部、机加分厂和总装分厂三方现场点交确认。机加分厂负责直供件实物定期盘存，制造物流部负责直供件保管账管理和 ERP 系统数据操作。通过实施大件直供配送，减轻库房压力，减少物流转运环节，降低物流作业成本。

3. 设置区域配送中心，提高快速响应速度

长安工业将总装分厂的线边库房和立体式库房统一划归给制造物流部，设立成为区域性配送中心，总装分厂装配所需的配套件、元器件和自制件等直接入库至区域性配送中心。对区域性配送中心布局重新合理规划，设置存储区、分拣区、打包区和排序区；对配送中心现场存放的物品采取装箱和上架管理，提高场地利用率，规范现场环境；对立体式库房的托盘进行编码，明确零部件堆放方式，提高立体库房空间利用率；优化立体库房信息化管理系统和管理方式，提高零部件调取速度；在应用现有盛具的基础上，对盛具实施标准化管理；按照物流顺畅原则，充分考虑总装分厂产品装配的特点，对区域性配送中心到装配小组之间的物流路径以及与总装分厂外部物流的路径进行优化，避免交叉、迂回。通过设置区域配送中心，缩短物流流转路径，提高对总装物料需求的快速响应速度。

（五）建立以正向激励为导向的薪酬管理机制

1. 以“三个依据”为基准，大力推进落地结算管理

一是以生产作业计划作为任务完成考核的依据。按当月产出的齐套性零部件标准工时小时含量工资100％全额结算，其中原样超差让步使用的最多结算 70％。考虑齐套性的主要目的是避免零部件分厂只做工时大或者相对容易的零部件，造成当期资金和库存积压，各单位必须严格遵守生产作业计划，确保齐套性要求，无生产作业计划的产成品，不予以结算工资。这可以发挥督促生产分厂关注生产作业计划的龙头牵引作用，尊重和执行生产计划，重视 ERP 系统和生产日报表运用。

二是以 ERP 系统齐套数据作为各单位工资结算的依据。以产成品和齐套性零部件为结算口径，逐一结算上道工序生产单位工资总额，努力实现物流、信息流和资金流的“三流合一”。这可以促进各生产分厂更加重视 ERP 系统数据录入的及时性、准确性和完整性，关注零部件齐套性的完成。

三是以产品标准工时作为各单位工资结算的依据。生产单位月度工资总额提取计划严格与月度齐套性产出产品（零部件）标准工时挂钩，做到标准工时总量增、工资总额升，标准工时总量减、工资总额降；同时做到实际工时低于标准工时而节约的工资总额归各单位，并原则保留一定年限，实际工时高于标准工时而发生的工资由各单位自行承担，并冲抵其经营利润，从而助推标准工时科学化，逐步提升劳动生产率。这有助于激励各生产分厂运用精益工具加强生产过程的改善，减少和消除各种浪费，提高工作效率。

2. 设立均衡生产专项奖

为激励各单位努力完成生产经营目标，提升整体经营质量，长安工业设立均衡生产绩效奖励，以本部月度收入、利润预算目标、月度产出和月度科研试制完成情况达到当月目标，按照人均 300 元标准，

在次月绩效工资中兑现；若上月目标未完成，在当月完成的，经确认，可兑现上月50%奖励，即按照人均150元标准，在次月绩效工资中兑现。这样做能够充分调动公司各职能部门和生产单位的积极性和主动性，让管理技术人员和生产人员全力投入到组织、保障和生产中去。

三、基于价值创造的特种产品生产组织管理变革效果

（一）制造周期缩短，交付能力提高

长安工业通过特种产品生产组织管理变革，实现生产信息共享，确保信息沟通更加通畅，物流流转更加高效，实现生产组织过程无缝衔接，产品制造周期大幅缩短，准时交付能力大幅提升。以某Ⅰ类产品为例，其制造周期由160天缩短为60天左右，集团公司下达的专项重点项目，一天不拖地保质保量完成交付；2016年度在Ⅰ类产品和海军Ⅱ类产品产量双创历史新高的情况下，产出节拍更加平稳，各个节拍的产出结构更加合理，历史性摆脱“借时生产、延期交付”的困境，在客户中树立了良好的口碑，公司形象和品牌价值得到提升。

（二）实现均衡生产，降低制造成本

长安工业通过特种产品生产组织管理变革，有效促进了产品数量、品种、加工工时、设备负荷的全部均衡，生产制造效率明显提高，逐步消除浪费，实现生产精益，大幅降低制造成本和消耗。同2013年对比，2016年各项经营指标得到显著提升，公司Ⅰ类产品月度平均计划完成率由92.4%提高到100%，Ⅱ类产品月度平均计划完成率由92.2%提高到99.4%；Ⅰ、Ⅱ类及特种车辆产品的产量较实施前分别增长12.48%、6.4%和275%；本部劳动生产率由6.08万元/人提高到6.67万元/人，同比增长9.7%；万元工业总产值综合能耗由0.0327吨标煤降低到0.0303吨标煤，同比下降7.34%；万元产值制造总成本从9719元降低到8940元，降低8.02%，三年累计创造效益870.8万元。

（成果创造人：李　毅、黄庆新、梁　隆、吴　刚、黄左锐、黎　智、王德昆、李毅成、李云利、吕天霞、刘瑞娟、安智红）

基于业主管控下的地铁现场施工“四色”管理

合肥城市轨道交通有限公司

合肥城市轨道交通有限公司（以下简称合肥轨道公司）成立于2009年6月，属城市轨道交通行业，是安徽省合肥市属大型国有企业，注册资金53.59亿元。主要承担合肥市城市轨道交通项目立项、规划设计、工程建设、运营管理、轨道交通相关资源开发等职能。目前，轨道交通1号线已于2016年12月开通运营，轨道交通2、3、4、5和1号线三期在建，在建里程约151.04千米，工程投资约1083.55亿元。

一、基于业主管控下的地铁现场施工“四色”管理背景

（一）落实国家五方主体责任制的需要

2014年8月，国家住房和城乡建设部印发《建筑工程五方责任主体项目负责人质量终身责任追究暂行办法》（建质〔2014〕124号），要求工程项目建设、勘察、设计、施工、监理单位（以下简称五方责任主体）法定代表人应当签署项目授权书，明确本单位项目负责人，项目负责人在工程设计使用年限内对工程质量承担相应责任，同时对参与新建、扩建、改建的建筑工程项目的质量依法承担终身责任追究制。地铁建设工期长、工序多、工种交叉多且频繁，传统管理模式易造成施工过程控制难、责任追溯难等问题。为落实住建部五方责任主体，实现责任的可追溯性，确保地铁施工的安全质量，建立“四色”管理是必然选择。

（二）应对地铁现场管理复杂外部环境的需要

相对国内先发地铁建设城市，合肥城市地铁建设起步晚，且面临着复杂的外部环境。一是合肥地铁建设进入高峰期，施工管理任务繁重，大规模的建设造成施工管理任务重、难度大，安全质量风险相对较高。二是合肥地区地质、工程地质与水文地质条件复杂多变，造成施工难度和风险加大，对地铁工程施工安全和质量造成巨大影响。三是沿线各种建构筑物、地下管线多，且对施工变形控制要求高，增加了施工围岩土体发生大变形突变灾害的概率和危害程度，施工期间容易造成水管爆裂和煤气管道破裂引起的火灾等突发性事故。为实现百年地铁的建设目标，保质按期完成建设任务，强化安全质量管理，降低建设风险，构建“四色”管理已成为适应复杂的外部环境的需要。

（三）提升地铁现场管理能力的需要

地铁项目对于合肥是“新项目、新机构、新队伍”的“三新”项目。新项目是指合肥市乃至安徽省都是第一次建设地铁，没有任何经验可以借鉴。地铁建设一般涵盖投融资、建设、运营和资源开发等四大板块，合肥轨道公司作为新机构，需要不断探索适合的管理模式。合肥轨道公司成立之初，管理人员主要来自合肥市建投集团和中铁系统的施工企业，管理人员建设管理思路不统一、管理模式不确定，具有地铁现场施工管理经验的管理人员较少。要建设好合肥地铁，必须在学习其他城市建设经验的基础上，探索以“四色”管理来解决合肥轨道公司的“三新”问题，从而提升企业地铁现场管理能力。

二、基于业主管控下的地铁现场施工“四色”管理内涵和主要做法

合肥轨道公司为四类地铁现场施工人员佩戴四种颜色的帽子，分别是红色、白色、蓝色和黄色。红色指工程项目建设单位（以下简称业主），白色指勘察、设计、监理等第三方单位，蓝色指施工单位，黄色指作业单位。工程项目建设单位主动服务于各参建单位，服务于施工现场；业主带动各参建单位主动工作在施工现场，服务于作业班组。通过参建单位管理层服务于施工现场，能够第一时间在施工现场

发现、研究、解决问题，实现高效决策。通过采取“发现问题、现场研讨、即时解决”的问题解决方式，建立以问题为核心的统一协同管理平台。以各建设阶段的安全质量隐患为对象，通过制定隐患排查、评估、治理、固化等各环节的标准、制度以及建立管理信息平台等技术手段，开展全过程、动态化的安全质量排查，实施差别化、有针对性的安全质量治理，规避或减少地铁施工现场事故的发生。主要做法如下。

（一）树立确保地铁现场施工质量和安全的指导思想

1. 明确指导思想

“四色”管理紧紧围绕“平安地铁”的指导思想，强化以施工现场任务为中心，牢固树立“服务+决策”的现场施工管理理念。坚持“安全第一、预防为主、综合治理”的方针，始终贯彻“发现问题、现场研讨、即时解决”的基本原则，全员参与，努力把合肥地铁建设成“零事故”的平安地铁工程，确保施工质量和安全。

2. 明确工作原则

一是战略与行动相合。“四色”管理根植于公司战略，服务于公司战略，在战略的引领下开展施工现场管理的各种工作。在“四色”管理实践中，战略指导资源的配置，统领现场施工建设活动，确保资源满足施工质量和安全需要。二是合作与分工相应。以合肥轨道公司的业主代表为核心，各方参建单位各司其职，在解决安全质量问题的同时，各方从专业角度寻找施工安全隐患。解决问题时，各方密切配合，共同探索解决问题的办法，消除安全质量隐患。三是效率和质量兼顾，根本目的是平安建设合肥百年地铁。“四色”管理在推行过程中，在确保地铁安全、工程质量的基础上，通过优化流程、创新工作模式提升工作效率，完成合肥地铁建设任务。

（二）设立组织结构体系，保障“四色”管理顺利推行

1. 设立“四色”管理领导小组

合肥轨道公司总经理任组长，分管建设的副总经理任副组长，组员包括安全质量部、建设事业部、项目办、总工办、合约部等部门的负责人，以及各参建单位的项目经理。领导小组主要负责统筹、领导“四色”管理所需的关键资源、重要决策、部署月度重点计划等工作。

2. 设立“四色”管理推进小组

“四色”管理推进小组在“四色”管理领导小组指导下开展工作，是“四色”管理的执行机构。由合肥轨道公司建设管理部门负责人任组长，组员包括现场业主代表、参建单位项目负责人。推进小组主要负责落实领导小组的相关决议、施工现场的日常检查、发现问题、研讨并提出解决方案、指导现场施工以及现场问题点整改等工作。

3. 落实“四色”管理，打造协同制度体系

基于业主管控下的“四色”管理参建单位各司其职，按照“协调统一、分工明确、责任到人”的原则打造协同制度体系，统一五方责任主体的行为规范及准则，确保五方责任主体相互沟通，积极落实各项规章制度和质量安全管理办法，实现地铁工程安全和质量可控。协同制度体系以施工现场安全为指导思想，以快速解决施工现场问题为出发点，构建施工现场管理制度体系，包括领导带班制度、班前讲评制度、五本台账登记制度、重大事项报告制度、项目管理人员请销假制度、风险管控制度、专家顾问组制度等，各项制度有机统一，互相协调，系统推进。“四色”管理构建现场施工一体化协同制度体系，形成五位（五方责任主体）一体的管理团队，让参建单位管理层在施工现场一线“手拉手、面对面”开展工作。

（三）构建基于业主管控下的地铁现场施工“四色”管理体系

合肥轨道公司通过学习调研发现，地铁施工中的质量隐患和安全事故主要集中在现场施工单位违规

施工、冒险作业、基坑严重超挖、支撑体系严重缺陷、基坑监测缺失、物体打击、高空坠落和起重伤害等现场环节。在对重大安全责任事件进行针对性分析后，合肥轨道公司提出并构建实施符合合肥地铁建设实际的、基于业主管控下的地铁现场施工“四色”管理。主要内容包括。

建设管理部门由专业工程师和业主代表组成，专业工程师按照职责分工承担全线所有标段横向到边的技术管理工作，每个业主代表承担其所管2～3个标段纵向到底的建设管理工作。业主代表是“四色”管理中一个重要的环节，是牵头者。专业工程师是业主代表的后台服务者，配合业主代表牵头组织具体问题的研究，各参建单位派出的参建人员按照职责分工和专长在业主代表构建的交流平台上提出意见和建议，并代表责任主体开展工作。各参建单位围绕现场施工班组的具体事项，再按照各自承担的职责独立开展工作，并有纵向到底和横向到边的沟通控制，每一个参建者责任心和担当意识都得到激发。第三方安全质量巡查单位负责督导各单位的职责落实情况，并定期、专项通报给各参建单位。

“四色”管理建立以业主为核心的现场管理体系，突显业主在五方责任主体中的中心地位，也体现出业主与设计、施工、监理及第三方咨询服务单位凝聚而成的合力。通过业主推行的“四色”管理，施工现场工作面成为五方责任主体协同工作的平台，目标统一、各方责任明确、岗位责任到人，工程全流程可追溯，同时对作业班组充分体现人文服务，进而激发每位参建人员的责任心和担当意识。在施工现场，参建人员的名单以及职责张榜公布于施工入口处，每日参建人员佩戴标准化袖章进入施工作业面，深入施工现场，发现问题、分析问题并解决问题。

“四色”管理的根本特征是实现由上传下达的管理模式向以施工现场为中心的管理模式的转变，打破管理资源的工序式线状排列模式，实现管理资源的网络化整合。“四色”管理构建现场问题的扁平化管理模式，消除冗余的管理环节，优化现场问题处理链条。强调管理重心下沉、决策中心下沉，能够让发现问题的一线人员获得更多的服务、更大的决策能力及效率。“四色”管理打破传统建设管理模式中上下层级被动执行指令的状况以及平行层级之间“背靠背”工作的瓶颈，激发全员服务意识、责任意识、协作意识及创造力。

（四）构建现场施工管理信息平台，确保施工质量

为更好地掌控现场施工的全面信息，合肥轨道公司运用信息化、网络化现场信息管理技术，整合各参建方资源，基于“四色”管理的理念，建设合肥城市轨道交通现场施工管理信息平台，确保参建单位对施工现场的安全质量可控。现场施工管理信息平台破除以业务为核心的五方责任主体的信息孤岛，实现信息动态传导和共享，使信息化与现场施工管理高度融合，具有实时、可视、受控、提醒等功能，实现现场施工管理全程的开放性、可视性，最终促进地铁参建单位信息共享、协同配合，切实为合肥地铁提供安全保障。

现场施工管理信息平台主要包括综合信息、风险管理、现场巡视与分析、监控量测、安全应急管理、远程监控、工程资料、预警管理、考核管理及系统管理。与传统管理方式相比，具有以下主要特点。

一是研发“互联网＋四色”管理，实现现场管理的可视化和开放性。合肥轨道公司基于“四色”管理理念，研发打造合肥城市轨道交通现场施工管理信息平台。信息平台通过远程视频、数据收集、专家分析等手段，实现“四色”现场管理的可视化和开放性，将原来的孤立信息运用信息化技术构成“四色”管理信息体系，实现“互联网＋四色”的管理技术新突破。通过现场施工管理信息平台，现场管理人员能够最快的、最便捷的发布所有地铁工程的监测、监理和施工情况，地铁设计、建设和参建单位可以及时掌控现场信息，抓住重点，发现问题，同时参考专家意见，采取措施，把现场问题发现、管理、监督、建议与控制信息高度整合起来。通过该平台，可以真正达到地铁的“分散施工、集中管控、统一调度”的现场施工管理目标，使地铁建设能按时、保质、保量地完成任务，对提高地铁建设的水平有重

大意义。

二是建立“多级管控、多重防御、环环相扣”的管理体系，实现安全管理。合肥轨道公司依托现场施工管理信息平台，建立安全管控管理，明确各参建方责任，通过各参建单位的共同努力，最终做到施工各方主动安全和被动安全相结合，形成“多级管控、多重防御、环环相扣”的安全管理体系，全面堵塞可能的安全漏洞，全面降低事故发生的概率，从而实现“四色”管理理念的突破。例如，在合肥地铁2号线大东门站的施工中，现场安全员发现基坑漏水，通过管理信息平台发送信息，从而以最快的速度解决问题。

三是创新“五个一”调度举措，确保“四色”管理实施。在合肥轨道公司现场管理信息平台的统筹管理下，地铁工程建设坚持“每年一布置、每季一调度、每月一例会、每周一小会、每天一掌握”等“五个一”的“四色”管理调度举措，整体上形成“科学决策、规范操作”的指挥调度体系，确保“四色”管理能够落地实施。该举措的主要内容包括：“四色”管理领导组每年召开年度工作会，布置的年度指导思想和推进计划。以“主会场＋网络分会”双模式的会议形成，让所有参建单位通过现场施工管理信息平台同步参与会议，全体成员在工作上统一思想，形成合力，共同推进地铁工程建设发展。每季度统筹调度季度计划的开展情况，年度计划的执行进度以及需要公司协调的具体事项，并布置下一季度的具体工作。每月召开例会，总结年度、季度的工程计划执行情况，分析计划未完成原因以及固化经验，布置下月的工作计划，以及研究需要公司领导组协调的工作。参建单位每周就“四色”管理的现场问题进行分析总结，固化，并形成安全案例集，上传现场管理信息平台，让各参建单位学习提升。每天一掌握，“四色”管理的参建人员在现场及时的发现问题、分析问题，同时运用现场施工管理信息平台上报现场问题和需要各方支持的事项，并通过现场施工管理信息平台接受专家的指导。

四是建立风险管理体系，降低地铁工程风险。合肥轨道公司基于现场施工管理信息平台和项目群风险管理理论，建立“目标明确、全员参与、风险分担”的项目风险管理体系。通过“四色”现场整合各参建方日常安全管理数据，以第三方监测、施工监测、现场巡查等数据为信息来源，以综合分析与专家评判相结合为手段，以控制工程自身风险及对周边环境影响为目标，建立风险管理体系。从方案评审、施工图设计、采购、施工到试运行的全过程，实现优势互补，降低现场施工管理中的信息孤岛、信息沟通不畅、信息流失、信息传递延误等引发的工程风险，将风险发生的概率降到最低。

（五）建立确保地铁现场施工的应急协调处理机制

为做好合肥城市地铁安全质量突发事件的防范与处置工作，保证及时、有序、高效、妥善地处置合肥地铁突发事件，最大限度地减少人员伤亡和财产损失，保障合肥地铁安全质量可靠，依据《中华人民共和国突发事件应对法》和《国家突发公共事件总体应急预案》等相关法律法规，结合合肥地铁工程实际，合肥轨道公司建立合肥地铁施工质量安全应急协调处理机制，设立质量安全应急协调处理指挥部（以下简称应急指挥部），下设应急指挥办公室。根据地铁事故的影响范畴和响应级别，划分市级、公司级、施工单位三级应急预案，构建政府主管部门、公司、施工单位三级应急联动救援体系。合肥轨道公司根据地铁工程的特点、施工过程中的安全紧急情况以及危害的情况，将危险源可能出现的概率分成较高、高、中三个等级，把影响范围分成大、中和一般三个等级，把危险源程度分成较大、大和中三个等级。

合肥轨道公司根据现场管理信息平台，监控现场动态管理，各参建单位根据职责，安排好值班和领导带班，及时将现场数据与政府相关部门沟通，通报相关信息。由施工单位、监理单位、第三方监测单位、设计院、合肥轨道公司安全质量管理部门等组成监测网络，对各类监测的数据及时分析，筛选出应处理的监测信息。地铁建设工地一旦突发质量安全事故，事故单位必须在第一时间内逐级上报，三级可控事故限制在1小时内，二级事故不得超过半小时，一级事故立即报告。任何级别事故发生后，事故单位必须以最快方式将事故简要情况向合肥轨道公司报告。

合肥轨道公司同时收集全国地铁施工事故，针对深基坑、暗挖隧道、综合管线、盾构隧道等常见的事故，逐一分析事故原因，提出预防措施、应急措施、应急救援设备物资配备及注意事项，组织参建各方进行培训、学习，采取现场实地演练结合书面演练的方式，对各类常见事故及全线风险源进行全面演练。例如，2016 年组织了合肥市地铁建设工程综合管线应急处置演练，2017 年组织了合肥轨道交通盾构掘进突发喷涌应急处置演练。

（六）建立“四色”管理的保障机制

1. 建立激励措施

为深入贯彻“四色”管理理念，合肥轨道公司采取一系列的激励措施，引导现场各方人员的工作行为。合肥轨道公司建立参建单位月度综合考评考核制度，会同合肥市纪检派驻组、安监局、审计局等部门分月度对各参建企业，就地铁施工建设的进度、质量安全、合同履约、资金使用、档案管理等诸多方面进行检查考评，结果及时通报参建企业集团总部，并作为年终考核评比依据。合肥轨道公司通过“四色”管理流动红、黄旗评比的形式，激励施工企业积极主动落实“四色”管理。每月按照月度检查的结果，对评比前三名的授予流动红旗，后三名给予流动黄旗，同时要求后三名项目经理在当月例会上反思存在的问题，提交整改报告，对于连续三个月都是后三名的单位，要求集团公司领导在月度例会上反思并承诺整改日期。利用流动红、黄旗的评比活动，有效激励各参建单位开展“四色”管理的积极性。

2. 建立两场联动机制

为建立完善的合肥市轨道交通工程建设市场诚信机制，督促施工企业严格履行“四色”管理，合肥轨道公司会同合肥市建委、安监局、公管局等部门联合发布实施《合肥市轨道交通工程施工企业信用评价管理暂行办法》，开展地铁参建施工单位企业信用综合评价和分级评定，结果由合肥市公管局运用于后续地铁项目招标，进一步强化施工现场与招标市场及时、有效的互动与联动。

信用评价分 A、B、C、D 四个等级。信用管理等级评价每年一次，评价依据时间不少于 6 个月。信用评价结果在合肥轨道公司、城乡建委和公共资源交易监督管理局门户网站上公布。每个评价期内信用评价等级为 A、B 级的施工企业，合肥轨道公司、城乡建委和公管局予以联合通报表扬。评价结果公布之日起 12 个月内，信用评价等级为 A 级的施工企业在后续轨道交通工程项目投标时享有 3 次优惠机会，优惠机会使用一次即减少一次。因享受优惠机会得以中标只限一次，中标后本优惠期内后续轨道工程项目则不再享有标准优惠。每个评价期内信用评价等级为 C、D 级的施工企业，合肥轨道公司、城乡建委和公管局予以联合通报批评。评价结果公布之日起 12 个月内，信用评价等级为 D 级的施工企业在轨道交通工程投标时按《安全生产事故报告和调查处理条例》予以处罚。

三、基于业主管控下的地铁现场施工“四色”管理效果

（一）有效落实了五方主体责任

在“四色”管理框架体系下，地铁现场施工管理人员能够严格落实“一岗双责”和安全生产责任制，从地铁工程项目可研阶段即开始参与安全风险和质量隐患的辨识、论证和分析，在施工组织方案和监理大纲中全面把握和掌控各关键环节安全风险隐患的排查和分析，为统筹做好质量安全工作提供强力保障。同时，建设单位现场管理人员高密度组织现场管理人员着力开展各项安全检查，加大力度排查工程中存在的各类质量安全隐患，实现了压力层层传导、责任逐级压实，把“四色”管理更好地融入现场的各项管理中，确保施工现场规范管理、进度可控，保证了地铁工程质量安全的可追溯性。

（二）提升了风险管控能力，社会效益突显

合肥地铁自建设以来安全质量形势平稳，未发生一起一般以上质量安全事故；合肥轨道交通 1 号线试运营评审以最优等级通过基本条件评审；合肥轨道交通 3 号线方兴大道站、紫云路站、锦绣大道站、

丹霞路站等站点，比计划缩短 4 个月完工。目前，合肥轨道交通 1 号线已安全运营 10 个月，各项设施运营情况良好，平均月运输旅客 330 万人次，高峰时日运营旅客 24 万人次。现有的建设施工管理队伍将是未来各条线路建设的核心骨干。同时，合肥轨道公司运营管理人员全程参与地铁建设，为后期快速提升运营管理水平打下基础。

（三）合肥地铁现场管理能力得到提升

通过实施“四色”管理体系，合肥轨道公司实现了合肥地铁的“两个转变”，即由密集型劳动力向机械化作业转变、由传统单一信息传递模式向智慧信息研判转变。逐渐摆脱了“边组建、边学习、边干活”的仓促状态，保证了地铁项目现场施工管理的规范性、系统性和科学性，整体上形成了科学合理、务实高效的现场施工管理体系。“四色”管理体系的实施，进一步强化了各专业人员配备、过程控制、检查验收、环境设施标准化管理。同时，积极强化信息化技术运用，推进现场施工管理信息平台建设，确保各方施工信息数据及时上传，有效加强了现场施工安全质量管理立体防控力度。最显著的成效体现在工程安全质量可控，保证了合肥轨道交通 1 号线顺利开通。

（成果创造人：陈　华、罗　斌、夏卫平、胡永涛、郑　浩、席方珅、丁　斌、陶治来、王　海、马晶晶、李　凯、王　健）

以提高防灾抗灾能力为目标的配电网企业应急机制建设

国网福建省电力有限公司福州供电公司

国网福建省电力有限公司福州供电公司（以下简称福州供电公司）是国家电网公司31家大型供电企业之一，以电网建设和运行为核心业务，担负着福州市五区七县（市）及平潭综合实验区的供电任务，下辖8个县级供电企业，供电面积1.21万平方千米，供电人口727万人，供电户数326万户，资产总额114.45亿元。福州供电公司拥有220千伏变电站36座，变电容量1392万千伏安，线路长度2150千米；110千伏变电站132座，变电容量1152万千伏安，线路长度2600千米；35千伏变电站35座，变电容量52.8万千伏安，线路长度744千米；10千伏线路长度1.9万千米，曾先后荣获“国家电网抗灾救灾恢复重建功勋集体”“全国文明单位”“全国五一劳动奖状”“全国‘安康杯’竞赛优胜单位”等荣誉称号。

一、以提高防灾抗灾能力为目标的配电网企业应急机制建设背景

（一）高效应对特大自然灾害，保障民生的需要

福州地处东南沿海，是受台风灾害影响较重的城市之一，平均每年约有4～5个台风对福州地区造成影响，带来沿海地区最大日降水量均在200毫米以上。近年来福州受台风带来强降雨影响，城市和县域发生大面积洪涝，站房受淹、电杆倒断，配电网设施、设备较大范围损坏，造成大面积、长时间的停电事件。台风登陆地点和影响区域，都在福州沿海用电负荷中心，人口密集、经济发达、城市化程度高，社会各界对尽快恢复供电的要求极为迫切。福建供电公司传统的应急模式在灾害较小时运作顺畅，但遇到特大自然灾害时，这种应急指挥模式会造成应急指挥中心工作过载，严重影响整体应急抢险进度。因此，如何高效应对特大自然灾害带来的大面积停电，构建现代化的应急机制具有很强的紧迫性。

（二）提高电网防灾抗灾能力，提前防范灾害冲击的需要

2015年8月，“苏迪罗”超强台风造成福州地区配网倒断杆2658基，市区严重内涝，配电站房严重受淹66座，涉及82个居民小区，公司积聚全省力量连续抢修6天恢复。巨大的灾害损失给予电网企业警示，坚持先进的灾害防御理念，建设坚强电网，统筹构建科学有效的防御体系，提升电网抗灾能力已迫在眉睫。因此，全面系统梳理现有配电网规划建设思路，立足当下、着眼长远，转变配电网防灾建设相关理念，进一步提高电网建设标准，结合灾害频发区域地理情况、负荷分布等开展防灾差异化建设，全面提高电网设备防灾抗灾能力具有十分重要的意义。

（三）加强企业应急管理能力，提升企业应急处置的需要

从近年来超强台风抢险情况来看，配电网灾损情况瞬息万变、响应速度快、实效需求多是应急抢修中的重点和难点。台风期间由于受天气、环境影响，部分区域无法第一时间进入了解灾情，对利用先进技术实时掌握配电网停电灾损区域分布、重要客户及生命线客户停电情况，客观准确研判形势、统筹调配资源提出了迫切需求，亟须探索出一种有效、有序的应急抢修模式，加强对抢修区域、人员、物资配备的精益化管理，实现抢修时效要求与抢修区域更好地匹配，确保故障快速处置。

二、以提高防灾抗灾能力为目标的配电网企业应急机制建设内涵和主要做法

福州供电公司深入思考台风给电网企业带来的巨大影响，总结应急指挥过程中的经验教训，以提高防灾抗灾能力为目标，开展配电网企业应急机制建设。以“系统化部署防御、智能化实时监测、网格化应急抢修、多方协同联动”为整体思路，遵循“以防为主、防抗结合、科学应对”原则，打造涵盖灾前

系统防御、灾中受损信息实时掌控、灾后一体联动快速处置等在内的一套全过程应急机制，提升公司应对特大自然灾害的风险识别及控制水平与应急抢修执行效率，实现了“抢修过程零伤亡、抢修处置效果好、客户感知影响小”的自然灾害应急目标。主要做法如下。

（一）明确整体思路，构建配电网应急机制框架

总结梳理2005—2016年以来福州地区防抗特大自然灾害经验教训，从加强电网防灾抗灾能力，提升供电保障水平，履行社会责任的大局出发，遵循“系统化部署防御、智能化实时监测、网格化应急抢修、多方协同联动”的整体思路，打造涵盖“三个阶段”梯次推进（灾前系统防御、灾中受损信息实时掌控、灾后一体联动快速处置）的一套全过程管控体系与实施解决方案，有力指导开展各项防汛防台风工作，最大程度降低因自然灾害引发停电对社会造成的影响。

（二）建立分级高效运作的应急指挥机构，提供应急机制落地实施的组织保障

为有效解决配电网较大灾害时传统应急指挥体系瓶颈，福州供电公司按照“打破专业间壁垒，加强统一指挥，强化营配协同，提升抢修复电效率”的原则，适应性调整配电网应急指挥体系，成立以供电企业负责人党政一把手为组长，生产副总经理为副组长，其他公司领导、副总师及各部门行政负责人组成的领导小组，负责统一领导公司台风、洪涝灾害事件应急处置工作。

成立应急指挥中心，公司总经理任总指挥，生产副总经理、安全总监任副总指挥，设置安全应急办、专项应急办，保障机关各职能部门协同运转。其中，由安监部牵头安全应急办，具体承担预防预警相关职责；运检部牵头负责专项应急办，具体承担快速响应灵活处置相关职责。进一步根据台风、洪涝灾害处置需要，分别成立运维抢修、电网调控、安全监察保卫、物资供应、后勤保障、新闻宣传、客户服务、通信保障组、资产理赔等九个应急处置工作组。

在此基础上，进一步分级分层建立应急指挥机构。在市公司所辖五区分别成立营配协同的片区现场指挥部，建立“运检部门归口、片区指挥负责”的调配机制，实行营配调一体指挥，明确职责权限。县公司参照市公司配置，相应成立县一级的应急指挥中心。2015年，建成“横向全业务协同、纵向层级贯通”的组织体系，一步提高横向对接、上下联动的专业责任意识，紧密对接加强沟通，提高应急处置效率。

（三）全面系统开展灾前防御部署，显著提升电网抵御特大自然灾害能力

遵循“以防为主、防抗结合”的先进理念，着眼长远，优化配电网规划思路，提高标准化水平，在现有基础上结合供电区域不同类型特点实施差异化配电网建设改造，从源头上提高电网防灾抗灾能力；针对政府、医院，以及交通、供水供气等对社会生产生活有重大影响的“生命线”用户，建立“生命线工程”用户管理机制，超前做好应急预案；常态化开展防汛抗台隐患排查治理工作，对重点站线和重要场所实行全天候巡视值守；统筹做好电网方式和应急物资准备调配工作，确保关键时刻能够调得出、运得快、供得足、用得好。

一是优化配网规划思路。按照“新建为主、改造为辅”的思路，着眼长远，在现有基础上适度提高供电分区建设标准和建设重点，按照“截面一次选定、廊道一次到位”原则，避免重复建设。A、B类地区重点提升缆化率、N－1率及装备质量，C、D类地区落实“保民生”要求，强化供电半径、线路分段率、绝缘化率等指标，提高网架互联互供能力，强基固本，从根本上解决防灾能力差的问题。

二是加强防灾重点区域配网改造力度。严格落实配网设施的选址要求，线路走廊规划时应尽量沿道路架设，建设于易夯实地基；公共网络干线节点设备及易涝区的小区站房建设在地面一层及以上。计划分三年完成易涝小区地下配电站房的防洪改造，已完成72处地下站房搬迁改造，加装防水挡板302处。2016年台风期间，在福州市区发生严重内涝的情况下，没有一座地下配电站房被淹停电，充分检验改造成效。

三是进一步提升电网设计标准。结合不同类型自然灾害防护需求，有针对性的持续改进完善设计标准。具体来看，对以防风为主区域适当提高线路缆化率，架空线路降低耐张档距、关键节点多应用窄基塔（钢管杆）。对以防内涝为主的站房选择类密闭性好的开关设备，设备关键元器件的布置考虑防涝要求；土建设计同步落实站房电缆进出口、地面标高、排水设施等防水排涝及防潮措施；设计阶段同步考虑重要负荷应急接入的便利性。

四是建立“生命线工程”用户管理机制。逐条线路、逐台主变、逐台配变、逐个环网柜制定故障情况下的临时供电方案，完善负荷转移、应急搭接、设备替代等技术措施。对各地区的防汛指挥部、政府、医院，以及交通、通讯、供水、供气等对社会生产生活有重大影响的“生命线”用户，做到心中有数、预案可行，移动发电车和应急抢修力量要提前部署到位，满足“先复电、后抢修”的目标要求。

五是常态开展隐患排查治理，统筹做好电网方式和应急物资准备。抓好线路走廊树竹清理以及端子箱、机构箱防渗漏等工作；对易遭水淹、滑坡的线路杆塔采取防冲刷、补打拉线等技术措施；适时恢复变电站有人值班；落实配电房、开关站防水淹措施，易涝配电站房实行专人值守。各级小水电站，加强大坝、发电机组的巡视维护，科学调度、提前腾库。调整电网运行方式，恢复全接线、全保护运行。全面清查盘点应急车辆、抢修备品、发电和照明器具、排水设备、海事卫星电话、集群通信等应急物资的配置情况。提前准备好吊车、挖掘机等大型施工机械，备齐事故抢修塔和电杆、配变、导线、电表等物资，提前运输部署就位，确保关键时刻能够调得出、运得快、供得足、用得好。

（四）打造配电网智能集成监控平台，实现灾损信息实时在线掌控

为解决当前各业务平台灾害天气下应急监测信息分散、缺少统一平台信息展示的问题，福州供电公司于2015年在全省电力系统先试先行，启动配电网智能集成监控平台建设工作，通过深化应用“营销—配电—调度”跨部门信息贯通，综合展示灾害天气下应急指挥过程业务数据，有效支撑配电网应急指挥。

平台基于配电自动化系统开发，能够有效融合变电站、配电站自动化三遥和营销用电采集智能电表停上电数据，全面监控配电网受灾停复电信息。在具体功能上，实现灾损信息人工填报全面转变为系统自动填报，电网受损、客户停电、抢修进展等情况展示，实时掌握配电网停电灾损区域分布、重要客户及生命线客户停电情况，方便指挥中心准确研判形势、统筹调配资源，不断优化调整抢修组织安排，做到各类灾损信息动态更新、电网运行状态在线监测、抢修调度指令快捷下达、人员物资调配同步到位、现场抢修进度实时管控。

应用无人机、大数据、云计算等新兴技术，开展无人机遥测查勘，实现风险识别与故障信息精准定位。结合三维激光扫描技术开展山区线路无人机查勘工作，对电网线路、杆塔、线路走廊周边植被及其他通道环境的空间信息进行直接扫描采集。通过在观察分析无人机获取的高清晰度图片、摄像以及点云数据，找出灾前灾后设备差异，指导山区线路查找设备故障点、隐患、缺陷。

进一步试点开展配电站房智能巡检，整合较为成熟的传感与通信等关键技术，在65座重要开关站、环网室加装温湿度、水浸传感器，监控电缆温度、开关柜湿度等环境值，安装高清探头，实时监视站房现场情况，实现对配电设备运行状态，配电站室安防及运行环境的综合智能化监测。台风期间，该类站房可以实现无人值守、远程监视，有效监测站房水淹趋势，做到实时告警，掌握现场情况。

（五）构建“网格化”应急抢修模式，快速响应高效提升抢修效率

福州供电公司紧紧围绕精益化管理的理念，按照负荷情况、客户数量、交通出行等多维度因素，合理划分网格数量，科学缩短应急抢修半径，把抢修区域、人员、物资配备进行细化、量化，实现抢修时效要求与抢修区域更好地匹配。通过分区域明确抢修主体和维护对象，最大限度地实现应急抢修资源的优化配置。

“网格化”抢修遵循统一指挥、资源共享原则，相互支援配合，确保故障快速处置。在抢修任务较重的情况下，相邻网格内的驻点也可以相互协调，根据网格内部情况动态调整，实现工作量的均衡。通过网格化管理，进一步规范和完善供电区域内部管理流程，有效堵塞管理漏洞。

在实际操作中，福州供电公司根据台风、洪涝灾害处置需要，提前在可能严重受灾的地区设立现场指挥部，预置支援队伍、发电车，增设临时物资仓储点，提前储备地区紧急调配的抢修应急物资。在抗击台风过程中，福建供电公司领导和管理人员靠前指挥，快速掌握第一手灾情，依托营配调数据贯通的成果，利用配网智能监控平台，强化电网受灾和供电恢复信息报送，强化现场抢修的协调和管控力度。在防抗“苏迪罗”台风中，面对市区晋安、鼓楼、仓山等灾损较大区域，实行配电网“网格化”应急抢修。在防抗“尼伯特”台风中，面对闽清、永泰县域灾损较大，进一步缩短服务半径，细分网格，在受灾最严重的闽清坂东供电所建立现场指挥部，以乡镇为单位开展配网应急抢修“网格化”指挥，有效提高配网应急处置效率。

具体在抗灾现场抢修时，按照“先主后次、先急后缓、先易后难”策略，有序开展抢修恢复。

一是在电网恢复中，优先保证主干网架、重要输变电设备等。在主网方面，优先保证主网架安全，再进一步恢复分区供电能力的策略，防止发生电网系统性瓦解、主设备损毁扩大化。首先抢修220千伏变电站和线路，恢复主网供电；配网方面，按“先复电、后抢修”原则尽快恢复“生命线”用户供电。先修复市区110千伏变电站和线路，恢复市区供电；然后修复其他遭破坏的变电设施和线路，恢复电网全部正常供电。

二是在供电恢复中，按照“先城区后郊区、先主干后支线、先高压后低压、先公变后专变，同时重点修复高层用户、水淹站所，兼顾寿山、宦溪等偏远山区”原则执行。先修复10千伏电力主干线；其次修复10千伏支路专用线；然后修复380伏、220伏低压线路、接户线。

三是因地制宜，科学优化抢修方案。确定“分片包干、先主干后分支、高低压同步”的抢修策略，形成“谁抢修、谁操作、谁验收”的抢修组织模式，调整“跳闸—强送—全线转检修—巡线办票—抢修”的“战时”抢修流程，做到“责任清晰、目标明确、抢修一片、复电一片”，保障居民用户的尽速供电。同时跨区域调配临近单位的运维人员支援开展应急操作，提升抢修复电工作效率。

（六）加强内外部联动，构建应急处置多方协同保障机制

1. 加强内外沟通多方联动，有力营造应急处置良好外部环境

台风预警前会同林业、园林部门集中开展树竹清障；与各级防汛指挥部加强沟通，密切跟踪台风路径和雨情变化，及时调整方案，动态优化部署。抗灾抢修期间通过政府协调交通部门优先清通电力抢修运输道路，开辟通讯绿色通道，及时协调解决施工受阻及青赔问题，充分调配吊车、钩机等社会资源，有效提高抢修速度。加强与各级防汛指挥部沟通，冲锋舟、大功率排水车“龙吸水”等装备及时分配现场，为后续电力抢险提供工作保障。

2. 强化政企协作，共同推动设施改造升级

一方面加强沟通协调，精简电力抢修报审手续。推动政府于2015年出台《福建省电力设施建设保护和供用电秩序维护条例》，明确当发生因树竹倒伏导致的停电时，供电公司可自行组织清障，减少报审环节，提升抢修复电效率。另一方面着力提高电力设施防涝标准。2015年，“苏迪罗”台风造成福州市区大面积内涝、66座配电站房受淹。台风过后，积极建言献策，省、市政府高度重视，研究出台《关于提升住宅小区配电设施防涝建设标准保障住宅小区正常用电若干措施的通知》和《福州市中心城区建筑变配电房设置若干规定》，统一新建配电站房防涝标准，制定已建站房搬迁原则。

3. 发挥集团优势，加快实施公司内外跨区支援

首先，构建省内跨区支援其他单位联动机制。面对超强台风登陆，立足防强风暴雨、抗大灾、抢大

险，按照最不利的情况做好防御准备。一是根据台风预测，省公司会提前在可能受灾地区设立前线指挥部，若预测地区不涉及福州地区，福州公司会提前做好抢修队伍、发电车、应急物资进驻预测受灾地区严阵以待，接到省公司接到抢修指令后立即出发。二是台风登陆后，公司支援队伍连夜召开会商，汇集受援单位下派任务电网设备的灾损情况，采用无人机和人工巡视相结合，全面摸排故障情况，发挥集团化优势，受灾严重的线路集中多支队伍分段同步抢修，确保线路同步恢复送电。三是始终把保障民生用电放在首位，坚持“先复电、后抢修”，对于暂未恢复供电的水厂、医院、政府机关、广播电台、通信设施和大型社区等重要用户，在满足安全的条件下，按照受援单位要求通过接入移动发电车进行应急供电。四是采取安监人员全程监护、安全执规巡回督导、编发安全注意事项“口袋书”等方式，全力确保抢修安全。五是公司派出支援力量根据省公司要求动态调整，物资、后勤随队保障，确保不增加受援单位物资、后勤供给压力。

其次，加强公司内部跨专业协同。在防灾预警阶段，多专业合理调派，提前做好工作分工。一是从非调度部门抽调原从事配网调度员工前往各现场指挥部，担任现场指挥部调度联络员，负责协调灾害发生后调度与现场的工作联系，负责从调度角度理顺现场抢修工作，减轻调度台压力。二是抽调非运检专业员工前往易涝地区小区站房值守，提前准备现场值守工作手册和工作拎包，确保应急阶段每个站房都有人值守，台风登陆期间能快速掌握现场站房进水情况，提前做好应对措施。三是从工程公司抽调人员前往各现场指挥部专门负责抢修队伍调派工作。四是从综合服务中心抽调人员前各现场指挥部专门负责后勤及车辆保障工作。五是从物资公司抽调人员前往各现场指挥部专门负责抢修物资调配工作。

在防灾响应阶段，一是根据灾害情况，合理调配公司内部应急力量，对局部受灾严重地区进行支援，确保地区受灾能快速全部恢复。二是当福州地区受灾较严重时，申请省公司调派其他地市单位进行支援，公司内部做好需要支援队伍的预估，定点定人与支援单位进行对接，提前做好灾情摸排，做好安全措施和物资配送，待支援单位到位后做好工作交接即开展抢修。受援单位本地队伍加快剩余线路灾情摸排，快速进入全员抢修状态，加快灾害恢复进度。三是给支援单位下达工作任务按照馈线进行，做好现场带路和工作交底，让支援单位明确工作任务。四是根据灾害严重性，及时调整组织构架，在成立区域指挥部的地区组建区域联络站。区域联络站由调控中心与运检部共同指导组建，配置配调员和运检人员。

三、以提高防灾抗灾能力为目标的配电网企业应急机制建设效果

（一）应急管理体系可扩展性强，具有良好的示范推广价值

全国电力行业以及其他行业的很多单位都不同程度面临台风、雨雪、冰雹等自然灾害的冲击影响，打造现代化的防灾应急管理体系，构建涵盖灾前系统防御、灾损信息实时掌控、灾后一体联动与快速处置等在内的一套全过程管控体系与实施解决方案，具有很强的紧迫性与必要性。福州供电公司“系统化部署防御、智能化实时监测、网格化应急抢修、多方协同联动”的整体思路，具有一定普适性，方法具有通用性，可复制性强，在操作层面能够落地实施，具有良好的示范推广应用价值。

（二）应急管理水平显著提升，处置效率大幅提高

以提高防灾抗灾能力为目标的配电网应急管理体系建设已经融入福州供电公司科学应对自然灾害的各个环节，配电网应急防灾运维和建设水平均有很大提高，应急处置快速有效，应急管理水平提升显著。以2015年与2016年的两次台风应急抢修情况对比为例，2015年8月超强台风“苏迪罗”登陆福建，福州地区风力强度大于13级，平均降雨量达238毫米，城市内涝严重，配电网受灾造成客户138.4万户停电，电杆倒断2658基、地下站房受淹66座，耗时6天完成停电恢复。2016年9月超强台风“鲇鱼”登陆福建，福州地区风力强度大于12级，平均降雨量超300毫米，城市内涝较苏迪罗时期更为严重，配电网受灾造成客户88.9万户停电，电杆倒断185基，没有发生站房受淹事件，仅耗时2

天完成停电恢复。

（三）最大限度降低灾害损失，经济效益与社会效益凸显

在经济效益上，通过电网企业提升配电网灾害应急指挥建设工作，福州供电公司应对超强台风等自然灾害的应急水平日趋提升，受灾处置时间大幅缩短。2016 年，福州经历“鲇鱼”等超强台风，按照台风处置缩短时间和年平均电量进行估算，累计给公司节省电量损失 1.05 亿元。在社会效益上，从最初开始应急管理体系建设，福州供电公司坚持“横向一盘棋、纵向一体化，心往一处想、劲往一处使”，一方面大幅缩短受灾停电时间，“让灯先亮起来”，另一方面涌现出一大批电力企业员工不辞辛苦、昼夜抢修的感人事迹，充分展现了公司服务国计民生的勇于担当、攻坚克难的精神面貌，在 2016 年多次台风的应急处置中，公司得到各级政府和群众的高度认可。

（成果创造人：郑佩祥、林　平、夏圣峰、陈　斌、郑　勇、江　南、李　函、张海滨、葛　清、吴　蓓、蔡芝炜、林肖斐）

基于首都功能定位的电网建设管理

国网北京市电力公司

国网北京市电力公司（以下简称国网北京电力）是国家电网公司的子公司，前身是1905年创建的京师华商电灯股份有限公司。国网北京电力作为首都最大的公用事业单位，现有员工8239人，负责北京地区1.64万平方千米范围内的电网建设、运行管理、电力销售和供电服务工作；2016年完成售电量918.37亿千瓦时，实现利润总额17.6亿元；拥有35千伏及以上变电站483座，变电容量8650万千伏安，输电线路8995千米、电缆1921千米，历史最大负荷2254万千瓦，城市供电可靠率达到99.98%。

一、基于首都功能定位的电网建设管理背景

（一）贯彻中央关于首都功能定位的需要

当前，京津冀协同发展深入推进，北京正处于实现新的国家战略定位，加快建设国际一流和谐宜居之都的关键时期。作为首都能源安全最重要的保障单位，“四个中心”战略定位对国网北京电力履行保障可靠供电的政治责任提出了更高要求。一方面，党中央、国务院高度关注北京地区外受电通道、副中心、“煤改电”、新机场、冬奥会（世园会）等关系到北京电网结构完善和安全运行的重大工程，要求国网北京电力从严从实从细抓好各项建设任务，确保安全、可靠供电。另一方面，由于近年来出现严重雾霾，北京市提出“十三五”末电能在终端能源占比超过40%，实现能源的清洁转型。这就要求国网北京电力提高政治站位，主动担当更为重要的政治责任，持续推进“以电代煤、以电代油、以电代气”等电能替代工作，积极服务电动汽车、轨道交通、分布式电源和新能源接入，引领电网与用户终端间资源友好互动，推动城市能源消费革命。

（二）促进首都经济社会发展的需要

北京作为特大型城市，其经济社会发展需要产业支撑，产业发展、人民生产生活用电需求不断提升，国网北京电力主动承担责任，坚持“首善标准”，深刻把握好“都”与“城”“舍”与“得”、疏解与提升的关系。一方面，中央要求北京市构建涵盖老城、中心城区、市域和京津冀的历史文化名城保护体系，加强老城和“三山五园”整体保护；加强对世界遗产、历史文化街区、文物保护单位、历史建筑和工业遗产、中国历史文化名镇名村和传统村落、非物质文化遗产等的保护，凸显北京历史文化整体价值；加强城市设计和风貌管控，建设高品质、人性化的公共空间，保持城市建筑风格的基调与多元化。这些要求为国网北京电力进一步提升“资源节约、环境友好”电网工程建设水平明确了方向。另一方面，北京作为首都，城市资源日趋紧张，政府管理方式更加严谨，对环境影响要求不断提升，电网项目审批难度逐步增大；同时，人民群众高度关注时事政治，对法律、法规和各项政策的理解、把握能力较强，对于电磁辐射等问题敏感度较高，若处理不好，极易引发上访、阻拦施工等事件发生，造成不良社会影响。在首都经济社会发展新形势下，国网北京电力积极主动实施电网建设管理转型势在必行。

（三）满足首都电力特色的需求

国网北京电力肩负着为社会提供清洁可靠能源的重要使命，始终坚持高起点、高标准、高水平，努力把首都电网建设成为安全、可靠、优质的国际一流城市电网。同时，北京市政治保电标准、特殊用户要求不断提高，居民用电和新型企业用电等各方需求不断增长，副中心建设、京津冀协同发展对于清洁可靠供电需求日趋紧迫，国网北京电力必须积极促进清洁能源发展和电能替代，提升企业管理和运营水平，这是满足首都电力特色需求的必然要求。

二、基于首都功能定位的电网建设管理内涵和主要做法

国网北京电力积极探寻将电网建设管理工作与服务北京区域发展、满足首都功能定位有机融合，明确指导思想与基本原则、建立健全组织体系、全面开展电网建设管理转型实践，通过实施“煤改电”和架空线入地工程、推进电动汽车充电设施建设、引入三维设计、“智慧工地”、项目一体化管理平台等重点工程和先进技术管理手段，不断改进和提升北京地区电网建设管理水平。主要做法如下。

（一）建立组织机构，健全督办机制

1. 成立首都电网建设领导小组

成立由公司董事长任组长，公司总经理任常务副组长的首都电网建设领导小组，全面领导和指挥协调首都电网建设工作；负责重大项目建设事务的决策部署、重要方案的审定、重点事项的统筹协调。

2. 成立首都电网建设专业工作组

成立由主管副总经理任组长，公司发展策划部、建设部主任任副组长，各属地公司发展策划部、建设部主任任组员的首都电网建设专业工作组。负责首都电网项目整体储备、项目选址选线、可研和初步设计编制、新技术应用、安全文明施工等各环节管理要求制定和监督落实工作。

3. 标准化配置设计、业主、施工、监理四个项目部

在各工程中成立设计、业主、施工、监理四个项目部，负责具体工程项目的有效落实。设计项目部负责在初步设计及施工图文件中落实优化线路塔（井）位、全面应用新技术和标准工艺等工作；施工项目部负责施工过程中的环保材料选择、现场文明施工落实；监理项目部负责监督施工项目部的各项节能环保施工措施执行情况；业主项目部负责在工程全过程建设管理中对设计、施工、监理三个项目部做好监督和考核工作。

4. 健全预警督办机制，内外协调联动

通过月度集中调度会和定期区域调度会相结合的方式，对电网建设管理各项工作的开展情况进行调度和协调，对议定事项进行月度预警和双周督办，确保相关工作的闭环管理。在内部协调上，深化发展、基建、物资、调度、运行各部门间的横向协同，畅通信息渠道，确保新理念、新措施在工程建设全寿命周期内的高效衔接；在外部协调上，积极向北京市政府争取政策支持，将城市副中心、新机场、冬奥会、“煤改电”配套等重点工程建设纳入“一会三函”简化审批流程，并行办理各项正式行政许可手续，为北京电网建设创造依法合规的外部环境。

（二）科学谋划，推进终端能源转型

坚持首都科学发展总体方向，以确保首都安全可靠供电为核心，贯彻京津冀协同发展的原则，依托特高压电网，合理优化京津冀500千伏电网分区，建设北京电网“环网支撑、多点注入、就地平衡”的网架结构，促进清洁电力的高效接纳；引入新技术、新手段，提升电网工程建设管控效率，确保电网建设安全、可靠、节能、环保，打造网络坚强、结构合理、运行灵活、绿色智能的世界一流电网。

安全可靠。将确保首都供电安全作为电力发展的第一要务，增加内外资源总量，改善电源电网结构，提高电网抵御风险能力，全面提升运行保障和应急管理水平。

均衡协调。围绕首都功能升级和城市空间布局优化调整，推动外电与内电、主网与配网、城网与农网、保障与服务之间的均衡发展，不断适应经济社会发展的新趋势。

智能先进。把握世界电力科技前沿，充分发挥首都科技创新优势，大力推广智能高效电力先进技术，充分满足首都对电网的高标准要求。

清洁高效。积极促进绿色电力的生产、供应和消费，支持新能源和可再生能源并网接入，推动用能清洁化，加强需求侧管理，加快节电技术的推广应用，科学引导电力合理消费，提高电力在终端能源的消费比例。

科学建设。紧扣首都城市发展大局，重点推进民生工程、蓝天工程建设任务，利用信息化先进技术，提高现场本质安全，提升科学管理工程水平，保证首都电网高效建设。

1. 积极与北京城市新总规对接，全力推进首都电网“135”提升工程建设

主动对接北京城市新总规，聚焦新机场临空经济区、“三城一区”、新首钢等重点区域和重大工程，坚持世界眼光、国际标准、中国特色、高点定位的工作方针谋划城市发展。“十三五”期间，实施首都电网“135”提升工程（1000 亿投资，主网、配网和用电终端 3 大目标，北京城市副中心、“煤改电”、冬奥会、新机场、民生配套 5 大重点建设任务），优质高效推进重点工程建设，积极响应城市发展动态，深入落实与各级政府签署的战略合作协议，保证电力工程先施先行，为城市各行业建设打造电力基础，树立国际一流城市电网建设典范。

2. 积极补强电网薄弱环节，确保绿色电力可靠供应

针对电网存在的风险问题，以提升供电能力、优化网架结构、均衡各 220 千伏站点负载为重点，加快建设能力充足、系统稳定、方式灵活的坚强电网。科学补强 220 千伏主网架结构，保证电网安全稳定运行；深度挖掘现有站点资源，充分利用容量裕度，实施变电站配套切改和联络线工程建设。

在供电能力紧张区域，针对性开展站点新、扩建及增容工程，合理选择电压等级、科学匹配供电能力，满足区域负荷增长需求，提供充足可靠的电力供应。科学统筹主、配网之间，变电站与切改工程之间衔接关系，合理安排项目建设时序，实现上级电源点提前布局，切改工程同步建设，保证措施及时有效落实。

3. 加快“煤改电”、电动汽车充换电设施网络建设，积极推进终端能源转型

“十三五”期间，北京市政府加大投入力度，加快实施治污工程，以治理 PM 2.5 为重点，继续推进控车、减煤、治污、降尘等措施。国网北京电力作为首都重要的能源企业，努力把“煤改电”工程打造成服务首都大气污染治理的标志性工程，使北京成为全国电能替代的示范区。同时，在国家政策的大力支持下，积极服务首都经济社会发展和纯电动汽车示范运行，致力打造国内领先的电动汽车智能充电服务网络，不断推动首都纯电动汽车的推广应用。

4. 树立“网格化”理念，助力提升地区电网建设水平

遵循“做实、做细、做深”的理念，按照“自下而上”的方式，以地块用电需求为导向，对不同用地性质和开发深度的地块进行归类，结合典型负荷预测模型，开展系统化负荷预测；按照差异化的标准，打造配网“网格化”空间布局，统筹配网自动化、通信、保护配置等内容，并延伸到 110 千伏电网和管沟布局，最终形成多元化布局成果。通过对接政府联合发布成果，将变电站、线路路由等纳入地区控制性详规，将开闭站、配电室等纳入地区修建性详规，形成具备法律效力的约束性文件，保证地区电网发展有据可依。

（三）创新设计技术，突出环境友好理念

1. 营造设计创新氛围，优化通用设计方案

鼓励设计阶段采用新理念、新技术、新工艺、新材料，以设计竞赛和青年创新创意大赛等方式，为创新型设计人才和设计创新成果提供展示的平台，从源头上积极推进电网建设管理转型。

贯彻落实通用设备、通用设计和标准工艺要求，按照国网通用设计方案“统一技术参数、一次接口、二次接口和土建接口”的要求开展工程设计，在工程实践中，不断总结设计经验，吸纳设计创新成果，优化设备通用接口方案，提高设备互换性。

2. 推行模块化设计，助力装配式建设

推行节能减排变电站建设理念，鼓励“模块化设计、工厂化加工、装配式建设”的工程模式。深化通用设计应用水平，研究钢结构标准节点及装修做法，编制钢结构深化设计通用详图、建（构）筑物预

制构件标准图册和施工工法图集，提升输变电工程模块化设计效率，提高现场装配式施工水平。

3. 深化三维设计，驱动全寿命周期发展

成立三维设计研究小组，引入三维协同设计系统，以培训、交流、竞赛等方式培养三维设计人才。逐步开展试点工程应用，实现多专业协同设计、空间碰撞及带电距离检验、自动材料统计等功能，解决项目设计、施工、运维等各阶段间的界面障碍，帮助建设项目参与各方实时高效掌握项目相关信息。通过三维模型开展变电站性能分析、建造过程模拟、设备信息查询、能源运行管理、智能安防管理，进一步提高变电站节能性能，提升施工效率，实现设备精细化管理和综合能耗的信息化管理。同时，不断推进数据库建设，丰富数据库内容，实现工程信息在全寿命周期流动与共享，为项目评审、基建施工、数字化运行管理提供数据支撑。

4. 紧凑化地上空间设计，积极融入城市景观

变电站建设与城市建筑风格紧密结合，统筹考虑工程规模、设备运输、消防、通风、运维以及环境保护等因素确定变电站设计方案。积极发展紧凑型地下变电站设计技术，推进变电站与城市景观融合，以更少的土地资源占用、更美观的外在形象融入北京城市发展。

5. 提升智能化水平，加强全寿命管理

加快推进环境友好、开放多元的智能配电网设计，增强用户与电网的双向互动，持续提升设备智能化水平，推动传统配电网向现代化智慧主动配电网系统的升级。推进便捷、智能双向充换电服务网络设计，建立充电设施动态监控系统，为电动汽车使用者提供更加便捷智能的充换电服务。在工程设计中，积极开展智能变电站技术推广应用和智能楼宇、智能园区、智能家居等用电侧智能化设计，建成智能用电互动服务平台。

（四）合理利用新技术，提升电网建设管理效率

1. 打造“智慧工地”管控平台，提升电网建设管理效率

“智慧工地”是智慧城市理念在工程领域的具体体现，通过将各类传感器植入到施工机械、人员、工器具等生产要素中，组成各类终端设备的物联网；利用“互联网＋”技术，将由不同建设管理单位负责的所有工程项目集约到云端管控平台，实现管理部门、建设、设计、监理、施工单位对工程施工全方位、全过程、全天候的实时监控。同时，利用新技术、新手段实现节能化建设，通过管控平台开展远程巡检，有效减少车辆使用、节约燃油；通过管控平台实现视频、图像和各类单据的电子传输，有效减少办公纸张的应用；通过管控平台实现室内外环境实时监测，掌握扬尘、噪音等数据，根据北京市有关要求，科学合理选择作业时间，保证现场文明施工。

结合基建专业信息化工作要求，及工程现场管理对安全文明施工标准化的管理需求，制定“智慧工地”标准化建设方案，明确安全重点，把握质量、进度两个原则，通过远程交互遥感信息手段、工程大数据分析手段等，全面提升现场安全质量管控能力、工程管理标准化水平、项目部管理人员承载力、基建人才专业支撑能力。

在施工现场布置环境监测系统、视频监控系统，远程对施工过程、作业环境进行实时监控；配置塔吊运行监控系统、高大模板变形监测系统、基坑沉降监测系统、便携式周界防护系统等，重点管控重大安全风险、质量关键控制环节等；配备劳务实名制系统，现场安装出入口人员闸机，严格落实刷卡进场，执行总包分包“同进同出”管理，实现对现场作业人员的精准管控。同时，通过有线和4G通信结合的方式，在施工作业区覆盖无线网络，利用移动设备对架空线路及电力隧道现场进行监控，并在所辖基建、生产、营销专业进行推广，实现施工现场监控全覆盖。

2. 通过管控平台远程监管，保障现场文明施工

实时比对现场作业，远程实施进度管控。利用视频监控系统及劳务实名制系统，远程实时监控施工

现场进度，在平台中实现业主、施工、监理三个项目部对施工进度计划的在线编审批，项目管理人员根据施工进度计划与现场实际进度逐一对比，并依据现场人员配置和机械进场情况，对施工进度进行实时优化和纠偏。

提前识别作业风险，防范施工质量缺陷。通过平台中的安全作业检查卡及标准工艺数据库，对各施工现场开展远程巡检，对施工现场的安全风险及质量缺陷提前预判，同时对施工中的一般安全风险作业进行全程监控，监督业主、监理项目部人员，在重大安全风险作业过程中的到岗到位情况。项目管理人员在现场利用移动终端，对照标准工艺要求对施工质量进行详细检查，实现施工质量的现场管控。监督工艺细节、规范环保材料选择、强化施工内在质量控制、提高电网工程全寿命周期管理水平，以高品质、高可靠性保障城市可持续发展。

实时监控作业环境，保证文明施工。环境综合监测系统全天候测量室内外作业环境，保证环保施工。通过温度、湿度及粉尘传感器，以每小时记录40次的频率实时上报室外环境数据，保证作业人员职业安全健康，防止扬尘对施工周边环境的影响；电气作业期间，室内环境综合监测系统保证变压器、组合电器等重要设备安装环境的粉尘颗粒度符合操作规程要求。在施工区域周边布设噪声监测装置，保证现场文明施工。

3. 应用新技术，实现电网建设节能环保

推行全专业机械化作业，提高建设效率，降低安全风险，最大程度降低电网建设对周边环境影响。例如，变电站采用钢结构、模块化建设模式，钢结构构配件、钢筋桁架等全部工厂化加工，现场装配，减少现场湿作业，防止扬尘；架空线路专业推行旋挖钻机开挖基础，采用新型抱杆或大型吊车组塔，无人机展放导引绳，采用索道渡线、张力放线等实施导地线架设；电力隧道专业采用盾构机掘进方式等。

根据北京地区城市输变电设施建设特点，研究编制变电站建（构）物预制构件图册，固化变电站各类建（构）物的规格、尺寸和制作工艺，建构筑物成品采用预制方式，减少工程现场混凝土施工作业，提高工艺质量，改善施工作业环境，不断提升工程建设管理标准化水平。

分析环境影响，强化环保理念。积极与环保部门沟通联系，准确把握环境影响评估要素，有针对性的组织开展环境影响评价报告书、水资源调查报告、水土保持方案编制培训工作，理解环境影响分析工作的重要性，将环保理念融入工程设计，为工程建设奠定良好基础。输变电工程优选节能环保材料，导线优选新型节能导线，电气设备优选封闭式组合设备，城市人口密集区，全部采用户内变电站或地下变电站，根据城市实际情况推行建设不同形式的电力隧道，最大程度降低电力走廊对环境的影响。

在建设过程中，现场项目部严格管理，落实环境影响评价报告、水土保持方案等对工程建设的要求，建设过程中严格扬尘治理，所有建设区域均用围挡封闭，裸露土方全部覆盖，设置降尘炮、水雾降尘等措施，开挖土方等全部采用湿法作业，通过环境监测设备随时跟踪现场PM 2.5、PM 10数据变化，及时处理环境影响问题，树立电网工程建设的良好形象。

（五）健全过程管控机制，提升业务协同能力

1. 高标准建设项目一体化管理平台

通过信息化手段建立完善的项目一体化管理平台，统筹考虑咨询、设计、评审、施工、投产、结算、转资全业务流程，整合投资、进度、风险、资产等管控要点，将首都功能定位细化分解，全面落实到项目全寿命周期30余个关键业务节点，明确责任主体，统一工作标准，保证项目建设全寿命周期始终与首都功能定位紧密结合。

2. 加强业务协同，降低过程损耗

开发与设计管理系统、理正档案系统、评审系统等的接口，实现相关业务系统的数据同步和共享，提高数据流转效率；整合项目建设全过程资料文档数据，实现电子化存储，消除信息孤岛，形成完整有

效的数据链条，促进专业间协同。

3. 开展新技术实践应用，提高过程管理效率

通过建立涵盖项目基本信息、进度、投资、手续、物资、人员六个维度的项目管理台账，将分散于各个专业、各个部门的有效信息进行系统化的集成，实现项目信息全景式可视化展示，为领导层提供全方位的信息展示窗口，提高管理效率。开发移动 APP，为项目管理人员开展移动办公、节能办公创造条件。

4. 开展数据分析应用，创新电网建设管理手段

导入电网建设最新成果，对储备库开展多维度的数据分析，直观展现“十三五”规划最新项目情况，为国网北京电力主、配网建设成效分析和项目储备管理提供依据。对项目的进度偏差、投资偏差、证件资料时效性、重点穿跨越等及时输出预警、告警信息，提高项目管理人员对风险的把控力度。拓展数据集成范围，整合电网源端数据、项目管理过程数据和电网建设成果数据，构建系统的数据集成平台，充分利用数据挖掘、机器学习等先进技术，开展多维度的数据分析应用，为首都电网的科学发展提供决策支持。

三、基于首都功能定位的电网建设管理效果

（一）对首都环境治理美化做出突出贡献

国网北京电力始终致力于电网发展建设环境优化工作，与市委、市政府及相关委办局加强沟通协作，在“煤改电”配套电网建设、架空线入地工程等方面积极开展工作，取得了丰硕成果。以架空线入地工程为例，首都核心区高效完成电力架空线入地，清理了核心区主次干路、支线胡同老旧电杆电线，同时，新建电力设施与周边环境和谐共融，首都的市容市貌更加整洁美观。此外，通过实施“以电代煤”“以电代油”“以电代气”，促进了北京城市终端能源逐步向节能低碳转型，为首都“清洁空气行动计划”积极贡献了力量。北京市委、市政府对国网北京电力在首都环境治理美化方面所做的工作给予了高度肯定。

（二）提升电网建设管理水平成效显著

通过首都功能定位的电网建设管理实践，实现了建设各方对工程建设安全、质量、进度、造价、技术、人员的集约化、扁平化管理，极大提高了建设效率和管理水平。公司建设管理人员通过信息技术手段，每天都能远程实时掌握北京市所有电网建设工程进度、安全、质量状况，全方位感知施工现场作业环境，第一时间发现、第一时间处理、第一时间解决问题，全面实现了电网建设绿色、节能、高效。国网北京电力 2016 年超额完成 247 个村的“煤改电”任务，提前完成了原定 3 年的“煤改电”任务，管理效率和效益大幅提升。

（三）满足了首都安全友好供电需求

国网北京电力主动适应北京市政治中心、文化中心、国际交往中心、科技创新中心定位要求，服务于“煤改电”、副中心、新机场、冬奥会、架空线入地、充换电设施建设等一批重点工程，全面促成电网建设与城市环境的友好协调，充分满足了北京地区 2012 年至 2016 年全社会最大用电负荷年均 6.16％的增速需求，高标准、高质量地完成了全国“两会”、重大节日、“一带一路”国际合作高峰论坛等供电保障任务，切实做到了安全建网、友好供电、坚强保障。

基于首都功能定位的电网建设管理实践，紧密围绕“以人为本，忠诚企业，奉献社会”理念，通过引入先进的技术和管理手段建立电网建设与城市发展和谐友好关系，切实履行企业社会责任，引领社会良好新风尚，实现了人民满意、政府放心。

（成果创造人：安建强、蔡红军、魏宽民、邓佳翔、韩晓鹏、李　伟、刘守亮、胡进辉、张　健、才忠宾、张　璞、李　男）

以保障铁路隧道安全高效施工为目标的超前地质预报管理

中铁第四勘察设计院集团有限公司

中铁第四勘察设计院集团有限公司（以下简称铁四院）位于湖北省武汉市，是世界500强企业中国铁建的国有全资子公司，综合实力位居全国勘察设计百强前列，是我国铁路勘察设计的领军企业。近十年来勘察设计高速铁路13000余千米，是中国高速铁路四纵四横主骨架的骨干设计力量和标准规范的主要编订者。

一、以保障铁路隧道安全高效施工为目标的超前地质预报管理背景

（一）确保隧道施工安全是铁路设计企业的重要职责

在我国，随着隧道工程增多，在建设过程中，塌方、涌水涌泥、岩爆冒顶、瓦斯爆炸等地质灾害时有发生，轻则影响施工进度，导致施工工期延长，工程投资大幅增加，重则造成人员重大伤亡，给国家和人民财产带来巨大损失。据不完全统计，在隧道施工过程中由于地质灾害事故造成的停工时间大约占总工期的30%。近年来，铁四院承担着数十条铁路干线、数百座高风险隧道的超前地质预报工作，是大量隧道超前地质预报工作的责任主体单位。加强隧道超前地质预报项目管理，提高超前地质预报质量，提供准确、快速、高效率、高品质的预报服务，为隧道安全施工保驾护航，是企业在铁路隧道建设中的重要职责。

（二）提升隧道超前地质预报管控能力的根本需求

隧道超前地质预报是一项涉及多专业、多方法、多单位的工序繁杂的技术和管理工作，项目管理存在诸多难点。一是方法多、工序复杂，每种技术方法的实施工序、处理方式各有特点，均不相同，难以进行标准化的统一管理。二是人员设备多、流动性大，人力资源管理困难。三是因参与各方分属不同单位，管理方式与工作侧重不同，对预报重视程度也存在差异，协同管理难度大。四是各种数据、信息、文件资料浩如烟海，信息管理困难。五是时效性强，一般要求在预报结束后48小时内提交成果，特殊地段要求24小时内提交成果。在铁路大规模建设的背景下，以往的零散预报生产组织形式和粗放管理方式已不能满足铁路隧道安全高效施工的需要，迫切需要提升隧道超前地质预报管控能力，对预报工作涉及的各种因素实施全过程、无缝隙的管理，形成完整、高效、闭环的预报作业管理体系。

（三）服务隧道动态施工的客观需求

铁路隧道工程往往水文地质环境复杂，不确定影响因素多，在隧道开挖过程中采用动态设计与施工是必要的。隧道超前地质预报工作是隧道动态设计施工的重要环节。近年来，由于信息技术、通信技术以及各种获取信息手段和方法的迅速发展，特别是铁路设计施工体制的改革，给隧道的动态施工创造了良好的条件，也对铁四院隧道超前地质预报工作提出更高的要求，迫切需要对预报信息整合能力、传递效率、成果利用能力、预报管理组织体系等进行升级，以适应不断发展的隧道动态施工需求。为此，铁四院从2011年开始实施隧道超前地质预报创新管理。

二、以保障铁路隧道安全高效施工为目标的超前地质预报管理内涵和主要做法

铁四院以“服务铁路大规模建设、排除隧道施工中潜在的各种地质灾害风险、保证隧道安全高效施工”为目标，营造“精细管理，注重细节，严格制度，质量第一”的预报项目管理文化氛围，在规范化和标准化的基础上对隧道超前地质预报的各项管理和业务工作进行科学细化和合理优化，通过建立健全

组织机构，完善预报管理制度和措施，加强预报实施过程管理控制。创建超前地质预报信息化管理系统，通过信息化手段实现预报项目管理的高效化。在预报实施过程中强化多方协同管理，营造良好的预报管理外部环境，保证预报质量。对预报项目采用分级风险管理，突出预报管理和实施重点，对不同风险等级的预报段落采取不同的技术标准及响应机制，提高预报实施效率。通过人才梯队建设和项目考核促进预报保障机制的建设，以保证预报管理制度的切实执行以及预报项目的良好实施。主要做法如下。

（一）明确目标，再造流程

铁四院组织各级预报管理人员、各类预报技术人员召开预报问题分析大会，针对“制度建设不完备、监督约束不到位、机构运行不顺畅”等预报制度措施问题以及“信息反馈不及时、成果有效利用率差、资源配置不平衡、多头管理混乱无序”等预报生产作业问题，统一认识，集体研讨，深入论证，以“架构科学、结构规范、制度完备、程序严谨、制约有效、技术保障”为总体要求，以保障超前地质预报质量为重点，以实现隧道施工高效安全为最终目标，整合预报参与各方对预报工作的需求，重建隧道超前地质预报管理体系。

铁四院以隧道高效安全施工为目的，以超前地质预报质量管理为基本出发点，依照铁路建设单位及企业自身对预报质量技术的要求，突出预报质量控制和管理，从企业管理建设及预报项目部管理建设两方面着手，打造全新的预报管理体系及管理流程，对预报工作周密策划、高效配置、科学实施、全面监督考核、不断总结提高，充分保障预报质量及效果。

（二）加强预报实施过程管理控制

1. 健全组织机构

为确保超前地质预报工作的顺利高效开展，铁四院建立和完善了预报管理体系。以明晰并理顺职责关系、明确并强化责任、完善组织结构、优化资源配置为目标，依据分工明确、制约平衡的原则，强化决策管理机制，细分行政及职能管理，对超前地质预报组织管理架构进行调整与升级，突出动态施工的预报技术和质量控制。

铁四院成立隧道超前地质预报管理领导小组，由主管生产副院长任组长。领导小组下设隧道超前地质预报管理工作组，由超前地质预报处主管总工程师任组长。管理工作组考核任命各超前地质预报项目经理，由项目经理牵头成立超前地质预报项目部，负责分管段内隧道超前地质预报的现场组织实施。

2. 推进制度保障

铁四院参照相关行业标准及国家规范，结合企业实情，先后制定和颁布了6项规章制度，建立隧道超前地质预报管理办法，将项目管理办法的具体内容规范化，用完备的制度控制预报工作开展的各个环节，使预报工作各个环节参与人员均按规章办事，凡事有章可依。对于各项管理制度于项目开展前进行宣贯，要求现场工作人员熟读于心，重点内容要求公示。

3. 强化预报质量控制

铁四院注重营造“精细组织，注重细节，严格制度”的质量文化氛围，优化质量管理软环境，在各项目部预报实施过程中采取多项质量控制措施。一是加大技术质量培训，把技术质量培训工作常态化，确保预报员工全员参加培训。二是严格落实质量管理责任，按照“谁出问题谁负责”的原则，对相应人员开展工作考核，在项目进场后要求将主要管理责任人上报建设指挥部，便于预报各参与方共同监督。三是实施预报作业现场监管，现场作业每道工序完成后，及时报告监理、施工及业主代表到现场检查并签字确认。四是实施预报资料定期归档。五是实施预报项目“三级检查”，即项目部自检、生产室（所）巡检、地路处超前预报管理小组抽检，检查完成后签署检查意见和日期，对于检查出的问题提出相应的整改措施。

4. 实施过程控制，进行表单化管理

铁四院将隧道超前地质预报各项管理制度、技术规定以及国家行业规范进行有效分析和整合，形成工作表单，对预报过程实行表单化管理，规范员工工作流程，减少工作执行过程的不确定性。按照预报工作开展的阶段不同，制定3类共计23个表单。

（三）以信息化系统为载体，促进超前地质预报高效管理

铁四院依托信息化手段，构建“超前地质预报信息化管理系统”（简称预报系统）。通过该系统促进了超前地质预报各生产环节的协调有序开展，确保了预报参与各方之间信息的实时互通，实现超前地质预报项目的高效管理。

1. 实现过程控制管理“四化”

一是管理指令“即时化”。通过系统，铁四院超前地质预报管理领导小组对于各预报项目部的指令能实时传递至项目部各级管理层和执行层。各参与单位均可通过预报系统发布公告、通知、指令等，预报系统将相关信息同时以邮件和手机短信的形式即时、准确地发送至相关人员，缩短指令传递时间。

二是作业安排“信息化”。预报系统中录有预报工作计划、测试提醒里程等信息，施工方将隧道实时进度上传至预报系统，当隧道开挖里程至测试提醒里程时，预报系统自动向各方发布超前地质预报作业通知，实现预报生产安排的信息化。信息化管理方式信息传达快速、精准，从而使预报作业效率得到大幅提高，大幅减少以往预报工作中“漏做”“误做”等现象。

三是管理流程“可视化”。通过预报系统，管理流程所涉及的人员、指令执行状态、时间等信息全部处于公开透明状态，各参与单位均可通过预报系统随时掌握各预报项目部、标段、隧道、掌子面的预报工作开展情况、资料的审核提交状态、预警和违规通报的发布情况等，及时决策，高效地监督预报计划和各项预报管理制度执行情况。

四是预报监管“透明化”。通过预报系统，预报参与各方以保证隧道安全施工为目标，对预报工作开展协同管理，加强对预报工作进展和质量的控制。各方实时查看预报开展频率、预报进度、预报搭接长度、资料提交时效性等预报质量控制项是否满足要求，共同监督预报日常工作开展情况。

2. 优化预报资源的动态配置

预报资源配置分为预报人力资源和预报仪器设备资源的配置。隧道超前预报是一个长周期的工作，一条铁路线的预报工作从开始到结束动辄需要两三年，预报人力资源和预报仪器设备使用成本是预报项目最大的支出项。企业的预报人力、仪器资源长期处于紧张状态，需要在多条线路预报项目之间盘活有限的预报资源。通过信息化系统，铁四院预报管理领导小组全面监控隧道施工及预报信息，根据隧道施工进度及预估施工进度提前做好仪器、人员的投入计划；根据各项目部工作量、仪器状态、预报技术等级配置各项目、小组人员设备，在不同的项目之间进行人员设备的合理调配，做到“闲忙有度，进退有据”。

（四）强化多方协同管理，控制超前地质预报质量

铁四院预报项目具有跨地域、跨部门、跨专业并随着隧道施工推进工作内容动态变化的特点，部门、专业、工点、地质环境、施工阶段、预报方法不同对预报工作均有着不同的要求和侧重点，整个超前地质预报项目是一个巨大的系统工程，因此需要通过建设、设计、监理、施工和预报等预报参与单位的协同管理才能完成。

1. 明确分工、确定合作关系

为保证项目实施的高质量、高效率，并便于对预报工作实施监督，铁四院负责的预报项目中对建设、设计、监理、施工和预报各方的分工、合作关系做了以下要求：施工方负责预报场地准备、材料准备、成果利用、现场反馈；监理方负责预报监督、考核；设计方负责方案设计、方案变更、技术指导；

建设方负责工作委派、方案审核、预报考核；铁四院作为预报主体单位协同各相关部门单位，承担全部预报工作的实施，同时也接受各方的监控考核。各方职责由预报单位向建设单位报备，由建设单位向其他各方宣贯传达，并在各个项目之间统一标准。

2. 制定三项制度，助推协同管理

铁四院采取“定期例会制”“预先汇报制”“合理化建议制”三项制度推动预报项目协同管理。定期例会制，即定期召开与建设、设计、监理、隧道施工单位的碰头会，讨论解决超前地质预报实施过程中出现的各种矛盾及问题，理顺每一阶段的关系。预先汇报制，即每周五将下周的施工进度计划及主要施工方案和施工安排事先以书面形式向业主汇报，便于业主监督。合理化建议制，即发挥铁四院的技术优势，以施工安全及节约建设成本为目的，为业主提供各种优化施工方案、降低施工风险及节约建设经费的合理化建议，使预报的效果落在实处。

3. 以制度和信息化手段强化协同管理

以控制预报质量、确保隧道施工安全为目的，铁四院通过不断地完善超前地质预报管理制度并借助信息化手段强化预报协同管理，具体体现在预报计划、信息管理、变更设计、预报作业、成果管理、技术提升 6 方面协同。

一是预报计划协同。预报方法、技术方案、预报里程段落及作业时间等预报计划内容事先通过超前预报信息化系统报备至各预报参与方并由各方共同确认后方可开展下一步预报工作，重大地质灾害风险段落的预报技术方案、配合方案、施工安全应急预案由各方会同专家组共同会商，并根据现场开挖地质条件的变化不断调整和优化预报计划。

二是预报作业协同。预报工作开展时由施工方负责提供良好的预报作业环境、炸药雷管等耗材、机械设备、熟练的配合工人并完成相关准备工作；监理、业主方预报管理专职人员全程旁站监督预报工作的开展；重大地质风险段由设计方现场提供预报技术指导；预报方负责预报现场的组织协调、安全防护、技术准备等。预报各方协同作业，统一步调，其目的在于提高预报效率，控制预报质量。

三是信息管理协同。通过超前预报信息化系统，各种预报成果、公文通告、预警发布等均及时准确的发送至各参与方，各方均可通过信息系统参与预报日常事务管理。

四是成果管理协同。按照隧道施工潜在地质风险的不同，预报成果审核建立分级体系，并对资料发布的时效性做出不同的规定，以满足隧道信息化施工及围岩变更的需要；预报现场各类签字表、原始记录表、交接台账、报告、会议记录等资料由预报方负责整理归档，业主、监理、设计、施工等方负责监督和检查归档资料的及时性和完整性。

五是设计变更协同。以预报成果为基础，每周召开工作例会，各方共同商讨各种优化施工方案、降低施工风险及节约建设经费的施工措施，监督预报建议的执行情况，使预报的效果落在实处；各参与方共同建立超前地质预报管理台账，结合实际开挖揭示地质情况建立围岩变化统计表，定期分析，寻找规律，研究各种预报方法在不同地质条件下的针对性、适应性和准确率，敦促预报方不断完善预报技术。

六是技术提升协同。由业主牵头，预报方定期组织针对业主、监理、施工等方的预报技术交流培训会，快速提高各方预报业务能力；通过预报实践及施工开挖验证，各方不断积累预报管理、作业及技术经验，相互促进，共同提高。

（五）实施分级风险管理，提高预报效率

铁四院按照施工围岩潜在地质风险对施工安全的危害程度不同，在预报设计、实施、成果审查等方面采取不同的技术标准及响应机制，其目的在于突出预报管理和实施重点，提高预报实施效率。

1. 预报设计分级

按照隧道施工围岩潜在地质风险等级不同，把隧道围岩风险等级由低到高依次划分为：一般地质风险段落、中等地质风险段落、重大地质风险段落三个等级。依地质风险等级不同，分别采取不同的预报管理响应机制，取得事半功倍之效果。

2. 预报实施分级

以满足预报生产作业技术要求为基础，根据不同的地质风险等级，采取相应的技术等级以及相适应的仪器及人员配置。一般地质风险段以地质法预报为主，物探法辅助实施；中等地质风险段适当加大地质法预报工作量，物探法一种方法贯通；重大地质风险段地质法要加大密度和频次，物探法长短距离结合，多种方法联合贯通实施，必要时补充地表物探工作。对于重大地质风险段密集的预报线路段，配置企业预报核心骨干力量现场实施，并配置全部预报所需高性能仪器，由专家组定期现场指导工作。

3. 成果审查分级

以风险等级不同，超前地质预报成果审查从低到高依次为：项目部审、处主管总工审、专家组会审。一般地质风险段落由项目部总工对预报成果进行审查，中等地质风险段落在项目部总工完成初审后上报处主管总工审查，重大风险段落和探测出重大地质异常的成果报告由处总工会同专家组会审。各级审查人员对所审成果出具相应的审查意见并在审查单上签字。

（六）建立保障机制

1. 加强人才梯队建设，提升预报技术

一是加大人员培训力度，提升预报人员技术、服务能力。把人员素质提升作为超前地质预报项目管理建设的一项基础工作，强调各项目内部的沟通、协作与学习创新，建立学习型企业和项目部。在各预报项目部均成立以项目总工为首的技术团队，通过开展理论学习、预报现场培训以及定期召开技术讨论交流会的方式，使各技术人员均能在最短的时间内熟悉并掌握各种预报方法，“边预报、边总结、边积累、边提高”，在预报过程中不断改进技术方法、提升技术能力。以提供最优质的技术服务为目标，全面加强对预报技术人员服务能力的培训。在工作中，注意与现场各方的协调配合，统一步调，形成合力。

二是开展创优活动，鼓励科技攻关。在各个预报项目中全面开展 QC 小组、“五小”活动，提高员工的创新创效意识，持续提升预报质量效果。积极开展“深埋岩溶隧道”“水下隧道”等重点超前地质预报方法技术研究，鼓励预报技术人员运用新技术、掌握新工艺、了解新设备、总结新成果以提高预报质量效果。完善技术创新激励机制，细分评奖标准和奖励标准，每年开展一次科技创新先进项目部、预报先进个人的评选活动，对获奖项目部（个人）给予通报表彰和一次性奖励。同时，在铁四院内部刊物先锋报上对先进项目部和个人事迹进行宣传，扩大表彰信息的受众范围，进一步强化激励效果。

2. 加强项目考核

超前地质预报每一项工作、每一个细节、每一个流程都有相应的制度制约，同时有与之相适应的考核监督体系作为保证，保障机制到位，保证制度的切实执行。铁四院针对预报现场组织管理、质量管理、资料管理、成本管理、安全文明生产管理和设备管理六大管理目标，对各超前地质预报项目部定期开展工作考核，所有指标均采用数字化定量标准。考评结果与项目成员的职务工资及奖金挂钩，以加强对项目成员的引导、帮扶和激励。

三、以保障铁路隧道安全高效施工为目标的超前地质预报管理效果

（一）超前地质预报质量显著提高

铁四院实现从预报方案设计、预报实施、成果反馈的全过程规范化、标准化管理，预报质量明显提高，预报准确率大幅提升。铁四院实现了重大地质灾害预报准确率 100%，中等地质灾害预报准确率 90%以上，小型地质灾害预报准确率 80%以上的预报目标。通过高质量的超前地质预报工作，为隧道建设动态设计、施工，规避隧道施工风险提供了科学有效的技术支撑，有效地节约了铁路建设成本，最大限度地降低了隧道施工安全事故，缩短了铁路建设工期，产生了巨大的社会效益和经济效益。如杭黄铁路天目山隧道计划施工工期为 32 个月，铁四院超前地质预报组通过周密细致的预报工作，成功探明了 7 处断裂带的准确位置及断层水发育情况，提出科学合理的施工建议，使该隧道较计划工期缩短 7 个月建成。铁四院多项预报工作受到各铁路参建方一致好评，为企业在相关业界赢得信誉和荣誉。

（二）预报管控能力全面提高，增强了企业活力

铁四院整合了预报参与各方需求，制定和实施了一系列符合企业自身以及行业发展的预报管理制度和办法，改进了预报信息交流传递手段，使企业预报生产组织管理由以往的零散预报生产组织和粗放管理向标准化、流程化、信息化迈进。打破了企业预报人力、预报仪器不足的瓶颈，克服了多种预报生产管理难题，培养了先进的项目管理思想和管理文化，企业预报项目管理水平得到大幅度提高。在超前地质预报领域具备较强的“预报生产服务能力、施工风险控制能力、低成本项目运转能力、技术与管理创新能力”，为企业的健康发展注入了活力。

（三）预报市场竞争力明显提高

铁四院已成为在建铁路业主单位开展隧道超前地质预报工作的首选，市场份额逐年增大。2011 年以来，铁四院在所负责的铁路线路中全部大面积开展地质预报工作，业务范围由高风险隧道向普通风险隧道扩展，预报工作量逐年攀升，2011－2017 年，分别完成 9 万延米、14 万延米、22 万延米、45 万延米、70 多万延米、90 多万延米和 200 多万延米预报工作量，市场竞争力显著提高。

（成果创造人：姜　鹰、赵新益、张　文、廖进星、刘　铁、李　军、
陈世刚、曾强运、林　昀、唐　涛、化希瑞、赵晓博）

以保障发电企业煤炭供应为目标的水运管理

华远星海运有限公司

华远星海运有限公司（以下简称华远星海运）成立于2006年8月，旨在满足中国华电集团公司（以下简称华电集团）系统沿海沿江电厂的煤炭供应。华远星海运注册资本4亿元，业务范围覆盖国际、国内水路运输、船舶管理等。截至2017年9月底，华远星海运资产总额为10亿元，拥有6艘船舶，运力34.7万吨，在国内沿海内贸船队运力排名20位。

一、以保障发电企业煤炭供应为目标的水运管理背景

（一）缓解发电企业煤炭水路运输保供压力的需要

2006年以后，华电集团在沿海沿江陆续建成投产了可门、莱州、句容等一批大型火电厂，下水煤运输需求剧增，运力供求失衡，市场一船难求，运价连创历史新高，不少电厂因运输问题出现缺煤减负甚至停机的情况，造成航运供应紧张。为缓解下水煤运输的保供压力，打破航运垄断，加强对发电主业的战略保障，华远星海运应运而生，补足了集团水煤供应的运输短板。

（二）集团煤炭、电力、港运协同发展的选择

综观能源行业的发展历程，煤、电“顶牛”的情况持续数年。煤炭和电力处于供应链的两端，通过价值链、供需链、空间链的优化配置和提升，使供应产业链中上下游间实现提高效率、降低成本的多赢局面，使体系内各项业务高效协同，实现价值的充分利用和挖掘，从而达到集团整体利益最大化。华远星海运作为连接“煤、电、港”等产业的中间桥梁，可以促进产业协同效应的发挥，打通电、煤上下游产业链，建立电煤一体、港航配套的产业布局，形成产业协同、物流通畅、保供有力的煤炭水运供应体系。

（三）实现发电企业价值最大化的必然举措

华远星海运通过以信息化和市场化为支撑的煤炭水运管理体系建设，打通煤、电中间环节，降低煤炭物流成本，提高煤炭供应的有效性和经济性，可以增强发电企业整体竞争力。

二、以保障发电企业煤炭供应为目标的水运管理内涵和主要做法

华远星海运充分发挥在煤炭资源侧的集约管理优势和华电集团在租船市场的品牌优势，通过建立水煤运力大平台、优化运力配置、建立互保协同机制、提供个性化的运输方案，有力保障集团各电厂水煤的供应，促进自身实现规模、质量和效益的协调、统一发展。主要做法如下。

（一）确立保障发电企业煤炭供应的工作思路

针对航运行业所具有的周期性强、运输不确定性大以及市场化、专业化程度高等显著的产业特点，华远星海运在成立之初就建立了清晰的战略定位。一是以航运为纽带和抓手，联动电厂、煤矿上下游产业链，推动煤炭水运供应各环节协同，发挥协同效益，提高物流效率，保障煤炭水路运输，降低物流成本。二是以自有运力撬动社会运力，不背过重的资产包袱，建立一个轻资产的水煤运力保供平台，抵御行业的强周期波动，平抑运价，切实起到保障电煤运输的作用。三是通过建立高效协同的煤炭水运管理体系，降低电厂煤炭安全库存冗余，及时根据煤炭市场行情调整采购策略，优化煤炭库存，提高资金利用效率并降低总体采购成本。

（二）发挥货主优势，多措并举筑牢水煤运力大平台

建立集约的水煤运力大平台是实现华电集团发电企业、煤炭生产以及相关物流企业煤炭、港航、电

力产业协同的重要支撑，也是华电集团发展航运的重要目标。在运力需求侧，华电集团实施内部市场的集约化管理，统一集团系统电厂下水煤的运输；在运力供给侧，依托集团大货主的优势，实行平台化管理，打造下水煤运输保障大平台，真正担负起保障集团下水煤运输的重任。华远星海运充分发挥专业的市场资源优势和人才优势，建立水煤运力大平台。

华远星海运的航运运力大平台走的是一条大平台、轻资产发展的道路。在发展定位上，没有把集团的货源规模与自身的运力发展规模简单地画等号，没有盲目扩张运力规模，没有背上沉重的资产包袱，而是审慎有序发展自有运力，控制经营风险，保证平台经济运行。一方面组建一支船型适宜、管理专业的自有船队，运力规模始终控制在集团下水煤运输需求的50%左右，成为华远星海运的核心运输保障能力；另一方面，采用多种方式，租用和控制社会运力，满足集团电厂动态的、多样性的运输需求。通过打造一支自有运力占比合理、租入运力可调可控的船队，不背沉重的资产包袱，在产业摆布上更加灵活，更加容易调整，也可以更加有效应对航运业周期性的剧烈波动，降低运输保障成本。

华远星海运针对集团内部航线的船型特点，与相关的国内主流船队建立战略合作关系，选择适宜船型，建立运力池。同时，充分发挥集团水煤统一运输的货源优势，在运力池内集约化租船，利用规模优势，降低租船成本，抬高船东违约成本，确保平台运力的可靠性。把平台运力纳入集团的物流调运体系，加强对平台运力的管理，通过过程管理和实施后评价，不断优化合作伙伴和平台船舶。

（三）优化运力配置，提高船舶运输效率

1. 定线配置船型

不同的电厂因为码头等级不同、航道条件的差异以及货源结构的不同，最适合的船型也各不相同，不同的船型又直接影响单航次载货量和船舶载重吨利用率，这些因素都在一定程度上影响运输效率和经济性。华远星海运作为货主型的航运企业，区别于社会航运企业的特点就是定位精准，即为华电集团沿江沿海的水煤电厂提供专业水路运输服务，因此在配置运力时都有明确的目标航线，针对目标航线特点购建或者租入载货量最大、油耗低、亏载最小的经济船型，实现个性化、定线化的船型配置，力求运输效率和经济效益的最大化。华远星海运主要根据各电厂码头、航道特点和货源结构，确定各电厂的典型船型配置。

2. 灵活租船

在租船管理上，以国企船队、货主船队、长江航线特色船队、股东船队为主，建立战略互保关系。在船舶选择上，优质新船优先、匹配船型优先，力求大型化、同型化，获得电厂认可。在租船方式上，一是通过中长期租约满足集团长协水煤基本运输需求，通过短期租约满足阶段性运输需求；二是通过与大型国企运力置换（换租），换出航线匹配度差的自有船舶，换入航线匹配度好的船舶；三是通过期租、光租的方式，平抑租船运价波动，提高运力的可靠性。平台常年租用船舶达到10艘以上，租船做到安全、经济、可靠。

3. 运行“三角航线”，承揽回程市场货源

华远星海运6艘自有船舶中，有三艘具备内外贸兼营的资质。根据国际、国内航运市场运价的不平衡性，三艘船舶在内外贸间转换经营。根据市场形势，摸索开辟印尼－黄骅－广州－印尼“大三角航线”，充分利用船舶运营能力，避免船舶回程空载，创造可观的经营效益。同时，在长江或者沿海卸空的船舶，华远星海运物色青岛或者烟台到黄骅铁矿石货源，形成内贸“小三角航线”。大小“三角航线”的运行，助力企业船舶载重量利用率位居同行前列，提高运输效益。

（四）把握行业趋势，建立互保协同机制

1. 平抑运价

在航运大周期内，实行航电战略互保。在高峰期，华远星海运实行最高限价，确保电厂不因缺煤而

减负停机；在低谷期，电厂给予适度价格扶持，维持航运企业的基本生存和发展能力。在运价短期剧烈波动时，通过抑高抬低、削峰填谷，降低运价暴涨暴跌对航电双方的影响，在一定程度上起到平抑运价的作用。通过建立互保协同机制，华远星海运和发电企业应对行业周期波动和短期市场剧烈波动的能力显著增强，运输成本的管控能力得到提升。

2. 建立库存支撑机制

华远星海运依托强有力的保供运力平台，定制化的船型配置，精准的航运调度，把水煤运输物流各环节中不确定因素的影响尽可能降到最低，有效提高水煤运输周转的效率，缩短水煤运输周期。华远星海运运力池提供充裕的运力和丰富的船型，满足电厂应急采购的需求。华远星海运强大的保供能力和有力的保供措施，为电厂精准安排采购计划、压缩采购周期、降低煤炭库存安全冗余创造了条件。例如，华远星海运提供服务的句容、莱州电厂平均库存显著低于类似装机规模的非协同互保电厂的水平。同时，华远星海运也为电厂根据煤炭市场涨跌趋势的变化，及时调整采购策略、调整优化库存提供即时运输保障，为降低采购成本创造条件。

3. 推行三级协同模式

华电集团从集团层面加强长协煤、自产煤内销产运需协调，构建集团公司、区域公司和基层企业三级协同模式。在战略定位、重大原则、年度计划等重要问题上推动集团火电产业部门组织协调；在运输计划、运输合同、争议问题等事务上由各区域公司协调；在运输质量和运输过程中，具体问题由华远星海运直接与电厂协调。通过三级协作，保证煤炭水运供应各板块高度协同、高效运作。每年由集团公司燃料管理部门组织召开由区域公司、煤矿、电厂和航运企业参加的年度计划和总结会，加强统一管理、跨区协调。每月底，由集团公司燃料管理部门牵头，组织相关单位召开下水煤月度协调会，安排下月煤炭需求和调运计划。电厂、区域公司根据月度发电计划，提出煤炭月度需求计划；煤矿根据电厂订货需求，提出生产计划；华远星海运根据下水煤运量、航线结构和需求时间，组织安排运力，配置船型。月中，华远星海运根据电厂需求变化，及时调整运力、船型、船期安排，满足电厂动态需求。协同模式的有效运行，提高了水煤供应、需求和运输物流各环节的沟通效率，降低了沟通成本，使电厂的个性化需求得到最大程度的满足。通过水煤供应各环节的高效协同、紧密衔接，使船舶调度更加精准，供应更加高效，避免不必要的船期损失和不必要的亏载亏吨，形成水煤供应各环节多赢的局面。

（五）实施精准调度，保障电煤供应

1. 实施精准调度

水煤供应的资源侧、需求侧以及运输物流三个环节是一个相互影响、相互制约且动态变化的有机系统，任何一个环节的变化都会导致其他环节的调整，其中，运输物流又涉及港口、航道、转驳等诸多环节，最易受到包括气象在内的各种因素的影响。为提高船舶运输周转效率，缩短水煤采购供应周期，实现水煤资源与船舶运输的精准调度，华远星海运构建了由需求、供应和运输多方参与的信息平台。及时高效的信息平台，极大提高了水煤供应相关环节的沟通效率，为精准调度创造了条件、提供了手段，提升了各环节的协同效果，提高了船舶运输周转效率。

2. 自有运力运输保底

航运市场运力紧张，运价暴涨的时候往往是电厂保库存、抢运输的时候，此时要求华远星海运必须以集团大局为重，无条件服从集团整体利益，尽全力保障运输，绝不允许因运输缺煤导致电厂减负停机。例如，2012 年可门电厂库存告急，在市场一船难求的形势下，华远星海运曾为救急违约外部合同，不惜赔偿合同方，坚决调船保供；2016 年莱州电厂库存告急，华远星海运从外贸航线急调 5.7 万吨船舶入境保供，请求莱州海事支持，突破了码头最大靠泊等级，并且按电厂航道标准减载 1 万多吨进行保供。虽然华远星海运付出了一定的保供成本，但有力地保障了电厂的水煤供应，赢得了电厂的信任，稳固了航运和电厂的协同关系。

3. 运力平台调运保障

华远星海运发挥专业航运公司的行业影响力和业内合作共赢机制，通过与国内主流船队建立战略合作关系构建运力池。运力池内船舶基于长期合作关系，在市场侧运力供给不足时，华远星海运可以获得充分的业内船队运力支持，并可最大程度做到租船经济性。即使自有运力不能完全满足华电集团系统的运煤需求，通过运力平台的调运保障，也能在水运市场紧张时消除断煤风险。

（六）提高服务水平，当好航运管家

1. 建立平台共享信息

华远星海运在电厂、港口、煤炭、航运企业间构建煤炭水运相关方无缝对接的信息平台。在平台上除常规的计划、报表等信息沟通手段外，综合运用电话、邮件、QQ 群、微信等多种方式，实现信息动态发布，按照便捷、高效、低成本的原则保持水煤相关信息的实时共享。平台信息包括每日沿海各航线的运价信息、北方港煤价信息、电厂库存信息，对所有在线空载船舶的信息包括目的港、预计到港时间、船舶靠泊计划、装货进度、装货量、开航信息等；对所有满载船舶的信息包括预计抵卸港时间、卸港靠泊计划、卸货进度等。对航运企业而言，及时掌握电厂需求的变化等信息，可以提前应对，减少无谓的滞期等泊。根据煤价变动趋势和电厂采购策略的变化，可以预判运价涨跌趋势，调整租船的时间和节奏，降低租船成本。对电厂而言，可以根据物流动态信息，及时调整采购的方式、渠道、时间等，合理调节库存，根据运价变动趋势信息，调整订船时间，降低煤炭运价。

2. 推进全程物流

全程物流是当今物流的发展趋势，是提升运输服务价值，延伸价值链，降低综合物流成本的有效方式。华远星海运积极尝试煤炭全程物流，2016 年在湖北、湖南、安徽区域电厂的长协煤试行全程物流，取到良好效果。两湖及安徽区域电厂的水煤运输链长，运输环节多，链条最长的常德和长沙电厂，要经过海、江、湖、陆四程运输、三次中转，稍有不慎就可能亏吨亏卡，滞期延误。实行全程物流运输后，充分发挥了华远星海运专业化、集约化管理的作用，取到良好的协同效益。一是由华远星海运统一派专人到装港、中转港监装监卸，避免各厂分别派人，提高监管效率；二是各厂的中转港集约化，可降低中转费用；三是推动水煤到厂验收，降低电厂亏吨亏卡的风险。通过全程物流管理，有效提高水煤运输效率和运输质量，减少电厂在运输过程中各项繁杂的监管工作，降低综合物流成本。

3. 提供专业化服务

坚持航运专业化发展是华电集团发展航运的出发点和落脚点。华远星海运向电厂提出“保运力、保船期、保安全、保质量”的专业化服务承诺。在保船期和保运力上，通过建立强大的保供运力平台和精准船舶调度，千方百计满足电厂个性化的需求；在保安全上，建立严格的 ISM/NSM 安全体系标准，确保无险情，保障安全无事故，目前已实现连续安全生产超过 2000 天；在保货运质量上，积极配合电厂卸港到岸验收，通过在装港派驻专门监装人员，确保装货环节不掺水、不亏吨。

三、以保障发电企业煤炭供应为目标的水运管理效果

（一）水煤运输稳定有序，保障能力显著提高

伴随华电集团水煤装机的发展，华远星海运自有运力和租入运力有序增长，自有运力从 1 艘发展到 6 艘散货船计 35 万载重吨，租入运力从无到有，目前常年租用长协船 10 艘以上，临时租用船舶平均 5 艘左右。服务范围涵盖集团全部 13 个水煤电厂，服务航线覆盖沿江、沿海和全球航线，货运量占集团水煤总量的比重从 30%提高到 90%左右，2017 年货运总量突破 2500 万吨，多年来未发生因为运输影响电厂发电的案例，货运质量上一直保持分厂年度累计不亏吨的记录，保障能力和服务质量获得电厂的一致认可。通过与中远海运、招商物流等央企船队，以及利电航运、华江海运、福州海通等主流长江航

线船队建立牢固的合作关系，备用运力池船舶数量充足、船型丰富，保障能力坚强可靠。一个保障有力、运作高效、营运经济的水煤运输大平台已经形成。

（二）运输成本逐年下降，管控能力显著提升

货运量增长产生的规模效应，全程物流管理产生的协同效应，电港航协同后船舶大型化、标准化，以及船舶载重吨利用率提高等因素，有效推动了运输成本的下降，服务发电厂的运价也同步下降。华远星海运内贸航线吨煤运输成本平均下降 1.5 元/吨，创效 10590 万元；提高装货满载率、船舶大型化、标准化等，降低运输成本 0.7 元/吨，年节约 820 万元，6 年节约 4920 万元，两项合计降本 15510 万元。租船运量逐年增长，通过专业化、集约化、规模化的租船管理，取得远低于市场的社会运力成本。水煤供应各环节的产业协同，实施船舶精准调度，提高了运输效率，减少了滞期，按装卸二港合计提升 9%测算，平均每航次减少 0.6 天，全年平均 420 航次，年节约 252 天，按每天滞期费 6 万元计算，年降低运输成本 1512 万元，6 年节约 9072 万元。按照海运行业规定煤炭运输定额损耗 1%计算，运用该平台后减少至 0.5%，6 年减少 35 万吨煤炭损失，节约燃料成本 1.4 亿元。在优化电厂煤炭库存方面，降低安全库存冗余 30 万吨，减少资金占用 1.5 亿元，平均每年可节约财务费用 750 万元，6 年合计节约 4500 万元。

（三）实现公司稳步发展，专业能力不断增强

一是船舶运输更加安全高效，承运能力不断提高。华远星海运多年来保持了无事故、无机损海损、无污染的安全运输记录。船舶运力进入国内沿海船队前 20 名，进入国内沿海内贸航线船队前 10 名。二是撬动运力能力增强，经营绩效不断提高。随着撬动社会运力能力的增加，租入运力逐年增长，运量逐年提高，2016 年达到 1167 万吨，2011 年至 2016 年年底，租入社会运力承运集团系统货量累计达 4738 万吨，创效 20531 万元，租船业务已经成为华远星海运创收增效的重要来源。在航运市场极度低迷，航运企业全面亏损的情况下，华远星海运保持了相对较好的经营业绩，基本保持了连年盈利。三是专业管理能力增强，市场地位不断提高。华远星海运市场把控能力更加成熟，集约管控能力更加到位，行业影响力持续扩大，经营绩效在国内沿海散货船队名列前茅。同时，企业利用货主大平台优势，增加了货物运量，分享了行业利润；集约化、平台化的租船业务，贡献了租船利润；规模化、高效率的营运模式降低了运输成本。据统计，自 2011 年实行以保障集团发电厂煤炭运输为目标的水运管理以来，华电集团通过华远星海运水煤运输的管理创新和精益化管理，取得的直接和间接经济效益超过 6 亿元。华远星海运的发展道路突破了行业周期性风险，走出一条健康的、可持续的发展之路。华远星海运已成长为一个市场化、专业化的运输大平台，航运板块业务不断壮大，在华电集团下水煤物流体系中发挥着越来越重要的作用。

（成果创造人：丁焕德、刘传柱、卓　山、李强德、陈　昊、贺　吉、
王勤丰、张爱培、饶庆平、唐平良、笪如军、姜　岚）

煤矿安全风险预控管理体系建设

神华新疆能源有限责任公司

神华新疆能源有限责任公司（以下简称神华新疆公司）成立于2005年8月3日，为神华集团全资子公司。前身是国有重点煤炭企业——乌鲁木齐矿务局改制成立的新疆乌鲁木齐矿业（集团）有限责任公司，现有员工4281人。神华新疆公司以煤炭生产、洗选为主，2016年在新疆煤炭市场的占有率为20%。现有8座矿井，5座为井工煤矿，3座为露天煤矿，总产能为4350万吨。

一、煤矿安全风险预控管理体系建设背景

（一）构建保障煤矿安全生产长效机制的内在要求

当前，我国已基本形成“国家监察、地方监管、企业负责”的煤矿安全生产格局，初步建立以《安全生产法》和《煤矿安全监察条例》为主体的煤矿安全生产法律法规体系，煤矿安全基础管理工作不断加强，安全生产形势持续稳定好转，重特大事故多发的势头得到有效遏制。特别是自2000年以来，我国煤矿事故死亡人数持续下降，已从2002年最高的6545人下降到2016年的538人；煤矿百万吨死亡率从2000年最高的5.86下降到2016年的0.156。但从世界范围看，我国煤矿安全管理整体水平与先进国家相比差距仍然较大，持续提高煤矿安全生产管控能力仍然任重道远。

（二）加强煤矿基础管理，创新安全管控机制的有效途径

我国煤炭资源丰富，煤层赋存条件复杂，自然灾害类型多，开采难度大，具备安全保障条件的资源严重不足，适宜露天开采的资源所占比例少，绝大多数煤炭资源需井工开采。可以说我国是世界上煤炭开采难度和安全生产难度最大的国家。然而，我国煤矿安全管理相对落后，长期以来，煤矿以经验管理为主，依靠行政推动、集中整治的安全管理局面一直没有得到根本改变。人员安全意识淡薄、安全制度不健全、责任落实不到位、隐患排查不彻底、操作程序不清晰、管控重点不突出、防治措施不得力、现场培训不扎实以及安全执法检查过程中严格不起来、执行不下去等问题在我国相当多的煤矿不同程度地存在。因此，只有通过加强煤矿基础管理工作，创新煤矿安全管理理念和安全管理方法，依靠新的机制办法，才能从根本上克服影响煤矿安全生产的诸多因素，不断提高煤矿安全管理水平，实现煤矿安全生产从基本好转向根本好转。

（三）全面推行风险预控管理是确保煤矿安全生产的必然选择

2007年8月，神华新疆公司开始建设、运行煤矿风险预控管理体系，经过近10年的探索、研究、实践应用和检验，证明“煤矿安全风险预控管理体系”是一套理念先进、方法科学、应用有效的管理体系。该体系不仅符合我国煤矿安全生产特点，而且能够满足我国煤矿安全管理的实际需要。全面推行风险预控管理体系必将成为煤矿安全管理的必然选择。

二、煤矿安全风险预控管理体系建设内涵和主要做法

神华新疆公司以危险源辨识和风险评估为基础，以风险预控为核心，以风险预控体系建设为主线，以不安全行为管控为重点，运用风险预控思维和风险预控PDCA管控模式，完善风险预控体系运行机制，突出风险预控管理过程控制，实现安全管理由管隐患向管危险源的源头控制转变，由结果控制向过程管控的安全管理方式转变。通过对煤矿全生命周期过程中存在的危险源采取有效的消除、减少、稀释和隔离等措施，强化重大危险源管控、重大安全隐患整改、生产系统优化完善、高风险及特殊作业管控、岗位危险源、人员不安全行为等重点环节风险管控，达到“人、机、环、管”

最佳匹配，并将煤矿风险降低和保持在合理水平，实现安全生产程序化、系统管理标准化。主要做法如下。

（一）建立煤矿安全风险预控管理体系框架

1. 明确“人、机、环、管”四类危险源管控一致性、程序化管控流程

该流程包括五个步骤。一是开展危险源辨识。发动全员对自己的工作场所和责任区域内的危险源进行逐一排查和登记，查找煤矿面临的各类不安全因素。二是进行风险评估。对煤矿辨识出来的几千条危险源进行评估分级，梳理并甄别重大风险、中等风险、一般风险，同步明确安全管控重点。三是制定风险管理标准和管理措施。依法制定危险源管理标准，确定危险源管到什么程度、达到什么标准才能不出事故，解决每个管控重点“如何管”和“如何管得有效”的问题。四是开展危险源监测。在生产过程中，煤矿需要通过监测危险源是否处于受控状态，检验管控标准和措施实施的效果如何，动态排查事故隐患。五是建立危险源预警机制。对于监测中发现危险源未有效控制的情况，及时分级预警，促进现场迅速落实整改和控制措施，预防事故发生。

2. 运用海因里希法则和内外因事故致因理论

一是运用海因里希法则。明确安全工作基本原则，即防范大事故必须从消除小事故和隐患做起，将管理的重心下移、关口前移，变被动为主动，变事后查处为风险预控。二是运用内外因事故致因理论。阐明煤矿安全生产事故是在内因和外因共同作用下能量意外释放的结果，要想控制事故的发生，就要控制事故的内因，排除诱发事故发生的外因，为煤矿实现切断煤矿事故因果链、建立风险预控管理流程奠定基础。

3. 设计十七个要素

各要素既相互独立，又相互关联和作用。一是推进“总要求”“安全方针”“体系策划”“体系文件”“资源、机构、职责和权限”五个要素保障体系有效运行，确保体系要求落到实处；二是将“危险源辨识”“风险评估与控制”“能力、培训、意识和文化、建设项目”三个要素贯穿于风险预控管理的理念和方法，应用到煤矿安全管理全过程；三是“生产系统运行控制”要素，用以贯彻国家煤矿安全生产的法律法规以及煤矿安全生产标准化标准，实现安全生产；四是“不安全行为控制”要素用来保障员工作业行为安全，防止人员因失误导致事故和伤害；五是“其他要素控制”“相关方安全控制”“应急准备与响应”“隐患和事件”“安全信息”“安全检查与评价”“持续改进”七个要素，主要规定生产系统以外的其他安全工作，实现煤矿的全过程、全方位、全员持续参与的改进闭环管理。

（二）明确组织保障机构责任，抓好体系运行工作

1. 建立分工明确的组织保障机构

一是成立以董事长、总经理、党委书记为组长的“风险预控体系领导小组”，明确公司及所属各单位年度、季度风险预控体系达标规划，制定风险预控体系实施推进主要措施；二是制定《年度安全风险预控体系实施方案》，确定体系实施推进指导思想，按照“分级管理、分线负责”的原则，突出各专业的业务职能，组织相关专业人员对煤矿安全风险预控体系审核指南再次进行归类分解，明确各部门职责和分工，进一步细化各级指标任务，督促落实。

2. 体系指标分解到人，实现全员参与

对安全风险预控管理体系各项指标依据职责和专业，分解到领导、机关部门和专业化单位；从董事长、总经理、党委书记到员工，每个人身上均有体系“落地”的指标；各基层单位把体系指标分解到矿长、分管矿领导、职能部门、区队、班组、员工。做到人人身上有指标，人人身上有责任，每项指标有人负责、有人监管。

3. 推行"三条责任线"管理机制，逐级落实风险预控管理责任

一是明确主体责任单位、业务保安部门、安全监察部门落实风险预控体系的"三条责任线"，按照7∶2∶1原则明确体系"落地"责任。形成主体责任单位主抓，业务保安部门全程监督指导，安全监察部门动态评价和效能监察全流程闭环管控，有效促进安全责任落到实处；二是各单位按照"责任到人、不留死角"的工作目标，全面落实各岗位、各环节的安全风险预控管理责任，形成全员、全过程、全方位的责任体系。

（三）完善风险预控体系运行保障机制

1. 建立健全风险预控体系相关制度

一是相继出台《关于开展风险预控体系"再认识、再培训、再辨识、再提升"活动安排的通知》《神新能源公司实施"风险预控体系落地提升年"十六条指导意见》《神新能源公司风险预控体系"落地"实施方案》《神新能源公司重大危险源预控月度PDCA管理审核表》等文件。二是健全完善体系目标责任机制、体系运行推进机制、体系考核激励机制、体系持续改进机制。全方位、全覆盖推进生产、基建、活性炭及所属单位体系运行。三是开展多次现场交流会、体系审核验收、重大安全隐患整改考核及专家会诊评估。重新编写、审核井工和露天煤矿183个岗位《危险源预控标准化模板》《人员不安全行为认定标准》及《管理办法》，"各工种预控表"共涉及岗位危险源4825个，涉及不安全行为2673条，使风险预控成为安全管理基本模式，有效管控各类危险源。

2. 制定风险预控体系"五个一"运行推进机制

一是每季度开展一次风险预控体系现场推进会、一次风险预控体系达标考核验收、一次重大安全隐患整改考核及"回头看"专家会诊评估。二是组织基层单位每季度开展一次安全隐患自我排查和危险源再辨识，每月对照考核标准进行一次风险预控体系自检、召开一次风险预控体系综合例会。

3. 建立企业本部、厂矿和区队三级检查考核机制

把风险预控体系实施效果纳入绩效考核和干部考评，引导各级领导干部成为体系运行的参与者、实施者、推动者。

4. 完善体系建设标准

煤矿风险预控管理体系内容以国家煤矿安全生产标准化标准、安全生产法和国家法律法规方面的最新要求为主，体系与煤矿安全生产标准化实现全面融合。

（四）开展风险预控体系宣教培训工作

一是完善专兼职教师等级评价和考核激励机制，培养选拔专业知识全面、经验丰富的讲师队伍，建立高水准讲师队伍，提升培训水平和效果。二是采取专家讲授、内部授课形式，开展瓦斯、冲击地压等灾害防治技术培训，提升管理和技术人员对风险辨识、评估、预控的能力。三是组织公司机关部门和专业化单位的分管领导和体系联系人进行体系贯标学习，公司领导、部门领导登台授课。各部门"一把手"带头学习、带头干，带头宣讲。四是组织编制《神新能源公司安全风险预控体系基础知识手册》400余本，下发各部门贯彻学习，不定期对各部门学习情况进行抽考，不断提高各部门管理人员的安全风险预控基础知识水平。

（五）开展风险预控体系审核

一是从2014年下半年开始，由公司安监局牵头，每季度采取调查问卷、座谈交流、体系文件审核相结合的方式，对机关部门和专业化单位进行体系审核；二是公司安监局每季度定期组织机关部门和专业化单位对各基层单位进行体系达标验收审核工作，主要针对体系运行的有效性、符合性和动态性原则审核，促使体系持续改进；三是体系达标验收审核采取月考核、季度考核、年度考核相结合的动态考核办法。按季度、年度排名，重奖重罚，并且培养一支100余人的体系审核员队伍，有效推动体系实施和

持续改进。

（六）坚持预防为主，预控重大风险，治理重大灾害

1. 超前管控重大风险

为精准管控系统性危险源、根治重大灾害，针对辨识出的重大危险源，逐一从原因分析、风险程度评价、预控时段、预控措施、主体责任、业务保安责任、分管领导七个方面进行策划与安排。一是每年年底定期组织专家对各矿下年度系统性危险源进行辨识、评估，制订出下年度的《重大危险源管控计划》和《重大灾害治理计划》，并在来年的1月1日下发执行。二是每月随安全生产计划下达重大危险源管控计划和重大灾害治理计划，月末主体责任单位、业务保安部门分别按照《神新能源公司重大危险源预控月度 PDCA 管理审核表》进行月度评价、考核。对于预控时段内评价出的不足之处、差距和问题，持续改进，及时补充下月管控计划，完善改进措施，经审核后执行落实。对于生产过程中辨识出的新增重大危险源，按照以上流程管控，实现重大危险源 PDCA 循环管控。三是预控时段结束后，业务保安部门、安全监察部门对重大危险源进行审核评价、验收、销号。在预控时段内未完成销号的重大危险源，办理延期销号报告，继续 PDCA 循环管控。同时，考核主体责任单位、业务保安部门、监察监督部门的责任人、相关责任领导、责任人月度安全结构工资，促进重大危险源管控、重大灾害治理规范化、常态化。

2. 实施重大安全隐患整改

一是针对集团、自治区、公司排查出的重大安全隐患，制定《安全隐患责任追究管理办法》《重大安全隐患年度整改计划》，明确整改措施、整改标准、时间节点、责任部门、分管领导。二是将《重大安全隐患年度整改计划》列入每年的公司1号文附件中，根据年度整改计划和整改时段，编制《整改控制月度计划》，并按月下发“安全生产作业计划”。三是业务保安部门每月深入现场对重大安全隐患整改进行检查、验收、效果评价和考核，提出整改意见，指导、帮助主体责任单位改进整改方案和整改措施。四是每季度组织专家组对重大风险预控及安全隐患整改进行再审核、评估；待主体责任单位申请公司验收销号时，专家及相关部门再次到现场检查、验收，验收合格办理销号手续，确保重大隐患有效管控，实现重大隐患 PDCA 循环闭环管理。五是主体责任单位定期编制《重大隐患整改月度计划表》，每月审核、修订重大隐患整改方案和措施，并严格执行整改方案和措施。六是组织技术人员深入现场检查、评价整改方案、措施的执行效果，结合公司业务保安部门的评价结果和整改意见持续改进整改方案和措施。七是重大隐患整改完成办理销号，主体责任单位重大安全隐患整改完成后，自主组织相关部门进行验收，验收通过，上报公司申请验收，经过业务保安部门审核、验收后办理重大安全隐患销号。

（七）坚持高压态势、严控“三违”及不安全行为

通过对历年发生的事故进行大数据统计、分析，发现95%的事故都是由于违章作业造成的，只有严管不安全行为，才能有效杜绝事故发生。

一是针对风险等级高、可能直接导致安全事故的高风险不安全行为及“三违”进行统计分析，形成干部、员工坚决不能违反的“58条安全生产禁令”，并出台“董事长安全二号令”和《安全生产禁令管理办法》，明确凡各级干部违反安全生产禁令的，一律停工，离岗学习1个月，重复违反安全生产禁令的解除劳动合同，对高风险不安全行为保持高压惩处态势。

二是按照“58条安全生产禁令”，明确管理干部不能碰的21条“红线”，规范管理干部高风险违章指挥行为；明确员工不能闯的37条“红灯”，其中涵盖井工煤矿20条、露天煤矿17条员工高风险违章操作行为。通过坚持“铁制度、硬执行”，强力约束自律性较差的干部、员工。

三是加大“四不两直”动态检查力度，查出违反安全生产禁令行为上追两级管理责任，对各单位查出违反安全生产禁令行为未按规定处理的，同样上追两级管理责任。

2013—2016 年，通过严抓狠管不安全行为，迅速扭转违章作业导致事故频发的被动局面，高风险不安全行为和各类事故分别下降 78%和 70%以上。

（八）强化基建项目与承包商安全管控

为进一步加强外委施工队、专业化服务队伍安全管理，一是制定下发《神新能源公司关于加强外委施工队伍、内部专业化服务队伍安全管理的通知》，明确将专业化服务队伍纳入本单位的安全风险预控管理体系，执行统一的安全风险预控管理标准，严格对专业化服务队伍进行安全监督检查和考核，并严格执行"五个关口"（准入关、责任关、稳定关、监督关、验收关）和"五个统一"（统一推行安全风险预控管理体系、统一推行安全质量标准化建设、统一推行区队班组建设、统一进行安全教育培训、统一监管考核）管理规定。

二是企业分管基本建设的领导每周一亲自部署本周基建项目与承包商安全管理重点基建工作，由相关部门以《基建工作（周）落实情况表》的形式下发到各相关部门，每周五定期对工作完成情况进行落实并报公司领导，以全面推进落实基建项目安全管理。

（九）加大岗位标准作业流程和风险预控管理融合力度

2016 年，神华新疆公司全力推进岗位标准作业流程的推广应用，各基层单位均制定《岗位标准作业流程》与危险源辨识结合的"岗位标准预控卡"，下发每一名员工随身携带，通过培训、指导、监督，紧紧围绕"八个融合"的工作要求，坚持开展流程的现场运行工作。目前，神华新疆公司建立、审定适合煤炭生产和洗选加工的岗位标准作业流程共计 1142 个，在执行流程过程中通过反馈机制新增流程 71 项，优化流程 1127 条，涉及岗位 88 个，涉及员工 4483 个，并将 1213 个标准作业流程变成可执行流程，形成"企业级执行流程库"。

三、煤矿安全风险预控管理体系建设效果

（一）安全生产总体水平持续提高

煤矿风险预控管理体系坚持"煤矿可以做到不死人""生产时瓦斯可以做到不超限，超限就是事故"两个基本理念，坚定煤矿安全生产"一切风险均可控，一切意外均可避"的信念，进一步改变煤矿安全管理工作思路和方法，转变了煤矿安全管理长期以来的事后管理、被动式管理的局面，开启风险超前预控、主动式管理的全新模式。2007—2016 年，安全管理业绩明显趋好，安全生产事故逐步降低，2015—2016 年，实现安全生产零死亡的目标，消灭重伤事故，杜绝了水、火、瓦斯、冲击地压、顶板等重大非伤亡事故，连续 6 年被新疆维吾尔自治区人民政府评为"安全生产先进单位"。

（二）实现了隐患治理的闭环管理和持续改进

煤矿风险预控管理体系中每个元素的要求都是按照 PDCA 顺序提出的，体系以 PDCA 为运行模式，促进过程控制、闭环管理和持续改进。通过危险源监测及时排查隐患，落实整改责任，形成安全隐患排查、整改、消除的闭环管理的长效机制，使隐患排查治理制度化和常态化，切实把隐患消灭在萌芽状态。截至 2017 年 5 月底，神华新疆公司实现整体安全生产 3 周年以上（1184 天），其中，1 个煤矿实现安全生产 11 周年以上（4194 天），2 个单位实现安全生产 10 周年以上（3932 天、3894 天），1 个单位实现安全生产 9 周年以上（3618 天），1 个单位实现安全生产 6 周年以上（2435 天），1 个单位实现安全生产 5 周年以上（1975 天），1 个单位实现安全生产 4 周年以上（1491 天），2 个单位实现安全生产 3 周年以上（1432 天、1184 天）。

（三）实现了煤矿危险源的全面管控和安全管理关口的前移

神华新疆公司各煤矿依据风险预控管理体系设计的一系列考核指标，将各项安全工作责任分解落实到矿领导、各业务部门和岗位员工头上，每项安全工作"谁主管、谁主抓、谁负责"分工清楚，每个领导负责几个元素，每个员工负责几项工作，责任非常明确，最终达到员工自主管理的目的，切实解决煤

矿安全管理“管什么”和“如何管”的根本问题。近年累计投入 6.7 亿元对各矿井存在的水、火、瓦斯、冲击地压等 171 项系统性重大危险源和 105 项重大灾害进行预控防治，实现重大危险源的有效预控、重大灾害的可防可控。同时，通过过程控制，实现了安全管理重心从“管隐患”向“管危险源”的转变，解决了以前管理以结果为主，安全工作跟着问题跑的弊端。从“抓环节”向“抓系统”转变，解决多年来主要生产系统中存在的重大安全隐患；生产布局由“短期安排”向“中长期布局”转变，持续优化生产布局，为重大风险预控和重大隐患整改创造有利的时间和空间条件。2011 年，该体系作为一项国家安全生产行业标准予以发布。同年 8 月，国家安监总局和国家煤监局发文在全国推行。

（成果创造人：王宁波、李新华、田　华、陈建强、张新战、
刘凡波、侯德建、马洪涛、杨　峰、赵南方、付根宁）

保障电网安全运行的输变电设备防污闪全面综合管理

内蒙古电力（集团）有限责任公司乌海电业局

内蒙古电力（集团）有限责任公司乌海电业局（以下简称乌海电业局）成立于1976年，为内蒙古电力（集团）有限责任公司全资分公司，担负着乌海市、阿盟乌斯太、鄂尔多斯蒙西及棋盘井等周边地区的居民生活和工农业供电任务。下设14个职能处室，5个生产单位，8个供电分局，3个营销单位，1个多经企业，全局在册职工1419人，固定资产约32亿元。所属35千伏及以上变电站共计36座，总变电容量4816.55兆伏安。35千伏及以上输电线路145条，总长度2113千米，服务电力用户近35万户。2016年销售（营业）收入245257万元，企业利润额6616万元，销售（营业）利润率2.70%。

一、保障电网安全运行的输变电设备防污闪全面综合管理背景

（一）保障地区电网安全稳定运行的重要手段

设备污闪是指电气设备绝缘表面附着的污秽物在潮湿条件下，其可溶物质逐渐溶于水，在绝缘表面形成一层导电膜，使绝缘子的绝缘水平大大降低，在电场力作用下出现的强烈放电现象，所以设备污闪也称作设备污秽闪络。输变电设备外绝缘表面不可避免地会落下大气中的烟尘、煤炭、酸雨等各种污秽物，大气污染越严重的地区，积污也越严重。当电力系统发生污闪时，可能会由于多条线路同时跳闸，而引发电网大面积停电，严重影响电网稳定性。因此加强电网防污治理，提高电力设备抗污闪能力，已成为电力行业的一项重要工作。乌海地区电网设备受其地理位置和周边环境影响，面临较其他地区更为严峻的防污闪形势，主要存在的困难有以下两点。

第一，乌海地区工业、气候特点带来严峻的环境压力。乌海市是内蒙古自治区西部一座新兴的资源性工业城市，其支柱工业主要为能源、煤化工、建材、冶金四大产业，是我国西北地区重要的煤化工基地，同时也是全国电石、硅铁等高载能产品的重要产地，导致乌海地区大气污染严重。根据乌海市环保部门统计，从2006年至2009年，乌海地区工业废气排放量年均为16300187×104m^3，其中粉尘的年均排放量为49168044kg/a。2004年至2009年乌海地区空气中PM10的含量平均值为0.196mg/m^3，要劣于我国环境质量三级标准（0.15 mg/m^3）的要求。在国家环保部门2008年地市级以上城市环境质量统计中，劣于三级标准的城市仅有8座，占比1%。乌海市地处中纬度大陆深处，降水少，气温高，年均降水量仅为141mm，蒸发快，地区干燥度4.0h，为极干旱荒漠区。同时乌海地区大气稳定度高，大气中的粉尘颗粒难以短时间散去，更加有利于粉尘的沉积。

第二，受经济发展进程及负荷需求影响，所属大部分变电站建于工业园区内或附近。根据乌海电网2015版污区分布图，乌海电业局大部分变电站、线路均处于E级污秽区（属于污秽最高等级）。这些变电站的设备、线路外绝缘表面直接遭受工厂排放冲击，遇有雾、露、雨等潮湿天气，极易发生污闪故障。在这两重不利因素作用下，乌海电网遭受到设备污闪事故的严重影响，仅在2008年一年的时间内，乌海电业局就发生33起因设备污闪导致线路跳闸的事故，累计损失电力负荷1100MW，直接经济损失达2000余万元。

（二）优化生产管理结构，降低企业成本的客观需求

输变电设备防污闪管理涉及电网规划设计、设备选型、项目实施、设备维护、设备退役评价多个环节。所有环节的工作质量，都将影响到电网防污闪的整体效果。乌海电业局220kV顺达变电站，就因在规划建设初期未能考虑当地环境，造成全站户外设备外绝缘配置均按照C级污秽区考虑，但是实际

其所处环境为 E 级污秽区，致使该站从 2007—2009 年连续三年发生污闪事故。

乌海地区电网设备防污工作主要依靠人工清扫，投资虽少，但由于乌海地区严重的大气污染，所有 E 级污秽地区的设备线路必须每年停电清扫一次，部分严重地区的设备和线路甚至必须每年停电清扫两次，为乌海电业局的清扫工作带来极大的压力，以 2007 年为例，乌海电业局全年清扫工作累计完成 4968 人/次，出动车辆 709 台/次，而当时变电、输电检修工区的检修人员一共为 97 人，人员清扫劳动十分繁重。随着新投设备、线路逐年增加，以及可靠性指标压力造成的设备停电时间的减少，仅靠清扫工作，难以达到较理想的防污闪效果。另外，乌海电业局在自身检修人员无法完成清扫任务的情况下，只得雇佣大量临时工进站清扫，给人员进站工作后的安全风险管控带来很大压力。

（三）提高供电可靠性管理的重要举措

随着电力用户对电能质量和供电服务要求的不断提升，以及电力用户维权意识的增强，用户对于停电时间的耐受度越来越低。根据乌海电业局客服中心统计，2016 年 95598 客服热线接受的用户咨询、投诉约有 63%与电网停电有关。在这样的形势下，减少用户停电，保障用户不间断供电已成为电力企业优质服务最基本的要求。在供电企业的正常生产中，影响供电可靠性的主要因素是计划停电和故障停电两个方面，对于乌海电网而言，输变电设备防污闪管理工作是否有效落实执行到位，会直接影响到设备故障跳闸率，进而影响供电可靠性指标。

二、保障电网安全运行的输变电设备防污闪全面综合管理内涵和主要做法

为提高供电可靠性，预防电网污闪事故的发生，保障地区电网安全稳定运行，乌海电业局紧紧围绕企业安全、生产管理目标，遵循“源头预防、全面管控、综合治理”的指导思想，建立“四个全面”（“组织体系全面”“防污技术全面”“过程管理全面”“考评激励全面”）的防污闪综合管理体系，保障电网安全稳定运行，向电力用户提供持续、优质电能服务。主要做法如下。

（一）完善防污闪管理组织，落实责任体系

为从思想上统一全局各级人员意识，加强全体员工对于防污闪工作的重视程度，乌海电业局提出“源头预防、全面管控、综合治理”的指导思想，并提出建立“四个全面”的防污闪综合管理体系的目标，即“组织体系全面”“防污技术全面”“过程管理全面”“考评激励全面”，以此实现乌海电业局防污闪工作的全面综合管理。

为更好地推进工作开展，明确部门、单位间的职责，搭建防污闪三级管理体系，形成涵盖决策层、管理层、执行层三个层级，4 个机关部门，12 家基层单位的管理体系。第一，成立防污闪工作管理领导小组，由局长作为组长，分管生产副局长作为副组长，各职能部门负责人作为成员，形成乌海电业局防污闪工作的决策层，主要负责防污闪年度重点工作和项目决策；第二，成立防污闪前期管理工作小组，由计划发展处处长任小组长，总体协调设计、计划、基建、生产等部门，开展前期管理工作；第三，成立防污闪技术管理工作小组，由生产技术处处长任小组组长，总体负责协调技术管理。设置防污闪专工一名，负责防污闪方案的选择，项目的上报，工作任务的下达和成效的分析等。运行、检修工区专责人作为技术管理执行层，负责具体项目的实施、防污闪台账的建立和相关试验数据的测量上报等；第四，将防污闪工作作为专项考核项目，纳入乌海电业局业绩考核体系，由企业管理处按照考核要求，对各部门防污闪工作开展情况及相关指标执行考核。

三级体系建立后，乌海电业局通过发布文件，明确和落实各层级防污闪的主管领导、专责人及其具体职责，将该项重点工作纳入业绩考核，确保防污闪工作有效开展，实现防污闪业务的全面综合管理。

（二）研发、选择针对性防污新技术，完善技术监督

1. 针对乌海地区环境特点，研发、选择针对性设备、技术

针对乌海地区干旱、风沙大、高污染等客观环境，乌海电业局技术人员不断探索创新，通过大量的

现场实践，研发选择适合极端污秽情况下的技术手段。

首先，在输电线路方面，为克服瓷绝缘子易积污及瓷表面受风沙击打易粗糙等问题，与厂家共同研发新型大爬距复合绝缘子。该种新型绝缘子采用新型炼胶工艺，提高其憎水性与耐老化性；重新设计绝缘子金具，克服现有复合绝缘子金具与芯棒连接处易发生尖端放电的问题；改进绝缘子伞裙边结构，使雨水能沿伞裙上圆弧表面迅速向外流出，避免积水形成桥接造成雨闪；优化压接工艺，10 个部件压力保持一致，使其机械强度更高。经现场测试，新型绝缘子的防污闪性能更强、可靠性更高、体积重量更小，便于安装维护；220kV 电压等级绝缘子的最大爬电距离可达 8000mm，远高于其他同电压等级下的防污闪性能。自该型绝缘子投入运行后，安装此绝缘子的线路未发生污闪跳闸故障。

其次，在变电设备的防污闪新技术选择上，在蒙西电网率先使用 RTV、PRTV 防污闪涂料进行设备喷涂，其以优异的憎水性能及极强的憎水迁移性能，极大地减少了设备清扫的工作量。

但是，在乌海地区严酷的户外环境条件下，RTV、PRTV 涂料在喷涂 1～2 年后，表面因污秽堆积容易出现饱和现象，需要补充清扫；同时受所用涂料质量、喷涂技术工艺、喷涂时气候条件等因素制约，其有效寿命仅为 3～4 年，无法达到承诺的 6～8 年。为此，乌海电业局在蒙西网内又率先使用带电水冲洗技术，作为防污闪的有效技术补充措施。带电水冲洗是一项新型防污闪技术措施，同人工清扫相比，省时省力，高效经济，同时可以大面积作业，无须停电，水冲洗后积污清除彻底，可以有效恢复 RTV 或 PRTV 的憎水性及憎水迁移性，及时防止设备的污秽闪络。该项技术目前已在乌海电业局取得良好的运行经验。

2. 加强设备防污能力试验、监测、分析

为完善技术监督体系，成立防污闪技术管理工作小组，小组成员由生产技术处、安监处、变电管理处、修试管理处、输电管理处、各供电分局负责人构成，实行“一把手”责任制，要求各部门负责人作为防污闪监督体系的专责人亲自主抓防污工作。各工区单位首先对所属设备、线路建立统一、详细的防污闪设备台账、技术资料，并制订盐密、憎水性试验、零值测试等年度、季度、月度试验计划，安排试验人员按计划进行测试，需要停电测量的，结合当年停电计划进行。试验人员测量完毕后，对于试验不合格的，当日逐级向上反馈；试验数据合格，三日内完成测试数据录入整理；每周将收集整理后的数据上报局生产技术处，生产技术处每月组织专家进行分析，确定设备的防污能力，对不满足要求的及时上报大修、中小修等防污项目进行补充，防止污闪事故的发生。防污闪技术管理工作小组每半年召开一次防污闪会议，学习有关文件，分析、总结防污闪工作情况，讨论下一步工作，不断完善技术监督体系。

（三）优化全过程管理，提升风险预控能力

防污闪工作贯穿设备全生命周期，乌海电业局以防污闪前期管理、实施管理和运行管理中发现的薄弱点作为突破口，优化防污闪管理流程，提升电网风险预控能力。

在防污闪前期管理方面，提出“两控制一协调”的管理思路。“两控制”指变电站选址控制、设备选型控制，“一协调”是指由计划发展处组织的项目前期工作定期周、月例会。由分管副局长牵头组织各部门定期汇报，使各部门能及时了解前期工作的进展情况，协调工作中存在的问题，加强部门间的协调沟通，进一步反馈和改进，逐步完善前期工作控制管理制度。

防污闪实施管理方面，改变以往分散式的管理方式，将各部门职能进行统一整合。工区、供电分局等基层单位主要负责项目需求及设备现状准确情况的上报，项目的方案设计及预算编制由乌海电业局生产技术处组织专业设计人员进行编制，项目的合同、开竣工报告等工程资料也由乌海电业局生产技术处制定统一的模板进行下发，最终项目档案由乌海电业局统一归档。

防污闪运行管理方面，乌海电业局积极推进技术革新，在防污闪技术预警、应急管理方面重点优化，利用绝缘子防污闪红外诊断技术等新兴技术，结合地区电力系统污区分布特点，定期组织特巡小组展开防污闪特巡工作，对防污闪重点区段进行全面巡视检查，并做好异常记录，及时上报处置，做到早发现、早汇报，对绝缘子表面积污严重的线路段立即安排停电，清扫或者进行更换，做到早控制、早处理。同时，乌海电业局调控中心与乌海市气象台建立信息联网，根据气象情况，特别是在面临大风、大雾、阴雨、冰凌等特殊气象时期，调控中心及时掌握气象影响地区的变电站及线路，以短信方式向工区巡视、检修人员进行告知，使一线人员及时掌握气象动态，有针对性地缩短巡视的时间和范围。利用每周五安全日主题活动，在各运行单位开展本单位的污闪事故应急预案演练，促进一线的运行、检修人员熟悉电网运行方式、提高预案的执行能力、加强薄弱环节的事故防范。

（四）完善考核评价体系，强化激励机制，推动全员参与

为保障防污闪工作高效开展，乌海电业局将该项工作作为年度重点，并纳入绩效考核体系，逐步实现乌海电业局、基层单位、工区、班组、员工的五级全员考评体系，实现从前期发展、工程基建到生产经营的全业务关联覆盖，以及月度分析、季度评价到年度考核的全过程考评。

第一，精细防污闪考核指标。根据集团公司对于防污闪工作考核要求，将指标进行细化分解，形成三大考核指标体系，涉及 16 个部门、37 项业务、21 个评价指标。一是防污闪前期工作考核指标，重点对计划、基建部的防污闪整体管理情况进行考核。二是防污闪过程管理考核指标，重点对生产技术处、输电工区、变电工区在整个防污闪全过程中，开展的项目实施、技术监督、评价反馈等工作成效、技术指标、反馈信息进行考核，突出不同单位的差异化考核。三是污闪故障跳闸率考核，为防污闪工作核心考核指标，采用目标责任制，纳入单位领导班子年度综合考核，并将该指标与单位年度评先评优资格挂钩，任何单位该项指标一旦超出要求，立即取消该单位的评先评优资格，同时对指标完成优异的单位，也给予了相应的激励加分。

第二，坚持绩效激励导向，不断拓展考核结果的应用渠道，将考核结果与占工资总额 20%的绩效工资挂钩，使工资分配向工作开展优秀的单位、部门倾斜。绩效考核结果直接应用于员工收入分配，鼓励业绩优秀的单位及员工再接再厉，督促绩效落后的做出改善。同时，将绩效考核结果作为员工荣誉奖励等方面的重要依据，充分发挥绩效管理的激励导向作用。

第三，始终坚持防污闪工作全员参与的方针，工作涉及的各部门、各工区、各班组均针对乌海电业局下发的考评指标，按照本单位防污闪工作组织层级逐层分解到负责员工，制定相应员工个人绩效考核指标，实现压力的层层传递与责任的层层落实，并与员工的绩效工资、荣誉奖励等挂钩，有效地调动各级岗位员工的工作积极性。

（五）完善信息支持，保障防污闪工作顺利开展

2009—2015 年，乌海电业局累计完成 135 项污闪项目实施，累计完成投资 7000 余万元。面对如此大量的项目实施，各项目单位因项目管理水平不同，对于项目实施过程的管控也不尽相同，在各项投资资金的使用上，也容易出现差异化。面对这些管理问题，乌海电业局结合 ERP 系统功能，将防污闪项目管理流程在系统中进行固化，支持保障防污闪项目顺利开展，其功能模块如下。

第一，防污闪项目主数据管理模块。采集项目名称、编码、资金来源、项目状态等信息，通过项目编码和名称，项目管理人员可以方便查询到历史和目前所有防污闪项目来源信息。

第二，防污闪项目计划管理模块，涉及项目预算费用、项目进度安排、采购计划安排等。项目管理人员通过计划管理模块，依据里程碑计划，将项目实施进度、采购进度及时下发到实施部门和物资部门，实现费用和进度的线上同步，确保项目计划的实时共享。

第三，防污闪项目执行模块，实现项目费用控制和项目进度反馈。将费用控制功能贯穿到整个实施过程中，实现全过程的控制，减少费用控制的被动性。下达项目进度计划，推动项目实施工作，在具体工作完成后，项目实施单位通过进度反馈模块向上级部门反馈实际进度，通过计划进度与实际进度的对

比实现对项目进度的监控。

第四，防污闪项目完工模块，辅助项目结算、审计与决算、转资。充分利用系统已经积累的项目相关信息，简化加速项目结算、审计以及决算过程。记录项目采购、投运、转资信息，建立工程物资、投运设备以及资产卡片三者的对应关系，节省大量人力、物力，提高工作效率。

此外，信息系统还实现丰富的报表功能，支持乌海电业局项目管理部门开展相关业务成本分析和比对。

三、保障电网安全运行的输变电设备防污闪全面综合管理效果

（一）设备、线路跳闸逐年降低，地区电网安全水平得到提升

乌海电业局建立起“四个全面”的三级管理体系，各层级防污闪领导、专责各负其责，过程管理全面细致，工作内容、成效全部纳入绩效考核，整个单位对于防污闪工作的重视程度和执行力得到极大的改观，防污闪工作整体管理水平稳步提升。

通过不懈的努力，乌海电业局因设备污闪造成的设备、线路跳闸逐年下降，从2008年最严重时期的33次，到2010年的4次，2014年、2015年各1次，最终在2016年实现污闪跳闸零次。2014—2016年的三年时间内，线路污闪跳闸指标完成0.04次/百公里·年，远低于国网规程要求的0.1次/百公里·年，在线路、设备80%以上处于E级污秽区的供电地区内，这一指标处于国内领先水平。

（二）提高防污闪工作效率，企业综合效益得到稳步提升

乌海电业局在防污闪工作上不断探索，勇于创新，大量防污新技术、新手段在国内以及蒙西电网成熟运用。人工清扫从2009年的4968人/次，降低到2016年的391人/次，极大地减轻了人员劳动强度，减少大量人员维护成本。220kV电压等级大爬距复合绝缘子的创新研发，打破国内220kV复合绝缘子最大爬电距离6300mm的记录，将新的最大爬电距离记录提高到8000mm，远高于其他同电压等级绝缘子的防污闪性能。

通过ERP管理防污闪项目，在节省大量人力、物力，提高工作效率的同时，通过成本分析比较，对不同类型、不同规模的输变电设备，选用合适的防污技术手段，累计节约成本300余万元。

（三）有效减少电力用户停电，提高服务水平

有效降低因设备污闪造成的设备、线路跳闸率，减少停电损失。不断运用防污闪新技术，将原有停电清扫的防治模式，逐步转向少停电、不停电的新模式，有效减少电力用户停电。乌海电网用户平均停电时间由2009年的38.68小时/户下降到2016年的11.71小时/户，累计减少用户停电经济损失7950万元。

2009—2016年，乌海电业局客户满意率稳步提升，2016年用户投诉量同比下降14%，以第一名的成绩荣获“2016年度乌海市民主评议政风行风工作先进单位”，展现了供电企业的良好形象。

（成果创造人：兰志军、郑军生、王永强、余　洋、樊　刚、苏　勇、
王　群、乙兴隆、王振国、郑　璐、连　众、贾毓彦）

火力发电企业实现绿色发展的蜂窝型集束煤仓管理

华能国际电力股份有限公司长兴电厂

华能国际电力股份有限公司长兴电厂（以下简称华能长兴电厂）始建于1959年，曾经是浙北电网三大主力电厂之一。2002年7月，通过资产重组，成为华能国际电力股份有限公司的全资电厂。截至2017年10月，华能长兴电厂装机容量132万千瓦，固定资产54.42亿元，员工885人。2010年8月8日按照浙江省政府要求，对两台2×12.5万千瓦燃煤机组实施了关停，“上大压小”异地建设两台66万千瓦高效超超临界燃煤机组。两台机组分别于2014年12月17日和12月29日投产。其中二号机组被命名为华能集团公司可控发电装机容量突破1.5亿千瓦标志性机组。华能长兴电厂“上大压小”工程是着力打造华能“绿色示范、创新引领”的示范性工程。

一、火力发电企业实现绿色发展的蜂窝型集束煤仓管理背景

（一）落实华能集团“四高”要求，建设行业标杆电厂的需要

作为华能集团集成创新示范项目，华能集团对长兴电厂提出“通过高起点规范、高标准建设、高水平管理，实现高效益产出，积极创建同类型国际一流火电厂”的要求。华能集团在2016年年初举行600兆瓦等级机组火电厂提质增效厂际竞赛活动，要求长兴电厂要起到标杆引领作用。蜂窝型集束煤仓（以下简称方仓）自2015年5月投运以来，受到厂煤种较杂、运维管理经验欠缺等因素影响，运维可靠性未达到设计预想高度。蜂窝型集束煤仓在硬件优势明显的情况下，狠抓精细化管理，提高可靠性，用创新高效推进管理提升，对企业实现打造行业新标杆有重大意义。

（二）提质增效，提高企业竞争力的需要

当前，浙江省电力产能过剩、供需失衡、发电利用小时持续下行。直供电交易比重扩大，综合结算电价进一步降低。煤炭市场长期处于供应总量收紧、结构性过剩的状态，在煤价普涨的形势下，控煤价难度加大，生产经营成本升高，企业经营形势复杂严峻。深挖蜂窝型集束煤仓潜力，加强燃料精细化管理，巩固“燃料管理标杆电厂”创建成果，充分发挥蜂窝型集束煤仓优势，加大经济煤种掺烧力度，降低发电燃料成本，提高企业竞争力，适应市场变化，在困境、逆境中增加经济效益，对企业完成年度经营绩效目标意义重大。

（三）提高企业环保水平，实现绿色发展的需要

浙江省创建清洁能源示范省、“两美浙江”建设等一系列发展战略布局相继出台并实施，对以煤电为主的火力发电企业造成较大影响。长兴电厂“上大压小”项目所处的长三角地区是国家大气和水污染的重点控制区，再加上长兴电厂蜂窝型集束煤仓及码头区域与周边农村距离极近，对企业的环保水平提出极高的要求。虽然长兴电厂在环保设施硬件上保持领先，但还需要在软件管理上创新探索，提高蜂窝型集束煤仓所在的输煤系统及码头环保设备运行维护的精细化管理水平，使企业对环境的友好度进一步提升，符合绿色电厂的定位，提高环保水平，实现绿色可持续发展。

二、火力发电企业实现绿色发展的蜂窝型集束煤仓管理内涵和主要做法

华能长兴电厂确立“以精细化管理为抓手，提升方仓智能化管理水平，提质增效，环保创新，实现绿色可持续发展”为方仓管理指导思想，明确以“加大经济煤种掺烧力度，降低燃料成本”为方仓精细化管理目标。建立组织保障体系，成立方仓管理创新工作小组，管理和指导各创新团队。建设燃料管理标准化体系，建立创新团队管理评价体系，建立方仓管理高效机制；健全方仓突发事件应急处理机制，

有效开展方仓防火灾工作，加强安全生产教育培训，加强方仓外包队伍管理；确立方仓库存总体策略，打造实现方仓存煤精细化掺配的条件，做好燃煤精细化掺配，加大经济煤种掺烧力度；以全面质量管理为抓手，成立 QC 活动小组，结合合理化建议，成功解决方仓存煤温度偏高问题；优化活化给煤机出力，打破精细化掺配技术瓶颈；方仓废水处理创新改造，加强企业自主知识产权管理；采用合理化建议，降低方仓区域噪声分贝，减少强光污染；强化环保设备运维，推行无尘接卸法，严控方仓及码头区域粉尘浓度；注重创新人才培训，加快方仓管理人才的成长，初步建立一支优秀的方仓管理人才队伍；加强信息化管理，构筑移动信息交流平台，提高智能管理水平。主要做法如下。

（一）确立方仓管理指导思想，建立组织保障体系

华能长兴电厂针对方仓的自身优势和企业发展趋势，确立“以精细化管理为抓手，提升方仓智能化管理水平，提质增效，环保创新，实现绿色可持续发展”为方仓管理指导思想。在燃料保供控价形势严峻的局面下，华能长兴电厂明确以“加大经济煤种掺烧力度，降低燃料成本”为方仓精细化管理目标。以“精确、细致、深入、规范”的全面管理模式，将规范性与创新性相结合，管理上精雕细刻，技术上精益求精，找准关键问题和薄弱环节，分阶段进行攻克，实现燃煤精细化掺烧，保障机组用煤，做好安全清洁生产，做好节能减排工作，提质增效，实现管理水平和经济效益的双提升。

华能长兴电厂建立组织保障体系，成立方仓管理创新工作小组，管理和指导各创新团队。工作小组在厂部领导下，以燃料部为主，同时抽调生产管理部、检修部、燃供部、安全监察部等相关部门的专业骨干力量，在方仓管理指导思想下开展管理创新工作。华能长兴电厂方仓是国内首家建成并投产的蜂窝型集束煤仓，运维管理上无经验可借鉴，工作小组针对方仓运维管理中存在的突出问题开展攻关指导，建立部门间的沟通和交流渠道，协调解决各种问题，有效开展精细化管理，指导方仓精细化管理工作。

（二）建立健全方仓管理制度，建立方仓高效管理机制

1. 建设燃料管理标准化体系

按照华能集团公司六个标准化管理实施导则要求，以方仓精细化管理目标为准则，巩固“燃料管理标杆电厂”创建成果，梳理与方仓相关的燃料管理制度和标准，结合生产实际，修订和完善燃料生产管理制度 48 项，组织生产骨干重点修订燃料运行规程的方仓部分。开展班组“5S”管理，结合安全生产标准化管理年活动，把管理标准落实到基层班组，从上至下，形成管理就是效益的理念。编制各岗位“一岗一标”，做到每个岗位有规可依、有据可循。

2. 建立创新团队管理评价体系

以开展“安全生产责任制深化落实年”活动为契机，按照绩效优先、创新增值的原则，完善创新团队建设管理办法，优化创新团队评价机制，建立以科研能力和创新成果为导向，科学客观、可靠可行的评价标准及评价指标。设立创新激励考核奖惩机制，充分调动人员创造性、积极性，发挥创新团队成员的潜能和价值。

3. 建立方仓管理高效机制

一是定期召开方仓管理创新工作小组会议，建立各职能部门间的沟通和交流渠道，各创新团队汇报创新活动进度，及时总结和推广成功经验；二是不定期召开现场办公会，现场协调解决突出矛盾问题，明确责任，确立各部门完成工作的时间节点，避免互相推诿，实现部门之间通力配合，专业之间分工协作；三是把方仓管理责任具体化、明确化，工作目标分解落实到岗位、员工身上，做到横向到边、纵向到底，不留死角；四是将方仓精细化管理纳入企业相关部门及其负责人的量化管理目标责任制中，进行综合考核，并作为评价考核部门及其负责人工作业绩的重要依据，以增强其切实抓好方仓精细化管理目标的落实和督导的积极性，进一步提高方仓管理效率。

（三）树立全员安全意识，夯实方仓安全生产管理基础

1. 健全方仓突发事件应急处理机制

修订长兴电厂与方仓相关的应急预案，建立应急指挥中心，成立燃料部志愿消防队，由厂消防队提供技术指导，多次开展消防培训。多次组织多部门参加方仓联合事故救援演习，切实提高长兴电厂应对方仓各类突发事件的反应速度和应急处理能力。提前部署极寒天气防寒防冻措施，落实G20保电、互联网大会等重要时段的保电措施，保障方仓在特殊时期的安全运行。

2. 有效开展方仓防火灾工作

制定《长兴电厂输煤系统防火措施》，开展以方仓为重点的输煤系统消防设施、防火措施、设备维护、文明生产为主要内容的防火灾专项检查，对检查发现的问题及时落实整改。高度重视方仓现场积煤、积粉情况，实行《积煤清理通知单》制度，把现场积煤上升到设备缺陷管理高度，等同于设备缺陷考核，提高积煤积粉清理的及时率。在方仓顶部廊道内部多处增设过滤式消防自救呼吸器，提高火灾事故发生时人员逃生和生存能力。

3. 加强安全生产教育培训

开展安全标准化工作，编制燃料巡检标准化内容，在方仓现场设立巡检标准化内容图板，有效提高巡检质量，保障设备安全。充分利用安全教育平台开展形式多样的安全教育和技能培训，将自学和考试结合。多次开展心肺复苏等急救技能培训，有效提高员工的安全意识和技能水平。

4. 加强方仓外包队伍管理

企业管理人员参与方仓外包队伍班组安全管理工作，重点做好防火、防止机械伤害、安全技能培训、应急处理培训工作，针对性制订《船民安全告知书》和《输煤系统清卫、煤船清舱安全红线》，明确管理要求，杜绝“以包代管”和“以罚代管”现象。

（四）发挥方仓优势，着力推进精细化掺配

1. 确立方仓库存总体策略

以煤炭市场价格变化为导向，响应企业综合效益煤种采购策略，结合机组生产运行情况，确立“高价位低库存，低价位高库存”为方仓库存总体策略。分析煤炭市场价格走向趋势，在保障生产用煤的前提下，在动力煤价高位时，减少方仓储煤量，实行低库存策略；在动力煤价低位时，增加方仓储煤量，实行高库存策略。以方仓燃料管理实现杠杆调节作用，降低企业标煤采购单价。在2016年下半年煤价普涨的形势下，标煤采购单价同比下降2.1%。

2. 打造实现方仓存煤精细化掺配的条件

一是建立来煤测温制度，建立存煤方案机制。燃料部对每一批次的到厂煤进行逐船测温，并根据来煤数量、挥发分含量、到厂煤温等具体情况，详细制定该批次煤种的存煤方案，安排接卸任务单，将燃煤卸入方仓储存。高挥发分煤按到厂煤船煤温和锅炉耗用量情况控制方仓储存；二是建立掺配联席会议制度。统一制定煤种掺配方案并下发严格执行。联席会议由生产厂长主持，各相关部门参加；三是方仓煤种储存网格化。发挥方仓48个储煤仓的数量优势，将到厂的单一煤种分别储存在方仓四列中的某几个筒仓内，同一煤种分列存放，防止因某列方仓出煤设备检修或故障导致某一煤种无法掺配，实现方仓中存储的各煤种能随时随地灵活掺配出仓。

3. 做好燃煤精细化掺配，加大经济煤种掺烧力度

燃煤精细化掺配即将储存在方仓各筒仓内的不同煤种通过下部的活化给煤机以不同比例的煤量来混合掺配后输送到锅炉原煤仓，以达到锅炉安全经济燃烧的要求，满足烟气脱硫环保的要求。

华能长兴电厂的主要做法，一是开展燃煤精细化掺配知识培训，加强对员工的宣传教育；二是将方仓燃煤精细化掺配任务分解落实到燃料运行班组，形成企业、职能部门、责任班组、执行岗位四级联

动；三是开展奖罚分明的绩效考核，将掺配任务完成情况纳入考核。将锅炉燃烧指标与方仓燃煤精细化掺配挂钩，开展以方仓燃煤精细化掺配为重点的燃料运行小指标竞赛；实行追责制度，从机制上保障方仓燃煤精细化掺配工作真正落到实处。华能长兴电厂以燃料精细化掺配带动经济煤种的使用，逐步加大经济煤种掺烧力度，提高经济煤种采购量，开拓经济煤源，引入兖矿、中煤等一票到厂验收煤，不断降低发电燃料成本，在煤价普涨的不利形势下，逆境中实现提质增效，提高企业竞争力。

（五）开展技术攻关，解决方仓运维中的突出问题

1. 成功解决方仓存煤温度偏高问题

华能长兴电厂抽调精干力量，组建“降低方仓存煤温度”QC 攻关小组，以 QC 活动形式开展课题攻关。攻关小组在方仓管理创新工作小组众多技术专家、QC 活动诊断师的指导下，开展 PDCA 循环，收集方仓存煤温度、氮气充氮压力等多个数据，通过数据分析，发现末端因素，开展原因分析。攻关小组根据要因提出解决方案，经方仓管理创新工作小组多次召开联络会议，燃料技术专家反复论证，对各煤种采用不同的充氮方式做了大量对比实验，并根据实验结果对惰化系统的控制策略进行优化，制定《蜂窝型集束煤仓防超温措施》，形成规章制度，落实到相关班组严格执行，并纳入经济考核制度。同时，通过合理化建议，完成增加空气过滤装置的技术改造，改善方仓制氮系统模组运行工况，提高设备可靠性；针对方仓制氮系统制氮能力不足，完成增加制氮设备的可行性研究报告。码头班创新小组不断提升操作技术，优化接卸方式，开创双机同时对一条运煤船接卸，实现“错峰”清仓，接卸效率高达87.8%，缩短经济煤种的接卸时间，减少燃煤在空气中暴露的时间；燃供部优化采购燃料策略、调运策略，减少经济煤种在中转港的中转时间，有效降低经济煤种对方仓运维的压力。通过 QC 活动管理，方仓存煤温度整体偏高的现象得到明显改善，有效延缓存煤氧化速度，未发生存煤自燃事件，未开启自启闭式防爆门排放可燃气体等污染物，场损损耗明显下降，方仓运维可靠性显著提升。

2. 优化活化给煤机出力，打破精细化掺配技术瓶颈

一是对 48 台活化给煤机下料曲线槽的开度进行调整，确保各台活化给煤机在设计煤种下料时无级调节出力基本一致；二是调整 48 台活化给煤机设计额定出力，确保多煤种掺配时不超负荷；三是优化方仓精细化掺配技术，满足多煤种掺配需求；四是根据方仓存煤干湿程度不一的情况，优化活化给煤机运行方式。优化后的活化给煤机，解决了原先出力不均的技术难题，有效推动方仓存煤精细化掺配的实施。

（六）提升方仓环保精细化管理

1. 改造提升方仓废水处理装置

华能长兴电厂将方仓区域废水汇集至含煤废水处理装置统一处理，含煤废水处理装置用 PLC 控制废水进入系统，经电子絮凝、离心沉降、过滤到清水回用整个过程的连续自动运行，全过程不需要添加化学药剂，具有运维简单、环保性强的特点，但由于厂家系统处理流程设计不科学，在系统内任一设备故障或水池清淤以及极寒天气下，均会造成含煤废水处理整个系统停运，无法及时处理方仓及其他废水。华能长兴电厂组织创新攻关，对含煤废水处理系统增加旁路系统，对设备及管道加装保温层，改造后的系统可以灵活应用各种运行方式满足各种条件下的生产需求，提高系统应对极寒天气的能力，实现方仓废水回收再利用，做到废水零排放。该项环保改造以“一种含煤废水处理系统”成功申请国家实用新型专利。

2. 降低方仓区域噪声分贝，减少强光污染

华能长兴电厂重视开展合理化建议活动，加大对环保类合理化建议的奖励力度，合理化建议取得显著成效。一是优化原有存煤策略，减少方仓进煤时原煤对钢煤斗冲击而产生的噪声；二是在除尘器外加装隔音墙，避免噪声外泄扰民；三是错峰接卸，采用双机接卸法，提高接卸效率，确保煤码头夜间正常

停运。方仓区域噪声分贝得到有效控制，符合国家环保要求，有效减少对周边农村居民的干扰，厂区周边噪声治理取得突破。对方仓区域夜间照明进行合理布局，改进灯光控制程序，在保证输煤系统安全运行的情况下，防止生产区域强光外泄扰民。

3. 严控方仓及码头区域粉尘浓度

华能长兴电厂对环保设备运维采取标准化管理，定岗定人定责，实行环保职责由部门、班组、个人三级管控，使输煤系统粉尘浓度达到国家先进排放标准。由于来煤中高灰分、扬尘较大的经济煤种较多，影响码头环保接卸及输煤系统环保设备正常运行。因此，华能长兴电厂对高扬尘煤船采取逐层洒水，逐层接卸的办法，起到抑尘效果。推行“无尘操作”抓斗抓煤作业法，避免抓斗空中漏煤、扬尘，确保燃煤接卸“环保、安全、高效”。

（七）注重创新人才培训

在创新人才培养方面，一是多层次、全方位开展培训、业务技能和比武练兵，注重人才选拔，例如燃运操作技能竞赛、卸船机操作技能比武；二是采用科学用人机制，重视工程师、技师等中高级人才的培养，建立人才“双通道”晋升机制；三是结合“三创·三兴”的企业文化，开展“传承工匠精神”活动，树立榜样，发挥人才示范带动作用，以点带面，全面提高员工敬业精神；四是以基层班组为单位，建立码头班、燃料运行等多个方仓创新小组，以技师、工程师等专业人才为创新带头人，营造浓厚的学习创新氛围，提高员工专业技能，夯实方仓创新管理的基础。

在方仓管理人才培训方面，一是通过选派管理人员、专业技术人员和班组长到河北黄骅港、湖北青山电厂等拥有筒仓的类似企业参观调研，学习先进管理经验；二是每年选派管理人员和优秀基层班组长到浙江大学参加华能国际浙江分公司管理轮训班，学习企业管理新知识、新理念、新方法；三是每年选派优秀班组长参加清华大学主办的中央企业班组长岗位管理能力资格认证，参加华能集团优秀班组长培训，提升基层班组长的管理能力。

（八）加强信息化管理，提升方仓智能化水平

1. 提升软硬件基础，实现精细化管理

华能长兴电厂注重信息化管理的软硬件基础，坚持燃料供应无人化和设备智能化，强调“人防”与“技防”的结合。一是在转运的内河船舶上安装 AIS 系统，对燃煤运输实现全过程、全方位实时在线管控，保证煤炭从转运到入炉的过程全程监管；二是主动拓宽管理空间，将中转港港内存煤纳入企业内部管理范畴。通过引入第三方检验，安排驻港员全程跟踪，编制《中转港场地煤炭管理模型》，根据配煤掺烧及季节特点及时调整煤种的结构等措施，实现燃煤到厂热值差 20 大卡/千克，数量损耗仅为 0.06%，精细化管理产出效益明显；三是全力推行采制样标准化管理工作。借鉴操作票管理机制，在制样工作中创新建立标准操作卡机制。制定标准制样操作卡，并严格按照操作卡逐项进行分解操作，为方仓精细化掺配提供准确数据。

2. 构筑移动交流平台，实现信息网络共享

一是利用微信等网络交流渠道，构筑移动交流平台，采用图片、录像等方法，提高缺陷描述的准确性，加快缺陷上报速度，实现各部门之间的有效沟通，加快检修消缺速度，做好闭环管理，加强方仓的缺陷管理；二是建立方仓信息共享机制。建立方仓每日存煤动态图，记录各煤仓存煤温度变化趋势，由燃料部通过 RTX 向相关部门通报；燃料运行每班通过华能运行管理系统上报制氮系统相关数据；燃料运行夜班统计方仓报警和最高温度情况并上报部门和运行部值长。实现方仓信息共享，为生产决策提供数据支持。

3. 探索方仓智能化巡检

随着机器人技术与人工智能技术的发展，采用智能轨道式感官监控机器人代替人工进行设备巡检已

成为可能，实现“无人值守”已成为电力系统新的发展方向和趋势。华能长兴电厂在方仓全自动化控制创新方面做出前瞻性探索，抽调生产骨干，开展调研工作，完成方仓区域内的《C4 皮带机智能轨道巡检系统》的可行性研究报告，为今后方仓实现无人值守、高标准、高品质的智能化管理打下基础。

三、火力发电企业实现绿色发展的蜂窝型集束煤仓管理效果

（一）降低了发电燃料成本，经济效益明显提升

方仓精细化管理减少原煤无功损耗，节约煤炭资源，实现多煤种的精细化掺配，真正做到“精粗通吃”“量身精配”，有效降低企业发电燃料成本。2016 年方仓 201.3 万吨燃煤经活化给煤机全部实现精细化配煤掺烧，节约燃料掺配费用 603.9 万元，未发生因精细化掺配导致锅炉燃烧不稳定、机组非停的不安全事件。全年通过经济掺烧，节约燃料资金 7987 万元，全年完成含税标煤采购单价 637.49 元/吨，同比下降 13.67 元/吨，实现标煤采购单价系统内优秀电厂对标领先，区域内对标第一。

（二）提升了环保水平，促进了企业绿色发展

2016 年，华能长兴电厂方仓区域未发生环保事件，噪声和粉尘浓度均达到国家排放标准，含煤废水 100%回收再利用，达到废水零排放标准，对周围环境影响降到了最低限度，实现“绿色、清洁、高效”运营。方仓存煤精细化掺配有效保证了机组用煤和锅炉燃烧的稳定性。2016 年，华能长兴电厂两台 600 兆瓦机组二氧化硫排放、氮氧化物和烟尘排放浓度都低于国家超低排放标准，被国家能源局授予“国家煤电节能减排示范电站”称号，被中国华能集团公司及华能国际电力股份有限公司命名为“优秀节约环保型燃煤发电厂”。

（三）提升了企业竞争力，实现了可持续发展

2016 年，华能长兴电厂完成生产供电煤耗 278.79 克/千瓦时，同比下降 4.72 克/千瓦时；生产厂用电率 3.48%，同比下降了 0.01%，主要经济指标达到国内领先水平；全年完成发电量 57.11 亿千瓦时，同比增长 4.8%。企业竞争力得到提升，在华能集团 600 兆瓦等级机组火电厂提质增效厂际竞赛活动中综合排名第一，获得“标杆电厂”称号。

（成果创造人：张　峰、陈　彬、刘国跃、赵　平、谭海涛、沈　琦、
柯文石、陈胜军、徐建刚、徐　玮、王晓渊、黄国新）

成品油销售企业以信息化为支撑的“四全四员”安全督查管理体系建设

中国石化销售有限公司北京石油分公司

中国石化销售有限公司北京石油分公司（以下简称北京石油）主营汽油、柴油、煤油、天然气、润滑油、燃料油和成品油以外的商品及服务，承担着首都成品油市场稳定供应任务。北京石油前身是北京石油集团有限责任公司，成立于1950年4月，是北京市市属企业。1998年9月，根据国务院组建中国石化、中国石油两大集团公司的决定，公司整建制划转中国石化集团。经过66年的发展，北京石油现有17个综合管理部门、5个专业中心和2个专业机构；拥有在营油库9座，加油站、橇装站、加气站、充电站等共计700余座；汽柴油管线、航煤管线共计256千米；用工总量4900余人。

一、成品油销售企业以信息化为支撑的“四全四员”安全督查管理体系建设背景

（一）提升安全督查工作水平是践行企业社会责任的需要

作为石油石化高危企业，地处首都的特殊地理位置，北京石油每天服务顾客30余万人次，其成品油管网覆盖各区县，是首都最主要的成品油供应商，一旦发生安全事故将对人民群众的生命、财产安全造成严重伤害和巨大损失。为此，北京石油一直将安全工作视为企业的生命工程，倡导安全工作三个百分之百，即安全规章制度落实率百分之百，隐患及时发现率百分之百，隐患整改加控制之和率百分之百。而督查工作是安全管理中的重要环节，是强化安全意识、落实安全责任、提高执行力度的有效手段。尤其在天津港特别重大火灾爆炸事故后，更要健全预警应急机制，加大安全监管执法力度，深入排查和有效化解各类安全生产风险，提高安全生产保障水平，提升安全督查工作水平。

（二）提升安全督查工作水平是规避安全管理风险的需要

传统督查模式多为督查人员对照检查表对加油站、油库开展检查，记录问题后汇总整理，然后反馈至受检单位并对其进行打分评比。目前，督查人员主要由各线条督导队、视频监控人员以及神秘顾客组成，检查频次基本做到每站每月检查一次，但还是难以保证不发生安全事故，主要体现在：一是基层员工对制度、标准、现场管理目标理解不到位，迎检前后重视程度高，检查过程中同一问题反复纠错、反复整改，检查过后放松要求，缺乏彻底解决问题和本质安全的意识。二是问题整改缺少跟踪手段。安全督查工作多为一拨人检查、另一拨人整改，受检单位报送的整改情况多以整改率、整改是否完成等简单描述为主，很难掌握是否如实整改、是否整改到位等情况；特别是基层单位面对多层级、多线条的日常督查，问题散、数量多，缺乏有效的手段来监控全部问题，对于历史性重复问题更是难以追溯。三是督查结果没有得到有效运用。传统督查模式中，督查人员多以找问题数量为工作目标，对于突击性、临时性检查只能以抽查的方式，通过形式单一、内容简单的打分作为评比标准，无法与绩效考核直接挂钩；督查人员没有考核权，导致受检单位不重视督查结果，违规、违章行为屡禁不止，处罚、整改措施执行不力，督查管理力度被削弱。

（三）信息化技术为安全督查管理提供了有力手段

随着企业管理信息化水平的不断提升，信息化手段的运用为现代化管理奠定了有力基础，提供了技术保障，促使企业开启创新管理模式。传统模式的信息系统多是数据录入，重在结果，缺少过程控制，主要体现在：一是督查管理在计划、实施、分析和提升的几个方面不能很好地衔接，计划全，但落实不到位；数据多，但分析不到位；每个环节不能相互促进，存在脱节情况。二是传统模式在选取受检油

库、加油站时缺乏随机性，检查覆盖范围小，检查问题汇总耗时长，问题表述规范性不统一，资料照片收集难，问题下发周期长，落实整改难追踪，重复问题难追溯，举一反三难落实。三是传统模式针对单次的督查，汇总问题、分类分析、横向对比等工作尚可完成，但如果是将大量加油站、油库综合分析、历史问题分析、同类问题对比等工作就很难完成，需要耗费大量时间、人力成本，而且结果的准确性也不能保证，很难做到以问题为导向解决管理问题的目的。

二、成品油销售企业以信息化为支撑的“四全四员”安全督查管理体系建设内涵和主要做法

北京石油本着“一切风险都可以控制，一切违章都可以杜绝，一切隐患都可以排除，一切事故都可以避免”的“四个一切”理念，开展“四全（全员、全过程、全方位、全天候）四员（督查员、教导员、分析员、考核员）”的安全管理督查，执行 PDCA 闭环管理，依托信息化手段助力督查全过程。该模式主要由以下三部分构成：一是打造全员参与、全过程管控、全方位督查、全天候监管的督查模式，将每一名督查人员培养成身兼数职的全能督查员，既是督查员、教导员、分析员，又是考核员；二是开发安全过程管理系统，以信息化手段助力督查管理，提升效率、节约成本、控制过程、落实整改和分析；三是严格执行 PDCA 闭环管理，形成计划、执行、分析、完善四个循环提升过程。主要做法如下。

（一）确定并完善督查管理总体思路

1. 制定督查管理制度

为保障督查工作的顺利开展，北京石油以“说话讲依据，办事讲程序，行为讲规范，做人讲诚信”的原则，制定《北京石油安全督查制度》，明确公司专职督查队的工作任务及目标；同时制定《区域督查管理规定》，规范区域级督查队的日常工作流程；对于视频督查，制定《视频监控督查管理规定》，对视频督查的频次、时间和日常作业及施工作业的库、站的区别要求，进行详细的指导；以区域、油库《HSE 管理能力测评办法》明确区域、油库互查小组的工作模式和目标。对于全员督查，下发《“我为安全作诊断”活动方案》，对全员“诊断”的内容、上报渠道、奖励机制进行规定。多项制度和规定的发布，为安全督查工作提供有力的行为准则，保障工作的顺利开展。

2. 细分多线条督查内容

安全督查内容涉及面广、类别多、条目细，很难在一个通表下展现所有安全指标。为方便统计分析和归纳总结，北京石油组织专家将公司安全督查内容分成 11 大类，包括依法依规运行能力、组织建设能力、HSE 教育培训能力、风险控制能力、安全运行能力、环保运行能力、职业健康运行能力、应急管理能力、监督检查管理能力、改善提升能力、设备设施监管能力，并将各专项检查内容也归纳其中，制定多个检查细则，做到条例清楚、归类明确、方便查找，为督查工作的顺利开展打下良好基础。

（二）建立“全员、全方位、全过程、全天候”的“四全”督查管理模式

一是“全员”，即人人都是督查员。北京石油开展“我为安全作诊断”和“全员视频督查”活动，倡导全员参与安全督查，查找身边隐患，在公司所属各部门、各专业中心内，逐部门、逐中心、逐岗位、逐个人、逐设备、逐流程地开展查找身边“十大薄弱环节”工作。每位员工都要从自己的岗位工作特点出发，紧密联系自身专业岗位实际，从人的不安全行为、物和环境的不安全状态以及管理的缺陷等方面，认真查找身边 HSE 薄弱环节，找准具体表现形式，提出具体的改进措施或防范措施，并通过安全过程管理系统上报，通过审核后得到安全奖励。此活动充分、有效地发动了全员督查的积极性。与此同时，开展管理人员下基层活动，要求机关管理人员每周去一次定点联系加油站或油库，开展安全监督指导和服务基层活动，并为每名机关人员开设远程视频督查账号，使机关人员可以随时调取加油站、油库视频影像，进行远程督查。为保证“全员”下基层和视频督查工作取得实效，公司组织机关管理人员开展分级安全管理培训，下发岗位操作手册和视频督查操作规程，使机关管理人员具备现场安全督查的能力。

二是“全方位”，即监督安全生产的各个方面。首先，扩大督导范围，加大检查频次。2016 年以来，督查工作覆盖公司所有生产经营场所及施工现场，包括自营站、委托站、参股联营公司、施工单位、现场促销人员及承运司机等，全年共检查油库 215 次、加油站 4220 站次、撬装站 195 站次、润滑油销售部 39 站次、核算室 50 个、加气站 137 站次、营业部 62 个、三元公司加油站 144 站次、首发公司加油站 56 站次、科研楼食堂 12 次、平谷和怀柔培训中心 24 次、质检站 12 次、非油品中央仓 12 次、员工站外宿舍 13 次、职工宿舍楼 12 次、老干部活动站 10 次、油罐车 268 辆，合计检查 5481 站次。利用《北京石油报》曝光栏曝光突出问题 61 个，下发整改函 9 个，发布风险提示函 30 个，约谈承运车队 4 次，约谈施工承包商 5 次。其次，加强“公司－中心－区域”三级安全总监队伍建设。公司设专职安全总监，并为零售中心、物流中心以及零售各区域配备 11 名专职安全总监，以“专业指导、严格监督、快速反应、注重实效”为原则，“以安全总监阵地在一线”为工作指引，建立安全总监月度例会制度，定期开展专业学习和专项培训，安全总监队伍专业水平明显提高。

三是“全过程”，即生产环节的全过程监督，包括日常作业过程、接卸油过程、收发油过程、计量存储过程、施工作业等 7 大直接作业过程的监督管理。由零售中心和物流中心牵头，安全与设备管理处督导，分别组建区域小组和油库小组，以互查互评形式开展督查工作，促进相互交流进步，并且客观打分排名。将区域、油库 HSE 管理能力综合评价分为 A、B、C、D 四个级别，分别为 A 级单位（风险可控级）、B 级单位（低风险级）、C 级单位（高风险级）、D 级单位（失控级）。重点考评区域、油库合法依规运行能力、组织建设能力、HSE 教育培训能力、风险控制能力、安全运行能力、环保运行能力、职业健康运行能力、应急管理能力、监督检查管理能力、改善提升能力、设备设施监管能力等方面。

四是“全天候”，即 24 小时不间断监督。设立“两级视频督查小组”，不仅是外在监管也包括内在约束，形成有监督、有自觉的全天候模式。首先是公司级视频监控督查小组，办公地点设在公司办公大楼应急指挥中心，配备专业级监控终端、1500 寸拼接大屏，监控平台已经接入零售中心所有在营的 498 个加油站以及物流中心全部 8 座在营油库，采取全天 24 小时轮巡监控的方式开展督查。其次是区域、油库级视频督查小组。公司加大视频监控设备投入，新增、更换高清摄像头 4000 余个，零售中心在每个区域办公地设置视频监控督查点，由区域委派兼职督查员对本区域内全部加油站开展监控督查，详细记录督查问题并下发整改通知单；物流中心在各油库设立独立监控室，开展视频督查工作。

（三）打造“督查员、教导员、分析员、考核员”为一身的全能督导队伍

建立“公司－区域”两级专职督查队伍。首先是公司专职督查大队。公司专职安全督查大队为正式机构，隶属于安全与设备管理处，定编 25 人，设督查大队长 1 名，2 名管理岗和 22 名督查队员，队员分为 5 组共 18 人，主要负责现场督查，另外 4 人组成公司级视频督查组负责视频监控督查。其次是区域督察组。区域督查组由安全总监担任组长，另配 3 名督查队员，对所在区域 50 余座加油站进行日常安全督查。

督查人员从以往单一的检查员身份，转变为督查员、教导员、分析员和考核员，在监督检查的同时转换身份，增强服务意识，共创安全稳定的企业安全氛围。一是“督查员”，督查工作作为检查人员的本职工作，各级检查人员按照检查表检查法，认真履行工作职责，对于三违、“低老坏”问题严格监督，对于现场的安全隐患、违章行为及时纠正；二是“教导员”，在巡检过程中开设“十分钟小课堂”，督查人员利用随身投影仪，将公司近期安全工作要求、相关制度规范、常见问题、技术疑问等进行面对面的讲解，每个督查小组每天专项培训不少于两座站，每月对在营油库专项培训不少于两次，利用短平快的教培模式，使边督查边培训成为常态；三是“分析员”，对于查出的问题，检查人员帮助基层单位分析原因，落实整改，受到基层员工的热烈欢迎。例如，2016 年督查队查出一起加油站配电柜问题，督查队员不仅帮助加油站开展整改工作，而且参与问题分析，整理工作流程，制定配电柜检查流程并广泛推

广，使基层安全管理能力显著提升；四是“考核员”，按照公司相关制度，督查队员拥有停工、处罚和奖励权，对存在违章、违规的作业或施工现场，督查队员开具处罚单，并进行纠正和指导，截至目前共处罚 65000 元，对于违规、违章具有极大的震慑作用，整改问题的复检和考核对督查闭环管理起到关键作用。

为保证每一名督查人员都能满足“四员”的工作要求，有效提升日常管理能力，北京石油主要从以下三方面展开工作。

一是开展岗前培训，确保督查人员考核合格后持证上岗。北京石油管理部门制定《督查员操作规程》，规范要求督查员工作内容、流程、职责等，所有督查人员必须通过培训考核后方能上岗执业。同时在平谷培训中心精心打造一个集七大作业现场场景模拟和安全事故体验为一体的安全培训基地，将施工监护知识的理论与现场实践相结合，达到身临其境、高度模拟的效果。全年共组织安全督查培训、特种设备安全管理人员取证培训、电气设备知识培训、油气回收后处理设备检测等专项培训 10 余期，全面提升督查人员在施工现场的督查能力。

二是建立监管制度，确保督查人员合理合规执法。为确保每名督查人员合理合规开展安全督查工作，公司制定督查考核办法，从制度上规范督查人员的权利及义务，防范职业违规。同时配备执法记录仪，每名督查人员在安全督查工作中进行全程录像，监督督查和被督查人员的受检查全过程，规范督查过程。

三是配备专业设备，提高监督检查能力。北京石油为各级督查人员配备测距仪、移动投影仪、测温仪、长焦相机、万用表、可燃气体检测仪、移动终端、防爆手机和对讲机、远程遥控航拍飞行器等专业督查设备。物流中心建立 9 座在营油库的 GPS 巡更系统、试点开发设备辅助管理系统，加快巡检工作效率和设备强检、维保监管的时效性，保证巡检覆盖率、设备完好率。安全督查人员通过网络、视频、现场督查、暗查、互查、专项督查等多种形式，全方位、全天候、多维度、多角度地开展安全督查工作。

（四）以信息化手段提升安全督查工作水平

现有的安全系统仅有企业安全管理的台账记录、信息上报、资源共享、数据分析等功能，无法监控和掌握安全工作过程，而且单纯基于 PC 端的系统不便于随时随地填报和使用，数据和信息存在迟报、漏报的情况，同时对安全检查问题是否落实整改控制力不足，检查人员的专业性、规范性不易考核。北京石油为加强加油站及油库的安全生产管理，搭建一套安全过程管理系统，通过信息化方式管理加油站及油库的安全，过程控制安全检查全过程，增强督查人员的效率和专业性，提升安全督查能力。

1. 高效分类汇总时间，一键下达整改单

安全过程管理系统按照预设的合法依规运行能力、组织建设能力、HSE 教育培训能力、风险控制能力、安全运行能力、环保运行能力、职业健康运行能力、应急管理能力、监督检查管理能力、改善提升能力、设备设施监管能力等问题，将检查内容自动分类、统计形成报表，节省督查队员的工作时间，省去后期整理汇总、制表等内容。系统可自动记录检查人员、受检单位名称、检查时间、问题描述、配套图片等信息。连同图片问题一起下发至受检单位负责人，受检单位可第一时间组织整改，缩短督查周期，加快督查效率。

2. 实施问题整改追踪，数据精确统计

对于督查问题整改落实不到位、统计数据不准确的问题，北京石油利用安全过程管理系统将整改后的问题拍照上传给所属单位的上级领导，进行复核确认，既达到监督整改的目的，又省去以往层层汇报的时间，减轻基层工作量，提升工作效率。对于历史整改率的统计做到准确无误，利用系统统计月度、季度、年度问题整改率，进行横向对比排名，方便管理考核。

3. 开展大数据多层级分析，指导管理提升

安全督查问题的对比分析一直困扰着各级安全管理人员。由于安全问题具有类别杂、内容多、检查层级多、检查频次多、记录账册多等问题，常出现查的多、改的少、重复问题经常有的情况。北京石油利用安全过程管理系统，将各层级检查统计至一个平台，规范大类，细化小类，利用系统优势将单次检查、单站情况、月度情况、季度情况按照雷达图的方式呈现出来，根据扣分情况，直观可视管理薄弱点。横向对比，自身对比数据整理变得轻松简单。根据问题出现的数量、频次、类别指导管理提升方向。

（五）实施PDCA闭环管理，完善督查管理机制

1. 按需设定督查计划，全覆盖、分层次、有重点

对于多层级安全督查计划的制订，北京石油采取系统抽选的方式，系统管理员将加油站按照销量、位置、经营状况分类设置，如A级站为年销量在5000吨以上的、B级站为年销量在5000吨以下1000吨以上的。同时标注合资站、自营站、委托站、施工改造站的属性，由系统根据所设置覆盖范围随机抽选按需配比，减少人为干预，增加客观性和公平性，同时满足全覆盖、分层次、有重点的督查要求。

2. 控制执行过程，显示执行进度

对已经制订的督查计划，通过安全过程管理系统下发至检查小组，检查小组人员通过任务工单的形式接收检查任务，并按照规定的时间限制开展督查工作。督查过程中，队员根据检查表内容逐条比对现场实际情况，发现问题后拍照记录并对问题进行标准化描述，待小组全部成员完成一个基层单位的检查后，将问题汇总至组长处审核、提交并下发至受检单位负责人，受检单位负责人通过手机APP进行查阅，落实整改，拍照反馈，督查全过程记录在系统内，可追溯可查询。

3. 确定数据分析依托，明确分析结果指向

北京石油将检查结果按照合法依规运行能力、组织建设能力、HSE教育培训能力、风险控制能力、安全运行能力、环保运行能力、职业健康运行能力、应急管理能力、监督检查管理能力、改善提升能力、设备设施监管能力等分类。安全管理部门充分利用数据信息，对加油站、油库的安全管理薄弱环节进行分析，不仅统计出管理能力的薄弱点，而且根据实际情况，剖析造成现状的原因，做到以问题为导向，指引管理提升。

4. 明确改进方向目标和提升管理的依据

安全督查大队通过周报、月报等形式将督查结果进行分析和通报，加大曝光力度，加强问责追责，开展责任倒查，紧盯责任单位，落实整改措施，让安全制度落地、让安全管理生根，杜绝“低老坏”问题。同时，根据报告分析结果对周期性督查计划进行调整，对重点薄弱环节加强督查力度，对反复出现的问题采取强制整改措施，结合“四全四员”的督查要求，有效提升安全管理能力。

三、成品油销售企业以信息化为支撑的“四全四员”安全督查管理体系建设效果

（一）有效控制了安全风险

随着督查管理的提升，北京石油低标准、老毛病、坏习惯的问题有了显著改善。以2016年为例，共发现安全管理方面问题4044个，下半年发现问题1849个，与上半年2195个问题相比减少346个，减少15.76%。以解决“低老坏”为突破，杜绝安全生产事故，实现了本质安全。

（二）圆满完成了安保任务

全面提升了安全管理能力，取得了显著的安全成果，连续13年被评为“中国石化集团公司安全管理先进单位”，连续6年获得“北京市安全文化示范企业”称号，多次圆满完成北京市政府要求的各专项安全保障任务，包括国际田联世锦赛、APEC峰会、“一带一路”高峰论坛等多项重大活动的安全保障工作，受到广泛认可。

（三）塑造了企业安全文化

依托“四全四员”的督查管理模式，北京石油坚信所有事故都可以预防，所有事故都可以追溯到管理原因，安全督查工作遵循这一原则，第一时间发现隐患，落实整改，努力实现本质安全，营造出任何人都有权拒绝不安全的工作，任何人都有权制止不安全的行为的文化氛围。通过“四全四员”督查管理模式的有力推广，极大地提升了全员的安全意识，使安全文化入脑入心、落实在每一项工作中，形成具有北京石油特色的企业安全文化。

（成果创造人：佟德健、刘　尧、崔　凌、赵　亮、杨　和、何洪奎、张　磊、肖　肖、宋卫军、石秀丽、温　浩、马广喆）

以客户为导向的第三方物流企业精益运营管理体系构建

重庆长安民生物流股份有限公司

重庆长安民生物流股份有限公司（以下简称长安民生）是一家极富专业精神的第三方汽车供应链综合服务供应商，成立于2001年8月。2006年2月在香港联交所创业板上市，并于2013年7月成功由创业板转主板交易，主要股东为中国长安汽车集团股份有限公司、民生实业（集团）有限公司、新加坡美集物流有限公司。目前，长安民生拥有总资产42亿元，员工9000余人，提供从零部件取货物流服务、零部件物流服务、整车物流服务、备件物流服务、国际货代服务、轮胎分装、包装、网络规划等汽车供应链多形态、多样化的综合物流服务，物流网络覆盖800多个城市，运力池车辆近2000台，在册司机近1400名，管理600多个堆场、中转站，2016年实现营业收入66亿元。

一、以客户为导向的第三方物流企业精益运营管理体系构建背景

（一）应对物流业供给侧结构性改革的需要

当前，我国物流业增速持续放缓，货运价格在低位徘徊，社会物流成本居高难下，企业盈利空间遭受挤压。各种矛盾交织增加了市场调节和行业管理的难度。在“交通物流融合16条”红利、“GB1589－2016”红线总体基调下，国家密集出台调控动作，2017年完成60％的车辆改造任务，2018年7月1日全面禁止不合规车辆运行。长安民生随着不合规车辆改造的提速，运力缺口逐步显现，装载量由原来最多21辆调整至8～10辆，面临大幅提价或者补贴的风险，运营成本大幅上涨，急需通过改进管理，实现降本增效目标。

（二）提升服务水平的客观要求

物流响应速度是衡量物流服务水平的重要指标，是企业能否及时满足客户需求的重要表现。快速响应的物流配送可以加快客户资金周转，降低客户对需求预测的误差，提升客户服务水平。随着终端市场的竞争白热化程度不断加剧，主机厂客户在物流响应、配送效率、服务质量等方面的要求也在不断提升。同时，主机厂客户降本诉求明显，不断转移成本压力，要求长安民生降低物流服务价格。为避免业务流失，长安民生必须提升管理水平，在低成本的前提下提升服务质量，更好地服务主机厂客户。

（三）提升自身管理能力的必然要求

长安民生成立10余年来，在前期发展中选择了跟随客户成长的战略，经过多年“被动式”的扩张发展，管理粗放、管理体系缺失、不精细等问题已成为影响公司高速发展的主要瓶颈。主要表现在：管理体系散、乱、空，从战略目标到战术执行逐层衰减，业务能力提升未形成合力；系统性不够，制定时多从部门角度出发，就事论事，存在管理空白和交叉，部分制度流程间的衔接存在问题，甚至相互矛盾；精益管理的思想意识不到位，低效、协调不力、等待、闲置、无序、失职、修正等管理活动中的浪费现象无处不在；标准不明，纵向授权不清，授权更多是基于签字权，从业务线和事前、事中、事后全局角度的思考不够；大量的管理活动仍然使用纸质方式进行审批，极大地降低了公司运营效率。长安民生为实现可持续发展，必须改进管理方式，实施以客户为导向的精益运营管理。

二、以客户为导向的第三方物流企业精益运营管理体系构建内涵和主要做法

长安民生以“直击痛点、增收节支、改革创新、整体提升”为关键，以客户为导向，坚持意识转变、流程改进和问题导向三原则，以“工作指南”建立“持续改善”的“智慧天梯”，以“精益体系”

打造“长期发展”的“成功机制”为理念，以统一为核心，按照现状诊断、方案设计、方案实施的思路构建标准化管理体系。通过将散乱或交叉分散在各业务领域的规范/制度进行全面梳理和系统性串联，以一套逻辑架构、一种描述方式进行全面整合，聚焦PTO（从计划到配送上线）、DTD（主机厂交付给长安民生到长安民生交付给终端客户）、PTD（从计划到交付客户）三大端到端业务流程，在各业务领域建立包含业务管理地图、授权表、流程和规范、精益管理工具方法、数据管理等的精益运营管理体系，持续优化和完善，在全公司范围内协同推进。主要做法如下。

（一）基于客户诉求和业务场景，识别企业管理体系的现状与痛点

长安民生制定明确的“2025愿景规划”，确定在未来十年按照“近期求生存、中期快发展、远期达一流”的目标，建设成为世界一流的汽车供应链综合服务商，向规模化、集约化、专业化、信息化、现代化、国际化的方向发展。其中，管理与信息化是长安民生战略的重要内容之一，运营管理体系能力是长安民生战略的核心能力之一。这就要求从战略的宏观性和长周期的高度，统筹规划好精益运营管理体系建设，确保体系的架构、内容与战略保持高度一致。

伴随着长安民生业务的快速发展，各业务领域的管理标准建设“百花齐放”，“补丁”式的各类制度规范层出不穷，大量宝贵的业务知识和经验也随着组织和人员的频繁变动而流失，企业整体能力始终在较低水平徘徊。管理体系的架构不统一，TS16949、ISO9001、ISO14001、本质安全管理体系、HSE管理体系、内控体系等各种体系林立。从长安民生管理现状看，近年来公司“被动式”扩张发展，无论是专业的服务能力，还是企业的管理能力，都无法跟上客户发展的步伐，各领域的管理体系和业务能力亟待同步提升。

（二）以统一为核心，建立精益运营管理体系基础模板

长安民生将内部标准体系分为技术标准体系、管理标准体系和工作标准体系三部分。技术标准是主体，管理标准是为实现技术标准的要求而建立的管理方面要求，工作标准是为达到技术标准和管理标准的要求而制定的具体工作岗位上的规定，受技术标准和管理标准的共同制约。技术标准用于明确工作的最终目标和评价标准，指导工作方向和方法，是公司标准框架的核心依据。管理标准用于规范每个事项的工作方式和行为，即明确每个流程的工作内容、责任人、输入输出物、工作的程度、时间、评价和考核。工作标准用来规范每个岗位的行为，明确每个岗位的工作内容、工作目标、评价标准、评价方法、应该具备的能力、可能获得的收益等内容。针对管理标准和工作标准体系，公司统一为精益运营管理体系范畴，其主要由管理地图、程序文件、作业指导书和作业要领书四个部分构成，分别将业务流程架构逐层落地。

（三）以客户为导向，统一业务架构，实现管理结构化

1. 对标先进，制定流程管理框架

长安民生借鉴美国生产力与质量中心（APQC）发布的流程分类框架（PCF），对标福特、华为、长安汽车等行业内管理体系标杆的管理实践和经验，制定公司流程管理框架，为公司管理体系的构建提供稳定的架构支持。

一是以客户为导向，建立流程分类原则。按照与客户关联程度的高低和客户认同价值贡献度的亲疏两个维度，将业务流程分为三类。首先，关联程度最高和价值贡献度最高的业务流程归类为运作类流程，属于客户价值创造流程，完成客户价值交付所需的业务活动，并向其他流程提出要求；其次为使能类流程，响应运作类流程的需求，用以支撑运作类流程的价值实现；最后为支撑类流程，公司基础性的流程，为使整个公司能够持续高效、低风险运营而存在。

二是以业务和管理的精细度为核心，建立流程分层标准。从业务视角对企业运行逻辑进行了全面的审视，遵从管理的科学规律，通过流程分层反映业务由总体到部分、管理由宏观到微观的逻辑关系。业

务流程之间的层次关系一定程度上也反映了企业部门、岗位分工的管理层次关系。将各层级流程与精益运营管理体系的文件类型进行关联，形成公司精益运营管理体系的落地文件，实现管理逻辑、要求、规则的逐层分解和落地。

2. 厘清业务逻辑，制定流程清单

长安民生对管理问题的分析与解决时常局限于某个部门内部，缺乏全局性、系统性的思考，导致很多问题难以根治、反复发生。同时，大企业常见的部门墙、协同困难等问题也长久制约着长安民生的发展。因此，为应对激烈的市场竞争，大幅度提高企业运行效率，长安民生以流程贯通为核心，秉承从客户中来到客户中去的系统性理念，采取一系列手段以求在起点（标准建设阶段）突破职能壁垒，强化部门协同。

以“效率优先兼顾风险”为原则，以端到端的思想打破过去各自为政的流程编制格局，通过明确每个流程环节的输入输出物，逐一梳理各流程之间的上下游关系，确保流程之间的无缝衔接。同时，坚持以客户为导向，构建 MTC（市场到合同）、PDS（产品开发）、PTO（生产计划到交付上线）、DTD（主机厂交付到交付给客户）、PTD（计划到交付）、CPS（流通加工服务）、BTF（业务结算到资金）等 15 个 L1 级端到端流程群，并为每个流程定义流程长度和拥有部门数以推进跨部门协作，实现各业务领域流程的横向贯通。通过与各部门业务骨干的反复讨论，逐步厘清业务逻辑架构，最终确定一套完整、统一的业务框架和流程清单

（四）以流程主线为牵引，统一建设、统一评审，构建精益运营管理体系

长安民生依据流程清单，为每一个流程定义明确的目标、范围和输入输出，并根据现行组织结构和职责分工建立清晰的流程图。然后以之为主线，将授权要求、业务规则、信息传递等要素进行有机串联，将与该业务相关的所有管理和控制要点立体地呈现出来。

1. 分类统一建设，协同统一评审

在标准流程建设过程中，基于专业与协同并重的思路，每个标准流程的编制除经过编写成员自审、部门级评审外，凡涉及跨部门协同的流程及相关规则，都由流程拥有部门牵头，邀请每个业务线及相关业务部门的领导干部、骨干和专家共同评审，确定流程的逻辑、规则。对于识别出来的核心流程和高阶架构，公司高层组织专题会研讨确定，整个过程在兼顾专业化的同时，充分保证部门间的有效协同。

2. 以始为终，贯通 MTC、PTO、DTD 等端到端流程

基于精益运营管理体系顶层架构，结合客户的业务需求，长安民生将 MTC、PTO、DTD 等业务流程逻辑和内容进行权限拉通，实现业务的全覆盖。同时，针对全国相同业务进行流程体系的适配，确保主干流程固化，末端流程灵活。在适配过程中，将精益运营管理体系的整体逻辑和最佳实践有效推广至公司各级组织，提高整体认知度，促进精益运营管理体系的执行。

（五）打造学习型组织，应用体系提升组织敏捷性和专业能力

一是建立强矩阵式的项目制模式，以销售项目为试点，打造包含销售、运营中心、技术中心、财务等部门人员的项目制，实行项目总监负责制，构建权责利统一、激励与约束并行的强矩阵运作模式。按照“机构管理层级标准化、机构设置标准化、管理幅度标准化”的优化思路，制定“32312”管理原则，精简压缩机构 18%。对业务单元“合并同类项”。实现业务操作单位的优化整合，实现大板块纵深管理，整合零部件运营中心、整车运营中心、供应链运营中心等同类项目。建立“定编定员数据化管理模型”。推行以数据化、标准化为依据的“泰勒式”管理，建立各单位的定编定员模型。例如，在福特入厂项目试点中，减少 23 人，试点项目效率提升 10%。

二是适度授权，强化区域主战能力，进一步贴近业务，通过公司集权、分权的优化，实现决策权力下移，强化运营中心和异地分子公司独立处理问题和履职的能力，提升一线反应速度和决策水平。

三是以员工之家和管理平台为依托，开展班组 QC 成果发布、公司改善案例发布及合理化建议活动；建设 I－learning 学习管理平台，实现跨区域、跨业务的互联互通学习交流。

四是利用总监大讲堂、专业公开课、i－分享平台，每周、每月组织学习和分享，实施分层级、分专业的培训；围绕问题开展攻关，围绕管理体系开展业务创新，形成在工作中学习、在学习中工作的氛围。

五是发布《班组长管理程序》，建立选拔、培训、激励、退出标准。实施所有班组长全员竞聘，淘汰 134 人，淘汰率为 37%，新聘率为 20%。对新任班组长实施赋能培训，将文化和管理落地到终端，提高班组长和员工的归属感、成就感。

（六）创新信息化应用，确保精益运营管理体系有效落地

1. 实施文控中心集中管理

长安民生在协同办公系统中开辟精益运营管理体系文控中心，展示所有业务领域的授权文件、管理程序、作业指导书、管理工具方法、表单，员工根据不同的授权可以快捷地查阅学习所需的精益运营管理体系文件。

2. 通过电子化流程固化管理流程

为确保精益运营管理体系中的相关管理标准能够有效落地和贯彻实施，长安民生大力推进各业务领域核心管理流程的电子化工作，将各业务领域管理流程逐步固化到协同管理平台。将具体执行明确到个人，并对输入、输出加以明确，将分散在各部门的岗位，以电子化流程的形式串接起来，并对其每个执行流程环节时间加以标准化，通过系统自动提醒，再辅以人工定期通报，以鞭策后进、鼓励先进的方式，在公司内部形成流程执行氛围。

截至目前，长安民生已形成电子化流程 67 个，实现流程执行 15000 余次，效率提升 200%以上，节约纸张费用 5000 余元；每月发布《E 化流程执行报告》和《IT 终端设备领用/维修分析报告》，以数据支撑管理改善。通过流程电子化，实现流程可监控、可评估、可改善，有效提升管理流程运行的质量和效率。

3. 集成信息化系统，提升流程效率

长安民生通过建立统一的系统架构，统一部署应用系统，实现 PTO、DTD 等业务应用系统的集成，实现标准业务流程的快速复制和远程投放。

一是围绕 DTD 端到端流程，构建整车智慧运输管理系统（i－VTMS）。整车物流主要承担重庆长安商用车、乘用车和福特主机厂的商品车仓储和运输业务，业务范围包括重庆、河北、南京、合肥、杭州、哈尔滨六个整车基地和武汉、西安、天津、芜湖、乌鲁木齐、广州六个主要中转站，其服务内容主要包括商品车仓储/场站管理、发运管理、增值服务和规划设计，主要发运方式有公路、水路、铁路、人工及各种联合运输模式。长安民生聚焦 DTD 端到端流程中的订单管理、调度分配、供方管理（即下包承运商管理）、运输过程管理及业务结算五大二级业务流程，对这些流程进行系统固化。将与主机厂的业务管理系统进行数据层的贯通，确保整车 DTD 端到端流程有效落地，其运营结果（数据）能直观反馈至客户。同时，成功上线智慧运输管理系统 i－VTMS，覆盖线路 1100 余条，链接承运商 100 余家，自动生产数据报表 30 余张，实现整车运输全过程可视化监控，新增发运方式系统耗时由 1 天缩减到 0.5 天，效率提升 100%；计划分配由 1.5 小时/天缩减到 1 小时/天，效率提升 50%；在途报表整理由 6 小时/天缩减到 2 小时/天，效率提升 200%；跟踪核实由 4 小时/天缩减到 3 小时/天，效率提升 33%。

二是围绕 PTO 端到端流程，打造零部件智慧仓储管理系统（i－WMS），将入厂物流操作全过程进行系统监控管理，包括收货、上架、拆包、拣选、装箱、出货、装车等。零部件 i－WMS 成功上线后，

其业务量满足1500万个SKU收货量，600万个SKU发货量，投资效率提升139%以上。同时，通过数据管理平台，实现在途车辆监控、动态调度，为业务预警和客户满意度提升提供数据支撑。

（七）健全保障机制，确保精益运营管理体系持续有效运行

1. 重视管理标准建设工作

长安民生非常重视管理标准建设工作，明确要求各部门主要领导必须身体力行，亲自抓、主动抓，并抓出效果，要求全体领导干部用1/3的时间建标准，并将管理标准建设纳入领导干部任职资格要求中。这一举措充分调动全体领导干部参与管理体系建设和完善的积极性和主动性，有效保障管理体系的持续优化和有效运行。

为鼓励员工建标准的积极性，对建标准的要求也纳入员工的任职资格认证，建标准的能力作为高层级员工的必备能力，员工主导或参与标准建设的数量和承担的角色成为员工职位升迁的一项最重要指标。同时，建立《管理与信息化专业荣誉体系管理程序》常态激励机制，充分调动公司全员建设标准、执行标准、优化标准的积极性和能动性。

2. 构建由企业核心骨干人员构成的体系管理网络组织

为确保精益运营管理体系的正常运转，长安民生建立精益运营管理体系的管理网络，公司层面设置精益运营管理体系领导小组和推进办公室，负责管理体系的规划和实施、审定高阶文件、检查管理文件执行情况。各业务部门设立体系管理领导和兼职体系管理员，让业务部门领导和员工真正融入体系管理中。体系管理领导由各单位一把手担任，体系管理专员由各单位业务骨干担任，负责制定本单位管理体系建设计划，审核、宣贯、培训、推广本单位管理文件。搭建体系评审与审计小组，保障体系建设的精益和体系执行的严格。同时长安民生建立体系管理交流微信群（BPM），定期或不定期进行流程体系的知识经验的分享与推广、工作要求的传达与问题的研讨，以持续推进流程优化和标准建设。

3. 营造“一流企业建标准”的企业文化

长安民生通过“总监大讲堂”“我的体系我来讲”“精益改善案例发布”“全员合理化建议”等方式营造“一流企业建标准”的企业文化氛围。长安民生要求每个部门、每个业务线必须坚持“做我所写、写我所做”，坚持利用晨会、夕会宣贯体系的内容，包括业务权限、流程、规则、表单、管理工具和方法；每季度举办公司高层团队参加的优秀精益改善案例发布；坚持全员提合理化建议活动，好的点子一经采纳并取得实效，就固化成管理标准或优化已有管理标准。

三、以客户为导向的第三方物流企业精益运营管理体系构建效果

（一）取得良好的经济效益

2016年，长安民生实现营业收入68亿元，同比增长12.65%，完成中国长安下达指标的114%，在经济下行压力不断加大、汽车行业面临巨大挑战的严峻形势下，依然坚挺地保持良好的发展势头，全面完成生产经营目标。2017年上半年，实现营业收入30.79亿元，实现利润总额1.28亿元，在主要客户收入下降20%的情况下，实现收入同比持平，利润超过半年目标值。同时，在国家宏观政策的引导下，积极拓展物流运输模式，开通整车五定铁路班列，运输时间缩短4天；开创国际整车出口集装箱运输模式，开通“渝新欧”“渝满俄”专列，相较于海船运输，铁路专列运输时间缩短70%。

（二）品牌影响力进一步扩大

长安民生基于汽车全产业链视角，通过以客户为中心的端到端流程建设，有效衔接主机厂客户的业务需求，贯通业务流程并通过信息化的手段打通数据，实现物流、数据流的无缝衔接，为长安汽车自主品牌的发展壮大奠定了坚实基础，为终端客户提供了汽车消费的愉悦体验和极致服务，得到客户的高度肯定和认同。

（三）企业效率与经营质量稳步提升

长安民生通过实施精益运营管理体系，实现了企业快速发展。大力推进流程固化、优化与电子化，实现效率提升25%以上。固化流程820个，发布程序文件1295个，发布作业指导书1427个，有效确保了服务质量的提升。整车物流准时到达率明显提升，长安自主板块由上年同期的92%提升到93%，长安福特板块由89.7%提升到93.7%。零部件入厂物流停线大幅降低，长安自主板块同比下降74.6%，长安福特板块同比下降80.3%。轮胎加工PPM连续6个月为零，轮胎加工质量持续稳定。

（成果创造人：谢世康、石井岗、廖家华、吴官洋、李林味、杨　梅、郭金雨、陈　程、张　吉、邓　莉）

冶金地下矿山以安全高效为目标的爆破“四化”管理

首钢矿业公司

首钢矿业公司（以下简称首钢矿业），隶属首钢集团有限公司（以下简称首钢），是首钢主要的原料基地。自1959年建矿以来，经过几十年的生产建设，已发展成为以采矿、选矿为主业，兼营矿山装备制造、矿山技术服务等相关产业，集生产、科研、开发为一体的特大型现代化矿山企业。首钢矿业公司杏山铁矿（以下简称杏山铁矿）2011年建成投产，为首钢矿业主力矿山之一，历年出矿量均稳定在270万吨以上，是一座全流程现代化地采矿山，已实现井下电机车运行自动化，主井提升自动化，井下水泵房、变电站所无人值守等多项智能化开采项目，数字化矿山建设处在国内同行业领先水平。

一、冶金地下矿山以安全高效为目标的爆破“四化”管理背景

（一）适应矿山由露天开采转为地下开采的需要

爆破作业是矿山开采的关键工序，爆破管理的好坏关乎矿山开采是否高效、安全。我国冶金矿山大多于20世纪50～60年代建矿，进入21世纪，80%的铁矿将进入中晚期开采阶段，面临露天采矿闭坑的生存压力。首钢矿业也不例外，建矿初期各采区均为露天开采矿山，经过几十年的开采，4个露天采区已于2000年左右先后闭坑，一座露天转地下开采矿山于2011年建成投产，另一座地下开采矿山正处于基建期，还有一座露天开采矿山，已经接近开采尾声，面临着转地下开采。露天采矿与地下采矿方式的转变，势必带来管理方式的变革。露天采矿爆破现代化管理手段便于实施，机械化作业程度较高，安全管理难度相对较低。而地下采矿爆破作业具有空间小、作业人员集中度高、作业时间长、作业环境复杂等特点，机械化、自动化作业方式实施难度大幅提高。如何推进地下采矿爆破管理集约高效发展，不断提升地下矿山安全高效的爆破作业建设水平，是当前首钢矿业乃至整个行业所面临转型发展必然要面对的课题。

（二）满足地下开采高强度生产的需求

首钢矿业杏山铁矿的资源禀赋与同行业矿山有明显差距，同一个开采水平的矿量比同行业地下矿山相对较少，仅为同等规模矿山的50%～75%，但由于生产规模较大，导致开采强度非常大。与首钢矿业杏山铁矿采矿方法一致，生产规模相近的三座同行业矿山，其矿体规模均比首钢矿业杏山铁矿有先天优势，矿体走向长度普遍是首钢矿业杏山铁矿的2～3倍，矿体厚度是首钢矿业杏山铁矿的1.5～2.8倍，分段矿量是首钢矿业杏山铁矿的1.3～2倍，但是生产规模相近，同行业三座矿山一个分段矿量足以满足矿山一年以上的生产需要，而首钢矿业杏山铁矿一年需要开采1.3～1.5个分段才能满足生产规模。2011年回采延米爆破量为6.6吨/米，与同行业8.5吨/米的平均水平还有差距。掘进循环进尺2.32米/炮，虽已经达到同行业需求，但与首钢矿业杏山铁矿生产规模还不匹配。由于爆破效率低，导致杏山铁矿年均爆破次数达到4500炮，是同类矿山的1.3倍。

（三）全面提升地下开采矿山爆破安全高效管理的要求

爆破安全管理是一个多准则多目标的复杂决策问题。制约首钢矿业杏山铁矿地下开采安全高效的因素主要有：采矿下降速度快，采场生产暴露出回采电铲出矿效率高，但采场进路矿量不足；回采爆破效率高，但备采穿孔尚未完毕；中深孔台车等待穿孔位置，但进路巷道掘进未完工等问题，工序间互相影响，矛盾突出，存在交叉作业情况，整体效率低，安全隐患大。特别是爆破作业与其他工序在同一采区内进行，没有实现地采爆破的本质安全，需要通过管理及技术手段扭转被动局面，为地下采矿高效生产

创造条件。

针对上述问题，从2011年开始，首钢矿业探索实施以安全高效为目标的爆破“四化”管理。

二、冶金地下矿山以安全高效为目标的爆破“四化”管理内涵和主要做法

首钢矿业以建设一流冶金地下矿山战略目标为引领，为全面实现冶金地下矿山爆破作业安全高效的目的，通过深入调查研究，明确总体思路，确立爆破管理优化目标，变革爆破源头设计管理，完善凿岩装备管理，组织内外技术力量创新装药工艺设备，搭建爆破管理信息平台，建立健全爆破考核激励机制，形成冶金地下矿山“爆破设计智能化、穿孔作业自动化、装药工艺精准化、爆破管理信息化”的爆破“四化”管理，适应冶金地下矿山安全高效爆破管理的需求，地下矿山开采效率得以大幅提升，爆破工序安全管理效果显著。主要做法如下。

（一）深入调查研究，明确总体思路，确立冶金地下矿山爆破管理优化目标

1. 成立冶金地下矿山爆破管理优化项目组

2011年，首钢矿业成立以公司主管领导亲自挂帅，由技术部门牵头，吸收经营管理、设备、生产、财务、定额等部门人员组成的爆破管理项目优化组，强化作业管理的组织领导，在成立作业优化项目组的基础上，明确工作职责、工作重点。

2. 深入调查研究，明确作业优化的重点

首钢矿业经过调研认为，作业优化管理必须从以下几个方面入手。一是爆破基础管理亟待加强；二是爆破设计流程科学合理性亟待优化；三是凿岩穿孔作业工艺技术亟待突破；四是爆破装药作业机械化程度有待提高、安全隐患亟待消除；五是爆破作业效率影响采矿生产现状亟待改善。这五个方面是亟待改善的重点，也是强化爆破管理的主攻方向。

3. 确立实现爆破“四化”管理的目标和总体思路

首钢矿业进一步明确工作思路，确立工作目标。为此，首钢矿业组织技术、生产、安全、机动、信息化等专业部门专题研究，制定下发《地下矿山推进爆破管理“四化”建设实施方案》（以下简称《方案》）。《方案》明确推进地下矿山开采爆破“四化”管理的思路是：首钢矿业以建设一流冶金地下矿山战略为引领，以实现地下矿山爆破工序的安全高效作业为目标，从计划、设计、装备、技术、信息化、管理机制等方面入手，通过变革爆破设计管理，提升爆破设计智能水平；引进并改造凿岩装备，提升爆破穿孔作业自动化水平；联合研发装药工艺设备，提升装药工艺精准化水平；搭建爆破管理信息平台，提升爆破管理效率；建立爆破工序激励考核机制，全面提升爆破综合管理水平等多项措施，实现“爆破设计智能化、爆破穿孔作业自动化、装药工艺精准化、爆破管理信息化”，切实提升地下矿山爆破设计、施工、效果评价的管理水平，实现安全高效的爆破作业。

（二）强化爆破计划管理，改变地采爆破松散、无序的状态

1. 提高爆破计划的规范性、科学性

围绕爆破计划管理，首钢矿业组织技术部门围绕日常发生过的问题，制定《杏山铁矿采场爆破计划管理规定》，规范爆破计划编制执行流程，对爆破计划的科学编制，合理审查，统筹安排，从爆破计划的制定、执行及调整等工作流程提出全方位的管理要求，确保爆破计划的规范、科学执行。

2. 调整采场结构参数，减少爆破频次

为彻底改变采场爆破生产紧张、效率低的状况，在矿体赋存条件不可改变的情况下，增大分段高度增加分段矿量的措施，以－180m水平作为阶段水平的部分已经开拓完毕，在国内无底柱分段崩落法开采矿山创新实践18.75m段高。通过调整采场机构参数，实现爆破频次的大幅下降，年掘进爆破次数由3100炮/年减少至2100炮/年，回采爆破由1400炮/年减少至1000炮/年，每炮爆破量由3000吨增加至5000吨。爆破频次的减少为定时爆破制度的确立创造条件。

3. 强化爆破计划执行管控，建立定时爆破制度

井下爆破管理主要涉及采矿回采爆破、掘进爆破以及外部施工单位爆破作业。为保证爆破安全高效，制定《杏山铁矿地采爆破定时爆破管理制度》，实施井下作业人员井上交接班制度，规定井下爆破时间与井上交接班时间一致，以此方式尽量减少井下作业人员数量，最大限度地降低爆破施工危险性高的隐患。

4. 将爆破计划纳入矿山生产监控系统

首钢矿业在开发杏山铁矿生产监控平台时，统筹考虑，在生产监控平台增设爆破作业管理模块，将穿孔、爆破作业计划纳入生产日常监管范围，统一调度，提高爆破计划兑现率。一是实行爆破计划超前生产计划编制，超前把关，爆破计划由车间技术员提报，矿部计划员根据生产实际平衡安排，确保回采出矿作业满足生产需求；二是根据确定的爆破计划，安排火工品供应计划；三是结合爆破计划统筹安排采场其他工序作业，根据爆破作业点位，在生产计划平衡过程中，避免同一区域有其他工序交叉作业的情况发生。

5. 采取多种措施妥善安排好爆破和其他工序的衔接

首钢矿业杏山铁矿建成投产后，逐步暴露出采场衔接紧凑、工序进度难以互保的问题。为此，一是制定《杏山铁矿工序互保标准》《杏山铁矿工序交接验收确认制度》《杏山铁矿生产影响时间责任界定程序》等一系列制度；二是通过日常教育，加强各级人员安全责任意识，强化工序互保意识；三是增大分段高度，进一步缓解工序间进度节点难以保障的矛盾。通过上述三方面措施，实现回采爆破效率的提高，为掘进、巷道支护、中深孔支护等各道工序的前道工序作业留足时间，避免交叉作业之间的相互影响，降低安全隐患，提升本质安全。

（三）变革爆破源头的设计管理，逐步实现爆破设计智能化

1. 引进并完善先进的爆破设计软件，实现布孔设计智能化

矿山爆破不仅影响着矿山生产过程中的铲装、运输、机械破碎等后续工艺的效率和总的经济效益，还反映着设计参数和爆破方法的准确程度。针对不同条件和环境做出最优的爆破设计并有效实施是决定爆破质量的关键。首钢矿业紧跟信息化、自动化发展步伐，引进先进的3Dmine爆破设计软件并推广使用，与开发单位一起结合杏山铁矿矿体特征，对设计软件进行优化完善，提升适用性，实现“一键”式导出中深孔孔深、角度、控制矿量、岩石量等参数，一个设计人员一小时的工作量比过去提升10倍，而且设计的精准程度得到大幅度的提高，避免了人工设计的误差和错误，大大提高了爆破设计效率和准确性。

2. 建立矿体岩石分级模型，实现爆破设计模板化

首钢矿业地下矿山由于地质结构较为复杂，围岩岩性也不同，在前期按照相同的布孔设计和装药结构却出现不同的结果。很显然，单一的破碎设计在实际操作中暴露出适用性不强的问题。2013年以来，首钢矿业依据矿体岩石性质和爆破效果总结规律，建立矿体岩石分级模型，根据不同区域的岩性分级制定出不同区域的爆破模板，在该区域爆破设计使用时，直接提取爆破模板，既实现了设计规范化，也提高了爆破设计的准确性和针对性。同时将爆破模板固化为制度，规范指导技术人员爆破设计行为。

3. 摸索规律，利用设计软件功能改进爆破参数

一是通过对2400炮掘进爆破后的巷道布孔参数、装药方式以及爆破后巷道超挖系数、爆破块度分布、掘进进尺等2万余条数据进行分析。通过分析结果，适当增大炮孔间距，炮孔数量由原来的69孔减少至56孔，掘进循环进尺也实现增长，从而降低炸药单耗。2016年掘进过程中每爆破一立方米岩石消耗的炸药由建矿初期的2.55 kg/m^3 降低至2016年的2.09 kg/m^3，每年节省炸药费用1.66万元。

二是通过数据分析，围绕中深孔布孔参数和装药结构最佳方案进行探索。通过对两年56次试验效

果的评价与分析，适当增加布孔排间距、孔底距，同时优化孔口预留布置，实现爆破效率的提高和炸药单耗的降低。每米中深孔崩落的矿石量从建矿时的7.8吨/m逐步提高到目前的9.6吨/m，爆破效率提高23%。爆破炸药消耗方面，铵油炸药消耗由前期的4900kg/万吨，逐步降低至3800kg/万吨，基质炸药消耗由前期的5200kg/万吨降低至现在的4600kg/万吨。

4. 全面推广爆破设计超前审批制度，及早发现隐患

首钢矿业组织爆破技术人员全面推行爆破设计超前审批制度，做到有隐患早发现，全面提升爆破质量，即改变原来爆破施工前才进行爆破设计审批的做法，推行现场数据收测后及时完成整个部位的爆破设计和审批。

（四）狠抓爆破装备管理，实现爆破穿孔作业自动化

1. 率先引进全自动穿孔设备，提升爆破装备水平

首钢矿业于2012年率先采购国内首台电脑采矿凿岩台车，同时组建团队对设备的使用和维护进行技术攻关，在短短半年内充分发挥设备功效。电脑采矿凿岩台车所有功能均由计算机模块进行控制，可以根据岩石的实际状况自动调整凿岩机设置，操作人员只需开机，用控制杆实施定位、开孔和钻进功能就可以实现自动化作业。新设备的引进和推广使用为首钢矿业运用现代化设备进行地采作业积累了丰富的经验。

2. 升级改造原有穿孔设备操控系统，实现穿孔作业自动化

除引进的一台电脑凿岩台车外，首钢矿业其他穿孔设备仍然采用的是同行业普遍使用的大型机械式凿岩台车。此类台车在中深孔施工过程中，没有对角度的实时监测功能，不便于精准掌控穿孔质量。同时，穿孔过程中出现的挠度及角度问题，也是影响中深孔质量的关键因素。由于该类台车无穿孔角度指示设备，为保证施工角度，日常采用自制量角仪进行角度控制，虽然解决了角度问题，但在现场施工过程中仍然存在着较大的问题，孔角度与设计相比误差较大，导致在后期回采爆破时，极易产生爆破质量问题。通过对引进的电脑凿岩台车的技术掌握，为提升其他穿孔台车设备的施工精度，组建攻关团队对其他穿孔台车的操控系统进行升级改造，实现1354台车穿孔角度可视化、穿孔操作远程化，提高穿孔精度，降低爆破问题发生概率。

3. 加强爆破装备的维护保养，实现进口设备备件国产化

一是组建攻关团队，对进口台车维修技术进行摸索。面对进口台车巨大的维护成本压力，组建攻关团队对维修技术进行摸索，编制《中深孔穿孔台车自主大修手册》。对备件拆解、检查、鉴定制定详细的数据标准，对所有零部件的检测和报废出具标准数据，对所有零件安装间隙、螺丝扭矩等按照原厂标准规范。既节约维修成本，又锻炼职工队伍。2013年以来首钢矿业先后完成进口穿孔台车自主大修5台次，成为同行业内第一家能够自主完成进口穿孔台车大修的单位。实现台车维修费用年节约36万元。

二是推行进口设备备件国产化。针对进口台车昂贵的备件，首钢矿业成立备件国产化领导小组和工作小组，明确职责和任务，结合设备实际状况和备件性能，制定进口设备备件国产化项目计划，引入技术过关、备件设计成型的国产化厂家，现场实地组织操作实验，降低对进口备件的依赖。同时，为强化备件国产化跟踪管理，制定《杏山铁矿备件国产化跟踪管理办法》，对所有国产化备件从计划到装机，从过程跟踪到效益对比，实行全寿命跟踪管理，并进行性价比分析，降低备件采购成本。年均实现经济效益87万元。

4. 总结最佳操作法，提升装备操作标准化水平

通过长期以来对装备操作的规律摸索分析，在爆破凿岩穿孔方面，固化形成"于连友穿孔最佳操作法"，为装备标准化操作创造条件。通过引入导向杆辅助工具，不断总结积累，操作法在精确定位炮孔位置、穿孔角度控制等方面取得突破。最佳操作法主要包括台车排线定位，转动凿岩机至水平，然后运

转设备，将钻头顶到巷道边帮，检查钻头与排面线间距，两帮检查均合格后，方可进行下一步的操作，确保排线定位精确；台车凿岩中心定位，要求两人配合，一人指挥，一人操作，提高对正精度和速度。

（五）组织内外技术力量创新装药工艺设备，实现装药工艺精准化

1. 联合研发自动装药车，实现智能化装药

首钢矿业借鉴自身露天采矿爆破自动化装药方式，拓展思路，2014 年提出联合外部技术力量，以首钢矿业地下矿山为依托研发地下矿山回采装药台车。通过联合外部技术力量，围绕高分段中深孔装药精准控制，开展自动化装药台车研发工作，最终解决高分段爆破 40m 以上中深孔依靠人工装药、回采爆破第一排装药无法实现机械化装药、现场技术数据无法实现自动化控制、爆破质量得不到保证等技术难题，实现智能化装药，达到同行业先进水平。

2. 推广乳化炸药改造生产线，降低装药安全风险

2014 年，首钢矿业认真分析行业发展前景和自身需求，组织对内部原炸药生产线进行升级改造，生产乳化炸药，实现地采爆破炸药的自给自足。实施乳化炸药进行地采爆破以后，在运输、装药过程中都从原来的成品炸药改为乳化基质，使岗位职工在运输、装药过程中不直接接触成品炸药，只是在装药结束后通过敏化反应生成成品炸药，从本质上降低安全隐患。同时，岗位职工可以通过无线操控装药车进行装药，撤出顶板危险区域，实现本质安全。此外，由于实现使用机械臂自动装药，降低工人劳动强度，减少装药人员手工作业量，提高劳动效率，回采爆破工由原来的 40 人降低至 28 人。

3. 优化完善装药操作，确定最佳工艺条件

一是对操作岗位装药作业过程和效果进行跟进，将装药作业全过程细化分解为对孔、送管、给药、退管等步骤，组织技术人员集中讨论、实操验证并逐条确定最佳操作过程，编制《杏山铁矿（回采、掘进）爆破装药作业最佳操作法》，固化多年来积累的装药工艺经验，细化岗位与管理人员日常工作流程与标准，便于日常质量管理。实现装药质量和效率的双重提升。总结形成“邹宝林最佳装药法”，利用胶布在炮棍上面缠绕形成标尺，使周边眼装药结构严格与爆破设计一致。

二是注重实践积累，不断优化装药施工程序。组织技术人员对装药返粉、爆能损失等影响爆破效果的因素进行分析，充分发挥技术人员的主观能动性，激励岗位结合现场定措施、想办法，确立回采爆破针织物填塞孔口，掘进爆破实施炮泥填塞等装药工艺，为提升爆破效果创造条件。

（六）建设爆破管理平台，实现爆破管理信息化

1. 建设爆破技术管理平台，实现数据积累、共享

首钢矿业发挥自身研发实力，组织开发“杏山铁矿爆破技术管理平台”。该平台是杏山铁矿爆破作业的重要组成部分，借助信息化进行爆破计划管理、爆破施工调度管理、实现从计划、作业、管理、计控到统计分析的全过程管理。技术管理平台分为测量、地质、爆破（包含回采、掘进）、支护、计划、设计 6 个专业模块，并附加文档管理中心、基础数据中心、专业检查管理、物料管理、技术方案审批 5 个辅助功能模块。技术管理平台是集技术专业业务、管理、检查、数据统计与分析于一体的技术专业管理系统，重点突出对信息化数据的应用、分析和挖掘，体现逐级管理职责落实程度，强调数据信息的集中性、统一性、共享性。

2. 利用平台规范、建立制度，完善爆破技术系统的管理

一是建章立制保障平台的高效应用。首钢矿业发布实施《杏山铁矿爆破管理平台应用业务规范》，对管理平台内业务过程和流程进行阐述和约束，为平台用户能够全面了解业务全过程和在平台内向应完成的工作提出详细要求，为用户使用管理平台奠定基础。同时针对各级用户工作质量、工作时限等提出考核要求，从制度上对平台的陨星予以保障和支持。

二是建立培训制度，强化管理者和平台使用者的技能提升。首钢矿业针对平台管理人员和平台使用

人员开展针对性培训，管理人员对平台的作用、业务主要流程等要掌握、了解，必要时予以资源支持，支撑平台运行；爆破技术平台的日常使用者按照系统模块、维护权限、业务分工开展详细培训，主要学习业务流程的上下工序、数据统计方法等，掌握平台应用技巧，为平台顺畅运行奠定基础。

3. 利用平台实施大数据分析，为持续优化参数提供依据

首钢矿业将爆破数据积累纳入改善爆破效果的重要环节去抓，组织技术人员利用爆破技术管理平台调取大数据，建立爆破分析数据库，作为总结和提高爆破效果，向优化爆破设计迈进的重要依据。要求现场爆破技术员将每一炮的原始数据详细记录，录取系统进行积累，以备查询和借鉴。同时对积累的数据按照岩性、爆破参数、质量效果分门别类地进行梳理，先后完成《杏山铁矿矿岩性质分类手册》《爆破孔网参数优化模型》等数学模型，为后期优化爆破设计参数创造条件。

（七）建立健全考核激励机制，提高有关部门和员工实施爆破管理的积极性和执行力

一是建立穿孔、爆破绩效激励机制。为调动爆破管理全员创新积极性，首钢矿业杏山铁矿制定《攻关团队项目绩效评价办法》，对通过爆破技术攻关取得的绩效进行奖励；二是建立爆破物料消耗定额管控机制。围绕爆破管理的物料消耗，按照定额管控思路，制定各类物料消耗的定额管理办法，按照作业量对每个机台实行物料定额管理，严禁超限使用，并将物料成本管控与岗位工资挂钩；三是建立爆破装备单机台评级考核机制。针对爆破装备的生产成本制定单机台爆破装备成本挂钩机制，通过对操作人员进行日常宣传教育，严格按制度对单机台爆破装备成本完成情况实施奖励和考核，发挥排头排尾的正负激励作用；四是建立爆破工序月成本分析机制。按月总结爆破工序成本管控存在的问题，及时制定增收节支方案，明确逐级爆破管理和技术人员的职责及管控措施，通过严格落实，使成本观念深入一线爆破工序操作岗位的人心。

三、冶金地下矿山以安全高效为目标的爆破“四化”管理效果

（一）实现冶金地下矿山的高效开采

2012年以来，首钢矿业在矿体赋存条件无法更改的前提下，实现资源禀赋相对较差的冶金地下矿山高效生产目标，经济效益显著。一是爆破效率大幅提升。项目实施初期，掘进循环进尺完成2.32米/炮，回采爆破效率为7.8吨/米；项目实施后，掘进循环进尺完成2.9米/炮，回采爆破效率为9.6吨/米。掘进循环进尺和回采爆破效率较项目实施初期分别提升25%和23%；二是爆破劳动效率大幅提升。在爆破量未减少的前提下，2016年爆破人员减少至63人，爆破劳动效率为5.56万吨/人·年，较项目实施初期提升39.68%；三是增大采场结构参数，减少掘进和支护费用。按照2013－2016年掌子平均出矿量1126万吨计算，累计减少米道掘进10203米，分别节约掘进和支护费用1407万元、1127万元，累计2534万元；四是实现减员增效，减少人力使用成本。2013－2016年累计节约人工成本770万元；五是降低火工品消耗成本。按照2016年回采爆破量260.82万吨计算，节约火工品消耗13万元。

（二）技能人才培养成效显现

以安全高效为目标的爆破“四化”管理的构建与实施大幅度提升首钢矿业爆破技术人才的成长，爆破技术人才量质齐升、技术能手林立，63名爆破技术人员中，工程师15人，高级技术人才比例达到23.8%，远高于同行业10%的平均水平。技能人才中有“全国冶金矿山行业技术能手”2人，首钢技术能手6人，首钢矿业技术能手16人，1人获得北京市劳动模范，技术人员在各类期刊发表论文成果59篇，有10名技术人员被高校录取为工程硕士。创新团队中的“李文明创新工作室”获得“全国工人先锋号”称号。

（三）地下矿山爆破工序安全管理效果显著，为冶金地下矿山起到示范和借鉴作用

通过该项目的实施，多年来未发生过一起爆破安全事故，爆破工序千人负伤率一直保持为零。通过考察，不论是从爆破设计、穿孔作业、装药工艺，还是从爆破管理方式等，首钢矿业地采矿山均处于同

行业先进水平。当前，同行业矿山普遍采用的爆破管理方式与首钢矿业课题实施前的状况相类似，存在爆破设计人为因素多、误差大、穿孔作业效率低、装药工艺无法保证按照设计精准计量等问题。给冶金地下矿山企业提供管理和技术变革的依据，可复制性强，为在同行业推广奠定基础。

（成果创造人：黄佳强、张金华、孙建珍、付振学、陈国瑞、王凌云、张文东、刘　军、徐　冲、严振湘、李月喜、张　达）

地市供电公司以提升核心能力为目标的卓越运营管理

国网福建省电力有限公司厦门供电公司

国网福建省电力有限公司厦门供电公司（以下简称厦门供电公司）成立于1979年，是国家电网公司辖区内身处特区的大型供电企业，承担着厦门市六个行政区的供电任务，营业面积1699平方千米，服务客户数超过136.7万户，2016年，厦门供电公司完成售电量219.9亿千瓦时，综合线损率3.08%，全市供电可靠率99.97%，综合电压合格率99.99%。

一、地市供电公司以提升核心能力为目标的卓越运营管理背景

（一）适应市场竞争和电力改革新要求、培育企业持续竞争优势的需要

当前，我国经济发展进入新常态，正在从高速增长转向中高速增长，经济结构优化调整、发展动能正在转换，宏观经济下行压力增大，钢铁、化工、水泥等高耗能产业逐渐淘汰，对用电需求产生较大影响，给供电企业带来严峻挑战。同时，新一轮电力体制改革进入落地见效的关键阶段，随着售电侧与增量配电投资放开且不断向纵深推进，多家售电公司成立，市场竞争日益激烈。面对新形势，地市供电公司面临优质客户流失、市场份额下降等前所未有的考验，对提升核心能力，提高供电服务水平提出了更高要求。因此，适应新形势、新要求，开展以提升核心能力为目标的卓越运营管理实践，不断提升企业经营管理水平，增强发展后劲具有很强的紧迫性。

（二）贯彻落实国有企业提质增效要求、推动核心资源高效运转的需要

厦门供电公司作为关系国计民生的国有骨干企业，贯彻落实国务院国资委关于做好瘦身健体、提质增效工作的部署，强化精益规范管理，着力从发展总量、质量、存量上寻求突破，实现国有资产保值增值，是自身肩负的使命与职责所在。为响应国家在新形势下对企业提质增效的新要求，地市供电企业需要瞄准“增供扩销”和“降本增效”两个核心，积极开展卓越运营管理实践，推动核心资源横向协同、纵向贯通，进一步巩固和提升企业核心资源竞争力。

（三）持续提升运营管理水平、深化卓越绩效管理的需要

厦门供电公司对经营管理现状进行了全面梳理，有待完善之处主要体现在：一是管理手段相对落后，管理方式相对粗放；二是绩效目标和指标体系设计不够合理，各类经营指标未能得到有效管控，难以有效促进公司经营指标的完成和重点工作的开展；三是部门之间协调沟通不够，管理整体协同性有待提升；四是缺乏过程精益管控，对运营管理过程中存在的短板、差距和问题，未能做到及时预警和实施引导。随着电网和公司发展的持续推进，厦门供电公司迫切需要将卓越绩效先进管理理念导入业务运营和日常管理，在管理上实现新突破，在指标上达到新水平，在发展上取得新业绩。

二、地市供电公司以提升核心能力为目标的卓越运营管理内涵和主要做法

厦门供电公司坚持“卓越过程创造卓越绩效”的管理理念，以促进精益管理提质增效、核心资源高效运转为导向，遵循“卓越标杆引领、全程实时监测、诊断薄弱环节、短板改进提升、绩效评价应用”的整体思路，建立界面清晰、职责分明的卓越运营管理组织体系，瞄准国内领先标杆企业科学制定公司卓越运营目标，层层分解落实指标责任；推动卓越运营项目的实施，建立过程精益管控机制；构建卓越运营监测分析平台，开展大数据实时在线监测；注重跨专业协同，诊断分析薄弱环节并促进短板改进提升；深化卓越绩效评价应用，发挥激励引导作用，确保运营目标精准落地；实施卓越运营文化建设，打造一流运营人才队伍。主要做法如下。

（一）统筹卓越运营总体规划，建立组织体系

1. 统一规划布局，统筹协调联动

厦门供电公司以卓越运营作为引领带动企业向更安全、更高效、更优质方向发展的重要载体和抓手。一是找准定位、系统谋划，把专业管理与卓越运营理念有机结合，将卓越运营强化企业管理的工作思路贯穿公司各层级，统一思想认识，凝聚工作合力；二是统筹协调，将卓越运营列入 2016 年厦门供电公司创新发展十大重点工程，确保公司各部门目标同向、行动同步，落实责任、强化执行，不搞“运动式”突击，高质量完成各项任务；三是项目化落实，由十大重点工程各责任部门细化实施方案，通过项目化方式具体落实卓越运营工作任务，倒排计划进度，分解具体措施。

2. 构建高效运转的组织体系

成立以党政主要负责人为组长的卓越运营领导小组，负责卓越运营顶层设计，审定相关工作方案与项目实施方案，协调跨部门、跨专业、跨层级业务，全面领导公司卓越运营工作开展。下设协调小组和四个专业工作组，其中，协调小组负责贯彻落实领导小组对卓越运营的各项决定和工作安排，不定期召开联络、协调会议，指导、协调和督促各部门参与或落实卓越运营项目，负责卓越运营组织体系和责任体系建设，组织开展过程检查和考核，完成领导小组交办的其他工作。各专业工作组负责组建跨专业、跨部门柔性攻关团队，统筹推动各职能部门、基层单位开展诊断分析、持续改进，确保卓越运营的全面实施和有序推进。

3. 制定卓越运营总体实施方案

明确卓越运营总体工作要求、关键节点与任务分工，要求各部门自觉把专业工作与卓越运营有机结合、有序推动，严格按照关键节点计划开展工作，深耕细作、精益求精，兼顾质量与进度。牵头部门履行主体责任，做好任务分解和组织协调；职能部门履行协同责任，抓好项目落地和成果培育；基层单位履行执行责任，主动争当试点、争做示范，通过全员参与、全程发力共同支撑卓越运营全面实施。

（二）选树卓越运营质量标杆，量化分解目标

厦门供电公司坚持抓对标、抓规范、抓创新、促卓越，构建卓越运营指标体系，“眼睛向外”始终瞄准国内领先标杆企业，与国家电网公司系统 31 家大型地市供电企业进行对标，结合自身实际，科学制定公司卓越运营目标，推动公司持续改进和提升。

1. 树立标杆意识，筑牢管理短板

以同业对标管理为抓手，持续开展对比分析、学习标杆、改进提升，用切实的数据评价企业各项指标，认清标杆单位的优势所在，分析自身的薄弱环节和差距，将标杆先进做法与公司实际相结合，对指标对比过程中借鉴应用典型经验，更新观念、开阔视野，创新管理理念和方法，不断“抓典型、树标杆”，在公司上下形成学先进、找差距、争业绩的良好氛围，推动企业管理基础不断夯实，精益管理水平不断提高，实现企业自我完善。

2. 构建可评价、可量化的卓越运营指标体系

围绕经营管理提质增效、核心资源高效运转、绩效对标争先进和卓越绩效评价应用四个方面，构建可评价、可量化的卓越运营指标体系，明确指标定义、计算方法、评价标准和考评周期，将卓越运营分解成多维度考评指标。

3. 从上至下层层分解目标，落实指标责任

瞄准国内领先电力企业指标情况，结合公司自身实际，承接企业战略，科学制定公司年度卓越运营所要达到的总目标，由上而下将目标层层分解落实。将国网大型供电企业对标、省内对标和绩效指标的三套评价体系提炼为统一的评价标准，形成涵盖公司、部门、班组三级 KPI 的绩效目标。突出指标驱动和责任传导定位功能，通过核心业务流程将卓越运营指标化管理，量化责任、量化考评。结合厦门公

司年度卓越运营指标体系，从两个维度（承担管理责任、协同责任）、三个层面（责任部门、责任班组、责任人）组织开展指标责任分解，形成涵盖公司、部门和岗位三级责任清单，制定部门、班组和个人三级评价标准，将指标评价标准落实到班组个人的岗位工作要求，确保人人有指标、有标准、可执行。

（三）推动卓越运营项目化实施，建立过程精益管控机制

根据与国内领先电力标杆企业进行对标管理的诊断结果，导入项目集群化管理模式，分三批梳理下达卓越运营项目，制定项目时间表和路线图，纳入厦门供电公司年度大计划、“二十四节气表”和公司全面预算计划，严格按照里程碑节点执行，并与各专业工作统筹协调、有机融合，有效避免“两张皮”和“花架子”。综合运用计划、预算、监测等管控手段，开展卓越运营月度点评、季度评价、年度总评，全过程进行项目化精益管控和均衡化实施，确保卓越运营项目做实、做精、做优。

1. 制定卓越运营项目时间表和路线图

在卓越运营启动前，按四个维度分类卓越运营项目，明确牵头部门，厘清关键节点，制定详尽的实施方案，明晰工程的具体实施路线，直观展现各卓越运营项目的计划进度和路线图，形成各类别、各层级项目之间清晰明确的钩稽关系，系统均衡推进公司卓越运营项目。

2. 建立卓越运营过程管控机制

落实卓越运营领导小组、协调小组和各专业工作组会商机制，研究解决出现的问题，及时掌控工作进度与质量。以项目管理方式，建立信息报告、调研督导、工作会商、督察督办等协同机制。设计卓越运营的项目立项、跟踪管控模板，组建内部专家团队，加强业务指导，严格过程管控，分级分类统筹推进卓越运营项目。

3. 加强卓越运营过程精益管控

将卓越运营项目纳入厦门供电公司年度大计划、“二十四节气表”和全面预算计划，综合运用计划、预算、监测等管控手段，强化全过程项目管控。一是加强“事前”预警纠偏。通过周、月度和季度等周期性会议，及时发布当期指标完成信息，开展点评分析，及时预警纠偏。结合权重分值和排名实际，发布多级告警指标明细，推进业绩考核由“指标比对”向“过程比对”的转变；二是加强“事中”诊断分析，通过专题分析会，及时研究解决指标管理的重要问题。针对高权重和处于段位临界点的指标，持续开展完成值模拟测算，明确提升方向，量化指标提升值，确保指标提升带动整体提升；三是落实“事后”改进提升，针对管理突出问题，制订提升措施，形成专题督办事项，按周通报进度，按月评价整改实绩，确保突出问题得到整改落实。

（四）构建卓越运营监测分析平台，实现基于大数据的实时在线监测

厦门供电公司遵循“用数据说话、用数据决策、用数据管理、用数据创新”的理念，针对数据资源分散在各专业系统、数据信息流不够顺畅等问题，利用大数据等先进信息技术手段，搭建涵盖全数据管理、全信息应用、全业务监控等特征于一体的大数据在线监测分析平台。

1. 实现指标数据自动实时采集

平台数据来源于生产管理系统（PMS）、营销业务应用系统（SG186）、电力调度管理系统（OMS）、规划计划系统、财务管控系统、物资集约化系统、人资管控系统、用电信息采集系统等业务系统，采用数据复制、抽取、接口推送技术，实现了指标数据自动、实时获取。

2. 推动跨部门业务数据集成与共享

畅通信息渠道打破专业间的信息壁垒，实现业务数据集成。全面协同财务部、营销部、运检部、安质部、规划计划部等多部门开展数据质量调研及业务系统数据收集工作，积极开展同各业务部门的协调工作，关注数据质量及数据收集规则，建立了良好的沟通机制。

3. 开展指标异动实时监测

通过从不同业务系统直接获取数据并自动计算，实现关键业绩指标及其分解因子、关键考核因素的完成值、目标完成情况、发展变化趋势的在线监测。通过开展在线监测，及时发现指标偏离阈值、运行异常现象，为开展筛查分析与数据甄别，协同业务部门处理有效异动，切实找出业绩指标和经营管理的短板，及时整改消缺奠定坚实基础。

4. 实施卓越运营项目看板管理

基于厦门供电公司业务流转过程产生的海量数据信息，对公司级卓越运营项目全流程进行在线监测，自动识别进度落后、质量不达标的项目，并纳入公司挂牌督查督办，及时协调解决相关问题和资源配置，确保项目按时保质推进，实现对全量项目、全流程可监测、可评价和可改进的精确管控。

（五）强化卓越运营专业协同，诊断分析薄弱环节促进改进提升

1. 坚持科学分析，引入精益管理工具

按照简单、务实、高效原则，运用 PDCA、六西格玛 DMAIC 精益管理工具和聚类分析、因子分析、回归算法数据分析方法，设计量化分析标准模板，规范问题从定义、测量、分析、改进到控制的一体化运作模式，打造具有公司特色的自我诊断分析工具包和方法库，逐步形成企业级管理数据资产，为公司卓越运营管理改进与提升打下良好基础。

2. 基于监测结果开展诊断分析和改进提升

强化与运营监测业务的融合和协作，构建“测量＋分析”卓越运营监测体系，以风险防控为重点，开展公司合法合规监测，有效规避经营风险，不断增强风险防控能力。一是以主营业务为重点，开展过程进度监测，实时掌控公司运营状况，提升公司整体管控力；二是以关键流程为重点，开展业务协同监测，提升横向协同水平，保障主营业务顺畅、高效运转；三是以核心指标为重点，开展综合绩效监测，提高资源利用水平，提升公司经营效益；四是以趋势研判为重点，开展数据挖掘分析，把握运营规律和趋势，为公司决策提供支撑。

深化大数据诊断分析，识别定位运营薄弱环节。依托信息支撑系统和运营数据资产，紧扣计划预算执行全过程、购售电全过程、供电服务全过程三条主线，聚焦风险防控，以提升运营效益效率为目标，针对业务管理的瘀滞点和“中梗阻”，有的放矢地开展台区线损管理、计划停电管理、业扩流程管理、项目全过程管理等 14 项核心业务全过程、常态化监测，强化对公司运营管理问题的诊断分析。

对短板指标实施项目化改进提升。以指标提升、增供扩销、提质降本、高效运转等为切入点，针对弱项指标，系统分析运营管理的致弱机理，协同责任部门开展问题原因分析；对关键业务薄弱环节明晰化、具体化、指标化，满足可测量、可对比、可评价，并按评价周期滚动更新，找准专业协同点、指标提升点、降本增效点和体改深化点，通过类别化、具体化、项目化，系统突破制约公司发展瓶颈，分三批建立公司、部门两级卓越运营项目库，项目内容关联国家电网公司大型供电企业对标、福建省电力有限公司同业对标和企业负责人关键业绩考核等 16 项短板指标，通过跟踪项目完成情况，及时预警、发布专业间不协同事项，带动改进管理短板。

建立跨专业协同整改的闭环管理机制。构建分级管理、分层负责、横向协同、纵向贯通的卓越运营问题管理一体化运作模式，实现运营问题跨专业协同整改在线闭环管理：一是构建监测、分析、协调控制一体化运营机制，形成运营分析的业务闭环，主要内容包括在线监测、核实、分析、决策、改进和巩固等环节；二是以运营协同系统为流转载体，参照国家电网公司电网设备缺陷管理流程，以共性频发运营问题为起点，协同业务部门开展问题的根本原因分析，结合现场调查核实结果提出整改建议，形成从发布到最终落实整改取得成效的管理闭环。

（六）建立卓越绩效评价体系，发挥激励引导作用

基于“卓越过程创造卓越绩效”管理理念，应用卓越绩效“方法－展开－学习－整合”四维度评价方法，制定《国网厦门供电公司卓越绩效评价细则》（以下简称《评价细则》），细化86项过程指标、48项结果指标的责任部门和工作要求，依托卓越绩效“测量、分析、改进、提升”模式，从系统视角加强综合诊断、短板提升、监测监控与绩效考核，以卓越绩效体系应用驱动卓越运营项目的闭环滚动，持续提升。深化考核结果应用，将考核结果与薪酬绩效兑现挂钩，充分发挥激励引导作用。

1. 指标排名绩效评价

一是突出整体业绩优。指标绩效奖励薪点点值与公司整体指标排名进行挂钩，公司整体排名好，绩效薪点点值高，反之则绩效薪点点值低。二是突出多劳多得。根据承担指标任务的多少，设置部门指标调节系数。系数按各部门承担指标权重分值从高到低，设置三个档次，相应系数为1.1、1.05及1，其中Ⅰ档部门个数占25%，Ⅱ档部门个数占50%，Ⅲ档部门个数占25%。部门权重分计算公式＝∑各指标权重分，指标权重分＝指标权重原始分值×指标协同系数，协同系数由指标管理部门根据责任和贡献大小进行分解。协同部门对指标完成值贡献大、关联度强，则系统系数越高。三是突出优绩优酬。不论指标权重分值大小，均按统一评价标准开展评价，排名越靠前，得分越高。指标管理部门以所有归口指标的总排名计算其得分，以此引导指标管理部门以实现专业整体最优为目标，力争专业标杆；指标协同部门在其承担的每项指标排名的基础上，由指标管理部门结合指标评价标准进行评价，引导指标协同部门做好指标管理工作的执行和落地工作。

2. 指标进步绩效评价

根据季（年）度指标归口排名，提升位次的对指标管理部门和协同部门提出奖励。一是排名提升越多，奖励越高；提升后的名次越靠前，奖励越多；同时对协同部门提出2倍的奖励分配；二是本期进步奖励金额不超过上一评价周期因指标排名落后导致的绩效金额扣减，避免出现主观意愿落后，以获取进步奖励的情况。

3. 指标攻坚绩效评价

厦门供电公司根据年度指标管理工作的形势任务，加强指标预测和形势预判，结合短板指标告警等级，梳理形成年度重点难点指标攻坚清单，制定攻坚实施方案，明确目标、责任、要求和考评标准，对实现年度攻坚目标的，予以专项攻坚奖励，推动影响全局整体结果的重点难点指标实现巩固提升。

（七）深化卓越运营文化建设，打造一流人才队伍

1. 深入实施“光耀365”卓越运营文化建设

打造卓越运营文化落地实践工程，紧紧围绕“四个根植”（根植于客户服务、班组建设、队伍建设和品牌建设）抓好卓越运营文化落地，大力推进文化进部门、进基层、进站所、进班组，通过弘扬和建设统一的卓越运营文化，构建充分激发员工活力的内生驱动机制，以文化人，实现员工对卓越文化的共同认知和追求，培养员工的理念认同、价值认同、情感认同。

2. 配套实施卓越人才发展工程

树立强烈的人才意识，以保障卓越运营实施为目标，以构建路径清晰、卓越引领、评价科学、尽展其才的卓越运营内生驱动机制为核心，以队伍专业能力及作风纪律建设为重点，持续完善卓越运营人才的培养、使用和管理，把人才优势转化为核心生产力。

一是全面实施“卓越之星”人才发展工程。以构建路径清晰、卓越引领、评价科学、尽展其才的人力资源管理内生驱动机制为核心，以队伍思想道德、专业能力及作风纪律建设为重点，形成“四级四类四期”三维人才培养格局，创新“入职、成长、发展、传承”四段式员工发展模式，系统化谋划、项目化实施，全面推进、全员覆盖、全程管控，激发人人争当“卓越之星”的内生动力，锻造一支卓越员工

队伍。

二是组建卓越运营专家人才库。培养企业内部管理咨询专家，结合卓越绩效体系应用，坚持问题导向和目标引领，以柔性方式鼓励参与到卓越运营项目中，形成150余份共计12万字的诊断分析报告，系统分析公司发展短板与管理共性问题，通过找差距、找短板、找问题，促提升、促协同、促融合，追根溯源，明确改进与提升空间，找准专业协同点、指标提升点、降本增效点和体改深化点，从体制、机制、方法的角度提出系统性的优化建议，从顶层设计的角度弥补短板，提升公司管理系统性。

三是固化卓越运营示范成效，创新推广应用。为充分发挥卓越运营典型示范作用，以点带面推动管理全面提升，加强各类成果总结、提炼和固化，结合企业管理创新工作开展卓越管理案例梳理与挖掘，全面总结各层级、各类型的创新举措与典型经验。在公司层面建立面向全体员工的成果库，运用卓越运营四个维度归集管理，通过收集日常工作问题，汇聚各类创新、创意碰撞点，为破解公司经营管理难点提供思路和启发，逐步形成公司级的卓越运营数据资产，为卓越运营提供资源和信息共享平台，引导全体员工从成果库中选择合适的卓越管理成果进行实用化推广，并转化为相应的业务标准和管理规范，实现隐性经验显性化，显性经验制度化。

三、地市供电公司以提升核心能力为目标的卓越运营管理效果

（一）管理水平大幅提升，管理效率效益显著提高

厦门供电公司全面实施卓越运营管理以来，有效推进公司安全、质量、效率和效益等提质增效总体目标的实现，管理机制和工作举措得到进一步完善和固化，经营业绩和管理水平持续提升，降本增效成效显现，业务流程平均时长缩短16%。卓越绩效过程和结果指标成熟度均达到“卓越水平”，偏差率小于5%，公司综合评价成熟度达到“卓越水平+”。在国家电网公司31家大型供电企业业绩对标中，厦门供电公司排名第四，同比提升2个位次，获“国网公司大型供电企业业绩标杆单位”称号，创历史最好成绩，在参与评价的9个专业中，7个排名第1。

（二）企业核心竞争力不断提高，经济效益凸显

通过实施卓越运营管理，销售电量持续增长，营业收入显著提高。2016年，公司售电量219.9亿千瓦时，同比增长8.87%；最高负荷449.5万千瓦，同比增长8.3%；实现销售收入128.83亿元，同比增长5.4%；销售利润率0.92%，同比增长19.48%；总资产周转率2.51次，同比加快8.32%；单位资产售电量达21.67千千瓦时/万元，同比增长5.3%；成本费用收入比重14.23%，同比下降4.8%；全员劳动生产率120.84万元，同比增长6.7%；人才当量密度1.1998，位居国家电网公司大型供电企业A段。此外，通过开展“营改增”税收政策节税研究，充分利用所得税优惠政策获取税收收益，上半年新增生活服务、工程安装费等增值税进项税433.22万元，所得税费用节税659.6万元。“鹰眼”反违窃专项行动成效显著，2016年共查处违窃户523户，追补电量169.56万千瓦时，追补电费140.04万元，收取违约电费403.38万元，为企业挽回经济损失543.42万元。

（三）客户服务水平显著提高，取得良好社会效益

通过推行“互联网+”营销服务模式，提速客户服务流程，新增用户自有线上渠道缴费、报装比例分别达64%、100%，移动作业终端应用率达50%，实现客户服务感知度与满意度双提升。为大客户提供“一户一策”增值服务，有效巩固存量市场，实现增值服务覆盖率达100%。立足“早送电、不停电、快复电”原则，强化业扩全流程管控，高压业扩平均时长缩短43%。以卓越运营推广“多表合一”，4万多户节约安装调试费用约2000万元，显著提升了公共事业整体服务水平，社会效益凸显。

（成果创造人：丛　阳、吴进辉、许志永、郑建江、戴贤哲、董　琳、周雪梅、沈晓秋、张卓生、李华君、温永贤、童　刚）

化工企业基于文化为引领的安全生产管理能力提升

新疆中泰（集团）有限责任公司

新疆中泰（集团）有限责任公司（以下简称中泰集团）是以基础化工原料生产为主业的多元化生产经营企业。中泰集团旗下辖80余家控股、参股子公司。在我国新疆乌鲁木齐、阜康、托克逊、库尔勒等地及塔吉克斯坦建有10大产业园，形成年产230万吨聚氯乙烯树脂、150万吨烧碱、266万千瓦装机、360万吨电石、200万吨废渣制水泥、40万吨粘胶纤维、200万锭纺纱、21万吨棉浆粕的循环经济产业链。产业涵盖氯碱化工、精细化工、电力能源、粘胶纺织、现代物流、现代贸易、现代农业等，是全国氯碱行业龙头企业和自治区重要的国有资产管理平台、投融资平台。目前，中泰集团管理总资产超过700亿元，年销售收入超300亿元，员工2万余人。主导产品烧碱、聚氯乙烯、棉纱广泛应用于石油、化工、轻工、建材、国防等20多个大行业，远销世界各地，2016年实现利税22亿元。

一、化工企业基于文化为引领的安全生产管理能力提升背景

（一）满足国家对安全生产的新要求

2014年1月15日，《中华人民共和国安全生产法修正案（草案）》经国务院第36次常务会议讨论通过，本次安全生产法修订后，主要突出“事前预防”的管理思想，并对“强化落实生产经营单位主体责任，重点解决安全生产责任制、安全生产管理机构和安全生产管理人员作用发挥、安全生产教育和培训”等方面都提出更高的要求。化工企业作为高危行业，唯有不断创新安全生产管理体制和机制，才能推动企业持续快速发展，获得更大的经济和社会效益。中泰集团必须把各项举措落到实处，落实国家安全生产管理新要求，构建企业安全管理新常态，牢固树立安全生产观，切实担负起保障员工生命安全的责任，确保企业安全生产形势持续稳定向好。

（二）适应化工行业安全生产管理提升的需要

当前，随着国家安全生产法规的不断完善、政府监察力度的加大，企业作为安全生产第一责任者的主体地位更加明确。由于化工企业生产具有工艺流程复杂、专业性强等特点，管控难度和压力逐渐加大，生产过程中疑难热点问题叠加，需要全面提升安全生产管理能力，才能解决困扰企业可持续健康发展的瓶颈。伴随中泰集团影响力日益提升，社会形象和关注度明显提高，政府部门对中泰集团寄予更高期望，希望中泰集团探索出一条具有借鉴意义的、行业特色的安全生产管理新路，推动企业不断向本质安全型企业迈进，为行业树标杆、传经验，为新疆企业树立典范。

（三）适应企业发展战略、解决长期以来制约自身安全发展能力的需要

2001年，中泰集团实施“先做大、再做强”的发展战略，每年以超过40%的速度保持经济持续快速增长。伴随企业高速发展，安全管理短板日渐凸显。新并入部分子公司安全意识淡薄、安全文化差异明显，人才缺口加大、人员素质参差不齐、领导干部安全领导力缺位，导致安全责任和生产工作难以完全融合，与安全生产管理总体要求不相匹配，给企业带来新的安全生产风险和隐患。中泰集团针对这一现实状况，从安全观念、行为安全、系统安全、工艺安全等方面入手，探索建立统一的安全文化体系，以突破传统的、固有思维定式，进一步提升企业安全管理水平和能力，构筑坚实的安全堡垒，实现安全生产长效机制的目标。

基于上述原因，中泰集团自2014年5月开始实施基于文化为引领的安全生产管理能力提升。

二、化工企业基于文化为引领的安全生产管理能力提升内涵和主要做法

中泰集团紧紧围绕"安全为了生产，生产必须安全"的管理理念，在充分结合企业实际的基础上，以杜邦及其他"国际一流"能源化工企业安全管理体系为参照，通过确立安全生产管理原则、健全组织机构，建立各层级领导力提升机制和人岗匹配的培训、考核等机制，设置企业安全生产"红线"，完善安全管理组织体系架构和职责，采用系统方法对安全管理进行改善，从安全原则、管理层承诺、目标指标、程序与标准、直线责任、安全组织与人员、员工培训与发展、激励、有效沟通、审核与安全观察、事故调查11个方面进行系统的改善和提升，促进工艺风险、装置质量等工作管控到位，有效消除或控制作业风险、工艺风险，装置可靠性明显提高，安全生产管理能力和水平明显增强，实现安全生产风险可控、能控、在控。主要做法如下。

（一）构建提升安全生产管理能力架构

中泰集团以杜邦及其他"国际一流"能源化工企业安全管理体系为参照和目标。从各层面、各环节着眼，分阶段制订计划，结合实际特点找出着手点，全面提升和完善安全管理系统。

1. 确立安全生产管理原则

一是中西医结合治病、调理。针对生产现场中显现的问题立即着手实施见效快的"西医"疗法。着眼于提升本质安全的长效机制，采取强身健体的"中医"调理，使之更加实用、合理、有效。二是有感领导、全员参与。强调领导示范带头作用，讲给员工听、做给员工看，上自集团董事长、下至一线员工、承包商队伍全员参与改进工作。三是以建设安全文化为基础。有效落实工艺风险管控，确保本质化安全有效落地。

2. 明确安全管理目标

制定中长期（未来3～5年）安全管理目标，即实现安全管理高标准严格管控，逐步向自主管控转变。每年通过设定子公司、分厂、车间结果性指标和过程指标，制订具体的工作计划，确保实现目标。

3. 建立安全管理能力提升组织机构

中泰集团一是成立"安全管理能力提升领导小组"，由董事长担任组长，集团分管生产和体系管理的副总经济师担任副组长，成员由各关联业务部门负责人、分管领导11人组成；二是下设推进办公室，办公室成员涵盖体系管理、工艺、设备、安全、人事、物流等各部门专业骨干30余人，对项目的策划、实施、监控、改善、管理等要素提供技术支持；三是在整体实施方案的基础上，结合实际推进效果，制订季度计划、周计划，安排阶段性工作，并建立周反馈、季度总结的沟通机制，向领导小组汇报进展情况及偏离问题，并协调解决。

（二）提升安全文化引领能力

中泰集团坚持贯彻"有感领导、直线管理、属地责任"的安全文化，大力倡导领导示范带头作用，通过"有感领导"系统建设和安全责任，以领导力提升、设立安全生产"红线"、确立属地管理和直线责任、建立明确的目标管理程序与标准为落脚点，拓宽以文化引领提升安全管理能力的深度和广度。

1. 建立各层级领导力提升机制

一是提升中高级管理人员安全领导力。通过举办安全管理领导力研讨班，给各层面中高级管理人员深入解读调研报告，全面掌握企业安全管理现状及差距，动态调整整体提升策略。同步对中高级管理人员进行点对点的领导力测评，并制订有针对性的个性化、差异化提升计划，助力查找个人差距，同步从个人意识、目标管理、沟通和激励、数据分析等几个方面进行强化。通过开展领导力评估，平均分由48分上升至76分。各部门领导清楚并广泛参与到目标及工作计划制订、分委会运作、工艺危害分析、审核、培训、安全等管理活动中，自主工作意识和能力普遍增强。

二是强化高级管理人员影响力。在提升计划中明确集团董事长、总经理参与制定安全政策和原则、

目标、指标等职责，并负责滚动向全员解读，同步定期发布《安全承诺书》，滚动制订个人行动计划。同时，不定期深入一线作业现场进行安全观察，并按期公布完成情况，确保将“有感领导”安全文化落到实处。

2. 设置企业安全生产“红线”

中泰集团从综合要求、对管理层的要求、对员工的要求三个层面考虑，一是制定安全原则和保命条款。例如，“没有任何事情值得冒着牺牲人的安全和健康风险去做”“管理层必须为员工的安全负责”“严禁未经允许进入受限空间”“严禁无适合的安全措施就登高”等，集团董事长、总经理利用各类会议进行全员解读安全条款，自上而下签订《安全承诺书》，并将“保命条款”作为劳动合同的组成部分，如有违反、立即劝退；二是开展企业安全生产诚信体系建设，建立职工安全评价档案，对违章指挥、违章操作、违反劳动纪律等失信者，及时登记并进行惩戒。

3. 完善安全管理组织体系机构和职责

中泰集团针对人力资源缺乏、多部门合作工作存在壁垒、工作效率低的状况。按照不同阶段工作需要，消除专业和职能界限，丰富安全管理体系组织内涵，全面推行“直线责任、属地管理”的安全生产管理模式，优化安全管理组织能力，建立自主管理、直线负责的工作机制。

一是消除专业和职能界限，丰富安全管理组织内涵。组建“集团安全管理委员会”，下设“承包商、危险化学品、劳动纪律、MIQA、特种设备、高危作业”6 个专业分委会，同时下设“特种设备分委会带压堵漏、压力管道、测壁厚小组”和“高危作业分委会八大作业改善小组”。分层级、分领域对专业工作进行改善，形成以专业分委会为载体的培养、发现专业人才平台。

二是对安全管理部门及人员进行角色、功能重新梳理定位，由“安全事务向安全参谋”转变，通过开展安全管理情况汇报会、分析会等方式，找差距、提建议，为安全管理体系改善提供智力支持。明确车间安全员由真正熟悉装置、作业程序的工艺技术员、设备员、作业人员及操作人员担任，行使安全监管职责，制定安全措施、开展安全分析。

三是大力推行直线责任、属地管理，明晰安全主导责任。制定并实施与车间责权利相匹配的管理办法，明确由各部门及其直线领导全权负责本部门安全管理工作，并对处室角色重新梳理，由“专业决策”向“技术支持”转变，职能部门由“做车间的主”向“服务车间、服务管理层”转变。

4. 建立作业标准化程序

一是编制《标准操作卡》《应急操作卡》，制定《检维修规程》和《巡检标准》，实现操作标准化。规定必须由一线班组人员主笔，各专业技术员共同讨论制定各类操作标准，在实施过程中定期进行工作循环检查，寻找偏差、不断改进。通过主导一线员工编制《操作卡》和参与工艺危害分析，定期开展安全观察与沟通、工作循环检查，激发全员参与安全生产管理工作的积极性和热情。仅用不到一年的时间，操作纪律明显提升，一线员工操作偏差率从 28.6%下降至 6.8%。

二是全面修订高危作业、变更管理、人员管理、事故事件管理、审核等方面规范，按照安全生产管理能力提高要求，优化流程，对管理体系标准、规范进行完善。

2016 年，新增制度、标准 37 项，全面修订 23 项，新增生产操作卡、检维修规程、巡检标准、备件验收标准、工机具检查标准等 5000 余项。

（三）建立人岗匹配的培训和考核机制

中泰集团通过人员能力提升、双向沟通、审核、事故调查、激励等方面工作的改善，将文化与各层级干部员工的执行力高度契合，确保相关政策原则、程序标准等落实到位。

1. 建立岗位能力矩阵，开展关键岗位识别

一是明确各安全管理岗位所需的能力和应达到的程度。通过能力测评找出差距，自主编制培训教材

30余类，建立培训计划并实施，定期开展考评，确保人岗匹配、精准作业；二是建立内训师培养、认证、聘用、考评等工作机制，分专业培养企业内训师，及时扩充和更新内训师队伍。2016年，通过培养考评认证的工艺危害分析主持人9人、内训师36人、审核师28人、咨询师13人，现已全部胜任其角色定位，并在企业内部常态化开展创新成果推广培训、辅导、评估等工作，为传播专业理论知识、实操技能提供保障。

2. 实施以激励为主的考核机制

一是广泛为员工搭建自我展现的平台，量身订制“逢会必做安全分享，每周管理人员培训必做经验分享，大横班活动日必分享”等活动，逐步提高、培养员工的良好安全意识和行为，根治安全意识各种“隐患”；二是完善并设立“专项奖励”制度，规定对事故、经验进行分享的，对程序、操作标准提出有价值的、改善意见的员工给予奖励，并记录在案，作为个人发展及年考的依据；三是对事故调查工作进行彻底革新，鼓励进行“事故、未遂事件”的上报，用WHYTREE分析法开展科学分析，找出管理系统和技术系统中存在的问题，从系统上进行改善，重追因轻追责；四是在全集团范围内开展“事故事件分享”活动，将“事故事件”变成一种财富，形成开放包容的“事故管理”文化氛围。

（四）提升工艺风险管控能力

以文化为驱动，实施工艺风险管控系统改善，落实工艺风险管控长效机制，实现企业本质化安全管控。

1. 开展工艺危害分析

一是建立工艺危害分析机制。采用“工艺危害及可操作性分析＋设备失效模式分析＋人员因素检查＋设备设施布局检查＋重大危险源保护层分析”的复合式工艺危害分析法，对新改扩建装置不同阶段工艺危害、在役装置开展周期（3年为一周期）轮回分析，历时两年时间，完成首轮工艺危害基准分析，为装置安全优化、操作卡、应急程序的制定提供科学依据。

二是选调研发、工艺、生产、维护维修、设备、自控、安全等相关专业的工程师11人组建工艺危害分析小组，制定工艺危害分析流程、管理规范等制度。按月编制《工艺危害基准分析报告》和《工艺危害分析评价手册》，每年定期开展以“工艺危害分析”为主题的文化宣传周活动，最大限度地辨识、消除和控制工艺危害，预防工艺安全事故发生。

三是培养工艺危害分析主持人队伍。为有效识别和监控安全生产过程系统风险，以及风险分布、风险大小受控状态，进一步量化工作目标。通过实战训练、考评、再训练和认证等复合方式，培养造就一支“工艺危害分析主持人”队伍，明确对“认证＋考评”合格的员工，颁发资格证书，赋予工艺危害分析职责、工作前安全分析职责等，夯实工艺危害分析基础。

四是实施作业前安全分析，防控非常规作业风险。按照安全分析工作方法和要求，对无操作卡的操作一律在作业前进行工作安全分析。由作业负责人带领作业人员和属地员工共同进行作业步骤的细分、现场环境的查看和风险分析，措施制定、落实到位后方可签批作业。

2. 建立技术及设备变更管理机制

对各类变更，包括厂家的更换进行风险变化的科学评价和风险控制。编制《变更风险检查表》《工艺安全信息变更识别表》等工具清单，保证变更的风险排查和影响到的工艺安全信息全面识别。完成变更前所有施工图纸、施工方案、材料清单（含辅助的电仪等专业）的编制工作，确保变更在申请前评估全面、准备到位。

3. 优化应急系统

一是编设《应急操作卡》，明晰各应急角色的工作程序、定位及接口、启动点，实行7×24小时安全生产应急值守和领导带班制度，实现应急系统的高效运作。

二是开展应急设施分类可靠性评估，在现场验证的基础上，对应急通知系统进行完善，采用定期或突击方式对临时指挥所、防爆广播、指挥系统对讲机专用频道开辟等方式进行巡检，确保厂区各个角落均能清晰接收到应急通知，同时将部分人工启动的应急设施更改为自动启动模式，保证应急处置过程中的人员安全。

三是开展应急演练创新变革，在盲演的基础之上，将应急方案的重心改为应急演练观察点的设置和观察任务的分配，由熟悉现场和预案的专业人员对整个应急演练的情况及效果观察，并记录存在的问题，定期编制《安全生产应急管理统计分析季报和年报》。

四是现场演练结束后，属地负责人组织观察员及参与演练的人员进行专题讨论，对在应急程序优化、资源配置、人员培训等方面存在的问题进行优化和改进。

4. 持续开展操作纪律的量化评价和改善

一是建立报警持续改善机制。针对化工行业报警频繁，应接不暇的问题，对报警管理进行了专题调研和改善。经过报警的系统分类和原因调查，逐步消除仪表选型不合理、仪表故障、报警设置不合理等问题造成的无效报警，将报警量控制在每个车间600条/天范围内，实现每项报警及时调查处置，每月定期进行报警数据分析，针对排名前五名的报警进行系统调查和改善，三年内报警数量下降94%，并持续保持下降趋势。

二是开展工艺指标、工艺操作偏差率监测。属地领导、技术人员、班组长对操作人员轮流进行操作符合度的检查，对MES系统中采集的各项工艺指标控制数据进行偏离分析，每月进行操作偏差率的分析。对偏差率排名前三名的员工进行个别谈话和引导，当面制订改善计划，承诺改善目标，对有明显改善的员工及时公开表扬。通过开展工艺指标、工艺操作偏差率监测和分析，一线员工操作偏差率由工作初期的28.6%下降至6.8%。

（五）提升日常安全行为能力

中泰集团从日常生活工作小事着手，注重培养员工安全行为习惯能力，树立员工“事事为安全，时时要安全”的行动理念，将“安全”转化为员工本能，根植于心、外化于行。

1. 开展安全教育及行为规范宣贯

一是组织开展国家和自治区安全生产重要决策部署的学习宣传，开展新《安全生产法》等法律法规学习培训；以开展“安全生产月”“119消防日”“112交通安全日”“安康杯”“青年安全文明示范岗”活动为契机，进一步树立提升全员安全意识。

二是中泰集团从“上下楼梯扶扶手”“乘车系安全带”“骑行戴头盔”等日常“小事”着手，通过为全员配发《中泰员工日常安全行为手册》（口袋书）、利用微信微博等网络平台，广泛开展以“日常安全行”为专题的宣教活动。

三是抽调专人对基础设施设置进行普查，及时完善相关设备设施，杜绝日常安全事故发生。仅仅用了8个月的时间就形成了具有中泰人特色的行为习惯。“上下楼梯扶扶手”的偏离率由92.2%下降至0.6%，乘车系安全带的偏离率由89.3%下降至0.2%，通过这些日常行为习惯的规范，树立员工养成“高标准安全是一种习惯”的意识。

2. 建立高标准作业规范，提高作业安全管理水平

中泰集团在原来八项化工行业常规高危作业的基础上，增加“高压水清洗”“带压堵漏”“管线打开”三项列入常规高危作业，同步对签批和监护人员进行专业培训和资质认定。同时，制作《高危作业标准图谱》，以图文并茂的方式集中展示高危作业标准、流程和规范，每季度定期开展高危作业落实情况审核。加大“四不两直”动态督导力度，不定期深入作业现场开展巡查巡检工作，促进标准要求落到实处。

（六）实施承包商共同成长计划，提升承包商服务保障能力

针对“承包商事故”在企业安全事故中所占比重居高不下、承包商管理基础薄弱、缺乏归属感、不易融入和接受企业安全文化等现状。中泰集团从优化合作模式、提升承包商安全意识入手，将中泰安全文化移植于承包商服务队伍，为承包商提供辅导，共同提升安全生产管理能力。

一是选择一批安全理念和中泰集团相近，但因自身技术能力的欠缺造成安全管理工作不够理想的承包商，通过召开承包商会议，分析基本情况，采取“共同成长计划”方式进行培养，将承包商员工、领导层视为自己的员工、干部统一培养和管理，切实增强承包商及员工的归属感和安全生产能力。

二是建立承包商作业负责人、员工库，对员工基本情况、资质及历次在中泰集团培训、考评情况及工作业绩等进行逐项登记，在系统中设定综合评价标准，系统给出综合评价结果。每月定期召开承包商大会，公布承包商评价结果，表彰当月和累计表现优秀的承包商及员工，通报存在的问题，约谈表现欠佳的承包商，做出改善目标承诺、重点监控，培养符合中泰高标准要求的承包商。

三是实行承包商及员工黑名单制，明确对违反保命条款的、安全绩效评价不合格的承包商及员工个人将被录入黑名单，并明文规定进入黑名单的承包商及员工五年内不得再入厂。

通过实施辅导承包商共同成长计划，中泰文化已逐步成功植入长期合作承包商，培养了一批能够按照企业安全生产管理要求、作业规范、长期合作的承包商。

三、化工企业基于文化为引领的安全生产管理能力提升效果

（一）安全生产管理水平明显增强

中泰集团自实施以文化为引领的安全生产管理能力提升以来，以杜邦安全管理水平为标杆，进行安全管理水平的对标评价，从历次评价结果可以看出，安全管理水平全面提升。2015 年年底为 2.0 分，2016 年年底达到 2.5 分，各项工作全面快速提升，形成良好的运行改善氛围。现场高危作业管控水平持续上升，两年内未发生一起作业过程中伤人的事件。每季度持续进行高危作业审核，审核评估得分由 67 分上升到 83 分，风险分析和作业准备越来越严谨，现场作业越来越规范。2016 年，事故事件上报数量达到顶峰，其中绝大多数为偏离事件（未遂事件），全年轻伤以上事故 1 起，较 2015 年下降 83％。事故事件“重追因轻追责”文化已经形成，得到全体员工的信任和广泛认可。

（二）经济效益大幅提高

通过基础工作的改善，在实现装置安全、稳定的同时，产生较大的经济效益，对企业节能降本起到巨大的推进作用，年成本降低量在 15602 万元以上。一是非计划停车次数三年内持续下降，每年下降率均超过 100％。2014 年非计划停车共影响烧碱产量 14886 吨，影响 PVC 产量 26892.5 吨；2016 年每个工厂非计划停车仅两次，影响烧碱 740 吨、PVC 树脂 785 吨，仅这部分产量就增加利润 9008 万元。二是通过备件安全库存的科学核算及入库严格验收，备件库存量较改善前下降了 45％。原备件库存占用资金达到 23978 万元，经过备件库存的改善，少占用资金 10330 万元/年，每年节约财务成本 444 万元。三是通过实施油品监测，由原来定期加换油改为根据监测结果加换油，2016 年润滑油用量明显降低，每年节约润滑油约合人民币 150 万元。四是故障检修时间、非计划检修工作量分别下降 62％、61％，总体检维修费用下降 34％，2016 年检维修费用较 2014 年降低 6000 万元。

（三）社会效益显著提升

中泰集团通过实施以文化为引领的安全生产管理能力提升，“安全管理”成为又一“形象品牌”。国务院国资委、安监局等多次组织危化品生产单位到现场交流和学习，在行业内起到了很好的引领、带头作用，在全国范围引起广泛关注。中泰化学生产的《青峰》牌聚氯乙烯树脂、离子膜烧碱被认定为“新疆名牌”产品，企业先后被授予“西部大开发新疆最佳优秀企业”“新疆维吾尔自治区循环经济试点单位”“自治区文明单位”“中国化工企业 500 强”“中国化工最具成长性企业”“央视财经 50 · 十佳公司

奖”“中国工业大奖提名奖”等多项荣誉称号，并列为新疆维吾尔自治区优势资源转换试验基地。

（成果创造人：梁　斌、王利国、肖　军、唐湘军、李　戈、冯　斌、王小红、冯新建、周　英、权国顺、韩仲元、胡　勇）

电网企业以“业务地图”为核心的运营监控精细管理

国网山东省电力公司

国网山东省电力公司（以下简称山东电力）是国家电网公司的全资子公司，下辖129家单位（17家市供电公司、15家业务支撑单位和综合单位，97家县供电公司），管理1家代管县供电公司，服务电力客户4100多万户。2016年，全省用电量5391亿千瓦时，完成售电量3196亿千瓦时，资产总额2028亿元，职工总数71670人。经过多年的建设，山东电网已建成500千伏坚强主网架，通过特高压交直流与西北、华北电网联网，成为“中国一流管理的省级电力公司”，先后荣获“全国五一劳动奖状”“全国文明单位”“首届山东工业突出贡献奖”“山东十大责任企业”等称号，同业对标、综合业绩连续多年居国家电网公司前列，连续8年荣获山东省九大公共服务行业客户满意度最高评价。

一、电网企业以“业务地图”为核心的运营监控精细管理背景

（一）日益复杂的内外部形势对运营监控提出新的挑战

我国正处在经济深度调整、产业转型升级的关键时期，电力体制改革也步入关键时期，电价机制面临重大调整，山东电力面临的运营环境、盈利模式和客户需求都发生了巨大的变化，随着特高压工程的集中投运，山东电力进入“强直弱交”过渡期，运营特性更加复杂，要求加强综合监督和实时管控。同时，国网公司引领实施了全球能源互联发展战略，作为国网全资子公司，山东电力要求对电网安全保障能力、资源配置能力、清洁能源消纳能力、技术装备和智能化水平等进行实时监测、协同管控。为满足这些新挑战、新形态、新要求，山东电力需要一个强有力的监控平台，准确地度量跨专业协同效率，评价各专业对整体战略的贡献，时刻感知与目标的差距，及时调整自身策略以适应瞬息万变的运营环境。

（二）传统的“专题式”运营监控难以适应新的要求

为提高运营管理效能，山东电力设立运监中心，通过开展各类监测分析专题，实现运营管理的集中监测、统一组织，并取得一定的成效。但这种“专题式”运营监控模式在管理方面表现为企业层级的纵向管理缺少平台、深度不够，专业层级横向管理缺少手段、力度不够，影响整体运营效率，制约管理水平的提升；在技术层面体现为监测分析视角不能全部覆盖企业业务，监测分析结果之间无法继承和互联，且监测模型一旦设立，很难更改；在业务方面则体现为横向信息流通不畅、数据孤岛现象较为普遍，从而难以精准定位关键问题、快速解决薄弱环节；在组织方面体现为重复劳动多、工作效率低，每组织一项专题都需要全面梳理业务体系、分析监测要点、收集监测数据、构建分析模型，还要和相关业务部门进行反复沟通，需要耗费巨大的人力和物力，难以满足企业发展对运营管理提出的新要求。

（三）精细化的运营监控是提升管理、灵敏响应的重要抓手

针对运营管理面临的挑战和存在的不足，山东电力需要积极引入各类先进管理理念，引领运营监控工作模式的迭代更新和自我完善。将价值链理论、端到端管理以及全流程地图等管理方法相融合，创新绘制企业的“业务地图”，并以之为核心全面实施运营监控精细管理，构建权责一体的企业级业务流程架构，搭建企业级的运营监控工作平台，研发实用化的运营监控信息系统，建成洞察全局、灵敏响应的运营管理体系，为落实能源互联战略、实现“一强三优”现代公司建设提供重要抓手和坚实保障。

基于上述背景，山东电力于2014年年初提出“业务地图”构思并立项研发，2015年开始实施以“业务地图”为核心的运营监控精细管理。

二、电网企业以“业务地图”为核心的运营监控精细管理内涵和主要做法

山东电力紧密围绕发展战略和目标任务，从能量流、资产流、资源流三个维度，梳理公司横向业务主链，按照流程归属、岗位职责梳理纵向流程链条，全面厘清各项业务之间的交互和关联，形成横向到端、纵向到底的企业级业务地图；围绕“业务地图”，全面整合各流程节点的数据、信息和评价指标，形成以全景信息、全业数据为基础，以“业务地图”为核心，以运营指标为应用，以运营指数为引领，覆盖山东电力“全业务、全流程、全资源”的运营监控体系，将资源变量与业务流程相关联，以智能化、标准化、规范化推进公司运营监控更精准、更精细，助推公司精益管理、智慧运营、提质增效、卓越发展。主要做法如下。

（一）创新引领、高点定位，科学设计业务地图总体思路

1. 把脉问诊，精准把握运营管理升级需求

山东电力结合多年实践经验，深入分析专题式运营模式与新的发展要求之间的主要矛盾，指出主要症结在于末端指标和上层综合指标之间的关联是模糊不清的。基于此论断，山东电力提出运营管理精细化升级的核心需求是实现问题和风险的灵敏捕捉和前后传递，即当总体运营状况发现问题后，能够向下定位具体原因；当基层末端指标发现问题后，能够向上传递讯号，明确具体影响哪些综合指标、影响程度有多大。解决问题的关键是如何厘清结果与过程之间的逻辑，从而实施精准的、精细的战略管控和运营管控。

山东电力提出实施运营监控精细管理的工作目标是构建全业覆盖、实时监测、环环可评、层层可看、点点可量化的运营管理体系，从各个专业、各个层级对整个企业的运营情况进行精准监测、深度分析、全程管控。

2. 对症下药，创新提出业务地图管理理念

山东电力组织精兵强将全力攻关，最终融合价值链理论、端到端理论和全业流程图的管理方法，提出业务地图的管理概念以解决上述问题。

业务地图的本质是企业的全貌运营脉络图，它是基于“三集五大”（人力资源、财务、物资集约化管理；大规划、大建设、大运行、大检修、大营销体系）和“五位一体”（职责、流程、制度、标准、考核“五位一体”协同机制）体系建设等发展成果，按照“战略发展引领、主营业务创效、核心资源支撑、内部管控保障”的思路，在全面梳理山东电力各项业务间的交互和关联关系的基础上，借助地理地图的概念，以企业价值链为统领，以横向端到端运营脉络为纬线，以纵向职能责权归属为经线，采用图形化的语言和展现方式，以完全可操作、不可继续分解的业务流程为基本单元，以业务流程之间的拓扑关系为连接路径，将所有的业务流程进行精准定位、精确关联，设置业务板块、业务单元、业务项三个管理和展示层级，分层可视地展现山东电力的整体运营体系，并将相关的数据与之连接，研究构建一种能够从能量流、资产流、资源流三个维度动态展示山东电力运营全貌的业务运营地图。

3. 顶层设计，优化制定体系建设工作思路

以业务地图为核心的运营监控精细管理的指导思想是坚持目标导向，树立大数据思维、大监控思维，紧密围绕山东电力战略目标，以业务地图精准展现山东电力横纵运营脉络，并以之为核心构建系统化、精细化的数据驱动型运营监控体系，全面实施运营监控精细管理，全视角地对全业务、全流程、全资源进行实时在线监测和协同管控，横向打通专业壁垒，纵向贯穿各个层级，以精准监测、深度分析、强力协同服务战略目标、服务科学决策、服务业务改进、服务基层工作。

以业务地图为核心的运营监控精细管理的总体架构是以运营指数为引领，以业务地图为核心，以“运营指数层（全视角）—业务体系层（全业务、全资源）—业务流程层（全流程）—指标及明细数据层”为主要架构，通过业务地图聚焦指标、业务、流程、明细数据之间的关联拓扑关系，连接综合指数

与末端流程、数据，明确各个层级的责任权属，完成战略目标与业务流程、综合指数与末端指标之间的互联互通，形成以“数据为基，流程为纲，地图为核，运营指数为引领”的全视角，涵盖山东电力“全业务、全流程、全资源”的运营监控管理体系。

（二）分步推进、集中攻关，统筹推进业务地图体系建设

1. 组建机构，全面健全组织保障

一是健全组织机构，成立领导小组和工作小组。领导小组由山东电力分管领导担任组长，成员由各部门负责人组成，负责项目建设的整体推进、问题协调及重要事项的研究决策等。工作组由运监中心负责人担任组长，成员由运监中心及相关部门人员组成，负责体系建设和运行的整体策划、组织协调和统筹推进等，各业务部门负责提供相关信息资料，协同开展业务地图构建以及指标梳理、分解及确认工作等。

二是加强过程管控，完善评价考评管理机制。考虑体系建设过程工作量大、工作质量要求高、工作成果不明显的特点，为确保工作按期推进，工作组明确每半月一碰头、每整月一兑现的工作机制。每月月底，汇报本月工作情况、提出下月工作目标，由工作组对成员工作情况进行评价后，纳入绩效考评，通过责任到岗、分工到人、落实到绩效的方式，确保事事有人负责、时时有人推进。

2. 分析特点，着力加强质量管控

一是业务全覆盖。要做到洞察全局，业务地图必须全面覆盖公司所有业务流程。因此，工作组按照“三集五大”管理架构，在业务体系层明确提出电网规划、电网建设、电网运行、人力资源、财务管理等 12 大业务板块和 182 个具体业务项，形成覆盖公司所有业务的目录体系，再按照层层细分的方法进行梳理和归集，确保梳理过程不漏项。

二是业务全关联。要做到灵敏响应，业务地图必须清晰构建各项业务之间的逻辑关系。因此，工作组设计流程分析表格，要求在绘制业务地图时，必须从引领、交互、流转、支撑、管控等方面，全面厘清各流程之间的相互关系，理顺明细数据之间的逻辑关系，确保所有流程有源可查、有果可查。

三是业务可扩展。业务地图以山东电力五位一体顶层设计为基础进行绘制，构成业务单元和业务项的主体部分，适用于山东电力的业务实际。考虑到山东电力的快速发展，各类业务之间的关系可能发生变化，因此绘制过程中采用高度模块化的策略，确保业务地图的可扩展性。同时结合国外先进经验、全球能源互联网战略和电力体制改革新形势，预设全球能源互联网发展战略管理、电网协同管理、客户体验和交互管理等未来业务项，体现出业务地图对企业与行业未来发展的预见与指导。

3. 透析难点，集中攻关梳理方法

一是遵循“总一分”方式，即先开展业务与业务间关系的全面梳理，构建基础的业务拓扑网络，再依据山东电力的核心业务流程和价值链模型，对核心业务的拓扑关系进行重点梳理和细化，通过优先级排序突出管理层次，凸显业务地图的全面性和重点兼顾的应用特点，满足企业全面监测和重点分析的管理要求。

二是遵照 MECE 原则（相互独立、完全穷尽），以上一级业务为边界，梳理本业务板块内各子业务项的输入环节和输出环节，明确各级业务能力的详细交互信息，厘清本级职能范围下的业务流转和交互关系，完成相应的拓扑关系梳理。梳理工作依据层级分别开展，业务层级间不允许跨层级的业务交互。

三是精确匹配权责，在梳理过程的同时，明确各流程环节的责任单位和责任岗位，明确各环节所生成的数据及其存储位置，从质量、效益、进度、合规、规模 5 个方面明确该环节评价指标，以及评价所涉及的数据和对其他环节数据的引用情况，逐步形成完整的业务拓扑关系库。

4. 横纵结合，分步绘制业务地图

第一步明确山东电力横向主营脉络。融合价值链和端到端理论，结合全球能源互联网战略和电力体

制改革的新形势，按照“战略文化引领、主营业务创效、核心资源支撑、内部管控保障”的思路，有机整合资产管理、运行管理、营销服务等业务，围绕“能量流、资产流、资源流”来绘制山东电力主营脉络，理出购电管理、售电管理、项目管理、业扩报装、设备运维等15个端到端横向业务主链，全面覆盖公司业务。

第二步是分专业梳理纵向全业务流程。从管理岗、业务岗分别征集各专业业务专家，采用分批集中办公的形式，结合国网公司“五位一体”工作成果，逐层分解各个业务板块内的流程拓扑关系，所有流程以分解到只涉及一个岗位为标准，形成纵向贯穿到底的标准流程库，厘清企业运营管理的逻辑关系。末端流程之间的拓扑关系清晰可见，高阶流程都是由基本单元（末端流程）构成。依据这种构成和关联，进一步厘清流程之间的数据、指标的逻辑关系，实现评价结果的层层传导，为精准定位末端问题、有序预估宏观结果提供基础。

第三步是绘制横纵结合的业务地图。以横向端到端为纬线，以“三集五大”体系部门岗位为纬线，按照流程属性和业务关系将标准流程库中的各项流程进行精准定位，实现横向端到端流程和纵向标准流程库的融合，形成纵向到底、横向到端，形成包含业务板块、业务单元、业务项各层级，以业务流程和节点的主营业务地图，构建可视化的数据运营体系。任一基本单元（末端流程）在地图中的位置和数据、指标，能够反映其所处的功能环节、对应的管理职责以及当前的运转状态，解决运营数据只能在后台数据库，无法直观、可视查看的难题，实现企业运营明细的全景展示。

（三）注重服务、协同配合，高效开发业务地图支撑系统

围绕四个服务（服务战略目标、服务科学决策、服务业务改进、服务基层工作），基于体系框架，利用大数据技术和数据可视技术，以模块化方式，从主营业务、核心资源、关键流程三个方面整合现有运营监测分析成果，开发全业数据可视的山东电力智能运营管理平台，实现运营数据的统一存储、集约管控、快速分析，充分展现与运用指标、业务、流程、明细数据之间的基于横向协同、纵向分解、指标属性的多重关联关系，实现全视角、全业务、全流程、全资源的全局运营监测和异动问题的全生命闭环管理，完成业务地图的真正落地。

1. 以全价值链可视展现服务公司领导决策

基于业务地图前期梳理工作的业务流程、业务指标、业务拓扑关系等成果，优化设计平面互动监测功能，将山东电力的全业务价值链分层级灵活展现和钻取，通过各个流程对应的数据变化或指标评价结果，以动态的数据，类似交通流量图的形式，展现业务流（具体到电网企业为能量流）、资产流、资源流，实现对业务流转情况、资产、资源变动情况的精准监测，助力对全公司能量流、资产流、资源流进行全方位把控，丰富决策依据，提高运行效率。

2. 以业务协同交互服务业务部门管理提升

通过业务之间的协同交互设计，科学展现业务与业务之间、流程与流程之间、指标与指标之间的深层次的联系，形成全业务价值链的网络性地图监测，助力业务部门实时查看相关数据，查看业务流程状态，查看工作协同质量，当发生协同阻塞时，也可依据业务地图有理有据地实施横向管理，解决横向管理无依据、无手段的难题，助力各部门立足于提升山东电力整体管理效率和效益，加强业务研究、业务协同，依托运营监测（控）业务平台，相互配合，不断提高运营管理的过程管控水平。

3. 以动态监测服务基层工作改进

基于全价值链模型，将山东电力运行发展过程中的流程断点、痛点、风险点进行全方位的可视管控，根据阈值设置和业务风险管控要求进行状态正常、状态预警和状态异常的可视化展现，助力运监人员对山东电力的全部业务的合规性、重点流程的及时性进行实时监测，并可通过业务地图进一步下钻找到业务的深层原因，及时发布监测分析成果；基层单位根据通报内容，迅速响应，上下联动，整改落

实，实现有效的风险管控。

（四）纵向闭环、横向多元，优化变革业务地图管理架构

1. 创新角色，实施纵向闭环管理

设立以班子成员为高级管理员，以管理小组为体系管理员，以运监中心为裁判员，以各专业部门为督导员，以各实施单位为运动员的纵向管理体系，高级管理员负责整体把握、拟定战略，体系管理员负责规则初审、实施考核，裁判员负责监测分析、客观评价，督导员负责指标提报、督导提升，形成“监测—分析—评价—管控—考评—监测”的闭环管理流程，确保纵向管控一管到底。

2. 按需协同，构建横向管控平台

构建企业级管控平台，对各专业部门开放管控申请权限，各专业部门可根据实际需要，以督导员身份提出管控需求，经管理小组初审、高级管理员（公司领导）审核后实施横向管控，提高跨专业协调能力，改变传统的仅靠分管领导横向协同各部门的管理方式，让各专业部门都积极参与运营管理，在横向实现多元化管理。同时，管理体系会根据监测分析结果，对发现协同效率低、流程阻塞的情况主动实施横向协同，并纳入绩效考核，极大地提高了横向协同的力度。

（五）层层监测、环环评价，促进业务地图高效运行

1. 以运营指数统领，全视角覆盖宏观战略

从多个维度构建运营指数用于不同方向的宏观分析。主营业务方面，从经营和服务两个维度，提出盈利能力、资产质量、运营风险、经营增长、供电服务、资源运作六个运营管理指数，用以衡量山东电力整体运营水平。同时围绕运营指数，分别从横向协同、纵向贯通和战略转型三个角度，对运营指数进行提升与拓展，构建企业级运营指数体系。战略转型方面，形成表征“四个最好”战略目标的电网、企业、服务及队伍四个分类指数。横向拓展方面，形成表征为各业务部门运营绩效的专业综合指数，综合反映相关专业对山东电力“一强三优”“四个最好”目标支撑情况及存在问题、短板；纵向深化方面，形成表征从省公司本部贯通到地市公司运营绩效的地市综合指数，反映市公司整体运营状况。

2. 以业务体系层为核心，连接战略与业务

研究构建发展战略与运营指数之间的对应关系，以运营指数为媒介将战略与业务体系相关联，并层层关联到底层业务和明细数据，实现战略与业务的强逻辑关联。通过这种关联，不仅将接入的明细数据有层次地精准展现，还能够依靠流程指标集、业务指标集、资源指标集，在线开展各层级运营指标、运营指数的计算和预测，无须再按照周期线下统计、线下计算，以各层级业务指标的实时全景监测实现洞察全局的运营监控。

3. 以业务流程层为管理载体，贯穿和支撑全部业务

基于明细数据和评价指标，山东电力在业务流程层对每个环节按照质量、效益、进度、合规、规模展开评价，并以业务流程之间的拓扑关系为依据，将评价结果层层上传或者下钻，快速发现问题并进行预判，向后预警至可能影响的业务，向前定位至最基本的问题单元。根据各个单元的监测结果、各个层级的评价结果和各种数据的分析结果，由管理平台发起督察督办单、工作协同单及时指导各个层级展开整改，确保各类数据向好向优，实现灵敏响应的运营监控。

4. 以指标数据层为基础，支撑体系运转

指标数据层由所有指标和所有明细数据构成，形成指标属性与明细数据库，在有效支撑上面三个层级监测评价正常运转的基础上，山东电力还依托此层级开展“流量匹配监控”和“数据引用监控”，促进运营监控体系发挥更大作用。流量匹配监控即开展能量流、资源流和资产流的“三流匹配”型监测对比，将资源、资产的变动情况与能量流中的业务链相匹配，不能完成匹配的即设为风险项，组织问题排查、审查审计。同时，在该层级对数据引用情况进行监测，数据引用量越高说明与其对应的流程环节越

重要。通过监测发现引用量极低的数据，对其所代表的管理环节进行实地调研、原因分析，提出数据采集优化或流程重构优化的工作建议，从流程管理上消除冗余、提高效率。

三、电网企业以“业务地图”为核心的运营监控精细管理效果

（一）创新管理理念，丰富拓展运营管理思维

以“业务地图”为核心的运营监控精细管理能够厘清企业业务单元的层级归属关系、业务单元之间的关联关系、业务单元与评价指标的关联关系，并以可视化的方式实现山东电力战略与业务流程、执行单元之间的精准关联和全景展示，达到一图看清运营脉络、一图掌控运营现状、一图看透运营明细的目的；能够依据动态数据，准确定位出现异动的业务及业务流程，通过关联性的监测和分析，精确分析问题产生原因；能够依据历史数据和实时数据，预测某项业务异动可能对哪些相关业务造成影响，将会影响哪些运营指数，甚至于影响程度如何，从而能够提前告警和处理，对运营管理进行“事前预警、事中纠偏、事后评估”，有效强化精益管控，为电网企业甚至各行各业实施运营监控提供有益参考。

（二）创新监测方法，有效防范企业经营风险

以“业务地图”为核心的运营监控精细管理开展“三流匹配”型动态监测，能够直接发现资源流动和业务流动不匹配情况，及时发现运营管理中的“出血点”“发热点”，有效防控经营风险，提升山东电力经济效益。例如，在项目监测方面，累计发现未按时竣工投产、转资不及时等管理问题109项，并及时督促整改，企业风险防控能力明显提升；在量价费损监测方面，累计排查超容、失压、断流等异动22077条，直接挽回经济损失2844.58万元；在用电监测方面，累计监测异动257946条，发现疑似窃电问题22648条，直接挽回经济损失1714.98万元，提升经济效益。

（三）创新运营督办模式，助力提升运营管理水平

以“业务地图”为核心的运营监控精细管理创新了运营督办模式，将专题式的运营监控转变为平台式的运营监控，解决了运营监控缺少手段、力度不够等问题，极大地提高了整个企业的绩效管理水平。截至2016年年底，平台累计收到协同申请4093个，发出协同工单2642份，督促相关专业积极开展横向配合，减少了流程阻滞；通过数据监测分析，先后发起业扩报装、配网抢修等5个专业的流程重构优化，10千伏非计划停电同比降低42%，抢修服务投诉同比下降31.9%，业扩流程效率同比提升26.8%，对客户的服务能力和服务质量明显增高，为地方经济社会发展提供了坚强的电力保障，有力地彰显了山东电力的责任央企形象。

（成果创造人：蒋　斌、刘伟生、康梦君、刁柏青、刘远龙、张伟昌、任　剑、刘玉娇、韩　锋）

基于设备责任制的特高压电网设备管理

国网安徽省电力公司检修公司

国网安徽省电力公司检修公司（以下简称国网安徽检修公司）是安徽省电力公司“大检修”体系业务支撑单位，承担着安徽省境内500千伏及以上主干电网的运维管理。公司现有员工534名，管辖1000千伏高压变电站2座，运维特高压主变压器9台；管辖500千伏变电站26座，运维500千伏主变压器113台；主变容量总计40850兆伏安。管辖的输电线路60条，长度3218.25千米。

一、基于设备责任制的特高压电网设备管理背景

（一）增强特高压电网供电可靠性的需要

特高压电网的安全稳定运行事关经济社会发展，唯有驾驭特高压大电网，方能保障特高压的安全、稳定。驾驭特高压大电网的首要任务是提升特高压设备的管理水平。特高压电网是世界电力工业的尖端成果，是电网技术密集型和知识密集型的产物，很多新设备、新技术首次运用。传统粗放式的设备管理模式已难以适应特高压一流电网的管理要求。因此，公司迫切需要改革创新，夯实特高压电网安全、稳定运行的基础，提高特高压设备管理水平，增强特高压电网供电可靠性。

（二）转变特高压电网管理模式的需要

特高压电网线路长，沿线地理条件、气象环境复杂，设备规模大、电压等级高，管理难度、技术难度不断提升，新设备、新技术的大量应用也给特高压电网安全运行带来直接影响。传统的管理模式链条长、分工细、机构臃肿、效率低下。在运维初期，国网安徽检修公司还存在着运维方式落后、检修经验不足、管理基础薄弱、人员素能滞后等诸多问题，影响特高压电网安全稳定运行。公司在特高压电网的安全管控上压力巨大，迫切需要对现有管理模式进行改革。

（三）提升特高压电网设备管理能力的需要

当前，国网安徽检修公司现代化的管理能力不足以制约企业与电网的发展，表现在电网运检管理体系传统，运维模式和管理手段单一，设备巡视、巡检和数据比对、分析大多依赖人工，没有运用信息化、智能化的方法管理电网，与“三集五大”体系下电网设备智能运检的要求相差甚远，急需通过探索和研究新型电网管理模式，运用智能化的设备管理手段，全面提升特高压电网设备管理能力。因此，为保证特高压电网运行的可靠性，国网安徽检修公司必须转变特高压电网管理模式，提高设备管理能力，引入设备定向责任制管理思路，让设备管理定向到专人，实现人与设备的有机融合。以此构建一套职责清晰、奖惩分明、运检高效的特高压设备管理定向责任体系，提高设备的安全效益、质量效益、管理效益和环境效益，实现特高压电网设备运行长周期安全稳定。

二、基于设备责任制的特高压电网设备管理内涵和主要做法

国网安徽检修公司为实现特高压设备运行“零跳闸、降缺陷、除隐患”的目标，运用设备定向责任制的管理思路，以“专业化、集约化、精益化”为主线，以“作业标准化、管理精益化、管控智能化”为核心，以“管理在线调控、设备在线监控、现场在线管控”为抓手，建立标准化作业流程，强化精益化设备管理，推行智能化运检管控，构建设备定向责任制体系下的应急处置、监督考评和激励机制，并依托智能运检管控系统的平台优势，融合电网运检多元化数据，构建基于设备定向责任制的特高压电网设备管理体系，全面推进现代信息技术与电网技术深度融合，为建设坚强智能电网和全球能源互联网做好支撑服务。主要做法如下。

（一）明确推行设备定向责任制的指导思想

国网安徽检修公司推行设备定向责任制体系，将设备定向责任制应用到特高压电网设备管理上，将特高压设备的管理定向到具体人员，保证每台设备有专人管理，彻底改变以往“集体负责”的设备管理模式。

1. 确立设备定向责任制的工作理念

特高压电网的设备，从设备的可行性研究、设计、制造的初期阶段，到设备运行、检修的中期阶段，再到设备停运退役的末期阶段，设备专人要全程参与。设备专责和设备之间在初期阶段就建立了责任关系，并赋予设备专责在各阶段的职责和任务，确保设备管理专员对设备实施“一管到底，责无旁贷”的管理。设备专责是以运维人员为设备管理责任主体，负责设备管理的总牵头和总协调，负责制定工作计划，跟踪、监督、检查设备运检工作。通过运用“设备综合管理”的理念，主要解决设备主体责任不明确以及设备管控要求落实不到位等问题。

2. 实施设备定向责任制的工作思路

在组织保障上，一是构建设备定向责任制组织保障体系，建立统一牵头协调机构，明确相关部门工作职责和工作流程；二是理顺、畅通设备专责与公司本部的信息反馈渠道，组建公司运检管控中心，全盘管控公司运检业务，实时掌握电网设备预报警、缺陷、故障异常、应急抢修、运检调度和运检指令 6 大类业务信息；三是实施“大物资”的管理模式，成立综合服务班，提供物资专项服务，形成物力资源统一配备、统一调剂的良好格局。

在体系实施上，一是通过建立机制规范设备管理的秩序，遵照“分类管理、归口负责”的原则，构建设备管理责任体系，提升设备故障风险的防控能力；二是提高设备管理者对设备运行数据的敏感性，在各类数据有序流动下，主动分析设备运行数据，探究设备的潜在隐患；三是转变设备管理者的观念，实现从行政指令式的设备被动管理模式转变为“我的设备我来管”的设备主动管理模式，第一时间将设备隐患消除在萌芽阶段。

（二）明确设备专责的选聘方式以及相关职责

1. 设置设备专责的岗位划分原则

设备定向责任制体系下，从原来整站大锅饭管理模式转变为按照“站”“线”内的设备（设施）实行个人承包。设备管理“责任田”的划分由“站、线”细分至“设备、区段”，并划分设备的运维等级，分级分类，开展设备的差异化管理。按照输变电设备的类型和重要设备重点运维的原则，实施差异化的设备运维管理策略，确保设备运维的人、财、物资源最大化高效利用。其中，变电设备专责按照设备间隔，设备类型（开关类、线圈类）等纬度进行划分，输电设备专责按照输电线路名称，地形、地貌与走向等因素进行划分，并为每台重要设备设立 2 名责任人。

2. 制定设备专责的素质要求及选聘办法

聘任特高压设备专责时，首先从政治素质、责任心、沟通协调和现场处置能力等方面进行考察；其次在学历、专业、年龄、职称、绩效、技能等级方面进行考核，综合考量后确定合适的选聘人员。特高压设备专责的选聘，以运维班组为基本单位，对班组管辖设备划分区块和类型，并依据标准和程序选聘设备专责。全体运维人员通过对照相应设备专责的素质要求，结合自身能力，参与设备专责竞聘，考试、考核通过的人员具备满足担任设备专责的基本条件，再由公司设备主管、工区负责人联合对竞聘人员进行面试，综合考试和面试结果，最终确定特高压电网设备专责。

3. 明确设备定向责任制体系下相关人员的职责

设备专责是该台（类）设备（设施）日常巡视、维护或使用的第一责任人，履行以下职责：熟知巡视和维护设备范围和具体要求，依据规程规范提出设备巡视和维护的计划；对设备缺陷、隐患，提出处理建议，收集巡视和维护设备的台账、图纸、资料、记录并录入、整理，每月组织一次精益化自查，全面掌握所巡视和维护设备信息和健康状况，督促检修人员消缺；提出设备检修、技术改造建议，对设备检修、消缺和技术改造后的验收工作进行检查。另外，检修人员是设备维护工作的直接责任人，负责在现场对设备进行调试、验收、检修、试验、检测等工作，工作结束后向设备专责递交检修报告。专业管理者是设备管理的总责任人，负责组织协调本专业技术管理工作，督促、检查设备管理制度、标准、规定的落实，制订实施设备专责专业能力提升计划，组织开展设备专责业务技能培训，提升设备专责运维技能。行政负责人是本单位设备定向责任制落实的总负责人，负责组织开展和落实本单位设备定向责任制体系建设，审批设备专责管辖范围和责任界面，消除设备管理死角。

（三）建立设备定向责任制体系下的标准化作业流程

国网安徽检修公司制定《输变电设备定向责任制实施细则》，明确该体系的标准化作业流程，使设备运维覆盖全过程管理，贯穿全寿命周期，做到每个设备维护“过程可追溯、结果可检查、责任可追究”。按照“发现、分析、解决、改进”的闭环管理思路，开展标准化的设备管理作业。

一是设备专责根据规程规范和运行工况，初步制订并上报设备运维工作计划，经工区审核和公司批准后，形成正式工作计划并发布，设备专责根据该计划督促作业人员按期开展设备维护，并检查设备维护质量；二是设备专责综合分析设备运行状态，开展缺陷、隐患排查工作。对排查出的缺陷要确定性质和严重程度，并上报工区和专业部门。专业部门再根据所上报缺陷、隐患的相关特性，组织公司相关技术专家会同设备专责，共同分析导致设备产生缺陷、隐患的原因，并制定消缺和治理方案。在设备缺陷消除前，设备专责开展巡视、检测，跟踪缺陷发展趋势，最大限度地降低异常设备对电网运行的影响。检修人员按照方案开展设备检修作业，消除设备缺陷和隐患，设备专责全程参与并监督。在设备缺陷消除后，设备专责检查设备运行状态，验收消缺工作，提出改进建议；三是设备专责通过日常巡视和离线检测、带电检测、在线检测等技术手段，对重要设备的检修、保养质量开展评估工作，评估结果在公司生产周例会上进行反馈；四是设备专责记录设备运行、检修的相关信息，动态更新设备档案资料，确保设备资料的完备和准确；五是组织各设备专责对照国网查评标准，编制运维、检修工作作业文本。由公司运维检修部汇总审核并发布134项作业文本，通过理顺作业流程、规范作业内容，指导设备专责、直接责任人按照标准流程开展作业。

（四）强化设备定向责任制体系下的精益化管理

设备定向责任制体系的关键就是定人定责，任务是强化设备管控，目标是实现“管理零差错、设备零故障、安全零违章”。

1. 构建现场在线监督机制

通过现场视频监控、稽查人员现场监督、公司领导下基层检查等方式，结合实时通报、定期考评手段，实现作业现场的在线管控，为深化设备专责职责落实提供有效手段。公司上下呈现出“监督更有威慑力、通报更有影响力、处罚更有说服力”的工作氛围。这一氛围促进了设备专责更加积极主动地发挥主体作用，全面深入参与现场设备的技改、大修、消缺等重点工作，切实做到重点工作全过程跟踪、全方位管控、全环节推进。同时，设备专责对所辖输变电设备发生的变化进行记录，并在设备专责管控平台中进行更新，确保设备专责重点工作管控有力。

2. 构建动态设备评价机制

编制设备维护“二十四节气表”，将特高压电网设备维护工作的“年任务、月计划、周安排”具体落实到“日管控”中去，形成精细化工作日历，把具体任务分配至每台设备的设备专责。设备专责开展“日比对、周分析、月总结”工作，即每日，当班设备专责通过在线检测系统、监控系统实时监控全站设备运行数据，对比所辖设备与其他设备的差异，及时发现设备运行异常；每周，设备专责仔细分析比对设备运维数据、状态曲线的变化趋势，密切跟踪设备渐变隐患；每月，工区、班组对全站运行维护工作、设备健康状况进行分析总结，客观评价设备专责的工作开展成效，并以此建立一套常态高效的设备运维评价、分析与工作绩效相关联的综合考核机制。通过日数据比对、周数据分析，月数据评价，形成一套设备定向责任制体系下设备评价管理机制，确保设备运行真正处于监控状态。

3. 建立作业安全管控机制

围绕工作票执行、现场人员的到岗到位、作业现场安全检查等环节，制定“直接责任人安全管控表、设备专责安全管控表、总责任人安全管控表”，为各类督查人员开展现场安全管控督查提供有力的工作依据。设备专责履行现场作业在线管控职责。根据直接责任人安全管控表，按规定周期到现场核查工作作业文本，确保作业安全和设备安全。设备专责履行设备运维管控职责。根据自身的安全管控表，常态开展自查，重点核查运维人员运维工作开展情况、设备维护质量、作业计划执行等内容。

（五）采用特高压电网设备运检智能化管控系统

1. 引入二维码技术，提升设备管控智能化水平

设备专责提出“我的设备我有数，我的问题我清楚，我的地盘我维护，我的责任你追溯”的工作理念。一是将二维码技术首次运用到设备定向责任制管理模式中，为每台设备设计、制作“二维码”标识，全面覆盖设备运维责任划分、作业计划管控、设备运行状态监控、工作质量考核等重要环节，进一步体现设备专责的重要性，设备专责身份得到最直观的展示；二是在二维码中记录设备的专员身份信息、专员管辖设备清单、设备缺陷信息、维护周期及计划、设备专责排名情况等，现场设备运检人员通过手机 APP 扫描设备上的二维码信息，通过身份校验后，能很快掌握设备当前的运行状态，大幅提升现场运检工作效率和设备运检智能化水平；三是设备专责还自主研发应用“机器人智能语音系统”，实现巡检机器人功能深化，能主动播报正在开展的工作，且能汇总巡视结果。

2. 创新设备定向责任制档案管理

国网安徽检修公司特高压芜湖站率先开展设备定向责任制和设备档案融合管理的实践，引入二维码等科技手段，创新设备档案的管理方式，运用设备定向责任制理念对超（特）高压电网的重要设备档案进行全过程管控。站内设备划定相应的设备专责后，赋予设备专责有关设备档案管理的职责。设备专责负责收集、保存和更新设备的档案资料，确保齐全完备。档案管理人员再对设备档案进行数字化加工及存储。借助设备定向责任制管控平台，实现设备档案的分类存储、快速检索和调取，满足“大检修”体系下设备档案全寿命周期管理的要求。

3. 开发设备专责管控智能 APP

为使设备专责实时掌握电网设备预报警、缺陷、故障异常、应急抢修、运检调度和运检指令共计 6 大类业务信息，开发设备专责智能平台手机 APP。该平台以现代信息网络技术为依托，融合现有设备二维码和信息系统建设成果，汇集管理信息和生产信息，利用基于多源数据的设备状态分析、监测预警成果，协助管理人员、运检人员掌控输变电设备、设施的状态，优化运检管控资源的配置，有力支撑输变电设备管控、运维管控和检修管控的落实。

4. 提升特高压电网智能运检水平

国网安徽检修公司以实施设备定向责任制为契机，全面管控特高压电网运检业务和资源，实现信息汇集、智能预判、主动预警功能，构建集中指挥的系统中枢，全面提升设备状态管控能力和运检管理穿透力，彻底改变传统的离散型指挥模式，从而提升特高压电网智能运检水平，更好地为安徽电网的安全、稳定运行保驾护航。

（六）建立设备定向责任制下特高压设备故障应急处置机制

围绕设备专责，构建“研、设、造、修、测”多方联动平台，应用新手段建设三级设备专责深度参

与的可视化生产指挥平台，实施多梯队、多层次的应急处置，形成响应高效的特高压电网设备应急处置机制。

1. 构建多方联动沟通机制

构建电气设备从设计、制造、安装、调试、检修等重要环节的关键人员与设备专责之间良好的沟通联络渠道，营造设备全寿命周期的多方沟通联动机制。当设备发生异常或者产生缺陷时，设备专责第一时间发起联络，共同分析、研判、初步确定设备的缺陷性质与相关部位，会商制定防范和应急措施。

2. 建立设备专责指挥平台

建立现场级、工区级和公司级三个类别的设备运检指挥平台。该指挥平台实时展现设备的电流、电压、表计读数、油位油温、现场环境、电网运行方式等信息，为设备专责及公司各级生产管理人员实时掌握现场设备运行情况提供数据平台。该平台同时能提供实时预警信息，为处置应急事件赢得时间。“设备专责提出处置建议、生产管理决策者远程指挥、直接责任人开展现场处置”的应急指挥体系初步形成。

3. 开展故障应急前期处置

当作业人员在现场发现设备异常故障时，及时通知设备专责，设备专责经分析判断，提出处置建议并反馈至指挥平台。设备专责指导现场作业人员开展设备故障前期处置，隔离故障点，降低故障设备对电网运行的影响。同时，通过沟通联动机制，公司管理人员、检修专业人员和厂商相关人员组成的第二梯队快速形成，并与设备专责所在现场的前方人员构成完整的应急处置团队，形成前后方互动、企业与厂商联动的快速应急前期处置良好格局。

（七）建立设备定向责任制的监督考评与激励机制

1. 建立监督考评机制

按照班组、工区、管理部室、公司四个层级对设备定向责任制的实施开展监督考评，确保设备定向责任制的各项要求落地执行。

在班组层面，运检班组每月对设备状况、设备运维检修情况及设备运维记录进行检查，监督考核设备专责和直接责任人的工作质量；检查情况按月纳入班组反违章和班组绩效考核进行统计、分析、兑现。

在工区层面，通过例行监督、到岗督查、飞行检查等方式对设备状况、运维检修情况及运维记录进行检查，督促专业班组落实设备定向责任制，按季度对落实情况进行评价。此外，工区（所）要及时上报设备运维、检修的奖惩情况，对设备运维、检修过程中及时发现重大设备缺陷或隐患的设备专责和有关人员进行奖励，对未及时发现和落实责任的情况给予通报批评，造成后果的要追究责任。

在管理部室层面，运维检修部定期对设备状况、设备运维检修情况及设备运维记录进行检查，督促各分部、特高压站落实设备定向责任制，并对其落实情况进行检查考核。

在公司层面，公司领导定期参加设备检查性巡视，提升本单位设备巡视维护质量。

2. 建立激励机制

通过设立“金牌设备专责”、在线展示业绩、加大奖惩力度等形式，建立与特高压电网相适应的人才培养与激励机制，充分激发设备专责的岗位积极性和创造性，实现企业发展和员工发展双赢。

在公司层面，设立总经理嘉奖等 11 种奖项，奖励设备专责做出的突出成绩。在工区层面，设备总负责人对设备专责开展业绩评价和业绩排名，切实提高设备专责的工作积极性。

各基层单位根据设备专责工作完成质量开展月度排名，并根据排名每季度向公司择优推荐优秀设备专责，参与设备专责季度之星评选，每年评出十大“金牌设备专责”。通过内部宣传媒体展示“金牌设备专责”的工作成果，展现设备专责风采，引导公司广大设备专责学习先进、学习标杆，大力营造“今日学习榜样标杆，明日争做金牌专员”的文化氛围。

三、基于设备责任制的特高压电网设备管理效果

（一）特高压电网供电可靠性显著提高

国网安徽检修公司自2016年全面实施设备定向责任制以来，特高压芜湖站设备专责正确处理设备保护动作事件5起；发现并整改缺陷共计111条，消缺率100%；开展隐患排查44次，发现隐患共计128个，处理隐患128个，整改率100%。特高压淮南站发现并整改缺陷113条，整改率100%；开展隐患排查45次，发现隐患共计102个，处理隐患102个，整改率100%。截至2017年9月1日，安徽特高压电网已安全运行944天，未发生责任性跳闸事件；设备隐患排查治理及时准确，特高压设备缺陷数量大幅度降低，设备“零跳闸、降缺陷、除隐患”的目标全面实现。

（二）特高压电网运维管理人员素能明显提升

设备定向责任制体系的实施，让设备有了专员，专员能全过程地参与设备的管理，员工技能水平、管理能力、素质素养得到了提高，为国网安徽检修公司打造“运行、维护、检测、评价”复合型人才奠定了基础，也诠释了国家电网“特高压”窗口品牌的内涵。当前，设备专责已获得近100项运维一体化项目的工作资格。在设备缺陷和异常的前期处置中，设备专责曾成功定位并处置1000千伏高压GIS设备绝缘缺陷、1000千伏高压电抗器内部放电等重大隐患。2016年，公司向国网公司总部和省公司本部输送多名特高压技术精湛、创新能力强的技术人才。

（三）取得显著的经济和社会效益

设备定向责任制的实施，提升了企业劳动生产率，全员劳动生产率由2014年的129万元/人年提升至2016年的199万元/人年。国网安徽检修公司运维的特高压电网已累计向上海、浙江地区输送电量达655亿千瓦时、新增受电能力600万千瓦、新增受电量240亿千瓦时，节约燃煤消费1080万吨。2016年，浙沪地区二氧化碳排放减少了2100万吨、二氧化硫排放减少了5万吨、氮氧化物排放减少了5.6万吨。另外，国家电网报、安徽日报等多家媒体还先后报道了国网安徽检修公司在设备定向责任制方面取得的先进经验。

（成果创造人：秦红三、施有安、曾德龙、曹　俐、李　冀、丁　霞、汪　晓、汪太平、黄　伟、樊培培、董翔宇、翁良杰）

海洋石油企业以追求价值最大化为导向的勘探管理

中海石油（中国）有限公司天津分公司

中海石油（中国）有限公司天津分公司（以下简称渤海油田）隶属于中国海洋石油有限公司，负责渤海湾海域油气勘探、开发和生产管理业务，目前已经成为中国海上原油产量最大、具有良好发展前景的油气生产企业。现有员工6000余人，在生产油气田46个，海上生产平台143座，浮式生产储油装置6座，陆上终端6座，“十一五”“十二五”期间油气勘探新增探明石油地质储量在中国各油田中一直名列前茅，油气产量连续六年突破3000万方，是中国中东部地区重要的能源基地。2016年取得利润总额186.13亿元。

一、海洋石油企业以追求价值最大化为导向的勘探管理背景

（一）低油价下公司实现降本增效、可持续发展的迫切需要

自2014年6月以来，国际油价发生“断崖式”下跌，跌幅超过50%。全球石油行业均面临残酷“严冬”。低油价一方面导致油田经济年限缩短，未开发油田或在生产油田中的综合调整项目无经济性，剩余经济可采储量即上市储量减少甚至下表，直接影响公司利润。另一方面导致勘探投资大幅削减。近十年来，随着勘探目标愈趋复杂，作业难度加大，桶油发现成本连续六年高于3美元，急需成本控制。因此，如何有效控制勘探成本、实现更好的勘探发现是渤海油田急需解决的重要问题之一。

（二）解决复杂构造油气发现难度大的现实需要

渤海油田中长期发展规划目标明确提出“2013－2030年，年均新增探明石油地质储量2亿吨油当量，储采比维持在10以上”的勘探要求。而随着渤海油田勘探程度提高，目前发现的有利大型圈闭多呈现圈闭破碎、地处盆地边缘、埋藏深等特点，成藏条件复杂，勘探作业难度极大，单口探井发现油气储量明显减少。“十二五”期间，渤海平均单井发现探明储量不到400万吨。因此，必须依靠大幅增加探井工作量保证储量任务的完成以及渤海油田中长期发展规划的实现。

（三）保障多方和谐使用海洋资源的战略需要

随着国防建设、地方经济建设的快速发展，以及海洋环境保护政策调整并日趋严格，渤海海域勘探的外部环境日趋复杂，多方重叠用海矛盾已经成为持续影响渤海油田勘探工作最突出的矛盾，严重制约勘探部署有序实施。受上述因素影响，渤海油田77%的勘查矿区受到影响，渤海油田可自由勘探作业面积迅速萎缩，勘探作业时间及勘探部署实施受到严重制约。因此，在和谐用海前提下必须依靠管理创新，加大勘探投入并不断提高勘探成效，最终满足多方和谐使用海洋资源的需要。

2014年开始，渤海油田实施以价值最大化为导向的油气勘探管理。

二、海洋石油企业以追求价值最大化为导向的勘探管理内涵和主要做法

渤海油田面对油价下跌带来的巨大生存压力，以及勘探成效逐步下降和多方重叠用海对勘探部署实施带来的现实困难，以追求企业价值最大化为导向，坚持效益为本、效率为先的“双轮驱动”，积极探索海上油气勘探管理新方法，对油气勘探作业全过程开展精细管理，加强勘探开发专业相互渗透，变革上市储量管理模式，主动协调重叠用海单位，保障勘探作业有序实施。最终提高勘探成效，有效降低勘探成本，夯实储量物质基础并加速储量向产量转化，保障企业价值最大化和可持续发展。主要做法如下。

（一）确立海洋石油企业以追求价值最大化为导向的勘探管理的总体思路

立足于渤海油田整体布局，以实现企业整体价值最大化为目标，统筹兼顾地下资源、政策环境、用海现状和经济效益等多重因素，积极开展勘探管理创新，提高勘探管理成效。

首先，对油气勘探的研究、作业、管理各方面开展精细管理。在目标研究期以寻找优质可动用储量为导向优化勘探部署；在油藏评价期开展集束勘探，高效取全取准资料，有效降低成本；在井位设计期采用“一次就位、多次侧钻”勘探作业模式，节约勘探费用；在钻探实施期优化探井作业技术，提高资料录取成功率；在节点决策期加强探井随钻动态跟踪研究，提高勘探成效。

其次，将勘探管理向企业价值链后端延伸，做实勘探开发一体化。年度勘探计划中优先、快速集中评价重点油藏，加快项目开发进程；油田开发前期追加勘探，扩大落实潜力区块储量，排除开发风险；在生产油田实施滚动扩展勘探，加速油田产能建设，增加油田效益；充分利用生产平台进行勘探作业，获得油气发现后直接转为生产井，实现储量向产量直接转化。

再次，变革上市储量管理模式，夯实储量正确评估的物质基础。建立自评估和外方评估“两条腿走路”的上市油田储量评估模式，科学披露油田经营状况；实施油田经济性管理，提高油田经济可采储量，科学评价石油企业可持续发展能力。

最后，对勘探用海矿区科学分级，按作业机会系数排序做出勘探部署，实施重叠用海作业播报管理，主动协调重叠用海单位，在保证全海域和谐共赢的前提下充分用海。

（二）对油气勘探全过程精细管理，实现降本增效提质

1. 目标研究期优化勘探部署方向，提高储量可动用程度

为扭转以稠油发现为主的勘探局面，为开发找到好动用的油田，为渤海油田可持续发展奠定物质基础，渤海油田注重稠油与稀油、原油与天然气、受影响与非受影响、年度任务与中长期规划的关系，优化勘探研究部署，坚持三个原则，高效寻找高质量油气：在国家公布的海洋和环境保护红线区域不做研究工作量安排；对未来2～3年内利用现有技术难以动用的区块不做研究工作量安排；风险偏大或其他因素难以批准的井位不做研究工作量安排。

项目实施期间，中轻质原油优质储量发现占比逐年增加。2012年油气发现以稠油发现为主，到2015年已实现全部为中轻质原油，勘探发现上报国家探明储量1.2亿吨油当量，发现渤中34－9、曹妃甸6－4、旅大16－3/16－3S三个大中型中轻质油气田，三个油田计划于2019－2020年建产。其中，辽南地区稠油油田开发存在困难，通过部署研究旅大16－3/16－3S，获得天然气发现，不仅盘活该区稠油开发，而且为整个辽东油田后期生产提供充足自用气。

2. 油藏评价期确定集束勘探原则，有效降低勘探作业成本

为后期地质研究、储量研究提供充实的资料以及降低油田开发风险，在资料录取设计中，取全取准地下资料是设计的基本原则。综合勘探开发不同阶段的研究需求，建立资料集中录取原则，优化资料录取方案，取消低效无效项目，集中在1－2口井完成资料录取，从而减少不同井重复作业占用的时间，提高钻机使用效率，节约作业成本。

探井资料优化集中录取原则在油气勘探中已得到推广应用。项目实施期间共有锦州23－2、曹妃甸6－4、渤中34－9、垦利16－1等10个油藏评价进行资料集中优化录取，在提高评价效率的同时，节省勘探费用超过2000万元。

3. 井位设计期采用“一次就位、多次侧钻”模式，提高勘探效率，节约勘探费用

渤海油田已发现圈闭多呈现面积小、储量规模低、经济效益差的特点；同时，海底浅层气发育给平台插桩就位带来较大困难。为此，渤海油田采用一次就位、多次侧钻的勘探作业模式，不仅解决浅层气影响钻井平台插桩就位的问题，减少动复员、避免渔业干扰、避免手续办理的时间延误，还实现“一井

多探”——作业平台仅就位一次就可以跨多个圈闭实现探索油水边界或储层横向变化等地质目的。在提高复杂断块型圈闭的勘探和油气探明率的同时，节约大量勘探费用。

4. 钻探实施期优化探井作业技术，提高资料录取成功率，节约勘探作业费用

渤海油田稠油储层评价、串“糖葫芦”式的定向探井作业占比逐年增高，作业成本也居高不下。针对越来越复杂的勘探目标，渤海油田完善定向井作业技术，形成特色稠油资料录取技术，实现复杂目标层系探井作业的高成功率；通过实施小井眼井身结构钻探，节约探井作业成本。

完善定向井作业技术，优化定向井钻探模式和泥浆体系，高效控制井眼质量；优化工具工艺，引入异向解卡工具（国际专利），降低定向井阻卡风险。2016 年超过 20 口定向井作业中，测井资料录取成功率超过 80%。

形成渤海油田特色稠油测试技术体系，多手段精确计量稠油以及小气量稠油储层的气产量；提升疏松砂岩稠油电缆取样技术水平，应用于曹妃甸 12－6 构造、蓬莱 20－2 构造以及垦利 16－1 构造稠油储层评价中，为储量评价提供坚实的资料基础。

实施小井眼井身结构钻探，提高机械钻速及时效，节省平台及材料费用，平均单井节省成本超过 200 万元。2016 年 21 口探井作业采用小井眼钻探模式，直接节约探井作业成本超过 4000 万元。

5. 节点决策期加强探井随钻动态跟踪研究，提高勘探成效

在钻探过程中，加强探井随钻动态研究，管理、研究、作业三路紧密结合，对地质和工程进行科学预判和果断决策。一方面，当达到地质目的时，及时完钻，减少无效进尺，降低勘探成本；另一方面，当钻至设计井深仍有较好油气显示时，及时决策加深钻探可疑地层，提高油气发现效率。

2014－2016 年共计 42 口井提前完钻，节约进尺 6027.69 米，节约勘探成本 8605.37 万元。钻井成本得到有效控制，探井米成本由 2013 年的 1.96 万元降至 2016 年的 1.16 万元，降幅高达 40.8%。

（三）做实勘探开发一体化，实现储量向产量的快速转化

油气勘探是油气行业的最前端，其目的是为探明落实地下资源，以便更好地实现油气开发利用。由于海上油气田开发方案和平台设计无法提前确定，油气勘探、开发、生产的阶段性较为明显，从油气发现、储量落实到开发生产往往需要 4～5 年，开发周期较长。在开发过程中常遇到储量不落实、开发风险高等问题。在勘探阶段，将原来彼此分散的、独立的勘探开发紧密结合起来，使勘探、开发成为一个有机的整体，勘探向开发延伸，开发向勘探渗透，变前后接力为互相渗透，二者相互协调，相互配合，共同完成石油资源储量向石油产量的转化。

1. 优先、快速集中评价重点油藏，加快项目开发进程

践行勘探开发一体化，坚持重点油藏优先、快速、集中评价的原则，缩短勘探周期，加快储量探明，为早日建产争取时间。三年来，优先开展垦利 10－4、渤中 8－4、渤中 34－9、曹妃甸 6－4、旅大 16－3、曹妃甸 12－6 构造等大中型重点油藏集中评价，均在 3～5 个月内高效完成。

2014 年，以“短平快”方式勘探垦利 10－4 构造，仅利用不到 3 个月的时间即完成垦利 10－4 及周边垦利 11－4、垦利 10－2 等构造的整体勘探工作。评价完成 3 个月即完成公司储量审查，并于当年完成国家储委审查工作。该油田于 2016 年年初投产，年产原油 40 多万方，对渤海其他类似中小型油田加速推进“滚动、扩边”具有重要的指导和借鉴意义。

2. 排除开发风险，增加油田探明储量，提高整体经济效益

对于刚进入开发前期研究阶段的油田，由于部分区块地质储量不落实，开发风险大，针对风险区部署钻探，落实含油气程度，增加探明可动用储量，最终提高油田经济效益，加快油田开发。

例如，曹妃甸 6－4 油田在开发前期研究阶段受低油价影响，开发风险大，经济效益低。根据油田开发需求，在勘探阶段对开发风险大的区块及时组织研究并实施钻探一口滚动井，新发现油层 122.6

米，新增探明地质储量1000万方，钻探成果当即纳入前期研究，增加动用储量600万方，使项目开发效益大幅提升，项目内部收益率提升37%。

3. 在生产油田围区开展滚动勘探，增加油田效益

在“价值最大化”理念的指导下，滚动勘探部署切实做到“多迈步”，以满足生产油田产量需求，紧密跟踪油田生产动态，积极开展油田周边目标研究及井位部署，最大限度地发现油田周边可动用地下资源，加速油田产能建设，增加油田效益，同时提高油田固定设施的利用率，实现低成本的油田稳产策略，最终实现整体产业链效益最大化。

4. 充分利用海域生产平台勘探，成功后直接转为生产井，实现储量向产量直接转化

结合各油田生产单元经营形势，建立“一井多用”作业模式，统筹整体作业资源，跨越专业分割，优化公司管理体系，利用平台剩余井槽进行探井作业，勘探成功后直接转为生产井，实现储量向产量直接转化，有效节约钻探成本、提供后备储量、缩短开发周期、规避开发风险。该模式主要体现在“六结合”上：勘探、开发研究认识相结合，寻找合适目标；勘探、开发部署相结合，确定实施策略及具体任务；开发策略与环境影响评价相结合，办理实施手续；勘探、开发、工程相结合，确实具体实施轨迹；勘探、开发管理相结合，明确勘探、开发责任及判断节点；工程管理、运行相结合，实施海上作业。

渤南地区由于管网完善，近年来一直是实施滚动勘探的最佳地区。2014年以来，超前谋划，积极开展在生产油田周边目标搜索，寻找滚动勘探潜力点，在渤中34－1油田西块的北部落实多个有利圈闭。由于距离渤中34－1油田F平台较近，且平台有剩余井槽，可加以利用进行探井作业。多部门密切配合，通过多轮次钻井轨迹设计优化，利用F平台剩余井槽首次设计实施探井BZ34－1N－F25井，取得成功。该井于2015年7月份投产，截至2016年年底，已累产油3.54万方、累产气162.86万方，实现勘探成本快速回收。该井直接转化为生产井，省去了拖航、重新布井和弃井作业等时间，节省费用超过1700万元。BZ34－1N－F25井成功实施后，“一井多用”模式在全海域得到推广应用。

（四）变革上市储量管理模式，夯实储量正确评估的物质基础

1. 实施“两条腿走路”的储量评估模式，科学披露油田经营状况

中海油上市初期，上市储量完全由外方评估。由于外方对油田生产动态掌握程度差，储量出现波动较大，影响对桶油综合成本的正确预测。近年，通过技术力量培养，转变评估思路，渤海油田开展上市油田储量自评估，建立自评估和外方评估“两条腿走路”的新模式。截至2016年年底，总计有37个油田采用自评估模式，储量占比55%，储量评估结果连续6年在SEC年报中披露，经受住了市场的监督和考验。

2. 实施油田经济性管理，科学评价石油企业可持续发展能力

储量替代率和储采比是评价石油企业可持续发展能力的重要指标。由于油价下跌，多个油田将变为无经济性油田，预计上市可采储量减少45%，储量替代率变为负数，储采比降低50%。通过油田整体经济性动态管理，对油田平台、钻完井、前期研究费等参数进行再评估，采用新定额科学评估工程参数，确保油田经济可采储量稳定。同时，对油田各项参数进行经济敏感性分析，反算经济门槛，明确无经济性油田攻关方向，提高油田经济可采储量。通过油田经济性管理，增加可采储量451MMBOE，储量替代率、储采比不降反升，分别增加247%和2.5，为企业可持续稳定发展夯实基础。

（五）矿区科学分级，在全海域和谐共赢前提下充分用海

1. 对勘探用海矿区科学分级，按作业机会系数排序做出勘探部署

面对渤海海域多方重叠用海新形势，为高效发现和开发地下油气资源，支持国家东部地区能源发展战略，针对各类重叠区管控要求及勘探作业协调难易程度的不同，开展勘探用海评估和用海矿区分级，开展各级矿区内作业机会系数研究，提高待探明资源量的可靠性，为勘探部署决策和规划制定提供精准

依据。

根据近年对重叠用海相关利益方的资料搜集，将勘探用海矿区划分为三级。第一级为勘探不受影响区，主要分布在渤西南区域及辽东湾南部区域；第二级为受一定影响，但可以协调区（包括可临时勘探，但开发难度大），主要为生态限制区、国防建设区；第三级为受影响较大，协调难度很大区域，基本不能或不允许进行勘探作业，主要为生态禁止区、港口航运密集区。开展各级矿区内作业机会系数研究，第一级可自由作业区作业机会系数选用100%；第二级可协调区域作业机会系数选用30%；第三级受影响较大区域暂不考虑作业。

综合考虑圈闭类型、油气资源规模、地质风险系数、经济评价指标和矿区作业机会系数的影响，对目标储备研究、待钻目标钻探等进行优先级排序，更科学地进行勘探部署。将勘探替代率、储量动用率历史数据分析、开发需求、经济效益与矿区分级、矿区作业机会系数结合，合理预测未来5年可能发现的探明储量，指导"十三五"勘探规划的编制，进而使勘探部署方向更加明确，作业实施更具可行性。

2. 实施重叠用海作业播报管理，促进勘探部署顺利进行

由于多方重叠用海以及最新海上油气作业法律的颁布，海上作业手续办理周期更长，作业时间和作业窗口均存在不确定性，勘探部署无法正常实施。为提高钻机资源的利用效率，保障年度勘探任务和上交国家储量任务的完成，渤海油田建立重叠用海作业播报管理机制，对内制定探井作业滚动计划，提高作业前期准备效率，为探井作业手续办理留足时间；对外加强协调，探索多种作业申报方式，为勘探部署顺利实施提供可靠保障。

根据年度任务制订渤海油田勘探部署年度计划，并在作业过程中适时根据钻探情况进行调整。针对矿区作业机会和潜在作业窗口，结合作业需求，以三个月或三口井为周期，制订探井作业滚动计划，并建立跨部门联席会议及滚动计划播报机制，向手续办理和作业人员通报短期钻探安排，确保第一时间办理各项手续，最大程度减少勘探作业平台的待机时间，降低勘探成本。同时，为复杂作业技术的准备留足时间，确保勘探作业的顺利进行。

在国防建设区，军方许可后须在规定时间窗内完成全部获批井位的作业。为此，勘探部署时优先考虑国防建设区勘探作业，提前十天申请，一旦获批，集中全部资源确保在规定时间内完成获批探井的作业任务。2014—2016年，充分利用军事活动间歇期，积极向军方申报井位10余次，实施作业60余口，获得大规模的储量发现。当同一构造不同圈闭相互关系较小时，利用小作业窗口多条钻机同时作业，保障评价井的顺利快速实施，为后期储量申报、油田开发建设争取时间。

在与港口、风电及航运区重叠用海方面，建立合作双赢模式，在保证自身用海利益的同时，兼顾其他企业的发展，做到互惠互利，协同发展。如曹妃甸6—4构造成藏条件优越、资源潜力比较理想，但由于周边存在地方经济建设、港口规划、风电建设等多重用海影响，勘探作业实施难度极大，第一口井在井位通过技术审查后2年才得以钻探。获得油气发现后，评价方案一直无法实施。通过创新合作模式，与利益相关方面签订互助友好开发建设协议，舍弃次级有利区的勘探，确保曹妃甸6—4构造评价的顺利实施。

渤海海域受辽宁、河北、天津、山东等海事局分区管辖，各区手续办理下放到海事处，审批政策各有不同，手续办理要求差异较大。在明确各海事局相关作业手续办理政策的基础上，积极准备有针对性的报批方式，多种方式结合，提高短期勘探部署的灵活性和钻机资源利用效率。例如，天津海事局辖区手续办理采取打包申报的方式；临时海域申报中采取年度集中报批与单井报批相结合的模式。

三、海洋石油企业以追求价值最大化为导向的勘探管理效果

（一）保障探井作业顺利实施，为渤海油田中长期发展奠定资源基础

2014—2016年，通过超前谋划，深化石油地质研究，顺利完成公司年度考核及储量任务：共入库

100个目标、储备探井井位百余口；通过精心组织，大力协调，充分利用解禁时窗集中作业，探井作业量累计完成159口探井作业，每年探井作业量均超过50口，达到历史新高；成功评价大中型油气田10个，包括商业发现18个，发现三级地质储量8.45亿吨，向国家上报探明地质储量6.12亿吨，年均探明地质储量超过两亿吨，在全国各油田上报国家探明石油地质储量连续3年排名第二，为渤海油田中长期规划发展构筑了坚实基础。特别是2016年，在油价持续低迷、石油行业面临严峻挑战的形势下，渤海油田通过主动创新管理，精细勘探研究，当年新增探明石油地质储量占比达到全国的20%。

（二）有效节约勘探作业费用，勘探成本实现"三连降"

通过采取一系列精细管理措施，加强勘探全过程细化管理，科学决策，减少无效进尺约6027.69米，节约勘探成本8605.37万元；钻井成本得到有效控制，探井米成本由2013年的1.96万元/米下降至2016年的1.16万元/米；桶油发现成本实现持续下降，由2013年的4.39美元/桶下降至2016年的2.20美元/桶。近三年，在完成年度考核工作量的基础上，累计节约探井作业投资164256.29万元。

（三）有效规避上市储量急剧减少的风险

根据油价持续降低的严峻形势，预计上市可采储量减少45%，储量替代率变为负数，储采比降低50%。通过成果的具体实施，增加可采储量451MMBOE，储量替代率增加247%，储采比增加2.5，有效规避上市储量、储量替代率、储采比急剧减少的风险。

（四）创造巨大经济效益，保障企业可持续发展

成果实施以来，新发现油田探明地质储量累计可采出石油8790万吨，预计税前总利润可达1178.46亿元，经济效益巨大。其中，渤中34－1－F25井区及垦利10－4油田已投入开发生产，累计新增利润40199.37万元，圆满实现"价值最大化"。这些新发现油气田的开发、生产为渤海油田建设国家重要能源基地提供强有力的支撑，为保障国家能源安全、推进海洋强国战略发挥重要作用。

（成果创造人：薛永安、周心怀、田立新、王　昕、王凤荣、张德林、
朴庆利、徐长贵、谭忠健、尚锁贵、柴永波、吴俊刚）

有色金属企业以可持续发展为目标的全价值链管理

白银有色集团股份有限公司

白银有色集团股份有限公司（以下简称白银有色）前身是成立于1954年的白银有色金属公司，曾创造连续18年铜、硫产量居全国第一的辉煌业绩，经历10年的二次创业、8年的破产重组和8年跨越发展的重要历程。2008年，引入中信集团战略投资，实行股份制改造。2017年2月正式登陆A股市场。白银有色现有员工15459人，注册资本69.73亿元，境内外拥有41家分子公司，具有矿山采选410万吨、铜铅锌冶炼50万吨、黄金15吨、白银200吨的年生产能力，是集采矿、选矿、冶炼、加工、化工、科贸和投资于一体的大型有色金属集团企业。

一、有色金属企业以可持续发展为目标的全价值链管理背景

（一）产业转型升级的需要

近年来，有色行业产能过剩加剧。从外部看，随着经济发展方式的转变，白银有色依靠政策、市场、劳动力、资源与环境、机会导向，用发展填补漏洞、用开源替代节流等方式获取红利已经很难。从内部看，白银有色依靠资源和规模扩张的路子已无法适应转型发展需要，资源保障不足，产业结构以初级产品为主，新产品和高附加值产品缺乏，急需通过管理的提升，推动产业上档升级和设备工艺改进。发展环境要求白银有色从管理、技术、操作三个方面开展价值链流程再造，挖掘和积累内生力量，推进以职能为中心的管理向以价值链流程为中心的管理方式转变。

（二）增强综合竞争力的需要

白银有色通过股份制改造，为实现转型发展带来了重生的机遇。要完善公司从管理到治理的规范企业运作，蹚出一条创新转型、可持续的发展道路，营造一个进取有为充满活力的创业氛围，必须切实转变依靠传统产业做大产值的粗放型“做大”模式，必须壮大能够带来主要利润的有色金属采选、冶炼、压延加工及贸易、投资与资产管理等核心业务，发展具备良好的成长性和较大增长空间的生产服务业，培育多元增值的业务，淡化以营业收入论业绩的传统观念，实行全员、全要素、全过程、全价值链管理，只有这样，才能确保在合理控制资产负债风险的前提下，实现营业收入与盈利能力的协调发展。

（三）打造优质公众公司的需要

白银有色拥有艰苦奋斗的精神和感恩回报的文化。面对经济下行、行业整体下滑的大环境，白银有色必须适应市场化、国际化的新形势，以增强企业活力、推动可持续发展为重点，通过全价值链挖潜增效，创新放大业务模式，坚持多元化发展，加快国际化经营步伐，进一步夯实公司生存发展的基础，着力构建企业发展的新路径、新业态，力争使综合成本和主要经济技术指标进入行业前列，打造备受尊重的优质上市公众公司。

二、有色金属企业以可持续发展为目标的全价值链管理内涵和主要做法

白银有色以可持续发展为目标的全价值链管理，是在面临转型发展和体制转换双重困难的情况下，基于可持续发展倒逼，把创造价值作为企业存在的唯一动力，把提升核心竞争力和盈利能力作为生存发展的重要标准，以“三步走”战略和高目标为引领、以利益共享的市场和客户关系为导向、以精益全系统管理为核心，把企业内部的资源和客户资源紧密联系在一条价值链上，把管理重点放在价值增值驱动的要素上，通过价值链上核心业务的流程重建、资产重组和管理优化，对竞争性资产和产品精深加工领域全面开放，实现“以资本撬动资本、以业务催生业务、以管理增值管理”的全价值链管理，使企业资

源利用率提高，核心竞争力提升、盈利能力增强，构建上下游企业产业链和全价值链的竞争优势，占领竞争的制高点，赢得发展的主动权，打造可持续发展的新动力。主要做法如下。

（一）以可持续发展为目标，实施“三步走”战略

围绕着企业的可持续发展，白银有色实施“以股权多元化和现代企业制度建立为内涵、以主业做强做优和生产性服务业拓展为重点、以建立跨国公司和打造优质公众公司为标志”的“三步走”战略。坚持把创新作为推动转型升级的重要引擎，对主体产业先后实施数10项技术改造，实现全价值链挖潜增效，推动集团公司由生产经营型向资本运营型转型，分子公司由生产型向生产经营型转型。紧抓国家培育发展战略性新材料的契机，提高产业及产品的技术含量和附加值，着力研发铜铝铅锌有色金属新材料的关键技术和核心产品，加快推进公司主导产品从产业链低端向中高端转移。加快境内资源并购，探索企业“走出去”的新模式和新路径，巩固和扩展境外投资运营平台，实现境内外资源与资产滚动发展。

在推进企业可持续发展战略中，白银有色将长期锤炼形成的艰苦奋斗精神，作为企业“魂”、精神“钙”和“传家宝”，贯穿于艰苦创业、救亡图存、摆脱困境、改革创新的各个阶段，融汇到锻造员工队伍、厚植过硬作风、坚强战斗堡垒的各个环节，重塑“真情反哺传承回报”感恩文化、“规则平等责任自律”的契约文化、“正确领人、理事、管物”的领导力文化、“要结果不要理由”的执行力文化和“一切让业绩说话”的能本文化，筑牢以公司全价值链管理为承载的发展基础，形成有利于集团母子公司、企业与员工协调发展的母子公司全价值链管理环境。

（二）推进产业结构优化，理顺价值链发展路径

一是剥离辅业，实现轻装上阵。2010年完成股份制改造后，白银有色开始对不符合上市要求的企业办社会、生活后勤等资产实施分立，2011年，成立白银有色产业集团，依托这一平台，先后向当地政府移交所有企业办社会职能。2016年，白银有色与白银有色产业集团厘清了资产、人员与业务关系，产业集团与白银有色彻底分离，实现轻装上阵，公司平等参与市场竞争的条件得到优化。

二是发展多种所有制，优化产权结构。根据战略取向、业务特征，按照全资、绝对控股、相对控股、参股及完全退出等多种方式，实行差异化的产权结构。对直接面向终端市场、充分竞争性资产和业务全面开放，采取控股、参股、合资、租赁、转让、委托经营等多种合作模式，有条件的分公司推动公司制、股份制改造，有条件的子公司一厂一策进行混合所有制改造，形成国有资本、集体资本、非公资本等交叉持股、相互融合的混合所有制，进一步实现投资主体多元化。创造条件吸引非公资本参与集团公司的投资发展项目，实现公有资本和非公资本的共同发展。

三是推动业务板块优化重组。重新审视采矿、选矿、冶炼、加工、化工、科技、贸易、服务业等产业运行情况，推进业务板块优化重组。整合厂坝矿铅锌资源、陕西旬阳铅锌矿资源和非金属石灰石资源；成立营销中心，建立“前中后台”运行模式，实现贸易公司向贸易板块的转型；组建专业化物资采购公司，实现公司内部物资采购从行政化手段向市场化规范运作；整合铁路和汽车运输资源，成立铁运物流运输公司，发展生产性服务业；建立渣资源科技公司，通过综合利用，使昔日废弃堆存的700多万吨冶炼废渣“变废为宝”。通过业务板块的优化重组，进一步提升公司产品和业务板块的竞争力，有效提高产业集中度。

四是优化产品结构，提高产品的附加值。专注精深加工，对西北铜加工公司、长通电缆公司等单位的产品加大技术改造，提高中高端产品的占比，实现由初加工产品向中高端产品转型。引进战略投资，实施股权招商，共同组建项目公司，依托现有产业基础，开展超微细电磁线、超导电缆、各种合金新材料等深加工产品项目建设，共同开发市场，促进产业结构优化升级。

五是消化吸收引进技术，开展集成和自主创新。在矿山系统，开展矿山数字化建设，支持为复杂难采矿床提供资源高效回采整体技术解决方案、构建矿山安全生产体系。加快形成配套一体的较为完整的

技术支撑体系和矿物加工产业链。在冶炼系统，以提高现有产业竞争力为重点，系统整合完善和提升现有冶炼能力和技术，利用自主研发的“白银炉”先进工艺技术和装备，提升冶炼总体产业技术、装备水平和经济效益。在精深加工系统，形成以技术中心为主体的“产销研”紧密结合的研究开发体系，开发重点领域高性能新材料，增加产品附加值。

六是从三个业务板块打造“六个并重”的发展路径。通过做强做优传统产业板块，培育壮大新兴产业板块，扩大海外业务板块，构建传统产业与战略新兴产业并重、重资产与轻资产并重、国内发展与国际拓展并重、先进制造业与现代服务业并重、实体经济与金融投资贸易并重、生产经营与资本运营并重的发展路径。

（三）优化企业资产配置，构建全价值链竞争优势

一是培育壮大战略新兴产业。设立运营丝绸之路大数据有限公司，建设西北地区集大数据资产运营、产业培育、大数据应用创新、信息基础设施投建于一体的，业内技术领先、竞争优势突出、区域垄断明显的大数据综合服务提供商。围绕大数据核心、关联和衍生业态，孵化培育打造相关产业集群。对接新兴产业相关机构，建立广泛的信息渠道。加强与专业机构的合作，借“智”第三方深入分析战略新兴产业现状及发展趋势，结合公司的品牌、资本、管理、项目建设运营优势，以财务投资和战略投资相互驱动，投资新兴产业和新技术领域，延伸产业链，确保实现转型发展目标。

二是盘活低效无效资产。对连年亏损的企业，将经营管理权委托给具有较强经营管理能力，并能够承担相应经营风险的法人或自然人有偿经营；对因突发性问题而陷入经营困境，但资产质量较好，市场前景明朗的企业，采取帮扶措施，重新焕发企业发展活力；对完全失去自我发展能力和市场活力，扭亏无望、资不抵债、无法持续经营的企业，在充分评估风险的基础上，采用股权出让或破产退出市场的方式进行处置。与国内最大的铜加工民营企业——金龙管业合作，借助金龙集团在精密铜管行业的技术优势及市场影响力，补齐公司铜产业及铜加工制造系统的短板。坚持因地因业因企施策，开展产业链招商，与民营企业——珠海一致公司合作建立超微细电缆生产线，补齐生产高附加值产品的短板。

三是突出资本运营，实施跨国经营主体培育工程。推进实施白银有色境外大黄金资源战略，建立海外投融资平台，在南非投资的 2 个黄金企业控制的黄金资源金属量超过 4000 吨、储量超过 1000 吨，年产矿金规模超过 50 吨，成为国内乃至全球黄金优势企业。与拥有秘鲁一座铁矿开发权的首钢公司合作，设立首信秘鲁矿业股份有限公司，建设年处理量 680 万吨的选矿工程，在秘鲁投资设立福尔多纳贸易公司，加快推进南美投资贸易平台建设，构建在南美洲的铜资源开发格局。

四是全面提高劳动生产率和资本回报率。建立计量调度全数字化、网络化和空间可视化的智能管理系统，集成安全生产管理和应急指挥，提高管理效率。对锌资源综合利用和铜冶炼技术提升等技术改造项目，按照增产不增员的原则，从集团公司内部调剂、培养和选拔人员，成倍提高劳动生产率。立足“借资、借智、借力”，放大基金平台支撑作用，构建新商业模式获取利润，寻求稳健回报的投资，消化投入成本上升带来的压力。通过体制创新增强聚集各类创新资源的能力和内生创新活力，让有界的传统企业变成开放式、协同式创新平台。

（四）运用资本纽带和杠杆作用，打造价值链增值新单元

一是拓展全球产业链的开发与合作。以资源保障、市场拓展、技术提升和品牌建设为重点，面向国际国内两个市场配置资源、布局产业。因时、因地、因企积极稳妥实施跨国并购和资产重组，拓展国际贸易。深化与中亚、西亚国家的资源与贸易合作，在非洲建立资源开发和产品初加工基地，推动境外加工贸易和技术研发基地建设，形成全球化的整体产业链开发与合作模式。

二是创新价值链盈利模式。以贸易为纽带，整合上游生产环节、下游销售和服务环节，为客户和供应商提供产品的同时，提供物流运输、仓储、融资和其他管理等方面的服务与支持。改革营销管理体

系，通过集成管理、集成操作，防范市场风险的同时提升市场反应速度。利用有色产品金融属性，通过多种手段挖掘原料采购端及产品销售端的工业价值、金融价值和贸易价值。开展来料加工复出口和跨境转口贸易。

三是推进商业模式创新。面向国际国内两个市场，以精矿进口和有色产品出口为主，通过代购、代销、期权、期货等形式，以贸易占领市场，提高品牌价值。设立贸易公司，开展黄金和铜贸易业务，不断搭建“走出去”的平台。开展新基金私募和跨境、跨币种融资业务，为主业提供强有力的管控汇率、利率及资金支持。围绕产业升级和国际化经营，加大股东资源协同整合力度，构建矿山开发、原料采购、产品销售以及投融资、金融贸易等全方位上下游一体化产业联盟，建立全价值链增值互利共赢的合作新机制。

四是将成熟的价值链盈利模式移植嫁接到境外公司。借助境内外投资运营平台，开展境外优质矿产资源企业的债券、股票、可转债、优先股类项目投资，通过境外放款、内保外贷、切割授信额度等方式，开展跨境、跨币种融资业务，打造多元化融资平台。依托公司境内外国际化运营平台，参与设立国际并购基金，以实施班罗公司、隆明公司收入流项目为契机，依托技术资源优势，整合地勘、矿业开发、装备自动化、节能环保等技术资源，创新矿业投资型模式，实现财务投资与战略投资结合、资产投资与资本投资结合，提升企业国际化经营水平，促进科技成果资本化和产业化发展。

（五）全要素补齐短板，提升全价值链管理水平

一是增强自主创新能力。投资 144 亿元实施 27 个技术创新项目，新产品和高附加值产品占工业总产值的 25%；突破科技创新壁垒，以更广的视野谋划和推动集团公司自主创新，形成一批具有自主知识产权的核心技术。新型白银炉、低污染黄钾铁钒湿法炼锌技术和复杂难选多金属硫化矿选矿技术等三项技术达到世界先进水平。公司矿山开采关键技术在南非第一黄金矿山得到应用，尾渣综合利用循环经济技术在秘鲁尾矿综合回收中得到推广。

二是提升企业治理水平。完善母子公司管理体制，下放固定资产投资决策权、物资采购权等多项权利，还原分子公司市场主体地位。对于完全市场化充分竞争类子公司，规范董事会决策，引进外部董事制度，按照母公司的战略意图，在授权范围内，强化其市场主体和法律主体地位，给予充分的自主经营权，并优先发展混合所有制，实现投资主体和产权结构多元化；对于半市场化竞争类的、主要依托集团资源不能直接参与终端市场竞争的分子公司，创造条件推向市场，推进公司制和股份制改造；现阶段不能完全推向市场的分公司，按照内部市场化运作的要求，建立分公司市场化、公司化治理模式。建立健全子公司董监事和分公司治理委员会委员的培养，选派管理和激励约束机制，实现企业治理体系和治理能力从“管理”到“治理”的转型。

三是加强人才队伍建设，规范境外投资管理。在北京设立国际投资公司，引进职业经理人，打造国际化运营团队，建立符合国际惯例的跨国经营管理人薪酬制度、激励和监督约束制度，积聚和培养通晓国际惯例的国际化经营管理人才。规范境外投资管理，制定规范境外投资管控方案，明确投资前、中、后管理责任主体，清晰机关部室管理职责，厘清北京公司的管理定位，优化境外投资架构，加强运营管理，防范投资风险。

四是转换经营机制，提高盈利能力。发展循环经济，创新放大业务模式，打破有色产品价格下跌时生产越多亏损越多的困局。通过投资股权、债权、收入流等项目，配置基金、债券、股票等流通性资产，有效弥补主业受市场波动造成的亏损；开展进出口贸易、加工贸易、转口贸易、现期货贸易、贸易融资以及采购销售代理等业务，有效锁定公司主导产品的利润和风险，从流通环节赚取一定的价差和汇差收益；实施国际产能合作、技术合作和资源合作，提高资源的保障能力。

（六）建立协同与利益共享机制，重构全价值链管控模式

一是建立协同体系。建立战略协同机制，优化资源配置，实现集团优势和互补优势；建立技术协同机制，优化生产组织模式和工艺路线，集成上下游资源配套、工艺技术互补优势；建立市场协同机制，在原料采购方面，通过月均价、结算价、即时价等多种点价模式，让客户和矿山用多种手段对所供原料采取保值措施，实现优势互补。产品销售方面，通过与大客户签订长单合同，约定点价期限，形成稳定的合作关系，建立利益共同体；建立人力资源协同机制，加强学习交流，促进人力资源合理流动，激发人力资源活力；建立信息协同机制，拓宽信息交换渠道，实现信息共享，为集团公司成员企业提供合作和相互交流的信息，促进部门之间、企业之间的协同。

二是建立利益共享机制。以价值链形成的内外部客户关系为主线，建立集团公司与外部战略合作伙伴之间的合作共赢利益共享机制，建立内部分子公司之间互为市场的供需合作机制。在集团公司内部发挥市场功能对技术研发方向、路线选择、要素价格、各类创新要素配置的导向作用，推行技术创新项目合同契约制；完善技术创新成果分享机制，以解决工程技术人员科技成果受益为突破口，建立集岗位、业绩、职称与科技成果受益四位一体的分配制度。健全以科技成果、专利技术入股、参与分红、分享科技成果转化收益的长期受益机制。与上下游客户建立战略联盟，通过市场风险共担和利益分享，形成利益共同体。全面向分子公司开放内部业务市场，建立集团内部分子公司固定资产投资项目、日常维检项目、生产经营物资采购等区域互为市场、供需合作机制。

三是构建价值引领目标管理体系，完善指标和绩效考核评价。建立上下贯通的价值引领生产经营目标管理体系，多角度、多方位寻求新的经济增长点。坚持“以效益为中心”的考核理念和“效益增工资涨，效益减工资降”的考核原则，进一步完善安全、环保、生产、能源消耗等专项考核办法，发挥以业绩论英雄考核的导向和激励作用。建立以机会规则公平为原则的考核评价体系，以价值创造为考核导向，纠正考核评价片面追求结果公平和利益平衡的考核偏向，完善薪酬总额与经济效益和劳动生产率相匹配的分配机制。按照功能定位和作用的不同，对分子公司实施差异化分类考核，增强业绩考核的科学性、针对性和有效性。

四是建立延伸产业价值链的促进机制。在提升发展核心主业的基础上，创新招商引资模式，推动产业纵向延伸和横向配套。对公司所有产品深加工领域全面开放，通过机制体制创新，引进战略投资者和经营者，在以资本撬动资本，以股权换技术、换产品、换市场、换人才的基础上，为参股、控股的外部投资者提供完备的公辅设施、物流服务和成熟的产业队伍。通过招商引资和自主发展相结合，尽可能地将公司的初级产品全部实现本地深加工。

五是转变母子公司职能定位，重构管控模式。根据企业规模、行业特点、文化特征、发展周期、市场竞争状况，按照“一厂一策、分类管控”的原则，建立健全以低成本战略为导向、以全面预算和目标管理为主要手段的集团管控体系。按照“集权有道、分权有序、授权有章、行权有度；委托—代理成本与管理效益均衡；贴近信息源和统一战略框架下的战略协同”等原则，把握好集权与分权的度，完善分层授权的治理体系，推动传统职能从以管控为导向向提供附加值为导向的角色转变。在确保分子公司能管好的事权上做加法，在做好风险下移上做减法，建立涵盖 9 大类、32 个业务单元的 285 个管理流程和 475 项内控制度。分子公司按照“既满足自身管理需要，又实现与集团无缝对接”的原则，构建以风险防控为导向的内控体系。

三、有色金属企业以可持续发展为目标的全价值链管理效果

（一）初步构建全价值链竞争优势，实现 IPO 上市

白银有色通过推进股份制改造，成功实现从工厂制企业向现代公司制企业的蜕变，完成了一个破产重组企业向上市公司的蜕变，初步构建起全价值链竞争优势。公司 2017 年成功上市，是甘肃省乃至有

色行业第一家整体上市的企业，开创了近年来地方国有大型集团企业整体上市的先河。

（二）产值利润倍速增长，综合竞争力进一步提升

2013—2016 年，在国内有色市场持续低迷、行业企业多数经营亏损的大环境下，白银有色保持盈利并高于行业平均水平。公司重返中国企业 500 强，中国跨国公司 100 强跃居第 21 位，中国企业 500 强排名上升到第 245 位，在有色行业的排名上升到第 11 位。

（三）为企业可持续发展奠定了基础

白银有色开发的超导电缆、超微细电磁线推广应用在世界第一座超导变电站及智能制造、智能控制等领域，研发的高性能铜基合金材料应用于一系列航天重大工程和国防重点武器装备。公司循环经济建设入选国家“循环经济模式典型案例”。白银有色成功实现从产业链提升到全价值链培育的转变，构建起全价值链竞争优势，为可持续发展奠定了坚实的基础。

（成果创造人：廖　明、张锦林、雷思维、孙　茏、吴贵毅、
张鸿烈、付庆义、朱银鸿、谢春生、刘存骥、赵玉宗）

提质增效与精益管理

航空装备修理企业精益维修管理

中国人民解放军第五七二〇工厂

中国人民解放军第五七二〇工厂（以下简称五七二〇工厂）始建于1976年，是空军装备部所属的军队保障性企业，为空、海军飞机持续保持和生成战斗力提供全寿命保障，是空军重点型号飞机修理基地和骨干企业，资产总额70余亿元，员工总数2500余人。五七二〇工厂建有国家认定企业技术中心、国家军用实验室、院士工作站、博士后科研工作站、航空设备测控与逆向工程省级重点实验室，先后获得“全国五一劳动奖状”“全国质量奖”等荣誉上百项。在国内、国际率先建成两条引进装备修理线，率先开展国产三代装备大修，提前启动最新型号装备修理预研。累计获授权专利166项、军队和省部级以上科技进步奖25项，是一家获得“全军装备维修保障先进单位”称号的航空装备修理企业。

一、航空装备修理企业精益维修管理背景

（一）适应部队装备维修保障形势的需要

基于国家周边的安全形势，以及在军队规模结构和力量编成改革逐步深入的大背景下，一切从实战出发的指导思想贯穿于军事训练的全过程、全领域。面对新形势，航空装备修理企业必须面对新挑战。一是装备修理周期必须紧跟部队作战训练要求，要修得更快、出得更多。尤其是航空装备修理企业“姓军为军”的属性，决定了在装备维修需求与产能矛盾日益突出的情况下，必须通过内部挖潜以及优化、改革、调整等措施，不讲条件，千方百计保障部队装备修理需求。二是装备的可靠性必须经得起实战化训练的考验，要修得更好。近年来，自由空战、远海、高原训练这些考验装备性能的训练科目成为主体，对装备维修可靠性提出了更高的要求。围绕应对这些挑战，五七二〇工厂推行精益维修管理，以更科学的维修理念、更高效的维修方式，快速响应实战化训练条件下部队装备修理需求，保障装备完好率，提升部队战斗力，并着力增强装备维修环节的安全性和可靠性，为保障“能打仗、打胜仗”服务。

（二）降低维修成本，节约装备维修经费的需要

航空装备修理企业所开展的装备维修，属于基地级维修，是将飞机分解为部附件，再开展检测、修理、装配、调试、试飞的“大修”。随着航空装备使用时间的增加，以及高强度、实战化训练的影响，使航空装备的修理深度不断加深，修理过程中换件多，修理成本本身不断增长。尤其基于持续延长装备使用寿命的需要，还要开展二次大修，甚至三次大修，修理成本增长的态势更加明显。而上级机关从提高装备经费使用效率考虑，对装备维修经费没有增加，近年来甚至有较大幅度的削减。对航空装备修理企业来说，既要保证装备修理可靠性，又要保证自身可持续发展，降低维修成本是内在之需。管控和降低维修成本，也是决定航空装备修理企业能否生存与发展的关键因素之一。五七二〇工厂通过实施精益维修管理，提高管理精细化水平，合理降低维修成本，也是持续保持竞争优势的有效途径。

（三）持续推动航空装备修理企业创新发展的需要

对航空装备修理企业来说，保质保量完成任务是第一要务。但与此同时，也需要把创新改革融入发展的脉络。五七二〇工厂坚持从战略引领、创新驱动着眼，提炼形成“航修报国”文化，确立达成“国内领先、国际一流的航修企业”愿景。同时，以正在开展的新型号装备修理预研为契机，大力开展以“创新奋斗，跨代精修”为主题的第三次创业，以创新驱动发展。在这种背景下，结合现阶段的形势和任务特点，五七二〇工厂推行精益维修管理，以精益维修带动各个价值创造过程的深化变革，也是寻求自我突破、推动创新发展的必然选择。

二、航空装备修理企业精益维修管理内涵和主要做法

五七二〇工厂从更好履行军队企业使命责任出发，围绕提高航空装备维修产出、压缩维修周期、降低维修成本，快速响应实战化训练条件下部队装备维修保障需求等目标，将为用户创造价值的精益思想应用到航空装备修理实践，建立健全精益维修管理机制，系统开展价值流、业务流程分析和改进，优化修理线布局，推进全流程数字化修理，强化修理技术支撑，打造专业化的人才队伍，实现了军事效益、经济效益和发展效益的“三提升”，尤其是提高了航空装备维修效能，在部队装备维修数量不断增加、保障需求日益紧迫的情况下，较好满足了部队装备修理急需。主要做法如下。

（一）健全管理机制，为精益维修提供组织和制度保证

1. 组建精益维修管理机构，配套实施组织结构改革

五七二〇工厂成立精益维修管理实施领导小组，围绕精益维修策划、维修资源配置等工作，进行统筹协调。同时，根据精益维修管理的各阶段细分任务，设立项目小组，实施项目经理负责制，确保精益维修管理各项工作有序推进。

在企业整体架构层面，围绕精益维修管理的实施，本着“扁平、融合”的原则，配套开展组织结构改革。聚焦维修流程和现场，建立“纵向按型号、横向按专业”的矩阵式组织结构。将部门编制数量缩减50%，减少管理层级。面向精益维修，充实修理线操作、技术和管理力量，将资源更好地配置到维修和科研一线，进一步凸显组织保障作用。

2. 健全“三类标准”，为精益维修提供制度保证

五七二〇工厂遵循“管理按标准”的工作思路，建立保障精益维修的技术标准、管理标准和工作标准等“三类标准”。其中，以维修技术支持、技术研发为主线，形成15个子类165份技术标准；以过程管理为主线，结合职能业务和管理特点，形成18个子类246份管理标准；以推动人岗匹配为主线，结合航空维修的特点及要求，建立各类人员的工作标准，为引进和培养专业化的航空装备维修人才提供科学对照。在此基础上，推动实现业务标准化、标准表格化、表格信息化，为精益维修管理提供制度保证。

3. 完善激励约束机制，为精益维修提供动力保证

五七二〇工厂通过建立内部激励约束机制，将内外部顾客需求转化为精益维修的输入。一是推行全面预算管理。通过建立健全预算监督及考核体系，科学合理制订基于精益维修需要的预算指标，并分解到各部门。二是建立上、下工序之间的内部契约关系。在上、下工序签订产品交付合同，赋予下工序对上工序实施履约考核的权限，促进产品的准时交付和优质交付。三是建立精益维修指标评价体系。设立了涉及飞机维修周期、质量、成本、安全、服务等方面15项关键指标，实施月度考核、季度通报，考核结果直接与部门员工薪酬挂钩，促进各项责任的分解、落地。通过内部激励约束机制的建立，更好地引导各级各类人员聚焦维修过程、快速解决问题，提高各项资源的响应速度。

4. 建立异常问题处理机制，确保精益维修高效运行

一是理顺异常问题处理流程。细化问题交接流程、维修进度跟踪流程以及计划与进度反馈流程，在流程中规范各类人员职责、问题处理时限。二是建立现场问题协同处理中心。采取“限时升级、分级处理”的方式，对维修过程中无法短时间处理，以及需要两个以上部门综合协调等问题，纳入现场问题协同处理的范围，使现场问题得到快速解决，确保装备维修作业运行顺畅。

（二）实施流程优化，为精益维修提供价值驱动力

1. 搭建“三类五级”流程架构

按照“理清楚、管起来、促优化”的实施路径，通过装备维修过程的梳理，实现相关业务的显性化、可视化，构建三类（主导流程、核心流程、支持流程）、五级（流程地图、流程区域、流程组、子

流程、活动）流程架构，为系统分析和改进业务流程创造必要条件。

围绕各项可视化的业务流程，通过梳理与业务流程相关的管理要素（如业务流程由谁执行，输入、输出哪些表单，需要遵循哪些制度要求等），建立流程与管理要素的关联模型，发布365条流程、635条子流程，基本覆盖了装备维修业务各领域，清晰展现了装备维修业务全貌。

2. 开展业务流程梳理与改进

依据业务的重要度、改进紧迫度，以及流程改进涉及的要素数量、业务范围与难度系数等属性，梳理识别了A、B、C三类共100余项改进需求，系统开展业务流程优化与改进如表1所示。

表1 业务改进需求表

类别	业务改进需求	数量
A	跨部门多业务核心端到端流程，增值提升空间大，涉及流程关系、组织结构、职能分工、角色职责、程序文件、信息系统等体系或要素的系统调整	20
B	跨部门单一业务支持流程，涉及流程步骤、角色、管理标准、信息系统等局部调整	35
C	部门内部业务子流程，流程显性化，调整本部门涉及的流程步骤、执行角色、信息模块等	60

在此基础上，五七二〇工厂先后确定航空装备维修、技术研发、器材采购、零备件研制等核心端到端流程，成立项目组，分别开展跨部门的专项梳理与改进，弥补流程“断点”，消除流程冗余，同时驱动相关业务、体系、要素的优化与整合，有力促进装备维修业务运行水平和管理成熟度的提升，为精益维修管理奠定基础，如通过实施技术研发端到端流程改进，详细展现装备维修中“建线预研/立项、修理线建设、修理线验证、试修转批修”等4个阶段156项业务流程，优化改进30项流程，进一步理清流程运行过程中的角色、职责、制度、风险等管理要素，理顺流程与流程之间的接口关系，实现从预研立项到装备转入批量维修全过程的贯通和优化。

3. 实施产品价值流分析与优化

五七二〇工厂在业务流程梳理优化的同时，同步开展产品价值流的分析与改进。按照整机维修和部附件维修两个维度，从装备维修全流程开展价值流分析，识别装备维修过程中的11个“爆炸点”（改进点），形成“主机装配流程改进”“提升机载部附件准时交付率”“降低装备待投产周期”等11个重点改进项，系统开展改进工作。

重点实施主机装配流程优化。主机装配需将飞机全部18个部位（如座舱、尾梁等）进行装配，是航空装备所有维修项目的集成步骤，也是装备维修中的核心流程，在整个维修过程中具有承前启后、资源牵引和计划拉动作用。五七二〇工厂以此为切入点，一方面，对主机装配工艺分工、各个部位详细装配流程梳理分析，通过优化装配工艺路线，规避操作部位之间的“干涉点”，实施操作部位的并行作业，重建了主机装配流程，实现了主机装配18个部位、209个工序、1120个工步的工艺路线、干涉关系的显性化、标准化和装配路径的最优化。另一方面，详细梳理主机装配流程中需要的人、财、物等资源，结合精益维修要求，优化维修工卡内容，建立装配标准作业时间，改进装配物料配套模式，形成了装配过程“日装配量”数据，指导主机装配作业人员用最优化的顺序和最短的时间完成装配作业，提升装配效率，为实施精益维修、提高维修效率提供科学支撑。

提升部附件维修准时交付率。通过对部附件维修过程进行价值流诊断，以连续流作业思想为指导，以装配作业顺序建立U形工作工位，减少维修作业过程走动、搬运、等待等不增值环节，同时改变机载部附件物流转运方式，实施点对点的物流转运，消除等待时间。如某型飞机平尾作动筒的维修周期缩短21%，维修过程搬运距离减少2.5千米，维修准时交付率由83%提升至96%。

（三）优化修理线布局，为精益维修提供有效载体

1. 实施分站作业，形成稳定的维修作业节拍

以航空装备分解、修理、装配、调试为主要阶段，按照作业内容设置“修理站”，实现无间断的单机流，以达到均衡节拍的目的。在此基础上，根据维修任务情况，结合历年来的维修数据及作业场地、人员情况，对各站点的作业周期进行调整，得出合理的节拍。如根据飞机机体修理作业确定结构修理、电缆修理、油箱修理、喷漆作业等关联工序的节点。在此基础上，实现人力、设备、器材等维修资源的优化配置。

2. 推进标准化作业，提升维修组织柔性和效率

为解决航空装备维修标准化程度不高导致装备维修效能提升缓慢的问题，五七二〇工厂对机体分解工序和整机装配工序实施专业融合，打通分解人员与装配人员双向流动通道；对电缆修理与机体结构修理班组实施整合，解决结构、电缆并线作业，职责界定难的问题，加大维修柔性；对总装环节按时段进行装配工序模块化、标准化设计，全面推进准时化交付；对调试各工序寻求并行作业最大化途径，全面提升装备维修效能。

3. 建立产品维修单元组织，推动实现航空装备维修人岗匹配

为有效激发全员活力，建立技术难度、任务数量和个人收益相匹配的内在管控机制，五七二〇工厂在维修部门建立产品维修单元化组织，将维修工段的产品和人员能力进行分类分级，对应不同等级的薪酬和工时分值，并按维修产品的工作原理、结构、功能相同或相近原则，划分、组建维修产品单元。每个单元内由 1 名资深操作人员牵头，简单产品按飞机架次实施维修，复杂产品由多人按工序流水实施维修，兼顾人员等级与产品风险等级的匹配，有效减少因人员经验、技能等与产品管控要求不匹配，带来的作业瓶颈问题，保证修理作业的稳定性和持续改进。如组建“液压锁修理单元”后，该产品维修进度从滞后计划进度近 30 天，提升到维修准时交付率 100％。

（四）强化技术支撑，提升实现精益维修的核心能力

1. 提前对接飞机预研、设计与制造技术

五七二〇工厂结合“军民融合”国家战略，积极开展对外技术交流合作，建立以国际领先企业、优势研制厂所、知名高等院校为主的全链条、多元化外部技术支撑体系。与德国西门子、埃莎公司，法国达索、空客公司，以及俄罗斯、乌克兰的先进制造厂所等多家单位建立沟通渠道，开展智力引进，拓宽视野和思路。与国内装备研制单位建立技术文件联编联审机制，实现设计、制造、修理全程深度融合和互利共赢。在新型装备维修能力建设上，累计选派 400 余名技术骨干赴新装备研制厂所开展跟研、跟制、跟学，摸清新装备技术状态及“四新”应用情况。与工业部门主辅机研制厂所、优秀民营企业等进行战略合作，共同开展航空装备改装、延寿、国产化、深修精修等研究。

2. 掌握核心技术，强化技术支撑能力

五七二〇工厂借鉴外部先进研究成果，制定各型号、各专业装备维修能力发展规划，按照“快人一步”的理念，提前开展新型装备能力建设准备，深入开展面向通用、基础及平台的技术研究，及时掌握装备核心修理技术。建立装备“瓶颈”技术攻关机制，系统梳理并着力解决维修过程中影响提升装备维修效率的关键技术、能力，为推进精益维修拓展了新的路径。

3. 优化修理工艺，实施精准维修

航空装备维修是恢复装备技、战术性能的主要手段。为提升维修的精准性、可靠性，五七二〇工厂从维修项目、瓶颈项目、工艺方法和工艺流程四个方面，综合考虑质量、周期、成本、柔性、安全、环保等因素，采取上下联动、全员参与的方式，大力开展工艺优化。通过建立工艺优化激励方案，设立工艺优化改进基金，定期收集工艺优化的需求，遵循综合论证、理论计算、数据分析、专家判断等方法，

开展评估论证与优化改进。通过优化修理工艺，使过度维修等浪费得到识别和解决，年节省修理工时约5%，为缩短维修周期提供了技术条件。

4. 自主研发维修标准，反哺新装备设计制造前端

五七二〇工厂注重将先进技术、工艺方法应用到维修实践，在为精益维修提供技术支撑的同时，为填补当前装备维修标准的空白，反哺装备设计、制造等产业链前端发挥了积极作用。如自主形成引进型装备维修全套技术标准，构建具有完全自主知识产权的修理技术标准体系。某型装备全套图样被设计所用于新装备的设计参考，以及在装备维修过程中形成的设计变更等研究成果，在后续新装备的研制中被采用。大量自主研制的零部件在新装备上装机应用。

（五）深化数字化维修，建设服务精益维修的智能工厂

1. 维修过程数字化

一是精准定位和识别产品“身份”。装备维修流程是一个复杂的离散型工艺过程，需要对每项产品精准识别和定位。五七二〇工厂通过自主开发条形码产品卡片，对维修中涉及的零件、二次转工项、委托加工项等实物，进行精准识别和定位，实现维修计划调控、资源调配与作业现场的无缝对接。

二是设计维修工卡，实现维修指令的一体化管理。为使维修指令同时满足技术、质量、进度、成本等多方面的要求，五七二〇工厂自主设计维修工作卡，以维修工作卡整合维修指令需包含的工艺、记录、资源、检验等关键要素，并开发数字化工卡作为信息交互和传递的载体，使维修工作卡从工艺文件转换为相互独立的、可替换、可重用的数据模块，充分体现了维修指令的单元化特点。数字化工卡充当了维修过程中的“一卡通”角色，不论是记录结果、传递故障、拉动配套、反馈问题、申领物料、领取工时，都可以使用工卡来快速定位和输出。同时，不论是在线访问还是纸质输出，都能够便捷使用，使维修组织更加灵活和顺畅。

三是实施维修计划多级联动与自动排程。为适应航空装备维修产品“多品种、小批量”的特点，五七二〇工厂建立维修计划自动排程系统，即以装备维修总体任务量、维修产能和标准维修周期为牵引，实现维修作业计划、零件制造计划、物料配送计划的逐级联动、派送传导和自动排程，进一步提高维修管理的精细化程度。

四是实现维修全程动态监控。通过建立对维修任务执行、现场问题反馈、维修任务完工、维修周期等装备维修全过程的动态监控系统，促进维修过程问题的显现和及时处理，有效促进维修周期压缩，并为维修工艺布局优化提供输入和参照。

2. 维修辅助过程数字化

一是建立数字化辅助配套系统。基于航空装备修理企业器材备件“品种多、入库严、分拣要求高”的特点，建立数字化辅助配套系统，实现自动发料、电子标签配套拣选，将装备维修所需物料直接输送到现场工位，实现器材备件的精准化发放和配送。

二是建成智能物流配送系统。在建立数字化辅助配套系统的基础上，对材料总库进行智能化改造，建立零备件智能物流总控系统以及机器人智能分配系统（AGV），完成企业范围内智能物流路线规划及硬件改造，实现从取料、配料、送料到领料全过程的无人监控运行，降低了人工、设备、器材等物流成本。

三是推进设备联网监测。基于设备联网技术在典型设备上的成功试点，形成了数控设备集成应用技术标准，可用于指导对已有设备统一进行联网改造，并对后续设备研发和采购提出规范要求。如自行研发大气数据计算机等设备自动测试程序，通过监测设备联网、自动测试程序与工卡管理系统的远程通信和应用开发，将原先需要4个小时人工转录的测试数据在1分钟内写入数字化工卡中，并积极推广自动化数据采集应用，极大提升了维修辅助工作效率。

3. 产品全生命周期数字化

为积极应对装备维修保障新要求，全面提升装备综合维修保障效能，五七二〇工厂开展了产品生命周期管理系统（PLM）建设，从产品的需求、论证、设计、工艺、维修（制造）、使用、服务直至下线全过程，围绕产品相关数据及其生成、审批、发放、更改过程进行管理，以保证产品技术状态和装备维修受控，并在此基础上基于 PLM 软件平台进行配置开发，实现了外部研制产品数据与工厂维修产品数据的有效承接、转换、签审和纪实，实现了装备全生命周期数据管理的结构化、网络化。

4. 推进数字化维修向智能化维修拓展

为进一步提高航空装备维修柔性化和智能化，响应智能制造国家战略，五七二〇工厂引入机器视觉等专业博士进站，成立智能化应用推进团队，以自主创新、技术合作、智力引进并行开展的模式，加大传统工艺的智能化改进，用智能化装备代替单一重复的人工或传统维修作业手段，以达到产能提升、工艺改进、品质拔优等目标。在推进过程中，通过总结经验，逐步扩大应用范围，开展面向未来智能化工厂的持续性技术改进。如在装备维修特种工艺作业环节，以传统的电镀作业作为智能化改造试点，在电镀线引入了基于单元挂架的 RFID 射频识别技术，构建一条集现场设备联网、设备远程集控、产品任务信息、电镀工艺流程一体化的智能化电镀线，过程监控的数据量增加了 5 倍，总体产能提高 50%，且有效提升了产品质量的稳定性及可追溯性。

（六）实施“蓝天工匠”人才工程，持续满足精益维修的资源需求

1. 提高人员准入标准

五七二〇工厂围绕打造一支面向精益维修的专业人才队伍，在维修从业人员资格管理规定的基础上，确立以“985 工程”“211 工程”院校和航空类高校为目标招聘院校的人才招聘标准。部分技能岗位从省级技能竞赛获奖选手中定向招聘，提高人员准入门槛，提升专业技能层次。探索技术技能人才引进新模式，与航空院校合作开设“2+1”现代学徒制试点班，将员工甄选时间前置，一方面增加新员工考评周期，及时淘汰不适岗人员；另一方面让新员工提前一年进入航修相关专业技能训练，减少人员培养周期长带来的技能不足问题。

2. 培养专业化人才

五七二〇工厂紧紧围绕精益维修管理需要，建设专业化的人才队伍。一是建设专业化培训的软硬件条件。参照民航 147 部的做法，建成涵盖航空维修全部基本技能和主要专业技能的培训中心，同时建设面向新型航空装备的机型培训室；引入和自主开发航空维修相关专业通用教材和实训平台。二是形成良好的人才培养机制。持续推进学习型组织建设，先后建立“36+4”工作学习制、“1+2+N”以考促学模式，使航空装备维修人才培养常态化。三是培养核心骨干人才团队。以企业技术中心、院士工作站、博士后工作站和大师工作室等平台建设为依托，建立专业技术和操作技能“双导师”的师带徒模式，培养高层次领军人才。四是着力培养“蓝天工匠”。实施三大人才工程（科技创新人才建设工程、高技能人才振兴工程和青年人才培养工程），选聘“金牌蓝天工匠”，着力打造“双师”（工程师、技师）型技术人才队伍、“工匠型”技能人才队伍、“复合型”管理人才队伍。

3. 推进任职资格体系

为提升员工面向精益维修的职业化能力，五七二〇工厂建立任职资格体系，确定操作、技术、管理三大职类作为专业发展通道，共建立 53 个职种任职资格标准，完成薪酬、绩效、培训等配套体系建设，让员工从入职开始就可以清楚地看到职业发展的路径和方向。组织实施员工任职资格认证工作。完成全部三大职类的任职资格等级评定，通过向前链接职位职级体系，向后打通薪酬、人才培养体系，建立高效的人力资源管理机制，为精益维修管理提供智力支持。

三、航空装备修理企业精益维修管理效果

（一）有力提升了部队装备维修保障能力，取得了军事效益

五七二〇工厂自2014年开始实施精益维修管理以来，在部队装备修理保障需求大、时间紧、任务重的形势下，在提高装备修理产出上取得了明显成效，满足了部队实战化训练条件下的装备急需，为保证部队装备完好率、提升部队战斗力发挥了积极作用。更为重要的是，通过实施精益维修，保证了部队作战训练准备所急需的装备资源。工厂修理出厂的装备，在阅兵、应急作战准备等重大任务中得到了充分检验。

从装备维修产出看，近3年，五七二〇工厂通过实施精益维修管理，主要装备年修理出厂数量持续增加，在基础设施、人员等资源规模没有发生较大变化的情况下，装备修理产出以6%、11%的速度连年增长，装备年修理数量已经达到了设计修理能力的1.6倍。通过实施精益维修，大幅延长了装备使用寿命，如某型装备实际使用寿命已经达到了原给定寿命的3倍，有力保证了现役装备的持续战斗力。

从装备维修效率看，近3年，装备平均修理周期分别以14%、22%的比例持续压缩，实际修理周期已经远远少于上级机关制定的标准周期时间；同时，一次提检合格率、一次试飞合格率等指标稳步提高，顾客满意度始终保持在较高水平，体现了上级机关、用户对基于精益维修管理所取得成果的认可。

（二）装备维修成本持续降低，企业经营效益稳步增长，实现了经济效益

通过实施精益维修管理，五七二〇工厂在装备维修全链条的成本管控上更加精准、精细，取得了较为明显的效果。在装备维修器材采购、成品件换新等成本居高不下的情况下，不仅抵消了维修成本增加的影响，而且实现了维修成本的稳步下降，为国家节约了大量装备维修经费，同时使企业获得了可持续发展的空间。经济总量和资产规模保持了增长的态势，经营效益获得了稳步提升，资产总额、工业总产值、营业总收入、利税总额等指标均达到了历史最高水平，为持续加大航空装备维修能力建设、技术研发等投入提供了保证。

（三）加速了国内领先、国际先进的精益维修企业建设，创造了发展效益

通过实施精益维修管理，走出了一条具有航空装备修理企业特点的“精益之路”。一是优化了资源配置。在装备维修更加高效运行的基础上，提高了企业管理成熟度。二是优化了流程和架构。企业各项流程更加清晰，管控更加有效，并通过流程的迭代演进，使企业架构不断适应装备跨代精修的需求。三是形成了创新驱动发展的良性机制。五七二〇工厂用精益维修带动管理思想、方法的创新升级和持续变革，使航空装备修理企业更好地应用和践行五大发展理念，为企业的全面、协调、健康发展提供了不竭动力。四是丰富了“航修报国”文化内涵。五七二〇工厂将精益维修的理念与企业文化、精神特质有机结合，“打破固有观念、改善永无止境”的精益思想日益深入人心，为加快建成国内领先、国际先进的精益维修企业奠定了基础。

（成果创造人：袁先明、凌凤文、阚　艳、张建春、张森林、徐立举、
蒋晓弟、刘和侠、韩道荣、邓阳春、俞秀林、丁　冬）

油田企业以全方位降本增效为目标的系统性管理变革

中国石油天然气股份有限公司吐哈油田分公司

中国石油天然气股份有限公司吐哈油田分公司（以下简称吐哈油田）主要业务涉及油气勘探、开发生产、科研服务、井下作业、油田建设、水电供应、机械加工制造、物资供应等，石油工程技术作业队伍遍及西北各油田，气举采油、地质研究、试油测试等特色技术驰名中亚，先后荣获全国“五一劳动奖状”“全国文明单位”“全国模范劳动关系和谐企业”“中国优秀诚信企业”“全国绿化模范单位”等多项荣誉。吐哈油田现有员工13550人，资产总额221亿元，截至2016年年底实现销售收入1428亿元。

一、油田企业以全方位降本增效为目标的系统性管理变革背景

（一）积极应对油田开发中后期开采难题的需要

吐哈油田经过20多年高速发展，油田已进入中后期开发阶段，石油资源劣质化趋势明显，“十二五”新增探明石油储量中，低品位储量占90%，石油探明地质储量动用率达到84%，未动用储量主要集中在稠油、致密油等非常规油藏，开采难度大，边际效益下降。上产基础不牢，原油储量动用程度高，原油采收率25%，注水区块自然递减率11.5%，全油田自然递减率16.6%，新建产能和措施产量难以弥补老井递减，老区稳产基础薄弱，油田上产后劲不足。吐哈油田持续发展面临严峻挑战，通过深化改革破难题，依靠创新驱动增动力，来主动适应地质资源的变化。

（二）主动适应“低油价”环境下企业生存发展的需要

2014年年末，国际油价断崖式下跌，长期以来重开发轻经营的粗放发展模式难以适应当前“低油价”的严峻形势，石油企业内部长期积累的一些深层次矛盾和挑战逐步显现，暴露出石油勘探开发行业稳产基础不牢、优质后备资源不足的问题，同时效益勘探难度越来越大，技术要求高，加之过去的高油价和市场高需求掩盖的经营管理短板，造成油田完全成本居高不下。吐哈油田亟须坚决打破油价持续高位造就的以产量为中心的思维定式，打破靠规模扩张、投资拉动、垄断优势营利、市场保护的路径依赖，解决高油价下掩盖的产量成本结构矛盾突出、成本竞争力不强等一系列制约企业发展的潜在问题，向更科学、更经济的发展模式转变。

（三）深入推进经营管理体制机制变革，激发企业发展活力的需要

长期粗放式发展过程积累的各种经营管理弊端也逐步累积，暴露了企业长期以来重生产轻经营带来的弊端。吐哈油田必须破除内部僵化的管理体制，立足自身核心能力和优势资源，努力践行“油气增长、低成本发展、创新驱动”三大战略，努力实现经济新常态下的转型发展，使发展速度由较快增长向稳健增长转变，使发展方式由投资拉动向创新驱动转变，使效益贡献由过度依赖高油价向低成本发展创效转变，使发展模式由业务发展型公司向价值创造型公司转变，只有这样才能在经济新常态下取得进一步发展。

二、油田企业以全方位降本增效为目标的系统性管理变革内涵和主要做法

吐哈油田基于对自身核心资源能力的判断和对外部环境的客观分析，明确了以经济效益为中心的业务发展目标，分别从业务线、管理线、员工线入手开展具有系统性、计划性、针对性、控制性的管理变革，通过剥离外包低端、低效业务，做强勘探开发主营业务；梳理业务流程，精简管理机构，构建“四化”管理新机制，推进经营管理活动的市场化，有效降低了“投资、单位操作成本、完全成本、员工总量”四项指标，实现了企业全方位降本增效。主要做法如下。

（一）未雨绸缪，研究部署推进经营管理变革的基本思路

2014年年初，吐哈油田前瞻性地提出了公司发展面临的两大问题：“原油价格低于80美元/桶时，上市业务出现亏损，我们怎么办？当油气产能建设小于60万吨时，未上市业务因工作量不足出现亏损，我们怎么办？”为此，吐哈油田主动开启改革工作，确立了“转变观念、调整结构、降本增效”的发展原则，在客观分析自身优劣、势的基础上形成改革目标和调整方向。2014年年末，吐哈油田加速调整改革工作部署，进一步明确以油气勘探作为业务结构核心，精细勘探与区域预探并重，积极转变开发方式以保持稳产，并提出了“油气增长、低成本发展和创新驱动”三大发展战略。

在管理变革方面，吐哈油田从三大发展战略出发，以全方位降本增效为改革目标，围绕企业管理的三条线，即业务线、管理线、员工线，按照“一个原则”“三个优化”“五化”的调整方向系统性地推进各项改革措施。“一个原则”是指主体权责匹配、职能界面清晰、流程简洁顺畅、激励约束有效。“三个优化”包括：一是优化业务结构，主要是以油气勘探主业为核心，保留提升与油气生产紧密相关的工程技术保障业务，关停退出低效无效亏损业务，分离移交企业办社会职能的矿区业务；二是优化管控模式，基于全面深化改革和推进规范管理的需要，建立“两个中心”的管理新模式，强化机关部门作为指挥协调、资源配置和支持服务中心的职能和权限，完善基层单位作为生产组织、利润创造、成本控制和HSE操作中心的职能和权限，确保责、权、利相统一；三是优化组织机构，整合同类同质业务机构，压缩管理层级，缩短管理链条，配套考核激励约束机制，激发员工活力，提升管理效能。“五化”，是指形成“服务业务社会化、生产经营市场化、企业管理轨道化、组织机构扁平化、沟通协调人性化”的管理模式，具体来看“服务业务社会化”主要是退出低效业务，用市场换资源，降低成本费用支出，实施矿区服务业务社会化改革，减轻企业负担；“生产经营市场化”主要是通过探索效益最大化，实施投资一体化的生产经营模式，重构公司招标采购体系，引入市场化机制，降低采购成本；“企业管理轨道化”主要是推进制度“四化”建设，实现制度流程全面覆盖、规范有序、阳光运行，规范企业管理；“组织机构扁平化”主要是减少管理层级，压缩岗位配置和管理人员，提高运行效率；“沟通协调人性化”主要是始终以员工利益为核心，加强舆论宣传引导，让员工理解改革、支持改革、参与改革，最大程度降低改革阵痛。

（二）坚持员工利益，开展广泛宣传动员，营造良好思想基础和舆论氛围

吐哈油田在改革工作中自始至终都把员工利益放在第一位，坚持从员工出发的底线原则。在完成各项业绩考核指标、确保员工收入增长与效益提升、劳动生产率同步提高的同时，注重改善员工生产生活条件，完善养老服务体系，制定多项惠民利民政策。

一是加强组织领导。在各项改革工作中，结合领导干部专业特长，选派管理经验丰富、针对性强的管理人员组成领导小组，领导小组分工协作，相互配合，坚持深入到改革涉及的每一个单位、每一个群体、每一个层面、每一个环节，切实把问题搞清弄透，抓实抓细抓准，做到心中有数，不留死角。面对受决策影响较大的相关利益群体、有特殊困难群体的不同利益诉求，逐一走访，当面听取意见，不回避矛盾，不绕开困难，统筹兼顾、平衡各方，想方设法排除障碍和阻力，把稳定风险降到最低程度，从源头上预防和减少不稳定事件的发生。

二是政策托底推进改革工作。吐哈油田设立“四个底线”“两条红线”来确保各项安置措施和方案，最大程度保证员工利益不受损，充分考虑员工的利益诉求和承受能力，把握时机，稳妥推进，不让员工利益受到影响。“四个底线”是：无论改革如何深入，决不让一名员工下岗；改革中人员分流安置在员工自愿的原则下进行；改革成果最大程度惠及员工，保证员工待遇不下降；配套实施改革扶持政策，不增加员工新的负担。“两条红线”是：保持员工队伍稳定不动摇；确保公司国有资产不流失。

三是通过思想政治工作和舆论宣传统一员工思想。重视每一位员工的思想沟通工作，确保整个改革

工作的稳定推进。在改革初期，通过召开工作部署会、动员会，讲明公司改革思路，讲清改革举措，讲透配套政策，引导员工理解改革。改革过程中，通过全方位的系列宣传报道、开设专题网页等渠道及时报道各项工作的进展，利用周生产会、早班会、交接班会等各种形式开展主题宣传教育活动，发动员工参与改革。改革主体工作结束后，系统总结改革经验，全面宣传改革成果，让员工全方位了解改革成效，激励员工持续支持改革。

(三) 保主业、重效益，做强勘探开发主营业务

1. 持续增强创新科技能力，实现效益勘探开发

吐哈油田始终把效益上产作为工作重心，着力在转变开发方式、提升开发效果上下功夫，确保在低油价下经济有效开发。第一，针对不同油藏，加强科技攻关，开展氮气泡沫驱、氮气吞吐等矿场实验。第二，攻关“水平井+大型体积压裂”技术，通过优化压裂工具、参数和材料，致密油油藏单井投资下降23.5%，火山岩油藏单井投资下降18.6%，为规模动用三塘湖致密油和火山岩油藏奠定了基础。第三，推进精细注水，实行注水指标与产量指标按同等权重考核，强化单砂体精细刻画、分层潜力评价和剩余油刻画，推进以井网层系调整、分层调控和酸化增注为重点的专项治理，强化井筒治理和水质管控，分注率、分注合格率分别达到73.4%和85%，欠注率同比下降3.1%，水驱自然递减率控制在11.4%。

2. 坚持“保主业、重效益”的业务投资原则

吐哈油田在确定“控规模、调结构、强主业、提效益、防风险”投资原则的基础上，主要业务投资优化措施有：一是以保证主营业务与战略重点的发展为前提，优化投资结构；二是，调控主营业务投资结构，优先保障勘探开发实物工作量投资，调减勘探开发计算机、勘探辅助工程和计算机软硬件的购置升级等非生产性项目，年均节约2000万元；三是，强化投资全过程管控，严格效益标准，控制投资规模。

3. 实行以“单井门限经济评价模型”为核心的勘探开发投资策略

单井门限经济评价是把管理目标细化到油田生产的最小单元，即单井，从计算单井收回投资所需要的最低产量入手，看实际单井的产量能否达到最低产量。一是创新了门限产量计算方法，在给定基准收益率的基础上，通过计算投资回收期内单位产量的累计现金流反求产量，考虑资金的使用成本，使得开发方案经济评价与油田实际情况相匹配。二是选取产能建设所在区块在油藏、井型、井深等方面具普遍性的井作为标准井，已知单井投资、油价及吨油成本税费等条件下，通过模型计算本口井收回投资所需要的最低产量，即门限产量。三是对该区块所有新井初期产量与标准井的门限产量进行对比，看新投井是否达到门限产量，如果达到，可以进行投资，如果未达到，将采取下步措施，以此作为调整投资方向、优化投资结构的依据。

(四) 减负担、增活力，剥离外包低端低效业务

一是梳理现有业务结构，明确以勘探开发为主营业务的核心地位，重点分析不具备发展优势的非主营业务，按照“业务高端化、人员精干化、资产轻量化、技术优特化”的发展定位，从与油气关联度、技术含量、经济效益三个维度对其他各项业务进行盘点和梳理，确立了压裂酸化等18项突出发展的优势业务，同时外包退出小修作业等19项社会化程度高、用人多的低端、低效业务和市场。

二是退出扭亏无望业务。2014年果断关停甲醇装置，退出的1.4亿方天然气资源投放地方市场，与不停产相比，增效1.1亿元，同时有效缓解天然气供需矛盾，促进地方经济发展和民生建设，扩大社会效益，也为油田发展营造良好环境。2015年关停巴喀原稳装置，直接销售原稳装置加工所需轻质原油，同时油田钻井所需柴油全部改为对外采购，减亏8500万元。装置停运后，按照公平公正原则，把富余人员分流补充到油气生产单位一线缺员岗位，减少了用工总量，确保了队伍稳定。

三是外包低效业务。通过对试点单位的部分业务进行社会化实践，形成了“一企一策”的社会化操作体系，具体包括四个步骤。第一步，制定实施方案。第二步，设计业务外包的管理体系。第三步，社会化用工清退。第四步，通过设备租赁盘活闲置资产。

四是剥离企业办社会职能。与地方政府建立沟通协调机制，建立合署办公模式，一方面编制社区社会化管理实施细则，明确企业逐步弱化及移交政府管理的服务业务清单；另一方面界定社区居委会、物业、离退休三方工作界面及管理职责，打造特色鲜明、服务便捷、高度融合的社区服务工程。与当地国有专业化企业接洽，按照“互利共赢”原则，分步推进“四供一业”（即供暖、供气、供电、供水业务和托幼业务）分离移交工作，逐步剥离企业办社会职能。以租赁办园或联合办园方式，引进本地区或国内专业化托幼服务机构，开展社会化办园，与油田内部办园相比，租赁办园每年可获得政府补贴 6994 元/人，联合办园每年可获得政府补贴 2384 元/人，在提高办学质量的基础上，降低了企业成本。

（五）理流程、精机构，构建“四化”管理新机制

1. 重构“四化”制度体系，推进企业管理轨道化

一是打破以往职能部门独立制定制度的模式，建立独立的制度设计组织机构，调集主要职能管理部门共同参与制度的顶层设计工作。一方面，抽调 13 名处科级管理骨干成立制度流程梳理专家组，专家组完全独立于职能部门，上升到公司层面开展制度设计，直接向公司管理层负责，开展具体的制度顶层设计工作；另一方面，搭建统一的制度梳理平台，统一设计思路、统一制度设计规范、统一流程编制规范、标准梳理工作规范，并统一组织业务规范培训、专家组例会和专题讨论，保证在制度梳理工作中的系统性与一致性，同时建立制度梳理工作推进的三级审查模式，即职能部门初审、专家组会审、公司决策层审批，保证了制度体系顶层设计与流程再造的工作质量。

二是借鉴了现代企业的制度管理思路，即“管理制度化、制度流程化、流程表单化、表单信息化”，简称“四化”，并利用近两年时间，将其引入并融入传统油田企业的管理体系中，公司日常工作都按照固定的制度、流程、表单运行，最大限度消除人为因素干扰，排除暗箱操作、权力寻租的机会；同时，公司的日常管理和监督检查的重点转移到消除过程管理中的异常事项上，各级层面能够及时发现和解决异常问题，把违纪违规现象消灭在萌芽状态，促进了合规管理，为全面改革奠定了管理基础。

2. 推进“三厂合一”，合并撤销冗余机构

一是通过对鄯善采油厂、温米采油厂、丘东采油厂三厂组织机构合并，完成了对井网资源的整合。第一步，调整优化资源配置结构，打破原地域区块、层系和井网的传统概念，通过整合区域油藏、气藏资源，全面优化产能建设部署。第二步，调整优化资产使用方式，充分利用原生产系统与设备，加大使用闲置资产力度，整合了原三个采油厂的天然气输出系统、油水井管网系统、污水处理系统。第三步，优化人员及岗位配置。从部门职能和岗位职责的梳理入手，以精简组织机构为思路，整合机关部门，统一设置 6 个机关科室；设置油藏工程一室、二室、三室，集中原三厂油藏、储运、轻烃等技术人才，加强油藏开发技术力量，进一步提高了整体研究实力和技术攻关能力；新增井下作业监督站、地面工程监督站、质量安全环保监督站等监督管理部门，加强监管职能，实现监管分离，促进合规管理；采用公开竞聘的方式选拔匹配管理人员和操作人员，对机关富余人员、关停设施管理操作人员全部补充到一线缺员单位，解决结构性缺员的矛盾。

二是对同类同质业务管理单元的组织调整。吐哈油田结合业务实际，主要对勘探和运输两类业务管理单元进行了合并。一方面，整合勘探专业管理单元。将原勘探部和原勘探公司整合为勘探公司，承担勘探专业管理和生产经营管理双重职能。在新勘探公司的机构设置上，减少了管理层级，缩短了管理链条，实现了勘探管理一体化，减少处科级机构 2 个，机关人员数量缩减近 20%；更合理、高效地调配物探、钻井、试油三个项目部和技术科的技术人员。另一方面，整合运输业务单元。将原特种车辆工程

公司和原小车服务中心整合为运输工程公司，改变了原小车服务中心单纯依靠费用补贴的经营模式，实行自负盈亏。所有科级及机关管理人员岗位通过公开竞聘、竞争上岗方式选拔。整合后，机构数量压缩27%，管理人员压缩14%，提高设备资产的综合利用效能，并有效控制费用支出。

三是撤销矿区服务机构。原矿区服务事业部职能与公司机关相关处室职能重复，造成管理层级多、运行效率低，于是公司决定撤销矿区服务事业部，并将其管理职能上移至机关职能部门，减少处级科机构9个，精简分流机关人员37人；成立直属机构矿区管理部，负责矿区业务管理工作。新成立的矿区管理部突出了对物业及公用事业、社会公益性事业、离退休及医疗卫生等服务业务的监督管理。具体做法有：第一，优化机构设置，精简机关人员；第二，压缩管理层级，缩短管理链条；第三，理顺管理界面，明确业务职责。

（六）构建市场化的经营机制，提升经营管理效率

1. 建立“原油混掺”的营销策略

为了从销售端提升价值，以“原油混掺”为核心，实行一系列营销管理创新，突破了准确计算混掺比例的技术难点，使交接密度最大限度接近每种原油品质密度上限，使轻质原油销量最大化。具体包括实行原油销售价格大数据走势预测，实现高价多销、低价多储；加强天然气销售供输调配，确保销售后路畅通，做到应销尽销；加强丁烷、戊烷等化工产品以销定产，做到不营利不生产，止住亏损的“出血点”；按照分类销售原则，应用原油混掺规划求解软件科学调配外销原油密度，提高轻质油销量，最大限度提升轻质油销量和经济效益，年均增效5.38亿元。

2. 建立“超前计划、紧急采购、分段评标、分类建立评委库”的招投标运行模式

2014年11月，吐哈油田重新构建招标采购体系，设计了“管办分离、分类分级审批、专业化操作”的采购模式，构建完善的采购体系。建立即时准入的运行机制，为公平竞标创造条件。在不降低准入条件的前提下，随时为满足资质要求的供应商办理市场准入，并根据需要延长准入有效期，丰富供应商资源，优化了供应商结构，供应商数量和质量显著提升，油田注册资金5000万元以上的供应同比提高了5%，注册资金1亿元以上的供应商同比提高了4%。此外，实施集中打包招标，发挥规模采购优势。吐哈油田结合历年采购业务类型将工程、服务类采购业务细分为128个采购类别，对按业务类型申报的同类采购项目进行集中打包招标，采购标的金额集成后，大大提高了市场吸引力，参与竞标的有实力的大型企业、上市公司数量显著增加，发挥了规模优势，物资类采购项目招标率由81.83%提高到91.7%，工程、服务类采购项目招标率由46.39%提高到82.7%，采购成本大幅降低，累计节约采购资金13.82亿元。

3. 建立“三总库、四分库”的库存管理模式

结合油田点多、面广、战线长的实际，构建“三总库、四分库”管理模式，具体包括五个方面。一是，加强物资管理，强化各单位库存物资清理、集中管理。优化物资采购管理，合理确定常用、通用、应急物资库存数量，合理控制存货规模，确保库存定额小于2亿元，杜绝形成新的积压料和账外料。二是，组织与供应商和厂家磋商并促成签订框架协议，提升供应效率。三是，盘活低效设备资产，建立低效无效设备资产动态评估体系。四是，持续推进闲置物资调剂利用，加大闲置注水泵、压缩机等设备调剂使用力度，进一步降低库存规模、减少资金占用，每年降低闲置物资库存4500万元以上，盘活处置闲置设备设施2000万元。五是，严格物资计划管理，推行标准化采购和代储代销，杜绝新闲置物资产生。

（七）减人员、挖潜力，激发全员工作效率和创新活力

1. 调整人力资源结构，优化人员配置

在组织结构优化的基础上调整人员配置，实现人岗匹配。第一，要严控用工总量。加强“三控制一

规范”，坚持“出五进一”原则，控制新增用工规模。同时利用未上市托管单位业务外包的有利时机，清退市场化用工 1919 人，减少用工种类，降低用工风险。第二，优化用工结构。根据业务与组织机构调整后的实际岗位需要，通过“五定”实现人岗匹配，过程中严格控制机关及后勤管理人员编制，将富余人员向技术、生产一线等缺员岗位分流。第三，合理安置富余人员。充分利用人员安置政策，鼓励富余人员退出岗位，对符合退出岗位条件的员工办理退养手续。

2. 搭建“双序列”职业通道，充分挖掘科技人员潜力

吐哈油田在试点单位开展了具有油田管理特色的“双序列”职业通道的改革实践。具体设置方式包括。第一步，设置“双序列”组织机构，区分行政组织机构和技术组织机构。吐哈油田撤销原 8 个研究所的行政架构，按下达科技项目和研究院承担的海外项目的数量设置项目室，每个项目室作为勘探开发科研工作基本单元。另外，研究院设 3 个管理岗位负责全院管理工作，5 名一级技术专家负责勘探开发技术组织协调，其余科研人员全部安置在各个项目室，以科研创新工作为重心展开工作。第二步，合理设置技术序列岗位层级。按照研究方向、重点领域攻关和科研项目需求，科学设置技术序列岗位层级和职数。根据油田科研生产实际，技术管理序列设一级、二级技术专家和一级至五级工程师七个岗位层级。新岗位层级序列比原专业技术序列增加了 4 个层级，加大了对骨干优秀人才的激励与推动作用，不断提高科研人员自身价值创造的能力。

3. 执行多维绩效考核，挖掘职能管理人员潜力

首先优化绩效考核体系，确保考核与薪酬制度的严格执行。针对各单位部门的考核突出效益指标，将效益类指标权重由 40%～50%提高到 45%～75%；二级单位增加投资控制及效果评价、应收款项降低率两项考核指标，以引导各单位、机关各部门全面完成产量和增效目标；薪酬分配向主营业务、一线艰苦岗位和高技能人才倾斜，拉开单位之间的奖金差距，最大差额达 92%，以激励各单位开源节流降本增效；另外拉开前线与后勤单位奖金差距，体现区域差别，鼓励后勤人员到前线工作。其次，划小考核单元，推行全员多维度互评。每一个兑现单元根据业务要求设置不同考核重点，多维度考核兑现占 20%，打破以往以职务职级兑现为主的考核机制，同时拉开同一考评单元的奖金差距，最大差额达 15%，从而激发全员不断增强工作积极性。

三、油田企业以全方位降本增效为目标的系统性管理变革效果

（一）实现了全方位降本增效，企业在低油价环境下的生存发展能力增强

通过系统性的管理创新变革，吐哈油田实现了全方位的降本增效。油田年均增效 16 亿元以上，油气勘探的主营业务地位得到了巩固。截至 2016 年年底，主营业务收入利润实现增长，非主营业务自 2012 年扭亏为盈后，实现连续营利。在企业整体运营成本方面实现了“投资、单位操作成本、油气完全成本和员工总量”四个指标硬下降：截至 2016 年年底，投资较 2015 年降幅达 30.8%，其中勘探开发投资占比为 98.7%；操作成本和完全成本从 2014 年起，连续两年下降；员工总量较 2013 年下降 23.2%。

通过优化业务结构，激活了油田的创效“增长点”。一是通过对采油厂进行“三厂合并”，共计节约人工成本 3000 万元；将鄯善弧形带视为一个整体有效提高资源开发效率，节约投资 1.15 亿元；调整优化资产使用方式，实施生产设施设备运行一体化管理，停用 1 套轻烃处理装置，优化整合天然气输出系统、油水井管网系统、污水处理系统，调剂使用闲置物资 3362 项，节约成本 1.06 亿元。二是通过关停原稳装置，油田炼化业务落实了国家炼化产业政策要求，年节约消费税约 1.6 亿元。三是通过组织机构优化，近 3 年共减少处科级机构 81 个，减少处科级职数 108 人。四是通过清退社会化用工、自然减员等方式，近三年共减少用工 4096 人。五是通过推进员工内部退养政策，妥善安置富余人员 1157 人。六是通过实施新招投标体系，累计节约资金占采购总额的 8%。七是新库存管理模式的建立有效实现物资

和产品库存同比下降10%。

（二）初步转换了经营管理机制，全员的市场意识、竞争意识显著增强

吐哈油田通过四年的管理创新实践，初步完成经营管理机制的系统性转变。面对油气储量开发困难、市场低油价带来的双重风险，进一步明确了以勘探开发为核心的业务结构，通过优化投资机制、不断科技创新，2016年新增探明、控制、预测石油地质储量分别完成年计划的106%、107%和104%；通过提高采收率矿场试验，实现日增油410吨，累计增油5.6万吨；重点区块产能建设取得较好效果。面对企业经营风险，通过各项管理体系建设，完善市场机制，提高公司合规化管理；通过优化组织人力体系提高了组织运行效率，将高效的人力资源配置集中在主营业务和优势业务上，初步形成了人员能进能出、岗位能上能下、薪酬能高能低的机制，打破了“铁交椅”“铁饭碗”和“铁工资”，员工危机意识、竞争意识显著增强，激发了员工活力。

（成果创造人：徐可强、娄铁强、周元祥、王仲林、崔　奋、刘彦军、史东风、鲁正乾、李江予、陈　云、李振权、王玉强）

特大型炼化企业渐进追赶世界一流能效的对标管理

中国石化青岛炼油化工有限责任公司

中国石化青岛炼油化工有限责任公司（以下简称青岛炼化）成立于2004年，由中国石化、山东省、青岛市共同出资设立（出资比例为85∶10∶5），于2008年6月建成投产，总投资125亿元，是我国批准建设的与国际接轨的第一个单系列千万吨级炼油项目，于2006年5月开工建设，2008年6月建成投产。现有在岗正式员工700人左右。“十二五”期间，青岛炼化累计加工原油5190万吨，生产成品油和各类石化产品4794万吨（其中汽、煤、柴油3512万吨），实现销售收入2576亿元，实现利税480亿元。2016年加工原油1132万吨，实现税费131亿元，实现利润40亿元，实现吨原油利润478元/吨，在中石化炼油板块名列前茅。

一、特大型炼化企业渐进追赶世界一流能效的对标管理背景

（一）建设资源节约型社会，推进美丽中国建设的要求

世界能源结构中，大部分是化石能源，而化石能源是一种稀缺的不可再生资源。根据国际通行的预测，石油将在40年内枯竭，天然气将在60年内用完，煤炭也只能用220年。中国的能源形势更不容乐观，我国已探明的煤炭储量占世界储量的11％，原油占2.4％，天然气仅占1.2％，人均能源、资源占有量不到世界平均水平的一半。近年来，中国经济高速增长和产业结构的迅速变化，带动石油消费量快速增长，年均增长率达到7％以上，2010年对外依存度迅速突破50％，2015年达到60％。石油的供需矛盾越来越突出，已经成为可能制约我国经济发展的重要因素之一。

（二）应对石化行业降低能源消耗发展趋势的需要

石化行业是关系国计民生的重要行业，它不仅为国家提供能源保证，而且为丰富人民的物质文化生活提供各种各样的产品。作为能源消耗的重点行业，新建炼化企业普遍采取大型化、集约化发展模式，通过优化设计方案，提升运行管理水平。但随着国家能源安全战略、生态文明建设的要求越来越高，国际油价的不断上升，能源消耗成本占企业运营成本的比重不断加大，企业的能效对标工作面临诸多挑战。一是原油性质不断重质化。随着原油价格的高企以及油田的不断老化，炼化企业所加工的原油密度越来越大，硫含量越来越高，加工流程不断变长，加工的难度不断加大，脱硫所需要的氢气越来越多，能源消耗量不断增加。二是成品油质量不断升级。随着国内汽车保有量的增加，汽车排放的尾气已成为重要污染源之一。为了达到环保要求，世界各国和地区都对汽车尾气排放制定了一系列标准，与此相适应，对车用燃料也制定了相应的标准。各国炼油企业为了适应新的燃料标准，都采取了一系列措施。我国的成品油质量升级的速度不断加快。因此，如何低成本、低能耗实现产品质量升级是我国炼化企业的工作重点之一。三是环保排放要求不断提高。随着我国经济的持续快速增长，全国各地环境事件频发，出现了发展与环境的瓶颈期。一方面国家和地方为保护环境不断推出新的法规和提高各类排放标准；一方面人民生活水平稳步提高，对环境质量的要求越来越高。炼化企业如何提升自身的环境保护水平，已成为制约企业生存和发展的重要因素之一。在污染治理和环境保护的道路上，也需探寻一条低耗高效的管理方法。

（三）建设世界一流炼化企业的要求

按照中石化的统一工作部署，要求把青岛炼化“建设成具有国际先进水平的炼化企业，管理成具有国际先进水平的炼化企业”，公司以此为契机，提出了“共创世界一流炼化企业”的企业愿景。

青岛炼化的能源消耗费用约占企业总加工费用的30%以上，是最主要的可控部分，且相对于其他指标而言是较为重要和关键的指标。世界一流炼化企业能源消耗 EII（能源密度指数）的先进指标为78，对照这一指标，青岛炼化制订了率先实现“建设世界一流炼化企业”能耗指标的五年规划，力争在2016年达到或超越世界一流能效指标。要实现这个目标，采用创新的节能管理方法是企业的必然选择。

从2012年开始，针对上述情况，青岛炼化开始实施渐进追赶世界一流能效对标管理。

二、特大型炼化企业渐进追赶世界一流能效的对标管理内涵和主要做法

青岛炼化以领先企业（工段、装置、系统）的指标作为目标，通过资料收集、分析比较、不断更新目标的渐进式跟踪学习等方法，遵循指标分解、明确责任、对标分析、制定追赶措施、渐进实施的思路，从制度保障，到考核激励，从管理优化，到技术改造，从资源高效利用到信息化建设，全方位、多角度开展能效对标，逐渐改进能源绩效，使设备、装置、系统、全厂的能效水平不断螺旋上升，最终达到并超过对标目标，实现世界一流能效。主要做法如下。

（一）确定工作思路，将世界一流作为渐进追赶能效对标的目标

1. 明确对标目标，以世界一流作为“渐进追赶”的奋斗目标

按照中石化的统一工作部署，要求把青岛炼化“建设成具有国际先进水平的炼化企业，管理成具有国际先进水平的炼化企业”，青岛炼化公司以此为契机，提出“共创世界一流炼化企业”的企业战略目标，并在管理机制创新、生产运行优化、技术改造、资源高效利用、信息技术运用等方面开展渐进追赶能效对标管理，通过不断地更新追赶目标、反复学习直至达到世界一流水平。世界一流的运营指标为：能耗水平 EII 小于78，加工损失率小于0.45%，主要装置运行周期大于4年。

2. 统筹规划能效对标工作布局

青岛炼化组织研究制定《青岛炼化公司创世界一流能效规划》，对节能工作进行优化调整，重点解决装置运行不优化、装置各自为政、公用系统不平衡等突出问题。为使规划具有指导性、针对性、科学性，在规划制定过程坚持“三个结合”。一是当前与长远相结合。规划实行中长期与年度滚动相结合。二是单装置优化与多装置联合优化相结合。通过统筹兼顾，避免出现装置优化后能耗下降但全厂能耗增加的不利局面。三是技术与管理相结合。首先对标分析装置与全厂能源管理的潜力，对优化生产运行、减少燃料气放空、杜绝跑冒滴漏、强化计量监测、严格奖惩考核等方面的潜力进行量化；通过能源评审，进一步挖掘技术潜力，对降低能耗的重点技术和主要环节逐项落实潜力。规划确定后，青岛炼化对实现这一目标的主要管理措施、技术改造、信息化建设、激励考核等内容予以明确，使渐进追赶能效对标工作纳入战略管理，实行统筹规划。

3. 建设组织保障体系

青岛炼化成立能效对标工作领导小组。为夯实能效对标工作，公司以制度建设统揽企业的能效对标管理，编制企业《渐进追赶能效对标管理手册》，制定相关管理制度，将工艺、设备、信息、计量等各专业几百项指标进行细化分解，确定各项指标的归口主管部门，并将各项指标按装置、系统或岗位进行分解落实，将责任与指标落实到部门、班组及岗位。

青岛炼化每年组织开展生产装置及公司能源评审，形成以比学赶帮超、技术培训、节能优化培训、节能服务、经验交流为主体的节能工作体系模式，坚持制度的修订、宣贯与落实同步推进。

（二）基于企业战略选择对标标杆、数据采集和分析

1. 制定标杆选择的原则

青岛炼化确定能效渐进追赶目标的原则为：一是装置能耗指标名列前茅；二是装置规模、采用的加工工艺具有可比性；三是集团公司内部管理较为先进的企业。

2. 实施数据采集和分析

标杆的寻找包括实地调查、数据收集、数据分析、与自身实践对比找出差距、确定渐进追赶指标，根据与指标的差距定期修订完善追赶的阶梯目标。阶梯目标实现后再进一步确定下一阶梯的目标，直至最终实现各项指标螺旋式上升和不断自我超越。鉴于青岛炼化是中国石化集团公司的一名新成员，首先要吸取行业内各兄弟企业的优秀经验，力争在集团公司内部位列前茅，再去追赶国际先进水平。

为此，青岛炼化组织学习同类装置先进水平，系统分析对比能耗先进指标，为每套生产装置及辅助设施确定确保值、力争值、奋斗值三档考核目标；根据各生产装置能效对标目标完成情况和能效对标措施落实情况，不断动态修正能效对标目标，最终达到国内先进指标。

3. 确定对标企业

按照对标原则并经过数据分析，最终确定的主要生产装置的渐进追赶对标企业，如表1所示。

表1　主要生产装置对标目标

主要生产装置	对标目标
1000万吨/年常减压装置	中石化海南炼化公司
150万吨/年连续重整装置	中石化金陵分公司
250万吨/年延迟焦化装置	中石化金陵分公司
320万吨/年加氢处理装置	中石化镇海炼化公司
290万吨/年催化裂化装置	中石化镇海炼化公司
410万吨/年柴油加氢精制装置	中石化海南炼化公司
60万吨/年煤油加氢精制装置	中石化海南炼化公司
30000立方米/小时制氢装置	中石化海南炼化公司
22万吨/年硫黄回收装置	中石化镇海炼化公司
…	…

4. 系统学习，深入分析短板

通过专家诊断和自查对标相结合，全面查找节能工作存在的思想重视程度不够、指标不明确、考核不到位、能源评审不深入、技改措施不完善等诸多“短板”，深入分析，对症下药，制订翔实可行的整改计划，明确整改责任和期限，确保早整改、早受益。通过科学诊断节能现状，量化分析节能潜力，精准制定对标提升方案。针对节能剖析发现的问题，制订科学有效的整改计划，明确整改责任和期限，并结合现场实际和检修周期，合理安排技术改造。

（三）优化过程管理，促能效指标渐进提升

1. 开展单装置渐进操作优化

根据人员精简和年轻化的特点，青岛炼化充分利用先进的信息化技术开展节能优化，组织、培训技术人员应用相关流程模拟软件，进行生产过程的全流程优化测算。通过组建生产优化团队，开展培训讲课和交流研讨，使“会使用优化软件”成为装置工艺技术员的一项必要技能。青岛炼化结合软件模拟测算，对各装置精馏塔的运行情况进行诊断分析，优化操作条件，降低塔顶压力和回流比。

2. 组织多装置联合渐进优化

在跨装置的联合优化方面，通过利用模型对常减压装置稳定塔、延迟焦化装置吸收稳定系统以及加氢裂化装置吸收稳定系统进行测算分析，将原本进延迟焦化装置加工的柴油加氢轻烃和重整装置轻烃，分别改为进常减压装置和进加氢裂化装置加工，从而打开了轻烃系统的加工后路，解决了25t/h的轻烃在装置间的循环加工导致的能耗增加。

在装置间直供料和热供料的优化方面，充分利用全厂装置布局集中和一个中央控制室操作控制集中的优点，按照上游装置操作波动由下游装置吸收的原则，统一各联合车间的操作管理，大力开展热供料和直供料工作。青岛炼化针对重油管线直供料后的热备问题进行流程改造，既保证管线的热备又实现装置间的直供料。通过实施多项优化措施，公司直供料比例达到80%以上。

3. 组织蒸汽等公用系统渐进优化

一是蒸汽系统优化。青岛炼化结合全厂各产、用汽设备对蒸汽管网的压力要求及三个蒸汽管网的平衡情况，开展好管网与各装置用汽点的优化工作。二是瓦斯和氢气系统优化。针对全厂瓦斯相对过剩问题，组织开展装置少产、利用优化等工作，逐渐实现了全厂瓦斯平衡，杜绝瓦斯不平衡放火炬现象。三是火炬系统管理优化。通过对各装置的严格检查和控制，各装置排放至火炬系统的瓦斯气量由年初的平均4500m^3/h减至1500m^3/h，全部通过气柜压缩机进行回收利用，实现了熄灭火炬的目标。在此基础上，通过制订合理的安全预案，实现了熄灭火炬长明灯的目标。

（四）实施技术改造，突破能效对标瓶颈

青岛炼化开启能效对标工作新常态，推行“专业管理精细化，节能管理专业化”，建立公司层面的节能专业小组，提高能效对标工作的深度和广度。通过对标分析和技术攻关确定多项能效对标的技措项目并狠抓分步落实，促进能效渐进提升。

1. 实施工艺节能技术改造

在确保装置安全平稳运行的基础上，先后组织实施了焦化蜡油直供加氢跨线提高蜡油直供加氢温度、减压塔顶第三级机械抽真空改造、离心压缩机3C控制系统改造、往复压缩机无级调量控制系统改造、焦炭塔大吹汽采用智能雾化以水代汽改造、重整压缩机出口空冷风机更换高效节能叶片提高冷却效果改造、重整二甲苯塔增加侧线抽出改造等90多个项目，累计节能投资12211万元。充分发挥合同能源管理模式的优势，组织实施动力中心循环水系统改造，解决压力高、水泵效率低等问题，节电率达到30%以上，取得了较好的节能效果。

2. 实施设备节能技术改造

在节能设备改造方面，结合装置实际运转情况，通过设计核算对36台机泵实施了叶轮切削，节电105.53×104kW·h；对24台机泵实施了变频技术改造，节电3.79×104kW·h；对6台螺杆压缩机实施HydroCOM无级调量技术改造，节电206.63×104kW·h；对4台风机实施液力偶合器改造，节电13.22×104kW·h；对10台机泵实施永磁调速改造，节电10.06×104kW·h；对4台汽轮机实施CCC控制技术改造，平均节约中压蒸汽11.93t/h。另外，在节能设备运行管理方面，通过制定节能设备管理制度、加强节能设备运行周期考核和实施节能设备标识等措施，提高催化烟机、加氢液力透平机泵、无级调量机组、变频机泵及小转子机泵等节能设备运行同步率，节约电力消耗取得了较好的效果。

3. 实施CFB锅炉节能技术改造

为解决CFB锅炉和汽轮机发电机组长周期运行问题，青岛炼化通过聘请专家技术指导、召开专题讨论会等方式，加强CFB锅炉和发电机组长周期运行攻关。通过加强入炉燃料质量管理，统一员工操作调整习惯，创造性地实现脱硫洗涤塔、二次风机、布袋除尘器、高压风机等设备在线检修改造，有效地提高了锅炉运行周期，最大化地发挥了动力中心的发电效益。

（五）高效利用资源，拓展能效对标空间

在开展生产工艺过程渐进追赶能效对标的同时，青岛炼化高度重视资源高效利用工作。青岛炼化先后实施了含硫污水经汽提处理后的净化水部分直接回用、部分经污水处理场低浓度系列处理后回用的措施。青岛炼化的含油污水、含油雨水、生活污水经污水处理场系列处理后全部回用至循环水场替代新鲜水作为补水。在做好污水末端治理和深度处理回用实现节水减排的同时，青岛炼化进一步开展源头削减、过程优化措施，降低水资源消耗、提高利用率。

1. 梯级利用含硫污水，减少污水处理量

为解决水资源消耗，通过技术论证，对含硫污水系统进行优化改造，实施污水梯级回用。串级利用催化分馏塔含硫污水，将分馏塔顶粗汽油罐的含硫污水作为分馏塔、稳定塔及气压机级间水洗注水，在吸收稳定系统和分馏系统自循环利用。通过技术论证将污水处理系统的高含盐污水回用到动力中心烟气脱硫和焦化装置的除焦池中，节约新鲜水 40 t/h；通过污水监控池回收利用雨水，降低新鲜水耗量约 10 万吨/年。

2. 开展区域资源优化，打造循环经济新模式

青岛炼化周围有丽东化工、思远化工、环海化工等化工企业，随着渐进追赶能效对标工作的深入，企业的蒸汽开始过剩。为提高资源利用效率，青岛炼化加大与周边化工企业的能源互供力度，通过将企业过剩的中压蒸汽、低压蒸汽、低低压蒸汽提供给周边企业，提高能源的利用效率，实现互惠互利。在此基础上，又将思远化工的副产氢气通过管线引入公司的氢气管网，减少制氢装置的负荷，降低能源消耗，实现能源消耗的“减法”，经济效益的“加法”。

针对青岛炼化夏季瓦斯过剩的矛盾，积极与地方燃气供应企业联系，实施过剩瓦斯气体接入城市燃气管网的措施，解决夏季过剩瓦斯放火炬燃烧的做法，提高资源的利用效率，降低排放。

（六）搭建信息平台，驱动能效对标智慧化

青岛炼化高度重视信息化建设及系统深化应用，每年投入专项资金推进信息化技术在生产运营管理中的应用，提升预警和科学决策的能力；通过建设多项信息化项目，对能源使用过程进行及时、全面监控，实现各个环节的最优匹配；通过利用物联网、云计算等信息技术，开展数据中心和智能工厂建设。

1. 建设能源管理智慧平台，实现“说得清”“管得住”“省得下”

青岛炼化以中国石化“建设世界一流能源化工公司”为目标，投资建设能源管理中心，从能流“说得清”“管得住”“省得下”入手进行项目的建设，实现企业能源管理的能流可视化、能效最大化、在线可优化。青岛炼化首先完善公司的能源计量器具配备，为能源管理系统建设提供数据采集保障，成为中石化能源管理中心建设的首批推广企业之一。建设覆盖企业的能源供应、生产、输送、转换、消耗全过程的完整能源管理信息系统。通过建立能源日报、台账及数据库，加强能源消耗的监控分析；通过管网平衡数据的差异分析查找管网存在的问题，将新鲜水、氮气、燃料气等管网的不平衡率由 10%～30% 降至 5%以内。用准确的数据反映用能现状，用可靠的分析指导用能优化，实现了对水、电、汽等能源介质“说得清、管得住、省得下”的目标。通过 ERP 大集中项目，实现对能源介质进行物料化管理，全过程管控采购、生产、消耗、销售等环节，将生产管理、财务控制、资产管理等结合起来，使节能管理向纵深发展。

2. 利用优化软件对装置进行在线实时优化

通过炼油全流程优化 RSIM 系统开展生产过程模拟，运用“分子炼油”的理念，结合反应动力学原理，对各炼油组分的加工路线进行优化选择，对装置原料组成进行优化切割，对操作参数和产品质量进行优化控制，达到精确化生产管理的目的，实现生产过程的动态优化。青岛炼化还借助 MES 系统积极查找并解决生产运行中的问题，使其成为生产精细管理的助推器。大力推行先进控制系统（APC）建设。目前，青岛炼化主要生产装置均已实现 APC 先进控制，占到装置总数量的 80% 以上。通过 APC 先进控制技术应用，降低了受控变量波动方差，保障了装置安全平稳优化运行，在降低装置能耗方面取得了明显成效。

（七）文化引领，营造能效对标的氛围

1. 培育渐进追赶能效对标文化

青岛炼化充分利用宣讲、培训和电视新闻、报纸、宣传栏、微信平台等媒介，做好节能低碳、绿色环保关乎企业生存发展的形势任务教育，持续宣贯“精细管理无止境、能效对标无止境、人的潜能无止境”的渐进追赶能效对标理念，在全公司形成了浓厚的能效对标节能管理氛围。同时，制定有效的奖励机制和考核指标，充分调动员工能效对标、争创效益的积极性，促进能效对标管理理念深入人心。

2. 建立能效对标动态考核机制

青岛炼化定期搜集对标相关企业的实时数据，公布各装置的指标进展和业内先进水平，分析各装置存在的差距，通报各项措施的落实情况，协助解决追赶中存在的困难；同时对追赶指标进行动态优化，根据集团公司同类装置先进水平及前三个月的实际运行数据，对指标进行动态调整并严格考核，调动员工参与追赶的积极性。

青岛炼化将能效对标管理纳入公司的绩效考核、加大能效对标工作的奖惩力度，充分调动广大职工参与能效对标工作的积极性和主动性，以装置保专业，以月度保年度，对月度能耗考核按“确保”“力争”和“奋斗”三档指标进行递进式考核，能效对标考核权重由原来的5%提高到25%～30%。及时跟踪行业同类装置先进水平和运行参数，结合装置历史最优、前一季度的实际运行工况以及季节变化等影响因素，进行动态滚动修订能耗考核指标。

三、特大型炼化企业渐进追赶世界一流能效的对标管理效果

（一）经济效益明显提升

通过持续不断的开展渐进追赶能效对标工作，青岛炼化公司的轻油收率、高附加值产品收率、综合商品率、加工损失率、综合能耗、原油储运损耗率、万元产值能耗等指标均有较大幅度提升。炼油综合能耗由设计的74kgEo/t下降到2016年的56.19kgEo/t，降幅达24%；万元产值能耗由2008年的0.453吨标煤/万元，下降至2016年的0.297吨标煤/万元，实现节能量988625吨标准煤，年产生效益6179万元。用相同价格体系与“世界一流炼厂”对比，总占用资本回报率，净现金利润、能耗水平和加工损失率均达到或超过“世界一流炼厂”水平。

（二）能效管理水平显著提高

通过持续开展渐进追赶能效对标活动，青岛炼化上下逐渐形成了适合企业实际的能源管理机制。青岛炼化成为青岛市第一家通过国家能源管理体系审核认证的“十二五”国家万家企业节能低碳行动的单位。公司的《渐进追赶能源管理模式》被国家发改委推荐参加并获选国际能效合作伙伴关系（IPEEC）的国际“双十佳”最佳节能实践。

（三）实现能效领跑并产生辐射带动作用

通过实施渐进追赶能效对标管理，青岛炼化的能源消耗量逐渐下降，减少了二氧化碳等温室气体的排放，取得了较好的社会效益。按照美国所罗门（SOLOMON）炼厂绩效评价方法，反映炼油厂能源利用水平的能量密度指数（EII）在中国石化炼油企业中连续多年排名第一。青岛炼化公司先后荣获“山东省节能先进企业”“中国石油和化工行业联合会‘能效领跑者’炼油第一名”等荣誉称号。

（成果创造人：孟祥德、胡正海、孙　浩、莫少明、张罗庚、张　成、王寿璋）

以提质增效为导向的集疏港管理系统构建与实施

中国铁路北京局集团有限公司

中国铁路北京局集团有限公司（以下简称北京铁路局）是中国铁路总公司下属大型国有企业，管辖范围分布在北京市、天津市、河北省以及山东省、河南省、山西省部分地区，在服务全路运输及京津冀经济发展方面发挥着重要作用。管内繁忙干线6条（京哈、京沪、京广、京九、津山、石太），干线6条（丰沙、京通、京承、京原、石德、京包）；管内高速铁路6条（京津城际、石太客专、京沪高铁、京广高铁、津秦高铁、津霸客专）。截至2016年年底，全局营业里程8455千米，2016年货物发送量25449万吨，占全路9.6%；旅客发送量29183万人，占全路10.5%；运输收入599亿元，占全路10.1%。

一、以提质增效为导向的集疏港管理系统构建与实施背景

（一）实现港口货运增量及提升综合服务能力的需要

近年来，国家对煤炭、钢铁等行业去产能，带来管内煤炭、钢铁、金属矿石等大宗货物铁路运量逐年下滑，大宗货物发送量占北京局货物发送量的80%，大宗货物运输需求持续下降，北京铁路局货运经营压力日益凸显。天津港处于京津冀城市群和环渤海经济圈交汇点，是中国北方较大的综合性港口和重要对外贸易口岸，在京津冀产业空间布局中位于物流节点的核心位置。天津港与北京铁路局塘沽站、天津车务段及南环公司相连接。2015年天津港货物总吞吐量为54052万吨，集装箱吞吐量1412万吨。天津港口铁路装车量占北京铁路局装车量比重25%，港口铁路集装箱发送量占全局集装箱发送量比重近80%，天津港口运输在北京铁路局货运中起着重要支撑作用。2015年天津港经铁路集疏港总量仅占港口吞吐量的20%，特别是集装箱铁路运量仅占港口集疏港运量的3.5%，铁路集疏港运量特别是集装箱运量增长空间巨大。

面对严峻形势，铁路货运经营需要适应市场变化，创新经营思路，在港口铁路增量上寻突破，在路港战略协同上找出路，在集疏港增量上想办法，在集装箱、零散等“白货”上找市场，以“白”补“黑”，以“零”补“整”，以“港口站”补“矿区站”，解决以往铁路与港口运输不协调、信息不沟通及生产组织不联通等弊端，运用系统管理思想，将港口、铁路、船运企业及货主企业作为一个物流供应链系统整体进行优化，在集疏港管理方式、手段上实施协同管理和机制创新，提升综合服务能力，促进港口铁路运输增量，降低社会物流成本，提高企业经济效益，更好服务“一带一路”倡议和京津冀一体化战略。

（二）降低客户物流成本和提高供应链效率的需要

我国企业物流费用平均占商品价格的40%，而欧美等国物流费用平均只占商品价格的10%～20%，差距明显，潜力很大。我国物流成本高企，其中一个重要原因是海、铁、公等多式联运协同管理不到位，不同运输方式交换耗时长、不同运输方式互联互通标准化程度低，造成货物周转期长和企业库存量大。降低我国物流成本，迫切需要加强路港运输协同管理，减少不同运输方式的转换环节和运输成本，去掉重复的生产过程并优化运输组织，为我国降低社会物流成本创造条件。天津港部分港区已接入铁路线路，但部分作业线未深入港口码头腹地，港站分离，这导致港口与铁路运输间需要经过至少1次装卸和短途倒运作业，增加了物流成本，降低了铁水联运效率。迫切需要实施路港运输协同管理，推进铁路装卸线向港口码头的延伸，以港站一体化建设，实现铁路货运站场与港区联运的无缝衔接，消除联运中

间的梗阻，减少目前下船上铁路车辆货物在港区内的二次装卸、一次短途搬到及港存，有效降低天津港物流成本。同时，铁路、水运等各种运输方式正由运力短缺时代“以运输为中心”转变为运力富裕时期的“以满足客户需求为中心”模式，需要港口、铁路及船运企业等共同为客户提供快捷、安全、低成本、绿色物流服务。实施路、港、船、企多方参与的港口集疏运战略联盟，通过运输协同管理，建立合署办公一体化生产协作机制，可加快港口货物运送及加快车辆周转，满足客户对物流供应链高效优质的需要，赢得市场和用户，提升天津港在海运市场的竞争力，提升北京铁路局在天津港集疏港市场的竞争力。

（三）促进天津港铁路货运经营转型及提高企业经济效益的需要

一是解决铁路集疏港运力利用率低、运输成本高的问题。天津港铁路装车能力日均2400车，能力利用率61%；卸车日均3650车，能力利用率83%；通道能力日均列车48对，能力利用率75%。能力富裕设备闲置，造成铁路运输成本居高不下，通过实施协同运输管理，增加集疏港铁路运量，可提高铁路设备利用率，实现集疏港铁路运输的规模效益，降低铁路运输产品成本，为集疏港铁路货运产品降价让利腾出空间。二是解决港口专用线业务散、品类杂，运输生产规模效益低的问题。塘沽站新港站内有16条专用线企业，办理品类繁多，企业各自为战、无序竞争。如新编外包线群中的中材、货箱、中储等企业均可办理满洲里国际班列业务；一区、二区、三区、四区等均办理钢材到卸。分散管理、无序竞争不利于专用线发展业务，不利于港口开行始发直达列车，不利于新港站调车安全及降低车站运输成本。三是解决港口码头线与码头船只及仓库等衔接不畅、港内增加短途搬运及二次装卸问题。天津港内不同装车地点因与铁路装车线布局不同造成路港衔接成本不同，影响了不同港区收费。四是解决铁路集港与疏港系统不匹配，铁路集疏港优势未得到发挥的问题。天津港南疆区铁路集港货物主要为山西、内蒙古等地的煤炭及焦炭，疏港货源主要为到达各钢厂的铁矿石。太原铁路局及呼和浩特铁路局过去对到达天津港集港煤炭焦炭营销力度小，造成疏港量小于集港量；公路大量集港煤炭货车利用回程捎货运输，价格低廉，铁路在价格竞争中失去优势，造成西北方向铁路疏港运量比重仅占30%。亟须改变铁路单向运输的劣势，需要协调太原及呼和铁路局做好集港煤炭、焦炭的组织，实现铁路集疏港车辆重来重去运输，实现运输利润最大化。五是解决路港运输各自为政、生产经营信息孤岛的问题。港口、铁路、海关、船运企业等各自为政，业务及生产经营缺乏互联互通，有效信息缺乏互通，港口集疏运大数据基础信息均以信息孤岛形式存在，影响了集疏港效率，影响了对客户综合服务水平的提高，大数据应用也缺乏基础数据。

二、以提质增效为导向的集疏港管理系统构建与实施内涵和主要做法

北京铁路局以实施路港融合管理，提升集疏港运输效率和综合服务能力为核心，构建一体化集疏港生产经营系统，实施六大协同及保障机制，优化路港运输资源配置，促进路、港、船、企深度融合及生产经营协同，提升总体运输效率和企业经济效益，实现多方共赢，为“一带一路”和京津冀协同发展提供运输及物流支撑。主要做法如下。

（一）明确思路，构建路港一体化生产经营系统

1. 明确目标和实施路径

北京铁路局开展集疏港协同管理的目标是实现集疏港运输组织优化，消除路港运输设施及运力短板，促进集疏港运输效率提升，降低客户物流及运输成本，实现铁路港口运量增加，企业经济效益提升的目标。主要路径：建立铁路、港口及客户供应链战略联盟，实现组织协同；实施港口运输协同管理，组建路港合署办公指挥系统，实现港内外铁路行车子系统、货运子系统、装卸子系统、船舶子系统、施工子系统等五个子系统的有效融合和生产经营协同；优化和再造港口及铁路运输流程，合并及减少中间重复生产环节，实现路港直通，提升集疏港铁路运输效率。

2. 构建路港一体化生产经营系统

一是建立联合指挥调度中心，在北京铁路局和天津港组建的“路港联合办公室”基础上做大做强，根据协调内容和作业需求逐步提升人员组成结构和管辖范围，按照“形成合力、快速反应、高效运转”的原则，建立以提升综合服务能力为导向的联合指挥调度中心。二是实施统一指挥。进行天津港区港口和铁路生产调度指挥的一体化组织，实现路内货运、车务、机务，以及港口的堆存装卸、船舶集疏运、生产调度等统一调配指挥。三是实现运营指挥流程再造，解决了铁、港、船、企间的数据流转脱节和组织生产独立运行的弊端，打通了承运和运输企业间以及各运输企业间的壁垒，在实现生产数据顺畅交互的同时也实现了生产安全保障的一体化提升。四是推动实现了“一站式”服务，在联合指挥调度的基础上设立“无轨车站”，实现铁路集装箱专用线堆场统一堆存、发送、到达价格，对货主实现铁路集疏港一口价。逐步推进路港的一体化经营，实现为客户提供统一价格、统一受理，统一服务的高效便捷的“一站式”服务，如图1所示。

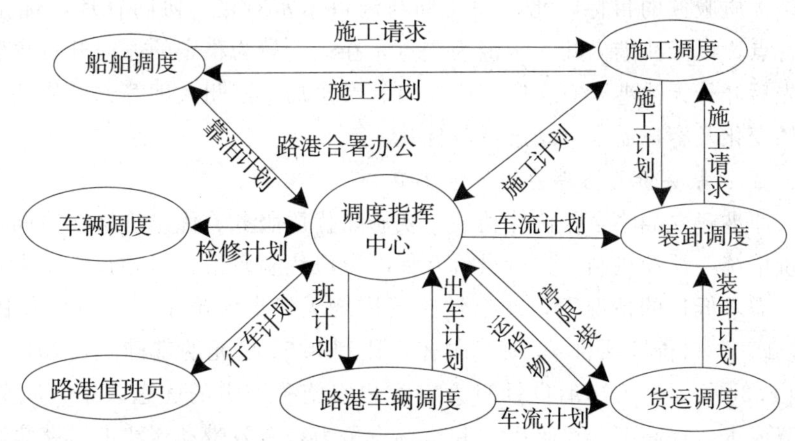

图1 天津港港区集疏港生产经营系统

（二）建立六大协同及保障机制

1. 建立水、铁联运路港运力保障机制

一是铁路局和港口企业负责人定期会晤沟通，解决协同运输管理中出现的问题。铁路部门成立由铁路局局长任组长的港口增量领导小组，总调度长及货运处、运输处、调度所等部门负责人参加，每月召开会议，协调解决港口增量存在的问题，及时优化集疏港运输组织方案，提高集疏港运输决策效率和经营效益。

二是发挥铁路局与天津港合署办公优势，由铁路、港口等部门选调精干人员，一起办公，共同参加港口、铁路现场交班会，针对市场环境变化情况协调应对，共同进行实际现场调研，一起走访客户，开发潜在货源客户，针对存在的问题和市场的变化情况，共同研讨市场调查应对措施。北京铁路局协作天津港在张家口地区设立营销中心，在呼和浩特铁路局设立天津港派出机构专门协调集港煤炭事宜，路港共同走访阳煤集团，促进阳煤集团集港煤炭大幅增加，并与天津港、阳煤集团、百度公司共同设立山西（阳泉）国际路港集团。

2. 建立路港运输信息协同交流及共享机制

加强生产系统的信息化建设，利用电子数据交换（EDI）网络，建立和优化海关港口铁路集疏运系统的信息平台，整合港口、海关、三检、铁路等部门信息并实现信息的实时交换。实现船舶公司及代理、港口、码头、理货、货代、运输场站、货主及与之相关的政府监管部门和银行保险实现电子数据交换，提供高效、便利、快捷、准确的信息服务。通过设置用户不同权限，实现信息过滤的商业保密功能，提高运输生产指挥效率和港口集疏运系统在地区运输市场的整体竞争力。

3. 建立水铁联运产品协同开发机制

路港船企密切合作，对水铁联运产品实施协同开发。一是多方协作，在港口与货物目的地之间开行直达集装箱班列，班次相对固定、全程信息追踪、手续简便、运到期限有保证、价格相对优惠等优势，提升港口集装箱铁水联运竞争力。二是与集港煤炭等大宗货源所在地企业及铁路局加强合作，开行煤炭、焦炭装车地与港口直达货物列车；做好天津港回程铁矿石、集装箱等货源组织，实现铁路列车重来重去循环运输，降低运输费用和运输时间。三是紧密对接铁水联运。货运专列开行时间力争与船期表同步，实现船货衔接，统筹协调铁路运输到发时间和水运航班时间，缩短货物下一程运输等待时间，从时效性上保障物资多式联运的高效便捷。

4. 建立水铁联运方案协同优化机制

按照为客户提供优质服务的目标，北京铁路局与港口紧密对接、协同管理，优化港口车流组织方式，针对港口货源特点，以天津港内陆无水港为支点，在运量较为稳定的方向开行集装箱班列，制订针对性的运输方案，先后开行天津港至石家庄、张家口、秦皇岛、广州大朗等方向集装箱班列，不断优化开行方案，根据市场变化及客户需求，动态调整优化。

5. 建立对相关产品及服务价格路港协同调整机制

北京铁路局与天津港建立战略合作伙伴关系，实施“优质服务、优惠价格”协同调整策略，建立以市场为导向的运输价格统一浮动机制，实行量价互保、分段优惠政策，引导长距离大宗货物运输向铁路转移。在社会货源总需求低迷的情况下，北京铁路局围绕天津港实施了“一口价”优惠政策，让利客户，在 2015 年共实施“一口价”项目 40 项，向客户让利 3.54 亿元的基础上，2016 年实施“一口价”项目 68 项，再让利 5.34 亿元。天津港也针对大宗客户实施了一定的优惠政策，减免港杂费以及短倒费，同步降低了物流成本，提高了港口吸引力和市场竞争力，有效带动天津港铁路集疏港逆势反弹，实现了路、港、船、企多赢。

6. 与地方政府建立汇报、沟通对接机制

北京铁路局共走访北京、天津、石家庄、邢台、沧州、唐山、邯郸、阳泉等 12 个省市政府。通过与港口所在地政府以及港口主要货源集散地所在政府加强沟通对接，深化路地路企战略合作，积极争取当地政府政策支持，在环保、交通、建设、财政补贴等方面创造对铁路运输较好的政策环境，形成良好的政府沟通对接机制，促进港口运输“公转铁”有效实施，推进铁路集疏港增运增收。在天津市政府支持下，天津港国际集装箱运量得到快速增长，包钢、邯钢、承钢等钢厂增加天津港疏港铁矿粉运量；开发天津港有色矿、氧化铝货源，与太原、呼和浩特、乌鲁木齐等局合作，共同组织返程货源，实现天津港疏港有色矿、氧化铝增量。在邯郸市政府支持下，北京铁路局与邯郸市、天津港、河北钢铁集团四方共同实施“路、地、企、港创新冀南区域绿色物流模式”合作项目，增加邯郸地区煤炭、金属矿石、钢铁“公转铁”运量；在山西省阳泉市政府支持下，北京铁路局与天津港、阳煤集团共同组织实施阳泉地区内陆港建设和港口集运煤炭增量，实现了阳煤集团煤炭集港从无到有。

（三）协同推进，全面提升港口铁路综合服务功能

1. 路港协同，提升铁路集疏港运输能力

一是适应协同推进铁路新线建设，扩大港口铁路集疏运能力。2015 年 8 月如期开通了天津新港北集装箱中心站，当年增加 1 万 TEU；2015 年 8 月份如期完成了临港经济区北区专用线建设，增加运量 265 万吨。推进天津港南 26 场牵出线 1050 延长项目、南疆港区中部堆场增加两条卸车线铁路工程建设以及有关卸车设备的补强，不断扩大集港煤炭接卸能力。二是补强集疏港点线能力，为铁路增量提供保

障。天津港装卸车能力是集疏港薄弱节点，实施了《天津港接卸运输组织措施》，补强港口节点能力。针对阳泉、丰沙线等点线薄弱点，制定了《阳泉地区运输提效方案》《丰沙线运输组织措施》《北京局部分区域机车机班调整方案》，优化了通道资源配置，确保了通道能力保障。三是协同整合港口码头业务。协调天津港整合港口码头业务，推动北疆港四分场1、2道装车点改造，达到大型矿粉装车地点条件；协调开通天津港三区津日码头12、13道，增办集装箱业务，加快新港北集装箱中心站建设，服务东疆集装箱码头作业，提高集装箱作业效率；促使天津港四公司、五公司完成整合，使北疆钢材卸车业务，实行集约化管理；促进港口增加南疆钢材集港业务，实现南疆钢材、矿粉重来重去钟摆式运输；整合港口铁路专用线办理品类，实现集约化运输。四是生产过程协同，提高运输能力。通过铁路派驻专职人员进驻天津港，参加业务交接班，及时了解掌握港存、船舶靠港、集港煤炭装船等情况，协调解决问题，确保海铁运输协同管理的无缝衔接；组织天津港加强装卸车设备的日常维护和保养，保证装卸车设备正常运转；组织天津港加强与上下游客户对接，组织好船货衔接，遇港存高居不下时，协调天津港将小户且长时间不装船的集港煤炭使用汽运倒置中部货场堆存，提高港口堆场利用率；及时掌握矿石船靠岸情况，协调靠泊天津南北疆港区，减少矿石船压港时间，给予铁路发运客户运力保证。五是实施路港直通运输。打破既有路港运输生产管理界限，实现本务机车在铁路与企业（港口）专用线（专用铁路）间的直入直出、运输作业全过程贯通和结合部的无缝衔接。减少了铁路与港口间机车、车辆交接等中间作业环节，提高了运输效率。六是协同人员配置及激励考核，为路港协作提供保障。北京铁路局修订了相关考核制度，围绕港口疏港、集港铁路运量制定了考核内容及相关考核办法。据此进行月度、季度及年度考核。港口铁路疏港和集港增量考核由铁路局货运营销中心按月下达考核指标并统计各相关单位货物发送量和卸车数据，超过考核指标进行奖励，未达到考核指标进行扣罚，有效地激励了集疏港营销人员的积极性。

2. 用户协同，提升市场占有率

一是协同天津港，建立内陆无水港。在无水港里设置有海关、检验检疫等监督机构以及货代、船代和船公司的分支机构，为客户提供全方位的服务。已经在北京、河北、山西、河南、内蒙古等9个省市建设了25个内陆“无水港”和5个区域营销中心，天津港通过的进出口货物当中（包括进和出），七成以上来自于内陆腹地；集装箱业务方面，内陆腹地的进出货源也占据了近一半的吞吐量。无水港建立，方便了客户并增加了路港运量。二是协同优化煤炭、矿石等大宗商品物流供应链。路港联动，统一受理，在存放场地、减免费用、优化服务等方面为铁路集疏港客户提供优质服务。与阳煤集团、晋煤集团、潞安集团、开滦集团、中煤集团等煤炭企业通力合作，一起开拓市场，提供到港存放、船货衔接、联系下游用户等方面的优质服务，在北京铁路局协调下，天津港针对集港煤炭短倒搬运实行优惠政策，免除铁路集港煤炭短倒费用，进一步促进扩大铁路集港运量。与邯郸钢铁、宣化钢铁、包头钢铁、承德钢铁等钢铁企业加强合作，深入钢厂调研需求，在产品外发和原材料到达方面给予运力支持，统筹铁路发到各环节，提供全程优质服务，促进集疏港增量。

3. 与其他利益相关者协同

一是与外贸企业、天津港、铁路三方协同联动，打造铁路集装箱班列新产品。北京铁路局组织开行中欧、中亚班列，提高天津港到二连、阿拉山口、满洲里等中亚班列产品质量，扩大天津港国际集装箱运输影响力。二是北京铁路局与船公司协调推进水铁联运产品升级。在已开行集装箱铁路班列产品的基础上，针对运量较为稳定的方向开行小编组班列，以天津港为中心，设计环天津港－德州－石家庄－邯郸无水港站摘挂快运列车，并以天津港25个无水港和中海、中远船舶公司15家内陆港为支点，设计点到点快运集装箱铁路班列，不断提升集装箱运输品质。三是做好集港与疏港整体协同，以集港带动疏港运输上量。集疏港系统的思路是增加天津港集港接卸、以集港带动疏港的思路。首先是做好煤炭企业集港煤炭的接卸工作，为贯彻落实京津冀及周边地区大气污染防治协作小组会议精神，按照铁路总公司的总体部署，认真抓好铁路总公司下达的各阶段集疏港运输方案，动态掌握天津港集港煤炭卸车、协调天津港加强上下游客户对接，组织好船货衔接，确保集港煤炭接卸顺畅；积极督导推进天津港提高集港煤炭接卸能力的设备更新和扩能改造，不断提高港口接卸能力。其次是利用天津港周边卫星站，扩大宣化、承德、邯郸、邢台等钢厂集港钢材的接卸。依托张贵庄、北塘西、军粮城、大毕庄、咸水沽等5个天津港卫星站，进一步放开专用线办理品类和经营资质，引导专用线设备改造，依据集港品类、集港方向，做好功能划分，统筹安排定点接卸，进一步释放集港能力，缓解港口新港站卸车压力。

三、以提质增效为导向的集疏港管理系统构建与实施效果

（一）实现了铁路集疏港运量全面回升

通过加强港口运输协同管理，2016年天津港铁路集港遏制住2015年下滑趋势，实现了逆势增长；铁路集港同比增加101万吨，以集港带动铁路疏港触底回升。天津港铁路疏港集装箱大幅增加，2015年天津港铁路疏港集装箱18.41万TEU（Twenty-feet Equivalent Unit，国际标准箱单位），发送量235万吨，实现运输收入4.5亿元，增收2.23亿元，收入增长98%；2016年天津港铁路疏港集装箱23.96万TEU，发送量315万吨，实现运输收入5.54亿元，增收1.04亿元，收入增长23%。2017年1～4月，实现了铁路集疏港同比增长10.2%，铁路集疏港运量占比达到19.8%，较2015年提高2.1%，铁路疏港增长更是达到37.7%。其中金属矿石铁路疏港996万吨，占港口矿石疏港量的25.6%，同比增加365万吨，增长57.8%；煤炭铁路集港1816万吨，占港口煤炭集港量的54.3%，同比增加53万吨，增长3.0%；钢材铁路集港202万吨，占港口钢铁集港量的21.6%，同比增加62万吨，增长44.2%；焦炭铁路集港58.7万吨，占港口焦炭集港量的22.4%，同比增加49.7万吨，增长550%；国际集装箱铁路疏港10382TEU，同比增加3402TEU，增长49%。2017年1～4月，天津港铁路集疏港实现运输收入12.7亿元，同比增收1.61亿元，增长14.5%。

（二）探索建立了集装箱多式联运经营模式

在路港集装箱多式联运协同管理中，通过以天津港口铁路集装箱中心站为改革的切入点，围绕建立多式联运经营模式，探索形成相应规则、业务流程、结算方式，创新多式联运的经营模式，为海铁公多式联运中引入民营物流企业及汽运企业，探索了多式联运公司混合制改革之路。有效提高了铁矿石、煤炭、焦炭、钢材、石油等大宗货物的物流链供应能力，为环渤海区域的发展提供了物流支撑；实施路港企直达运输，减少了中间环节和重复作业，加快了货物周转，减少了企业资金沉淀；通过铁路及港口实施集疏港运输“一口价”让利客户5亿元，有效降低了国有企业的物流成本，为帮助河钢、冀中能源、阳煤集团等国有企业扭亏脱困创造了条件。

（三）促进了京津冀一体化发展

铁路集疏港运输比重的提高，压缩了汽运集疏港市场比重，有效缓解了京津石等大城市交通拥堵，集疏港采用铁路电气化绿色环保运输方式有效降低了过去汽车运输对环境的大气污染。提升了以天津港核心的北方区域大宗货物物流供应能力，发挥了铁路运输绿色环保、大运力、长运距、低运价、全天候的优势，中欧、中亚集装箱班列的开行，促进了“一带一路”国家间货物交流及产业调整，为我国北方区域经济落实“一带一路”倡议提供了物流及运输支持。提高了点线系统能力，港口内陆无水港的建设及运营，有力疏解了天津港困境，更加便利客户开展进出口贸易，有力促进了京津部分工业产业向河北内陆地区的转移，为京津冀一体化发展提供了运输及物流服务支撑。

（成果创造人：郭竹学、张春辉、孙雁胜、许子敏、王世友、董二通、金树桥、王俊刚、史柱文、侯建民、宋子平、张立平）

国有老煤炭企业实现脱困发展的亏损治理

新汶矿业集团有限责任公司

新汶矿业集团有限责任公司（以下简称新矿集团）是一家以煤炭、化工、电力、物流贸易、现代服务业为主体产业的大型企业集团。前身为新汶矿务局，1956 年建企，是山东省的一家千万吨矿务局。1998 年经原煤炭部批准，改制成立新汶矿业集团有限责任公司，现为山东能源集团权属子公司。集团总部位于山东省新泰市，发展地域涉及山东、新疆、内蒙古、宁夏、陕西、山西、安徽、云南 8 个省区及山东省境内济南、青岛、菏泽等 7 个地市。现有员工 7 万余人，资产总额 1073 亿元，煤炭产业拥有资源储量 214.5 亿吨，矿井 33 对，核定产能 8974 万吨。

一、国有老煤炭企业实现脱困发展的亏损治理背景

（一）落实国家产业政策的需要

中央经济工作会议提出了供给侧结构性改革作为主线，深入推进“三去一降一补”（去产能、去库存、去杠杆、降成本、补短板）。煤炭行业作为供给侧结构性改革主抓领域之一，围绕控制产量、化解产能过剩、限制进口、清理税费、改进企业考核、加强金融支持和统筹协调等出台一系列政策，为煤炭行业脱困攻坚指明了方向。尤其是 2016 年 2 月 5 日国务院印发了《关于煤炭行业化解过剩产能实现脱困发展的意见》，对今后一个时期化解煤炭行业过剩产能、推动煤炭企业实现脱困发展提出要求、明确任务、做出部署，并为煤炭企业顺利实现脱困发展提出了加强奖补支持、做好职工安置、加大金融支持、盘活土地资源、鼓励技术改造和其他支持政策等方面政策措施；银监会、国家发改委和工信部三部门联合印发文件，明确对违规新增煤炭产能项目，银行业金融机构一律不得提供信贷支持；对违规新增产能的企业，停止贷款；同时，坚决停止对落后产能和“僵尸企业”的金融支持。新矿集团按照国家化解煤炭过剩产能政策指导，全面开展亏损企业治理、“僵尸企业”出清等亏损治理工作。

（二）应对煤炭行业重大挑战的需要

近年来，在煤炭需求放缓、过剩产能难以消化、控制煤炭总量难度增加、国际能源价格下降等多重因素的影响下，煤炭经济运行形势急转直下，产销量下降，库存居高不下，市场价格持续下跌，企业经营困难加剧，煤炭行业面临十分严峻挑战。2015 年，煤炭企业亏损面不断扩大，经营性业务利润亏损面达到 78%，同比上升 24 个百分点，经营性业务利润同比降幅高达 132.64%；煤炭企业经营净现金流同比持续大幅下滑，债务规模有所增长，资产负债率增加，偿债指标出现明显弱化，煤炭企业生产经营面临严重困难和巨大压力。

（三）企业自身转型发展的需要

作为一家矿老井深、人员多、包袱重的企业，新矿集团面临的许多问题已经严重威胁到企业生存。一是生产矿井亏损巨量。多数矿井处在枯荣线下，亏损线拉长，亏损额度增多。2015 年年底，24 对生产矿井除新巨龙、水煤公司、翟镇 3 家盈利，同比减盈 5.57 亿元外，其余 21 对矿井亏损，同比增亏 5.7 亿元。其中省内 11 对亏损矿井亏损同比增亏 2.62 亿元；省外 10 对亏损矿井同比增亏 3.08 亿元。二是项目投资压力大。内蒙古自治区、新疆维吾尔自治区区域项目投资巨大，受手续及转化项目影响，项目回报期延展。在企业收入下降、效益下滑的形势下，融资额度增高、融资成本增加，资金压力雪上加霜。全年投资、到期贷款及利息，资金需求缺口巨大。三是历史遗留问题多。破产改制矿井问题、企业办社会职能问题，以及过去企业改革发展过程中沉淀的职工集资入股、待业青年、关联企业、棚户区

改造等问题，在持续下行的经济形势下更加凸显。四是项目手续办理难。现有项目手续办理进展不快、难度增大，受项目转化影响，多数省外项目在国家严控煤炭项目建设的背景下，面临矿权丧失和巨额投资的双重风险。五是矿区维稳压力大。行业形势恶化带来的职工收益显性下滑，与心理预期、现实需求形成强烈反差，造成职工思想波动，企业维稳压力极大。

二、国有老煤炭企业实现脱困发展的亏损治理内涵和主要做法

新矿集团按照“当前保生存，未来可持续”的工作思路，着力加大亏损企业治理力度，对亏损单位逐一进行分析、定策，抓住关键，定点清除，确保亏损额、亏损面持续下降，千方百计止住“出血点”；着力于未来可持续，加快产业升级，实施产业耦合一体化和精煤战略，深挖内部潜能，全面提升经济运行质量。亏损治理与产业升级的相互交融、相互推进，为国有老煤炭企业改革脱困探索出一条新路。主要做法如下。

（一）因企施策，强力推进，全力做好亏损矿井治理工作

亏损生产矿井治理是新矿集团改革脱困工作的核心。为保障改革脱困工作稳步推进、限时完成，新矿集团制定了实施方案，成立了以主要负责人任组长的改革脱困工作领导小组，并积极协调、加强考核，统筹推进改革脱困整体工作。通过综合评价，将亏损矿井划分为“治亏无望、可止亏减亏、可扭亏盈利”等层级，按照“一企一策”的原则，设计个性化的亏损治理方案；同时，加大亏损企业治理和“僵尸企业”处置工作奖励追责力度；建立大额亏损企业治理和“僵尸企业”处置情况定期报告制度，实行月调度、季通报，及时掌握工作进展，有效保证了整体工作的有序推进，实现了亏损企业的减亏、止亏、盈利。截至2016年年底，新矿亏损企业同比减少14户，亏损额较目标减亏2738万元，同比减亏16.75亿元。

1. 有序退出，止住亏损“出血点”

一是对资源枯竭、治亏无望的矿井，制定了停产关井、外出创业、停建缓建等措施，在遵循市场规律、维护和谐稳定的前提下，稳妥有序进行停产关井、人员转移。“十三五”期间，新矿集团拟关闭退出煤矿14处，合计产能776万吨/年。其中，省内引导主动退出所属煤炭企业6家、涉及煤矿7处，产能488万吨/年；省外煤矿7处，产能288万吨/年。截至目前，省内关闭退出1处、省外关闭退出3处，全部通过当地政府组织的验收。二是对当前经济收益低、未来发展确无前景、资源赋存条件差、停建时间较长、投资回报率低、投产不能达到预期收益的在建矿井，统筹考虑外部环境因素，采取延缓建设措施。2016年暂缓了伊犁一矿、昭苏矿井、鲁新矿井、长城六矿等矿井项目建设。

2. 科学布局，刹住亏损“急停车”

一是对开采条件差、可止亏减亏的矿井，制定采场收缩、区域封闭、系统精简、人员转移等方案，将开采重点放在地质构造简单、储量可靠、工程量小、效益好的块段。二是按照“区域整合”的思路，以所有权与经营权分离为原则，以颠覆改造后不亏损为方向，在合法合规的前提下，打破矿井现有管理架构，通过矿井托管、专业托管、联合运行等管理模式创新，实现矿井之间的管理整合，最大限度发挥各类资源互补优势，缩减不必要的管理层级、机构和岗位设置，大幅降低管理成本、生产运营成本。例如将万祥矿业和东港煤矿合二为一，大幅压缩了管理层级。

3. 创新性改造，打造盈利“造血源”

对可扭亏为盈矿井，以综合效益最大化为原则，以矿井现有经济可采储量为基础，颠覆矿井生产设计理念，对矿井产能及配套系统进行重新定义，按照产量最优、人员最精、管理层级最少和改造投入最低、原有生产系统利用最多、整体收益最高的理念，分析找准经济效益与矿井规模的最佳结合点，对矿井进行重新模拟设计并创新生产系统，制定特殊时期灵活生产方案。对开采条件差的区域暂时封闭，集中生产，减少系统环节和人员占用，破解水平分散、系统分散、人员分散难题，实现扭亏为盈。

（二）进退结合，借势发展，加快推进非煤产业改革脱困

充分利用现有“混改”政策，引进发展一批、整合重组一批、关停处置一批，最大限度增加创收点，减少出血点，增强改革脱困成效。

1. 做大、做强骨干支撑非煤企业

充分发挥集团公司规模及品牌优势，对发展有优势、有前景、能够吸纳人员转移的非煤企业，灵活采取多种合作方式，全力引进优势企业、优势技术及管理，寻找各类战略合作者，通过出资入股、收购股权、认购可转债、股权置换等方式进入，最大限度撬动社会资本，加快转型升级，推动企业从传统产业突围，分散经营风险。

2. 进退并举处置亏损非煤企业

立足项目召集人角色，以“合资合作、转让退出”为方向，以有利于减亏扭亏和人员稳定为前提，争取各级行业协会、基金机构、中介机构支持，通过整体资产出售、股份转让、股权置换及经营合作、技术合作、委托管理等多种形式，引进管理、资金、技术、人才，并明确目标、严格考核，限时完成低效无效资产处置工作，实现企业瘦身强体。加快剥离无效资产，以各种市场公允方式，加快消灭各类“僵尸”企业、无效资产，实现“死资产”向“活资本”转换。

3. 市场化运作处置辅助产业

对闲置的厂房、土地等资产及物业、后勤等市场化程度较低的产业，充分推向市场，结合区域特点，通过对外引资、招商、混改、职工入股等方式，全方位引进战略合作者，有序培育新的经济增长点，培植新的利润点，最大限度吸纳老区冗员，以空间换时间，为加快老区转型升级赢得时间。比如对砖厂等小规模企业，采用职工承包经营机制，减轻企业负担；对洗选厂，采用老区洗选＋贸易的联动模式，实现创收；对后勤物业，加快推进物业市场化改革，采取租赁、承包等形式实现市场化运作。

4. “走出去”发展生产服务业

注重老区减量化与生产服务业增量化结合，依托管理、技术及队伍优势，积极“走出去”找米下锅，创业合作，谋求新的生存发展空间。瞄准生产性服务业和公共服务业，寻求与大型劳动密集型企业合作可能，实现成建制、大规模外出创业。

（三）依法合规，增降并举，全力保障生产运营资金链安全

1. 优化建设投资

坚持保重点、重效益、慎开工，全力压减投资总额。对在建项目，要根据资金统筹情况，对点安排使用资金；对计划外项目，一律不予安排投资。坚持设备“不求大、不求洋，管用、实用、精当”，认真做好设备调剂工作，新增设备和配件一律调剂使用；对合资项目，督促华电国际、浙江能源、南京钢铁等合作方履行股东出资义务，适时推进股权转让合作，减轻投融资压力，降低投资风险。

2. 降低财务费用

在继续推进传统商贷、票据贴现的基础上，大力推进私募、超短融、永续债、公司债的办理，积极开拓中期票据、保险资产债券融资、股权融资等业务，最大限度拓宽融资渠道。对新投产、手续齐全项目，积极开展项目融资，冲抵巨额建设投资。对契合发展热点、符合国家转型发展要求的非煤企业，对接资本市场，谋求通过股市及其他资本市场融资；积极推进财务由核算型向管理创效型、政策研究型转变，进一步降低融资成本，减少货币资金沉淀，增加资金集中度；全面分析、挖掘政策红利，争取各项补助、降低税费支出。

3. 严控“四金”占用和煤销回款

严格落实考核奖惩，严格清理“四金”占用，加快资金周转速度。强化全员“长期过紧日子”的思想，严控非生产性支出，对各类办公经费、接待费、差旅费严格把关，杜绝一切浪费。持续推进预判预

警、预防预控，严格审计、合同管理，合理规避贸易、资金、用工、环保等各类风险，确保稳健经营。同时，加大煤质管理，优化洗煤工艺，根据市场需求，合理调整煤炭产品结构，最大限度地巩固老客户，开发新市场，加速库存消化、煤款回笼。

（四）定岗定员，瘦身减负，稳步推进劳动用工改革

1. 科学控制人员总量

创新机构设置模式，积极推进“专业化、区域化”整合，建立形成“大部室”“大区队”“大项目部”等综合性机构，以机构精简保证人员精干。坚持以岗位管理为核心，以事定岗、以岗定编、以编定人，再造业务流程、优化岗位编制，合理核定劳动定员定额标准，大幅度压缩人员职数和规模。制定完善了各岗位说明书，明确岗位工作标准，实行竞聘上岗、择优选用，绩效考核、契约管理，对考核不合格或不能胜任岗位要求的人员及时调整或降低薪酬。倡导一专多能、一人多岗、一岗多责、交叉任职，实行“减人不减资、增人不增资”的激励政策，最大程度减少人员占用。

2. 合理安置富余人员

在征求落聘人员意见的基础上，按照“就地消化一批、走出去创业一批、新区转移一批、自然减员一批”“四个一批”思路对落聘人员进行合理安置，做到了“转岗不下岗、转业不失业”，实现改革有温度地落地，保证队伍的稳定。建立“机关补充地面、地面补充井下辅助、井下辅助补充采掘”机制，通过转岗培训对落聘人员进行梯次转岗；组建了外出创收队伍，通过工程承包、业务承包、劳务承包、服务承包、劳务输出等多种方式，实现落聘人员多渠道转移；通过协调解除劳动关系、协商保留社保关系等方式，鼓励落聘人员自主挣薪、自主创业；对符合国家规定退休年龄和内部退养条件的人员，及时办理离岗退出手续。

（五）战略引领，强化管控，大力推进煤炭产业转型升级

1. 实施“产业耦合一体化”战略

依托“省内老区转型、省外新区提升、内蒙古基地崛起、新疆基地突破”区域战略定位，充分融入国家“一带一路”倡议，以煤炭资源为发端，在“供给侧”和“需求侧”两端发力，通过资本运营、整合重组、置换开发、合作共赢等方式，推进“煤炭+”，推动“省内煤钢联盟、内蒙古煤电联营、新疆煤电化联动”产业耦合一体化发展。一是省内煤钢联盟。与一批资信程度好、密切程度高、合作前景好的钢铁企业深化战略合作，从配煤卖煤到物流贸易、从实体经济到金融服务等各个领域的深度交流，实现技术联盟、质量联盟、品牌联盟、管理联盟，形成风险共担、利益共享的联盟效应。目前，新矿集团先后与首钢、莱钢、宝钢、济钢、马钢等多家钢铁企业达成战略合作协议，实现煤钢互保战略联盟。二是内蒙古煤电联营。坚持以合作促转化、以转化保资源促立项，通过相互参股、战略合作等方式，同步推进配套煤矿手续办理和电厂建设，做实一矿、二矿配套盛鲁能化 2×100 万千瓦，三、五、六矿配套北方电力 2×100 万千瓦、2×66 万千瓦资源转化项目。先后与宁夏地区 10 多家电力企业签订中长期战略合作协议，年协议供煤量超过 1000 万吨，在与下游企业共同抵御市场风险、实现互惠共赢的同时，为下一步产能释放后的增量销售提供了保障。三是新疆煤电化联动。推进与神华国能 2×35 万千瓦，华电、华能 2×66 万千瓦电厂项目合作进程，扩大煤转化的规模效应和增值效益。伊新煤业以建设“人均万吨”轻型高效矿井为目标，做好与新天煤化的无缝隙对接，确保生产同步、产品衔接、协调运转。目前新疆伊犁煤化工产业园伊犁新天煤化工 20 亿标准立方米/年煤制天然气项目已建设完成并于 2017 年 3 月 20 日试车成功，3 月 29 日产品经检测合格成功并网西气东输二线。项目全部达产后单线 10 亿方天然气产能将成为全国最大的煤制天然气装置。

2. 实施精煤创效品牌战略

深化“安全效益型选煤厂竞赛活动”，以提升精煤回收率和综合回收率、降低选煤成本“两提一降”

为目标，加快推进洗选系统技改项目，推广洗选厂自动化集控运行，实现集团公司精煤回收率大幅度提高。以市场需求为导向，根据矿井煤层开采情况（分煤层占比、产量、煤质等），合理调整矿井配采及洗煤方案，抓好井下和地面洗煤生产系统配合，灵活调整产品结构，做好选前产品数质量预测，努力生产适销对路的产品。科学合理组织洗煤生产，在保证精煤质量符合要求的前提下，努力实现综合回收率、精煤产率最大和矸石含煤率最低。积极开展配煤洗煤卖煤的商业模式创新，发挥老区矿井铁路专用线和选煤厂优势，利用去产能后闲置的场地，借助多年来培养的销售渠道和客户网络，积极实施外购煤入洗策略，做好内部煤种和外部煤种的配洗工作，实现洗选效益最大化。强化洗选对标管理和月度经济运行分析，通过纵向分析，横向比较，总结经验，找出差距，逐步提高选煤厂管理水平和企业的整体效益。以市场为导向，狠抓“精煤创效”，坚持“谁出价高就卖给谁，什么附加值高就生产什么，哪里价格高就卖向哪里”的朴素理念，大力优化用户、产品、市场三个结构，力争效益最大化。

3. 强化管控挖内潜

一是建立“三管三放三自”管控模式。明确职责边界，集团公司管主要负责人、管主要指标、管监督考核，放开自主经营权、自主用人权、自主分配权，让各单位自负盈亏、自我约束、自我发展，实现了权、责、利相统一，彻底扭转了“齐步走、大锅饭，有困难找集团”的传统思维。二是建立“源点导向模式”。按照“智慧经营、数据管理、均量领先”的原则，变集团下达指标为各单位自排指标，挖掘减亏增盈潜力。以数据论英雄、用业绩评高低，实行经济运行“旬调度、月分析、季考核”，排名定次、张榜亮相，向全体干部职工公布，有效激发了各单位争先进位的主动性。三是构建“低成本文化”。大力倡树成本制胜理念，全力培育以增强市场竞争力为核心，以科学降本、安全降本、极致降本为原则，以管理降本、科技降本、设计降本、模式降本、政策降本为路径的“低成本文化”，实现全员、全要素、全过程深耕细作降成本。扭住支护改革等制约降本提效的关键环节强力攻关，2016 年吨煤综合成本同比降低 45.29 元，实现降本创效 10.67 亿元。实施融资项目经理负责制，全年财务创效 12.05 亿元。积极盘活资产存量，调剂设备 521 台，节省专项资金 1.43 亿元。四是实行“首签首责”制。大力倡导“依法合规按程序”，出台完善 75 个支撑文件，规范各类事项研究、把关和审议流程。实行“首签首责”，分口把关、逐级负责，提升了各级责任意识。加强审计督查，明确首审首责、联职联责、终生担责要求。

三、国有老煤炭企业实现脱困发展的亏损治理效果

新矿集团着眼“当前保生存、未来可持续”，系统性推进亏损治理，提升了企业发展质量，优化了企业产业布局，有效解决了制约企业生存发展的关键性问题，扭转了生产经营的被动局面，全面提升企业度危求生、转型发展的能力，实现了企业脱困发展。

（一）彻底扭转了连续多年巨额亏损的被动局面

通过改革脱困一系列措施的实施，2016 年新矿集团在各大银行累计抽贷、压贷 72 亿元，煤炭同比减产 440 万吨、影响收益 15.9 亿元的情况下，实现收入 386 亿元，同比增收 133 亿元；在一季度亏损 3.6 亿元的情况下，全年实现利润 7.2 亿元，减亏增盈 19.8 亿元，净利润变负为正，达到 1.1 亿元；资产总额达到 1035 亿元，同比增加 138 亿元；资产负债率由 85.1%降至 79.85%，同比降低近 6 个百分点。特别是实现了由亏损占大多数到盈利占大多数的转变。在 24 对生产矿井中，年初只有 3 对矿井盈利，年底只有 3 对矿井亏损，彻底改变了连续多年巨亏的被动局面。

（二）大幅压缩了人员和管理费用

2016 年，新矿处级管理人员由 560 人减至 422 人，减幅 25%；副总师由 234 人减至 146 人，减幅 38%；科区级管理人员由 5336 人减至 1978 人，减幅 63%；机关管理人员由 3447 人减至 1318 人，减幅 62%；科级机构由 1027 个减至 548 个，减幅 47%；年减少管理费用支出 3.8 亿元。劳动用工改革在老

区单位全面铺开，全年控员分流 15951 人，其中：解除劳动合同 4255 人，退休退职等 3075 人，内部退养 3039 人，自主挣薪 5028 人，外部创业 554 人。

（三）构筑起区域联动、产业协同、发展共进的新产业格局

新矿集团通过改革脱困一系列措施的实施，打造了“两带一圈一群”，形成了梯次递补的基地建设，老区人员、管理、技术等优势得到充分发挥，打造了省内老区转型经济带；新区“轻资产、精用工、市场化、高效率”优势得到充分发挥，打造了以新巨龙公司为代表的“千人精用工、百亿高产值、万吨大工效”矿井，形成省内新区百亿经济圈；抢抓“蒙电入鲁”机遇，内蒙古上海庙矿区“五矿四厂一中心”规模效益得到充分发挥，凭借年产 1560 万吨的煤炭资源优势，打造了内蒙古区域煤电隆起带；新疆伊犁能源 130 亿吨的煤炭资源和区位优势得到充分发挥，扩大新天煤化年产 20 亿立方米的规模效应和增值效益，建设以煤电化为核心的多联产系统，并统筹煤、化、电、商贸物流、现代服务业协调发展，形成新疆区域煤电化集群。目前初步形成煤炭、煤化工、物流贸易、现代服务业“四大产业”协调发展格局。

（成果创造人：张若祥、葛茂新、徐竹财、高颖敏、李　良、高　楠、
牛　超、韩顺兴、顾　超、丁芳强、王洪坤、李　森）

高海拔青海藏区高标准、精细化通电工程项目管理

国网青海省电力公司西宁供电公司

国网青海省电力公司西宁供电公司（以下简称西宁公司）所辖电网覆盖西宁市五个城区及大通、湟源、湟中三个县，供电面积 7665 平方千米，供电人口 230 万人，服务客户 56 万户，现有员工 1169 人。截至 2016 年年末，拥有 110 千伏变电站 47 座，35 千伏变电站 23 座，变电容量 4649.80 兆伏安，所辖 35 千伏及以上输电线路 173 条，线路总长 1971.37 千米，年销售电量 376.30 亿千瓦时。

一、高海拔青海藏区高标准、精细化通电工程项目管理背景

（一）履行央企政治、经济和社会责任的需要

按照国家能源局"全面解决无电人口用电问题三年行动计划"部署，青海玉树、果洛等藏区户户通电工程（以下简称通电工程）于 2015 年全面推进。通电工程建设事关青海藏区广大农牧民生活水平的改善和经济社会发展大局，是无电地区农牧民最关心、最直接、最现实的利益问题，也是实现党中央"十三五"脱贫攻坚目标的重要保障，是一项重要的政治任务。作为央企国家电网公司所属企业——西宁公司必须全面践行央企政治、经济和社会责任，创新项目管理方式，全面完成工程建设任务，为藏区经济发展与民族和谐提供坚强的电力保障。

（二）适应通电工程建设特殊施工环境的需要

青海藏区通电工程施工环境与一般地区输电工程建设环境有较大差异。一是地质条件差异大，安全和质量保障困难大。通电工程施工所经地区平均海拔 4200 米以上的地段超过全程的 70%以上，线路走廊地质复杂，冰雪、地震、沙尘、泥石流等地质灾害多发，工程施工面临冻胀和融沉风险，给安全施工、设备与材料选型和工程质量带来极大困难。二是气候条件差异大，施工人员健康保障挑战大。通电工程沿线地区处于低气压、缺氧、严寒、大风、强辐射、鼠疫疫源和无人区，给施工人员的心理、生理健康和正常作业带来极大影响。三是运输条件差异大，物资供应保障风险大。面对上述困难，西宁公司积极探索解决恶劣环境下工程项目管理的有效途径，确保通电工程高效、高质顺利建成。

（三）落实生态文明建设战略的需要

青海藏区通电工程施工面临生态环境保护的艰巨任务。通电工程穿越高原草甸、沼泽湿地、高寒灌丛等不同生态系统和自然保护区，施工涉及环保因素多。生态环境极其脆弱，地表植被稀薄，植被生长缓慢，受施工影响损坏的植物与水土环境恢复工作难度大。做好通电工程施工环保工作，是落实党中央关于生态文明建设战略的客观需要。面对"绿色施工"要求，制定高标准的施工环保措施并精细落实到位极为重要，西宁公司上下必须把施工环保放在突出位置，努力实现通电工程建设与藏区生态环境的和谐统一。

二、高海拔青海藏区高标准、精细化通电工程项目管理内涵和主要做法

西宁公司结合工程项目存在安全、质量、环保和人员健康四大突出困难的实际，创建"一责""四转""三核""三高""四精"的高标准、精细化项目管理模式。即秉承一个责任——秉承企业社会责任，打造优质民生工程；着力四个转变——项目安全管理从以往制度约束、现场监督为主向风险预控、网络监督、精细管控"三位一体"管理转变，工程质量从过去现场施工阶段质量控制为主向项目全寿命（过程）周期管理转变，项目施工从文明施工为主向绿色环保施工为重点转变，项目管理手段从传统的管理方式向现代信息化技术管理转变；确立"三核"目标——确立安全、质量、环保为项目管理的三个核心

目标，实施目标有效管控；落实三高要求——以项目前期策划为主导，目标定位高标准，项目组织高效能，制度细化高水平；实施四精管理——安全风险精准防控，工程质量精益管理，环保措施精细落实，员工健康精心保障，为创建优质通电工程奠定坚实基础。主要做法如下。

（一）精细谋划，确保项目前期策划高标准

1. 立足高标准，确立项目“三核”目标及控制值

西宁公司明确提出改变通常电力工程项目目标管理侧重于进度、质量和成本的做法，转变观念，联系实际，精准目标定位，确立安全、质量、环保为项目管理三个核心目标（简称“三核”目标），强化“三核”目标的执行与管控，有效解决项目可能遇到的施工难点，带动项目进度和成本的有效控制，全面实现通电工程建设总目标。

根据项目“三核”目标，从安全危险源、质量保障关键点、环保控制风险面和员工健康关注度四个维度，提出以一流的设计、一流的施工、一流的管理，实现“安全施工零事故、工程质量零缺陷、环保施工零死角、高原病零死伤”的高标准项目“三核”目标管理重点控制值。

组织项目管理者与实施操作者设定目标客观执行标准，将“三核”目标控制值下发至工程项目部、监理、施工、作业班组和员工岗位等五个层级，进行目标自我分解，使目标精细化、标准化和可行化，通过目标分解明细表单等形式，按纵向和横向共分解 142 个子目标、496 个子目标值，形成上下贯通、左右衔接的目标控制网络。优化组织、制度、责任、过程控制、效果评估为主导的项目目标管理流程，促进项目“三核”目标有效落实。

2. 引入矩阵式管理，实现项目组织高效能运作

抓好项目组织策划，建立通电工程建设指挥部，由西宁公司总经理担任总指挥长，对工程建设负总责，构建公司通电工程指挥部—各业务管理部门—业主项目部—施工—监理“五位一体”上下联动的工程项目管控机制，保证项目分层管理和纵向控制。

由于沿用一般电力工程项目经理负责制很难满足工程环境特殊、施工难度大、技术要求高的管理要求，为改进项目管理组织模式，引入矩阵式管理，设立 6 个项目经理，对分管工程各子项目具体负责，实行纵向管理，一管到底。同时，按照工程业务分类，分别设立基础工程、塔杆工程、架线工程、土方工程等 8 个专业管理组和前期设计、设备监造、基础浇筑、机械安装、信息管理、材料运输等 12 个专项工作组，规范工作程序，明确职责权限，形成横向协调、兼顾全局、纵横交叉的权责网络组织管理局面。

3. 适应施工管理需要，提高制度精细化管理水平

打破过去宣贯、培训、监督执行的模式化制度管理方式，着力“梳理归集、流程转化、填白补漏”三个层级施工管理制度建设。第一层级，开展项目施工过程识别，针对识别出的 57 个管理层面、31 个专业类别、181 个作业环节，对应梳理出国家、行业、国网公司输电工程建设通用制度、技术标准、实施细则的具体规定，缩减冗长文字，以制度归集清单下发至各管理、专业和作业岗位执行，提高制度执行的针对性、透明性。第二层级，推行制度流程化，流程表单化、表单信息化，对较为繁杂的制度和技术专业性较强的标准，编制制度执行指导规范，将每项制度标准配以对应的操作说明、工作流程图及工作表单。第三层级，针对现行制度标准尚未规范的“真空”，结合施工管理需要，着力填补“空白”和“漏洞”，消除制度管理的盲点。如根据施工环保实际，制定《施工环保作业规范及基本流程》《施工环保违规问题责任追究管理暂行办法》等 6 项制度。

（二）多措并举，实现项目安全风险精准防控

1. 建立风险预控机制，保障施工安全风险超前防控

分类辨识危险源范围，一类影响施工安全的环境；二类施工人员不安全行为；三类设备不安全因

素；四类管理人员管理行为不当。选取作业环境、作业性质、作业时间作为风险评估要素，建立施工安全风险等级评估标准，作业环境越靠近危险区域、作业性质越复杂、作业时间越长，对应权重分值越高。根据辨识的四类 81 个大项 516 个小项的不安全因素进行风险评估，按照风险评估总分将安全作业风险划分为四个等级，一级风险作业（微度风险）；二级风险作业（一般风险）；三级风险作业（严重风险）；四级风险作业（危急风险）。

建立安全风险预控管理责任制，对安全风险预控中 173 个管控元素、565 条防范措施进行细化分解，按风险类别明确公司及各职能部门、工程项目部、设计、监理、施工单位和各作业班组及施工人员安全风险管控的责任，形成纵向到底、横向到边的责任体系。按照各施工岗位需要，制作危险源辨识和安全管控措施工作卡片，交由每个员工施工时携带，随时掌握岗位危险因素和作业规范。

建立安全风险预控从管理对象、管理职责、管理流程、管理标准、管理措施直至管理目标的 PDCA 闭环管理机制。建立健全施工区山路险峻、冰雪、风沙等重大危险源申报、登记、检测、评估、监控制度。建立重大危险源数据库，建设重大危险源管理信息系统，实施重大危险源监控预警机制，督促和指导施工单位和员工对重大危险源进行登记建档、备案，实施严格的动态监控，切实消除安全风险。制定突发气象变化和突发安全风险应急预案，预案级别分为 A、B、C 三个等级，针对风险不同等级，分别采取立即停止施工、全面整顿、黄牌警告、限期整改等措施，及时实施干预手段，提高风险应急反应能力。实施安全风险预控精准管理，施工人员“三违”比例仅占全员的 1.5%，重大设备故障和人身伤亡事件“零发生”。

2. 实施模块化安全监督，确保安全预控全方位掌控

针对项目工程量大、交叉作业、高空作业和起吊作业多，施工队伍分布面广、人员素质参差不齐，给项目安全带来极大影响的状况，进一步强化责任主体意识，实行划区、分片、分专业，实行全过程、全要素、全天候的模块化安全监督。划分色彩模块，实行施工区域化管理，对进入现场的施工人员按区域，实行不同颜色的着装标识，并在各安全帽上张贴安全编码，通过对不同的作业单元采用不同的安全编码，有效区分不同施工作业类别人员，作业现场采用硬性遮拦进行封闭隔离分区，悬挂施工人员信息牌，实现对责任人的准确定位和查找，提升作业人员施工过程安全防控的自觉自律性。

在作业现场封闭隔离分区处，设置《工程施工督查卡》，内容涵盖工程施工相关信息、危险点分析及安全防范措施、安全监督、工程管理人员巡视签到、作业人员现场出入时间统计六个方面。每天由现场施工所在作业班组长或技术员、项目经理、安监部安全专责、监理人员，分三个时段进行现场巡视签到。

安全管理分片包干，建立三级管控网络，实现专项特护、专业监护全覆盖。针对现场施工环境重大危险和技术疑难的任务，成立由总工程师、安全总监、安监部、项目部、施工、监理单位为主要成员的重要单元施工项目组，实行现场办公、多方协调管理，对工程的安全、工期、质量联合把关。

3. 采取“互联网+”方式，开启安全管控新模式

一是为强化项目安全预控管理，研发依托大数据、云服务、手持设备的 APP 应用软件，建立以手机 APP 及电脑客户端为载体的可视化工程安全管理平台，涵盖安全风险预控、违章问题通报、安全知识实时培训等方面，实现互联网与通电工程建设的深度融合。二是利用移动无线视频，实现影像信息记录，在项目的全过程周期内，基于无线通信与手机移动 APP 技术，实现全过程数码照片、影像记录，记录工程施工状况，确保工程施工安全的可控、能控、在控。三是针对施工现场面广线长，施工安全管理人员少的实际，为确保施工现场安全，借助新媒体改变以往的项目安全管理模式，打造“看得见的安全”，由项目安全监察部牵头建立“安全监督”微信群，定期向群内发布施工安全规章制度，各类典型违章案例分析，事故通报等实时资讯，组织作业班组及人员自查安全隐患，制定行之有效的措施，严控

风险，确保安全。

（三）强化过程控制，提升工程质量精益管理水平

1. 推行过程、自律和信息化“三位一体”质量管理

一是遵循“设计、施工、运维”和“事前、事中、事后”的全周期系统管理思路，项目从“图纸会审、材料质量、施工策划、施工组织、过程管控、保修服务”等关键环节工作入手，保证过程每一项工作质量、工序质量和服务质量。二是建立施工人员“三自一控”的自律性质量控制标准，即自检、自分、自记和自控，组织施工人员对自己负责的工序进行自主检测，并将检测结果记录在检测表上，按照工程项目质量评定标准从主体工序拓展到辅助工序进行自我约束、自我控制，对各环节辅助工序增加一些必备的认证工序，以及创建样板工序和亮点工程等。严格作业班组的“3N”管理，即不建造不合格品、不接受不合格设备、不传递不合格材料，做到对施工各工序质量问题事前遏止，控制质量缺陷和错误的递延。三是实施项目质量信息量化管理，对工程过程施工和实体质量进行实测实量和量化分析评估，使质量稳定性和均衡性得到提高。通过二维码技术将各项质量信息实时录入公司信息化系统平台，形成一个可以对工程质量信息多级共享的大数据平台，质量评估更具全面性、客观性和可追溯性，并让各级工程管理者之间的沟通变得轻松、快捷和高效。

2. 加强“人、料、规”三要素质量精益管理

在“人”的要素上，加强施工人员技术与质量培训，推行“多媒体质量培训工具箱”模式，其集方案编制、考勤、考试、效果评价、归档等一整套闭环的培训过程，并根据现场实际和培训需求，自由组合各个课件，形成满足各类需求的培训方案，方便快捷，课件全部采用语音动画方式，避免枯燥，充满乐趣，乐于接受。

在“料”的要素上，实行源头抓起与跟踪把关相结合，设备材料是通电工程质量保障的基础，通过严格招标程序选择长期合作、口碑质量过硬的供货商；从源头抓起，对关键设备派专人到厂家开展关键点见证，确保产品质量；实行三级检查把关，设备材料交货检验把关、进场质量报验、安装前产品终查。

在“规”的要素上，坚持工程设计与规程为总纲，通电工程设计图纸与施工规程，作为总纲领贯穿项目建设始终，严格按照图纸施工；图纸到场后，由设计单位安排专人进行施工前的设计交底；安排项目部的技术人员连同监理方、设计方图纸三方会审，发现问题，现场修改；设计图纸最终确定后，由施工方、项目部根据图纸编制详细的作业指导书，并将作业指导文件层层分解。

3. 应用新技术夯实工程质量

一是为解决通电工程特殊施工条件下工程建设难题，西宁公司组织有关科研、施工、装备单位进行科研攻关，成功研制出多种新型工机具，并在工程建设施工中推广应用。工程全线铁塔塔基数量多，人工开挖基坑不仅劳动强度大、危险性高，且工效低、质量难以保证。为此，研发出轻型组合式旋挖机，它运输宽度小、掏挖能力强、单件重量轻，且可按模块拆解运输，特别适应高原山地施工，也大幅度提高塔基建设质量。二是组织科技带头人和技术骨干对有关高海拔、高寒地区工程建设技术攻关课题进行深入研究，积极鼓励广大员工结合工作实际，开展有利于提高工作效率的技术创新活动，营造了浓厚的科技创新氛围。三是按照高目标追求、高精度施工、高标准质量管理的要求，积极创建一批施工新技术、新工艺应用亮点，确保高海拔、恶劣的气候环境和冻土地区独特的施工条件下的工程质量。冻土基础施工形成白昼浇筑夜间开挖的连续工作链，合理抓住冻土冻结开挖、避免受日光照射立即融化的特点，采取夜间 2 点至 7 点进行基础开挖、白昼 8 点至 12 点进行基础浇制的方式，突出“短、平、快”工作链接。冻土地区回填土采用电动夯进行分层夯实，基础回填土的均匀程度和密实度达到相关质量规定。依据装配式基础预制件吨位大，立柱无合适的绑扎点，且底梁固定螺杆较多、吊装不易装配难，加

工专用吊具进行吊装，保证装配式基础立柱安全、准确、平稳就位。灌注桩基础桩孔成型，灌注桩基础钻孔过程中遇到地质条件差、水位高、地下暗河流量大，造成桩孔易塌方的基坑，无法用泥浆护壁的情况下，采取钢桶护壁的措施，有效防止桩孔塌方，确保桩孔一次成型。这些新技术、新工艺应用亮点，有效解决了高海拔特殊环境下施工质量的管理难题。

（四）环保措施精细落实，切实保护藏区生态环境

1. 全面开展施工环境管理策划

组织建立西宁公司工程建设指挥部、设计单位、施工单位、地灾监理和环水保监理“五位一体”的环保水保管理机制，把建设“绿色环保工程”理念贯穿于工程全过程，严格落实工程环评批复和水保批复的有关要求，制定切实可行的环保水保专项方案，并在工程设计中采用海拉瓦数字化摄影测量系统进行精确选点选线，最大限度降低对高原植被的破坏和对地表的扰动。将工程的环保水保建设作为重要内容，在工程投资预算中加大环保资金计划，全力保障工程施工各项环保措施全面有效落实。

组织编写并下发《线路施工环境保护实施细则》《线路环保水保宣传培训实施方案》《环境保护培训教材》《施工期环保水保工作手册》，《施工期环保水保宣传画册》和《植被恢复手册》，全面指导施工期环境保护工作。公司项目部制定施工期环保手册、施工环境保护须知、环保数码照片拍摄管理规定等制度规范，要求施工单位订立《环境保护承诺书》，保障施工环保措施落实到位。

加强施工环保知识宣传、培训，组织工程各参建单位以培训班、宣传册、宣传单、环保标语牌或宣传栏等形式，对参建人员进行环境保护与水土保持法律法规、标准规范等知识学习与教育，对工程施工应采取的环境保护和水土保持措施实施方案进行培训。

2. 推行精细化的强制性环保管理措施

一是施工场地隔离措施。施工临时用地、施工住地、砂石料场、取土场、施工道路尽量选择无植被和植被稀少的地带或利用周边已有场地和道路，减少对生态环境的破坏。施工场地尽量远离各种特殊景观、特殊敏感区、湿地、动物栖息地及动物通道等。

二是植被保护措施。设置施工区围栏，位于高寒草原区、高寒草甸区的塔基施工区、材料站、施工营地等施工区域设置围栏，控制施工活动范围，避免对周边环境造成影响。施工区草地隔离保护，基础施工期间在塔基范围内没有开挖区域铺设草垫或棕垫，保护地表植被。施工道路植被保护，在高寒草原区、高寒草甸、湿地区的施工道路，在原地面铺设草垫、棕垫、木板等植被隔离保护措施。

三是植被恢复措施。在工程沿线设置数个植被恢复示范点，主要完成草皮移植技术，植物的物种筛选、种子萌发、快速繁殖技术，土壤改良技术示范研究，指导工程沿线植被恢复工作，确保人工种草的成活率。

四是冻土环境保护措施。采取“保护优先、先挡后弃、及时跟进”的措施，施工避开降水集中、热融作用活跃的夏季，基坑开挖采用快速施工方法，集中力量，迅速完成，利用冬季冻土时间完成全部塔基开挖浇筑任务，减少扰动地表裸露时间。塔基开挖面采用石棉板、棉被等隔热措施，保持多年冻土层原有热平衡。

3. 建立内外结合的施工环保执法稽查机制

着力强化项目施工环境监管，西宁公司与项目施工所在地环保部门共同组建施工环保执法稽查机制，将项目施工区域划分为若干环境监管网格，开展环境监管网格化工作，定区域、定目标、定任务、定人员，明确监管工作职责，做到施工环保执法检查全覆盖、监管无盲点。建立和完善定期联席会商、信息互通共享、联合采样监测、联合执法监督等工作机制，强化协同监管，开展联合执法、独立执法和交叉执法，形成内外协同施工环保监管的常态。定期开展施工环保措施落实情况大检查，对检查发现的施工环保问题建立台账，实行清单化管理，逐一制订整改方案，提出整改要求，落实整改责任和时限。

对严重违规对环境造成破坏的行为，给予施工责任单位和人员警告、通报、经济处罚，有效保障了施工环保措施的落地生根。

（五）以人为本，精心保障员工的安全与健康

全力保障工程建设人员的安全与健康，本着“先生存，再施工”的原则，制定实施可靠的医疗保障方案，优化医疗资源配置和保障后勤服务到位，确保实现“零高原病死亡、零高原病伤残、零高原后遗症、零鼠疫传播”的安全健康目标。

1. 开展全员、全方位医疗保障工作

坚持“预防在前、保障在中、治疗在后”的原则，确保建设者“上得去、站得稳、干得好”，建立三级医疗站点，一级医疗站负责施工现场紧急救治和重症人员转移救治；二级医疗站负责施工人员住地的一般病症人员的治疗、心理辅导和高原病防治宣传；三级医疗站与地市医院联合为危重病人的诊治等。在玉树、果洛藏族自治州州府所在地建立习服基地，坚持“不体检、不习服、不培训不允许上线”的原则，建立施工人员健康档案，开展健康体检与高原病、传染病防治知识培训。各医疗保障站点加大全线医疗保障巡查巡诊力度，及早发现、及早治疗，有力保障施工人员具备健康的身体，保证施工安全和质量。

2. 建立优质后勤服务保障机制

工程项目部设立后勤保障组，配备专职足额的后勤服务人员，确定施工人员后勤保障标准：一人一张铺，室内温度确保达到16℃，每人配备防寒、防风装备，同时为员工提供清洁饮用水和住宿卫生清扫等服务工作。后勤服务组将饮食保障作为重要内容抓好、抓实，以施工人员吃足标准，吃得安全、营养、健康为保障目标，严格供应。

3. 加强劳动保护“硬件”保障

根据通电工程沿线大部分地区处于低气压、缺氧、严寒、大风、强辐射和鼠疫疫源等区域，含氧量极低，气温温差大的实际情况，重点落实雷击防范和高空作业防坠落等劳动保护措施。针对高海拔环境下繁重劳动消耗氧气和体力极大，人员容易产生疲劳乃至昏厥的情况，购置移动式氧气瓶，在施工现场设置吸氧点和加餐点，确保施工人员能够及时得到氧量和能量的补充。加强劳动防护用品配置，对高空人员专门配备全新的垂直攀登自锁器、水平安全绳、速差保护器等装备。施工区气流、气温变化复杂，项目部购置数字式测风仪随时掌握风量的变化，严禁在六级以上大风高空作业和起重作业，确保员工人身安全。

三、高海拔青海藏区高标准、精细化通电工程项目管理效果

（一）解决了青海藏区无电人口的用电问题

西宁公司承担的青海藏区无电地区通电建设工程，架设杆塔14495基，安装变台226个，架设高低压线路1122.45千米，工程自建成投入试运行以来，解决了6个乡3990户1.5万无电人口用电问题，为藏区落实中央脱贫攻坚战略决策提供了有力支撑。通电工程建设的完成，使藏区农牧业生产用电有了保障，以玉树地区为例，其2016年用电量比上年同期增加了11%。

（二）确保了通电工程的建设品质

通过无电地区通电工程全过程管控，严格执行施工安全和质量规范要求，工程建设品质得以保证。实现了工程土建和安装工程分项工程合格率、线路工程单元工程合格率100%目标；工程达标评优通过率达100%。工程投产后至今，西宁公司持续进行运维跟踪，该地区配电设备停运率大幅下降，农村供电可靠性和优质服务能力进一步提升。

（三）项目施工环保成效显著

采取特殊施工措施，以全面落实高原植被保护和恢复、野生动物保护、冻土环境保护、湿地保护和

水土保持环保要求，并严格避开保护区等环境敏感地区，最大限度地减少电网建设对环境的影响，未发生环境污染事故，污染固废物100％回收处理，施工现场和生活区废水二次处理达标排放，杜绝放射性泄漏，施工过程中受到损坏的植被等生态环境修整、恢复率98％以上，使通电工程成为优质绿色工程。

（成果创造人：刘文泉、冯学红、祁连清、薛建峰、钟永泰、宋兴志、徐世山、李永斌、潘兹勇、刘　冰、韩廷海、马长文）

民营企业适应军工、核用市场需求的质量管理提升

大连金玛硼业科技集团股份有限公司

大连金玛硼业科技集团股份有限公司（以下简称金玛硼业集团），成立于2005年，注册资本7.2亿元，位于大连金普新区，是金玛集团旗下的支柱企业，主要从事硼镁矿石、硼酸、硼镁复合肥、碳化硼粉体、氧化硼、硼铁及碳化硅、碳化硼特种陶瓷产品的研发与销售，产品广泛应用于工业、农业、国防、核工业、航天等领域，主导产品是国家级重点新产品。金玛硼业集团是同行业全球规模最大、产业链最完整的龙头企业，碳化硼、硼肥和工业硼酸产品和核用高纯硼酸国家标准的起草单位，中国无机盐协会硼化工分会的会长单位，国家东北地区（大连）特种防护新型材料动员中心，国家特种材料产业化基地，辽宁省科技型创新企业。

一、民营企业适应军工、核用市场需求的质量管理提升背景

（一）抓住国家军民融合政策机遇、拓展发展空间的需要

军民融合是中国国家发展和安全的首要战略，是兴国之道、强军之策、富民之举。民营企业参与武器装备科研生产，是推进军民融合深度发展的重要抓手，有利于引入市场竞争，打破军工企业封闭垄断格局，用竞争机制推动国防工业和装备建设又好又快发展。“十三五”期间是我国核电发展规模增长的时期。到2020年，我国在运在建核电装机将达到8800万千瓦，核发电量在全国发电量中的比例将达到5%，成为仅次于美国的世界核电第二大国。我国将通过建设华龙一号、CAP1400、高温气冷堆、先进小型堆等自主品牌的示范工程，完成自主创新和引进消化吸收再创新的任务，实现核电技术从二代到三代的转型升级。将进一步完善天然铀保障体系，积极开发自主品牌的高性能燃料元件及关键原材料，统筹核电项目与废物处置场项目协调发展，加快乏燃料离堆贮存能力和后处理厂建设，为核电发展提供可靠保障。作为硼材料行业龙头企业的金玛硼业集团，应抓住这一历史机遇，服务于国家“军民融合深度发展”和先进核电技术的发展之中，为国防建设和核电建设做出贡献，为企业拓展发展空间。

（二）企业持续提升产品质量管理水平的需要

金玛硼业集团历时十几年的发展，走出了一条合作创新的民营企业发展之路。近年来，金玛硼业集团紧跟国家“十三五”规划，以做实做强做大金玛硼业集团为目标，重点发展军工、核用产品及含硼化学肥料，打造国际一流的硼产品研发生产供应商，打造全球硼行业领军旗舰。打造百年企业，质量是根本。虽在发展历程中高度重视产品质量，视产品质量为企业生命，但要成为军工及核用产品的合格供应商，在产品质量的提升方面还需要很多的努力，在企业的管理方面还有很大的提升空间，这就迫使企业需要按照国防和核用产品质量管理要求，导入先进的管理模式和体系标准，提升企业质量管理水平。

二、民营企业适应军工、核用市场需求的质量管理提升内涵和主要做法

金玛硼业集团紧抓国家军民融合和核电产业发展的历史机遇，立足军工和核用市场的特殊需求，以进军军工、核用产品市场为目标，以质量管理提升为主线，深入开发新产品、新工艺，建设国际一流的产业化基地，建立运行军工、核用产品质量管理体系要求，有效实现了企业质量管理水平的全面提升。主要做法如下。

（一）开发适应军工、核用市场的新产品新工艺

金玛硼业集团认真分析材料特征和国内对含硼材料的发展方向。在核工业领域，碳化硼用于制作核反应堆的控制棒、调节棒、事故棒、安全棒、屏蔽棒。碳化硼瓦、板或中子吸收器（用高B10含量粉

末制成），或同水泥混用制作核反应堆屏蔽层，是仅次于核燃料元件的重要功能元件。碳化硼的中子吸收截面高，吸收能谱宽，价格低，原料来源丰富，吸收中子后没有强的λ射线二次辐射，从而废料易于处理，因此碳化硼是一种重要的中子吸收材料。为此，金玛硼业集团确定了把国防所需的单兵人体防护装甲、武装直升机用防护装甲、装甲车用防护材料作为碳化硼基复合材料的升级换代产品，并作为产业化方向进行攻关。通过不断努力“碳化硼防弹装甲”“核用碳化硼材料”“核用碳化硼吸收球”等分别获得国家发明专利。并经过批量试制后，达到了产业化生产条件。

在国防工业领域，制作防弹材料如防弹背心中的防弹板、军用飞机飞行员座舱的陶瓷防弹瓦和现代装甲运兵车及坦克的陶瓷防弹板等。在军火工业中可用作制造枪、炮的喷嘴。采用等厚的高性能碳化硼陶瓷复合装甲比AI2O3基抗弹陶瓷质量减轻15%～20%，同时防弹性能进一步提高。因此，重点装备工程的陶瓷复合装甲研制项目对高性能、低成本碳化硼防弹陶瓷提出了迫切需求。开展高性能、低成本碳化硼防弹陶瓷材料的研发和应用，可大大提高相关武器装备的使用性能，具有显著的军事效益和经济效益。为此，碳化硼防弹陶瓷材料应用方向为重点装备工程、未来主战坦克、步兵战车、空投空降车等轻型装甲车辆以及武装直升机腹板、船艇上层建筑的装甲防护。经过深入研究市场需求，结合产品特性，金玛硼业集团增强研发团队力量，并与多家行业顶尖科研院校合作进行产品开发及工艺革新，承担了863计划“高性能碳化硼陶瓷规模化制备技术开发”“高温气冷堆核电站示范工程吸收球产品”等科技攻关项目，攻克硼产品在国防和核工业应用的工艺技术难题。

（二）建设国际一流的军工、核用装备碳化硼生产基地

为了把国家确定的“东北地区特种防护新型材料动员中心”做实、做大、做强，国家发改委批复了大连金玛硼业科技集团有限公司申报的“国防军工、核用装备碳化硼产业化项目”。该项目作为2016年第一批专项建设基金军民融合项目，计划投资10.6亿元，把公司具有的“碳化硼装甲防护材料”和“核用碳化硼材料”发明专利产业化，进行核用碳化硼新材料和碳化硼基高强度抗弹、防弹新材料的规模化生产，提高碳化硼陶瓷制品的科技含量和附加值，达到替代国外进口，填补国内空白的目的。第一期工程2014年1月开工建设，2015年7月正式投产。现在已经形成年产碳化硼高强度抗弹、防弹板60万件；碳化硼核用控制芯块20万件；碳化硼核用中子吸收球20吨；核用中子屏蔽材料20万件的生产能力，成为国内最大碳化硼制品的产业化基地。

（三）建立满足国军标、核工业要求的质量管理体系

要成为军工、核用产品的合格供应商，严格的产品质量要求是基础条件。在企业拓展军工、核用产品市场的过程中，原有的质量管理体系不能满足现在的企业发展需要，需要导入更先进的质量管理体系。金玛硼业集团在2016年分别完成EJ/T9001－2014核工业质量管理体系和GJB9001B－2009国军标质量管理体系的建立，并在年底前一次性顺利通过审核认证。

1. 规范产品工艺的评审管理

军、核产品注重产品生产的前期工艺控制，每笔订单签订前内部必须做好工艺评审和工艺设定工作，经评审后集团相关部门领导签字确认。原来的普通民品，虽然也有简单评审，但多是口头沟通不够规范，现在经过体系的运行和规范，更将工艺的评审工作规范有序，记录清晰，使产品的生产工艺保障性、安全性和稳定性更强。核工业质量体系的导入和有效运行，规范了金玛硼业花园口生产加工基地的产品生产流程，对工作环境和安全生产方面提出了更高要求。

2. 提升员工生产操作技能

在军、核的体系中注重人员培训工作，年度制订培训计划，月度进行汇总评价，并要对所有的培训进行有效性评价工作。培训工作的改进和明显加强的培训工作的效果，尤其是操作工人的工艺和操作培训，大大增强了员工的操作技能。在日常的工作中保证了生产操作的规范性。

3. 严格控制产品检验标准和方法

军、核产品的产品指标要求非常严苛，并且在检验标准和检验方法上客户直接制定明确要求。公司在原来民用产品的技术标准和生产工艺的基础上，升级生产加工技术和产品质量标准，有效地保证了产品的质量控制工作，并且确保了产品的合格率。

4. 提高生产流程规范性

军、核体系针对生产流程的控制要求很规范，在每个生产环节都要按照生产控制文件中规定的执行，过程的流转要有记录，并且明确每个在生产过程中的控制点，从而确保产品的最终实现。在此项工作公司狠下功夫，在流程控制上严格要求，收效明显。

5. 确保产品质量可追溯性

军、核产品涉及国家及人员安危，产品质量不容有失，在整个生产环节从原料、生产过程控制、产品检验、到产品交付，每个环节都要求有记录可追溯，每个环节都不能疏漏。一旦出现问题要从每个环节查找问题。针对此项要求，企业给每笔订单和产品都做了完善的产品档案和记录。确保产品的可追溯性。

（四）强化人才队伍建设，为拓展军工、核用产品市场奠定人才基础

企业要想进入军、核领域，对人员的需求就有了更高的要求。根据企业的需要，金玛硼业集团专门针对军、核产品的技术和管理需求做了人员优化方案，制定人才培养和引进战略，加快培育军用、核用等核心技术人才，结合政府政策引进海内外高端人才，引进行业高层次技术人才和管理精英、技能人才。通过校企合作，定向培养涉硼领域人才；实现研发项目课题公开招投标，吸引海内外的人才团队竞争参与。同时，完善人才激励机制。一是完善公司福利体系，提供人才购买住房的借、贷帮助，确保人才子女能就近入学。设定员工晋升路线，做好员工职业规划；制订《专业技术职务评定办法》，开通人才职业发展多条通道；制定工资增长机制，完善薪酬激励制度：实施绩效考核激励办法，制定灵活的奖金制度，合理化建议奖励制度，实施股权激励办法。二是制定公平的绩效考核方案，必须符合企业管理实际需要。避免考核流于形式，高层领导必须重视和支持。进行科学的工作分析：岗位职责要清晰，工作要求要明确，工作难易度要区分。绩效指标设置科学合理：分清主要指标，一般指标和辅助指标，指标尽可能量化。考核结果运用得当：充分运用到人事决策、员工的职业发展、培训、薪酬管理等多项工作中去，使员工通过绩效考核结果，正确认识到自己的差距和不足，更加努力工作和提高自我，从而获得更多的发展机会和取得更好的业绩。三是制定合理的薪酬体系。依据对企业人才结构现状、价值体现、行业地位，结合未来发展规划制定薪酬分配政策和策略。岗位分析与工作评价：岗位分析，岗位工作权重、岗位工作时间、岗位工作频率、岗位工作周期，作岗位评价，为定薪提供依据，确保内在公平性。薪酬调查：对本地区、本行业，尤其是主要竞争对手的薪资进行调查，确保外在公平性。制定的合理人才“选、用、育、留”机制，为企业的快速发展和管理提升提供了坚实的人力基础，也是企业最核心的竞争力。

三、民营企业适应军工、核用市场需求的质量管理提升效果

（一）攻克多项关键工艺技术，顺利进入军工、核用领域

经过近两年的努力，金玛硼业集团在国防军工和核工业领域取得了丰硕成果，获得国防科学技术进步二等奖和省市科学技术奖多项。2016 年，企业承研的 863 计划“高性能碳化硼陶瓷规模化制备技术开发”顺利结题，生产的“高温气冷堆核电站示范工程吸收球产品”顺利通过验收，并交付使用。人体单兵防护碳化硼胸板已批量交付军方。武装直升机用碳化硼防护材料已批量生产和交付使用。核用碳化硼屏蔽材料、控制材料、安全材料和核乏料处理材料在高温气冷堆、快中子反应堆和钍基熔盐堆中采用，以上军用、核用材料均填补了国内空白，使中国的含硼特种材料的技术水平走在了世界前列。

目前，金玛硼业集团的产品已经在行业内得到广泛的认可，军用防护产品多次经过打靶试验，防弹板材已经到达 NIJ Standard－0101.04 Ballistic Resistance of Personal Body Armor 中的Ⅳ要求及 GA141－2010 警用防弹衣中 6 级防弹插板的要求，成功提供给原总装备部进行装配试验，并进入到《军队物资工程服务供应商名录》及《全军武器装备采购信息网》中。核用产品的中子吸收球和吸收棒也顺利通过山东石岛湾核电站的验收工作，顺利投入使用。

（二）产品质量持续提升，行业地位及企业知名度快速攀升

国军标质量体系有效运行以来，金玛硼业集团对产品六性方面进行了严格控制，尤其是产品的可靠性、安全性和环境适应性等，加强对产品工艺的评审，增强员工生产操作技能，加大培训力度，严格控制检验标准和方法，确保计量器具有效使用，使产品综合合格率上升近 2%，提升了产品质量。通过适应军工、核用市场需求的质量提升管理，产品质量持续提升，产品合格率提高 2%，产品产量增幅 18.9%，利润增幅 154.7%，市场占有率增幅 25.4%。核用碳化硼粉被评为“中国磨料磨具行业技术创新一等奖”，装甲陶瓷在中国哈尔滨材料博览会上获金奖，在中国新疆国防军工防恐博览会上获“有效新产品奖”。

（三）为国防安全和核电安全做出了贡献

由于金玛硼业集团研制成功了碳化硼人体防护装甲材料，使我国单兵防护向着智能化、轻量化大大向前迈进一步，赶超了发达国家水平，获“国防科技进步二等奖”。并研制成功了飞机防护装甲，有效支撑了我国新型武装直升机研制。同时研究完成了装甲车用碳化硼复合装甲，实现了单一防护向多维防护的转变。由于研制成功了核用碳化硼材料，有力推动了我国核电产业发展，为此，组织国家重大专项高端气冷堆研制任务的国家部委特发来感谢信，称“由于此材料研制成功，使我国跨入国际反应堆先进行列”。

（成果创造人：王洪涛、于　娟、陈　昕、韩春源、李学斌、杨莹山、刘丕显）

大型施工企业以提质增效为目标的集约化项目管理

中铁六局集团有限公司

中铁六局集团有限公司（以下简称中铁六局）隶属世界500强企业——中国中铁股份有限公司，总部位于北京，注册资本金17亿元，下设北京、太原、呼和浩特等17个下属公司。现有员工12956人，各类专业技术人员6505人。拥有铁路工程施工总承包特级、建筑工程施工总承包特级等78项资质和许可，产品覆盖铁路、公路、市政、地铁、房建、桥梁、隧道、水利等众多施工领域。

一、大型施工企业以提质增效为目标的集约化项目管理背景

（一）落实国资委提质增效要求的需要

国务院国资委提出要把提质增效作为做强做优做大中央企业的重要举措，通过提质增效全面提升中央企业的管理水平。中铁六局近些年发展中凸显的项目管理粗放、各类施工生产要素集约化管理程度不高、专业管理能力不突出等问题，已成为制约企业发展最突出的“短板”，已经成为影响国有资产保值增值的重要风险源。因此，必须结合实际从管理方式上进行创新与变革，通过推动以提质增效为目标的集约化项目管理变革，才可能提高资源配置使用效率，提升整体发展质量。

（二）适应激烈的市场竞争形势的需要

近年来，国内建筑业市场整体呈现出蓬勃发展势头，国家对建筑业的管理又变得更加严格和规范，施工企业正处于既有巨大市场机遇、又面临更加严格的从业环境、还面对大量的技术升级和更新的历史时期。在此形势下，同行业的竞争者都在通过自我变革与创新，进一步提高核心竞争力，以求扩大市场份额。提高项目管理水平是提振企业核心竞争力的必由之路，因此必须对项目管理进行系统性的优化与调整，通过实施集约化项目管理提升企业的市场竞争能力，才能更好地适应严格的市场监管和激烈的市场竞争。

（三）进一步提升项目管理水平的需要

中铁六局先后在项目层面开展全面质量管理、标准化建设、内控和风险体系建设等一系列管理提升活动，整体上取得了显著成效。但在面对项目体量越来越大、要求和标准越来越高、经营成本卡控越来越难等行业趋势时，就凸显除了原有项目管理模式的结构性问题。要想提升项目管控水平，必须结合建筑业时代发展新趋势，引入专业、集约、协同的理念，充分采用先进的信息化管理手段，促进项目管理在组织、人员、资金、物资、机械等各类项要素方面的有序归集和管理，真正构建起高效的项目管理体系。

基于上述需要，中铁六局自2015年启动以“提质增效”为目标的集约化项目管理。

二、大型施工企业以提质增效为目标的集约化项目管理内涵和主要做法

中铁六局推进的集约化项目管理是以二级公司所属的项目部、专业化公司、作业队为组织基础，以对劳务、物资、机械设备等生产要素和资金、限价、索赔、合同等重点业务的集中管理为主要方法，以生产调度、网络集采、成本管控、财务共享等信息系统为管理工具，以分类分期考核体系为激励手段，以项目管理实验室活动为制度优化平台，以“项目管理标准化、组织结构专业化、要素管控集约化、劳务队伍组织化、经营承包责任化、基础管理精细化、党群工作科学化”为重要特征的系统集成各生产要素、各业务领域的一项管理变革。主要做法如下。

（一）明确集约化项目管理变革方向

一是确立“专业、集约、协同”的理念，让专业的人组成专业的组织，集中垂直管理专项资源，以专业技能和集中优势从事专项工作，实现工作质量的本质提升，多个组织在项目管理中以独立身份突出优势、分进合击，使得项目管理达到普遍高效和整体最优；二是坚持四个“有利于”的原则，即有利于确立主体意识、有利于激发内在潜能、有利于强化相互合作、有利于提高整体效率；三是实施综合配套的策略，在实施生产要素和重要业务的集约化管理中，要同步筑牢组织基础、建设信息手段、配套激励机制、构建改进平台，系统推进集约化管理；四是推进三大转变，即项目管理由项目部综合管理转变为由项目部、专业化公司、作业队专业管理，项目管理主体关系由原项目部内部组织之间的行政管理关系转变成独立组织之间以合同为基础的协同管理关系，对生产要素、劳务资源以及重要业务由项目部主导的前台管理转变成由公司主导的后台管理。

（二）变革项目生产组织结构

1. 瘦身项目部突出经营管理职能

将二级公司所属项目部重新定位为负责项目整体经营管理的一级组织，负责项目整体生产经营工作。将现场施工生产职能从项目部剥离，撤销项目部下属的分部或工区等负责现场施工生产的内部组织。将物资、机械、混凝土、测量试验等各类生产要素直接管理职能从项目部剥离。分别成立负责现场施工的作业队和负责生产要素管理的专业化公司，构建以项目部、专业化公司和作业队分类负责、协同推进的专业化集约化生产组织结构。项目部分别以《内部服务合同》《责任成本承包合同》的方式将要素管理和现场施工作业承包给专业化公司和作业队，在更好地让项目部集中精力行使核心职能的同时，也推进生产要素和现场施工作业的专业化管理。

2. 成立专业化公司进行要素集约管理

专业化公司定位为主责某一类型生产要素或专项资源管控的二级公司下属的一级固定常设组织。将从项目部分离的要素管理职能、人员、资产纳入专业化公司，由其在全公司范围内进行从上到下的纵向集约管理，并组建若干站、场、队室等类型下属分支机构派驻到项目部代表其为项目部提供服务。中铁六局下属各二级公司按需设置34个物资贸易、混凝土、机械设备、测量、试验检测等专业化公司，这些公司对应下设物资供管站、钢筋加工场、区域租赁站、混凝土拌和站、测量队、试验室等分支机构，为项目部提供约定的生产要素专业服务和管理，有效节约成本，提升效率和效益。

3. 组建作业队负责现场施工

作业队定位为主责现场施工生产、成本及安全质量管控的二级公司下属的一级固定组织，由公司组建、调配、监管、考核，对其实行常态化管理和整建制调动。作业队实行“管控层＋班组”架构，管控层从正式员工中选派骨干人员组成，一般包括队长、技术负责人、技术员、核算员、安全员、质量员、材料员、试验员、机械管理员、领工员等，通常控制在15人左右，班组和劳务人员由施工劳务企业提供，职（执）业资格和综合素质要满足施工需要。二级公司结合整体施工状况及需求，分别组建涉及综合施工的综合作业队和涉及桥梁、隧道、线路等专业施工的专业作业队，目前共组建各类作业队159支，满足施工生产对于作业队数量和专业的需求。

（三）重点推进七大管理集中

1. 推进劳务资源集中管理

组建“受我所控、为我所用”的劳务企业。劳务企业为独立的法人公司，二级公司以与劳务企业签订战略合作协议的方式，明确劳务企业按照二级公司统一规范和要求提供劳务资源，作为对等交换条件二级公司以自有的施工任务确保以合理的价格充分使用劳务企业劳务资源。二级公司将劳务企业纳入自身体系，进行统一管理体系、统一规范劳务人员来源、统一规范经济核算的三个统一的管理。

建立“集中审批、分级管理”的劳务队伍管控体系。一是在资格准入上实行项目部申报、二级公司审查、中铁六局审批的三审制度。项目部收集“五证一照一书”进行申报，调查队伍业绩和信誉情况。二级公司审查有关证照，考察队伍综合实力。中铁六局最终审批资格准入，建立合格队伍名录并划分核心型、紧密型和普通型。二是在队伍招标上实行分级管理。项目部划分分包单元、拟定分包方案，作为选用队伍的基础，采用综合评标法、合理单价评标法等方法，统一在中铁六局采购招标平台上挂网招标。200万元以下的分包项目招标由项目部组织，200万元及以上的分包项目招标由二级公司组织；三是在考核评价上实行统一标准。以日常考核和定期考核为基础，各公司和项目部对分包方队伍履约情况进行考核，进行星级评定。

2. 推进项目物资集中管理

构建二级双责集约管理体系。第一级为中铁六局下属的物贸公司，兼有全系统物资管理职能，负责全集团范围内项目所需钢材、水泥等主要物资的集中采供，兼管全局物资系统管理。第二级为二级公司所属的物贸分公司，兼有本单位物资管理职能，负责本单位除集团物贸公司集中供应外的其他物资的集中采供，实现对项目所需物资的分层分类集约采供和管理。

对供方进行集中管理。一方面培育战略供方和重点供方生产厂商，争取大宗物资最优惠的采购价格，形成稳定供应渠道，缓解资金筹措压力。现战略供方达到46家，其中钢材生产厂家6家，水泥生产厂家19家。另一方面统一供方管理，对全部供应商在注册、评审、缴费、发布、发证、动态管理复评、满意度调查、不合格处理等八个环节统一标准、分类推进、集中管控。同时针对物资质量实行一票否决制，出现重大问题直接划入“黑名单”，取消供应资格。

推行三步定价机制。各层级物贸公司按照“先全局利益，再项目利益，后物贸利益”原则，合理分配集采利益。第一步协议价格，在物资供应之前，以项目或区域为单位，由公司与指挥部、参建的二级公司、项目部共同协商确定所供物资协议价格。第二步供前让利，在协议价格的基础上，将采购供应形成的利差（指协议价格与进货价格之差）让利30%于项目部，形成正式供应价格。第三步供中让利，在供货过程中根据供货和项目回款情况再按利差的20%～30%二次让利于项目部，构筑具有中铁六局特色的物资收益链条和收益共享机制。

3. 推进机械设备集中管理

执行投资计划、购置双管控。施工机械采购管理，既要纳入年度固定资产投资计划，又要纳入机械设备年度采购计划，确保购置的计划性和严肃性。

实施集中审批、分级采购。单价10万元以上或一次批量100万元以上的施工机械采购均属于集中采购管理范围，采购前二级公司必须提出购置申请，中铁六局审核通过后，按照“集中采购、分级管控”原则组织实施。单价300万元及以上或批量采购价值500万元及以上，年度施工机械投资计划中设备类别、规格、数量集中且计划投资金额较大的施工机械设备的采购，中铁六局名义中标的大型项目的主要施工机械等为第一级，由中铁六局组织，二级公司参与；单台（套）设备价值100万元及以上，或一次批量采购300万元及以上的，中铁六局委托二级公司组织采购的机械设备等为第二级，由二级公司组织、中铁六局指导；单台（套）设备价值小于100万元，或一次批量采购小于300万元的机械设备等为第三级，由二级公司自行组织实施。

进行集中租赁。对于项目机械设备需求，优先统一调配使用自有设备，在此基础上，一般设备由二级公司选择区域内有实力的租赁商进行合作，统一在区域内租赁，将台班结算细化到小时，提升租赁集中度的同时实现更加精准的结算。同时在全集团对进场的自有设备和外租设备按照统一的技术标准、统一维修要求、统一管控方式、统一处罚标准进行管理、调配和使用，实现集约管理。

4. 推进项目资金集中管理

坚持“现金为王”的理念，大力推进资金实体集中。通过资金AB账户管理，强化资金管理权限的集中，严格大额度资金审批程序，严格资金审批与拨付权限；通过推进“项目资金预测分析、项目资金预警分析、公司资金统筹分析”的“三项分析”，提升资金收支管理计划性；通过强化银行授信的集中管理，采取以商业票据方式结算债务，上存100%保证金的形式进行资金集中，破解“监管账户”的难题；通过编制《资金集中操作指南》，指导京张、商合杭、衢宁、蒙华等业主对资金有强制性要求的项目部实现资金的间接集中；通过进行项目债务支付合规性审核、公司层面债务总体筹划、对同一债权人在不同项目上的应付账款实行集中管理等手段推进债务低水平合理支付。

5. 推进工程限价集中管理

通过依据现行铁路、公路、房屋建筑、城市轨道交通工程等预算定额，依据这些类型工程清单计价计量规范和计价指南，结合各地区劳动工资市场价格的“两依据一结合”，整体上确定一整套“标准统一、系数调节、上下一致”的分包限价体系。一是确定铁路工程、公路工程、城市轨道交通工程、房屋建筑工程四大类15小类的统一指导价格体系；二是根据不同地区设定调整系数，系数从河南、安徽、湖北、云南、四川等劳务大省的0.98，到经济较为发达的广东的1.03，之间共设置五个档次，涉及16个省市自治区，实现标准与实际的有机结合；三是各单位在编制劳务分包限价及成本测算过程中，其分包项目及成本测算项目的工作内容及经济内容与中铁六局指导价子目相同，所签订的分包合同如果没有指导价以外项目，分包清单必须与指导价子目相一致，实现从上到下的指导价子目的一致性和价格体系的一致性。

6. 推进二次经营集中管理

二次经营是在施工生产过程中面对众多实际变化和合同变更保障和实现企业合理经济利益的有效途径，为此中铁六局和二级公司两级集中组织进行标前介入和标后评估，实现二次经营集中策划；完善收入、二次经营及考核办法，下达确保、力争和挑战三个索赔考核目标，使得考核激励方式更有利于激发潜能；通过成立二次经营专家组，定期强化过程督导，全面落实各级二次经营责任；建立《铁路工程变更索赔立项清单》，按照章节及清概类别归类，共十六部分262项。策划推出轨道交通、公路、建筑等工程专业的立项清单，为现场二次经营工作提供策划索赔点的具体指导范本。

7. 推进工程合同集中管理

建立“六统一、四约谈、一问责”的合同集中管理制度。统一合同签订权、违约金标准、纠纷解决机构、对外签认权、合同评审分工和保管合同文本；对被诉案件标的额超过一定金额的、频繁发生纠纷案件的、涉诉案件反映企业内部管理存在严重问题的、涉诉案件可能会给企业造成较大经济损失的必须约谈；对因违规管理给企业造成经济损失的，按照相关规定进行问责处理。同时，通过加大对合同的深层次评估力度，切实履行谈判、评审、签订、履行、变更索赔等关键环节，进一步规范生产经营行为的同时，防范因合同管理不到位而引发的经济纠纷甚至导致项目成本失控。

（四）构建集约化管理信息系统

1. 研创生产调度指挥信息系统

研创的生产调度指挥信息系统以施工组织计划为主线，集成形象进度、物资供应、机械设备配置、劳务资源等内容，集成终端二维码扫描录入、视频摄像、GPS定位、云端等技术，依托信息化、模块化手段构建四大功能。一是通过指挥系统对生产区、辅助生产区进行实时视频监控，直观显示形象进度，实时掌握施工现场各项情况，及时进行统筹协调；二是通过指挥系统实时掌握施工现场班组工作内容、专业类别、人员结构、人数及人员信息，实现对作业人员的全方位管控；三是通过指挥系统掌握施工机械设备的数量、现场分布、运行状态、操作人员信息，实现对机械设备的综合监控和调配；四是通过指挥系统掌握主要生产物资的月计划、周计划、日计划、实时库存、物资流向等信息，对照生产计划及时调整物资采购计划，确保满足施工需求。

2. 建立物资网络集采系统

创建电商平台“中铁物资商城”，取得由工信部颁发的ICP经营许可证。明确“自营＋B2B”混合经营模式，主要服务中铁六局工程项目二三项料需求。研发出商品选购、在线支付、物资配送和竞价等子系统，设置商家入驻管理、买家管理、网络竞价、代理采购、订单管理、第三方支付、信息推送等主要功能。

3. 应用成本信息管理系统

成本信息管理系统包括收入管理、成本管理、资金管理三大模块，涉及收入管理、责任成本管理等66项业务，并按照“计划—合同—验收—结算—支付”业务顺序，梳理出合同清单审批、责任成本预算编制审批、合同评审、内外部验工计价、责任成本计价、债务支付审批等共计45项关键业务流程，统一形成管理表单，对项目收入、成本预算、实际成本、资金支付、核算分析等项目业务实行流程化、信息化处理，实现对业务和资金支付的有效控制，做到收入支出有依据、资金支付有审批。整个系统分三个应用层级，项目部使用系统处理日常业务，二级公司通过系统进行业务审批和监督，中铁六局通过系统进行业务监督，实现成本三级协同和全面管控。

4. 构建财务共享中心

财务共享中心采用集中、共享的模式，批量处理同质化程度高、大量重复发生的活动，分离业务主体和记录主体来强化控制、保护企业价值。依托流程标准、控制标准、会计政策、会计科目、核算规则、稽核规则、数据标准等七大标准体系，在共享平台上构建“门户层、应用层、基础服务层、资源层”的四层系统架构，形成“主数据管理、业务管理应用、财务共享应用、资金管理应用、报表管理应用、经济运营分析应用”六大应用职能，实现财务管理定位由核算到价值创造、财务管理模式由分散到集中的双变革。同时，衔接成本系统、物资系统及资金平台等其他系统，实现全流程信息化流转，最大化减少手工操作，推进标准化数据采集，多维度数据分析，高效支撑项目财务资金集约管理。

（五）建立分层分类激励机制

1. 对项目部进行双重考核

中铁六局二级公司和指挥部对项目部进行年度双重考核。基于项目部职能定位的变化，二级公司对项目部的考核导向由原来的施工生产、经营管理、安全质量、生产要素、清收清欠等综合考核评价，调整为依托核心经济指标加以否决指标进行考核评价的导向。形成以利润率、资金上缴为正向核心指标，安全质量等处罚为否决项指标的量化考核体系，指标简单明了，同时兼顾主要目标，又在关键事项上划清底线。中铁六局指挥部对所管辖区段内的项目部从生产进度、安全质量、成本计价、文明工地、党群建设等方面进行月度、季度、年度考核，奖优罚劣，促进项目生产经营管理。

2. 对专业化公司进行双重考核

中铁六局二级公司和其项目部两个主体共同对专业化公司进行年度考核。由二级公司对专业化公司制定包含营业收入、利润、现金上缴、业务管理、服务满意度等指标在内的体现专业化公司管理水平、经济效益、服务水平的系列指标，从指标上引导专业化公司努力实现要素集约管理、服务施工生产、独立自主运营的初衷。二级公司每年末负责管理和经济类指标的考核，项目部对其服务满意度进行评价，二者按照一定权重比例计算出最后考核结果，直接对接专业化公司领导班子成员年薪。对专业化公司进行双重考核，整体兼顾专业发展和服务项目，确保实现提升要素管理水平和高效服务项目的有机结合。

3. 对专业化公司分支机构进行双重考核

项目部依据合同约定对专业化公司派驻项目的分支机构从服务标准、服务效率、服务效果等方面的指标进行评价考核，专业化公司按照自己的考核体系对分支机构进行管理考核。专业化公司按月依据项目部与自身对分支机构的双重考核，进行加权计算，综合形成对分支结构的最终考核结果，应用于分支机构人员薪酬待遇等方面，整体上确保分支机构既听命于专业化公司又服务好项目部。

4. 对作业队进行双重考核

二级公司作为作业队的组建者，对作业队进行日常管理和考核，考核主要以队伍建设、规范管理等方面指标为主。同时项目部对作业队在进度、安全质量、合同、成本管控、工资分配、班组建设、劳务人员培训与管理等方面进行季度和年度评价考核，整体上实现二级公司与项目部对作业队的双重考核，确保作业队符合公司建设要求、满足项目生产需求。

5. 对班组进行双重考核

作业队依据《计件工资协议》对班组进行任务量、完成质量、完成时间、材料消耗等方面考核，直接与工资挂钩；劳务企业对派驻到作业队的班组按照内部管理机制进行内部考核，实现有效管控。双重考核整体上促进班组不断提升技能水平和符合管理标准的双重要求，在不断规范的基础上，持续激发班组精于业务、搞好生产的内在潜力。

（六）开展项目管理实验室活动

中铁六局引入自然科学实验室实践理念和套路，开展项目管理实验室活动，用于制度实践检验和管理课题研究，推进制度体系渐进式完善，推进集约化项目管理螺旋式优化。一是推进制度实践检验。制定《制度实践检验工作指南》，明确通过“三个结合、三种途径、三张表”三管齐下推进制度实践检验。通过结合业主要求、结合公司规定、结合项目实际“三个结合”，明确制度建设导向；通过转换引用、对应修改、另行制定“三种途径”明确制度建设方式；通过跟踪检查、建议改进、申请新建“三张表”优化制度实践检验。二是推进管理课题研究。制定《课题研究工作指南》，结合中铁六局实际，编制课题立项申请、评审、课题实施报告、结题报告、成果编制等阶段的标准，以规范形式促进内容研究。以集约化项目管理 10 大领域 50 个方面突出问题作为课题进行深入研究，协同优化相应项目管理制度。两年来共有 16 项课题取得研究成果并推广应用，32 项课题取得阶段性成果，解决影响制约集约化管理的问题。

三、大型施工企业以提质增效为目标的集约化项目管理效果

（一）提升了项目管理水平

一是安全生产屡创佳绩。2016 年实现承建的京张高铁北京枢纽过渡、深圳地铁 11 号线等 91 项工程如期完工，23 座车站按期开通，全年营业线施工 7332 项，邻近营业线施工 35720 项，安全正点率 100%，连续 6 年荣获全国“安康杯”竞赛优胜单位；二是突破了众多高精尖施工技术，通过一批重点工程，攻克不等跨变截面曲线双幅同步转体、全国最大直径土压盾构施工等众多国内顶尖施工技术难题，带动了施工能力的整体升级；三是经营效益稳步提升。各项指标持续优化，2016 年全年月均资金集中度 87%，物资集采率 98%、降采率 8.5%，设备集采率 92%、集租率 72%。二次经营收入达到全年确保目标的 140%，两金规模同比下降 3.7%，清欠工作的经验被国资委刊发，在中央企业范围内进行专题交流。

（二）促进了企业稳健发展

自集约化项目管理实施以来，项目管理质量和效益显著提升，进一步强化和促进了企业整体的发展。近年来每年都超额完成年度目标，2016 年企业新签合同额 425 亿元、营业额 281 亿元、实现归属母公司净利润 3.29 亿元，分别同比增长了 28%、20%和 18%。资金存量、经营性现金流量分别提升了 26%、93%。有息负债、两金规模分别降低了 4.2%、4.5%。连续三年实现贷款零增长。各项经济指标创建局以来最好水平。

（三）提高了企业社会声誉

在铁路信用评价中，本线排名靠前项目大幅增多，信用评价从B级中游稳步提升到B级领先甚至冲入A级的状态；在市政、公路等非铁路项目综合考评中屡屡名列前茅，信誉得到了快速提升；三年中获得国家级工法2项、全国企业管理现代化创新成果1项，取得国家级专利197项，荣获国家级优质工程类奖项5项，省部级优质工程类奖项35项，其中参建的京沪高铁工程荣获2015年“国家科学技术进步特等奖”。

（成果创造人：马江黔、肖于太、王东旭、王新华、王德志、
李林杰、袁志富、李密福、裴　涛、付晋德）

以提高运营绩效为目标的对标管理

乌江渡发电厂

乌江渡发电厂（以下简称乌江渡）位于贵州省遵义市，是我国在喀斯特岩溶地区自行设计、施工建设的第一座高坝大型水电站。电站工程设计获得国家金奖，施工获得国家银奖，工程填补了我国在喀斯特岩溶地区兴建水电站的空白，很好地解决了地质、帷幕灌浆、泄洪建筑物布局、消能等技术难题。2000年随着国家西部大开发、西电东送战略的实施，乌江渡在左岸扩建两台250兆瓦机组和一台30兆瓦防洪备用机组，2003年扩建机组投产发电。2003年至2005年将原有三台210兆瓦机组扩机增容为250兆瓦机组。至此，电厂总装机容量从原来的630兆瓦增加至1280兆瓦，成为乌江流域建成的首座百万千瓦级大型水电厂，在贵州电网中担负着调峰调频及黔电送粤潮流调控主力发电的重任。

一、以提高运营绩效为目标的对标管理背景

（一）为适应电力体制改革和电力市场竞争的需求

当前，我国经济正处于增长速度换挡期、结构调整阵痛期、前期政策消化期“三期叠加”阶段，经济增速持续放缓、能源消费增速稳中有降、社会用电增速也将明显放缓；能源行业进入深刻变革时期，煤炭、电力产能总体过剩，未来低碳清洁能源势必成为主流。同时随着电力体制改革持续深化，电力体制由计划到市场，发电量计划加速放开，售电侧改革试点不断扩大，输配电价改革深入推进，电力市场化进程的速度之快超出预想，将对发电企业经营发展产生深刻影响；执行西电东送电量分配及电价新政策，分摊电量每千瓦时扣减2.76分，其中2016年售电收入受影响减少五千余万元。这些都将导致未来乌江渡的电量、电价受到影响，对发电企业的运营效率、运行安全性提出了更高的要求。乌江渡要进一步拓宽视野，提高绩效水平，才能在竞争中有一席之地。

（二）促进企业管理水平不断提升的需求

乌江渡是建厂近40年的老厂，随着乌江流域开发的完成，为支持各个水电站建设从技术输出、人才输出、管理输出等方面做出了重要贡献。但随着各个电厂的发展，乌江渡感到深深的压力，企业执行力不高，一些关键经济技术指标处于同行中等，员工创新意识淡薄，与外部环境变化要求形成较大的反差。乌江渡需要开展对标管理，将自身的产品、服务、生产流程、管理模式与同行业内先进企业相比较，在研究、学习中进一步提升自身企业管理水平。

（三）提高企业运营绩效、不断改善经济技术指标的需要

电力商品无差异的特性，决定发电企业竞价上网的竞争关键是企业运营效率的高低，运营效率的高低体现在企业内部各项经济技术指标的优劣上。持之以恒地抓好各项生产经营指标的管理，使之处于行业先进水平，可以凸显企业在电力市场上的竞争优势。乌江渡认识到自身的生产运营各管理环节、部分关键经济技术指标，如水能利用、年耗水率、年用电率、维护材料费等指标与同行业先进企业比较差距仍较大，与乌江渡自身规模不相匹配。为此，应该把对标管理的各项措施贯彻落实到生产运营各项具体的业务管理活动中，以先进指标为引领，引导职工追赶先进、赶超一流，从而提高企业运营绩效。

二、以提高运营绩效为目标的对标管理内涵和主要做法

乌江渡以提高企业运营绩效、做行业内一流企业为目标，以行业内（包括乌江渡）先进指标为标杆，以企业各项主要经济技术指标、安全指标、生产指标、经营指标为主要对标内容，通过完善组织领导、构建对标指标体系、实施指标跟踪和指标查异，全方位、全流程、全员查找生产经营活动管理缺

陷，制定措施、传递压力、持续改进、追求卓越，全面提高企业管理水平，提升企业运营绩效。主要做法如下。

（一）转换观念认识，构建组织保障平台

1. 完善组织领导，细分部门职责

乌江渡成立以厂长为组长，副厂长为副组长，相关部门领导为成员的领导小组。领导小组下设办公室，并成立经营管理、设备管理、运行管理、水工管理、业绩管理5个对标项目小组。

领导小组工作的主要职责是负责对标管理的总体部署，制定全厂对标管理的指标项及目标值、对标管理方案和实施细则，营造良好的对标管理氛围；落实对标管理责任制，制定厂对标管理奖惩制度；组织对标的正常开展和月度分析，重点分析指标的完成情况和改善情况，查找存在问题的原因，制定整改措施并督促落实以及对标信息的审批和发布。

项目小组根据职能分工负责指标的统计和掌控。经营指标、设备健康状况及运行指标、安全业绩管理分别由计划财务部、生产技术部和安全监察部负责，情况上报领导小组；发电设备运行指标和水情、大坝、防汛等相关指标分别由发电部、水工部负责，情况上报生产技术部。同时各部门设置兼职联络员，负责及时将各部门对标管理进度、存在问题汇报给办公室，由办公室协调沟通解决。

2. 深刻认识对标管理对提升企业运营绩效的作用

乌江渡教育广大员工认清当前电力行业复杂严峻的内外部竞争形势，利用厂内MIS系统、局域网、微信公众平台等载体，通过标语和图文并茂的宣传画、讨论会等形式大力宣传，让全厂员工认识到对标管理的重要意义和作用，充分认识到发动全体员工积极参与到管理工作中来。目的是让员工正确认识对标管理对企业、对自身发展的意义作用：一是有助于树立忧患意识，激起奋斗精神。二是有助于形成全员抓指标的管理氛围，充分调动一线员工积极开展对标管理工作的积极性。三是有助于打造学习型组织。使员工认清企业管理现状水平与行业内先进企业的差异原因，有助于制定有针对性的积极措施予以改进，提高个人业务技术和思想文化素质，增强软实力。四是促进企业精益化管理。通过对指标的研究分析，构建周密的计划措施，促进企业精细化管理，夯实企业各项管理基础。

（二）确立目标与对标原则，构建整体实施方案

1. 制定总体目标

通过对标管理活动的深入持久开展，使企业运营绩效达一流企业的水平，提升安全、效益、发展三大业绩，确保生产安全、经济安全、政治安全和形象安全。

2. 确立对标总体思路

在全厂范围内推进对标管理工作，从厂到部门、班组实行层层对标，重点围绕安全生产、经营管理、节能减排、队伍建设、提质降耗等方面全方位开展活动，形成"对照先进、查错纠弊、持续改善、不断超越"长效机制，并贯穿到生产经营发展全过程。

3. 明确对标原则

对标工作坚持经济效益、价值最大化的原则；坚持全过程、全方位、全员的原则；坚持简明有效、动态管理的原则。

4. 理顺流程，构建实施方案

第一，拟定企业主要指标，构建对标指标体系；第二，选定主要目标，针对标杆找差距，确立标杆值；第三，制定措施强化控制，依据各标杆值开展对标管理，对照先进、查错纠弊；第四，总结完善，持续改进。

（三）构建促进运营绩效提升的对标指标体系

按照领导小组确立的目标与对标原则，组织人员广泛收集、搜寻行业优秀企业和国际一流水电厂先

进指标，包括乌江渡历史最好数据，从中找出差距，建立起乌江渡自身的标杆体系。

1. 准确界定并解决标杆体系构建中的特殊问题

一是针对部分指标对标难以量化，如经济安全、党风廉政、企业稳定与形象安全，这类指标属定性指标，不能量化，但又是上级战略部署的要求，决定在年终根据各相应的管理绩效来综合评价。

二是针对部分指标不能按月对比，如材料费、修理费和管理费都是受控于生产计划，按月份比较意义不大，特别是公司财务集中管理企业，难于在月度报表中真实反映财务指标情况，因此决定这类指标按季度或年份对标。

三是针对部分指标因老厂与新建水电厂在政策上、社会责任上的历史原因，其可比性较差，具体如上网电价、资产负债率、劳动生产率、人均管理费等经营业绩类指标。因此决定这些指标要本做发展前进超越的思路，结合乌江渡历史最好水平来制定。

四是由于水电行业自身特点决定，水电站之间即使机组装机容量相同，但是受大坝坝型、水库、天然河道径流量大小的不同，其设计参数、运行方式差异较大，一些指标横向对标较难。例如，单位容量维护材料费，各水电厂差异很大，因此决定以乌江渡历史纵向最好水平为坐标制定。

五是针对机组耗水率，机组耗水率是衡量水电厂效益的关键指标。乌江渡新机组和老机组的取水高程和安装高程不同，因此机组耗水率也就不同。老机组耗水率为3.52立方米每千瓦时，优于标杆值0.13立方米每千瓦时；新机组耗水率为3.78立方米每千瓦时，高于标杆值0.13立方米每千瓦时。但是，由于各机组的上网电价不同，存在一定的差异，实行老机老价、新机新价以及系统辅助服务电价的影响，即便老机组耗水率相对较低，在同等条件下也要优先考虑发新机组，以优化经济结构，谋求企业经济效益最大化，从而使得这一硬指标也不得不与销售收入结合起来而随之发生变异。

2. 以全面反映运营绩效为中心搜集标杆

各项目组根据对标管理工作要求，参考电力行业、中国华电集团公司及贵州乌江水电开发有限责任公司（中国华电集团公司贵州公司）（以下简称乌江公司）运营指标，分别收集各专业管理标杆值。

第一，经营管理组根据多年数据综合平均原则收集一般管理费、专项管理费、单位容量修理费、单位容量维护材料费、单位容量年均技改费等各项生产费用标杆值。

第二，设备管理组负责收集非计划停运次数、机组大修后连续运行天数、主要设备完好率、缺陷消缺率、两措完成率、安评整改完成率、设备利用小时数、生产厂用电率、综合与生产厂用电率差、自动装置投入率、继电保护正确动作率、年度检修预试完成率、年度技改完成率、设备等效可用系数等生产技术标杆值的搜集。此类指标为设备基础指标也涵盖了节能管理，根据各厂多年统计基本取其最佳值为标杆值。

第三，运行管理组负责收集发电量、自动开停机成功率、自动开机时间等发电设备运行标杆值。此类指标根据本企业长期运行积累得出，是实施运行优化管理的有效保证。

第四，水工管理组负责收集洪水预报平均准确率、水情自动测报系统畅通率、大坝安全监测设施完好率、防汛设备和设施完好率、发电耗水率、水能利用提高率等水情、大坝、水库、防汛等相关标杆值。此类指标为水库基础指标，根据各厂多年统计基本取其最佳值为标杆值。

第五，业绩管理组负责收集政治安全和党风廉政控制，负责安全、环境保护和文明生产标杆值的搜集。包括生产安全、经济安全、党风廉政、企业稳定与形象安全、安全运行天数。

五个专业小组共收集80多个指标，由厂对标管理领导小组组织专业人员反复研究筛选，最终确定能集中反映企业生产经营绩效、关系企业竞争力提升的40个指标。至此，将各种离散指标和过程指标构成以绩效为核心的相互关联的指标体系。

3. 按照原则分析指标确立标值

按照内外结合，综合平衡，承认历史，兼顾现状，放眼未来、具备可比的原则，领导小组召开专门研讨会对筛选后的40个指标进行分析，制定乌江渡对标标值表，为全厂从上到下开展对标管理提供对表依据。对标标值表中生产经济安全、党风廉政、信息安全、企业稳定与形象安全、非计划停运零次等安全业绩指标为硬性指标，要求全年不能有任何影响安全的事件，标杆值为安全；主汛期等效可用系数、自动装置投入率、主设备缺陷消缺率、继电保护正确动作率等直接关系安全生产的业绩指标，标杆值为100%；发电量、三项费用等效益指标标杆值根据企业年度绩效目标产生；综合厂用电率、耗水率以及人均一般管理费、单位容量修理维护费等经营业绩指标标杆值则根据前三年该项指标实际情况评估产生。

另外根据乌江渡的实际情况，同时对主要设备一类率、自动开机时间、自动开停机成功率等指标设计制定高于标杆值的奋斗目标值，以此激励职工攀高峰、创纪录。

例如，洪水预报准确率规范值为85%，为有效提高水量利用率，提升企业的经济效益，加大洪水测报系统维护人员技术培训力度，根据上游电站建成对电厂自然来水影响情况及时对洪水测报系统软件进行升级，并对测报系统进行改造。根据以往测报系统（软件、硬件）稳定性统计及天气预报可靠性，将企业洪水预报准确率确定为92%。通过对现场维护的加强及系统改造，近年洪水预报准确率均高于预期。

大坝安全监测设施完好率标杆值为95%，为保证大坝安全运行、提高观测准确率、可靠性，通过统计分析以前的观测设施工情况，在排除可控因素外，将乌江渡大坝安全监测设施完好率确定为98%。在现场建设有关设施，根据仪器工况及时邀请相关单位进行仪器率定，并根据仪器具体情况及重要性进行及时更换、停测、封存，使大坝安全监测设施完好率远高于标杆值和企业制定的目标值。

（四）落实职责，全员全方位全过程抓落实

1. 传递压力，分解指标，做到人人肩上有指标

乌江渡将指标分解落实到部门、班组和个人，确保职责明确、责任落实，形成厂、部门、班组三级对标管理体系。通过厂与部门、部门与班组、班组与班员签订安全目标责任书方式，保证指标层层分解落实，以小目标的实现促进总目标的完成。如：为实现综合厂用电率奋斗目标，各班组针对班组特点制定节能管理措施。下班后关闭电脑、空调，杜绝长明灯、长流水；在厂房一些通道照明加装红外线感应开关；运行空调时，规定夏天温度不低于26℃，冬天不高于20℃等措施，做到节约一度电、一滴水、一张纸。

2. 以部门为关键落实责任

安全监察部负责安全、环境保护和文明生产指标的控制，每月安全分析通报并分析安全指标对标情况以及审定安全管理指标、通报安全监督情况并按规定发布。生产技术部负责生产技术标杆值审核确定、检修材料费用控制、检修技术改造方案审定、分析改善生产技术指标要素、月度安全分析会通报生产技术指标对标情况。发电部负责计划发电量运行管理、“两票”执行与监督、及时分析建议运行方式、厂用电设备运行分析、月度安全分析会汇报对标情况。机电维护部负责发变组设备维护消缺、设备检修技改质量管理、设备技术监督和状态分析、三漏的技术管理和治理、月度安全分析会汇报对标情况。水工部负责水库和水工建筑物管理、防汛设备设施管理、与集控中心协调水库防洪调度、水情自动测报系统运行管理、月度安全分析会汇报对标情况。计划财务部负责各生产费用的标杆值确定、改善分析指标要素、月度厂务会通报全厂对标指标情况。政治工作部负责政治安全、党风廉政指标的控制和对标管理活动的宣传报道。人力资源部负责人力资源挖掘培训、创新培训模式、保障人才储备。厂长工作部负责对标管理活动的协调，保障活动开展，及时查找、搜寻行业同类企业最先进指标，完善对标指标值。

3. 贯彻安全生产法规，狠抓内部管理，确保安全业绩

乌江渡严格执行“两票三制”，确保全面落实相关安全规定，夯实安全生产基础。一是以安全标准化管理为基础，坚定安全就是电力企业最大经济效益的信心。以技术监督为手段，以健全和完善安全生产长效机制为目标，认真开展危险点分析及预控、在控，做好设备运行分析，加强缺陷闭环、设备检修质量管理，提高设备运行可靠性，降低非停。二是加强设备巡视检查，及时发现和处理安全生产中存在的问题。三是加强对重大危险源、环境因素识别评价和控制，完善应急预案和应急机制建设。四是以反违章为切入点，长期开展隐患排查，做到“零违章确保零事故”，努力实现“人员无盲点、系统无缺陷、管理无漏洞、设备无障碍”的本质安全。五是认真落实安全性评价整改工作和各类安全文明生产检查，提高安全生产管理能力，实现安全生产长期稳定。

4. 挖潜增效，落实节能降耗，全面提升生产和经营业绩

乌江渡面对部分设备老化、安全性差、节能效果等不利因素，实行一系列管理措施，全面提升生产经营业绩。一是开展节能管理，积极倡导增收节支、勤俭节约精神，调整生产和生活区照明和生产用电方式，减少厂用电量。二是加强电能计量管理，对计量设备进行误差测量、分析、维护，保证计量的准确性。三是加强水库调度管理，对外协调好水库和机组运行调度部门之间的关系，密切与电网调度和集控中心的联系，合理控制发电水位；对内合理安排机组计划检修停运时间，做好来水预测和发电计划；定期开展经济运行分析，找出影响能耗、水耗指标降低原因，制定切实可行的改进措施，把节能和降低发电水耗作为指标突破的关键，积极争取最大限度地上网电量。四是加强设备及运行管理，对各项生产指标牢牢掌控，做到设备巡视到位、消缺及时、检修精良、技改精细、设备可靠；建立健全设备各种记录、台账，定期开展设备运行分析，保障机组安全稳定运行。五是加强经营管理，重点是各项生产费用管理，严格控制检修工期和费用，提高经济效益。六是加快技术改造，使用低能耗产品，降低设备能耗。逐步实施电缆无油化、照明系统、高低压厂用变压器等改造，提高设备安全健康水平，达到节能降耗的目标。

（五）持续改进，追求卓越

乌江渡多措并举，不断促进对标工作持续改进。一是在每月的厂务会议、安全分析会议、技术分析会议，分析月度、季度指标情况，找出差距和不足，落实改进措施。二是在每周生产例会，分析生产技术指标，缩短分析周期，提高应对及时性。三是利用技术改造、检修管理和技术监督手段，落实对标中的改进措施，保证指标的先进性。四是坚持依法防汛，加强大坝安全管理和防汛设备、设施的管理，保持与上游水库和梯级调度中心的联系，严格执行梯级调度中心的水库调度和防洪调度命令，保证安全度汛和水情指标先进性。五是加强依法经营的教育和培训，强化预决算管理，保证经营目标实现，保证经济安全、形象安全。六是加强党的路线、方针和国家政策的宣贯学习，保证政治安全。

1. 针对综合、生产厂用电率差指标差距制定整改措施

一是加强对电气系统计量器具的检定管理，对计量设备进行误差测量、分析、维护，保证计量的准确性。二是研究机组优化运行方式并制定优化运行措施，提高机组经济运行性。三是对生产辅助设备按性能指标制定运行措施，保证其工作点处于高效率区，同时对运行方式进行优化。四是加强“三漏”，减少水泵、油泵等设备的启停次数。五是根据气温变化、负荷情况及时投退各类通风设备。六是完善相关制度，加强办公、生活区用电管理，做到计量准确等。

2. 针对非计划停运次数指标差距制定整改措施

老机组存在设备不稳定性，有可能影响非计划停运发生。对剪断销剪切面积进行重新核算，利用小修机会更换，按照设备维护巡视检查要求重点对剪断销开展跟踪巡视、分析。

3. 针对发电耗水率指标差距制定整改措施

影响发电耗水率的因素很多，内部原因、外部原因、管理因素以及设备因素都与水电厂综合经济运行管理息息相关。乌江渡协调好水库和机组运行调度部门之间的关系，加强与集控中心的联系，建议合理控制发电水位。加强水电厂基础设施维护管理，特别是引水系统的管理，合理安排机组计划检修停运时间，做好来水预测和发电计划。

4. 针对机组大修后连续运行天数指标差距制定整改措施

按制定的"检修管理制度"保质保量完成各项检修任务，严格执行验收制度；严格执行《设备维护巡视检查制度》，及时发现、处理设备隐患和缺陷；定期开展设备运行分析，保障机组安全稳定运行。建立健全设备各种记录、台账，定期统计分析。为配合差异整改，落实制定一系列综合改进措施：提高全员劳动生产率规划及实施计划；改善经营类指标规划及实施计划；提高等效可用系数定额完成率措施；设备管理营运改善方案及措施；水库调度管理及洪水预报平均准确率的改善目标及措施；降低生产、综合厂用电率措施；提高主营业务收入率措施；节能管理五年规划及年度实施计划；厂内经济运行方案及措施；电能计量管理规划及实施计划等。

三、以提高运营绩效为目标的对标管理效果

（一）建立了对标管理的长效机制

通过实施以提高运营绩效为目标的对标管理，完善了对标管理的组织领导机构，建成了科学的、符合乌江渡实际的标杆值体系，形成了一整套 PDCA 闭路循环管理新机制，全面提升了企业运行质量，促进了安全持续高效生产。

（二）提高了企业管理水平

通过对标管理工作的实施，乌江渡各部门、基层班组不断改进和完善管理。在管理对象上，针对标杆值要求，优化管理流程，推进制度化、标准化、规范化管理，认真落实职责，分解目标，定期考核，改进完善，形成了管理的闭环。克服了过去管理效率不高，忽视过程，目标性不强等缺陷，实现了对人财物等资源的优化配置和充分利用。乌江渡"三标一体化"管理体系连续通过第三方的审核，取得认证证书。按照中国华电集团公司统一部署完成运行精益化管理试点工作，为深入推行精益化管理奠定了基础，不断激励职工创新创效。2011 年以来荣获全国电力企业管理创新成果一等奖 1 项，省级管理创新成果一等奖 3 项、二等奖 5 项，大型发电机组转子安装连接用导向定位销获国家实用新型专利。

（三）对标活动成效显著

自对标工作以来，乌江渡不断在安全、生产、经营指标取得好成绩，全年对标指标全部完成或超额完成标杆值要求，连续七年被中国华电集团公司命名为"五星级发电企业"，荣获"全国文明单位""国家能源局电力安全生产标准化一级企业""国务院国资委先进基层党组织""全国电力行业设备管理工作先进单位""贵州省优秀企业及最佳信用企业"等荣誉称号。在对标工作的指引下，2014—2016 年累计利润总额 19.38 亿元，较 2011—2013 年平均收入增长 44.70%、平均利润增长 81.91%。提高收入的同时，通过对标有效降本生产成本，2015 年利润总额达到建厂以来历史最佳水平。

（成果创造人：戴建炜、刘春志、贺兴亚、徐　虹、潘　剑、田贵明、
熊必文、张　林、廖优林、申明光、贺　灿、皮雪松）

航空制造企业基于全过程成本控制的工具个性化采购管理

成都飞机工业（集团）有限责任公司

成都飞机工业（集团）有限责任公司（以下简称成飞）创建于1958年，1998年组建为集团公司，是我国航空武器装备研制生产和出口的重要基地，是国内外民机零部件重要制造商。创建半个多世纪以来，成飞按照“航空为本、军民结合”的发展战略，先后研制生产歼5、歼7、枭龙、歼十等系列飞机。在长期的转包生产中，与波音、空客、IAI等公司建立了良好的合作关系，成为国际民机大部件优秀转包商。目前，成飞资产总额达243.85亿元，已连续三十多年保持盈利，累计向国家上缴利税数亿元，为国家防务建设和国民经济建设做出重要贡献。

一、航空制造企业基于全过程成本控制的工具个性化采购管理背景

（一）满足航空产品的研发制造对全过程成本控制的需求

随着航空产品不断向大型化、结构化、轻量化发展，为满足其高精度、高性能、高可靠性的要求，航空装配工具和切削刀具在材质、结构、加工工艺、表面处理等方面的各类新技术应运而生，发展迅猛。近年来，成飞科研生产的项目不断增多，各种新材料、新工艺、新设备陆续投入使用，随之产生的工具需求也发生变化。部分新增工具的单价高达数千元甚至数万元，在工具选型和计划方面如出现失误，将给成飞的成本控制带来重大隐患。因此，成飞迫切需要改变原来的粗放式的工具管理模式，实现工具管理中的全过程成本控制。

（二）满足成飞“优质、准时、低成本”管理理念的要求

2014年以前，成飞采用按照使用单位的需求计划来供应工具的方式，将使用单位的工具需求计划作为工具供应的唯一依据，采购部门负责照单采购、一次性供货。随着公司的项目增多，生产任务上升，工具需求的种类和数量不断发生变化，这种供应方式的弊端就日渐凸显。在实际生产组织的过程中，工具需求计划因生产计划调整、加工方案变化等原因导致的变化频繁发生，单一、静态的供应方式往往不能及时做出响应，对已经发出的采购合同也无法及时进行更改、调整，一方面容易造成工具的积压和浪费，另一方面又容易造成工具的短缺，甚至导致停工的情况出现。为保障成飞科研生产的正常进行，必须针对航空制造业工具的使用特点，通过实施工具个性化的采购管理，对供应方式和采购方式进行全面优化。

（三）满足成飞提高工具管理水平的需求

成飞当前正处在转型升级、快速发展的重要时期，需要与之相适应的工具管理水平为其提供保障，但是长期以来的工具采购模式存在的弊端，阻碍了工具管理水平的进一步提高。从使用单位的角度来说，工具家底不清的现象普遍存在，这在一定程度上影响其需求计划的准确性，而成本控制的责任难以落实，又让使用单位在控制工具成本方面缺少动力，导致计划需求量大于实际消耗量的情况频繁发生。从采购部门的角度来说，由于工具信息缺乏共享性与及时性，难以对工具的库存、消耗情况进行实时监控，许多能有效降低成本的采购策略无法实施。通过实施工具个性化的采购管理，在工具供应方式上进行创新突破，加强供需双方的信息沟通和共享，将成本控制责任落实在工具管理的各个环节，是促进成飞工具管理水平全面提升的必然要求。

针对上述问题，从2014年开始，成飞开展基于全过程成本控制的工具个性化采购管理。

二、航空制造企业基于全过程成本控制的工具个性化采购管理内涵和主要做法

成飞通过构建规范的库存数据库，对工具进行科学分类；优化工具供应方式，建立个性化的采购模式，实现工具管理在选型、采购、物流、库存、使用等环节的有机统一。在确定工具成本控制点的基础上，依据库存、消耗情况及工具的特点，建立“批量订货，分次通知，实施控投，滚动交货”的动态化供货模式，总结提炼出《工具个性化采购策略表》，实施工具个性化采购管理；促进与供应商战略合作关系的形成，实现优质、准时、低成本的采购目标，有效提升成飞的工具管理水平。主要做法如下。

（一）明确基于全过程成本控制的工具个性化采购管理的基本原则

成飞坚持“优质、准时、低成本”的管理理念，在构建基于全过程成本控制的工具个性化采购管理过程中，遵循如下原则：一是系统性优化模式。对采购模式进行系统性的全面优化，搭建起联系使用单位、采购部门和供应商的纽带，实现采购依据从单一化向多元化转变。二是全过程成本控制。明确各环节在成本控制中的责任，将以往工具成本控制点主要集中在采购环节的方式，向库存和物流等多个环节扩展。三是个性化采购管理。按照航空用工具的特殊性及市场采购的特点对工具进行科学分类，依据分类对应制定不同的采购策略。四是针对性制度建立。全面梳理工具采购管理各个环节，针对管理的短板进行有效的改善并建立相应的制度及措施，保证个性化采购管理的推进。

（二）构建成飞工具库存数据库，为个性化采购管理提供数据基础

1. 规范库存统计方式，分层构建工具库存数据库

一是构建工具库存数据库结构模型。根据航空制造业工具的使用特点，结合成飞的管理要求，按照工具的类别、性能、消耗特点对库存工具进行科学的分层、分类，构建工具库存数据库结构模型，强化工具的分类统计及库存状态分析功能，保证库存统计有效的反映成飞库存的真实情况。

二是制定规范要求，完成数据的收集。统一数据收集要点、核算方法，规范工具台账及报表的内容、格式，按照数据库结构模型，对生产现场及库存的工具做一次全面的清理盘点；建立准确完整的工具数据台账。

三是建立数据长效动态更新机制。制定对工具库存数据进行“周清理、月盘点、季报表”的管理规定，将此项工作纳入库房管理日常工作；要求各库房及时更新库存数据，保持数据真实有效，建立工具库存数据长效动态更新机制。

2. 掌握成飞工具库存总体情况，系统分析库存状态

在完成工具库存数据库的构建后，将库存数据的分析列入日常的管理工作中，通过构建工具动态数据库，全面呈现成飞各单位工具库存总量。同时，通过开展对库存数据的分类统计工作，对成飞库存工具的状态、各类工具资金占用量及占用时间等，都有了比较清楚的认识，为后续制定工具的分类管理控制策略提供支持。

3. 以工具库存控制策略为导向，合理设置工具库存控制指标

根据航空制造业工具的特殊性，用通用的库存控制指标在成飞工具库存管理中并不适用。通过开展工具库存数据的综合分析研究，并结合成飞工具的使用特点，建立工具实际消耗拉动供货的模式，摸索出一套对工具库存管理非常有效的指标，如分类设置新工具占有率、闲置率、工具启用周期、使用频次、消耗率、限额数等，通过对这些指标的控制来加强工具库存的管理。

（三）针对行业特点，对工具进行科学分类

从成本控制的维度，细分工具类别，确定采购关键点。

成飞总结提炼出所使用各类工具的成本控制要点，形成《工具个性化采购策略表》，为在采购过程准确选择供应方式、突出采购管理关键点提供理论依据。一是通用货架产品。用量大且单价低，关键点在供货节奏，保证均衡供货。二是定制常规刀具。用量大且有一定专用性，避免改型造成积压，严格控

制库存量。三是复杂刀具。订货数量少、价值高且专用性强，关键点在选型是否正确适用及采购价格。四是精密量具。订货数量少，专用性强且制造难度大，强调产品供应商选择，保证合格率。五是气动安装工具。基本为进口工具，价值高且使用年限长（5 年以上），关键点在使用单位需求配置量的合理性、选型是否正确适用，严格控制新工具数。六是国产安装工具。用量少，关键点在选型是否正确适用及采购价格，严格控制新工具数。七是刀柄、夹套类机床辅具。品种多、数量少、单价高且占用资金多，类似固定资产；关键点应放在论证该类工具与设备配套的比例是否合理，严格控制新工具数。八是新增的工具品种或规格。新增的工具都需要进行验证，关键点在选型是否正确上，严格执行少量订货。

从工具常规属性的维度，对工具进行分类，确定管理着重点。

用分类管理的手段，结合多年工具采购情况，将工具按货源、用途及品种这一常规属性进行分类，并依据分类对其采购量占比进行分析，确定需重点控制的工具类别及各类别中需重点控制的工具品种。一是按工具货源分类。进口工具、带图外购工具、国内工具采购量依次为，进口工具（53%）—带图外购工具（35%）—国内工具（12%）。二是按工具用途分类。刀具、辅助工具、量具采购量依次为，刀具（75.7%）—辅助工具（22.87%）—量具（1.43%）。三是按工具的品种分类。采购量依次为，刀具中铣刀占 65%，辅具中气动、电动安装工具占 42.89%。按照各类工具在生产中的用量、采购量进行排列，在采购环节分类采取不同的措施，对进口类、刀具类、铣刀类等采购占比较大的予以重点控制。

从市场货源组织维度，对工具进行分类，明确采购周期。

由于航空制造业所使用的工具种类繁多，在市场中各类工具的供货难易度、供货周期以及货源形式各不相同；根据对各类工具市场货源组织情况的不同，对成飞使用的工具进行细分，明确各类工具采购周期，对后期建立工具个性化采购策略以及提高工具的准时交付有着重要意义。

（四）优化供应方式，建立个性化采购模式

1. 多渠道信息整合，为建立个性化采购方案提供依据

结合数据，摸准工具分布消耗特点。依据前期优化的工具盘点表所显示的数据，对工具在各使用单位的分布情况做到心中有数，及时掌握对各单位工具的消耗情况；对于各使用单位对工具的侧重方向有清晰的认识。实地走访，了解工具实际使用情况。对各个生产装配单位进行走访，对其生产线上的设备及其主要肩负的生产任务进行了解，为建立个性化采购方案提供有力的内部依据。多渠道了解，明确工具外部市场情况。通过网络、实地考察及兄弟单位之间的沟通，结合多年采购经验，明确工具市场现阶段情况及发展趋势。

2. 系统化思考，全面优化工具供应方式

成飞工具供应前期仅以使用单位需求为唯一依据，交付也采取一次性交付的简单方式。信息来源的单一化使得采购计划编制依据不足，精准性难以提高；一次性交付的简单方式使得成飞资金占用压力和库存压力增大，风险应对能力降低。传统供货方式如图 1 所示。

图 1　传统的供货方式

经过对传统供应模式缺陷的分析，以前期建立的动态库存数据库及库存分析指标为依托，运用精益管理，供应链管理理论，结合成飞科研生产发展需要，对工具供应模式进行优化。优化后的供货方式如图 2 所示。

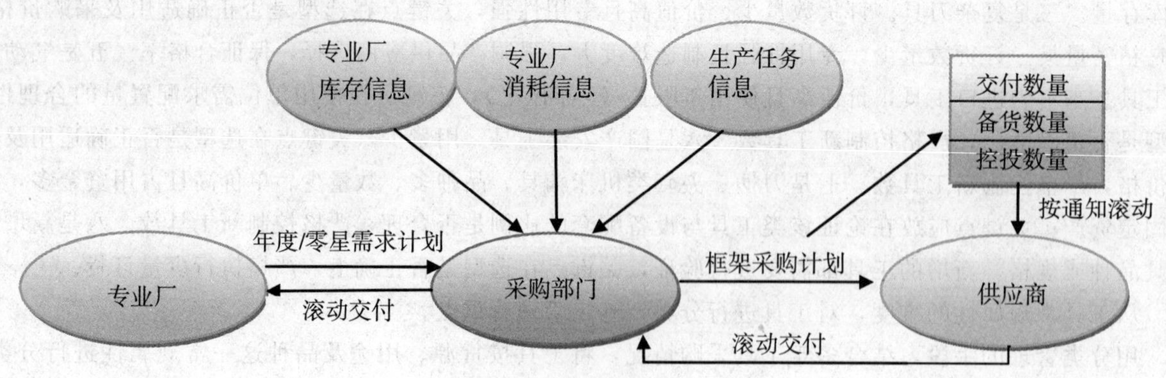

图 2　优化后的供货方式

两种供货方式相较，优化后的供货方式中，需求计划不再是制定采购计划的唯一来源，交付也变得较为弹性，其供货方式总体可概括为“批量订货、分次通知、实施控投、滚动交付”，但具体到投产多少、备货多少、控投多少，要依照工具不同的特性而定，而成飞每年需求的工具品种近万项，对其制定差异化采购策略尤为重要。

3. 结合市场货源及采购特点，分类制定个性化采购供货策略

成飞通过研究，优化后的采购供货方式主要有下列几种组合。

一是一次性交付。适用于单件生产或生产周期长、订货数量少的非标复杂工具，如自动进给钻、拉刀、进口量具等。

二是首批交付＋备货。适用于有一定订货批量的非标专用工具，特别是进口非标刀具。这类工具易出现改型从而造成浪费，并且工具的价格与数量有关，供应商一般不接受控投，如进口非标铣刀、钻头等。

三是首批交付＋备货＋控投。适用于订货批量较大的标准品，尤其是标准刀具、易耗品和形成批量的国产非标刀具，如在各零件加工车间广泛使用的进口机夹式刀片，单价从几十到几百不等，每年用量近 1000 万元，其性能及消耗特点为，第一，进口标准品，规格多，用量大。近三年，平均每年专业厂提出近 1000 个品种，10 万余件的需求，常年用量较均衡。第二，采购周期约 2 个月，货源较充足。第三，产品成熟，报废风险性小，但易出现突发性短缺。第四，属于易耗品，管理难度大，专业厂习惯大量订货。成飞选择的供货方案为：首批交付＋备货＋控投。其中首批交付为保证生产的最小批量，备货可采用供应商及工具总库小数量的双备货，控投数量加大，重点放在形成有效的滚动供货，减少库存资金占用上。优化后的供货方式在这类工具上取得极为显著的效果，仅 ZECX32T330ER－701 GH2 刀片，通过滚动供货，两年累计减少资金占用 88.45 万元。

四是首批交付＋控投。适用于订货批量不大的非消耗品，价格偏高，经分析，需求计划存在大于消耗的可能，一旦产品更新换代，会造成大量积压，偶尔的短缺一般不会影响生产的正常进行，基本不做新工具库存。如进口气动工具、刀柄等。

五是备货＋控投。使用单位还有库存，但又提出需求购买计划，消耗存在不确定性的各类产品。

具体到各品种的供货方式优化，可视各自情况灵活组合运用，如装配厂大量使用的合金钻、铰、锪等国产定制孔加工刀具，通过实施个性化采购方案，最终以需求量一半的实际采购量即满足了生产需求，从 2014 年至 2016 年累计减少资金占用近 1000 万元。性能及消耗特点为，第一，非标、专用性强，现场一旦出现短缺，很难找到替代方案。第二，品种多，用量大，形成一定的批量。第三，研制过程中，产品及加工方案未定型，造成该类刀具改型变化多，易产生积压，造成浪费。第四，装配任务不均

衡，该类刀具消耗不确定性大；为保证生产，专业厂提出的需求计划往往大于实际消耗，准确率低。第五，产品常规制造周期1个月，急件制造周期10天。成飞选择的供货方案为：2013－2014年：首批交付＋控投；2015－2016年再次优化为：首批交付＋备货＋控投。其中首批数量约为需求计划1/3～1/2，备货为测算的1个月内的消耗用量，其余控投。

（五）夯实管理基础，推进个性化采购管理实施

1. 建立计划编制规范，提高工具计划的准确性

成飞从源头入手，围绕减少库存、降低成本这条主线，建立计划编制的规范，打破不同部门间的信息壁垒，让有价值的信息在各部门间共享，不断提升工具计划的准确性和适用性，最终为供应方式的合理选择提供基础支撑。工具计划由需求计划和采购计划两部分构成，根据其关注的侧重点不同，建立不同的规范和要求。

一是需求计划由工具使用单位编制，包括年度需求计划和零星需求计划。为提高需求计划的准确性，对计划的编制增加了具体要求。申报计划的同时需逐项明确工具分库库存在用量、新工具量、年度消耗量，目的是促进使用单位在编制计划时能盘清库存并充分考虑各方面因素，避免为保障生产出现需求计划大而全的现象。为了使用单位在编制计划时能将需求与生产进度紧密结合，分清轻重缓急，同时也为后续的滚动交货提供依据，需求计划中需关注采购周期与生产节点的关系，逐项将交付时间交付数量进行分解，落实在具体的月份或季度上。

二是采购计划由采购部依据需求计划，结合采购周期、价格水平，库存、消耗、生产任务等情况，经过综合平衡编制；同样对采购计划的编制也增加具体要求，强调近三年采购量、采购周期与库存新工具数、消耗量的对比分析，对需求计划的合理性进行严格审查。逐项制定具体的供货方式及各部分的数量。计划编制过程中加强走访现场，了解实际用量，抽查需求计划中相关数据的准确性，反馈采购信息，收集意见，调整计划。

2. 开展内部评估，降低采购风险

在工具的选择和采购过程中，成飞大力推行事前的控制，通过开展对各类计划和选型过程的评估，降低问题和隐患在后续环节中不断放大的风险。比较关键的评估过程有，一是开展需求计划评估工作，提高计划准确性。开展需求计划评估工作，查找影响计划准确性的原因并加以调整，有效地提高了需求计划编制的准确性。二是开展工艺选型评估工作，避免选型失误。工艺选型评估工作极大地减少了工艺与使用脱节的现象，有助于工艺人员在选择产品加工方案时通盘考虑，提高库存工具的利用率。三是开展采购计划评估工作，确保采购过程受控。

3. 设立信息沟通机制，促进部门间的综合协同

成飞在信息沟通机制的设立方面高度重视，及时调整工作流程，制定具体措施。

一是采购部门在完成合同订单后，及时将各项工具的首批到货及备货信息，包括数量、交货时间全部反馈给需求提出单位，做到采购信息公开、透明，以便使用单位对库存资源及在途资源都做到心中有数。

二是使用单位在领取首批供货后，密切跟踪消耗情况，对消耗大但有备货的工具品种，待首批接近用完时，通知采购部门开放备货部分，并确定后续备货数量；对消耗大但又没有备货的工具品种，使用单位一旦发现，及时将信息告知采购部门。

三是增加急件催交计划，使用单位根据消耗做出的急件判断，于每月20日上报次月急件计划给采购部门，采购部门对照合同情况进行逐项落实，及时防范可能出现的工具短缺，做好备货准备，保证供应，并于当月底将信息反馈给使用单位。

四是对首批交货后使用单位没有反馈信息的工具，备货部分一律作为资源在次年交付使用，控投部

分一律取消。每季度组织召开一次工具室工作例会，进行到货、消耗的信息交流，每年底召开一次总结会，通报全年的工具采购情况，评估各使用单位需求计划的准确率，提出问题，指导次年工具需求计划的编制。

（六）建立供应商沟通合作机制，保障工具个性化采购管理的实施

1. 加强供应商管理，保证采购工具的准时交付

成飞对供应商交货的准时性提出严格的要求，并配套制订相关的措施：一是供应商须严格遵守合同约定的交货期，如果出现变动，除及时告知外，须主动提供解决方案。交付准时率列入供应商考核指标。二是供应商应主动了解工具的使用消耗、及时沟通货源情况，并把此要求列入售后服务范畴，保障供应，防范短缺风险。三是针对供应商供货价格、交货进度、售后服务等多个方面设立评分表，通过主管计划及使用单位的年度评分，对供货商进行ABC分级；并将分级结果与下一年度订单份额相关联。

2. 优化竞争机制，形成供应商良性竞争局面

为了使工具供应商的竞争更加充分，成飞有针对性地开发供应商，建立供应商“资源池”，减少因供应商数量不足而造成无法有效竞争的情况。

通过分析行业现状、各类工具特点、各家供应商情况，成飞对“资源池”中的供应商进行分级分类管理，引入使用效果、质量稳定性、交货周期、售后服务等新的竞争点，明确各类供应商的竞争和改进方向，使供应商跳出单纯价格战的恶性竞争模式，转入多方位竞争的良性竞争模式。

在选择供应商时，成飞采购部门充分参考使用单位的意见并会同相关职能部门共同确定供应商，使采购过程更加公开透明，同时也促使各供货商在保证质优价廉的前提下，不断提高自身产品的交付准时率、技术含量、售后服务等软实力。

3. 转变供应商观念，促进战略合作关系形成

成飞在推进个性化采购管理的过程中，采取相应的措施，迅速转变供应商的供应理念，使其积极配合，达到在实现双赢的过程中优化供应链，形成稳定的战略合作伙伴的目的。

一是基于工具供应方式的优化，倡导“用得好才能销得好”的理念，定期通报消耗情况，严格以消耗拉动滚动交货，促使供应商主动把注意力转向工具在生产现场的使用情况，帮助工人更有效地使用工具，在售后服务上形成良性竞争。

二是加强供应商与使用单位在工具性能、适用性、消耗、库存的经常沟通，使供应商能更多地站在需方的角度考虑成本和适用性，推介适应成飞生产需要的、性价比高的产品。

三是要求供应商无条件按合同要求进行备货，采购部门对备货情况定期进行检查，将供应商的资金占用直接与成飞工具的使用消耗捆绑，强化供应商的战略合作意识，促进战略合作关系的形成。

三、航空制造企业基于全过程成本控制的工具个性化采购管理效果

（一）提高工具供应针对性，降本增效成绩显著

通过工具个性化的采购管理，从需求计划到采购计划平衡，再到计划合同执行，层层把关、严格控制、滚动交货，实际发生的采购金额与需求计划相比将明显下降，极大地节约了工具采购资金，为成飞产生可观的经济效益。从2014年至2016年，成飞实际发生的工具与使用单位提出的需求计划相比，平均每年减少约4000余万元资金占用。

工具的使用特性决定了工具从入库到使用，其用量和消耗周期都不能完全确定，为保证生产所需，必须要有足够的库存。从2014年至2016年期间，按照新的供应方式，约7200万元工具由成飞内备货优化为供应商备货，依据成飞科研生产的进度再随用随取。

（二）提高工具供应效率，满足科研生产需要

通过工具个性化采购管理，改变目前使用部门存在的需求计划与工具实际使用、消耗脱节的现象，

提高工具需求计划的合理性、准确性，从采购环节去控制因各种原因造成的工具计划需求与工具实际消耗之间的差异，落实了优质、准时、低成本的采购目标；通过在工具采购全过程强化成本控制意识，促使各使用单位工具选型及使用人员在工具的选型使用方面更加有针对性，从而在源头上提高采购工具与生产需求的契合度，最大限度地减少浪费和库存积压，提高了采购效率，最终实现满足科研生产需求的目的。

（三）提升成飞工具管理水平，建立战略合作关系

基于工具个性化采购管理对外购工具的工作流程进行了全面梳理，对库存、计划、采购方式等要素进行了规范和完善，构建起规范化、标准化的数据库，并建立起部门间的沟通机制，促使有价值的信息在部门间有效传递。通过修订完善成飞相关工具程序管理文件，使工具管理工作制度化，强调工具的选型、申请、采购等环节的过程控制，使工具管理过程更加规范、有序，极大地提升了成飞的工具管理水平。通过推行工具个性化采购管理，供应商也转变了供应理念，深入理解了“用得好才能销得好”的理念。供应商备货的模式使其资金占用直接与成飞工具的使用消耗捆绑，促使供应商的战略合作意识不断增强，进而稳固建立起双方的战略合作关系。

（成果创造人：常金平、王　懿、林　波、顾佳彦、孙　臻、
靳　冰、岳　林、李亚君、蒲　君、林　慧、喻　华）

建筑企业引入价值链理论的管理标准动态优化与实施

中建三局集团有限公司

中建三局集团有限公司（以下简称中建三局）是世界500强企业中国建筑股份有限公司的重要子公司，是全国首家行业全覆盖房建施工总承包新特级资质企业，可承担各类型工业、能源、交通、民用等工程建设项目的施工总承包、道路桥梁施工、房地产经营、钢结构施工、机电安装施工等。业务遍布全国31个省（直辖市、自治区）和中国香港、中国澳门特别行政区，并拓展到巴基斯坦、阿尔及利亚、印度尼西亚、越南、柬埔寨等国家。截至2016年年底，共有员工约28000人，总资产1310亿元、净资产222亿元。共获中国建设工程质量最高荣誉——鲁班奖及国家优质工程奖179项，近千个省部级建筑奖项，在业内首屈一指。主要经济指标在中建工程局中连续多年排名第一，位列湖北省百强企业第二名，首次达到世界五百强企业标准，连续4年位居全国建筑行业竞争力百强榜首。

一、建筑企业引入价值链理论的管理标准动态优化与实施背景

（一）转变传统建筑行业增长模式的需要

建筑行业对劳动力投入依赖性强，整体产出增长方式仍属外延粗放式，行业整体生产效率不高。施工业务在整个工程产品的价值链中所处地位偏低，造成了较低的产值利润率及资产增值能力。据国家统计局相关数据显示，建筑业近三年平均产值利润率仅为3.5%左右，远低于工业行业平均水平的6%，且行业资产负债率普遍较高。随着新型城镇化和产业转型升级的快速发展，中国建筑业市场规模不断扩大，企业规模也在不断扩张，内部分工日益精细，传统粗放管理模式的弊端逐渐暴露出来，新的市场竞争对建筑企业成本管控和效益增长提出了更高的要求，企业标准化管理成为建筑行业由粗放式管理转为精细化管理的必由之路。

（二）推进企业业务多元发展及转型升级的需要

我国建筑业总产值在2005—2010年保持着年均20%以上的高速增长，但从2011年以后，建筑业总产值增速呈现大幅度下滑趋势，在2015年出现断崖式下跌，增速仅为2.3%。与此同时，房地产开发投资额、房屋施工面积增速也出现大幅下降，房建市场进入存量竞争时代。相比之下，2016年交通及水利业固定资产投资额同比增长较快，分别为8%及20%。发展良好的基础设施领域，为国家稳增长做出积极贡献成为中建三局转型升级的主攻方向。在“十三五”战略发展规划中，中建三局将投资、基础设施、海外等业务作为转型升级的重要支撑板块，结构占比要由现在的20%提高至“十三五”末的40%；同时传统房建业务板块将围绕EPC项目积极开展工程总承包管理模式的探索。业务多元化发展、转型升级战略目标迫切需要对原来基于传统房建业务的企业管理标准进行优化与调整，为新业务板块的高效有序发展巩固基础。

（三）提高企业管理水平的需要

当前企业发展处于精细化、信息化竞争时代，而建筑施工企业仍以粗放型生产为主，资源配置效率较低。中建三局由于规模扩张和业务多元化，在建项目数量众多，管理幅度和难度剧增。特别是在基础设施、投资等新业务板块，管理标准缺失，各下属公司仍沿用以往传统房建的管理模式和资源组织方式，缺少有效的资源配置统筹规划。同时，下属各公司由于发展历程不同、授权不统一、发展不平衡，形成了差异性较大的管理标准及业务流程，且各公司之间存在交流壁垒，管理标准难以有效融合。从全局范围来看，多样化的管理标准造成了以下日益突出的管理问题：业务流程不够顺畅，管理效率不高，

整体耗费时间较长；跨部门的联动业务日益增多，部门职责有待于进一步梳理明晰；标准执行“两张皮”，执行效果不佳；标准内容未实现业务全覆盖，对于投资、基础设施、海外等新型业务板块的标准化管理要求未进行明确；经验主义、权威主义凌驾于制度管理之上。基于以上问题，对各公司既有的管理标准进行整合、重构及优化，形成工程局层面的管理标准，提高业务管理的均质化及标准化水平显得尤其重要。

二、建筑企业引入价值链理论的管理标准动态优化与实施内涵和主要做法

中建三局以价值链理论为依据，从基本价值活动及支持性价值活动将总部部门职责进行重新梳理，横向上明确总部各部门主要职责定位，以价值活动为单位打通部门之间的业务链接，克服了以往以部门职能为单元的职责不清、部门壁垒问题；纵向上厘清了局、公司、分公司、项目部四级组织机构的主要管理职责，依据职责内容，将岗位职责、业务流程及制度文件进行了全面梳理与界定，形成了中建三局的企业、项目及岗位管理标准，即“三个标准”。同时，强化标准贯彻落实的督办督查力度，制定企业及项目管理检查评价专项标准，同标准主体文本实现深度融合。主要做法如下。

（一）确定管理标准动态优化及调整的工作思路

中建三局深刻认识到将企业管理行为通过标准化流程进行固化对于提升企业管理水平及管理效率具有十分重要的战略意义，是克服传统大型企业的效率低下、职责不清、标准执行“两张皮”等问题的关键所在。为此，中建三局积极引入价值链管理理论，于2015年组建专业团队，从局、公司、分公司及项目部四个层级纵向上将各级机构的职责定位进行了明确，分别定位于战略和运营管控型、业务运营型、经营生产型及生产管理型的总体架构；以价值单元为脉络，从横向上将各职能部门的工作职责进行梳理与明晰，充分考虑各部门在价值链中的上下游关系，按照价值活动业务内容进行关联，避免工作割裂及部门壁垒，以此为框架编写各项业务的管理流程及标准。通过对企业原有的单一描述房建业务施工管理标准进行优化与重构，同时增加基础设施业务、投资业务管理标准，最终形成新的中建三局管理标准。

为确保管理标准有效实施，提升企业标准化管理水平，从标准内容的全面有效实施入手，在明确职责定位及管理标准的基础上调整从上到下的企业组织结构，进而推动业务流程优化，再通过层层宣贯、督促执行、管理评价、综合考评等措施，强化标准落地实施。同时，根据企业发展实际情况，结合实施过程中收集的意见建议，以2～3年为周期对原有的管理标准进行持续、动态优化与调整。

（二）引入价值链管理理论

中建三局以美国哈佛大学商学院教授波特于1985年提出的价值链概念和理论模型为基础，以基本价值活动及支持性价值活动为依据将总部职能部门以及下属各级分支机构按照价值链上下游链条关系进行紧密结合，将各部门、各层级机构的关键业务流程打通，提升一体化价值创造能力。

1. 梳理业务板块

根据中建三局发展战略，建造与投资构成两大核心业务板块，即价值创造领域。其中，建造业务包括房屋建造、基础设施建造、设计业务与专业施工；投资业务包括基础设施投资、房地产开发、城镇综合开发与新兴投资业务。

2. 构建价值链框架体系

企业价值活动是企业所从事的物质上和技术上界限分明的各项活动，分为基本价值活动和支持性价值活动。结合实际，中建三局基本价值活动分为建造业务和投资业务两类基本价值活动；支持性价值活动分为支撑引领、职能服务及监督保障三大类，所有业务板块保持一致。其中，基本价值活动根据业务板块的业务性质及关键活动的不同，具体内容有所差异，建造业务的基本价值活动围绕建造项目前期营销到后期客户服务的全生命周期进行界定，投资业务的基本价值活动则按照投资项目的全周期管理进行界定。

3. 基于价值分类更新标准内容

以价值链理论为指导，中建三局对建造和投资业务通用的支持性价值活动对应的管理标准直接结合实际进行修订；对比较成熟的建造业务基本价值活动的管理标准则按照新的价值链逻辑顺序重新进行编写和优化；对新增的基础设施和投资业务管理标准，则根据新业务特点、战略定位以及不同于房建业务的权限划分和组织架构，对其基本价值活动的业务流程进行梳理及细分，再相应制定完善的制度体系，最终形成新业务的管理标准。

（三）重构管理标准框架

1. 统一规划局总部制度框架体系

为更好地实现标准与制度的有机融合，落实依法治企、制度管企的现代企业治理要求，中建三局对总部制度框架体系进行了统一规划，确保制度建设的规范化、系统化、科学化。按照融合“三个标准”以及分层管理的思路，对制度文件进行分类分级。一是按照企业管理标准中价值链活动和业务职能划分对制度横向归类，实现对部门主要职能全覆盖，同时精简整合。二是分层管理、纵向分级，第一层级包含企业章程、管理标准、议事规则，第二层级包括管理规定，第三层级为管理办法，第四层级为管理细则，第五层级为工作手册（指引/指南）。

2. 重构管理标准框架

一是全面梳理局总部各部门职责。以价值链理论为依据，结合企业战略导向、价值贡献及管控权限，对局总部各部门的管理职责进行重新梳理与优化，明确部门核心职能定位，细化职责领域内容，将其分为一/二/三级职能；横向对比不同部门职责之间是否存在职责交叉、职责空档及职责错位问题，形成涵盖建造和投资业务的新的局总部部门职责定位，成为管理标准框架构建的基础。二是厘清局、公司、分公司、项目部四级机构的职责分工。按照已梳理完成的局总部部门职责，使用标准的职责梳理模板对局、公司、分公司三级总部以及项目部的职能内容和职责分配进行描述。

3. 形成新的企业管理标准总体框架

根据价值链框架，对企业管理的价值活动进行分解，进一步提炼总部各职能部门定位及在企业价值活动中所处的位置，澄清部门关键管理活动，使企业管理标准的章目与价值链关键活动实现完全对应。再将各职能部门梳理的制度文件按照企业和项目两个层面、建造和投资两类业务的价值链活动顺序对应归纳进入各个篇章中，形成企业和项目两个层面的管理标准。其中，基础设施业务与建造业务相近，其制度文件直接整合融入新标准；投资业务则按照其价值链活动顺序编写后单独成篇。最后，将梳理后的部门职责、各级机构职能与业务流程相结合，提出岗位设置原则和岗位职责划分原则，形成岗位管理标准。

（四）强化企业管理标准运用

管理标准的构建、优化与实施是循序渐进、不断完善的动态过程。强化管理标准的贯彻落实，提升标准化管理水平是企业推进标准化工作的主要目标。中建三局按照新的企业管理标准调整了从上到下的组织架构，构建了完善的标准执行工作机制，通过前期宣贯、过程检查、后期考核等强化企业管理标准的有效运用，促进企业的高效、规范运行。

1. 调整组织机构

为切实保障新标准的实施，中建三局按照管理标准中明确的部门职责以及各级机构的定位，对局总部的部门设置及其职能划分进行了调整，明确了市场部、工程部等业务部门应当承担起建造与投资业务大体系管理的职责；在此基础上，对公司—分公司—项目部三级机构的部门设置和职能划分提出了具体的标准化设置指导性方案，在 2016 年历时一年将全局的组织架构按照标准化要求调整优化到位；在新编写的岗位管理标准指导下，着手推进各级机构的定岗定编工作，确保各项管理标准通过科学合理的岗位权责分配实现业务流程的固化执行。

2. 统筹标准宣贯

按照统筹组织、分级负责、逐步推进的原则，制定管理标准宣贯实施方案，统筹推进标准宣贯实施工作。创新宣贯方式，通过集中宣讲、测试测评、深入研讨等方式加大标准宣贯力度，确保全局范围内所有员工能够了解标准、掌握标准、运用标准，改变传统思维，增强标准意识。自 2016 版管理标准发布以来，全局各单位共组织宣贯百余次，各层级组织、各业务系统均开展标准内容的测试测评活动，切实达到标准化意识深入人心的工作目标。

3. 突出问题导向

自 2016 年正式发布并推广使用新版中建三局管理标准以来，中建三局各业务板块进入高效有序的发展阶段，以往存在的职责不清、流程不畅的问题得以有效解决。以投资业务为例，由于标准内容缺失，各单位投资业务流程差异较大，相关部门职责不统一，导致投资管理风险较大，总体业务量提升缓慢，投资产出效率不高。三局下属的投资平台公司、号码公司、区域公司定位不清，在投资市场开拓及业务跟进方面往往存在相互交叉、各自为战、管理混乱的情况，未形成有效的市场合力。据统计，从房地产开发项目拿地到开盘的平均耗时大大高于行业平均水平，且业务流程不统一、相关报批报建手续不规范，房地产业务发展受管理瓶颈制约明显。

针对以上问题，中建三局将全局投资业务明确区分为基础设施投资、房地产开发、城镇综合开发、股权及新兴业务投资四大板块。将直接产生经济效益的基本价值活动划分为投资策划、土地获取、规划设计、前期开发、建设管理、销售管理、物业管理及客户服务八项流程，每项业务流程编写对应的管理标准，并对各层级组织机构职责进行明确。以投资市场拓展为例：

投资业务标准化有效衔接投资业务管理的各环节，厘清部门管理职责及业务流程，提高了产品质量和服务质量。按照投资业务管理标准要求，全局各投资机构进一步明确具体的市场定位、商业模式、业务流程、部门职责划分等，全面提升了中建三局投资业务的市场竞争力。2017 年 1～9 月，中建三局完成投资额 213.6 亿元，同比增长 105.9%，全局投资项目共计 141 个，计划投资总额 4373.4 亿元，投资业务相关经济指标均实现快速增长。

4. 开展管理评价

一是构建综合管理评价体系。为确保局“三个标准”得到有效落实，精简整合各类检查考评活动，对局总部、公司总部、分公司总部和项目部四个层级各类管理活动过程的适宜性、充分性和有效性进行监控评价，同时满足管理体系认证标准、企业内控、全面风险管理、效能监察的要求，局创新开展综合管理评价活动，在全局构建多层次、有重点、广覆盖的综合管理评价体系，推动企业与项目管理标准化升级和持续改进。二是推进过程检查。在全局范围内选拔各业务板块骨干人员组建 196 名综合管理评价专家库，深入基层检查标准落地情况，并对标准执行相关情况进行宣贯，收集基层单位意见建议。三是强化结果运用。评价结果表现为评价分数与评价报告。评价分数由评价专家在对应的综合管理评价表上逐项打分。中建三局综合管理评价工作组针对不符合项出具整改通知书或改进建议，受评价对象应及时进行整改，并在要求时间内提交整改情况报告，不符合项将作为下一次综合管理评价的重点，对二次评价出现同样问题的单位或部门将给予通报批评和重罚。中建三局及时修补企业管理漏洞，企业标准化管理意识及管理水平显著提高。

5. 完善考核体系

通过局、公司、分公司各层级组织的绩效评价、综合管理评价（包括内部审核、管理评审等活动）、专项检查等活动，实施激励与约束机制，最大限度调动企业各级机构、各部门、各层次人员的创造性、积极性，寻找全面管理体系文件执行不到位的地方、管理过程监控不到位的地方，并针对这些问题结合实际地进行分析，找出切实可行的改进措施和解决方法，实现管理体系的持续改进。在中建三局年度工作会上，组织签订局属各单位“两化”（标准化、信息化）融合专项责任书，将局管理标准的宣贯、执行及考核情况纳入局考核体系中，以一定权重计入局总部各部门及各二级单位年度绩效考核结果，与局总部各部门负责人以及各二级单位主要领导的年终绩效奖金挂钩。

（五）固化企业标准成果

从 20 世纪 90 年代初期开始，中建三局就积极开展管理体系认证和全面管理体系建设活动。2009 年，在局和公司层面形成整套全面管理体系文件，将标准化工作覆盖到企业全部管理领域；2014 年正式印发第一版“三个标准”（企业管理标准、项目管理标准、管理评价标准），首次将企业松散的制度文件汇编升级到系统化的管理标准层面。2016 年发布新版“三个标准”（企业管理标准、项目管理标准、岗位管理标准），实现了管理标准的动态优化与调整。

1. 形成标准文本，固化标准成果

中建三局从企业、项目及岗位三方面构建管理标准，根据业务板块，将每一项企业层面管理关键活动的工作流程及标准要求进行明确，形成《企业管理标准》；按照项目全生命周期管理，创新提出“123”管理思想，明确项目业务流程运行标准及要求，形成《项目管理标准》；按照高度统一科学方法与管理实践，统筹衡量管理现实与未来发展的思路编写岗位管理标准及要求，形成《岗位管理标准》。标准文本在 2016 年中建三局半年运营情况分析会上，在全局范围内进行发布，并层层统筹推进标准宣贯及实施工作。

2. 明确下属公司管理细则编写原则

标准与业务高度融合是标准落地的基础，为兼顾局属各公司地域不同、发展不均衡等实际情况，要求各下属公司在局管理标准的原则和框架下编制少量的管理细则，作为局管理标准的补充和延伸。内容方面，与局标准重复、有矛盾、不适用或者低于局标准要求的严格废止，对于高于局标准要求以及局标准未涉及的部分要纳入本单位管理细则中。执行方面，将局标准作为企业管理的底线要求执行，整体做到数量少、内容实、篇幅精，体现实际管理工作中更高、更细的要求。局属三级单位禁止出台制度类文件和编制管理细则，直接执行局管理标准和上级单位管理细则。2017 年上半年已完成局属 14 家主要生产单位管理细则的评审及备案工作，构建了以局“三个标准”为基础、各单位细则为补充的标准化管理体系。

3. 明确动态优化工作机制

明确规定中建三局总部各部门每年应通过综合管理评价活动收集“三个标准”执行过程中的各项意见和建议，先对相应的制度文件进行修订和试行；每 2～3 年再由标准归口管理部门牵头组织对所有的制度文件进行一次检索和论证，对新业务的管理活动和业务流程进行集中梳理，对二级单位的管理细则实施效果进行总结提炼，最后对管理标准进行集中修订与更新。

三、建筑企业管理引入价值链理论的管理标准动态优化与实施效果

（一）经济效益与风险防控能力双提升

中建三局实现了“十三五”规划的开门红，经受住了行业形势严峻的深刻影响，2016 年新签合同额 3118 亿元，完成营业收入 1408 亿元，实现利润总额 48 亿元，同比分别增长 19.3%、12%、13.5%。主要经济指标在中建工程局中连续多年排名第一，晋升至湖北省百强企业第二名，达到世界五百强企业第 448 位，比 2015 年提升约 50 位，并连续 4 年位居全国建筑行业竞争力百强榜首。严格落实客户资信管理制度，进一步规范授权、合同及印章管理，全年累计控制和化解一、二级风险项目 33 个，涉及金额 12 亿元。重特大案件结案率明显上升，回收债权 4.95 亿元，避免经济损失 9000 万元。

（二）转型产业多元化健康发展

2016 年，中建三局基础设施业务快速增长，签约额、营业收入分别达到 781 亿元、260 亿元，同比增长 80%、21%。其中，新组建成立的基础设施公司全年合约额近 300 亿元，占总合约额约 10%，新签合约额增长同比超过 70%。环保水务、轨道交通、地下综合管廊等领域也逐步形成规模，建筑工业化加速布局，武汉 PC 构件厂运作良好，年产能 10 万立方的十堰 PC 厂如期投产，上海、珠海、荆门等地 PC 厂顺利筹建。同时，三局首个自主设计、开发、生产、施工的装配式地产开发项目——中建·壹品即将开盘，装配式建筑核心产业链全面打通。

（三）企业标准化水平再上新台阶

通过标准化管理体系的动态优化与实施，企业各项管理活动均有法可依、有章可循，企业运行科学规范、平稳有序。全局优秀的管理经验和工作方法得到集成共享，减少重复无效的管理环节和程序，减轻基层单位的工作负担。增强企业规章制度的系统性和权威性，有效促进计划、组织、领导、控制各项管理职能履行，提升管理的规范化和精细化，促进管理效率和效能不断提高。

（四）打造建筑行业标杆地位

中建三局以创新作为企业发展的原动力，以“三个标准”作为持续提高企业均质化、精细化、标准化管理水平的纲领，实施建造与投资“两轮”驱动战略，加快转型升级步伐，坚持品质创造；积极推广应用新技术、新工艺、新设备、新材料，提高工程质量和精益建造水平，取得显著成效。2016 年，中建三局共获省部级以上优质工程奖 84 项，其中鲁班奖（国优奖）23 项，获奖数、通过率为历史之最；获全国 AAA 级安全文明标准化诚信工地 32 个，占全国 AAA 工地总数 6.6%，省级观摩工地 21 个、省级安全文明工地 80 个。

（成果创造人：易文权、夏志华、赵　军、任会军、周迎辉、唐道斌、马　青、李锦君）

采油生产企业以建设智慧油田为目标的流程优化管理

中国石油天然气股份有限公司华北油田分公司第一采油厂

中国石油天然气股份有限公司华北油田分公司第一采油厂（以下简称采油一厂）是中国石油华北油田公司下属一家围绕油气生产开展油田开发、生产运行、项目管理、技术研究工作的区域性石油生产企业，成立于1976年，是华北油田投入开发后建设的首个采油厂，截止到2016年年底累计生产原油1.5亿吨，占华北油田公司累计总产量的54%。采油一厂管理幅度跨沧州、保定地区的5个县市，生产区域面积4400平方公里。全厂固定资产原值125.4亿元，净值56.2亿元，在册员工2949人。

一、采油生产企业以建设智慧油田为目标的流程优化管理背景

（一）响应国家政策、落实集团战略要求的选择

国家发改委、能源局、工信部印发《关于推进“互联网+”智慧能源发展的指导意见》，明确要推动互联网与能源行业深度融合，促进智慧能源发展，提高能源绿色、低碳、智能发展水平，走出一条清洁、高效、安全、可持续的能源发展之路，为经济社会持续健康发展提供支撑。在重点任务中，明确要推进化石能源生产清洁高效智能化，鼓励油气开采、加工及利用全链条智能化改造，实现化石能源绿色、清洁和高效生产。

中石油已经明确“十三五”期间，要全面完成信息化应用集成建设，推进生产经营管理模式创新，积极应用物联网技术，逐步实现经营决策分析智能量化、生产组织扁平化和运行实时优化，大幅提高劳动生产率。油气田企业要加快推进采油作业现场生产数据自动采集、生产运行实时监控，建成一批智能油气田。

（二）应对外部环境变化改进企业管理的现实选择

采油生产企业被称为“没有围墙的工厂”，具有工作场所分散、人员工作范围广、工作内容差异性大的特点。油田生产是石油行业的主体业务，各油田企业基本延续多年来已经形成并固化的管理方式，其主要特点是“人推事转”，通过人的主观能动性，推动油田生产与管理运行，具体体现为管理层级多、办事环节多、管理效率低，最终影响企业整体效益的提升。特别是近年来，面对经济环境严峻、安全环保监管日趋严格、合规经营风险加大的外部环境，石油企业大而不强、效益差的弊端凸显。这要求企业开展智慧油田建设，借助信息技术、业务模型和专家系统，通过管理模式和技术手段的革新，全面感知油田动态、实时控制油田生产、预测油藏变化趋势、持续优化油田管理，实现油田安全、高效、可持续发展目标。

（三）管理与信息技术融合是智慧油田建设的内在要求

采油一厂抓住建设智慧油田示范区的契机，按照“统一规划、分步实施，软件硬件同步建设”的原则，2016年完成了智慧油田基础建设，大大提高了油田开发与生产数据的实时性与精准度。为进一步实现生产实时监控、事务及时处理、经营管理动态跟踪调整，需要同步整合生产业务流程与管理流程，围绕生产经营的中心任务，以流程管理为切入点推进管理方式转变，充分发挥管理与信息化的协同效应，破解传统管理的瓶颈制约。

二、采油生产企业以建设智慧油田为目标的流程优化管理内涵和主要做法

采油一厂建设综合管理平台，整合数据资源，固化业务流程和管理流程，并在运行中持续进行流程优化，进而实现管理架构扁平化、流程运行自动化、监督考核实时化，推动企业生产、管理与决策过程

的科学化，促进企业生产经营合规管理和效率效益提升。主要做法如下。

（一）注重顶层设计，确立总体规划

从生产工艺调整改造、数字化配套建设和管理优化三个方面进行总体规划设计。首先，按照“老油田简化、老油田优化”的原则，分区域对油气生产工艺流程进行简化改造，主要内容包括采用“简、并、串”集油工艺、站内流程简化等。其次，与工艺流程简化相配套，采用技术手段实现油水井的计量与日常管理的简化，取消计量站，简化油水井、管道、站点岗位的巡检频率与内容。最后，围绕“地下一井筒一地面”的生产主线，梳理不适应智慧油田管理的问题，利用信息化手段建立网络化的内部管理运行流程，促进采油厂生产管理从传统向智慧化的转变。

根据公司总体目标，采油一厂计划在同口智慧油田示范区建设的基础上，按照“整体规划、分步实施、软件硬件同步建设”的原则，在三年内完成全厂所有区块油水井和井站的数字化，同时梳理以油气生产主线为核心的业务流程与管理流程，按照“先固化再优化”的原则同步推动综合管理平台建设。

第一，打破信息围墙，建立开放式的数据平台，按照“集成、整合、提升”的工作思路，搭建支持油气产运销、生产指标、成本指标等多方面数据信息于一体的共享平台。第二，推动线下业务流程和管理流程的网络化运行，并以此调整现场监控、生产运行、调度指挥、应急抢险、经营管理等工作之间的关系，在制度、体系、流程方面实现无缝衔接，建立以“事”为核心的生产运行与经营管理流程。第三，通过管理理念和管理方式的优化与创新，打通生产、科研、经营、管理之间的横向管理链条，结合业务流程和管理流程的优化，推动大工种、大岗位等组织结构同步优化，压缩管理层级，达到油田生产管理整体优化的目标。第四，按照生产前端、中端和后端三个层次，形成支撑采油厂业务发展的智能化管理架构，达到数据流、信息流、业务流相统一，开发管理、生产管理、经营管理相统一的一体化管理，全面支撑油气管理业务工作的开展，实现管理架构扁平化、流程运行自动化、监督考核实时化。

（二）先固化再优化，打造综合管理平台

按照集团公司信息系统建设“六统一”的原则，即统一规划、统一标准、统一设计、统一投资、统一建设、统一管理，分层次进行需求调研和模块化设计，充分集成利用现有应用系统，以“华北油田企业管理一体化平台”为基础，开展综合管理平台建设。

利用“华北油田企业管理一体化平台”的基础功能，将统建或自建系统进行数据及功能的集成，建设油田开发、地面生产、经营管理、办公事务 4 方面的数据资源库，并建立数据库之间的数据关系链条，形成数据关系、流程关系、岗位职责等二级数据资源库。与此相对应，集成 4 大系统功能，通过跨专业的数据集成及共享应用，提高工作效率。此外，通过统一的用户门户，将分布在各系统的功能应用，统一整合到综合管理平台中，根据不同业务场景，系统自动推送不同的功能与数据。

在此基础上，按照“立足重点、滚动开发，分步实施、稳步推进”的实施原则，首先重点推进产运销一体化管理和项目管理两个功能模块，并逐步推广到车辆运行管理、生产管理、办公事务管理等。其中，产运销一体化管理功能模块将原油从井口生产到对外销售交接的全过程各环节进行数字化、网络化；项目管理功能模块以油田工程建设项目管理为主要内容，将方案、计划、招标、合同、设计、采购、实施、验收、结算等功能嵌入，重点关注人、财、物资源，推动项目运行监督，为相关责任部门的考核提供直接的量化依据。

（三）围绕油气生产，优化业务流程

1. 简化主业务流程

第一，从井口到外输的油气生产流程中，由于在油井井口采集的运行参数可以直接用于油井的产出液量计算，实现油井井口计量，取消传统工艺中的计量站，相应减少人工巡检工作量。

第二，作业区之间、外输环节的人工计量交接与化验工作被自动检测设备取代，实现交接油量与含水化验数据的实时采集，大幅度减少岗位员工的工作量，减少相关的场所安全、人员健康、环境影响等问题。

第三，建设产运销一体化管理模块，采取技术与管理双重手段，实现井口生产、储运过程、定期盘库、原油交接、销售结算的动态化、网络化、数字化、自动化，实现无人、高效、精确盘库与油量交接。

第四、综合管理平台中集成油气生产功能模块，把油气生产流程中的油藏、井场、站场、管道数据的采集与岗位员工的职责进行对接，在平台上一次性完成数据的收集与录入，自动进行数据集成整合，实现油田地质开发、地面工程建设、水电运行、油气储运等各系统的数据资源共享。

2. 优化生产运行方式

一是抢险运维信息化。通过网络信息技术缩短物理空间距离，提高指挥与抢险的及时性和时效性，保障各生产系统的正常运行。作业区统一设置应急抢险人员和移动巡检人员；监控中心通过区域通信网络协调发布运维指令，现场与指挥之间多渠道双向信息沟通，抢险运维人员利用移动终端接收运维指令并及时处理各类故障并进行信息反馈，形成闭环控制流程。

二是决策指挥智能化。以数据为核心集成统建与自建系统功能，基于业务模型的知识库和专家系统，辅助勘探部署、井位论证、开发生产等决策，辅助实现油田、油气井的统筹经营与管理。持续优化地质工程方案，实现地质动态智能分析；根据地层供液能力，智能优化油井举升方式和抽油机参数，提高泵效，最终形成地质研究和工程管理相融合的技术管理体系。

三是环保预警可视化。利用数据监测、管道泄漏报警、电力线路故障报警、无人值守站场侵入报警等功能，通过云端进行自动预测预警，实时推送告警点位置、参数等报警及预警信息，并进行实时的可视化分析与通报。

(四) 优化管理流程，促进效率提升

1. 管理流程写实化

按照“先固化再优化”的思路，采用写实的方法，在不改变当前线下操作习惯、流程环节、审批表单的前提下，将现有的业务流程网络化，由线下运行改为线上运行，在实际运行工作中发现不足的，进行动态管理、持续优化。一是以项目管理流程为主线，结合体系文件等制度修订，固化各关键环节责任主体的工作内容与时效；二是审批、审查等环节转为网上进行，改变现有的流水线审批方式，减少形式审批，强化责任审批，推行并联审批；三是设计、采购、招议标等局部环节在一定程度上进行并联运行，提升整个项目运行效率；四是在流程中植入时间、责任人、具体工作等内容，确保时间、空间、人员、资金、物资等资源的优化组织和有效利用。

2. 流程运行自动化

借助综合管理平台，运用信息技术对企业信息流和业务链进行有效整合，实现流程运行自动化。对业务流程进行固化，明确责任主体，确定操作规范，理顺衔接环节；通过系统集成打通信息孤岛，促进跨部门、跨系统的数据顺畅传递，加强各部门之间的知识共享和业务协同；通过生产、经营、考核数据集成与分析，辅助业务决策，为各级领导决策提供强有力的信息化支撑手段。以建设项目为例，改变过去各部门独立管理的模式，将计划、招标、合同、设计、采购、实施、验收、结算等独立环节通过设置节点和格式化表单进行有效衔接，建立以“事（项目）”为核心的流程管理。

3. 监督考核网络化

通过网络化手段，建立公开透明的运行监督、追溯与考核机制，在业务流程运行中嵌入时间、成本、质量、风险四方面关键指标，将流程运行结果作为业绩考核的主要指标。例如，在流程运行中嵌入时间点，反映流程整体运行效率及独立环节中任务分解衔接的效率；在单位绩效、项目管理中嵌入成本指标，监督经营要素的使用状况，通过优化流程、节约资源来降低成本；在流程衔接中，通过数据分析与决策模型等技术手段，集成规范要求、风险提示，反映流程运转中的质量控制与风险管控要求。

（五）管理层级扁平化，提供组织支撑

为解决生产问题层层上报、生产指令层层下达，管理程序烦琐，指令、问题传达不到位，管控效率低下的问题，本着提质增效、规范运行、统一管理的总体思路，压缩管理层级，使组织机构扁平化。

以同口作业区为示范点，由“厂—作业区—联合站—采油站—岗位”五级管理调整为“厂—区域监控中心—岗位”三级管理，加快生产信息传递速度。以站控中心为依托，以“两组一中心”为基本模式，整合机关组室和基层班组，实现总体运行，一站式管理，统一由作业区生产监控中心进行生产指令的接收和下达。其中，“两组”即地质工程组保持不变，政工组与经营组合并为综合组，集中管理人财物、党政工团工作；“一中心”即将生产组、安全组与作业区监控室、资料室、作业区调度等生产部门合并为生产监控指挥中心，融合监控、生产指挥、安全监督、土地协调、设备、资产、电力管理、资料录取以及作业区调度的全部职能。

同时，调整优化生产工艺流程与岗位职责，实行一站式管理，建立一专多能、一人多岗的大工种、大岗位运行制度，精简各类岗位设置，减少用工总量。作业区与联合站合并共建；集中维护人员，站内采用大岗位、大工种运行，站外计量站及阀组无人值守；现有的地质、工程、经营、人事等业务由云端和后台技术人员处理完成，形成以监控中心为核心的生产管理运行方式。

（六）建立流程优化管理长效机制，逐步推广

1. 建立流程优化责任机制

按照统一管理、分级负责的管理体制，建立流程“谁执行谁负责”的责任机制。将流程制定、执行、优化的责任回归到业务主管单位、部门、岗位，提高各级管理者和执行者的责任意识。为确保相关责任得到有效落实，制定检查规范，特别加强关键岗位的监督检查。通过组织专项检查、不定期抽查，并将检查的结果和月奖金挂钩等方式对岗位履责及业务流程执行情况实施各具特色的考核监督。

2. 建立流程优化运行机制

按照“事”权优先的原则，推动从部门管理为主向以流程管理为主的管理方式转变。重点关注责任主体、关键节点和环节衔接，以信息技术为手段，借助计算机系统，实现管理系统化、程序化、标准化，以系统控制替代手工控制，发现、改造掣肘环节，持续优化，不断提升管理效率。

3. 建立流程优化监督机制

着重落实业务主管部门的流程监督责任，由业务的主管部门和单位，负责所执行流程运行情况的日常监督检查。大力组织已优化流程的监督检查和评价工作，促进流程执行力的提升。自我组织专项测试，针对管理薄弱环节、例外事项多发领域，结合测试结果，深刻分析原因，研究制定整改措施，落实责任人，闭环式管理，持续提升流程的运行效率。

4. 完善配套管理制度

确定网络化流程的审核审批时限，超过时限视为自动通过；制定考核结果的利用方法，明确实时考核兑现的管理办法和奖惩激励力度；建立运行监督与考核争议处置程序，由纪检监察部门协调事务提出方与承办方的不同意见，对有争议的评价结果进行核实；制定企业内流程网络电子签名的效力确认办法。

三、采油生产企业以建设智慧油田为目标的流程优化管理效果

（一）提升了油田信息化水平

通过成果的实施，形成了相对完整的企业数据池，打通了油田数据的完整链条，提高了数据的共享利用程度，将油田生产过程中产生的信息流与企业经营管理有机融合，在油藏管理、采油管理、生产参

数优化调整等方面减轻了人工处理分析的工作量，提高了生产运行及管理效率，促进采油生产企业由人员密集型向技术密集型的转变，为实现智慧油田的总体目标奠定了基础。

（二）提高了油田生产经营管理水平

通过管理的精细化和决策的科学化，油田的管理质量效率显著提高。油田年自然递减由28.7%下降到16.8%，采油时率上升1.8个百分点，单井平均日耗电下降10.4kW·h，抽油机井检泵周期延长82天。工程建设项目前期工作所用时间整体缩短30天左右，管道站场、淀区、城区等重点领域的管理风险得到有效管控，既保证了生产任务的顺利完成，又稳定了安全环保形势，取得了良好的社会效益。

（三）取得了较好的经济效益

2016年，面对低油价造成的冲击，采油一厂仍顺利完成了产量与成本任务，在人均管理油水井数逐年增加的前提下，减少劳动用工69人，节约经营成本1361万元，提质增效工作成效显著。此外，通过优化组织结构、开展油井大数据分析、加强生产应急管理、强化一体化项目管理等措施，取得了较好的经济效益，创效1152万元。

（成果创造人：李惠杰、程玮东、朱瑞彬、马献斌、周正奇、刘　莉、殷海军、王建颖、王亚轻、张淑玲、杨　静、杨　涛）

大型钢铁企业提高供给质量和效益的管理变革

唐山钢铁集团有限责任公司

唐山钢铁集团有限责任公司（以下简称河钢唐钢）始建于1943年，是我国碱性侧吹转炉的发祥地，地处中国三大铁矿带之一的冀东地区。现有在岗职工约3.3万人，其中钢铁主业1.7万人，非钢产业1.6万人。目前已形成年产铁、钢、材1800万吨的配套生产能力，产品分为板、棒、线、型4大类，140多个品种、1000多种规格，主要有热轧薄板、冷轧薄板、镀锌板、中厚板、不锈钢板、棒线材、型材等，精品板材占产品总量的60%。

一、大型钢铁企业提高供给质量和效益的管理变革背景

（一）积极落实国家产业政策部署的需要

工信部在2015年3月份公布的《钢铁产业调整政策（2015年修订）（征求意见稿）》中提出，将完善钢铁市场的准入和退出标准，对达不到准入要求的积极改造升级。改造升级之后，仍然达不到的将逐步退出，有序压减过剩产能。2016年12月，国家发展改革委、工业和信息化部联合出台了《关于运用价格手段促进钢铁行业供给侧结构性改革有关事项的通知》（以下简称《通知》），决定自2017年1月1日起，对钢铁行业实行更加严格的差别电价政策和基于工序能耗的阶梯电价政策。国务院2015年10月19日印发《关于实行市场准入负面清单制度的意见》，明确自2018年起正式实行全国统一的市场准入负面清单制度。这被认为是降低制度性交易成本的关键。负面清单管理将是“十三五”时期重要的制度创新，可以有效激活市场主体的潜在活力。

（二）主动应对钢铁行业产能严重过剩和价格大幅滑落的需要

2015年以来，我国钢铁行业发展阶段出现了新的变化，由原来的增量发展阶段向减量发展阶段过渡，由原来的规模扩张阶段向集约高效发展阶段过渡，主要表现在：一是钢铁生产与消费进入峰值区，市场供大于求矛盾异常突出。2014年是粗钢产量峰值年。2015年全年我国粗钢产量8.04亿吨，同比下降2.3%，34年来首次负增长。粗钢表观消费量6.9亿吨，同比下降5.4%。二是钢材价格过度下跌，难以通过降成本完全消化。2013年年末钢材综合价格指数同比下降5.86%，2014年年末同比下降16.19%，2015年年末钢材综合价格指数下跌到56.37点，同比下降32.16%。虽然铁矿石价格大幅下降，但是远不能弥补钢材降价损失。三是全行业效益严重下滑，企业经营异常艰难。2015年全年，中钢协会员钢铁企业实现销售收入2.89万亿元，同比下降19.05%；实现利润总额为亏损645.34亿元，而上年同期为盈利225.89亿元，亏损面达50.5%，亏损企业产量占会员企业钢产量的46.91%，表现为盈利企业盈利能力下降，亏损企业亏损程度加剧，整体形势进一步恶化。

（三）长期积累的结构矛盾和问题严重制约了企业发展质量和效益提升

尽管企业已经在很多方面进行了改革创新，但钢铁行业高成长期积累的很多问题还没有解决，企业活力不够、内生动力不足等情况还没有得到根本改变，传统体制机制仍然制约着企业的发展。一是对于新常态下改革创新的重大意义认识不足，未能从国有企业体制机制改革的深层次进行研究，限制了改革创新工作步伐。二是传统客户结构形成的“坐商”营销模式，在很大程度上制约了与用户和市场的对接，影响了唐钢的产品升级和市场开拓，亟须进行改革。三是资源配置方式效率低下，大量技术、管理、人力等优质资源沉淀，不仅造成了资源浪费，还带来了沉重的附加成本，限制了产线和人员潜能的释放。四是产品结构优化还有很多工作要做。五是营销模式不适应当前形势要求，与先进企业比，还存

在巨大差距。六是在产业结构方面，非钢系统整体竞争力还不强，各单位挖掘和利用社会资源实现增收创利的能力有待提升。

二、大型钢铁企业提高供给质量和效益的管理变革内涵和主要做法

河钢唐钢在国家推进供给侧结构性改革大背景下，聚焦“市场”和“产品”两大主题，优化管理架构、产品结构、客户结构和产业结构，逐步建立市场化运行体制、低成本高效率的生产组织模式、以作业长制为基础的生产现场管理体系、以用户为中心的营销管理机制、产销研用一体化的科技创新体系等，有力促进了企业的转型发展。主要做法如下。

（一）调整管理架构和管理模式，提升经营管理效率

1. 推进组织结构扁平化

适应经济新常态下产业发展生态和市场需求结构的深刻变化，彻底颠覆金字塔型的直线职能制组织结构，构建以产线为核心的独立市场单元，加快“去行政化”“去中间层”进程，实现组织结构扁平化。一是建立汽车板事业部、热板事业部、中厚板事业部和型线事业部四个产线事业部。分别负责相应系列产品的产销研工作。整合成立公共管理平台和支撑服务平台，主要负责为产线事业部提供专业服务和支撑。企业副总经理直接管理产线事业部，负责协调产线事业部与平台之间的协同。二是调整管理架构。建立以市场板块为驱动，以战略板块为指引，以生产技术板块为中心，公共服务板块为支撑的组织架构。如图1所示。

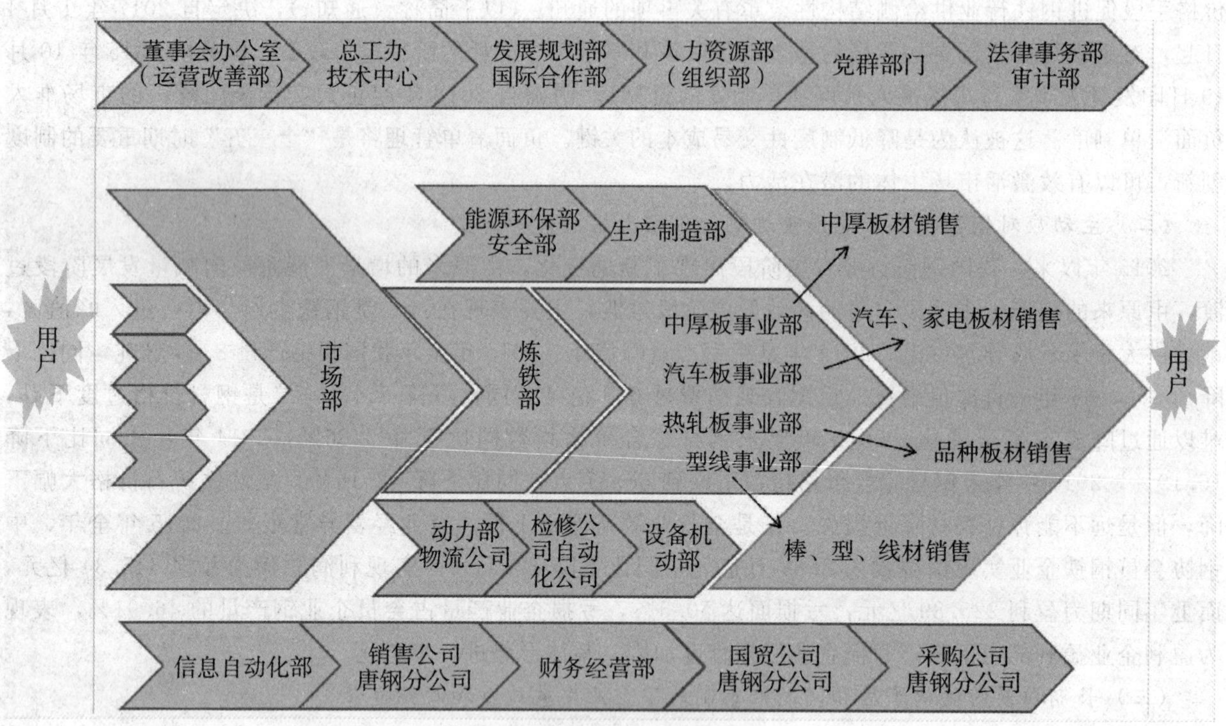

图1　河钢唐钢整体管理架构

三是调整部分管理部门管控模式。根据产线事业部运行的需要，调整市场部、技术中心、销售公司管控模式，由原先一级管理，转变为向4个事业部派驻机构，并与事业部双重管理模式。如图2所示。

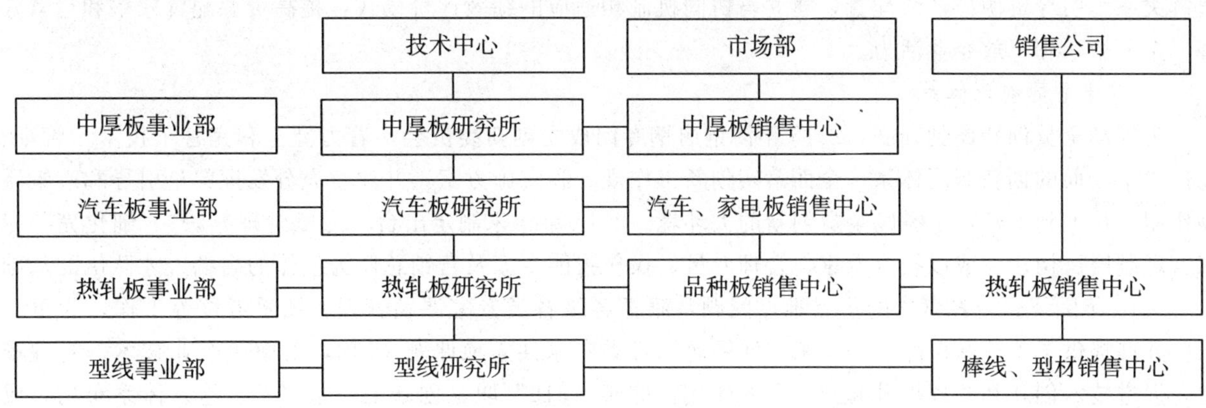

图 2 河钢唐钢管理部门管控模式

四是调整职能部门工作机制，推进“去行政化”。在以产线为独立市场单元的扁平化组织中，职能部门的角色由“管理”转向“服务”。根据专业特点，细分为公共管理平台和服务支撑平台。平台为事业部提供专业化的服务或资源，价值取决于事业部的满意度。其职能部门工作机制如图 3 所示。

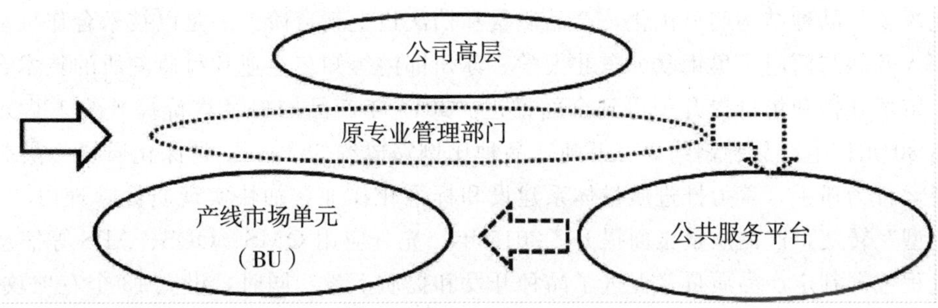

图 3 河钢唐钢职能部门工作机制

2. 调整基层管理制度

2015 年，河钢唐钢高强汽车板事业部率先引进“作业长负责制”管理体系，并取得不俗成绩。2016 年，河钢唐钢将“作业长负责制”管理体系在公司热轧部、长材部、炼铁部、不锈钢公司、中厚板公司等生产部门全面推广开来，在各单位全面建立完善作业长“五制”配套制度，将资源下沉配置到产线，取消分厂及车间级管理，分管厂长直接管理到作业区，形成了专业管理直接面对产线、所有资源围绕产线配置的格局。同时在公司层面成立作业长研修会，加强专业培训和业务指导，促进了作业长队伍整体素质的提升和作用的发挥。

3. 建立以价值创造为导向的目标和绩效管理体系

河钢唐钢于 2014 年 10 月启动了全员绩效管理工作。通过两年的推进与运行，构建从八个维度进行有效评价的运行优化机制，实行月分析、季评价，形成了绩效计划制定、绩效执行与辅导、绩效评价、绩效改进与提升的闭环的管理过程，全员绩效管理达到了“六个优化”“六个转变”。2016 年年初，企业制定下发《全员绩效管理办法》。在此基础上制定并下发了《厂部级管理人员绩效管理办法》《专家绩效管理指导意见》和《全员绩效管理运行评价管理办法》三个绩效管理文件及系列规范化的管理表格及文本，通过制度的规范、固化、引导和应用工具的规范化、实用化，保障了全员绩效管理工作的有序开展。河钢唐钢绩效管理体系以实现企业战略为目标，以促进企业体制变革落地为中心，以产品和市场导向为重点，以平衡计分卡为战略绩效管理工具，有效平衡战略、市场、生产技术、公共服务四条核心价值链关系，引导资源向产线配置，建立与协同机制相适应的绩效评价模式，提高资源配置效率和运营效率，全面激活和释放企业活力。

4. 搭建全员创新体系

为推动全员创新蓬勃开展，2015 年河钢唐钢专门成立创新委员会，着力健全和完善了技术、管理、岗位三个层面的创新制度体系，全面落实创新工作规划和实施方案，并注意充分发挥舆论引导和政策激励作用，从上到下营造了激励全员创新的大环境。2015 年年末制定出台《专家管理办法》、细化完善专家管理制度、构建完成以技术专家、管理专员、操作技能专家及营销总监为主体的高端人才队伍的基础上，2016 年围绕企业经营中的重点难点问题，狠抓各级各类专家课题管理、绩效考核等工作，为重点工作开展提供了支撑和保障。一年来，河钢唐钢各类专家共立项课题 98 项，对解决企业技术、管理难题，促进技术创新和管理提升起到了重要作用。完善“312”职工创新工作室（站、组）体系布局，成立郑久强创新工作室联盟，开展职工创新大讲堂，举办职工创新成果展，辐射带动更多职工立足岗位创新创效。

（二）推进产品升级和结构优化，提升产品附加价值

1. 持续加大产线对标和科技创新力度

以四大产品事业部为依托，以产学研合作和产线对标为抓手，积极推进品种开发与提质上量，深化产销研一体化攻关，品种结构明显优化，产品质量和档次迈上新台阶。一是以技术合作推动产品研发和品种优化。深入开展与西门子奥钢联、东北大学、苏州邯锵等知名企业和科研院所的技术合作，现有产线品种规划、市场开拓和售价提升等得到全面推进。2015 年产品同口径售价提升约 130 元，比集团要求目标多提高 30 元；生产品种钢约 500 万吨，品种比例完成约 35%。二是深化质量一贯制管理。以信息化项目上线运行为抓手，着力推进质量体系建设和标准化作业，加快实现质量管理由“标准符合型”向“用户适用型”转变，产品质量全面提升。2015 年，充分应用 QMS、ODS、APS 等信息化平台，基本实现按照过程数据判定产品质量，促进了品种开发和提质上量。同时，设立 13 个专项攻关组和 52 个科研课题组，成功破解了品种钢生产中制约产品质量提升的关键问题，确保了高碳钢、电工钢、集装箱板、搪瓷用钢、链条钢等钢种的批量稳定生产，为公司开拓市场、培育高端用户群提供了有力支撑。三是推进产学研结合和科技成果转化。积极推进“耐候结构钢生产工艺的研究与系列钢种的开发”等 10 项重大科研课题和“汽车用深冲及超深冲级镀锌产品开发及推广”等 54 项重点科研课题，取得阶段性成果。

2. 强力推进产品升级和管理变革

一是强化产品开发导向。瞄准汽车板、家电板等 38 类、70 多种新产品，建立基于全生命周期的产品开发机制；将开发重心向用户技术研究和过程控制转变，成立用户技术研究所和模拟仿真实验室，全面开展板材成形、焊接等技术研究，促进了高端产品开发和应用的不断升级。全年累计开发新产品 84 个，其中汽车板方面开发了以电池壳用钢和 DP980、QP980 等第三代汽车用钢为代表的 30 多个高端新品种。二是着力推进重点产品攻关。围绕“2016 年品种钢比例超过 50%、重点产品产销量 213.5 万吨”目标，依托四个事业部、大客户经理制等产销研一体化联动机制，发挥不锈钢公司、高强汽车板、中厚板等产线的装备优势和技术潜能，全面推进重点（高端）产品攻关，加速了品种结构升级换代。公司全年品种钢销量可达 430 余万吨；品种钢比例可达 53%，同比提高 18 个百分点；高端产品产销量完成 275 万吨，比年度目标提高 29%。三是推进质量体系建设。围绕满足汽车钢（ISO/TS16949）质量体系运行要求，积极开展工厂综合质量体系运行月度评价，实行产品制造过程审核和产品审核，推进品种钢 PDCA 工厂质量保证平台建设。全力深化信息化技术应用，不断完善订单设计（ODS）、高级排程（APS）、质量管理（QMS）等信息化系统功能，实现了产品全程按单生产、一级工艺管控和质量检验

判定，为汽车板等高端产品开发和提质扩量创造了条件。全面开展工艺质量攻关，促进高端产品实物质量明显改善。四是深化产学研合作。通过与普瑞特开展技术合作，提升了自动化炼钢和 RH 炉精炼水平，实现了汽车板品种大纲全部钢种在高强汽车板产线的工艺贯通。通过深化与东北大学在产线技术升级方面的合作，实现了自动炼钢，完成了精炼和 RH 改造，采用了连铸重压下、差温轧制、平面板型控制、超快冷等新技术，推动产品开发全面提速，为品种结构实现实质性突破创造了有利条件。

（三）以化解钢铁过剩产能为重点优化产业结构，提升企业持续发展能力

1. 自觉执行国家政策，去钢铁产能

2017 年全省要年内压减炼钢产能 1562 万吨、炼铁 1624 万吨。唐山确定了 2017 年去产能目标任务，全年压减 1006 万吨钢、570 万吨铁。河钢唐钢坚决拥护中央化解钢铁过剩产能的政策，在河钢集团统一安排下，2015 年通过 2000m^3 高炉异地搬迁完成省政府下达的压减 52 万吨炼铁产能的任务；2016 年按进度压减 1 座 450m^3 高炉，压减炼铁产能 52 万吨，压减 1 座 55 吨转炉，压减炼钢产能 83 万吨；2017 年压减 1 座 55 吨转炉，1 座 80 吨转炉，压减炼钢产能 179 万吨。为提前完成省政府压减产能指标，河钢唐钢已将 2017 年压减任务中涉及拆除的 1 座 55 吨转炉提前至 2016 年 9 月拆除完成，并保留影像资料备查。至此河钢唐钢已完成 2016 年、2017 年压减炼钢产能任务目标。

2. 优化产业结构，打造“互联网＋”产业

2015 年 8 月，河钢唐钢顺应国家政策以及经济大势，综合考虑非钢产业发展瓶颈与发展需要，提出“智能制造”与“智能服务业”结合的全新尝试，提出大力发展现代服务业的战略转型，成立“互联网＋”项目指挥部，正式拉开了“互联网＋”产业建设序幕。重点项目包括云计算中心、物联宝、智慧物流、城市智慧服务四个“互联网＋”项目。2016 年，河钢唐钢联手惠普公司、中信银行等合作伙伴圆满完成了三个“互联网＋”项目阶段性建设及运营目标。物联宝平台、郅易达平台、智郡智慧社区平台顺利上线，开展运营。一是云计算中心完成土建施工、内外装修工作及设备调试工作，具备客户入驻条件，并与中国联通达成合作运营协议，河钢集团、河钢唐钢公司内部业务也在陆续入驻。二是物联宝平台功能持续优化。河钢唐钢所有备品备件采购业务已经全部实现线上运行，正在积极开发唐山区域市场客户以及河钢集团子公司客户，目前唐山德龙钢铁、河钢承钢均有意向加入；积极与欧冶云商洽谈合作，初步达成合作意向。河钢唐钢物流业务在逐步实现线上运行；全力推进金利海加油站的合作以及与唐山市钢协、京唐港物流信息中心的合作，目前已完成金利海加油业务的试运营。三是十个线下“智郡智慧社区”智慧小屋，已逐步引进“唐山市农合联农产品销售有限公司”“浙江中保贸易有限公司”等企业开展合作经营；“中信唐钢金融一卡通”项目已于 2016 年 12 月 8 日正式投入使用，中厚板公司二期项目也开始进行。

3. 引入战略投资者，激活企业发展动力

按照国家发展健康服务业的政策导向，并结合河钢唐钢非钢产业发展的要求，引进中信产业基金作为唐钢医院战略投资者，实现唐钢医院的管办分开并建立现代医院管理制度。唐钢集团与中信产业基金旗下的医疗投资平台—北京弘慈医疗投资管理有限公司共同出资成立“唐山弘慈医院有限公司”，医院公司最终的持股比例为：唐钢集团持有 30％股份，北京弘慈医疗持有 70％股份。通过引入外部机制，推动唐钢医院服务质量、管理水平和经营状况得到大幅提升。与中信环境合资投建的 10 万吨生物质燃料颗粒项目已建成投产，企业成功进入新材料领域。惠唐乐港公司 10 万吨板材加工配送中心项目基本建成并即将投产，为企业打造了中厚板材加工制作平台，实现了产业链增值。

（四）推进营销模式创新和，强化市场开拓

1. 优化客户结构

紧密围绕汽车、家电等高端行业客户需求，强化大客户全流程服务，加大经理、厂部长等多个层面

调研市场、拜访用户的力度，定期召开营销协商会，统筹推进 EVI 先期介入、定制化生产等服务模式，促进了客户结构的优化升级。全年大客户销量达到约 164 万吨，比上年增长 46%。其中汽车用钢顺利通过吉利汽车工厂认证，并与一汽大众、长安福特、长城汽车、中国重汽等多家知名汽车主机厂实现认证对接；通过与上海增孚、江苏力乐等汽车配件厂合作，产品成功进入上海大众、一汽大众等国内一线汽车制造厂，全年汽车板销量约 88 万吨。高端家电板方面，实现对海尔、美的、格力等国内十多家知名家电企业的全面供货，年销量超过 50 万吨。大型角钢方面，不断扩大与国家电网的合作规模，确立了唐钢“铁塔大角”特色品牌优势。

2. 完善“大客户经理制”

河钢唐钢在两年前构建运行大客户经理制的基础上，进一步深化“为客户而销售，为销售而生产”的理念，将生产、技术、销售、服务等资源整合为大客户团队，为客户提供专业、快速、全方位一站式整体服务的销售模式。全年大客户销量达到约 164 万吨，比上年增长 46%。在 2015 年大客户团队的基础上，综合考虑客户、产线和产品类别等因素，组建汽车板团队、家电板团队、高碳钢团队、集装箱板团队等 10 个大客户服务团队为选定的 2016 年度重点目标大客户提供一站式服务。

3. 构建钢铁定价新模式

河钢唐钢新的定价模式分为期货与现货、普材与品种钢、高端汽车钢等定价类别，是以品种钢锁价基价制定与审批为核心，普材产品日定价为基础，营销网点现货价格制定为辅助，汽车钢价格政策制定为深化的创新定价模式。同时，着力做好产品创效排序工作，优先考虑“高端、直供、品种钢”三种订单需求，扩大周边市场投放，提高了接单和排产的科学性与合理性。完善产品价格机制，实行日定价和普材产品最低限价制度，加强产品销售后评价分析，确保了产品售价的全程受控和区域市场的秩序稳定。推行客户开发评审制度，优先保障终端、高端用户开发，逐渐形成以直供和三方直供为主渠道的产品销售模式。

4. 深化营销渠道建设

借助集团控股海尔特钢形成的渠道优势，突出抓好供海尔家电板的产品开发和质量提升，取得长足进步，带动了后续与国内十多家知名家电企业的全面合作。发挥全国现货直销网点作用，借助营销运营管控平台上线运行，着力提高剪切线加工配送能力，实现对区域市场和直供客户的精准销售。依托集团电子交易平台，加强与欧冶云商等电商平台的合作，线上销售业务领域和规模得到不断拓展。此外，深化出口营销体系建设。河钢唐钢修改完善《公司营销系统整体管控方案》，建立了出口后评价机制，对企业出口工作的市场营销环境、目标、战略、组织、方法和业务进行综合、系统、独立、定期的检查，找出企业营销系统存在的问题，并提出解决措施和方案，持续提高企业出口工作的营销执行力。积极应对国际市场萎缩和欧美等国“双反”调查影响，依托德高全球营销渠道和集团客户服务中心，全力开拓海外品种钢直供市场，打通家电板、汽车板等高端产品出口渠道，与西门子、马士基等全球龙头企业建立了产品供货合作，确保了产品出口规模的总体稳定。

5. 强化营销业务管控和考核

优先考虑“高端、直供、品种钢”三种订单需求，扩大周边市场投放，提高了接单和排产的科学性与合理性。完善产品价格机制，实行日定价和普材产品最低限价制度，加强产品销售后评价分析，确保了产品售价的全程受控和区域市场的秩序稳定。推行客户开发评审制度，优先保障终端、高端用户开发，逐渐形成以直供和三方直供为主渠道的产品销售模式。同时，积极建立以市场和产品为重点的考核激励机制，加大对重点产品、重点客户和终端用户开发的考核比重，引导各系统将关键资源与主要精力配置和投放到以产线为核心的产品升级、管理变革和市场开发上来，取得显著成效。年内调整了营销系统绩效激励机制，促进了营销工作水平的提升。

三、大型钢铁企业提高供给质量和效益的管理变革效果

（一）化解过剩产能取得显著成效，产业布局更加优化

2016年，唐钢认真执行国家政策，主动压减产能，提前关停拆除1座450m^{3}高炉、1座55吨转炉，分别压减炼铁产能52万吨、炼钢产能83万吨，圆满完成上级下达的产能压减任务。同时，完成能源和动力系统整合，成立能源科技分公司，实现了能源和动力系统的集中化、专业化、市场化运营。以物流、城市服务、备品备件供应为核心业务，积极打造面向城市和企业的供应链服务商。在新兴产业培育方面，唐钢云计算中心先后与中光电信、招商银行等企业签订服务合同，与苹果公司达成入驻协议，并完成设备入场、光纤连接等工作，积极打造涵盖电子政务、产业、民生等多个领域的云计算产业链，呈现出较好的发展态势。

（二）产品结构和客户结构明显优化，企业创效能力提升

唐钢汽车板通过了菲亚特、吉利、北汽福田、上汽等4家主机厂认证。家电板方面新开发了三星、西门子、LG（天津）等国际知名家电企业，并实现小批量供货；唐钢对海尔、格力、美的、奥克斯等国内一线品牌家电企业均实现大批量供货。在高端产品方面，镀锌汽车板实现了1000MPa高强钢的成功试制，800MPa以下钢种实现生产全覆盖；冷轧汽车板实现了980MPa以下双相钢、低合金高强钢、淬火配分钢及电池壳用钢的批量生产。特别是电池壳用钢2017年已经供货3500吨，唐钢成为继宝钢后第二家具备稳定生产该钢种能力的钢厂。

（成果创造人：王兰玉、田　欣、王亚光、张小帅、田　川、张爱民、杨利东、王东林、李云海、刘洪斌、刘　杰）

制药企业以提质增效为目标的流程优化管理

上药东英（江苏）药业有限公司

上药东英（江苏）药业有限公司（以下简称上药东英）是上海医药集团股份有限公司的核心子公司之一，位于南通经济技术开发区，是国家高新技术企业，总投资18264万元，注册资金14132万元，占地37198.54平方米，拥有员工139人。上药东英专业致力于麻醉肌松和心血管等治疗领域的药品研发和制造，建有冻干粉针剂、固体制剂和合成原料药三条通过药品生产质量管理规范（GMP）认证的现代化生产线，拥有先进的检测仪器，可年产冻干粉针剂1000万支，片剂10000万片。上药集团主营业务覆盖医药研发与制造、分销与零售全产业链，综合排名位居全国医药行业第二，其中主营产品麻醉肌松药物注射用苯磺顺阿曲库铵和心血管药物培哚普利，均获评“江苏省高新技术产品”荣誉称号。近年来，上药东英先后获评“南通市科学技术进步奖”“中国最具投资潜力企业前三名”等称号。

一、制药企业以提质增效为目标的流程优化管理背景

（一）推动医药制造行业转型升级的需要

随着工业4.0和中国制造2025计划的提出，粗放式管理已成为企业落后的主要原因，未来制造型企业的转型方向是朝着精益化、智能化趋势发展。近十年来我国药品生产和销售收入在不断增长，但近几年增长的速度明显放慢，行业已告别连续8年复合增长率20%以上的高速发展阶段，销售与利润增幅继续趋缓。正是由于医药行业的特殊性，面对销量、结构、税利增幅放缓，成本、费用不断增加的压力，粗放的管理已经难以适应现代企业管理的要求。制药企业虽然在标准化流程方面起步较早，在单项覆盖、集成提升突破较社会平均水平明显偏低，在精细化、自动化、智能化等方面日渐跟不上社会发展的潮流，所以探索出一套操作性强、效果显著的流程优化管理是中国制药行业转型的必经之路。

（二）落实集团打造国际制药标杆的需要

中国医改的持续深入和“十三五”规划的实施，促使中国将在不久的将来成为世界第二大医药市场。《国家药品安全规划》指出医改的重点任务是要提高国家标准，力争化学药品、生物制品标准与国际接轨，提高已上市药物的质量标准并与国际接轨。上药集团致力于持之以恒提升民众的健康生活品质，努力打造受人尊敬、拥有行业美誉度的领先品牌药制造商和健康领域服务商，为了助力集团达成宏伟目标，上药东英对药品制造过程进行全价值链分析，找出管理缺陷，确定浪费时间、资金的根源，提升制药企业现代化管理，在保证药品高质量要求的前提下，缩短生产周期、消除浪费、降低成本，建立高效的药品制造系统，不仅是为达成高端仿制药精品制造基地的目标，也是助力上药集团成为国际一流标杆的必然选择。

（三）优化流程提高企业市场竞争力的需要

上药东英作为上药集团下属企业，在被上药集团收购之前，一直存在着生产规模小、制度不完善、责任不落实、流程管理不清晰等问题，这导致在生产过程中产生大量成本浪费、管理效率低等问题，严重阻碍了上药东英发展的道路，行业竞争力也不断下降。在成本不断上升，价格日益下滑，质量要求不断提高，竞争对手日渐增多的环境下，上药东英必须提高自身的管理水平，因此，上药东英认识到“提升产品质量、提高运营效率、提升管理水平”是提升市场竞争力、可持续发展的重要基石，建立完善的高效精准生产制造体系是不断增强自身的核心竞争力，实现差异化竞争优势是必然选择。

二、制药企业以提质增效为目标的流程优化管理内涵和主要做法

上药东英以成为高端仿制药精品制造基地为目标，建立以提质增效为目标的流程优化管理，通过对采购—生产—产品放行等流程的全价值链图分析，找出瓶颈环节，对这些环节进行DMAIC分析改善，有针对性地采取快赢措施、固化措施，融合制造企业生产过程执行管理系统（MES）生产系统、工业采购系统等四大信息化支撑系统，简化流程结构，缩短产品生产周期，达到从采购供应端缩短采购时间减少仓库库存，从生产制造端缩短非增值时间提高人均生产效率，从客户端缩短成品放行时间，对采购、生产、仓储物流等相关部门的流程优化进行监督落实，建立企业提质增效和流程优化的长效机制，促进企业效益提升，打造企业核心竞争力，向市场提供质量稳定、可靠、有效的产品。主要做法如下。

（一）以集团战略引领，整体规划流程优化管理思路

1. 梳理流程优化管理思路，明确顶层设计

上药东英结合当前经济新常态环境的要求和自身实际状况，构建和实施“以提质增效为目标的流程优化管理”，以增效降本为目标，以全价值链分析和六西格玛管理为核心，以信息化平台作为业务流载体，通过各部门业务流程梳理分析发现流程缺陷，针对发现的问题进行申报立项，立项后由专门的小组运用精益管理方法——经营实体（DOE）实验设计选择最优操作组合和最优的理瓶方法，应用DMAIC方法论，借力统计工具和专业分析，在流程、设备、工艺、质量等各个环节进行改善研究，最终通过对企业整个价值链环节的分析、重组、优化、整合，建立符合制药行业生产管理规范的流程优化管理机制，降低自身成本、提升药品质量、达到增效降本的管理水平，满足生产需要，进而获得更多客户和市场份额，为上药东英的可持续发展打下坚实的基础。

2. 分解优化目标实时改善，推进工作落实

上药东英在确定完需要改善的流程段后，将项目目标分解成更小的目标进行逐一改善，并利用树状图分析找到关键步骤，根据其发生原因进行优化。通过绘制更加细致的流程图，可以看到此流程存在结构问题、审批层级不清、动作重复等诸多问题，找到需要改进的地方并进一步分析，在分析完所有亟须优化的流程后，汇总出一批影响效率效果的关键因素，经过企业内部打分，即潜在失效模式及后果分析（FMEA），查找出可以进行快赢改善的因素。快赢是一种旨在短时间内实现管理效果提升的工具，可以进行快赢的环节，在短时间内得到改善，其效果也是立竿见影的。通过对上药东英制药价值链的分析，已完成30余项细节改善，及时快速地解决在各个流程的人力物力财力浪费等问题。

（二）以组织制度为保障，有效夯实流程优化基础

1. 以企业员工为抓手，明确组织架构

上药东应为保障项目的顺利实施，成立以总经理为组长，领导班子全体参与的领导小组，负责上药东英流程优化管理的决策，审核确定流程优化的目标、计划，指挥、监督、跟踪，指导推进工作小组工作，定期检查实际落实工作进度，推动改善，对上药东英全员进行激励、评价，为基层工作提供资源保障（包括人、财、物）；由生产总监为组长，精益部专员具体抓的推进小组，负责全面策划和具体组织整个上药东英的流程优化推行工作，拟定推行计划、确定优化管理活动的目标和要求、推进实施，协调、推进上药东英各部门制定和落实各项工作，定期听取实施小组各组长的工作进度汇报；由采购、生产、仓储物流各部门组成的实施小组，组织改善提案立项、推进计划进程，负责监督本部门流程优化工作的落实、检查工作，寻找本部门推行工作中存在的难点问题，及时向推进工作小组汇报。该架构引领全员参与，形成在战略层面高层把控，宣传层面党组主抓，操作层面部门车间有效实施的格局，确保项目的有效实施。

2. 以固化制度为手段，提升文件标准化

以采购流程优化为例，在分析瓶颈问题的同时，根据问题溯因树状图得到需要改善的关键措施，按

照采购顺序明确可以通过制度优化改善的过程，并对制度相关内容进行删减，将改善后的标准化文件在上药东英全范围内推行，使管理有据可依。

（三）信息技术支撑，全面保障流程管控实施

1. 构建流程信息系统，实现管控无缝对接

上药东英用精益化的思维和方法进行信息化建设。投入近 3000 万元完善工业化、信息化基础设施，主要包括“网络架构改造；自动化办公（OA）系统；工业采购系统；人力资源管理系统（EHR）；生产过程视频监控系统；生产监管码管理系统；数字化生产线设备；智能化生产管理系统；生产制造系统(MES)；能源管理系统等；质量检验系统”十一个方面，努力将信息化工作与企业的传统工作紧密结合，涵盖供应链上、中、下游和决策管理的全过程，优化流程，实现标准化、精益、信息化、自动化、智能化相融合，实现事前预警、事中控制、事后分析评价，由结果控制转变为过程控制；充分适应上药东英发展需要的完整信息化管理平台，形成全生命周期的药品生产闭环管理系统，最终实现数据采集自动化、审批流程无纸化，生产过程透明化，质量管理精细化的一体化运营体系，实现动态监测与分析管理，全面提升管理效率及能级，打造透明工厂，降低企业成本，提高生产效率。

上药东英信息化基础建设推行的目标管理、计划管理、标准化管理、精准化管理、供应链管理和绩效管理，与制药企业生产管理体系相匹配，信息化建设通过数据库、数据链的支持，及时收集、分析、监测、处理各种数据，为科学决策、高效决策提供依据，实现了现金流、信息流、物流“三流”同步，提升管理效率和管理精准度，不断追求生产效益最大化。

2. 细化子系统工作流程，实现运营高效管理

一是自动化办公系统。上药东英使用泛微 OA 办公系统将采购、报销、档案、收发文等审批流程纳入 OA 系统运用，推行低成本、高效能的管理工具。实现档案管理自动化和办公事务处理自动化，以提高办公效率和管理水平，实现企业各部门日常业务工作的规范化、电子化。

二是工业采购系统。包括“供应商管理、采购计划管理、采购执行管理、采购结算管理”等。供应商管理建立统一、集中、规范的供应商资料档案，收集供应商基本信息、资质信息、银行信息等，体现 GMP 管理信息要求。采购计划管理由采购部门根据采购需求信息，手工填报采购计划或收集周边系统提交的采购需求，汇总形成采购计划。采购计划信息进入后续商务执行过程。

三是生产执行系统。上药东英的生产质量管控面向仓库、生产/车间生产管控、生产操作及过程质量管控人员，覆盖仓储物流、作业计划、生产执行、生产批报、过程质量检验等药品生产管控业务，建立以采购计划、生产配方、销售计划为指导的作业计划、批生产和包装指令、生产执行、仓储物流闭环的管理体系。包括基础数据管理、生产管理、质量管理、物料管理。

四是成本管理系统。成本管理实现面向财务层面的生产成本核算，面向管理层面全方位多角度反映企业成本情况。为改进企业成本管理，增强企业核心竞争提供参考，促进企业资源配置优化。实现与生产管理等外部系统的有效集成。主要由生产数据收集、分摊模型管理、成本核算组成。

五是检化验系统。检化验系统覆盖实验室检验分析业务，通过检化验设备采集、数据自动计算修约、自动审核发布等技术手段实现分析数据的自动化管理，优化检验分析工作流程，保证数据的安全可靠，减少人为差错；满足检验业务的规范性要求，实现样品全生命周期的监控，提高检验分析质量和工作效率，从而实现从样品登录到分析结果输出的全过程监控。主要包括委托管理、样品管理、任务管理、试验方法（规范）管理、报告管理、检测数据采集。

六是动环能源监测系统。通过动环监测实现数据自动采集，及时、准确地收集和跟踪相关数据，以更加直观、最直接的方式跟踪各区域的计量信息，实现主要设备、环境数据的集中监测。包括能耗计量、设备运行状态监视、生产环境数据监测。

七是智能监控系统。集中展示工厂生产、质量管控过程关键信息，实现生产现场的敏捷化管理，建立有效的预警机制，实现对现场事件的快速响应。主要包括智能监控、生产质量分析、经营分析。

(四) 全流程实施优化管理，深入挖掘流程优化空间

1. 简化流程调整方式，缩短采购周期

根据以往的采购数据统计，上药东英采购部发现采购周期长，造成上药东英库存的积压，检验、管理成本提高，更为重要的是造成后道工序等待，拉长整个产品的生产周期，严重影响生产效率。为解决这个问题，通过运用精益六西格玛的方法，采集采购周期各阶段的数据，进行验证和分析，找出根本原因，主要进行以下几个方面的改善：

一是采购流程优化。对采购审批流程进行重新评估，通过取消、合并、重排、简化的方法有序的重新简化流程，即首先考虑这个环节是否可以取消，如果不能取消，接下来考虑是否能与其他相关事务或流程进行合并，就是把两个以上的过程或步骤合二为一。如果不能合并，再考虑是否可以重新排列，之前的串联的方式，能不能改为并联，也就是同步进行，减少过程或步骤之间的等待。如果不能重排，最后再考虑可否简化，即化繁为简。

二是采购方式调整。主要是建立共享的信息平台，将供应链中的需求信息与供应信息充分共享，实现“用信息代替库存”，通过推动供应商参与库存管理，降低供应链产品周期。即首先通过历史数据的趋势分析、行业预测等方式建立动态需求预测，给采购提供准确的采购需求，然后根据采购物料的品种、数量、属性、供应商自身的情况等签订差异化长期协议，再通过经济订货量模型、安全库存等模型的分析建立供应商的库存、发货的机制，无缝配合上药东英的生产需要。最后，一方面，根据货物形式，对包装进行重新设计，节省卸货、搬运时间；另一方面，通过新增对供应商生产过程尾检、巡检、抽检等质量控制手段，加强产品生产过程中的质量控制，调整到货检验方式，减少等待时间。从请购到入库，通过采购全流程的优化控制，物料的采购周期大幅下降。

2. 瞄准生产瓶颈环节，提升生产效率

通过价值流程图分析发现，生产放行过程存在关键问题点，需要运用 DMAIC 方法，科学解决问题。例如，在生产过程中，库泰上线包装存在人员缺口，为了降本增效，提高生产效率，从车间内部消化是首要选择。首先梳理各生产流程，在瞬时用人高峰，从 BCD 冻干 4 个班组寻找人力资源。利用流程图分解各级别的工作任务时间，区分各工序的增值与非增值时间，将步骤前移、后置、取消，从而缩短甚至去除非增值时间，重新合理布置人员安排，以在高峰时期安排出 5 人参与上线包装。

放行阶段，也存在关键问题等待解决。放行阶段时间长达 76 天/批，占产品总周期的 60.4%，在产品成本高达 688 万元。通过对放行流程的梳理发现，现行的流程中存在重复工作，时间浪费的问题。利用树图寻找出产生这种结果的原因，运用 CE 矩阵和 FMEA 筛选出主要原因，将其中能立马改善的运用快赢措施，如将文件分为紧急、重要、普通三类，定置管理，并制定其审核时限，根据批记录审核状态，定置交接，并根据批记录的厚度，制定审核警戒黄线，提高审核效率，缩短放行时间。其他比较复杂的原因，借助 DOE 实验设计方法，选出最优的方案。通过对生产放行一系列的改进，满足生产需要，提升生产效率。

3. 改善工艺严抓质检，减少出入库时间

面对环保意识的提高和国家对危化品越来越严格的管控，现有原料的合成工艺复杂，成本高，溶剂用量大对后续三废处理压力大，如何工艺革新，降低原料车间的物料使用是近年的重点课题。上药东英研发部通过苯磺顺阿曲库铵的合成工艺研究，对苯磺顺阿曲库铵原料进行二次开发，改变合成路线，成功完成新的工艺变革。

在降低库存量的同时，上药东英还不断提升管理能力，以仓库入库流程为例。上药东英通过进库步

骤的分析，发现整个卸货的流程中，有很多人工搬运的操作，重复动作，同时检验的时间较长。上药东英通过对原有的货物包装方式进行调整，卸货搬运可以整托，避免码盘，直接叉车卸货。针对入库物料质量把控环节，上药东英将控制节点，延伸到供应商生产制造过程，对物料生产过程，除原先的首检、自检、尾检的要求，新增对市场全过程的巡检要求及出库前抽检的要求，完成供应链的整体风险控制。通过对仓库装货、入库流程的优化，前置检验，改善装货方式，一站式送货，无须等待，从送货到上架一人完成。

4. 调整物流链式布局，提高运输管理

以注射用苯磺顺阿曲库铵为例，此药品是上药东英的主打产品，也是上药集团的战略品种，该品种储存环境要求为2～8℃，故需要冷链运输。上药东英通过优化物流流程，提高冷链运输质量，加快物流响应速度，降低冷链运输成本。成品的物流工作大致可分为冷链包装与冷链运输两个步骤。上药东英首先对冷链包装流程分析，通过自创外纸箱套合式结构，全箱无钉，箱盖帽式结构无须加工打开即用。减少冷链包装步骤4步，取药步骤2步，使包装速度提高至60件/小时。

在完成物料包装流程的优化后，上药东英接着对冷链运输流程进行分析。通过对注射用苯磺顺阿曲库铵的全国客户分布梳理、关键送货节点分析与近几年的运输费用统计，发现销售大户空运占比较大，且空运费用运输较自送货费用高很多，可以通过降低空运占比降低运输费用，而且，自送货全程温度比空运保障更高，可以保证冷链运输质量。为降低冷链运输中空运的占比，上药东英通过在现有的自送货基础上，新增两条南、北线自送路线，与原来的运输方式相比，冷链运输配送效率大大提高。

（五）遵循PDCA管理循环，建立长效流程优化机制

1. 计划阶段注重奖惩清晰，鼓励全员参与

为提升现场管理水平，减少损耗，提高效率，促进精益六西格玛深入持久地开展，达到常态化管理，上药东英成立流程优化评审小组负责按计划完成年度、月度考评工作，并对每个阶段制定详细、可量化的考核指标，对表现优异的给予重点培养、发放物质和精神奖励以示激励。在精益全面流程管理（LTPM）活动中，对超额完成任务和未达预期的分别予以嘉奖和鞭策，激励员工奋发向上，全面提升上药东英管理水平。

2. 实施阶段注重员工培训，提供人才保障

在业务流程方面，上药东英规范业务流程，对各部门员工进行专业化培训，开展各类讲学、指导和交流活动。比如上药东英雁式团队以学习为特征，通过学习实践，不断突破自我、追求卓越。在领头雁的带领下，各部门员工通过外出学习“取经”等方式，拓展培训的广度和深度，锻炼并培养一批有潜力的青年骨干，为质量管理的建设和上药东英的持续发展提供了强有力的人才保障。同时，上药东英专门从著名外资企业高薪聘请了具备二十年经验的软件人才作为项目技术负责人，具体负责信息化项目的建设，促进信息化项目与业务的深度融合。

3. 考核阶段注重KPI业绩，追求卓越运营

上药东英为激发员工动力，保持员工不断进取之心，完善运营管理，结合关键绩效指标（KPI）考核追求卓越运营。主要运用鱼骨图分析法建立关键绩效指标体系。第一，根据职责分工，确定与企业整体利益是相关的个体因素或组织因素；第二，根据岗位1%的标准，定义成功的关键因素；第三，确定关键绩效指标、绩效标准与实际因素的关系；最后，将关键绩效指标包括质量、安全等分解到各部门各员工，以此为依据对部门或员工任务完成情况进行量化检验并直接与薪酬体系对接，完善考核制度，提升员工的敬业度。以采购为例，上药东英通过实施GMP考核细则，将采购目标分解到各个部门，实行每月考核，严格控制生产过程中的每一个风险点，通过持续完善采购管理体系，针对体系薄弱环节推行《工业采购系统操作规程》，加强现场交叉检查。

三、制药企业以提质增效为目标的流程优化管理效果

（一）提升工作效率，管理效益显著

上药东英通过简化内部流程，提升采购效率，缩短生产工时和成品放行周期，将非增值时间大大压缩，使上药东英制造价值链增值时间比重增加，提高了效率，节约了人力物力财力，顾客满意度提高。采购环节从请购到入库，通过流程的优化控制，物料的采购周期下降幅度达72%，不仅降低了上药东英的管理成本，更大大缩短上药东英产品生产周期。以上药东英主打产品库泰为例，现在库泰从原材料申购到成品的供应，整个周期时长从之前的140.8天降到59.6天，减少了将近58%的非增值时间，大大缩短了产品制造周期，管理效益显著。

（二）实现降本增效，经济效益提升

上药东英通过在建立以提质增效为目标的流程优化管理，建立信息化管理系统，从多个环节实现降本增效，其中，在运输环节增加的南北线自送在提升冷链运输质量的同时可降低销售物流成本约263元/万瓶，使冷链运输成本明显降低，研发部门通过对原料的二次开发，改变合成路线，减低现有的工业物料需求量20%。通过进行精益化智能化的管理，上药东英企业全员劳动生产率逐年来稳步提高，从2014年的90.8万元提高到2016年的109万元，毛利率也从2013年的78%提升到2016年的82%。并因管理者能实时掌握生产各环节的关键数据，从而对异常情况能及时地采取应对措施，进一步提升了上药东英的异常情况应对能力，减少了企业损失。

（三）树立业内标杆，社会效益明显

上药东英以提质增效为目标的流程优化管理项目的实施过程中完整地体现了上药东英的核心价值观“创新、诚信、合作、包容、责任”，依靠团队的力量，包括供应商，真诚、团结协作，达成整个供应链体系上互利共赢。在实施项目的过程中运用大量精益的工具、方法，达成了上药东英全员一致认同的精益思想。近几年，上药东英发展取得了显著的成果，行业地位极大提升，如荣获上药集团2014年优秀经营管理企业铜奖、2015年三年基础发展进步大奖、2015年精益六西格玛专项工作推进奖，江苏省二十二届企业管理现代化创新成果一等奖、中质协质量技术优秀奖等荣誉，上药东英通过打造标杆示范企业，将成功经验总结推广，为提升民众健康生活品质和人类的健康发展事业做出了贡献，提升了在行业中的影响力。

（成果创造人：张耀华、张　秋、王　殷、汪晓铭、王　坚、王国良、
平士观、黄舰明、何小虎、黄　升、李鑫华、蒋　鹏）

地市供电公司基于大数据综合管控平台的精益目标管理

国网湖南省电力公司湘潭供电分公司

国网湖南省电力公司湘潭供电分公司（以下简称湘潭公司）是国网湖南省电力公司下属的全资分公司，成立于1978年，是大Ⅱ型全国一流供电企业，以建设和运营电网为核心业务，担负着保障湘潭电力可靠供应的重大责任。湘潭公司现设11个职能部门，7个业务支撑和实施机构，3个县公司，10家集体企业和4家农电服务公司，现有职工人数2789人（其中长期职工1392人，集体职工188人，农电员工1209人）；公司资产总额33.34亿元，拥有35千伏及以上变电站64座，主变116台，总容量4640兆伏安，输电线路1812千米；供电营业面积覆盖全市5006平方千米，拥有用电客户118万人，供电服务对象超过300万人。2016年实现内部利润2.52亿元，较2015年增长32%。

一、地市供电公司基于大数据综合管控平台的精益目标管理背景

（一）贯彻落实提质增效、精益规范管理要求的需要

作为关系国计民生的国有骨干企业，贯彻落实国务院国资委关于做好瘦身健体、提质增效工作的部署，以及对央企提出的全面推进目标管理工作的要求，强化精益规范管理，着力从发展总量、质量、存量上寻求突破，实现国有资产保值增值，是湘潭公司的使命与职责所在。通过精益目标管理体系建设，在扩大“总量”、提升“质量”、优化“存量”上狠下功夫，构建精益管理的常态和长效工作机制，搭建质量和效益持续提升的平台，深化管理体制机制创新，不断拓展精益管理的广度、深度和精度。

（二）优化目标管理，提升管理能力的需要

在构建实施精益目标管理体系之前，湘潭公司对经营管理现状进行了全面梳理，有待完善之处主要体现在：一是管理手段相对落后，管理方式相对粗放；二是指标体系设计不够合理，各类经营指标未能得到有效管控；三是部门之间协调沟通不够，公司管理的整体统筹性有待提升；四是绩效考核机制不完善，难以有效促进公司经营指标的完成和重点工作的开展；五是重结果、轻过程，不能及时发现目标实现过程中存在的短板、差距、问题，并及时干预、引导。因此，以精益目标管理为抓手进一步提升管理能力，加快推动管理手段由落后粗放向先进精细转变，实现公司从传统管理向现代管理转型升级是当前亟须解决的问题。

（三）完善管理体系建设，实现精准管控的需要

2015年，湘潭公司大工业售电量同比下降18.04%，非普工业售电量同比下降9.28%。从市场调研情况看，在市场疲软、环保政策约束，以及受湘潭钢铁厂自发电量逐年增长因素的影响下，未来一段时期，地区电力仍将供大于求，售电量将进一步下滑，湘潭公司的正常效益与发展能力都将受到巨大影响。面对不利形势，供电企业要想求生存谋发展，最大限度地实现公司目标，必须创新管理，向管理要效益，靠管理提升竞争力。因此，迫切需要构建完善的精益目标管理体系，不断完善制度与规范流程、提高精准管控水平，激发企业各层级活力，促进公司提高工作效率效益和质量，有效节约管理成本，优化资源配置，推动公司持续健康发展。

二、地市供电公司基于大数据综合管控平台的精益目标管理内涵和主要做法

湘潭公司紧紧围绕实施基于大数据综合管控平台的精益目标管理，以规范化、精益化为主线，创新利用大数据等先进信息技术手段，遵循“科学制定并分解目标、全过程实时在线管控、强化考核激励引导、动态优化循环提升”的指导思想，坚持以目标管理统揽全局，建立界面清晰的目标管理组织体系，

科学制定目标并层层分解落实；基于大数据综合管控平台实现全过程实时在线管控；完善考核体系，发挥激励引导作用，确保目标任务精准落地；建立动态优化机制，促进循环改进不断提升。主要做法如下。

（一）明确精益目标管理总体思路，强化组织领导

1. 明确总体思路和整体框架设计

明确创新实施精益目标管理的整体方向。一是从粗放转向精细，实施精益目标管理；二是提高目标体系设计的科学性，引导各部门围绕公司整体目标开展工作；三是运用网络化、大数据等先进信息技术手段，为实时、精准管控提供信息化支撑；四是完善考核体系，发挥激励引导作用，确保目标任务精准落地。

提出精益目标管理实施的基本原则。针对上述目标管理创新实施的整体方向，湘潭公司经过反复论证，明确了目标导向、问题导向与效益导向的三项实施原则。

形成精益目标管理整体框架设计。湘潭公司充分吸收借鉴精益管理全过程、全方位管控理念，综合运用大数据等新兴技术工具和信息化手段强化精准实时管控，结合自我发展实际，以目标管理为引领，按照“科学制定并分解目标、全过程实时在线管控、强化考核激励引导、动态优化循环提升”的思路，建立组织保障体系，科学制定并层层分解目标，构建综合管控平台开展全过程实时在线监控，强化考核，发挥激励引导作用，并进一步推动持续动态优化，有效激发企业发展活力，促进企业管理升级。

2. 建立界面清晰的精益目标管理组织保障体系

一是建立界面清晰的组织机构。强化机构建设，成立精益目标管理领导小组，由公司总经理、党委书记任组长，工会主席、总工程师任副组长，成员由领导班子其他成员、副总师、本部各部门和基层单位主要负责人组成，高层领导的高度重视和参与奠定了坚实的组织保障。成立精益目标管理工作小组，工作办公室设在公司人力资源部和运营监控中心，主任由人力资源部主任担任，副主任由运营监控中心主任担任，成员由人力资源部和运营监控中心相关专责组成。强调以目标管理为核心，组织和职能围绕目标指标，高效协同。

二是确定层级分明的工作职责。精益目标管理领导小组是公司精益管理工作的领导和决策机构，负责审定公司各项管理制度，统筹安排公司精益管理工作。精益目标管理工作小组负责起草和完善公司精益管理制度方案，负责组织公司目标任务分解及各专业考核方案的初审、会审，及各专业目标任务的实时监控与评价；归口管理主业系统、农电系统、集体企业系统的精益管理工作；督促指导各单位开展并落实相关管理工作，及时就有关精益管理的重大事项向领导小组汇报；具体统筹协调各部门、各单位精益管理存在的问题和改进措施。

（二）确保全员目标协调一致，科学制定目标并层层分解落实

湘潭公司坚持“分级分类，量化分解；突出重点，深化应用；顶层设计，稳步推进”的原则，承接企业战略目标，打造从上至下的贯通循环，科学制定公司年度经营活动所要达到的总目标，由上而下将目标层层分解落实，使公司管理者与员工在工作目标、任务要求以及努力方向上达成共识，持续提升员工工作能力和绩效，实现企业和员工共同发展。

在目标设置上分为“两类四级”，两类是指底线目标和奖励目标两大类，四级是指公司目标体系由公司总目标、部门（单位）目标、班组目标和个人目标四个层级组成，具体在每个层级目标分设底线目标和奖励目标。底线目标是湖南省电力公司下达的企业负责人业绩考核指标、同业对标指标以及公司领导部署的目标任务和重点工作，是必须完成的目标，未完成的须进行处罚。奖励目标是各部门（单位）在国家电网公司、湖南省电力公司系统创先争优及对企业做出的重大贡献，完成目标须予以特别奖励。底线目标重在约束，奖励目标重在激励。底线目标和奖励目标的制定均是明确具体、可衡量且有时间限

制的。在时间周期设置上，底线目标为短期目标，考核周期原则上为季度，因实际情况需要，可调整为月度、半年度、年度。奖励目标为长期目标，考核周期为年度。湘潭公司进一步将目标管理与绩效管理有机结合，明确底线目标即季度绩效，奖励目标即年度绩效。

利用岗位目标驱动绩效管理，实施三级管控。根据公司实际管理特点，打造岗位目标三级管控，即公司管控部门绩效，部门管控班组绩效，班组管控个人绩效；公司层面负责基础数据规范、相关支撑制度建设和绩效框架指导，各部门根据自身业务特点执行不同的绩效模式和指标体系，分别制定绩效考核实施细则。

（三）构建基于大数据的综合管控平台，加强全过程实时在线管控

湘潭公司搭建具有全数据管理、全信息应用、全业务监控特征的大数据分析综合管控平台。平台着眼于目标管理，聚焦公司核心业务活动与核心资源，从 23 个业务系统自动获取推送数据，进一步通过构建监测模型、梳理指标体系、设定指标阈值等方式，对公司外部环境、综合绩效、运营状况、核心资源和关键业务流程等模块进行 24 小时在线动态监测，形成“监测分析—指标预警—异动筛查—协同督办—结果反馈”一体化运作的全过程闭环管控机制。

1. 指标数据自动实时采集

平台数据来源于生产管理系统（PMS）、营销业务应用系统（SG186）、电力调度管理系统（OMS）、规划计划系统、财务管控系统、物资集约化系统、人资管控系统、用电信息采集系统等 23 个业务系统，采用 OGG、E 文件、ETL 等数据复制、抽取、接口推送技术，将生产、营销、用采、OMS 等二级部署系统中的明细数据表按照不同方式（生产、OMS 系统数据全量，营销、用采按需）复制到数据中心进行统一存储。湘潭公司通过业务过程、明细及汇总数据的实时采集，涉及 500 余个频度为秒级、分级、小时级、日级、周级、月级、季度级、年级专业管理指标，实现指标数据自动、实时获取。

2. 设置科学合理的指标阈值

为监测公司总体运营状况并查找业务异动，对指标体系中涉及公司运营过程及绩效情况的关键指标设置阈值。阈值设置工作全面考虑监测、分析、协调控制等核心业务，紧扣经营目标、把握指标深层含义、理清业务逻辑关系、透视业务运作流程关键节点，同时关注业务运营的效益、效率、效果，形成一套适应业务实际、规则科学合理、准确捕捉异动的阈值体系。坚持用指标评价企业，突出安全、质量、服务、效益等重点环节监测，结合监测规则和管理要求，制定指标目标阈值，按照与目标序时进度对比、专业横向对比、内部分解任务目标对比等方式进行过程管控，为及时发现公司运营过程中的异动和问题并自动预警奠定坚实基础。

3. 实现指标异动及时预警

通过从不同业务系统直接获取数据并自动计算，实现关键业绩指标及其分解因子、关键考核因素的完成值、目标完成情况、发展变化趋势的在线监测。通过开展在线监测，及时发现指标偏离阈值、运行异常，开展筛查分析与数据甄别，对于有效异动和问题，协同业务部门进行处理，切实找出业绩指标和经营管理的短板，及时整改消缺。

（四）健全完善制度体系，利用大数据平台深化跨部门专题分析

1. 健全统一完善的制度体系

湘潭公司先后出台《国网湘潭供电公司目标管理实施方案》《国网湘潭供电公司重要工作任务管理实施方案》《国网湘潭供电公司协同工作会议管理方案》《国网湘潭供电公司运营监控工作管理办法》等一系列管理制度。同时，建立与目标管理相配套的薪酬激励和约束机制，结合实时监控具体工作的结果，根据《重点工作督办考核管理方案》对各部门工作质量和重要督办工作完成情况进行考核，考核结果直接与部门绩效挂钩。

2. 深化跨部门专题分析，及时协调处置运营中存在的难题

围绕公司日常运营管理活动，深入研究不同业务之间相互联系及对公司整体运营产生影响的客观规律，在广泛收集要素信息、敏锐把握环境影响及趋势变化的基础上，针对公司春节保电等重点工作、工程项目按期推进、综合竞争能力等方面开展综合分析和专题分析。

一是通过实时监测和专题分析，促进春节保电工作顺利完成。围绕配变重过载治理这一重点工作，利用大数据平台，湘潭公司有针对性地开展了配变负载异常专项监测，筛查配变负载异常异动数据。2016 年 12 月，在监测中发现公司存在 200 余条配变重过载疑似异动数据。通过深化运监中心、运检部、营销部、县公司跨部门分析，影响台区重载过载异动的主要原因为：第一，系统数据未及时维护，大数据平台、采集系统、营销系统、"量价费损"在线监测系统与现场变压器容量不一致，产生错误异动信息 180 余条；第二，部分台区确实长期存在重载、过载现象；第三，12 月以来，受天气和季节性用电波动影响，出现部分配变重载、过载异常的现象。结合异动分析情况，湘潭公司统筹协调运检、营销等部门围绕重过载治理进行了督办。一方面，开展配变、计量装置数据普查，同步更新营销系统和采集系统基础档案，保持数据完整性、准确性、一致性；另一方面，将长期重载超载台区列入公司大修技改项目储备库，加强配网建设改造。相关单位按照春节保供电要求，加强日督导力度，重点开展配变台区三相负荷测试及调整工作，有力保证了春节期间对客户安全可靠供电。

二是统筹加强建设、物资跨专业协同，推动工程项目顺利实施。2016 年 8 月，中沙变工程开工进度严重滞后。利用大数据平台对中沙变工程项目进度实施专题分析，得出该项工程未如期启动开工的主要原因是互感器、一次设备、保护屏柜等主要物资供应滞后。一方面，物资人员对整个工程的施工进度情况掌握不及时，未到现场，缺乏对实际情况的了解；另一方面，建设部门未及时沟通对接厂家，不能准确定位出现问题的环节，导致物资供应滞后。湘潭公司深入推动专业协同，深入两个部门进行情况搜集，协调厂家解决物资供应的问题，并将与厂商沟通的情况反馈给建设部，以做相关工作安排。同时，建立中沙变工程项目协同工作组，将建设部、物资中心、施工单位三方纳入。物资中心将厂家情况，建设部将现场实际情况，施工单位将收料、施工情况等，实时汇报、多方对接，有力协同各方及时配合解决，推进了项目的顺利开展，实现中沙变工程按里程碑计划投产。

（五）完善考核体系，发挥激励引导作用，确保目标任务精准落地

实行月度考核工作质量、季度考核指标、年度目标兑现的考核体制。月度工作质量考核遵循"过程不设奖励基金、没有处罚就没有奖励"的原则；季度考核指标则将各项阶段性业绩指标、底线目标与基数工资挂钩，对季度绩效考核进行全面细致的量化、充实，用数据、指标说话，将季度绩效考核做实；对于年度目标兑现则将奖励目标与增量工资挂钩，以目标是否实现来实行年终兑现。通过工作质量考核、阶段性指标和底线目标的绩效考核来抓基础、管过程，通过奖励目标的年度兑现来激发创先争优，促提升、管结果。以目标考核的结果作为绩效评价的依据，使精益管理真正成为一个闭环的控制系统。

深化考核结果应用，将考核结果与薪酬绩效兑现挂钩，充分发挥激励引导作用。一是在部门考核结果应用上，按照不同部门和单位承担指标、任务的多少，责任的大小，风险的强弱等，从指标层级、权重、数量、责任四个维度关联不同部门考核兑现结果，对考核结果加强分析与应用，充分发挥目标指标管控体系的抓手作用、导向作用和激励作用，实现管理方式从自上而下推动向自下而上主动的转变。二是强化员工绩效激励应用，将目标考核结果落实到员工的薪酬、晋升、培训等各个环节，使员工培养和发展效果得到最大程度的体现。一方面，目标考核优秀的员工将获得更多加薪、晋升、培训的机会和资源；另一方面，对于目标考核得分较低的员工，有针对性地安排相关的培训和辅导，协助其改善工作方法，提升目标考核得分水平，使管理过程、人员、方法和工作安排始终围绕既定目标运行。

（六）建立动态优化机制，实施一体化运作闭环管控

湘潭公司充分借鉴 PDCA 理念，从目标制定、实施、考核和总结提高四个方面促进精益目标管理不断循环提升。

一是推动目标动态优化。常态化进行目标进展“回头看”，通过“回头看”评价实现目标的各种资源使用情况；评价目标实现是否还存在弹性空间；评价所实现的目标在推动和促进企业可持续发展中的作用发挥情况。通过对绩效与目标的差别进行评审，查找绩效差距，定期总结思考，制定提升对策，实现从目标评价到目标更新的过程，并将已完成的目标成果作为新的目标管理的开始。

二是跟踪调整各级指标，确保一致性。由精益目标管理工作小组负责对各级指标的一致性进行定期检查，重点对影响关键目标指标里程碑偏离的因素进行识别和纠正，保证各级目标指标在推动公司整体目标落地的一致性，并动态优化指标体系。

三是动态开展风险管控。分析潜在风险对企业目标实现和整体效益的影响，及时梳理发现企业经营过程中存在的风险点和异常点，以异动和问题为导向，加强风险管控，切实做到“过程监控、动态分析、在线协同、实时纠偏”，进一步推动流程再造。

四是形成一体化运作闭环管控机制。针对公司企业负责人指标、同业对标指标、重要经营指标目标进度情况进行动态跟踪，及时筛查、分析指标异动，对于监测发现的影响目标实现的异动，由精益管理工作小组组织各专业管理部门及时开展协同工作，核查并闭环整改，形成“监测分析一指标预警一异动筛查一协同督办一结果反馈”一体化运作的闭环管控机制。

三、地市供电公司基于大数据综合管控平台的精益目标管理效果

（一）实现对员工的有效激励，执行力和主动性显著增强

随着精益目标管理不断向纵深推进，企业目标指标与员工目标指标实现了上下同心、责任共担、成果共享，企业氛围更加和谐。有效提升了员工队伍整体素质，员工执行力、工作主动性得到大幅度的提高，营造员工自觉提升素质的良好氛围，企业发展活力得到充分激发。精益目标管理实施以来，公司在岗员工全员绩效合约签订率达 100%，绩效考核结果应用率达到 90%以上，通过岗位竞聘、组织调配、挂岗锻炼、人员借用等方式调整人员岗位 188 人次。近两年，获评全国劳模 1 人，国家电网公司“优秀共产党员”1 人，湖南省电力公司劳模 2 人，湖南省电力公司“优秀共产党员”2 人，湘潭公司保持了“全国文明单位”荣誉称号，获得了“全国电力行业优秀企业”“国家电网公司安全生产先进集体”“湖南省创先争优先进基层党组织”“湖南省电力安全生产工作先进集体”等多项荣誉。

（二）管控穿透力大幅提升，管理效率效益显著提高

一是部门协同合作更加顺畅高效。有效加强了公司部门之间的协同性和工作指令的穿透力，部门协同能力得到显著增强。例如，加强部门协作，大幅缩短配网抢修时间。据统计，抢修班组接到故障工单后，到达现场时间城市平均为 19.62 分钟，农村为 29.69 分钟，特别边远地区为 32.20 分钟，大大低于国网公司“十项承诺”规定的时限要求。二是绩效考核机制更加优化完善。通过将战略目标与发展规划融入绩效考核，将其层层分解，具化为部门和员工的绩效目标。当前，湘潭公司优质服务管理规范率累计全省排名上升 7 名至第 2 名；投诉管控目标偏差率全省排名上升 9 名至第 1 名；投诉数量明显下降，获得客户的好评。三是管理过程监督更加高效。通过精益管理、定量分析，工作细节做到精确化、数据化。实现由结果管理向过程管理的转变，确保了岗位目标、部门目标始终与企业目标协调统一。

（三）有效破解了公司发展过程中的管理难题，企业竞争力和效益明显提升

面对台区线损全省排名靠后的不利形势，湘潭公司实施“三严两降一强化”，强力推进用电秩序整治，全面开展“百日攻坚”，降损增效成效显著。共计查处窃电、违章用电 15299 户，挽回经济损失 1762 万元。重点解决了湘潭矿业电费回收问题，实现电费颗粒归仓。推进营业费用征收执行，系统备

用费完成 2400 万元，完成指标 100%，高可靠性费完成 1606 万元，完成指标 200.7%。努力增供扩销，完成电能替代 3.4 亿千瓦时，超额完成目标，储备替代电量完成 2.16 亿千瓦时。同时，有效激励广大干部职工奋发图强，全面完成业绩考核目标，湘潭公司发展整体实现突围、突破，质效大幅提升，迈入国网湖南省电力公司领先行列。企业负责人业绩指标排名湖南省电力公司第 2 位，同比上升 11 个名次；同业对标综合排名湖南省电力公司第 2 位，同比上升 4 个名次；综合线损率 6.16%，同比降低 0.79 个百分点；营业收入 37.72 亿元，同比增长 3.66%；实现内部利润 2.52 亿元，同比增长 32.27%。通过实施集体企业集团化管理、集约化运作，集体资产全年经营总产值 5.49 亿元、内部利润 5543 万元，保值增值率达 1.0。

（成果创造人：梁　剑、耿春江、许海清、肖宗斌、饶宏伟、贺铁光、尹献文、吴轶蓓、龙亦文、丁一奇）

火电基建项目的精益化调试管理

华电山西能源有限公司

华电山西能源有限公司（以下简称山西能源公司）是华电集团的全资子公司，成立于2009年，是中国华电集团公司在山西区域能源产业发展和资产管理的主体，代表华电集团公司负责区域内华电事务的统一协调办理。山西能源公司注册资本金22.76亿元，资产总额129.52亿元，在册职工2472人，拥有下属公司21家，资产遍及太原、大同等山西境内主要区域，产业涉及电力、热力、煤炭行业及工程监理、招标代理、煤炭物流等领域。现有电力装机容量253万千瓦、煤炭生产规模1430万吨/年。八年来，山西能源公司秉承中国华电集团“价值思维”理念，通过管理创新和提升，企业规模不断壮大，企业效益不断提高，完成光电、风电及火电基建项目6个，新增装机容量1869.5兆瓦。特别是在火电基建项目中，采取造价控制、质量管控等措施，使各项指标均位列集团前列，管理水平得到全面提升。

一、火电基建项目的精益化调试管理背景

（一）精益化调试是提高火电基建标准的需要

调试工作是火电工程建设中的一个关键程序，是对设计、制造、安装质量的全面检验。从单体调试到分系统调试，进而到整套启动，每一个过程都有着举足轻重的意义。尤其是整套启动调试工作不但直接影响机组的安全稳定运行及各项技术指标，调试结果还将影响经济效益。火电工程的常规调试模式已经不能进一步提高机组的技术指标，实施精益化调试是提高机组性能指标的重要手段。精益化调试是在常规调试基础上通过合理规划调试项目，提高调试标准，实现机组经济价值最大化，通过精益化调试，机组的各项性能及指标更优，能耗更低。

（二）精益化调试是实施成本优先战略，提高企业相对竞争力的需要

随着新增火力发电机组陆续投产，非化石能源发电量持续快速增长，导致火力设备利用小时持续下降。2016年年底，全国全口径发电装机容量16.5亿千瓦，同比增长8.2%，火电设备利用小时降至4165小时，2017年预计火电设备利用小时将降至4000小时，局部地区电力供应能力过剩问题进一步加剧。当前电力产能过剩，部分省份电力用户直接交易降价幅度较大且交易规模继续扩大，发电成本难以及时有效向外疏导，煤电企业效益进一步被压缩，企业生产经营继续面临严峻困难与挑战。面对市场竞争压力，发电成本的控制成为当前发电企业的重中之重。通过对广宇公司2014—2016年生产经营成本的分析发现，燃料费用占比约44%且比重最大，财务费用占比约为25%，折旧费用占比约为22.5%，人工及管理费用占比约为8.5%。精益化调试可使机组各指标达到或超过设计值，提高机组效率及可靠性，降低煤耗、水耗等指标，有效控制燃料成本；可优化设计和机组运行方式，有效降低基建投资和运营成本，降低各项财务费用；可提高机组自动化水平和运行可靠性，优化人员配置，降低人工成本及管理费用。

（三）精益化调试是通过管理创新提升企业总体水平的需要

精益化调试是精益化理念在新建机组调试中的应用，是将基建与生产相融合，发掘设备安全、节能降耗潜力，使机组参数达到或超过设计值，实现提高设备可靠性、提高机组经济性、提升企业综合竞争力三大目标。通过精益化调试，使汽轮发电机组在负荷工况下低于标准值、厂用电率等指标低于设计值，在近年投产的350兆瓦机组中位居前列。山西能源公司结合自身提高管理水平的需求，发挥主观能动性，根据集团公司“三同领先”（“同时期、同地域、同类型”领先）及“精益化管理”的要求，开创

性地提出了“精益化调试”的理念，把精益化管理落到实处，将机组调试与后期生产相结合，在实现机组更加可靠稳定运行的基础上，全面实现机组的“低能耗、低排放、高效率”，确保机组各项性能指标领先，切实提高经济效益，提升管理水平和盈利能力，促进企业健康发展。

二、火电基建项目的精益化调试管理内涵和主要做法

山西能源公司用具体、明确的量化标准取代笼统、模糊的管理要求，采用常规调试和精益化专项调试相结合的方式，调试人员早期参加工程设计联络会、设计审查和施工图会审，协助确定性能试验测点布置；对系统布局、设备选型、工艺流程提出意见和建议；前移部分生产经营期优化试验，不断调整设备运行方式，充分发掘设备安全、节能降耗潜力，使机组各项运行指标达到或超越设计值，实现机组安全可靠运营、指标优秀、高效节能、资源节约、环保和谐等最终目标。主要做法如下。

（一）建立组织机构，明确责任，全面统筹协调调试工作

山西能源公司在项目启动初期结合实际将精益化管理思想与调试相融合，形成“低成本，高效益”的精益化调试理念，并及时开展各项工作。

一是建立调试组织机构，强化组织领导，明确归口责任。建立精益化调试组织机构及管理流程。统筹推进精益化调试体系与实施。明确归口管理职责，山西能源公司总部负责重大决策和管控，广宇公司具体实施，成员包括建设、调试单位、设计、监理、设备厂家、施工单位等所有涉及工程建设的参建单位。

二是建章立制，详定计划。依据《火力发电建设工程启动试运及验收规程（2009 年版）》等规程编制《华电广宇二期 2×350MW 热电机组工程调试试运管理制度汇编》，形成准备充分、计划周密、监督检查、考核评价及调整反馈的闭环管理机制。结合工程实际科学严谨详细编制调试大纲，择优选择调试单位，并审批调试单位依据调试大纲编制的调试方案，各专业据此编制更加详细的调试措施。明确工作分工和职责，依据各成员的权限，各司其职审批重要项目的调试方案、措施（如调试大纲、锅炉整套启动措施、汽机整套启动措施等）和单机试运计划、分系统试运计划及整套启动试运计划。

三是统筹协调，服务运行。组织和协调试运指挥部各组及各阶段的验收签证工作。全面统筹策划组织协调调试工作；对试运中的安全、质量、进度和效益全面负责，为机组调试试运工作规范化、标准化奠定良好的基础。确保机组能安全顺利地完成试运并移交生产，投产后能安全、可靠、稳定运行。

（二）多措并举，充分做好调试准备

调试人员及早参与设备选型，同时积极协同设计单位优化系统，实现单体设备一系统一整套启动最优组合，为实现布局合理、系统最优、机组安全稳定运行、技术指标先进的目标，从源头上把好关。

一是设备管理全过程严格管控，全面参与从设备选型、监造、运输、验收到设备交安后安装的全过程，适时掌控，专人负责，收集技术资料，全面了解设备的性能、指标及特点，确保设备达到既定的各项指标。

二是调试专业人员与相关运行人员深入现场，及早参与设备安装，熟悉系统和设备，及时反映发现的问题，并提出解决问题的建议和意见，为下一步精益化调试积累设备、系统等技术信息。

三是在机组调试开始前，对同型号、同类型、同规模的机组进行充分调研，认真总结、分析同类型机组调试的工作经验，完成各项准备工作。其中，相关专业参加 DCS 出厂前的组态逻辑审查、DCS 系统的保护、联锁逻辑和热控定值的审核及修订等。

四是积极采用新材料、新工艺、新技术，确保机组的先进性。采用旋汇耦合＋管束式除雾器的先进技术，实现脱硫除尘一体化，降低能耗，满足超低排放要求；采用尿素水解装置脱硝系统，有效解决热解炉冬季结晶问题，经济效益明显。

五是调试单位根据调试工作纲领性文件、设备厂家性能保证及集团调试相关文件编制调试大纲，明

确精益化调试项目标准和控制措施，汽机、锅炉等各专业在原有调试措施的基础上，增加编制专项精益化调试措施。

六是编制详细的精益化调试质量计划，设置质量控制点及明确质量控制程序。调试过程中，调试单位合理穿插相关性能试验项目，并协调解决调试与安装及调试中各节点之间的顺序安排，以达到“分部试运促安装”“精细化策划保试运”的目的。

（三）扩大调试范围，增加调试项目

精益化调试相对常规调试，在风险可控的前提下提高项目标准33项，占总项目的7%，对效益明显的项目增设20项，占总项目的5%。对调试前各基建环节提出了更高的要求，为后续生产经营指标的“三同领先”奠定基础，大幅提升火电企业的相对竞争力。

调试过程中，严格控制机组各参数指标，适度提高酸洗、吹管等关键环节的标准，保证运行中汽、水、油的品质，为机组安全运行奠定良好基础。

（四）严格调试规程，细化调试流程

1. 环环相扣，细化调试流程

一是设备在单体调试期间，由施工单位负责组织进行，在进行调试前，各项验收签证资料应完整、齐全，条件不具备的，不得进行调试；针对由设备供应商提供调试服务的单体调试，明确界定其与调试单位及安装单位的调试工作交接面。

二是分系统试运以单体调试达到设备技术参数标准为基本条件，必须在单体调试和单机试运合格签证后方可进行，分系统调试单位应参与单体试运的验收，对单体调试结果共同进行验收签证。

三是整套启动坚持系统试运不合格，不进入整套启动试运，机组不具备启动条件不启动。整套启动前认真分析现场条件、设备条件、系统条件、技术条件和安全条件，仔细盘查分系统调试的完整性和可靠性。详细确认和落实深度调试的实施计划与相关措施。

2. 组织策划“零距离”融合，实现基建全过程、多环节的高效衔接

一是坚持“基建即运营”的精益化管理理念，高度重视“精益化调试”，并贯穿于项目筹备、核准、建设的全过程，在方案设计、招标采购、施工安装、启动调试的过程中严格落实，促进基建管理综合效率的提升。

二是整合区域资源，实行人员、物资“共享化”“扁平化”管理，推行项目经理负责制，建立、健全基建管理体系及机制，完善管理流程，充分发挥监理、项目管理等多方权责，明确分工，细化责任，将“精益化”管理的要求贯穿于基建全过程。组织生产人员提前介入基建过程管理，重视基建基础数据的收集与整理，在加强专业技能学习的同时，对基建过程进行全方位监督，实现金属、环保、节能等十二项技术监督措施的强化、落实；对调试过程中出现的缺陷、隐患和需完善的项目及时归纳整理，形成系统化、信息化的数据库，实现闭环管理。

3. 项目扩展全覆盖，实现机组“零缺陷”移交生产

严格按照《火力发电建设工程机组调试技术规范》（DL/T5294－2013）的规定，细化调试项目，并按照《火力发电建设工程启动试运及验收规程》（DL/T5437－2009）和《火力发电建设工程机组调试质量验收及评价规程》（DL/T5295－2013）的要求严格验收。

在整个调试过程中，充分利用大数据，按时对机组重要能耗指标和运行数据进行分析，分析设备状态，达到可控在控的目标。

一是将常规调试项目与机组优化运行的调整试验工作紧密结合，深挖设备潜力，合理确定系统最佳运行方式，实现机组性能最优化，提高机组经济性。

二是基于数据挖掘技术的设备运行状态监视发现某些不正常的数据分布，从而暴露设备运行中的异

常变化，协助运行和检修人员预测机组运行状态，并迅速找出问题发生的范围，及时检修并采取对策。

三是定性分析数据，从大量数据中去除冗余信息，将每一种状态的故障特征提取出来，为判断机组状态、快速处理故障、做出准确决策提供依据。

四是对历史运行数据和缺陷信息进行数据挖掘，得到设备缺陷状态下的特征值及关联参数值，将挖掘到的信息与设备当前运行监测值进行对比分析，判断设备当前运行状态是否正常。

4. 精密点检助力调试全过程

一是在二期设备的安装与调试的整个过程中，用精密仪器和专业方法测定设备的振动频谱、红外、超声、油液铁谱等参数，通过分析、比较、判定设备动不平衡、摩擦等状态，确定设备的技术状况和劣化程度。

二是对设备的精密点检通过更有效的数据采集、记录，以专业分析方式精确判定设备状态，最终达到设备状态检修。

三是通过对重要辅机进行深入的状态监测、寿命管理以及可靠性分析，不但提高了辅机的可靠性、安全性，提高了对辅机的管理水平，还对主机的状态分析、故障预测和设备管理产生深远影响，为设备的安全稳定运行奠定了坚实的基础。

5. 创新应用现代网络媒介，实现生产现场远程管理

在机组调试过程中，项目巡检行业记录模式采用现代媒体二维码巡检管理模式，利用在服务器建立的运行巡检管理档案、台账进行数据管理，实现运行巡检记录有据可查，达到巡检过程无漏点。既规范运行部各级人员的巡检管理工作，杜绝巡检不到位、漏检、日志杜撰、缺陷跟踪不到位等情况，管理的人员只要扫描对应的设备卡，即可自动知道历史巡检情况，增加检查手段，提高督察能力，实现对现场设备运行缺陷和巡检情况的实时全面把控。

同时充分发挥参建各方的积极性与主动性，按照既定调试方案，细化操作流程，加强对调试过程的监督与规范，杜绝误操作，实现零故障。机组整套启动期间完成制粉系统动态调频、煤粉细度调整、锅炉烟气温度偏差调整、锅炉飞灰含碳量调整等重大调整 13 项。调试过程严格落实“两票三制”，办理操作票 2000 余份，保证“零误操作”。

此外，细化调试的各项指标，分类、分项梳理，综合各项因素对规程、参数等进行持续修正、改进，实现机组投产后整体性能最优。高度重视单体调试期间仪表、保护、自动的投入，严格校验、精确调控，实现就地与 DCS 仪表投入率 95%，准确率 97%，保证调试质量。

（五）调试关口前移，开展服务经营，实行全寿命管理

严格图纸和方案的审查，提高问题预见性，合理确定试验项目，细化调试措施，风险可控、在控。

一是调试关口前移，降低运行风险。组织调试单位参加工程设计联络会、设计审查和施工图会审，协助确定性能试验测点布置；组织相关单位结合 DCS 设计说明进行逻辑审查，优化控制策略；打破常规调试思路，调试期间，合理穿插制粉系统优化、燃烧调整优化等生产期调试项目。

二是服务经营为生产。制定系统启动检查卡、设备验收签证制度，为运行后设备验收和系统检查奠定基础。单体试运前逐条确认启动条件，杜绝临时措施强制启动，确保单体调试的质量；调试过程中，进行 PT 并列柜内部逻辑改造和全厂继电保护定值校核，保证机组不发生误动、拒动、越级跳闸情况，提高设备运行的可靠性。合理提高调试标准，持续优化各项指标，同时满足验评、环保和设计要求。

从广宇二期项目发起到投入商业运营，绿色环保理念贯穿始终。其中绿色环保调试是重中之重，调试结果直接影响各项能耗指标，影响环评验收。为此采取以下措施。

一是成立由建设单位牵头，调试单位等各参建单位参加的环保领导组，制定完整的电厂环保制度并严格落实，形成完整的闭环考评机制。

二是在国家及行业标准的基础上，制定更加详细严格的调试标准，通过精益化调试，降低各项能耗指标，各项环保指标均满足或优于国家要求。

三是在工程初期，就将精益化调试理念深入应用到环保各领域，积极参与，优化设计，实现中水系统顺利投运，对废水进行回收和利用，实现零排放。对脱硫、脱硝除尘等环保重点项目更是强化管理，层层落实责任，兼顾企业的经济效益和社会效益，狠抓设备与运行管理。调试期间，3、4号机组实现了环保“三同时”。机组在满负荷试运及试生产阶段 NO_X 排放浓度为 30～35mg/m³，SO_2 排放浓度为 15～20mg/m³，烟尘排放浓度为 1～2mg/m³。各排放指标均优于国家最新超低排放标准要求。

四是严格控制机组各参数指标，适度提高酸洗、吹管等关键环节的标准，保证运行中汽、水、油品质，为机组安全运行奠定良好基础。对3、4号锅炉进行全负荷动力场冷态模拟试验，使燃烧器所有风门内、外部开度及角度误差小于1%。在此基础上，为保证锅炉燃烧效果，对锅炉左、右侧一次风速偏差进行了精准调试，各角一次风速偏差小于3%，优于常规5%的要求，较好地控制了炉膛火焰中心位置，从而消除了炉膛烟温偏差。

（六）“优选方案”降低损耗。重视对标体系的建立与健全，促进降低各项能耗指标

组织各参建单位针对调试项目逐个制订多种方案，优选后下发执行。针对锅炉燃烧调整，综合对比磨煤机煤粉细度、一次风量、二次风门开度对飞灰含碳量的影响，以单一变量调整为原则制订调试方案，综合对比、全面分析，合理确定锅炉最佳运行方式；对照厂家说明书对各加热器水位进行精益化调试，通过对比不同加热器、不同水位对给水温度的影响，合理制定出各加热器运行的水位要求，提高机组运行经济性。

为进一步提高机组的煤种适应性，拓宽调整范围，优化调节方式，在不同负荷下进行锅炉燃烧调整，合理配风。通过锅炉配风试验、磨煤机调整试验，优化锅炉运行方式，降低机组供电煤耗。

同时开展华电集团内、外对标，采用多维、专业、专题对标方式，以精益化调试为载体，及时收集同类项、同区域、同规模先进机组的各项经济、技术指标，定期对标，寻找差距，设立标杆。利用精益化调试的契机，针对性制订精细的调试方案、保障措施，严格落实，精准调试，切实降低机组的各项能耗指标。

三、火电基建项目的精益化调试管理效果

通过精益化调试在广宇公司二期项目的实施，以点带面，促进了山西能源公司管理水平的全面提升，强化了“精益化”管理的理念，无论从过程管控还是综合效益方面均获得了良好效果，使机组投运后各项经济指标位居同型号、同类型机组前列。

（一）“降成本，增效益”，全面提升企业市场竞争力

精益化调试理念的成功运用使得建设投资成本得以有效控制，竣工结算预计静态投资24.25亿元，动态25.49亿元以内，批复概算分别减少13.4%和12.7%。单位投资为华电集团2015、2016年350兆瓦级新建火电燃煤机组最低。

（二）“指标优，设备稳”，全面实现机组安全稳定运行

试运期间，4号汽轮发电机组带负荷工况下各轴振均小于37μm；3号汽轮发电机组带负荷工况下各轴振均小于50μm，低于标准值30μm；精益化调试期间，完成主要辅机的并列运行工况试验和最大出力工况试验，并绘制了主要辅机性能曲线。厂用电率3、4号机组分别为5.74%、5.83%，低于设计值6.10%，在近两年投产的350兆瓦机组中位居第一。3、4号机组试运全程采用微油点火方式，仅消耗燃油687.5t，比集团标准降低约700t，节约费用约420万元。除此之外，3、4号机组纯凝供电煤耗（正平衡）分别为309.7g/kW·h、307.5g/kW·h，均低于设计值316.3g/kW·h，年节约标煤22000余t，年节约运营成本1000余万元。通过技术创新，采用旋汇耦合＋管束式除雾器技术，实现脱硫除尘

一体化，较常规技术降低投资4000万元以上；脱硝系统采用尿素水解装置，年节约生产运营成本约200万元；通过优化电缆敷设路径，优化率达到16.63%，节约金额约1700万元；通过加强对四大管道的设计优化，节约投资近700万元。通过精益化调试达到安全经济运行，实现了168小时试运后的长周期安全稳定运行。电网调度停备前，4号机组连续运行102天，3号机组连续运行21天。

（三）强化了“精益化”管理理念，提升了管理水平

华电集团公司在山西区域发展起步较晚，且并购了晋能、和信、鲁能三个资产包，资产涉及多个领域，通过精益化调试全过程管理，强化了“精益化”管理的理念，全面提升了管理水平。调试单位在基建早期介入调试相关工作，调试关口前移，使其发挥充分的技术指导作用，体现超前管理理念。整个调试过程结合实际，抓住调试重点，做到目标明确、任务清晰、措施得力，是精益化管理的延伸，是全面提升效益的又一重要举措。无论过程管控还是综合效益方面均获得良好效果。经过一段时期的调试，“精益管理，精准操作，精细调整”三精运营理念深入人心。日常工作中，山西能源公司上下形成一种“事事有人管、处处有人管、事事有检查、时时有计划、事事有总结”的管理效能，员工时刻以精益求精的科学态度、严谨务实的工作作风、认真负责的责任心去做好每一项工作。

（成果创造人：杜将武、李茂运、闫俊杰、张绍清、张　赛、
牛培荣、张迎新、李　宁、周　波、李国敏）

石油企业以提质增效为目标的管理变革

中国石油天然气股份有限公司华北油田分公司

中国石油天然气股份有限公司华北油田分公司（以下简称华北油田公司）是以油气勘探开发为主的大型国有企业，作为中国石油天然气股份有限公司旗下的地区分公司、上游油气企业，40 年来，华北油田公司先后开发管理 55 个油田、8 个油气田、1 个煤层气田，年生产油气当量 500 万吨，在册员工 3.8 万人，资产总额 600 亿元，拥有勘探开发、多种经营、综合服务三大板块和常规油气、新能源、对外合作、矿区服务、生产服务等业务。

一、石油企业以提质增效为目标的管理变革背景

（一）油价低位运行，华北油田公司经营压力上升

受地缘政治、油气供应过剩和油价下跌等因素影响，国际各大石油公司的勘探开发投入将侧重于成熟地区，削减对高风险和高成本项目的投资。为应对低油价挑战，中石油集团大幅压缩上游勘探开发业务投资，将经营考核导向由规模产量向经济效益转变，强化利润指标考核。作为上游油气勘探开发企业，华北油田公司面临的控投资、降成本的经营压力骤增，促进华北油田公司进一步推进管理理念、管理方式变革，向管理要效益，推动提质增效。

（二）能源发展趋势新变化使华北油田公司面临诸多挑战

新常态下我国能源发展趋势呈现四大特征：能源结构由高碳向低碳转变，能源效率由低效向高效发展，能源市场结构由垄断走向竞争，能源的资源配置方式由计划为主转向以市场为主。由此，作为有着 40 年勘探开发历史的华北油田公司，面临着诸多挑战，例如，仍以常规油气为主的业务结构不适应国家向低碳能源消费结构转型的需求；在开放的市场环境中，人员多、包袱重的老油田企业不具有竞争优势。因此，迫切需要转变经营管理方式，突出质量效益发展。

（三）国企改革深入推进，成为华北油田公司管理变革的重要推动力

随着国企改革进入快车道，国家推出的一系列针对国有企业改革的重大部署和措施，尤其是推进国有企业分离办社会职能，为国有企业从繁重的社会管理服务职能中脱离出来提供了良好机遇，为华北油田公司发展增添了新的活力，但也对企业转变经营管理方式，提升企业发展的质量效益提出了更高的要求。华北油田公司需要借势而为，推进企业管理方式变革，提升企业发展质量效益。

二、石油企业以提质增效为目标的管理变革内涵和主要做法

华北油田公司为推进企业管理变革、提质增效，坚持从企业实际出发，尊重企业发展的历史，立足企业管理实际，通过转变各业务发展方式，优化调整业务结构，推进管理体制变革，建立内部模拟市场，推行管理提升项目，量化考核激励措施，持续深化精细管理企业文化，使企业管理方式发生重大变革，业务结构不断优化，管理效率效益明显提升，效益水平走出谷底，保持箭头向上，实现企业稳健发展。主要做法如下。

（一）明确以提质增效为目标的管理变革总体思路

华北油田公司明确以提质增效为目标的管理变革总体思路是：改变企业过去“重产量、轻效益，重生产、轻管理，重油气开发、轻多元发展”的管理理念，也就是改变过去油气勘探开发生产作为企业发展主轴的思路，将质量效益置于企业发展的首要目标，据此，不仅对勘探开发、多种经营、综合服务三大业务板块的发展方式进行调整，而且对管理体制、机制和企业文化进行相应的变革，以克服企业发展

面临的困难，实现提质增效目标。

（二）调整三大业务板块的发展方式，提升各业务板块的效益水平

为应对国际油价持续低位运行，华北油田公司及时调整各大板块业务管理方式，研究制定《中国石油华北油田公司关于“十三五”发展战略与产业发展的指导意见》，勘探开发板块实施稳油增气，强化发展多种经营业务板块，剥离综合服务业务中的企业办社会职能，实现各业务的稳健发展。

1. 勘探开发板块变革传统管理方式，提升效益水平

一是常规油气业务改变过去保产量、保规模的传统管理方式，突出经济效益，优选效益区块开发。常规油气业务在企业未来很长一段时间仍将是企业基础主营业务，其主要任务是推动以产量、规模为目标的管理方式向效益优先的管理方式转变。通过深入开展区块经济效益评价，按经济效益排队，优化产能建设结构，优选具有经济效益的区块进行开发建产；对目前不具备经济开发条件的区块，暂不开发建产。同时，年末综合平衡年度效益指标与产量目标，不再为了完成年度产量目标，不计经济投入地开发建设，坚持效益指标优先，使常规油气业务获得更高的投资回报。

二是煤层气等新业务改变过去“大干快上”的业务培育方式，推行项目部管理，具规模、见效益后，再固化机构人员配置。改变过去煤层气等新业务拓展过程中，先定机构、定级别、定人员，然后实施依靠大量投资的粗放型业务开发方式。华北油田公司在煤层气新区、地热等新业务拓展上变革了开发管理方式，采用项目部管理方式，新设立的项目部为一个机构实体，赋予其管理职责和权限，所需各种资源和人才在华北油田公司范围内统筹调用，并下达投资回报率指标。在规模经济开发后，满足最低投资回报的基础上，将项目部改成正式业务单位，明确组织机构层级；如果无法获得经济效益，则及时撤销机构，人员返回原单位。

三是积极引入社会合作方，实施市场化管理运行方式，合作开发难动用石油地质储量，推进增收创效。通过引入社会化合作方，实施合作开发的管理方式，打破原有管理体制束缚，在施工队伍选择、劳动用工、物资采购等方面建立市场化管理运作方式。在合作开发方式下，建立面向市场的管理运行方式，使得在原管理方式下没有经济效益的难动用储量可以得到充分开发，盘活华北油田公司储量资源。

2. 多种经营板块推进集约化管理，积极创收增效

多种经营板块主体业务为燃气业务，管理上归属华港燃气集团有限公司，该企业近几年业务发展迅速。为适应市场竞争需要，华港燃气集团有限公司多层次、多形式设立属地法人企业，快速完成市场开拓和业务规模扩展，但也造成各所属企业单打独斗，集团内部管理松散，不能凝聚形成集团整体竞争力，打造燃气集团品牌，不利于进一步扩展业务。为此，华北油田公司建立完善“华港燃气集团有限公司→省区事业部→地市事业部”三级燃气业务管控模式，华港燃气集团有限公司为燃气业务主管单位，分区域设立事业部，负责管理本区域内的项目部、子公司和液化气工厂，同时适当缩减法人单位数量，明确各类事业部、项目部、子公司的内部机构级别，压缩企业内部管理层级，缩短业务管理链条，增强华港燃气集团有限公司整体业务运营管控能力，形成集团竞争优势。

3. 综合服务板块实施差异化管理变革，减少补贴投入

一是以“一企一策”的差异化管理方式为基本原则，精简机构人员，退出橡胶制品、学历教育等亏损业务，增强生产服务企业自我发展能力，减少华北油田公司补贴投入。

二是创新业务合作模式，多种途径、多种方式推进华北油田公司企业办社会职能分离移交。由于华北油田公司地处县级市，社会承载能力较低，企业办社会职能分离移交工作遇到困难，无法实现一步到位。为此，华北油田公司积极与地方政府协调，经过河北省政府批准，依托油田矿区综合服务处组建三个街道办事处，接受地方政府和油田企业双重领导，双方共同派驻工作人员，共同承担运行费用，从而承接油田矿区社会管理职能，逐步推动油田矿区社会管理职能、资产由街道办事处接收。针对幼教业

务，由于地方没有接收单位，采取引进第三方合作办园的方式推进社会化，将油田矿区幼教业务委托社会化专业幼教机构管理运营，企业内部撤销了幼教业务单位。对于市场化方向的物业服务业务，则成立具有独立法人资格的物业公司，负责油田矿区物业服务，坚持独立经营、自负盈亏。

（三）变革管理体制，提高工作效率，落实提质增效责任

1. 在综合职能处室层面，明确职能、精简机构

对综合管理职能处室的职能职责进行梳理，按照管理职能上移、操作职能下移的总体原则，将主要承担操作职能的部分职能处室附属机构统一划转二级单位管理，例如经济技术研究中心、培训中心等机构。在分离操作职能后，理顺综合管理职能处室职责关系，将共有房屋的实物管理、出租管理职能划归土地与公有房屋管理中心，将华北油田公司设备的实物管理职能划归物资装备部（采购管理部），财务处仅负责公司资产的价值管理和报废审批工作，明确职能分工，消除职责交叉。在理顺职能职责后，对各处室的定员和科室编制按5%精简压缩，3人以下不设科室，推行大科室制，通过精简机构设置，减少内部机构相互掣肘，提高机关管理运行效率。

2. 在业务职能部门层面，推行事业部制

根据不同业务职能部门的管理幅度和管理难度，打破原有业务职能部门管理界限，推进事业部制管理体制，分别设立勘探事业部、开发事业部、销售事业部、煤层气事业部，撤销钻采工程部，将相关职能机构划入新成立的勘探、开发事业部，将规划计划处的油气运销管理职能划归销售事业部。对各事业部给予明确的职责界定，并赋予相对独立的经营管理权限，配套管理责任。

3. 二级单位层面，压缩管理层级

以智慧油田建设为契机，以信息化建设为重要推动力，在油气生产单位创新劳动组织形式，精简机构设置，压缩管理层级，提高劳动生产率。首先，将作业区机关“六组”压缩为“三组一中心”，撤销中队级采油站等管理机构，实行联合站、井站一体化管理模式。其次，推动生产指令与信息上传下达层级由传统五级模式（采油厂—作业区—联合站生产调度—队站—岗位）压缩为三级模式（采油厂—站控中心—班组）。最后，联合站、接转站实施“大岗位运行”管理模式，实行中控岗员工集中对站内采油、集输、加热、注水等岗位“一站式”管理，精简非关键性生产岗位，撤并非生产性岗位、后勤保障岗位。

（四）建立内部模拟市场，推动经费单位创收创效

1. 建立矿区内部模拟市场，推动矿区单位挖潜增效

华北油田公司改变矿区单位以往“打包切块式”的粗放预算分配模式，按照成本市场化、补贴显性化和可比性的原则，将矿区服务单位的预算费用按照市场化费用、财政性拨款、长期性补贴、临时性补贴、专项补贴五类进行细分量化，解决公司对矿区服务业务费用大包大揽的问题。同时配套建立投资回报政策，区分“创效投资项目”和“创效维修项目”，设定一定比例的投资回报率，强化对投资行为的激励约束，坚持每年下达创收指标，明确各单位上交超额利润的25%用于绩效工资奖励，将定性的管理要求转变为量化的考核指标，实现矿区服务业务管理方式、考核方式的根本转变。矿区内部模拟市场实施以来，矿区对外创收持续增长，年投资回报达800万元，矿区业务社会化年取得效益达2500万元。

2. 建立科研内部模拟市场，增强核心业务竞争能力

华北油田公司抓住率先开展专业技术岗位序列建设的有利条件，创新建立科研内部模拟市场机制，实施科研项目完全成本核算，将过去每年固定拨付科研单位的人工费用和科研费用全部核算进入科研项目。实施科研项目完全成本核算后，华北油田公司不再向科研单位年度拨付固定费用，而是通过科研单位与勘探开发等专业技术管理部门签订科研任务合同，在承担勘探开发科研任务后，配套给予科研项目

费用，不承担科研项目则没有科研费用，只保障员工基本工资。科研内部模拟市场的建立，使华北油田公司科研管理由经费制改为取费制，促进科研单位树立创效意识，调动科研单位勘探开发生产服务的积极性，强化科研与生产的有机结合，增强勘探开发业务科技竞争力和业务发展能力。

（五）量化细化考核指标体系，建立以提质增效为目标的激励约束机制

1. 建立“三位一体”考核指标体系

华北油田公司各单位业绩合同考核指标按照突出重点、差异化设置的方法，建立效益类、营运类和约束类“三位一体”考核指标体系。

“效益类指标”主要突出经济效益，评价华北油田公司及各单位的盈利能力，包括内部净利润、税前利润、平均投资资本回报率等。

“营运类指标”主要突出发展质量，评价各单位（部门）营运效果，包括油气商品量、成本费用、油气储量、服务满意度等。

“约束类指标”主要提升华北油田公司管理水平，通过专业管理内审评价运营质量，强调对生产经营关键环节的过程控制，包括质量安全环保、油气开发、党建工作、生产运行、财务管理、物资采购（装备管理）等。

2. 建立基础奖、提质增效奖和超额奖三段式工效挂钩机制

华北油田公司实施生产经营一体化考核，将单位绩效奖励按照基础任务工作量、目标任务工作产量、超额完成工作量/内部净利润分段挂钩考核。完成基础任务工作产量只能拿到绩效工资的70%，完成目标任务工作产量才能拿到剩余的30%，超额完成工作量/内部净利润，给予超额专项奖励。

3. 实行“一企一策”差异化考核模式

根据华北油田公司各单位业务属性和所承担主要任务的不同，分类建立具有单位业务特色的“一企一策”差异化考核模式。

油气生产单位的业绩考核指标主要与产量、成本、利润挂钩，鼓励增产创效。

科研单位的业绩考核指标主要与生产及科研任务、利润挂钩，鼓励提高科研服务质量、创收创效。

多种经营和生产服务单位的业绩考核指标主要与利润挂钩，鼓励开拓市场、创收创效。

矿区服务单位的业绩考核指标主要与服务满意度、服务质量和利润挂钩，鼓励提高服务质量、节支创效。

4. 实施绩效工资与效益联动考核

依据效益优先原则，按照各单位效益高低排队，华北油田公司将各单位绩效工资划分为5个档级，效益贡献越大绩效工资系数越高，亏损单位则扣减一定比例绩效工资，同时依据各单位利润指标完成情况，对绩效工资系数实行动态调整。

5. 实施超额创效专项奖励

为鼓励资源增储、创收增效，华北油田公司设置增储增效奖。

油气增储专项奖：超额新增石油探明储量奖励1000元/万吨，超额新增天然气探明储量奖励5000元/亿方，超额新增煤层气探明储量奖励1500元/亿方。

超额利润专项奖：根据不同业务单位经营性质，对超额完成内部净利润考核指标的，分别按超额部分的35%、30%、25%予以奖励。

油气销售增效专项奖：销售增效指标每超额100万元奖励5000元，鼓励相关部门采取有效措施，实现油气营销效益最大化。

（六）发扬艰苦创业的大庆精神，建设提质增效的企业文化

1. 核心价值观引领方向

华北油田公司是大庆精神铁人精神在华北油田的继承者和弘扬者，是对“三老四严”“四个一样”的具体实践者，在总结凝练40余年艰苦创业宝贵精神的基础上，将“我为祖国献石油”作为企业的核心价值观，用“建设忠诚、放心、受尊重”的中石油目标统一全员思想，用“二次创业、再铸辉煌”的企业愿景激励斗志，用“建设特色地区能源公司”的战略统领发展，用精细管理提升公司核心竞争力，为以提质增效为目标的管理变革提供了明确的方向和强大的精神动力。广大干部员工普遍认同企业核心价值和文化理念，企业上下发展意志更加坚定，工作举措更加有力。

2. 特色文化理念激发动力

华北油田公司建有8个中国石油企业精神教育基地和13个华北油田公司企业精神教育基地，每年有2万多人次接受艰苦创业传统教育。通过开展“传承大庆精神铁人精神，弘扬华北油田公司特色文化”和“稳增长、调结构、强管理、保重点”主题教育，讲“艰苦创业、提质增效”文化故事等基层教育活动，激发广大员工深入践行“艰苦创业、提质增效”文化理念，始终用精细的态度和作风对待每一项工作、落实每一项部署。通过持续深化以提质增效为核心的华北油田特色文化，为提升科学管理水平提供了有力的思想氛围和文化支撑。

3. 文化氛围推动措施落地

持续开展以“提质增效文化理念在岗位”为主题的特色文化基层实践活动，各基层队站总结提炼具有自身特点的“队魂”“站魂”，结合管理中的关键节点和需要重点加强的薄弱环节，积极开展安全文化、井站文化、执行文化等特色子文化创建，把“艰苦创业、提质增效”的文化理念融入日常生产经营之中。广大干部员工坚持“精细没有止境”，对每一个地质单元重新认识，对每一个井组重新诊断，对每口油水井进行精心“呵护”，单井日产量逐年攀升。

（七）推行项目管理方式，推动以提质增效为目标的管理变革

为了解决制约企业效率效益提升的关键瓶颈问题，华北油田公司通过多年实践，逐步确立以项目管理方式解决企业管理关键瓶颈的工作思路，即针对企业管理中存在的短板和不足，结合企业年度重点工作，确定年度管理提升项目立项，以项目管理的方式，开展管理方法、管理模式的探索研究和创新应用。

1. 突出企业管理重点难点问题，精准立项

突出开源节流、降本增效。面对国际低油价，以开源节流、降本增效为管理提升工作总体目标，以效率效益提升为工作主线，管理提升项目以开源节流、降本增效为首要任务，不断推动华北油田公司质量效益提升。

突出问题导向。华北油田公司管理提升项目重点围绕公司机关处室工作结合部，紧紧围绕新技术推广、一体化运行、管理流程再造确立立项项目，着力突破制约资源共享、管理融合、提质增效的壁垒、瓶颈和节点，提升整体运营水平。

突出推动成果转化应用。项目管理部门要成为生产部门与研发部门之间的桥梁，抓住推广应用的关键点，用管理的方法推动科研成果转化应用，推进技术有形化，提高科研成果转化利用率。

2. 区分三个层次，分层次立项推动

华北油田公司领导带头推进项目。华北油田公司由分管领导负责，围绕提升整体运行效率、加强部门管理融合衔接、推进示范工程等管理提升项目的协调落实，带头抓好1～3个管理提升项目的推进，着力解决好跨系统、跨专业的协调推进问题。

机关处室立项。机关部门围绕质量效益、管理创新、基层需求等重点内容立项，将管理提升项目做

成企业管理提升的示范区、示范工程，通过管理提升项目的示范引领，促进企业整体管理和技术水平的提升。

二级单位试点。华北油田公司优选了8家二级单位开展管理提升项目试点工作，自主组织本单位管理提升项目立项工作。这8个单位涵盖油气生产、新能源、生产服务、矿区服务、多种经营等各业务类型，具有较强的代表性。各试点单位主要围绕精细生产现场管理，推动降本增效措施落地，确立实施管理提升专项，针对性解决突出问题和薄弱环节，推动本单位整体管理水平的持续提升。

3. 强化实践应用，落实项目实施载体

突出项目的应用实践性。在项目的立项选题上，华北油田公司管理提升项目始终围绕质量效益提升，突出管理创新和新技术实践应用，与研究类课题、技术攻关类项目严格区分开来。

明确项目载体。所有立项的管理提升项目，均需从企业实际出发，从实践应用入手，将项目落实到具体勘探开发生产单元、管理单元、服务单元，每个管理提升项目均要有“试验田”，有实实在在的可供检验核实项目效果的载体，从而通过管理提升项目的实施，切实推动华北油田公司管理和技术应用水平的提高。

做实效益优先。科学测算管理提升项目的实施效果，从立项关口开展经济效益评价，按照经济效益对拟立项项目进行排队，对投入产出比高的项目优先立项，对投入较高、见效周期较长的项目，结合外部经济环境和华北油田公司整体经营形势，适时启动项目立项。

4. 重点项目调研督办，协调解决难点问题和困难

每年9～10月份，华北油田公司由主要领导亲自组织，机关相关部门全程参与，对重点项目进行调研督办。重点项目调研督办分两个阶段。第一阶段听取项目汇报。由项目责任部门就管理提升项目实施进展情况、取得的主要阶段成果、存在的主要问题进行专项汇报，并与机关部门就存在的问题进行直接沟通，主要领导亲自协调解决相关问题，确保重点项目按计划稳步推进。第二阶段现场调研督导。华北油田公司主要领导带队，组织相关部门到管理提升项目现场进行调研督导，实地查看项目进展情况，了解项目实施效果，并通过与一线员工的现场交流，发现项目实施过程中存在的问题，现场给予指导解决，使得重点管理提升项目落到实处、取得实效。

5. 严格项目评审，优秀项目重点奖励

华北油田公司管理提升项目评审由企业分管领导负责组织，分专业技术管理、生产运行管理、经营管理和组织保障四个专业组，依据严格规范的项目评审标准进行项目答辩评审。对于优秀管理提升项目，华北油田公司在总经理奖励基金中列支专项费用，给予重点奖励。2015年，华北油田公司在总经理奖励基金中列支管理提升项目专项奖励100万元，按照一等奖6万元，二等奖4万元，三等奖3万元的奖励标准，对23项获奖管理提升项目进行奖励。

三、石油企业以提质增效为目标的管理变革效果

（一）企业业务结构发生明显变化

将企业生产经营管理的首要目标产量规模转变为经济效益后，勘探开发板块在保持稳健发展，维持适度的油气生产规模的基础上，多种经营板块获得了较快发展，对企业的经济贡献率持续上升，综合服务板块深化改革、降成本取得明显成效，2013年年底华北油田公司勘探开发、综合服务、多种经营三大板块占经济总量比重为7∶2∶1，经过3年业务结构调整，2016年三者比例优化为5∶2∶3，业务结构由一元独大调整为均衡发展。

（二）企业管理水平整体提升

通过实施以提质增效为目标的管理变革，华北油田公司在业务布局、管理体制、管理机制上持续优化，使企业各项管理工作从分散、低效向系统化、集约化深入，从定性定量向整体优化深入，从个体激

励向全要素激励深入，使企业管理方式和管理理念发生了重大转变，精细管理、科学管理的水平不断提升，推动了企业提质增效，促进了华北油田公司的稳健发展。

（三）取得了较好的经济效益

2016年，华北油田公司全年新增探明、控制、预测石油地质储量全部超额完成任务指标，油气生产单位操作成本下降了15%，在油价持续低位运行的情况下，油田公司整体实现经营减亏5.8亿元，企业发展取得了较好的质量效益。

（成果创造人：王万迅、陈兴德、刘建武、黄　铠、张彦春、周爱新、
李　林、郭增强、李红霞、冯运凯、张　影、高振友）

采气企业“链条节点法”管理优化

中国石油天然气股份有限公司长庆油田分公司第一采气厂

中国石油天然气股份有限公司长庆油田分公司第一采气厂（以下简称采气一厂）是长庆油田下属的天然气生产主力单位之一，成立于1997年3月，是长庆集团旗下第一支专业化的采气队伍，采气一厂的建立，标志着长庆油田形成了“油气并举、协调发展”的战略格局。采气一厂负责靖边气田和苏东南区的开发管理，生产区域分布在陕西、内蒙古两省区10个市、县、旗境内，南北最远距离达206千米、东西跨距95千米。其中，采气一厂管理开发的靖边气田位于鄂尔多斯盆地中部，生产区域分布在陕西、内蒙古两省区3市7县（旗）内，管理范围1.42万平方千米。目前，采气一厂全厂共有员工1986人，其中管理及技术人员516人，操作员工1470人，员工平均年龄33.4岁。

一、采气企业“链条节点法”管理优化背景

（一）适应油气企业生产特点，保障企业安全生产的内在要求

我国油田企业处在努力建设综合性国际能源公司的关键时期，在此时期油气企业必须结合自身的战略发展目标和业务调整的实际，面向企业运营的各个层次，以安全和效益为中心，以管理为纽带，通过梳理和规范业务链条，完善和协调业务操作、管理制度、工作职责、信息化建设等相关基础管理之间的关系，促进管理工作的制度化、规范化、程序化，切实夯实发展基础，着力打造核心竞争力，为建设综合性国际能源公司提供保障。采气一厂经过反复论证，采取“链条节点法”管理企业，促使基础管理工作整体迈上新台阶，管理创效能力实现实质性增强，并形成基础管理工作科学发展的长效机制。

（二）提升企业管理水平，破解企业当前管理难题的必然要求

随着油田企业发展步伐的加快、对外开放力度的加大，以及经营环境的日趋复杂化，原有的业务流程暴露出一些不能适应新形势发展的矛盾和问题。部分市场资源和管理资源的配置不尽合理，部分业务管理职责定位不清、界线模糊，甚至职责交叉、多头管理，还有的个别管理流程缺乏责任主体、缺少应有的监督考核环节，企业控制能力亟须进一步增强。针对这些问题，采气一厂推行业务“链条节点”管理，确保企业规范运转，确保部门分工明确、职责清晰、监控有力，为企业科学、持续、稳定的发展提供保证。“链条节点”管理综合运用了链条管理法和节点管理法，在梳理企业链条的基础上，对于企业生产运行中的关键节点进行控制，链条管理法的建立飞跃性地改善成本、质量、速度等现代企业重大的运营基准，重新设计和安排企业的整个生产、服务和经营过程，使之合理化。节点法满足油气企业的生产特点，对于关键节点进行控制和管理有利于保障企业安全生产，提升企业运行的流畅程度。采气一厂原先的PDCA闭环管理方法有其实用性，但同时也暴露出了缺乏全局考虑、综合协调机制的弊端，而链条节点管理采用的是相互制约、相互监督、相互干预的管理思维，有效地弥补了这一管理缺失。采气一厂应以保障企业安全生产、提高企业管理效率为目标，以增强企业管理能力为手段，在全厂实施链条节点管理。

（三）促进企业规范业务，提高管理效率的实质要求

近年来，长庆油田大力开展标准化体系建设工作，将标准化管理工作向勘探、评价、生产、财务、人事等业务领域延伸，进一步提高企业的核心竞争力。标准化体系的建设，为推行“链条节点”管理打好了基础，为“链条节点法”的运行搭建了平台。近几年，采气一厂把“任务明确、程序规范、环境宽松、关系和谐”作为贯穿各项工作的管理要求，坚持“全面计划、全面预算、全面执行”的管理方法。

在这种背景下推行“链条节点”管理模式，从更新管理观念、改进管理方法、完善管理制度入手，使得管理层懂方法、会管理，操作层懂流程、会操作。同时，也有利于科学化、系统化、规范化管理的思想深入人心。

二、采气企业“链条节点法”管理优化内涵和主要做法

“链条节点”管理就是一个针对企业需求不断调整相关组织机构和信息系统的过程。采气一厂提升标准化意识，夯实“链条节点”管理基础，明确管理目标，强化“链条节点”管理原则，设计分析管理链条，在信息系统中实施流程，开展自动监测和评估流程绩效，考核关键业绩指标，并结合企业和市场的需求不断调整，从而形成链条管理的完整闭环。主要做法如下。

（一）提升标准化意识，夯实“链条节点”管理基础

采气一厂认识到，“链条节点”管理从本质上而言是一组将输入转化为输出的相互关联或相互作用的活动。“链条”包括六个要素：输入资源、活动、活动的相互作用（即结构）、输出结果、顾客、价值。优秀的流程是对业务运作的规范，可以不断地总结和固化优秀的经验，能够提升企业的核心竞争力。其特点包括目标性、相关性、动态性、层次性、机构性。“链条节点”管理的核心是企业链条，其本质就是构造端到执行端的企业流程。“链条节点”管理中的活动都应该是增值的活动，力求保证管理链条中的每个活动都是深思熟虑的结果。为此，采气一厂提升标准化意识，夯实“链条节点”管理基础。

1. 加强管理标准化

标准化设计的管理标准化阶段是链条节点管理应用的重中之重，是企业“链条节点”管理应用的基础。采气一厂在标准化管理上已经取得了丰硕的成果。在生产领域，采气一厂根据国家标准和行业标准推行保证质量、健康、安全和环保的 QHSE 体系建设。QHSE 标准化体系是在质量（Quality）、健康（Health）、安全（Safety）和环境（Environmental）方面指挥和控制组织的管理体系。是在 ISO 9001 标准、ISO 14001 标准、GB/T28000 标准和 SY/T 6276《石油天然气工业、健康、安全与环境管理体系》的基础上，根据共性兼容、个性互补的原则整合而成的。

2. 实施业务流程化

“链条节点”管理作为采气一厂的管理方法，服务于采气一厂的生产实际，而采气一厂的采气流程高度符合链条节点法的应用前提，从大体上而言是油气资源开发——油气田建设——采气——净化——对外输出——销售的过程。采气一厂在实施“链条节点”管理的过程中，将天然气的勘探、开发、生产和销售作为核心业务，企业的管理链条界定则以企业必不可少的生产流程为基础，以最为关键的油气业务为重心，以不可或缺的管理支持流程为辅助。

3. 开展工作规范化

工作规范化是管理链条各个环节中标准的具体化和细化。工作规范化是实施“链条节点”管理的前提和重要保障，是“链条节点”管理实施的基础，必须给予高度的重视。长庆油田采气一厂在标准化设计方面进行了卓有成效的实践，其主要过程与方法符合“链条节点”管理针对决策类业务的应用程序与方法要求，提升了油气田建设及管理水平。

（二）明确管理目标，强化“链条节点”管理原则

“链条节点”管理除了通过一系列的方法和工具，借鉴最佳实践，对管理链条进行设计和梳理外，最重要的一点就是管理链条本身的目的，确定指导原则，对管理链条进行持续的执行和优化。

1. 构建企业战略优势

采气一厂构建企业战略优势。一是根据企业业务领域和类型设计独特的经营战略。二是充分利用自身的实践经验、持续提升管理能力。三是提高企业高层管理者的领导力。四是强化企业预算、降低运营

成本。五是制定能够涵盖并反映战略、人员、流程与技术之间交互关系的综合方案。六是扩展经营视野，加强与利益相关方之间的合作关系。七是注重对运行结果的思考。

2. 提升内部运营效率

一是制定明确的管理体系。二是根据管理链条理顺结构，明确角色及职责，使业务有序进行。三是明确链条管理中各环节的责任人。四是权力尽量下放，提升员工参与管理的能力与意识。五是从对人负责转变为对事负责。六是关注实务工作中灵活性与规范性的平衡。七是发挥员工主观能动性，基于流程管理和优化建立员工的评价体系。八是建立信息系统，实现信息的集成与共享。

（三）转变管理观念，部署实施"链条节点"管理

服务于企业的生产实际，致力于提高企业的管理效力，"链条节点"管理模式的工作主要包括管理链条设计、关键节点设置、管理链条测评与反馈、管理链条优化、构建信息管理平台，以及建立对外连接六个部分。

1. 管理链条设计

采气一厂在进行管理链条设计时首先关注企业战略目标和市场经营要素，对企业的管理进行多层次、多维度的分析，展示企业的组织岗位、生产计划、绩效、IT 系统、服务客户、数据信息、风险控制点等关键要素与管理链条之间的关系，建立不同层次的上下游之间的逻辑关系和层次关联，并从不同的维度和视图进行展示。之后，针对企业的阶段性输出评估报告，对企业管理链条进行组件化、可视化、图形化流程编制和设计。最后，根据管理的不同主题的需求，灵活地拼接成跨越不同部门、不同流程区域的端到端流程视图，进行分主题的管理。

2. 关键节点设置

采气一厂的"链条节点"管理，其关键节点的设置尤为重要。"链条节点"管理要求整个链条的环节在关键的节点上进行控制，以点对点的方式带动环节的正常运行。在采气一厂的链条节点组织设计中，要求每一环节的节点负责人都签字负责，在工作流程中建立好内部控制的追溯机制，保证企业有规可循、有章可依。采气一厂在"链条节点"管理的环境上要保证环节和流程的全面覆盖性。在关键节点设置的问题上，还应当落实奖惩制度的关键节点，以严明的奖惩制度激励和调节员工行为。通过合理的奖惩制度，以"链条节点"管理中关键节点设置的制度化和系统化推行企业部门及员工向自我规范、自我约束方向发展，辅助"链条节点"管理在企业内部落地生根，对企业的风险控制与执行力进行有效保障。

3. 管理链条测评与反馈

一是评估管理链条绩效。在这一过程中特别注意对跨部门流程的评估，使部门之间能够按照流程的要求协调一致地工作。具体包括：在业务工作的工程中设置质量检查机制，在工作过程中建立绩效考核机制和内在激励机制。

二是根据评估结果持续改进。成立由管理者代表参加的管理链条自我评价小组，由评价小组对体系以及实施的相关标准和开展工作的全过程进行整体评价，具体方法主要是通过对评价人员的观察、提问、倾听对方陈述、检查、对比、验证等获取客观记录的方式进行。根据检查记录表和评分表的评价结果，对不符合标准要求的项目制定纠正和预防措施，并跟踪实施和改进。

4. 管理链条优化

根据评估结果持续优化管理链条。设计好链条之后，需要建立一整套维护和管理体系来保证流程能够按照设计的要求运作，并能够实现持续改进和进一步优化。管理链条优化的前提是：确定管理链条所有者，有专人对规定范围内的链条进行负责；有合理、严格、明确的标准可供遵循；有专门组织担负起对整个链条的交互与协调。这样，采气一厂的管理链条同样处于企业的检查、控制、协调和改进的管理

体系之下。

5. 构建信息化管理平台

采气一厂的链条节点管理需要实时的信息共享、交互、分包和处理反馈。没有信息系统的支撑，缺乏规范，效率低下将成为企业发展的障碍。采气一厂重视流程整合与信息化整合，打造一体化的“链条节点”管理体系。链条管理体系将油田企业经营管理中许多流程化的工作形成特定模式，为客户管理系统（CRM）、供应商管理（SRM）、财务管理（FM）等IT支持系统的应用打下基础。

6. 建立对外连接

采气一厂实行“链条节点”管理，不仅对企业内部的经营管理带来影响，外部机构例如政府相关部门、供应商、客户、合作伙伴和关联企业同样会受到“链条节点”管理的影响，甚至自身就是“链条节点”管理体系的一部分。“链条节点”管理的最终目的是提高采气一厂的效益、为社会创造更大的正外部效应，所以，在“链条节点”管理设计时就考虑对接的顺畅，同时，管理体系的变化也让对接单位了解，以便更为顺畅的合作。

（四）服务生产实践，实现管理模块的交互对接

1. 构建中心辐射的总体管理模块

采气一厂的管理链条以企业的战略规划为核心设计导向，各方面的管理均服从于企业的总体战略计划，根据企业的生产实际，向周围辐射出企业的生产运行管理、行政管理、财务成本管理以及人力资源管理，涵盖采气一厂管理运行的四个大方向，服务于企业的管理目标。每个管理模块下各自涵盖该模块的管理链条，在管理链条中分别强调人员、资金和设备的三方面运行，在关键节点强调和加强负责人员的责任意识，保证管理链条顺畅运行。

2. 提升核心业务链条的重要性

对于天然气开采企业而言，所有管理的链条建立在企业的总体运营链条基础之上，包括从勘探到气田建设、天然气开采、净化厂净化和运输销售的链条。在具体的生产实践中，采气一厂需要充分发掘明确界定的核心业务的潜力，并借助在核心业务中的优势，向能够加强核心业务的相关领域拓展。采气一厂的“链条节点”管理以企业最为关键的油气业务为重心，通过构建与细化管理链条，保障企业核心业务链条的有序实施。

（五）提升管理效力，细化重点管理链条

采气业务是一个庞大而复杂的“链条节点”管理体系，从前期天然气资源勘探到后期销售阶段，根据不同的工作要求，主链条和子链条数量繁多。采气一厂的管理和经营现状决定了公司很难达到将管理链条与关键节点同时全面铺开于整个公司的各个环节，无论是人力、物力还是财力均有未被监管覆盖的可能性，所以更需要企业以更稳健的方式逐步推进“链条节点”管理，根据运行实际和不断变化的管理需求，服务于企业的总体战略规划，不断完善与改进管理链条与节点，发挥全体员工的荣誉感和责任感，让更多的员工参与企业的管理设计。选择其中的关键链条和环节作为切入点，带动其他管理问题的解决，从而全面提升长庆油田采气一厂的整体管理水平。

一是战略规划管理链条。在总体战略规划的基础之上，采气一厂确定自身的中长期发展方向与规划，之后再制订年度规划并且将其下达到各部门，协助各部门制订月计划，根据月计划组织全厂实施生产。

二是生产运行管理链条。采气一厂作为以天然气生产、加工、运输为核心的能源型企业，在整个“链条节点”管理中最为核心的就是生产运行这一管理链条。在这个大方面下，又包括生产规划的组织与编制链条、新建站点的投运链条、现场与后台的视频监控链条、净化厂区的净化管理链条、应急预案的实施链条等。由于实际生产真正关系到企业的人力物力调配与生产安全，采气一厂在每个链条中强化

负责人的专项管理制度，在每个节点从人、财、物三个方面对生产实施全面的监管，保证生产的稳健运行。在每个链条下，采气一厂都有相关的工艺链条与监管机制，对每个生产链条采气一厂都对应系统的管理手册，以管理手册为核心指导企业的生产运行。

三是行政管理链条。采气一厂的行政管理链条主要包括：上级指示文件的接收与传达、日常会务工作、规章制度的制定和执行推动、指导相关部门实行的规章、档案资料的收集与整理、涉外事务管理等。作为行政管理链条，在每个关键的管理部门和职位设置关键节点并明确岗位职责至关重要。沟通是行政管理中的又一重点，沟通包括纵向沟通和横向沟通。纵向沟通分为与上级沟通和与下级部门沟通。除此之外，行政管理工作中还需注重信息的收集和整理，并及时提供给管理者。作为较特殊的能源企业，掌握着国家有关能源开采的关键资料，管理部门还需要组织全厂的保密工作，防止机密资料泄露。

四是财务成本管理链条。采气一厂在过去的管理实践中曾经推出了全面预算的管理方式，通过“链条节点”管理，采气一厂在原有的基础上进行改进，继续精耕细化财务管理。在具体实施中，把所有的工作计划与预算严格对应起来。只要是涉及费用的活动都必须列清详细的工作量，明确费用构成，把年度实施预算建立在全面计划的基础上，把每笔费用落实到具体的工作量上。具体的链条包括：预算编制、预算审批、预算执行、上报工作量与费用支出明细。

五是人力资源管理链条。采气一厂的人力资源管理链条包括：编制招聘计划、人员聘任、人员岗前培训、员工星级教育与考核、薪酬发放管理。

三、采气企业“链条节点法”管理优化效果

（一）不断完善管理水平，稳步发展保增产

作为能源生产企业，长庆集团采气一厂2016年全年总计完成采气任务79.26亿立方米，达到年度计划完成的79.00亿立方米的100.33%；2016年完成天然气商品量72.30亿立方米，超过年度计划完成的72.06亿立方米。截至2016年年底，全厂生产气井开井数1169口，日均产量2136.28×104立方米，较2015年增长3.62×108立方米；2016年日均外供气量1948.72×104立方米，较2015年增长3.3088×108立方米。在实施“链条节点”管理后，借助于“链条节点”管理先进的管理理念和各部门间的紧密协调配合，长庆油田采气一厂的生产能力得到了有效保障，有力地保证了生产系统的平稳运行。

（二）建立长效管理机制，打造企业核心竞争力

在财务管理中，采气一厂根据具体的财务管理链条，同时结合内控体系建设，完善责任落实、监督检查机制，从小处着手截流堵源，规范运作每一笔外付资金，做到对外付款符合规范和程序，做到征（借）地补偿费用“支付有据、有序合法、账目清楚、手续齐全”，确保了企业运行安全。采气一厂采取的“链条节点”管理体系具有长期的发展前景，可以真正提高企业的管理效率和管理能力，做到“去藩篱，添活力，促竞争，增效益”。随着采气一厂生产能力的提高、管理幅度的扩宽，经营风险也将会增加。在这种形势下，应当结合油田企业战略发展目标和业务调整的实际，在内控体系建设总体平稳运行的同时，面向企业各个层次，深入推进“链条节点”管理法，调整优化过程控制，有效防范风险，切实夯实发展管理基础，全面提升管理水平，着力打造企业核心竞争力。

（三）保障了安全生产，取得了良好的环境效益

长庆油田采气一厂致力于保障陕西、北京、内蒙古诸多城市的生产生活供气。在“链条节点”管理的引领之下，长庆油田采气一厂的生产效率与管理效率显著提高。长庆油田采气一厂的产能从2013年的60亿方上涨至2017年的80亿方，成为生产规模居全国第二、长庆油田产气量最高的采气厂，充分满足不断上升的天然气需求量。在安全生产方面，在“链条节点”管理的指导下，采气一厂本着严格管理生产链条的态度，对于生产中的关键节点进行反复检查，开展隐患排查分级工作，2016年采气一厂

在全厂范围内开展隐患排查工作，经分类、汇总后初步形成 3 大类 58 项，由厂主管安全的领导组织对这 58 项隐患进行逐项讨论。除此之外，采气一厂对生产中的关键节点——气井封堵、关键阀门更换等高危作业进行开工安全措施验收及施工过程监督。在成果方面，采气一厂 2016 年全年未发生井喷失控和井喷着火等重大责任事故，无人员死亡、重伤等工业事故，未发生锅炉、压力容器、加热炉着火、爆炸等责任事故，未发生交通责任死亡事故。采气一厂在生产的同时，充分保障了本厂职工、周边企业的安全。在节能减排方面，采气一厂在扩大生产能力，满足居民和企业的生产生活用电的同时，坚决执行“链条节点”管理。2016 年全年未发生重特大质量事故、重大计量纠纷，工业污水回注率 100%，未发生重大以上环境污染事故，职业病发病率为零，在保证平稳供气的同时未给周边地区带来环境压力。

（成果创造人：刘占良、张书成、闫　昭、蒋海涛、范启明、贺丽华、张东明、杨玉林、袁旺军、任　涛、蒋晓梅、张　博）

卷烟企业基于全员持续改善的绩效管理优化

江西中烟工业有限责任公司南昌卷烟厂

江西中烟工业有限责任公司南昌卷烟厂（以下简称南昌卷烟厂）创建于1950年，由金星、南方、大众三家私营烟厂合营创办，占地面积28万平方米，拥有片烟线、制丝线、梗丝线、HXD高温气流式叶丝干燥线、二氧化碳膨胀烟丝生产线、卷包机组20台（套）、自动装封箱机7组、滤棒成型机6组、滤棒发射接收机6套。曾先后开发并生产过“壮丽”“南方”“庐山”“海鸟”“金圣”等深受消费者喜爱的品牌。其中，“金圣”是具有自主知识产权的中式低害卷烟产品，获得过第9届全国发明展览会金奖、“行业名优卷烟”“中国驰名商标”等40多项殊荣，是获得日内瓦国际发明和新技术展览会金奖的全国重点骨干品牌。南昌卷烟厂共有从业人员1538人，其中，生产工人963人。2016年共生产卷烟64.2万箱，实现销售收入106.4亿元，实现利税80.5亿元。

一、卷烟企业基于全员持续改善的绩效管理优化背景

（一）适应行业发展变革、激发企业内部活力的需要

2008年，全国烟草行业开始推进用工分配制度改革，国家烟草专卖局明确了“分类管理、科学设岗、明确职责、严格考核、落实报酬”的总体原则，南昌卷烟厂借助用工分配制度改革的契机对组织结构进行了调整。新的管理模式下，需要不断提升员工的岗位胜任力，推动员工与企业共同发展。南昌卷烟厂作为传统国企的不足和短板日渐明显，最为突出的就是企业缺乏活力，员工激情不足等问题。如何解决“大锅饭”的现象，合理拉开员工收入差距，如何通过有效的绩效管理体系和激励机制激发企业内部活力、调动员工积极性、发挥员工正能量，是企业发展面临的新课题。

（二）深入实施精益管理的需要

2012年，全国烟草行业开始推行精益管理，对接到卷烟工厂的就是精益制造。以“小投入、大产出”的精益管理思路为全新管理理念，透过个体能力的提升，促进企业整体水平的提升。企业需要以精益管理理念导入为起点，以全员参与为保障，以持续改善为动力，通过有效的管理机制和激励措施，不断提升企业管理水平，促进实现提质增效，持续提升核心竞争力。

二、卷烟企业基于全员持续改善的绩效管理优化内涵和主要做法

南昌卷烟厂依据绩效管理理论，在确定总体优化思路和框架的基础上，有针对性地提出优化绩效目标体系、优化绩效管理模式、优化绩效评价验证机制、优化绩效评价方法和标准、优化绩效沟通反馈及培训辅导等六个方面的内容，采取搭建“上下互动”平台、建立“授权式”管理模式、完善审批制度、规范评价标准等一系列举措，使绩效管理方法更加系统、更加科学、更加规范、更加注重过程，从“不失时、不失衡、不失效、不失真”四个方面充分保障绩效资源的合理利用和绩效管理效果的充分发挥，为实现企业战略发展规划奠定基础。主要做法如下。

（一）确定“1234”绩效管理优化的总体思路和持续改善提升的绩效体系框架

南昌卷烟厂坚持以“问题导向”为核心，通过横向对比标杆，纵向对比自身，以问题为输入，以改善为输出，不断优化流程、减少冗余、降本增效，不断促进企业整体管理水平的提升。以绩效管理机制和方法的优化，保障改善全面、有效、深入、持续地推进。通过不断优化完善绩效管理的激励机制、优化绩效管理的过程管控，达到全员改善和持续改善的“双目标”驱动思路。根据“事前承诺标准、事中跟踪效果、事后兑现奖罚”的总体要求，在机制、方法和手段上明确具体工作原则，即“定流程，定标

准，定结果”的三定原则，从机制建设层面保障企业绩效管理“不失时、不失衡、不失真、不失效”，最终实现“静则考其守、动则考其行、有言考其用、有事考其功”的文化理念。

在此基础上，明确“四个结合”的工作要求。一是与精益管理的有效结合。突出企业的精细化管理，与精益管理的思想和理念有效融合。精益管理并不是另起炉灶的一门管理科学，而是在立足现状的基础上不断挖潜，提升价值，因此，企业推进绩效管理优化也并非推翻和颠覆原有的绩效管理，而是优化完善绩效管理的做法和手段，保障全员持续改善的文化氛围，激发企业持续提升的内生动力。二是与目标管理的有效结合，突出企业的动态化管理。绩效管理体系优化的目的是作为一种管理手段帮助企业达成阶段性的目标，从而最终实现企业的战略目标。因此，在推进过程中，注重与目标管理的有效结合，建立完善目标分解机制、动态调整机制，以“项目制”贯穿其中，从而形成上下目标手段链，保障目标任务的实现。三是与过程管理的有效结合。从绩效考核向绩效管理转变，强化对工作推进过程中的重点、热点问题的挖潜和捕捉，对过程难点问题的分析和改进，对推进效果、总结固化的检查和辅导。四是与全员持续改善的有效结合。通过优化激励模式，在全员范围开展持续改善，不断发现问题、解决问题，评价员工的个人绩效并不是最终目的，而是为了以员工绩效的不断提升来促进企业整体绩效的提升。

企业在明确绩效管理优化总体思路的基础上，结合绩效管理的流程，进一步优化完善绩效管理体系的总体框架，即以绩效目标为起点，以“项目制”管理方法为主线，通过分级授权模式和沟通帮扶模式激发员工的自主改善意识，以上阶段的改善效果评价输出作为下阶段改善问题的输入，强调工作的持续改善，最终达到螺旋式提升的目的。体系包括四大要素：绩效目标指标体系、绩效分级授权管理体系、绩效验证评价体系、绩效沟通辅导体系。

（二）构建“A＋X”的绩效目标体系

1. 目标构建注重“上下互动”，有效传递经营压力

南昌卷烟厂构建“上下互动”的绩效目标体系，自上而下逐级分解目标，自下而上制定改善措施，保障目标有效实现。通过绩效目标体系，使经营压力逐级传递，激发员工自我管控和持续改善意识，积极为企业管理建言献策、持续改进，使个人绩效与企业绩效共同提升，最终达到整体实现战略目标的目的。南昌卷烟厂的绩效目标采取“统一制定、逐级分解”的方式，以厂级目标为顶层目标，其他层级目标围绕厂级目标逐级分解，形成厂级、部门级、班组级、岗位级“四级指标体系”。厂级目标根据公司总体发展战略，以提升精益制造水平为目的，以企业自身的历史水平、发展现状及内外部顾客需求等作为企业的目标输入，由考核办公室统一提拟报厂部审批确定。部门级目标由考核办公室授权职能部门，依据各部门职责对厂级目标进行分解细化，经与被考核部门反复沟通确定。班组级或岗位级目标由各部门依据岗位职责分解自行确定。

目标的制定注重引领效果，结合精益管理的要求动态调整，不断提高标准和要求。目标的分解注重上下承接，以完成上一级目标的应对措施作为下一级的目标，通过自上而下层层分解展开，以员工实施的改进计划确保目标的逐级实现，自下而上层层保障。

2. 目标确定采用“A＋X”模式，推动员工持续改善

南昌卷烟厂运用“A＋X”的绩效目标与考评模式，推动整体目标的落实。其中A项考核目标由企业的基本目标分解得来，通常为基本职能工作，通过定额管理的方式分解确定和评价，由本部门具体实施和完成，具体的措施和行动计划可以结合“项目制”的管理方法来实施。X项目标为企业的关键绩效目标，可以分解成为部门目标，也可以是跨部门合作完成的具体项目，突出解决企业短期的重点、难点、热点问题，采取“项目制”管理的方式实施和评价。

(三)通过“授权式”实施分级考评

1. 分级管理

建立以薪酬委员会为主导、职能部门协同管理的一级考核(部门考核)及依托各部门自主开展的二级考核(岗位考核)的分级绩效管理组织架构,如图1所示。

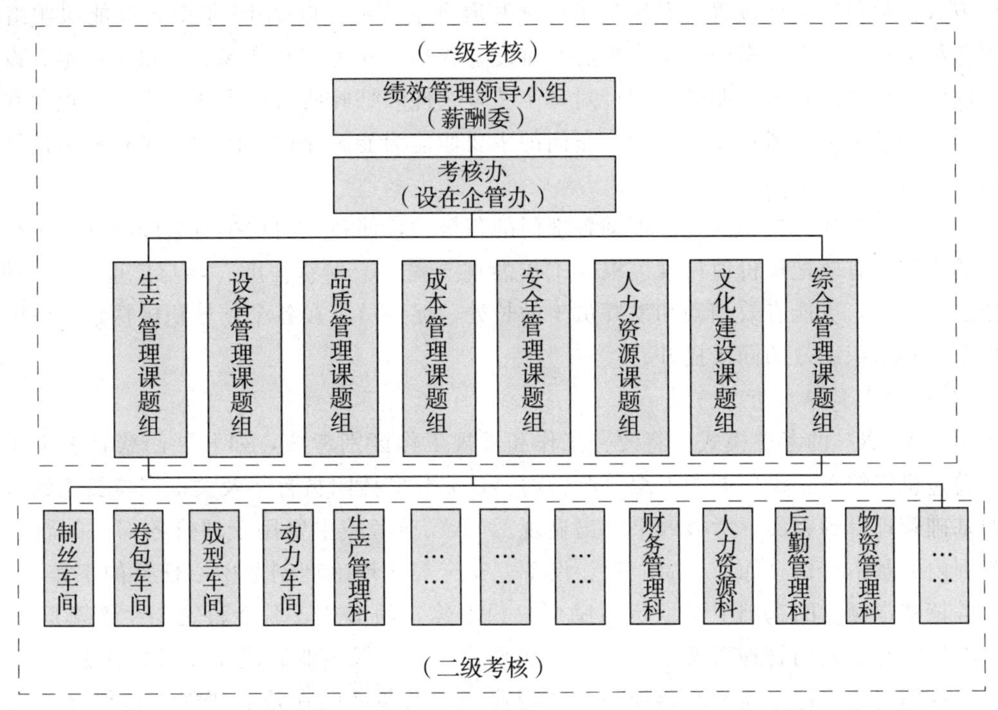

图1 绩效管理分级授权组织架构

2. 确定“统一管理、分级授权”的绩效管理机制

首先,企业薪酬委实行“统一管理”。考核办公室对绩效管理资源统一策划和协调,将绩效管理重心聚焦企业管理关键目标,规范绩效管理的流程、标准和方法,确保绩效考核公平客观、绩效评价科学有效、绩效沟通高效充分。企业对全年的工资总额进行预算,其中20%用于岗位考核属固定收入,80%用于绩效考核属可变收入(企业称“浮动考核收入”),浮动考核收入的大权重设计突出体现企业的贡献价值论,岗位收入与贡献度相匹配。在浮动考核设计构成中,80%用于基本职能工作、基础管理工作的考核,20%用于阶段性重点工作、改善项目的考核,依据重点任务、改善项目的申报实施情况可动态调整预算。2016年,企业用于改善项目的激励额度占全部工资总额的16.8%,重点工作落实、目标提升、工作改善等业绩考核成为各部门、各岗位收入增长的主要来源,充分体现企业绩效管理的激励作用。

其次,对二级绩效管理进行授权,充分发挥部门自主管理和改善的作用。一级考核是厂级绩效管理,是企业对各部门开展的绩效考核,由薪酬委统筹策划,审议绩效考评结果,绩效管理权限由考核办公室总体协调执行,分别授予各职能部门(指课题组牵头管理部门)归口管理权限,即分别针对生产、设备、质量、成本、安全、人力资源、企业文化及综合管理八个职能领域开展绩效管理,对工作开展监督、验证与反馈,提出拟定绩效评价结果及考核意见。

二级考核是部门级绩效管理,是各部门对员工开展的岗位考核,由各部门自行开展,建立独立的符合部门特性的二级考核办法(即岗位考核办法)。“授权式”绩效管理包含“考核授权”和“分配授权”两层含义。“考核授权”是赋予职能管理部门(各课题组牵头部门)绩效考核的权力,由职能部门依据厂部分配给各归口管理职能带的总体考核预算金额进行细化，设计符合各部门管理重心和工作瓶颈等因素的分配权重，明确考核项目和金额分配，提取关键业绩指标及年度改善课题，做好各项目资源的预分配，经薪酬委审批通过后下发执行，有效解决因激励机制配置不到位而引起的工作推动力不足的问题。“分配授权”是赋予各部门自主分配权利，对改善项目获得的考核奖励用于开展部门内部岗位考核，用关注收入的方式倒逼员工关注改善，激励员工持续开展自主改善。以2016年度各职能课题组对主要生产车间年度考核为例，结合各车间的工作重心和难度差异性，在生产及现场、质量、成本、设备等方面分别设置不同的考核分配权重。制丝车间针对其工艺复杂性和烟叶所占成本比重大的特点，在质量控制及成本控制方面配置较大的考核权重；动力车间的主要职能为能源保供，因此在考核权重设计中向生产保供及能源成本控制方面倾斜。

充分授权后，企业抓大放小，充分调动各部门的积极性，使各部门均享有激励分配自主权，可以根据部门性质的不同，有效把控价值尺度。根据工作的重要程度、难易程度、参与广度进行评价与考核，保障了考核的效用性，更能有效调动和发挥员工的长处，促进员工在各个领域积极探索、深度挖掘改善项目，保障个人和组织绩效的同步提升。

3. 明确“A＋X”的绩效考核方法

通过运用“A＋X”的考核模式，将改善工作和常规工作区别考核，如开展门禁管理优化、分时段用餐管理、卷包机组挡车工操作要领汇编等改善内容，充分发挥团员青年及关键岗位员工建言建策的作用，部门的基础管理得到夯实，考核效果突出显现。“A”项考核主要用于评价各部门的履职状况，是部门职责范围内的基本目标（如产、质、耗、设备、安全等体现生产制造中心任务的工作），在企业预分配的绩效考核基本额度的基础上采取负激励（只罚不奖）的形式，职能科室与生产车间实行联动考核，促进职能科室有效调动管理资源，帮助车间实现目标，确保企业完成年度目标任务。“X”项考核主要用于评价各部门的关键业绩和改善项目，关键业绩包括各部门在核心职能上取得突破性成效的工作，临时性、阶段性的重点任务等，改善项目为开展工作的同时不断发现、解决和系统性改善的问题。关键业绩一般采取正向激励，定性与定量评价相结合，根据取得的经济效益测算进行奖励。而改善项目采取正负激励相结合的方式，包括命题式改善与自主式改善两类，均采取“项目制”的管理方法。命题式改善为自上而下下达的改善任务，根据改善项目完成的质量、时限、实施效果，经验证评价后进行奖罚。自主式改善为自下而上主动开展的改善任务，突出体现员工的自主改善意识，完成后达到一定效果给予奖励。

4. 建立双维度考评工作机制

一是年度考评采取“达标制”的工作方式。年度部门目标以《综合管理目标责任书》的形式与各部门签订，将目标管理与绩效管理相结合，优化考评方式，由360度绩效考评转变为目标评定与关键事件评定相结合的方式，由评分制调整为达标制，减少评分的复杂性及部门间横向对比的不科学性，弱化评分制的主观性、从众心理、近期效应所造成的评价误差。采取达标制的自身纵向对比的方式，结合各部门上一年度目标完成情况及本年度企业方针目标要求，设置各部门本年度的综合管理目标，分别设置基本目标和超越目标两档。基本目标的达标率完成情况决定各部门年度目标的考核等级，超越目标作为年度绩效指标直接配置单项奖罚金额，使考核与评价方法更加直观、科学，对部门和员工的促动效应更大。

二是月度考评采取“项目制”的工作方式。采取定性与定量相结合的考核原则，职能工作、基础工作采取定量评价，重点工作、改善工作采取定性评价，运用“项目制”、改善积分制等手段推动全员参与改善，将改善项目与个人经济收入、个人先进荣誉评比直接挂钩，以激励手段强化改善意识，不断推动全员改善和持续改善。企业通过开展全员改善合理地拉开员工收入差距，同岗位间最大收入差距可达到个人工资收入的30%，实现同岗不同酬的绩效分配体系。

5. 优化完善“项目制”管理程序

一是明确项目注册程序。对改善课题实行“项目注册制”，要求通过立项注册的方式，将口头、思想的内容书面化。项目注册通过审批的方式确保项目实施的可行性；通过明确参与人员、项目计划、考核要求，使项目的立项申报更加规范，实施过程更加系统，效果评价更加科学，激励对象更加明确，激励力度更加平衡。

二是建立完善“项目制”考核方案的审批流程。根据“事前承诺标准、事中跟踪效果、事后兑现奖罚”的考核原则，对改善项目、阶段性、临时性的重点工作项目的考核方案均实行报批制，在工作执行前需明确工作目标、工作内容、实施计划、考核标准及责任部门（岗位及人员），经审批通过后执行。各类考核方案执行前需逐级宣贯，使部门或员工充分理解，提高考核的针对性和严肃性；绩效管理过程中提倡部门自主管理、职能部门过程辅导与评价、考核办公室抽查验证的过程跟踪程序，确保绩效目标达成效果；工作验证结题后采取月度即时兑现考核的原则，提高激励机制的时效性。

三是完善项目制的过程控制程序。主要包括两个方面：第一个方面是监督项目实施符合企业的实际情况，能够保障项目实施的效果，第二个方面是对过程中出现的问题能够及时协调配套资源，确保改善项目能够顺利完成。项目过程控制坚持二级监管的方式，由课题组对分部门或跨部门实施的改善项目进行过程控制，由各部门对部门内部实施的改善项目进行过程控制。

（四）建立绩效验证评价方法，保障激励公平公正

企业在对绩效管理充分授权后，为解决各职能部门在绩效管理过程中存在的理解不一、绩效主管判断、绩效评价尺度不一等问题，对绩效验证评价机制进行了优化，对现有的工作验证途径、验证方法、评价方法、考核标准进行系统整合，有效解决绩效评价公正、客观的问题，保障绩效管理的有效实施，充分发挥绩效管理的激励效果。

1. 优化完善绩效验证方法和内容

一是确定绩效验证方法。绩效目标包括定量目标和定性目标两种方式，定量目标通过对目标结果采取数据校验的方式进行绩效验证；定性工作需结合目标实施计划、工作过程及效果进行综合评价，采取评审、现场检查、资料查阅、系统验证、测评等方法进行验证。评审形式包括厂长办公会、月度管理评审会、课题组联席会等会议评审，或由课题组、项目组召集相关专业技术人员召开的专业小组评审。现场检查是对照各级文件及记录，对工作的执行情况进行现场监督、检验，对工作过程留下记录和依据，对执行的符合性、有效性进行判定。资料查阅是按照痕迹化管理的要求查阅工作过程中所保留的基础资料或者各类文件通报的事项结果，作为评判工作效果的依据。系统验证是对可测量的目标借助生产管理系统、NC系统、能源管控系统等信息化手段对目标结果进行验证。测评验证是企业通过组织开展的各类询问调研、满意度调查、民主测评等方式，检验工作成效。

二是明确验证机构。验证机构包括部门、职能部门或考核办公室、第三方机构三个层级机构。部门是指对本部门各岗位的目标和计划的执行情况开展巡查巡检，对工作过程和结果进行的自评验证；职能部门或考核办公室是指对各部门的目标和计划开展的监督检查，对工作开展情况进行抽查验证；第三方机构是指企业接受的各项外部检查，例如，全公司质量管理体系内审、外审、国家局、技术中心产品质量抽检等。

三是确定分级验证模式。岗位绩效由各部门自行开展工作验证，部门绩效由职能部门组织开展验证，职能部门工作由考核办公室组织开展验证及评价。所有层级的绩效评价均接受第三方机构（外部机构）的验证。改善项目实施的效果验证和评价坚持“适度回避”原则。当考核部门与被考核部门发生重叠时，原则上考核部门不能对本部门工作提出评价结论及考核意见，应由考核办公室组织其他人员进行

调研、验证及评价。

四是明确绩效验证途径。绩效验证途径包括：通过何种方式验证、验证何种资料。绩效验证的结果作为绩效评价与考核的依据。绩效验证的方式包括评审验证（包括会议评审、各层级领导审批等）、系统验证（包括各类信息系统自动采集或人工填报数据）、测评验证（包括内外部开展的各类满意度调查或测评）、现场检查（包括内外部各级检查及部门内部巡查巡检等）四类方式。其中，评审验证、系统验证和测评验证均以最终的输出结果作为绩效验证的依据。现场检查以过程记录检查为主、综合巡查巡检为辅的形式作为绩效验证的依据。

绩效验证的查阅资料或内容需要在考核方案中细化明确。第一类是年度绩效的验证资料。各部门的年度工作在《部门年度综合管理目标责任书》中确定，月度工作目标依据年度目标分解提取，通过在《部门年度综合管理目标责任书》中明确查阅资料，促使各部门在工作开展过程中做好痕迹化管理，对过程资料进行留存，有效避免在验证各项工作的时候出现过程资料缺失的情况。第二类是月度绩效的验证资料。月度绩效的验证根据目标提取方式的不同分别确定验证途径，包括日常管理工作的绩效验证，在相关的管理办法或管理细则中进行明确；重大课题或改善项目月度推进情况的绩效验证，在申报的《改善项目注册申请表》或《纠正预防措施单》中进行明确；临时性重点工作的绩效验证，在《月度重点工作考核办法》中进行明确。

2. 科学确定绩效考评标准

在改善项目推进过程中，由于项目实施的难度、重要程度、参与程度、涉及的配套资源均不一样，需要建立一套科学的、统一的、公平的评价与考核标准，确保对改善项目实施效果进行准确的判断，尽可能地将结果进行量化，确保绩效考核真实、客观地体现价值，体现业绩与贡献价值的匹配。因此，需要从绩效验证的途径、绩效评价的手段和绩效考核的奖罚标准进行统一规范，提高绩效验证素材的真实性和完整性，提高绩效评价的可比性，提高绩效考核的公正性和客观性。

一是确定绩效评价标准。定量指标按指标完成值进行评价考核，定性指标通过多个纬度进行评价考核。例如，决策分析类的工作评价一般从价值作用的角度进行评价。过程管理类的工作根据工作的性质和内容进行评价，包括综合管理体系过程运行监督、改善项目实施过程监督、投诉处理、问题整改等内容的评价标准，其中，改善类的工作一般结合实效性、复杂程度、工作范围三个维度进行评价，每个维度均按照三个等级进行评价，在评价标准中明确评价内容、要求及各等级的评价得分，最终的总得分为评价结果，作为绩效考核的依据，再依据具体的考核标准进行单列奖罚。

二是规范考核奖罚标准和力度。企业目前现行的文件制度中，存在同类工作考核标准不一的情况，为进一步提升考核标准的严肃性和规范性，需要对现有的考核标准进行梳理与整合。由考核办公室牵头，组织相关人员对企业所有在用的文件进行重新梳理，对涉及的考核内容进行归纳汇总，形成《现行制度标准考核内容及奖罚标准》目录，汇总的资料内容包括文件名、文号（标准号）、考核项目（内容）、考核周期、考核部门、被考核部门、考核对象、奖罚标准八项内容，同时对存在的问题进行描述和分析，提出改进建议。

二是依据文件梳理的结果，对企业目前的所有工作内容、评价方式及考核标准进行重新分类整合，优化完善企业绩效验证评价机制。按照企业的工作过程、工作内容和性质进行分类，确定分类标准，将所有工作业绩评价分为决策分析类、过程管理类、目标结果类、成果应用类四个类别。结合前期梳理过程中发现的问题，确定整合内容，对分类梳理后的工作内容整合验证内容及要求、验证形式、验证途径、评价方式及考核标准，同时明确评价结果的运用方式和范围，为下一步持续改善做好准备。

三是确定考核结果评判标准。在评价标准确定环节中依据各项工作的管理成效确定评价等级，一般分为四个等级进行考核，其中 A、B、C 三档结合工作质量和效果进行正向激励，D 档根据工作开展的时效性进行负向激励。在考核标准确定环节中依据评价等级确定奖罚标准，具体考核金额均在《工作验证及评价方法》中进行明确，各评价等级对应的奖罚标准均设置上下区间，由职能部门结合各项工作的分类评价结果进行分档考核，由考核办公室对职能部门评价结果进行抽查复核，并建立反馈和申诉机制，由职能部门将评价结果反馈各部门，各部门可以对评价结果提出复议，由考核办组织进行再调查、再验证和再评价。

（五）通过绩效沟通反馈和培训辅导推动持续改善

1. 建立三级反馈机制，明确沟通重点

有效的沟通反馈能够帮助大家清楚地了解现状、发现问题、找准提升方向，是在全员范围内开展持续改善的基础。企业通过建立有效的多层级的沟通反馈机制，找准沟通反馈的重点，有效解决因信息不对称带来的沟通成本增加、实施效果不佳、过程开展不顺畅等问题。

第一层级是由考核办公室组织召开薪酬会，向各职能部门进行绩效反馈和辅导。主要目的是对绩效资源使用状况进行分析，包括绩效资源的使用进度、绩效资源的使用效果、各职能带的绩效考核的结果及考核过程中对工作的总体评价。

第二层级是由职能部门在每月薪酬会之前召开绩效见面会，向各被考核部门进行的绩效反馈和辅导。主要目的是针对职能部门归口管理的工作进行绩效分析，包括考核结果与各部门的沟通确认、考核结果体现的部门业绩优劣、工作中出现的失误和改进方向、下一步绩效增量收入的争取途径等内容，对考核结果出现偏差的情况进行申诉、沟通、协调和论证。

第三层级是由各部门自行组织开展的部门例会或绩效面谈，向各岗位进行的绩效反馈和辅导。主要目的是帮助员工找到提升个人绩效的途径和方法，包括考核结果的反馈、目标的实现情况及下一阶段工作目标的确定，同时，个人绩效考核结果还作为绩效薪酬分配、岗位晋升调整、教育培训规划的依据。

2. 建立全过程的绩效沟通机制

在绩效目标的确定与调整、绩效目标的分解、工作计划的实施、工作效果的评价等各阶段均需要反复沟通，在绩效评价的各个阶段，考核办公室需对整体绩效管理的状况、趋势、考核资源的使用效果、考核结果的兑现等内容与各职能部门进行充分沟通和辅导，有效传达企业管理意图，正确传递考核导向。职能部门需对绩效管理过程中出现的问题及评价结果与各部门进行充分沟通和反馈，有效传导厂部压力，对提升方向和空间提出专业意见，针对过程中发现的问题督促各部门改进或提升绩效。

3. 强化绩效培训和辅导，推动持续改善

绩效培训和辅导的主要目的：一是对企业绩效管理体系运作模式、制度、机制建设等内容进行宣贯培训，弘扬企业思想和理念，引导各部门了解企业发展动态和关注焦点，有效传递企业的考核导向。二是加强与各部门的管理互动，提高对管理现状的认知度，为持续改善奠定基础。三是通过培训和辅导，帮助员工对过程中的失误、经验等做法进行总结和提炼，促进全员持续改善的有效落地。

三、卷烟企业基于全员持续改善的绩效管理优化效果

（一）形成了一套行之有效的绩效管理新模式

南昌卷烟厂通过创新“A＋X”的目标与绩效相结合的考核模式，建立“授权式”的集中与民主管理相结合的管理模式，“项目制”的基础与改善相结合的工作方法和“绩效验证”的过程与结果相结合的管理手段，企业的绩效管理体系更加系统，过程管理更加规范，绩效评价更加科学严谨。目前该做法已在江西中烟全公司范围内得到推广应用。

（二）全员改善的氛围和动力明显增强

通过开展绩效管理体系优化工作，南昌卷烟厂的基础管理水平及思路做法得到进一步夯实。通过健全和优化绩效管理体系，考核收入分配更加合理，员工的权责利更加清晰，工作思路更加开阔，改善氛围更加浓厚，充分发挥员工是企业“智囊团”的作用，整体精神面貌和工作状态焕然一新。通过绩效管理激励机制的作用，各类改善课题不断涌现，一系列的改善课题，如柔性化生产组织、星级生产现场打造、设备精益管理平台、金圣质量提升计划等，成熟一批推广一批，使企业的基础管理水平明显提升。

（三）精益制造水平提升，战略目标得以有效实现

2016年企业各项主要经济指标均得到巩固和提升，连续三年在公司生产经营目标考核中荣获一等奖，巩固了在行业省内龙头企业的地位。生产柔性化水平稳步提高，品牌切换效率提升30%，设备运行效率稳定在95%以上，位列行业同机型先进水平。工艺质量管控能力稳步提高，产品质量得分99.43分，顾客投诉率为0.086PPM，同比减少14%。控本降耗成效稳步提高，实现了合作生产加工品牌的原辅料零库存。全年可比成本下降2148万元，其中，通过开展小改小革、修旧利废项目655项，共节约生产成本约720万元。

（成果创造人：罗　飚、华　刚、邱　宏、肖　莲、魏小兰）

以智能化为目标的建筑工程项目现场精益管理

中建三局第一建设工程有限责任公司

中建三局第一建设工程有限责任公司（以下简称中建三局一公司）始建于1952年，经过65年的发展，已成长为合约额超850亿元、营业收入超350亿元的国有大型建筑施工企业，具有建筑工程、市政公用工程施工总承包特级资质，建筑行业（建筑工程）设计甲级资质，市政行业设计甲级资质。中建三局一公司先后59次获"鲁班金像奖和国家优质工程奖（含参建）"，获评"全国最佳施工企业""全国用户满意施工企业""全国质量效益型先进施工企业""全国质量管理先进企业""全国守合同重信用企业""全国文明单位"等众多荣誉称号。

一、以智能化为目标的建筑工程项目现场精益管理背景

（一）顺应建筑行业发展的需要

以云计算、物联网、移动互联网、大数据、3D打印、虚拟现实等为代表的新兴科技的快速发展，尤其是以手机为主要载体和平台的网络空间活动的日益增多，在极大地减少人们对物质资源依赖的同时，也以人们难以想象的方式与速度，改变着我们身边的一切，大量简单、枯燥、纯体力、少技能、高度重复的工作不断被人工智能替代。建筑业作为传统劳动密集型产业，在经济新常态的大势下，正面临着竞争日益激烈的行业格局，建筑人需要主动适应这场信息革新技术的洗礼，积极思考如何利用这些新兴科学技术降低施工成本、提高生产效率，实施智能化改造。

（二）提升建筑企业管理品质和经济效益的需要

随着企业规模不断扩大，且现代建筑的复杂度和体量等不断增加，企业的项目数量越来越多，项目个体差异大、管理链条长、信息不对称的情况日益严重，项目管理品质参差不齐，使用传统的施工现场管理模式在速度、可靠性以及经济可行性等方面已经越来越不能适应现代化施工企业的管理及发展要求，企业不能及时准确地了解项目的必要信息和真实数据，一旦发现问题，往往已经造成严重后果，导致企业在迅速扩张的过程中始终面临"到处救火"的局面，迫切需要在施工项目现场应用新兴技术，提升企业项目匀质化管理水平，加强项目风险管控，有效实现企业的降本增效。

（三）助推企业精益管理的需要

中建三局一公司自2008年起就已开始进行"两化融合"的探索与实践，自主研发了以加强内部管控为核心的综合管理信息系统和以提高决策支持效率为核心的决策支持信息系统，极大地提升了企业的内控管理水平以及决策支持效率。2014年，为补齐信息化建设最后一块短板，企业的信息化建设方向从企业层面向项目层面延伸，构建了以"五项智能化"为目标的项目现场管理信息系统，助推企业精益管理目标的实施。

二、以智能化为目标的建筑工程项目现场精益管理内涵和主要做法

中建三局一公司聚焦建筑工程施工现场管理过程，紧紧围绕项目管理所关联的人、机、料、法、环等关键要素，开发实施以"智能化的计划管理、智能化的数据收集、智能化的现场管控、智能化的决策支持、智能化的知识共享"为目标，以电脑端及移动端应用为载体的项目现场管理信息系统，依托物联网、云计算、移动互联网等技术，逐步将施工现场管理由传统的人工方式向智能化转变，助推企业精益管理水平的提升。主要做法如下。

（一）建立横向到边、纵向到底的组织体系

针对项目现场管理信息系统的开发与应用，在开发信息系统经验的基础上组建一把手任组长，以信息中心为牵头部门和以主要业务系统为主导部门的推进机构。

建立一套完善的横向到边、纵向到底的组织体系。纵向上从公司到区域公司、经理部、项目均设置信息化分管领导、信息化管理部门、信息化主管，横向上各业务系统均设置信息化主管，将信息化管理职责与以上人员的绩效考核指标进行挂钩。同时在公司层面建立柔性组织，成立跨部门的推进小组，增强专业之间的联动，小组成员由各部门负责人或主要业务骨干担任，小组成员相对稳定，以确保系统推进思路的连续性、业务上的权威性和业务之间的协调性。

（二）全面梳理项目工作内容，制定精益管理实施细则

2014 年抽调项目管理精英全封闭讨论管理需求、实现方案，项目管理标准、企业项目的管理要求再优化，形成精益建造初步的组织架构、板块内容。在过程中开展两次封闭研究及多达十几次的调研，以项目生产管理活动标准化手册为基础，将项目从开工到竣工全过程生命周期的各项工作进行系统梳理。2014 年年底，为进一步提升项目精益管理水平，编制并发布《公司精益管理（生产）评价标准》，制定《进度计划节点考核实施细则》《项目质量管理检查考核实施细则》《安全生产监督检查与评价细则》，从计划管理、质量管理、安全管理三个方面细化对项目的精益管理标准和评价考核方法，并通过项目现场管理信息系统自动进行数据收集、统筹及考核等，促进项目精益建造的不断深化。

（三）融合精益管理思想，开发实施以智能化为目标的项目现场管理信息系统

1. 开发应用项目现场管理信息系统电脑端

2014 年，为深化项目层面信息化建设，中建三局一公司开始开发项目现场管理系统，该系统主要面向项目层面的管理人员。系统设计以计划管理为主线、以绩效考核为抓手，通过信息化手段，固化国家规范、上级和企业的各项管理要求和工作标准，利用移动终端，实现施工现场底层数据的实时采集，达到项目管理行为统一、管理记录完整、管理过程可控、现场履约能力提升的效果，实现项目现场精益管理，如图 1 所示。

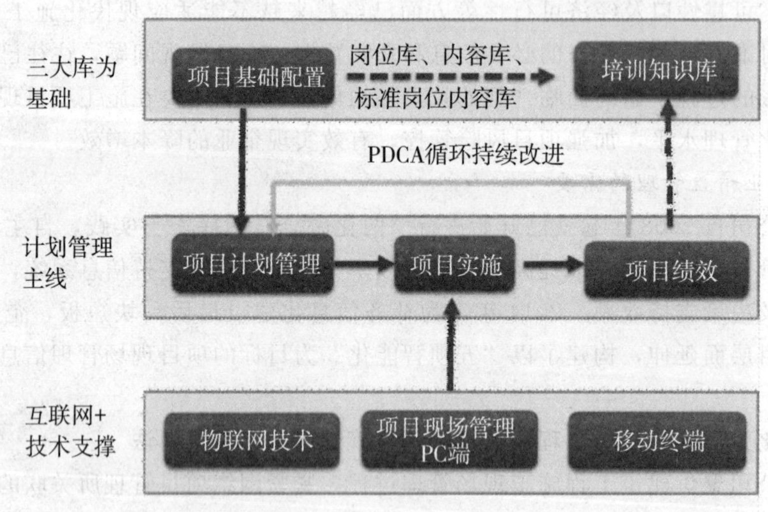

图 1　项目现场管理信息系统的运行机制

系统主要分为项目设置、计划管理、项目管理、绩效考核四部分。项目设置是系统必须配备的基础，计划管理是系统的主线，项目管理是系统的主要核心内容，绩效考核是系统的抓手，四部分有着严

格的顺序关系。其中，项目管理部分全面涵盖项目施工现场质量管理、安全管理、技术管理、劳务管理、材料管理、设备管理和现场管理共计 240 余个模块。2015 年 5 月，土建项目实现系统的全面推广应用，但系统此时全部需要管理人员在电脑上进行数据录入，实际上并未深入应用到项目施工第一线。2015 年 6 月，在此系统基础上，结合移动技术、物联网技术、大数据技术等新兴技术，开始建设以“五个智能化”为目标的智能化的项目现场管理信息系统，提升施工现场的精益管理水平。

2. 建立标准管理动作底层数据库

标准管理动作底层数据库是实现智能化计划管理和绩效管理的基础，主要包括工作任务库、项目管理岗位库、岗位工作内容库。

一是建立工作任务库。中建三局一公司以建筑工程项目管理过程为基础，将建筑工程施工项目从开工到竣工全生命周期的各项工作进行系统梳理，提炼出 2401 项工作任务，并从工作内容到工作标准、考核标准等进行统一，形成项目标准化的工作任务库，再通过系统后台固化为工作任务库。

二是建立项目管理岗位库。开始之初即组织信息化工作团队、抽调管理精英集中封闭，从国家、行业与企业标准及管理需求等方面，识别建筑工程项目施工管理所涉及的所有岗位及其职责，每个项目只需要根据自己的实际情况做适当的勾选保存，就可以实现本项目工作岗位的设置。

三是形成标准的项目岗位工作内容库。岗位工作内容库是将项目管理岗位库和工作任务库做一个通用的关联配置，将 2401 项工作内容匹配给项目各管理岗位，形成项目各管理岗位标准化的工作内容库。

3. 智能化的计划管理

中建三局一公司以总承包计划管理的串联为核心，以工序分部分项为基本单元，梳理现场管理标准动作，建立标准管理动作底层数据库（标准的工作任务库、标准的项目管理岗位库、标准的岗位工作内容库），为项目各岗位自动派生周工作安排。遵循计划的自动生成、下达、执行、检查监督、绩效考核的 PDCA 循环过程，形成闭环，实现项目计划管理的全自动循环，项目进度全程可控，提升项目履约水平。

一是计划自动派生。主要包括项目周计划及项目管理人员周工作安排。项目在总控计划编制完成后，需将总控计划导入项目施工现场管理系统，系统可以根据计划时间自动划分成项目周计划，当计划发生变化时，可进行调整；再由项目生产经理导入并调整项目周计划，该周计划与项目人员工作内容库相关联，从而自动生成项目人员周工作安排。

二是移动端计划确认。工作人员在移动终端接收到周工作安排后，点击进入相应工作模块，完成工作并进行记录后，移动终端数据自动同步入项目现场管理信息系统，系统自动进行计划对比，并实现人员自动化绩效管理。

三是实时预警。信息系统自动根据项目人员工作完成情况进行项目生产进度计划确认，并在系统中设置阈值进行四色预警，预警中心根据预警等级向相关管理人员推送预警信息，相关管理人员处理完成并反馈处理结果至预警中心。项目经理可根据预警情况，实时调整进度计划，从而实现进度计划管理的 PDCA 循环。

4. 智能化的数据采集

以各项新型科技手段的集成为特点，用 BIM 技术、传感技术、监控测量技术等新型科技手段，对施工现场环境数据、劳务人员数据、设备监测数据等进行自动采集，实现了生产过程的电子化智能化管控，通过建立接口与系统进行集成，彻底改变了传统的现场管理方式。

作为项目现场管理信息系统的配套工程，物联网共建设了 13 个应用点，包括工程远程联动监管、劳务实名制一卡通管理、塔吊施工电梯特种设备监管、大体积混凝土无线测温、基坑地表沉降监测系统、高大模板变形实时监测系统、便携式周界防护系统、钢筋材料进场自动计数系统、临水临电管理系统、环境监测系统等。通过物联网技术的应用，减少施工材料的消耗，提高管理层对施工现场的监控及应对力度，减少施工现场的无效劳动和窝工，实现项目施工现场管理的降本增效，提升项目精益管理水平。

5. 智能化的现场管控

2015 年，中建三局一公司通过移动终端的使用，实时采集质量管理数据、安全管理数据、现场作业数据、设备管理数据、技术管理数据，以适应项目管理人员现场工作的特点，彻底解决问题，使项目生产周期透明可控，提升项目管理品质。

一是移动终端的全面开发。中建三局一公司在项目现场管理信息系统中挑选出 6 大项 56 个功能的模块，在移动终端上实施，涉及施工现场管理的检查、实施、验收、收发等模块，基本实现 90%的移动化办公。其中，质量、安全、现场、技术板块实现 100%移动化办公。使用移动终端与物联网技术相结合的方式，通过实时上传、本地存储和接口共享实现业务工作的移动化办理、施工现场管理数据的实时采集、施工现场管控因素的智能识别和自动化管理。

二是移动终端与物联网技术的结合。为更进一步提升移动终端的易用性及真实性，中建三局一公司将移动终端与物联网技术相结合，如传统的实测实量工作，需要使用测量工具进行读数，然后录入信息系统。现阶段通过对测量工具的改造，由测量仪器产生电子数据，通过无线连接技术，直接无缝传递到移动终端，彻底改变传统的现场管理方式。

三是智能化的安全监督管理。安全管理人员在移动终端中查看待工作安排，进行日常安全检查。安全管理人员进入建筑楼层，用移动终端扫描设置在出入口的蓝牙装置，手机中自动显示安全管理人员到达的楼层。选中巡检部位之后，安全管理人员开始进行安全检查，发现安全隐患之后，利用移动终端现场拍照并出具整改意见，发送至该施工区域的责任工程师。其中，安全检查类型和安全隐患直接进行选择即可。责任工程师通过移动终端接收到整改通知后，直接点击推送消息，查看问题详细情况，针对问题进行整改，并将整改情况通过移动终端同步记录至电脑端。安全管理人员接收到整改回复后，按程序开展整改复查，并将复查情况通过移动终端同步记录至电脑端。

6. 智能化的决策支持

通过顶层提供的统一数据标准架构，对数据进行分析和展示，及时预警主要管理要素的受控程度。例如，对施工计划的偏差，对质量实测实量情况、安全问题整改、成本的偏差进行分析以及预警，并根据项目数据自动生成各岗位的绩效考核。让项目各级人员实时掌握分管范围内的决策支持信息，及时在管理过程中解决相关问题，保持管理绩效的持续改进。

中建三局一公司的智能化决策支持与传统的决策支持系统最大的优势在于数据的获取方式，移动终端及物联网技术的应用将项目现场的数据采集真正延伸到项目生产现场并减少人工录入，大幅提升原始数据的及时性、真实性，从而提升决策支持系统的及时性和有效性。实现对项目各个管理链条上运行数据真实有效的及时反馈，提升项目精益管理水平。

以项目累计节超率为例，系统获取累计节超率数值，并展现出各项成本的构成及它们的目标成本和实际成本。成本构成主要分为劳务、专业、材料、设备、临建、安全文明施工费、现场管理费等，数据来源自信息系统经济活动分析板块，并在系统后台设置了红、橙、黄、绿四色预警。项目管理人员可通过本指标了解项目当前成本节超情况，有效提升项目成本管理水平。

智能化的决策支持通过后台设置，建立预警中心。项目数据触发预警设置后，该系统将向项目管理层发出预警信息并实时推送至移动终端，使项目管理层可以随时了解并处理项目风险。预警中心还对风险处理情况进行汇总分析，使项目管理层可以预先提防风险多发环节，有效提升项目管理风险防控水平。

以项目累计节超率为例，系统数据触发预警后，系统自动根据不同预警层级向后台设置好的管理人员发送预警并进行处置。

7. 智能化的知识共享

传统的知识管理系统，通常是收集企业的各种知识，上传到专门的知识管理平台，由企业员工自行查看学习，但这种知识共享方式比较单一，收集起来的知识未经加工且利用率不高。

中建三局一公司的智能化知识共享，是将企业的各种知识，包括相关标准规范等，进行分类、归纳和提炼，直接整合进相关的业务板块，供各级现场管理人员共享和积累，既支撑基础业务管理水平的提升，也使企业整体上具备动态的知识学习和积累能力。

例如，安全管理板块，中建三局一公司安全管理部根据国家法规和企业管理制度，列举“检查项归类”和“危险因素”，并通过后台设置将其固化到公司信息系统中，项目安全人员进行安全检查时，直接从系统中选择即可，减少人工录入环节，提升系统的易用性，通过为后续决策支持、对安全问题的分类分析提供了可能，给项目安全人员的检查进行有效指导。

（四）建立安全保障体系，保障系统安全稳定运行

中建三局一公司通过使用阿里云部署项目现场管理信息系统，依托阿里云的强大技术和安全管理，实现系统的多地部署和流畅访问。在阿里云上建立同城和异地两个备份中心，实现系统的多地实时备份，充分保障系统的数据安全和稳定运行。信息中心设置安全主管岗位，编制《中心机房管理指南》，由安全主管对项目现场管理信息系统云端进行规范化管理。

中建三局一公司出台《公司信息系统实施细则》，在制度上对系统的安全运行提供有力保障。在人员账号管理上，各级信息化主管与人力资源系统充分联动，人员发生调动后，信息系统即时进行账号和授权调整。在功能授权管理上分公司信息化主管对人员进行授权后，需由公司对应的业务部门经理审核确认后方可生效。在流程模板管理上，各分公司依据公司《信息化流程模板应用指南》进行模板绘制（调整），各业务部门每季度对其进行检查通报，确保流程运行安全有效。

（五）全面推广智能化的项目现场管理信息系统，助推企业精益管理水平提升

建立多层次的培训机制。一是公司层面定期组织培训，培训的对象为各区域信息化主管，培训的内容为信息系统中的新增内容、推广应用过程中出现的问题以及应对措施、公司关于信息化的建设思路以及应用方向。二是建立梯队培训机制。建立培训师库，从公司、分公司、经理部挑选一批参与过项目现场管理信息系统研讨的资深人员，将其纳入公司的培训师库；公司的培训师对分公司的培训师进行培训，分公司的培训师对项目管理人员进行培训。三是开展“三新”培训。针对新增内容，由信息化主管在一个星期之内组织信息系统应用培训；针对新开项目，由信息化主管在一个月内组织信息系统应用培训；针对新员工（新分学生以及转岗人员）由信息化主管督办业务部门在一个星期之内对其进行信息系统应用培训。

为全面推广智能化的现场管理信息系统，在进行培训的同时，还建立过程动态考核评价机制，层层签订推进责任状，落实推进责任，以年度进行考核奖罚。信息中心牵头制定按季度动态调整的考核体系，每季度对项目现场管理信息系统在各单位的应用情况进行考核与排名，落后的单位分管领导进行述职，保证责任的层层落实。在各类检查和评价中，强调系统的应用属性，系统数据作为检查依据，保证数据的真实、动作的规范，提高广大项目管理人员应用智能化现场管理信息系统的积极性，促进系统的推广实施。

三、以智能化为目标的建筑工程项目现场精益管理效果

（一）项目现场的管理品质得到提升

中建三局一公司的计划编制能力和计划控制水平均有较大提升，项目管理人员在生产过程中及时化

解工期风险，项目工期履约率达到99%。项目安全管理实现了全面的智能化，特别是通过决策支持系统重点分析出的项目高发风险因素，进行提前预防，项目安全事故发生率得到有效控制。2015年、2016年分别召开了省市级观摩工地17次、20次，获得国家AAA级及省市级安全文明工地85项、89项，较实施之前有较大提升。2015年、2016年分别获得国家级质量奖项1项、3项，获得省级质量奖项25项、29项，市级质量奖项45项、58项，专业奖励5项、19项。在甲方进行的实测实量活动中，中建三局一公司各项目的平均分由2015年的76.8提升至2017年的84.5，施工项目质量管理过程得到进一步加强，竣工一次验收合格率100%，项目质量管理水平显著提升。

（二）项目管理降本增效成果显现

中建三局一公司经受了行业形势的严峻考验，完成合约额超850亿元、营业收入超350亿元，主要经济指标在中建集团号码公司中连续多年排名第一。2017年上半年在建项目平均盈利率达到8.65%，与2016年同期相比得到较大提升。通过移动终端与物联网技术的应用，实现了材料外观检测和材料盘点两个功能，重点管控三大主材（混凝土、模板、钢筋原材）进场原始数据的及时性、真实性和可追溯性，确保项目成本分析结果的可靠性；通过位移、倾角、轴压传感器技术、变幅、回转传感器技术、红外探测技术等物联网技术的应用，对高支模、塔机、临边洞口等事故高发区域进行实时监测，提前预警，节省人力投入，减少事故发生概率，降低了不必要的费用支出；通过规范及时的过程管理（如成本分析）对成本偏差及时纠偏，中建三局一公司项目成本管理可控性加强。

（三）施工企业项目智能化管控水平得到提高

以智能化为目标的项目管理信息系统集成了施工工艺，规范项目管理，将企业信息化管理延伸至项目施工现场第一线，使传统建筑工程项目管理得到智能化改造，强化总部对项目的监督，推进项目管理的现代化、信息化、智能化进程，企业管理的核心竞争力得以提高。系统上线后引发行业内外多家组团考察学习，引起中建总公司、建设部的高度重视，并分别在武汉、北京、珠海召开了建筑行业现场经验交流会，得到行业内专家们的高度认可。

（成果创造人：吴红涛、丁　刚、张义平、张爱梅、秦长金、陈金勇、张　欣、赵福宝、张觅媛）

两化融合与智能管理

大型流域水电公司基于自主创新的智慧企业建设

国电大渡河流域水电开发有限公司

国电大渡河流域水电开发有限公司（以下简称国电大渡河公司）是集水电开发建设与运营管理于一体的大型流域水电开发公司，是中国国电集团公司的特一类企业，拥有大渡河干流、支流以及西藏帕隆藏布流域水电资源约3000万千瓦。截至目前，资产总额908.81亿元，投产电站13个（1100万千瓦），约占四川统调水电总装机容量1/4，在建电站3个（405万千瓦），前期筹建项目8个（470万千瓦），形成了投产、在建、筹建稳步推进的可持续发展格局。

一、大型流域水电公司基于自主创新的智慧企业建设背景

（一）抓住新工业革命历史机遇，引领水电行业发展的需要

以“互联网＋”为代表的管理创新模式，引发原有社会生产模式由大批量集中式向智能化、网络化、个性化发展，由生产型制造向服务型制造转变，并全方位改变社会经济活动。面对新工业革命的兴起，水电行业的发展和经营管理也面临新机遇和新挑战，国电大渡河公司作为大型流域水电公司意识到只有敏锐把握科技创新发展趋势，加强管理创新与自身革新，引入新的技术知识与管理方式，才能提高自身可持续发展能力。

（二）顺应电力体制改革，培育企业竞争优势的需要

近年来，电力行业面临产能过剩，竞争日趋激烈，发电市场进入“双降双低”的局面，过去的工业化生产、规模化效益的线性利益增长思维已不能为发电企业带来新的效益增长，传统的发展方式遇到了瓶颈。而国电大渡河公司所面对的消费市场也随着“互联网＋”的技术革命即将发生巨大的变革，整个电力行业“发、输、配、售”模式的切割呈现，将发电企业直接推向了整个消费市场，公司需要对未来潜在消费群体有前瞻性的洞察力和战略性的分析能力，确保对公司盈利空间的牢牢把控。与此同时，大渡河流域的水文、水情、气象资源也需要和流域梯级电站群进行运筹学机理整合，通过梯级调度实现大渡河流域水能资源利用率的最大化，满足企业经济效益的稳定增长。

（三）转变水电行业传统发展方式，激发企业创新创效活力的需要

水电行业由于其特殊性，电厂选址普遍处于大山深处，远离社会发展的城市群主体，加之传统施工环境、电厂设备和管理模式等均需要耗费大量的人、财、物来维持其正常的工作状态，迫使水电企业的大批员工必须长期坚守在远离家人、远离城市的工作现场，条件十分艰苦，但随着社会发展，员工个性化、多元化需求日益增多，对改善工作生活条件的期盼越来越高。同时，从大型流域水电公司的安全管控角度来讲，流域沿岸地质脆弱，重大高危边坡遍布全流域各个角落，传统流域公司的工作模式——现场工作、人工巡检、人工排查，对员工的安全生产因不可预见要素而难以有效控制，挑战着公司安全管控的“三零”红线。

二、大型流域水电公司基于自主创新的智慧企业建设内涵和主要做法

国电大渡河公司紧紧围绕以“智慧企业”为核心的战略发展目标，把提升员工的幸福指数和企业安全、管理、效益的数字转变作为智慧企业建设的出发点，确立“业务量化、集成集中、统一平台、智能协同”的关键建设路径，并以此强化物联网建设、深化大数据挖掘、推进管理变革创新，将先进信息技术、工业技术和管理技术深度融合，转变传统水电行业生产关系，构建智慧企业管理组织形态，实现企业全要素的数字化感知、网络化传输、大数据处理和智能化应用，使企业呈现出风险识别自动化、决策

管理智能化、纠偏升级自主化的柔性组织形态和新型管理模式。主要做法如下。

（一）开展理论研究，制定智慧企业顶层规划、建设目标和路径

智慧企业是个新生事物，没有现成的经验可以参照和借鉴，前期需要组织开展智慧企业理论研究，明确智慧企业的概念、主要特征、建设目标、关键路径和顶层构架等一系列理论体系，科学设计智慧企业建设的顶层规划，以理论指导智慧企业的实践落地。国电大渡河充分借助外脑，聘请一批国内知名专家学者组成智慧企业建设的顾问团队和咨询单位，开展智慧企业战略规划研究。系统阐述了智慧企业发展战略，经国内20多名院士、专家审定，为国电大渡河公司“智慧企业”建设提供战略指引。

国电大渡河公司智慧企业的概念：智慧企业是站在企业整体的角度，强化物联网建设、深化大数据挖掘、推进管理变革创新，将先进信息技术、工业技术和管理技术深度融合，实现企业全要素的数字化感知、网络化传输、大数据处理和智能化应用，从而使企业呈现出风险识别自动化、决策管理智能化、纠偏升级自主化的柔性组织形态和新型管理模式。

国电大渡河公司智慧企业的主要特征：一是更加注重经营发展。智慧企业通过数据驱动、多脑协同、智能决策，在履行社会责任的同时，更加注重企业管理与效益、生存与发展等企业根本性问题。二是更加注重风险防控。智慧企业始终围绕风险管控，通过建设自动识别、智能管控体系，实现风险识别自动化、风险管控智能化。三是更加注重人的因素。智慧企业除了要求实现物物相联外，还要求做到人人互通、人机交互、知识共享、价值创造。四是更加注重管理变革。智慧企业要求信息技术、工业技术和管理技术“三元”融合，实现企业管理层级更加扁平，机构设置更加精简，机制流程更加优化，专业分工更加科学。五是更加注重全面推进。智慧企业是全面的、系统的网络化、数字化和智能化，要求按照全面创新进行规划和建设，做到全面感知、全面数字、全面互联、全面智能。

国电大渡河公司智慧企业的建设目标：一是自动预判，即风险识别自动化。通过建设完整的网络体系，做到大感知、大传输、大存储、大计算、大分析，从而实现对各类风险全过程的自动识别、判定及预警。二是自主决策，即决策管理智能化。通过在企业建立数据驱动的“单元脑”“专业脑”和“决策脑”等，形成多脑协同和系统联动，使企业整体具有人工智能特点，实现企业决策管理全面智能。三是自我演进，即纠偏升级自主化。通过各类历史数据和决策模型的不断累积，使企业具备自主学习功能，实现自我评估、自我纠偏、自我提升、自我引领。

国电大渡河公司智慧企业建设的关键路径：一是业务量化，通过各种最新技术的应用，将企业的各项业务全面数字化，使企业从过去的定性描述、经验管理逐步转变为数据说话、数据管理。二是集成集中，全面整合以往分散的系统平台，消除业务系统间分类建设、条块分割、数据孤岛的现象，从而形成集中、集约的管理系统。三是统一平台，实现各类专业口径的数据标准化，并在统一运用平台上相互交换、实时共享，为大数据价值的持续开发利用提供支撑。四是智能协同，通过对大数据的专业挖掘和软件开发，形成自动识别风险、智能决策管理以及多脑协调联动的“云脑”，对企业进行管理。

国电大渡河公司智慧企业的顶层架构：智慧企业顶层架构包含技术架构、运营模式和建设蓝图三大方面。一是技术架构。将云计算、大数据、物联网、移动互联、人工智能等先进技术，与生产建设、经营管理等各环节深度融合，支撑智慧企业技术架构，如图1所示。

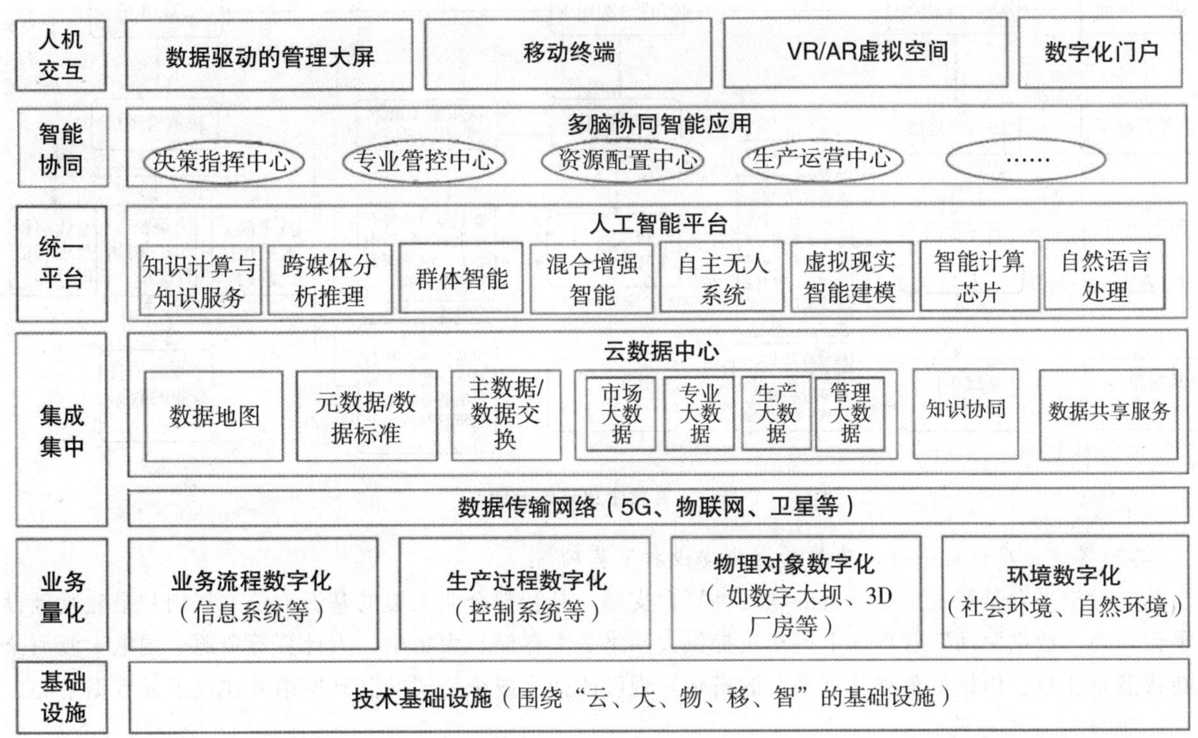

图 1 智慧企业技术构架

二是运营模式。明确国电大渡河公司智慧企业建设初期“一中枢、多中心、四单元”的运营模式，如图 2 所示。

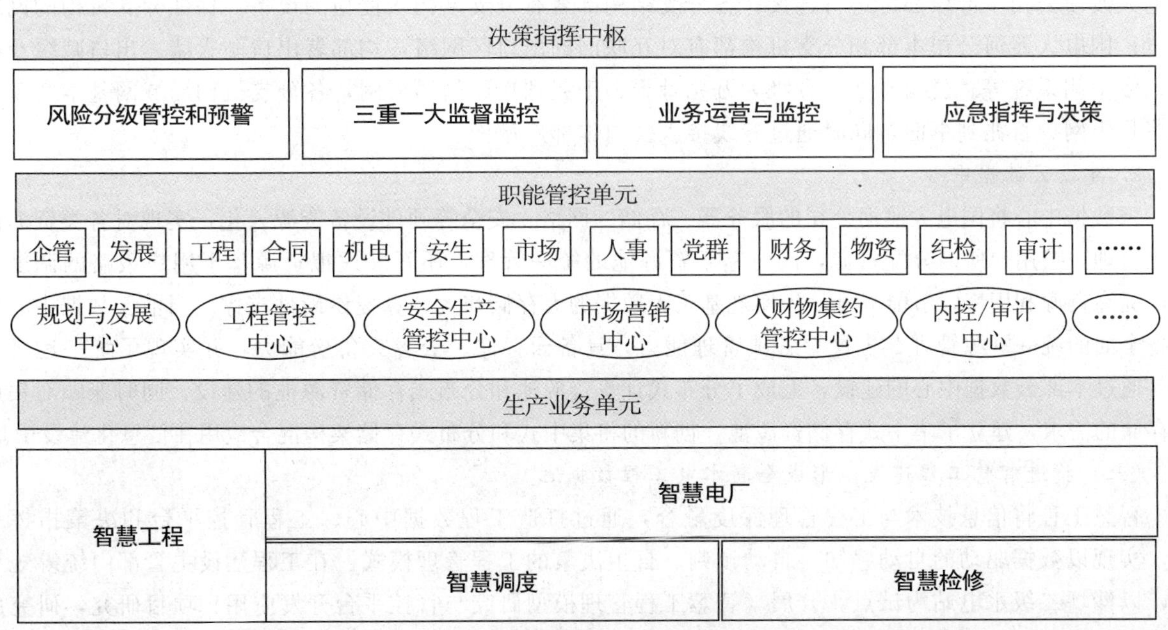

图 2 智慧企业运营模式

三是规划蓝图。结合国电大渡河公司实际，规划了近期和未来的实施蓝图，如图 3 所示。

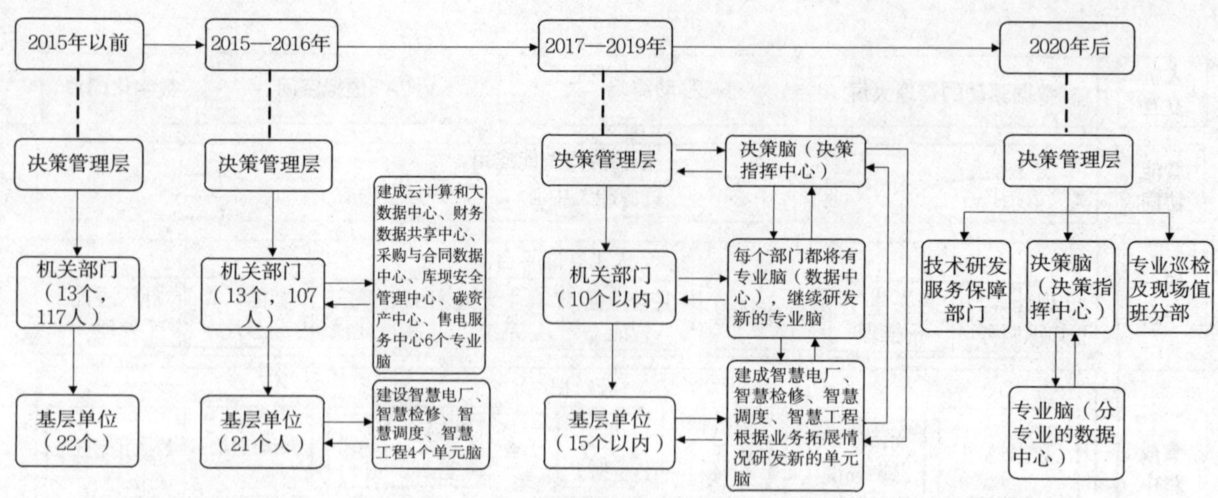

图 3　智慧企业规划蓝图

（二）搭建基础设施平台，为智慧企业建设打下基础

基础设施平台是智慧企业运行的软硬件平台支撑，是智慧企业大厦的基石。统一规划和搭建基础设施平台，为“数据驱动”管理的上层建筑提供大网络、大存储、大集中、大计算等资源。国电大渡河公司在智慧企业建设伊始就重视基础平台的搭建，现已改造完成全公司的基础网络并建设了云数据中心。

1. 扩充完善基础网络

国电大渡河公司基础网络建设以“大网络”为建设方针，在基础网络上不仅实现公司本部的互联互通，同时也与上至集团、下至分支机构实现大范围的互联互通。基础网络建设已按照国电大渡河公司本部、国电集团网络、分支结构网络、本部与分支机构的对互联网出口区的网络几个部分分别建设完成。本部网络划分为核心区、服务提供区、无线接入区、办公区 4 个部分；集团网络通过集团边界防火墙与国电大渡河公司本部核心区进行连接；各分支结构部署有分支结构入侵检测设备，保证分支机构的网络完全；国电大渡河公司本部和分支机构都有对互联网的出口区网络，均部署出口防火墙、出口减缓及出口入侵检测系统等。公司本部已升级为万兆骨干、千兆到桌面的局域网，各分支机构局域网基本实现了千兆骨干网、百兆到桌面，同时通过专线接入公司本部广域网。

2. 建设云数据中心

云数据中心将国电大渡河公司的服务器、存储、网络、安全等硬件设备资源云化，实现对各类资源的池化管理，按用户所需分配资源，同时基于资源池的统一管理，还开展虚拟资源基于用户策略的调度管理，提高资源利用率，节能减排，为实现基于大数据的大存储和大计算提供硬件支撑。当前云数据中心已具备全面的统一资源管理、告警等各项管理能力，具备云存储、云容灾备份能力，并实现了统一运维管理。通过本部云数据中心的建设，完成了分布式计算资源池和分布式存储资源池的建设，同时兼顾对集中式存储的需求，建立了集中式存储资源池，创新的将集中式和分布式存储架构混合应用在信息化建设中。

（三）推进智慧工程建设，形成全新水电工程数据池

智慧工程将信息技术与工程管理深度融合，通过打造工程数据中心、工程管控平台和决策指挥平台，实现以数据驱动的自动感知、自动预判、自主决策的工程管理模式。在工程建设主管部门统筹规划下，以沙坪二级水电站为试点，开展《智慧工程管理模型研究与管控平台开发应用》项目研究，研究成果具备开拓性创新科技，整体达到国际领先水平。

1. 研究开发智慧工程管控模型

智慧工程管理模型以“智慧大渡河”建设为框架，以沙坪二级水电站建设为依托，以实现生产、建

设、经营、管理行为数字化为目标，引入智能科学、风险识别理论方法，通过大数据挖掘、专家系统、云计算、物联网、移动互联等手段，研制更为高效、科学的流域建设项目管控模型，做到工程建设源头、中间、收尾环节的精细化、智慧化管理，实现工程建设全过程的管控智能化和决策科学化。基于云平台的多源信息融合和大数据驱动技术，快速、准确地获取各类关键数据信息，融入“三对”理念，构建大渡河公司工程建设项目质量、进度、投资等关键要素管控模型，从宏观目标、过程控制和细节管理全方位地实现建设项目进度、质量、安全、投资、环保水保的智能管控、风险预警，以及预警响应决策支持。

2. *构建数据驱动的全方位、全过程水电工程管控平台*

工程管控平台采用四层结构模式，分别为数据采集层、数据服务层、智慧单元层和智慧决策层。一是数据采集层。通过智能感知、自动抓取、人工填报等方式采集存储了智慧单元工程的数据，包括拌合楼、混凝土、作业资源、施工进度、安全监测等信息，利用 GPS、RFID、宽频定位、电子标签、摄像头等设备，辅以智能终端、电子表单、PC 端人工录入功能，可自动获取工程建设管理的关键信息，有利于提高工作效率、减少人为干扰，为实现参建各方工程管理数据信息的自动采集、实时共享、及时反馈提供技术支持。二是数据服务层。包括平台所需的基础空间地理、三维模型、工程图档、业务流程等方面的信息处理服务。通过工程建设管理数据中心统一的数据服务、企业数据总线、空间对象编码和工程模型数据配置，实现对数据库结构的管理和开发，以避免不同来源、不同阶段、不同类型的信息出现冲突、孤立、无法关联等问题，实现了对已有管理业务系统的无缝集成。通过 B/S、C/S、APP 等方式实现了跨操作系统、跨终端类型的信息表达，不同的业务系统可以通过桌面端、Web 端、移动端进行各业务模块的功能操作，实现了多源数据的统一管理、多样表现。三是智慧单元层。根据分标规划及功能要求来划分管理对象，该层面主要针对前期工程、大坝、厂房、公共工程、机电工程管理等重点问题，以对工程面貌的全面感知、信息的即时传达为基础，借助物联网、GIS 平台、BIM 等前沿技术，实现对拌合楼、混凝土生产、数字厂房、征地移民、送出工程等工程建设各个环节的高效管理。四是智慧决策层。通过对风险识别、指标设定、风险预警与评价、纠偏与检查，最后形成知识库等过程来实现对工程项目的进度、质量、成本、安全等的控制。

3. *发布智慧工程技术标准体系框架，为普及推广奠定基础*

智慧工程技术标准体系应包括通用标准、资源标准、应用标准、安全标准四类，其标准体系框架如图 4 所示。

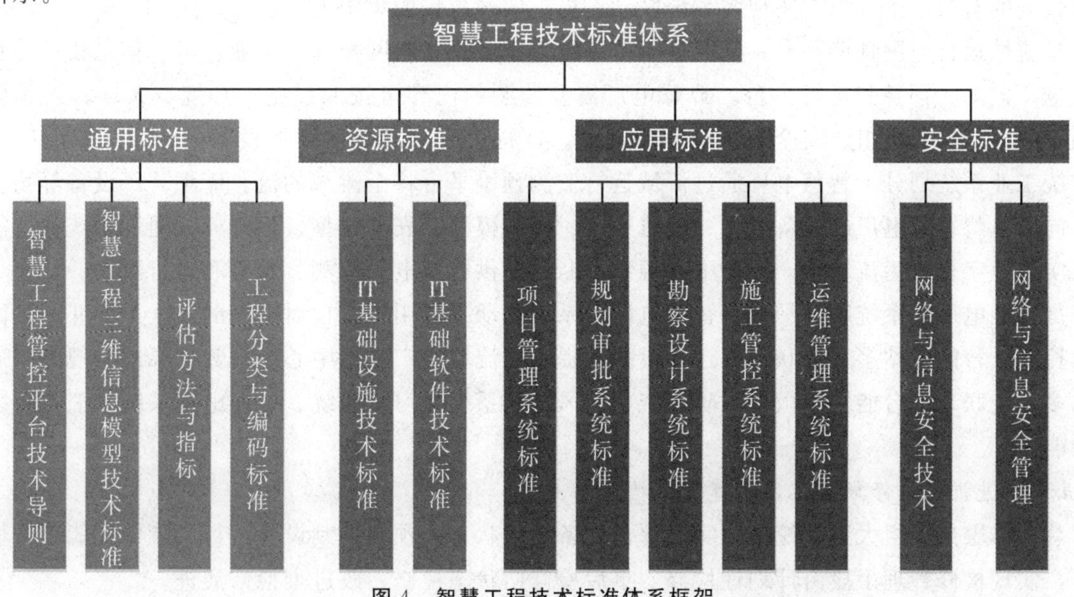

图 4　智慧工程技术标准体系框架

（四）提升电厂数字化管控水平，着力推进智慧电厂建设

1. 开发投入智能装备与产品，提升电厂设备智能化

一是智能安全帽。智能安全帽在具备传统安全帽安全防护作用的同时，兼顾静电报警、行走定位、视图拍摄、小组通话、灯光照明等功能，可以使佩带者的视觉、听觉、嗅觉等感官能力大幅提升，提供安全警示和轨迹追溯等功能，并可实现视野实时共享、虚拟场景模拟等功能，为安全运维和技术作业提供有力保障。智能安全帽已经过多个版本的完善升级，生产出了适用于水电站基建和不同生产工种管理要求的多种定型产品。目前，正在着力提升量产能力，为满足集团系统内外用户需求提供有力保障。

二是智能巡检机器人。充分利用现有的机器人自动化控制技术、通信技术、定位技术、传感器技术及云大物移技术，建设机器人智能巡回系统，包括前端机器人设备、后端计算大脑系统，模拟人的眼、耳、鼻、身功能，感受水电站厂房环境的变化，通过后端大脑的计算，自动分析现场情况并得出结论，并实现自动预警报警功能，人机和谐、人机互动；同时结合流域大数据、云计算平台进行自我进化与演进，不断提高智能化水平，远期可替代值班人员在现场巡回，促成值守模式的变革。

三是智能钥匙。智能钥匙作为微机防误系统的延伸，在微机防误系统的基础上进行系统的重新规划、后台的重新设计，将电站涉及机械钥匙的屏柜、端子箱、门等锁具全部更换为智能锁具，实现全部钥匙电子化、数据化管理，目前已形成定型技术方案，已在瀑布沟电厂进行应用实施。

2. 推进智慧基础平台建设，打造流域综合决策平台

智慧基础平台在技术上支撑智慧电厂的运行和智慧电厂建设。智慧基础平台包括流域运行监测预警平台、智能电站多系统联动平台。电力生产主要关注于设备和调度，设备检修需要设备和检修平台，设备运行与控制需要流域运行监测预警平台，设备联动需要智能电站多系统联动平台，发电调度和防洪调度则需要调度平台，智慧电厂还需要数据中心对电厂数据进行统一存储并统一上送国电大渡河公司本部。

一是流域生产数据中心。智慧电厂建立自己的流域生产数据中心（厂级数据中心），进行全厂数据的有效汇聚、短期存储、集中上送，并在厂级数据中心的基础上实现多系统联动功能，实现各电厂分散建设期的智能电站建设的多系统联动需求，同时将多系统联动标准化，未来国电大渡河公司所有新建的电厂只需要复制该流域生产数据中心与多系统联动标准。因此，智慧电厂流域生产数据中心的作用是第一实现数据的有效汇聚，第二实现多系统联动，第三实现数据的集中上送。

二是流域运行监测预警平台。流域运行监测预警平台是物联网技术、工业技术、信息技术等相结合的智慧电厂监测、预警和运行平台。智慧电厂需要监测的内容可按照设备、环境、大坝、人和调度划分，预警的内容按照机组、安全、防洪预警划分，运行按照智慧电厂智能设备后台系统、电厂智能系统、传统工业系统划分。智慧电厂通过流域运行监测预警平台将全流域的流、库坝、厂设备等物实现数字化，同时也将智慧电厂的设备模型、检修模型、调度模型、安全模型、运行模型通过系统和智能物联网设备实现数字化，为流域生产数据中心源源不断地提供智慧电厂监测、预警和运行数据。

三是智能电厂多系统联动平台。智能电站多系统联动平台用于实现对电厂的安全Ⅰ、Ⅱ、Ⅲ区系统的自动控制。智能电站多系统联动平台建设的前提是在流域生产数据中心统一数据标准与规范。通过智能电站多系统联动平台能实现微机五防系统、通风控制系统、门禁系统、工业电视系统、消防系统等的联动功能。

（五）推进机组检修数据化，构建智慧检修新业态

智慧检修聚焦机组大数据挖掘，实时评价设备健康状态，预警预判设备运行风险，智能决策设备停复指令，实现检修管理手段由计划性检修、事后检修向状态检修、改进型检修演进。

1. 推进机组重点数据的实时采集

主要通过在发电设备设置传感器测点，监测各设备的运行参数，并构架基础大数据库，为以后的状态评估提供基础。在电厂已有系统基础上，针对数据采集，主要开展以下工作：一是电气一次设备数据采集，主要包括GIS局部放电监测及数据采集、SF6气体监测及数据采集、机械特性监测及数据采集、避雷器在线监测及数据采集、变压器油在线监测及数据采集；二是机组运行状态监测及数据采集，主要包括推力轴承的监测及数据采集、不平衡电磁拉力监测及数据采集与气隙监测及数据采集。

2. 形成数据平台及数据处理分析平台

国电大渡河公司下属多个水电站分布于各地，电站的生产数据由采集系统采集，数据量庞大，数据类型繁多，维护使用困难，需要建设数据共享平台，并在此基础上开发数据挖掘、计算、分析、诊断功能，建设专家系统，通过机组运行参数的趋势分析，得出检修策略，提高检修管理的科学性和有效性。主要采取的技术手段包括创建设备编码、设备树，构建设备数据采集平台，设备状态量化等。

3. 建立检修智慧管理系统

按照"互联网+智慧检修"的建设思路，构建纵向贯通、横向集成的流域级检修管理平台，重点开发并建成设备检修工作通知、实施、流程审批、作业审批汇报、电子签章的全程电子化操作，实现检修报告电子化生成、检修工作竣工报告电子化生成，以及建立完善的检修设备库、检修知识库、标准作业库和标准业务流程工序卡。同时，建设Android、苹果IOS智能手机的信息管理系统APP，最终建成一套真正的"电子化、智慧化、可追溯化"的信息管理系统，全面实现公司上下信息渠道畅通和数据共享与应用，推进公司检修信息化。

智慧检修管理板块根据故障特点，自动生成工作票、检修方案、工序卡等文件包，科学指导、管理、监督检修作业。同时，通过业主需求整合、检修队伍管理、检修任务分派等实现人工检修的效率提升。初步实现风险识别的自动化和检修决策的智能化，有效提升设备安全可靠性，解决水电检修季节性对人力资源的需求，降低检修成本。

（六）开展智慧调度实践，构建实时精准、超前预测的新型水电调度

智慧调度将气象、水情、防洪、发电、市场等信息融为一体，全面搜集、分析电网负荷、水情雨情、设备工况等海量数据，实现以数据分析挖掘为基础的流域水电调度控制模式。国电大渡河公司在国内大型流域率先创新梯级水电站群经济调度控制技术（EDC），并应用于大渡河中下游流域电站，通过梯级电站站间负荷的实时、智能分配，累计增发电量35亿千瓦时，实现经济效益7亿元，减少电煤消耗110万余吨，减排二氧化碳290万吨。

1. 形成智慧调度核心模型

经济运行多维决策模型是智慧调度的核心，通过构建多维精细化优化调度模型，在预报、市场、运行状态等单元数据的支持下，实现多种目标调度方案的快速编制、调度状态跟踪、调度风险控制、调度成效反馈及调度方案的实时调整。其构架主要包含两方面：一是多维目标的优化协调。研究不同调节性能电站组合、不同调度任务（实时调控及中长期）、不同计算时期（汛期或枯水期）下的梯级发电收益、梯级发电量、梯级考核利用小时差异率、综合耗水率、水量利用率、弃水总量等关键指标须达到某个目标值时，剩余时段梯级电站应采取的调度策略。二是决策风险识别和迭代控制，经济运行决策的风险来自其复杂性，由于对来水、市场和调度环境变化的预测能力不足，经济运行决策必然伴随着一定的风险性。通过风险控制模型，准确识别各类潜在风险，采用迭代算法不断修正、优化决策，保障收益和风险的最佳平衡可控。

2. 大数据分析提升水情精准预报

气象水情预报是梯级水电站群智慧调度的前置性环节和重要组成部分。主要包括：一是全面数据收

集。基于气象水情预报影响因素众多、因子间关系复杂、因果关系非线性等特点，智慧型气象水情预报要求实现全面的基础数据收集。二是海量数据分析服务。智能化的数据识别、容错能力，通过建立分时敏感度模型，自适应筛选不同时间、不同气候条件下的预报主因子。三是气象、水情耦合。气象是水情的重要控制性因素，水情同时通过水汽蒸发反作用于气象，二者的联系具有紧密性、非线性的特点。通过建立气象水情的耦合模型实现精准预报。四是模型本地化和多模型智能会商。针对当前气象、水情预报模型数量众多、适用条件不一的现状，通过引入本地数据及预报经验将模型本地化，同时在预报模型上层构建智能会商模型，实现自动化预报成果准确度的大幅提升。

3. 物联桥接各关联智能板块

设备状态单元是智能调度的基础，借助关联“智慧电厂”“智慧检修”等智能板块，全面展示设备的状态评估及运行信息，及时掌握水电站设备运行状态及变化趋势，是调度安全风险分析、经济分配、预防控制等高级控制系统的基础。一是全息 3D 厂房展示：关联“智慧电厂”3D 数字厂房全信息模型，展示厂站监控、继电保护、稳定控制、励磁、调速、辅机设备、机组振摆保护及主设备状态监测和运行诊断情况。二是全面状态感知：关联“智慧电厂”“智慧检修”、板块及生产管理系统，扩大感知机电设备状态监测、设备生产管理信息，如涉及的工作票、操作票、工作缺陷等。在信息感知方面，一是加强信息推送，扩大信息收集范围，通过可视化方式推送第一手资料和对未来运行趋势的感知，如天气预报、电厂运行情况、市场预判等。二是智能预警逻辑研究：研究并改进监控系统信号显示方式，采用传统时间排序及智能排序两种方式。规范统一水电站告警信号的描述，在此基础上实现水电站告警信息的分层分类智能过滤。将大量报警信息简化为关键报警信息，便于监盘人员迅速、准确判断处理。三是设备智能状态评估：根据各类数据信息，对设备的运行状态、未来趋势、可能出现的状况进行分析与预测。

4. 统计分析市场敏感因素

建立“一站式”市场信息分析平台，通过大数据分析技术实现以下功能：一是跨平台数据采集。自动采集、保存、分析电网、全川电厂、川内大用户发电量、电量计划、大型水库水位、直购电、利用小时数等电力市场数据，尽可能实现与行业单位、电力市场、电网公司系统的自动衔接。二是市场分析预测技术。市场预测是市场分析、智慧调度的前提，智能化的市场预测与校正技术不可或缺。建立数据库，根据每日电网负荷、断面潮流数据的变化，考虑最新的国家和地方政策等边界条件影响，实施滚动预测与校正，保持相关数据的准确性。三是经济运行策略市场校核功能。关联大渡河公司市场营销系统，根据市场环境分析，对国电大渡河公司经济运行决策成果进行市场校核，匹配公司竞价策略。

5. 形成经济运行后评价体制

经济运行后评价单元主要针对已发生时段调度过程进行统计、分析及评价，便于梳理调度过程的不足，找准差距。一是自动跟踪经济运行关键指标：基于经济运行管控模型推演理论最优调度过程，自动跟踪并展示已发生时段发电量、耗水率、水量利用率、弃水量等关键指标的理论值、实际值及考核利用小时完成差异率，便于各单位负责经济运行的相关人员实时掌握本单位水电站经济运行和关键指标情况。通过关联可视化决策及防灾单元，对面临时段运行方式做出调整，以满足全周期指标达标要求。二是快速生成经济运行对标及考评结果：自动生成各类报表，如周报、月报、纵横对标、与完成值对标、星级企业考评、目标责任制企业考评等统计表，并能根据打分标准自动统计得分，提高报表数据的准确性和生成的速时性。三是智能生成经济运行分析材料：自动统计来水量、发电量、运行水位、耗水率、水量利用率、弃水量等指标环比、同比、与多年均值比的变化情况，考虑政府、社会等层面对水电企业在生态、防洪方面的诉求，配以相关表格和图形，根据各指标联动关系智能生成简单的经济运行分析材料。

6. 智能决策流域调度情况

本单元是水情预报单元、设备状态单元及市场分析单元的集合展示模块，是面向应用的决策模块。通过三维可视化智慧决策（含防灾决策）平台，将所有业务单元深度融合，实现所有人员、所有业务的统一管理和智慧应用。一是流域全景电子沙盘：通过采集流域10米分辨率DOM数据及河岸两侧15千米范围内倾斜摄影航拍数据，结合流域电站建筑物、电站主要设备、遥测站主要设备三维建模，构建大渡河流域高精度全景电子沙盘，作为三维可视化的基础载体。同时，通过多细节层次技术实现经济运行要素的动态可视化直观展示。二是高效智慧决策平台：引入“经济运行多维决策模型”，通过智能交互（IIS）和智能推送（IIPP）技术，实现针对不同用户的高效精准交互，结合调度决策智慧辅助技术，实现用户对调度方案编制、调度方案选取、调度效果预估、调度状态跟踪的全程掌握，从而构建智慧决策平台。三是智慧防灾调度：在库坝信息系统的支持下，结合流域地形地貌基础数据，根据流域河道特征，结合水文站、电站水位流量数据，采用动力学模型演进全流域河道过流情况，通过高精度贴图实现近河岸高精度河道演进三维可视化展示。智能统计水面特性、淹没情况、淹没损失等特征数据，智能绘制防洪风险图、防洪预警图。具备防灾演练支持功能。在紧急情况下，根据流域河道沿岸、厂区建筑物布局特征，提示应急物资存储最近位置、推荐人员撤离路线，为防灾调度提供决策支撑。四是三维可视化仿真：通过BIM与maximo等系统的融合，实现调度对象（水库、电站等）的远程高精度还原，达到调度、运行对象的三维可视化，让调度人员进行身临其境的调度操作。五是移动终端展示：移动终端展示主要是为“智慧调度”的不同层级、不同需求的参与者定制信息粒度，借助手机和移动终端的便利性，通过企业级的移动应用，加强针对性的数据推送，含第一手资料和对未来运行趋势的感知，实现移动监视、决策及会商。

（七）变革组织结构和管理流程，构建数据驱动的企业管理模式

1. 解放思想，加强智慧企业建设的组织领导

2014年年初，国电大渡河公司成立以公司总经理、党委书记为组长的智慧企业建设领导小组，作为专门工作机构负责企业管理变革领导工作。形成了主要领导亲自抓、分管领导专业推进、职能部门落地生根的管理格局。从2015年开始，将信息中心改制为智慧企业办公室，全面负责智慧企业建设的规划统筹，协调推进智慧项目建设，不再单纯的只负责企业信息化建设。成立智慧企业研究发展中心，由公司总经理亲自任主任，下设综合服务部、业务保障部、数据服务部、产业发展部、咨询服务部和咨询专家组，进一步加强管理变革的统筹协调管理，确保了各项工作的落实。

国电大渡河公司坚持以“创新”战略要求作为指引，大力培育创新文化，营造创新环境。先后选派近10批次干部职工赴深圳、杭州、南京、上海、北京等地区和华为公司、清华大学、复旦大学、南瑞自动等领先单位学习，开阔员工视野；以公司主要领导亲自挂帅成立智慧企业建设宣讲团队，开展了30余次宣讲授课，抽调各专业技术骨干与专家队伍广泛讲解智慧企业建设的必要性和美好前景，增强干部职工参与管理变革的工作热情；积极打造创新工作平台，设立青年创新工作站，通过项目自主申报、专家组评审、“智慧沙龙”等全链条引导青年职工创新出好课题、上好项目，孵化好成果；完善员工激励机制，大力开展“科技之星”“智慧之星”评选活动，充分激发员工创新创造的活力，营造浓厚的创新变革氛围。

2. 以数据驱动为主线，研究确定组织结构

智慧企业通过持续打造智慧化的能力，驱动企业组织形态和管理模式不断变革、创新，综合考虑智慧企业建设的长期性、艰巨性以及企业生产管理的特殊性，国电大渡河公司分析提出“以数据驱动为导向，采用‘物联网＋大数据＋人工智能’的传接纽带，将先进信息技术、工业技术和管理技术深度融合，构建新型智慧企业组织结构”的演进方向。

初期，采用的管理模型特点是层级管控与数据驱动管理相结合，适应对象是短期内无法消除层级管控的企业，如图5所示。

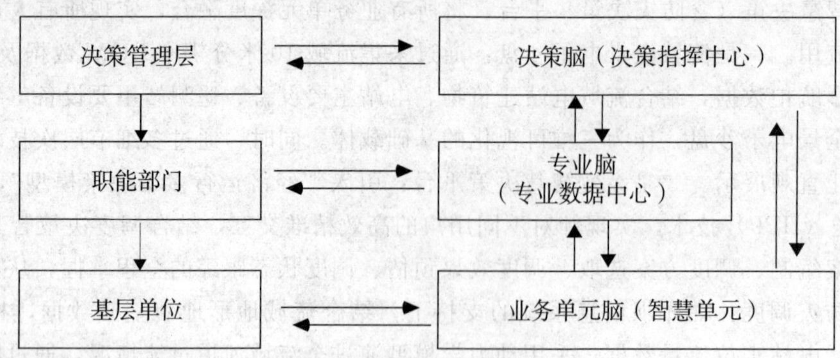

图5 智慧企业管理模型一

该管理模型以核心业务的数字改造和职能部门的专业整合为主，在保留原有科层管理组织架构的基础上，逐步添加和变革智慧企业管理体系要素，构建“双轨制”的运行机制，逐步增加原有管理体系对数据驱动企业管理模式的依赖程度，度过智慧企业初级阶段。但同时也要注意到，以上管理模型仅仅是过度模型，鉴于各行业、各企业的“环境”因素不同，需要构建符合企业实情的智慧企业初级管理模型体系。

后期，探索形成的管理模型特点是数据驱动管理，业务部门围绕各种人工智能脑发挥规划、研发和服务保障等作用，适应对象是单一职能型企业、大型或集团管控型企业的高级阶段，如图6所示。

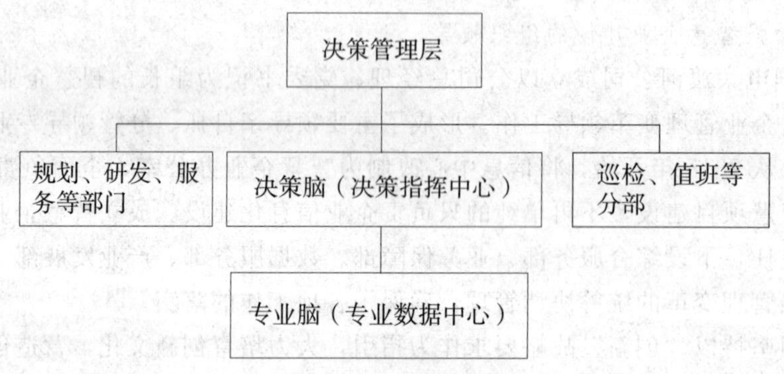

图6 智慧企业管理模型二

该管理模型完全实现了智慧企业管理体系的变革，决策指挥中心为核心，往下依托各专业数据中心的数据决策，往上为公司决策管理层提供综合决策预案，同时以规划、研发、服务等部门来保障整个智慧企业管理、技术的先进性变革，采用巡检、专业值班等分部实现公司一线员工的专业集成和“智慧”转型。

3. 以管理组织模型为指引，构建智慧企业运营管理架构

按照智慧企业管理组织变革方向，国电大渡河公司以专业数据中心（专业脑）和决策指挥中心（决策脑）进行具体落实和实践，以管理组织变革为导向，整合现有人、财、物等资源，构建新型智慧企业管理流程。

一是组建专业中心组，提升员工专业技能。提升公司专业人才的储备厚度，进行各专业中心组的“专业脑”构建，针对企业自动预判的不同层级问题及风险，自动生成应对问题及风险的方案，并提交

企业“决策脑”进行决策。通过智慧企业建设，推进职能部门管理模式再造和体制机制创新，在公司层面成立了云数据计算中心、库坝安全管理中心、售电服务中心等多个专业化中心，强化专业归口管理和职能集中管控，提高了专业覆盖深度，优化人力资源配置和数据管控力度。其中，通过项目大数据分析和先进技术应用，推动大渡河流域在建和前期项目基于“智慧企业”目标的优化，近几年实现项目优化投资70亿元；云数据计算中心整合公司全系统网络通信资源，构建大计算、大存储、大分析、大运维智慧企业运用平台，实现集中部署和上云运行，大幅减少设备及人力资源投入，每年节约软硬件建设资金、用电费用、运维费用近3000万元；库坝安全管理中心在大渡河流域已投产的6座水库大坝及周边岩体中，布置了2万多个安全监测点，实现对多座大坝的远方的集中监控，实时掌握大坝及山体的沉降、位移、变形等情况，确保风险预警及时准确。2016年5月通过大数据监测，提前4小时成功预警了省道S211郑家坪道路边坡出现垮塌风险，及时协调地方政府采取道路限行、保护措施，避免了人民群众生命财产损失近2亿元；售电服务中心加强对电力供需平衡以及大用户、竞争对手历史数据的研究，精准把握成本底线，锁定直购电用户，2017年增加收入1.67亿元；通过智慧调度建设，实施流域中下游三站EDC科学调度，累计增发电量约35亿千瓦时，实现经济效益7亿元。

二是完成决策指挥中心建设，逐步打造智慧“云脑系统”。决策指挥中心是智慧企业的关键依靠，国电大渡河公司已按照风险自动识别和预警、“三重一大”过程管控、应急情况下的指挥决策、基层业务的监管和追溯查询等职能完成该中心组建。其直接数据连接各类职能专业脑和业务单元脑，对公司的规划、生产、经营、管理进行整体管控，以公司规章制度、企业文化、战略规划为“本一构”红线，运用大数据分析处理技术挖掘数据包络曲线，对企业各类风险进行全过程识别、判定并自主预警。随着企业运营数据的积累沉淀、记忆认知、计算分析和交互感应，由量变引发质变，逐步实现企业管理的自我演进。

三、大型流域水电公司基于自主创新的智慧企业建设效果

（一）智慧企业建设取得阶段性成果

几年来，通过智慧企业建设，国电大渡河公司已初步形成智慧企业雏形，并取得了明显成效，取得了系列理论和实践成果。一是在理论方面：创新性提出了智慧企业理论框架。二是在管理实践方面：通过三大脑和多中心的建设，以及管理制度变革，国电大渡河公司已建成层级管控与自动管理相结合的企业管理模式；逐步推进模型，通过对双江口建设分公司单一职能专业型企业的变革，逐步形成数据驱动的中心制管理模式。三是在决策指挥中心（决策脑）建设方面：围绕决策指挥中心的数据治理已经完成规划并启动建设，计划2017年完成第一阶段的建设工作。四是在专业数据中心（专业脑）建设方面：已完成近10个专业脑的建设，正在筹建6个专业脑。五是在基层四大业务单元（单元脑）建设方面：沙坪智慧工程试点项目通过国内权威机构鉴定，达到国际领先水平，并在双江口建设分公司全面铺开智慧工程建设；智慧电厂通过智能安全帽、预警机器人、智能钥匙和多系统联动程序的研发，已逐步实现智慧电厂安风管控智能化和无人巡视的建设成果，其部分研发成果已可投入市场销售；通过科技创新已形成“1+5”的智慧调度总体架构，基本建成了覆盖电站调度运行全过程的大型流域梯级电站预报调控一体化平台；聚焦机组大数据挖掘，构建覆盖主、辅设备的智慧检修支撑平台，实现机组风险预警预判和智能决策，促使检修管理手段由计划性检修、事后检修向状态检修、改进型检修演进和转变，已建成中国工业设备管理网络进行设备全过程、全状态的动态监测，实现智慧检修的“互联网+”。

（二）经营管理现代化水平大幅提升，核心竞争力显著增强

国电大渡河公司通过智慧企业建设，大力实施创新驱动战略，不断提质增效，有效解决原有管理体制中的潜在矛盾，公司经营管理现代化水平大幅提升，经营指标不断完善，管理成本大大降低，原有管理体系的变革，释放了年轻员工的创造力和想象力；形成了以数据驱动企业管理的运行模态，组建决策

指挥中心、专业数据中心、基层业务单元的智慧企业组织模式；以数据监测和可靠度分析理论为基础，建成库坝安全管控平台和安全分级管控平台；以智能安全帽和预警机器人为代表的专利产品，已面向市场推广，成为公司新的盈利增长极；率先创新 EDC 技术，使大渡河流域水情资源得到优化配置，实现企业内部价值利益输出的最大化；组建中国工业设备管理网络，成功监控水电重要设备的运行状态，实现检修模块的数字化。

（三）为我国水电行业适应新工业革命探索了一条有效路径

国电大渡河公司的智慧企业建设经验，得到了国电集团和社会各界的高度肯定，已在国电集团全面推广应用，示范效应显著，先后多次获得主管部门、行业协会的肯定，为我国水电行业适应新工业革命探索了一条有效路径。

（成果创造人：涂扬举、何仲辉、周业荣、郑小华、陈　刚、温伟军、贺玉彬、李善平、晋　健、侯远航、张洪涛、罗立云）

智能煤化工工厂的建设与运营管理

中煤陕西榆林能源化工有限公司

中煤陕西榆林能源化工有限公司（以下简称中煤陕西公司）是中国中煤能源股份有限公司的全资子公司，2010年4月在陕西省榆林市注册成立，现有员工1100余人、注册资金93.69亿元，总资产规模为256.14亿元，主要建设项目有：360万吨/年煤制甲醇、135万吨/年聚烯烃项目，其中，一期项目（180万吨/年煤制甲醇、60万吨/年聚烯烃）已于2014年7月正式投产运行，二期项目正在筹建；与延安市均股合作的500万吨/年禾草沟煤矿2014年年初投入生产运营；年产1500万吨的大海则煤矿项目是化工配套资源矿井，目前正在建设之中。

一、智能煤化工工厂的建设与运营管理背景

（一）中煤集团转型升级、做强做大的需要

中国中煤能源集团有限公司（以下简称中煤集团）是国有重点骨干企业。近年来大力实施转型升级、科技创新战略，按照生产规模化、技术装备现代化、队伍专业化、管理信息化的“四化”方向和高起点、高目标、高质量、高效率、高效益的“五高”标准，坚持规模化、集约化、现代化发展模式，遵循效益优先、精干高效的基本原则，扎实推进管理升级，从粗放经营向精细管理转型，从传统管理模式向信息化升级，从产业结构升级、企业管理提升两方面不懈努力，提出打造山西、江苏、黑龙江、新疆等煤炭及煤转化生产基地，形成煤炭、煤化工、电力、煤矿装备、煤矿建设5大主业协同发展格局，进入全球领先煤炭公司行列，建设成为具有国际竞争力的大型能源集团的发展目标。

（二）地方政府追赶超越、发展中高端能源化工产业的需要

陕西省作为煤炭资源大省，借鉴吸取以往其他资源型地区发展煤炭产业的经验教训，提出“煤向电力、载能工业品、化工产品转化”的要求，从政策导向上推动煤炭由单纯开采生产向深加工延伸。中煤陕西公司煤化工项目所在地榆林市，深入实施“创新引领、主动转型”战略，严格落实煤炭转化政策要求，结合区域优势，加快构建高端低碳现代产业新体系，紧跟国家制造强国战略，多措并举，全力促进产业升级，全面建成“高端、清洁、环保、安全”的世界一流能源化工基地。

（三）信息技术的发展为建设智能煤化工工厂提供了有力支撑

随着信息技术的蓬勃发展，以数字化、网络化、智能化为特征的云计算、物联网、数据校正、虚拟现实、系统集成等技术越来越广泛地应用到企业生产过程，信息技术在传统产业中的作用越来越明显地体现出来，对传统制造业产生重大而深刻的影响。传统行业迎来了利用信息化技术推进制造过程智能化，提高制造业整体水平，实现转型发展的重要机遇。

二、智能煤化工工厂的建设与运营管理内涵和主要做法

中煤陕西公司在煤化工项目建设过程中坚持信息化建设与工程建设同步规划、同步建设、同步投用的建设模式，通过高标准建设自动化控制系统实现工艺集中管控，通过建设信息采集平台实现生产信息的数字化全感知，通过构建工厂数字双胞胎创新设备管理和工艺培训，从而在煤化工项目竣工投产的同时实现煤化工项目的本质安全、生产高效、两化深度融合，成为智能煤化工工厂。主要做法如下。

（一）明确智能煤化工项目建设与运营管理的思路和组织体系

项目建设指导思想是以建设世界一流能源企业为战略愿景，以打造国内领先的智能煤化工工厂为近期目标，坚持信息技术与技术工艺、生产经营管理的深度融合，创建国内煤化工智能制造示范企业。

项目的总体建设目标，一是打造全面智能的煤化工工厂。以生产管理为核心，逐步实现自动化控制、生产操作与管理、经营管控等业务全覆盖，物流、能流、资金流和业务流四流全打通。二是打造高度智能的煤化工工厂，不断提升“信息深度自感知、智慧优化自决策、精准控制自执行”能力。三是打造高效智能的煤化工工厂。通过智能化工厂的运营，降低生产成本、提高经济效益、增强企业竞争力。

中煤陕西公司针对智能煤化工工厂项目规模大、专业面广、技术复杂的特点，设立工程建设和智能建设两套组织架构。在工程建设管理组织架构中，采取以业务为主体的“IPM＋EPC＋工程监理”项目管理模式。EPC 总承包模式是一种包括设计、采购、施工和试车直至竣工移交的总承包管理。煤化工项目所有生产装置及全厂性公用工程设施共计 26 个装置/单元和信息化系统均选择 EPC 总承包模式。“IPMT”联合管理团队的构成包括由业主人员、咨询管理公司组成的项目管理团队。煤化工项目主任组下设 11 个职能部门和 8 个项目组。项目主任组是煤化工项目工程基建管理的决策层和指挥层。职能部门是工程建设的职能管理层，负责对各项目组工程建设进度、质量、费用和 HSE 的控制和协调。项目组是煤化工项目分区域的项目管理执行组织，是合同实施的管理主体，按照合同的规定，履行对 EPC 承包商、施工分包商、监理单位和合同相关方的监督、协调。职能部门、项目组共同组成矩阵式组织，在项目主任组的领导下开展工作。在智能建设管理组织架构中，公司信息化项目组联合管理团队由业主方的领导和信息化人员、业务关键用户和总承包商、分包商的管理和技术人员共同组成。信息化项目组各层管理机构与煤化工项目各项目组、EPC 总承包商积极配合，相互协调，保证工程建设、管理机制的建立与信息化系统的相兼容性，共同、同步建设智能煤化工项目。

（二）与项目基础建设同步规划设计信息系统

1. 按照“三步走”的规划，确定信息化建设内容

中煤陕西公司提出“规划先行、统筹建设、持续改进”的整体建设思路，用 5 年左右的时间，分 3 个主要阶段，初步建成行业领先的智能煤化工工厂。

规划阶段：2012 年为项目的设计年和土建施工年。主要任务是完成基建工程项目工艺包的详细设计，完成主体结构建设；同步开展智能煤化工工厂的自动化系统和信息化规划设计，形成信息化系统架构设计和总体建设方案，并完成工程项目管理信息平台建设。

建设阶段：2013 年为项目的施工年和生产准备年。主要任务是完成工艺设备、工艺管道、电气仪表等主要设备设施的安装；同步开展全厂电讯系统、数据采集设施、监控系统等基础设施的建设，为完成智能煤化工项目奠定基础。2014 年为试车投产年，完成主要装置联运试车，当年年底打通全流程，生产出合格的产品；同时按照“分类实施、关键先行、有序推进”的思路，通过大规模信息化系统建设，完成信息化应用系统对生产操作、生产管理、经营管理业务的全面覆盖。

运营阶段：随着 2015 年煤化工项目的正式投产运行，智能煤化工工厂从建设阶段逐步转入运营阶段，通过深入挖掘信息系统的应用潜力，不断改进提升，为持续的业务优化、管理创新提供支撑。

2. 明确系统设计“六化”特征

在煤化工项目基建前期，中煤陕西公司组织生产、运营管理人员以及信息化技术人员，与化工行业两化融合先进企业、优秀供应商进行广泛的交流学习，了解掌握行业智能化建设的现状和发展前景。在此基础上，认真总结分析煤化工项目生产经营管理的特点，依据项目总体建设目标，广泛采用企业私有云、三维可视化、大数据分析等先进信息化技术，提出智能煤化工工厂系统设计的“控制自动化、信息数字化、生产组织模型化、业务场景可视化、系统集成化、决策科学化”“六化”特征。其中，控制自动化指建设覆盖全厂的 DCS、SIS 等工业控制系统，实现对整个工艺过程的自动化监测与控制；信息数字化指借助覆盖全厂的网络平台实现生产数据的实时采集，实现生产环境与信息系统的无缝对接；生产组织模型化指基于工厂模型构建煤化工的各类业务模型与规则，并与各种生产管理活动相匹配；业务场

景可视化指搭建与生产实际相同的可视化模型，并与生产工艺、设备信息、安全管理等业务集成；系统集成化指建设企业信息集成平台，将各自独立的信息系统连接成为一个有机整体；决策科学化指利用大数据技术发现、分析问题，为科学决策提供依据。

3. 确定系统架构

中煤陕西公司规划设计技术先进、内容完整、数据标准、业务协同的应用系统和功能架构，为开展智能煤化工工厂建设实施工作指明方向、确定路线。

一是先进可靠的自动化控制。在建成生产自动化控制系统的基础上，应用物联网、远程诊断、移动应用等先进技术，实现生产数据、现场环境等数据的实时采集和上传，使得现场环境与信息系统通过传感器实现无缝对接，建立智能煤化工工厂的感知层和控制层。

二是精准安全的生产管控。实现生产过程对物料、能源、质量、设备、工艺以及安、健、环的全业务管控，满足日常生产管理与现场执行的全部业务需要，为生产管理的精细化、可视化、实时化、智能化提供信息化保证。

三是规范高效的经营管理。达成对财务、计划、采购、销售、人力等全资源的有效管控，实现生产操作与企业经营管理的数据共享与融合，提升公司经营管理信息化、智能化水平。

四是智能便捷的决策支持。对各类生产、经营、财务等主题数据进行有效整合，实现对信息的深度挖掘和综合利用，帮助领导层随时随地监控生产经营管理活动，及时发现生产经营风险、隐患问题，追溯问题并解决问题，提升风险防控能力和盈利能力，实现决策的移动化和智能化。

五是绿色节能的IT基础设施。采用云计算技术，搭建公司服务器和桌面云平台，形成智能化、集中化、虚拟化、可扩展的技术体系，搭建网络及安全平台，为各类应用系统提供安全、稳定、可靠的工作环境。

（三）与基建施工同步建设智能煤化工工厂

1. 全员参与、协调配合，同步推进智能工厂建设

项目联合管理团队严格执行项目管理制度，综合运用各种管理手段，平稳有序地推进各项建设工作。一是强调项目建设的全员参与。每一个子系统都组建建设小组，由业务负责人、关键用户、信息化人员和子系统实施顾问共同组成。二是重视整体进度控制。每周分解下发各子系统的进度计划要求，保证工程建设和信息化步调一致，各子系统负责人再将工作任务分解到每个人、每一天。在每周的项目例会上，项目管理组指导、检查、考核各子系统的进度计划完成情况。三是重视系统移交和知识转移。为确保每一名用户都能更好地理解和使用信息系统，信息化人员更好地管理和维护信息系统，在每个子系统验收前都需要完成实施顾问与关键用户之间的知识转移、实施顾问与信息化运维人员之间的知识转移两个过程。

2. 建设项目管理平台，协助工程建设过程控制

煤化工基建项目工艺复杂、交叉并行作业多、规模大，其建设期管理对象是由多区域、多装置、多专业、多管理层次、众多参建单位构成的复杂的“项目群”系统。要切实管理好这样的超大型工程项目，不仅要求项目团队有优秀的项目管理能力，同时也需要一套采用信息化手段的、先进科学的项目管理方法。公司项目管理部在2012年“土建年”开始建设以项目管理为核心的工厂项目管理信息平台，覆盖项目管理的“四控”（进度、投资、质量和安全）、“四管”（文档、采购、合同、沟通）以及人力资源、协同办公、财务、安保等业务领域，形成以业主为中心，涵盖总包方、设计方、监理方和供货方的统一、集成、高效的项目管控平台、协同办公平台。以项目管理平台为主要依靠，梳理工作制度和流程，建立“项目管理＋信息化＋管理程序”三者结合的现代工程管理体系方法，实现煤化工基建项目的高效管理。

3. 高标准建设自动化控制系统，实现工艺集中管控

在项目建设过程中，中煤陕西公司从技术的先进性、开放性、安全性等几方面整体考虑，信息化人员与工艺、仪表专业人员在工艺路线选择、自动化设备选型、智能化仪器仪表使用和APC应用等关键技术问题上充分论证，明确信息化系统对DCS系统仪表的部署位置、数据采集内容的具体要求，建设新一代自动化控制系统、安全仪表系统、大机组控制系统，为推进两化深度融合，实现现场工艺、设备和安全等信息的可视化、数字化管理打下坚实基础。同时，为实现全厂工艺分散操作、集中控制、集中管理的目标，公司基于先进的自动化控制系统建设中央控制室，并将全厂各生产装置控制系统的内操席位、值班主任席位全部设置到中央控制室内，缩短调度指令传达流程，实现生产指挥的高效、协调。

4. 建设信息采集平台

信息采集平台是智能工厂"数字化"特征的具体载体，也是进一步实现"模型化、可视化、集成化"的重要基础。在基础设计阶段，公司根据智能工厂数字化采集的要求，与基建设计单位深入沟通，把电讯系统、基础网络的建设内容和范围列入工程详细设计中；与基建项目的管线铺设、设备安装调试过程同步建设完成电讯和网络系统，在投料试车前就基本搭建了各信息采集平台，在生产、安全和环保业务方面实现信息的全面感知。

一是建成覆盖全厂的基础有线网络，针对装置现场个别区域有线网络未覆盖的情况，建设两套4G专网基站作为补充，形成有线/无线一体的网络采集环境，为智能工厂实现数据自动采集及实时监控提供基础保障。二是通过建立实时数据采集平台，实现对生产工艺数据和装置现场环境的实时采集与监控、预警及趋势分析，及时发现生产工艺异常指标。三是通过建立安防一体化平台，采集全厂40000余台火灾探测器、800余台有毒可燃气体报警仪、460多台工业及安防监控摄像头、红外线周界监控、高点监控等设备设施的安全信息。四是通过搭建融合业务通信平台，将固话、移动电话、无线对讲、应急广播、视频会议、4G移动设备及单兵设备等通信方式高度融合，确保在日常生产和应急救援情况下的高效指挥调度。五是构建企业环境保护指标体系和泄漏检测与修复（LDAR）体系，搭建环境保护智能监管平台，实现对环境外排物、特征污染物和异常监控报警等环保数据的在线监控。

5. 构建工厂数字双胞胎，创新设备管理和工艺培训

数字双胞胎是以数字化方式复制一个物理工厂，并在两者间搭建一座桥梁，以数字化工厂对物理工厂的生产制造过程进行虚拟仿真，从而提高煤化工企业的生产、管理效率。

一是对工厂物理空间进行复制，建设三维可视化工厂系统。在基建设计阶段，中煤陕西公司超前提出数字交付概念，要求EPC总包商同步设计全厂数字化三维模型。在装置安装施工过程中，要求施工人员依据三维模型组织施工，以便于对整体空间的理解，避免施工中的碰撞问题，同时根据现场施工的实际情况更新修改三维模型。在生产装置中交时，将10多家EPC总承包商的17套生产装置和地下管网的三维模型无缝集成，共计导入图元350万个、热点数据200万个、面片数约1.5亿条，最终形成全厂可视化的三维模型。在项目运营以后，利用三维可视化工厂模型，在装置关键监测点、设备拆解、设备档案、生产检维修、地下管网、人员定位和三维作业票管理等方面开展应用，为生产操作和管理人员提供直接的业务场景展示，真正实现全厂地面和地下的可视化、数字化管理。

二是对工艺流程进行复制，搭建OTS仿真培训系统。分阶段、分批次的完成覆盖热动力站和煤化工生产工艺全流程的仿真培训系统建设，广泛应用于员工操作培训。在开车前利用仿真培训系统完成对390名应届大学生为期10个月的培训，培养出大批合格的岗位操作工人，为项目一次顺利开车成功提供重要保障，仅培训费用就节约1000多万元。进入生产期，工艺技术人员利用这套系统模拟生产过程中实际发生的问题，分析问题原因、优化操作流程，为保证生产的稳定、高效运行发挥重要作用。

6. 建立数字化业务模型，帮助优化生产业务流程

在装置中交之后，基建项目进入生产准备期，中煤陕西公司从物资、人员、技术等方面为试车投产做充足的准备。信息化项目组根据煤化工项目投产运营后的生产组织方式和机构设置，对生产系统中的组织、生产布局、产品、物料、能源和操作工艺等基本资料进行数字化、信息化抽象，实现工厂数字化模型管理，为生产、质量、安全和统计等业务的执行提供数据支持，并帮助企业完善和改进生产流程，有效支撑试车投产工作。一是建立全厂物料模型。根据煤制烯烃工艺总流程，把全厂生产所涉及的80余种物料按照原料、成品、半成品、能源介质四种类型进行划分，规范化工生产的物料消耗监控和统计业务，为化工生产、经营成本精细化管控提供有力的支撑。二是建立化工装置模型。以装置边界的进料/出料管线及相应的投入/产出物料为框架，描述装置、侧线、加工方案及物料之间的关联关系，规范化工生产装置投入产出管理业务流程，满足班组核算、车间统计、生产调度的业务需求。三是建立罐区模型。以罐存物料的收、付、存业务为主线，规范和跟踪化工企业罐区收付操作、检尺计量、收发货计量及库存物料等业务管理流程和统计标准。四是建立能源管理模型。以生产装置和能源管网为单位，依据能源管网的平衡原理，建立公用工程介质的实物量消耗/产出数据模型，规范能源消耗的监控和统计业务，为化工生产降低能耗提供数字模型基础。

（四）构建智能煤化工工厂的运营管理新模式

1. 多系统集成，实现业务协同

智能煤化工工厂通过建立各项业务单元之间的数据关系、逻辑关系，将企业运营过程中各业务单元之间的投入、转换、产出等横向相互依赖关系协同起来，消除信息孤岛，打通业务链接，形成新的业务集合，实现“1＋1＞2”的效应。中煤陕西公司建设总线式集成服务平台，已经管理了65个标准业务接口，通过数据集成、界面集成、应用集成、业务集成，将所有信息系统整合成为一个有机整体，实现数据上下一体、信息高效传递、业务协同联动。例如，通过集成从原材料采购、生产过程控制到产品出厂的分析化验数据和产品售后反馈信息，形成产品质量信息化闭环管理模式；通过作业票管理和三维可视化工厂相结合，员工可在工厂三维模型上动态查看厂区目前有哪些动火、动土作业，以及作业影响范围有多大；通过危化品管理系统与应急指挥平台进行数据共享、集成，在应急情况下指挥人员可快速获取危化品的存放位置、存放数量以及危化品的化学属性等信息，针对不同危化品启动不同的响应预案，避免盲目指挥带来的二次伤害。

2. 模拟生产运行，优化资源配置

动力和原料煤是煤化工企业两项最大的消耗。中煤陕西公司利用信息系统自动数采、全程模拟、智能分析的功能，大力开展资源配置优化工作。一是降低动力消耗。建立集动力装置与蒸汽管网为一体的全厂蒸汽动力系统模型，对整个蒸汽管网、动力系统中的管线、阀门、设备的运行参数进行模拟计算，提出节省蒸汽的工艺操作优化和蒸汽系统技术改造方案，系统实施后蒸汽总消耗量降低1.38%，年降低生产成本约600万元。二是降低原料煤消耗。通过生产运行系统对用煤成本、运行成本、产品产量、产品价格等数据进行综合分析，优化高硫煤和低硫煤配比，使综合经济效益达到最佳，年提高经济效益近1亿元。

3. 改变信息获取方式，推动流程再造

中煤陕西公司充分利用移动终端，与OA、法务等系统衔接，实现随时随地办理业务，减少业务处理等待时间；与MES系统集成，展示生产应用系统所提供的各类生产报表和全厂实时工艺参数，随时掌握生产情况，改变生产管理方式；与工厂视频监控系统关联，在厂外也可以查看生产现场情况；与仓储管理系统连接，实时查看各类物资的库存情况，准确执行出入库的计划与操作指令。移动终端办公平台打破传统业务管理流程的空间、时间限制，使办公如影随形，在信息的获取上变得快捷而准确，在业

务处理流程上实现由串行执行转为并行执行，极大地提高管理效率。

4. 深入挖掘数据，实现科学决策

中煤陕西公司通过建立企业级数据仓库，将公司财务、生产、设备、能耗、安全等 13 类主题数据进行梳理、整合和分析，形成生产经营智能决策模型，为科学决策提供支撑。一是通过量本利分析模型分析不同时间段的产品产量、生产成本、市场价格，测算产品边际效益，为合理组织生产、制订销售策略提供决策支持。二是在事故状态下运用扩散模型，根据工厂实时风力、风向等气象条件，并结合气体泄露量等数据进行分析，模拟不同介质气体泄漏的扩散速度、影响范围和变化趋势，辅助应急指挥人员制定合理的逃生避灾路线。三是实时采集 16 套关键机组的动态工艺参数、设备健康指数及报警等信息，实现设备维护专家对关键机组的远程在线监测和智能诊断。3 年来，借助远程专家诊断系统预警了 9 次大机组故障，并对故障类型、故障原因给出了详细科学的分析报告，避免经济损失上千万元。

5. 让智能制造具有“情商”，促进管理创新

中煤陕西公司一直在研究智能工厂运行与员工行为之间的关系，不断探索如何让智能工厂触动员工爱岗敬业的情感，激发员工积极有为的工作热情，使智能工厂具有“情商”。

自投产以来，中煤陕西公司推行以信息化为手段的“横大班”管理模式。所谓“横大班”是对处在同一倒班班时的所有生产班组的统称，公司执行四班两倒的运行方式，共 4 个横大班。“横大班”管理模式将原来按装置专业分工的纵向生产组织，变为横向按上下游生产顺序拉动的生产作业模式，基本做法是引入内部市场化的管理理念，将每一个“横大班”作为一个考核整体，利用信息化系统每天自动汇总、统计 400 余项考核指标，以“利润”的方式形成“横大班”每天的生产绩效考核结果，月底依据考核结果兑现奖罚。与传统管理方式相比，“横大班”信息化管理系统具有下列优势：一是客观，系统不掺杂人的主观因素，以实际生产数据对员工的工作结果做出客观评断，其公正、诚信的品格让员工信赖；二是准确、及时，系统在每一班时结束后立即做出评价结果，其高超的业务能力让员工认可；三是大局观，系统从公司整体盈利的全局视野构建评价模型，并将公司盈利与员工共享，调动每一名员工的积极性；四是细致，系统通过 400 多个考核项与目标值的设定，告诉员工做什么、做得如何，通过横大班排名，提醒后进班组克服不足、持续改进，激励先进班组保持成绩、再创佳绩，其细致入微的服务让员工感到亲切。在横大班信息化管理系统的影响下，员工的生产热情更高，责任心更强；打破了员工的本位主义思想，协调和处理生产问题更加积极主动；将工艺过程由“点”连成“线”，工艺超标比率降低 30%；员工与企业形成利益共同体，每个人都关心公司效益，自 2015 年以来累计创造效益 1000 余万元。

（五）构建适应智能煤化工建设与运营的复合型人才队伍

中煤陕西公司特别注重培养既懂生产技术和管理又懂信息化的复合型人才队伍。一是从国内优秀 IT 企业、咨询公司、煤化工企业公开招聘具有丰富信息化经验的高端复合型人才，这些人才迅速成为智能煤化工工厂建设生产运营管理的骨干力量。二是在项目基建期，有多达 300 余人的外部信息化服务人员和管理咨询人员参与项目建设与管理，通过长时间、不同层次、不同领域的深度合作与交流，为公司带来最新的管理理念和技术，有效提升公司管理、技术人员的综合素质。三是经常性的组织技术人员和管理干部进行信息化理念、系统架构、系统操作等的培训，使其快速熟悉智能工厂的运营特点，掌握各信息系统的使用技能，为两化融合人才队伍的持续稳定和素质提升奠定基础。四是开展信息化与生产经营业务的交叉融合。信息化人员深入日常生产经营的各项具体业务操作过程，为业务的改进创新出谋划策，培养一支懂生产的信息化建设和运维管理团队；同时，业务人员以业务代表和关键用户的身份，深度参与信息化系统建设，提高业务人员的信息化意识和能力，培养一支懂信息化的业务管理队伍。

三、智能煤化工工厂的建设与运营管理效果

（一）实现了煤化工工程项目与信息化同步建设，确保了项目高质量投产运行

智能煤化工工厂基建项目与信息化项目一体化建设取得很好的协同效果。自动化控制系统的同步选型，生产执行系统的同步投用，操作人员的同步培训，有力地支持了项目建设，保证项目顺利开车。与同等规模、同类装置的基建项目相比，在项目投资、建设周期、工程质量、试车进度、创造效益等方面刷新了多项纪录。一是周期短。项目从奠基开工到全面建成产出合格产品，历时35个月，比计划工期提前了5个月。二是质量优。项目建设工程质量合格率100%，无损探伤一次合格率达98%以上，比同等规模、同类装置高2个百分点。三是试车稳。从第一台气化炉点火到一次打通煤制烯烃，全部流程历时50天，比同等规模、同类装置快了4个月。四是见效迅速。项目自2014年投入试车运行后，当年就实现了装置满负荷运转，形成试车收益4亿元，实现了当年投料试车、当年产生经济效益。

（二）企业竞争能力明显提高，经济效益显著

中煤陕西公司随着智能化建设的深入开展，逐步形成了成本低、负荷高、运行稳、产量高、质量好的企业竞争优势。煤化工项目通过优化岗位设置，推进无人值守，相较同类装置项目用工人数降低约600人，年降低人工成本近1亿元。生产装置高负荷安稳运行1000多天，平均负荷保持在设计值的107%以上。烯烃生产综合能耗优于国标烯烃产品能源消耗先进值水平。生产装置的“长稳安满优”运行有效地提高了公司的经济效益，年实现利润在10亿元以上。近3年累计上缴利税约50亿元，为推动地方经济社会转型发展做出重要贡献。

（三）树立了国内煤化工智能化样板，示范效果凸显

中煤陕西公司在国内煤制烯烃行业率先建设涵盖企业过程控制、生产管理、经营决策等业务的智能工厂，智能化效果显著。煤化工项目投产后，公司不断总结智能工厂建设和运营经验，形成一系列智能工厂建设和运营的标准规范，有利于在煤化工行业推广智能工厂建设和运营经验。目前中煤集团内部多家企业借鉴中煤陕西公司智能工厂建设的经验和成果，打造适合企业自身的智能工厂，取得良好效果。中煤陕西公司智能煤化工工厂的建设和运营模式在煤化工行业的推广应用，对降本增效、提升管理水平具有显著作用。

（成果创造人：姜殿臣、周永涛、王小川、马春雷、
武　凯、金永文、张振江、贺海波、陈海波）

轨道交通装备企业面向产品全生命周期的智能化改造

中车长春轨道客车股份有限公司

中车长春轨道客车股份有限公司（以下简称中车长客股份公司）前身长春客车厂始建于 1954 年，是国家“一五”期间重点建设项目之一。2002 年 3 月改制为股份公司，现注册资本（总股本）为 58 亿元（股），其中中国中车持股 93.54%，固定资产总值约为 98 亿元，有员工 13502 人，厂区占地面积 490 万平方米，共有 19 家子公司。以动车组、城市轨道车辆、铁路客车三大产品平台为核心，构建了轨道客车新造、检修及运维三大主营业务，是我国大型轨道客车研发、制造、检修及出口基地，产品现已出口到美国、澳大利亚、巴西、泰国、沙特、伊朗、新加坡、新西兰、阿根廷、埃塞俄比亚以及中国香港等 22 个国家和地区，年销售收入超过 300 亿元，创汇超 100 亿美元，主要产品市场占有率达 40%以上。

一、轨道交通装备企业面向产品全生命周期的智能化改造背景

（一）积极响应国家战略的需要

2015 年，我国提出“中国制造 2025”，坚持创新驱动、智能转型、强化基础、绿色发展，加快从制造大国转向制造强国。在这一过程中，智能制造是制高点、突破口和主攻方向，也是从制造大国转向制造强国的根本路径。轨道交通作为国家大力倡导并推介的项目，在“一带一路”倡议中占有重要位置，轨道交通装备制造业更是担负着主力军和形象大使的角色。作为我国轨道交通装备制造的核心企业，必然要求企业加快智能化改造，走以“智”取胜的发展道路，为我国从制造大国升级到制造强国贡献力量。

（二）适应市场竞争、引领行业发展的必然选择

当前，在轨道交通装备行业中，客户对产品的需求已从低端转向高端，对产品的可靠性、先进性、功能性、环境适应性、本地化及技术转让等要求越来越严格。与国际竞争对手相比，中车长客股份公司在知识产权自主性、核心技术掌握程度、个性产品平台的数量和类型、对供应商的控制能力、系统解决方案等方面存在差距。与国内竞争对手相比，中车长客股份公司的市场、产品、技术、管理、资源、文化等某些方面略有优势，但是伴随竞争对手的不断成长，领先优势已不明显，部分竞争对手的主产品及关键技术已实现领先。同时，随着铁路总公司市场化、企业化改革的不断深入，对产品质量安全的标准不断提高，要求日益严格。这必然需要中车长客股份公司积极转型，加速发展智能改造，创新驱动企业发展，不断提升产品品质和企业的竞争力。

（三）实现企业发展战略的根本途径

中车长客股份公司正处于战略转型和重大变革期：一是由结构型产品向功能型产品转型。二是由制造型企业向研发、制造服务型企业转型。客户的需求，从车辆供应发展到系统化解决方案的整体性需求。三是由被动发展向战略驱动转型。中车长客股份公司在主动引导客户需求方面存在不足，面对瞬息万变的市场形势，必须强化顶层设计，突出机遇导向和战略导向作用。四是由传统制造业向现代智造业转型。五是由粗放管理向集约管理转型。当行业呈现严重供过于求的时候，在产品同质化条件下，企业之间比拼的将是管理水平和盈利能力，中车长客股份公司必须变生产型理念为经营型理念，尽快实现由粗放管理向集约管理转变。六是由本地企业向跨国企业转型。国内产能严重过剩，促使中车长客股份公司必须在产品、技术、资本、服务和管理等方面全面“走出去”。面对这一形势变化，只有加速企业智

能化改造，才能保证企业的生存和发展。

二、轨道交通装备企业面向产品全生命周期的智能化改造内涵和主要做法

中车长客股份公司基于新一代信息技术和先进制造技术，以数字化贯通全制造过程，以关键制造环节智能化为核心，以网络互联为支撑，通过智能装备、智能物流、制造执行系统的集成应用，实现整个生产过程的优化控制、智能调度、状态监控、质量管控，增强生产过程透明度，提高效率，降低成本，进一步打造企业高端装备品牌影响力，提升企业国际国内市场知名度。主要做法如下。

（一）明确智能化改造的总体思路和实施路径

1. 总体思路

中车长客股份公司确定以“数字化、网络化、智能化”为主线，大力推进“互联网＋技术创新”“互联网＋管理创新”和“互联网＋商业模式创新”，解决数据不准确不共享、信息孤岛多、业务协同差、离散型制造效能低、适应用户个性化需求能力不足等问题，建成与公司战略目标和发展进程相适应的全方位数字化应用平台，加快企业智能化建设，围绕数字化设计、智能化制造、信息化管理，从数字化运营、数字化研发、数字化生产及数字化服务等方面，持续打造企业新型能力。明确3个阶段实施目标：一是要解决好智能化的认知、智能化所需的管理内容、数据积累和流程建设问题。二是要实现经营活动和技术工作两项主要业务流程的智能化。三是要实现企业整体及各项工作的智能化，确保实现“长客制造”向“长客智造”的转型升级。

2. 开展组织与流程变革

中车长客股份公司依据“目标－主流程－系统”的承接关系，按照瞄准目标定位、理顺业务流程、明确节点功能、明晰输入输出、设定组织机构、提升基础与管理的六步法则，推进公司管理的体系化、流程化进程。实施研发、工艺、经营、业务等多个系统的改革，通过这些改革，使公司组织架构更合理，流程更顺畅，机制更灵活。用“卓越业务流程”的理念和方法推动对企业流程的再造及固化，对各系统的接口关系、信息流、实物流、资金流的运转模式进行梳理和优化，确保基于管理与信息化的深度融合，实现管理可视化和运营体系的智能化。

3. 明确整体架构

为解决公司原有信息系统暴露出业务数据分散、系统之间缺乏集成等问题。中车长客股份公司坚持按系统建设规划改造经营管理平台（ERP），从源头上解决现存问题，杜绝新的信息孤岛产生，实现经营管理平台由分散向集中的阶段性跨越。在平台建设过程中，紧紧抓住各业务领域的特点，实现系统与业务的紧密结合。以建立健全业务管控体系为核心，加强对企业资源的有效控制，提升业务运行效率。一是促进以业务流程为导向的跨部门协同工作和信息共享；二是促进各类资源的优化配置和生产成本的精准核算；三是实现不同业务环节之间、业务和财务之间的紧密集成，大幅提高工作质量和效率；四是强化过程控制，全面规范业务管理；五是ERP系统与研发工艺、生产制造执行、质量管理、运维管理等系统的紧密集成，实现业务数据的共享和一致，极大地提高了经营管理效率。

通过公司经营管理平台的改造，实现平台各项核心功能的全面应用，主要产品形成标准数据资料库，核心业务实现了系统运作，全部产品实施项目管理，基础数据完备精细，业务信息全局共享和主要流程高度集成，满足统一市场营销、统一技术研发、统一采购物流“三统一”的企业运营模式要求，大幅提高公司的管理效率和管理水平，加强了市场应变能力和响应速度。

（二）着力推进产品协同研发和虚拟仿真

1. 建立以产品全生命周期数据为核心的企业级BOM管理体系

针对多种设计工具与平台并存造成数据不集中的问题，中车长客股份公司搭建了基于CREO＋PLM的产品协同研发平台，对公司原有的AUTOCAD、UG、SolidWorks、CATIA－VPM、ProE－

Intralink 等多设计工具与多数据管理平台进行了整合，解决了多种设计工具无法进行数据交换的问题，实现了数据联通。基于此平台开展了全三维的产品设计、产品仿真、虚拟验证，提高了产品研发、制造效率和质量。

通过 PLM 与 CREO、Partsolution、SAP 等系统的集成，构建了以产品全寿命周期数据为核心的企业级 BOM 管理体系，打通研发、工艺、制造、检修、运维、售后等各环节的产品数据信息流，实现产品数据的共享，保证产品数据的一致性与准确性。同时，通过产品平台和模块化设计平台的搭建，实现快速设计、快速制造，形成快速定制满足市场多样化需求的能力，全面支撑动车组、城铁、地铁、普通客车的产品研发与制造。

2. 搭建涵盖产品研发多专业的虚拟仿真平台

为提升设计可靠性、可用性、可维护性、安全性，降低全生命周期产品维护成本，近年来，中车长客股份公司大力推广产品研发过程智能化仿真分析技术，目前仿真分析技术基本涵盖轨道车辆各个领域，具备了强度、疲劳、动力学、碰撞、声学等 12 个领域的智能化虚拟验证能力。中车长客股份公司搭建了统一的 SDM 协同仿真平台，与 PLM 和 TDM 系统建立仿真与设计、试验间数据交互，实现了基于多学科耦合分析的仿真分析与设计、试验等各领域间的协同。利用高度集成化的流程引擎，快速搭建仿真流程，实现仿真过程的可视化。

3. 搭建产品制造过程仿真平台

为实现生产过程对工艺环境（包括设备、工装、工具）的仿真，中车长客股份公司面向高铁平台积极开展了制造过程智能仿真的探索与应用，实现了对铝合金车体大部件全加工过程的仿真，通过对 VeriCUT 软件系统的应用和开发，实现了大型焊接部件的测量过程与加工过程的现场仿真，大幅提高铝合金机加的首车加工效率和准确率。通过开展达索 Delmia 软件的应用，实现了对高铁转向架平台产品复杂装配过程的车间级智能装配仿真，广泛开展了人机分析以及装配可视性、可达性的仿真分析，实现了高端产品装配过程的全面优化。

4. 建立全球协同设计网络平台

中车长客股份公司在 CREO＋PLM 设计平台基础上，基于企业级服务总线搭建统一的体系架构，通过采取搭建主副站点服务器与专线拉通相结合集中部署的方式，构建了以长春为中心，以北京、上海、重庆，以及美国、澳大利亚为分支的全球协同设计网络，实现了“三国六地”间跨专业、跨区域的全球协同研发。基于全球协同设计网络各系统数据的互联互通，统筹规划和管理 IT 资源，使协同研发平台体系建设始终贯彻统一的规划、思路和步骤，有效支撑集团化、全球化业务拓展。

（三）开展生产过程智能化改造

1. 建立上下贯通、一体化的生产管理体系

为了适应中车长客股份公司产品品种多，批量小，产品结构复杂，物料种类及数量众多，工艺覆盖加工、焊接、探伤、装配、调试等多专业的特点，中车长客股份公司结合节拍化工位制流水生产线的精益生产理念，以 ERP 系统和 MES 系统为载体，通过流程梳理和再造，依托工作中心管理体系的重新构建，推进以工位（机台）为最小工作单元的基础管理和作业管理标准化工作，开展生产管理平台的数字化改造。围绕人员、设备、料件、技术、环境、质量、生产、成本、安全等管理要素，打造上下贯通、一体化的工位管理链，形成支撑生产线运行的高效化工位管理体系，实现现场管理表单化、运行目视化、问题透明化、数据即时化，形成标准化的工位管理输入输出要求，提高工位管理效率，最终实现生产由“救火式管理”向“预防性管理”转变。

改造后的生产管理平台可实现以下管理目标：一是生产制造过程的透明化及信息共享，实现生产计划、物料主数据、人力资源、工厂维护、制造 BOM、工艺路线、设备能力等信息的交互，完成生产工

序执行层作业计划的准确排产与可视化管理。二是实现对企业级、部门级、车间级三级计划体系的实时监控、联动及过程控制。三是利用各种数据采集设备和手段，实现生产过程关键数据的实时采集和统计分析。四是生产过程质量问题快速反馈、追踪、闭环处理以及在线统计分析。五是实现生产现场图文档电子看板，支持现场人员快速查询产品零组件设计图纸、工艺过程以及质量检测要求等文件。六是对生产过程关键设备状态、运行时间进行数据采集和监控，遵循 TPM 管理模式，对设备点检、保养、维修、备件更换等进行全面管理，支撑统计分析设备平均负荷状况、生产能力，提高关键设备的综合利用率（OEE）。七是根据供应链管理，实现拉动式生产和看板管理，实现工序级物流管控。八是实现对生产过程中的错误工艺、遗漏动作进行监控和报警，并能根据采集的过程数据进行生产绩效分析。九是通过完善风水电气等能源计量设施，实现能耗数据的自动采集，提高生产成本核算的精细化程度。

2. 开展设备的数字化、智能化改造

为了提高生产效率，保证产品高品质、高安全、高可靠，中车长客股份公司积极谋划顶层设计，对生产制造平台进行装备的智能化改造，在对既有自动化装备进行智能升级的基础上，不断引进具有智能化、数字化功能的重大装备。其中，螺栓智能拧紧系统，可以在对螺栓施加力矩的过程中实时检测扭矩上升曲线、经过的转角等过程参数，保证螺栓达到预期要求的预紧，实现了对操作过程的智能监控、数据无线传输，有效地控制了质量风险；使用精益理念和工具，按照精确到分钟的节拍时间规划了高速动车组转向架组装柔性流水自动线，采用人不动料动的方式进行组装，利用 AGV 自动输送，按照节拍时间配送物料，可实现多种动车组转向架同时并线生产；采用轮对智能检测设备，对轮对加工、组装精度进行自动测量和记录，及时纠正偏差，实现了无接触式高精度检测和档案数据系统存储。

（四）开展供应、物流的数字化改造

1. 推进供应链管理数据的协同集成

为改变过去供应链结构松散、无序发展，未形成内外集成优势的问题，中车长客股份公司实施供应链协同集成的数字化改造，主要思路是构建和应用供应链信息管理平台，集成和管理供应链全过程的产品流、信息流和资金流，重点在供应商注册、采购寻源、订单管理、协同管理、财务对账等方面，形成供应链全面战略协同，满足企业掌控和配置全球资源、提升核心竞争力的需求。

一是规范主数据管理，物料主数据按大、中、小类进行分类管理，大类 6 类，中类 332 类，小类 1531 类。供应商主数据按生产商、代理商、经销商等进行分类管理，实现供应商资质与物料分类对接管理。二是规范供应商基础数据管理，供应商信息管理扩展为供应商联系人、供应商资质、供应商基本信息、供应商生产设备、供应商专利许可管理、供应商授权人管理等，实现供应商基础信息检索和管控。三是规范物料需求及交付计划管理，通过 ERP 系统触发物料需求计划，供应商通过 SRM 系统接收配送指令，并将 SRM 系统的送货信息同步到 ERP 系统，审核后形成到货通知单，进入库房清单入账，并将物资入库信息回传至 SRM 系统，供应商同步接收物资入库信息，减少冗余环节，提高工作效率 20%以上。四是规范资金结算数据管理，通过 ERP 系统每周自动创建对账单，发布到 SRM 系统，供应商依据对账单开具网上发票，审核通过后自动回传至 ERP 系统生成发票预制凭证，取代人工预制发票，提高效率 40%以上。五是规范技术配置变更数据管理，通过 ERP 系统自动分解技术变更信息，将技术变更信息发布至 SRM 系统，供应商在线签收、落实和执行，提高执行效率 50%。六是规范采购质量数据管理，通过 ERP 系统自动触发已创建的质量不符合通知发布至 SRM 系统，供应商接收后回复整改措施，并进行质量问题处理过程跟踪，直至关闭。七是规范采购寻源过程数据管理，采购寻源过程全部在线上完成，流程规范，可随时监控审查，通过 SRM 系统完成寻源记录、统计、比价等工作，分析价格变动趋势，掌控采购价格动态，自动形成价格报表，构建物资采购价格体系数据库。

2. 开展基于数据实时采集的厂内物流数字化改造

为改变过去依靠人工实施物流业务操作及信息采集、统计、分析的物流管理模式，中车长客股份公司通过实施基于数据实时采集技术的智能物流改造，将智能物流打造成企业降本增效的“第三利润源”。一是研究和应用先进物流技术和作业手段，构建基于数据实时采集技术、一体化储运工装应用、科学合理库房存储工艺布局、节拍化及准时化配送的智能物流管控模式。二是拓展、延伸应用中心库房数据实时采集、条码扫描技术，引入超高频 RFID 系统并对接 SAP 系统，引领实物流高效流转。三是应用手持终端及电子标识在工作现场完成物料入、出库操作，物料随机存储，并实现物料存储系统的定位管理，实现仓储资源利用最大化。四是通过电子标识编号、物料流转过程与时间进行绑定，实现物料的先进先出、批次管理。五是将数据实时采集、条码扫描技术延伸至下游生产车间库房，取消纸介交接，工序物流纳入 SAP 系统，实施统一、规范管理。

（五）开展基于大数据的远程运维与诊断管理

1. 搭建数字化产品运维管理平台

中车长客股份公司以满足用户需求为导向，以提升服务意识、服务技术、服务能力、服务质量为管理核心，以结果透明、过程可视、知识提取、智能服务为战略目标，以制度规范化、流程化，流程标准化、表单化，表单结构化、信息化，信息网络化、智能化为发展路线。通过 8 项实施步骤建设数字化的运维管理平台（MRO）。一是总体业务设计，数据表单、管理流程、操作界面 3 个维度优化；二是业务调研，管理方法、规则研究，与其他系统接口设计；三是功能设计、组织结构优化、岗位职能调整；四是详细业务设计与优化，需求分析，原型设计；五是功能模块规划，架构设计，总体方案，技术路径；六是技术资料结构化，报表报告结构化、关联化；七是制定故障模式、构型管理体系标准，数据结构设计，编码设计；八是试用培训，调整优化。

2. 搭建动车组故障预测与健康智能管理平台

为了解决动车组故障数据获取不及时、故障处理成本高等问题，中车长客股份公司经过充分调研分析，结合公司业务，建立了动车组故障预测与健康智能管理平台。通过该平台，车辆能够接收车载数据进行自动预警，提高预警效率和准确性；通过平台进行专家远程会诊和应急指挥，降低故障对运营秩序的影响，及时准确下发故障与维修建议，服务站提前安排人员，准备技术文件、工具和料件，保证动车组故障得到及时维修，缩短辅助作业时间，形成结构化故障字典、典型故障案例、作业指导书等技术文件；通过科学编码对技术文件建立索引，技术人员可在移动终端进行快速查询，提升技术诊断的准确性，提高检修质量和检修效率；将流程化的作业步骤、信息传递节点、信息过程时效性、结构化表单固化到信息平台中，形成标准的工作流，并借助虚拟的服务调度进行信息传递、闭环监管，提高流程执行过程的透明度和管理者的决策效率。通过数据积累，逐步建立故障现象、故障原因、维修手段之间的统计逻辑，形成专家知识库，为同类故障诊断、维修提供智能支持，报工结果自动关联动车组履历、物流返修等业务；通过扫码技术快速查询物料信息、变更物料状态，实现部件运用、维修的全程跟踪与过程质量管理，实现以工作流形式开展业务运作，保证信息数据积累；在记录业务执行过程、提高工作效率的同时，也提高了信息的准确性、及时性、闭环率；通过统计逻辑驱动专家逻辑，更好的指导管理和技术服务，实现高度集成化、自动化、智能化的运维模式，业务覆盖率达到 100%，能够全方位地保障公司动车组产品的运用安全。

三、轨道交通装备企业面向产品全生命周期的智能化改造效果

（一）提质增效成效明显，市场竞争力大幅提升

通过面向产品全生命周期的智能化改造，建立智能化的大数据管理平台，实现了对产品设计、工业布局、工艺设计、生产制造、维修维护的产品全生命周期管控，实现了产品智能化与制造智能化的相互

迭代，实现了虚拟制造与现实制造的融合，缩短了产品的试制周期，降低了管控的风险。公司共生产动车组 729 标准组，约占全国保有量的 30%左右，覆盖国内 12 个铁路局。生产各类铁路客车 26949 辆，覆盖了全国所有铁路局和地方铁路公司。累计中标各类城铁客车 15922 辆，占国内市场的 38.5%。同时，中车长客股份公司产品已覆盖到中国香港，以及美国、澳大利亚、巴西、泰国、沙特、伊朗、新加坡、新西兰、阿根廷、埃塞俄比亚等 22 个国家和地区，出口车数量累计超过 8000 辆，签约额超过 100 亿美元。客户对订单的满意度不断提高，中车长客股份公司的核心竞争力得到大幅提升，市场份额持续提升。同时，中车长客股份公司销售收入呈现连年上升趋势，2012 年销售收入突破 200 亿元，2014 年销售收入突破 300 亿元，2015 年、2016 年销售收入以 5%的增速达到 335 亿元，2016 年利润总额是 2012 年的 3 倍，利润总额平均增长率达 26%。

（二）品牌影响力显著提升

通过面向产品全生命周期的智能化改造，中车长客股份公司综合实力得到明显提高，品牌影响力进一步提升。研制开发了“复兴号”中国标准动车组、波士顿橙线地铁车、CRH380B 高寒动车组等一系列具有代表性的产品，有力地推动了国家“一带一路”倡议和“中国制造 2025”的实施，具有示范引领作用。同时，产品也得到了客户和相关组织机构的认可，企业知名度、产品美誉度大幅度提升，2014—2016 年，客户满意度测评分数分别为 95.75、97.27、98.05，呈逐年上升趋势。中车长客股份公司连续两届荣获中国质量奖提名奖；CRH380B 高寒动车组项目荣获全国质量奖卓越项目奖，是轨道交通装备制造业率先获此项殊荣的产品；先后两次获得香港地铁质量铜奖；香港西港岛地铁项目获得香港地铁公司 2200 万港币的可靠性奖金。

（成果创造人：安忠义、张　波、李　丹、李　核、邓　钢、杨景宏、
曲　强、吕　义、王　锐、李卫东、左文龙、都青华）

轨道交通部件制造企业数字化工厂建设管理

中车株洲电机有限公司

中车株洲电机有限公司（以下简称株洲电机）位于湖南省株洲市，是中国中车旗下一级子公司，是专业从事电机、变压器研制的高新技术企业，是轨道交通动力系统领域著名企业；是我国风力发电机最大规模的研制企业之一；是电力、冶金、石油、国防、电动汽车等高效节能电机产品的专业化研制基地。株洲电机产品覆盖全国 31 个省、市、自治区，并延伸到欧洲、北美等 20 多个国家和地区。2016 年，公司营业收入突破 70 亿元，综合绩效考核在中国中车 50 多家一级公司中排名前三。2016 年，株洲电机获得“湖南省智能制造示范企业”称号。

一、轨道交通部件制造企业数字化工厂建设管理背景

（一）适应国内外轨道交通客户多样化需求的需要

随着经济全球化的迅猛发展，轨道交通将成为中国乃至全球最大的投资领域之一。经过 10 年的快速发展，中国轨道交通装备已成为中国制造“走出去”的金色名片，海外轨道交通市场需求十分巨大。为满足不同区域、不同制式、不同标准的需求，牵引电机产品逐步呈现多品种、小批量、个性化定制等方面的新的发展趋势，海外市场尤为明显，这对传统电机制造企业在研发设计与制造方面提出更高的要求。

（二）提升中国牵引电机制造水平的需要

通过技术的引进、消化吸收、再创新，国内牵引电机企业在设计及制造领域已经积累了较丰富的经验，部分技术已处于世界领先水平。但与行业内先进企业相比较，仍面临着数字化设计能力不足、生产制造自动化水平落后、生产效率偏低和材料利用率偏低等问题，导致产业链上各制造主体间数据链不通畅，协同化设计能力偏弱；柔性制造能力不足，产品产能不足、交付周期长；企业成本控制压力大。株洲电机只有持续改进生产方式，提高制造能力，提升管理水平，才能在激烈的市场竞争中抢得先机。

（三）传统电机制造企业在新形势下提升核心竞争力的需要

当前，3D 打印、人工智能、云计算、大数据、新能源、新材料等新兴技术层出不穷，正引发一场意义深远的产业变革。国内外制造企业纷纷进行智能化转型升级。数字化建设乃至智能制造已成为传统企业提质增效的核心抓手。加强两化融合，推进数字化设计，引入更为先进的行业专用机器人，系统推进数字化工厂建设，是公司抢占技术及市场制高点，提升核心竞争能力，助推中国轨道交通装备“走出去”的迫切需要。

二、轨道交通部件制造企业数字化工厂建设管理内涵和主要做法

株洲电机以发展战略为导向，以信息技术、自动化技术、物联网技术为支撑，以智能制造技术为理论基础，适应轨道交通行业多品种、小批量、快交付的市场需求，通过明确数字化工厂建设目标和总体框架，依托国际领先的研发体系，推动数字化设计，建立基于自动化装备和智能管控的数字化车间和基于物联网技术的智能物流与仓储系统。搭建数据驱动的生产决策平台，构建数字化工厂建设保障机制，建成具有设备自动化、生产透明化、业务（数据、流程、制度、功能）标准化、决策数据化和系统平台化“五化”特征的数字化标杆工厂，转变株洲电机生产方式，提高生产效率，降低生产成本，优化产品质量，促进公司制造转型升级，达成株洲电机可持续发展的目标。主要做法如下。

（一）明确数字化工厂建设目标与总体框架

株洲电机确立“打造轨道交通领域具有示范性作用的数字化工厂，成为高端动力装备先锋企业”的总体建设目标。为突破株洲电机在研发制造过程中存在的数字化程度低、研发周期长、柔性化生产能力不足、生产效率难以提高等难题，自主研制并引入先进的智能制造核心装备进行自动化生产线建设，大力推动管理信息化建设与牵引电机定子、转子、装配车间/产线的智能化建设，整合工厂 ERP、MES、WMS、PLM、SCM 等信息系统，建立数据驱动的生产制造执行系统及管理支持平台。

数字化工厂建设总体框架主要分为 4 个层次。一是实施手段。通过构建先进的数字化研发体系，引入大量智能制造核心装备，突破牵引电机在当前设计制造中普遍存在的数字化和模块化设计水平低、柔性化精细化生产方式缺失、降本增效难以维系等难题，实现牵引电机的自动化、柔性化、数字化和智能化生产；同时，加强信息网络建设，提高与外围系统的整合及协同能力，满足数字化工厂信息网络需求。

二是建设对象。数字化工厂的建设对象包括通用零部件生产车间、定子生产车间、转子生产车间、总装车间以及研发试验平台。按照现代化管理、信息化支撑、智能制造三步走开展，最终形成完善的数字化工厂体系。

三是核心应用。在围绕几个数字化车间建设的基础上，通过网络化制造资源协同平台、信息化管理关键软件系统，将智能制造核心装备有机串联起来，实现装备间的互联互通、可视化、协同化管理。在基于生产过程数据实时采集的基础上，整合工厂 ERP、MES、PLM、PDM、SCM 等系统，完善信息系统的综合集成。

四是智能平台。在核心智能装备、核心信息应用平台的基础上，进行数据采集设备与管理决策平台的连接，采用大数据和云计算分析做出最优的生产决策，工厂管理人员可以通过 PC、手机 APP、中控室、实时看板等方式及时了解生产状态并做出决策，建立基于生产过程数据采集及数据驱动的智能化 BI 决策平台。

（二）依托国际领先的研发体系，推动数字化设计

株洲电机构建以规划及前瞻性技术研究、产品开发、基础共性技术研究、试验验证、技术支持和技术管理六大平台为主体支撑的创新体系。持续加强创新资源投入，已具备国家级电机、变压器试验站，先后建立绝缘国家重点实验室、轴承实验室，以及国际一流的电机工程研究中心。同时，充分利用高校、研究所、企业的科技资源，构建和完善株洲电机开放式的技术创新体系。先后与清华大学、上海交通大学、中国计量科学研究院、西安航天动力研究院等科研院所进行广泛的项目合作，积极推动产、学、研、用协同创新。

在数字化设计能力提升方面，一是实现 PLM 系统管理下的产品全三维设计，完善基于全三维设计的技术规范。建立协同仿真平台和试验验证体系，实现产品设计、仿真和试验验证的协同管理。构建国际一流的牵引电机产品技术标准体系。二是建立设计、工艺协同工作平台，通过 TCM、MES 等信息化系统，逐步打通设计、工艺、制造数据链。制定基于全三维技术的工艺设计及管理规范，全面推广工艺仿真和三维工程化应用。建立 CAD、CAE、CAM 等数字化设计与仿真软件的统一数据接口，实现软件各应用无缝集成、信息自由流通。建成产品数据管理系统，逐步形成基于大量数据的产品云平台。三是大力推行模块化、谱系化、平台化设计能力建设，在机车方面，逐步形成轴功率 775kW、1200kW、1600kW 三大产品平台。在动车方面，形成 120～200km/h 速度等级的城际动车组、200～500km/h 速度等级的高速动车组产品平台。在城市轨道交通方面，构建 100kW、190kW、230kW 三个成熟的城轨牵引电机平台，覆盖目前国内外所有主流城轨牵引电机类型。

（三）建立基于自动化装备和智能管控的数字化车间

1. 有序推进自动化产线升级

株洲电机在数字化工厂建设中引入 300 余台套、14 种以上安全可控的核心制造装备，用于通用零部件车间、定子车间、转子车间、装配车间及智能物流仓储系统建设。数字化工厂涵盖定子、转子及装配车间等，其建设主要围绕车间的自动化装备改造、自动产线搭建以及信息系统互联集成进行。同时，株洲电机针对牵引电机产品型号多而复杂的情况，结合产品生产工艺过程的特点，研制行业专用机器人与其他智能制造核心装备与技术。通过自主研发和外部引进自动化装备，替代劳动强度大、效率低的人工作业，提升车间整体数字化水平。部分引入的智能装备还具备自动数据采集、自动参数修正、异常停机防呆功能，且与整体实现互联互动，自动识别换型，产品一致性进一步增强。

2. 持续推进工位制节拍化生产

株洲电机积极构建符合公司实际的精益生产体系，通过标准化作业、JIT 物料准时化配送，实现并巩固工位制节拍化生产。在自动化设备投入的基础上，导入“连续流”与“单元生产”的概念，由“一人一机”“一人多机”转变为“自动化生产”，提升工序生产能力。逐步完善生产线的标准化管理，优化生产、效率、质量、设备、成本、人员等数据管理采集方式，通过管理流程、分析管理、改善管理实现生产节拍的持续优化。建立基础数据管理及专项改善管理机制，运用“瓶颈改善”“产线平衡”“标准化”工具，结合流程分析技术，提升自动化设备与人工辅助生产模式下的精益生产节拍兑现率。2011—2016 年，株洲电机先后有 13 条精益生产线被评为中国中车星级示范线。

3. 实行生产过程信息数字化

株洲电机利用先进的信息技术，实现条码的生成与打印，将条码与 MES 系统紧密集成，生成自制零件条码、零件每道加工工序的条码。将自制件物料标签条码化，通过条码标签进行标识和跟踪、转序交接，将《过程控制卡》电子化，实现对产品整个生产过程信息进行记录和跟踪的无纸化。使用工位部署的工控机、手持终端和条码枪，通过 MES 客户端，操作工人通过扫描工序流转卡的工序条码完成工序完工的报工。实现关重件单件/批次追溯管理，提供物料、工位、工艺防错防呆支持，进一步避免质量问题的产生。

4. 实现生产实时监控可视化

株洲电机结合产品离散型制造的特点，生产管理系统根据电机装配生产流水线和生产流程定制，将零散工序和单机检测仪器进行信息集成，完成生产信息采集、录入、跟踪、分析，并在终端进行数据统计分析，提高对生产过程的实时监控，建成先进生产控制中心。

先进生产控制中心汇集来自车间各生产线、仓储区以及各业务部门的生产信息，以图形化的车间模型为载体，以多维统计图表为展现形式，动态可视化展示与车间生产过程相关的各种实况信息和绩效信息。对于各人工工位，每个岗位安排显示屏，系统通过软件将每个岗位所需的工艺文件与标准操作视频发至各岗位电脑显示屏，循环播放。在生产线前端安装双面显示 LED 电子看板，显示产品型号、订单数量、当天排产数量、实际生产数量、生产注意事项等信息。生产管控中心及现场看板系统及时传递生产制造信息，拉通生产各工序、各相关部门，为管理人员从多视角了解生产过程全貌、发现生产异常并快速进行处理提供支撑。

（四）建立基于物联网技术的智能物流与仓储系统

株洲电机通过搭建基于物联网技术的智能物流与仓储系统，实现零部件、成品、半成品库存状况的实时监管，减少零部件、成品、半成品带来的成本积压，同时加强零部件的最佳配送和库存管理，降低因配送不及时导致的生产时间损耗。智能物流与仓储系统包括 AGV、自动堆垛机、智能立体仓库等。原材料或产品的入库、分拣、出库、配送等关键信息经信息采集设备收录至智能物流系统。结合牵引电机制造过程，应用 AGV 小车、悬挂链输送线、立体化智能仓库等智能物流设备，实现定子产线、转子产线、定转子装配线的物料智能配送及产线工序串接。

1. 搭建智能物流系统

以定子生产线为例，项目采用全 AGV 智能配送方案，通过串联嵌线、耐压检测、并头、相间耐压、焊中性环、绝缘绑扎等工序，实现生产过程的自动化串接。操作人员可通过按钮操作呼叫 AGV；与 ERP、MES 系统无缝衔接，以平面图形的方式显示系统范围内每辆 AGV 的位置和状态，实时反馈各工位物料及生产状态；记录各工序呼叫 AGV 小车的时间、AGV 小车实际到达时间，自动搜集 AGV 小车运行时间、AGV 小车等待时间等数据，形成后台数据库，为物流及生产过程提供可追溯 AGV 系统运行的历史纪录。

以生产线计划为备料基准，以实际生产消耗进度进行补料及配送指示，以 AGV 等自动物流设备进行实际补料，以前后端数据为基础进行预警及修正，实现物流配送的智能化。运用智能调度算法，计算 AGV 小车最优路线，实现高效物料配送；建立智能立体仓库，仓库系统与 ERP 系统互联，实现计划、执行、物流和仓储间的协调管控。实现物流配送防呆 100%，提高物流智能化水平和质量管控水平。

2. 建设自动化立体仓库

为加强物料管理，配合智能物流线，株洲电机开展具有高度自动化管理能力的立体仓库建设。自动化立体仓库方案采用一套集成化计算机管理和监控系统。该系统通过管理调度所有物流设备，使物流自动化系统满足企业业务需要。该系统支持与企业 ERP 系统信息集成，利于管理与决策。

自动化立体仓库区采用 3 排、27 列、4 层结构布局，共 324 个货位，采用 1 台巷道堆垛机及 1 套巷道设备共同构成立体仓库。压装完成后的成品由托盘输送线自动输送到入库口，条码读取装置自动读取物料条码获取物料信息，通过查询 ERP 系统，自动判断物料信息准确与否，自动安排产品入库或退料及重新入库处理。仓储物流系统（WMS）接收分解系统的出库任务，出库操作员根据调度中心指令在系统中录入出库单，经审核后申请货物货箱出库，WMS 根据先入先出、半托盘优先原则分配出库货位。确认后，监控系统向设备下达出库指令，并通知相应 RF 接到指令后通过堆垛机调集货物托盘出库。

（五）建立数据驱动的生产决策平台

株洲电机以精益管理、工位制为基础，通过优化生产相关的业务流程及工艺布局，导入实施 MES（生产执行系统），集成各核心信息系统和数字化装备，实现数字化生产运营管控、数字化生产制造和数字化生产控制的多层级、一体化集成的生产制造协同平台。

新的智能化生产决策平台具备以下功能优势。一是计划调度精细化。MES 系统对以产品为核心的生产订单进行分类分层管理，将订单集群以订单层次的拉动关系为数据基础，以产品交付日期作为基准，以工艺路线工序时间作为节拍进行倒排，同时 MES 系统可支持任务计划的联动调整，达到最贴近交付的排程结果。排程后自动将作业任务派工到工位及人员。实现工厂工序级作业计划的编制、排程优化、辅助调度，及时响应产品交付需求的变化。

二是生产执行透明化。生产过程中按 MES 系统预置流程进行操作，通过条码扫描的过程来记录每道工序作业的时间、人员、物料、设备、工装工具、检验等信息，通过设备采集获得设备状态和加工参数，MES 系统将所有信息与设定数据进行校核，对差异数据进行自动发起异常处理流程。将整个过程实现数字化，形成生产过程的还原，达到透明化，通过看板大屏实现全方位的监控体系。

三是物料配送精准化。MES 系统中对序列件、批次件的物料进行条码管理，覆盖整个生产过程，由计划排程产生的单件流工序作业任务驱动具体物料配送的需求，包括时间和地点，通过生产任务执行拉动后续任务的配送，实现精益化和工位制节拍化的“套餐式”配送。

四是质量控制信息化。生产过程中，对系统检验过程进行记录，实现《过程控制卡》的电子化，MES系统后台形成的结构化质量数据，根据设置的检验标准自动判定检验结果，并将检验数据与产品、工序进行关联，实现产品级和工序级的产品质量控制、追溯以及各种维度的分析和统计。

五是辅助决策实时化。根据工段、事业部以及公司三级的生产管理人员对生产管理的需求，整合系统采集的各类数据，跨系统整合，垂直打通企业决策层、管理层和执行层，使高层通过MES系统能直达生产一线，实现三级颗粒度的监控报表/看板输出，让三级的生产管理人员实时的掌握生产状况，辅助决策。

株洲电机针对生产过程数据庞大、采集点繁多，对网络通信、数据存储要求高的特点，数字化工厂建设以工位、生产线、车间的智能化改造为基础，以工厂信息化为主要抓手，层层推进。生产过程实时数据采集贯穿工位、生产线、车间的智能化改造和信息化建设，合理规划各车间的数据采集系统，建立高效快速的通信网络，建立基于大数据分析的智能管控系统。重点加强各核心应用系统的整合，建立基于生产过程数据采集以及数据驱动的生产决策平台，通过综合管理能力的提高实现工厂整体效率提升25%以上。

（六）构建数字化工厂建设保障机制

1. 强化数字化工厂人才队伍建设

株洲电机为企业员工提供专业课程培训和供应商扩展培训，建立企业内部人才个性化培育机制，以业绩为导向，提高员工操作技能水平，为智能制造培养大批骨干工程师。在企业信息化方面，以点带面，从车间信息化系统到企业资源管理系统建设，培养一批优秀的企业软件工程师。在项目的实施过程中，华中科技大学等培养的学生经过企业项目进行实践锻炼，获得丰富的工程实践经验，并利用学校的资源为企业解决工程实践中的难题，将理论科学知识转化为实际科技成果，提高学生专业素质与技能水平。牵头企业、供应商以及高校培养出一批善于解决实际问题，具备较强研发能力，符合先进制造业智能转型发展所需要的高素质人才。

2. 搭建数字化工厂建设运行机制

株洲电机的数字化工厂建设采用合作开发、协同推进的方式开展，项目参与单位涵盖高校、研究院、智能制造核心设备商、智能系统集成商等相关单位，各单位分工明确，实现“产学研用”相结合，组成具有竞争力的研制联合体。株洲电机是项目牵头单位，也是项目应用单位，整合国内一批从事智能制造的优势单位，形成“产学研用”结合的电机行业的专业智能制造联合体，相互协作完成轨道交通牵引电机数字化工厂建设。

联合体内部通过充分的沟通与协作，建立长效运行机制，严格按照项目制进行运作。项目涉及的子项目众多，每个子项目均设立专项工作组，按照全项目管理进行任务分解，明确项目经理，按照项目管理办法进行各子项目的落地实施。同时，加强项目责任制考核，将建设计划层层分解到部门，明确负责人并签订项目年度责任状。按月度监控、季度汇报、年度考核的模式，对数字化工厂建设各责任体、责任人进行严格考核，纳入部门、个人业绩考核，确保数字化工厂建设按计划节点、要求完成。另外，为规范数字化工厂建设工作，株洲电机先后颁布一系列专项配套制度，确保数字化工厂建设有章可循、有法可依。

3. 严格执行投资项目管控流程及评审机制

数字化工厂建设作为一项系统工程，具有投资项目多、协调难度大、投资金额大、监管难度大等特点，投资项目多而杂，蕴含着很多潜在的投资风险。为控制项目投资风险，提高项目投资效益，保证投资活动规范、有序，株洲电机的数字化工厂建设严格按照投资管理制度流程进行立项申请、可研论证、组织相关单位评审、编制实施计划、实施监控、竣工验收、验收后评估等。整体以“资金牵引、降本增效、科学论证、项目管控”原则进行建设实施。

三、轨道交通部件制造企业数字化工厂建设管理效果

（一）数字化工厂建设初见成效

株洲电机通过推进数字化工厂建设，大幅提高了生产效率，生产节拍由传统生产模式的25分钟/台减少至15分钟/台，实现了电机自动化装配快速、高效、安全、智能生产。同时，支撑数字化研发的试验能力也得到显著提升，在原有试验验证资源的基础上，建设了振动噪声专业实验室、流体冷却实验室、振动冲击实验室、雷电冲击实验室、永磁电机试验站、NVH试验平台、虚拟制造平台、机械实验室等基础试验平台，试验验证达到国际领先水平。

（二）取得显著的经济效益

株洲电机通过数字化工厂建设，提升总生产效率达20%以上，人均生产效率提高26%以上。通过建立严格质量监控检测以及追溯体系，使产品良品率提高到99%以上。通过生产效率的大幅改善、坚持市场拉动式生产策略以及降低生产、库存成本等方式，综合运营成本降低20%以上，能源利用率提高10%以上。2016年，株洲电机主营业务收入70亿元，实现利润4.5亿元。每年降低运营成本1亿元～1.5亿元，带来的潜在收益为每年2亿元～3亿元。

（三）促进了企业的转型升级

株洲电机在生产线和物流环节广泛采用智能机器人和AGV小车，利用协同制造运营管理系统对过程进行精细化管理，生产技术水平显著提高，进一步夯实了精益管理水平，提升了信息化决策能力，锻造了一批智能制造专业技术人员和管理人员，极大地促进了企业的转型升级。同时，研发了一批具有自主知识产权的先进轨道交通高端产品技术，逐步打破国外技术垄断，对我国轨道交通部件制造行业的转型升级发挥了积极作用。另外，株洲电机致力于牵引电机技术的推广应用，并将牵引电机核心技术成功延伸至风力发电、新能源汽车、船舶海工、工程机械、流体机械等领域，带动提升了株洲电机相关新产业的整体制造水平。

（成果创造人：王小方、范庆锋、龙谷宗、臧苗苗、郑　涛、关　辉、
汤亚宇、黄永芳、蒋敦增、屈　琳、苏诗湖、胡　锐）

设计、制造、销售全生命周期参数驱动的企业设计管理

珠海格力电器股份有限公司

珠海格力电器股份有限公司（以下简称格力电器）是一家集研发、生产、销售、服务于一体的国际化家电企业，拥有格力、TOSOT、晶弘三大品牌，主营家用空调、中央空调、空气能热水器、手机、生活电器、冰箱等产品。格力电器已开发出16项国际领先技术，累计申请专利31633项，获得授权专利18912项。生产出20个大类、400个系列、12700多种规格的产品，远销160多个国家和地区，用户超过3亿人。2016年，实现营业总收入1101.13亿元、净利润154.21亿元，纳税130.75亿元。累计纳税达到814.13亿元。

一、设计、制造、销售全生命周期参数驱动的企业设计管理背景

（一）适应日益激烈的客户化产品定制的需要

当前，空调市场正加速呈现个性化消费的趋势。从市场分析角度看，消费者的行为更加具有选择性，产品交货周期、生命周期越来越短，这给企业传统的产品设计制造方式带来巨大挑战。企业的经营活动由以市场为中心转向以满足客户的个性化需求为中心。受日趋激烈的全球化竞争和快速的技术发展的影响，客户驱动的市场变得更加国际化、动态化，不确定性成为大规模定制生产下技术和商业环境的一种基本特征。科技水平的发展越来越快，导致预测市场的未来发展变化以及产品核心技术的发展的难度越来越大，产品更新换代的速度越来越快，企业传统的产品平台已很难适应当下顾客对产品的要求，急需改进提升。

（二）提升产品研发管理水平的需要

随着客户需求的不断提高和变化，需要不断地有新的产品来替代原产品。产品寿命周期的缩短势必要求企业要准确把握市场脉搏，迅速掌握客户需求，提高新产品的开发能力。与此同时，由于产品功能、结构的复杂性不断提高，产品功能、结构之间的相互影响导致产品变型设计中出现大量的零部件重复设计，降低了设计效率，增加了制造成本以及企业生产过程的复杂性，企业的内部运营不确定性也不断增加。企业适应客户需求的变化和快速反应已成为衡量企业生存能力和竞争优势的重要指标。这就要求企业必须提升产品研发管理水平，增强核心竞争力。

（三）格力电器具备良好的物料管理基础

对零部件的物料管理一直以来都是各大公司的管理难点，绝大部分公司会严格控制零件的物料种类，减少管理成本。而对于目前日益增长的客户定制式产品，对格力电器的物料管理是一个极大的挑战，必须在满足客户要求的同时，减少格力电器的物料管理成本。目前，格力已采用强大的物料管理系统，包括ERP系统、PDM系统，为产品的物料管理提供了很好的支持。这些系统在参数驱动的自动设计管理中将各类产品进行分类，对物料进行分类，并定义详细的设计属性，在产品的设计过程中，根据规则强制推送各种物料，这些物料的使用信息和规则的变更记录都能为大数据分析提供最基本的信息资源，为实现物料应用的大数据分析提供保障。

二、设计、制造、销售全生命周期参数驱动的企业设计管理内涵和主要做法

格力电器在设计、制造、销售的全过程中实施参数驱动的自动设计管理，开展知识管理，在全流程建立知识库、知识的绩效考评、软件平台的开发和应用、知识权限管理、知识库的更新和持续改进，以便于知识的产生、获取和重新利用。主要做法如下。

（一）树立客户即生产的全新设计管理新思路

整个管理从前端的设计需求入手，到最终实现产品明细及图文的自动化输出，将原来多方、复杂的需求条目化，通过设定的模板导入，分解需求，自动调用后台的设计规则、模块化的三维，依据需求进行参数驱动设计，形成准确的全三维，通过三维属性、零件输出明细清单，自动进入公司的产品数据系统，传递到生产单位。生产单位根据以上信息进行产品的生产。

整个过程从客户、设计、生产，实现自动转换、自动衔接、自动核查。通过系统性的管理策略，完成整个流程的顺利开展：一是全面梳理设计需求输入源，建立表格化的需求控制机制，对销售端进行规范；二是通过三端管理，全面管理设计规则规范，平台配置流程；三是利用完善的平台作用，进行人才梯队建设管理；四是与生产工艺制造一体化进行衔接。

（二）自主开发综合设计系统平台，不断完善产品设计系统功能

除管理机制外，格力电器通过建立系统平台，支持管理落地。平台主要从设计、服务器盒规则维护入手。平台核心为两个方面的管理完善，对三端的作用、权限管理进行明确。同时，由于平台的核心为设计规则，需要建立规则修订制度。

1. 建立三个端管理建设思路

建立设计端、服务器端、维护端三端管理，设计端为前端的设计板块，负责实际的操作，执行管理要求，实施产品设计，提供计算逻辑变更、选型报告变更、自动化设计软件数据维护、选型软件数据维护、选型参数表等数据/规则变更需求，负责各设计规则的书面材料的整理、更改工作。服务器端为后台端，存储参数化设计的核心内容，设计规则和模板、三维属性等；维护端也称为专家端，把控规则质量，进行知识管理，修订模板，更新规则。三端的管理相互制约并相互促进。

2. 设置各端管理规则

设计端提供计算逻辑变更、选型报告变更、自动化设计软件数据维护、选型软件数据维护、选型参数表等数据/规则变更需求，负责各设计规则的书面材料的整理、更改工作。维护端负责对设计软件、后台数据管理系统进行开发、维护、升级。服务器端负责对选型软件、后台数据管理系统进行开发、维护、升级。

设计平台实现将设计规则全部程序化写入内网服务器，安全性高。物料三维只是虚拟指针数据库，三维实体均存在专用的产品数据系统、客户端操作，设计规则可以通过后台维护，变更必须经过严格的知识审查。

（三）以客户需求为基础，确保产品最大化满足客户需求

1. 实施客户需求选型管理

客户管理采用CRM管理，通过对一线销售人员的需求调研，对核心客户进行定期的常态化的问卷调查，获取客户需求信息，将客户常见需求进行锁定，建立选型工作平台。

客户在销售端进行产品参数选择，由客户自己或者销售人员操作格力的选型平台，进行机型的各性能参数的选择后，选型软件会生成相应的产品选型表，表中包含产品的详细性能参数，客户进行对比后，确认产品选型表。选型表已经可以支持一个产品所需要的全部参数，一方面解决了多头需求问题，另一方面也为后续的产品开发全流程提供最准确的需求支持。

2. 实现订单下达推进管理

选型表作为最初始的需求，进入企业内部的流程，建立订单下达管理规则。从企业的经营单位接收到外部选型表，确定开发单位，定制产品信息、发货时间等，进行企业内部的评审，包括生产评审、采购评审、技术评审，对客户定制产品进行全面的评审管理，给出评审意见，充分保证订单实施的可行性和有效性。评审通过后，经营单位正式确认产品需求，依据产品选型表中的信息，在公司内部的订单管

理系统正式下达任务，此时产品信息会传递到工程部门、技术部门、生产部门、采购部门进行相应的处理。

（四）整合设计规则，贯通从规则到图纸实现的流程

1. 实现设计物料精细化管理

将产品物料进行分类，对每个物料的设计属性进行全面定义描述。实现物料的标准化，通过属性精准强制推送物料，完成物料的最优化选择。每一类物料都有自身专有的设计属性，物料的选型，都是人员对这些属性值进行筛选的过程。格力电器按照产品进行归类，产品下又按照功能进行分类。对于通用化的紧固件类物料，设计通用数据库，方便不同产品之间借用。各个属性是对现有物料类进行归纳分析后得出的，现在及将来的这类物料通过现有的属性可以确定并仅有一个物料。

2. 实现零件模板化管理，缩短物料设计时间

对产品选型规则、结构设计规则、电器规则进行梳理、总结提炼，将原有的书面规则转成程序库、模板库，由原来的理解型操作变为现在的强制实施。规则规范包括客户需求规范、方案图规范、设计规范/规则、布局规范、非标件设计规则、物料装配规则等，并建立相应的管理规定对这些规则、规范进行控制，包括需求管理、方案图规范管理、计算过程管理、布局模板/规则库、非标件模板库、标准件/外购件及选用库、明细规则管理。

通过对产品所涉及的所有规则进行规范，形成系统化的逻辑。再将此逻辑转换成各种文件的模板文件，由后台进行控制，以保证在部分信息的情况下，自由转换生成全部产品信息。这些信息又经过各种后台规则和串联模板文件，最终生成整个与客户想要的产品无差异的产品。

（五）实施产品三维数字化管理，达到产品三维实时再现

1. 采用当今最新产品设计理念，实现产品最优化组成

通过后台的设计规则，也就是一条准绳法或者界限法，各种逻辑运算及计算公式所得的最终结构都会根据已设计的判断依据进行物料的选择。如果现有库中没有现成的物料，整个产品设计不会停止，根据所需的零件参数信息，根据模板自动生成符合规则的零件，最终形成最优化的产品。这样的管理思路和方法充分保证产品需求和现有产品数据的完全匹配。

2. 建立从产品三维到生产 BOM 的实现过程，与生产无缝对接

产品设计完成后，会生成整体三维，根据三维在产品参数化设计平台中自动生成生产所需的明细及图文文件，并在 PLM 系统上受控下发，下发后的文件会自动传输到格力电器基础文档管理系统，给一线员工进行查看与使用。

3. 实现生产无图化管理，三维与制造实现无缝衔接

一是实现无图化生产管理。末端产品的组成零件以钣金件为主，针对钣金件的结构特点及工艺特点设计符合末端产品零件制造要求的 MBD 方案。建立以三维模型数据为主导的末端产品全新的产品开发流程，彻底改变原来以图纸为中心的管理过程。对图纸建立三维标注管理要求，图纸传递进入生产制造环节，在机床布置可视化操作显示屏，操作技术工人之间进行互检，保证图纸导入的准确性。加工实现后，质量检验人员需要对实物进行三维检验。在技术环节，MBD 的实现需要 CAD 与 PDM 的集成。CAD 需要能支持三位标注，应用轻量化的模型格式。PDM 轻量化的表示能很好地支持三维注释的客户端配置。利用 Creo 的自定义符号技术制作 3D 环境的标题栏，并且实现自动获取模型属性值。3D 标题栏的形式保持和原来二维图纸上的一致，内容更简要。

二是物料的定额管理推进。产品设计输出后，根据零件的相关信息在系统中查找到对应的物料，并根据后台的规则计算零件的下料尺寸，根据规则判断是否含有落料，如果有落料，还要判断落料尺寸是否可以再加工另外的零件，实现一出多的排版形式，最终实现零件的材料定额，然后根据物料板材的利

用率完成零件的定额计算，最终输出定额文件。

三是实现钣金三维与CNC程序的对接应用。钣金零件三维完成后，经PLM系统流程下发，上传前，对零件进行符合性要求检查，检查合格后，在工艺端自动生成冲孔程序及折完成程序，同步生成工序卡或者视频文件。将这些文件存储于指定的数据库中，当生产设备在计划中需生产此零件时，根据计划单中的物料信息以及该生产设备的信息自动调用相应的程序文件，完成零件的生产制造。

三、设计、制造、销售全生命周期参数驱动的企业设计管理效果

（一）企业竞争力得到提升

一是产品开发效率显著提升。交货周期减少67%，提效4倍多，达到行业先进水平，设计周期减少12天，设计一个产品只需要一天时间，年交货量翻了两倍多，生产过程异常比例下降为零。二是加快了新员工的培养速度，使他们快速投入到设计工作中，缩短了人才培养周期，降低了人才培养成本，提高了人力资源利用效益。三是自动化设计平台所节约出的时间，使得研发人员能够集中精力投入到新产品研发、新技术应用和提高产品性能等工作中，有助于提升产品性能，增强企业核心竞争力。四是团队功能得到优化，个人知识和团队知识作为研发财富得到不断积累、更新和沉淀。构建了格力电器专有组合柜产品研发知识体系。

（二）取得良好的经济效益和社会效益

成果实施以来，格力电器每年的接单量翻倍增长，2016年是2015年的3倍，产生的经济效益达到2.1亿元。同时，格力电器的研发管理模式和思路已经全面推广运用到格力电器的家用空调、工业制品以及生产制造领域，成为实现智能制造的关键。多家企业来到格力电器进行交流学习，开展参数化管理的自我研究，推动知识管理工程在相关制造业的普及应用。

（成果创造人：董明珠、谭建明、刘　华、徐萃端、曾伟强、刘怀灿、
莫　湛、帅明月、刘荣国、侯坤鹏、和中元、肖　彪）

以实现智能制造为目标的航空装备设计、生产、使用一体化管理

西安飞机工业（集团）有限责任公司

西安飞机工业（集团）有限责任公司（以下简称西飞）创建于1958年5月8日，是我国大中型军民用飞机研制生产的重要基地，先后研制生产了30多种型号飞机，现有职工近2万人。近年来，西飞发展驶入快车道，各项经营指标持续高速增长，2016年营业收入188亿元，在航空工业主机厂中名列前茅。作为一个全产业链主机企业，西飞具备完整的飞机航空制造装备研制能力，产业相关从业人员约3000余人，先后研制了西飞20余个型号的制造装备数十万台套，深度参与了几乎国内所有重大飞机型号制造装备的研制。

一、以实现智能制造为目标的航空装备设计、生产、使用一体化管理背景

（一）实现中国制造2025战略目标的需要

《中国制造2025》提出“以促进制造业创新发展为主题，以提质增效为中心，以加快新一代信息技术与制造业深度融合为主线，以推进智能制造为主攻方向”总体战略。飞机产业智能制造包含飞机数字化智能化、航空制造装备智能化、航空制造装备制造的智能化，航空制造装备作为飞机制造首要和必需环节是飞机数字化智能制造的基础和实现手段，建立一套完整的支撑智能装备一体化管理体系成为飞机智能制造的基础和发展必然趋势。从2013年开始，西飞以问题为导向，用系统工程思维和架构方法构建企业运营管理体系，并在此基础上构建符合航空制造企业特色的全寿命、一体化航空制造装备体系，促进智能制造落地。

（二）适应国内外航空工业发展的需要

欧美发达国家的航空业发展较早，管理和技术水平相对较高，并通过一系列技术管理革命（工业4.0），确保其装备制造业在国际上的领导地位。西飞和国内各主机厂航空制造装备沿用苏联管理模式，将航空制造装备严格区分为设备和工装两部分，工装指与飞机产品制造直接相关的非标制造装备，设备指通用化、标准化、机床化标准制造装备。传统工装、设备等专业分立分散管理方式已满足不了航空工业发展需求，只有打破传统航空制造装备制造管理方式，进行以智能制造为目标的一体化管理改革，才能有效适应新形势的发展要求。

（三）提高企业竞争力、实现企业战略目标的需要

随着飞机型号的跨代升级，伴随数字化智能装备的广泛应用，“工装设备化、设备工装化”日趋凸显，技术保障和管理保障的要求越来越高。国内航空制造装备产业链不完善、核心能力不足，加之传统管理模式导致的“组织分散、体系不全、流程不畅、信息孤岛”等问题，根本无法满足现代飞机设计制造“高精度、高质量、高效率”的需求，尤其无法满足高度集成的复杂程度高、多专业协调的部、总装智能装配的需要。西飞传统工装、设备管理模式在设计、生产、使用过程中，资产折旧、立项、资金来源、研制方式、验收标准、使用、维修、定检、保养等均存在巨大差异，无法适应智能装备专业集成发展。西飞作为航空制造企业要研制新飞机必须进行创新改变，建立一套以实现智能制造为目标的航空制造装备设计、生产、使用为一体的管理体系（以下简称航空制造装备体系）。从2013年开始，西飞开始实施以实现智能制造为目标的航空制造装备设计、生产、使用一体化管理。

二、以实现智能制造为目标的航空装备设计、生产、使用一体化管理内涵和主要做法

西飞对现有工装、设备等相关设计、生产、使用等全流程进行梳理分析，在管理层，重构与智能制

造相适应的航空制造装备一体化管理体系架构，优化与智能制造相适应的业务流程和组织机构，建立起统一融合的技术标准和管理标准，集成并贯通与架构相符的各个信息平台，从顶层为实现工业化与信息化融合奠定基础；在执行层，建立健全覆盖全流程的设计、生产、使用的以智能制造为目标的航空制造装备管理体系，形成模块化、规范化的功能单元，有效消除业务在运行过程中的部门壁垒；为确保体系完善与持续改进，采用流程成熟度的评估工具方法，围绕流程、组织、标准、信息化（IT）分别建立评估标准，定期评估并改进，实现体系的 PDCA 迭代循环。主要做法如下。

（一）明确制造装备设计、生产、使用一体化管理思路

西飞航空制造装备设计、生产、使用一体化管理的总体思路是，首先，通过工业化、信息化来实现装备本身研产用的全过程智能化。其次，通过装备支撑和保障飞机产品的智能制造，满足公司发展的现实需求。一是通过架构管理理论和方法，基于航空制造装备管理全寿命周期，系统梳理优化设计、生产（含制造、验收）、使用（含维保）等流程组，按照一体化协同管理模式重新进行功能设计和组织授权，统筹策划管理制度和技术管理标准，结合公司飞机产品“全面信息化、适度智能化”的规划要求，对原有的设备、工装、工具、计量等多个信息系统与 ERP、MES 等进行集成，统一数据源，架构业务逻辑关系，建立起满足一体化管理要求的信息平台。二是按照流程成熟度理论和 PDCA 理念，对标“两化融合”评价标准，建立航空制造装备管理体系持续改进评估标准，从组织、标准、流程、IT4 个维度对体系开展动态的评估，实现体系自我完善、迭代改进。

（二）搭建设计、生产、使用一体化管理体系

1. 重构一体化组织架构

西飞通过实施组织变革，将下属航空制造装备相关业务单元进行一体化、专业化整合优化，对航空制造装备整个设计（立项、设计）、生产（制造、验收）、使用（使用、维保）流程涉及的权责、组织范围等进行专业化分工和职责重新定位，按照一体化管理模式和方法构建航空制造装备的顶层组织架构。

一是推行工装、设备各单元的前端立项、设计专业职能融合。整合设计资源，将原工装所飞机工装设计职能与原设备设计所专用设备、非标设备设计职能进行融合，在新的统一设计单位一体化管理下形成新的基于智能制造的航空制造装备（以下简称智能装备）设计专业，将机电工装设计专业和设备设计专业有效的结合，与传统的各设计专业形成联合的智能装备设计团队。

二是推行航空制造装备中端制造厂的专业化整合。西飞通过实施生产单位扁平化改革，整合成立型架夹具厂、模具锻铸厂、设备厂等 3 个专业装备制造厂，分别负责各自专业领域的装备生产和维保，同时将型架夹具厂定义为智能装备主集成单位，对具有智能制造特征的装备总体和相关装备制造维保过程中模糊地带承担牵头和集成责任。

2. 梳理一体化管理流程

一是业务整合，制定管理要求。西飞将智能装备包含的机动设备和工装管理业务整合，成立设备工装室，作为智能装备主管单位，制定智能装备顶层管理要求，规定各业务管理职责和分工，划分工作界面，制定智能装备管理工作流程。

二是打破各业务管理壁垒，优化管理流程。智能装备由工装、机动设备、计量/检测设备、信息化系统等部分组成，其过程管理分为自制、合作、外购及租赁，按照资金来源分为工装、技改及课题。为规范管理和便于业务协调，打破以前的工装管理、设备管理、科研课题管理工作界限，设备工装室作为智能装备业务主管部门，负责工装、设备和科研课题中的内部制造计划管理，技术改造室负责工装、设备的外购管理。技术装备检验站负责智能装备的总体验收。

三是固化管理流程，制定业务实施细则。智能装备的设计、生产、使用业务管理，在已有业务管理规定基础上，针对智能装备制定统一管理文件，业务部门制定实施细则。对管理流程重新梳理，将智能

装备涵盖的工装、设备等相关科研、技改、型号研制等关联流程整合为智能装备研制流程。整合前，流程主要按工装、设备管理；整合后，流程将工装、设备研制流程按照技改、自研、科研流程合并为一个完整流程。

（三）贯通设计、生产、使用一体化IT支撑体系

1. 统一航空制造装备的设计、生产、使用管理平台

在持续性的航空制造装备一体化管理优化过程中，西飞探索构建一套制造装备综合管理系统，通过软件开发和优化，建立对包含智能装备的航空制造装备设计、生产、使用过程涉及的申请、计划、制造、定检/返修、报废、生产、质量、成本等实施全方位一体化管理平台，实现包含智能装备、传统工装的一体化全生命周期管理，实现对装备项目任务、更改记录、随图资料、员工设计和更改业绩统计等工装信息的综合管理。统一的系统管理平台将航空制造装备研制的全流程进行无缝对接，实现传统技术装备和智能装备管理（目前进入系统的智能装备为79项）的一体化管理，提高智能装备管理效率。

2. 搭建以DCE平台为基础的航空制造装备数据管理平台

数据管理作为航空制造装备研制的重要一环，其数据唯一性、及时性是管理的首要问题。在DCE平台基础上，以Windchill为底层架构软件，开展装备数据管理业务研究开发，建立包含智能装备的装备数据管理平台，统一存储、组织、管理和控制装备设计数据，对智能装备相关任务流程、数据的设计过程、设计数据签审流程、设计数据更改、BOM、设计数据成熟度等进行全面性的统一管理。装备数据管理平台对装备设计数据业务管理和活动提供有效的支撑，确保装备设计数据的一致、有效、安全、完整和可追溯性；装备数据管理平台无缝接入西飞生产管理系统和装备综合管理平台，实现了设计、生产、使用的数据交互一体化。

3. 形成以VPM平台为基础的并行设计、制造管理平台

在智能装备发展过程中，西飞完善装备设计制造协同管理规范和装备关联设计管理规定，建立以VPM平台为基础的在线并行设计、生产一体化管理平台，不同部门通过VPM平台上下关联设计环境展开并行设计、生产，智能装备设计与产品设计均采用VPM环境，依据技术条件及成熟度产品数据开展工装初步设计方案、详细设计方案和最终设计方案设计，同时按成熟度对设计数据进行管理，根据VPM实时数据同步开展材料和成品件采购、工艺文件编制等，平台在数学模型等方面实现了并行设计、制造、使用的一体化。

4. 实现业务系统与智能装备之间深度集成的数据交互机制

通过制定装备软、硬件统一接口要求，建立不同品牌、不同系统、不同年代装备与业务系统之间数据交互的内容、格式以及具体管理流程，为装备立项论证及实施阶段提供有力的技术保障与管理支撑；通过制定数据集成接口典型实现方式，建立通用及定制设备、工装与业务系统的信息集成、交互机制，为装备在生产现场全面使用阶段奠定坚实基础；通过制定数据集成传递与交互标准格式，建立不同制造阶段、不同供应商，甚至不同种类设备、工装之间的异构系统数据采集、处理、传输与使用机制，实现随生产过程产生各类原始数据在不同制造阶段的深度应用。

（四）重组设计、生产、使用一体化管理和技术标准体系

根据智能制造目标要求，西飞对整个航空制造装备标准体系从顶层管理规范到设计、生产、使用进行统筹完善，新编制顶层管理文件3份，从顶层管理将设计、生产、使用的权责、组织、流程进行了统一界定；新增数字化集成装备管理文件7份和修订管理文件14份，对包含传统航空制造装备和智能航空制造装备的数字化集成装备在设计、生产、使用各环节管理实施细则进行了统一规范；新增修订各项操作流程表单22份，对设计、生产、使用过程中具体的操作流程进行了标准管理。

1. 统一航空制造装备的设计、生产、使用顶层管理规范

西飞基于某大型机对以智能制造为目标的航空制造装备进行系统的研究和探索，构建一整套适用于智能制造的航空装备设计、生产、使用一体化管理办法，制定《智能装备管理规定》文件，该文件对智能装备的管理要求进行规定，明确智能装备设计、生产、使用过程中的立项、申请、采购、设计、制造、验收、使用、检修维护、资产管理、报废处置、事故处理等管理的职责和要求，并用于智能装备中机动设备、工装、计量、信息化等业务的管理。

2. 优化以智能制造为目标的航空制造装备设计标准

装备设计标准体系建设作为航空制造装备管理的基础性工作，对确保安全生产、提高工作质量和效率具有重要的作用，是企业在生产、经营、管理工作中的依据和支撑，西飞在智能装备设计方面建立体系化的标准规范：工装设计管理规范、数字化工装设计数据管理规范、数字化工装数据管理规范等。

3. 新编以智能制造为目标的航空制造装备生产标准

根据西飞《智能装备管理规范》，结合智能装备涉及工装、信息、设备、技改等专业建立智能装备制造及验收实施细则文件。制造体系文件规定智能装备相关专业单元在制造过程需要符合的国家、行业标准及其包含的技术、质量、安全要求。验收体系文件规定智能装备验收需依据合同、技术协议、验收大纲、资料审查表、实物审查表等进行验收，验收工作分 5 个阶段进行：总体评审、详细评审、资料审查、预验收、终验收，每一阶段需有详细的记录及资料。

4. 完善以智能制造为目标的航空制造装备使用标准

通过对某大型飞机等多型号飞机总装脉动生产线、部件装配生产线智能装备的维保、定检探索，形成以维保标准为核心的维护、保养体系，通过体系的有效运行，保障生产线安全、顺畅、高效运转。该体系包含各类装备维保定检标准、维保定检标准流程、维保定检检验标准、维保定检计划制定标准、维保定检标准作业规范、智能装备维保定检档案标准等。

（五）完善与试验、生产协同的一体化设计体系

1. 基于 MBD 的全生命周期设计、生产一体化

西飞通过多型飞机的研制，已逐步构建包含智能装备的基于 MBD 的装备全生命周期设计、生产模式。将装备产品信息中几何形状信息与尺寸、公差、工艺信息等通过三维模型表达，使三维实体模型作为唯一生产依据，并通过对装备 MBD 设计、制造、检测技术，NC 加工技术，激光跟踪仪安装技术和 OTS 设计、安装、检测技术进行研究，形成以 MBD 技术为基础的工艺装备全生命周期设计、生产模式。

2. 基于知识的快速设计

智能装备的快速设计主要是基于知识工程，知识工程就是应用计算机技术，对知识和经验进行获取、表示和应用，在使用中提升价值，以促进技术创新。尤其是在智能装备设计中，将常用结构进行标准化、模块化梳理，建立标准知识库，将标准设计知识存储于数据库中，最大限度地方便智能装备设计人员进行直接调用和推理设计，较大的提高设计效率。通过几年的建设和努力，西飞已经形成完整的基于知识的快速设计模式，建立包含资源库、标准件库、知识库等基于知识的智能装备快速设计模式的设计数据库。

3. 多专业一体化设计

设计模式以智能制造为目标进行优化，原设备工程设计所同工装所合并，电气、液压、气动、非标等专业同工装机电专业合并，成立联合智能装备设计团队，减少协同设计手续，统一制图软件和规范；将智能装备电气控制移动部分设计同固定工装设计融为一体；将智能装备的照明、液压管路、气动管路、电源管路、控制线管路设计融入工装设计中，提升智能装备的整体设计质量。

4. 多系统一体化试验

建成智能装备试验室，涵盖机械、液压、电子、气动、机器人等技术领域，利用工业标准基本构件（机械、电气、液压、气动等原件），辅以传感器、控制器、执行器和软件配合，运用设计构思和试验分析，实现多领域技术还原。结合智能装备专业发展方向及试验台功能理顺试验类型、范围、流程、制度和程序、岗位职责、配套表单等方面工作，构架出一套完整的智能装备一体化实验模式。实现工业生产和大型智能装备操作功能试验验证，为科研创新和自动化生产线的可行性论证提供保证。

（六）按制造集成化、验收规范化重塑一体化生产体系

1. 整合制造体系

按照集成化规范智能装备的一体化制造流程。智能装备涉及工装、设备、工具、信息、计量，无法按照传统制造方法及流程进行制造，根据这些子单元的共同分类特点，西飞建立相应的一体化资料、实物制造流程，由分工单位进行子单元制造，集成商进行主体装备集成制造，通过自制、联合制造、外围制造、成品采购等方式实施。然后成立技术、制造、定检维保团队并进行专业培训。针对基于智能装备，设备厂及型架夹具厂均建立相应的技术、制造、定检维保团队的情况，技术装备所牵头配置智能装备相关的控制系统、视频监控、传感器功能验证台、机器人等功能性装置，对技术、制造、定检维保团队相关人员进行培训验证，以技能点培训作为技能支撑，达到智能装备集成制造。

2. 统一验收体系

一是建立智能装备的一体化资料验收流程。西飞针对智能装备的设计、维保资料的验收流程进行梳理，制订智能装备资料审查验收的相关实施细则，设计单位按照细则对所有设计资料进行总体审查和验收，发出智能装备分块表，对智能装备维护责任进行分工，然后各单位按照分块表，由工装、信息、设备、计量分专业进行详细资料和实物的验收；资料验收主要审查设计图纸是否符合方案评审和技术协议要求、审查设计图纸的合理性和规范性，验收合格后图纸作为后续制造依据。

二是建立智能装备的一体化实物验收流程。根据顶层管理架构和文件，西飞结合机电一体化工装涉及的工装、信息、设备、技改等专业制定智能装备实物验收相关实施细则，对智能装备评审、预验收、终验收等进行规定，对总体性能、机械常规、电气常规、气液常规、特种设备、操作安全等验收内容进行全面规范。

三是建立工装、设备各单元一体化主子工装验收方法。一体化管理改革确定各单位按照智能装备分块表规定的相关内容进行分项审查、预验收、终验收，总集成单位作为智能装备的主责单位。终验收完成后，协作单位按工装、信息、设备、计量开子工装合格证，集成单位开工装整体合格证，整体合格证的开出视为装备整体移交完成。

（七）以过程受控为核心优化一体化使用体系

1. 普及技能培训验证，确保员工独立操作能力

建立智能装备使用的培训验证方法并取证。针对智能装备设计功能和设计、生产、使用问题等对操作及工艺人员进行一体化使用、定检、维保培训，通过新编的《航空制造装备使用培训评估标准》，针对使用车间的管理人员进行使用流程及安全培训。

2. 联结相关信息系统，实现装备使用过程的智能管控

推行航空制造装备使用过程中的智能管控模式。在飞机生产线建设中，通过建立智能管控终端，利用专用接口和格式对厂房内的生产线和专用设备进行网络互联，对生产线和专用设备的工况、效率、故障、人员等进行实时监控和调配，终端与 ERP、MES、工艺系统、物料配送、装备管理等企业管理系统互联，将设计、生产、使用全过程进行一体化智能管控。

3. 实施技术融合、防控并举的专业化维保

一是针对装备进行分类研究，根据应用需求及特点制定相应维保标准。通过分类整理，按主体属性将智能装备分为调姿定位、柔性装配、运输、自动制孔等几大类，根据各类特征制定专业维保标准。二是形成标准作业流程，进行全过程、全寿命运行保障。在航空制造标准形成智能装备标准作业流程和维护保养管理模式。建立《智能装备健康档案》和《日常巡检工作制度》。三是成立专业融合的维保团队，确保维保专业化、科学化、规范化，以专业化整合为契机，组建由机械、电气、液压、自控、测量、信息等专业技术人员组成的智能装备维保团队。打破专业界限，提高故障分析准确性，提升故障排除效率。

（八）推行持续评估与改进机制

1. 实行设计、生产、使用一体化管理

针对智能航空装备运营管理中存在的问题，西飞在某大型运输机全生产线推行了设计、生产、使用一体化管理，依据以实现智能制造为目标的设计、生产、使用一体化管理体系对整个机型的航空制造装备运营体系进行优化、重构，在航空制造装备制造全流程推行以实现智能制造为目标的设计、生产、使用一体化管理，在组织、流程、标准、IT 等管理层面和设计、生产、使用等实施层面进行全面优化改造。管理层通过重构管理架构、统一标准体系及贯通信息平台，实现运行管理一体化；执行层通过统一、优化、完善相关设计生产、使用体系，实现全寿命管控一体化。

2. 实施评估与持续改进

只有通过对设计、生产、使用一体化管理体系的过程评估和持续改进，航空制造装备管理体系才能适应飞机制造技术的不断发展。西飞明确对应副总经理统筹、人力资源部规划改进的管理体系改革职责，建立《管理体系持续改进评估标准表》，通过计划、执行、检查、修正的 PDCA 循环改进过程对改进效果进行评估，查漏补缺，在前行过程中不断优化完善组织架构、标准规范、业务流程，使航空制造装备管理体系充满活力。

三、以实现智能制造为目标的航空装备设计、生产、使用一体化管理效果

（一）建成了整套管理体系，提高了生产智能化水平及生产效率

通过大飞机项目在智能装备一体化管理的探索和实践，构建了一套以实现智能制造为目标的设计、生产、使用一体化管理体系并在生产中全面应用，有力保障了型号研制需要。该管理体系已嵌入西飞运营管理体系架构，在大型运输机和某型机中全面应用，在大型运输机某厂房机身、机翼部装生产线及某厂房总装生产线中达到了智能制造全流程成功验证的目标且发挥显著作用，并在 MA700、某新机研制中全面推广。该管理体系的实施使大型运输机部、总装生产线智能装备占比达到了 60%以上，相对于国外同类型飞机缩短研制周期 3 年以上，相对于传统装备管理方式提高大型运输机生产效率 30%以上。

（二）取得了良好的经济效益

由于核心技术团队的建立，针对大型运输机、MA700 等机型新研工装均转向设备化、智能化，局部外购智能装备，大部分实现自行研制，与完全外购对比单项装备自研可节约成本约 15%，按近 3 年自行设计制造的涉及智能装备价值约 6 亿元计算，产生经济效益 0.9 亿元。依据大型运输机与某型机脉动生产线比较，相对于 2010－2013 年，绝大部分智能装备由供应商厂家维护，由于建立了智能装备的定检维保队伍，降低了供应商维保成本 30%左右；同时，由于周期性的定检维保和更加及时的响应，在整体上减少了智能装备的故障率 20%左右，依据 2014－2016 年 3 年外购智能装备 10 亿元、折旧率 10%计算，要保持智能装备永续使用状态，3 年产生经济效益 0.3 亿元。业务系统与智能设备、工装与业务系统之间深度集成数据信息集成交互机制，信息平台统一，仅仅办公用纸一项就可每年节约成本约 200 万元，减少人力约 100 万元，3 年产生经济效益约 0.09 亿元。在大型运输机建设过程中，依据

2014 年前购买智能装备如调姿对接系统等值项目实施价格基本降幅达 10％～20％之间，单项外购智能装备节约成本按 10％计，按 2014－2016 年 3 年新研智能装备采购费用 10 亿元左右（主指各型部总装生产线）计算，产生经济效益 1 亿元。

（三）取得了较好的社会效益

从 2014－2016 年 3 年以智能制造为目标的航空制造装备一体化管理实施经验及效果看，该体系在西飞已经应用到复杂网络环境下、信息互联互通条件的智能设备和工装融合的一体化管理，形成从设计、制造、使用全过程的一体化、信息化，为提高西飞智能制造水平奠定了坚实基础，可在整个制造行业推广应用。

（成果创造人：于　萍、郝　巨、何胜强、李红卫、杨　飞、王守川、宋锦斌、寇　洁、李海龙、刘泽秋、郝勇智、李振阳）

以智慧城市电力服务为目标的电网“三元示范区”建设管理

国网河北省电力公司石家庄供电分公司

国网河北省电力公司石家庄供电分公司（以下简称国网石家庄供电公司）是国家电网公司大型供电企业，担负着石家庄市所辖8区14县、1.58万平方千米、1050万人口的供电任务，2016年售电量完成386.65亿千瓦时，网供最大负荷773.6万千瓦，业绩考核和同业对标稳居国网河北省电力公司系统第1名，拥有35千伏及以上变电站396座，总容量3019.32万千伏安，输电线路8392.68千米，初步形成了“南北互通、东西横贯、运行灵活、经济高效”的区域电网。国网石家庄供电公司牢牢把握河北正定新区作为河北省“十三五”时期京津冀协同发展战略的主战场，2015年以来，在河北正定新区全面开展配电网规划建设示范区、新能源替代示范区、现代服务示范区的电网“三元示范区”建设，打造适应智慧城市发展的电力服务新标杆，同时为雄安新区电力服务提供有益的实践经验。

一、以智慧城市电力服务为目标的电网“三元示范区”建设管理背景

（一）破解经济发展难题与环境困局的需要

经济与环境的可持续发展是智慧城市的重要特征。2009年开始建设的正定新区，总面积约176平方千米，其中起步区30平方千米。新区功能定位为市级行政中心、文化中心、现代服务业基地、科技创新集聚区、生态宜居新城。环境发展方面，由于河北长期以来区域性大气环境问题突出，如何以新区建设为发展契机，不断提高清洁能源的消费占比，实现经济与环境的可持续发展是电网建设的重中之重。作为“十三五”期间京津冀协同发展战略深入推进的主战场，国网石家庄供电公司充分认识到正定新区的飞速发展，将为国家历史文化名城正定，及至河北省会石家庄的崭新发展带来新的机遇，为此提出全面开展电网“三元示范区”建设，从优化电网结构、科学配网规划、拓展经营渠道、提升服务品质、创新管理手段等方面，打造“智能·绿色·服务”电网建设示范区。

（二）探索智慧城市供电服务新模式的需要

城市是人类最伟大的创造之一，未来智慧城市是现代社会发展的方向。2015年，世界城市人口占比超50%，创造约80%GDP，消费全球2/3以上一次能源，产生70%与能源相关的碳排放。在未来，智慧能源将是驱动未来城市发展的主要引擎。而正定新区作为河北省“十三五”时期京津冀协同发展战略的主战场，是承载未来新兴产业和河北省会高端服务业的主要载体。随着高端客户的不断集聚，石家庄市政府、河北奥体中心、石家庄报业传媒大厦等重要客户迁入达200余家，计划新开工国家重点项目17个，总投资214亿元，总建筑面积386万平方米。供电企业传统的营销模式已不能满足正定新区超常规发展的需要，先行开展“智能·绿色·服务”电网示范区的探索与建设，拓展供电服务新模式，显得尤为迫切。

（三）电力企业探索全新发展道路的需要

通过对客户需求进行大数据分析，发现传统供电服务模式已经远远不能满足当前客户安全可靠用电的需求。政府机构、公益工程等客户的供电服务关注点主要体现在电网规划、建设以及清洁能源替代等方面；民营企业、工业厂房等客户的供电服务关注点主要体现在业扩办理、电能容量等方面；居民用户的供电服务关注点主要体现在优质服务、停电时间、故障抢修等方面。供电服务客户类型多、需求复杂的特点日益凸显。随着售电市场的进一步开放，在新机制和多元市场的主体背景下，不断探索新的发展模式，为客户提供更丰富的服务内容、更高端的服务体验、更优质的供电服务品质，是电网企业发展的

必由之路。因此，电网企业必须积极主动对接城市发展规划，发挥企业自身优势，结合当前国际先进理念与技术，创新思维、实现整体服务能力的提升，更好地服务经济社会的发展。

二、以智慧城市电力服务为目标的电网“三元示范区”建设管理内涵和主要做法

国网石家庄供电公司牢牢把握正定新区作为河北省“十三五”时期京津冀协同发展战略的主战场地位，进一步开展科学分析研判，结合正定新区城市规划及市场需求，按照“智能·绿色·服务”的发展理念，创新城市“三元示范区”建设管理，即打造配电网规划建设示范区、新能源替代示范区、现代服务示范区。开展以配电网科学规划为统领，以电能替代推广为突破，以智能化服务为依托的智慧城市电网企业发展模式实践。进一步拓展新兴城市电网发展新思路、智能匹配新模式、业务拓展新格局、优质服务新特点。主要做法如下。

（一）明确建设目标规划，统筹搭建“三元示范区”框架

1. 多角度调研纳谏，明确“三元示范区”建设目标

国网石家庄供电公司深入正定新区街道、园区、企业，对新区电网发展、用电需求等进行多方面调研，梳理各利益相关方主要关注点，形成“三元示范区”建设的总体目标，即规划范围初步阶段总面积176.8平方千米，其中建设用地面积108平方千米。建设配电网规划建设示范区，按照智慧城市智能化的要求，科学规划新区电网，高起点将正定新区电网建设成具有信息化、自动化、互动化特征的一流坚强智能电网。建设新能源替代示范区，通过推行多元化用电模式，充分利用新能源技术，大力提升电采暖、地源热泵、充电桩的普及和建设，有效改善正定新区环境，优化能源结构，提高能源使用效率，降低能源消耗，持续打造绿色高效电网。建设现代服务示范区，以“人本管理”为出发点，建立“互联网＋营销”模式，变革服务组织、拓展服务渠道、再造服务流程，创新业务体系，实现电网与用户的双向互动，实现优质服务的再升级，构建现代化服务型电网。

2. 建立协同管控中心，全过程推进示范区建设

为适应“三元示范区”建设管理的需求，有效动员政府企业各部门的能动性，充分发挥协调作用，组建工程推进协同管控中心，主要负责人由新区管委会主任担任，由发改委、规划局、供电企业主要负责人担任副组长，负责开展对“三元示范区”推进需求的动态研判、分析，对工作当中遇到的难点进行全过程跟踪督查、过程管控，科学制订工作实施、项目管控、激励考核方案，实现“三元示范区”建设的闭环管理。

3. 组建内部机构，精准对接项目

国网石家庄供电公司成立“三元示范区”项目建设组织机构，设立规划、营销、运检、人资4个专业组，抽调专家人才提供智力支持，充分发挥供电企业内部专业资源优势。规划专业负责新区电网现状、分析电网屏障；建设专业负责重点项目的推进实施；运检专业负责电网设备薄弱治理；营销专业负责业扩报装及新能源替代工程；人资专业负责正定新区“供电专业型”人才队伍培训建设。主动对接政府相关部门，实现新区政府、发改委、规划局、供电企业等各机构信息的实时共享。

（二）制定科学电网发展战略，打造配电网规划建设示范区

1. 制订发展战略目标，科学规划正定新区电网

按照智慧城市智能化的要求高起点建设正定新区电网，将其建成具有信息化、自动化、互动化特征的一流坚强智能电网。新建变电站全部建成智能变电站，光缆覆盖率达到100%，智能电表覆盖率达到100%，配网全部实现自动化。建立用户与电网之间实时连接、互动开放的数字网络。建成若干智能用电小区、智能楼宇。保证绿色分布式电源的接入和消纳。规划总体思路：一是协调发展，增加电网适应性，电网规划和城市发展规划相协调；加强高压网络建设，全面提高电网供电能力；加强下一级电网对上一级电网的转供能力，提高电网整体供电可靠性。二是远近结合，近期主要以满足区域负荷增长需要

为主，中长期以完善电网网络结构为目标，按远期饱和负荷需求综合考虑网架结构和变电站布点。三是分步实施，变电站站址、线路路径按远期饱和负荷一次性规划到位，随着正定新区的发展而分步实施。四是节约用地，变电站主变和供电线路采用“大容量、大截面”原则，减少变电站占地以及线路在新区内的穿越。

2. 率先签订电网备忘录，强化合作协同实施

按照分析超前、研究超前、调整超前的原则，成立电网规划建设协调工作领导小组，主动了解地方政府城市建设规划、政府投资计划和招商引资计划修编情况，结合电网设备改进、业扩等相关内容联动修编公司电网发展规划、综合计划和投资计划，并签订《关于共同推进正定新区配电网建设工作合作备忘录》，于2016年9月将正定新区配电网规划纳入正定新区城市控制性详细规划和土地利用规划，预留变电站站址、输配电线路走廊。通过构建片区土地规划建设与输变电设施同步联建、供电企业与社会法人主体投资相结合、公用和专用统一设计的共建机制等，实现变电站点和线路的优先建设，实现电网规划的计划性、预见性、前瞻性。在具体实践中，正定新区规划部门能及时将新区土地重大项目用电需求反馈供电企业，将电力设施明确位置，促进工程建设“无障碍”推进。

3. “网格化”负荷预测，适应电网科学发展需求

国网石家庄供电公司按照近期以满足项目建设临时用电负荷增长需求为主、中长期以项目运营正式供电和完善电网结构为目标、远期饱和负荷需求，综合考虑网架结构和开闭所布点的规划原则，在正定新区全面运用数据分析原理，通过对正定新区电网进行大数据比对，对正定新区区域控制性详规图各类地块进行网格化负荷预测，建立网格负荷分布图，针对正定新区规划区域内的行政中心、会展中心、奥体中心等重点建设项目，滚动修编调整配电网规划，超前开展配套电网项目前期工作，并适时开工建设，全力保障重点项目的用电需求。2016年启动正定新区10千伏配电网网架完善、污水处理、路灯照明等市政基础设施用电配套等6条10千伏新建线路项目建设，建设投资5146万元。

（三）推进多元化用电模式，打造新能源替代示范区

1. 创新替代模式，积极拓展业务领域

借助政府全面推广“煤改电”项目的有利契机，以专门的领导和机构、专业的队伍和措施服务“煤改电”项目，将正定新区打造成无烟无煤的“煤改电”示范区。积极推广电采暖、双蓄、新型储能等电能替代技术，在学校、医院、商场等场所，优先推广非连续分散式电采暖、混合储能、地源热泵、冰蓄冷空调、蓄热式电锅炉等高端电能替代项目。按照“按需建设、适度超前”的原则，提前做好电动汽车充换电网络设施规划布局。紧密关注新能源汽车发展趋势，在新区范围内形成充电站、充电桩网络，提供实时、高效、智能的多样化服务，构建以点带面的环状辐射立体充电网络。主动与新区内房地产龙头企业签订低碳节能、环保住宅建设战略合作框架协议，协同社会各方，在园区充分采用用电信息采集、双向互动服务、小区配电自动化、分布式电源及储能、电动汽车充电、智能家居监控等先进智能化管理模式建设智能小区。

2. 改变营销战略，深入挖掘潜在客户

国网石家庄供电公司转变营销策略，改变以往“坐商”思维，主动寻找商机推进电能替代项目落地。充分利用用电、电费等政策杠杆，依托业扩报装、用电查勘、营业厅窗口等途径广泛宣传电能替代能源消费新理念，向客户提供电能替代技术方案咨询，由业扩专业负责牵头，开展企业客户生产经营动态分析，对潜在客户进行走访，以成功案例为切入点向潜在客户全面推广电能替代项目，并承诺改造项目采取全过程跟踪服务，实现对电能替代潜力项目的全过程跟踪服务，持续提高电能占终端能源消费的比重，推动节能减排，并为相关企业增容工程提供上门服务，替代项目预计每年可增加售电量500余万千瓦时。

3. 丰富传播载体，推进电能替代普及

国家电网电能替代方向主要是进行城市的集中电供暖，逐渐淘汰和替代传统的燃料加热的供暖方式；在生产领域大力推广电锅炉、电采暖、热泵等替代技术；在交通领域，为了有效地降低燃料能源对大气颗粒的排放，积极推动电动汽车和轨道交通发展，不断地深化研究电动汽车的经营模式。通过不断地制定和完善我国电动汽车充电和换电的标准体系，积极推动我国交通领域的电气化进程；在居民家庭生活领域，积极推动家庭电气化进程，不断淘汰和减低高污染、低效率的能源利用方式。通过大力开展“绿色电力，助新区碧水蓝天”等系列主题宣传活动，国网石家庄供电公司紧抓新区节能减排等政策机遇，大力挖掘电能替代潜在项目，加大电能替代示范宣传，通过电视台、网络新闻等平台，加快电能替代技术产品的推广，推动替代设备的升级改造，降低电能替代项目的用电成本，加快电能替代的普及应用。

（四）创新“互联网+营销服务”，打造现代服务示范区

1. 创新专属服务，高效服务重要用户

创新“五个一”专属服务，按照“报装集约化、手续最简化、运检专业化、服务贴身化”的标准，通过建立“一张智能电网、一个专设机构、一部服务电话、一套专属流程、一支专业队伍”，实现工业园区配网运行可靠性、供电服务品质的提升。成立园区供电服务中心，设立营业服务班、配电运检班、综合服务班，配备专业技术人员，专职对接工业园区的用电服务工作，提供贴身服务。园区内的涉电事项均由服务站承接，为园区提供便捷、高效服务。建立跨部门业务协同工作机制，及时了解传递园区市场需求，科学开展园区业扩负荷预测，超前进行园区主配网规划建设，全面对接政府行政审批权限的变化和调整，实行营销部门“一口对外”服务，归并、压缩服务环节，业扩报装业务减少 7 个环节，比原来缩短 15 个工作日。

坚持“先接入，后改造”，开通重点项目业扩“绿色通道”，严格执行国家电网关于供电方案主要内容及答复时限的要求，强化对服务人员的政策宣贯及业务培训，将工作完成情况纳入公司绩效考核，全力争取重要用户。

2. 依托“互联网+”手段，建立“36524”新模式

以科技手段引领服务提升，在正定新区着力打造全自动智能电力服务营业厅，实行“无人化管理”，开展 365 天不间断的 24 小时智能自助营业厅业务受理，推广网银、支付宝等在线缴费业务，将自助缴费、业务办理、信息查询等功能集约融合，提高业务办理效率，同时全面分析新区年度重点项目计划节点，业扩报装精准对接，以短信、微信形式自动提醒、跟踪、催办、督办，实现对服务环节的实时监控。提升科技管理水平，提前步入智能化电力服务时代。

3. 以差异化宣传服务方式实现效果最大化

创新建立“四层次、两主体”宣传模式。“四个层次”全动员。将“政府层次”“企业层次”“居民层次”“自身层次”4 个层次进行全面的分析整合，充分对接政府，及时了解新区规划，充分分析企业和居民需求，结合新能源替代工程，发动 4 个层次因素进行宣传，为“三元示范区”建设消除障碍。“两主体”分批开展。以政府机关为主体，积极编制“配电网规划建设示范区”建设效果宣传册、数据对比图等宣传材料。以用电客户为主体，在电视台中午黄金时段对“新能源替代示范区”建设对于新区发展的重要意义进行宣传，在新区各街道显著位置对工程的创新性、先进性、经济性等优点进行图文宣传，并设立 3 个专门的咨询工作室，抽调各专业专家组成联合能效服务小组，搭建能效服务平台。

（五）建立科学保障机制，推动“三元示范区”落地

1. 创新政企协同联动机制，打造发展一盘棋

一是以政府机构作为主体，建立政企合作无障碍通道。“政府机构主体”的工作重点是建立健全管

理组织体系，通过下发正式文件进一步明确责任，推进形成社会联动态势，将助推供电企业在新区建设“三元示范区”工程进行统筹规划实施。以政府为主导的“三元示范区”建设工作，在价值理念上强调合作无障碍、信任无间隙、利益无疏漏、服务无距离与发展无极限的“五位一体”，将“卓越的发展、卓越的服务”为追求目标，构建政府主导的、以“绿色”为核心的“三元示范区”网络化管理体系，符合服务型政府建设理念，可实现公共层面上价值利益的最大化。二是以供电企业作为助推器，充分发挥专业技能优势。“供电企业全程推进”强调供电企业发挥专业管理优势，结合“诚信、责任、创新、奉献”的核心价值理念，依托严谨有效的供电管控体系，将打造“卓越的电网”作为奋斗目标，充分发挥供电企业电网规划、特色服务、运维检修、电能替代、人才输配等专业优势，主动服务地方经济发展及城市建设，全面创造“三元示范区”，以实现正定新区电网飞速发展为目标。三是以各类客户参与为切入点，最大化调动社会参与层级。“各类用户参与”是指由政府机构及供电企业作为宣传发起方，结合城市规划，通过引导宣传提高群体对配网规划建设示范区以及新能源替代示范区的认识，进一步了解并掌握政府、企业、居民等各类用户对新区电网发展及电能替代的需求，在电网规划当中进行合理有效布局，达到各相关方的利益最大化，全面推进各类用户积极参与到共建活动中。

2. 创新舆论引导宣传机制，营造传播一张网

在宣传方面，结合宣传与了解客户需求大量信息的特点，创新采用信息交合法开展宣传。正确运用信息交合法，从创新手段、创新内容、创新载体入手，建立政府主导、相关职能部门参与的立体宣传组织体系，构建全社会参与、支持的强大网络。同时，积极利用各种宣传载体，针对不同受众群体采取差异化的宣传策略，完成理念的多途径传播。国网石家庄供电公司充分发挥相关方的职业特色，形成多元化宣传组织体系，多渠道、多载体、多形式宣传，实现宣传层面全覆盖。充分发挥宣传部门的影响力，将电视、广播、报纸等传统媒体作为主阵地，同时通过制作专题片、公益广告片，举办专题讲座等形式，利用灯箱广告、条幅、展板等手段，全方位进行宣传。

3. 创新科学评价激励机制，明确保障一本账

一是实施激励评价措施。协助政府构建正定新区发展评价指标体系，将“三元示范区”建设纳入评价体系，实现对各职能部门的科学评价。在政府主导层面，运用考核、奖励等手段，大力推进建立“齐抓共管”的机制，有效推进各机关的对接，形成管理均等化、一体化。二是实现重点工作的有效推进。重点从完善管理机制入手，围绕重点项目、关键指标和主要工作，建立全过程管控机制，逐项目、逐指标分解落实责任、明确完成时限，依托月度例会、周督办看板、月度绩效考核等方式，对重点任务实施月计划、周督办、月考核，形成完整的闭环管理机制，有力推动各项工作。同时，建立经营管理定期分析机制，围绕新区电量增长、指标提升、配电网管理等内容，开展专题诊断分析，对重点工作进行定期分析，明确差距和不足，制订改进提升措施，着力消除管理短板，不断提升管理水平。三是落实企业激励办法。通过对工作开展情况以及工作实效进行量化评价并定期通报，“三元示范区”内各个层面、各个专业树典型、立标杆、创亮点，通过健全完善先进评选表彰细则，设立安全生产、经营管理、电网建设、争先夺旗专项奖励基金，创建标准化示范变电站等一系列措施，对业绩、指标、亮点突出的集体和个人进行表彰。

三、以智慧城市电力服务为目标的电网“三元示范区”建设管理效果

（一）实现了电网建设与经济环境的协同发展

正定新区管委会与国网石家庄供电公司建立电网规划与建设联席会议工作机制，构建了良好的沟通合作关系，准确把握地方经济社会发展对电网建设的需求，在新区道路建设改造规划时，将电力管网规划纳入城市道路综合管网规划。通过综合管廊的建设，杆塔等线路随之入地，有效缓解了现有配电网的重载情况，优化了网架结构，电网发展规划与客户需求更趋一致，环境优美、供电可靠的新区逐渐呈现

在眼前。正定新区管委会配合解决配套电网建设项目规划、征地、拆迁、施工受阻问题，为电网建设创造良好外部环境，保障电网项目顺利开展。同时，在建设过程中充分运用了中法配电网交流成果，与新区规划建设高度契合的智能电网，为广大客户智能、安全、稳定用电提供可靠保障。多种清洁能源方式的引入，对当地环境的持续改善提供有效途径，实现经济与环境的可持续发展。

（二）探索了智慧城市电力服务的新模式

通过创新发展，全方位提升正定新区输电、变电、配电、用电、调度、通信信息各个环节的智能化水平，通过电网智能化发展，提高了电网安全性、灵活性、适应性和互动性；灵活接纳和综合利用了大容量光能、地热能等多种清洁能源，并配备光伏发电、混合储能、地源热泵、冰蓄冷空调、蓄热式电锅炉等高端节能技术，积极构建了以电为先导，以电网为平台的可持续能源体系；打造了一批采用用电信息采集、双向互动服务、小区配电自动化、分布式电源及储能、电动汽车充电、智能家居监控等先进智能化管理模式建设的智能小区，“智能·绿色·服务”的电网示范区已成为河北省的一张靓丽名片。具有可靠、稳定、高效电网的正定新区已成为全国典型配电网样板区，为雄安电网的建设发展提供了可推广的思路和模式。

（三）开拓了电网企业自身发展的新模式

在企业管理方面，通过服务国家级城市新区建设，打造电网“三元示范区”，有效弥补了传统服务模式的短板，明显拓展了供电服务的内涵和方法，使服务协同管理理念深入供电企业生产经营的每一个环节。同时，对“三元示范区”建设中各类创新资源灵活多变的动态调度和配置，能够大大提高供电企业的创新效率。用户平均到位时间 15.6 分钟，平均故障处理时间仅为 16 分钟，投诉率下降 46.88%，受到广大电力客户的一致好评。截至 2016 年 12 月，在线损率、供电可靠性、触电事故下降等多方面取得良好经济效益。采用相关因素合成计算法（PCP）计算，该成果为企业取得经济效益 1100 余万元，实现公司经营效益和管理水平的双提升。

（成果创造人：朱薪志、陈香宇、刘　伟、田文树、王学彬、侯志辉、董江涛、张国兴、王　晶、陈　阳、李子钰、武　超）

以共享为目标的高速公路数字视频平台建设与管理

北京市首都公路发展集团有限公司

北京市首都公路发展集团有限公司（以下简称首发集团）于1999年9月成立，注册资本305.78亿元，负责北京高速公路建设、运营管理、筹融资和相关产业经营。2016年8月，首发集团与北京市公联公路联络线有限责任公司实施合并重组。重组后的新首发集团资产总额1800多亿元，员工队伍15000余人，承担北京城市道路、综合交通枢纽与静态交通建设管理的责任。

一、以共享为目标的高速公路数字视频平台建设与管理背景

（一）融入北京综合交通体系，提升城市综合交通治理的需要

近年来，日益严重的交通拥堵和空气污染等问题让首都交通系统承载能力和城市运行面临巨大挑战。打造“网络化布局、智能化管理、一体化服务”的首都现代化道路交通体系，是提升城市综合交通治理能力，破解这一系列现实难题的重要途径。高速公路作为交通行业的重要组成，加强其路网运行监测不但是企业自身运营管理的需要，也是适应交通体系建设发展的要求。随着高速公路规模的不断扩大，交通流量和承载压力越来越大，高速公路的严重拥堵或重大事故都将对整个高速路网的安全运行产生影响。在特殊交通事件或极端天气等的应急抢险和交通诱导过程中，高速公路视频监控系统的高效共享应用是应急指挥管理的重要保证。此外，首都高速路网与城市道路紧密相连，高速公路视频平台整合到北京市应急指挥系统，是增强整个城市交通安全保障、应急处置和防灾减灾能力，实现公路与城市道路无缝衔接，提高道路交通网络可靠性，增强系统抗风险能力的重要保障。

（二）探索运营管理创新模式，实现企业经营提质增效的需要

首发集团“十二五”规划中提出以首都建设有中国特色世界城市的发展要求为蓝图，加快科技研发与应用的业务资源整合和技术协调，加大科技研发投入，提高科技应用水平，以智能化、信息化促进高速公路运营管理和交通控制的现代化，从而获得有效的经营价值，不断打造企业经营价值链。高速公路基础设施资源是集团运营创收的优势资源，尤其是覆盖全路网的视频资源更具挖掘潜力。因此在高速公路视频系统由模拟视频向数字视频改造过程中，充分考虑利用数字化的便利条件，将集团公司管辖单位的视频资源进行整合，实现资源的统一、共享管理与应用，既保证日常业务的正常使用，又改进运营管理模式，为企业经营提质增效创造有利条件。

（三）适应信息技术发展要求，满足高速路网运行监测的需要

自2005年联网收费以来，首都高速路网采用模拟视频方式对收费监控、道路监控进行集中管理。随着信息技术发展，全程数字监控化成为主流方向。为了提高路网道路的监测水平和信息服务质量，2011年至今，首发集团陆续完成各条高速公路全程监控改造任务。在此期间视频监控系统逐步由模拟视频改为数字视频，视频资源从改造前的近2000路激增至6000多路。为了深入挖掘视频资源的有效利用价值，2015年，首发集团启动总中心数字视频平台改造工程，在全路网构建以共享为目标的数字视频平台，为全面做好路网运行监测、完成各级应急指挥与协调工作打下坚实基础。

二、以共享为目标的高速公路数字视频平台建设与管理内涵和主要做法

首发集团按照“统一建设标准、统一平台优化、统一信息服务、统一业务管理”原则，推动集团公司各运营单位视频资源的有效利用，为各级政府部门和社会公众提供更周到的共享服务，在实现路网运营监测管理和应急保障的同时，降低系统建设与运营管理成本，提升整体信息服务水平。主要做法

如下。

(一) 整合资源，合力共赢谋划发展

高速公路机电系统建设长期遵循“谁建设　谁管理”原则，专项专用固然能提高业务部门管理质量，但导致基础资源无法统筹利用现象较为突出。随着信息化管理和认知水平的提高，全路网数字视频平台建设需要探索行之有效的共享应用模式，在管理中不断理顺业务管理工作机制，切实落实共享目标。

1. 树立共享发展理念

近年来，北京城市交通建设飞速发展，京津冀协同发展脚步加快，首发集团在北京道路及配套设施建管养方面具有稳定的核心地位，也是完成市政府任务的重要载体，在整个京津冀区域都发挥着引领作用。因此，随着集团公司在道路基础设施资源更加丰富，资产规模进一步扩大，业务更加全面，净资产大幅增加，能够通过融合发展实现在市场资源、技术、经验、业务板块覆盖、产业链条延伸等方面的叠加优势，形成良好的资源关系，通过企业资源共享，促进各级单位的共同成长，提高集团效率和效益，形成优势互补，达到1＋1＞2 的效果，进一步增强企业的核心竞争力。以共享为目标的高速公路数字视频平台建设契合集团公司的共享发展理念，将以路段为单位的视频资源进行数字化整合，实现跨区域、跨领域、跨网络的高效共享利用。集团公司加大基础设施投资和信息化平台建设，不再仅仅满足某个部门某个领域的业务需要，而是一方面要充分协调集团各运营单位进行优势互补，发挥运营管理整体力量；另一方面也要为互联网经济环境下的运营管理机制变革做好充分准备。

2. 遵循“四统一”原则

高速公路数字视频平台遵循“统一建设标准、统一平台优化、统一信息服务、统一业务管理”原则进行统筹建设与管理，为数字视频平台资源共享创造有利条件。通过统一建设标准和平台优化来确保软硬件兼容性、平台可维护性以及系统的高效可靠运行；通过统一信息服务和业务管理来实现各级相关单位的业务需求和管理特点，深入挖掘视频资源有效利用价值。信息化平台的建设与管理必须相契合，才能给各管理单位或部门提供高效可靠的应用平台。各级管理方也要积极参与平台建设，将管理意见融入信息化平台中，提高管理效率和质量。

3. 各方协调共谋发展

公司领导高度重视高速公路数字视频平台建设，安排专项资金由集团公司统筹投资、分期建设，因此，相关各方对达成共享目标以及遵循“四统一”原则秉持积极态度。尤其是集团公司所辖的路产、养护、经营等单位成立各自指挥中心，加强与集团总部信息中心的上下联动与资源协调，以极低成本建设符合自身发展要求的全路网视频应用系统，不断优化调整工作管理机制，降低企业运营成本，品尝共享发展成果。

为了满足公众对高速公路出行信息的需求，以及政府各级单位应急抢险指挥的要求，集团公司积极响应政府单位要求实现北京高速路网全覆盖，还要利用数字视频平台进行资源共享的要求，在通过各级视频转码服务为政府和公众提供视频服务的同时，政府相关部门也将城市道路视频资源共享到集团公司信息中心，切实达到资源共享的目标，实现共赢发展。

(二) 统一建设标准，保证系统兼容可靠

高速公路行业在机电系统建设中会依据国家和地方标准，其信息建设偏重于各收费单位，但其日常运营却需要收费、路产、养护、服务区等单位协同配合。因此，集团公司在路网数字化改造中统筹规划和统一标准，不断完善集中建设与管控机制，为保证系统可靠运行打下坚实基础。

1. 统筹规划设计，统一建设标准

在实施监控数字化改造前，北京高速路网主要由以路段中心为单位的模拟视频系统进行收费和道路监控管理，而路产、养护等单位又有各自独立的道路、车载、单兵视频系统，各系统资源分散在各运营单位中，无法实现视频资源的共享利用。自2011年京哈高速启动全程监控示范工程以来，集团公司统筹规划实施全路网数字化改造工程，每年根据各高速路机电设备使用情况落实具体改造工程。在京哈高速全程监控示范工程实施过程中，集团公司编制全程监控系统建设企业标准，并要求其他路段改造工程须严格遵循此标准建设，主要是保证系统稳定性和软硬件兼容性，主要包括以下几方面：一是数字视频平台建设过程中要保持与原有的模拟视频平台兼容，并做好平滑过渡；二是要采购的摄像机、编码器、解码器、监视墙等设备须经过严格入网检测，以确保设备兼容性；三是采用统一数字视频平台软件，这样既可以保证建设平台一致性以及软件功能统一性，又可以将平台软件研发费用分摊到后续各路段改造项目中。在总中心数字化视频改造过程中，在原有数字视频平台基础上提出更多改进要求，同时将路产、养护等单位视频资源整合进全路网数字视频平台，实现固定、移动视频资源的协调与配合，充分做好资源管控与有效利用。

2. 重视项目管理，保证研发质量

经过多年信息化建设，高速公路机电系统重要性和复杂性在不断增加，尤其是软件研发水平直接影响业务管理能力和应用水平。因此在数字视频平台改造项目中，首先成立软件研发项目组，由集团总部专人负责系统建设和项目跟踪管理，一方面为研发单位和各运营单位搭建沟通桥梁，另一方面也可以集中各方意见进行统筹安排，避免各单位业务需求和应用功能的不统一。

项目组通过广泛调研各单位业务需求，梳理各级业务管理流程，整理出用户需求说明书，然后以软件原型方式明确每项功能的人机交互和具体要求，在征询各方意见后才实施具体研发工作。此外，项目组在确定软件功能研发优先级后，要求研发人员根据项目管理要求定期更新软件版本。在具体交付使用时，通过一线业务人员反复应用与测试来验收新版本软件功能的可靠性和可用性，如有异常须立即恢复上一版本。针对个别复杂需求或新型应用，则通过多次迭代来适应业务管理要求，以探索实现真正满足用户使用的系统功能。

3. 实现集中管控，保障系统稳定

数字化视频监控平台建设须符合集团公司信息安全管理要求，通过路网全程监控网络升级和安全加固，以及总中心内外共享区模式实现各单位视频资源共享，建立用户认证、用户权限、视频转码、共享视频转发、转发日志跟踪等一体化管理，提高系统平台整体的稳定性和可靠性。北京高速路网数字视频平台建设要求以总中心软件版本为基础，整合各级单位视频软件客户端的部分个性化需求，以实现全路网软件版本的统一管理和自动升级。后续的软件需求和版本升级也通过由集团总部牵头、各单位共同参与的方式实现，避免了各单位管理不统一、要求不到位、跟踪不及时等现象。此外，集团公司安排由建设方统一负责全路网各级数字视频流媒体服务、转发服务以及数据库的升级与维护工作，最大程度保障各级系统的一致性与连通性。

为了缓解路段分中心流媒体服务承载压力，更好地实现视频资源共享，避免无谓的资源浪费，各单位视频资源访问权限由总中心统一协调配置。总中心负责监控各单位流媒体系统的负载压力，必要时可终止某些“僵尸用户”的访问服务，避免发生长期滥用视频资源的现象。

（三）统一平台优化，提升整体运行效率

高速公路视频监控由传统的模拟视频向数字视频改造过程中，虽然理论上能提高视频资源的共享和管理效率，但是传统模拟视频平台操控模式并不适合数字视频平台，必须重新考虑各项具体功能完善方向以及为特殊应用场景设计全新软件功能。

1. 优化资源分配，突出扁平化管理

首发集团各运营单位管理层级多，各业务部门视频使用资源需求大、分散广，致使传统的总中心、区域中心、分中心三级系统平台越发难以支撑日常管理需要。利用数字化平台改造实现总中心、分中心两级管理，意味着少一层转发，势必提高信息的上传下达效率。各路段中心视频平台通过升级完善可直接作为区域中心进行监控重叠覆盖，避免在管辖边界区域形成管理真空，能够更好完成信息联动。路段分中心新增或修改设备信息必须经过总中心审核通过后方可在全路网进行同步更新。区域中心、路段分中心在软件管理和使用上完全一致，其区别在于由总中心授权所能操作的摄像机资源限制。这样的平台架构既可充分发挥各级监控中心协调指挥作用，又能减少转发层级，降低系统复杂度，在提高视频平台整体稳定和性能的同时，减少不必要的重复建设。针对某些视频设备数量多、访问压力过重的路段，例如京藏高速，在额外增加流媒体服务器的同时，也在探索智能化视频资源分配，利用临近负载量较低路段的流媒体服务器来提供必要服务。

2. 完善人机操作，提高工作效率

在总中心数字视频系统改造过程中，基于路段中心软件版本，考虑总中心管理模式差异性，累计优化 14 大项 167 处功能点，极大提高软件可操作性。通过视频分组管理、多画面图像与视频切换、批次图像操作等实用功能，极大提升道路监测频率和使用效率。以视频浏览为例，将原有只能单个视频拖拽浏览改为批量操作。操作人员可以通过上一批、下一批等方式自动浏览，还可以通过切换抓拍图像和实时视频两种方式进行巡视查看，这样一方面能进行快速浏览，也可针对特殊路况进行视频准确核实，在浏览过程中可以随时记录道路运行状况和设备完好情况。

针对数字视频操作控制面板受网络通信影响较大，鼠标控制经常出现失灵的现象，要求各使用单位配置必要的预置位，以便及时切控到相应路段点位。针对带有角度回传功能的云台摄像机，则要求用户点击视频中某个位置，由软件自动锁定相应位置；而不带角度回传功能的云台摄像机，则要求用户点击视频可实现快速趋同靠近，尽量减少反复的人工操作。

3. 推进巡养一体化，提高整体效率

通过统一的视频共享管理、预置位设置、弹幕视频联动等应用，推动收费、巡视、养护一体化进程，降低路产、养护、经营、绿化等单位的日常运营成本。各单位积极探索新系统功能与实际管理应用，通过设置本单位重点关注的相机分组、预置点位，实现视频资源的有效利用。任何单位发现道路异常情况都可以添加到路况组中，方便提醒其他单位协调配合。各单位协调制定视频巡视计划，避免相互干扰，也通过锁定相机、回归默认预置位等功能尽量减少相互干扰时间。

4. 完善应急模式，融入交通体系

首都高速公路数字视频平台改造之前，在总中心已经实现了与相关政府部门的视频系统对接，分别为市交通委提供 16 路视频图像，为市应急办和市公安局提供 8 路图像，为交通部路网中心提供 4 路图像。为了更好地实现高速公路的交通管理资源纳入北京市综合交通体系，路网数字视频平台改造后可统一对接到上级相关视频监控平台。这样既避免了重复建设，也减少人为干预等现象发生，在特殊天气等应急情况下，北京市相关政府单位可以立即启动应急管理模式，实现对高速路网视频图像的有效调用与直接管控。

（四）统一信息服务，挖掘平台应用价值

高速公路视频监控作为重要现场核实资源，在互联网大数据时代需要与各业务数据分析应用做好资源整合与信息联动，切实提升系统应用价值。

1. 分析路网运行状态，做好实时监测

高速公路数字视频平台作为全程监控的重要组成部分，必然与道路监控、收费监控进行有效联动处置。在全程监控系统中已经实现了检测事件的实时视频监控与录像回放、交通状态检测分析的视频校核等常规应用功能。在此基础上开展以下创新应用：通过可控摄像机预置位快速查看情报板信息发布状况，方便确认设备运行情况；通过将摄像机预置位进行图像抓拍，分析动态视频图像与静态抓拍照片的对照，来检测交通流量压力，并取得良好应用效果；通过与高速公路服务热线平台进行对接，可实时获取各单位信息联动的工单记录，将现场应急处置情况以弹幕形式进行视频播报，为路网运行监测和现场应急指挥提供更直观的联动响应。

2. 挖掘收费数据信息，做好稽查管理

长期以来，高速公路收费稽查部门通过收费车道录像来稽查偷逃费情况，并以此作为追缴证据。但由于收费、监控的网络安全隔离、模拟视频无法有效衔接等技术问题，致使无法通过收费交易信息直接查找对应的视频录像片段。在视频数字化改造项目中，要求数字视频平台按照 GB/T28181 标准提供接口服务，从而实现交易信息的出入口对照录像查看，录像和数据综合取证等应用，可极大提高收费稽查管理效率，对打击各类高速公路偷逃费行为起到良好效果。收费、稽查部门利用数字视频和监听系统实时查看各收费站、岗亭的职守情况，减少了现场稽查和上路巡视次数，在降低运营成本的同时，也降低了因现场巡视带来的交通安全隐患。

3. 面向社会公众服务，创新服务方式

针对面向公众的高速公路实时路况播报需求，在总中心视频平台进行统一图像资源管理和对接服务，为“首都高速”微信公众号和“乐行高速”手机 APP 提供了现场每隔 5 分钟的定期抓拍图像，为集团公司公众出行网站提供压缩视频图像服务，为公众提供更直观感受，方便公众了解现场处置进展，以便及时选择合理绕行路线。高速公路视频图像作为路方独有的资源，在保证信息安全和个人隐私的前提下，可与其他行业进行合作或直接用于企业经营。随着移动互联网和交通行业的融合发展，必将催生出新的应用模式，产生新的社会效益和经济价值。

（五）统一业务管理，理顺协调联动机制

高速公路数字视频平台建设过程中不但要解决业务管理中存在的问题，还要不断理顺系统应用带来的新的管理问题。通过及时修订集团相关制度和标准，为推动责任目标考核提供管理依据。

1. 理顺协同工作机制

每月通过召开路网运行监测及信息服务工作会议，总结各运营单位在软件系统使用和运维中存在的问题，相互通报各单位相关工作推进情况。通过这种方式逐步明确各单位在数字视频平台应用上的管理岗位、职责和权限。例如，要求各路段中心对所辖区域的监控设备及时做好维修保养工作，总中心对各路段设备完好率进行考核通报；在各单位操作流程上做好协调工作，针对收费、路产、养护、经营等单位有针对性地制订各自巡检分组，制订统一巡视计划，提高路网总体监测效率；在总中心或上级单位启动应急模式的情况下，各单位做好系统应急保障，避免随意操控对应急处置工作造成不良影响。

2. 探索运维管理模式

高速公路行业机电系统传统运维工作更多重视各类机电设备和后台服务器的维护和维修，缺少对系统整体运行的监测管理和后期软件运维力度。而随着系统复杂性的提升和业务领域的拓展，势必需要一支综合能力更加全面的软件和硬件复合型运维团队，对系统进行更加专业的运维和升级完善，以提高整体应用水平。因此，为了提高数字视频系统的维护水平和维修响应效率，由研发单位专人负责全路网数字视频平台的运维工作，及时现场处置软件使用中出现的各类问题，跟踪反馈用户意见以便更好完善系统升级工作，减少不必要的运维中间环节。

3. 修订管理制度

根据新的数字视频平台应用特点，2016 年集团公司对运营管理手册进行修编，在《首发集团视频图像管理办法》中针对视频图像的应用、建设和管理等方面进行必要修改。重新明确各级单位管理职责、使用权限以及考核管理要求；将建设、管理及操作等方面的重要标准进行补充，包括字符叠加标准、摄像机命名标准、预置位定义标准等，进一步指导工程项目建设；针对视频巡检覆盖率、巡视频次、信息上报、视频调阅等要求进行调整，为一线实际工作提出明确管理要求。

4. 制订考核目标

针对路网监测、信息处理、应急处置等工作进行目标责任分解，制订路网运行监测覆盖率、设备完好率等考核指标。利用系统反馈统计数据得到各单位综合指标，直接反映高速公路网运行监测工作的整体水平，以加强各运营单位的运营管理和设备运维的管理水平。目前，全路网各路段数字视频设备完好率保持在98%以上，为保持较高监测水平打下坚实基础。

（六）实现视频共享，创新经营管理模式

首发集团“十三五发展规划”中提出降本增效、提升服务，做好高速公路建设、养护和运营管理工作，推动各单位积极应对经济下行压力，坚决打好提质增效攻坚战。在推进和落实数字视频平台应用与管理过程中，收费、路产、养护、经营、生态等单位充分利用集团整合资源，寻找业务管理痛点和难点，利用数字视频平台改进企业运营管理模式，以契合和落实集团公司经营管理提质增效的要求。

1. 服务区与户外广告巡视管理

经营公司负责路网服务区、加油站和高速公路大型立柱式广告牌的经营管理。2015 年开始通过数字视频平台资源实现对 7 个所辖服务区的实时监控、巡视工作，实现服务区的日常动态管理，提高服务区的巡视效率。此外，通过每日 3 次的视频巡视实现对 101 块广告牌的日常巡视，替代维护人员每日下午、晚间的两次实地巡视，2016 年减少车辆巡视行驶里程约 21 万千米，节省广告巡视人员成本 56 万元，节省车辆燃油成本 10 万元，节省车辆维修成本 2 万元。

2. 路产道路巡视管理

安畅公司负责集团路网的路产管理工作，在高速公路网视频全覆盖的条件下，积极探索网格化巡视模式，充分利用科技设备，有效整合巡视资源，改变传统的巡视方式，促进运营管理成本的有效降低。通过将日常巡视与定点值守相结合、现场巡视与视频巡视相结合、专职巡视与非专职巡视相结合，发挥了路产指挥中心指挥调度的职能作用，不断提高巡视发现能力和快速反应能力。

通过数字视频平台引入重点路段、拥堵路段道路监控视频巡视机制，明确视频巡视时间、巡视路线和查看方式，明确当班巡视人员桥区匝道巡视任务和值守点位，做到有效配合，紧密衔接。2016 年试点网格化巡视模式，在提高道路事件处置效率的同时，减少传统人工道路巡视 9 万千米。

3. 道路养护巡视管理

在养护管理单位，充分利用高清摄像机对路面破损情况、桥梁、道路设施、边坡、排水设施、标志标识进行重点检查，及时发现道路存在的病害问题，充分利用视频检查养护作业现场的作业规范、完成情况和效果。通过视频巡视替代部分上路巡视和检查工作，提高道路巡视频次，更加及时有效地发现一些日常驾驶车辆巡视时不易发现的问题。养护公司探索道路巡视和检查工作模式，将有规律性的低频次性巡视检查改变为针对目标指向的重点区域视频检查，提高了道路养护的管理效率。2016 年通过视频检查、巡视管理，养护单位每天减少 1 次固定车辆现场巡视，降低了巡视管理成本。

三、以共享为目标的高速公路数字视频平台建设与管理效果

（一）提高了路网运行监测能力

利用数字视频平台取得良好运行监测效果，全路网 1000 多路道路及广场摄像机的巡视时间由原来的每次 2 小时降为半小时，各级监控指挥中心都加大了道路巡视频次，路网整体巡视力度提高 120%。通过数字化改造的落地实施，高速路网运行监测也在逐步改变管理模式，通过运行监测数据分析，实现了交通事件自动报警和视频图像校核的综合管理，提高了路网运行监测的准确率和道路事件处置的时效性。

（二）提升了城市应急管理水平

高速公路数字视频平台在重大活动保障、极端恶劣天气、节假日免费通行等情况下的应急指挥中发挥重要作用，各运营单位通过视频平台做好现场指挥和应急联动。北京市应急指挥体系在整合高速公路视频资源后，增强了首都交通安全保障、应急处置和防灾减灾能力。2016 年集团公司配合上级单位共启动 24 次视频应急管理模式，切实保障了视频系统稳定运行和突发事件的应急保障工作。

（成果创造人：张恒利、刘绍民、毕　爽、程　锋、张明月、赵永生、柳　辉、韩　鹏、董　丽、王　琦、赵　阳）

服务智慧城市的“无线城市”建设与运营管理

安徽四创电子股份有限公司

安徽四创电子股份有限公司（以下简称四创公司）位于合肥国家高新技术产业开发区，2000 年 8 月由中国电子科技集团公司第三十八研究所发起成立。2004 年 5 月，四创公司在上海证券交易所挂牌上市。公司现有员工 1500 余人，拥有政府特殊津贴专家、国家科技部专家、省级联系专家、合肥市 228 创新团队和拔尖技术人才等各类高端领军人才。四创公司坚持军民结合、寓军于民、军民融合式发展道路，专注雷达电子、安全电子、能源电子三大业务，2016 年实现营业收入 30.47 亿元、净利润 1.55 亿元。

一、服务智慧城市的“无线城市”建设与运营管理背景

（一）推进落实国家“互联网＋”战略，推动智慧城市建设的需要

当前，互联网与云计算、大数据、物联网等信息技术不断发展，深刻改变着企业生产、市场供给、商业服务和生活消费方式，并以前所未有的力度重塑传统产业和催生新兴产业。智慧城市是利用新一代信息技术感知、监测、分析、整合城市资源，对各种需求做出迅速、灵活、准确反应，为公众创造绿色、和谐环境，提供泛在、便捷、高效服务的城市形态。它的本质是“互联网＋”在现代城市管理的综合应用，通过与互联网融合提高城市的运作效率，提升城市的附加值。“无线城市”是智慧城市建设的主要内容和重要标志，通过利用多种无线接入技术，为整个城市提供随时随地随需的无线互联网服务。它的建设将进一步助力城市基础设施建设，全面提升城市的数字化、网络化、智能化水平，推动信息技术与城市发展和市民生活的全面深入融合，加快互联网与各行业的融合发展。

（二）推动地方社会经济发展，助力政府惠及民生的需要

根据《关于印发合肥市加快推进公共场所无线局域网建设行动计划（2015－2016 年）的通知》，2015 年 10 月，四创公司承建合肥市公共场所局域网建设及运营项目，助力合肥打造“无线城市”，促进无线局域网在政务、商务、生产、生活等领域的应用、渗透和融合，落实惠及民生的服务。合肥无线城市利用高速宽带无线技术实现城市公共场所及人员密集区域免费无线覆盖，使政府在政务公开、监督、城市管理及安全维稳等方面更加有效；使市民在衣、食、住、行、购等方面更加便捷；使企业发展、产业服务更加快捷。这些对于进一步提高合肥市信息化水平、创造新的经济增长点、改善城市市政机能和市政服务、优化合肥市投资环境、推动经济发展、提升城市综合竞争力，都具有非常重要的意义。

（三）提升企业核心竞争力，推动军工企业转型发展的需要

四创公司自成立起，一直致力于国防军工领域雷达电子和安全电子的设计、研发和制造，一直注重创新能力培育，拥有多方面技术优势。在新的历史时期，四创公司深知要想抓住新的发展机遇，在激烈的市场竞争中占有一席之地，就必须进行企业战略转型，掌握互联网市场，提升企业核心竞争力。四创公司于 2014 年提出“雷达电子由产品供应商向系统提供商转变、安全电子由系统集成商向运营服务商转变”的重大战略转型布局。2015 年，四创公司承接合肥无线城市项目并进行运营服务探索，是公司实现战略转型的必然选择，也是公司抢占互联网资源、大数据发展先机，提升军工企业核心竞争力的必经之路。

二、服务智慧城市的“无线城市”建设与运营管理内涵和主要做法

四创公司遵循“八个聚焦”的思路、“四统一”的模式，以“打造安全便捷无线网络”为目标，组建矩阵式项目团队，通过项目建设、项目管理、项目运维，有序推进“无线城市”建设；以制订建设及服务标准规范为保障，指导“无线城市”建设及服务的同时，为向其他城市复制推广无线城市建设运营经验提供借鉴和依据；搭建全市统一的安全认证管理平台，所有覆盖场景统一 SSID（服务集标识），实现统一认证、无缝漫游，强化安全审计保障，提升平台价值；构建独立专网、划分 VLAN 局域网、架设安全防护设备并引入第三方测评机构等多项措施并举，构建安全、便捷的全市一张专网。主要做法如下。

（一）确定智慧城市建设的思路、目标及组织保障

四创公司以“统一规划、分步实施、资源整合、共享共用”为指引，统筹考虑政府、企业/行业、公众需求，进行顶层设计规划，提出“八个聚焦”的总体思路，即聚焦政策引导、聚焦试点先行、聚焦平台共性、聚焦标准规范、聚焦资源整合、聚焦共建共享、聚焦模式创新、聚焦信息安全。

四创公司“无线城市”建设的目标是做好总体规划、顶层设计，加快完善合肥公共场所无线局域网覆盖，为全市用户打造安全、便捷的无线网络，完善合肥通信基础设施建设，打造物联网应用服务载体。大力促进无线局域网在政务、商务、生产和生活等领域的应用、渗透和融合，让信息服务惠及民生。

四创公司“无线城市”建设与运营管理遵循全市 13 个县（市、区）统一规划，分批建设实施，遵循“统一标准、统一建设、统一平台、统一安全管理”的“四统一”模式。全市发布统一标准，搭建统一平台，各县（市、区）严格按照该标准规范，完成前端热点场所的无线局域网覆盖，并接入全市统一平台，实现统一认证、统一管理。构建一张全市安全专网，实现用户终端与统一平台的连接，保障整网的安全性。

为实现“无线城市”建设与运营管理的思路、目标，面对合肥“无线城市”建设巨大的挑战，四创公司推行大项目管理模式，成立矩阵式公司级无线城市事业部，全面负责合肥无线城市项目建设及其复制推广，相关各方积极配合，形成项目快速推进组织。以外部业务需求为指引，成立无线城市事业部，下设 13 个二级项目部，二级项目部内设置技术组、工程组、运维组、综合组和物流组，实现管理下沉支撑；以无线城市事业部为中心，串联安防事业部、技术中心、企业运营部、质量标准化部、财务部、资产管理部、招标中心、综合办公室、法务部、用户中心等各协作部门，技术经理、项目经理、质量经理、财务经理、资产经理、采购经理、运维经理分工明确，各司其职，有效保障项目高效推进。

（二）有序推进“无线城市”建设和运维的顺利实施

四创公司在项目建设过程中积极与业主单位、协同监理单位、市政、园林、施工单位、设备供应商以及服务提供商等进行充分沟通，明确发挥合肥市主城区的基础优势，先期启动庐阳、包河、蜀山、瑶海 4 个主城区的无线局域网建设项目，总结经验教训后再陆续启动其他 9 个县（市、区）项目。

1. 加强前期调研勘察

四创公司在项目建设开始前通过走访调研，确定全市无线局域网的覆盖场景，在全市 13 个县（市、区）的行政服务中心、公立医院候诊区、公园景点、文体场馆、交通枢纽、特色街区等人流较为密集、窗口功能突出的重要公共场所进行覆盖。

确定覆盖场景后，四创公司立即组织团队开展无线网络的勘察设计工作，以指导后期的项目实施。为加快项目进度，同时满足各物业主的实际需求，首先以街道为单位各自上报拟覆盖的热点场所，然后指派专业勘察设计人员深入每个热点场所进行详细的勘察，并依据勘察获得的第一手资料现场绘制设计方案草图。设计草图现场立即与物业主沟通并进行签字确认，确保设计方案具备可操作性。最终根据设

计草图绘制正式的设计图纸，同时编写项目实施设计方案，并召开勘察设计技术交底讨论会，由设计人员详细介绍说明其设计方案，保证项目后期的实施效果尽可能符合设计初衷。

2. 合理设计“无线城市”建设及规划

合肥“无线城市”网络分三层，即核心层、汇聚层、接入层，其中核心层提供整体带宽出口，接入到城域网；汇聚层提供各场所接入设备的汇聚，充分利用运营商遍布全市的优势资源，项目中汇聚层由运营商负责；接入层提供各个场所部署 AP 和 POE 供电设备。运营商提供 POE 交换机到核心交换机之间的专线链路，并保证链路带宽、速率及可靠性。所有核心层设备，包括核心交换、AC 控制器等统一部署于 IDC 机房，由运营商提供互联网出口。在核心交换机上接入大型无线控制器 AC，对 AP 进行接入控制和管理。互联网出口带宽、出口链路数量根据前端 AP 建设量动态调整。

项目实施的关键是严格按照设计图纸及设计方案完成设备的采购、安装，并根据网络运行需求落实系统运营的软环境。为不影响工程实施的进度，四创公司提前启动设备采购，根据项目进度分批次采购到货，避免库存积压。AP 设备安装时应遵循资源复用、节省成本的原则，为此，四创公司充分利用已建的路灯及监控杆件，同时考虑项目整体美观性，AP 及立杆的颜色和造型根据周围环境灵活调整，实现与周围环境的良好融合。接入交换机主要实现 AP 的汇聚接入及数据转发，四创公司在安装时综合考虑相邻 AP 之间的位置及安装条件，选择机箱安装或机房/弱电井安装，并在机箱上喷绘统一标识。核心机房设备按照组网设计进行安装部署，同时研发项目运行软环境部署于核心机房。

设备通电上线后，利用网管系统统一进行参数配置、网络优化，保证所有 AP 设备之间的工作信道没有冲突，AP 的信号覆盖范围广，AP 的信号强度适宜，各项指标符合项目要求。整网统一做开局配置、安全配置、升级维护配置、优化配置、整合联调，实现全网的可用性、安全性、完整性。

3. 建立快速高效的运维响应机制

合肥“无线城市”覆盖全市 13 个县（市、区）、逾 5000 个热点区域，设备来自多个供应商，规格型号多样，作为用户联网的重要入口，系统的稳定性、安全性至关重要。

四创公司采用网格化管理，完善运维组织架构及各岗位工作职责，对整个系统进行预防性维护，提供包括巡检、维护、维修、故障排除、系统优化、软件升级、应急服务、数据容灾在内的多项定制化服务，确保快速响应和及时处理故障，实现智能化运维；灵活配置资源，降低服务成本，提高服务质量，保障各系统组件的良好运行和系统不间断的稳定运转。

一是组建两级网格化运维团队。一级运维包括信息管理组、呼叫中心、平台运维组、应急保障组、备品备件中心；二级运维包含瑶海、庐阳、包河、蜀山、经开、高新、肥东、肥西、巢湖、合巢等运维组。整个团队利用双层运维模式，运维职能下沉，一级运维对二级运维进行统一管理与考核，同时具体负责平台及内场的运维；二级运维落实各县（市、区）外场具体运维工作。这样可以快速响应客户需求，提高客户满意度，提升运维效率。

二是搭建智能化运维管理系统，实现异常前可视预警，提前规避；异常时实时发现，及时定位；异常后记录问题，形成知识库。实现合肥“无线城市”软硬系统从告警发现至维修闭环的故障全生命周期的流程信息化管理，确保合肥市无线局域网系统能够全天候工作。

三是建立三层运维管理流程。第一层是巡检管理，通过外场巡检、内场巡检、运营商巡检方式实现 1 个 IDC 机房、15000 个 AP 点位的定期现场巡检、远程巡检，有效消除系统隐患，保障系统稳定运行。第二层是故障管理，利用包含问题编码＋故障分类、解决方法＋处理流程＋责任人的完善的问题识别库，以及外场故障处理流程、内场故障处理流程、运营商故障处理流程三大处理流程，实现 15 分钟内响应、2 小时到达现场、12 小时解决故障的响应目标。第三层是应急保障管理，在应急队伍保障、备品备件保障、经费保障的支撑下，成立应急组织机构，明确权责，制订应急联动机制，利用信息监测系统与巡检报告对故障进行分级评估及预警信息发布；各方协同，根据应急响应流程智能化地实现分级响应处理、善后处置、调查和总结。

四是编制运维保障制度。制订合肥“无线城市”运维管理考核办法、运维施工单位考核管理办法、运营商运维考核办法，以及一系列巡检制度，利用信息化手段实现运维管理和对施工队及运营商的考核；成立应急保障小组，实时监测运行状态，提前消除故障隐患，建立事件报告流程，实现应急保障支撑。

（三）推动编制“无线城市”建设服务安全规范

为推动落实“无线城市”的可持续发展，在合肥市政府授权下，由四创公司主导、设备供应商及电信运营商共同参与，规范“无线城市”建设与运营服务质量及标准，编写《合肥市公共场所无线局域网建设与服务规范（试行）》。该规范从建设、服务和安全3个维度对无线局域网的标准规范进行定义和阐述。

一是建设规范方面，承建单位需严格规范项目建设管理，落实运用CMMI体系，指导技术、项目管理。明确项目参与各方的责、权、利，项目建设过程中实行项目经理负责制，所有技术文档必须评审后方可生效实施。加强ISO9000体系、ISO20000体系等的贯彻执行，严格过程质量管控，遵循PDCA模型，提升项目质量管理、保障运维服务。建设规范以前端建设、网络建设、平台建设和项目验收指标为抓手，合理划分接入层、传输层、汇聚层和核心层的流程架构。确定“无线城市”网络建设区域、覆盖范围、设备工作频率和技术要求，规范网元设备安装及线缆安装工艺，建立标准工作流程；明确“无线城市”网络组网方式、VLAN划分及IP地址规划设计要求；提出认证管理平台的性能指标及六大应用功能，明晰项目验收条件、目标及整改措施，实现工程建设的有效规范管理。二是服务规范方面，从网络服务和运营服务两条主线开始，重点抓住关键指标，规定服务标识、信息提示和运营要求，明确运营企业与责任部门职责，实现网络和信息服务的有效结合。三是安全规范方面，对无线侧网络明确安全标准要求，对有线侧网络规范安全防护要求，有效保证“无线城市”的安全运行服务。

在《合肥市公共场所无线局域网建设与服务规范（试行）》的基础上，四创公司同步申报安徽省《公共场所“无线城市”局域网服务规范》的地方标准，通过打造地方标准，为政府建设和运营“无线城市”提供标准化参考意见。

（四）搭建统一平台，实现多品牌、跨平台融合应用

合肥“无线城市”以“存储云、计算云”为依托，统一搭建“合肥市无线局域网安全认证管理平台”，对不同品牌设备、不同第三方平台进行统一整合，实现全市用户统一认证、资源统一管理。统一平台主要实现安全认证管理、统一运营服务、安全审计保障等功能。

1. 加强安全认证管理

统一平台提供统一认证页面，支持多种实名认证方式，所有用户必须经实名身份认证后方可接入互联网，所有接入本网络的用户建立手机号码和终端MAC的绑定关系，从而加强安全认证管理，提升平台安全性。统一平台能满足WAP、WEB等方式以及多种终端类型的访问，兼容市场主流品牌网络设备，支持跨AP、跨区域、跨AC的无缝漫游。

2. 提供统计运营服务

对于系统采集的海量数据，应用先进的大数据分析技术进行深度挖掘分析，面向政府、企业、市民提供城市管理、政务服务、商业创新、便捷服务等智慧服务。例如，通过人流密度监测及预警、行为轨迹分析、舆情监测，为政府城市管理提供决策依据；通过精准推送、广告数据统计，为企业商家提供精准营销服务，帮助企业洞悉市场趋势，及时响应市场变化；通过上网行为习惯分析、上网偏好分析，为市民提供个性化推荐服务。另外，提供移动应用APP，实现一键上网，支持无感知认证，同时提供多

种本地化城市服务以及热门资讯推送、用户互动功能。

3. 强化安全审计保障

统一平台遵循“集中监控、集中维护、集中管理”的原则，对不同区域、不同厂商的 WLAN 网元设备和网络进行集中统一的监控，实时掌握所有设备及链路的状态，提供故障发现、故障预警、故障统一接入、故障记录、故障派单、故障处理功能。统一平台对设备性能参数和业务流量进行在线统计和分析，以保证 WLAN 承载的无线数据业务能够有效开展。同时，针对互联网行为提供有效的行为审计、内容审计、行为报警、行为控制等功能，有效预防、制止数据泄密，提供完整的上网记录，便于信息追踪、系统安全管理和风险防范。

4. 提升平台价值

全市搭建统一安全认证管理平台。一是有利于存量整合推动全市无线局域网覆盖。合肥“无线城市”项目前端接入多个主流设备厂商的设备，全市搭建统一安全认证管理平台，所有前端设备统一接入合肥无线局域网安全认证管理平台，实现统一监测、统一管理。对于存量 AP 节点，实现前端设备与统一平台、第三方平台与统一平台的对接，有效促进存量资源统一整合，避免重复建设，进一步扩大无线局域网的覆盖范围，更有利于推动合肥市无线局域网的全面覆盖。资源整合措施包括付费整合与资源置换两种。

二是有利于实现无缝漫游，提升无线网络使用的便捷性。由于不同区域使用不同厂家的 AP 及 AC 设备，跨区域会产生跨 AC 的漫游。为解决跨 AC 漫游的问题，四创公司通过全市统一安全认证管理平台，且所有覆盖区域统一 SSID 信号 i－hefei，市民在不同场景间移动时无须切换，网络连接不间断，不需要重新认证，实现快速切换、无感知登录，真正满足用户“一点认证、全市上网”的需求，提升用户使用的便捷性。

（五）多措并举，切实保障无线城市网络安全

1. 构建独立专网

合肥“无线城市”构建独立于公共网络的无线安全专网，采用独立链路，与公众通信网络完全隔离，内部链路严格专用，将用户认证、上网信息进行隔离，最大限度保障关键业务数据的通畅和稳定，避免因为外部网络恶意攻击导致数据阻塞引起的通信中断的故障，提高无线局域网用户的上网体验。

2. 实现 VLAN 划分隔离

在合肥“无线城市”项目中，按照热点进行 VLAN 划分，通过 VLAN 划分将整个网络划分成多个逻辑组，减小广播域范围，避免广播风暴。同时通过 VLAN 划分，一个 VLAN 的数据包在二层局域网内不会发送到另一个 VLAN，这样其他 VLAN 用户的网络上收不到任何该 VLAN 的数据包，确保该 VLAN 的信息不会被其他 VLAN 的人窃听，从而实现信息的保密。

3. 实施安全设备防护

通过应用端口隔离、架设防火墙等手段避免业务交叉和跳板攻击，同时在平台区部署入侵防御系统，防止非法用户窃取用户数据，保障用户个人信息的安全。在互联网出口部署上网行为审计设备，对用户上网行为进行审计、过滤和控制，及时发现违法行为动向并进行阻断。

4. 实现第三方测评监督

严格按照公安部 82 号令和国家相关政策标准要求，促进无线网络鉴别和保密基础结构等安全技术的应用，并与公安部门安全对接，加强无线局域网和信息安全管理，把控城市网络运行环境，保护用户信息，提供安全、绿色的网络环境。引入第三方权威测评机构，不定期开展服务质量监督和抽查，确保服务质量满足用户需求，让民生工程更安全、更实在、更惠民。

三、服务智慧城市的“无线城市”建设与运营管理效果

（一）实现了四创公司向运营服务商的转型

合肥“无线城市”项目的建设与运营管理意味着四创公司开始着手经营无线宽带业务，并逐步展开数据运营服务，实现向综合性“无线城市”运营服务商的转型。例如，四创公司利用“无线城市”沉淀的大数据资源，积极开拓数据运营服务，研发基于 WiFi 的大数据应用产品。自主研发的基于 WiFi 大数据的采集及分析研判系统，为公安刑侦的研判提供“事前预警、事中巡查、事后取证”的智能应用服务。该系统在刑侦实战中发挥了作用，为案件侦破提供有价值线索，应用效果受到刑侦人员的高度肯定。

（二）构建“无线城市”建设运营新模式，经济效益和示范价值实显

四创公司探索了一条“企业投资建设、政府购买服务、授权企业运营”的“无线城市”建设运营新模式，缓解了政府财政压力，同时创造了近千万元的运营收入及产品收入，开创了一条经济效益和社会效益兼顾的公共 WiFi 良性发展路径，打造了“无线城市”建设运营的典型案例和样板工程，形成一套可复制、可推广的方法论和创新模式。

（三）助力智慧城市建设，彰显了社会效益

截至 2017 年 10 月，合肥“无线城市”项目已在全市建成 15600 个节点，已实现行政服务大厅、公园景点、文体场馆、公立医院候诊区、交通枢纽五大类重要公共场所无线网络免费接入。成功搭建合肥市无线局域网安全认证管理平台，累计实现 130 余万人免费认证上网，每天新增注册用户 2 万余人，日均认证人数 38 万余人。为合肥市 800 万市民及游客提供高速、便捷、免费的无线网络接入服务。对于项目中日益增长的海量数据，应用大数据挖掘分析技术，搭建基于 WiFi 的大数据应用服务平台，增加社会治安深化应用维度，帮助各商家企业对关键人群进行准确广告投放，帮助初创企业之间形成资源依附关系，共同打造大数据运营生态。总之，该管理模式实现了合肥“无线城市”的可持续发展，全面提升了合肥市的数字化、网络化、智能化水平，推动了信息技术与城市发展和市民生活的全面深入融合，进一步加快了合肥智慧城市建设的步伐。

（成果创造人：李思明、任子晖、李　铮、张丽君、王雨晴、刘小虎、郝李芬、仝　菲、朱　静、姚宇琛、罗　菁、董　凯）

大型央企开放式电商化物资采购管理

国网电子商务有限公司

国网电子商务有限公司（以下简称国网电商公司）是国家电网公司（以下简称国网公司）的全资子公司，是国网公司电子商务业务平台，目前拥有电e宝、国网商城、国网电商金融三大电商业务平台，主要业务包括电子商务和互联网金融两大领域。电子商务重点聚焦电费代收、物资电商化、电动汽车、分布式光伏电源、跨境电商、客户工程、节能服务等业务板块。互联网金融主要拓展企业金融、个人金融、大数据征信等业务。

一、大型央企开放式电商化物资采购管理背景

（一）响应国家战略，顺应电子商务发展的必然趋势

与传统采购模式相比，电商化采购实时传递交易价格及需求信息，全流程跟踪交易行为，公开透明、低成本、高效率的优势凸显，逐渐成为政府部门、大型企业采购的主流模式，成为物资采购发展的必然趋势。从传统采购模式转为电商化采购，面临着体系搭建、平台建设、定价机制、协同管理等一系列挑战。国网公司为培育新的业务增长点，部署成立国网电商公司，作为国网公司从事电子商务业务的专业机构，承担着传统核心业务互联网化和商务模式创新的使命，依托国网公司的品牌资源、产业资源、用户资源、供应商资源、管理资源，开展“互联网＋采购”业务创新，符合“互联网＋”的发展潮流，顺应国家电子商务生态体系的建设，推动企业采购向网络化、电子化、智能化转变。

（二）助力提质增效，降低物资采购成本的客观需要

国网公司采购金额大、品种多、覆盖面广，近年来的年度采购金额超过5000亿元，有几万个采购需求单位，横跨总部、省、地市、县、班组多个层级，涉及数百万规格型号的物资，采购需求在时间、地域、品类上比较分散。一是分批、分地区、分单位采购造成价格不易控制，议价空间不大，增加物资成本；二是由于采购需要时间，为确保物资供应，需求单位会考虑提前采购库存，增加库存费用和资金占用成本；三是采取分批、分地区、分单位采取招标、竞谈形式进行采购，造成采购活动的成本居高不下。国网公司通过电商化采购，整合大型电商、零售商和制造商等社会成熟资源实施电商化物资采购，随时下单，及时供应，实现电商化物资的“零库存”，降低采购单价，推动降本增效。

（三）助力管理转型，深化物资集约化管理的必然选择

国网公司围绕“一强三优”现代公司战略目标，自2011年起实施“三集五大”体系管理转型，以“集中、统一、精益、高效”为目标，构建集中统一、精益高效的物力集约化管理体系，各类设备材料纳入集中采购，但是还存在效率与管控的平衡问题。一方面存在响应不及时的风险。由于电网营销、运维检修、工程建设的实时性要求，部分物资需求计划不确定、涉及品类繁杂、响应时效要求高，采用批次招标模式进行采购，导致采购周期较长、效率较低，难以及时响应业务需求，造成供需矛盾，影响电网抢修、运检、建设的进度。另一方面存在不受控风险。如果采取非招标方式对部分物资实施采购，将会导致采购过程管控力度较弱，造成采购过程不透明，加大物资采购中的廉政风险。因此，亟须在兼顾规范性、灵活性和集中管控的要求下，创新电商化采购模式，将成熟电商和供应商导入开放式的采购平台，解决长期制约国网公司物资集约化采购管理的瓶颈，推动采购管理向供应链管理转型。为此，2016年，物资电商化采购开始在国网系统内全面推广，电商化物资采购管理实现集中招标、随时采购、快速供应，防范采购风险的同时提升响应速度。

二、大型央企开放式电商化物资采购管理内涵和主要做法

国网电商公司结合物资采购供应特性及供应商属性，以“互联网＋”为理念指引，构建电商化物资采购管理体系。确定开放式思路，以一个物资电商化采购信息平台为基础，向成熟电商和供应商开放，搭建“管理机制、风险防控、技术支撑”的保障体系，提出“固定价、实时价”两种采购定价模式，采用“总部直接管理”“省公司/直属单位直接管理”和“省公司/直属单位授权管理”三级采购管控模式，优化“采购寻源、请购配送、资金结算、履约评价”四阶段流程，统筹整合优质供应商、社会电商等资源，打造跨界合作新平台，实现效益最大化、采购便捷化、服务最优化、管理规范化。主要做法如下。

（一）研究发展趋势，构建电商化采购管理体系

1. 明确建设原则，确定“四化”管理思路

国网电商公司确定“全面覆盖、便捷高效、节约成本、依法规范、公开透明、开放互动”的建设原则，确定“开放式生态、集成化平台、差异化采购、阶梯化发展”的管理思路。开放式生态即借助“互联网”理念，对外与社会电商、供应商、集货商构建合作模式，对内视需求单位为客户设计“集中选择供应商＋电商化按需采购”的模式，打通内部需求与外部供应的实时渠道，构建供应链多方共赢生态体系。集成化平台即构建具有电网特色的物资电子商务采购平台，对内与国网公司各单位 ERP 系统、财务管控系统、第三方支付平台集成，对外与成熟电商系统集成，有效整合各方采购信息资源，提高采购效率效益，实现规范性、灵活性、集中性管控的协调统一。差异化采购即根据商品种类以及电商成熟度的不同，采取差异化采购方式，实行“固定价、实时价”两种灵活的定价模式，最终逐步发展为全实时价采购。阶梯化发展即在平台建设的初期，首先，实现采购办公用品上线运行，并拓展至零星采购物资；其次，逐步扩展商品的种类，如仪器仪表、配件等标准化商品；最后，随着外部成熟电商品类的增多、下游供应链电商化的成熟，实现电商化采购商品类品的全覆盖。

2. 编制业务规划，实施“三步走”策略

首先，构建服务国网的业务体系。2016－2017 年，构建服务于国网公司的电商化物资采购管理体系，解决国网公司内部物资采购不及时、不规范、有风险的问题，提供一种兼顾规范性、灵活性和集中管控要求的采购供应方式。其次，横向拓展业务服务对象。2018－2019 年，随着电商化采购模式的成熟，将服务对象拓展至其他央企和大型企业。最后，实现全供应链电商化采购。由国网电商公司联合产业链企业，依靠央企电商联盟，实现央企电商平台的互联互通，将电力物资全供应链采购、生产、合同、结算、发标等业务实现网上全电子化处理，提供生产、采购、配送、交付、仓储、支付、售后及金融业务环节信息流、业务流和资金流的实时交互，推动全产业链效率最优、成本最低，助力传统企业和传统业务的全面转型升级。

（二）搭建一个平台，强化系统间集成

1. 搭建电商化采购平台，设立采购专区

国网电商公司按照“在线采购、互联互通、固化流程、提升体验、辅助决策”的功能要求，构建物资电商化采购平台，为供应商、需求单位、国网公司物资管理部门、财务部门提供商品上架、商品交易、物流配送信息、供应商评价等线上服务。国网电商公司根据物资采购需求及供应的特点，提出专区管理方式，设立三级采购专区，每个专区对应不同类的物资，适用于不同的采购管控模式。

2. 强化信息集成，实现全过程线上服务

物资电商化采购平台对内与国网公司 ERP 系统、财务管控系统集成，对外与供应商系统、成熟电商平台系统、第三方支付平台集成，依托信息系统相互集成贯通，实现线上开展采购供应全过程业务，提供涵盖商品管理、物资采购、物资供应、财务结算和供应履约评价等全过程线上服务。一是基础信息集成。物资电商化采购平台是国网集约化物资管理的组成部分，其成本中心、物料信息、供应商信息、

库存信息、人员信息与国网公司信息系统高度集成，保持一致。二是商品信息集成。通过京东、苏宁等社会电商平台或供应商自有平台与电商化采购平台集成，实现采购目录商品价格、描述、评价等信息的实时推送、动态更新。三是物流信息集成。通过社会电商自有物流或第三方物流商，实现物流信息的实时掌握。四是财务信息集成。一方面通过集成预算信息，确保采购行为在金额和品类上受控；另一方面通过采购合同和线上订单与ERP的信息集成，生成结算信息，提高结算效率，强化资金实时管控能力。

（三）设计两种采购方式，精准适配商品特点

1. 引入实时价方式，发挥成熟社会电商优势

国网电商公司针对通用性较强的产品，与成熟社会电商合作，实施实时价采购方式，通过物资电商化采购平台与外部社会电商平台对接，实时更新商品价格及基本信息，各基层单位可随时按需择优选用。

一是设计适用范围。对具有市场竞争充分、价格透明度高、通用性程度高（无特殊技术规范要求），且属于国内大型成熟电商公司自营商品范畴内的物资，采取实时价采购模式。办公日用、办公电器、部分劳保用品、部分低压电器等品类采用实时价方式进行采购。

二是采购组织实施。在供应商主体方面，国网公司采取竞争性谈判等方式，选择一家或多家合适的社会成熟自营电商作为供应商主体。在“定品类、定折扣、实时价”采购策略方面，采购目录仅限定采购物资品类，不限定具体商品，不制定具体的采购技术标准，而是直接引用互联网电商公开透明的商品目录及实时单价，并确定大客户折扣率，仅对物资品类描述不清楚的进行补充说明。在采购评审方面，侧重于对供应商综合服务能力的比较，最终择优确定满足采购要求的供应商。

三是设计平台对接。国网物资电商化采购平台通过系统接口相互调用方式，与外部互联网电商平台无缝对接，实现商品描述、价格、物流配送等信息的实时动态推送，保持与电商平台的一致。

2. 优化固定价方式，实施“框架+订单”采购形式

通过招标确定供应商、商品单价、采购总金额（总量），签订采购框架协议，确定固定价格，各单位在电商化采购平台按需以订单形式进行采购，实现需求计划提报简单直观、采购过程规范快捷、配送服务高效优质。

一是界定适用范围。对商品技术要求明确、通用化程度相对较低、专业用途较强、跨地域运输困难，且在社会成熟电商自营范围之外的物资，纳入固定价采购范围，包括配件、生产工器具、仪器仪表、办公家具、低压电器、五金建材、化工等品类。

二是采购组织实施。在确定供应商主体方面，采用招标或竞争性谈判等方式确定一个或多个协议供应商，供应商主体一般为制造商和优质集货商。在“定商品、订单价、定总量”采购策略方面，采购文件明确所需商品的规格型号、技术参数及预估需求量，通过招标或竞争性谈判等方式确定协议期内的商品单价（或双方认可的计价结算规则）以及采购总额，协议期内若发生所需商品停产或升级换代的情况，采购的商品及价格也可以根据需要进行动态调整。在采购评审方面，侧重于对供应商提供的产品选择。评审时，一般参照传统的招标采购设置技术评审、商务评审和价格评审，并合理设置权重。

三是设计平台对接。由协议供应商在零星物资采购平台设立专营店，进行商品目录和价格的更新与维护，无须与供应商进行平台对接。

（四）完善三种采购管控模式，助力集约化管理

国网电商公司设立三级采购专区。一级专区为总部组织采购物资品类的请购履约平台，主要适用于全国性、通用性物资；二级专区为省公司/直属单位组织采购物资品类的请购履约平台；三级专区为省公司/直属单位授权三级单位采购的物资品类请购履约平台，主要是地域性强、采购金额小、数量少、无法形成规模效益，或集中采购实施成本占比过高、集中采购不经济的物资品类。在坚持实行集中采购

管理的前提下，通过授权省公司/直属单位的下属单位负责实施采购，对应三级专区，形成“总部直接管理”“省公司/直属单位直接管理”和“省公司/直属单位授权管理”三种电商化采购管控模式，实现集约化管理与灵活性采购的平衡。其中，总部直接管理，强化集中采购效益，主要针对通用性强、标准化程度较高、市场竞争充分、总价值量较大、采购规模效益较明显，且潜在供应商具有全国供货能力的零星物资。总部选取合适的采购方式，统一确定协议供应商，各级单位执行总部采购结果。

省公司/直属单位直接管理，强调效益与效率平衡，主要针对未纳入总部直接管理，仍具备一定规模效益的零星物资。省公司/直属单位选取合适的采购方式，统一确定协议供应商，在本单位范围内执行采购结果。

省公司/直属单位授权管理，提高采购灵活性，主要指针对集中采购成本较高、只能由小范围地域内供应商供货，且省公司/直属单位直接管理确有困难的少数零星物资。省公司/直属单位授权下属单位按照授权采购相关规定确定协议供应商，经省公司/直属单位审批后，在本单位范围内执行采购结果。

（五）强化4个环节线上管理，优化采购流程

国网电商公司集成电商化采购平台、ERP系统、财务管控系统、第三方支付平台等系统的业务功能，优化采购寻源、请购配送、资金结算以及履约评价4阶段流程，确保全流程依法合规。

1. 集中采购寻源，确定合格供应商

一是梳理采购目录。国网电商公司根据国网公司的物资采购清单设计整理电商化采购目录。根据物资特点及供应商情况分别确定实时价、固定价两种业务方式下的采购目录，保持与国网公司ERP主数据的一致。国网公司的需求单位根据采购统一下发的电商化采购目录，查看物资规格型号及技术参数，完成技术确认。

二是集中采购寻源，包括一次寻源、多次下单。按照协议采购方式，通过招标或竞争性谈判确定协议供应商，协议期内采购成果可多次应用，降低采购组织频次及成本，提高采购效率效益；引入供应商竞争机制。根据不同物资品类的特点，引入供应商竞争机制，同一地区的同类物资可择优确定多家供应商，防止供应风险；采购执行量控制。实时价方式采购时，无须承诺每个供应商的采购执行量，各单位按需自主选择。固定价方式采购时，需约定协议暂定总金额（或总数量），并承诺最低采购总执行量及保障措施。

三是商品上架。实时价方式由成熟电商完成与零星物资采购平台的系统对接，采购目录商品信息实时推送、动态更新。固定价方式由中标供应商在平台开设专营店，由专人维护采购目录、组织商品上架，补充完善功能描述、图片、数量等商品信息。

2. 按需请购配送，提升供应效率

一是按需请购。采购人员根据财务部下发的年度预算和月度现金流预算，在采购平台中选购商品，形成请购单，采购管理人员线上审批后形成采购订单，发送至供应商系统，采购人员组织货物、发票签收，并将请购单录入ERP系统。

二是商品配送。供应商收到订单后，根据订单中明确的交货日期、交货地址等信息进行商品配送，开具符合订单要求的发票，物资采购人员在ERP中根据实际到货情况作收货确认。采购过程中，采购人员、采购管理人员皆可通过采购平台实时获取商户的交易信息，随时使用采购平台的订单管理功能查询和跟踪订单状态，及时掌握配送信息。

3. 线上资金结算，强化财务管控

采购人员在采购平台完成下单操作，依据协议中的付款比例在线上进行付款申请，系统根据比例和时间要求分别生成预付款、到货款、投运款、质保款等明细付款申请。在ERP系统月度现金流量控制下，财务人员将各付款请求明细传递到对应的财务系统中，系统进行订单付款处理，生成资金划转凭

证，强化预算对采购行为的控制，降低结算资金使用不当的风险。

4. 公开履约评价，强化供应商管理

国网电商公司依托物资采购平台具备的信息查询以及评价功能，采购人员可对供应商的商品价格、商品质量、交货及时性、服务满意度等指标进行“一单一评”，推动供应商提高产品和服务质量。物资电商化采购平台通过系统汇总统计评价信息，形成供应商评价信息库，国网电商公司以供应商履约评价等信息为基础，构建供应商大数据平台，综合分析供应商信息，进行关联分析，形成有价值的物力集约化大数据分析成果，为采购管理、供应商管理、质量监督等提供决策支持。

（六）构建三个保障体系，夯实基础工作

1. 完善制度规范，确保管理机制保障

国网电商公司协助国网公司梳理电商化采购的流程、制度，形成管理通则、管理办法、管理细则、操作手册四级制度体系，各层级间相互衔接协调。完善电商化采购的配套规章制度、工作规范、操作手册，保障新模式下的零星物资采购活动能够高效、顺利实施。

2. 开展过程管控，强化风险防控保障

一是强化供应商评价和管理。严格对供应商进行审核和评价，以确保供应商选择结果的科学性，确保供应商综合服务水平。从品类覆盖度、商品品类及稽查、商品价格违规、发货管理、投诉、举报 6 个维度确定供应商考评指标体系，实行“周考核、月汇报、年报告”的考核机制，持续打造优质供应商队伍。二是建立专项巡查机制。指派专人定期开展商品巡查工作，确保采购在规定的目录范围内有效执行。三是加强异常订单跟踪。通过有效利用数据统计分析等功能，实时开展跟踪，实施异常订单报警，加强履约过程管控，杜绝订单与实物不符、换货、虚假供货等现象的发生。

3. 强化新技术应用，提供技术保障

一方面，加强以“互联网”为主的技术应用。利用各种“互联网＋”、移动技术、智能技术强化系统平台功能，增加更专业的功能模块，提供更智能化的服务。另一方面，加强征信技术的应用。国网电商公司发布征信平台，对供应商的信用信息、动态供应信息进行采集、加工、分析、管理，应用电力特色的信用评价方法及信用评级体系，实现信用报告出具、信用评价以及风险预警等三大核心功能，为电商化采购的供应商遴选提供依据，也为未来电商公司开展供应链金融服务提供准确的信用数据。

三、大型央企开放式电商化物资采购管理效果

（一）助力集约化物资采购，促进了国网公司管理转型

国网公司通过电商化采购管理，进一步深化了物资集约化管理，实现了集中采购管控 100％全覆盖的目标，物资管控水平明显提高。国网电商化采购平台覆盖全国 26 个省，71 家国网直属单位及下属各级单位，服务 150 万名员工。截至 2017 年 9 月，国网电商化采购平台上架商品数量 14 大类，308589 种在架商品、订单数量 228735 项、交易金额 186 亿元，在架商品数、订单数、交易金额较 2016 年同期增长 257％、246％、832％，增长率远远超过我国同期电子商务 30％的增长速度，也迅速超过大多数央企的电商平台，交易额已处于国内企业采购电商平台前列。通过实施开放式的电商化采购管理，一方面构建了完善的管理体系与操作规范，实现了“流程统一、过程受控、全程在案、永久追溯”，有效提高了物资采购、供应全过程的规范性，有效防范廉政风险。另一方面强化了集约采购管理，有力支撑了国网公司“三集五大”体系的运行。同时，通过电商化采购还降低了直接采购成本和仓储物流成本。截至 2017 年 9 月，以电商化物资采购金额 186 亿元的规模测算，按照 10％～15％的节资率估算，可节约采购成本 18.6 亿～27.9 亿元。2017 年通过一次寻源、多次下单，减少了重复采购的组织成本约 1.1 亿元，库存占用资金由 64.78 亿元减少为 47.52 亿元，减少 26.64％。

（二）强化了物资采购响应速度，提升了各方满意度

一是全面提升了需求响应速度，提高了用户满意度。需求单位根据需求，随时在线下单采购，真正做到“随需采购，随用随买，随买随到”，有效解决了物资最为棘手的采购难、供应慢的问题。据统计，采取电商化采购平均配送天数为3.75天，较原有招标采购方式可以缩短90%以上，48小时发货率达82.4%，付款及时率非常高。二是提升了采购服务能力，提高了供应商满意度。通过开放、透明的平台实施电商化采购，价格公开、采购公开、结算及时，对供应商的管理评价透明公开，实现了阳光采购，全面提升了供应商服务感受，提升了供应商的满意度。三是全面提升了采购管理能力，提高了部门满意度。物资管理部门通过电商平台可以随时了解、掌握相关采购信息，实现在线管控，为决策提供依据。财务部门通过财务系统与电商化平台集成，实现预算和结算向采购延伸，实现实时结算率100%，减少资金体外循环，提高财务管控能力。审计、纪检监察部门可以随时掌握物资采购数据和情况，及时掌握异常订单动态。

（三）建立了采购共享业务的跨界合作平台

国网电商公司探索建立了一套兼顾集中性、规范性、灵活性、及时性的物资电商化采购管理体系，成为“互联网+采购”实践的一个成功案例。2017年7月26日，由国家电网公司牵头发起，以国网电商公司为主体，联合14家央企共同成立中央企业电商联盟，打造跨界合作新平台，促进中央企业电商平台互联互通、共享共赢，持续提升央企电子商务创新发展能力，服务实体经济转型升级，打造央企电商化物资采购新生态。

（成果创造人：丁　杨、杨东伟、赵孟祥、樊　涛、陈学先、杨砚砚、
龙　磊、张兴华、柏峻峰、石瑞杰、储海东、孟　贤）

基于共享云平台的智慧水务运营管理

河北建投水务投资有限公司

河北建投水务投资有限公司（以下简称建投水务公司）是河北建设投资集团所属的国有独资企业，是集团重点发展的专业化板块和平台子公司，注册资本28.32亿元，资产总额60.76亿元，2016年营业收入91487万元，利润总额12850万元。自来水供水规模121.4万吨/日，原水供水79.1万吨/日，污水处理16万吨/日，中水供水3万吨/日，是河北省水务行业的著名企业。主要从事水务业务。一是控股河北省南水北调受水区沧州、廊坊、衡水的城市供水与污水处理，参股石家庄供水；二是与河北省水利厅共同负责南水北调河北段水厂以上部分的运营管理；三是拥有曹妃甸、辛集、沙河、库尔勒等其他水务项目；四是成立水务环境工程公司从事水务项目的研发、咨询、设计、施工、建设总承包；五是拓展管材生产、电厂化水处理等与水务相关业务；六是参股建投其他板块的业务。

一、基于共享云平台的智慧水务运营管理背景

（一）提高水务企业一体化管理效率的需要

传统的水务行业地域性强，不同地域的水务公司之间的业务相对独立，就算在同一公司，各厂站、部门互相之间在业务管理上也自成体系，信息数据不共享，形成传统意义上的“信息孤岛”。建投水务公司在国内同行业中最大的特点就是水务一体化的发展模式，拥有最完整的水务产业价值链，水务业务全面涵盖水源、水厂、供水管网、用水户、污水处理和中水供水，以及用户直饮水、二次加压供水服务等。随着互联网和云计算、大数据的兴起，水务信息的公开、共享、交流和互动已日益成为时代要求，以水务一体化管理体制为基础，以智慧水务平台为依托，是减少业务流程环节，全面提高工作效率的重要手段。

（二）超越水务信息化进而实现运行管理智能化的需要

水务行业的日常运行先后经历了人工操作、电动操作、远程遥控、数据自动采集到信息化管理等发展阶段。建投水务公司至2011年总体已基本实现水务信息化。在互联网技术发展、工业化与信息化深度融合、工业智能制造以及智慧城市建设的大背景下，建投水务公司作为集团化管理的水务企业，水务信息化管理的下一个发展目标必然是全面智能化管理，迫切需要通过建立符合时代要求的一体化管理平台，创新管理体制，进行集中、高效管理，使水厂、污水厂运行在信息化的基础上，逐步实现优化调度，做到安全运行和有效降低能耗；实现智能化加药和消毒，保障水质和降低药耗；通过优化运行降低水厂自用水率和保障供水安全。

（三）“智慧城市”和“互联网＋智慧水务”建设的需要

2012年12月，《关于开展智慧城市试点工作的通知》正式发布，并公布了首批试点智慧城市名单，廊坊市位列其中（廊坊供水为建投水务子公司）。“智慧水务”作为“智慧城市”建设的重要组成部分，建投水务公司进行项目的申报工作，为“智慧水务”建设从技术上提供了坚实的保障。随着“物联网、云计算、大数据、移动应用”等新一代信息技术的飞速发展和应用，“互联网＋”给智慧水务带来全新的发展理念：企业内部与外部商业网络、有线与无线网络、不同运营商的网络，实现网络互通化、业务融合化、信息共享化、产业智能化。“互联网＋智慧水务”是水务行业未来的发展动向，符合国家的重点支持方向，建投水务公司以智慧水务平台项目列入国家“互联网＋”重大工程项目资金支持为契机，进行智慧水务共享云平台的建设，实施智慧水务的运营管理和服务。以科技研发和工程项目为支撑，建

投水务基于共享云平台的智慧水务运营管理于 2014 年 4 月开始正式启动。

二、基于共享云平台的智慧水务运营管理内涵和主要做法

建投水务公司在多年经验积累的基础上，从水务经营管理基础业务和数据入手，为智慧水务平台建设提供技术依据，全面实施智慧水务运营管理。采用网络虚拟化超融合技术建设云计算中心，实现与各地子公司的资源共享；搭建基于 GIS 技术的共享云平台，实现集中采集、存储、整合海量生产运营信息，提供政府和各业务部门共享；利用平台各应用管理系统的互通与融合，提升水务一体化管理效率；基于对全生产系统的数据采集与监控，实现水务生产运行智能化；结合网络互通与移动应用，实现用户服务智能化；通过再造管理流程，调整管理制度，全面提高员工素质，保障智慧水务运营管理的顺利实施。主要做法如下。

（一）明确工作目标和思路，奠定智慧水务运营管理实施的基础

1. 确立智慧水务运营管理的目标，明确工作思路

建投水务公司确立智慧水务运营管理的目标为：向分散于各地的建投水务各子公司提供硬件、软件两个平台及相关的运维服务，以最快捷的方式规范各子公司管理，大幅提升建投水务公司的运营管理水平；各地行业主管部门可在第一时间掌握属地水务公司的运行管理情况和发展动态；建投水务及各子公司通过平台，可及时、准确地向社会公众发布相关水务运营信息。同时，明确智慧水务运营管理的工作思路为：工作实用、技术先进、确保安全、注重实效、可分步实施、符合行业长远发展方向。

2. 加强组织领导，实施智慧水务运营管理

建投水务公司领导高度重视智慧水务在企业管理中的作用，将其作为进行全面规范化管理的手段和抓手，致力于信息化技术在生产经营中的应用，积极推进智慧水务运营管理平台的建设。为认真落实好相关工作，经班子研究组织配备技术与人力资源，成立智慧水务建设项目组，着手开展前期调研，与清华大学合作研究制定总体战略，聘请行业专家审定“智慧水务”建设方案，招标比选确定软件开发商，统一协调各协作单位之间的对接，督导各子公司项目的落地和实施，及时协调、研究解决工作中遇到的问题，落实项目资金并取得上级部门的支持。

（二）建设云计算中心，搭建智慧水务共享云平台

1. 从水务经营管理基础业务和数据入手，为平台建设提供技术依据

建投水务公司高度重视技术和管理创新在企业管理中的作用，取得 8 项科技成果和 2 项专利，其中部分成果就涉及水务信息化和智慧水务，加之科技人员长期积累的优化调度、水泵在线监测、管网平差、输配水系统优化、信息化报表等多项科技成果，已形成预算、成本、对标等 11 套完整的标准化运营管理报表模板，成为智慧水务平台建设的重要技术依据。

智慧水务运营管理服务平台项目列入建投水务公司年度重点工作目标，责任目标落实到建投水务各控股子公司，作为年度计划和任务考核的目标，配合项目部与合作单位进行项目的实施。以信息化和智慧水务研发的科技成果为基础，由建投水务公司申报的《基于“互联网＋”的智慧水务运营管理服务平台》项目获得国家支持。

2. 按照智慧水务运营管理的目标要求，确定共享云平台的建设方案

按照智慧水务运营管理的目标要求，共享云平台的建设内容主要包括：超融合云计算中心、智慧水务云服务平台及相关的业务模块和配套设施。其中各业务模块包括：数据采集与监控系统、管网地理信息系统、营业收费管理系统、设备管理系统、综合分析报表系统、水务服务系统等；配套硬件设施包括：工艺系统数据采集与生产运行监测所需配套的仪器、仪表，供水管网区域计量所需配套的测流、测压仪表等。

3. 采用虚拟化超融合技术建设云计算中心，实现与各地子公司的资源共享

按照清华大学和专家组对计算中心建设提供的咨询意见，对原计划在各子公司分散布置的设计方案进行调整，由建投水务公司统一建设云计算中心，经研讨计算中心采用虚拟化超融合技术，使分散于各地的水务子公司，通过网络专线统一使用计算中心的机房设备，实现硬件资源共享。经比选，由成都九鼎瑞信公司中标云计算中心的设计施工总承包。超融合共享云计算中心作为一种企业级服务器虚拟化解决方案，将静态、复杂的IT环境转变为动态、易于管理的虚拟数据中心，进而大幅度降低数据中心成本，同时提供先进的管理功能，实现虚拟数据中心的集成和自动化，而成本远低于其他方案。

4. 搭建基于GIS技术的共享云平台，提供智慧水务运营管理服务

按照清华大学和专家组提供的咨询意见，对原计划的智慧水务运营管理平台分散建设模式，调整为集团化共享云平台的建设模式。经比选，分别由成都九鼎瑞信、上海积成慧集、武汉易维等行业内一流的软件开发商中标，进行平台及各子系统软件的开发。基于GIS（地理信息系统）技术，云平台的门户首页为一张在京津冀地形图上展示的建投水务运营系统，可分别点击图标进入不同的子公司，进而分别进入不同功能模块。密切结合水务日常经营管理的业务流程，为建投水务公司的运营管理提供可靠服务。平台可提供强大的地图服务能力，具备二维、三维地图的数据解析能力，以满足业务应用的需要；通过平台建立统一的运营管理数据库，实现水务运营管理资料的动态管理，保证空间数据的拓扑完整性、属性数据的准确性。

（三）利用平台实现系统融合与数据共享，提升水务一体化管理效率

1. 实现集中采集、存储、整合海量生产运营信息，多部门共享

水务公司在生产运营过程中产生的海量、无序的原始数据，借助于有线或无线网络及时采集、传输至平台的大数据仓库；实现多源异构数据的统一建模、统一存储和统一管理，并通过数据总线进行数据的交换与整合；数据在云平台集中存储，形成水务大数据仓库，可在各业务应用模块之间互相调用和共享，通过海量数据的长期积累，奠定大数据分析的基础。平台正式运行以来，每年的数据量已达到20T。运营管理的原始数据，经过整理并与用户、产品、服务等进行大数据关联分析，提供基于大数据的决策依据，应用于建投水务公司的日常经营管理，并提供给多部门共享。

2. 通过平台各应用管理系统的互通与融合，全面拓展各应用系统功能

一是GIS与其他应用系统融合。借助GIS平台融合各类业务数据，搭建综合展示、综合分析的共享平台，为管网巡检、智能抄表、现场抢修、分区计量、SCADA（数据采集与监控）系统等各种应用提供地图支撑和服务。GIS包含全球定位系统，可跟踪人员及车辆，服务于建投水务公司生产指挥系统。

二是SCADA与其他应用系统融合。系统与小区二次加压泵站、管网的测压、测流数据等在GIS环境下进行融合，汇总展示各公司的管网数据；实时同步各子公司的水质、水压，流量等运行数据；集成外业人员、车辆、视频等现场数据；在“一张图”上动态展示、监控、分析。

三是营业收费与其他应用系统融合。结合GIS平台获得计量器具的位置，实现水量的各种统计功能；结合GIS平台进行计量器具的查抄，获取抄表人员历史轨迹、定位信息、表位信息等，为优化抄表路径、抄表过程监控提供数据支撑。

四是设备管理与其他应用系统融合。对SCADA、GIS、二次加压泵站等不同系统中的设备，统一调用设备管理模块，建立设备信息数据库，统一编号，生成二维码，设备运行记录与设备管理模块并行，随时掌握所有设备的运行情况，实现计划检修、预防维修和故障预警。

五是水务服务与其他应用系统融合。通过与GIS和SCADA系统的结合，实现各种二次供水设备信息的统一上传，随时掌握设备、水质的基本信息，实现各设备的定期维护、清洗、设备故障的应急抢修，从而实现住建部门通过属地供水企业对城市供水二次加压和小区直饮水、中水设备的统一监管。

3. 采用同一版权的共享云平台建设模式，实现软件资源共享

采用共享云平台的建设模式与分散式建设模式相比，从软件版权上，只需一次购买即可由多家公司同时使用，从软件功能上统一开发，每项新的业务功能开发完成后，各公司共同使用、共同受益，避免多次的重复投资和软件功能开发，费用降低，功能更强，使生产管理再上一个新台阶。

4. 根据各子公司的具体情况，个性化定制综合报表

综合报表编制兼顾了行业的通用性，涵盖了从水库、原水供水、城市供水、供水管网、用水户营业收费、中水供水到污水处理以及工程建设的水务运营全产业链，数据齐全，以此为基础，可根据各子公司的不同，通过勾选进行个性化定制，如单纯的供水企业只勾选与供水相关的项目，污水处理等业务内容就不会出现在报表中。

（四）基于生产运行数据采集与监控，实现生产运行智能化

1. 完善全生产运行系统数据采集与监控

建投水务公司所属各子公司的净水厂、污水厂、加压泵站、供水管网等 SCADA 系统，分属不同年代进行建设，最早的运行时间已达 20 多年，建设水平参差不齐。为满足实现智慧水务运行管理进行数据采集与监控的基础要求，各子公司对硬件设备进行全面的对照普查，更换和补齐了所需的全部数据采集仪器和仪表，实现对全生产系统的数据采集与监控；同时，对原有 SCADA 系统进行全面的改版和升级，采用三维立体展示技术，查看相关设备、设施和运行状态等。

2. 实现生产运营管理系统智能化运行

一是通过建立供水管网水力模型奠定智能化运行的基础。以供水管网 GIS 为基础建立管网水力模型应用系统，通过构建专业的三维建筑物立体模型，完成水厂、污水厂的三维视图和直观展示；结合水厂供水和用户用水数据进行模拟展示和趋势分析，实现管网水力运行状态的在线模拟、供水水质模拟、管网调度决策预案模拟等功能。

二是进行水厂、污水厂的优化调度与运行。按照用户用水规律进行水厂、污水厂的优化调度；根据水泵的性能和效率曲线，确定水厂（污水厂）泵房最佳的水泵组合和最佳的水泵变频频率，进行水厂能源的管理；根据不同季节、水质和水量情况的变化，智能化调整水厂运行的加药、消毒等环节的运行参数，节约药耗和水耗，保障水质安全。

三是进行管网优化调度与应急管理。通过管网水力计算的结果辅助进行管网的调压，在满足供水压力的前提下，减少供水的电费，优化管网的调度；建立水质的预警系统，对原水、出厂水和管网末梢水所需的水质指标进行实时在线监测，异常情况及时报警；通过管网水质数据实时监测、实时远程传输，当发现水质问题时，快速进入应急处理管理流程，有序控制处理问题。

四是应用水务管理知识库辅助运行管理。知识库由软件商搭建结构和功能后，由建投水务公司负责组织词条的不断增加和维护，通过建立水务业务管理相关知识的数据库，系统内任何一个模块内都可以随时进行查询，可在遇到生产中的难点或问题时，以及新员工的学习时，输入关键词搜索库内所有相关词条，直接进行阅读、学习。

3. 进行智能化抄表、巡检、抢维修与管网区域计量

一是实施智能化远程抄表。基于 GIS 的智能抄表系统对用户水表数据进行录入，把用户水表数据生成 GIS 图形，作业人员在户外随时随地可以在移动端精确定位水表位置，现场就可以判断水表是否正常，发现问题现场处理。二是实现管网智能化巡检。整合巡检工作的管理要求，实现对巡检任务、巡检人员、巡检事件、巡检考核的高效执行和统一监管。三是实施智能化现场抢维修。在发现漏水、爆管、表务故障等问题时，抢修人员使用基于 GIS 的现场抢维修移动终端快速定位事故地点，快速到现场进行抢修工作。四是进行供水管网区域计量。在供水区域化管理的基础上，在供水管理区域边界线上

的输入和输出管道上通过安装计量装置，管理区域内流进的自来水的总量和贸易销售实际的水量，以此来了解和掌握区域内需水量、产销差、漏失量、未收费水量等情况。

（五）结合网络互通与移动应用，实现用户服务智能化

1. 采用共享云平台的营业收费模式，用户能够通过微信、支付宝等自助交费

营业收费管理系统采用共享云平台建设模式，通过结合内外部数据通信网络，实现了营业收费的全部业务功能，可以通过微信、支付宝自助缴费，多方面从银行手续费、水费账单费用、短信提醒费用等节约成本。系统上线后，营业柜台及热线工作人员的服务压力大大降低，柜台排队及话务排队大为缓解。通过微信、支付宝缴费的模式，人性化服务、用户管理水平、水费回收率、用户服务质量和用户体验都得到不同程度的提升。

2. 基于物联网进行水务服务系统在线监测，为用户提供二次加压等服务

对供水二次加压和小区直饮水、中水的目标设备，设置在线运行、在线水质检测的一次采集和二次传送仪表，数据上传，建设基于物联网的水务服务系统，实现集直饮水、中水及二次供水加压设备设施于一体的综合管理，通过监测供水站运行情况，显示各种运行参数，获取二次供水设施的运行状态信息；通过制订水池（箱）清洗消毒计划、泵站巡检计划、设备维修保养计划等实现对泵站设备设施的管理。

3. 通过移动应用 APP，进行用户服务、现场作业和移动办公

一是通过用水服务 APP（手机应用程序），及时进行各种用户服务信息的发布和推送，实现与水务企业的交流，获得各种信息与服务。个人用水户可随时查询自己的用水情况，通过多种交费渠道进行交费；用水户可随时知情、了解水务企业要向社会公开的，包括水质、水压等业务信息，以及停水、检修等面向公众的服务信息；用水户可以进行故障报修、服务投诉、业务监督和获得其他基本的水务服务，发动社会力量进行全面监督。

二是通过抄表、巡检、维修 APP，进行手持机抄表、发送信息、现场打印交费通知单，或者是直接采用远传水表，发送短信或微信推送用水信息，大大提高查表准确率，降低营业成本；管网巡检人员通过手持机按巡检计划跟踪记录，现场发现的管网异常情况可以直接上传，做到管网及时维护、维修；管网维修人员通过手持机接受管网维修任务，实现维护检修的网上直通。

三是通过移动办公 APP，各层级的管理人员无论在什么地方，只要打开手机应用 APP 就能进入智慧水务手机平台，全面了解建投水务公司目前基本的经营情况，查阅想要了解的所有信息，按照权限进入各个不同的模块系统进行办公。

（六）通过变革传统业务管理，保障智慧水务运营管理的顺利实施

1. 再造管理流程，适应运营管理业务功能变化

网络互联互通、业务功能融合，数据共享，使以往各独立运行的业务流程打破部门界限，使各业务功能之间有机衔接；各项运营管理智能化应用使大量人力得到解放；特别是手机 APP 的应用，工作人员可随时随地通过云端进行网上办公；按照平台系统提供的自定义流程编制功能，各应用单位结合自身的特点，都对原有的业务流程进行再造，建投水务公司也对 10 多个运营管理的流程进行调整，以适应智慧水务平台的要求，使业务流程更便捷，工作效率更高，管理水平得到全面提升。

2. 调整管理制度，同步生产运营管理模式变革

随着智慧水务的实施，水务生产运营管理由信息化步入智能化。由于智慧水务运营管理模式的革命性变革，实现了网络互通、信息共享、业务功能融合、管理流程再造，原有管理制度已不能够适应智慧水务的运营管理体制，必须做出同步调整。建投水务公司经全面认真梳理，对原有的 61 项管理制度进行重新修改，出台新的管理制度汇编。

3. 提高员工业务素质，满足水务智能化管理需要

智慧水务服务平台各子系统分别上线后，手持机远程抄表、巡线和抢维修，多种渠道的水费交费模式，设备管理、综合报表以及管网区域计量等，科技含量高，工作效率高，对员工素质提出更高的要求。一些员工进行转岗，在开发商的指导下，集中对各岗位的员工进行培训，通过全面提升员工业务素质，保障智慧水务运营管理的顺利实施。

三、基于共享云平台的智慧水务运营管理效果

（一）水务运营管理能力和工作效率大幅提高

一是水务运营管理能力提高。水务所属子公司各种生产运行信息实时上传，摆脱传统的报表模式，运营信息真实、及时、可靠，减轻人员劳动强度。例如，沙河供水公司在河北省内率先开通微信交费，2016 年全年实现微信支付 35594 笔，由于营收系统的应用，自来水水费回收率由 2015 年的 94.00％提高至 99.50％。二是人员工作效率提高。统一建设的云计算中心实现多个异地水务子公司硬件资源的共享；云平台各业务模块的共享建设模式，统一操作系统和软件版本，实现平台软件资源共享，使管理效率提高，运营成本降低；基于“互联网＋水务”，实现各业务模块功能相融合，信息、设备资源共享以及各管理部门之间的业务协同，使信息、设备资源的利用效率提高；企业内部与外部、有线与无线、不同电信运营商之间网络实现互通，以往各独立运行的业务流程得以打通，各流程之间有机衔接，工作效率更高。例如，沧州供排水集团率先实现手持机智能化抄表、管网巡检和抢维修，工作效率大为提高，水费回收率由 2014 年的 93.28％提高至 98.4％。

（二）水务运营管理水平和生产运行智能化水平得到提高

随着智慧水务运营管理服务平台及各应用模块的投入运行与应用，建投水务公司 3 年来各项技术经济指标得到全面和显著的改善。3 年来，最能够反映水务企业管理水平的供水管网漏损率，由 2014 年的 16.41％下降至 2016 年的 13.98％，同比下降 2.43 个百分点，3 年累计节水 565.96 万吨；产销差率由 2014 年的 16.94％下降至 2016 年的 14.38％，同比下降 2.56 个百分点，仅计算产销差率降低一项，3 年累计效益额达到 1148 万元；主营业务收入由 2014 年的 52423 万元，增至 2016 年的 69460 万元，同比提高 24.53％，增收 17037 万元，公司运营管理水平和生产运行智能化水平全面提升，经济效益和实施效果显著。

（三）社会满意度和用户服务水平显著提高

一是社会满意度提高。通过 APP，个人用水户可随时查询自己的用水情况，根据建投水务公司发布的短信或推送信息，足不出户即可通过多种交费渠道进行交费，方便用水户，提高用户满意度。二是用户服务水平提高。用水户可以通过公众号实现与水务企业的交流，获得各种信息与服务；用水户可随时知情、了解水务企业的服务信息，让用户明明白白用上安全水、放心水；用户还可以通过微信平台与工作人员进行互动。智慧水务服务平台各子系统分别上线后，科技含量高，功能更强大，通过集中对各岗位的员工进行培训，以适应平台系统的要求，员工整体素质得到提升。2016 年建投水务公司累计完成管网维修 9379 处，设备检修 1757 次，阀门维修 2799 台，共计检修 13935 次，通过系统预警、智能调度和主动检修，减少意外抢修 1000 余次，维修及时率大为提高，维修费用大为降低，全面提高了用户服务水平。

（成果创造人：牛豫海、张自力、张　强、苏　鹏、张　锋、王　建、
张士民、武和平、刘志全、常亚林、周　游、刘一姮）

钢铁企业提升战略管控能力的决策支持系统建设

鞍钢集团公司

鞍钢集团公司（以下简称鞍钢集团）是于2010年5月由鞍山钢铁集团公司和攀钢集团有限公司联合重组而成的跨区域、多基地、国际化的特大型钢铁企业，现有鞍山钢铁、攀钢两个区域子公司和矿业、不锈钢、工程技术、综合实业、信息产业、国际贸易、金融、地产八个板块子公司，拥有热轧板、冷轧板、镀锌板、彩涂板、冷轧硅钢、重轨、无缝钢管、线材及钢绳制品等完整的产品系列。截至2016年年底，资产总额超过3311亿元，员工15万余人。2016年，面对市场严峻形势，鞍钢集团广大干部职工深入贯彻“四个全面”战略布局，认真践行“五大发展理念”，着力抓好“六个构建”，扭亏脱困攻坚战取得阶段性重大成果，实现营业收入1393亿元，完成控亏目标。

一、钢铁企业提升战略管控能力的决策支持系统建设背景

（一）支撑企业战略，提升企业核心竞争力的需要

与国内外先进企业相比，支撑鞍钢战略决策的信息系统在协调战略决策成员的行为，减少决策分歧、提高决策效率方面尚存在一定的差距和不足。为适应集团跨区域、多基地、国际化的发展格局，建设信息共享、动态交互、智能分析的面向大型企业战略执行的决策支持系统，与国内外先进企业进行全面对标，实时把控企业在行业竞争中的地位、水平，及时查找短板和瓶颈，不断提升成本竞争力，打造鞍钢集团经济升级版，建设最具国际竞争力的跨国钢铁集团，成为鞍钢集团决策支持系统建设的原动力。

（二）争创世界一流，管理提升向纵深发展的需要

随着2013年鞍钢集团总部和鞍山钢铁、攀钢两个区域公司的组建完成，整合非钢产业资源，形成鞍钢集团统一领导下的“区域子公司＋非钢产业板块”管控架构，建立与集团新的战略管控模式相适应的决策支持系统成为信息化管理创新的重点。决策支持系统的建设是长期的过程，始终伴随着企业的成长进步而不断更新升级，是不断寻找和研究最佳实践，以信息化带动管理提升，改善企业经营绩效，创造优秀业绩的良性循环过程。建设决策支持系统，通过对管理业务的梳理、目标定位、业务数据定义、建模等，充分挖掘运营管理业务数据的商业价值，促进企业规范运营，推进管理提升，推动实现由“数字鞍钢”向“智慧鞍钢”发展的需要。

二、钢铁企业提升战略管控能力的决策支持系统建设内涵和主要做法

鞍钢集团以中长期战略规划为指引，以战略管控模式和“2＋8”管控组织架构为基础，以业务需求为主线，有效集成生产运营、销售、财务和人力资源、科技等管理信息系统，通过分层次构建企业整体的分析指标体系，形成相应的业务分析模型，以数据仓库为基石，利用大数据技术，深入挖掘企业内部信息系统数据和外部行业数据，搭建跨多个业务领域、多元化分析的、面向大型企业的战略决策支持平台（BI），将数据向信息、知识和智能化应用转化，实现企业战略发展、财务运营、绩效指标监测预测，重大风险监控报告，打造集团层面战略决策驾驶舱，为企业管理提供决策支撑。主要做法如下。

（一）以业务需求为导向，确定项目开发原则和整体设计

1. 确定项目开发原则

一是业务驱动设计与流程优化相结合原则。决策支持系统对鞍钢集团的未来发展、战略支撑、决策支撑具有重要意义，将建设决策支持系统作为提升企业核心技术水平和管理创新能力的重要手段。业务管理是决策支持系统的基本内涵，业务人员是系统设计的主体，既要将本部门、本单位职责范围内的核

心管理要素与决策支持系统密切关联，又要建立与其他业务的逻辑关联，形成联线并网的决策支撑信息格局，推进管理创新与技术进步。二是业务全覆盖与人员协同配合相结合原则。决策支持系统涉及业务范围广，横向覆盖集团战略管控职能，纵向延伸到子企业生产运营、销售、财务、人力资源管理等职能，总部部门和子企业要密切配合，在对业务流程实施优化再造的基础上，实现集团一体化管理和协同运作。三是责任落实与保守商业秘密相结合原则。决策信息系统涉及企业的核心机密，系统功能越完善，数据越翔实，系统安全保密工作要更加严格，做好信息系统建设期和运行期的安全保密工作，严格管理涉密文档及涉密载体，严格保守企业业务数据和决策信息系统架构等商业秘密。

2. 明确项目总体建设思路

2015年年初，鞍钢集团制定中长期发展规划，提出“到2020年，鞍钢集团钢铁业务和多元化业务竞争力明显提升，经济增加值明显改善，盈利水平高于国内钢铁行业平均水平，企业竞争力排名提升到30名以内，成为具有较强国际竞争力的跨国钢铁集团”的战略目标。2015年4月22日，鞍钢集团召开决策支持系统建设汇报会议。鞍钢集团决定拓展完善与提升企业战略管控能力相适应的决策支持系统，塑造决策执行力。2015年7月，鞍钢集团启动决策支持系统完善项目，在已有的功能基础上，补充完善经营分析预测、风险监测评估和运营协调控制等管控体系应用功能，建立钢铁企业竞争力模型，形成集团层面企业运营监控驾驶舱。2015年12月1日成功上线，运行至今，并实现移动BI功能应用。

在项目建设思路方面，将责任主体定位在总部16个职能部门，自上而下构建决策支持系统，横向覆盖集团战略管控职能，纵向功能涵盖鞍山钢铁、攀钢、鞍钢矿业集团等10个钢铁主业及多个非钢业务板块，延伸到子企业生产运营、销售、财务、人力资源管理等业务领域。系统包括经营分析预测、风险监测评估和发展运营管控三大主题模块，钢铁企业竞争力分析模型，经济增加值分析模型、风险监测模型、集团战略驾驶舱，子企业绩效考核驾驶舱等页面，具备“展示、分析、监测、预测、报告”五大功能；系统涵盖16个主题、45个子主题和612项指标，如图1所示。通过系统建设及应用，点亮“暗数据”，让管理看得见，使决策更智慧。

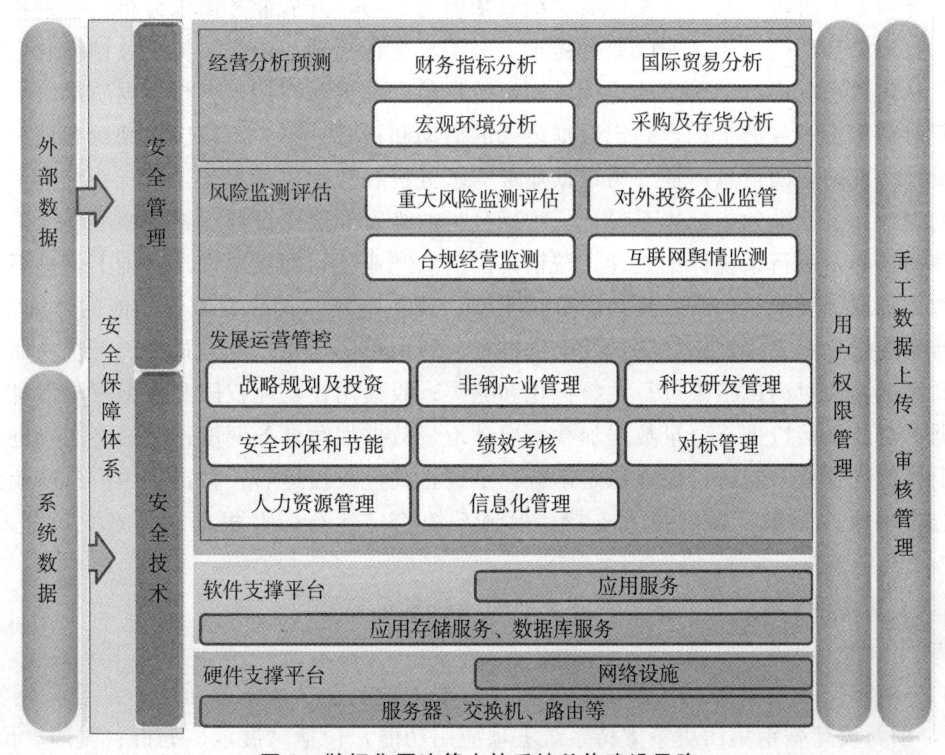

图1 鞍钢集团决策支持系统总体建设思路

（二）建立多层级项目组织，确定开发阶段

1. 搭建组织体系

一是成立集团决策支持系统领导小组。集团总经理任组长，分管副总经理任副组长，总部各部门负责人为成员。负责审核决策支持系统各阶段方案，对决策支持系统项目建设及运行过程中的相关事项做出决策。决策支持系统项目领导小组下设办公室，办公室主任由管理创新部部长、信息化管理部部长、鞍钢集团信息产业公司总经理兼任。负责项目总体协调，参与需求分析，起草方案报告，按计划实施各阶段工作并向领导小组汇报。

二是成立集团决策支持系统开发小组。成立 10 个决策支持项目业务组，负责根据鞍钢集团战略管控及协调管理业务需求，提出经营分析预测、风险监测评估、运营协调控制的具体业务需求，并审核确认需求分析报告及概要设计报告。

三是明确系统开发部门及单位职责分工。鞍钢集团管理创新部负责决策支持系统项目的总体协调和绩效考核。负责组织协调总部部门和子企业开展业务需求分析，明确业务流程及业务处理方法；组织系统测试及上线准备，保证项目按期投运并达到预期目标；负责制定《鞍钢集团公司决策支持系统使用与管理办法》，明确总部部门和子企业的使用、维护、管理和保密职责及管理流程，对违反规定的部门和单位予以考核，并督促整改。信息化管理部负责决策支持系统项目的技术支持和开发协调。参与制定决策支持系统各阶段方案，对系统架构及技术实现方案进行审核把关，并协调组织实施，会同管理创新部对项目建设及运行过程中的相关事项提出方案建议。总部部门和子企业为决策支持系统项目的参与部门和单位。总部部门负责组织内部相关处室和子企业开展业务需求分析；子企业负责组织本单位相关业务部门和信息化部门按照总部部门要求完成业务需求分析；总部部门和子企业按计划完成项目测试、上线工作，按要求落实系统运行维护责任。鞍钢集团信息产业公司为决策支持系统项目的实施单位，负责根据总部部门及子企业业务需求完成系统功能规划、设计、系统开发、上线运行、系统维护等工作。

2. 确定开发阶段

项目开发分为五个阶段：第一阶段以关键绩效指标为核心，开展业务需求分析。鞍钢集团管理创新部牵头组织，收集总部部门、子企业的业务需求，对需求进行筛选、归类，梳理关键绩效指标，确定数据来源；对于从信息系统中自动采集的指标，确定数据粒度和更新周期，分析数据质量，形成数据质量报告；对于暂时需手工录入的指标，确定数据录入的周期和格式。第二阶段以驾驶舱和模型为核心，进行系统概要设计。鞍钢集团信息产业公司根据业务需求分析和数据质量报告，进行系统概要设计，包括系统功能规划设计、关键绩效指标体系设计，指标分析的维度和层次设计、系统原型设计。第三阶段以数据自动采集为核心，进行系统详细设计。鞍钢集团信息产业公司在概要设计基础上，进行系统数据仓库、ETL（数据抽取、转换、加载）接口、分析模型、Web 应用、用户权限等功能的详细设计及实施。第四阶段进行系统优化和完善，做好测试及上线准备。鞍钢集团信息产业公司进行系统功能、性能和指标数据准确性测试，针对测试结果进行系统优化和完善；收集用户功能权限和数据权限信息，收集上线初始手工数据；对数据接口进行全量数据加载，启动增量数据加载任务调度；对最终用户进行培训。第五阶段系统上线运维及技术支持，保证稳定运行。系统正式上线投运后，鞍钢集团信息产业公司对系统运行情况进行全程跟踪维护，提供技术支持，保证系统稳定运行，并根据用户意见改进和完善系统功能。

（三）设计决策支持系统应用功能、业务主题和指标体系

1. 确立应用功能

在通常的决策支持系统具有的“展示、分析、监测、预测”功能的基础上，结合鞍钢实际，增加“报告”功能，创新设计鞍钢集团决策支持系统五项应用功能，包括“展示、分析、监测、预测、报告”

功能，对每项功能的内涵进行界定，走出具有鞍钢特色的自主开发之路。通过系统开发建设及运行，点亮“暗数据”，让管理看得见，使决策更智慧、效果更理想。

鞍钢集团决策支持系统功能目标。一是展示要素变化功能。为企业决策者和管理者提供简单、易用的图形画面，展示数据的历史、现状及变动趋势，掌握管理要素的变化情况。二是分析发展趋势功能。按照不同的时间维度、组织维度、类型维度对数据进行钻取，并通过同比分析、环比分析、构成分析、趋势分析，揭示数据的内在联系。三是监测风险变化功能。对企业运营的关键指标进行动态监控、预警，及时发现问题，采取应对措施，提高风险防范能力。四是预测价值变动功能。在对历史数据进行趋势分析、聚类分析的基础上，揭示有价值的商业信息，对生产经营做出前瞻性预测，提高市场反应速度。五是报告运营进展功能。对分析、监测和预测问题，提出解决方案，在线形成报告，提升管理人员处理复杂问题的能力，辅助决策层提高决策质量。

2. 构建主题框架

基于提升企业战略管控能力的决策支持系统涵盖 16 个主题、45 个子主题和 612 项指标，涉及鞍钢集团钢铁主业和非钢板块的日常运营及风险评估等多领域。

一是经营分析预测主题模块。从企业核心财务指标和经济增加值分析入手，跟踪监测鞍钢集团及子企业生产经营指标完成情况，预测发展趋势，查找原因，采取措施，纠正偏差。经营分析预测模块包括 5 个主题、18 个子主题及 131 项指标。二是风险监测评估主题模块。通过对企业内外部环境分析，评估经营决策和管理行为的各种风险，建立风险监测评估体系，及时采取风险应对措施，促进企业健康持续发展。风险监测评估模块包括 4 个主题、4 个子主题及 64 项指标。三是发展运营管控主题模块。通过对数据信息的集成应用，及时展示、分析、监测、报告集团管控流和资源流变化情况，把握管理重点，创新经营方法，提升集团一体化运营水平和管控效率。运营协调控制模块包括 8 个主题、12 个子主题及 117 项指标。其中，对标管理功能是对扭亏增效贡献度较大的重点指标及成本竞争力弱、价值创造能力较低的短板指标，从指标完成值和进步幅度两个方面进行分析评价，密切跟踪对标指标变化，努力实现管理有新突破，指标上新水平。四是辅助决策模块。为高层管理人员建立战略决策驾驶舱，为管理层提供的“一站式”决策支持，通过各种图表（速度表、音量柱、预警雷达、雷达球）形象标示企业关键指标运行情况，直观的监测企业风险变化，对异常关键指标预警和挖掘分析。五是移动 BI。在鞍钢集团现有的决策支持系统 PC 版的基础上，开发鞍钢决策支持系统移动 BI，包括企业概况、经营分析、运营管控三大模块，随时随地为企业管理者提供高质量的信息分析和预测，为快速决策提供有力保障。

3. 指标体系

一是以财务为核心搭建指标体系。企业管理以财务管理为核心。根据总部部门业务需求调研结果，进一步完善指标体系，最终建立 620 项指标（包含决策支持系统一期的 142 项指标）与各个分析主题的关联矩阵。经初步统计，620 项指标中，财务指标数量最多，共有 95 项；财务指标使用次数也最多，在使用次数超过 3 次的 18 项指标中，财务指标有 17 项。二是明确分析指标的归口部门。业务部门对本部门负责的系统功能及指标数据承担管理责任，包括指标定义、业务逻辑、分析模型。以业务需求调研为基础，落实 620 项分析指标的 16 个归口部门。其中，财务运营部、销售部门、安全环保部门归口指标数量较多，分别占总指标数的 28%、20%、9%。三是明确指标数据的采集方式。经初步统计，620 项指标中有信息系统支撑的为 372 项，占总指标数的 60%。没有业务信息系统支撑的领域包括安全环保、国际贸易、对外投资、法律管理、经济研究等。对于企业内部有信息系统支撑的数据均采取自动采集的方式，对于尚无信息系统支撑及外部采集的数据，采用人工录入方式，待业务系统开发建成后，由人工录入改为自动采集。

（四）开展系统功能授权及上线测试

1. 依据保密规定对系统进行授权

管理创新部会同鞍信公司组织总部部门依据保密规定，对 16 个主题、45 个子主题进行权限设定，每个主题设定一名数据管理员，由数据管理员对归口主题涉及的数据和系统功能进行授权，编制形成《决策支持系统用户授权手册》。完善集团数据采集平台，增加数据查询条件和校验规则，确定录数据周期及责任人，汇总形成《决策支持系统数据录入岗位人员名册》。开展总部部门、子企业用户使用培训，组织录入历史及当期数据，做好系统正式上线前的数据准备及测试工作。

2. 制定决策支持系统使用管理制度

为充分发挥鞍钢集团决策支持系统的展示、分析、监测、预测和报告功能，建立系统长效运行机制，确保系统安全、规范、顺畅运行，管理创新部起草《鞍钢集团公司决策支持系统使用管理办法（试行）》，明确系统使用职责、系统使用维护及安全保密要求、运行维护考核办法，该办法于 2016 年 1 月 6 日正式发布。管理创新部召开了总部部门、子企业会议，对《办法》进行宣贯培训，强调“发布信息的安全保密性、数据录入的及时准确、系统维护的安全稳定性”。系统正式上线后，管理创新部将在线监测各个功能模块运行情况，对数据报送不及时或不准确方面的问题，每季度考核通报一次。

三、钢铁企业提升战略管控能力的决策支持系统建设效果

（一）提升了企业定量化经营分析预测水平

在外部环境分析预判方面，通过应用钢铁企业竞争力模型，监测一系列评价指标体系变化情况，包括政治制度、法律法规、GDP、利率、汇率、财政货币政策、通货膨胀、失业率、人口规模、年龄结构、人口分布、种族结构，以及收入分布、发明、新技术、新工艺、新材料等指标，构建规模能力、产品竞争力、盈利能力、偿债能力、管理能力、运营能力、持续发展、创新能力 8 大能力及 25 个指标，评价这些因素对企业战略目标和战略制定的影响。在财务分析方面，通过 EVA 相关联的其他财务 KPI 指标层层分解，利用基础财务报表数据快速计算 EVA 及其关联指标的数值，通过调整 EVA 各级关联指标的数值，对 EVA 及其关联指标进行关联分析和预测分析，对“净资产收益率、流动资产周转率、资产负债率、现金流量”等指标进行对比分析、趋势分析、关联分析、预测分析，揭示企业盈利能力、营运能力、偿债能力和发展能力变化，并与同行业先进企业对标，查找管理短板和薄弱环节，针对问题，完善战略、预算、执行等方案，全面提高企业经营分析预测水平。在重大风险监控预防方面，通过建立重大风险、重大项目和重大决策的监测评估体系，对重大风险预警指标的黄色和红色预警值进行预报，对核心流程运行情况进行监测评估，及时采取风险应对措施，防范重大风险发生，促进企业健康持续发展，目前在风险防控方面取得成效。在债务风险防控方面，全年完成了资产负债率 74.98%的控制目标，守住 75%的红线目标，优化融资结构，降低财务费用 10.67 亿元；“两金”压降 75.49 亿元；实施人民币贷款置换，减少汇兑损失 7.8 亿元。调整销售策略，增设核心销售区域网络布点，全年鞍山区域核心区域销量同比增加 233 万吨。钢新产品和独有领先产品开发总量大幅提升。

（二）提高了管理效率，提升了集团战略管控协调能力

鞍钢集团决策支持系统通过与集团各业务系统数据接口，采集企业内外部与生产经营相关的数据，逐步建立起鞍钢集团各业务领域的统一数据视图，进一步规范数据标准，对全集团范围内的数据资产进行统一管理和深度共享，打破企业管理的常规模式，快速有效，降低管理成本，提高管理效率，满足集团总部在战略规划、投资管理、管控体系、资本运营、安全节能环保、科技创新、采购管理、信息化管理、企业文化与公共关系等方面的战略管控及协调管理业务需求。特别是利用系统的“报告”功能，无论是在线报告还是离线报告，辅助各级管理者进行决策，减少了人工的参与，真实的反映企业经营管理

现状，以信息化手段促进“界面清晰、权责明确、规范有序、运行高效”的母子公司体系有效运行，实现了线上与线下企业管理的深度融合和相互提升，降低了经营管理成本，提高了效率和效益，促进了鞍钢集团“智慧鞍钢”目标的实现。

（成果创造人：唐复平、白静瀑、计　岩、陆　颖、刘卫民、刘炳宇、杨汝艾、陈家成、白　雪、梁会霞、于忠灏、李成志）

基于“一三八”管理体系的重大活动网络通信和信息安全保障

中国移动通信集团浙江有限公司

中国移动通信集团浙江有限公司（以下简称浙江移动）是中国移动有限公司的全资运营子公司，在全省拥有11个市分公司，统一经营浙江省的中国移动通信网络。截至2016年年底，员工总数近2万人，总资产规模超过780亿元，通信服务收入近440亿元，客户总数超过5400万户，规模位居集团内各省公司前列。

一、基于“一三八”管理体系的重大活动网络通信和信息安全保障背景

（一）主动承担社会责任、服务保障国家重大活动的需要

随着我国综合实力的不断增强，国家和地方政府、行业所承担国内外重大活动的频度和广度也不断提升，这些重大活动规格高、影响大、涉及面广，能否圆满举行直接关系到国家和政府的国际影响和社会形象。其中网络和信息系统作为重大活动必备的基础设施和基本保障，贯穿活动筹备和实施的全过程，必须要重点保障，国家和各级政府部门都高度重视。以G20峰会为例，活动筹备期间国家多个部门先后赴杭州督导检查，对网络保障工作提出了更精细的要求。一面是高频次、常态化的重大活动保障需求；另一面是时间紧、任务重，必须要在短时间内精准部署大量人力和物力，过去的突击式、依靠人工监控一调度一处置的保障工作模式已经无法适应新的发展趋势，迫切需要通过新技术和新机制，优化保障模式，提升保障效率。浙江移动作为本地的大型移动通信运营商，必须要积极响应国家和地方政府要求，积极承担重大活动保障的政治责任和社会责任，切实加强重大活动保障能力的体系化建设，确保保障工作万无一失。

（二）提升网络安全防护能力的迫切需要

随着“互联网＋”的快速发展，大数据、云计算、移动互联网等网络信息技术在各类重大活动中的应用越来越深入，保障工作的重点难点正在发生转移，逐步从传统通信保障转向网络安全、信息安全保障。一方面，我国是遭受网络攻击较为严重的国家之一，网络安全、信息安全形势严峻。2017年6月，国家出台《网络安全法》，明确要进一步加强对公共通信和信息服务等关键信息基础设施的保护。另一方面，重大活动往往都是网络攻击的重点目标，黑客实施网络攻击的手段日趋多样化，传统信息安全防护措施已很难发挥有效作用。这对做好重大活动保障工作是全新的挑战，但目前业内尚未形成标准、规范和有效的安全措施，加快提升信息安全防护能力和应急处置水平成为当务之急。

（三）夯实企业自身资源能力优势的需要

移动互联网的快速发展与智能终端的普及给电信运营商带来重大挑战和机遇。从2016年起，中国移动全面实施“大连接”战略，将聚焦连接，通过“做大连接规模，做优连接服务，做强连接应用”，推动连接方式从移动向有线及全连接扩展，实现连接服务从管道接入型连接向平台级连接转变。未来，运营商要在“互联网＋”竞争中获得优势，必须要夯实自身网络基础能力，提升信息安全防护能力，从而为客户提供更加安全可靠的“连接”服务，并以此为基石推动能力开放，做强连接应用，开辟“互联网＋”新市场。

二、基于“一三八”管理体系的重大活动网络通信和信息安全保障内涵和主要做法

浙江移动以零重大网络事故、零重大安全事件、零重大客户投诉、让主办方满意为总体目标，从“保障筹备、保障整固、保障决战”三个阶段入手，主动对接主办方保障需求，精准把控各阶段保障关

键点，探索形成八种工作策略，推动重大活动保障模式向常态化、体系化转变，既满足重大活动期间网络安全可靠运行的要求，又满足未来较长时间内用户对网络通信和信息安全的服务需求。主要做法如下。

（一）航天清单销项工作法

在保障筹备阶段，重点开展信息安全风险的梳理、排查和清理。为达到“没有遗漏，不留死角”的工作目标，一方面借鉴国际上最先进的信息安全解决方案，首创信息安全威胁全景视图；另一方面借鉴航天发射准备工作，首创“航天清单销项工作法”，将信息安全威胁梳理、排查、清理工作分解到末端，逐项落实、销项确认，确保全面彻底地完成保障任务。

1. 建立行业领先的信息安全威胁全景视图

根据目前国际上先进的信息安全解决方案 ISO/IEC27001 信息安全管理体系（ISMS），结合国家《信息安全等级保护管理办法》，进一步调研并梳理“信息安全威胁全景视图”。全景视图覆盖内部挑战、外部威胁两方面 11 个管控点，其中内部挑战包括资产安全、保密安全、人员安全和渠道管控，外部威胁包括互联网内容安全、语音电话安全、垃圾信息和伪基站打击等。在 G20 峰会保障中，地毯式排查全量资产 6370 个，发现并整改潜在风险 4432 个，互联网内容安全覆盖 4707 个网站，打击伪基站 20 起、抓捕 25 人、没收设备 16 套。

2. 建立航天清单销项工作法

为了确保各风险各个击破，浙江移动借鉴航天发射准备工作模式，首创航天清单销项工作法，通过制定安全风险整治清单、三级责任制逐一销项、全流程闭环跟踪管控三步走，逐一消除可能存在的信息安全风险，实现 360 度无缝管控。

一是制定安全风险清单，逐一梳理。对内围绕资产安全、保密安全、人员安全、渠道管理四方面，强化管控手段，确保管控无盲区；对外以互联网内容、语音电话、垃圾短彩信、伪基站打击为抓手，强化不良信息整治，确保所有风险得到有效控制。

二是实施三级责任制，逐一销项。细分各相关部门职责，将每项工作分解到末端工作点，对每项工作设定关键目标，明确达成标准，制定关键举措，落实责任到人，开展“一对一”风险问题排除。同时，实行三级责任制，每个工作清单细项完全销项后，三级责任人签字确认，即实际操作人确认完成情况，上级主管复核完成内容，部门负责人审核确认。

三是实施全流程闭环跟踪。根据清单每天跟进落实情况和时间进度逐一销项，并进行每项工作的销项确认审核。根据 PDCA 循环的管控模式，针对审核不通过的情况，将再次发送责任人进行整改，重新发起业务风险整改流程，直至验证通过符合保障要求为止。

（二）建立红黄蓝动态预警体系

依据《信息系统安全等级保护定级指南》的等级保护要求，同时结合对象受到破坏时所侵害的客体和对客体造成侵害的程度及不同层次的信息安全事件，将安全问题划分为“红黄蓝”三类，制定相应的管控制度。

1. 依托大数据分析技术，构建“红黄蓝”预警分层分级体系

依据等级保护定级指南，建立平战结合的“红黄蓝”预警分层分级体系，如表 1 所示。该体系通过“平时、战时差异化处理”“具体问题差别应对”，有利于更好更快地解决信息安全问题，也有利于让各个专业管理部门“抓住重点”，强化各部门协同和联动，更加快速地“将问题降到最低限度，将安全事态控在最小范围”。

表 1 “红黄蓝”预警分层分级体系

序号	级别	类型	简要描述	平时时限	战时时限
1	红牌预警	重大安全事件	安全隐患为全国范围，可能会在社会上造成极坏负面影响或被集团通报	24 小时	0.5 小时
2	黄牌预警	严重安全事件	安全隐患为全省范围，可能会造成一定的社会负面影响或被省级通报	48 小时	6 小时
3	蓝牌预警	一般安全事件	安全隐患为杭州范围，可能会有区域的负面影响或被市政府通报	72 小时	24 小时

在分层分级体系建设中，最核心的问题之一便是如何判断“红黄蓝”事件。因此，浙江移动建立了一套大数据机制，通过 Hadoop 技术和 Spark Streaming 技术进行安全大数据分析处理，其中包含六大算法（指标对比分析法、分组分析法、时间数列及动态分析法、指数分析法、平衡分析法、综合评价分析法）和机器学习算法（贝叶斯网络、支持向量机、决策树、隐马尔可夫模型等），专门用于判断“红黄蓝”事件。

2. 以“时间”为第一要素，完善“红黄蓝”预警响应工作流程

在风险监测过程中，一旦发现问题，第一时间通过大数据分析平台分析判断是否为安全事件。如果不是安全事件就忽略，如果是安全事件，立即发出预警牌。由对应责任人进行问题处理，解决问题后，验证是否已经解决。验证通过则预警结束，没有通过则继续发放预警牌，直到问题解决完为止。当问题发生或发现时候，根据“安全事件分级”，对责任部门和人员发布安全预警报告，并要求在规定时间内响应修复完毕及专业复核验证，确保彻底解决安全隐患。

（三）建立信息安全三重保障制度

在保障决战阶段，为确保信息安全万无一失，开启“专家保障、等级保障、应急保障”三重保障模式，通过专家团队 7×24 小时三重防护、重要资产分三大级别，开展分等级保障；实施六大场景应急演练，积极完善快速响应机制，全面做好信息安全保障工作。

1. 整合专家团队，实施三重专业防护

以企业内部安全专家为核心，整合外部专业团队资源，部署“防篡改、云监测、防攻击”一体化保障，实现三方面专业防护、快速修复、紧急处置。一是多维度防篡改监测。二是 7×24 小时云监控。一旦发现网站存在风险状况，第一时间出具专业的安全解决建议，同时定期出具周期性的综合评估报告。三是启动防攻击和云端清洗。部署三位一体的 DDOS 防护解决方案，引入最新型的云端清洗功能。一旦出现 DDOS 攻击，无须人员手工进行干预，自动化进行清洗。

2. 细分资产等级，实施差异化保障

根据会议保障区域及重点企业、单位保障范围，将重要资产划分为三个等级，采取差异化的保障手段，保障等级越高、保障密度越高。一级资产（系统检测 3 分钟一次，人工排查 1 小时一次）主要涉及保障内容为企业核心资产、企业所在地区离主会场的距离近，保障的级别最高，保障期间每日监测防护。二级资产（系统检测 10 分钟一次，人工排查 4 小时一次）主要涉及保障内容为峰会重要服务设施、企业所在地离主会场是毗邻关系，保障的级别次之，保障期间每周监测防护。三级资产（系统检测 10 分钟一次，人工排查 1 天一次）主要涉及合作单位服务平台、公司日常服务平台等，保障的级别再次之，保障期间每旬监测防护。

3. 密集场景演练，提升应急处置能力

全面分析保障中可能出现的信息安全隐患，制定营业厅、网站、网络、群发、外联和营业系统保障

六大场景应急处置流程，每个场景定时定人定点。为提高实战经验，针对六大场景开展16个科目实战仿真演练，确保所有责任人操作熟练、响应及时、处置有效。同时，在重大活动保障实战阶段制定“急速断网，后查通报”的非常应急机制，即如发生紧急事件进行1分钟断网，确保在会议保障阶段的绝对安全。

（四）建立平战结合的规划

浙江移动在重大活动保障中，严格遵循“平战结合”的规划原则。在这一原则指导下，科学划定重点保障区域和目标，其中重大活动场馆、住宿酒店、交通枢纽、配套活动场所为一级保障区域，一级保障区域外围环境和道路等为二级保障区域。同时，细化保障任务，推行项目清单化管理“三个一”管理，即制定一张保障站点清单、一张基站标准清单、一张保障任务清单。以G20峰会保障为例，根据“平战结合”的规划原则，共划定重点场馆、酒店63处，一二级重点保障区域212平方公里。一级保障区域网络下载速度要求达到50M，二级保障区域下载速度要求达到30M，累计规划新建、改造类项目2172个，宏站550个，室分908个，FDD实验网402个，改造类项目312个，依次开展清单式建设和改造。

（五）建立攻坚建设模式

由于重大活动参与人数众多，大话务场景激增，并发用户数比例增加，存在原有网络容量受限、系统扩容后干扰增加和各小区负荷不均衡等问题。为此，浙江移动率先探索和推动5G新技术在现网的应用。

1. 推动5G技术4G化，解决速率、带宽和干扰三大难题

提前在现行4G＋网络上部署载波聚合、三维矩阵天线技术（3D MIMO）、分布式多发多收（D－MIMO）、无线云协同（CRAN）等最前沿5G新技术，实现三方面突破。一是网络速率突破。在网络下行中，通过下行3载波聚合技术和下行256QAM高阶调制阶数，实现下行峰值速率从110Mbps提升到423Mbps，提升284％；在网络上行中，通过上行空口压缩技术、上行2载波聚合和上行64QAM等新特性提升上行峰值速率，实现上行速率从10Mbps提升45Mbps，提升350％。二是网络带宽突破。采用三维矩阵天线技术（3D－MIMO）和虚拟矩阵天线技术（V－MIMO）技术，大幅提升频谱效率和容量。三是降干扰增覆盖。采用无线云协同技术，化干扰为增益，提升网络质量。

2. 率先融合构建OneLTE网络

浙江移动重点针对机场、机场高速、钱江新城、西湖周边及各重点区域连接道路等重大活动高相关区域，规划建设FDD1800M基站309个，其中升级244个，新建65个；针对西湖国宾馆、西子宾馆、奥体中心、国际博览中心、国际会议中心及西湖周边、钱江新城区域重要酒店等重大活动常用场馆，规划建设FDD室分93个，实现FDD1800网络和周边TD－LTE网络及2G网络的无缝切换。

（六）建立5＋2双保险防护机制

1. 针对重要场馆采取“5双”保险防护

一是双系统重叠覆盖。重大活动主要场馆2G、4G室分网络采用A平面（GSM900＋LTE－E）、B平面（DCS1800＋LTE－D）的双平面组网策略。同一区域、同一时间2G、4G网络容量成倍提升，确保在高话务状态下的有效应对。二是天馈双部署。针对重大活动所在场馆，浙江移动采用双天馈方式进行部署，既实现信号传输双路由，又能成倍提升4G网络的整体带宽，为用户提供高质量的移动互联网服务。三是时钟双冗余。考虑到重大活动期间GPS信号容易受到屏蔽，引入传输网络1588V2时钟作为备份，当主时钟源GPS信号受到屏蔽或者干扰时，能快速切换至传输网络1588V2时钟源上，确保4G网络正常运行。四是双电源。当重点场馆有两个机房时，每个机房设立独立的电源系统，并对传输、无线设备交叉供电。五是双路由。站点传输通过不同管道上联到两个汇聚机房，10套传输设备单独组。

2. 针对传输全网采取双 IP 归属、双时钟保险防护

一是双 IP 归属。为了提升 LTE 基站的安全性，采用新增 LTE 基站业务 IP 的方式，使每个 LTE 基站形成 AB 两个业务平面。例如，在 G20 峰会保障中，保障区域内 2000 余个 LTE 基站全部实现双 IP 电路配置，有效避免 PTN－L3 设备单点失效隐患可能带来的影响。二是双时钟。为解决 GPS 信号极易受到干扰的问题，对重点区域部署 1588 时钟同步精度高，可达亚微秒级，以满足移动制式对时间同步的要求。

（七）建立双 V4.0 体验优化机制

1. 从用户最优体验出发，确定视频和语音双 V4.0 标准

针对语音业务，将 MOS4.0 作为 VoLTE 高清语音业务优化的最优标准，确保 VoLTE 语音质量在任何地点、任何时间都能达到“体验 4.0”。针对视频业务，确立 vMOS4.0 成为高清视频性能的最优评价标准。

2. 以双 V4.0 标准为目标，创新多频段分层协同组网方式

基于 2G 四层网络建设的优秀经验，以双 V4.0 标准为目标，充分利用现有频谱资源，建立 F/D/E 异频组网策略，降低干扰，提升网络质量，保证用户良好的客户感知。第一层是宏网，以宏站覆盖为基础，使用 F 和 D 频段，实现覆盖半径 200 米以上、高度 20 米以上的路面和室内的浅层覆盖。第二层是底层网，以灯杆站（F/D 频段）快速覆盖半径 100～200 米/高度 5～20 米覆盖。第三层是以微站（F/D 频段）补盲实现覆盖半径 50～100 米/高度 5～10 米的深度覆盖。第四层是以室内分布（E 频段）实现 20～50 米的价值覆盖。

（八）建立九宫格战时保障工作法

1. 明确职责，保执行

建立省、市、区三级保障指挥部，上下联动开展网络保障工作，省市区三级明确各类告警、性能故障处理流程及分工界面。省公司负责告警监控、故障通知、信息发布；市公司负责告警综合处理、性能预判、指挥调度、技术支撑、故障督办等工作；区县分公司主要负责现场抢修与物资调度。

2. 清障优化，保感知

针对重点问题进行督办整改、进度跟踪和效果评估，进一步提升网络设备安全性和稳定性。同时，针对重大活动网络保障场景的不同业务需求特点，明确不同场景的业务保障标准，精细布局、滚动测试、精确优化，确保重点区域的业务速率要求。

3. 隐患整改，保安全

根据重大活动网络保障零退服、零故障、零投诉要求，全面开展保障区域内站点隐患整改工作。如 G20 峰会期间，网络保障一级站点涉及物理基站 70 个，机房专业巡检完成率 100%，巡检发现并整改问题 416 个。

4. 压力测试，保畅通

采取站点业务接入压力测试和站点满负载测试工作，考验保障站点实际承受能力。通过测试发现问题，对硬件配置不足及隐形问题实施对应整改，满足重大活动网络保障要求。

5. 驻点巡查，保到位

根据网络保障站点清单，制定三轮巡检计划，全面开展站点隐患的排摸和整治工作。尤其是网络保障开始后，根据保障任务开启时间要求，分两阶段开展站点定时巡查工作。

6. 重点光缆，保盯防

为确保重大活动网络保障期间传输环网的安全性，实施汇聚层光缆、管线隐患排摸及盯防工作。一级重点保障站点重点排查机房的进出局光缆架空状态和路由等隐患，对发现的隐患段落设置警示标志，

并安排进行7×24小时盯防；排查汇聚层光缆路由隐患，对发现隐患悬挂警示标志，并由专人每日轮巡和盯防。

7. 业主深访，保稳定

为确保重点保障点传输接入环安全性，全面开展业主深访工作。通过多轮次业主深入走访，明确和更新保障期间业主的联系人信息、基站进出站信息、电源引入信息等。

8. 应急演练，保响应

根据重大活动通信保障要求，以"时间"为第一要素，优化完善核心设备、应急车辆、极端天气、话务突发、双向干扰、通信管制六类应急预案。

9. 封网管控，保落实

根据重大活动通信保障要求，保障区域及周边辐射区域内实施分阶段、分区域、分权限的网络封网操作。时间上，根据保障区域、用户同权限分三个不同阶段逐步实施封网，以"预防为主，万无一失"为目的严格实施封网要求，对于特殊情况需经上级单位批复后方可实施。

三、基于"一三八"管理体系的重大活动网络通信和信息安全保障效果

（一）成功保障G20杭州峰会等一系列重大活动

2016年以来，浙江移动成功保障了G20杭州峰会、世界互联网大会、杭州云栖大会、杭州国际动漫节、杭州马拉松等193次大型通信保障工作，无重大通信障碍和网络阻塞。尤其在G20保障中，实现了重要场馆网络"零退服、零告警、零拥塞"，无线接通率保持在99.9%以上，网络平稳运行，用户感知良好；实现了信息安全"重大事件零发生，重要网站零篡改，保障系统零瘫痪"，未发生一起安全事故，未出现一例网络攻击；圆满完成年初设定的保障目标，63个重要场馆平均速率达到63.6Mbps，重点道路速率达到36.6Mbps；支撑中央电视台直播，会议全程直播清晰流畅。

（二）建立了可推广可借鉴的重大活动保障体系

通过对以往重大活动保障模式的总结和创新，进一步明晰了网络规划、建设、优化、应急保障和信息安全保障等各阶段的保障工作关键要点，持续完善保障机制和模式，从而形成了基于"一三八"的重大活动保障体系。随着国家经济的发展和国际地位的日益提升，如亚运会、冬奥会、世界互联网大会等高规格重大活动将更加频繁地在国内召开，"一三八"体系为公司后续承担重大活动保障提供宝贵的经验。2017年，北京移动保障一带一路峰会期间、福建移动和厦门移动组织筹备金砖五国峰会保障工作期间，曾先后到浙江公司交流重大活动保障经验，借鉴航天清单销项工作法等一系列方法机制开展相关保障工作。

（三）实现了面向5G技术的多项突破

以保障重大活动为契机，浙江移动率先在保障区域内开展载波聚合、CRAN、3D－MIMO、FDD＋TDD融合等面向5G的新技术试点，实现下行峰值速率200M＋，比肩国际一流城市网络水平，为参会的嘉宾、客人提供良好的移动通信网络体验，让Pre5G网络成为杭州的一张金名片，也为5G的正式商用奠定了基础。

（成果创造人：郑　杰、王文生、陈洪涛、戚志良、方国强、郑航海、丁　东、胡　镇、郑　鹏、徐瑾兰、岑曙炜、陈　龙）

白酒企业快速响应市场的智慧供应链管理

江苏洋河酒厂股份有限公司

江苏洋河酒厂股份有限公司（以下简称洋河股份）位于江苏省宿迁市，总占地面积近10平方公里，总资产353.40亿元，拥有员工近3万人，下辖洋河、双沟、泗阳三大酿酒生产基地和洋河股份贸易股份有限公司，拥有洋河、双沟两大“中国名酒”，两个“中华老字号”。2016年，洋河股份实现营业收入171.83亿元，净利润58.27亿元，旗下品牌“蓝色经典梦之蓝”纳入国家品牌计划。

一、白酒企业快速响应市场的智慧供应链管理背景

（一）满足市场多方位需求，提升价值链的需要

当前，消费品多批次、小批量需求成为主流，“线上化”“个性化”“年轻化”成为白酒消费的新趋势。为适应白酒行业发展的新趋势，满足新一代消费者的消费需求，洋河股份主动变革，将信息化与柔性供应链相结合，引领行业个性化定制业务发展，推动整个行业的消费升级和业务变革。

（二）提高企业经营管理能力，优化内部供应链的需要

在经济增速放缓、禁酒令等因素的影响下，白酒行业的黄金十年在2013年戛然而止。应对行业低迷期，洋河股份充分认识到粗放式管理是企业发展最大的障碍，如何引入先进管理理念，科学设定业务规则，通过智慧手段优化资源配置，从而降低供应链成本，提升供应链柔性，高效保障市场需求，成为洋河股份重点攻克的难点。另外，2010年，洋河股份全资收购双沟酒业。并购提升了企业实力，但两个企业管理模式存在很大差异，组织架构复杂、数据不一致、流程不统一、系统不互通，使企业管理难度增大、效率低下，促使洋河股份必须通过组织的重构、流程的优化、规则的建立、系统的统一，建立标准的洋河股份供应链管理体系，提升研发、计划、物流、采购等整个供应链系统的高效、低成本运营能力。

（三）完善白酒产业链、促进地方发展的需要

洋河股份位于江苏省宿迁市，宿迁是江苏省欠发达地区，经济基础薄弱，GDP总量在江苏省地级市中排名靠后。洋河股份作为地方龙头企业，支持地方经济发展是义不容辞的责任。多年来，洋河股份一直是宿迁纳税大户，自2009年上市以来，洋河股份已累计实现入库税收359.2亿元，为地方经济发展提供重要财政支持。同时，洋河股份还肩负着吸引配套企业在宿迁建厂，促进地方经济发展的社会责任，这促使洋河股份强化供应链布局，完善企业产业链，在“快速响应市场的智慧供应链体系打造”的道路上奋力前行。

二、白酒企业快速响应市场的智慧供应链管理内涵和主要做法

洋河股份为满足市场多批量、小批次需求及消费者定制化需求，运用互联网、大数据、物联网、人工智能等新技术，通过组织重构，建立健全市场保障、库存管控和“去人为”化的供应商管理机制，推动供应链管理业务创新和技术创新，将传统的手工制造赋予科技手段，持续提高洋河股份的供应链运营效率，降低供应链运营成本，提升客户满意度。运用信息化手段，将供应链上下游企业紧密协同在一起，实现供应链上下游企业的合作共赢，整个供应链系统效率最大化和成本最优化。主要做法如下。

（一）重构组织架构，形成高效的供应链运营体系

2013年，洋河股份提出“一个洋河、一个标准”的供应链管理提升要求，从组织架构调整、内部供应链整合入手，逐步推进“打造快速响应市场的智慧供应链”战略落地。

1. 建立高效的扁平化组织

洋河股份建立由十大中心、三大生产基地、一个贸易子公司组成的集团管控体系。十大中心包括战略研究中心、财务中心、采供物流中心、供应链管理中心等，分块负责公司的各项管理职责；三大基地重点负责生产和质量管理；贸易子公司负责产品的开发、推广、销售等，通过条块结合的管理方式，促使管理流程的统一化。

为全面推进智慧供应链体系建设工作，基于公司整体组织架构，洋河股份建立牵头为大、业务耦合的扁平化供应链管理组织架构，成立由公司总裁主抓、供应链管理中心牵头、相关部门全力参与的供应链系统组织架构，保障供应链体系建设工作顺利推进。一是牵头为大。供应链管理中心作为核心中枢，是洋河股份供应链管理的规划、指导、考核中心。供应链管理中心按照牵头为大的部门协同指导思想，积极推动供应链各环节业务能力的改善，落实项目制管理，要求供应链环节各部门在知识、组织、流程、技术四个方面进行完善，强化供应链各环节部门的沟通，打破部门壁垒，通过多环节相互协作、相互配合、快速应对等方式，实现内部供应链一体化运作，使供应链内部资源配置达到整体最优。同时，供应链管理中心下设计划管理部，紧抓供应链的核心计划管理工作，通过计划管理，打通内部供应链管理各环节，确保供应链运营效率的最大化。二是业务耦合。供应链其他环节，包括供应商管理、物流管理、产品管理等，在由专项机构管理的基础上，在供应链运营流程的优化与改进方面，洋河股份建立由供应链管理中心统一管理的项目团队，通过项目制方式，推动管理提升。

2. 规划由内而外的发展路径

一是开展内部供应链整合。内部供应链整合是指洋河股份内部产品生产、流通过程中所涉及的业务流程的优化，打破部门壁垒，实现公司内部运作流程集成。洋河股份从市场销售计划管理入手，对内部供应链全流程进行梳理、排查，以项目制方式推进管理提升。包括销售提货计划优化，即逐步推进刚性销售计划管控模式，提升市场销售计划准确度，为库存管理的提升提供有效的指导数据；物流网络优化，即通过 RDC 选址及配送网络覆盖、订单量分析及配送频次决策、CDC 与 RDC 仓库容量分析等，提升市场保障水平，降低物流成本；产销协同机制优化，即建立从需求端、产品端入手，以财务指标为指导的内部产销协同机制，提升公司运营管理水平；战略采购管理提升，即建立专业的采购寻源机制，健全供应商管理机制，打造高素质供应商队伍。

二是进行外部供应链协同。外部供应链协同是通过建立与供应链上下游企业的战略合作伙伴关系，打破企业边界，畅通供应链信息渠道，以有效利用和管理供应链资源。包括大客户产销协同，即通过与大客户共享产品走势、市场信息、渠道库存等，提升产品保障水平，优化供应链库存；重点供应商产销协同，即通过与重点供应商共享产品走势、销售预测、供应商库存及生产计划，提升产品保障水平，控制供应链库存风险。

（二）建立具有资源优化配置能力的物流管控机制

以市场为导向是洋河股份供应链管理的基础方向，为有效利用供应链资源，洋河股份将物流业务与先进的分析建模工具相结合，权衡供应链成本与服务水平，根据销售区域销量的变化持续优化供应链网络，建立配送规则，在提高服务效率的同时有效降低物流成本。

1. 应用大数据分析，优化物流网络布局

为支撑洋河股份全国化发展、全球化扩张的发展战略，洋河股份借助专业咨询公司力量，应用 ILOG软件和大数据分析手段，对全国物流布局进行顶层设计，对现有 RDC 布局进行优化测算，建立"3＋9"的物流网络布局，即运用 3 个 CDC 和 9 个 RDC 覆盖全国的物流网络布局模式，通过将南京 RDC 调整到杭州、长沙 RDC 调整到武汉及新增 2 个 RDC，有效优化物流网络布局，提高配送效率、降低物流成本。

2. 研究管理逻辑，科学制定配送路径

一是优化销售订单寻源机制。小订单配送是物流的难题之一，建立 RDC 的目的，重点是提高小批量订单的配送效率，降低配送成本。在对订单频次、配送成本充分分析基础上，建立销售订单寻源机制，即"1200 箱以下小订单优先在 RDC 出库，1200 箱以上订单在 CDC 出库"，有效控制小订单配送成本，极大地提高客户订单的响应速度。

二是科学设计 RDC 库存调拨规则。针对白酒行业淡旺季明显、月底月初发货量差异明显，导致淡季 RDC 库容利用率不高，CDC 月初发货难的情况，洋河股份充分分析历史销售数据、各大区的产品 ABC 等级以及大区下月销售需求等信息，优化 RDC 调拨计划，采用每月三次调拨方式，即分别在上月 25 日、当月 8 日和 19 日下达调拨计划，安排调拨，以分别满足本月月初 1～10 日、11～24 日、25～30 日 RDC 覆盖区域的产品销售需求。该方案大大提高 RDC 的库容利用率，较大程度上缓解 CDC 月初发货压力，提升客户订单的响应速度。

三是制定合理的分拨规则。针对相同路线订单多、订单量小的情况，洋河股份制定分拨规则，即对相同路线订单足够配车的情况，优先选择 CDC 配车发货，提高效率，降低成本。

四是优化设置淡季发货窗口期。针对订单频次高、订单量小的情况，结合市场情况，在 RDC 设置隔天发货窗口期，有效提高配载率。

（三）建立具有业务洞察能力的库存管控机制

为高效保障市场需求，洋河股份从市场需求端入手，将来自供应商、经销商、消费者、洋河股份等不同来源的信息整合在一起，运用大数据分析和商业智能手段，洞察客户需求，同时强化库存管控规则的研究与执行，预警整条供应链潜在的运营风险。

1. 推进刚性计划管理，提升源头信息准确性

洋河股份在市场计划准确度提升方面实施刚性计划管控模式，即市场提报销售计划必须 100％执行，有效提升市场对销售计划的重视度，市场销售计划准确度达到 90％以上。

2. 建立区分管控规则，提升库存可控性

洋河股份运用产品 ABC 类库存管控策略，充分结合产品的市场实际动销表现和产品定位，建立科学、规范的产品库存管控流程，有效降低产品缺货及积压风险。

一是明确产品分类标准。洋河股份以产品的累计发货量占比为标准，对产品进行分类划分，同时结合产品属性，如战略性产品、格斗性产品等进行调整。二是实施规范化产品 ABC 类库存管控策略。A 类产品属于畅销产品或公司战略产品，可用库存保持在 2 周销量的库存水平。尤其在生产淡旺季需要生产产能削峰平谷的时候，A 类产品可以提前备料生产；B 类产品属于平销产品，可用库存保持在 1 周销量的库存水平；C 类产品属于滞销产品或订单制产品，根据销售订单补缺货生产，原则上不备有成品库存和材料库存。同时，每季度进行产品 ABC 分类对比分析，对产品销售走势变化的产品进行预警，对存在积压或缺货风险的产品制定改善策略。三是实施科学淡旺季调度规划。洋河股份制定《生产调度模型》，以"市场零缺货，节后一个月库存回落至淡季水平"为目标，结合销售规划、销售波动趋势、淡旺季销售占比等，超前规划淡旺季库存规模、库存高峰点、产能规划等，确保淡旺季供应链效率最大化。四是严格管控呆滞产品。洋河股份建立"A 类产品零呆滞"目标，包括呆滞规则明晰化，即经检验合格入库的包装材料及产品，按入库批次计算，库龄超过 5 个月的成品酒，库龄超过 3 个月的包材，判定为成品酒呆滞物资。同时，根据呆滞产生原因划分责任部门；呆滞指标具体化，即建立由供应链管理中心对呆滞指标总负责，供应链相关部门根据呆滞产生原因承担细分呆滞指标的关联考核机制，加大呆滞管控力度。

3. 建立三级产销协同机制，提升库存有效性

一是建立大客户产销协同机制。为提升供应链信息透明性，洋河股份每月与重点大客户就产销情况进行专项讨论，重点沟通产品走势、销售需求计划、生产及库存安排、异常情况讨论等内容，在提升大客户保障水平基础上，有效控制呆滞库存，提升供应链整体运营效率。二是建立内部产销协同机制。洋河股份建立从需求端、产品端入手、以财务指标为指导的内部产销协同机制，具体做法包括分析销售走势，提供备货依据。即洋河股份为有效把控市场走势，合理调整库存结构，分析供应链运营数据，指导后续备货生产及产能安排，并对供应链运营中存在的难点、疑点问题进行重点解决，常态化的优化供应链运营水平；跟踪新品走势，提高供应效率。即通过产销衔接例会分析新品表现，实现新品从开发到上市的全程跟踪，有效把控新品走势，合理控制新品库存。重视毛利分析，关注利润提升。即通过产销衔接例会分析产品毛利表现，在产品毛利出现异常波动时，提请领导关注与决策，制定针对性的产品策略。三是建立重点供应商产销协同机制。为提升供应链库存的有效性，洋河股份每月与重点供应商就产销情况进行专项讨论，重点分享产品走势、备料计划、供应商考核绩效等内容，并就供应商生产及库存安排、风险库存等内容进行讨论，把控供应链库存风险。

（四）打造“去人为”化的供应商管理机制

1. 建立供应商全生命周期管理机制，实现差异化管理

为科学掌控各物料的成本结构，洋河股份制定各物料的定价公式，在年初进行各物料的采购支出分析，从采购支出、产品技术工艺标准、物料成本结构（含原材料走势）、供应商产能等方面进行综合分析，为年初招标工作提供数据支持，同时制定针对性采购降本策略。同时，洋河股份持续推进供应商全生命周期管理，在通过供应商年度考评，对供应商进行A、B、C、D分类并建立相应管理规则的基础上，从供应商考评、供应商提供物料类别、供应商与企业关系等方面确定战略供应商评选标准，推动供应商管理队伍素质不断提升，与供应商建立长期战略合作的共赢关系。

2. 推进绩效考核与配额挂钩，实现“去人为化”管理

“去人为化”是采购管理提升的重要手段，洋河股份建立配额与供应商绩效考核挂钩的管理制度。一是绩效考核客观化。供应商绩效考核包括价格、质量、交货、服务四个维度，占比分别为20%、30%、30%、20%，除服务外均以实际记录数据计算考核分，客观数据评价占到80%。二是绩效与配额挂钩。建立根据绩效测算配额的计算公式，采取每月考核、每季度根据考核结果动态调整配额的方式，配额分配实现“去人为化”。三是配额执行考核。每季度对配额执行情况进行考核，对比实际配额与计划配额差距，差距大于5%以上的要进行原因说明，异常情况进行部门考核。“去人为化”采购机制的建立，促使供应商逐步提升质量、交货、服务等方面的水平，激发供应商的降本欲望，从而推动供应商管理更精细化，实现公司采购成本、供应商生产成本的下降。

（五）建立兼顾个性与成本的产品开发机制

产品设计阶段决定产品成本的70%。在产品外包装设计方面，洋河股份为提升产品质量、降低产品成本，建立洋河股份包材模组化资源池，并设置刚性、柔性选项，在推动产品开发高质高效的基础上，充分保证市场个性化需求。

1. 设定资源池梳理规则，建立模组化资源池

洋河股份通过对1520个结构的分析，从严守质量红线，以成本、效率最优为底线，确定刚性、柔性两个维度，建立覆盖纸制品、瓶、盖等10大类物料类型、95个模组化组件、159个刚性结构、847个柔性结构的模组化资源池，成为国内白酒行业少数建立产品研发资源池的企业之一。

洋河股份一直以品质为天，将质量管理作为模组化资源池设计的红线，模组化资源池结构筛选的首要步骤是质量管控部门对结构的质量管控水平进行测试，确保模组化资源池中结构是质量控制优秀的结

构，对存在质量隐患的结构通过刚性约束严格控制产品设计应用。同时，洋河股份以成本、效率最优为底线，认为建立模组化资源池的目的是降低供应链运营总成本，在模组化资源池建立过程中，综合分析采购、生产、运输、仓储等总成本，确定将成本、效率最优的结构纳入模组化资源池，从而实现供应链上下游的成本和效率最优。

由于差异化是产品竞争的主要手段，洋河股份为确保产品设计的自由度，对设计感要求较强的组件，如瓶型、外盒图案等，设定为柔性模组化结构，即鼓励但不限定选择资源池中的结构；对关注质量控制点、不影响设计但影响成本效率的结构，确定为刚性模组化结构，即严格要求必须从模组化资源池中选择。在严格控制质量红线、促进成本与效率最优的基础上，充分保障产品设计差异化的实现。

2. 优化定制流程，保障市场个性化需求

为充分保障市场定制需求，洋河股份适时推出个性化定制业务，并通过建立半成品超市，提升市场快速响应水平。定制方式方面，洋河股份个性化定制主要体现在家宴、企事业单位、个人定制等，主要是在外盒上喷印特殊图片、标识等。生产方式方面，建立装盒未封箱的半成品酒超市，接到市场定制需求后，及时组织喷印、装箱，快速保障市场。库存控制方面，分析个性化定制酒走势，建立适当半成品酒安全库存，且每月分析半成品酒库存，对存在积压风险的产品及时调回，作为常规产品消化。物流配送方面，本着“效率优先，兼顾成本”的规则，在与消费者充分沟通，不影响配送及时性的情况下，配车发货；在消费者急需时，通过快递等方式，满足消费者需求。

（六）用信息化手段支撑智慧供应链建设

智慧供应链要求信息系统具备数据实时共享与整合能力、数据分析和业务洞察能力、供应链资源合理配置能力；同时，为强化食品安全与市场秩序管理，洋河股份通过二维码与 RFID 技术实现产品全过程可追溯。

1. 打造产供销全体系覆盖的信息化系统

洋河股份为推进智慧供应链的打造，在应用 OA 办公系统、U8 基础上，2014 年从销售端入手，实施 SAP 系统一期，实现市场销售计划管理、订单申报、市场费用核算等的信息化；2015 年，实施 SAP 系统二期，实现洋河股份内部产品管理、生产管理、库存管理等的信息化；同时，洋河股份实施移动访销系统，实现市场终端的线上订货，有效采集市场终端进销存信息。

洋河股份信息化平台的建设已基本实现渠道销售表现、渠道库存数据、产品动销数据、公司库存数据、产能数据的紧密集成，为产品开发、市场预测、产能规划提供有效数据支持，洋河股份联合预测准确度达到 70%以上，销售提货计划准确度达 80%以上，为合理库存管控、生产安排、产能规划提供有力数据支持，为快速调整供应链运营方向，降低供应链风险，提供有力数据分析。

为进一步打造智慧供应链，在销售端，洋河股份推进全营销系统实施，在采集市场终端进销存信息的基础上，完善数据分析、市场管理功能，利用大数据分析、商业智能手段，洞察客户需求，预警整条供应链风险。洋河股份的运输管理系统（TMS）拥有出色的车辆调度管理能力，能够在 2 个小时内实现从销售订单确认发货到承运商提货发出的高效运转，极大提高供应链的运营效率。

2. 建设 RFID 产品追溯机制，维护消费者利益

洋河股份构建综合性的产品流通追溯体系，实现全产品追溯查询，从出厂到经销商的全过程追溯信息对接，一方面提升洋河股份的信息化管理水平和运作效率，降低生产经营管理成本，提升销售额和利润，增强产品品牌的美誉度；另一方面，方便广大消费者参与防伪，提高防伪验证的普及率，加强消费者防伪维权意识，增强消费者购买的信心与欲望；同时有效打击制假、贩假犯罪，切实维护消费者利益，提高行业监管信息化程度和水平，保证市场的良性健康发展。

洋河股份于 2003 年自建追溯系统，对主要产品通过一瓶一码（物流条码）方式对产品主要信息及

流通方向进行跟踪。2013 年，建设基于超高频技术的“洋河股份 RFID 防伪溯源系统”，2014 年 4 月正式投入运行，该系统对江苏省内销售的梦之蓝产品进行追溯跟踪，且在省内 13 个城市部署近千台固定查询机，销往江苏地区的每瓶梦之蓝酒都贴上 RFID 标签，通过软硬件多重加密防伪手段实现产品高等级防伪。同时，RFID 系统连通洋河股份 SAP 系统，实现生产、仓储、物流、销售全过程监控与信息追溯，为食品安全防控及销售体系防窜货提供有效技术支撑。2014 年，洋河股份成为江苏省食品生产电子追溯系统建设试点单位，按照规范构建产品追溯体系，海之蓝、天之蓝等产品通过一瓶一码（追溯码）数据上报至江苏省食品安全电子追溯平台，消费者可以通过 APP、微信等多种手段查询。

三、白酒企业快速响应市场的智慧供应链管理效果

（一）提升了供应链管理水平

订单满足率、库存周转率、呆滞库存金额是洋河股份供应链管理的核心指标，代表供应链运行效率。洋河股份通过智慧供应链的打造，特别是刚性计划管控模式的推进、产销协同体系的打造及计划管控模式的优化，供应链管理水平得到明显提升，以销售订单满足率为例，月均订单满足率 2017 年比 2014 年提高了 4.6 个百分点。同时，随着供应链成本的有效控制，洋河股份近年来利润增速高于营业收入增速，供应链管理收效明显。

（二）彰显了企业社会效益

洋河股份坚持“质量为天、追求卓越”的全面质量控制理念，通过“洋河股份 RFID 防伪溯源系统”的建立，实现了让消费者买得放心、喝得舒心。在供应端，洋河股份的 WMS 系统（仓储管理系统）是自行开发的高效率立体仓库。洋河股份作为行业供应链管理的标杆企业，多次接待同行业领先企业进行对标学习，对标学习单位对洋河股份的供应链创新做法提出高度赞赏，并将供应链运营能力改善作为重点工作进行推动。

（成果创造人：张惠谦、姚忠明、宋志敏、徐艳丹）

基于互联网＋的一站式高速公路客户服务平台建设

广东省交通集团有限公司

广东省交通集团有限公司（以下简称广东交通集团）是大型国有企业，成立于 2000 年 6 月 28 日。截至 2016 年年底，广东交通集团主营业务收入达 445 亿元，资产总额 3598 亿元，净资产 1009 亿元，连年稳居中国企业 500 强和广东企业 50 强。作为广东省高速公路投资建设和经营管理的主要承担者，广东交通集团高速公路通车里程达 5244 公里，占全省高速公路通车里程比重 68%，遍布珠三角和粤东、西、北等区域，构成广东高速路网的主要骨架，承担节假日 90%通行压力。2016 年，广东交通集团路网车流总量 13.79 亿车次。

一、基于互联网＋的一站式高速公路客户服务平台建设背景

（一）节假日拥堵带来的保畅压力越来越大

随着经济高速增长、居民收入增加、消费结构调整和汽车时代的来临，机动车辆大幅增加，高速公路车流也随着快速增长。尤其是 2012 年《重大节假日免收小型客车通行费实施方案》发布实施后，每逢节假日高速公路车流呈“井喷式”态势，高速局部性拥堵加剧。据统计，2014～2016 年广东省高速公路出口车流总量分别为 11.58 亿车次、12.43 亿车次、14.69 亿车次，2016 年全省共发生突发事件 20709 宗，施工事件 8503 宗。广东交通集团高速公路通车里程达 5244 公里，占全省高速公路通车里程比重 68%，遍布珠三角和粤东、西、北等区域，构成广东高速路网的主要骨架，承担节假日主要的通行压力，面临天气、重大节假日、大型活动、交通事故、日常养护与施工等形势保畅压力越来越大，交通保畅压力越来越大，人民群众关注的呼声不断提高。

（二）传统客服渠道难以满足公众出行服务需求

在传统环境下，公众获取高速公路信息的途径非常有限，主要通过网站、交通诱导牌、电台、客服电话、短信等方式获取出行信息。这些方式便利性和局限性非常突出。公众过多依赖于客服电话，特别在节假日或突发事件发生时，客服中心通常面临非常大的话务压力。一方面话务量成倍增加，话务接入工作量巨大；另一方面话务接通率较低，用户满意度降低。传统热线电话服务主要靠语言沟通，对话务人员的服务意识和知识水平要求高，话务人员不能有任何负面情绪，必须保证 24 小时高度紧张，稍有疏忽就会有造成负面影响的可能，每一个环节都会影响到客户服务的质量。此外，一般话务量每年平均增长约 20%，话务座席人员增长有限，特别是在出行高峰情况下，话务接通率低至 50%，大量的电话无法接通。据统计，2014－2015 年，集团客服中心全年路况话务接通率分别为 48%、64%，在高峰期的话务流失量仍然巨大，难以满足公众旺盛的需求。

此外，救援受理及处置也面临着同样的问题。首先，长期以来公众仅能通过拨打服务热线上报救援请求，遇到出行高峰大量的救援请求没有得到及时处理，同时很多情况下用户无法准确描述所在位置或上报错误位置，从而耽误了大量宝贵救援时间，加重了交通拥堵；其次，公众也不能在线查询救援状态，在等待的过程中会出现反复询问及不安的情绪，此外用户现场索取发票等流程过于烦琐。随着移动互联网技术不断发展，实时、定向和信息交互的 APP 和微信所取代。现代人对出行信息的需求也更加个性化、多样化，要求服务内容更全。

（三）政府推动交通行业通过互联网＋提供出行信息服务

国家发布的《关于积极推进“互联网＋”行动的指导意见》明确提出，互联网已成为提供公共服务

的重要手段，要求积极推进“互联网＋便捷交通”，加快互联网与交通运输领域的深度融合，推进基于互联网平台的多种出行方式信息服务对接和一站式服务。交通部大力推进实施“互联网＋”便捷交通重点示范项目，到2018年基本实现公众通过移动互联终端及时获取交通动态信息，掌上完出行“一站式”服务，提升用户出行体验。立足“十三五”打破高速公路信息不对称的现状，精准对接供需、高效配置资源，实现交通运输服务效率、资源配置效率及交通治理能力全面提升。随着路网规模逐渐形成，营运里程越来越长，而公路建设步伐逐渐放慢，交通信息化建设正面临着阶段性转折，信息化工作的重心正在由建设向营运、由内部管理向公众出行服务、由分散管理向资源整合转变。一是高速公路运营管理者的需求，广东交通集团与各级路段监控中心联动（路网协调、应急处置、出行服务），如何保畅通，节能减排等，从灾害天气及大型节假日的事故量和拥堵度而言，形势不容乐观。二是人员的信息沟通需建立更灵活的机制，使语音、文字、图片、文件、地理位置信息等内部信息上传下达更通畅、便捷和及时，使各种事件信息流形成闭环管理，资源共享。三是如何保证公众能够快速简便地获取准确的出行信息，如何更好地发挥高速公路应有的信息服务作用，为出行者提供出行相关的路况信息、线路指引、救援服务、服务区等各种服务，成为摆在高速管理和运营人员前面的一个重要的课题，尤其是近年来高速公路客户服务面临着严峻的形势。

二、基于互联网＋的一站式高速公路客户服务平台建设内涵和主要做法

广东交通集团以提升用户体验为出发点，通过建设“互联网＋”的一站式客户服务平台，整合广东交通集团资源，对六大业务进行重组，定制业务流程和规范，为公众提供交通信息服务、应急救援及做好监控管理和文化传播服务，提升高速公路综合管理能力和企业服务能力，为公众提供一站式的高效便捷出行服务。主要做法如下。

（一）建设“互联网＋”的一站式客户服务平台

1. 建设“广东高速通”移动互联应用

第一，调研用户需求，确定出行服务功能。出发前决定大致路径规划和是否出行，用户主要集中在天气、车况、高速入口位置、高速行车规划、高速配套设施与服务和目的地情况等。出行中直接体验高速路况及相关服务。用户主要集中在如何上高速、下高速、高速行驶中的服务和目的地情况等。通过对用户出行信息服务的需求分析总结出广东高速通为公众推出的高速公路交通信息服务能够提供直观实时的动态路况，交通事件，服务设施信息（加油、维修、餐饮），高速路线查询，路况直播，车辆救援，订制路线等一系列高效、专业、方便的服务。

第二，根据移动互联特点进行架构设计。为了确保系统能够在灵活适应不同用户规模的访问量，同时也不增加原有硬件服务器的建设，考虑到本项目多为对公众发布数据，保密性要求相对不高，但对系统的实时性、准确性要求较高，采用云的物理架构。采用通过租用阿里云平台，分散用户的带宽和网络需求，采用一定的安全策略，有效防范内外网隔离之间的问题。

第三，制定信息采编发机制。广东交通集团通过建立一套信息采编发机制，规范信息填报的流程和标准，使得监控人员能够快速准确填报信息。并通过调研和分析得出广东高速通面向公众发布的信息类型，如表1所示。

表1　信息类型

信息类型	内容	更新机制
静态基础数据	高速道路、服务区、收费站、互通、POI等	定期更新
自动接口获取数据	情报板、监控快拍、短信、ETC、旅行时间、施工、事件等	动态更新

续表

信息类型	内容	更新机制
人工数据	施工、事件、新闻、服务区、旅游等	状态更新
系统专用数据	简图、图层、模块、结构、组织机构、权限、角色信息等	版本更新
移动互联网资源数据	语音识别、地图、天气、路况信息、交警资源、旅游资源等	移动互联网开放平台资源

针对行业数据、人工数据在高速公路网运行监测信息采集共享平台进行数据采集、数据处理和信息发布，主要用途为内部应用，如需要向社会公众进行发布，则通过内部信息发布平台实时推送到外部的信息发布平台。外部的信息发布平台主要对接移动互联网数据、移动通信数据，利用云平台向公众开展外部应用。目前主要通过路段监控中心及路段采编人员进行信息的统一采集，其信息来源包括公众报料、电话报料、路段监控等多渠道信息，再由路段班长统一审核发布。省集团监控中心主要通过《路况信息发布流程与规范》《考核流程与规范》《客户服务流程与规范》等管理制度监督和审核路段发布行为。

2. 建设“一键救援”交通拯救渠道

第一，基于地理位置信息技术的“一键救援”交通拯救渠道。一直以来，公众在高速公路上遇到交通意外或者车辆故障时，只能通过拨打救援热线发起救援请求，对大部分车主而言，很难准确描述所在位置，导致客服人员和救援人员需要反复询问被救援人员才能确认其位置，在沟通过程中耗费大量的时间，使救援时间变长。为了解决上报救援沟通时间长的问题，提出了基于“互联网+”的应急救援服务，通过微信公众号实现用户的救援上报服务及用户比较关心的应急救援相关服务。微信公众号为公众提供高速救援相关业务的服务：具有基于地理位置信息的一键救援，救援进展查询、发票诉求、服务评价、投诉举报等高速救援功能；具有社会预约拖吊车服务功能；具有查询公司服务路段、收费标准、公告信息等功能。

第二，连接集团人员和车辆的微信企业号。通过微信企业号将人员、车辆、物资等相关要素有机融合在一起，实现移动化办公，管理人员和救援人员都可以通过移动智能终端实现移动办公，随时都保持在线状态，并能够传达丰富的图文信息，实现信息无缝传递，提高信息的传递效率。微信企业号为企业内部提供队员救援进展、车辆异动报备、企业内部单据发放回收及人事、车辆调度管理等功能，建立与管理者、执行者及内部IT系统间的连接，解决信息孤岛问题，并能有效地简化管理流程，提高管理决策能力（统计分析等），提高信息的沟通和协同效率、提升对一线员工的服务及管理能力。

第三，救援资源调度系统。救援资源调度系统对所属路段的驻点、人员、车辆等救援资源进行管理，受理各种渠道的高速救援请求以及社会拖吊车预约业务，实现对救援资源的优化调度配置。

（二）推进服务能力建设

广东交通集团对高速公路客户服务平台进行统一整合，实现信息服务、应急救援、监控管理和文化传播于一体的一站式高速公路客户服务平台，打造成集团监控中心、路段监控分中心上下联动的高效运作业务体系，全面提升用户的使用体验。

1. 信息服务

依托广东交通集团支撑，1个集团监控中心及41个监控分中心、2127路道路主线交通视频、1168路收费广场视频、340路服务区视频、792处情报板、368处车辆监测器和77处气象监测器，将广东交通集团现有的数据资源进行整合，发布实时路况信息、视频监控信息、高速事件模板信息、交通出行提示信息、情报板信息、高速新闻图文信息、车友报料等相关信息。通过交通路况和快拍图片功能的建设，使用户能够以图形的形式查看当前路况信息，做到“有图有真相”。出行指引利用分流图，路况导航实现引车上路和诱导交通流功能。吃喝玩乐是指为用户提供高速周边吃喝玩乐的综合服务。受理规范化的信息查询、业务办理服务，为客户提供随时随地的高效便捷服务，基于位置服务关联天气，事件推动，通知公告及活动资讯的自助服务。为用户提供“人人为我，我为人人”的实时报料、事件分享、轨迹分享、服务点评、跟帖功能，充分发挥网络用户的积极性，搭建用户互助相应平台。用户能够相互看到，实现用户之间的互助。通过高速通建立一个新型的社交媒体综合平台，使车主能够在平台上进行交流互动、跟帖、朋友圈，与此同时需要实现舆论监控，传播正能量。

2. 应急救援

应急救援整合高速公路救援资源，广东交通集团监控中心（交通拯救指挥调度中心）、13 个救援队、83 个驻点、291 台救援车辆、528 名拯救员，利用互联网信息技术，对高速交通救援相关业务进行有机聚合管理，搭建起应急救援综合管理平台，通过整合电话、微信公众号（对外）和微信企业号（对外）、拯救队员 APP 等诸多渠道实现救援请求、救援状态查询、发票请求、服务评价和队员管理等功能，并提供高速交通救援相关业务管理，实现车主、救援单位、监控中心、路段业主、交警部门间高速救援信息共享与互动。

3. 监控管理

依托 670 名监控员、528 名拯救员等资源支撑，建立广东交通集团监控中心、路段分中心和一线监控人员、救援队员和广大司乘人员之间的沟通渠道，实现监控中心与路段分中心、监控中心与司乘人员、司乘人员与监控分中心等多方互动、协动和联动，并且实现跨路段协调。通过打通多方的互动渠道，能够使得监控信息的传播更加快，提高信息的更新速度，同时也增强了用户的参与感，形成一个良好的监控管理体系。

4. 客户服务

拯救服务方面，通过基于地理位置信息的一键救援，用户可以快速上报救援请求，系统自动获取地理位置信息，极大提高救援单位的受理处置效率；此外，救援进展查询、发票诉求、服务评价等高速公路救援全流程的互动功能，让用户对相关事项心中有数，提升用户的参与感。特别是服务评价功能，为用户提供评价救援服务的直达渠道，对作业人员起到监督的作用，提升服务质量。

公众可随时通过客服热线、客服网站提起投诉。针对情节严重及其他重大投诉事件，及时介入，并指定专人负责，协助并监督路段经营单位进行调查取证、实施评估分析，落实整改措施。并加强对投诉处理工作的管理，定期对路段经营单位投诉处理工作重点环节进行检查，督促路段不断改进客服管理工作质量。

互联网客服方面，通过“广东高速通”手机应用，公众可方便获取广东交通集团所属高速公路相关业务政策、实时路况、施工信息、路网线路、服务设施的咨询。同时，广东省交通集团大力推动传统电话客服向移动互联网客服渠道迁移，“广东高速通”重点构建互联网客服功能，包括路段交通客服、线上客服和向导客服：

路段交通客服——高速交通事件信息发布后，“广东高速通”形成相应的拥堵事件社区，用户能够在其中发言和提问，路段交通客服（所在路段监控人员）负责做好跟踪并回复，提供基于拥堵事件的社区客户互动服务，以及周边向导等出行信息引导服务，实现迅速聚集人气，提高互动频次和服务水平。

线上客服——可提供全省或分路段的实时路况查询和交通线路咨询等客户互动服务，以及相关出行信息引导服务，并可在网络上灵活分配业务量及配置远端客服座席，具备“一键回复”等便捷功能。“线上客服”由集团监控中心统筹负责，并视业务情况和咨询内容分配到路段监控受理。

向导客服——“广东高速通”提供了一个以路况为入口、以“互联网＋”向导客服为抓手的众撮合平台。“向导”实行注册登记制，高速通平台进行审核；向导有不同类型，有路况路线向导，也有吃住玩购向导，方便、贴心、周到的向导服务，可以有效解决客服资源瓶颈，更好地服务于车主和沿线商家。

5. 文化传播

文化传播是通过百万用户高速通系统搭建一个用户社区及传播正能量的平台，通过用户社区留言互动等方式进行信息交流，传播企业形象、地方旅游和安全行车等具有正能量的信息。

（三）开展业务流程重组

为了适应广东交通集团营运管理架构和高速公路路网特点，搭建系统的管理机制，统筹广东交通集团各级监控管理资源，协调相关业务单位及部门，提升路网服务水平和通行效率，需要对路况监测、交通拯救、监控管理、路网指挥调度、应急值守和客户服务六大业务重组。

1. 路况监测

原有的路况监测业务流程主要依赖于监控视频及上路巡查等方法发现道路的交通状况，并触发相关业务行为，但受限于巡查密度及监控视频轮巡的频度，交通路况上报的及时性往往难以得到保障。而随着移动互联网的迅猛发展，公众已经可以通过百度、高德等电子地图迅速获取道路交通拥堵的实时状态。在此情况下，原有往往滞后半拍的路况信息发布已经无法满足新时代下用户的需求。为此，广东交通集团对原有的路况监测业务流程进行重组。通过高德电子地图提供的交通拥堵状态数据接口，触发一系列的相关业务行为。路况信息发布的及时性、准确性得到极大提高，并且在全国高速公路系统中率先构建了集采、编、发于一体的互联网平台，提供图文并茂可读性强的路况信息深度报道及拥堵互动移动互联客服渠道，充分满足“互联网+”时代下的用户需求。

2. 交通拯救

为了进一步提高应急救援的效率广东交通集团对应急救援业务进行分解和研究，发现应急救援的几个关键要素是被救援者、救援车辆位置、救援人员状态、救援资源调度，关键节点是接收救援请求、前往救援、实施救援、完成作业。提高救援效率就是解决应急救援几个关键要素的连接和把控关键节点的问题。为此，广东交通集团对交通拯救业务进行业务流程重组，建立应急救援综合管理平台实现物资和人员的统一调度管理，并实现救援过程的实时监控。从而实现被救援者、救援车辆、救援人员、资源调度系统之间的无缝对接，提高信息传递效率。通过对交通拯救业务流程的重组，使用户能够借助移动智能终端实现救援请求，管理者实现对救援队伍在线监控，救援人员实现快速获取被救援者的位置信息，使每个环节的效率都得到提高，从而实现整个救援流程的效率提升。

3. 监控管理

广东交通集团积极应对新形势对路网管理的新要求，搭建与集团营运管理架构相匹配的上下联动监控业务管理体系，协调统筹好各方资源，特别是集团 41 个监控分中心的力量，监控客服工作由各路段、单兵作战，迈向集团层面的一体监控协调运作。一是广东交通集团层面主要对公路路网交通情况监控、监督客户服务平台的运行及监督指导各路段和服务区提升服务水平，加强内部监控管理与督导，对绿色通道、计重收费、交通拯救保畅、信息报送与发布、节假日及间歇性免费放行、监控设备运维等监控相关业务情况，组织定期轮巡，按季度通报问题并进行督导，切实落实好集团管理标准化和规范化的要求。二是路段监控分中心层面，主要根据上级有关单位及广东交通集团的要求，协助、指导所属路段经营单位做好监控管理的各项工作，全面掌握所属路段运行状况，保障所属路段正常运营，监督落实各项工作规范，实现监控中心、路段监控分中心上下联动的高效运作业务体系，提高监控管理的运作效率，监控督导确保效益，客户服务创造价值。

4. 路网指挥调度

通过广东交通集团共享平台掌握所属路段路网运行状况，监督指导所属路段加密路况轮巡，加强对重点区域、关键节点的监测，及时做好交通调度和路况信息发布，按规定执行应急事件处置权限，及时接收上级单位发出的路网调度指令，执行路网联动操作。为了做好突发事件、恶劣天气和大交通流量的监测和预警应急处置，广东交通集团编制“高速公路诱导分流指南”。

5. 应急值守

广东交通集团指定监控中心履行 24 小时应急电话值守职责，负责各类突发事件信息的统筹及接警、协调和报告，确保集团各应急指挥办事机构及时知悉相关信息，便于做好突发事件的统筹协调及应对处置工作。应急值守工作遵循有警必报、运转高效、准确规范的原则，严格交接班管理，保持应急值守业务的有序衔接，确保“交全接清”。

6. 客户服务

广东交通集团经过多年的高速公路出行客户服务实践经验得出，以往零散化的客户服务不能很好满足用户的需求，同时在管理上也会存在一定的漏洞。为了能够提供更好的服务，广东交通集团建立集团总部客服中心，设置专门的互联网客户服务部门（机构）负责互联网服务渠道的管理与运营，服务后台支撑由集团总部－路段－路面三级负责。树立统一品牌、统一接入平台、统一服务内容、统一服务标准的客户服务运营理念。

三、基于互联网＋的一站式高速公路客户服务平台建设效果

（一）出行服务获百万用户认可，达到国内领先水平

用户通过移动端即可实现救援上报，提高了信息的准确度，优化了救援上报流程；同时能够查看实时的救援状态，发票请求流程也得以简化，大大降低了用户与客服之间的沟通成本。通过改变救援上报的方式，缩短了救援时间，减少用户在救援过程中的时间花费，用户的满意度得到了极大的提升。实施“一站式客户服务平台”后，广东交通集团拯救处理业务次数在 2014－2016 年，年处理事故总数分别为 14424 宗、15248 宗、20082 宗，平均每宗处理时间为 32.5 分钟、30 分钟、23.5 分钟。提高了全省高速公路网整体通行能力和服务水平，缓解交通拥堵，提升了道路通行效率，节约能源消耗效益，减少汽车废气的排放。截至 2017 年 6 月 22 日，拥有安卓应用下载量 529472 次，苹果应用下载量 462866 次，微信用户 461513 人，累积用户数已超 145 万人。2015 年平均日启动 24548 次，最大日启动 399424 次，2015 年 10 月非节假日平均日启动 10246 次，2015 年国庆节平均日启动 184874 次，由此可以看出高速通在节假日出行高峰为公众提供重要的出行信息服务，并形成了巨大的社会影响力。

（二）取得了较好的经济效益

自从 2013 年“一站式客户服务平台”建成后所需要的客服人员并没有因为服务需求增多而增加人数，减少了运营的成本，取得了良好的经济效益。根据广东省高速公路客服实际情况，“一站式客户服务平台”服务能力快速增长，日均服务用户次数由 2013 年的 4869 次快速增长至 2016 年的近 2 万次，节假日更是达到峰值，每天可为近 40 万名用户提供服务。

（成果创造人：刘小峰、梁　华、曾文东、郭绪刚、陈　春、卢　峰、李　斌、余腊荧、利　冲、卢捷环）

虹桥机场公务机机坪管控体系建设

上海霍克太平洋公务航空地面服务有限公司

上海霍克太平洋公务航空地面服务有限公司（以下简称上海霍克太平洋公司）是由上海机场（集团）有限公司与香港霍克太平洋航空服务有限公司合资组建而成，是中国FBO联盟创始单位之一。上海霍克太平洋公司以专营权方式负责运营和管理上海虹桥国际机场公务机基地及上海虹桥、浦东两机场的公务机业务。该基地拥有独立的休息厅、机库和联检通道，是拥有完善功能和设施的全天候公务机专用地面保障基地。目前主营业务包括公务机基地运营（简称FBO）和公务机维修（简称MRO）。2011年，上海霍克太平洋公司获中国民用航空局颁发的145部维修许可证，是国内规模领先的第三方公务机维修企业。自2011年起先后获得多国及地区的维修许可资质，2015年共拥有19种机型和47个部附件的维修资质。

一、虹桥机场公务机机坪管控体系建设背景

（一）缓解虹桥机场机位资源紧缺的迫切需要

由于国内航空公司飞机引进速度较快，且根据国内航空公司航空器停场分布特点，航空公司均优先选择停放在大型机场。因此与小型机场相比，虹桥浦东这样的大型机场停机位数量更容易达到饱和，极端情况下，飞机只能停放在机坪滑行通道上，不仅影响了航班的地面保障，也影响了空管对机坪的指挥调度。根据中国民航局《航班备降规则》，虹桥机场需空余15～16个机位供备降航班使用。据统计，2016年1～3月，虹桥机场过夜日均空余机位11个（单日最低空余2个），过夜停机位日均占用率92.4%。根据统计结果，2016年1～3月，虹桥机场75%的天数都无法满足中国民航局《航班备降规则》要求，其中31%的天数处于高饱和运营状态。

（二）应对虹桥机场公务机航班量快速增长的迫切需要

2010年起，虹桥机场的公务航班起降量呈现稳步。据统计，2015年虹桥机场每日停场的公务机平均超过30架；以2016年2月25日至3月2日这一周为例，每日停场数平均达到32架（日均占用C类机位24个），单日最高36架次（当日占用C类机位28个）。

《中国民用航空发展“十二五”规划》指出，要通过改善通用航空发展环境，加快基础设施建设，扩大服务领域和规模，促进通用航空快速发展。根据2015年《中国公务机行业特别报告》指出，随着政策对通用航空扶持力度加大，公务航空设施不断完善，2015－2021年中国企业家潜在的公务机需求非常巨大，公务航空产业将迎来更加广阔的市场空间，当然同时也给机场带来了更大的挑战。

（三）克服现行机坪管控体系局限性的迫切需要

在国内现行机坪管控体系下，公务机停场完全按照民航普通商业大飞机标准，这种不合理布局在增加运行管控复杂程度的同时又造成资源的极大浪费。2015年，虹桥机场每日停场的公务机平均超过30架，而专门用于停放公务机的机位只有15个（原为普通商业航班机位，按大飞机机位标准布局），停场的公务机只能过多地占用其他大机位，从而加剧了虹桥机场机位资源的紧缺。

二、虹桥机场公务机机坪管控体系建设内涵和主要做法

上海霍克太平洋公司从公务航空产业发展出发，统筹考虑国际民航和中国民航通用法规相关技术要求和标准，在满足安全、效能的前提下通过优化规划布局，结合资源整合，形成全新的公务机停场和管控模式，以达到在较小的空间内安全运营尽可能多的公务机，从而提高资源利用率，提升机场的公务机

保障能力，强化机场的服务功能；并通过体系化建设归纳总结出一整套具有推广意义的经验和标准，推动国内公务航空产业的发展，推进相关行业标准的建立和完善。主要做法如下。

（一）开展前期研究，设计公务机停放区域布局

2016年年初，上海霍克太平洋公司成立虹桥机场公务机机坪管控体系建设项目组，其中领导小组由领导层组成。经过多轮协商讨论提出设计公务机集中停放区域、构建公务机机坪管控体系的规划设计。此外，项目还引入上海虹桥机场运行指挥中心（以下简称AOC）及南京航空航天大学科研团队参与课题研究，强化科研能力在本项目的支撑作用。目前，国内缺乏专门针对公务航空的指导性法规，项目组深入研究国际上欧美发达国家公务航空运营经验，借鉴国际民航和中国民航现行通用法规标准，汲取形成规划原则，明确安全参数。项目组通过FLEXSIM仿真平台对规划方案进行模拟分析，并根据仿真结果对方案的安全性和效率性进行评估比选、调整优化，形成最终方案，并通过民航华东管理局、民航上海监管局、虹桥机场及业内专家评审。

公务机集中停放区域位于虹桥机场2号停机坪与4号停机坪之间，此区域北侧边界距离413机位南侧安全红线5米，东西两侧均以服务车道为界，东西长146.5米，南北宽100米，面积相当于两个大飞机标准机位。依据虹桥机场公务机运行管理的现状，集中停放区域重点满足B类公务机停放兼顾C类公务机停放，这两类机型也是目前过夜停场公务机的主要机型。根据功能定位明确设计原则和参数，设计公务机集中停放区域布局。此区域有两种设计方案：第一种为9个B类公务机机位，编号暂定为Z01～Z09，第二种为7个B类公务机机位和1个C类公务机机位，其中C类公务机机位是由原来的机位组合得到的，暂定编号Z10。B类公务机机位能够停放的最大机型为弯流G450，翼展23.7米，机长27.23米；C类公务机机位能够停放的最大机型为空客A320，翼展34.09米，机长37.57米。此区域中间有一条机坪拖曳通道，专门供牵引车拖曳飞机进出此区域使用，编号暂定为Z滑。

（二）完善管理制度，构建管控体系

1. 委托归口管理

公务机集中停放区域采取委托归口管理模式，虹桥机场公司与上海霍克太平洋公司签订《上海虹桥机场公务机集中停放区域安全管理协议》，约定双方安全管理职责，委托上海霍克太平洋公司负责对公务机集中停放区域航空器停放、拖曳及各类安全运行统一归口管理。虹桥机场AOC设置FBO专席，上海霍克太平洋公司派驻专人负责做好公务机集中停放区域内飞机航班信息传递，配合AOC做好公务机机位分配，监控公务机集中停放区域运行动态，关注天气情况，做好防风管理等工作。这种全新的管理模式给予上海霍克太平洋公司更多的管理自主权和资源支配权，大大提升机坪资源的使用效率及公务机运行各环节的工作效率。

2. 完善制度

虹桥机场依据《民用机场运行安全管理规定》（CCAR－140）、《上海虹桥国际机场使用手册》和《上海虹桥国际机场飞行区运行管理实施细则》等机场运行规范要求，结合运行实际，制定《虹桥机场公务机停场管理办法》，明确公务机停机位资源分配原则、公务机运行流程、公务机停场管理及有关管控措施，进一步提高停机位资源周转率。

上海霍克太平洋公司针对管控体系应用，制定《虹桥机场公务机公务机集中停放区域运行管理方案》，与公务机代理单位签订使用协议，并报备虹桥机场飞行区管理部和虹桥空管塔台。运行管理方案对区域使用原则做出进一步界定，计划停场超过3天的国际注册公务机、计划停场超过5天的国内注册公务机、计划停场超过7天的基地公务机，公司自有公务机才能使用公务机集中停放区域。这一界定既确保机坪机位资源周转率，又最大限度减少区域内公务机过渡性拖曳保障。

3. 加强人才培养

为确保公务机机坪管控保障有序开展，上海霍克太平洋公司大力培养专业人才，一方面，专门聘请各个环节的专业教员进行专业指导和培训，重点培养员工自身职业素养和服务意识，提高保障专业化与标准化；另一方面，积极参与每年在上海虹桥国际机场公务机基地举办的亚洲公务航空展公务机集中停放保障，与国际一流管控体系、服务标准接轨，在最短时间内培养一支经验丰富、专业素质过硬的机坪管控保障队伍。

4. 建立防风应急预案

目前，公务机普遍是C类以下的小机型，相较于波音、空客等大机型，更易受风力影响。为确保特殊天气条件下公务机集中停放区域内的运行安全，当遇到强风等天气情况时，如果风速超过该机型防风标准，必须对该机型采取系留、转移至机库或转场等措施。各公务机公司、代理公司负责将各公务机机型防风技术参数报备至FBO。FBO派驻AOC的人员负责关注天气情况，根据强风等级及时通知各公务机公司或代理公司，配合各公务机公司或代理公司结合各机型勤务手册等技术标准，提前预判并及时采取飞机系留、转移至机库或者转场等措施。FBO配合各公务机公司、代理公司及时将公务机集中停放区域内公务机拖出该区域。

5. 开展后评估研究

虹桥机场公务机机坪管控体系投入应用后，项目组结合运营经验继续进行体系的后评估研究，力求达到以下三方面目标：通过对公务机机坪管控体系的研究过程、规划设计等方面进行评估，全面总结管控体系的运营经验。通过对公务机机坪管控体系的建设、运营等方面进行评估，梳理并总结管控体系存在的问题和发展瓶颈。通过对标国际上公务航空成熟运营经验，结合公务机机坪管控体系的应用经验和存在问题，提出管控体系升级和推广的发展建议。

（三）兼顾配套建设，强化安全保障

公务机集中停放区域西北方向直线距离90米处，为虹桥机场西区消防站。公务机集中停放区域设置消防应急通道，通道净宽度32米，能够通达区域内任何机位，一旦发生火情，西区消防站消防车辆及人员可迅速到达相应位置，实施消防救援工作。此外，该区域北侧边界以北17.5米，西侧围界以东2米处，设置有消防栓井，在公务机集中停放区域内亦配备5组固定消防灭火瓶。结合公务机集中停放区域面积较大，视频清晰度要求较高的特点。该区域在虹桥机场西区市政楼楼顶安装一台IP高清摄像机，作为公务机集中停放区域大场景覆盖（左侧视角）；并在西北面飞行区围界监控立杆上安装一台IP高清摄像机，作为补充场景覆盖（右侧视角）。监控视频信号通过现有的线路接入虹桥机场2号航站楼（T2）视频监控系统平台内，通过AOC监控席进行实时监护。此外，公务机集中停放区域内距离南侧围界以北29米，东侧围界以西75.7米处有一杆机坪泛光照明灯。经虹桥机场飞行区管理部对现场灯光水平照度进行实测。除A和B两个点外，其他全部满足要求。由于A、B点均不安排飞机停放，因此，公务机集中停放区域内灯光照度基本满足要求。

作为公务机区域集中停放模式，从保证运行安全的角度出发，主管部门和行业专家在评审时提出该区域仅限公务机停放，采用牵引车拖曳方式进出，并禁止进行上下客货、加油、维修、试车、清洗、补给等任何地面勤务保障作业。为了解决公务机地面勤务保障问题，方案继而提出就近利用413机位作为过渡机位，供集中停放区域公务机进行各种地面勤务保障作业，并就各个机位拖曳飞机的进出路线逐一进行规划。

三、虹桥机场公务机机坪管控体系建设效果

（一）有效解决公务机航班量增长与机坪资源紧缺的矛盾

虹桥机场公务机机坪管控体系投入应用后，公务机占用C类机位的现象得到极大改善，以2017年

7月为例，每日停场数平均5.6架（方案设计机位9个，试运行期间限定最多停7架）。相当于每晚给虹桥机场多空余4个大飞机机位。以虹桥机场日均停场公务机32架计算，如果全部进行区域集中停放，只需要4个同等规模的公务机集中停放区域，相当于8个大飞机标准机位，则每晚可多空余24个大飞机机位。在有效缓解虹桥机场机位资源日趋饱和现状的同时，又为解决公务航空和民航普通商业航班同步快速发展所引起的“机位短缺”问题指明了方向，找到了和谐共处的发展之路。

2016年9月，作为虹桥机场公务机机坪管控体系升级版的浦东机场公务机机坪管控体系投入应用，通过优化布局，将原本的6个机位规划为可以容纳22架公务机的集中停放区域，基本实现浦东公务机全覆盖（取消3、5、7天限制），公务机通过自滑进入机位，由牵引车拖曳离开机位，并可在区域内进行上下客货、加油、维修、试车、清洗、补给等所有地面勤务保障作业。

（二）得到行业认可，成为可复制的模板

目前，国内尚没有专门针对公务机的机位规划标准，作为公务机区域集中停放坪，其体系化建设得到了民航华东管理局和民航上海监管局的大力支持和认可。本项目不仅丰富了国内民航现状下的公务机停场模式，更为推动公务机行业相关标准的建立和完善积累了实践经验，得到了全国各大机场、公务机运营商的极大关注，北京、深圳、广州、成都等多家机场均组织项目组前来学习交流。

（成果创造人：陆　迅、谢思颢、张　磊、范文珺、陶露予、刘晨曦、蒋鑫钢、谢炜金、施新颜、刘叶青、唐小卫、王　琪）

大型开发建设企业以“管理驾驶舱”为抓手的综合管理

北京住总集团有限责任公司

北京住总集团有限责任公司（以下简称住总集团）成立于1983年，是以科技研发为先导，以地产开发、建安施工、现代服务三业并举，跨地区、跨行业、跨国界的大型企业集团。北京住总集团有30多家子公司及事业部，总资产超800亿元。目前，年开复工能力1000万平方米，2016年实现综合经营额480亿元，利润8亿元。

一、大型开发建设企业以“管理驾驶舱”为抓手的综合管理背景

（一）企业在行业激烈竞争下自身转型升级的需要

一是解决管理难点的需要。近年来，由于集团业务扩张速度快、规模大，无论开发还是建设板块都出现管理上的难点。传统单一的PMS系统（项目管理系统）已经无法适应行业的剧烈变化，急需引入智能化手段，加强精益管理，根除现状问题。二是满足新业务拓展的需要。随着集团市政业务的迅猛发展，参与多项重大项目建设，新业态市场需求强劲，对集团各级从业者的管理能力提出更高的要求。三是解决区域管理问题的需要。住总集团已经形成跨区域扩张的业务布局，在推动京内发展的同时，外埠和海外项目急剧扩张，原有的线性管理系统无法满足现有的大范围市场分布，迫切需要一种新手段来解决管理跨度大所带来的问题。

（二）满足企业实现管理精益化的需要

宏观的行业变化和企业应对该变化所做的调整，都使企业内部管理的微观基础产生新的要求。产品结构和区域结构均发生重大变化，需要通过智能管理再造企业内控流程。线性的、机械性的、滞后的传统管理模式，已跟不上现有变化带来的新要求，企业必须在组织架构、管理理念、管理架构、管理流程等方面进行再造。区域及业务范围的扩张，给企业在微观管理层面带来更多的利益主体，协调量大增，迫切需要通过新的管理手段提高管理效率，降低成本，打破信息孤岛，让各地方政府、重大客户、社区居民、服务提供商等多个相关方都满意。

（三）满足国资国企改革的需要

一是满足新时期国企党建的需要，把党的建设和生产经营管理有机结合起来。二是施行依法治企的需要。国资国企改革的全面深化，对企业治理提出更严格的监督、监管、依法治企的要求，需要企业整合现有管理体系，研发新的信息系统，集成人机交互，以智能计划、智能控制为手段，形成生态适应性强的智能系统，以此为抓手、以智能决策为依据进行管理。要在企业内使用同一个平台，全方位支持智能管理，使国有企业的经济责任目标与社会责任目标和政治责任目标相辅相成，使企业内包括党群工作在内的各个子系统，连同质量、环境、职业健康安全、测量等专业管理体系有机地融合为一个整体，满足各个主管部门的监督监管要求。

二、大型开发建设企业以“管理驾驶舱”为抓手的综合管理内涵和主要做法

住总集团通过研发并全面推行使用“管理驾驶舱”系统，为企业高层管理层提供“一站式”决策支持，借助管理信息中心系统，实现科学决策。通过梳理集团层面业务流程，整合各职能系统交叉协作，从根本上改善复杂业务形态带来的管理困扰。利用移动互联等技术，强化实时监控，反映集团企业即时的管理状况，有效地解决新旧业务模式交叉问题，降低住总集团跨地域管理的难度。通过新的技术手段，自动摘取建设项目的实时数据，夯实企业精益化管理基础，并进行分析判断，提供预警。同时，

“管理驾驶舱”系统的多平台集成功能，也成为国有企业党建工作及公司治理的强大推动力。主要做法如下。

（一）明确企业管理战略，研发“管理驾驶舱”系统

1. 构筑“管理驾驶舱”的研发基础

2004 年以来，住总集团各二级公司围绕施工企业经营核心——成本管理进行信息化建设。2008 年，住总集团超过 70%的项目部已经能够借助成本管理系统完成成本分析。2009 年，集团统一建设以成本管理为核心的项目管理系统（PMS），解决住总集团发展中项目分散管理带来的问题，推动集团、二级公司、项目部三级项目管理的规范化和标准化，为集团信息化发展奠定基础。2014 年开始，住总集团率先在云计算、大数据、移动互联网、BIM 等新技术领域进行开发应用，拉开建筑业新技术应用的序幕。此外，集团还推行劳务实名制、塔吊安全防碰撞、安全巡检等现场生产管理信息化建设的试点，做到集团所有项目全覆盖，为研发“管理驾驶舱”构筑基础。

2. 分步研发“管理驾驶舱”

多年来，住总集团在 PMS 的基础上，研发建设以“驾驶舱”为主要工具的智能管理系统。此系统以云计算、大数据、物联网、移动应用、智能控制等技术为支撑，以 BIM 技术为贯穿，以 PMS 系统为基础数据层，打破集团内部不同行业与业务的边界，横向贯穿 24 个业务部门，纵向穿透“集团、二级企业、项目部、工段、班组”五大层级，实现五级穿透。

首先，住总集团确立组织保障制度，成立以董事长为组长，全体领导班子和职能部室为成员的流程优化组织机构。优化生产经营流程、进行全员培训和强力推广落实。

其次，以五大模块构建系统，全面覆盖集团各业务环节。住总集团秉承“智能管理，精益建设”的理念，已经建立集团层和项目层的两级数据集成与应用的“管理驾驶舱”系统，共分为五大模块，即大市场、大提效、大党建、大安全、大监督。

再次，基于优化的生产经营管理流程和企业协同生态系统，以项目管理（PM）、建筑信息模型（BIM）、精益建造（LC）、大数据管理（DM）、决策支持系统（DSS）和云计算等技术的综合应用为基础，研发“管理驾驶舱”。改变参建各方的交互方式、工作方式和管理模式，实现智慧、绿色、协同的建造目标。

最后，管理系统在集团所有的二级、三级企业进行推广，应用到以北京为重点、京津冀区域开发的各类项目。在东北、华北、长三角和西南地区进行实时交互，在白俄罗斯等海外地区进行推广。

（二）通过全面整合优化，深入推进纵横协同

“管理驾驶舱”结合集团的企业特点和全产业链特色，在装配式建筑、节能环保、建设首都核心区宜居社区等领域取得突出的业绩。通过“管理驾驶舱”在全集团普及应用，优化集团的产业结构，理顺管理流程，倒逼企业组织再造的管理创新。

1. 融通多层次管理维度

“管理驾驶舱”是覆盖全业务板块的一体化管理平台，涵盖从一线抓取的 350 项核心指标，囊括企业所有的业务环节，优化原有人工层层填报数据的烦冗流程，保证数据的原始性和真实性。该系统将集团现有的多维度管理，融合为一套体系，打通相关业务。各个管理维度都有与之对应的、相对独立、各成体系的管理系统或体系。打破传统开发建设企业各业务模块、管理维度独立分散的状态。建立“管理驾驶舱”平台，将各系统统一接口、无缝融合，将各个信息孤岛联结成为数字化智能管理矩阵，实现大数据的共享和各系统的信息资源集成，各类业务数据能够实现多维度的对比和反追溯。

2. 实现各层级的同步优化管理

以“把控环境变化、掌握政策调整、追随行业动态、紧扣公司运营”为目标，在各个环节上进行优

化，强化指挥总部的功能。调整优化原来管理流程中不适应现实要求的环节，适应新的商业模式和服务业“营改增”，杜绝管理流程功能缺失、协调缺位、管控不畅的问题。优化生产管理流程，解决“三流合一”的问题，弥补投融资功能缺失，补齐大型项目现金流稳健的短板，协调资源匹配的节奏。对流程进行大保养、大修理。

针对工程总承包板块，系统设计以数据为中心的总体架构。数据中心可以给决策层提供决策支持依据，可以给资源配置层提供人力、资金、采购等方面的数据支撑，可以给职能管理层提供基础数据服务。智慧工地集成平台则打通企业项目管理层和项目智慧建造应用层。

平台设计的总体框架思路分为三层，基础设施层指应用操作平台需要的基本网络；业务层指各业务信息系统、智慧工地监控系统等已建设好的系统，平台能够进行数据抽取，获取信息资源；高级管理层指对业务层信息的挖掘与聚合，建立仓库与数据中心和决策、分析支持中心。在各层内部和各层之间，同步优化各个管理环节。

3. 整合企业协同生态系统

在企业协同生态系统中，开发、建设、服务三大板块，各层级公司，各产业链的节点将发挥重要作用，发生频繁、密集、海量的信息交换，充分体现资金、人才、物资、产品的高效互换。另外，“驾驶舱”平台无论是PC端还是手机APP端，均能够实现数据同步。

通过拓展BIM平台功能，满足“投资开发、工程总包、运营服务”的要求，在全集团构建更为开放、有机、柔软、扁平、便捷、多元的广义企业协同生态系统，为智能管理和精益建造奠定基础。

运用“管理驾驶舱”提供的大量及时、真实和广泛的数据采集和分析能够有效提高企业经济效益和运营效率，如依靠“管理驾驶舱”具备的智能管理手段，凭借分析Wi—Fi接入频率得出客流统计报告及消费习惯分析报告，在住总大光明中心的运营实践中有效提高了租金收益。在工程建设领域的实施中，各相关方的各种信息能够实时沟通且可追溯，有效提高各方信息沟通的效率。

基于总体目标，对一体化平台做出总体的架构设计。架构包含管理决策层、运营管理层和操作层，其中，管理决策层通过产业板块BI（商业智能）、产业板块间BI及重大项目BI实现经营目标监控、风险管控、重大项目监控。运营管理层通过各板块的项目管理系统，解决企业运营过程中标准化、流程化的问题。操作层通过一系列岗位工具软件，实现业务替代，提升工作效率，实现在线化、智能化。集成平台通过业务流集成和数据集成将操作层、运营层及管理决策层打通，并根据企业自身对数据资产的需要形成数据中心，集成平台同时也将人力、财务、OA等系统进行有效的集成。

（三）基于PMS打造“智慧工地”，形成驾驶舱核心

住总集团以“管理驾驶舱”为抓手，推进PMS系统深入应用和项目智慧工地集成平台，使集团各业务数据化、透明化。通过建立和完善数据中心，实现对数据的有效利用。通过板块间BI的建设，实现对市场和客户的行为预研预判，实现模拟建造和实体建造的融合。以推行一体化为契机，推动集团地产开发板块、建筑施工板块、服务业板块内业务数据的协同共享。通过打通板块间业务数据，实现产业链数据的共享。

1. 完善项目管理系统（PMS）

作为集团的传统业务，工程建设板块面临项目工程规模庞大、技术复杂、海外工程管理跨度大、成本控制难、履约要求高等方面的问题。为保证企业利润，依托有效的项目成本管理体系、制度、工具和方法，住总集团开发使用PMS系统，贯穿于企业运营过程始终。将生产管理和安全质量管理模块进行微升级，是该系统的重中之重。

2. 针对业务特点，开发多系统联动

住总集团的工程建设管理不仅包括生产、安全、技术、质量、经营及其他多项管理内容，同时还有

如下诸多特点。一是随着全国范围布局和走向海外，工程项目越发远离总部，获得集团总部的支持时间滞后、方式有限。二是现场管理的移动性导致走动式管理场景增多。三是管理具有综合性，同一场景下既有对人的管理又有对物的把控，既要考虑工程进度还要确保质量安全，既要满足工期履约又要兼顾财务成本，而且各类数据基本依靠人工统计录入。四是人员特别是劳务人员具有流动性。五是项目所在地存在外部环境与限制，需要充分了解当地市场、管理标准、属地部门规范要求等。六是现场管理包含很多无形的管理，如体系建设、培训教育、品牌维护等。基于上述的特点，住总集团在建筑施工板块业务中，首先将项目层级各自独立的管理、监控、运算、分析系统整合在一起，形成项目级“一站式平台”，再将各个项目级平台的数据全部统一，并集约化处理，优选关键性指标和关键监控界面，为项目层级的统筹管控，提供智能化平台。

3. 应用“管理驾驶舱”核心子系统——智慧工地

住总集团通过项目级管理系统，整合各个子系统搭建“智慧工地”，监控整个工程项目全生命周期的方方面面。收集整理基础数据，并将数据在虚拟现实环境下与物联网采集到的工程信息进行数据挖掘分析，提供过程趋势预测及专家预案，实现工程施工可视化智能管理，以提高工程管理信息化水平，从而逐步实现绿色建造和生态建造。

4. 强化实时监控，提高管理精度

住总集团以“管理驾驶舱”人机交互功能为基础，实现对工程建设的实时、全方位监督管控。例如，通过“管理驾驶舱”的智能监控界面，调取施工现场设置的所有摄像头拍摄的实时画面信息；通过工程区域人员分布热力图，实现作业面劳动力数据可视化，直观监测各现场区域劳动力分布情况；通过设备监控子模块监督大型设备运转情况，每个项目每台塔吊的信息即时呈现，所有内容均与现场实际保持同步。通过“管理驾驶舱”针对环境污染采取的措施，实时对施工现场空气质量进行监测，达到预警标准时即启动雾炮降尘等措施，并将数据反馈到“驾驶舱”系统中。另外，通过系统可以查看现场的实时画面，捕捉安全漏洞，防范安全隐患。通过驾驶舱中此类技术的应用，压缩以往建设管理的空间维度，提升管理精度。

（四）应用“管理驾驶舱”，提供全面决策支撑

目前，住总集团已经形成智慧工地应用层、平台数据层、平台逻辑层、平台表现层四层结构，在建设工程领域，将过程中涉及的人、机、料、法、环等要素实时、动态采集到平台数据层，未来会形成企业宝贵的数据资产，可以进行更全面的数据挖掘和分析及更智慧的综合预测。伴随着技术的进步，以及各参与方的专业性逐步增强，“驾驶舱”在大数据抓取、内部控制数据节点算法、外部行业环境预警等方面坚持持续改善并加以提升，使其成为企业决策管理的得力助手。

按不同管理层级、不同项目分类进行授权，使用查看驾驶舱“主、分、子”的递进界面及“主、分、子”指标的延伸展示。各项指标以“速度表、音量柱、趋势图、分布图”等形式新颖直观地展示出来。集团决策层、管理层、执行层可以根据自身要求，进行“自助式”应用，有算法、提示、预警功能，实现闭环管理，在资金、人才、安全、环保等方面，为集团班子决策和公司的科学管理提供全面的、智能化的决策支撑。

（五）加强标准化管理，提升集团管控能力

住总集团先通过界定数据分类，将数据的来源规范化和标准化，再统筹分析对比，有效支撑企业的复杂决策。“管理驾驶舱”数据主要分为三类：第一类是实时数据，如施工现场绿色监控、塔吊监控、劳务实名制等数据，可以从公网云平台直接获取，实时传输，平均10秒钟同步一次；第二类是业务数据，通过局域网从各系统业务原始数据库中抽取，可实现当天同步；第三类是间接提取的数据，如人力、财务等系统，需要先从业务系统中形成表单再抽取，经过系统分析后，进行数据图形化展示。

区别于传统建设管理的下现场监督、人工填写表格等方式，驾驶舱数据均可通过互联网技术从现场设备或管理后台实时获取。通过以上这些功能，为现场的科学管理提供坚实依据。分析实时运行数据，实现监督管控、安全预警，有效并及时地将集团总部监管能力发挥出来，确保工程建设平稳进行。驾驶舱的“大监督”模块，能够全程监督各分、子公司的专责监督、治理监督、职能监督、民主监督、延伸监督等工作的开展情况。

“管理驾驶舱”的子系统 PMS 项目管理系统，促使住总集团在信息收集和处理上更加规范化、标准化和自动化，以降低运营成本。该系统以经营财务为主线，辐射各核心业务，通过实时数据录入、归集、分析，并与财务 NC 系统对接，可随时进行成本分析和成本追溯，最终形成项目施工全过程的内部成本控制。管理驾驶舱提供的及时、真实和广泛的数据采集和分析，可有效支撑企业进行复杂的管理决策。因此，使用基于互联网和智能硬件端的业务数据同步采集机制，确保数据准确、快速、有效，为整合分析、迅速正确的做出管理决策奠定基础。

（六）强化组织支撑，促进企业全面升级

1. 全面推广“管理驾驶舱”系统

住总集团将“管理驾驶舱”系统在下属 30 多家二级公司、250 个工程进行广泛推广。借助数据整合、分析等功能，全面提升集团及二级单位的管理水平。其中，9 家开发企业共计 30 多个棚改、区域开发等项目全面使用；200 多个工程现场，可通过“驾驶舱”平台进行实时监控。

住总集团已经在三大主业板块中推广“管理驾驶舱”系统，包括区域开发建设驾驶舱、智慧工地驾驶舱、社区智能管理驾驶舱、大气环境第三方监管驾驶舱、易拆迁管理系统等。通过智能管理驾驶舱的研发和使用，达到集约经营、精益管理和科学决策的管理目标，通过智能管理、精益建设，持续提升集团的管理水平，实现精益增值。有显著特点的是，开发板块中依靠智能管理中的“易拆迁系统”，可以制订预分房方案，给被拆迁人合理的选房建议，清晰直观地反映拆迁中遇到的问题，依法合规按计划推进工作。建设板块中，依靠“大安全”模块中的安全隐患排查治理系统，全集团安全质量总体平稳。

2. 借助智能管理平台，实现企业组织的转型

住总集团借助智能管理平台实现组织创新，住总集团领导班子科学分工，学习习惯、工作理念有很大变化。同时调整职能部门，设立组建经营管理部、研究发展部，将内部银行优化为资金管理中心，新建并充实优化房地产、轨道交通、海外等事业部，强化党建部门的作用。集团在全面梳理内控体系的基础上，清理 178 项制度，根据两个动态监管的要求，进行 300 个业务职能的重新分工。

“管理驾驶舱”基于各子系统，理顺管理流程、业务流程和组织流程。决策层能够实时了解集团、二级公司、项目部的目标执行情况，进行预测预警分析。为最大限度地方便使用，系统在智能手机、平板电脑和 PC 机上都有对应的 APP 客户端。通过管理驾驶舱提供的大量真实案例、经营分析、现场情况，能够最大限度满足大型企业管理和技术人员提升业务能力的需求。从人力资源建设方面看，管理人员和技术人员需要企业平台提供一条便捷高效的职业提升通道。这就需要借助互联网建立一个信息、数据共享的平台。了解行业最新法律、法规不再有时间的滞后；获取专家支持，实时进行沟通不再有空间的障碍；工作中的疑惑可随时与相关人员进行交流，消灭信息孤岛，打通业务壁垒，管理人员的业务能力得到快速提升。

三、大型开发建设企业以“管理驾驶舱”为抓手的综合管理效果

（一）“管理驾驶舱”得到全面推广

住总集团全面推行了“智能管理和精益建造”的理念。各级单位的智能化管理的意识深入人心，“驾驶舱”得到迅速推广，业务管理实现精细化，数字化建设工作也切实促进了企业的标准化、规范化管理，深化了《项目管理手册》的应用，实现了“制度化、流程化、表单化、信息化”，极大地提高了

工作效率。2016 年，创建北京市级绿色施工文明工地 20 个，其中样板工地 9 个，全国"AAA 级"文明安全工地 2 个。所属二级企业全部实现无消防安全事故、无重大交通甲方责任事故、无治安刑事案件、无食物中毒事故、无传染病和职业病的"五无"目标。在北京城市副中心项目"单独定制，独立上线"，并作为试点企业接受了多家单位的考察学习。2016 年，住总集团成功消除 2 处特级风险源，18 处一级风险源及 112 项危大工程的技术风险，未出现任何安全和质量事故。住总集团一体化经营管理取得新突破的同时，推动业务版图迅速扩张，三个板块转型升级，并积累了开发建设服务的大批数据，已经与 PMS 系统一起实现了时间序列，为 BIM 技术贯穿开发建设服务运营领域奠定了基础、积淀了组织过程资产。

（二）促进了经济效益的提高

以"管理驾驶舱"为支撑，住总集团立足京津冀、辐射全国、拓展丝路经济带的"大市场"格局得到强势扩张。近年来，住总集团综合经营额、利润、职工收入保持了多年的高速复合增长。2016 年全年实现综合经营额 482 亿元，同比增长 60%；实现利润总额 8 亿元，同比增长 65%；实现新签合同额 206 亿元，同比增长 19%；住总集团职工平均收入 103692 元，同比增长 11%，降本增效成绩突出。2017 年上半年实现综合经营额 309 亿元，同比增长 73.6%。在提质增效方面，通过智能分析数据，节约融资成本近亿元，实现"一企一策，一项一策"的精益考核，加速房产及土地的去库存化，库存建筑面积同比降低 54.6%。

（三）取得良好的社会效益

住总集团在信息化、智能化建设方面，再一次在同行业企业中处于领军者地位，在北京市国资委信息化评级中名列前茅。"管理驾驶舱"平台的应用和推广为国资国企改革探索出了一条技术进步、创新发展的路径。在数据的智能算法上，增加很多非营利属性的指标，这种带有价值观的算法，得出的决策参考数据不仅反映经济营利性，还反映了国有企业的社会效益。

（成果创造人：王宝申、张伟泽、姜　华、靳军安、顾　昱、
张恒跃、雷宏宇、张大威、鲍　克、宋　涛、许海涛）

基于互联网的多管理体系整合管理

中国石油天然气股份有限公司宁夏石化分公司

中国石油天然气股份有限公司宁夏石化分公司（以下简称宁夏石化）是集石油炼制、化肥生产为一体的综合性石化企业，炼油能力500万吨/年，合成氨和尿素生产能力分别为120万吨/年、210万吨/年，公司在职员工5000余人。2012年以来，宁夏石化借助国资委开展管理提升活动的契机，基于互联网的普及，整合内控、质量、健康安全环境（以下简称HSE）、测量和能源等管理体系，建立了由一本管理体系手册、三种流程图、三类制度和一个信息平台构成的综合管理体系。

一、基于互联网的多管理体系整合管理背景

（一）多管理体系运行导致综合管控效率低

宁夏石化在1999年通过了质量管理体系认证；2002年建立了健康安全环境（HSE）管理体系；2005年通过了测量管理体系认证；2006年建立了内控管理体系；2013年导入卓越绩效管理标准；2014年，通过了安全标准化一级企业验收；2015年通过能源管理体系认证，形成了多管理体系并行的状况。这些管理体系并行，导致体系手册多，内容繁杂；管理要求不一致、重复交叉；管理体系文件多样，与实际管理不同程度存在脱节现象；基层应付体系运行的报表多、台账多、检查多，占用了大量班组长工作时间，体系运行效率低，使企业高效管理受到严重制约。

（二）业务流程不够优化，专业管理重点不突出

宁夏石化虽然开展了流程管理，但受多方面因素影响，均存在不同程度的问题，制约着专业管理作用的有效发挥。一是业务流程。原业务流程的建立主要是满足中国石油内控体系的要求，存在部分业务没有建立流程或建立的流程不系统、交叉重复，业务流程中的风险评估不足、缺失等问题，导致业务流程的系统性和全面性上存在不足，专业管理的指导性不强。二是工艺流程。宁夏石化原流程图均为设计院提供的PDF版本，在技术改造、重大变更及员工日常学习使用时无法修改、更新，导致出现新旧流程图混用、新规程旧流程等问题，存在较大的操作隐患和风险。三是作业流程。宁夏石化虽然规定了在作业前要进行工作前安全分析，并且也制订了作业规程，但缺少作业流程图，导致要求、规程与实际作业不相符，风险分析不全面，作业规程评审无依据等问题，影响检维修作业效率和安全管理。

（三）制度标准不系统，管理要求不明确

宁夏石化原管理制度和标准也存在着不同程度的问题。一是管理制度。企业原有542个管理制度大部分都是为了满足质量、能源、内控、HSE、测量等各管理体系的建设需要而制订，很多制度重复、交叉、烦琐，现场实际执行效率不高、指导性不强。另外，大部分制度没有严格依据业务流程及关键风险点进行制订，导致制度与流程脱节、管理要求交叉重复、管控要点不全面、管理分散等情况；二是企业标准。宁夏石化原有标准包括国家、行业标准及集团公司标准共1418个，缺少企业自己的标准，不能满足实际管理需要，且标准的检索、收集、分类、使用等系统化、信息化管理不足。

（四）信息平台多，集成集中应用效率不高

宁夏石化从2003年开始信息化建设，先后建立了涵盖设备管理、经营管理、决策办公等各方面的65套信息系统，各系统虽然极大地提高了工作效率，但是由于系统众多，关联较少，没有实现很好的数据互通，导致部分系统产生信息孤岛，信息系统集成、集中应用的效率和深度不足，不能完全满足个人办公需求和公司信息化建设需要。另外，现场操作信息采集也缺乏有效手段，导致数据来源多元化，

信息应用系统性、及时性和准确性不足。

二、基于互联网的多管理体系整合管理内涵和主要做法

宁夏石化以风险管理为主线，整合原内控、质量、健康安全环境（HSE）、测量和能源等管理体系，通过梳理、完善流程、制度、标准、规程，统一信息管理平台，传承企业传统有效做法，形成由“1本管理手册、3种流程图、3类制度、1个信息平台”构成的基于互联网的“1331”综合管理体系。主要做法如下。

（一）制订多管理体系整合的标准

综合管理体系标准是综合管理体系建立和企业管理的基本依据，当前国内外无可直接参照和引用的相关标准。宁夏石化在体系整合初期，深入研究涉及质量、计量、HSE、内控等10个标准的运行架构和要素构成，经过反复比对、融合，确定领导、战略、资源、风险、实施、监测、审查7个一级要素，规划、作业许可、变更管理、事故（事件）管理等31个二级要素为综合管理体系的核心要素，依据要素内容和综合管理体系的运行架构和管理要求，形成综合管理体系的建设标准，成为宁夏石化综合管理体系建设和运行的指导性文件。

（二）确定多管理体系整合的思路

1. 以基础文件入手，明确整合的主体

综合管理体系建设围绕基础管理文件的制订、修改、完善来开展。基础管理文件包括管理体系手册、三种流程图（业务流程图、工艺流程图、作业流程图，即程序文件）、三类制度（管理规章、企业标准、操作规程和作业规程，即作业文件），是构建综合管理体系的有效切入点和关键成功因素。

2. 以风险管控为核心，明确整合的方法

风险分析是宁夏石化综合管理体系建立的前提与基础。风险分析包括合规性评估，业务流程风险评估，工艺流程HAZOP分析，作业安全分析和事故事件调查分析。主要做法是以风险管理为主线整合管理体系；在业务流程风险评估和合规性分析的基础上，修订管理制度、企业标准；在工艺流程危险与可操作（HAZOP）分析基础上，修订岗位操作规程；在作业安全分析（JSA）基础上，修订作业规程。

3. 以管理对象为载体，明确文件的分类

综合管理体系管理的对象主要为管理人员和操作人员两类。对管理人员使用管理规章，对操作人员使用操作（作业）规程，管理标准作为制订管理规章、操作（作业）规程的基础和执行的尺度，使管理更加规范和明确。

4. 以管理业务为纽带，明确要素的管理职责

企业管理的核心是业务，体系运行的核心是要素，要素执行的核心是职责。宁夏石化共梳理出一级业务7个、二级业务38个、三级业务144个，每个三级业务都有相对应的主管部门负责管理。综合管理体系建设过程中，要将综合管理体系的7个一级要素、31个二级要素，与一级、二级、三级业务进行一一对照，确定关联性。一方面明确每个要素具体的管理内容；另一方面明确每个要素的归口管理部门和职责，并要求业务一定要有相应的流程，流程一定要有相应的管理制度，使要素—业务—职责的关系更加清晰，线条更加流畅，与企业的管理紧密相扣，更加符合企业管理实际。

（三）全面构建综合管理体系

1. 一本管理手册搭建卓越绩效的管理框架

综合管理体系手册是综合管理体系的纲领性文件，也是企业的诚信合规手册，既满足企业内部管理体系的需要，也满足外部认证机构的认证。《宁夏石化综合管理体系一管理手册》于2012年9月启动编制，整合企业原来HSE管理体系、质量管理体系、能源管理体系、计量管理体系等的多套管理手册，先后共召开8次专题会议进行讨论、研究，3次大范围征集宁夏石化各机关处室、直属部门及基层单位

的建议和意见，还邀请负责宁夏石化外部认证的中国船级社质量认证公司、华夏认证中心等认证机构的相关专家，专门进行审核把关。同时，还征求中国石油安全环保与节能部、企业管理部（内控与风险管理部）、质量与标准管理部、法律事务部等部门的意见和建议，前后经过5次全面的修改、完善。

2014年10月28日，宁夏石化发布《综合管理体系一管理手册》（A版）。综合管理手册以中国石油行为规范为基础，确定体系运行的基本要素、运行模式、管控重点、责任分配、组织网络、基础文件构成及与其他管理体系的关系等内容，搭建起追求卓越管理的体系运行架构。2017年3月，宁夏石化又根据综合管理体系的运行实际，对综合管理体系手册进行全面升级，发布《综合管理体系一管理手册》（B版），对管理体系进行持续改进。

2. 三种流程图奠定管理风险的辨识基础

宁夏石化通过对业务流程、工艺流程和作业及检维修流程的梳理，为风险辨识奠定坚实基础。

一是业务流程图。宁夏石化按照中国石油制订的业务流程标准模板，梳理绘制业务流程图，在流程图上标明各种风险点和控制措施。起初，结合内控管理要求，先以宁夏石化质量安全环保处为试点，完成涉及质量、安全、环保、健康的33个业务流程图的精简和优化。随后，对人力资源管理和财务管理，以新要求规范、绘制131个业务流程图，并对369个业务流程进行了逐项完善。2016年，宁夏石化又新增28个业务流程图，合并64个业务流程图，目前共计374个业务流程图，梳理识别风险点共计646个。

二是工艺流程图。宁夏石化将纸质工艺流程图、PFD版流程图全部转化为可修改的CAD版本，建立MES系统，方便流程图查阅。在工艺流程图的基础上，还在班组推广危险和可操作性分析（HAZOP），辨识工艺过程中的风险，提高员工的危险预判能力。2016年，宁夏石化持续梳理工艺流程图，新增化肥装置三级防控项目流程图33张，修订三化肥项目流程图344张，完成工艺设备变更项目流程图42张，将2015年剩余在役装置的30%（585张）PDF版本的工艺流程图全部转化为Auto CAD版本，目前共计1951张PID/PFD流程图。另外，专业处室协同各装置技术人员对在役装置的57套工艺流程图进行评审和完善。

三是作业及检维修流程图。施工和检修作业是炼油化工企业事故高发点。宁夏石化先后分类编制作业及检维修流程图目录40个（其中综合管理10个、动设备6个、静设备12个、电仪12个），对照流程图，应用作业前安全分析（JSA）工具，进行风险辨识和分析。2016年，宁夏石化又绘制35个作业流程图（涉及设备专业21个、电仪专业14个）。在2014年炼油装置大检修、2015年化肥装置大检修、2017年上半年炼油和化肥装置大检修期间，上千人、上百台机具同时作业，均实现了零事故目标。

3. 三类制度提供风险控制的落实依据

宁夏石化在利用流程图分析风险、制订措施的基础上，将风险措施全部纳入规章制度。

一是管理规章。2015年4月，宁夏石化制订《规章制度管理规定》，明确把管理规章分为三类，一类需要职代会审查，二类需要总经理办公会审查，三类需要主管经理组织业务部门审查，明确安全生产制度属于一类，要求制度制、修订要先绘制业务流程图、分析风险和制订措施，并将措施写到制度中。规章制度的起草、修订实行立项管理，由负责起草、修订的处室或直属部门向企业企管法规处申请。同意立项的规章制度，由处室或直属部门起草或修订，在起草或修订与该规章制度相关的业务流程的基础上，起草、修订形成征求意见稿。另外，起草、修订的处室或直属部门负责向相关单位征求意见，涉及安全类的管理规章要征求工会意见。同时，明确要对法律法规组织企业合规性评估，并根据评估结果修改制度。2014年，对《安全生产法》开展企业合规性评估，发现并整改24项问题；2016年，宁夏石化制修订、发布《会议管理办法》《保密管理规定》《通信管理规定》等41项制度，目前共有规章制度235项。

二是企业标准。宁夏石化将企业标准分为管理规范、技术规范、作业规范三类。仅 2015 年，企业就制订《劳动防护用品配发规范》《生产现场应急物资储备规范》《消防队伍专兼职消防员配备规范》《消防队伍装备、器材及个人防护配备规范》《专职消防员体能基本要求》《兼职消防员体能基本要求》《生产现场急救员配备规范》七个安全标准。2016 年，宁夏石化又新制订并发布《粉状高氮肥》《HSE 合同编制规范》《安全目视化标识应用规范》3 项企业标准；修订发布《劳动防护用品配发规范》《聚丙烯树脂》2 项企业标准；废止《新型低膦缓蚀阻垢剂 NH－01》《全有机缓蚀阻垢剂 NH－99》2 项企业标准 。

三是操作（作业）规程。宁夏石化利用工作循环检查（JCC）的方法对操作规程、工艺卡片和检维修规程进行评审。在操作规程中明确安全风险防范措施；在操作卡中增加工艺流程示意图，明确能量隔离和上锁挂签点，防止能量或危害物质意外释放造成事故。班组长以上管理人员、技术人员按规定频次到现场开展安全观察与沟通，通过现场观察，面对面与员工沟通，制止人的不安全行为，交流安全的做法和建议，并将通过对事故事件、安全观察的数据进行统计分析，绘制出宁夏石化安全预警曲线图，做到风险隐患的前瞻性管理，将管理缺陷及早发现、及时整改。2016 年，宁夏石化利用工作循环检查（JCC）的方法对 57 本操作规程、38 套工艺卡片进行年度评审；在原来检修作业规程管理的基础上，编制目前在用的所有检修作业规程清单（化肥业务及电仪部共 635 个规程、炼油厂 497 个规程），并分阶段对 1030 个规程进行复审，并修订完善 32 个检修作业规程。

4. 一个信息化平台实现企业管控的精细智能

一是计算机终端。宁夏石化管理人员以及基层班组长，人手一台计算机。2012 年，企业信息系统整合初期，研究 65 个应用信息系统的集成集中应用和数据整合，实现信息门户中“个人待办提示模块”（信息提示小黑板）的开发及上线运行；2015 年，全面完成涵盖企业设备管理、经营管理、决策办公等在用 65 套信息系统中的 41 套信息系统的单点登录和待办提取，实现生产关键数据展示和业务系统待办工作的处理；2016 年，建成炼化企业首家企业级中心数据库，快速准确查询数据信息，建设含 6 台服务器的虚拟化平台，可同时运行 23 套系统（新增网络日志、销售信息平台系统），完成 17 个业务线上提报及审核功能的开发，同时完成物资网络超市平台，实现劳保线上提报，实现职业健康体检线上预约，使计划、生产、设备、投资、财务等业务均实现网上办公，规章制度中的风险防控措施也都实现自动控制、远程监控、提醒功能。其中，由中国石油总部开发的 HSE 信息系统和应急管理信息系统得到充分应用，实现应急远程指挥功能和信息及风险数据库资源的共享。

二是防爆手机终端。2015 年，宁夏石化在中国石油的支持下，进行了两项试点。第一项试点是通过建立巡检管理系统，引入安全受控手持终端，实现巡检路线智能规划、人员实时跟踪、路线轨迹记录、信息实时传输、异常信息同步提醒。第二项试点是按照一步一确认、一步一许可的管控思路，根据企业作业区域、设备等信息建立装置区的风险数据库，将物联网技术和安全受控手持终端引入作业许可管理。技术人员可通过系统提前进行检修作业预约；检修人员、属地工艺人员、监督监护人员应用安全受控手持终端，逐步确认作业中的风险与应采取的控制措施，（实现）对动火、动土、临时用电、进入有限空间、高处作业、起重作业、管线打开七种高危作业的预约、审批、作业、关闭等全过程进行管控。2016 年，使用安全受控手持终端累计巡检 9456 人次，检维修 1319 项，极大地提高了工作效率。

（四）完善体系高效运行的机制措施

1. 确定运行模式，突出风险管控作用

宁夏石化综合管理体系借鉴卓越绩效管理体系和壳牌公司风险管理体系的运行架构，建立起既满足质量、计量、HSE 等体系的管理要求，又符合宁夏石化管理实际，遵循 PDCA 循环的运行模式。综合管理体系所包括 7 个一级要素和 31 个二级要素的运行模式主要包括三个层次。一是公司层面运行要素，分别为领导、战略、管理评审。通过每年的管理评审验证领导、战略要素运行的符合、有效性；二是专业管理层面运行要素，分别是资源、审核（审计），通过审核（审计）验证专业管理部门在人力、资金、科技、物资等 9 大资源调配的符合、有效性；三是基层管理层面运行要素，分别是风险、实施、监测。此层面是风险管控的核心，风险主要来源于现场装置的实际运行。针对风险要有控制措施，控制措施是否有效要进行定期和随机的监测。

2. 明确管理职责，实现统一归口管理

2014 年，明确企管法规处是风险管控体系的归口管理部门，将原质量安全环保处负责的质量管理体系、HSE 管理体系，审计处负责的内控管理体系，生产处负责的测量管理体系、能源管理体系的外审工作统一由企管法规处负责，并将相关人员调入企管法规处。要求企管法规处全面负责体系手册维护、体系内外审组织、体系管理评审、内审员培养等工作。另外，宁夏石化将综合管理体系建设的 25 项支持性文件的管理工作，分配到相应专业部门，并明确到具体人员，实现统一、规范管理，便于日常或内外部审核查阅及后续更新和维护。

3. 优化内外部审核，把脉体系运行质量

宁夏石化针对外部审核，明确各专业部门的职责和实施流程，使外部审核的运行更加规范、合理，充分发挥专业部门的职责和联动作用。企管法规处主要负责审核人员的接待、审核会议的组织、审核发现问题的分发和跟踪验证，各专业部门具体负责审核过程的陪检、具体审核事项的落实和发现问题的整改。2015 年内审是综合管理体系内审的第一次尝试。2016 年，接受中国石油天然气集团公司及第三方管理体系审核共 9 次，其中外部第三方认证，实现质量管理体系和能源管理体系认证，一家认证单位、一次认证审核、发两证。通过审核，验证宁夏石化多管理体系整合是可行的，也是符合企业管理发展方向的。

4. 关注审核员培养，组建综合性人才队伍

2015 年，借助测量管理体系审核员换证和质量管理体系国家标准换版的机会，先后组织 3 期共 63 人的内、外部取证培训，扩充审核员的数量和取证类型，并逐步筛选具备多项审核资格的人员，作为综合管理体系的审核员；2016 年，宁夏石化聘请外部专家对公司 80 名审核员进行管理体系标准及审核技巧的再培训，强化内审员的培养。

5. 重视管理评审，验证体系的符合有效性

宁夏石化每年组织一次管理评审，一般通过公司 HSE 委员会会议进行管理评审，会议由总经理主持，评审结果以会议纪要下发。2016 年，宁夏石化结合当前管理体系的运行实际，经过对内、外部审核发现问题的深入分析和对各单位的深入调研，编写形成《综合管理体系运行评估报告》，对体系构架、管理要素、实施要求及在企业生产经营管理中发挥的作用等方面进行深入分析，从公司层面提出了体系在标准化、规范化和信息化方面还需进一步改进、完善的重点问题，明确体系下一阶段改进和优化的方向，实现持续改进的要求。

三、基于互联网的多管理体系整合管理效果

（一）建立了系统高效的风险防控屏障，事故事件大幅下降。

综合管理体系的建立，汲取了原有多个管理体系的成功经验和有效做法，理顺了企业风险管理的脉络，确定了风险识别、分析、控制的基本流程和规范。特别是互联网信息技术的应用，使人、财、物各方面资源得以充分利用，风险管理更为便捷高效，风险辨识的精确度、风险分析的科学化，管控措施的有效性得到了保障。事故事件（包括工作外事故）由 2012 年的 230 起，下降到 2016 年的 94 起，下降幅度达到 59.13%，杜绝了亡人和重伤事故。2015 年 10 月，按照国家安监总局要求，由挪威船级社（DNV－GL）使用国际安全评级系统（ISRS）对宁夏石化安全管理情况进行量化评级，经过现场评估

和量化定级，安全管理绩效达到了 ISRS 的五级。在 2016 年全国安全生产工作会议上，作为央企受邀做经验介绍，会议后国家安全生产监管总局领导专程到宁夏石化现场调研。

（二）提升了企业综合管控能力和水平，夯实了管理基础

综合管理体系以基础工作为抓手，将管理触角延伸至班组和每一个员工，将风险理念和系统化、规范化的思维渗透到生产经营各环节和员工工作生活，影响和带动了企业生产、设备、质量、健康、环保、财务、科技、人事等各领域管理工作，夯实了基础管理工作，推动了企业整体管控水平的提升。宁夏石化炼油装置在中央企业能效对标中，连续两年被评为中型炼油最佳实践企业。2016 年，在中国石油炼化板块的工艺指标平稳率监控中，累计平稳率达到 99.97％，达到历史最好水平；合成氨装置 A 类长周期实现建厂 30 年来最好纪录；创造了连续 7 年来最好的经营业绩，实现销售收入 206 亿元，利润 15.2 亿元，税费 95 亿元。

（三）形成了新型管理模式，为中国石油管理提升提供支持

综合管理体系建设的探索创新和实践，得到了中国石油天然气集团公司的认同和肯定，2014 年，中国石油天然气集团公司将宁夏石化确定为管理体系整合的试点单位之一。宁夏石化积极提供各方面的支持，为中国石油的管理体系整合提供了体系整合的标准。2015—2016 年多次在中国石油天然气集团公司管理体系整合交流会议上发言，介绍宁夏石化综合管理体系建设经验，得到了与会单位的一致好评，很多成功经验被兄弟企业借鉴引用，先后有大庆油田、塔里木油田、独山子石化等 20 多家单位到宁夏石化考察学习。

（成果创造人：陈　坚、吴庆善、刘玉民、梁国斌、高耀廷、马会涛、温海明、吴志炯、马朝龙、朱建立、陈攀峰、杨学刚）

铁路运输企业基于微信平台的移动化管理

中国铁路呼和浩特局集团有限公司

中国铁路呼和浩特局集团有限公司（以下简称呼和浩特铁路局）地处我国内蒙古自治区中西部，北傍阴山山脉，南临黄河，是连接我国西北、华北、东北物资运输和我国通往蒙古、俄罗斯及东欧的重要陆路通道。目前，呼和浩特铁路局管内有京包（北京至包头）、包兰（包头至兰州）、集二（集宁至二连浩特）3条国铁干线，乌吉（乌海西至吉兰太）、包石（二道沙河至石拐）、包环（包头东至昆都仑召）3条国铁支线，集通、集张、集包、包西、临策、西甘、包满、海公、新恩陶9条控股合资铁路，呼准、东乌、郭白3条参股合资铁路，联络线10条，疏解线1条，总营业里程6646公里。管辖单位56个，其中生产站段31个，在职职工人数68959人。2017年开通“草原高铁”——呼张高速铁路呼和浩特东至乌兰察布段，开启了自治区高铁时代。

一、铁路运输企业基于微信平台的移动化管理背景

（一）传统管理手段不适应现代铁路企业发展要求

随着高速列车的开行和货物物流的快速周转，现代铁路企业对工作效能、数据实时性、信息有效性的要求不断提高，单纯依靠局域网络的传统管理手段，无法满足现代企业发展的需求。铁路线路长，区间多，发生问题的现场往往不具备局域网条件。传统管理方式必须要返回局域网环境下利用信息系统完成信息传递，无法实现信息实时交换；铁路局域网建设的难度大、成本高。铁路职工工作环境复杂多变，扩展局域网覆盖面需要投入大量资金，建成后仍需投入人力物力进行维护，加之局域网络集中在车站、工区等人员密集位置，漫长的铁路线路上无法实现覆盖。为适应铁路企业管理要求，解决地区分布广、偏远地区多、管理难度大的问题，呼和浩特铁路局应当在已建立铁路局域网络基础上，运用现代信息技术，深入开展铁路信息化建设，形成定点管理与移动化管理相结合的管理模式，更好地满足现代企业发展要求，提高企业管理水平，推动企业高效发展。

（二）构建移动化管理体系是提升企业管理效能的必然选择

铁路运输企业承担着运输经营主体责任，业务分工复杂、职工分布分散、工作环境多变，集中管理难度大。必须充分利用“互联网+”，依靠前沿信息技术，引入先进管理理念，构建基于互联网基础上的移动化管理体系，充分利用移动互联网优势实现取长补短，确保重要信息高效、实时传递，不断增强企业核心竞争力、影响力、公信力。构建移动化管理体系具有明显优势：一是移动互联网的覆盖范围更广，普及性更高。二是铁路企业无须投入资金建设基础网络和硬件设施，由局域网投资、管理者变为互联网使用者，为企业节支降耗创造条件。三是铁路基层单位计算机终端不足，而手机持有率较高，可大幅提升终端覆盖率。构建基于“互联网+”的移动化管理体系，能够有效弥补传统管理方式的不足，是提高企业管理水平的有效途径，是呼和浩特铁路局提升企业管理效能的必然选择。

（三）企业微信平台为企业移动化管理提供了有力手段

铁路企业管理严格，注重安全、高效，管理项目繁杂，岗位分工较细。企业微信平台具有仅面向企业内部职工开放，消息发布数量无限制，分权限、分等级管理等特点，十分契合铁路企业的管理。更重要的是，企业微信平台各类应用模块可根据企业需要自由配置，可涵盖铁路安全、协同办公、职工培训、企业宣传等各方面，全面提升企业管理效能。对于职工而言，无须下载任何插件或工具，只要通过手机“微信”，便可以方便地使用企业微信平台的各类应用模块，普及性高、可扩展性强。实现铁路移

动化管理，采用企业微信平台方式更加符合铁路企业管理特点，更易满足平台推广和职工使用需求，是与“互联网＋”深度融合的最佳选择。

二、铁路运输企业基于微信平台的移动化管理内涵和主要做法

呼和浩特铁路局依据管辖范围内点多线长、位置偏远、岗位分散的管理特点，围绕“强基达标、提质增效”的工作主线，以企业管理的重点、难点为抓手，以提升企业管理效率和水平为目标，紧密结合运输企业生产实际，充分运用现代信息技术，构建以掌上管理、学习培训、党建宣传、职工服务、主题活动为主要功能的铁路运输企业“1＋5＋N”移动化管理体系，即一个微信平台、5个子平台、N个应用模块体系，全面实现企业安全应急、职工培训、客货营销、企业宣传、职工服务等各项管理工作的移动化，提升企业管理效能和工作效率。主要做法如下。

（一）明确企业微信平台的建设思路、原则和目标

1. 实现铁路运输企业移动化管理，构建企业微信平台的总体建设思路

一是有的放矢，以点带面。平台建设不能大而全，要以铁路企业管理重点、难点为抓手，选取亟待解决的几个管理难题，搭建企业微信平台架构，实现相应功能，打牢平台骨架，为不断扩充平台应用，扩展平台功能奠定基础。先以“安全管理”“协同办公”“职工培训”三大功能模块为突破口，率先实现安全、办公、培训三方面管理的移动化，逐步扩展移动管理平台功能。

二是构建铁路局、站段两级应用架构。企业微信平台归根结底要为广大职工服务，必须激发站段的积极性，变被动接收为主动关注。平台不仅需要顶层设计，自上而下建设，也需要创建针对性更强的站段级应用，构建铁路局、站段两级应用架构。以集宁站、乌海车务段为试点，建设站段级应用模块，逐步向全局推广。

三是整合资源，统一平台管理。优化整合铁路局已建成使用的“安全风险管控系统”等各类管理系统和“呼铁电视台”等微信订阅号，统一部署到企业微信平台中，变分散管理为集中管理，节约管理成本和经济成本。以“呼铁手机报”为典型，纳入企业微信平台集中管理，既丰富宣传内容和形式，又为铁路局省去运营商通信费用，一举两得。

四是按计划、分步骤逐步扩充平台功能。组织各管理部门提报平台建设需求，列入年度微信平台建设计划，实行计划管理，有序推进平台功能拓展工作。

2. 实现铁路运输企业移动化管理，构建铁路企业微信平台的基本原则

一是坚持统筹推进的原则。企业微信平台建设立足全局，从便捷管理角度出发，统筹考虑，统一部署。

二是坚持资源共享的原则。企业微信平台建设涉及内网应用、外网建设、管理后台等多方面工作，在应用资源、人员信息、系统数据等资源方面应充分共享，发挥数据和信息价值，全面提升资源利用水平。

三是坚持创新驱动的原则。微信企业号是新生事物，应紧跟时代发展和技术进步，与业务创新紧密结合，引领业务变革，不断增强创新能力，支撑全局战略发展。

四是坚持安全发展的原则。企业微信平台建立在互联网上，并与内网存在数据交互，其网络安全性、数据安全性尤为重要。应以安全为前提，以安全保发展，确保平台数据安全、系统安全和基础设施安全，保障平台安全运行。

五是坚持正确导向的原则。企业微信平台建立在“微信”基础上，职工方便查看、阅读的同时，应坚持正确的舆论导向，严格规范消息发布内容，避免成为不当舆论的发起中心。

3. 实现铁路运输企业移动化管理，构建铁路企业微信平台的建设目标

将企业微信平台建成集掌上管理、学习培训、党建宣传、职工服务、主题活动等功能为一体的铁路

综合性移动平台，提升广大干部职工管理效能和工作效率，提高企业综合管理水平和核心竞争力。

（二）基于企业微信平台，实现“安全应急管理”移动化

1. 安全管理移动化，有效卡控安全风险

安全始终是铁路的生命线，铁路实施安全风险管控，已在局域网建立安全风险管控信息系统，为及时上报安全问题，消除安全隐患提供极大便利。微信平台建设的“安全管理”应用模块，依托内网安全风险管控系统，实现随时随地通过手机快速、准确提报安全问题。手机提报的安全问题，通过铁路局网络安全平台，可直接同步至内网安全风险管控系统，实现内外网数据安全交换，实现新老系统一体化管理。“安全管理”模块主要有问题上板、考核确认、问题查询等功能。发现安全问题后，通过“问题上板”功能，录入安全问题具体信息，通过“确认考核”模块确认责任人、责任单位等信息，并同步至内网系统。通过“问题查询”功能可查到用户已提交、已确认的问题明细等。

“安全管理”模块建成后，各级安全风险管理人员，都是“安全管理”模块的信息传递者。例如，临策线地处内蒙古西部戈壁大沙漠，沿线 768 公里荒无人烟。安监检查队员在临策线检查工务道床时，发现风沙侵入道床覆盖线路隐患，危及行车安全。随即拿出手机，几分钟内上传到企业微信平台“安全管理”模块。后台数据同步后，临策基础部管理人员在内网安全风险系统中收到问题提示，立即组织人员赶赴现场处理，将风险隐患扼杀在萌芽状态。从发现问题到信息传递再到解决问题，企业微信平台搭建安全隐患快速处理的高速路，为铁路行车安全提供保障。

2. 应急管理移动化，实现快速应急处置

铁路点多线长、环境地形复杂，一旦发生雨雪风沙等自然灾害，信息传递速度十分关键。通过“应急信息上传”模块，现场职工可利用视频、图片、语音、文字、地理位置信息等形式，快速上传至铁路局应急指挥中心，信息传递无障碍，响应速度快，为应急指挥提供保障。

运用“应急信息上传”模块，职工可与局领导、站段负责人等各级管理者直接对话。例如，2017 年 6 月，呼铁局管内普降大雨，察素齐站涵洞积水严重超限，危及行车安全。察素齐工务工区职工发现险情，立即通过微信拍摄现场照片，并附语音说明，通过“应急信息上传”模块，直达调度所应急指挥中心。指挥长确认险情后汇报主要局领导，果断下达临时停车命令，组织人员排除险情，避免行车安全事件发生。这一典型事例说明，企业微信平台已成为应急信息“直通车”，每一位身处现场的职工可以直接将现场具体情况上传至主管部门及局领导，达到应急信息最快响应速度，确保行车安全。

（三）基于企业微信平台，实现“营销管理”移动化

随着铁路货运营销机制体制变革，铁路企业确立以市场为中心的经营主体地位，要求每一名铁路职工，大力提高营销能力，挖掘潜在市场。微信平台创建的“客货营销”模块，可随时查询货物品名、发到站、运价等关键货运信息和列车余票、正晚点、检票口、停靠站台等关键客运信息，为实现“全员营销”提供便捷查询，极大地提升企业营销能力，为提升企业经济效益创造条件。

通过企业微信平台“客货营销”模块，所有职工都能成为营销员，掌握企业关键信息。例如，沙良物流园建设初期，一名非货运职工发现货主有运输需求，苦于不明铁路运价情况，想选择公路运输。此时，该职工在“客货营销”模块上，输入货物，发到站等信息，查询运费、运到时限等关键信息，及时为货主算明白账，顺利快速完成货物发送，并建立长期合作关系。“客货营销”模块的应用，使铁路运力运价等信息尽在掌握，各岗位职工均能成为推销员，配合企业的营销奖励政策，达到企业、职工效益双丰收。

（四）基于企业微信平台，实现“协同办公”移动化

铁路企业通过网络处理的日常办公文件、电报等，大体可分为两类，一类是只允许在铁路局域网环境下流转的，如印有红头、公章及各级文件规定的不允许经互联网传播的文件、通知等；另一类则是可

以通过互联网传播的，如普通的会议通知、事项通告等。针对第二类材料，依靠传统办公方式，其传阅时间较长。特别对一些人数较多、组织机构较复杂的基层单位，依靠局域网采用逐级传阅的方式处理，流转周期长，效率不高。为扩展消息传递渠道，提升工作效率，在企业微信平台上创建集通知公告、督查督办、重点工作等为一体的“协同办公”模块，简化办公操作，缩短流转时间，提升办公效率。各单位、部门将需要传阅的文件添加到平台中，选择传阅人；传阅人可对文件做出批示，并增加流转流程；系统自动留下批示内容及时间。同时，该模块还可实现消息定点群发，将需要周知的事项和普通会议通知内容，直接发送到相应职工手机微信上，省去流转、批复、传阅时间，提高信息传递效率。

（五）基于企业微信平台，实现“学习培训”移动化

1. 运用“职工培训”和“网络学院”模块，稳步提高职工队伍素质

职工教育、学习培训一直是铁路局一项长期性重点工作，长久以来，职工学习主要依靠纸质材料或局域网信息系统，受时间、地域、网络限制。为解决这些问题，在企业微信平台上创建“职工培训”和“网络学院”模块，分别针对职工和干部，可充分利用碎片时间、业余时间移动化学习，极大地提高职工学习兴趣，并实现网络考试、继续教育、公开招聘、网上报名等一体化功能。职工利用这两个模块，无论在家里、在路上，休班时、入睡前，都能随时随地学习专业知识、模拟专业考试，充分利用碎片时间，化零为整，轻松学习。

2. 运用“掌上规章”模块，实现规章电子化

铁路各类规章制度是确保安全生产的重要保障，是保证运输经营的基础，直接指导一线生产作业。由于铁路规章类目繁多，纸质规章不易携带，不便于职工学习掌握，为此在企业微信平台中创建“掌上规章”应用模块，将铁路各类规章分门别类纳入，实现规章电子化、移动化。职工可随时查询，便捷使用，受到广泛好评。2017 年恰逢内蒙古自治区成立 70 周年，内蒙古高铁的开通，开启了自治区“高铁时代”，随之而来的是职工必须快速学习、掌握高速铁路各项规章，确保高铁安全稳定运行。包头车辆段动车所职工自从开通“掌上规章”模块，对高铁技术要求、规章规定等随用随查，帮助建立快速学习通道，学习效率和效果显著提升。

3. 利用微信平台的交互功能，举办各类主题活动

为巩固职工学习成效，利用微信平台强大的交互功能，先后举办“一站到底”闯关竞赛答题活动、“安全生产月”知识竞赛活动、“党纪党规党史”有奖答题活动等，激发职工的关注热情，保持平台高使用率，让知识学习、技能学习在职工当中流行起来，极大地激发了职工参与热情，达到良好的学习、宣传效果。

（六）基于企业微信平台，实现“职工服务”移动化

1. 通过微信平台实现个人重要信息实时查询

为更好地服务职工，关心职工，创建与职工切身利益息息相关“个人事项查询”模块。如“公积金查询”，职工可随时掌握个人公积金信息，了解自治区住房公积金相关政策，以及其他与职工利益相关的事项。该模块推出后，深受职工欢迎，短短数日，访问量超过 2 万余人次。

2. 运用微信平台为职工建立流动图书馆

为更好地建设职工精神家园，在企业微信平台中创建“呼铁图书馆”模块，可随时免费阅读具有影响力的、流行的、弘扬主旋律的图书、报纸；可实现在线阅读、借阅、收藏、下载等功能，界面简洁，交互性强。该模块已纳入 1 万册图书，15 份报纸，职工业余文化生活又添色彩。

3. 通过微信平台开展“感动呼铁”先进事迹投票

为配合“感动呼铁”先进人物和事迹评选活动，作为多媒体投票方式，微信平台增设“感动呼铁”模块，展示典型事迹，公开投票评选，还可以在评选末尾留言，支持所选人物。“感动呼铁”人物评选

已经成为铁路局精品活动，微信平台的开通，为广大职工提供了更加便捷的投票通道，参与人数和留言次数明显提高。

（七）基于企业微信平台，实现“党建宣传”移动化

1.“呼铁手机报”模块，打牢铁路企业宣传品牌

“呼铁手机报”是呼铁局品牌项目，在微信平台建设前，使用短信、彩信方式发送到职工手机上，文字数量、图片大小等均有限制，不仅束缚手机报的宣传效果，每年还需要支付200多万元的通信费。微信平台建立后，“呼铁手机报”改为通过微信平台以微信消息的方式发送到职工微信中，每日一条手机报，加入图片、动图、视频等多媒体形式，版面更有吸引力，职工阅读兴趣大大提升。内容上增加重点解读、一线传真、高铁安全、党建宣传、行业聚焦、小故事等多个板块，更加丰富多样。企业微信平台上的“呼铁手机报”模块，已成为铁路局职工每日必读的重要内容，平均日阅读量达1万余人次。每日一条“呼铁手机报”微信图文消息，成为企业对内宣传的最主要渠道。

2.“理上网来”模块，解读理论学习热点

讲解自治区、总公司区域、行业发展战略等重要内容，以生动鲜活的形式、朴实通俗的语言，回答理论热点，解读实践问题，坚持思想性与可读性并重，指导性与服务性兼顾，为基层站段、车间班组送上一份理论学习的精神食粮。

（八）规范平台管理，保障稳定运行

为规范企业微信平台管理，明确专业部门职责，划定平台信息维护范围，加强平台监督管理，保障平台管理有序、运行维护稳定。

1. 组织机构层面

确立以局领导为组长、各业务部门为成员的企业微信平台领导小组，全面负责平台管理、建设。明确小组成员职责，做到分工配合，权责分明，共同承担平台推广应用，强化平台管理组织机构。

2. 应用模块管理层面

遵循“谁主管、谁负责”的原则，由业务部门收集、整理、提报本专业应用模块建设需求，组织平台主管部门、技术主管部门审查建设方案、组织方案实施。同时，制定平台应用模块增加、修改、删减流程，使平台管理制度化、规范化。

3. 基础信息维护层面

一是确认职工个人信息、部门信息、手机号码等信息，及时录入。二是制订日常维护方法，定期对基础信息更新维护。三是基层单位遵循“谁使用、谁维护”的原则，采用分散维护方式，及时更新基础信息，确保信息准确、完整。

4. 监督考核层面

为确保微信平台正常运行，确立监督考核机制。以全局经营绩效考核为依托，主要统计、整理基层单位信息维护及时性、完整性和平台关注度、活跃度数据，采取日常监督与月度考核相结合的方式进行业绩评估，确保平台各项管理指标落到实处。

5. 平台维护和动态优化

按照信息化运行维护管理机制，将平台运维等级定为三级，纳入全局已有的信息系统等级运维体系。定期开展平台维护质量评比，提高平台维护水平。在日常运营过程中，对平台功能、故障问题采取随时发现随时解决的策略，确保平台稳定运行。

6. 与既有管理系统无缝衔接

基于微信平台的移动化管理并非独立运作，通过信息技术手段实现微信平台数据与内网数据安全交换，能够与既有管理系统无缝衔接，构成统一整体。以应急管理为例，通过微信平台实现应急信息采

集、传递、处理、反馈的移动化，并利用内外网数据交换技术，进入既有应急指挥系统，结合已建立的应急启动、应急指挥、应急处置等管理体系，相互协调，共同作用，达到高效传递应急信息，快速响应应急事件的目的。

三、铁路运输企业基于微信平台的移动化管理效果

（一）转变了铁路企业管理方式

企业微信平台的建立，是铁路企业与“互联网＋”深度融合的一次大胆尝试，改变了铁路传统管理方式，构建了移动化管理体系，实现了安全管理、应急管理、营销管理、办公管理、培训管理、宣传管理和职工服务管理的移动化，提升了重要信息传递效率，提高了企业经营管理水平。随着应用模块不断扩展，功能不断丰富，铁路移动化管理不断深入，将为铁路企业提升管理效能，扩展经营范围，扩大市场份额，提高企业核心竞争力提供更加坚实的支撑。

（二）为企业发展提供了内在动力

2016 年，企业微信平台已建成 10 大模块共 103 个应用，关注人数突破 47500 人，占全局正式职工的 90％。平台各项功能中，“呼铁手机报”平均日阅读量 8400 余人；“职工培训”模块日均点击量 4000 余人；“个人事项查询”日均点击量 1000 余人；各部门、单位使用“通知公告”模块累计发送消息 1000 余条/月，“站段手机报”累计发送 240 余期/月。职工已成为信息发布、信息传递、信息接收的主体，一张庞大的以每一位职工为信息点的铁路信息高速传播网已经形成。平台各类信息快速传递，各模块功能有效运用，为企业职工提供便捷工作渠道，为企业管理提供实时准确信息，为企业经营发展提供决策依据。

（三）全面助推企业和区域经济效益提升

铁路管理移动化实施以来，企业和区域经济发展显著提升。对铁路局而言，2017 年上半年，货物发送量完成 8628 万吨，同比增加 937 万吨，增长 12.2％；货物周转量完成 493.7 亿吨公里，同比增加 79.9 亿吨公里，增长 19.3％。旅客发送量完成 1670 万人，同比增加 123 万人，增长 8.0％，旅客周转量完成 72.4 亿人公里；同比增加 1.9 亿人公里，增长 2.7％。对区域经济而言，2017 年“草原高铁”的开通，开启了自治区的高铁时代，是拉动区域经济发展的重要力量。构建基于企业微信平台的铁路移动化管理，提升了铁路局管理品质和经营效益，为自治区经济和社会发展提供了持续推动力。

（成果创造人：席建国、曹云明、胡汉锋、骈文波、王秀山、石三黑、石　光、张　涛、王　馨、李　超、贾　鹏、仲瑞善）

大宗物资无车承运人服务平台的构建与运营管理

成都积微物联集团股份有限公司

成都积微物联集团股份有限公司（以下简称积微物联）原名为攀钢集团成都投资管理有限公司，成立于2013年7月，2017年7月25日更名为成都积微物联集团股份有限公司，是攀钢集团实施战略转型升级，发展电商、物流、金融等非钢产业而成立的供应链服务平台公司。积微物联以“通江达海、积微速成”为经营理念，以“平台、服务、跨界、产融、生态”为发展战略，业务涵盖电商（贸易）、仓储、运输、金融、加工、配送等领域。目前已拥有成都达海金属加工配送有限公司、成都积微物联电子商务有限公司、攀钢成都汽车零部件有限公司、攀中伊红金属制品（重庆）有限责任公司和云南达海物流有限公司等五家子公司。

一、大宗物资无车承运人服务平台的构建与运营管理背景

（一）贯彻落实国家“互联网+物流”战略部署的需要

2015年9月，国务院办公厅《关于推进线上线下互动加快商贸流通创新发展转型升级的意见》提出，大力发展智慧物流，运用北斗导航、大数据、物联网等技术，构建智能化物流通道网络。发挥互联网平台实时、高效、精准的优势，对线下运输车辆、仓储等资源进行合理调配、整合利用，提高物流资源使用效率，实现运输工具和货物的实时跟踪和在线化、可视化管理，鼓励依托互联网平台的“无车承运人”发展。国务院《关于加快构建大众创业万众创新支撑平台的指导意见》指出，积极探索无车承运物流等领域的准入制度创新，通过试点示范等方式，为新模式新业态的发展营造政策环境。交通运输部《道路运输业“十二五”发展规划纲要》中明确提出，引导和规范货运代理、无车承运人等运输组织的发展，鼓励拓展现代物流服务；协调政府相关部门，系统解决阻碍甩挂运输、网络化运输、无车承运等先进运输组织模式发展的法制障碍。《关于推进改革试点加快无车承运物流创新发展的意见》明确指出，目前我国无车承运人发展尚处于起步探索阶段，在许可准入、运营监管、诚信考核、税收征管等环节的制度规范还有待探索完善。通过开展试点工作，逐步调整完善无车承运人管理的法规制度和标准规范，创新管理方式，推动实现线上资源合理配置、线下物流高效运行，推进物流业供给侧结构性改革，促进物流行业“降本增效”，提升综合运输服务品质，打造创新创业平台，培育新的经济增长点，全面支撑经济社会发展。

（二）解决物流行业“小、散、乱、差”发展弊端的需要

我国公路物流业较发达国家落后近20年，车辆空驶率达40%以上，对环境、能耗、交通基础设施等的负面影响巨大，存在的突出问题是“小、散、乱、差”。“小”是指经营主体规模小、数量多。全国公路物流企业有750多万户，多数物流企业仅拥有货车1～5辆。“散”指的是经营运作处于“散兵游勇”状态，产业的组织化水平很低，90%以上的运力掌握在个体运营司机手中，行业集中度仅为1.2%左右。“乱”指的是市场秩序较乱，竞争行为不规范，诚信体系缺失，“骗货”事件时有发生。“差”指的是服务质量差，经营效益差。由于物流市场的小、散、乱、差，议价模式不规范，物流运输管理体制不健全，管理技术更新慢，信息化程度不高，物流管理的成本收益分析不足，专业化人才缺乏等原因造成物流行业成本居高不下。整治行业诟病，建立新的运行体系成为行业健康持续发展的需要。

（三）降低攀钢物流成本、提升公司产品竞争力的需要

攀钢地处西南腹地，北距成都700公里，南距昆明300公里，物资运输主要靠南北通向的成昆铁路和一条京昆高速，公司产品销售主要发往西南、华南、华东、华中、西北等区域。攀钢大宗原燃料主要来自西南、西北地区，主要运输方式也是为铁路、公路。与国内其他大型钢铁企业相比较，物流运输模式单一，物流成本高，一吨钢铁产品攀钢物流成本比鞍钢高100多元。2016年以前，攀钢各单位物流运输采取的是各自为政的管理方式，每家单位的物流业务独立开展工作，加上不能有效的利用物流资源（承运商、车辆等），导致整个攀钢集团的物流成本一直居高不下。在此背景下，创新物流管理模式，整合内部物流资源，打通信息孤岛，提升管理效率，建立市场化、公开化的物流管理平台，以降低物流综合成本，已成为攀钢集团发展的内在需要。

二、大宗物资无车承运人服务平台的构建与运营管理内涵和主要做法

积微物联主动以国有企业转型升级为主线，以“互联网+”为指导，以解决传统物流模式痛点为切入点，依托物流基地网络和积微物联平台，集约整合货源、承运商等物流资源，为用户提供在线竞价找货（找车）、在线车辆调度、全程可视跟踪、线上客户服务、在线支付结算一体化运输解决方案，打通货主与承运人一票到底的连接，构建全程透明、标准贯穿 、高效执行的智慧物流生态圈。主要做法如下。

（一）厘清思路，做好路径规划

1. 明确运作思路

积微物联以无车承运人运作模式，通过互联网平台整合社会运力资源，通过多式联运，多方案优化，为用户提供物流整体解决方案，打造为西南地区最大、全国极具竞争力的大宗物资互联网物流服务商。积微运网无车承运人物流服务平台是作为承运人与货主签订运输协议，承担运输责任；同时通过互联网平台将实际运输任务委托给实际承运人，对实际承运人进行专业化管理的互联网物流服务平台；简单说就是以协议方式对货主履行承运人责任，并通过互联网系统对实际承接人进行管理的第三方物流服务平台。

2. 制订发展规划

第一步，整合攀钢供销两端运输货源，集团公司通过行政手段将供销端运输业务交积微运网，积微运网利用互联网技术，通过平台竞价确定承运人，以此积聚货源，吸引承运人，形成运力池。第二步，积微运网将平台资源助力积微CIII平台的电商、仓储等业务开展，并通过CIII平台开展的一体化业务，进一步做大平台货运量，吸引承运人，形成更大运力池。第三步，以平台拥有的庞大运力池为依托，拓展社会货源，让货源和运力相互促进，进一步扩大运力池。第四步，将成都和攀西地区通过货源积聚吸引承运人、货源和运力相互促进的模式向重庆、云南、贵州等地复制扩张，辐射全国，使得货源与运力互动互促，平台资源不断聚集，实现螺旋上升的良性发展，不断扩大运力池。第五步，平台聚集效果显现后，平台车辆和驾驶员为物流后端业务开展提供了资源，围绕司机端开展住宿、餐饮等服务业务，围绕车辆开展在线货运保险、汽车金融、加油、轮胎等配套服务业务，将平台打造成物流全产业生态链。

3. 打造运营模式

大宗物资无车承运人服务平台立足打造成货主、承运人、司机等多方共赢的物流生态圈，主要运营模式包括积微快运和积微专运两种。积微快运以社会零散用户为主，主要以撮合模式（不通过平台结算，只收取服务费）开展运输业务。积微专运以攀钢及其他企业用户为主，按承运人身份开展运输业务，是构建运力池的主要货源来源。

4. 构建商业模式

物流前端：以拓展货源作为重点，以吸纳社会运力为基础，以运网电子商务平台作为纽带，以线下

服务为支撑，实现车、货匹配，减少中间环节，进而降低物流成本，形成运输费用价差，平台获得价差分成形成利润。

物流中端：针对运输过程中的业务风险，利用在线保险释放服务风险，利用大客户优势，降低保费缴纳比例，形成价差；利用保证金形成资金池，赚取资金时间价值。

物流后端：围绕车辆开展在线货运保险、汽车金融、加油、轮胎及其他车辆耗材销售等增值配套服务，围绕驾驶员开展住宿、餐饮、咨询等服务业务赚取利润。

（二）牢牢抓住"货源"核心

平台建设立足货源核心，注重线上线下融合，以攀钢资源为依托，多渠道整合货源。

1. 整合攀钢产业供应链货源

为整合攀钢供销两端货运资源，集团公司先后两次下发文件，由积微物联对集团内的运输货源进行整合。第一期重点整合包括攀钢钒、西钢钒、板材厂在内的销售端运输，第二期重点整合包括攀钢汇裕供应公司、矿业公司、冶材厂等单位的供应端运输，目前已整合攀钢全系统供销两端的汽运量 300 万吨，远期可整合 3000 万吨以上。

2. 积微物联电商平台货源整合

积微物联电商平台包含积微钢铁、积微钒钛、积微循环等 5 大电商生态体系，是西南最大的大宗商品全产业链服务平台，通过开展一体化业务实现对货源的整合，目前已整合 50 万吨，远期可整合 500 万吨以上。

3. 达海园区社会资源整合

积微物联旗下成都达海产业园是我国西部地区钢材吞吐量最大、仓储流通能力最强、加工规模最大、智能装备最先进的集仓储、加工、配送、物资展示交易于一体的现代化综合性产业园区，利用开展一体化业务及平台服务进行货源整合。目前已整合 100 万吨，远期可整合 800 万吨以上。

4. 以积微运网平台整合社会资源

以平台强大车货匹配、一体化解决功能，利用成都、重庆、昆明、攀枝花等业务网点线下服务为支撑，整合零散社会货源。目前已整合 50 万吨，远期整合潜力巨大。

（三）打造无车承运人线上平台

积微物联于 2014 年启动互联网物流服务平台即积微物联运网平台（以下简称积微运网）的建设，2015 年 3 月起通过成都达海金属加工配送有限公司（简称达海）从线下正式开展无车承运业务。2015 年 9 月，成功开发积微运网平台 1.0，开始从线上开展无车承运业务。经过几次迭代升级，到 2016 年 10 月 28 日，平台 3.5 正式上线，贴合用户使用习惯，开发托运人 PC 端、承运商 PC 端和承运人 APP，托运人 APP 及承运商 APP，清晰地划分托运人、承运商、驾驶员等角色相关的互联网物流参与环节与功能模块，为客户提供一体化、全流程、全方位的高效物流服务。

1. 前瞻性设计大宗物资无车承运服务平台系统

按照"6＋5＋2＋3"的模块化设计理念和"1＋3＋N"（1 个大数据中心，托运人、承运商、司机 3 个大服务系统，N 个物流基地）运作模式，构建大宗物资无车承运服务平台系统如表 1 和图 1 所示。在保证业务功能完整性的同时，又为平台预留充足的发展空间。平台可为托运人、承运商、司机提供运输信息发布、在线招投标、在线接单、物流跟踪等服务。同时，为方便用户使用，开发托运人 PC 端、承运商 PC 端和承运人 APP、托运人 APP 及承运商 APP。

表 1 积微运网大宗物资无车承运服务平台“6+5+2+3”体系

模块	功能
六大应用系统	运网门户、PC 端货主功能、PC 端承运商功能及货主 APP、承运商 APP、司机 APP
五大功能	注册认证、订单管理、运输管理、车辆管理及票据管理
两大支持体系	后台数据库及业务支持系统
三类外部接口	达海产业园接口、积微物联平台接口、其他外部接口

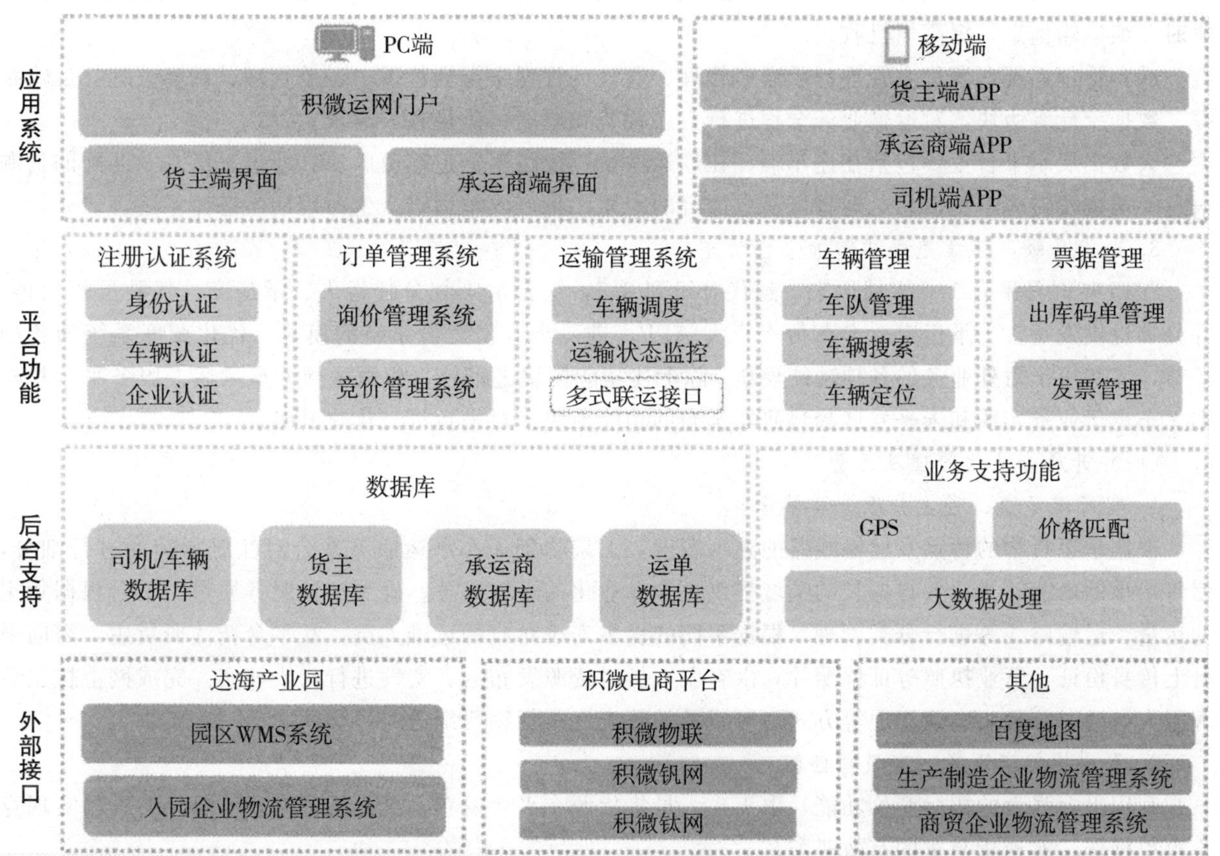

图 1 积微运网大宗物资无车承运服务平台建设架构

2. 根据业务需要开发相应功能板块

根据业务开展需要，进行门户管理平台、货主端管理系统、承运商管理系统、司机端管理系统、后台管理系统、大数据展示平台的开发上线。

门户管理平台包括在线询价、货源信息展示、车源/承运商信息展示、在途车辆信息展示、APP 下载等版块。其中，快速询价版块，帮助货主快速了解运价；货源信息版块提供运输线路、产品种类、运输量及付款方式等信息展示；车源信息版块实时更新运输路线、车辆类型及运载能力等信息展示；在途车辆信息展示版块可查看平台当前运输车辆的实时位置及分布状态；同时，平台提供货主端、承运商和司机端的 APP 下载地址，助力用户实时掌控运输信息。

货主端管理系统拥有 PC 端和 APP 双系统，包括包含货源发布、运输管理、个人中心及服务中心等模块。提供在线询价、立即发货、运输管理、车辆跟踪及发票管理等功能。通过询价功能，货主可实时了解当前运输市场价格，及时调整运输计划；通过车辆跟踪功能，货主可实时了解运输业务动态，利于业务沟通。

承运商管理系统包括货源信息、运输管理、在线跟踪、车辆管理及车源搜索等版块。提供货源/车源信息查询、在线竞价/抢单、跟标管理、运输管理、在线接单、在线调度、物流跟踪、驾驶员管理及发票管理等功能。通过货源信息功能，承运商可查找货源进行竞价或抢单，主动承接运输业务。通过在线调度功能，承运商可灵活调度车辆，及时开展运输任务。

司机端管理系统包括待运输、找货、车源发布、我的积分、车辆添加等版块，提供运单智能推送、在线接单、在线找货、车源信息发布、地图导航、运输跟踪、驾驶员 ABS 定位、装卸货拍照等功能，实时反馈运输信息，提高司机收入。

后台管理系统配套货主管理、承运商管理、驾驶员管理、车辆管理、运单管理、调度管理、运输跟踪、数据统计等版块，对运输业务全程进行有序调节和调度，满足各方需求。

大数据展示平台主要包括在途车辆、在途运输量、线路车辆追踪等版块，通过对货主及匹配的货源信息，司机及对应车型信息，运费交易数据等的积累，将形成对运输全生命周期生态体系管理。

3. 迭代升级，持续完善和增加平台功能

2015 年 9 月平台 1.0 上线以来，迭代升级到 3.5，平台清晰划分托运人、承运商、驾驶员等角色，并分别提供发货宝、承运宝、卡车帮等三大 APP，进一步丰富竞价系统的模式，优化调度系统的各项环节，并实现了对外业务的各项功能模块。除上述功能模块进行外，积微运网无车承运人服务平台将根据无车承运业务实践和未来发展趋势研发全新的功能模块，对平台进行优化升级。

（四）开展专业化管理及运营

1. 实行承运商、货主分级分类管理

根据承运货物的特点及运输线路的熟练程度，大宗物资无车承运服务平台对注册承运商进行细分，使每个承运商能够按照各自擅长的领域提供更加专业化的运输服务，确保运输服务质量。平台根据货主的运量、运输路线等进行分类管理，根据不同的货主安排对应的运维人员，在平台新注册货主，需向平台上传身份证、营业执照等证件照片，由客服人员对货源发布的真实性进行初步核实。完成网上核实后客服人员通过与货主电话沟通等方式，对货源的真实性及货物明细进一步确认。

2. 平台招标实现货、车最佳匹配

利用平台强大的招标竞价功能，由工作人员将货源在平台发布，承运人通过 PC 端、手机端实现竞价抢单操作，实现货与车的有效匹配。

3. 在线调度管理、运输全程可控

大宗物资无车承运服务平台可在线调度车辆，将装卸货的详细信息通知驾驶员，平台利用驾驶员安装的积微运网司机 APP，实时追踪位置信息。一旦运输车辆在途中停靠时间超过 3 小时等异常情况，运网系统会自动报警。若运输途中出现事故，运网客服人员会及时协调处理，造成货物损坏的，平台会启动保险赔付流程。平台通过驾驶员装货后拍摄的货物明细清单（出库码单）信息照片以及完成货物运输后带车牌号码的卸货照片，实现对装卸货情况的实时监管。

4. 制定专业运输标准，规范和提升服务水平

根据不同货物特性，制定有针对性的专业化运输标准，对车型选择、装车防护、在途防雨、货损控制、计量等操作环节进行明确。打造专业运输服务队伍，针对不同物资建立板材、建材、钢管、矿石等专业化线下运输服务团队。

5. 建立货运保险

建立安全的运输体系是无车承运业务的生命。平台与保险公司合作，推出货运保险服务，实现网上

投保，降低运输风险。

三、大宗物资无车承运人服务平台的构建与运营管理效果

（一）有效促进攀钢降本增效

2016 年积微物联完成汽车运量 145 万吨，为集团公司降低物流成本 3200 多万元，实现利润 1700 万元；2017 年 1～8 月，完成汽车运量 244 万吨，降低物流成本 2800 多万元，实现利润 1100 万元。通过比价优化，加大与铁路部门谈判力度，2016 年实现钢铁产品外发的各主要站点铁路运费优惠下浮达 30%，为集团节约运费 2.2 亿元。

在产业链前端，推进与攀钢、鞍钢等企业达成物流战略合作，远期预计与攀钢的战略合作整合货运量将达到 2000 万吨至 3000 万吨，与整个鞍钢集团的战略合作整合货运总量将达到 4000 万吨；在产业链后端，推进与家电、机电等龙头企业达成物流战略合作，远期预计可整合货运量达到 500 万吨。未来无车承运平台将总共整合货运量约 4500 万吨。按货物平均运价 71.05 元/吨，利润率 4.00%来计算，可实现营业收入约 31.97 亿元，利润总额约 1.28 亿元，上缴税收 0.60 亿元以上，经济效益显著。

（二）物流聚集效应形成

目前，积微物联平台拥有承运商家数 178 家，企业货主 424 家，注册司机 11932 余人，在全国的大宗物资运输平台中位列前茅。2016 年积微运网完成汽车运量 145 万吨，2017 年 1～8 月，积微运网平台运量达到 244 万吨，实现利润 1200 多万元，成为企业盈利的重要来源。同时通过平台公开招标竞价，大大降低了运输价格，为货主降低了数千万元物流成本；降低了货车放空率，提高了承运单位的经济效益。积微运网“大宗物资无车承运服务平台”的运用实现了“平台、货主、承运人”三方共赢。

（三）得到了社会各方面的高度肯定

积微运网通过无车承运的整合模式聚集社会运力资源，通过线上平台整合大量运输需求（货源），从而实现了商贸与物流一体化运作，实现了物流业务的高效、集约化运作，同时也促进了物流行业标准化、集约化、信息化发展。积微运网“大宗物资无车承运服务平台”先进的运作模式和突出的市场表现，得到了政府主管部门和业界的高度认可，行业内多家知名物流企业来参观学习，平台为物流行业的标准化、集约化、信息化发展起到了重大的引领和示范作用。2016 年荣获“互联网＋”钢铁电商创新发展论坛组委会“运营模式创新奖”。2016 年 11 月，积微运网成为全国无车承运人试点单位。2017 年 4 月被列入四川省重点物流项目，“大宗物资无车承运服务平台”成功对接国家物流信息平台，成功上传运输数据。2017 年 6 月，积微运网无车承运人服务平台被中国物流与采购联合会评选为“2017 年度无车承运人应用优秀案例”。2017 年 8 月，成都积微物联被中国物流与采购联合会评选为“4A”级物流企业。2017 年 8 月，四川省质量技术监督局下发了“四川省 2017 年度（第二批）地方标准制修订项目立项通知”，积微物联作为标准牵头起草单位，负责组织开展四川省《无车承运人运行规范》地方标准的制订工作，并获准立项启动。这标志着积微物联及积微运网的无车承运模式获得了四川省的高度认可，进入了全国先进行列。

（成果创造人：谢　海、刘茂刚、陈　源、岳富金、张　维、赵冠杰、
朱中源、王　昶、杨小云、王武顺、陆　东、徐之军）

以智能制造为目标的汽车锻件质量追溯管理

湖北三环锻造有限公司

湖北三环锻造有限公司（以下简称三环锻造）建于1961年，是采用模锻工艺生产钢质模锻件的专业化企业，是中、重型商用车转向节生产厂家，是湖北省智能制造示范单位，建有院士专家工作站、湖北省省级企业技术中心。三环锻造现有总资产13亿元，员工1585人，具备年产锻件10万吨、主导产品汽车转向节300万件的生产能力，现有八大系列、2000多种产品，年出口戴姆勒奔驰卡车转向节15万件以上。

一、以智能制造为目标的汽车锻件质量追溯管理背景

（一）保障消费者权益、转变生产模式的需要

2012年，国家发布《缺陷汽车产品召回管理条例》，要求汽车生产者建立标识、记录等产品信息数据和10年的保存期，以保障消费者人身、财产安全。作为汽车零部件制造商，三环锻造同步优化和实施“汽车锻件的质量追溯”。这既是履行国家行政法规的义务，也是保证产品质量的有效举措。同时，三环锻造是国家首批智能制造试点单位。随着人工、材料等生产要素成本的不断上升，企业成本压力巨大，迫切需要转变生产模式，推进智能制造应用，降低制造成本。质量追溯管理是智能制造重要的核心内容，从传统的手工操作转变为智能感知、智能检测、自动录入、智能分析和决策是锻造行业的发展趋势。在传统的生产过程中，生产适时数据由人工采集、分析、整理数据，占用大量时间和人力成本，效率低，效果差。从质量改进角度看，质量记录应清楚地反映产品的质量状况，甚至更清晰地反映出缺陷形态、缺陷的数量和频次等，为质量改进提供强有力的数据支撑，避免在分析问题时方向跑偏，导致改进无效。生产过程数据的采集、录入和分析是制约生产效率的因素之一。实现对数据的自动化采集、分析和适时决策是智能制造发展需要解决的问题。

（二）实现质量问题追溯系统性管理的需要

在传统的生产模式下，对现场人员的要求靠制度和作业文件约束，数据的真实性和有效性往往因个体执行的差异而可信度不高，不能及时有效地反映产品质量的现状，导致数据分析失效。生产过程中做了大量类目繁多的记录，实际没有良好的使用价值。同时，三环锻造的产品从原材料、锻造、热处理、机加、防锈包装，工序多达80多个，每月、每年的质量记录保存需要专门的存贮室，还需要专人整理后分类存放，增加了后期的管理难度。另外，由于汽车行业多品种、小批量生产的特点，同一批次的毛坯可能分几个批次机加工，更增加了记录归档的难度。即便在售后出现问题需要查看原始生产记录，也需要人员耗费大量的时间查找。只有通过信息化、智能化的管理方式才能有效解决这些问题。

（三）实现售后服务快速响应的需要

用户对售后服务响应时间的提高，意味着三环锻造必须提升对产品批次的管理水平，质量追溯要快和准。三环锻造日常生产具有小批量、多品种的特点，如同一个锻造批生产的产品分两批甚至三批去热处理和机加，当产品在售出几年后出问题，就很难界定是哪一个批次加工的，以及加工了多少。假若问题出在热处理工序，就更难准确地界定是哪个热处理批生产的，不仅增大了售后服务难度，增加了成本，也不利于问题的快速分析和解决。而信息化、智能化的管理手段能够有效解决这一问题，为三环锻造提高服务响应速度提供有效的方式方法。

二、以智能制造为目标的汽车锻件质量追溯管理内涵和主要做法

三环锻造以精益管理理念为基础，构建汽车锻件从原材料、锻造、热处理、机加工、油漆包装、入库和发交、售后服务全生命周期的质量追溯管理体系，在生产过程中应用智能化的手段实现质量追溯管理。通过对生产流程进行系统的策划，配备智能生产设备，通过以机器人为基础增加生产线智能传感器以及各单元信息系统的互联互通，建立信息物理融合系统的网络环境，实现生产过程各关键工序的生产信息以及加工参数、设备运行状态、质量数据等方面的信息采集和集成，并以生产实时数据平台的形式存储，从而形成数字化车间环境；围绕质量追溯困难、管理效率偏低等问题，搭建三环锻造运行管控平台，形成基于 MES 系统的精细化管理和全流程零件精确质量追溯；实施和融合 ERP、PLM、MES 关键信息系统，解决企业众多软件、系统孤立存在形成的局部自动化的孤岛，实现信息和数据的贯通和共享，质量追溯快速、精准。主要做法如下。

（一）开展以智能制造为目标的质量追溯流程再造与设计

1. 以精益化为理念，进行工序分析和整合

重新梳理下料、锻造、热处理、机加工、包装、入库全部工序的生产时间及工作程序、工作要点。结合人机工程原理进行动作解析和分析，将下料、锻造、热处理整合为一个流的热加工生产模式，将零散的工序整合分布在一个车间，减少物流运转次数，为实现整线自动化奠定基础。将模具制造、零件机加工整合为冷加工生产模式。模具制造作为热加工的输入之一，通过组建专门的模具生产线，与产品研发无缝对接，设计输出的结果是模具制造的输入之一，通过整合模具造型、数控加工设备布局，形成模具制造自动化。零件加工生产线工序较多，为此，在分序整合时重点分析瓶颈工序，以工件间自动流转和工序能力匹配为基准优化布局。

2. 以智能化为目标进行三维造型仿真设计分析及质量追溯规划

三维造型仿真是一个通用的设计平台，制造设计工程师在这个平台进行流程设计、作业时间分析、生产线、单元平面和立体布局等操作，通过模拟确定自动化和智能化的可行性，提供各种优选方案。主要分析过程和应用原则包括：生产线总体初步规划、设备分析、生产线物流规划、生产线布局规划、人机工程分析、平衡性和瓶颈分析。

3. 优化布局，打造一个流的生产模式

三环锻造生产设备是由不同的供应商提供的，特别是机加线设备，工序流程长，设备多，这对不同设备之间的衔接、校核提出更高的要求。三环锻造在工艺拆分过程中搭建 3D 造型布局，以早期识别工序规划方案存在的问题，评估现场空间大小。从工位开始搭建，保证工位布局的合理；利用工位搭建的数模在车间区域内进行搭建，优化车间内布局的合理，最终在生产线级别下搭建，形成整个车间布局。通过优化布局，三环锻造形成下料、锻造、热处理、抛丸探伤一个流的工艺布局，先后组建 8000T、6300T 转向节智能锻造生产线；组建以先进的立式加工中心和机器人为主体的转向节机加工生产线。

（二）配备完善自动化、智能化的设备，完善质量追溯的硬件设施

1. 配备具备智能控制和软件兼容的锻造设备和机加工设备

三环锻造热加工生产线的组建以进口德国的、具有国际先进水平的 8000T、6300T 压力机为主，每条线配备 5 台工业机器人，下料采用高速锯切机床，热处理为网状式气氛保护炉；机加工以 6 台卧式加工中心为主，2 台工业机器人进行工序间的转运。这些设备在选型或改造时充分考虑控制系统和软件兼容的可能性，以利于在组线时能互联互通。通过开发定制软件，实现联机作业、自动生产、智能感知和决策。

2. 配备具备在线感知和工艺调整功能的工业机器人

在锻件生产中，材料性能波动、材料尺寸波动、模具型腔磨损、压机状况的变化、锻件和模具温降

及模具润滑状况都会对金属流动产生影响，导致飞边的状态难以控制，严重的会出现无法脱模的现象，最终导致机器人抓取不准或无法正常放入下模腔，自动化生产很难正常进行。针对上述现象，三环锻造在配备工业机器人时，通过在线统计和分析各种工艺数据、设备数据、过程数据，由具备过程知识、操作经验的规则推理和智能算法的优化决策，得出最佳的控制策略，保证机器人的自动稳定运行，实现真正的机器人。

3. 配备锻造生产智能化感知与在线检测装备

锻造过程的自动化是利用智能数码识别器与编程软件系统编辑锻件的特征曲线，通过软件对多件样片由专家分析判断剔除氧化皮、废渣等干扰物所产生的缺陷，保留合适的特征曲线，以此作为分析判断锻件位置状态的标准图像。生产过程中每完成一次打击，智教系统都进行一次图像对比，系统响应时间小于100毫秒。利用这一原理实现对热锻件工艺流程的工艺位置和状态的智能识别与监控，每次对比后如发现此次锻件位置状态有误，可通过智能感知系统经总线系统调整智能机器人夹持状态。如发现对比位置为空，则立即报警。热加工成型过程中，温度过低或过高都将导致坯料或锻件不具备完成相应工艺的条件，需要对锻件温度实时测量和记录。锻造自动线的显著特点之一是节奏快、节拍短，随之带来的是压机打击频率快，模具冷却程度备受考验，此时就需要不断检测模具实时温度，以便控制系统实时掌握模具工作状态，通过总控系统的统计与分析，指导现场工作人员对模具进行人工降温，或延长冷却润滑时间，或减缓节拍来降低由模具温度过高而造成的故障。

4. 建立锻造工艺调整决策系统

三环锻造工艺调整决策系统通过总线系统将各种和各处传感器感知到的信息和数据上传给综合数据库，经由推理机和解释器分析出问题，从知识库中索取由锻造工艺、设备及自动化专家所提供的问题解决方案。将所做决策经由现场总线发给执行机构，并将推理结果同时反馈给工艺技术人员。工艺调整决策系统通过优化生产管理、提升自动化水平给锻造生产带来经济效益。

（三）完善质量追溯的信息技术手段

1. 建立产品全生命周期管理（PLM）系统

一是建立产品全生命周期管理系统的整体架构。三环锻造以产品的整个生命周期过程为主线，在数据管理中心的基础上融合协同产品工具，集成CAX（CAD、CAE、CAM）、ERP、SCM和CAPP等应用系统，从而成为支持企业运行的企业信息化管理平台。它采用面向服务的架构，实现全程模型驱动开发模式，能保证快速、高效地部署产品信息应用软件，达到提高产品开发质量、降低集成和开发成本的目的。

二是实施协同作业管理。PLM协同作业管理通过工艺技术部、生产部、采购部、销售部、规划部、信息管理办和各生产车间的高度信息共享，实现各部门间的并行地协同作业。同时可以在产品的设计、规划的阶段就预测整个产品的全生命周期的本质行为，把潜在的问题解决在早期设计阶段，从而避免时间和资金的浪费。协调作业管理作为一个集成式的数字化制造平台，计划和工艺人员可以采用组群工作的方式，采用计算机仿真的技术手段模拟和预先发现产品的整个生产制造过程，并把这一过程用三维方式展示出来，从而验证设计和制造方案的可行性，尽早发现并解决潜在的问题。通过其虚拟环境建立目标系统的模型并仿真，对参数化表示的生产线进行分析和优化。这对于缩短新产品开发周期、提高产品质量、降低开发和生产成本、降低决策风险都是非常重要的。

三是建立核心数据中心。三环锻造数据管理中心通过产品设计管理、工艺管理、仿真过程管理、制造生产管理、文档管理、企业资源管理、供应商管理、供应链管理、客户管理、服务管理、业务流程管理、报表管理，把产品、工艺、资源和车间数据建立关联，将其转换为结构化的知识并延伸到整个产品全生命周期，从而极大地提升信息价值。数据管理中心拥有生命周期可视化的功能，能够浏览、批注、审核图纸及文档。数据管理中心是一个共享的数据库，当质量、采购、物流等不同部门调用数据时，使用的是共享的文档库，并通过主干快速地连接到各责任方。即使数据发生更新，不同的部门也都能第一时间得到最新的数据，这使得开发的工作量变得简单、精确而高效。数据的同步更新改变了传统制造企业经常出现的由于沟通不畅产生差错的情况，也提升了车间生产效率。协同作业管理实现 PLM 和 MES 之间的双向集成，在 MES 中自动创建产品的生产计划，并将采集的数据和问题由 MES 系统传回数据管理中心。

2. 集成建设资源计划管理系统（ERP）

一是建立资源计划管理系统（ERP）的整体架构。三环锻造的 ERP 系统集成各业务管理为一体，以成本管理为目标，计划与流程控制为主线，帮助企业建立人财物、产供销科学完整的管理体系。各管理模块通过信息的交流完成整个业务流程，是对 ERP 核心思想供应链管理的具体体现。三环锻造 ERP 系统实现对企业从销售订单到产品产出整个业务流程的把控，完成从原材料采购到产品完成整个过程的各种资源计划与控制。

二是集成企业资源计划管理系统（ERP）与其他管理系统。ERP 需要的各种数据信息都是通过 PLM 获取的，因此要使 ERP 很好地完成它的功能就必须要与 PLM 很好的集成。ERP 与 PLM 两个系统的底层都是关系型数据库，相互需要集成的数据都存放在各自的数据库中，通过各自编制的数据导入、导出接口来实现两系统的信息交换。其集成接口能够将零件主数据、产品结构、物料清单信息提取并传输到 ERP 系统；从 ERP 中接收制造、在制零件、结构信息；接受由 ERP 系统产生的工程更改；更改与工程更改项相关的零件和结构；允许 ERP 系统询问工程更改的状态；在 ERP 系统请求下，提供相关的文档。MES 系统只需要从 ERP 获得比较简单的基础数据，但是提供给 ERP 很多关键的信息。这些信息是原来一直缺少的，可以改进 ERP 各模块的功能，直接提高 ERP 软件的水准和档次。

3. 构建生产制造执行系统（MES）

三环锻造 MES 系统功能模块主要包括工艺规范管理、计划排产、生产管理、生产监控、物料管理、设备管理、质量管理、能耗管理、生产指数可视化等功能。其中质量管理功能模块设计了检验标准的制定、质量数据的采集及质量数据报表、批次追溯等程序，使软件具备自动感知、存贮、分析、归档等功能，为质量管控和质量追溯管理提供强大的支持。

三环锻造 MES 系统具有完整的外围软件接口，能够完整对接现有的 ERP 和 PLM 软件，实现软件间信息的互联互通。MES 根据底层控制系统采集的与生产有关的实时数据，对短期生产作业的计划调度、监控、资源配置和生产过程进行优化。同时实现现有监控系统的控制和集成。

4. 以（ANDON）安灯系统构建质量和过程异常追溯系统

ANDON 是 LED 生产看板的一种。当生产线出现生产故障时，工位上的操作员按动相应的故障按钮，故障信息就能在大屏幕上显示出来，同时发出声光报警，提醒管理人员或维修工到场处理。三环锻造在现场生产中，主要构建物料、质量、设备、工艺、技术故障报警。一旦出现异常时，ANDON 系统就发出报警，系统将异常信息提供给处理的责任人，如果责任人没有处理，在一定的时间内，系统通过短信将异常信息分级上报；处理完毕后，责任人通过按钮报告，如问题未在规定时间内处理完毕，系统自动将短信上报给其领导；系统自动记录问题发生及处理的时间，并产生报告。

（四）构建智能制造模式下的汽车锻件质量追溯体系

1. 构建生产过程采集与分析系统

三环锻造生产过程数据采集和分析系统由 SCADA 系统、工业数据库、关系数据库、文件数据库组成。能充分采集制造进度、现场操作、质量检验、设备状态等生产现场信息，并与车间制造执行系统实现数据集成和分析。通过增加设备及工序间智能传感器，以及各单机设备的控制系统和各质检单元信息系统的互联互通，建立信息物理融合系统的网络环境，将实现锻造过程整体最优化需要的各关键生产工序或设备或质检工序的工艺参数、工艺过程参数、工艺结果参数的信息进行采集和集成，并以企业生产实时数据平台的形式存储，从而形成智能的车间环境。

2. 构建生产过程智能决策与控制系统

三环锻造以规则推理与案例推理相结合的方法进行诊断优化。知识库用来存储在产品生产过程中积累的经验知识，将经验知识解析为相应规则，分布到各个知识单元中，继而形成规则库；数据库用来存储生产过程中的状态信息、分析出的中间数据与统计数据，以及设备、产品的基本参数；案例库用来存储产品生产过程中工艺优化的典型案例。

在生产过程智能在线感知的过程中，锻件位置监测传感器、锻件温度监测传感器、模具温度监测传感器、模具磨损监测传感器、锻造设备力能监测传感器、喷淋润滑状态监测传感器等将监测数据上传至实时数据库进行存储并通过 SCADA 界面进行展示。工艺优化系统将实时数据库中的监测数据与各个知识单元中的规则相匹配继而推理，最终推理得到案例结果。对应不同规则组成的案例系统会决策出不同的解决方案并反馈到设备显示界面，或将调整后的参数直接下达给设备，或提示操作人员对设备进行维护等。

（五）整合系统，形成智能制造模式下的质量追溯体系

在“一个流”生产追溯模式下，从原料进厂开始，到产品发货结束，每一单件产品在锻造生产全过程所涉及的物料批次、各工序生产设备、关键工艺参数、每一道次质检结果、生产责任人、存储库位和中间物流过程等均需进行数字化采集和集成。三环锻造产品加工有两大流程，即热加工过程和冷加工过程，机加工采用二维码和编码蚀刻等方式进行产品质量追溯管理。但是锻造和热处理属于热加工，锻造过程中产品温度高，传统的编码追溯的方式较难实现，如何实现对锻造数据的采集和绑定是最难解决的问题。三环锻造质量追溯系统通过在 SCADA 系统封装锻件虚拟编码模块，赋予锻件半成品虚拟编码，并应用打刻装置将虚拟编码打刻在每件产品上，锻造过程中采集的数据与编码绑定起来，在后序的热处理、抛丸、探伤工序中，均可以虚拟编码记录产品的质量信息。在投入机加工生产线时，将虚拟编码信息、产品的批次信息综合生成二维码，将实时数据库中的数据关联至关系数据库二维码信息，激光打刻在每件产品上，这样每件产品均具有唯一的身份证。在机加过程中，通过各工序对二维码进行扫描，生成质量数据记录以及测量数据和结果。工序的包装和发交均以二维码进行记录和追溯管理。当产品发交顾客后有质量反馈，通过扫描二维码的信息识别产品的生产批次和序列号，然后将批次和序列号输入公司信息平台，这样可以很快地将该件产品从下料、锻造、热处理、机加工等生产过程中产生的数据、质量异常记录等清晰地予以呈现。

三、以智能制造为目标的汽车锻件质量追溯管理效果

（一）促使三环锻造生产制造能力水平得到全面提升

三环锻造利用信息化技术和图像处理技术、三维激光扫描技术，实现了对锻造生产过程的锻件位置、几何尺寸及模具磨损的在线精密测量。将“内在智能”的传感器、移动终端、工业控制系统、数控系统、检测仪器，和贴上条码或虚拟编码的原材料、半成品、成品，以及管理人员、操作人员、质检人员，通过物联网技术相连，实现了对锻造过程整体最优化需要的各关键工序的生产信息以及原料、产品、能源等方面的信息进行采集和集成，并以企业生产实时数据平台的形式存储，从而形成数字化车间环境，促使三环锻造生产制造能力水平得到全面提升。

（二）产品质量过程管控能力显著提升

智能化的锻造和机加自动线的投入，使三环锻造过程的管控能力得到提升。在检测装置探测到产品的质量尺寸信息后，通过智能感知做出诊断和决策，使产品质量保持在要求的公差范围。如果偏离太

大，自动调整不佳，通过安灯系统，问题会及时传递到相关的人员，相关人员会在第一时间到达现场进行排除。三环锻造新建的8000T、6300T智能锻造生产线及自动机加生产线已配备了自动检测、调整和安灯系统。在这两条生产线上生产的产品，其生产过程的质量波动小、过程稳定，产品质量管控能力显著高于其他生产线，合格品率提高了10%以上。

（三）提高了质量追溯能力，售后响应时间大大缩短

三环锻造在产品的整个生产过程中，有关生产调度、物料供应、质量记录、设备点检等均实现了系统化管理。产品生产结束，该批产品的生产记录通过总控中心分类整理，保存在系统中。需要查询时，只要输入批次号，所有的记录均能一并呈现。当产品销售后，如客户反馈有问题，三环锻造在接收到信息后，只需输入批次号，根据问题的现状，就能很快查询到当班的质量记录，通过分析质量记录，做出初步判断，及时向客户反馈。与之前层层翻阅记录、逐序查找当班生产记录相比，售后响应时间提高了24小时以上。在记录的保存、归档管理方面实现了电子文档系统化管理，提高了工作效率。记录的存贮质量安全可靠。同时，三环锻造基于智能制造为目标的质量追溯体系，不仅满足了汽车行业日益严格的追溯性要求，还促进了国际业务的增长，过程管控能力和质量追溯体系得到了客户的肯定。2015年全年国际贸易业务收入1亿元，同比增长81%，国际贸易业务收入占总销售收入的22%。2016年，在原有出口客户基础上，又分别与荷兰DAF、美国TRP、美国Reyco、南非CIMEX四家国外客户建立了长期合作关系。

（成果创造人：张运军、代合平、杨诗江、梁文奎、邵光保、左　培、张宏涛、陈天赋、汪　峰、晏　洋）

数据驱动的公路大桥预防性养护管理

江西九江长江公路大桥有限公司

江西九江长江公路大桥有限公司（以下简称九江二桥公司）成立于2009年3月，由江西省投资集团公司、江西省高速公路投资集团有限责任公司及九江市城市建设投资有限公司合资组建，主要投资、经营、管理高速公路。九江二桥公司建设的九江长江公路大桥（以下简称九江二桥）总投资40.86亿元，全长25.1公里，大桥双向六车道，全长8462米，其中跨长江部分1405米，为双塔混合梁斜拉桥，主跨跨径818米，南北两塔塔高均超过240米，是江西省内建设的具有世界领先水平的跨长江高速公路大桥，建设期间居世界同类桥梁第七位。2013年10月28日，大桥全面建成通车，公司转入大桥的收费运营及养护管理工作。

一、数据驱动的公路大桥预防性养护管理背景

（一）落实交通部“十三五”公路养护管理发展纲要的要求

根据2015年国检干线公路路况数据调查分析，我国九成以上的干线公路因为养护模式缺乏科学考量和全寿命周期成本分析，养护工作缺乏前瞻性和预防性，前期养护管理工作不够科学到位，造成了大修周期不足10年，中修周期不足5年，后期养护成本过高等诸多问题。2016年，交通运输部正式印发了《“十三五”公路养护管理发展纲要》（简称《纲要》），提出“十三五”时期将以创新、协调、绿色、开放、共享五大发展理念为指引，以构建现代公路养护管理体系为核心，以专业化、市场化、绿色化养护和人本化、规范化、智能化管理服务为重点，围绕“改革攻坚、养护转型、管理升级、服务提质”四个方面精准发力，努力构建更为安全畅通的公路网络以及公众满意的服务体系和高效可靠的保障体系，为全面建成小康社会当好先行。要积极探索建立以公路病害为导向的回溯机制，分析性能衰减规律和病害成因，推进养护决策支撑信息系统建设，推广、普及养护科学决策技术，科学制定养护投资计划，坚持全寿命周期成本理念，合理选用养护技术方案，提高养护资金使用效率，加强公路养护统计工作，开展养护成效分析。

（二）适应公路大桥养护管理发展趋势，实现预防性养护管理的要求

根据有关统计数据，一条合格的公路，在使用寿命达到75%时性能下降40%，如不进行恰当养护，在随后12%的使用寿命期间，性能将再下降40%，对于桥梁而言更是如此。所以进入21世纪以来，我国交通主管部门专门颁布了《公路桥涵养护规范》，不断升级标准，来适应养护不断转型升级的需要。较早开始修建高等级大跨径公路桥梁的欧美主要国家，20世纪八九十年代便开始研究推广预防性养护技术，通过充分地分析评估后，有计划地、系统地、主动地对公路桥梁进行合理的维护保养，延缓甚至减少病害发生，达到提高结构耐久性，延长使用寿命的目的。九江二桥所处位置地质结构复杂，采用了大量的新技术新工艺，建设时充分考虑了未来养护要求，做出合理规划，对桥塔、斜拉索、钢箱梁等重要结构预设了必要的传感器，对养护所需的各类数据设计了收集渠道、分析平台和决策机制，秉承了预防性养护的理念，适应了这一世界性趋势，为大桥运营期实施预防性养护管理打下了基础。

（三）确保公路大桥安全畅通，更好地为国民经济和社会发展服务的要求

九江二桥作为江西省北上的交通要道，对于缓解南北过江交通瓶颈制约、促进沿江地区开放开发、加强赣鄂皖三省社会经济联系、推进长江中游城市群建设以及实现江西在中部地区崛起等，均具有十分重要的战略意义。在建设期间，九江二桥便以国优精品的目标严格要求管理，依靠“人无我有、人有

我优、人优我特”的创优理念，创获了一个又一个骄人的成果。通车运营以后，九江二桥的养护管理工作一直受到行业主管部门和社会各界的广泛关注，如何保障公路大桥处于良好的受力运行状态，需要管理者继续秉承“围绕重点、把握细节、依托科技、打造特色、追求卓越”的管理理念，以更宽的视野，更高的标准，确保公路大桥处在良好的运营状态，为广大社会司乘人员提供更为优质的交通服务，最大限度地发挥公路大桥的经济效益和社会效益。

二、数据驱动的公路大桥预防性养护管理内涵和主要做法

九江二桥公司遵循 PDCA 管理体系，充分贯彻预防性全寿命周期养护管理理念，整合公路大桥检测监测资源、分析评估资源、养护施工资源，构建一体化养护管理平台，通过对公路大桥结构解析编码，建立规范养护管理标准，运用信息技术手段采集养护数据，并利用算法模型进行统计分析，将检测监测、数据采集、分析评估、方案选择、养护施工、效果反馈等各项养护管理工作要素高效连接，实现养护管理数据共建共享，及时发现并科学处治结构病害，从而落实公路大桥预防性养护措施，保障公路大桥安全畅通。主要做法如下。

（一）坚持养护科学与可持续发展，确立数据驱动的预防性养护管理原则

针对养护管理工作中存在的困难和矛盾，九江二桥公司坚持养护科学与可持续发展，以系统化的思路对大桥养护管理模式进行整体统一的设计与规划（如图 1 所示），建立“事前有计划、事中有控制和事后有分析”的全过程管控方式，对养护管理不同环节的数据流进行全程监督控制。同时，根据养护管理工作过程形成的历史资料数据，通过定期组织召开后评价会议，总结工作开展过程中的不足之处，及时分析原因，整改到位，落实到位，避免病害对大桥形成隐患。具体而言，就是在对大桥实施健康监测的基础上，根据要求开发信息数据管理系统，构建检测、评估、养护数据共享体系，建立日常、定期、专项巡查检测相结合的规范标准，实现大桥的相关数据收集、病害程度评估、产生原因分析、解决方案设计、施工方式选择、实施效果反馈等程序的有效结合，系统性解决修哪里、何时修、如何修等问题，最大程度上解除大桥的病害，达到确保大桥安全，延长大桥使用寿命，力求实现养护工作系统动态地管理，做到对运营过程中产生的各类风险，能够进行全面、准确、及时的识别和控制，实现对九江二桥结构安全与风险的全面覆盖和全程管理。

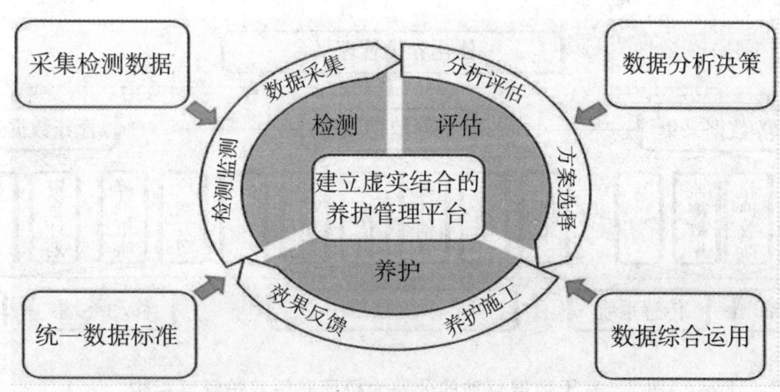

图 1　基于数据驱动的公路大桥预防性养护管理体系

（二）落实实施主体，建立虚实结合的养护管理平台

1. 虚实结合的专业队伍，构建大桥养护的人力资源基础

九江二桥的养护管理包含有形的部分，即现场驻地人员、专门编制的管理信息软件系统和针对性的标准规范体系，也包括现场看不见的、无形的部分，即合作方相关的后台技术人员、强大的数据分析评估能力和丰富的建设养护经验。九江二桥养护平台组织机构分为大桥驻地现场团队和后台技术服务团队

两大组成部分。驻地现场团队是有形的，成员实实在在每天可以看见，主要承担大桥日常巡查、经常性检查、养护维修施工、相关数据资料采集整理工作。后台技术服务团队则分散于各合作机构本部，成员不能每天在现场见到，感觉就像是虚无的，他们主要承担公路大桥定期检测、专项检测、结构健康监测工作，对驻地现场团队采集的数据进行分析评估，出具专项养护施工设计方案，为九江二桥养护管理提供技术服务与管理支撑。通过驻地现场保障团队和后台技术支撑团队相结合，全站仪、探伤仪、无人机、桥检车等先进的检测设备和专业的评估分析技术相结合，相关的数据采集手段和完整的信息管理软件相结合，科学的维修方式和完整的标准规范相结合，为九江二桥的安全畅通提供最可靠的保障。

2016 年，九江二桥公司通过市场化、专业化运作，引入中交一公局土木工程建筑研究院有限公司（主要负责检测评估工作）、中交公路规划设计院有限公司（主要负责维修方案设计工作）、中交一公局第三工程有限公司（主要负责养护施工工作）、江西省交通科学研究院有限公司（主要负责结构监测工作）构建九江二桥一体化养护管理平台，为九江二桥养护管理工作提供检测、分析、评价、设计及施工等综合性服务。平台组成单位拥有丰富的大桥设计、建设、检测和养护经验，具备设计甲级、检测甲级、施工一级资质，拥有专业的人才队伍和设施设备，先后设计、建造国内外各种结构形式的，包括跨长江、黄河及海湾的大桥、特大桥 100 余座，主持编制公路、桥梁工程标准、技术规范 100 多项，在公路桥梁的建造、养护方面有着丰富的经验和辉煌的业绩。

2. 建设信息管理系统，构建数据驱动的养护机制

针对自身实际情况，九江二桥组织开发养护信息管理系统（如图 2 所示）。通过建立数据库及处理程序，不断采集录入检测、监测、养护数据，并对数据进行分析评估，处理分析结果，将工作信息数据在系统中进行流转记录，实现工作流程的高效对接。根据计划安排，定期开展日常巡查、经常性检查、定期检测和专项检测，后台技术团队根据检测监测数据进行结构技术状况分析评估，制订养护计划和养护维修方案，交由九江驻地现场根据养护计划和方案及时实施养护施工作业。在开展检测与养护工作期间，每日现场填报日常巡查记录和养护施工日志，形成电子数据文件。每周以简报形式汇总本周所做的工作、发现的问题，定期召开会议进行讨论，并按次循环进行。通过互联网络，实现与后台团队的数据共享，使后台技术团队能够准确全面地评估、分析大桥的各项数据，给出精准研判。

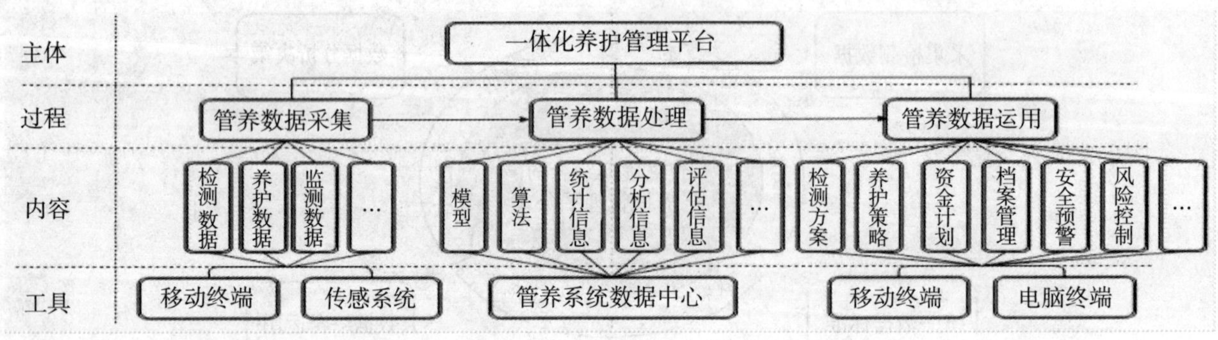

图 2　基于数据驱动的公路大桥预防性养护管理架构

此外，根据实际情况，建立流程规范和标准体系，编制管理手册、操作手册，对巡查部位、监测频率、记录方式等都做出明确规定。

（三）统一全路段结构解析编码，实现公路大桥养护管理数据标准一致

1. 制定数据结构解析编码规则

针对九江二桥进行全方位的结构解析，建立全路段基础资料信息库。按照桥塔、箱梁、斜拉索等要素对全桥每一个构件进行拆分，并赋予其唯一编号，其中主桥构件的拆分甚至高于国家规范的要求，为

日常检查养护工作、养护管理手册编制及养护管理数据信息化建设打下坚实的基础。结构单元划分遵循“两适应、三一致”原则，即适应结构评估、技术状况评估的需要、适应不同检测和养护方法的要求，归类的结构形式一致、材料一致、环境条件基本一致。

2. 统一养护管理规范标准

在结构解析的基础上，针对性制定九江二桥专用养护技术标准和操作手册，统一、规范地指导九江二桥养护管理作业。首先，根据九江二桥的管理情况、结构类型，编制专用养护管理手册；根据检测层级分类，针对不同的检测层级，制定九江二桥检测、评估操作手册，统一检测技术标准和数据格式，指导检测作业实施；根据典型病害分类，针对每种病害类型，制定维护操作手册，以指导日常维护作业实施。其次，根据九江二桥运营管理情况，制定详细的桥梁应急预案，以指导应对各类运营风险的处置措施。还根据运行管理情况，制定详细的桥梁中长期养护规划，以指导未来桥梁的养护管理作业实施计划，实现“预防性养护”。

3. 落实编码规范规则运用

通过统一全路段结构解析编码，建立健全规范标准，做到对全桥的所有资料标准化、统一化，即不同的养护管理人员按照标准的表格、标准的清单模板做出一致的、满足国检和现行规范标准的资料，让养护管理工作多做“选择题”和“判断题”，尽量避免“填空题”，以达到数据的标准化、精细化、统一化。

（四）优化养护数据采集使用手段，实现公路大桥养护管理工作及时高效

为充分发挥平台组成单位各自的技术优势，实现平台对九江二桥进行整体、统一、科学、高效的管理，九江二桥公司构建一套基于养护管理数据驱动的，具有极强针对性和实操性的养护管理系统。通过系统集成九江二桥养护管理体系内所有的关键信息，实现资源集约、统筹调配、快速响应、资金高效使用的精细化管理。涵盖公路大桥养护管理涉及的主要工作内容，其功能架构主要分为基础数据库、标准知识库、检查检测管理、运行监测管理、养护维修管理、档案管理、结构健康监测、资金管理八大板块。通过日常标准化检测和养护工作的开展，收集整理检测养护数据，利用三维技术、云平台技术、数字化信息技术，实现养护信息数据在平台联合体单位间的流转和共享，促进大桥养护管理工作高效、全面、共享、智能。

1. 利用OA架构系统，实现养护业务流程化、规范化

基于数据驱动的公路大桥养护管理系统与目前国内大多公路养护管理系统最大的区别，是利用OA（办公自动化）架构系统，以养护管理业务为基础，结合九江二桥实际需求，针对养护业务所涉及的专业管理领域信息化、数据化、流程化，与结构目录树、任务体系相结合，形成具有科学合理性与实用扩展性的养护管理信息化机制，贯穿养护工作业务的全过程。通过对养护工作不同层级的划分，使管理者从宏观和微观两个角度对养护工作进行掌握和监督，利用电脑客户端和手持终端APP的互联互通，使管理人员通过系统和现场人员之间实现业务信息快速、实时的交流传递，从而促进养护工作的及时高效。根据养护对象的特点，定义不同的任务分类，规范各类执行流程与记录表单，实现检查养护的规范化、流程化、信息化管理；

2. 利用手持终端互联互通，实现养护管理图像、数据的及时传输

利用移动终端设备的GPS（Globe Position System，全球定位系统）功能，对现场作业人员的位置进行快速高精度的地面定位，以最快的时间跟踪每次巡查、检查路线，确保每次巡查检查切实到位。利用安装车载设备与GPS定位系统，详细记录巡检车辆的行驶轨迹，通过外场重要巡查记录点二维码的扫描设置与巡检车辆行驶轨迹的匹配，使管理人员更加清楚地了解巡检人员与车辆的外出作业情况，确保外场巡检车辆与人员的工作执行与落实。同时，也可利用手持终端定位结构病害地理位置信息，实现

病害定位准确，有效解决以往在巡检养护过程中不同人员对不同结构位置的认知误差。

根据桥梁构件编码调取病害位置数据，帮助作业人员以最快的速度定位复查病害，高效地进行病害复查。移动终端设备数据实现云端同步功能，在巡检养护作业过程中，实现数据采集实时传输。由于网络中断或信号较弱时所采集的外场数据，也可在网络恢复正常时自动进行数据同步，确保客户端数据与外场移动终端的数据完整一致。现场作业如需要其他数据时，可以直接从数据库下载到移动端，保证数据的实时有效性。

（五）利用大数据分析评估，确保公路大桥养护管理工作科学精准

1. 建立全寿命信息数据库

九江二桥公司利用现代数据处理技术，将大桥建设图纸、检测评定结果、交通流量、养护施工、桥梁健康监测等相关信息进行归类、存储、建档，建立起一个丰富的、动态的“大桥全寿命信息数据库”，记录不同时期的数据信息，为模型分析提供全面、真实有效的数据源。一是基础数据库。包括公路大桥的工程概况、水文地质、设计和施工数据、监控记录等多方面信息，是一个庞大的数据集合，其涵盖公路大桥自拟建之日起的所有信息，为结构的安全评估提供对比参照。二是标准知识库。为公路大桥各项检测和分析提供指标依据，储存公路大桥结构的各种病害特征，并对病害进行分类。三是检查检测库。运用于检查检测管理，储存公路大桥日常检查、定期检查、特殊检测和专项检测等结果。四是养护策略库。该信息库内置专业系统算法和分析模型，针对公路大桥发生的各类病害，通过病害评价数值分析方法和数学模型算法并结合规范标准（如《公路桥梁技术状况评定标准》等），对公路大桥结构病害等级及安全性做出评价。同时，根据专业系统算法和分析模型所确定的病害安全评价等，调用与之对应的养护策略，为养护计划提供依据。五是养护费用库。运用于养护资金管理，储存公路大桥历史养护成本费用，为养护成本效益分析和养护计划费用估算提供依据。

2. 建立分析模型辅助决策

在大桥养护管理工作分析决策过程中，充分运用大数据特性，建立公路大桥使用性能的衰减模型、养护施工效果的预测模型、养护决策的分析模型等。通过模型对数据的统计、整理、分析、计算和评估，进而科学地应用到公路大桥养护管理工作中，使整个养护管理工作更具有科学性，真正推动转变当前的养护管理工作机制，起到辅助决策作用。在 2016 年下半年，九江二桥通过对公路大桥不同结构不同部位的混凝土裂缝数据观察、记录、统计和分析，利用混凝土裂缝成因及发展模型评估，针对性地实施不同的养护措施，有效减少混凝土裂缝的发展趋势。通过不断地数据积累，可用于分析不同气候条件、交通状况、施工方法、经济指标及养护维修材料等对公路大桥性能的影响。同时，也可根据实施效果调整修正公路大桥性能预测模型、养护评价模型等，使模型更加准确，更加适应更加现代化的管理需求。

3. 结构健康监测实时响应

大桥结构健康监测系统通过运用现代传感与通信技术，建设期即在桥上布置索力传感器 110 个、加速度传感器 55 个、光栅应变及温度传感器 222 个及振弦式传感器 75 个，实时或准实时监测桥梁运营阶段的结构响应与行为，获取反映结构状况和环境因素的各种数据信息。经过长期监测统计分析，建立九江二桥在各种环境状况下结构响应和结构参数的关联数据库。当桥梁出现损伤时，通过关联数据库，能够对结构的损伤位置和程度进行诊断，对结构的服役情况、可靠性、耐久性和承载能力进行智能评估，在突发事件（如强震、洪水或其他严重事故等）或结构使用状况严重异常时发出预警信号，为结构的维修、养护与管理决策提供依据和指导。

（六）共享路专业养护资源，确保公路大桥预防性养护措施落实

1. 共享专业的养护施工资源，积极探索“四新技术”运用

利用平台联合体单位在养护管理方面的专业经验与优势，进一步强化技术能力，挖掘、开发、培养

养护管理人才队伍。同时，不断推进新技术、新材料、新工艺、新设备在公路大桥养护中的运用，探索无损检测、无人机在检测工作中的使用。2016 年 8 月，九江二桥 216 根斜拉索利用全自动智能控制缆索机器人，实现斜拉索的快速无损检测，有效解决人力检测效率低、风险大的问题，并根据检测数据结果，针对性实施了锚头补油措施，延长斜拉索正常使用寿命。此外，优先考虑应用节水、节材施工工艺，实现资源的最大化利用。积极应用快速养护及修复技术，缩短养护作业时间，减少对九江二桥道路交通的影响。在日常养护管理工作中突出预防性养护理念，强调公路全寿命周期成本最小，运用数据模型分析，科学、高效地完成大桥日常病害处治工作，提高养护作业质量和养护作业效率，不断提高九江二桥的养护管理技术水平。

2. 共享完备的检测监测手段，主动落实预防性养护措施

通过一体化养护管理平台完备的检测监测及分析评估手段，及时发现结构早期病害和隐性病害，并在道路桥梁设施病害、损毁发生的初期，及时进行正确的预防性养护措施，不让病害向更深层次发展，实现养护费用效益比最优。2016 年，九江二桥一体化养护管理平台基于定期检测数据分析后，根据评估结果，先后实施斜拉索锚头防腐处理、钢箱梁涂装脱落修复、机电系统防雨设计及施工、桥墩基础冲刷防护和桥墩露筋封闭等预防性养护作业，这些预防性养护作业有效延缓道路桥梁设施结构性损坏趋势，均取得良好的养护效果。

3. 共享专业的科研技术力量，不断提升大桥养护管理品质

依托平台组成单位试验检测中心、材料研究中心和专业人才队伍，立足大桥养护工程实例数据，在养护管理方面不断研究、不断总结经验，完成专业养护学术研究，其中钢桥面环氧沥青铺装养护维修材料与施工应用技术研究课题通过江西省交通运输厅科技项目立项。通过针对性的产研结合，进行材料设备、工艺技术的选用甚至开发，不断总结提炼出适合地区区域条件的大桥养护工艺体系，并重点突破一些养护施工技术难点，以此来不断提升大桥养护管理品质。

三、数据驱动的公路大桥预防性养护管理效果

（一）保障了大桥安全畅通，取得了良好的社会效益

九江二桥高速公路作为福银高速的重要组成部分，承担着国家高速公路网福州至银川主线的过江交通量，并兼有九江市与湖北黄梅、安徽宿松的城际区间交通量。通车近四年，九江二桥车流量日益增长，2014 年出入口 5432636 辆，2015 年车流量较 2014 年增长 60.75%，2016 年车流量较 2015 年增长 57.2%。2017 年春运期间，九江二桥车流量出入口 274.22 万辆，同比上年增长 17.37%，日均通行 6.86 万辆，单日最高达 12.1 万辆，创下江西省省界收费站单日最高车流量记录。九江二桥基于数据驱动的预防性养护管理，确保了公路大桥结构处于良好的运行状态，提高了公路大桥的通行能力，很好地应对了九江二桥大型车辆数量与日俱增、交通量急剧增加的情况，保障了长江两岸经济社会联系，产生了良好的社会效益。

（二）降低了养护管理成本，取得了显著经济效益

截至 2017 年 6 月 30 日，一体化养护管理平台共出具专项、特殊检测监测报告 19 份，出具养护施工设计图 26 份，实施养护项目 71 项，开展混凝土结构预防性养护 142 处，面积达 442.61 平方米，开展钢结构预防性养护 326 处，面积达 690.85 平方米。九江二桥通过养护管理数据模型智能分析评估，及时处治了裂缝、露筋、锈蚀、涂层脱落等早期结构病害，在恰当的时间投入资金主动进行预防性养护维修作业，相较以往被动式养护维修作业，单项工程能节约养护资金 35%左右。从巡检发现病害问题到养护维修作业，平均时限由原来的 7 天缩短至 3 天。通过高效地运转机制，减少了因程序时间过长造成的病害扩散风险，降低了养护维修成本。2016 年就路面病害处治这一项，比同类型高速公路同期节省养护资金 37%。2016 年通行费收入 4.71 亿元，养护管理支出费用 969.6 万元，养护费用占通行收入

2%，远低于行业平均水准。

（三）形成了预防性养护管理模式，为公路大桥智能化管理奠定了基础

通过九江二桥一年多的实践，在兼顾小修保养的同时，以预防性养护为主，矫正性养护为辅，相对以往只在结构出现病害以后再进行维修的养护方式更具有前瞻性。通过预防性养护主动实施养护措施，能够将病害遏制在快速发展期前。同时，在实际养护工作中，基于数据驱动的预防性养护管理更加重视结构病害的关联性，依托平台深厚的技术底蕴，可以深入全面地分析病害机理，避免被动、消极的养护处治方式，确保养护维修措施科学有效。

（成果创造人：林宝剑、李中兴、刘秋文、徐　娜、李　明、晏冬阳、邱　超、刘衍锋、李红万）

电网企业基于海量数据挖掘的新能源消纳能力提升管理

国网冀北电力有限公司

国网冀北电力有限公司（以下简称国网冀北电力）隶属国家电网公司，本部设 23 个部室（中心），所属供电、施工、培训等 17 家基层单位，职工总人数 24783 人。由于独特的地理区位和历史沿革，国网冀北电力承担着保障首都供电安全的重要职责，肩负着服务冀北唐山、张家口、秦皇岛、廊坊、承德五个地市经济社会发展和服务国家新能源发展的光荣任务，截至 2016 年年底，国网冀北电力运维 500 千伏变电站 29 座，线路 4138 公里，220 千伏变电站 144 座，线路 10686 公里。冀北电网最大负荷 2240 万千瓦，冀北地区全社会用电量 1436.25 亿千瓦时。截至 2017 年 6 月，冀北电网新能源装机容量已达到 1366.7 万千瓦，占统调装机容量的比例超过 52%，成为新能源装机超过常规电源的省级电网企业。

一、电网企业基于海量数据挖掘的新能源消纳能力提升管理背景

（一）实现新能源弃电损失量化分析的需要

作为国家规划建设的千万千瓦风电基地之一，截至 2017 年 6 月，冀北电网新能源装机已达到 1366.7 万千瓦，占统调装机比例超过 52%；新能源场站 152 座，涵盖坝上高原、山地丘陵和海上风电。因为冀北电网调峰困难、断面约束等影响新能源消纳的多种因素并存，且主导因素不断变化，与“三北”地区其他新能源装机大省相比，冀北地区消纳情况更为复杂，所以必须对新能源弃电损失进行精细化分析。

国网冀北电力面临着提升新能源消纳和加强电网运行管理的双重压力，但由于缺少相应的技术手段，新能源场站难以量化区分场外、场内弃电量，从而导致各新能源场站无法分析挖掘弃风弃光的主要因素并提出针对性措施。例如，同在冀北承德地区且属于同一发电集团的两座风电场，年度利用小时数相差 300 小时以上，由于无法量化区分场内受限情况，误将站内设备故障引起的弃风受阻归结为电网弃风限电，无法及时提出有效的整改方案，消纳水平持续偏低。因此，对场内、场外不同原因导致的损失电量进行量化分析是发现设备运行缺陷、提升新能源消纳水平的客观要求。

（二）解决新能源并网安全问题的需要

2014 年以前，冀北地区部分新能源场站运行管理薄弱，存在设备私自并网、脱网瞒报等现象；部分场站设备检修计划偏差率大，导致新能源功率预测精度较差，停运设备均作为运行设备进行功率预测。新能源场站检修计划偏差较大，日前预测精度较差，电网电力电量平衡计划不确定性增大，给电网安全运行带来较大风险。因此，只有将监控范围从场站级向设备级延伸，对单机运行情况严格管理，才能杜绝电网运行隐患，确保电网安全运行。

（三）提升新能源基础数据质量、挖潜新能源消纳空间的需要

由于并网运行的风电机组和光伏逆变器数量极为庞大，过去各省电力公司对于新能源基础数据的管理较为粗放，存在着新能源数据接入不规范、数据质量差导致难以深度挖掘数据应用价值等问题。尤其是新能源单机数据虽然已接入各级调控机构，但尚未实现数据的有效分析和挖掘利用。为加强新能源基础数据管理，提升数据质量，必须采用大数据分析手段，一方面规范单机数据上传的内容和格式，实现基础数据标准化管理；另一方面提升新能源的监视分析水平，深化应用风电场单机、光伏发电单元、测风/测光等信息，实现对弃风、弃光情况的实时监视和新能源场站发电、受阻、消纳情况的精确统计。

鉴于以上原因，国网冀北电力于 2015 年开始实施基于海量数据挖掘的新能源消纳能力提升管理。

二、电网企业基于海量数据挖掘的新能源消纳能力提升管理内涵和主要做法

国网冀北电力建立基于海量单机数据的消纳能力提升管理体系，以大数据分析和挖掘为手段，规范场站单机数据上传，提升数据准确率。基于高质量的单机数据，从时间、空间、发电集团和设备厂家四个维度开展损失电量"四维"分析和新能源调度运行优化，对新能源发电企业进行对标管理，同时对场站发电设备开展运行分析，查找制约新能源消纳的薄弱环节，极大促进冀北地区新能源消纳。通过海量数据的挖掘和数据质量控制等一系列分析应用，对新能源发电的管理从场站级向单台机组延伸，实现新能源运行管理水平从量变到质变的飞跃。主要做法如下。

（一）制订整体思路框架，提升单机数据实用水平

面对海量的新能源单机数据，其运行管理没有成熟可靠的借鉴模式。国网冀北电力制订科研攻关、系统开发和运行管理的协同工作模式，一方面联合有研究基础的科研机构和大学院校开展数据挖掘技术研究；另一方面找到具有数据管理经验的业内开发厂家，开发新能源单机数据管理系统。同时，针对海量单机数据应用方面存在的问题，制订调度运行、发电企业对标、发电设备分析等方面的实用化工作计划，确保理论研究成果和系统开发能有效解决单机数据管理的实际问题。

（二）开展海量数据挖掘，提高基础数据质量

国网冀北电力开发新能源单机数据管理系统，深入挖掘海量新能源数据，在对数据进行分类收资和采集上传的基础上，重新划分风机状态定义，并采用大数据方法进行数据质量控制。

1. 规范新能源基础数据类型

新能源基础数据分为两类：基础台账数据和基础运行数据。基础台账数据包括风电场和光伏电站的装机容量、机组台数、设备类型、地理位置、地形地貌和地表粗糙度等数据。基础运行数据涵盖风电场和光伏电站的各种遥测、遥信数据，包括升压站和汇集线直采的有功、无功、电流数据，单机（逆变器）出力及状态数据，测风塔和辐照仪采集的气象监测数据等。截至 2016 年年底，冀北电网累计并网集中式新能源场站 141 座，每个场站都要上传台账和运行数据，数据规模极其庞大。

2. 建立新能源基础数据台账

为对新能源台账数据进行管理，国网冀北电力依托调度管理（OMS）系统，开发新能源基础信息台账功能模块，建立所有风电场和光伏电站的基础信息台账。该模块一是实现新能源台账信息的录入、编辑、查找、导出等功能，便于对台账信息进行管理。二是实现风机和光伏逆变器主控、变流器、变桨系统等软件版本升级情况的跟踪统计。当新能源场站的一、二次设备或关键部件软件版本发生变化时，由新能源场站提出申请，主站侧开通台账编辑权限，对该场站的台账信息及时进行更新。

3. 规范风机运行状态定义

国网冀北电力针对各风机厂家对风电机组运行状态定义均不统一的情况，重新对风机状态进行梳理，结合中国电力企业联合会发布的《风力发电设备可靠性评价规程（试行）》，共梳理出 12 种风机状态，包括待风、发电、机组自降额、异常天气降额、调度限电降额、计划停运、故障停运、异常天气停运、调度停运备用、场内受累停备、场外受累停备、通信中断。

结合冀北电网风机设备的实际运行情况，从实际应用的角度出发，将 12 种理想状态归并为 7 种，风机厂家必须将所有风机状态对应到 7 种状态中，这样既减少上传数据的规模，又便于进行后续应用。

4. 明确运行数据上传方式

传统上，新能源场站升压站、汇集线等常规运行数据均通过 I 区调度数据网的远动系统采集上传。由于原有通信传输环节需要经过升压站监控系统、转动装置、调度数据网、D5000 实时系统等系统的各层系统的多级转发，任何一个环节出现问题，都可能导致数据质量变差，而过多的传输环节又大大增加了排查问题的难度。因此，对于海量的新能源单机数据，为避免出现数据传输环节过多、数据质量差等

问题，国网冀北电力采用III区综合数据网实现新能源单机数据文件直传，这样大大减少数据传输环节，有效实现对单机数据质量的全环节管控。其中电力系统安全I区和II区为生产控制大区的实时控制区和非实时控制区，安全III区为管理信息大区。

根据企标“Q/GDW 215－2008 电力系统数据标记语言－E语言规范”，新能源场站每隔30分钟自动集成一个E语言文件，包含时间精度为1分钟的单机数据，从场站内部的II区系统通过正向隔离装置传送至场站III区，并通过调度综合数据网直接传输至调度主站。整个传输环节均满足二次安全防护要求，有效防范网络安全风险。

5. 严格把控单机数据质量

实时采集的数据量庞大、数据种类多，原始数据含有缺失、错误、重复和噪声等各类问题，这对数据的进一步挖掘和应用带来了挑战。因此，在数据上传后必须进行错误数据的识别、筛选与恢复。

数据校验按照“先自校验、后互校验”的顺序和“风速＞有功＞状态”分级校验的原则，逐步分类筛选出错误数据。

对于问题数据，通常有缺数、死数、错数、校验不通过四种问题类型。针对每一类问题，系统会进行自动修正和质量控制。第一，填补缺失的数据。对某一时间点缺失的数据用前一时间点的数据予以补全。第二，处理“死数据”。连续1小时数据不发生变化即判定为死数，用最近风机的数据补全。第三，剔除不合理数据。数据超出合理范围判定为错数。第四，剔除逻辑错误的数据。测风塔风能资源监测数据应保持一致性，70m、50m和30m相邻高度小时平均风速差值小于2m/s，测风塔相同层高相邻时间的风速差小于20m/s；风机出力总加与汇集线、全场出力的偏差不超过额定容量的10%；基于风电机组机舱风速的风功率曲线外推，计算出的有功出力与风机实际出力之间偏差不超过额定容量的10%。

海量单机数据的质量控制不可能通过人工方式进行修正，为此，国网冀北电力在新能源单机数据管理系统中开发基础信息数据质量校验模块，通过系统自动判断数据异常，分析数据质量。

（三）开展损失电量“四维”分析，查找薄弱环节

在高质量单机数据的基础上，国网冀北电力从时间、空间、发电集团和设备厂家四个维度开展新能源资源情况和损失电量精细化分析，进一步揭示制约新能源消纳的薄弱环节，有针对性地进行整改提升。

1. 开展不同时间尺度损失电量分析

掌握新能源资源情况是进行消纳分析的基础。以风电为例，国网冀北电力以单台风机的风速数据为基础，开展年度、月度、季度和日内等多时间尺度的资源和消纳分析。

一是选择体现风资源特性的代表变量。用于风能资源特性分析的统计变量有许多，根据典型风电场统计变量与发电量的相关性分析，选择有效风速和有效风功率密度作为风能资源的代表变量，由此可分析风资源随时间的变化情况。二是开展月度资源情况和损失电量原因分析。冀北地区风资源的月度变化特性十分明显，每年的10月到次年5月为大风期，7～8月为小风期，6月和9月为大小风期转换月份。大风期通道受限和调峰困难是电量损失的主要原因，尤其是每年的春节期间，电网调峰困难导致较多的损失电量。通过分析明确不同月份电量损失原因，对指导电网运行、促进消纳发挥重要作用。

2. 开展不同地区损失电量分析

基于单机数据，国网冀北电力对所辖五个地市整体及张家口、承德不同地区的资源情况和电量损失进行分析，量化评估不同影响因素对新能源消纳的影响。分析表明，在张家口沽源、尚义、万全和承德御道口、木兰等地区，新能源外送通道受限是制约消纳的主要原因；在唐山、秦皇岛和廊坊等地，电网调峰困难是电量损失的主要原因；而在张家口康保、张南等地区，通道和调峰的影响大致相当。针对不

同地区，采取不同控制策略缓解消纳矛盾，扩展消纳空间。

3. 开展发电集团损失电量分析

冀北地区目前有风电发电企业 28 家，光伏发电企业 50 家，不同发电企业在所辖场站的运行管理水平上存在较大差异。国网冀北电力以发电企业为单位，对每个企业的场内损失电量进行精细化分析，发现企业内部各新能源场站存在的共性问题，以此作为切入点指导新能源企业改进管理方法，提高设备运维水平，从而降低设备故障率，减小场内电量损失。

4. 开展设备厂家损失电量分析

设备故障是场内损失电量的主要原因，从设备故障导致的损失电量入手，分析不同风电机组和光伏逆变器生产厂家发电设备故障情况，找到故障率高的发电设备部件，并将这些信息及时反馈给生产厂家，改进设备生产工艺，提高设备质量。相关设备故障信息也定期对所有新能源场站公布，一方面督促场站积极协调设备厂家对发现的问题进行分析和整改；另一方面也在设备采购上对发电企业和新建的新能源场站提供指导。

（四）推动对标管理，提升新能源发电企业管理水平

场内弃电量的大小是衡量新能源发电企业运行管理水平的重要指标，如果场内弃电量较大，表明新能源发电企业及所属场站的设备运维管理水平有待提高。

依托海量新能源单机数据，国网冀北电力细化分析弃风、弃光电量的不同原因，将场内弃电量占总弃电量的比例作为新能源发电企业的对标指标，依据该指标定期对新能源发电企业进行排序，并定期公布相关指标，以此促进发电企业提升运行管理水平。

结合调度日志中记录的场站设备检修和故障信息，对新能源单机数据进一步深入挖掘，可将场内原因导致的弃电量细分为检修、故障和陪停几种原因，针对每种原因分别进行统计分析，从而更深层次揭示发电企业运行管理中的薄弱环节，指导其进行整改提升。

以承德地区某风电场为例，2016 年该场弃风电量 0.65 亿千瓦时，其中场内弃风 0.17 亿千瓦时，占总弃风电量的比例为 26%。这表明场内原因导致了该场四分之一的电量损失，场站的运行管理水平亟须提升。

进一步分析，2016 年 7 月在场内弃风电量中，设备检修损失电量占比接近 50%，而 8 月的设备检修损失电量占比达到 70%。7～8 月因设备故障导致的陪停损失在各月份中占比也最高。分析结果反馈给场站后，该风电场有针对性地进行设备整改，加强设备运行维护，设备可用率显著提高，在接下来的大风期内设备可用率显著提升，受阻率明显降低。

（五）监视单机状态，优化调度运行

1. 加强新能源运行实时监视

基于新能源单机数据，国网冀北电力实现风电机组和光伏逆变器运行的实时监视，值班调度员不但能够监视场站出力、升压站电压电流等宏观数据，还能够监视每台风机和逆变器的有功、无功出力和运行状态。在此基础上，调度员能够实时掌握所有场站的资源状况、理论出力和弃风弃光情况，据此调整有功控制系统下发的出力指令，以充分利用电网接纳能力和外送通道容量。

国网冀北电力基于单机数据实现电网风险的预警，当发生风机或光伏逆变器脱网时，风机或逆变器的状态会发生突变，系统会向当值调度员实时推送状态变化信息，使调度员能够实时监视到新能源机组脱网情况，快速地进行处理。

2. 优化新能源外送通道检修计划

根据海量新能源单机数据的挖掘，国网冀北电力进行冀北地区风、光资源特性的分析，结果表明每年 7～8 月是冀北地区明显的小风期，这也是安排新能源场站外送通道停电检修的最优时间。基于这一

研究结果，国网冀北电力优化调整新能源外送通道的停电检修计划，尽量将停电时间调整到每年的7～8月，从而避免新能源场站额外的电量损失，提升消纳能力。

此外，国网冀北电力积极协调场站内发电设备检修工作，在检修计划制定时做到“一停多用”，即当外送通道检修时，安排场内设备同时配合停电检修，一方面减小重复停电造成的电量损失，另一方面使新能源发电设备处于良好状态，争取大风期多发、满发。

（六）开展设备运行分析，提升发电设备可靠性

1. 分析不同厂家设备运行的可靠性水平

基于海量单机数据，开展整机厂家层面的机组发电可靠性对比分析，从而揭示不同整机设备的运行水平，完成新能源行业综合对标管理。以可利用率指标为例，在2016年下半年冀北地区主要运行的风电整机厂家中，金风风机最高为93.5%，随后依次为：运达、通用电气、远景、明阳、中车、湘电、联合动力、华锐。

2. 分析设备运行和停运时间

以张家口地区某风电场为例，对其开展2016年7～12月半年内各类运行时间统计分析。分析发现，该风电场发电时间占总时间的59.8%；因7～8月变电站停电检修造成机组的陪停，陪停时间约占总时间的13.1%；由于数据乱码或空值导致机组状态无法判断的时间，约占总时间的4.1%；其他原因待机时间指机组处于正常停机状态，但此时风速大于机组启动风速（3m/s），小于机组大风停机风速（25m/s），约占总时间的7.6%；例行修维护时间包括日常维护时间和定期维护时间，约占总时间的1.6%；统计期间，共发生引起机组停机的故障711次，故障时间包含故障维持时间和故障检修时间，约占总时间的4.7%。

3. 分析关键部件故障情况

通过分析，可以精细化统计风机主要部件故障对弃风电量的影响，从而揭示设备运行的薄弱环节。为此，国网冀北电力建立月度通报机制，每月定期将主要部件弃风电量统计分析结果反馈给新能源场站，帮助其发现问题原因，深挖消纳潜力，提升运维管理水平。

应用本成果对张家口某风电场2016年风电机组主要部件弃风电量统计显示，该风电场2016年由风电机组主要部件造成的弃风电量中，由变桨系统故障导致的弃风电量最多，占比46.46%，其次是发电机系统，占比19.02%，主轴系统和电气控制系统故障也引起较多的电量损失，分别占比10.09%和8.99%，这四个子系统故障导致的电量损失占总电量损失的比例达到86%。将这些分析结果反馈给新能源场站，就可以指导场站的运行维护。

（七）成立新能源专家团队，指导场站运行水平提升

为满足全过程闭环体系的高效运转，在省公司层面，国网冀北电力由调控中心牵头，建立发展策划部、建设部、营销部、交易中心等各部门的协同会商机制。各部门定期召开会商会议，研讨促进新能源消纳的工作方案和解决措施。

在冀北调控中心内部，由新能源专业牵头，调控运行、调度计划、系统运行、自动化各专业和冀北电科院相关人员组成新能源调度运行管理团队，中心领导直接担任团队负责人，全力推进新能源消纳工作。

在新能源场站层面，国网冀北电力组织成立新能源运行专家组，专家组由调控中心各专业人员和新能源场站有现场运行经验的运行管理人员组成，一方面负责新能源场站的并网验收工作；另一方面通过全过程闭环管控发现的场站内影响运行消纳的设备问题，负责帮扶运行管理较差的场站提升运维管理水平，减少场内限电。

三、电网企业基于海量数据挖掘的新能源消纳能力提升管理效果

（一）设备故障率明显下降，场站运行管理水平提升

基于对新能源场站设备层面的运行分析，冀北地区各新能源场站能够发现其运维管理中存在的薄弱环节，发掘设备运行缺陷隐患，并有针对性地进行整改。2016年，冀北地区新能源场站运行管理水平总体上显著提升，风力发电设备平均不可用率由2015年的8.5%下降至6.2%。随着设备故障率的降低，因设备缺陷导致的汇集线路跳闸和风机脱网情况明显减少，电网安全运行水平进一步提升。

（二）消纳能力提升，新能源发电量明显增加

通过对新能源海量数据的深入挖掘，冀北电网新能源消纳能力显著提升，2016年全年增发新能源电量11.5亿千瓦时，增加经济效益5.52亿元。通过优化调整新能源外送通道停电检修计划，将停电时间调整到每年的7～8月，同时安排场内设备检修与外送通道检修同时进行，减少了新能源场站的额外电量损失。按照每个风电场提高利用小时数80小时、每个光伏电站提高利用小时数40小时测算，冀北电网68座风电场和55座光伏电站因此增发电量9亿千瓦时，经济效益4.32亿元。通过挖掘发电设备运行潜力，查找运行薄弱环节并开展整改，冀北电网68座风电场累计增发电量2.5亿千瓦时，经济效益1.2亿元。

（三）积极服务新能源发展，获得广泛社会效益

通过对大量新能源数据的分析和挖掘，2016年冀北电网新能源消纳能力显著提升。全年新能源累计发电量220.65亿千瓦时，同比增加58.47亿千瓦时，在全社会用电量同比增长0.8%、统调发电量同比增长9.6%的情况下，新能源发电量同比增长36.1%。弃风率降低至9.8%，低于国网平均水平8%，弃风率连续四年下降，在国家千万千瓦风电基地中保持最低。国网冀北电力基于海量数据挖掘的新能源消纳能力提升相关管理举措和取得的效果在社会上取得了良好的反响，相关创新成果先后荣获2016年度河北省科技进步二等奖，2017年度中国电力创新奖一等奖，国家电网公司2017年同业对标典型经验。相关管理举措在风电、光伏等新能源接入地区彰显了极大的推广示范效应。

（成果创造人：施贵荣、孙荣富、宁文元、王东升、王靖然、丁　然、
王若阳、徐海翔、柳　玉、吴林林、丁华杰、王冠楠）

地区供电企业全价值链智慧型供电服务管理

国网上海市电力公司浦东供电公司

国网上海市电力公司浦东供电公司（以下简称浦东公司）是国家电网公司大型重点供电企业，担负着浦东新区共约1210平方公里的供电任务，2016年供电服务客户达到227.55万户，年售电量300.20亿千瓦时，电网最高负荷735万千瓦，线损率为2.45%，城镇供电可靠率99.9902%，变电容量105.45万千伏安，经营管理水平和经济效益水平有效提升，利润指标完成情况创历史最好。浦东公司紧抓浦东新区发展机遇，强化改革创新，攻坚克难，高水平开展电网发展、安全生产、经营管理、优质服务等工作，受到电力行业和上海市多次嘉奖。2015年，浦东公司在服务行业中成为首家获“中国质量奖”的企业。

一、地区供电企业全价值链智慧型供电服务管理背景

（一）适应智慧城市建设的需要

上海市政府于2014年12月发布《上海市推进智慧城市建设行动计划（2014—2016）》，提出聚焦水、电、油、气等城市生命线，推动城市公共基础设施管理智能化，拓展新的服务模式，保障城市运行安全、平稳、有序。随着上海智慧化城市建设的推进，对电能服务提出了更高的要求，供电公司必须满足上海城市发展的需求，走上智慧化发展的道路。

灵敏准确的感知、正确的思维与判断是智慧型服务的前提。非智慧服务时代，浦东公司对于客户的感知、判断主要依靠营销服务人员的主观感觉，难以保证感知的准确性与判断的正确性，从而导致所选择的服务措施针对性不强，服务效果不尽如人意。所以，必须改变这种以个人主观判断为主的客户需求感知方式和服务措施选择方式，建设能客观识别客户需求，正确选择服务措施的智慧型供电服务。

（二）满足浦东新区发展的需要

浦东作为上海经济发展的主战场，范围内坐落着金融、航运、贸易、文化、健康、信息、装备、汽车等各类企业，分布着川沙镇工业小区、六灶鹿园工业区、祝桥空港工业区、机场镇临空产业园区、高桥镇老工业基地、巴斯夫等不同行业产业园，随着产业结构的升级，不同行业特性的客户对电力特性的要求更趋个性化。

与此同时，浦东公司对不同客户的需求差异及发展趋势认识不够深入，对不同客户提供服务的针对性不足，且主要致力于满足客户当前的显性需求，对客户潜在需求的认识和挖掘不足，对客户需求的引导作用不够突出。浦东公司深刻认识到变革的紧迫性，决心针对行业变化趋势提供针对性的具有引导作用的供电服务举措，支撑浦东地区发展，进而促进上海建设“四个中心”、科技创新中心和社会主义现代化国际大都市。

（三）提升电力服务质量的需要

电改9号文的发布，确定了“管住中间、放开两头”的电改思路，特别是配售电业务的放开使供电企业面临前所未有的竞争压力。供电公司要在市场竞争中获取优势，必须提升服务质量。

经过多年的应用与完善，访谈、调研及一般人工数据分析等发现客户需求的传统手段已被浦东公司多次、反复使用，发现客户有效需求、拟定并选择服务举措的时间与经济成本越来越高，效果却越来越差。浦东公司在客户服务提升方面遇到了瓶颈，急需提升客户服务能力，主动适应电力体制改革等外部环境变化。

因此，浦东公司自 2015 年开始在各专业部门陆续推进智慧型供电服务。

二、地区供电企业全价值链智慧型供电服务管理内涵和主要做法

浦东公司顺应上海智慧城市发展趋势，以满足客户多样化个性需求为目标，综合运用互联网、物联网和移动互联网等现代信息通信技术，构建大数据服务平台，将数据分析与历史经验相结合，把智慧服务融入地区供电企业供电服务全价值链，实现数据分析在规划、调控、运维、营销全价值链的贯通，在供电服务的各价值创造环节，实现客户需求的自动预测、服务举措的自主决策，并持续自我评估、自我纠偏和自我提升，构建涵盖长期容量科学匹配、短时用电即时匹配、电力供应可靠保障和营销服务精准匹配的全价值链智慧型供电服务，提升客户服务的主动性、提前性、高效性和匹配性。主要做法如下。

（一）开展智慧型供电服务管理顶层设计

1. 确定智慧型供电服务管理目标

浦东公司围绕适应智慧城市建设、满足浦东新区发展、提升电力服务质量的需求，提出主动服务、自动服务、精准服务的智慧型供电服务管理目标。

一是主动服务。通过智慧型供电服务，形成客户需求深层次识别机制，主动识别客户尚未提出或尚未意识到的需求，积极拟定服务举措，变传统的被动服务为主动服务，提升供电服务主动性。二是自动服务。通过智慧型供电服务，达到供电服务自动化，根据客户需求，自动为客户提供服务建议或实施服务举措，提升供电服务的及时性。三是精准服务。通过智慧型供电服务，精准识别群体客户或个体客户的服务需求，根据不同对象的需求特性提供不同的服务举措，改传统的通用性服务为个性化服务，提升服务精准性。

2. 构建智慧型供电服务管理思路

基于慧型供电服务目标，浦东公司以大数据平台为基础，将智慧服务理念融入电网规划、电网调控、电网运检和电网营销，以期实现地区供电公司全价值链供电服务智慧化。

一是大数据平台方面，从内、外两方面入手，多维度、全方位收集与客户用电行为相关的数据，通过数据清洗，构建智慧服务基础数据库，为智慧供电服务奠定基础。二是电网规划方面，分析典型用电客户用电特性，聚类形成典型行业电力图谱，结合区域规划定位，开展规划用电预测，提升规划科学性。三是电网调控方面，分析短期用电影响因素，构建神经网络预测模型，建设负荷转供系统，通过负荷预测、策略模拟等实现负荷自动转供，保障电网平衡。四是电网运检方面，根据电网设备特性，运用决策树等进行电网设备分类，实施分类运维策略；开展设备故障等级评估，优化抢修网点布局，提升抢修效率。五是电网营销方面，根据客户用电个性，运用聚类分析实现客户精准划分，分别制订针对性服务策略，主动为客户提供针对性服务举措。

（二）建设大数据平台，夯实智慧服务基础

1. 优化数据结构，促进分析下沉

浦东公司将与客户用电行为有关的数据，由内向外共分为四个层次，第一层为直接反映客户用电信息的数据，如用电负荷、用电量、电费、缴费时长等；第二层为反映向客户提供电力供应情况的数据，如变压器温度、线路负载率等；第三层为直接影响客户用电行为的数据，如温度、湿度、降水情况等；第四层为间接影响客户用电行为的数据，如经济增长数据、产业发展数据、客户日常行为数据（如出行数据、消费习惯数据）等。其中，第一、二层为供电公司可直接测量并获取的数据，称为内部数据；第三、四层为供电公司可从第三方数据提供方获得的数据，称为外部数据。浦东公司通过完善数据结构，提升数据可分析的维度，为下一步的交叉印证、深度分析奠定基础，具体措施如下。

一是作为国网公司范围内首批大数据应用试点单位，于 2015 年年底开展大数据平台试点实施部署和上线试运行，完成对各个信息系统的有效整合。二是采用“单兵检测装置”、在线监测技术、带电检

测车等多种创新手段提高设备状态信息的收集效率，并通过固定设备检测点、增加客户基础数据维度等保证数据的一致性和多样性。三是充分借助互联网、移动互联网等信息技术，与复旦大学搭建大数据合作平台，获得直接影响客户用电行为的数据。

2. 深化数据处理，提升数据质量

高质量的数据是高质量数据分析结果的保障，浦东公司在数据分析前对数据进行预处理，得到标准的、干净的、连续的数据，提升数据分析的适合度。主要措施包括：一是提高数据的完整性，对于时间序列数据的缺失，主要使用前后的均值或通过平滑等处理方式予以补充；二是保证数据的唯一性，针对不同来源的数据出现重复的情况，确定不同数据的权威来源，以此作为数据的唯一来源；三是提升数据的合法性，如获取的数据与常识不符，浦东公司对该类数据进行核查和完善。

另外，由于外部数据，特别是网络上的数据多以 HTML 文档、XML 文档、SGML 文档的形式存在，属于半结构化数据，不能直接用于数据分析。浦东公司根据数据特性，综合运用基于自然语言处理方式、基于包装器、基于本体方式等抽取数据，实现半结构数据的结构化，为数据分析工作提供支持。

（三）提高用电预测精度，优化规划长期匹配

随着浦东地区产业结构的发展与丰富，原有的以第一、第二、第三产业为基础的电力需求预测模型越来越不适用于浦东的实际。因此，浦东公司对行业进一步细化，提高各行业电力需求预测的准确度，从而提高地区电力需求的准确度。

精准的行业电力需求预测有助于浦东公司提升电力需求预测的准确度，但是，由于行业众多，难以针对每个行业建立单独的预测模型。浦东公司通过对行业电力图谱（行业电力图谱是指整个行业在一段时间内电力消费的波动趋势图）。分析发现，部分行业波动特性具有相似性，可以将具有相似波动特性的行业统一研究。因此，浦东公司通过聚类算法对辖区内 300 多个行业典型客户的电力图谱进行分类，共得到 9 类典型波动图谱。针对聚类之后的各族，建立适用于该族的统一的预测模型，从而更好地预测各类行业未来的电力需求。

浦东公司将规划区域新用户的用电图谱数据不断输入到数据库中，丰富数据库数据，并与新用户的实际用电数据与规划时期的用电预测数据进行对比分析，实现客户分类与用电预测的自动演进和迭代升级，不断提升客户分类的合理性和预测的准确性。

（四）优化电网负荷调控，满足供需即时匹配

电网调控强调的是动态供需平衡，浦东公司从短期负荷预测入手，预测客户用电量需求，结合电力供应，通过负荷转供满足客户用电需求，实现供需即时匹配。

短时电力负荷预测对保证电网的平稳运行具有重要意义，对满足不同客户的电力需求具有重要指导意义。浦东新区内分布着不同类型的产业聚集区，每个产业聚集区的电力需求特性存在较大差异，浦东公司为了给各产业聚集区提供与其相匹配的电力供应，必须对每个区域的电力需求进行准确的预测。浦东公司通过敏感性分析，总结用电负荷及用电量的主要影响因素，包括日期、温度、天气、是否工作日、是否节假日等。浦东公司将神经网络分析（BP）应用到短期用电负荷预测中，不仅建立日负荷预测模型，还在日负荷预测的基础上，进一步细化建立时负荷预测模型，开展不同时段的负荷预测。

浦东公司开发智能化负荷转供系统，提高负荷的效率和效果。一是负荷信息统计。在运行过程中，自动预测各区域的短期用电情况，判断设备过载的可能性，当过载可能性超过一定阈值时，系统自动进行目标设备下游负荷统计，主要包括转出重要用户统计（如保电用户、多电源用户）、转出用户详细信息（包括用户级别、用户遥测值等）、转出区域电源统计和转出负荷总量统计。二是转供策略分析。采用拓扑分析的方法，搜索得到所有合理的负荷转供路径，并且从操作开关可操作性、重要用户供电电源、操作开关数、转供后的负载率等对策略进行优化排序。三是转供策略模拟。优化生成各种转供策

略，根据当前的实时态运行方式，生成模拟态图形，在模拟态图形中，对转供策略操作开关序列进行运方设置预演，并对预演结果进行校验。四是转供策略执行。运行人员根据转供策略分析结果，采用自动或人工介入的方式对负荷进行转移。

负荷转供完成后，系统通过计算过载概率对负荷转移效果进行评估，将本次操作所有数据纳入数据库，在此基础上不断优化负荷转供策略与负荷转供路径，提升负荷转供效果，提升电网平衡性。

（五）落实智慧运维抢修，实现电能可靠供给

1. 精准制定差异化运维策略

根据历史经验，对重要客户供电的设备、此前三年发生过故障的设备需要更高级别的运维策略，设备状态评为异常/注意等级的设备也需要一定的特殊维护，而其他设备则不需要特殊的照顾。为此，浦东公司选择决策树分类法，对设备电压等级、运行年限、设备状态、重要性（供应的重要客户数及等级）、故障情况（近三年故障数）等进行分析，将辖区内输变电设备分为四类，即特殊类、重要类、关注类和一般类。在此基础上，为各类设备制定针对性的运维策略。

针对特殊类设备，由公司层面督导，责任部门提高运维要求并制定设备管控措施落实卡；针对重要类设备，由责任部门负责，提高现行运维要求并制定设备管控措施落实卡，负责措施执行，对各项措施进行闭环管理；针对关注类设备由责任部门按照现有运维要求完成措施的执行；针对一般类设备，责任部门在完成常规运维要求的基础上，适当减少特殊巡视等。

浦东公司通过运维效果（设备状态、故障情况）对设备分类、运维策略等进行评价，根据评价结果进行优化，实现差异运维智能升级。

2. 科学优化抢修驻点布局

差异化运维虽然降低了故障发生的概率，但不能杜绝故障的发生。浦东公司分析发现线路故障在所有故障中占据最大比例，从线路故障特性、外部影响因素、自身影响因素和运行影响因素四个方面分析配电网线路故障的主要影响因素。以影响因素数据为基础，运用随机森林算法构建月度故障预测模型对线路的月度故障等级进行预测，经过三个月的试运行，线路月度故障等级预测准确率达到 90%以上，为提升配电网的管理水平、减少配电网故障导致的损失、提升抢修效率和用户满意度奠定了基础。

配电网发生故障后，及时到达故障点进行抢修是一项重要的工作，直接关系着供电可靠性、用户用电体验、电力公司的损失水平。浦东公司以预测的线路故障等级为依据，运用模拟植物生产算法优化抢修驻点位置，优化后，抢修驻点更加靠近月度故障等级高的设备，总体的抢修路程时间比优化前有所减少。抢修驻点分布一般 3～6 个月调整一次。

3. 提升故障分析智能化水平

浦东公司充分利用不同数据分析方法的特性，应用于不同类型的故障诊断，提高故障诊断的智能水平、效率和准确度。

一是基于粗糙集方法的故障分类。将粗糙集应用于潜在家族性缺陷查找。首先，提取现场上报的同一厂家生产的设备的同类缺陷记录，以及主站统计的缺陷发现时刻的告警信号；使用粗糙集算法计算此类缺陷发生时的“关键属性（即告警信号）集合”，作为潜在家族性缺陷的条件属性集合；使用此集合与同类其他设备的日常运行告警信号进行匹配，如果匹配设备数量超过一定比例，则可初步认定为此缺陷为家族性缺陷。

二是将关联规则应用于故障相关性分析。将短时间段（一般为 5～20 秒）内的电网设备量测数据、告警信号作为数据来源，并根据间隔或相同单元（仅同一间隔同一设备类型信号存在关联）进行信号划分，将这些信息作为同一“综合事件”进行处理。使用关联规则算法对“综合事件”进行处理，筛选出符合最小支持度和最小可信度限制条件的依赖关系，以此进行事故相关性判断。

（六）优化用电服务策略，实现营销精准匹配

1. 深化客户特性分类，优化用电服务策略

浦东公司辖区内客户数量众多，为每个用户单独制订服务策略，既不现实也不经济。浦东公司分析发现用电需求差异较大的客户主要集中于非居民用户和部分居民用户，按照二八原则，浦东公司重点对辖区内这一部分客户的用电特性进行分析，并制定针对性服务策略。

首先，浦东公司对客户用电特性的影响因素进行梳理，并通过相关性分析总结客户用电特性影响因素，如客户所在的行业、电压等级、用电类别、合同容量、负载率、月均用电量、月均增长量等。其次，根据影响因素收集客户历史数据。最后，通过聚类算法，共将客户分为四类。第一类客户所处的行业比较特殊，对供电可靠性要求非常高，供电一旦中断容易引起有毒物质扩散或影响城市区域的正常生活（如就医、出行等），定位为重要保障客户；第二类客户用电量大，对公司的贡献大，主要是大型企业，定位为高贡献客户；第三类客户与公司的咨询、沟通、反馈较多，对公司服务需求多，定位为高度参与客户；第四类客户用电量增速快，后续用电需求量大，如自贸区扩容热点区域的客户。

针对以上四类用户分别制订管家服务策略、能效服务策略、痕迹服务策略和"互联网＋"服务策略。管家服务策略重点是完善用户用电健康档案，严格按照"全时段、全过程、全方位"要求，抓好安全管控，提高安全供用电水平。能效服务策略重点是根据客户用电特性为客户提供能效增值服务，提升客户能效管理水平。痕迹服务策略重点是及早掌握客户诉求热点，开展提前介入和主动服务。"互联网＋"服务策略重点是利用互联网为客户建立智能互动，便捷高效的业务办理、信息咨询等在线及自助式服务。系统自动判断客户的类型，并自动实施服务举措或提供服务建议。例如，停电计划确定后自动向重要保障客户发送停电通知，向高能耗客户自动发送用电年检服务建议等。

浦东公司根据客户的用电特性影响因素，每季度对客户分类进行优化，并对各项服务举措建议所采纳客户的特性进一步深入分析（如高能耗制造类企业接受用电体检建议的可能性远大于其他类型企业），缩小服务建议推送范围，提升服务建议推送精度。

2. 分析客户特性需求，提供针对性用电方案

用电服务策略优化后，浦东公司在用电服务策略执行中，对每类用户的用电需求特性进行更深入的细化，准确界定客户具体用电需求，为客户提供针对性的用电方案。

一是基于用电时序分析的冰蓄冷技术推广。浦东公司深入分析高贡献客户用电时序图，为用户设计避峰用电的方案，建议企业利用平、谷时间段进行生产，降低用电量和用电负荷。浦东公司发现部分用户用电量随着极端天气变化出现大幅波动，经分析，该类客户主要是医院、酒店、商场、展览馆、实验室等大型的场所，空调用能所占比例高。为此，浦东公司向空调用能比例高的用户（如上海大厦等），推荐冰蓄冷技术，在平谷时间段把电能存储为冰，在峰时间段用冰来释放电能减少峰时间段直接的电能消耗，完成电能在时间上的移动，达到错峰用电、削峰填谷、节省成本的效果。根据上海市夏季电费政策，经测算，使用了冰蓄冷技术的单位，每日最高用电负荷平均降低14%，每日节省电费27.90%。

二是基于功率因数曲线的精准无功补偿服务。鉴于部分客户力调电费额度较高、比例较大现象，浦东公司采集用户侧、供电侧的日电量数据、日负荷数据及需量数据，深入研究客户的日常功率因数，发现功率因数不满足考核标准的客户分为两部分。一部分是月度功率因数整体上低于考核标准，另一部分是月度功率因数满足考核标准，但是部分天数的功率因数不满足考核标准。

浦东公司将这两类客户都纳入无功补偿服务推送的范围，客户通过无功补偿方案实施，一是改善功率因数，减少线路中总电流和供电系统中的电气元件（如变压器、电器设备、导线等的容量等），减少投资费用。二是减少供电系统中的电压损失，可以使负载电压更稳定，改善用户电能的质量。三是在既有设备容量不变的情况下，装设电容器，提高功率因数，增加负载的容量。四是减少用户的电费支出。

三、地区供电企业全价值链智慧型供电服务管理效果

（一）持续提升客户满意度

通过实施智慧型供电服务能力建设，提高人财物的使用效率，满足用户日益变化的差异化服务需求。一是通过客户分类，大幅提升对客户需求的感知力。在服务举措针对性调研中，认为新增/优化服务举措的针对性有大幅提高的占 67%，认为有提高的总占比超过 90%。二是 2016 年实现行风测评和“12345”热线绩效考核“双优秀”。通过系列优质服务措施的推行，国网工单回访满意率逐步提高，至 2016 年年末达到 99.50%，比实施前提高 4.95 个百分点，优质服务水平提升明显。三是为客户提供增值服务。如通过为客户提供无功补偿和冰蓄冷等服务项目，降低客户能耗，2016 年完成上海中心大厦冰蓄冷等电能替代项目 45 项，实现替代电量 6.09 亿千瓦时，减少排放二氧化碳 60 万吨、二氧化硫 1.8 万吨、氮氧化合物 0.9 万吨。

（二）变革供电服务管理模式

通过构建全价值智慧型供电服务，浦东公司的供电服务策略更具有预见性和精准性，提升了客户服务的主动性、超前性、高效性和匹配性。主动性，将过去被动应对问题的管理模式转变为主动发现问题和解决问题，围绕客户服务感知信息，主动发现客户需求，改善服务流程和结果；超前性，通过数据分析，发现客户的潜在需求，拟定服务举措并向客户精准推送；高效性，通过数据分析，快速发现客户需求，缩短客户需求发掘周期，降低相关成本，原来依靠人工调研、统计、分析等需要几周到几个月，现在依靠数据分析只需几分钟到几个小时；匹配性，通过数据分析，提高客户需求认识的准确性，从而提高供电服务举措的匹配度。智慧型供电服务模式的建立，吸引了国网公司范围的内多个单位关注，先后有多家行业内公司前来学习取经，并建立了长期合作交流关系。

（三）大幅提升企业运行效率

通过实施智慧型供电服务，实现数据分析的全价值链贯通，提升了不同流程环节间的协同度，提升了流程优化有效性，公司运行效率大幅提升。一是通过差异化运维的实施，浦东公司运行人员的巡视作业承载率（巡视时间与值班时间的百分比）下降 14.76%，巡视发现缺陷人时数下降 23.1%，重点区域供电可靠性达到 99.999%，达到新加坡、东京、巴黎等国际先进城市供电水平，较以往大幅进步。二是根据设备故障等级优化抢修驻点布局后，故障抢修平均修复时间从 45 分钟缩短到 36 分钟，降低 20%。三是浦东公司 2016 年全员劳动生产率达 643.54 万元/年人，是行业平均水平的 8 倍，自身经济效益大幅提升，在国网大供企业业绩对标综合评价排名第二。

（成果创造人：潘　博、张　弛、俞　磊、金志红、叶傲霜、廖　静、康晓燕、刘皓峰、沈　健、于盛楠、范晓华、柯洁珣）

以两化融合为导向的生产管理信息化建设

瓮福（集团）有限责任公司瓮福化工公司

瓮福（集团）有限责任公司瓮福化工公司（以下简称瓮福化工）是瓮福集团四大制造业基地之一，业务涵盖磷复肥、磷精细化工产品、磷矿伴生氟碘化学品及磷石膏、含磷废水、脱硫烟气、煤电磷一体化等资源综合利用、产品开发和物流集散等，已形成多种产品耦合共生，资源高效利用、循环利用以及能量梯级利用的产业体系，多项技术世界领先或国际首创，属于科技密集型、规模效益型和循环经济产业示范基地。瓮福化工具备年产120万吨硫酸、80万吨磷酸、120万吨磷酸二铵、48万吨磷酸一铵、18万吨食品级和工业级磷酸、20万吨复合肥、3万吨晶体磷酸一铵、27万吨饲料级磷酸氢钙、25万吨晶体硫铵、100吨碘、1000吨电子级磷酸、300万吨磷精矿及4.2万千瓦热电等的生产能力及吞吐500万吨自备铁路专用线。瓮福化工现有员工1600人，累计提交专利申请受理860件，授权660件。

一、以两化融合为导向的生产管理信息化建设背景

（一）严峻的磷复肥行业环境倒逼企业实施两化融合的优势生产

据国家统计局数据显示，截至2013年，规模以上磷复肥生产企业1388家，其中，磷肥生产企业236家，复混肥生产企业1152家，磷肥生产能力和磷肥行业利润逐年大幅下降。2013年磷复肥企业的亏损面进一步扩大，全行业亏损企业139家，亏损额7.1亿元，其中磷肥行业亏损额达到29.0亿元。从整个磷复肥行业来看，产品利润空间逐年下降的窘境短期内不会改变，瓮福集团虽然没有出现亏损，但已经低于行业平均利润率。要打破困局，度过行业之冬，就必须统筹发挥技术、装备、管理等资源，挖潜增效，运用两化融合强化优势生产，实现比同行更好的盈利能力。

（二）提高生产管理智能化控制水平的需要

近年来，瓮福集团信息化战略实施，陆续建立包括财务管理、人力资源管理（HR系统）、供应链等模块的NC系统、办公自动化系统（OA系统）和电子采购平台。但是，在生产管理环节、制造执行层面依然缺乏便捷的信息化手段与NC系统各业务模块高效对接，不能满足集团运营调度需求。在投用现行生产管理系统前，各班组、系列（系统）、装置乃至整个生产园区的投入产出、消耗成本、工艺指标考核、产成品库存等数据信息，需要从DCS/PLC系统中采集之后，通过人工测算后才能逐级审核传递，时效性较差，生产经营决策、生产调度调整和工作考核受到制约。化工装置集群中，多涉及危险化学品的存储、转（倒）运、设备内反应等监控手段不足，信息传递缓慢，不利于及时排查处置隐患。原有的生产管理系统着重于装置生产运行监控，不能对安全环保监测点集中显示和预警，满足不了安全环保管理的需求。因此，需要开发一套新的生产管理系统，解决瓮福化工新时期生产中面临的种种困难，提高生产管理水平。

（三）实现企业发展战略的需要

随着瓮福集团低成本扩张和循环经济战略的实施，瓮福集团已形成具有福泉、金昌、达州、上杭四大磷化工生产基地，28家分、子公司，业务遍布世界各地的企业集团，企业运营对信息化提出更高要求。磷资源利用已形成从磷矿石到农用级、工业级、食品级、电子级等多层级产品，磷矿伴生资源氟、碘等多门类化工产业，以及废弃物利用、环保生态项目等多体系辅助产业。稳定运行磷素利益最大化的企业战略，提高产业集群响应市场、协同创效能力，对实现工业化与信息化的深度融合，建设先进的生产运营管理信息系统提出迫切要求。

二、以两化融合为导向的生产管理信息化建设内涵和主要做法

瓮福化工以两化融合为引领，以共享、协同、服务理念为指导，以战略推进、制度落地、效率效益提升为目标，以生产执行管理系统（MES）建设为核心，针对企业发展战略需求和行业状况，科学制定企业生产管理信息化建设思路、目标和推进步骤，在信息化平台上植入技术和管理标准，固化生产管理流程，设定生产序列各种定额，以此为纽带，关联建设设备运维、安全环保等辅助系统，实现原有DCS、PLC系统信息与现有的公司内网及NC系统对接，以及数据自动采集、分析、传递，达到数据集成共享、产业链高效协同、智能制造与精益生产不断推进，全面提升生产管理系统运行效率和管理水平。主要做法如下。

（一）明确信息化建设的理念、原则、目标和内容

1. 确立建设理念

瓮福化工确立"两化"融合工作以"共享、协同、服务"为理念。通过生产与业务系统融合、战略管控与业务管控融合、组织协同与行政管理融合，实现数据共享、知识共享和门户共享，实现随时随地访问系统，全方位、多层次服务客户和供应商、服务企业和员工、服务企业战略和管理决策。

2. 明确"两化"融合的基本原则

一是总体规划，分步实施。结合对内外部环境的调研、十年发展规划、信息化基础条件等，制定信息化规划，以"整体规划、分步实施、效益优先、阶段推进"为实施原则，按照规划设计、基础建设、全面建设、完善整合、创新发展五个阶段分步实施。二是把握全局，突出重点。信息化建设过程涉及所有部门和全部业务，重点先解决制造过程与物流、信息流、资金流和审批流同步的问题，具体包括设备点检及管控系统、工业控制系统、供应链管理系统，兼容和关联行政办公系统、人力资源管理系统、财务管理系统、成本管理系统等。三是循序渐进，逐步提高。从需求调研整理、自动仪表配置优化、专用底层系统配置、信息单元与功能模块设计、网络组配集成、程序调整更新等逐步展开建设。人员培训、标准管理、责任关系建立，点面结合提高系统普及和系统应用水平。四是统筹融合，创新研发。整合各部门管理需求，共享瓮福集团公司软件、硬件、网络等资源，减少对既有功能系统的冲击，避免系统冲突。瓮福化工利用现有资源，开展针对性的创新研发，避免系统重复建设，降低风险，增强信息系统与企业运营的融合性。

3. 科学制定生产管理信息化建设的目标和主要内容

瓮福化工信息化建设的主要目标是战略推进、制度落地、效率与效益提升。通过信息化建设，提升两化融合程度，有效推进瓮福化工发展战略。根据"成本领先"定位，"战略目标化、目标作业化、作业制度化、制度流程化、流程表单化、表单信息化"，实现战略、业务管控与信息化系统的高度融合，提升企业经营管理的效率和效益。

建设门户、应用系统、数据中心。其中，门户有信息化标准体系，一站式用户界面，用户培育等。应用系统有行政办公管控系统，业务流程管控系统，生产流程管控系统，质量体系、安全环保监控体系等。数据中心有数据交换中心，数据整合中心，数据分析中心等。

在建成满足生产运营需求的信息系统后，逐步开展半智能化改造等深度应用，解决现场仪表失真和人工分析滞后等问题，实现主要生产线化工工艺过程、安全环保监控、装置修造运维、能源材料管控等最优方案生成的人工智能应用。

（二）加强领导，建立推进信息化建设的组织体系和管理制度

1. 强化组织保障，成立开发建设团队

成立由瓮福集团副总经理为组长，瓮福集团信息化部、瓮福化工分管领导为副组长，装备能源部、质检中心及瓮福化工各职能部门负责人、专业技术人员为成员的信息化建设领导小组，作为决策机构，

负责审定规划方案、年度计划及奖惩意见；同时成立项目建设及运行小组办公室，作为执行机构，负责信息化整体工作的组织、协调和管理，制定规划，审批实施方案，提出考核意见；成立以有关业务部门为基础的实施工作小组，负责主管业务系统信息化建设具体工作的实施。明确所有成员和专业小组的职责分工，实现项目立项、实施、管理等流程环节统一调度安排，做到机构、职责、人员和奖惩的"四落实"，强化组织保障能力。

2. 引进外部智力支持

与科研院校进行合作，引入浙江大学工业自动化国家工程研究中心的专家，针对磷化工企业，共同开展 MES 系统的开发及建设工作，提供智力和技术支持。

3. 建立例会制度

建立信息化管理"周例会、月考核、季评估、年总结"制度。建立并实施《MES 项目建设例会制度》《MES 系统漏洞收集及消缺规定》，信息化办公室每周组织召开实施工作组协调会议，及时解决问题；每月对月度工作进行总结部署，提出考核意见，报领导小组核定奖罚；每季度组织软、硬件集成商参与的联席会议，对系统进行整体评估，解决疑难问题。信息化领导小组每年对信息化工作进行总结、评比，审批信息化年度计划及预算。另外，不定期召开专题会议，邀请专家组对信息系统进行全面评估，解决系统集成与融合问题。

4. 建立信息岗位培训与考核制度

建立两级信息化培训制度。新投用的信息化系统，由信息化办公室统一组织培训并纳入考核；已成熟的信息化系统，由部门按照培训手册组织培训，或通过系统平台的学习区自学。培训采用课堂、现场演示、专家讲座、网络教育等多方式、多途径实现全员培训。建立并执行《MES 系统试运行考核办法》《经济信息数据采集与传递管理规定》《瓮福化工公司 MES 考核管理制度》，信息化办公室每月对全公司信息化工作进行考核，报信息化工作领导小组核批奖罚，保障相关工作秩序。

（三）搭建信息系统平台，建立统一规范的数据中心

1. 开展装置管理现状调研，规划开发集成系统

原有 DCS、PLC 等生产控制系统来自不同厂家，兼容度差，且无厂家能提供现成的磷化工装置集群解决方案。为实现信息化管理系统与生产需求深度融合，瓮福化工决定开发符合自己特征的信息平台。设立 MES 数采网络，采集园区 20 多套装置的所有生产数据，汇总到实时数据服务器中。经过初步的分类识别，以各装置为单元界区，集成到应用服务器中，建立符合实际控制系统的基础画面，将所有的集成数据在客户端或调度 PC 中予以实时显示，系统的刷新频率可以达到基本与现场测量装备同步。

2. 重新构建网络及硬件等基础建设

从网络安全、网络通畅、网络硬件配备、实体客户端 PC 机等方面着手网络及硬件等基础建设，实现现场－网络－人机交互－现场的循环，增强信息化系统的运行能力。

一是建立并运作带自我生态循环、自我管控的生产运营信息单元，构建信息单元间有序交互模式，确保数据安全。从构建每一个产品生产运营的信息单元着手，统筹各层级和各产品调度关系，依托园区内部网络及组织管理构架，确定各类信息数据的流向与处理责任，实现数据在内部合理循环应用，并避免涉密数据外泄。二是建立具有认证功能的 Wi－Fi 站点、开发具有认证功能的手机 APP、配置或更新 PC 机，确保网络节点的畅通，扩大系统应用范围、提高系统应用效率。增设服务器 3 台，配置或更新 PC 机 80 余台，对旧有网络进行全面改造，升级终端用户网速带宽，增设服务器容量和计算能力，保证 PC 端用户的使用。三是强化数据存储及备份工作，重视网络系统的数据存储及备份，增设 3 台服务器，购置新的存储设备，配合服务器做好数据存储和备份。

3. 集成园区生产参数，建立统一规范的数据中心

开发数据处理程序，通过数采网络采集覆盖园区 95%仪表点的数据信息后，在服务器中进行分区存储，再通过应用服务器和设定的程序，将所有的关联数据进行集成，与实际情况进行对照，规范地进入实时数据监控模块、生产统计模块、库房管理模块、质量检测模块、设备管理模块、生产报表模块、生产调度模块、管理员管理模块等。使所有数据根据流程及相关规则进行集成，解决分散杂乱状态，使园区所有数据形成一个有机整体，提高指挥协调的合理性、及时性。例如，MES 系统获取数据后，自动生成报表，生产管理人员及时掌握工艺指标执行情况、开停车执行情况、设备运转与维护维修情况、产品及中间产品质量情况、隐患记录消缺情况等，满足信息实时准确传递、责任关系明确、指挥调度及时的管控需求。

(四) 充分利用信息化成果，提升生产运行管控能力

1. 生产计划管理应用，实现最佳计划方案和排产优化

一是通过 MES 系统掌握上一年度的计划完成率、消耗指标、工艺质量指标、开停车率等情况，结合市场情况、订单要求人工调差等，形成本年度计划。在系统中预排产，分解季度、月、周、日的计划，结合销售及产品库存情况进行适当的调整，确定原（辅、燃）材料的需求量，对生产过程要点进行标准比对，形成最佳的计划方案。二是 MES 系统根据计划方案，自动匹配关联装置，分解生产任务。各装置通过系统将生产任务传递给作业人员，并收集现场信息，反馈给执行层，在此过程中，自动生成产量计划量、完成量、完成进度统计，生成相关的报表。生产过程中，利用 MES 系统强大的数据采集处理功能，集中展示各种生产要素，为调度指令的下发提供数据支撑依据，根据实时完成情况、交货情况，进行调整或新增，信息系统将根据新的指令，制订和优化排产计划。

2. 运用平台集成优势，实现调度可视化监控

加强磷、硫、氨、燃油燃料等重要原辅材料，水、电、蒸汽、空气等公用工程的计量管理，充分应用 DCS/PLC 所提供的丰富算法、数采设备获取数据，解决好数据平衡与统计计算，以降低能耗，提高资源和能源的使用效率。将单一的、独立的、分散的数据统一到数据平台中，形成全园区的物料在线实时平衡系统。

通过 MES 系统物料实施平衡系统监控，确定各装置的开停车申报与决策，监视开停车、安排计划清理和计划检修，查阅生产交接班记录、开停车记录、重要事件记录、安环记录等，全面真实地反映生产运行情况，从全局到细节上达到“目视化生产过程管理”，实现整个生产过程的信息共享、透明化管理。

3. 综合运用信息工具，实现生产装置优化运行

将装置日常信息采集、统计和报送工作融入 MES 系统中，实时查看装置的主辅材料投入和产品的产出量、公用工程的用量、工艺质量及安环指标的执行情况、各物料的单耗计算结果等。

通过质量管理模块，实现园区中近 20 种主要产品近 300 个质量指标的数据采集和分析工作，对原料、中控样品、产品进行全程质量跟踪监控。质量检测信息提供给工艺操作人员和管理人员，及时发现和调整生产，保证产品符合质量要求。

MES 系统将规程中规定的工艺和设备数据限值、正常值范围、报警值范围等数据按照规程设定的规则植入，进行相对应的显示、预警、报警，生成报表，指导生产操作。异常报警信息区分层级、重要程度推送到相关部门或岗位，生产基层根据系统设定参数后自我管理、定期自动考核，提高生产管理层各节点的信息交互频次。在一定周期内对记录进行自动分析，得出有效的控制节点指标，从而优化生产工艺控制和考核，逐步提高装置生产管控效率和执行力。

在系统中建立具备溯源记录的数据修正与审核功能，解决测量设备漂移或故障、网络通信故障，灵

活、适当地进行数据修正；建立班组级、装置级、运行部级、公司级四级修正与审核梯级管理流程，从基层数据到最终报表的流程化、精细化和多方认可的数据管理体系，保障生产管理的优化和有序。

（五）融入专业管理信息应用，实现安全环保在线实时管理

1. 实施安全生产智能化，实现事前、事中、事后有效管理

将消防和气防设备设施的数量、质量、有效期等信息载入系统中，设定到期检验、补充数量、质量失效等信息规则和标准，不合规情况将通过流程管理以报警的形式推送到相关管理人员。将隐患排查、消缺、台账记录、整改记录等信息贯通，记录安全培训计划、培训过程、考核情况，形成闭环管理，供相关人员随时查看。将危化品数据的在线监控、外联现场环境的视频监控等链接到系统，利用数据分析功能，实现对安全生产全过程的记录、比对、分析。

2. 实施绿色生产智能化，提升企业环境监控能力

在线对气相、水相、固相、噪声、毒物浓度等300个安全环保相关点进行数据采集和监视，集中显示到系统中，实现查询功能。集成汇总、推送并处理发现的各种问题，统一指挥调配，避免和减少安全环保事故损失。

3. 实施风险管控信息化，提升风险监管能力

系统在线风险识别，提高风险预知与防控的信息传输速度，对重大危险源、危化品、作业风险库等高风险区域进行档案管理、变化量监测，定期评价，实行无漏监管。配套应急与事故管理机制，实施应急救援方案共享、演练提示、事故分析等。将风险控制相关信息共享、传达并反馈实施结果，实现减少人的不安全行为、物的不安全状态，改变环境的不安全条件。

（六）推进系列经营管理，加强系统自身保障

1. 强化设备运维管理

针对设备故障预防与检维修智能化管理水平较低的现状，采用梯级的在线设备监控检测方式，分析判断主设备运行情况，合理进行调度，避免设备尤其是体积大、价值高的A/B类设备出现设备事故，减少设备维修，提高设备使用寿命。一是建立设备运行参数采集系统，将设备运行的电流、振动值、位移值等采集到系统中，在流程监控中予以实时在线显示，及时发现隐患和问题。二是建立设备巡检采集录入系统，现场巡检员将设备运行情况、异常情况、检维修情况在设备管理系统中进行记录，共享信息给相关人员。三是建立专业点检采集录入系统，通过数据传输接口，实现点检计划任务和实施完成数据自动下载、上传，相关数据便捷、高效上传至系统。四是在系统中设置设备检维修管理流程，从设备点、巡检发现异常数据到设备缺陷确认，直至设备缺陷故障排除，都详细进入系统中，建立设备从进入运行、运行参数记录、润滑记录、检维修记录、保养维护情况、设备变更、报废等各项台账记录。

将现场巡检与维护检修记录相结合，定时进行数据上传，推单到相关部门，运行维护人员快速响应，缩短维护保障响应时间，管理人员及时了解装置运行维护情况。从规范巡检、规范信息报送、规范业务处理、规范检修措施等方面提高设备运维的标准化管理水平。

2. 提升过程管控及成本管控能力

建立统一的数据交换系统，将工艺、计量、定额、设备、能源、信息化、成本、原始记录及台账、质量检验审核及记录融入系统平台，执行相关技术、管理和工作标准要求，涵盖从原料到产品的全过程，指导工艺操作和设备检维修，保证生产正常运转。运用自动对标分析，确认受外界因素影响需要调整技术参数时，通过信息反馈，反向促进标准体系的建设和完善。

通过设定各种物料的消耗定额，建立成本模型，从NC或手工输入原辅材料价格，汇总硫素、磷素、氮素等大宗物料消耗情况，及时掌握产品实时成本并进行评估，及时适当调整产品结构及资源分配，最大程度降低整个园区的生产成本。

3. 加强IT保障

一是软硬件保障。对系统用到的硬件、软件做定期的检查，当出现人为或自然灾害时，系统能及时恢复数据，保持正常运行；同时进行定期升级，完善系统功能，满足用户需求。

二是运行组织保障。组建以管理员、关键用户为主要成员的运维团队，接管90%以上运维工作，与项目相关梯队人员共同提高运维的水平。开展功能、账户、业务逻辑、集成、压力等测试，制定运维方案和信息系统管理的相关规章制度，明确各点运维职责，确保系统功能运行。

三是注重运维知识体系建设。包括项目文档、咨询问答、故障解决方案等知识的积累沉淀和传承。拓宽运维团队的知识收集渠道并培养提升知识管理应用能力。

三、以两化融合为导向的生产管理信息化建设效果

（一）两化融合形成生产优势，提升整体竞争力

统筹优势生产，整体竞争力稳步提升。通过推进生产管理智能化、设备管理数字化、企业管理信息化建设，有效促进企业信息化和工业化有机融合。借助MES平台数据归集、分析，调整生产工艺指标和绩效考核办法，实现磷化工生产全过程质量控制与跟踪，各装置工艺指标合格率同比提高6%，明显提升产品品质。在MES系统支援下，生产控制更加准确，特优品率提升，资源利用率提高，产品的良品率提高。瓮福化工利用MES信息平台，有力推进新产品开发，推进装置柔性化改造和生产，支援一系列细分产品市场的快速响应，有效推进产品结构优化升级。

（二）企业运营管控水平提高，应用效果明显

标准化管理方面，实现管理标准、技术标准、工艺参数、定额、管理流程等同MES系统的有机融合，实现了自动统计分析，为科学调整定额指标、判断技术标准瑕疵提供可靠信息；设备管理方面，建立了规范统一的设备台账信息、备件信息，为设备的后续维修管理、润滑管理、点检管理、设备变更及报废管理等奠定坚实的基础，促进设备管理的规范化、流程化、网络化、痕迹化；能源管理方面，将管理人员从烦琐数据统计中解放出来，投放到工艺用能分析和技术节能开发方面；安全环保管理方面，提升了企业安全生产、绿色生产及环保管理力度，实现全员职业健康及工作环境监管，主要敏感环保监测点实现即时监控，有效降低事故突发概率。

（三）瓮福集团多体系、多组态结构和大战略得到有力支持

实现磷化工生产过程物资流、能量流、业务流、信息流四流合一，全面提升磷化工生产决策过程的均衡性、预测性与科学性。实现装置集群信息集成、生产实时数据与NC系统管理平台对接，形成可以跨越集团企业产供销各环节、决策到执行各层级的多维信息系统，实现生产与管理的信息融合，形成化工行业特色的智能制造构架。在信息化系统看护下，查出安全隐患5688项，投入3002.45万元进行整改，整改完成率96.43%，安全生产局面良好，有力支援瓮福集团各项战略推进。MES平台及系列管理创新成果已在瓮福集团其他磷化工生产基地和氟化工板块推广，将对瓮福集团各制造板块组织优势生产起到支持作用。

（成果创造人：黄　进、付　勇、李红林、张　文、徐　春、朱奉刚、梁礼强、张　艺、李及利、刘方敏、赵　清、唐时炯）

以行业引领为目标的冶金企业智慧能源管理体系的构建与实施

首钢京唐钢铁联合有限责任公司

首钢京唐钢铁联合有限责任公司（以下简称首钢京唐公司）地处河北省唐山市曹妃甸区，是纳入国家“十一五”规划纲要的重点工程项目，是首钢搬迁调整、转型发展的重要载体，是完全按照循环经济理念设计建设的大型钢铁项目。首钢京唐公司是以流程化管理体系为基础，以自动化、信息化为手段，以协同制造、智能制造为目标的钢铁联合企业。首钢京唐公司钢铁项目一期总投资677.31亿元，设计年产铁898万吨、钢坯970万吨、钢材913万吨，于2007年3月开工建设，2010年6月26日一期主体工程全面竣工投产，各工序产能和技术经济指标到2012年6月达到设计水平。

一、以行业引领为目标的冶金企业智慧能源管理体系的构建与实施背景

（一）适应国际能源格局新变化的需要

当今世界能源格局正从“化石能源为主”走向“清洁能源和化石能源与节能并重”的时代，尽管短期内化石能源作为主导能源的地位不会改变，但是受全球气候变化、新技术的发展等因素的影响，未来能源结构将会发生显著变化，在可预见的未来，全球会逐步建立起以新能源和可再生能源为主体的低碳甚至“零碳”能源体系。通过构建智慧能源体系，提高能源利用效率，是当前冶金企业实现生产流程清洁化与节能化的重要管理手段。

（二）响应国家号召，提升能源管理水平的需要

2014年6月7日，国务院办公厅印发的《能源发展战略行动计划（2014－2020年）》提出，要坚持“节约、清洁、安全”的战略方针，重点实施节约优先、立足国内、绿色低碳和创新驱动四大战略，加快构建清洁、高效、安全、可持续的现代能源体系。同年6月13日召开的中央财经领导小组第六次会议，就推动能源生产和消费革命提出了5点要求，其中排在第一位的是“推动能源消费革命，抑制不合理能源消费”。在能源生产与消费革命的大背景下，能源系统的运行方式、组织结构、利益格局都将面临深刻变化，新技术、新模式、新市场将应运而生。其中，推动智慧能源体系的建立将是能源革命的重要支撑。

（三）顺应互联网发展新趋势的要求

冶金企业存在能源种类繁杂、利用效率不高及二次能源回收率偏低等问题，对单一能源介质研究得比较多，注重单体设备的能耗评估，但在能源统筹优化配置方面做得还不够，以致单一介质系统能源消耗下降较快，而全系统节能效果不理想，不利于统筹规划和综合协调，不利于应对发展低碳经济和节能环保的形势和要求。2016年2月，国家发布《关于推进“互联网＋”智慧能源发展的指导意见》。“互联网＋”智慧能源是具有“横向多能源体互补，纵向源—网—荷—储协调”和能量流与信息流双向流动特性的新型能源供用体系，为生产者提供智能的供能方案，为用户提供智能的能源服务方案。

首钢京唐公司能源管控中心于2014年开始采用先进的自动化、信息化手段，对电力、给排水、气体、燃气、热能等实行集中管控，强化能源管理效力，提高能源利用效率，以行业引领为目标，以节能减排为核心，以低成本为导向，构建实施智慧能源管理体系。

二、以行业引领为目标的冶金企业智慧能源管理体系的构建与实施内涵和主要做法

首钢京唐公司以外购能源成本最低为导向，注重能源效率和效益，以减员增效和实现本质安全为目标，通过事前建立平衡预测构建输配模式、单系统成本最优模式和多介质协同最优模式来指导生产，实

现能源的采购、生产、储存、加工、分配、使用、回收利用多个环节的闭环管理。利用能源介质的监测、生产过程与设备能效分析与优化控制、信息系统集成、能源供需预测、系统仿真与优化调度等关键技术，从平台支持、应用拓展、智能控制、大数据分析、能源动态仿真、能源增值服务等方面进行重构，形成以设备、设施的基础智能化为保障，生产运行智能化为主体，具备自感知、自预测、自协同、自分析优化能力的智慧能源管理体系，最终实现从能源数据采集—过程监控—能源介质消耗分析—能耗管理—成本管理等全过程自动化、高效化、科学化管理，进一步提升能源管理的整体水平，大幅提高能源的利用效率。主要做法如下。

（一）以提高能源效率为核心，明确智慧能源管理体系总体思路

首钢京唐公司在“十二五”期间已建成能源管控中心的基础上，持续对能源管控中心的各项管理功能进行升级改造，逐步拓展智慧功能。面向钢铁流程的能源网络（管、线）履行调度职能，实现钢铁工序生产所需的风、水、电、气、汽共5大类、60余种能源产品的管理，深度挖掘全流程、全系统的节能潜力。

1. 明确核心功能

拓展智慧功能后的能源管控中心具有实时监控与调度、数据信息分析处理、决策支持三个核心功能。一是实时监控与调度。监视首钢京唐公司所有能源发生、输配、使用的全过程，实现报警查询分析、生产工艺运行状态监视与过程跟踪，集中操作能源平衡调配设备。配置趋势曲线分析，提供查看介质参数的实时和历史趋势曲线、波形图等功能，提升对全局的掌控能力与判断能力。二是数据信息分析处理。基于历史数据的深度分析，利用数据分析技术，对能源数据、生产数据进行耦合式分析，并根据生产与设备运行安排，比较分析能源供需、能耗实绩与能源计划，用以指导首钢京唐公司的能源管理工作。三是决策支持。整合生产信息、能源信息、质量信息、财务信息等，建立能源生产专家模型。通过系统的自学习、自训练、自修复，逐步减少对人的依赖。通过经济分析、成本能耗分析实现决策支持。

2. 深度开发智能专家系统

依靠智能专家系统，实现对各类介质的调控管理。多介质综合优化，以各子系统的优化分析结果为基础，以优化目标对各子系统的优化结果进行检验、调整。其建立过程包括工序能耗模型的确定、能源介质需求模型的建立等六个步骤。

第一步，建立各工序的能耗模型。综合各个工序的生产计划，根据能耗模型，对全厂的能量使用进行评估，确定平衡关系，给出各个工序需要外购能源的数量。

第二步，建立能量需求模型和回收能量模型。把各个工序需要的能量需求综合起来，建立平衡关系，确定能量回收利用模型。

第三步，各种能源介质的平衡分析及预测评估。根据生产过程能量的产生环节、使用环节、回收环节情况，对能量转换和输配环节及时调整，保证生产过程能量工序平衡，并最大限度减少二次能源放散和能源外购；在对能源介质预测的基础上实现对能源介质的安全评估。建立各种能源介质的流程网络模型，将与介质相关的设备或工序连接起来。

第四步，建立燃气管网和蒸汽管网关键测点的预测模型，当能源介质重新分配时，根据预测模型对关键测点进行预测，按照生产工艺将关键测点串联起来形成简化管网。

第五步，通过煤气介质的优化分析、蒸汽介质的优化分析、电力能源的优化分析、蒸汽－水的调控分析得到各类介质的优化分析结果。

第六步，多种能源介质的综合优化分析。采用分层递阶的优化调度算法，按照介质关联度分为燃气、蒸汽－电、技术气体－压缩空气、水，遵循最少外购的调配原则，满足其他工序的用量后，按照分质用能、梯级利用、成本最优的原则，处理供能与用能关系。

（二）引进先进技术，实现单体设备的智能化

首钢京唐公司综合管网工程转炉煤气排水器全部采用新型智能煤气排水器。该排水器为首钢京唐公司与首秦机械厂、首秦能源部合作自主研发。利用传感器对排水器内部的水位、压力、伴热温度及该排水器周边的一氧化碳浓度进行检测，并通过物联网无线传输至控制中心实时监控。通过安全性连锁设置，提高设备在故障状态下的响应速度，彻底解决因巡检周期长而造成的监护失控问题。通过经济性连锁设置，实现设备本体自控温，大大节约电能。

（三）推进一体化电网智能运行，优化电能调度

在电力系统二次一体化研究的基础上，通过二次相关专业的融合和协调，为提高电网运行的综合支撑水平提供平台支撑，推进一体化电网运行智能运行，优化电能调度。基于 PCS－9000 电力系统调度集成平台，建立负荷预测、自动电压无功控制、发电计划校核、短路电流计算、功率因数辨识、电度量校核、需量监视等模块。实现数据的采集和监控，以及对所辖变电站和电厂的实时监控和优化调节。

首钢京唐公司在利用一体化电网运行智能系统基础上，重点开展错峰用电工作，降低峰段用电比例。主要做法如下：第一，通过对各单位现有用电量报表完善，增加各工序尖、峰、平、谷各时段耗电量统计。第二，制定《错峰用电管理办法》，对各单位制定错峰用电指标，要求各单位的峰段用电比例在现有基础上下降 5%。第三，与各作业部根据其产线作业规律详细制定各项措施，确保错峰用电措施落地。

（四）以成本为导向，跨部门协同优化氧气利用

首钢京唐公司空分机组相对稳定的氧气生产模式，与炼钢用氧量的大幅波动之间的矛盾，是造成空分装置生产能耗高的重要原因（包括放散能耗和输送系统压力高能耗）。

以成本为导向，建立炼钢生产专家系统与能源生产专家系统之间的自动协商平台，实现冶金企业部门间生产调度的智慧协同优化。炼钢生产专家系统与能源生产专家系统之间的自动协商平台，重点解决空分氧气生产稳定性与炼钢用氧间断性之间的矛盾，从而有利于降低氧气放散率，减少后备系统液氧消耗，提高空分设备运行效益。具体措施如下。

一是生产成本精算。综合测算炼钢转炉切换冶炼品种的成本和制氧机组开动快速变负荷的成本。二是生产调节成本的智能归集。当炼钢通过调节转炉生产计划，缩小氧气需求波动时，能源部需要承担炼钢的调节成本。同样，当制氧机组开动快速变负荷功能，以满足炼钢的氧气需求波动时，炼钢部要承担能源部的调节成本。三是建立能源部与炼钢部专家系统之间的自动协商平台。两个部门的管理人员在专家系统中设定成本约束和交易策略，实现跨部门的生产调度智慧协同优化。

（五）开展“三水合一”，大幅降低外购水量

以工业水自供率最大化为核心，以海水淡化除盐水（首钢京唐公司自产）成本最低为导向，实现原水、海水淡化除盐水和污水的“三水合一”，大幅降低外购水量。

1. 实施高效水质稳定管理

首钢京唐公司 1#、2# 污水处理站的中水因氯离子含量高不能直接供用户使用，需要与除盐水按一定比例混合达标后方可送入生产消防水管网，供生产使用。通过增加中水调节阀、除盐水调节阀、PLC 可编程控制器和氯离子在线监测仪表，实现再生水自动混合勾兑，使再生水出水氯离子含量稳定达标，除盐水勾兑比降低 2%左右，降低了再生水单位成本、稳定了再生水水质。

2. 自动切换海水淡化运行模式

为了保证汽轮发电机检修及事故状态下使用备用汽源进行海水淡化，首先明确检修及事故状态下阀门的控制逻辑关系，其次编制相应的控制程序。当汽轮机检修及事故停机后，汽轮机进口蒸汽阀门首先自动关闭，其次密闭式插板阀自动关闭，最后 LT－MED 海水淡化装置备用汽源阀门自动打开，LT－MED 海水淡化装置自动切换到 TVC 模式运行。2015 年应用结果表明，1#、2# 海水淡化装置作业率分

别提高了2.17%、2.77%。通过海水淡化运行模式的自动切换，可以有效减少海水淡化装置的启停机次数及时间，有利于海水淡化产水水质稳定。2017年“低成本海水淡化集成优化技术”获河北省科学技术奖二等奖。

3. 应用地下给水管网GIS系统

首钢京唐公司给水GIS系统建成较早，具备设计图、地形图、影像图等二维图查询，局部三维漫游，联动视频监控等功能。智能专家系统建成后通过对历史给水管网数据的分析，结合导入的事故分析资料，提供渗漏预警、漏点分析等，减少水资源浪费和人力资源投入，强化水系统生产调度和突发事件处置能力，保障水资源合理供应。GIS系统实现的功能有特殊工况分析、优化调度、优化改扩建、爆管分析、爆管抢修关阀策略。

（六）燃料资源智能抉择，实现物尽其用

首钢京唐公司建设并应用燃料资源的智能抉择系统，涉及的燃料主要包括动力煤、天然气、焦炉煤气、高炉煤气、转炉煤气等。

1. 智能分配燃料资源

引进天然气作为重要调节手段，综合考虑天然气与动力煤煤价格平衡、热值不同，结合炉窑、锅炉的效率，依托煤气制乙醇、煤气制氢气、煤气柜双并网同升同降等先进技术，自动分配购入动力煤、天然气的量，达到综合外购成本最低的目标。例如，开展以成本为导向的煤气资源智能化优化分配，综合考虑煤气剩余量、压力、300MW机组调整次数及调整量、130吨锅炉煤气调整量及主蒸汽压力、25MW机组发电负荷、海水淡化产量、高气柜柜容等诸多信息，以成本为导向设置各种条件，自动分配煤气资源的使用量，减少人工干预，取得良好的经济效益。

2. 回收转炉煤气

转炉煤气回收的高低也反映了企业二次能源利用水平的高低。通过引入六西格玛工具建立转炉煤气回收量计算模型；应用回归分析统计方法，得出目前生产条件下转炉煤气的回收极限；优化转炉冶炼操作及工序间配合；实施套筒窑混合站技改项目等综合手段，吨钢转炉煤气回收量提高约10立方米。

3. 开发应用工序降燃耗技术

借助能源管理中心平台和开发的智慧能源系统，对主工序的用能管理真正实现“一竿子插到底”。结合高炉热风炉、热轧加热炉用能特点，建立自动化和信息化无缝集成的自动燃烧模型，结合调度系统的智能燃气资源分配技术，用最经济的燃料满足热风温度、板材温度等性能要求，实现自动燃烧运行，降低工序燃耗。

（七）更新改造相关设备，推进“智能化、无人化”管理

一是1#、2#污水合并集中监控。集中监控改造后，对1#、2#污水整套系统完成信息采集、传输、存储和反馈等功能，对连续操作、危险区域操作进行上位机的操作，减少事故发生率。利用远程监控，减少联系确认流程。将2座污水站监控合并，实现减员6人。

二是空压机站、换热站集中监控。空压风管网和换热系统集中调整，值班室可充分利用环网优势，根据负荷中心的变化，实现各站机组的启停、加减载及不同等级压缩空气管网的播风操作，依据节能降耗措施、梯级供气原则等进行精准调控。

三是高炉辅助泵站并入高炉鼓风机站集中监控。采用区域化能源管理模式，取消现有高炉辅助泵站的值班人员，由高炉鼓风机站的值班人员进行监视和操作，通过缩短作业联系流程，提高操作准确率，提升重点能源设备可控性。

四是南北强排泵站在能源管控中心集中监控。通过设备改造和优化生产组织方式，实现能源中心对强排泵站的集中监控，有效缩短联系确认流程，实现设备状态、操作、环保监控职能的高度统一，大大

缩短操作指令响应时间。同时通过红外高清摄像头监视，实现南北明渠水质的连续性监控，减少巡检人力投入。

（八）合理输配，蒸汽梯级利用、减少放损

根据实际生产对蒸汽供应的要求，首钢京唐公司蒸汽管网分为S1高压蒸汽管网（蒸汽压力2.5～3.8MPa，温度390℃～450℃）、S2中压蒸汽管网（蒸汽压力0.78MPa～1.27MPa，温度170℃～250℃）和S3低压蒸汽管网（蒸汽压力0.3MPa～0.5MPa，温度250℃）。三类管网相互独立，通过调压阀或减温减压阀向低品质蒸汽管网提供蒸汽。为了提高全流程蒸汽的利用效率，减少蒸汽放散量，首钢京唐公司研究开发不同蒸汽压力的梯级利用技术。

以2台35t/h启动锅炉为主生产的高压蒸汽经S1管网送入炼钢厂供RH真空冶炼。其中少量高压蒸汽梯级使用，通过减压并入S2网。钢铁生产全流程中，通过余热锅炉回收烟气等余热产生的中压蒸汽全部并入S2管网，用于全流程中各个蒸汽用户。部分中压蒸汽经减压后并入S3网，与2座130t/h燃气锅炉的抽汽并网供给海水淡化。300MW发电机组S2抽汽作为生产用S2蒸汽备用汽源。其S3抽汽作为冬季采暖及130t/h锅炉故障时的海水淡化备用汽源。由于采用不同压力蒸汽梯级利用技术，实现全流程蒸汽“零放散”。

三、以行业引领为目标的冶金企业智慧能源管理体系的构建与实施效果

（一）节能减排效果显著

能源指标达到行业领先水平，实现年创效10985万元。年外送电比例由3%提高到4.85%，供电损失率由1.8%降低至0.92%，自动实施错峰用电，功率因数提高，供用电成本大幅降低，实现年创效5944万元。外购水量减少5%，实现年创效376万元。燃料资源方面，以成本最优为导向，自动分配煤气资源的使用量，减少人工干预，实现年创效约2484万元；结合套筒窑混合站技改项目，吨钢转炉煤气回收量提高约10立方米，实现年创效859万元。应用氧气智慧优化运行系统，动态平衡调整氧、氮的用量，进一步降低氧气放散率1.2%，实现年创效356万元。蒸汽损失率降低约3%，实现年创效966万元。

（二）促进企业生产方式变革

首钢京唐公司能源管控中心，集原首钢的公司总调、厂调、车间调度的能源管理职能于一身，有效缩短了调度指令传递过程，人员编制缩减将近79%。随着智慧能源体系的建立，形成了全新的生产组织模式，进一步实现能源调度减员44%。同时，首钢京唐公司智慧能源体系引入专家系统，使现场站所基本“无人化”，极其重要或有重大事故时的操作才需要调度人员人工干预进行纠偏、调整，大大减少人的不安全行为，从本质上实现了安全运行。

（三）获得广泛认可

2015年，首钢京唐公司被中国钢铁工业协会评为“2014年度中国钢铁工业清洁生产环境友好企业”；2017年，首钢京唐公司被工信部评为重点用水企业水效领跑者企业。先后发表核心论文7篇，发明专利11项，获得北京市和首钢以上科技成果奖12项。

（成果创造人：靳　伟、张功焰、赵民革、王　涛、刘建辉、邱银富、曾　立、刘正发、吴礼云、李顺心、王伟业、刘恩辉）

人力资源管理与文化建设

老三线国有企业产业结构调整中的员工分流安置管理

攀钢集团有限公司

攀钢集团有限公司（以下简称攀钢）是特大型钢铁钒钛企业集团。攀钢一期工程于1965年开工建设，1970年建成投产；2010年攀钢与鞍山钢铁联合重组，成为鞍钢集团公司的全资子公司。五十多年来，攀钢始终牢记国家使命，依托攀西资源优势，已发展成为全球重要的产钒企业，成为我国较大的钛原料和产业链较为完整的钛加工企业，是我国重要的铁路用钢、汽车用钢、电器用钢、特殊钢生产基地。所属企业主要分布在四川省攀枝花市、凉山彝族自治州、成都市、绵阳市及重庆市、广西壮族自治区北海市等地。拥有年产铁精矿1200万吨，粗钢1000万吨，钒制品（以V_2O_5计）4万吨，钛精矿90万吨、钛白粉23.5万吨、高钛渣18万吨、海绵钛1.5万吨、钛材6000吨的综合生产能力。截至2016年年底，资产总额为971亿元；2016年营业收入为499亿元。

一、老三线国有企业产业结构调整中的员工分流安置管理背景

（一）贯彻落实供给侧结构性改革战略部署的需要

2013年，国务院出台的《关于化解产能严重过剩矛盾指导意见》提出，把化解产能严重过剩矛盾作为产业结构调整的重点。2016年2月，国务院出台的《关于钢铁业化解过剩产能实现脱困发展的意见》提出，综合运用市场机制、经济手段和法治办法，积极稳妥化解钢铁过剩产能，促进钢铁行业结构优化、脱困升级、提质增效。2016年4月，人力资源和社会保障部、国家发展改革委等7部门联合印发的《关于在化解钢铁煤炭行业过剩产能实现脱困发展过程中做好职工安置工作的意见》强调，要把握好改革发展稳定的关系，坚持企业主体、地方组织、依法依规，更多地运用市场办法，因地制宜、分类有序、积极稳妥地做好职工安置工作。攀钢作为中央企业，必须带头深入贯彻落实党中央、国务院推进供给侧结构性改革以及化解钢铁过剩产能的战略部署，扎实做好化解过剩产能和员工分流安置工作，切实履行好党和国家赋予的政治责任、经济责任和社会责任。

（二）市场竞争新形势下企业保生存的需要

攀钢是老三线国有企业，在建设过程中自己承办了很多社会服务功能，装备的自动化、机械化水平也很低，人员负担非常重，劳动生产率很低，尽管人均收入排名行业靠后，但总人工成本很高，在激烈的市场竞争中处于绝对劣势。2014年年末，攀钢在册员工84057人，其中在岗75882人，人员配置总量远高于同等规模钢企水平。2014年，攀钢劳动生产率为246吨钢/人，比行业平均水平低258吨钢/人；吨钢人工成本为677元，比行业平均水平高288元；人工总成本72.79亿元，占总成本的10.85%，远高于行业平均水平；年人均收入50329元，比行业平均水平低47189元。国际金融危机以来，随着经济下行压力加大，钢铁企业生产经营困难加剧、亏损面和亏损额不断扩大。攀钢受内外部因素叠加影响，生产经营举步维艰。特别是攀成钢不仅长期是攀钢的亏损大户，而且由于冶炼系统工艺装备水平落后，环保欠账严重，随时面临被强制关停的风险。要想迅速扭转持续亏损的被动局面，赢得市场竞争的主动，攀钢必须抓住国家去产能的政策机遇，抓紧关停并转扭亏无望的企业并实施员工分流，坚决止住“出血点”，彻底解决人多负担重、劳动生产率低等顽疾。

（三）支撑企业调整结构、转型发展的需要

近年来，攀钢深入贯彻落实“五大发展理念”，抓住攀西国家级战略资源创新开发试验区建设机遇，明确“科技强企、主打钒钛、做精钢铁、放活非钢”战略，提出新攀钢的建设战略构想，这对人力资源

管理提出新的更高的要求。随着战略规划的深入实施，攀钢员工队伍在思想观念、知识结构、年龄结构、岗位技能等方面逐渐表现出诸多不适应，特别是支撑钒钛钢铁产业转型升级以及现代物流、产业链金融等新兴产业发展的高层次创新型人才短缺，严重制约企业的进一步发展。攀钢必须充分发挥组织配置和市场配置的双重作用，着力控制人力资源总量、分流人力资源余量、做优人力资源增量、盘活人力资源存量、激活人力资源能量，系统推进人力资源优化配置，为企业改革发展提供强有力的人力资源保障，重点要以员工分流为突破口，快速、大幅压缩人力资源总量，为优化员工队伍结构拓展空间。

二、老三线国有企业产业结构调整中的员工分流安置管理内涵和主要做法

攀钢坚持以国家供给侧结构性改革战略部署为指引，坚持结合企业战略发展需要，坚持企业主体、依法依规、因地制宜、分类有序，以提高劳动效率、降低用工成本、促进调整转型为目标，以生产经营稳定、员工队伍稳定和社会稳定为前提，科学运用现代管理理论和实践经验，更多运用市场办法，多渠道、多方式推进员工分流安置，切实维护员工的合法权益，推动企业实现瘦身健体、提质增效。主要做法如下。

（一）聚焦战略目标，加强顶层设计

按照新攀钢建设的战略构想和结构调整、转型升级的规划需求，攀钢制订中长期人力资源发展规划，出台《攀钢集团有限公司关于实施人员分流安置工作的指导意见》，明确提出以员工分流为突破口，优化人力资源配置，提升全员劳动生产率，构建充满活力、富有效率的用工体制机制，夯实支撑企业可持续发展的人力资源基础。

1. 确定分流安置目标

对标同行先进企业全面开展定岗定员，积极稳妥地做好员工分流安置工作。到2016年年底，将在册员工控制在5万人以内，其中在岗员工4.6万人以内，钢铁主业劳动生产率达到560吨/人·年以上。到“十三五”末，力争将在岗员工控制在3.9万人以内，普钢产业劳动生产率达到行业平均水平，矿业、特钢、钒、钛产业劳动生产率达到行业先进水平。其中，普钢产业在岗员工控制在11880人以内，劳动生产率达到810吨/人·年；矿业在岗员工控制在5900人以内，劳动生产率达到2000吨/人·年；特钢在岗员工控制在3450人以内，劳动生产率达到145吨/人·年。同时，员工队伍的年龄结构、知识结构、技术技能结构大幅优化，管理技术人员占比降至15%以内。

2. 制定分流安置思路

攀钢员工分流安置工作的总体思路是整体规划、分步实施，一企一策、不破底线。整体规划即依据国家有关法律法规和鞍钢集团公司的相关文件精神，制定员工分流安置工作指导意见，明确员工分流安置工作的目标、思路和原则，作为指导员工分流安置工作的总纲领。分步实施即在操作过程中，注重把握节奏，区别轻重缓急，按照成熟一家实施一家的原则，分期分批组织实施。首先选择生产经营难以为继、环保问题十分突出的攀成钢开展试点，第二批在长期亏损、冗员严重、结构调整时间紧迫的攀长特和工程公司实施，第三批以进一步提升竞争力为目标在攀钢钒公司、矿业公司推广，最后在生活公司、汽运公司、鸿舰公司、冶材公司等条件成熟的非钢产业单位铺开。一企一策即充分考虑不同地域、不同企业的情况差异，因地制宜、分类施策。不破底线即严格执行公司统一制定的政策和标准，坚决防止“回流”。

3. 明确分流安置原则

一是依法依规、以人为本原则。各实施单位按照国家有关法律法规和公司规定，在发扬民主、充分听取员工意见基础上制定妥善的安置方案；在实施过程中严格按制定的办法操作，妥善处理劳动关系，依法维护员工和单位的合法权益。

二是平等自愿、协商一致原则。员工分流安置全过程坚持企业和员工法律主体地位平等，以员工本

人自愿选择并提交书面申请为前提，以企业与员工协商一致为核心，在此基础上双方签订具有法律效力的协议，依法办理相关手续。

三是履行民主程序、稳步推进原则。各实施单位制定的员工分流安置方案必须广泛征求职工意见，并经本单位职代会或职工大会审议通过后组织实施；在推进员工分流安置工作时，要建立工作机制，制定维稳预案，加强舆论引导，坚持正面宣传解释，争取员工的理解和支持，积极稳妥推进本单位员工分流安置工作，确保平稳有序。

（二）科学制定方案，保证公平公正

1. 畅通员工分流安置渠道

攀钢充分结合地域条件差异、产业发展实际以及员工队伍的主流诉求，本着“兼顾历史，着眼现实，体现政策公平性和区域平衡性”的原则，设计六种分流安置渠道，保证员工有多种选择，满足不同群体的多元化需求。

一是协商一致解除劳动合同。经单位与员工协商一致，员工自愿解除劳动合同的，本人提交自愿申请后，可办理解除劳动合同手续，单位依法并结合本单位实际情况，向其支付经济补偿金。同时，为解决员工困难，单位结合自身实际和承受能力，在规定执行期内为其支付一次性企业补助。

二是内部退养。坚持从严从紧原则，各单位结合自身实际情况，研究是否推行内部退养政策；实行内部退养政策的，其内部退养条件原则上限于距法定退休年龄或特殊工种提前退休年龄五年以内的员工，经本人申请，单位同意后可办理内部退养；对人员分流多、困难大、确实需要放宽内退条件的，须报集团公司批准后实施；内部退养期间的待遇原则上不得高于原集团公司离岗休息（息岗）待遇。

三是内部竞聘上岗。实施产线结构调整、关停并转的，对存续产线、岗位重新定岗定员；未实施产线结构调整、关停并转的，对本单位所有岗位、业务进行梳理，重新定岗定员。在此基础上，采取竞聘上岗、双向选择、择优录用的方式安置人员；未竞聘上岗者，纳入单位“蓄水池”按待岗管理。

四是劳务输出（派出）。各单位可通过竞聘方式选配人员组建专业化队伍，以劳务输出（派出）方式到集团公司内部其他单位、集团公司外的关联企业和社会其他企业的部分岗位（业务）工作。薪酬待遇由派出单位与派入单位协商确定。

五是内部置换劳务。在实施产线结构调整、关停并转以及人力资源优化过程中，首先着眼于依法清理清退劳务用工，收回部分劳务用工岗位，再对人员进行转岗培训、竞聘上岗，置换劳务用工。

六是转企安置。攀钢内部其他单位有余缺岗位时，各相关单位可组织开展有针对性的培训，为有意愿和工作能力的分流安置人员到其他单位上岗提供帮助。

2. 制定“限高保底”的补偿金支付标准

攀钢在遵循国家法律法规的前提下，灵活执行劳动法律法规中的有关条款，制定实施“限高保底”的补偿金支付标准，进一步提高实效性和可操作性，更好地体现公平、公正、公允原则。

“限高”，就是参照《劳动合同法》第四十七条“劳动者月工资高于用人单位所在直辖市、设区的市级人民政府公布的本地区上年度职工月平均工资三倍的，向其支付经补偿的标准按职工月平均工资三倍的数额支付，向其支付经济补偿的年限最高不超过十二年”，将支付经济补偿金的总额按当地上年度职工年平均工资的三倍予以封顶。主要基于三点考虑：一是在岗时收入较高的员工，解除劳动合同后如果再得到较大一笔补偿金，对在岗时收入偏低的员工有失公允；二是在岗时的高收入群体大多是知识相对丰富、技能相对较高、分流后再就业压力相对较小的员工；三是国家劳动法律法规对职工月平均工资超过当地社会平均工资 3 倍以上的人员在解除劳动合同时的经济补偿实行了封顶，而对“次高”人员（职工月平均工资略低于当地社会平均工资 3 倍的）没有封顶，这对职工月平均工资超过当地社会平均工资 3 倍以上的人员是不公平的。所以，攀钢制定经济补偿限高的政策，有效保证公平性。在“协商一致”

的总前提下（认为不合理可以不选择解除劳动合同），这一做法也不违反《劳动合同法》的相关规定。

“保底”，就是对本人月工资低于本单位（指攀钢直管单位）上年度在岗员工月平均工资或当地（市级政府）上年度职工月平均工资的，按就高原则计算经济补偿。这主要是参照《违反和解除劳动合同的经济补偿办法》（劳部发［1994］481号）第九条、第十条“用人单位生产经营状况发生严重困难，必须裁减人员的，支付经济金时，劳动者的月平均工资低于企业月平均工资的，按企业月平均工资的标准支付”，同时考虑到攀钢作为老三线企业，长期以来员工收入整体偏低，绝大部分子企业员工的收入远低于当地社会平均工资水平，按就高原则计算，不仅维护了大多数低收入群体的利益，还充分体现公平性。

3. 对距法定退休年龄或特殊工种提前退休年龄五年以内员工实行“倒买政策”

攀钢创新设计“倒买政策”，即对距法定退休年龄或特殊工种提前退休年龄五年以内员工选择协商一致解除劳动合同时，只支付一次性安置费，不支付经济补偿金。一次性安置费的计算月数为办理解除劳动合同时起至本人法定退休年龄的实际月数。一次性安置费的计算标准为3200元/月，支付一次性安置费的总额不得超过当地（市级政府）上年度职工年平均工资的三倍。同时，在办理这部分群体解除劳动合同手续时，不仅要求本人提出书面申请并与单位协商一致，还要与其家人商量好，取得家人的支持。攀钢通过“倒买政策”共分流5822人。

4. 设置政策窗口期

各实施单位在员工分流安置方案中明确规定：选择协商一致解除劳动合同的员工，必须在方案正式实施后的一定时期（一个月）内做出选择，超过规定时间的，不再执行此次员工分流安置相关政策。主要基于两点考虑：一是攀钢制定的员工分流安置政策（包括政府社保支持政策）是依据国家有关法律法规制定的适合企业转型升级发展的阶段性特殊政策，具有时效性，必须设置一定的窗口期，避免当期改革久拖不决，消除一次性政策长期化的风险；二是设置较为宽裕的时限，给予员工充分的时间来考虑，不仅员工本人要思考清楚、权衡利弊，还要充分征求家庭成员的意见，审慎、理性决策。

（三）规范操作流程，依法依规分流安置

1. 履行民主程序

一是广泛征求意见。各单位在制定方案过程中，严格落实厂务公开等各项制度规定，建立各层级员工协商沟通机制，积极畅通员工诉求渠道，认真听取员工的意见和建议。高度重视意见反馈，专门召开干部大会进行答复，并在内部报台、刊物等媒体上对共性问题进行解答。充分吸纳员工合理的意见，修改完善方案。比如，攀成钢组织班子成员、中层干部分片与员工代表座谈，深入105个困难员工、工伤员工、诉求多的员工等6类特殊群体家中家访，设立30余个信息收集接待点，公布52个电话号码，累计收集到7个方面、1600余条意见和建议；吸纳合理诉求修改完善方案，将经济补偿标准由攀成钢2014年年度员工月平均工资3458元/月提升到成都市2014年年度职工月平均工资水平4500元/月，保证低收入群体受益。

二是召开职代会或职工大会专题审议通过方案。重点是要解决好职代会的合法性（主要由上级工会确定其合法性）和代表性问题，这样才能让员工分流安置方案得到广大员工的拥护并顺利通过职代会审议，才能确保方案顺利实施。在实施过程中，各单位按照本企业职工代表大会制度的有关规定，通过公推、公决等民主程序增补基层一线员工代表，进一步强化职工代表的代表性。比如，攀成钢通过这种方式增补基层一线员工代表21名，使一线员工代表占比提高到55.93%。发动干部“一对一”地联系职工代表，有针对性地做好解释引导工作。通过扎实有效的工作，各单位的员工分流安置方案通过率均保持在80%以上，最高的为矿业公司，赞成率为98.89%。

2. 实施竞聘上岗

各单位抓住员工分流安置契机，对照同行先进企业全面开展定岗定员，推行双向选择、竞聘上岗，不仅拓宽内部安置渠道，而且进一步提高人岗适配性。比如，攀成钢关停冶炼系统后，实行全员“起立”，拿出全部存续产线岗位面向全体员工进行招聘，统一发布竞聘公告和岗位目录，合理设置岗位应聘条件（原则上不考虑员工的岗位经历，保证关停产线的员工能够平等参与存续产线岗位的竞争），合理组建评委机构（评委小组中必须有关停产线的员工代表参与，确保公平公正），共有3900余名员工通过公开竞聘重新走上工作岗位。工程公司实施员工分流安置后，副处级及以上干部职数由105个减少至56个，科级干部职数由332个减少至248个，管理技术、操作服务等岗位由5800个减少至3613个，通过公开竞聘，有51名原副处级及以上干部降为科级干部或选择协商一致解除劳动合同，有84名原科级干部降为一般干部或选择协商一致解除劳动合同，有2名原科级干部提职为副处级干部，真正实现“干部能上能下”。

3. 开展“一站式”服务

各单位高度重视员工分流安置过程中的服务工作，开辟“一站式”服务通道，一次性帮助分流员工办好相关手续。比如，攀成钢在员工分流安置方案通过职代会审议后，立即成立档案核查、政策解答、办理协商一致解除劳动合同、办理内部退养、办理短期轮岗息工、老工伤备案及劳动能力鉴定、竞聘上岗、转岗培训、劳务输出9个专业工作组，同时邀请社保等政府机构到厂区内设点办公，为员工提供一条龙服务。工程公司、攀钢钒、矿业公司等单位派人到攀枝花市政务中心办公，积极协调配合社保部门为员工核查档案、办理失业登记、社保转接等手续提供快捷服务。

（四）加强组织协调，增强操作执行力

攀钢在设立两级改革领导小组（集团公司领导小组负责顶层设计，子公司领导小组负责操作实施）以及厂级工作组的基础上，进一步创新组织领导机制，为员工分流安置工作提供强有力的保障。

1. 设立改革指导小组

攀钢在两级改革领导小组之间设立以集团公司分管人力资源的领导为组长，人力资源部、法律事务部、工会、宣传部、武装保卫部、信访办、维稳办为成员单位的改革指导小组，负责协调内、外（地方党委政府），督促指导改革主体单位推进改革实施。集团公司改革领导小组充分授权给改革指导小组，改革指导小组对操作层面不需要集团公司改革领导小组决策的所有事项，可以根据实际情况快速、自主决策，充分发挥“前线指挥部”功能，有效解决决策层与操作层之间的衔接问题，确保责任到位、措施到位、落实到位，达到效率高、操作性好、执行力强、上下满意的效果。

2. 建立政企联动机制

做好员工分流安置工作，离不开地方党委政府的支持和帮助。在实施过程中，攀钢改革指导小组及各实施单位积极主动地与地方党委政府对接，建立政企联动机制，协调推进员工分流安置工作。成都市委市政府成立攀成钢员工分流安置转型升级协调小组，积极推动土地规划、产业项目、社保（失业金、培训）政策等的落实。青白江区与攀成钢成立联合工作组，下设综合协调、社保就业、宣传舆情、信访维稳4个工作小组，全程参与舆情控制、再就业培训、办理社保手续等工作。

3. 强化领导干部纪律约束

领导干部是员工队伍的中坚和骨干，其态度和行动直接影响改革的实施和进程。所以，在实施员工分流安置过程中，必须要求各级领导干部站稳立场，发挥正面作用，即使选择协商一致解除劳动合同也要继续履行职责，站好“最后一班岗”，确保组织不散、队伍不乱、生产经营持续稳定。攀钢集团公司及各实施单位党委、纪委分别下发文件，对领导干部提出“四项纪律”要求：一是要与集团公司保持高度一致，严守纪律，坚决执行有关规定，确保政令畅通；二是要勇于担当，敢于负责，恪尽职守，认真抓好各项工作的部署落实；三是要充分发挥模范带头作用，以身作则，团结员工，汇聚正能量；四是要做好正面引导工作，认真向广大员工做好政策宣传和问答，防止矛盾激化，及时上报相关信息。凡是在员工分流安置过程中不尽职履责，造成本单位队伍不稳定、矛盾激化上交的领导干部，或者是不作为、乱作为、失职渎职的领导干部，集团公司将以“零容忍”的态度严肃处理。

（五）强化保障服务，营造浓厚的改革氛围

1. 加强宣传引导

攀钢坚持把统一思想认识作为改革的前提和基础，超前谋划和部署宣传引导工作，通过多种形式力求做到“全覆盖”，为深化改革奠定思想基础和舆论氛围。

一方面，提早释放信息，让员工早知道、早消化，用时间换空间，提高干部职工的心理承受力。广泛开展“新环保法与攀成钢发展”征文活动，在内部报纸刊发“铁腕治污加速钢企转型”等评论员文章，在内部电视台开设“聚焦钢铁行业转型升级”“转型升级大家谈”等栏目，以正面、权威的声音引导员工解放思想、转变观念，正确对待公司员工分流安置转型升级的决策。攀长特提前选择部分业务量不饱和的产线，试行3个月至6个月不等的轮岗轮休劳动生产组织模式，为随后开展员工分流安置工作奠定坚实基础。

另一方面，宣传解释一贯到底。攀成钢印发员工分流安置方案及说明6万余份，深入生产一线、员工社区、员工家庭广泛发放，做到人手一册；开展全员大讨论1000余场，开展全员谈话2万余人次，广泛听意见、纳建议、解疑惑，消除员工对分流安置的抵触情绪。攀长特、攀钢钒、工程公司等单位专门组建网络宣传队伍，跟踪收集职工在线、GOGO攀枝花、百度贴吧等论坛信息，及时答复员工诉求并做好正面引导。

2. 做好维稳工作

在集团公司的指导下，各单位坚持“散而不聚、隐而不现”的安保策略，制定“1+3”风险管控方案，“1”是指稳定风险评估报告，“3”是指维稳、生产经营、安全三个应急预案。针对员工分流安置过程中出现的问题，主动出击，有效而为，深入基层一线、员工家庭，一对一地做好员工思想政治工作，及时解决能够解决的事项，对合理不合规的诉求认真做好解释疏导工作。

3. 加强再就业服务

一方面，积极搭建员工再就业平台。协调地方政府、联合近300家企业开展10余场大型现场招聘会，提供20000余个再就业岗位，有效解决分流员工的后顾之忧。比如，攀成钢与成都市总工会及青白江区总工会、人社局联合在攀成钢体育馆先后举办两场大型招聘会，联系宝冶技术、成都建工、红旗超市、青岛钢铁、德胜钢铁等近100家企业提供岗位6000余个，帮助众多分流人员重新走上新的工作岗位。绵阳市、江油市政府协调组织80余家单位提供4000多个岗位，为攀长特分流员工搭建再就业平台。

另一方面，扎实做好员工再就业技能培训。分流员工普遍年龄偏大，技术工种单一，就业意向千差万别。对此，攀钢建立“精准帮扶”机制，积极筹措培训资金，针对专项技能需求达10人以上的群体举办10余个技能培训班，为员工再就业提供技能帮扶。重点从就业弱势群体的女性员工入手，选择职业需求量大、收入高、适宜发挥女性优势的养老护理、育婴护理等热门专业开展技能培训，共培训328人，其中81%的学员取得资格证书。同时，积极协调地方政府，将攀钢分流人员再就业纳入当地就业工作规划，落实就业扶持政策，切实做到政策统一、标准统一。在员工分流安置过程中，各级工会组织共为攀钢拨付再就业培训资金190万元。

三、老三线国有企业产业结构调整中的员工分流安置管理效果

（一）人力资源大幅优化

在各方的配合和努力下，2015 年以来攀钢平稳有序实施攀成钢、攀长特、工程公司等 11 家单位员工分流安置工作，共计分流安置员工 32266 人。截至 2017 年 7 月末，攀钢在册员工 49394 人，其中在岗 43464 人，分别比 2014 年年底减少 34663 人、32418 人，减幅达 41.24%、42.72%。劳动生产率大幅提升，2016 年普钢劳动生产率达到 563.4 吨/人·年，比 2014 年增加 317.4 吨/人·年；特钢劳动生产率达到 79.3 吨/人·年，比 2014 年增加 30.8 吨/人·年；矿业劳动生产率达到 1894.7 吨/人·年，比 2014 年增加 709.8 吨/人·年。用工成本大幅下降，2015 年降低总用工成本 8.4 亿元，2016 年降低总用工成本 15.6 亿元。员工队伍年龄结构更趋合理，平均年龄由 2014 年的 43.9 岁降至 42.8 岁。员工队伍整体素质有效提升，核心技术人才和关键管理骨干占比大幅提高，大专及以上文化水平人数占比从 2014 年的 43.39%提高至 47.72%。员工队伍的思想观念也发生了大幅变化，干事创业的激情充分迸发。

（二）体制机制深彻变革

各单位通过分流安置员工和推行双向选择、竞聘上岗，逐步构建了与市场接轨的劳动用工制度，基本做到了“干部能上能下、职工能进能出、收入能增能减”。特别是通过实施业务流程和管理流程再造，进一步压缩管理机构，缩短管理流程，促进了管理效率提升。攀成钢机关部室由 12 个精简为 5 个，下属单位由 28 个精简为 7 个；攀长特二级单位由 20 个优化至 11 个，科级机构由 195 个优化至 151 个；工程公司二级单位由 16 个精简为 8 个、科级机构由 167 个精简为 128 个；攀钢钒处级机构由 26 个减少为 24 个，科级机构由 206 个精简为 153 个；矿业公司处级机构由 29 个减少至 24 个，科级机构由 201 个减少至 164 个。

（三）生产经营持续向好

各单位实施员工分流安置后，真正实现了瘦身健体、轻装上阵，市场竞争力不断增强，经营绩效得到逐步改善。攀成钢 2016 年同比减亏 15.38 亿元，2017 年 1～7 月同比减亏 3.03 亿元。攀长特 2016 年同比减亏 2.66 亿元，2017 年 1～7 月实现扭亏盈利 181 万元。工程公司 2016 年同比增利 1100 万元，2017 年 1～7 月同比增利 1.13 亿元。攀钢钒 2016 年同比增利 3.83 亿元，2017 年 1～7 月同比增利 3.5 亿元。在此基础上，攀钢扭亏增效取得重大成果，2016 年同比减亏 30.08 亿元，2017 年 1～7 月实现盈利 1.66 亿元，扭转了持续亏损 6 年的被动局面。

（四）转型升级效果显著

在化解过剩产能、分流安置员工过程中，攀钢全面推进结构调整和布局优化，集中精力做强、做大优势产品，积极进军物流、电商、产业链金融等战略性新兴产业，加快由产业链低端向中高端升级，由制造型企业向制造服务型企业转变。高水平开发利用攀成钢存量土地资源，建设“高端智慧制造和跨境电商”新基地，积微物联电商平台自 2015 年 7 月上线以来，交易量达 2500 万吨，交易额达 850 亿元，已成为西南地区最大的钢铁电商交易平台；达海物流产业园吞吐量大幅增长，已成为西南地区最大的单体物流园综合体。

（成果创造人：杨　槐、杨　立、杨　东、李顺健、姜建国、黎一冰、明　永、张小军）

电网企业基于“三维评估模型”的人力资本价值管理

国网湖北省电力公司

国网湖北省电力公司（以下简称国网湖北电力）是国家电网公司的全资子公司，属特大型国有企业，以电网建设、管理和运营为核心业务，下设31家直属单位，直供直管县级供电企业82个，拥有总资产1116亿元，职工4.85万人。湖北电网全面承接特高压输送电能，以500千伏电网为骨干，以220千伏电网为主体，110千伏及以下电网覆盖全省城乡，供电人口达到6100多万人。2016年，国网湖北电力售电量1420.79亿千瓦时，营业收入849.6亿元，利润3.5亿元。截至2016年年底，用电客户2278.81万户，其中专变客户12.28万户、居民客户2100.59万户。

一、电网企业基于“三维评估模型”的人力资本价值管理背景

（一）实现企业自身发展目标的需要

“十八大”以来，中央深入推进全面深化改革工作，央企及电力体制改革等多项改革措施陆续出台。国家电网公司也正处于全面建成“一强三优”现代公司，初步实现“两个一流”的关键时期。国网湖北电力作为国家电网公司的全资子公司，必须积极主动顺应内外部形势变革，抢抓战略机遇，提高市场快速识别和反应能力，提升企业核心竞争力，实现自我发展。建立正确的人才价值观，积极创新人才开发和激励机制，引导员工主动提升岗位胜任力，有效发挥人才激励效用，改善员工队伍素质结构，提升人力资源效率效益，更好服务企业发展，是公司战略对人力资源管理提出的内在要求。

（二）努力打造一流员工队伍的现实要求

近年来，国网湖北电力持续加强人才管理，形成了较完整的制度体系和配套机制。随着时代发展，现有人才管理和激励模式存在的不足日益显现，如传统人才评价主要以学历、职称、技能等级等因素为主，标准单一，难以全面衡量员工岗位贡献、能力差异、业绩成效，导致人才激励方式粗放，激励效用不佳。同时，传统激励方式偏重物质手段，而新时期员工个人成长、自我价值实现的意识增强，物质激励边际效用递减，对员工潜能激发不够，员工发展动力不足。面对以上问题，国网湖北电力亟须创新人才管理机制，建立科学合理的人才量化评价模式，有针对性地进行人才开发、使用和激励，充分调动员工的积极性、主动性和创造性，为企业提供坚实人才保障。

（三）全面提升人力资本价值的需要

人力资本落脚点为人力资源的开发利用，其将员工作为投资对象，关注的是价值增值、投资收益，通过教育、培训和激励并重等多种“投资”手段来提高其价值。人力资本价值是衡量人力资本的重要指数，具有先天稳固性和后天异动性的双重特性，固本促进，同驾并驱，才能有效提升人力资本价值。在经济全球化和一体化的今天，随着人口红利的逐渐消失，传统人力资源粗放式开发利用已不适应时代发展要求，亟须转变发展观念，通过精细化的人力资本价值评估、价值开发与价值使用，提升企业核心竞争力。实施人力资本价值提升即通过有效激励，激发员工内在潜能，提升人力资本扩张和增值的能力，创造企业目标所需价值，实现企业和员工双赢。

基于以上背景，国网湖北电力自2015年起开始实施以“三维评估模型”为基础的人力资本价值管理。

二、电网企业基于“三维评估模型”的人力资本价值管理内涵和主要做法

国网湖北电力构建人力资本“岗位价值、能力素质、业绩贡献”三维评估模型，根据人力资本价值

量化评估结果将员工分为提升型、匹配型、减损型三类。建立“价值导向、多维激励、持续提升、共同成长”的激励决策因素矩阵，对提升型员工，重点实施职员职级名片管理、“新鲁班”工程、专家工作室、接班人计划等文化激励，提高职业成就感；对匹配型员工，重点实施职业生涯导航、定制化培训、绩效辅导、薪酬回报等发展激励，增强员工获得感；对减损型员工，重点实施流动式岗位管理、“3D”工作角色设计、递进式考核和柔性员工帮助计划等工作激励，挖掘员工价值感。通过岗位动态管理、评价考核、培训开发、薪酬分配四轮驱动，形成闭环价值提升保障机制，以个体人力资本提升带动组织人力资本提升，实现企业与员工双赢。主要做法如下。

（一）构建“岗、能、绩”三维评估模型，科学量化人力资本价值

1. 开展岗位价值测评，量化人力资本评估基础要素

国网湖北电力在岗位分析基础上，按工作内容、所需知识、技能、领域等工作要素的相近度，将岗位分为“大规划、大建设、大运行、大检修、大营销”五个簇群，簇群下细分专业序列，根据岗位在组织中的影响范围、职责大小、工作强度、工作难度、任职条件、工作条件等特性，从岗位特质、岗位责任、知识技能及工作环境等四个维度抽象得出22项共性因子，构建岗位价值测评模型。由测评专家组采用因素积分法对每个岗位的要素因子进行评分，确定每个岗位的价值分数。

2. 开展员工能力素质测评，量化人力资本评估核心要素

国网湖北电力在全面分析岗位的应知应会内容和任职条件基础上，将能力素质按照通用程度以及重要程度划分为核心、通用、专业三大类别，通过专家访谈与调查研究，分别提取每个类别的能力素质标准，涵盖职业素养、领导能力和管理能力，以及专业知识、技能和经验等方面，构建能力素质测评模型，采用360°测评方法对员工能力素质进行测评。员工能力素质评估分准备阶段、开展试点、全面推广三个阶段实施。

3. 开展全员绩效评估，量化人力资本评估关键要素

国网湖北电力在原有绩效管理体系的基础上，持续改进指标设置，完善绩效管理流程，推进全方位覆盖，在指标设置方面，从经营利润、核心业务、综合管理、价值导向等维度对公司发展战略、经营目标、年度重点工作任务等指标进行全面分解，将员工划分为企业负责人、管理机关员工、一线生产人员三个类别，每类员工考核重点不同，形成定量与定性相结合的考核体系。企业负责人考核围绕公司战略和重点工作任务构建，以价值创造和效益效率为导向，侧重经营效益、内部运营、客户服务、创新成长等的考核。管理机关人员指标体系围绕企业经营目标、部门职能定位和重点工作任务构建，以目标任务为导向，侧重对核心业务指标、综合评价指标的“三级三维”（“单位级、部门级、日常工作级”三级、“量、质、期”三维）考核。一线班组员工指标体系围绕生产核心业务构建，以工作积分为导向，侧重对核心业务指标的考核，实行工时积分定价考核，也就是按照工作量与工作质量累计工分，工作积分与绩效工资直接挂钩，员工年度绩效结果采用积分制。业绩贡献标准直接引用员工绩效考核结果作为评价依据。

4. 整合“岗、能、绩”三要素，构建“三维”评估模型

国网湖北电力在前期岗位价值测评、能力素质测评、全员绩效评估基础上，结合高校专家意见，引入人力资本价值理论，构建以“岗、能、绩”三要素合一的人力资本价值评估模型，采用人力资本提升指数来衡量人力资本价值。确定绩效提升度、能岗匹配度、人力资本提升指数，对人力资本进行分类。根据人力资本提升指数测评结果，划分为不同的区间，分别认定为提升、匹配和减损型人力资本，如图1所示。

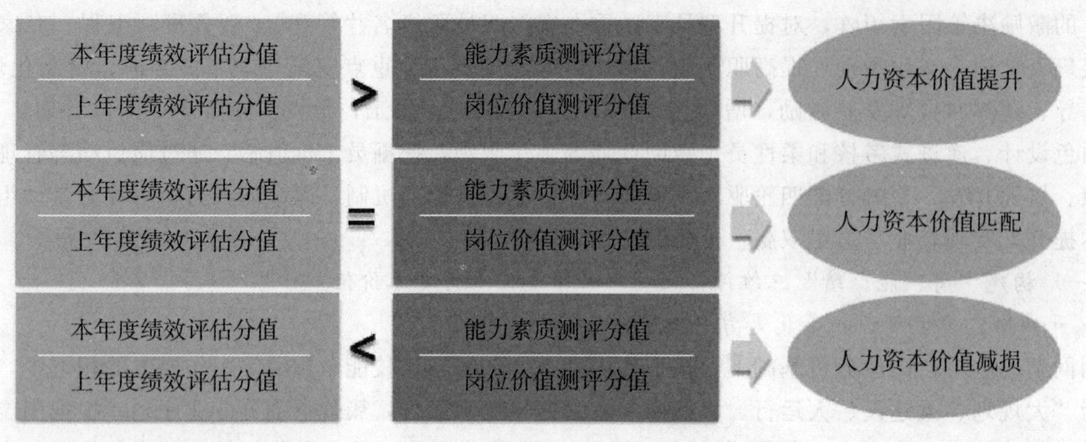

图 1　国网湖北电力人力资本价值评估模型

（二）量化开展测评，厘清人力资本价值现状

1. 建立组织保障，确保测评有序开展

为确保测评工作顺利开展，国网湖北电力组建以总经理为组长，副总经理为副组长，各专业部门主任为成员的测评工作领导小组，成员由各专业部门专家及高校聘请的相关专家组成。测评前 2 个月，测评工作领导小组组织各专业部门对测评因子及权重进行重新设定，确保测评因子选取的科学性和严谨性。测评前 1 周向各单位以及员工下发测评通知，包括测评时间、测评要求、测评内容等，明确测评工作具体要求以及各项因子具体含义，确保测评数据的可靠性和真实性。

2. 坚持试点先行，稳步推进测评工作

国网湖北电力采取“试点先行、分步推进”的方式，分四个阶段实施测评工作。准备阶段组建以人力资源专家为主导、各专业专家、高校人力资源管理专家为协同的专家组，开展人力资本理念和评估工具应用培训；试点阶段选取湖北武汉、荆门、检修公司、管理中心四家单位为试点，依托 ERP 人力资源大数据平台；采集员工能力素质测评结果和绩效评价结果；汇总阶段对测评结果进行综合分析和统筹修正，描绘提升、匹配、减损型员工的分布曲线；推广阶段在全公司范围内开展应用。

3. 组织全面测评，实现人力资本量化

国网湖北电力采用正态分布或五分位数的方法对员工全面开展人力资本价值测评工作，确定提升型、匹配型、减损型人力资本。以国网荆门供电公司运维检修部为例，通过对 2015－2016 年测评数据进行正态检验，其结果符合正态分布原则，对于符合正态分布的指标数据，将数据按高到低的顺序分为 A、B、C、D、E 五个区段。人力资本价值提升指数位于 A 分段的，认定为提升型人力资本；在 B、C、D 分段的，认定为匹配型人力资本；E 分段的，认定为减损型人力资本。提升型人力资本占 6.45%、匹配型人力资本占 90.62%、减损型人力资本占 2.93%。

4. 开展诊断分析，总结现象背后成因

国网湖北电力通过分析 2015、2016 两年人力资本变化情况，对提升型、匹配型、减损型三类人力资本的特点进行深入分析，认为存在以下规律。

一是提升型人力资本，较多为绩效表现突出，管理或者专业能力水平较高，发展潜力较强的“明星型”员工，有很强的自主性，富有活力，倾向于从事有管理或技术含量较高的创造性劳动，具有强烈的自我价值实现愿望，强调工作中的自我引导。这类员工岗位薪档水平较高，接近“天花板”，应用普适性物质激励的空间有限。

二是匹配型人力资本，企业大多数员工都属于此类，一般都能够立足岗位，按要求完成岗位工作任务和绩效目标，有成就意愿，但对个人发展缺乏非常清晰的目标和路径规划，个人能力未得到充分激发。需要组织通过目标引导、过程管理、结果激励等，持续培养和开发员工价值，对培训、绩效、薪酬激励等组织管理手段较敏感。

三是减损型人力资本，人力资本价值减损的员工并不都是岗位能力低下、工作消极的员工，而是指员工在现有岗位上没有发挥应有绩效。减损型人力资本按原因分为冗员型减损、限制型减损、低效型减损、倦怠性减损四类，冗员型、限制型减损是指人员富余或组织提供资源有限造成员工能力难以发挥，能力强的员工也有可能是减损型员工；低效型和倦怠型减损主要原因是员工专业能力不强或者精神面貌不佳。对减损型员工需要根据特点实施差异激励，促进其从减损型向匹配型、提升型转化。

四是三类员工处于动态平衡状态。提升型员工因为工作角色调整等原因，短期内可能变为减损型员工；而减损型员工也可能因为组织调配至合适岗位等原因迅速恢复为匹配型员工。人力资本评估结果的变化有一定的规律性，与不同专业员工职业成长特点，以及组织管理行为对员工成长发展的影响有关。

（三）针对提升型员工，侧重以文化激励促进人力资本增值

1. 推行职员职级名片管理，彰显明星员工价值

针对管理、技术人员，构建职员职级通道，按照电网规划、工程建设、电网运行、运维检修、市场营销、综合管理等专业分类，设置二至五级职员。职员享受具有竞争力的薪酬待遇，参照上、下级干部的薪酬水平，按照半步台阶的计算方式确定薪酬待遇。

2. 实施“新鲁班”工程，打造电网工匠文化

针对生产技能人员，积极培育各级各类专业工匠。以绩效、能力、素质为要素，开展优秀技能工匠选拔，在岗位应知应会理论考试、实操考核的基础上，重点开展业绩评价，选拔一至五级优秀工匠，强化优秀工匠跟踪管理，以动态考核与定期考核（月度、季度、年度考核）相结合的方式，多维度评价优秀工匠的工作业绩和工作贡献，并严格与工匠津贴挂钩，对人力资本价值指数出现下降趋势的，按照季度考核指数调减月度工匠津贴，以此类推，直至取消工匠称号；对人力资本价值指数持续提升的调增月度津贴，激励优秀工匠示范引领作用长效发挥。

3. 组建专家工作室，突出人才引领作用

以专业为纽带，以课题研究为主要方式，集项目攻关、技术改造、人才培养于一体，组建专家工作室，在建章立制、管理提升、生产经营、技术创新、故障诊断、现场排障等方面充分征求专家的意见和建议。定期组织开展领军论坛，对话企业领导集团，探讨行业热点问题或趋势性问题，观察企业新成就、新理论、新走向。全面实施导师带徒制度，形成专家团队为核心，辐射员工整体创效的良好态势。

4. 制订接班人计划，建成人才成长梯队

针对外部引进难、技术要求精、复合程度高等专业，制订关键岗位接班人计划。在接班人选拔方式上，注重学习力、创新力、发展力等隐性人力资本开发；为后备人才量身定制关键岗位、基层岗位、非专业岗位的锻炼计划，采取脱产送培、专业协作、实岗锻炼等方式进行定向培养，分配其具有挑战性的关键任务进行试炼，提高其综合协调、驾驭全局、克难攻坚的能力。

（四）针对匹配性员工，侧重以发展激励促进人力资本扩张

1. 设置发展目标，实施职业生涯导航

国网湖北电力根据人力资本价值测试结果，对匹配型员工的岗、能、绩三个维度进行深度分析，引导员工提高文化素养、提升业务技能，明确自身发展途径、发展目标与成功标准，对员工今后一段时期的成长给予指导。注重职业发展导航的系统性和互动性，经营管理人员突出业绩目标，强化能力目标，对职务和能力提升予以规划，着力实现跨层级的发展；专业管理人员采取同类专业岗位轮换、近似专业

岗位更替、跨专业岗位转换等方式，积极拓展发展宽度；技术技能人员突出能力与业绩的引领作用，自觉促进资格、技能等级的晋级以及工作质效的提升。

2. 精准定位短板，量身定制培训方案

以满足员工自我发展、提升自我价值为重点，充分应用人力资本价值评估结果，实施定制化培训。从岗、能、绩三个角度分析员工能力素质差异和短板，对岗位知识掌握不够的，从应知应会方面予以补课；对能力达不到要求的，在技能提升方面予以补给；对工作动力不足的，在理念方面予以引导。精准定制培训套餐，打造覆盖各类人员的培训课程体系。实施培训痕迹管理，建立员工培训档案，加强培训跟踪，比对培训前后员工能力、绩效以及适岗情况，持续改进，不断提升员工人力资本价值。

3. 注重过程管理，开展绩效健康体检

国网湖北电力制定《员工绩效体检手册》，从能力、意愿、资源三个纬度开展员工绩效诊断，将员工考核结果与计划目标进行比较，发现短板；将当期业绩与上期业绩进行比较，观察升降；将个人业绩与团队标杆进行比较，寻找差距。结合《员工绩效体检手册》，开展员工绩效健康管理。开展中期绩效辅导，通过班组积分日看板、绩效经理人周日志、班组月例会等形式，形成关键节点辅导策略，实施“及时、精准、高效”的目标纠偏机制。组织末期绩效反馈面谈，制订下一期员工改善目标，实现管理闭环。

4. 强化薪酬回报，建立薪档积分存折

国网湖北电力建立员工薪档积分存折，薪档根据员工积分动态调整，实现收入的能升能降。在薪档积分管理中，将原有单一的绩效积分扩展为“能力、业绩、成果”积分，每年度根据绩效等级、学历变更、人才称号、学术成果、发明专利、科技成果、管理创新、成果推广应用、专业竞赛调考九个方面，进行积分存折化管理，实现“岗、能、绩”人力资本要素价值在薪酬结果应用上的末端融合。

（五）针对减损型员工，侧重以工作激励促进人力资本提升

1. 疏川导滞，实行流动式的岗位管理

针对冗员型减损，国网湖北电力充分发挥内部人力资源市场调控作用，有序引导富余人员向缺员岗位流动，实现人力资源配置效率最大化。对管理岗位冗员，采取低岗高配、支援一线等方式，实现人员重组、人岗重配；对城区岗位冗员，实行统一调配、岗位竞聘等方式，补充关键岗位或生产岗位缺员；对辅助岗位冗员，实行转岗、充实一线等方式，缓解生产岗位缺员。

2. 知人善用，实行“3D”的工作角色设计

针对限制型减损，国网湖北电力对短期内难以实施岗位轮换晋升的人员，实施“3D”工作角色设计，通过对上挂职、对下派驻、横向支援等方式，丰富工作经历，增强工作体验。对综合能力较为突出的员工，采用对上挂职方式，培养其全局观点、多方位分析并解决问题的能力。对于沟通协调能力较强的员工，采用对下派驻的方式，培养其实践能力、对现场突发情况的应对能力。对于专业能力突出的员工，采用横向对口支援的方式，充分发挥其在专业领域特长和独当一面的能力，扩大其专业影响力。

3. 宽严相济，实行递进式的考核模式

针对低效型减损，国网湖北电力从能力、绩效两个方面实行递进式的考核管理。开展能力达标考核，正、负向激励相结合，促进员工职业发展能力素质提升。国网湖北电力确定学历、专业技术资格、职业资格的能力达标线，对于高于标准要求的上浮薪档。对于未达到标准的员工，一般设置3～5年的缓冲期；缓冲期后仍未达标的，则实行阶梯形降档，薪档下降不保底。开展末位绩效管理，年度绩效等级位于末端的，纳入降岗管理，降岗后次年或以后年度绩效等级晋级的，可恢复原岗位或调整至合适岗位；降岗后绩效等级仍处于末端的，纳入待岗管理。

4. 重建信心，实行柔性的员工帮助计划

针对倦怠性减损，国网湖北电力对员工实施正能量引导，采取专题宣讲、个人辅导、面谈沟通等方式，通过分享明星员工的成才之路和收获，引导员工从不同角度认识自我价值，激发工作热情。改善工作环境，营造宽松和谐的工作氛围，通过党、团、工会等组织，为员工提供更多人际交往的机会。特别是对工作环境较闭塞、工作时间不规律等的员工，如运行值班员等，提供弹性工作时间和休假、疗休养制度。实施心理资本建设，举办心理资本提升讲座，引导员工提高自身对心理健康的认识能力和运用心理策略的基本能力；依托技术培训中心成立心理咨询室，开展心理辅导，由专业老师为员工做出科学评价和调理，舒缓员工心理压力和紧张情绪。

（六）实施四轮驱动，构建闭环价值提升保障机制

国网湖北电力以“三维价值评估”的人力资本价值管理为核心，建立评价考核、培训开发、薪酬分配、岗位动态管理四轮驱动机制。评价考核机制是指能有效传递组织目标的双向管理系统，包括计划、实施、考核、改善四个模块。培训开发机制包括课程开发模块、讲师队伍建设模块，以及流程、设施等软硬件资源支持模块。薪酬分配机制指与企业发展战略相吻合，与员工需求相契合的工资福利的分配方式。岗位动态管理机制是将组织中的岗位和任职者分类，针对不同类别的特点和需求，采用科学的岗位流动策略，包括岗位序列、岗位层级、岗位设置、岗位描述四个模块，形成“价值导向、多维激励、持续提升、共同成长”的激励决策因素矩阵，实现“体系构建－激励措施实施－激励效果反馈－体系改进”的闭环管理。

三、电网企业基于“三维评估模型”的人力资本价值管理效果

（一）提升了企业人力资本价值，促进员工成长成才

国网湖北电力通过实施基于“三维评估模型”的人力资本价值管理，针对性实施人力资本投资和开发，促进了员工成长成才，各级各类人才比例更趋合理，保证了关键、核心岗位人力资源的连续供应。2016 年，国网湖北电力中级职称及以上人员增长了 6.27 个百分点；技师、高级技师人员增长了 8.64 个百分点；各级各类专家增长 27.58％，形成了专业全面、结构合理、梯队完善的员工队伍，保证了关键、核心岗位人力资源的持续供应，为公司发展提供了坚实人才保障。

（二）提高了人力资本效率效益，经济效益显著增长

国网湖北电力通过实施基于“三维评估模型”的人力资本价值管理，强化了激励的效率效益导向，收获了高质量的人力资本价值，促进了个人与企业目标同向、行动同步，有力保证了国网湖北电力整体工作稳步推进，工作效率和经济效益得到显著提升。2015 年以来，国网湖北电力全员劳动生产率年均增长 11.03％，主业在岗职工劳动生产率年均增长 25.19％，主营业务收入年均增长 6.4％，利润总额年均增长 22.7％，各项目标任务全面完成。

（三）增强了企业综合竞争实力，社会效益逐步彰显

国网湖北电力通过实施基于“三维评估模型”的人力资本价值管理，有效激发员工的潜能，提升员工对企业的认同感和社会责任感，促进了企业综合竞争实力提升。2015 年以来，企业服务社会水平显著提高，设备停电检修次数同比减少 28％，运检综合效率同比提升 33％，客户业扩报装时长下降了 0.15 天，故障抢修工单处时长下降了 13.84 分钟，供电服务承诺兑现率达 100％。在抗洪救灾及重大政治任务保电中，国网湖北电力发挥“铁军”精神，圆满地完成任务，多次受到湖北省委、省政府的表彰。

（成果创造人：肖黎春、侯学东、邱　炜、高　梅、杨光明、金　军、
张　平、陈　程、钟　颖、尹秋旎、陈　春、刘　斌）

汽车企业构建和谐劳动关系的劳动用工管理评价体系建设

东风汽车公司

东风汽车公司（以下简称东风公司）始建于1969年，是中央直管企业，业务涵盖全系列商用车、乘用车、发动机、汽车零部件、汽车水平事业等，主要业务分布在武汉、十堰、襄阳、广州、郑州、柳州、盐城等地，形成“立足湖北，辐射全国，面向世界”的“7＋N”事业布局，资产总额2693亿元，从业人数16.9万余人。2016年汽车销量427.7万辆，销售收入5726亿元，销售规模位居行业第二，位居《财富》世界500强第81位，中国企业500强第16位，中国制造企业500强第3位。

一、汽车企业构建和谐劳动关系的劳动用工管理评价体系建设背景

（一）落实企业社会责任，构建和谐劳动关系的需要

东风公司是国有特大型汽车企业，经过40多年的发展历程，从一个传统的国有企业发展成为跨地区、跨文化、跨所有制的国际化现代集团公司，目前从业人员达16.9万余人，其中劳动合同制员工14.6万人，劳务派遣用工1.3万人，实习生、返聘等多种用工5千余人，分布在十堰、襄阳、武汉、广州等地，并且近年来在公司快速发展、合资企业众多的背景下，海外引进人才、外籍人员用工以及外派海外员工的情况也日益增多，劳动用工管理的复杂性不断增加。作为大型央企，东风公司需要认真贯彻党和国家构建和谐劳动关系的各项要求，积极应对复杂的内外部环境，构建企业和谐劳动关系，落实企业社会责任，促进企业持续稳定发展，全面建设“和谐东风”。

（二）主动依法合规管理，规范企业用工行为的需要

2008年以来，国家陆续颁布包括《劳动合同法》《社会保险法》《就业促进法》《劳动争议调解仲裁法》等一系列法律法规，对企业劳动关系管理提出了更加细致的要求，同时政府执法力度进一步加强，劳动争议由过去以行政手段调解为主向法律与行政相结合处理转变。东风公司下属单位众多，在长期发展中，各单位之间存在劳动风险防范意识程度不一、劳动用工管理水平良莠不齐的实际情况。东风公司在劳动用工管理风险防控工作上，长期以来主要履行湖北省劳动保障监察部门授权的劳动保障年审制度，每年通过审查所属用工单位劳动法律法规的执行情况，重点关注企业过去一年中有无违法行为，落实政府部门对企业用工管理的监控跟踪。同时，东风公司总部设有劳动关系协调办公室，宣传用工政策、接受职工投诉，及时协调处理各单位发生的劳动争议矛盾。这些方式为东风公司劳动用工管理发挥了重要的作用，减少劳动诉讼案件的发生，但随着集团公司的快速发展，也显现出一些局限性。一是劳动保障年审侧重于法律法规执行层面，对用人单位劳动用工管理的实际操作规范关注和指导不够，且年审对象限于湖北省内单位，随着集团跨区域发展，单位不断增多，管控难度也越来越大；二是劳动关系协调办公室更多是在问题发生后进行“事中处理”或“事后调解”，对照企业合规管理的要求，东风公司缺少预防性、前瞻性应对劳动用工风险的规范和手段。作为特大型汽车企业，东风公司不仅要在增收创效上一马当先、为我国汽车产业做出贡献，在企业全面合规经营上也要身当表率，依法依规治企，强化内部治理，自觉规范各级单位的劳动用工管理行为，主动由“要我合规”向“我要合规”积极转变。

（三）服务集团协调发展，建立用工管理长效机制的需要

东风公司2000年之前管理组织结构主要是公司总部、子公司/专业厂的两级直线职能管理体制，总部由湖北省授权定期开展劳动保障年审，劳动关系管控职能相对容易到位。2000年后，随着公司加快发展步伐，特别是2003年与日产公司合资后，逐步形成集团公司管理模式，组织结构向事业部制和控

股制等多元化方向发展，按照各利润中心形成分权管理的格局，集团总部主要在战略规划和资源协调上承担更主要的责任，管理职能由直接管控向间接管控、指导服务转变。到 2011 年按产品线和合作伙伴已经形成集团总部、事业单元（事业部、子公司）、子公司多层级管理体制，管理相对独立的用人主体单位增加到 170 余家，在事业不断发展过程中，单位的重组、新增情况经常出现，人员变化频繁，劳动用工问题时有发生，而集团总部对各单位劳动争议信息了解相对滞后，劳动关系监控职能落实的难度不断增加。东风公司需要按照集团管理体制寻找一个更加有效的方式，在及时全面掌握集团劳动用工管理现状的同时，强化集团的指导服务职能，构建长效管理机制，促进所属各级单位规范管理、防范风险，支持和服务集团全面协调发展。

二、汽车企业构建和谐劳动关系的劳动用工管理评价体系建设内涵和主要做法

东风公司贯彻国家对构建和谐劳动关系的指导原则，落实企业社会责任，将政府劳动保障年检内容和企业内部管理规范要求相结合，建立劳动用工管理量化评价标准，建设集团统一的劳动用工管理评价体系，根据集团化企业的管理特点，按照 PDCA 的工作原则，以类似第三方审计的方式，对各级单位劳动用工管理定期进行全方位地“体检”，通过把脉问诊、揭示问题、指导改善、消除隐患，持续规范集团劳动用工管理行为，将劳动用工风险防范的关口前移，实现构建和谐劳动关系，促进公司持续稳定发展的目的。主要做法如下。

（一）明确评价目标，科学制定劳动用工管理评价体系

针对劳动用工现状，东风公司召集各级事业单元、子公司劳动用工管理负责人，采用 V－UP 等管理工具，分析查找问题，将政府授权的劳动年审职能和企业管理要求有机结合，研究集团公司劳动用工规范管理的有效途径和方式。在现状分析的基础上，东风公司明确“依法合规、民主管理、权益保障、冲突协调、管理规范、提高效率，从而构建和谐劳动关系”的劳动用工管理评价目标，并科学制定东风公司“劳动用工管理评价”管理体系。东风公司劳动用工管理评价体系构成包括评价指标体系、量化评价标准，评价方式与机制、评价组织、评价结果应用等主要内容，是一套科学完整的针对集团化企业劳动用工管理进行诊断和改善提升的管理体系。按照公司集团总部、事业板块、用人主体单位（子公司/专业厂）三个层面明确管理定位，其中集团总部主要基于宏观管控职能，并承接政府授权的劳动监察职能，对集团各级单位提供专业支持和指导服务；二级、三级事业板块负责对所属用人单位劳动用工管理进行间接管控和监督指导；用人主体单位是劳动用工管理的第一责任人，对劳动用工规范管理和劳动风险的产生承担直接责任。在功能定位上，管理体系基于劳动用工管理专业化特点，集团层面制定统一的劳动用工管理规范，构建集团管理评价体系和实施机制。评价范围面向集团所有用工主体单位，由集团总部主导，各事业板块和用工单位共同参与，建立评价组，以类似第三方审计的视角，对单位的劳动用工管理情况进行全方位地“体检”，评价功能既不做评先评优、也不做考核惩戒，而是通过“把脉问诊”，客观审视用工单位劳动用工管理现状，评价后由事业板块按照集团的评价指导意见，具体组织督导用人单位改进改善。

（二）建立劳动用工评价模型，制定评价量化标准

1. 建立科学的评价指标体系和评价模型

经过分析研讨，基于东风公司劳动用工管理现状，从构建集团和谐劳动关系的五个关键目标维度，即依法合规、民主管理、权益保障、冲突协调、基础规范等方面，兼顾管理效率，全面梳理劳动用工管理主要业务，建立“主要业务一目标维度”矩阵，聚焦影响较大的关键领域，确定评价模型要素指标。考虑评价模型对单位劳动用工管理实践的指导作用，以业务领域为主线，按照制度建设、劳动合同与用工管理、薪酬福利与劳动保护、劳动争议调解、备案管理与基础管理、综合运作等要求，建立起从制度层面到操作层面共 6 个模块 18 个要素的评价指标体系框架，如表 1 所示。

表 1 东风公司劳动用工管理评价要素指标体系

模块	要素指标	构建和谐劳动关系关键维度					劳动年审要求
		依法合规	民主管理	权益保障	冲突协调	基础规范	
制度建设	制度完备性	●				●	★
	内容合法性	●					
	程序规范性	●	●				
	制度执行	●					
劳动合同与用工管理	多种用工形式	●					★
	劳动合同动态管理	●		●			★
	集体合同及专项协议	●	●	●			★
薪酬福利与劳动保护	劳动定额与工时制度	●		●			★
	支付情况	●		●			★
薪酬福利与劳动保护	社会保险	●		●			★
	休息休假	●	●	●			
	劳动安全卫生	●		●			
劳动争议调解	调解组织与预防机制		●		●		
	劳动争议调解处理		●		●		★
备案管理与基础管理	告知与送达	●				●	
	基础台账					●	
	员工档案					●	
综合评价	综合评价					●	

同时，东风公司对各要素指标从预防风险的重要度、紧迫度、风险程度以及对构建和谐劳动关系的支持度、提升度等方面进行评估，合理地设定权重，形成东风公司劳动用工管理评价模型，如表 2 所示。

表 2 东风公司劳动用工管理评价模型

模块	权重 1	要素指标	权重 2	要素说明
一、制度建设	25%	制度完备性	10%	用人单位劳动用工相关规章制度体系完备性
		内容合法性	5%	规章制度条款内容合法性
		程序规范性	5%	制度制定、修改程序合法
		制度执行	5%	制度的落实情况
二、劳动合同与用工管理	25%	多种用工形式	10%	主要考量以下几种用工形式：非全日制用工、劳务用工、业务外包、人事代理、个人承包、劳务外包
		劳动合同动态管理	10%	主要考量劳动合同订立、续订、变更、中止、解除、终止、合同顺延管理
		集体合同及专项协议	5%	集体合同内容合法、订立程序、申报程序完整 专项协议包括：工资集体协议、女职工及未成年工保护协议

续表

模块	权重 1	要素指标	权重 2	要素说明
三、薪酬福利与劳动保护	20%	劳动定额与工时制度	3%	劳动定额科学、合理、公开；特殊工时及时报批
		支付情况	5%	工资按时足额支付，执行最低工资标准情况，加班费支付情况；特殊时期工资支付情况；工资增长机制等
		社会保险	5%	员工参保险种齐全，社保缴费基数规范，缴费及时
		休息休假	4%	加班时间及加班申请流程，年休假落实情况
		劳动安全卫生	3%	女职工及未成年工特殊保护情况，职业病及职业病防治情况等
四、劳动争议调解	5%	劳动争议调解组织与预防机制	2%	劳动争议调解组织与预防预警机制健全
		劳动争议调解处理	3%	专、兼职劳动争议调解人员配备情况及调解受理、处理情况
五、备案管理与基础管理	20%	告知与送达	5%	告知是指用工管理过程中应当告知的内容
		基础台账	10%	劳动用工管理过程中应当建立健全的基础台账
		员工档案	5%	在招用、调配、培训、考核、奖惩和任用等工作中形成的有关员工个人经历、政治思想、业务技术水平、工作表现及工作变动等情况的文件材料
六、综合评价	5%	综合评价	5%	主要考量总体效果、员工满意度、关键人才流失率、劳动争议仲裁案件单位败诉率

东风公司劳动用工管理评价指标涵盖政府劳动保障年审的全部内容，在合规基础之上增加企业管理规范的要求，特别关注企业健全民主管理和建设劳动关系协调三方机制等促进和谐劳动关系方面的内容，专门设定集体合同和专项协议，劳动争议调解组织与预防机制等评价要素指标，做到劳动保障年审与企业劳动用工管理要求的有机结合，建立导向明确的东风公司劳动用工管理评价模型。

2. 制定量化评价标准

在评价要素指标体系的基础上，东风公司进一步组织开展评价标准编制工作，针对劳动用工管理过程中的很多内容主要以定性为主、不易量化的实际情况，从评价可行性、操作性方面研究制定量化评价的方法和规范。经过充分研讨，基于劳动用工法律法规要求和东风公司各单位管理过程中长期积累的实践经验，吸收关键事件分析方法（Critical Incident Method，简称 CIM），对直接影响各要素优劣表现的关键管理行为和关键事件建立起 5 级量表，由低到高分级描述，按照量化评价的思路，每级作为一个刻度，刻度 1 最低，刻度 5 最高，刻度 3 为基准线，构建起层次分明、定性和定量相结合的东风公司劳动用工管理评价标准。根据法律法规要求和东风公司劳动用工管理的实际情况，评价标准对能够定量评价的均设置量化标准，不易量化的则进行明确的定性描述，并制定评分细则。以“劳动定额与工时制度”评价要素为例，评价标准中“劳动定额制定科学合理”不易定量，评分细则中则进一步明确“正常工作时间内员工能完成”等考查点作为评判该项是否达标的依据。

具体评价时，通过将用工单位的实际情况与标准量表中的关键管理事件/行为和量化要求进行比对，确定每个要素所在位置刻度，所有刻度加权汇总即可得到该单位的劳动用工管理评价得分，即单位评价得分=∑单位各要素位置刻度权重 20（百分制），客观明了、易于操作。评价总分越高即代表单位劳动用工管理的合规度越高，劳动关系和谐度越高。

（三）构建劳动用工评价机制，组织实施评价指导

1. 组建评价团队

评价团队是评价有效实施的重要基础，东风公司基于在长期管理实践中积累的人才资源，按照“总部牵头、集团抽派”的原则，每年集团总部成立评价领导小组，根据评价的单位数量、地域分布，组织评价工作组。组长由公司总部人事部相关处室处长或二级事业板块人事部门负责人担任，成员由集团总部及各级单位人事部门中管理经验较丰富的人力资源管理人员共同组成。2011 年至 2016 年，东风公司每年均组建 3～4 个评价工作组，成员按照关联单位回避原则交叉配置、每组 4～5 人按评价模块合理分工。为保证评价标准把握的一致性和评价结果的合理性，实施前组织对评价团队集中进行评价模型和标准的培训，明确当年劳动用工管理中要重点关注的热点、难点问题，统一认识，使评价诊断更具针对性。

2. 明确评价机制

截至 2012 年，东风公司共有控股子公司（占股 50%及以上）和专业厂 160 余个，经过对评价工作组织的高效性和企业管理改善周期的合理性分析，劳动用工管理评价确立“三年一循环，集团全覆盖”的运行机制，即每年评价集团三分之一的用工单位，按 PDCA 每年小闭环，三年大闭环，每三年对集团所有用工单位评价全部覆盖。同时，考虑到集团各用工单位管理水平不一的实际情况，为确保对重点单位的有效指导，要求对上年度评价得分低于 60 分的单位、近两年发生劳动争议或劳动违规举报较多的单位、新成立且具有一定规模和成熟度的单位必须纳入年度评价范围，保证指导的针对性和及时性。

3. 组织实施评价

评价实施按照 PDCA 的工作原则开展，包括计划制订、现场评价、问题分析、改善反馈四个主要阶段。首先用工单位需开展自评，对照东风公司劳动用工评价标准进行打分，查找问题和差距，并初步提出改进改善措施，事业板块对所属单位的自评情况进行复核分析，自评中发现的问题有针对性地进行指导服务，结果形成板块自评报告报集团总部，集团评价领导小组初步分析各事业板块的情况，并制订年度的现场评价计划。其次在现场评价阶段，评价组直接到用工单位进行走访评价，主要环节包括：一是听取用人单位自评报告，了解单位年度劳动用工管理整体情况和自查自评情况，存在问题及措施；二是查阅资料与访谈，通过查看管理过程资料，访谈相关人员，问卷调查部分员工，全面了解用人单位劳动用工管理情况；三是量化评分，对照劳动用工评价标准，对各指标要素进行量化评价，得出评价分数；四是现场口头反馈与指导，对评价发现的重点问题向用工单位直接反馈。

劳动用工现场评价遵循“眼见为实”的原则，为确保评价的客观性和公正性，2012 年东风公司在评价标准和评分细则的基础上，编制评价操作指导细则，指导评价过程中“看什么”和“怎么看”，并要求评价组成员着重记录发现的各类问题，及时和被评价单位进行沟通交流，确保评价结果的客观性和问题点的可追溯性。

（四）分析反馈劳动用工评价结果，开展内部管理对标

劳动用工评价报告是劳动用工评价结果输出和反馈的重要载体。每年各组评价结束后，首先形成分组评价报告，评价组成员集中进行内部沟通，查找共性问题、发现新生问题，进行评价分数的一致性检验，在此基础上对所有被评价单位汇总分析。每年输出年度劳动用工评价报告，每三年一轮输出集团整体劳动用工评价报告，提交公司管理层专题汇报，并在集团人事工作会上进行发布。2011 年以来，东风公司每年发布劳动用工管理评价报告，特别是 2013 年和 2016 年发布第一轮和第二轮全集团劳动用工管理评价报告，使劳动用工合规管理在集团各级单位管理层和人事系统中得到高度关注。

劳动用工评价报告的主要内容如下，一是量化评分结果：包括年度各用工单位总平均分、各事业单元平均分、各单位评分，以柱状图、甘特图等图表体现整体管理情况；二是评价分析比较：根据评价要

素得分分析集团及各级单位劳动用工管理的长短板，明晰改进方向；三是主要风险问题点：对评价中各单位相对集中的问题点进行明示，包括合法合规性问题、风险较大问题、发生频次较多问题等，重点分析问题产生的原因、存在的风险以，并提出改善建议；四是用工管理亮点：主要对各单位劳动用工管理中发现的有助于提升管理效率、促进和谐劳动关系，有推广价值的经验和做法进行提炼，提供各单位学习借鉴，促进管理改善和提升。每年劳动用工评价报告还按事业板块和用工单位形成子报告进行反馈，以雷达图等形式体现用工单位各评价要素与当年参评单位平均水平的比较，以及各评价要素历次评价得分的变化情况，反映单位自身长短板和进退步，为用工单位制定改进改善对策提供依据。

按照数据驱动管理的方向，东风公司还通过对集团各单位历年量化评价结果的积累，统计分析集团劳动用工管理水平的常模，按分位值形成内部《劳动用工管理评价对标数据报告》，建立起东风公司劳动用工评价的内部对标体系，为劳动用工量化评价的一致性检验和总体评价的结果分析提供有价值的依据。同时，用工单位通过对照集团历年分数水平进行对标，了解各评价模块和要素在集团整体管理水平中的位置值，为进一步发现问题，明确努力方向提供参考。

（五）跟踪推进劳动用工管理改进，完善劳动用工管理评价体系

1. 开展专项整改工作

在每年度评价结果反馈的同时，按 PDCA 的工作原则，集团要求各事业板块和被评价单位针对评价中发现的问题，组织制订对策措施和整改计划，用人单位负责具体实施整改，事业板块组织督导。整改实施过程中，集团和事业板块会对上年度评价结果较差的单位和提出需求的单位，有针对性地派出专家到单位现场进行“一对一”的指导服务，协助用工单位改善提升。2015 年评价中，东风公司发现一家新成立不久的单位连续两年评价分数偏低，集团和事业板块派出专家到该单位进行指导服务，原来该单位人员流动量大，人事管理人员也变动频繁，加之管理规范性差、工作交接不足，导致问题整改不到位。针对这一情况，集团和事业板块从各类台账和业务流程入手，提供模板和范例，协助单位按照集团统一规范健全基础台账、完善规章制度，并持续跟踪指导，2016 年该单位的评价结果明显得到改善。

劳动用工评价也是集团层面和事业板块层面劳动用工管理改善提升课题的重要输入。每年集团总部通过对评价中发现共性问题或潜在风险较大的问题进行分析，纳入集团年度劳动用工管理课题计划，发挥集团层面的政策指导和资源协调优势，进一步扩大范围进行深入调查，研究制订整改措施，有针对性地开展专项整治工作。2011 年针对评价中发现由于历史原因部分单位存在人员“空挂”（即在职不在岗），潜在风险较大的情况，集团组织直管单位统一开展“长期不在岗人员专项治理工作”，并提供政策支持和咨询服务；2012－2015 年，根据评价中发现部分单位存在业务外包管理风险、劳务派遣用工管理不规范、员工档案管理不规范等共性化问题，集团也都发挥组织协调作用，牵头推进专项整治工作。同时，各事业板块也根据自身评价中发现的共性问题，纳入日常工作计划统一进行专项整改，主动消除潜在风险，推动劳动用工管理水平提升。

2. 搭建合规案例经验分享平台，完善用工管理评价体系

每年劳动用工管理评价结果反馈各单位的同时，东风公司还对评价中发现的问题进行归类整理，以真实案例为素材，编制《劳动用工合规性风险防范实例》教材，通过建立劳动用工法律法规宣贯和经验分享平台，集中组织各级单位劳动用工管理人员开展培训，对实际问题案例进行剖析，举一反三，警示劳动用工管理人员在工作中防微杜渐、防患于未然，提高对劳动用工风险认识的敏感性，强化劳动用工管理人员合规管理意识，巩固劳动用工管理评价效果。同时，东风公司还进一步建立劳动用工管理人员取证上岗制度，以国家劳动用工管理法律法规为基础，结合东风公司劳动用工管理中经常出现的典型问题和企业规范化要求，由集团总部每年统一组织取证考试，作为取得省劳动争议调解员证书的必要条件，激发起各级单位劳动用工管理人员学习法律法规和合规操作技能的主动性，有效强化劳动用工管理

人员风险防范意识，促进劳动用工管理人员业务能力和综合素质“双提升”。

三、汽车企业构建和谐劳动关系的劳动用工管理评价体系建设效果

（一）提高了企业总体用工管理水平，劳动用工风险显著下降

东风公司劳动用工管理评价体系的建设为集团化公司劳动用工合规管理建立了一个有效的方法和途径。劳动用工评价的开展使各单位劳动用工风险防范的关口前移，劳动争议投诉案件的数量明显降低。以东风公司老基地十堰地区为例，根据统计，2010—2012 年东风公司接到的劳动争议投诉案件和劳动争议仲裁案件平均每年达 77 起，实施评价以后各类案件的数量逐步降低，近三年平均每年仅 32 起，下降了一半以上；其中劳动争议仲裁案件由 2012 年之前的每年约 60 起下降至目前的每年 3～5 起，下降近 20 倍，社会效益和潜在经济效益明显。劳动用工评价的实施还促进了过去长期存在难题的解决，比如 2011 年评价后在集团组织的专项整治工作推动下，418 名长期不在岗人员得到妥善处理，排除了潜在风险，成效显著。通过对东风公司两轮劳动用工管理评价的数据统计显示，过去部分较明显的劳动用工风险问题的发生面明显缩窄，各单位劳动用工管理的改善重点已经由操作层面向技术层面转变。

（二）培养了一支高素质劳动用工管理团队，用工规范意识明显提升

东风公司劳动用工管理评价工作的开展，有力促进了高素质劳动用工管理团队的建设。2011 年以来，共有 121 人次作为评价专家参加了劳动用工评价，其中一半以上来自基层单位人事部门，参加集团组织的评价工作后，回到各自事业单元和单位为推动劳动用工规范化建设发挥了重要作用。同时，与劳动用工评价相结合，通过集团合规培训平台和取证机制，各级单位劳动用工合规管理的意识明显增强，劳动用工管理人员业务能力和素质获得有效提升。2011 年以来，共有 1826 人次参加了东风公司集中组织的劳动用工合规管理培训，1235 人次参加取证上岗考试。从评价发现问题到强化合规知识，再到实践解决问题，强化了管理人员的业务能力，减少了因人为因素可能引起不必要劳动风险的情况，为不断提升东风公司劳动用工管理水平提供了有力的支撑。

（三）构建了企业和谐发展环境，促进企业和谐稳定发展

东风公司劳动用工管理评价体系建设，为各级单位实现和谐劳动关系发挥了积极的作用，为公司和谐稳定发展创造了健康的环境。在制度建设方面，各级单位规章制度建设力度明显加强，与员工利益密切相关的管理制度出台前均按照法规要求，实施民主程序，落实告知与送达，企业与员工共同参与、共同遵守，形成共建和谐劳动关系的良好氛围；集体协商方面，在统一的劳动用工评价标准的指导下，各级单位人事部门与工会一起积极推进集体合同签订工作，覆盖所有用工单位，为员工利益诉求建立了规范的平台，劳资关系更加稳固；在劳动争议预防调解方面，各单位人事部门、工会、用人部门三方协力推进劳动争议调解组织和预防预警机制的构建，目前 90％以上的单位成立了劳动争议调解委员会，制定了劳动争议调解制度，劳动争议调解人员做到持证上岗，提前发现和消除内部劳动关系矛盾，有效避免了潜在的劳动诉讼和突发事件的发生。在近年快速发展过程中，没有发生重大劳动关系冲突，保持了企业和所在地区社会环境的和谐稳定，各级单位能够将更多的精力放在完善企业民主管理、人才培养和激励机制的建设等工作上，进一步增进了员工对企业的归属感和责任感，形成企业和谐稳定发展的良好局面，为东风公司推进国企改革各项工作创造了良好的条件。

（成果创造人：李绍烛、何　伟、吕传文、胡卫东、刘剑云、
刘玉翠、王　莲、丁月鹏、邱升亮、方　芳、张胜利）

基于开放式创新的人力资源柔性管理

中国电子科技集团公司信息科学研究院

中国电子科技集团公司信息科学研究院（以下简称创新院）于2013年8月在北京组建成立，为中央所属事业单位，主要业务领域包括信息系统技术研究、微系统技术协同创新、物联网技术创新、认知智能前沿及应用技术研究、大数据共性关键技术研究、中国电科知识产权管理，支撑中国电科科技创新战略研究与实施、中国电科各级重点实验室共建共管、中国电科创新基金、联合基金项目管理等。创新院始终致力于突破军工集团公司传统的相对封闭的自主创新模式，建立开放式创新格局，践行“以人为本”的创新发展价值观，提出“开放的平台、流动的人才”的工作理念，积极探索“不求所有、但求所用”的柔性用人机制。创新院已迅速汇聚各类人才200人，平均年龄33岁，博士占比接近60%，流动人才累计占比达到20%，协同创新的平台效应逐步显现。

一、基于开放式创新的人力资源柔性管理背景

（一）深化人才体制机制改革的必然要求

中共中央印发的《关于深化人才发展体制机制改革的意见》指出，要提高人才横向和纵向流动性，健全人才评价、流动、激励机制，最大限度激发和释放人才创新创造创业活力，使人才各尽其能、各展其长、各得其所，让人才价值得到充分尊重和实现。创新院作为中国电子科技集团公司（以下简称中国电科）的平台型基础前沿创新研究机构，以聚集国内外一流人才为核心任务，以柔性人力资源管理为主要抓手，努力践行“创新驱动发展”“人才强国”等国家战略，充分激发和释放人才创新创造创业活力。

（二）中国电科进军世界一流创新型领军企业的重要支撑

中国电科认为，世界一流创新型领军企业应拥有一大批世界一流的科技创新成果、科技创新平台、战略性新兴产业、科技创新体制机制、科技创新人才队伍。创新院通过构建人力资源柔性管理，将打破阻碍创新人才聚集的体制机制障碍，改变各单位在科技创新中“单打独斗”的局面，进一步突破科研本位主义、封闭僵化的藩篱，进一步支撑中国电科科技创新体系重构，确保国有科技企业人才机制与市场的充分接轨，推动中国电科成为世界一流人才的集散地，有力支撑中国电科实现世界一流创新型领军企业的奋斗目标。

（三）创新院建成具有国际一流水平开放式创新平台的必由之路

《中国电科深化人才发展体制机制改革的指导意见》明确要求：在创新院先行先试搭建科技人才流动平台，形成任务确定、岗位设置、人才流动相协调的创新格局。在大数据、人工智能、智慧物联等新兴领域，中国电科的人才集聚优势尚未形成；国家级的大型、复杂、重点创新研究项目对高层次、专业化、复合型的人才需求日趋迫切；战略科学家和领军人才趋于短缺，能够独当一面的创新中坚力量相对不足。创新趋势和发展需求迫切要求创新院构建人力资源柔性管理，进一步激发员工内在创新动力，推动人才自由流动，多管齐下避免组织僵化和效率低下，打破传统的人才“竖井”，通过平台模式实现知识和技术的积累，这也是创新院建成世界一流科研院所愿景目标的必由之路。

二、基于开放式创新的人力资源柔性管理内涵和主要做法

创新院聚焦打造包含大量自主小前端、大规模支撑平台、多主体创新网络交织的创新利益共同体，设计与开放式创新平台特征相匹配的柔性组织架构，并以“不求所有、但求所用”的人才柔性管理理念实践创新“人才集散、发展培养、薪酬激励、考核评价”人力资源管理四大支柱，使其支撑柔性组织架

构的有效运行，提升科技创新价值实现的效率与效益。主要做法如下。

（一）设计适应开放式创新平台特点的柔性组织架构

1. 建立圈层组织

基于开放式创新的要求，依据科研布局的业务密度，创新院已建立起“核心层、紧密层、松散层”三层辐射为基本特征，“小核心、大外围”的圈层组织架构。核心层，主要是创新院内设（或依托设立）的研究所（中心、重点实验室）、专项业务支撑机构、职能管理部门；紧密层，主要是创新院与国家重点高校，按照“2＋X”的方式建立的多方共建共管的集产、学、研、用为一体的协同创新中心，例如西安电子科技大学共建“雷达协同创新中心”等；松散层，主要是指与创新院建立常态化合作机制的海外高水平科研机构，如与悉尼科技大学合作成立中澳信息与电子技术研究创新中心，联合北京市建立亚欧科技创新合作中心微系统中心等。

2. 实行团组组织

创新院在组建中国电科大数据创新团队、群体智能创新团队、类脑智能创新团队、智能感知创新团队、混合智能创新团队时，实行领域首席负责制（授予其技术路线决定权，人、财、物等资源的调配权），实行团队自治，团队的科研目标对创新院全权负责；对于物联网、大数据等产业化应用前景较为明朗的领域，支持团队以在岗创业、离岗创业的模式创办公司，在给予项目、人力、资金支持的同时，让创业团队按照独立法人的模式自主运行，实行高度自治。

3. 打造网络组织

由于部分科研任务种类和需求呈现多样性和复杂性，创新院以工作任务为中心由若干相互独立的组织构成一个成员不断变动的组织系统，其优势在于使核心组织在人员、结构、功能、成本等方面最大限度实现精简、灵活，同时极大地发挥分工协作优势，提高组织网络的经济优势。在中国电科微系统“1＋N”协同创新中，创新院本部组建一支30名博士为主体的固定科研队伍，通过搭建协同设计平台，协同中国电科10所、13所、14所、20所、29所、38所、49所、54所、55所、重庆声光电等10余家单位的100多名专业技术人员（包括集团首席科学家、首席专家7人），开展协同设计与验证工作。

创新院探索圈层组织、团组组织、网络组织三类柔性组织，人才、技术、资本、产业等要素资源在创新平台上快速积聚，形成创新价值实现内循环与外部创新生态有机交互、优势互补的态势。

（二）构建多元开放的人才集散模式

1. 项目式流动

在不改变与原单位人事隶属关系的前提下，通过开展项目合作，实现人才、技术的交流，达到产学研合作创新的目的。创新院作为中国电科协同创新平台，大力推进协同研发模式创新，通过标准化、组件化的IP核迅速形成新技术的研发基础，显著提升开发效率，满足跨专业、多领域的协同研发要求。技术人员通过协同研发支撑平台，进行分布、异步式协同研发，建立人才“为我所用”的物质基础。例如，以综合射频、复合导航微系统项目为依托，协同中国电科系统内10余家单位的100多名专业技术人员，开展联合技术攻关；协同中国电科30所、34所、54所在创新院组建40余人规模的创新团队，联合攻关“时敏可信网络”重点项目，一年半的时间即完成科研任务，申请专利10余项，在关键技术突破和设备研制方面取得重要进展，达到国内先进水平，顺利通过中国电科鉴定；依托创新院组建中国电科认知与智能实验室，基于在研的多项军民融合重点项目，跨单位、跨地域建立20余名院士、集团首席科学家为主的专家团队，30余名博士为核心的研究团队，并面向全球招募领域首席科学家（专家）。

2. 兼职式流动

在不改变人事隶属关系的前提下，采用“请进来”的形式，在创新院以项目聘任、客座聘任等方式从事科研工作。例如，基于项目推进的不同要求，创新院分别与专家对兼职工作投入的精力做出约定，在三方聘用协议中明确岗位职责、工作目标及可量化考核标准，考核结果与薪酬待遇、工作补贴挂钩。例如，基于协同创新需要，从中国电科10所聘任客座首席科学家1名，从28所聘任网络信息领域技术总监1名，从29所聘任微系统技术研究所所长1名、微系统技术主管1名，从38所聘任科研与质量管理项目总监1名；聘任国家信息技术紧缺人才培养工程专家，苏州大学客座教授1名，担任射频微系统仿真设计领域技术总监；聘任University of Texas at Austin微电子中心博士后，“千人计划”专家1名，担任光子集成微系统领域技术总监。

3. 候鸟式流动

一是指对中国籍海外高层次人才采用“常回家看看”的政策形成智力回流。通过实施海外高层次引才计划。二是指对外籍高层次人才采用海外聘用的形式，集聚技术创新智力优势。例如，组建中国电科大数据创新团队，核心团队（6人）来自美国硅谷、俄罗斯新西伯利亚的顶尖高校、国际一流高科技企业的外籍专家，涵盖大型分布式数据库、数据湖架构、计算科学、数据工程等领域。以中国电科大数据创新团队为依托，同步筹建美国硅谷创新中心，外籍专家团队采用属地化全职聘用，每年在华工作不超过90天的工作模式，基本建成跨国界的人力资源柔性运行支撑机制。

4. 咨询式流动

指邀请知名专家学者以学术讲座、创新沙龙等方式开展技术交流合作。为加强高层智库建设，广泛汇聚高端科技资源，创新院聘请18名院士担任战略咨询顾问，聘请14名中国电科首席科学家担任咨询专家委员；根据合作协议，清华大学、西安电子科技大学、英国埃塞克斯大学、澳大利亚悉尼科技大学、比利时微电子中心、甲骨文、微软等国际知名高校、科研机构、高科技企业的教授、专家定期来创新院开设前沿技术讲座，或举办专题技术沙龙，通过咨询互访加强学术交流；成立战略能力办公室，组建中国电科认识与智能实验室，在全球范围内招募领域智库人才，并要求专家不定期来访进行专题或发散式技术研讨交流活动，有效提升中国电科的科技创新战略研判能力。

5. 交换式流动

在产学研主体之间，对人才加以合理配置，达到充分激发人才价值的目的。创新院与电子科技大学共建“核心材料与器件协同创新中心”，与西安电子科技大学共建“雷达协同创新中心”，校企双方建立人员交换制度，为加强项目推进，创新院派出项目团队，校方分别委派教授担任项目经理，在创新院全职流动工作一年，并推动相关领域的国际合作，形成了良好示范作用；与悉尼科技大学合作成立中澳信息与电子技术研究创新中心，校企双方建立科研互访常态化机制。基于签订的项目研究协议，悉尼科技大学每年定期派出相关领域的教授来院工作，创新院则派出青年科研骨干赴澳参与科研工作及进修，仅2017年就有2名博士作为访问学者，3名博士作为博士后，并受到国家出国留学基金的资助。

6. 畅通流动人才“流出”通道

一是设计并试点多样化的创新人才“流出”机制。建立人才随科技创新成果转移到成果协议输入单位，转移到产业项目孵化器，转移到衍生高科技公司，进入新的协同创新载体，转型成为职业化的技术转移经理人，流回人事关系所在单位等多元化的人才“流出”通道，打破产、学、研之间人才流动的瓶颈，实现人才与事业的协同发展。例如，依托中央企业“熠星”双创平台的机制，对于物联网技术领域科研成果实施转化，吸引风险投资及地方资源，衍生高科技公司，创始团队的人才可随成果输出到公司，实施股权激励。二是以制度形式明确创新院流出人才的鼓励性政策。流动期间创新院保留其人事关系，流动期满回院后，原则上安排不低于原岗位等级的工作；鼓励和支持科技人员在岗和离岗创业，创新院为其保留3年人事关系。例如，以员工在岗创业的形式，通过项目、资金、人才等方面的支持，委托团队负责人在美国硅谷注册成立大数据领域高科技企业，建立市场化运行机制；以批准员工离岗创业的形式，加强虚拟及增强现实技术成果在教育行业的商业化应用。三是积极推进“走出去”战略，提升创新院的影响力。例如，3位专家分别兼任军委科技委专家，其中最年轻的仅33岁；5名青年技术骨干兼任军委科技委、装备发展部项目专项助理和学术秘书等职务。以上兼任的学术职务均需要每年确保50%以上的科研精力投入。

（三）探索基于双通道的人才融合发展培养

1. 双通道发展

一是在岗位发展通道中分别设置固定和流动岗位，建立与固定岗位（10级岗位发展通道）相匹配的流动人才岗位发展通道，并明确相应的岗位任职标准和岗位升降规则。以专业技术类岗位为例，流动人才的岗位等级对应关系如下：10级岗—客座院士；9级岗—客座首席科学家；8级岗—客座首席专家；7级岗—首席技术总监；6级岗—高级技术总监；5级岗—技术总监；4级岗—技术主管级；3级岗—技术主办级；2级岗—技术助理级；1级岗—技术专员级。二是建立与固定人才相匹配的流动人才管理规范。按照流动聘期对流动人员进行分类，即长期流动、短期流动、按任务聘用的临时流动；明确流动人才配置计划、招聘与录用、聘期管理、薪酬与考核、人员流出等管理规范，并确定相应的工作标准；明确将流动人才配置需求纳入年度人力资源配置计划。创新院已聘任客座首席科学家4名，相关领域技术总监3名，挂职集团公司微系统技术总体中心主任及系统技术研究所所长1名，项目总监1名，兼职技术骨干20余名。

2. 融合式培养

一是建立固定、流动人才岗位发展的互通机制，对于在流动期间达成正式引进意向的流动人才，建立人事关系后可聘任至同等级岗位任职；二是对于正式聘用的流动人才，经与人才所在单位协商，推动“经历互认”的职业发展机制；三是建立双通道融合的青年人才培养机制。不区分人才的身份、地域、人事隶属关系、流动形式等，每年选送青年科技骨干参与国际合作计划、赴国外知名机构短期进修、担任访问学者等培训项目。累计派出30余人次参加德国、比利时、澳大利亚等国际合作科研机构的技术培训项目，为中国电科储备一批具有国际视野优秀青年人才。

（四）试点基于市场化的薪酬分类激励

1. 建立技术要素参与价值分配的岗位绩效薪酬结构

制定《员工薪酬管理暂行办法》，以人才发展体系为基础，去事业单位行政化，对标业内先进科研机构和高科技企业，强化“岗位定薪、业绩取酬”的激励导向，并探索技术要素参与成果价值分配的途径，建立岗位绩效薪酬结构：基本工资（S1）、岗位工资（S2）、绩效工资（S3）、津贴补贴保险福利（S4）、中长期激励（S5）、成果转化奖（S6）。创新院岗位绩效薪酬的主要特点：一是特别设置成果转化奖（S6）。在协同创新平台上，技术成果按照开放共享、按需收费的模式在项目中推广使用，在构建新的科技业务模式同时，也为科技人员确认成果转移转化收入提供了计量依据，可以有效激发科研人员的创新热情，加速成果的推广应用；二是特别设置“特殊人才津贴”，对引进的高层次人才实施定向引才补贴。

2. 建立流动人才薪酬协商机制

制定《流动人才管理暂行办法》，创新院、流动人才、原单位三方经过协商，流动人才薪酬发放模式可采用基于项目的协议工资制（基本工资＋项目绩效奖），也可以采用基于岗位绩效薪酬体系约定发放标准，即基本工资（S1）、岗位工资（S2）：确定唯一发放方，执行发放单位的标准；绩效工资（S3）：双方单位可约定发放比例，聘用协议中须事先载明应达成的工作目标及考核标准；津贴补贴保险福利（S4）：“五险一金”仍由原单位代扣代缴，相关费用可选择由原单位支付或与创新院结算，津补贴由双方单位按规定支付；中长期激励（S5）、成果转化奖（S6）：按协议约定支付，向双方单位备案。

3. 推进薪酬分类激励试点

一是对于从系统外引进的行业领军人才或外籍高层次人才，按照市场化、属地化标准，结合工作任务，协议约定薪酬。从美国硅谷全职引进美籍大数据专家，并以当年度硅谷同类型人才的市场价值为参考，协议年薪。二是对于引进的拔尖人才或科技骨干，参照以下标准协议约定薪酬：对于可产业化的应用类研究，支持其达到同类岗位市场平均水平1～1.5倍的年薪；对于基础类研究、国防科研项目，建立中国电科内具有引领水平的薪酬激励机制，对于通过遴选流动到创新院工作的优秀人才，按照中国电科内同类岗位平均年薪水平的1.5～2倍支付薪酬。

（五）推行KPI和OKR兼容的考核评价

创新院根据现阶段的发展特点，探索以创新质量、效益、贡献为导向，兼容KPI和OKR的考核评价机制，主要由重点工作目标（A）、专项管理工作（B）、卓越绩效指标（C）、保障约束指标（D）四大模块构成，其中核心模块为重点工作目标（A）、卓越绩效指标（C）。

1. 重点工作目标（A）采用KPI考核

为驱动年度重点工作目标的达成，以目标达成情况与预设标准对标的方式进行考核，并合理界定考核要素、任务设置对创新价值的理论贡献度。重点工作目标（A）考核重点评价技术创新、管理创新的规定动作是否按预设要求完成，即“要我做的事”的绩效表现，是具有一定强制性，关注奖惩的考核指标。

2. 卓越绩效指标（C）采用OKR考核

聚焦引领创新价值的人才、机制、平台三大核心要素，设置卓越绩效指标，主要包括经营业绩、科研成果、人才队伍、体制机制四大类，共11项考核指标（科技收入、重大项目策划、知识产权、科技收入、重大项目谋划、标准制定、科技成果转化、科技奖项、论文发表、高层次人才引进、创新团队建设、机制突破、管理创新）。卓越绩效指标（C）是先有目标，再量化关键结果，最后去实现，是对重点工作目标（A）产出价值的一种衡量，只对考核主体进行价值牵引，即“我要做的事”，而非开展强制性的工作目标对标考核。由于卓越绩效指标（C）在考核系统中采用净值加分的计分方式，对强化创新质量、效益、贡献的导向作用十分显著，是引导科技创新价值实现的关键。

三、基于开放式创新的人力资源柔性管理效果

（一）高素质人才汇聚培养工作成效显著

通过开展人力资源柔性管理，创新院建院4年已迅速汇聚各类人才200人，平均年龄33岁，博士占比接近60%，流动人才累计占比达到20%。建院至今，已培养出国家“万人计划科技领军人才”1人、国家“千人计划”专家1人、中央军委科技委专家3人、中国电科首席科学家2人、中国电科青年拔尖人才1人，成功推荐国家公派访问学者2人，国家公派博士后3人。聚焦前沿技术领域，瞄准国际一流水平，大力推进从海外引进高层次领军人才，组建了一流创新团队。

（二）促进科技创新价值创造成效明显

通过展开人力资源柔性管理，创新院在科技收入方面，2014年实现科技收入近5000万元，2015年实现科技收入超过6000万元，2016年实现科技收入1亿元，年度增长率远高于16.6%的行业增长率；在新签科研合同方面，2014年新签科研合同额近5000万元，2015年、2016年新签科研合同额均超过1亿元。其中，2015年争取了两个军队某“十二五”加强预研重大项目，2016年共策划军队、国家部委项目70余项，带动集团内单位25家，集团外单位21家；在知识产权和成果转化方面，归集管理集团专利21739件、转化的科技成果2324件；发布集团知识产权白皮书，2015年集团成果交易达1.4亿元；推进集团创新基金项目知识产权的全过程管理，完成网络信息体系、新型智慧城市、智慧互联、微

系统等重大项目的知识产权布局规划，产出了一批优质知识产权组合。

（三）引领创新协同形成示范效应

通过开展人力资源柔性管理，创新院在中国电科内外的引领效应逐步凸显。2015 年联合集团内外 11 家优势单位开展联合研究，科研经费合计达 8000 万元；2016 年联合集团内外 46 家优势单位开展联合研究，科研经费合计达 1.5 亿元。在某重大工程研究论证工作中，联合集团内 13 家单位及国防科大、北理工、电子科大、西安电子科大等高校，组建协同创新团队集智攻关；联合集团内 7 家单位，100 余名科研人员，两年时间将导航微系统定位精度提升一个数量级，体积重量下降两个数量级，技术指标达到国内先进水平，迅速提高了中国电科在这一领域的地位和话语权。同时，人力资源柔性管理对解决目前各军工企业在大型复杂重点项目实施过程的人才需求管理，对军工集团构建开放协同科技创新模式，对国有企事业科研机构改革发展等，都有较好的示范推广价值。

（成果创造人：马　林、裘　颖、侯鉴航、王　颖、华　鑫、王武军、张　德、刘光宏、汪志强、康子路、吴云鹏）

打造高铁国家名片的企业价值驱动战略人力资本管理体系建设与实施

中国中车集团有限公司

中国中车集团有限公司（以下简称中国中车）是全球规模较大、品种较全、技术领先的轨道交通装备供应商，主要经营铁路机车车辆、动车组、城市轨道交通车辆、工程机械、各类机电设备、电子设备及零部件、电子电器及环保设备产品的研发、设计、制造、修理、销售、租赁与技术服务以及相关投资、信息咨询、进出口业务等，产品出口遍布世界上 100 多个国家和地区。现有 50 余家全资及控股子公司，员工 18 万余人。2016 年营业收入 2330.9 亿元，固定资产 598 亿元，总资产 3588.7 亿元，位居世界 500 强第 266 位、中国企业 500 强第 54 位，世界品牌 500 强第 179 位，荣膺国务院国有资产监督管理委员会首批中央企业“品牌建设优秀企业”。2015 年、2016 年连续两年国务院国有资产监督管理委员会经营业绩考核位居 A 级企业前 8 名。

一、打造高铁国家名片的企业价值驱动战略人力资本管理体系建设与实施

（一）支撑实现企业发展战略的需要

中国中车在合并重组之初就提出，全面推进以“转型升级、跨国经营”为主要特征的全球化战略。为紧紧抓住机遇，全面实现“成为以轨道交通装备为核心，全球领先、跨国经营的一流企业集团”的战略愿景，急需创新人力资源管理体系和模式，建立支撑企业战略发展的、基于价值创造的人力资本管理体系，造就一支适应发展战略需要的高素质管理者和员工队伍，有效激发广大员工所蕴藏的巨大创造力，提高全要素生产率，支撑企业创新体系建设和国际化竞争能力的提升，为打造“受人尊敬的国际化公司”和“国家名片”提供坚强的组织保证和不竭的动力源泉。

（二）适应新形势下企业国际竞争力提升的必然选择

成立之初的中国中车人力资源管理面临诸多挑战。体系建设不系统、不全面、不规范、不先进，各自为政，自成一体；机制建设较为传统，不灵活、不到位；人才招聘手段、渠道单一，方法简单，技术落后；人才培养系统性不够，前瞻性欠缺，培用结合不紧密；人才使用中人岗匹配不足，人才冗余和人才短缺的矛盾并存；人才评价要素不专业，评价方法简单，存在较大程度“好人主义”；基础管理不健全、不标准、不统一，管控薄弱，信息化滞后；人才管理队伍专业知识欠缺，管理理念落后，存在一定“经验主义”等，这些问题严重制约着“人”的活力激发和价值释放。以传统人力资源管理为主要特征的中国中车人力资源（Human Resource，简称 HR）工作，已不能有效支撑企业战略目标的实现。中国中车急需加快推进人力资源管理体系的转型变革，将人才、资本和战略有机整合为一体，构建价值驱动的高铁人力资本管理体系，让人才创新创造活力充分迸发，为中国中车全面推进世界一流跨国企业建设进程提供强力的人力资本支撑。

（三）企业重组整合后，提升集团战略管控能力的需要

南北车合并，能否实现“1＋1＞2”？这是当时中国中车内外普遍关注的热门话题。随着全球化的进程不断加快，中国大型跨国企业国际化经营的成败很大程度上取决于集团战略管控能力。集团管控模式是一整套系统化的“组合拳”，其中人才管理是贯穿整个系统的关键链条之一。南北车合并之初，双方企业的组织架构、职位体系、人才评价考核标准、薪酬制度、晋升聘任制度、培训开发体系、信息化平台等均有较大差异，对建设支撑集团公司竞争优势的战略人力资本管理体系形成极大挑战。经过重组整合的中国中车要成为真正的“联合舰队”，具备“1＋1＞2”的整合竞争能力，必须进行人力资源管理体

系的全面变革，通过实施深度整合与转型升级，全面构建一体化、系统化、精益化的战略人力资本管理体系，使之成为实施集团战略管控的重要平台，并努力打造中国中车人才“金名片”。

二、打造高铁国家名片的企业价值驱动战略人力资本管理体系建设与实施内涵和主要做法

中国中车以精益管理和价值驱动为主导，以企业战略目标为牵引动力，以职位管理驱动高效组织，以能力管理驱动人才资本，以技术平台支撑“职位＋能力”管理决策与效能释放，以“五星 HR”评价监控体系的有效运行和持续完善，五位一体协同达成人与组织的合理匹配，系统构建形成“国家名片”高铁技术创新人才开发与管理体系，推动实现组织发展和业务发展，全面增强人才管理的战略实施能力，有力保障集团公司战略目标的实现。主要做法如下。

（一）明确基本思路，分阶段有序推进体系建设

1. 明确战略人力资本管理体系的内涵

中国中车依托长期发展积累的人力资源管理优秀实践，借鉴国际一流企业人才管理标杆，提出构建战略人力资本管理体系。其核心内涵就是以战略为导向，以人与组织匹配为核心理念，综合“人”的管理活动与经济学的“资本投资回报”两大维度，顶层设计人才管理层次结构体系和综合管控系统，着力构建涵盖 HR 全业务流程的人才全价值供应链，实施涵盖战略贡献度、人才满足度、组织支持度、管理专业度、文化满足度的“5C”人才度量管理，围绕职位管理与能力管理两条主线强基固本，细化发展人才和对人才进行差异化投资的路径与策略，有效打通人才盘点与组织发展关联节点，将人力资本与企业战略、业务发展、价值实现密切联系起来，形成对人力资源业务活动的精细化管理和对人力资本的准确化管控，确保中国中车战略目标的实现。

2. 确立战略人力资本管理体系的基本构成

战略人力资本管理体系由战略牵引系统、实施管控系统、能力管理系统、职位管理系统和平台支撑系统五大系统共同构成。集团公司发展战略、人才规划、人才观、组织设计、领导力模型和胜任力模型等作为战略牵引系统，为整体体系的运行提供方向、目标和动力。“五星 HR”效能评估、“5C”人才度量和人力资管理政策等作为实施管控系统，将企业的使命、愿景与人力资源战略、实施过程、管理结果密切联系起来，确保体系沿着正确的轨道行驶。职位管理和能力管理是现代人力资源管理两大根基。学科体系、职位体系、人力资源计划与配置、薪酬与激励、招聘、绩效以及劳动关系等组成职位管理系统；人才标准、人才评价、人才盘点、培训体系、继任计划和人才发展等组成能力管理系统。职位、能力两大管理系统通过对各业务单元的任务分析、工作设计与团队建设，发挥人力资源管理与业务经营之间管理数据模式转换的功能。具有人才管理全业务、全过程、全覆盖功能的人力资源信息系统是体系的平台支撑系统，支持 HR 业务的高效、规范操作，并以大数据管理与分析，支持 HR 效能评估和人才度量管理，实现人力资本管理的“业务数据化和数据业务化”。

3. 布局战略人力资本管理体系创建过程

第一阶段：推动人力资源管理的初级转型，向基础管理要效率。自 2009 年起，围绕岗位管理、职业发展、人才选聘、培训开发、薪酬福利、绩效管理等六大人力资源管理职能，结合集团管控和各子公司管理实际，对基础管理制度和业务流程进行一体化、系统化、规范化再造与提升。同时，实施业务与信息化双线并行工程，强力推动建设覆盖 HR 全业务的 e－HR 系统平台。按照“统筹规划、系统推进，夯实管理基础、提升管控能力”的整体思路，分别设立 9 大项目 19 个子项目课题，组建项目组，承担相应项目课题，上下一致，协同奋战。经过三年时间的建设与运行，形成 16 项管理制度、规范和标准，构建形成信息化的人力资源管理制度与流程体系，为人力资本体系建设提供了全面的人力资源管理技术基础。

第二阶段：推动形成整合人才管理，向人力资本要价值。围绕“构建结构合理、覆盖全面的学科

（专业）地图和人才地图，全面打造人才发展快速通道”，组织开展以构建战略学科体系、人才标准体系、人才评价体系、人才盘点体系、人才发展体系五大体系为内容的项目建设。组建 8 个一级项目组 32 个二级项目组，历经三年项目课题攻关和信息化平台升级建设，形成 10 项管理规范、工具和方法，推动 e－HR 升级为 HCM 系统平台。建立包含 416 个三级学科的战略学科体系，绘制形成战略学科地图；形成由 1 个一级标准、3 个二级标准和 24 个三级标准构成的人才任职资格标准体系，构建人才评价方法、工具体系；构建基于信息化的人才盘点方法和流程体系，为制订人才规划奠定基础。

第三阶段：推动形成战略人才管理，向业务支持要价值。适应中国中车重组整合的新形势，组织全集团 HR 系统力量，成立 3 大系统，7 大模块，21 个课题项目组，统筹整体部署，团队合力攻关，开展职位管理系统、能力管理系统、信息化管理系统“三大项目”建设，打造以业务驱动为核心的战略人力资本管理体系。使人才管理成为业务伙伴并推动企业价值和战略目标的实现。从子公司人事副总到业务人员，全集团直接参与“三大项目”建设的人员达 2000 余人。“三大项目”建设共输出包括制度文件、管理流程、工作表单、技术工具、业务规范、操作指导手册、项目成果完善意见等 85 个项目成果物，文字总量达到 2000 万字以上，并在集团公司全面落地实施，为中国中车人才管理转型突破奠定理论和制度层面的双重基石。

（二）制订人力资本发展规划，以精益化职位管理驱动高效组织打造

1. 制订人才战略规划

中国中车致力实施国际化、多元化、协同化发展战略，全面推进以“转型升级、跨国经营”为主要特征的全球化战略，必然需要通过相应人力资本规划保障人才的供需平衡及合理配置。中国中车制定《中国中车“十三五”人才战略规划》，实施人才发展工程和国际化人才培养工程，建立人才内生、引进、共享、度量四大机制，细化分解各子公司人才培养指导性目标，为全面推进“十三五”人才工作进行系统的顶层设计。同时，基于中国中车发展战略的产业业务类型，针对制造类、研发类、金融类、贸易类、服务类等五种类型的业务，开展组织设计和职责任务分析。整体策划提出组织形态、组织架构、职位体系和配套管控体系，系统构建坚实的职位管理基础平台。

2. 构建基于标准工位角色价值的职位管理体系

适应工位制节拍化生产模式要求，职位分类体系总体按照“职类—职群—职种”的结构框架进行设计。基于职位对集团公司目标贡献方式和工作性质的差异进行职类划分；基于职位所处价值链的不同环节进行职群划分；基于职能模块的相似性和工作流程进行职种划分。集团公司所有职位划分为 6 个职类、25 个职群和 104 个职种。经营管理职类细分为 3 个职群 6 个职种，主要行使决策、控制、监督、协调等主要职能，其角色价值是确保总体或部分工作目标的实现。专业管理职类细分为 9 个职群 43 个职种，主要运用专业原理、方法和知识为公司主要决策和主要业务提供各种专业支持与服务，其角色价值是确保公司各项工作正常运作。市场营销职类细分为 3 个职群 5 个职种，主要是利用专业知识和技能进行产品市场研究、把握客户需求、建立客户关系、拓展产品市场并完成公司销售指标，其角色价值是确保企业价值变现。工程技术职类细分为 3 个职群 30 个职种，主要是运用专业化、系统化的知识履行技术研发、产品设计、技术转化和技术支持等职责，其角色价值是确保技术与产品在业内领先。技能操作职类细分为 3 个职群 16 个职种，主要通过运用工具、设备、仪器等完成操作性的任务，其角色价值是生产制造出质量合格的产品。其他类职位细分为 4 个职群 4 个职种，主要指未包含在上述类别中的职位，其中教育、卫生、见习、非在岗均不进一步细分职种，是对主体职位体系的补充，发挥辅助的角色作用。

同时，建立链接业务与职位的战略学科体系。按照专业引领、系统规划、扩展性与唯一性的原则，根据职位管理体系中职群、职种相关构成，针对工程技术、企业管理、制造技术 3 大学科领域，梳理出

7个一级学科、64个二级学科和416个三级学科，编制416份《学科描述表》。学科描述包括学科编码、名称、类别与层级，学科专业内容概述包括学科关键技术项点、学科发展方向、学科重要程度、关联学科、基础理论与专业知识等。

3. 构建价值导向的人才配置与激励机制

一是建立基于SIP的人才招聘与再配置体系，实施开放式高端人才"全球引智"。标准化（Standardization）是基础，通过固化招聘流程，建立标准化的招聘流程与制度规范；信息化（Informatization）是手段，通过建设外部招聘网站、建立人才简历库，实现外部招聘网站与人力资源信息化系统对接，实现招聘全流程在人力资源信息化系统上线；专业化（Professionalization）是核心，通过健全专业化的招聘渠道与招聘技术管理，建立专业化的人才选聘评价方法与技术工具体系，建设一支结构合理、素质优良的专业化招聘人才队伍。采取猎头招聘、境外高校招聘、轨道交通展会专项招聘等方式，先后在德国、美国引进优秀高层次国际化人才。每年签约应届优秀高校毕业生2000人左右，为中国中车的持续发展建立人才蓄水池。

二是依据职位体系，设计"Y型""H型"等多元职业发展路径，构建员工职业生涯发展通道。中国中车员工职业发展通道分为经营管理、专业管理、市场营销、工程技术和技能操作五大类，各通道自上而下设置"专家、主任、师、员"4层，进而又细分为10～11级。纵横互通的多元职业发展通道的建立，为员工提升自我、施展抱负、彰显价值提供宽广平台。

三是健全以岗位绩效工资制为主体，价值导向的按劳分配与按要素分配相结合的分配制度。以岗位相对价值确定岗位档别，以能力与绩效确定薪酬水平，实行价值导向的岗位绩效工资制度。工资由岗薪档别、岗薪级别和岗薪系数等决定。岗薪档别是岗位相对价值的反映，在岗位分析及岗位评价基础上确定，划分为1～20个档别，1档为最低档别，20档为最高档别。岗薪级别是工作绩效及技能素质价值在薪酬上的具体体现，通过综合评价确定。依据岗薪档级综合确定岗薪系数；岗薪档级直接对应职位层级。同时，核心人才薪酬待遇对应岗位层级，将薪酬资源重点向业绩突出、价值创造高的核心骨干人才倾斜。"科学家"可达到所在子公司正职的薪酬水平，首席技术专家和首席管理专家可达到所在子公司副职的薪酬水平，首席技能专家、资深技术专家和资深管理专家可达到所在子公司副总师级的薪酬水平，资深技能专家可达到所在子公司中层管理人员的薪酬水平。职业发展通道等级对应岗薪档级，专家级（工程技术、营销、管理）可达到或超过副总师级的岗薪档级，主任级（工程技术、营销、管理）可达中层管理人员的岗薪档级，技能操作类专家级可达到中层副职岗薪档级，其他等级由子公司自主确定。

通过优化全员绩效管理体系，构建链接战略目标与价值实现驱动的全员绩效指标库，完善一套集目标分解、绩效沟通、过程跟踪指导、绩效考核与反馈应用的绩效闭环管理体系，内化一套关于指标库建立、绩效沟通、过程实施、绩效反馈、绩效应用的工具方法，构建分层、分类、分域的价值驱动的岗位绩效指标库。全员绩效管理将发展战略、经营责任、业绩目标等内容以及对员工的关键行为要求，以绩效合约形式，层层分解落实到每一级组织、每一位员工。绩效结果应用于培训开发、职位晋升、核心人才选拔、薪酬管理等多方面，从而促进员工和企业共同实现价值创造。

（三）建立基于价值创造的能力管理系统，驱动人力资本增值

1. 构建牵引高价值的精细化人才评价

中国中车建立四个维度人才标准开发模型。一是核心价值观维度，是指从企业角度倡导员工应该做什么（想做什么）；二是基本资质与必备知识维度，体现员工能做什么；三是职业素养和专业技能维度，解决员工应该如何去做；四是组织贡献与个人绩效维度，是业绩、成果的反映，体现员工做得如何。人才标准级别依据角色价值贡献水平分为6级，从高至低分别为科学家、领域专家、核心骨干、业务骨

干、有经验者、初做者；其级别代码依次为S级、A级、B级、C级、D级、E级。每一级别划分为2等，从高到低为职业等、普通等。

依据人才标准，通过规范化、标准化的技术和方法，对员工的素质、能力、业绩和工作态度进行精细化的综合考评与认证。通过对员工的测量和评估，鉴定人才的能力状况，识别和选拔各类人才，对人才队伍能力素质结构进行诊断和盘点，引导人才以价值创造为核心的职业发展趋向。中国中车构建具有中车特色的人才评价中心，为人才盘点和人才发展提供大数据支持和保障，为精益化的人才能力管理奠定基础。同时建立“人才评价中心系统”，将核心人才选拔、领导人员考核竞聘、职称评审、干部选拔任用“一报告两评议”等业务一并纳入信息化平台，全面实现人才评价、评审、评议全业务、全流程在线实施和信息化管理。人才评价信息化平台建设，支撑高效化的人才评价运行与结果输出，提高人才评价选拔的精细化，实现业务的信息化和人才模型的数字化。

在人才评价大量数据和第一手资料基础上，基于企业的发展战略和人才规划，实施人才盘点。人才盘点体系包括组织盘点、关键岗位盘点、人才地图绘制、人才梯队计划以及人才盘点结果应用等，以人才评价结果为依据，以人才盘点会议为平台，以人才价值实现为驱动，持续完善人才队伍建设，满足企业战略发展要求。

2. 实施激发高活力的精准化人才选拔

在建立人才评价、盘点体系基础上，制定实施《核心人才管理办法》《子公司高管市场化选聘管理办法》等规章制度，针对技术、管理、技能三大序列，分别设置人才荣誉等级体系。在工程技术人才序列设置“科学家”、首席技术专家、资深技术专家、技术专家和子公司技术专家5个层级；在经营管理人才序列设置首席管理专家、资深管理专家、管理专家和子公司管理专家4个层级；在技能操作人才序列设置首席技能专家、资深技能专家、技能专家和子公司技能专家4个层级。针对高级职业经理人，重点突出市场化选聘和契约化管理，不参加三大序列人才荣誉等级评选。坚持总量控制、目标牵引、竞争择优和公开、公正、公平的原则，开展核心人才选拔。核心人才选拔制度的建立实施，全面激发各类专业人才的工作积极性和创造性，有效扩充核心人力资本存量。

按照“总量控制、目标牵引、竞争择优、选育联动”的原则，组织开展首届核心人才选拔评审工作，共计8000余人参加评审。同时不断强化任期管理，发挥核心人才作用。坚持周密组织公司工程、会计、经济、政工等8个系列职称评审，利用人才评价中心创新开展专业职务评审工作。加大专家人才对外推荐申报力度，选拔推荐参加“千人计划”“政府特殊津贴”“詹天佑科技奖”“茅以升铁道工程师奖”等推荐评选，一批优秀人才脱颖而出，提高了专业人才在行业的影响力。

3. 加速高成长的成套化人才价值增值

一是培训管理体系。结合实际，强化运用，注重实效，全面贯彻落实依据ISO10015标准开发的《中国中车车培训管理体系文件》（包含1个管理手册、8个程序文件、7个管理办法和48个培训输出记录表单），规范培训管理，夯实管理基础。进一步明确总部与子公司培训管理分工，完善两级培训管理机制。结合培训开发体系作为保障人才战略实施的定位，依据本单位实际情况，创造性开发体系运行图，实现管理体系地图化，系统化提升中国中车人才培育、人才挖潜、人才再造的能力。

二是培训课程体系。围绕人才育成和企业文化培育，挖掘企业传承与积淀的管理经验、工作方法、绝技诀窍等专有技术和专用性技能，组织开发具有公司特色的培训课程，开发形成与公司知识管理体系对接的管理、技术、技能和职业素养四大系列的课程体系，拥有版权课程10100余个。

三是培训讲师体系。倡导“全员皆师，知识分享”的理念，鼓励人人都做培训师，在分享中使每个人都得到提高。建立助理培训师、培训师和高级培训师三级资格考评制度，实施内部培训师聘任机制，积极开展培训师专业素质培训，不断加强内训师队伍建设，在聘内部培训师4800余人。同时聘请一支认同中国中车文化、合作密切的高层次专家型外部专业培训师队伍。

四是培训实施体系。采取统筹规划、突出特色、资源共享的模式，组建中国中车大学。结合各子公司人才优势、产品技术和设备设施的实际情况，加强特色培训基地建设，注重学习技术、管理工具、管理技术等的科学研究，消化、吸收再创新引入本组织，持续提升培训供给能力。同时，根据实际需要在知名高校、职业院校等设立培训基地，实施校企合作模式。优选一定数量的高校、科研机构和专门培训机构等作为中国中车人才培养的战略合作伙伴。内外结合，整合资源，逐步建设形成以中国中车大学为龙头的培训开发实施体系平台。

五是网络学习体系。按照互动学习、远程培训和课程开发管理的定位，建立统一的 e－Learning 网络培训系统——中车网络学院，并使之成为知识管理平台，有力促进人才培训开发体系战略支持作用的发挥。网络学院平台可创建用户达 100000 人，平均每年学习课程总数为 250000 门（次）。

（四）优化管理流程，以精益化人才供应链驱动人力资本增值

1. 以精益化流程优化人才供应链

按照中国中车精益管理运营管理平台的总体架构，人力资源管理平台是六大管理平台之一，承担模拟线建设和工位制节拍化流水生产线的人力资源支撑作用。中国中车精益化人才管理流程，从 HR 业务和 IT 技术（HCM 系统）两条路径进行建设，集成职位管理系统和能力管理系统，将组织机构、职位体系、人才盘点和人才标准 4 大基础，员工信息和能力信息 2 类信息，能力技术、评鉴技术、发展技术和优才选拔技术 4 大技术，任职资格管理、全面薪酬管理、人才评价中心等 11 大系统，以及人才盘点与领导力提升、团队与组织发展等 8 大决策融合为一体，构建形成基于“职位＋ 能力＋平台”的层级结构人才供应链。

以“职位＋能力”的人力资源管理基础业务为主线，依据精益管理平台建设的要求，对任职资格管理、全面薪酬管理、战略绩效管理、员工团队、人才评价中心、招聘管理、职业生涯发展通道管理、学习管理、领导力发展和继任管理等 10 大职能业务进行人才供应链流程优化与再造，并固化到人力资源信息系统。

2. 以系统化培训落地人才规划

一是“动力加速”计划。实施“四层级、阶梯式”领导力发展计划，将领导力发展分为“基础领导力、发展领导力、优秀领导力、卓越领导力”4 个层级推进实施。基础领导力项目针对子公司中层管理人员，重在高效执行，目标是培养合格的管理人才；发展领导力项目针对子公司副职后备干部，重在发展潜质，目标是培养合适的子公司副职人选；优秀领导力项目针对现任子公司副职，重在战略管控，目标是培养一流的企业高管；卓越领导力项目针对现任子公司正职，以拓展世界眼光、提高战略思维、增强创新精神为重点，目标是培养造就中车优秀企业家。培养过程中，在与全球知名院校、一流跨国公司加强合作的同时，注意加大推行职业导师制、挂职锻炼、轮岗交流、海外实践等方面力度，努力提升职业经理人内部培养的效率和效果。

二是“造核扩能”计划。以持续提升核心人才“创新力”和“发展力”为目标，推动形成具有中国中车特色的核心人才学习地图谱系。以“国家名片”高端装备研发与技术人才培养为重点，组织实施核心技术人才发展专项计划；聚焦“中国制造 2025”和“互联网＋”，以培育科技创新力为重点，组织核心技术人才赴德国、英国等培训，学习先进的产品设计理念和制造技术。以提升执行力和创新力为重点，组织实施核心管理人才发展专项计划；聚焦跨国经营发展战略以及“业务主导、管理支撑”的运营模式，组织首席管理专家和资深管理专家赴韩国等地培训，学习三星公司、台塑集团等一流企业先进的管理理念和方法。以中国中车品牌制造力和“高铁工匠”培养为重点，组织实施核心技能人才发展专项计划；组织核心技能人才前往德国、日本、韩国参加培训，培育敬业专注、技艺超群“高铁工匠”和支

撑中国制造的“脊梁”。

三是“海鸥飞翔”计划。紧密围绕中国中车“走出去、走进去、走上去”的国际化发展战略，制定实施国际化人才培养“631”工程。通过中车大学和子公司共同培养，打造6000名具有语言交流和专业能力的初级国际化人才；利用国内高校优质培训资源，打造3000名具有语言交流和跨文化管理能力的中级国际化人才；利用境内外高校、国际一流企业优质培训资源，并通过境外公司岗位实践，打造1000名具有国际化视野和胸怀、精通国际规则和国际化经营的高级国际化人才。高级项目采取全英文、封闭式教学，分为境内集中培训、境外随岗实训、“业务改进项目”（BIP）课题三个阶段；境内集训4个月，境外访问、游学1个月。每年投入数千万元，强力打造国际化人才队伍。

四是“雏鹰展翅”计划、“活力细胞”计划和“中车大讲堂”。基于基础人力资本的统筹提升，实施面向新入职员工的“雏鹰展翅”计划、面向基层生产班组长的“活力细胞”计划和面向全体员工的“中车大讲堂”。针对新入职员工，开发“中车管理之道”系列培训课程，结合实际制订个性化发展计划，促进新员工按照企业人—专业人—事业人—接班人路径快速成长。按照一线生产班组长任职资格标准和岗位胜任力要求，以精益现场管理为主要内容，以班组长管理能力开发为重点，采取集中讲授、教练辅导、岗位交流、网络培训等措施，实施生产班组长发展计划，强力激发企业“细胞”的活力。“中车大讲堂”以高新技术宣讲和文化理念宣贯为重点，聘请集团公司高管和知名专家学者，开展专题讲座和研讨，引导创新思维和组织变革理念的交流碰撞，传递中国中车文化创新成果，营造积极向上的文化优势和文化磁场。

3. 以业务化数据管控确保价值实现

建立包含战略贡献度、人才满足度、组织支持度、管理专业度、文化满足度五个维度的“5C”人才度量体系，把战略规划和人才发展目标细化分解为年度工作HR业务指标，形成对年度目标和指标达成情况的HR战略业绩评价机制。HR战略业绩评价包括年初目标制订和年终对标评分两个环节，涵盖提升能力、构建体系、优化结构及核心打造等维度指标，旨在推进人才战略规划目标的分解及达成。年度HR战略业绩评价，实行百分制，做到目标分解“三量化”，即评价指标量化、评价标准量化、评价结果量化，从而实现公正、公开、可衡量。汇总评价结果后，编制并发布人才战略业绩报告。

为确保人才战略核心理念、价值主张和业务运行全面落地，对“专业引领、创新驱动、基础夯实、价值创造、系统推进”等五大领域，从战略业绩指标达成率、职能工作成效、年度重点工作进展和述职评价等四个维度，对子公司人才管理工作实施“五星HR”评价。“五星HR”评价的实施，在集团公司内部树立起标杆和典型，形成监控、激励与约束机制，极大激发了团队活力。“五星HR”评价犹如整个体系的控制中枢，发挥信息化大数据分析优势，通过业务工作对标，对子公司人力资源管理的过程与结果进行指导、跟踪、反馈与监督，促进人才管理体系成熟度不断升级，驱动HR部门价值以及人力资源效能水平持续提升。

（五）建立信息化管理平台，实现精细化战略人力资本管理

1. 全业务集中部署，全面保证决策支持

按照整合人才资本管理和价值驱动的设计理念，以全业务、全流程、全覆盖为系统建设目标，致力打造“信息共享平台、业务管理平台、自助服务平台、决策分析平台”，高水平构建面向全集团的人力资本管理（Human Capital Management，简称HCM）信息系统。导入大数据、云计算技术，设计系统开放接口，与公司AD域、OA系统、安全管理等信息系统有效集成；开发高级查询和报表功能，定制各类人才统计、业务分析报表，为人才管理和相关决策提供有力支持。HCM系统涵盖人才管理全部业务，其功能包括人才供应链、员工关系、战略绩效、核心人力资源、组织能力发展等8大板块，35个业务模块，168个功能目录，747个功能点。HCM系统已构建成为符合现代集团化管理要求的同一系

统、同一功能、同一管理、同一数据的信息化平台，为人力资本价值分析与决策提供全面数据支持。

2. 一体化高效运行，有效监控人力资本过程管理

自中国中车成立以来，系统用户迅速增加，达到 125641 个；数据中心建设步伐不断加快，分数据中心达到 32 个，数据总容量达到 450G。在系统中共办理人事事件 18502 个，涉及 92659 人次；绩效方案 5597 个，涉及 1315055 人次；薪资发放过程 11953 个，涉及 182732 人，3262217 人次；培训班 17160 个，涉及 580537 人次。领导干部评价考核、核心人才选拔、职称评审、人事调配命令、统计报表等管理业务的工作效率显著提高，业务办理投入的人员和时间压缩 50%以上。数据中心建设，高级查询与报表功能深化应用，为人才度量与管理相关业务提供人才状态数据以及业务过程数据。同时，以强大的信息化平台为支撑，实施“过程＋结果”人力资源管理效能评估。对人力资源管理“过程”，从“方法－展开－学习－整合”四个维度进行评估打分；对人力资源管理“结果”，从“水平－趋势－对比－整合”四个维度进行评估打分。高效运行的信息化平台为集团公司人才政策、人才战略决策并辅助业务开展提供强有力的技术支持。

3. 数据化核心业务，度量分析人力资本动态

HCM 平台从人力资源管理机制运行（调配、激励、培养）、人力资源队伍（数量、素质、结构等）和组织模式（业务流程、组织结构、岗位系统等）、人力资源效能三个层级，进行人才数量、结构配比、人才质量和人才流动四方面的人力资本度量管理，以一系列核心业务数据呈现人力资本数量与质量状态水平。通过大数据分析，以阶段性人力资源战略计划为目标，考察一段时期内企业人力资源战略执行情况，为战略调整提供依据。一方面，将人力资源与企业经济效益紧密衔接，考量单位人力资本创造的经济价值和对企业整体经营目标达成所做出的贡献程度；另一方面，将人力资源作为企业经营有形资本，检验企业对人员队伍进行的投资和投资回报情况。以人力资本数据指标，推动实现人力资本效能最大化，支撑集团公司全要素生产率与核心竞争力提升。

三、打造高铁国家名片的企业价值驱动战略人力资本管理体系建设与实施效果

（一）实现了集团人才管理的一体化全面转型

中国中车在承继南北车人才管理精华基础上，历经 9 年不懈攻坚，以“人和组织的匹配”为核心理念，以“职位＋能力”为主线，以全球视野和集团治理为全景视角，以“人才、资本和战略”为三大要素，建立了可以应对企业内外部环境剧烈变化的具有中车特色的基于“职位＋能力＋平台”的立体式、网络化、信息化的高铁人力资本管理体系。领导力模型、胜任力模型、人才标准、人才盘点、人才评价、战略学科、能力梯队规划等一系列人才管理的新理念、新模式、新方法得以深入应用，人才工作完成了从传统人力资源管理模式向战略人才管理模式的三级转型。使整个集团公司人才管理工作，统一了管理理念，统一了管理制度，统一了流程标准，统一了发展步调，统一了文化氛围，深入推动了中国中车的本质重组和深度融合，全面建立了中车特色的高铁人力资本管理体系，实现了大型集团公司人才管理的一体化全面转型。经中华英才网组织网上公开评选，中国中车获“第十四届中国大学生最佳雇主单位”“制造业最佳雇主单位”两项荣誉。先后有多家中央企业到中国中车交流学习体系建设经验。

（二）国际一流人才队伍建设成果丰硕

通过高铁人力资本管理体系建设，建立了科学的人才评鉴技术与管理机制，打通了人才发展通道，增强了人才发展动力，激发了人才活力，人才资源得以有效激活、开发、凝聚，初步形成了“人人渴望成才、人人努力成才、人人皆可成才、人人尽展其才”的人才发展良好环境。目前形成了以 2 名院士领衔，7 名中国中车科学家、61 名首席技术专家、319 名资深技术专家、1411 名技术专家，9 名首席管理专家、70 名资深管理专家、327 名管理专家，19 名首席技能专家、82 名资深技能专家、637 名技能专家为梯队的核心管理、技术、技能骨干人才阵容。国际化人才队伍快速成长，已培养国际化人才 7000

余人。以58名“高铁工匠”为代表的高技能人才队伍不断壮大，有中华技能大奖获得者7人、全国技术能手30余人。国家级高端创新人才已拥有入选国家级百千万人才工程人选9人，享受国务院政府特殊津贴370余人，获詹天佑科技奖和茅以升铁道奖189人。“四方股份公司高铁科技创新研发团队”入选国家优秀科技创新团队。

（三）激发人力资本驱动企业创新发展

中国中车高铁人力资本管理体系建设，形成了人力资本增值的良好机制，营造了人才管理的优秀文化和管理环境，极大拓展了人才发展的平台，人才队伍创新活力得以全面激发，创新能力得到强力提升。时速350公里“复兴号”中国标准动车组获得国家型号许可并实现商业运营。国内首条中低速磁悬浮快线正式投入运营，北京磁悬浮列车成功交付。在第18届中国专利奖评选中，获得发明专利金奖2项，占全国的10%。京沪高铁项目获得“国家技术发明二等奖”，高铁列车齿轮传动系统项目获得“第四届中国工业大奖”。“时速200公里CRH6型城际动车组”获得第十九届中国国际工业博览会“工业设计金奖”。中国中车成为央企科技创新排头兵。

（成果创造人：刘化龙、楼齐良、薛　松、魏　东、吴新林、郝晓龙、张利明、黄登启、江建春、袁建玲、刘　鹏、彭　鹏）

有效支撑新一代战斗机研制任务的创新型设计师队伍建设

中国航空工业集团公司成都飞机设计研究所

中国航空工业集团公司成都飞机设计研究所（以下简称611所），创建于1970年，主要从事飞行器设计和航空航天多学科综合性研究，致力于中国最先进战斗机、无人机研制与空天高技术发展。作为总体设计单位和主机所，611所建所以来，先后承担并圆满完成包括歼－7C/D飞机、歼－10系列飞机、枭龙系列飞机、翼龙系列无人机和新一代战斗机等在内的多个国家重点型号和军贸任务的研制，取得了一大批国内领先、部分具有国际先进水平的重大技术和管理成果，具备了先进平台与系统的综合设计、仿真和验证能力，以及复杂大系统集成、交付和服务保障能力，已经发展成为我国航空武器装备和空天飞行器最重要的研发基地之一。截至2016年年底，全所在编员工约2000人，资产规模超过85亿元，年总收入约28亿元，在实现巨大的军事效益和社会效益的同时，也取得了良好的经济效益。

一、有效支撑新一代战斗机研制任务的创新型设计师队伍建设背景

（一）满足新型航空武器装备的研发需要

进入21世纪以后，伴随着复杂变幻的国际局势和世界新军事变革带来的现实挑战，随着科技水平的提高和国家综合国力的增强，我国新的“撒手锏”装备——新一代战斗机研制应运而生，艰巨的使命和任务也落到了611所人的肩上。极高的战技指标要求、国外严密的技术封锁、重大原始创新的“高处不胜寒”，无形中强化和催生了自主创新、志在超越的组织文化。“工欲善其事，必先利其器”，要优质、快速形成以实战化需求为牵引的新型航空武器装备，作为重要条件之一就是建设一支具有超级创造活力、专业度高、忠诚度高的设计师队伍。

（二）新生代知识型员工快速成长的需要

为了适应新一代战斗机及其他多个高度并行交叉的重点型号研制工作，近些年，大批次高素质的新生代专业技术人才被引进并参与型号和预研工作，使专业技术人员学历层次和年龄结构发生了很大变化。饱满的工作和适度的压力是新员工快速成长的关键。一方面，新生代知识型员工有尽快发挥专业特长的强烈诉求，需要一个开发和运用新技术的项目平台、文化环境；另一方面，新生代员工在互联网等新兴技术的影响下，思维更加独立、活跃，更加富有活力和创新精神，更不满足于传统的人才培养、价值分配模式，他们对职业生涯设计和个人发展的诉求也驱动了与创新型设计师队伍建设相关的体制、机制的创新。

（三）应对行业内外激烈人才竞争的需要

国家军民融合、创新驱动、“双创”和“一带一路”等国家重大战略部署的实施，为611所发展提供了更大的市场、机遇，也为设计师队伍开拓、创新和发展展现了更大的平台、更好的外部环境。同时，国家发展战略和系列配套政策鼓励人才流动，在体制机制灵活性不足、薪酬待遇有差距的情况下，若不尽快打造一支有创新能力、能占领技术高地、能出优质产品和规范、能满足自我实现心理预期的设计师队伍，那么体制内高端技术人才流向体制外的创新创业公司的情况将难以遏制，研制国之重器势必成为空谈。此外，未来作战模式的改变使航空专业技术体系和专业需求也在发生变化，部分稀缺专业的人才抢夺已到了白热化的程度，吸引和稳定高端人才成为关键。

长期以来，611所建立了一套基于价值创造的战略性人力资源开发管理体系、基于型号项目的精益科研和质量管理体系以及包含精神与物质奖励和文化传承在内的激励系统，在很大程度上促进了设计师

成长，促进了研究所管理能力、创新能力和专业技术水平的提升，在实现用户价值、员工价值和HR自身价值最大化方面发挥了积极作用。因此，突破和变革内部相关管理流程及体系、学习和借鉴外部先进管理架构显得尤为迫切，以凝聚核心团队、促进向愿景性人力资本领导转型升级。

二、有效支撑新一代战斗机研制任务的创新型设计师队伍建设内涵和主要做法

611所以支撑新一代战斗机研制任务为目标，牢牢抓住创新型设计师队伍建设这个关键，围绕“引领我国航空和空天飞行器综合技术发展，构建具有重大国际影响力的创新型和谐研究所”的战略目标和愿景，结合企业文化塑造，通过夯实专业能力建设基础，从管理体系转型升级、人力资源规划和配置、人才成长通道和环境营造、培训价值链的延伸、激励系统设计优化等多方面开展旨在激发设计师队伍创造活力的管理创新实践，培养一大批具有报国情怀、责任担当和创造能力的设计师们，圆满完成了国家重大型号研制。主要做法如下。

（一）做好人才现状分析和需求分析，确定顶层目标和改进方向

611所编制和用工总量长期维持在较稳定的水平。在新机研制之初，全所拥有一支占比超过80%的专业技术人员队伍，其中一线设计师接近70%。这支队伍中具有副高级及以上专业技术职务的人员占比接近40%，具有硕士以上学位占比超过50%，35岁以下的青年设计师占比接近50%。为了适应新型号研制、组织和个人未来发展的需求，611所开展了自身设计师队伍建设。通过分析，找出存在的问题和短板。一是特色文化塑造、人才理念贯彻、价值观引领必须加强；二是人才队伍建设和专业能力建设必须有机结合，夯实基础，强化支撑；三是基于价值创造的人力资源开发体系要持续改进，使选、育、用、留更加科学合理；四是设计师队伍建设是一项大的系统工程，要多头并举，进一步完善配套机制。为此，要借助新机平台，逐步迭代形成一套行之有效的航空主机所设计师队伍创造力激发的模型或方法，建立开放共赢、成就大家、以文化塑造人、以机制激励人、以机会锻炼人的人才培养新模式。

（二）以创新文化为统领，树立新的人才观和价值导向

创新文化是611所的立所之本、发展之魂。近年来，随着新机研发技术突破和管理能力提升等因素带来的压力，611所人更加深刻认识到：唯有创新才有出路，唯有文化根植于心，成为行为自觉，方能展现出强大的精神力量。为此，611所深化“非对称超越、无边界创造”的文化理念对目标和战略的支撑和引领，并明确“三‘为’一体”的价值导向。第一个“为”：报国为先。611所创新进取的初心和价值观就是“航空报国”。作为主机所的航空人，要讲视野、境界和格局，鼓励设计师要有大系统的思维，要站在设计战争、体系作战的高点，去冲击跨领域的技术前沿。第二个“为”：创新为魂。创新意味着超越，超越现状、超越对手、超越用户期待。从歼十的努力追赶到新机的奋力超越，从歼十精神到“611”模式的形成，几十年来，创新的魂魄通过传帮带，通过耳濡目染和潜移默化，在一代又一代航空人中得以传承和发展。第三个“为”：以人为本。611所人才工作的核心理念通俗地说就是“知人”“善任”，即用正确的人干正确的事，并通过制度确保正确地做事。611所关注每个人的价值创造、成长地图和职业发展，力求打破高知群体的“二八”定律，盘活存量，激活挖潜，给各类人才以平等的机会、适宜的平台和相应的回报。

多年来，611所在营造一个鼓励创新、人尽其才的文化环境的同时，不断通过改进业绩导向、用人导向和奖励导向，结合组织调整优化、设计师体系完善、精益研发推进等，进一步营造“才尽其用”的机制环境，从而形成价值创造中的文化、管理、技术的三轮驱动。

（三）推进适应新机型发展的专业能力建设，科学配置人力资源

专业能力是611所的硬实力，是重要的核心竞争力之一。专业能力就是型号研制能力，在各专业中表现为科研能力、创新能力与发展能力，涉及硬件水平、软件能力和设计师队伍专业素质。为充分发挥设计师队伍的作用，611所搭建专业能力建设作为基础平台驱动的金字塔模型，一方面强化专业能力建

设对人才队伍建设的基础作用，另一方面突出管理体系对战略和愿景的支撑性。611 所的专业能力建设聚焦人力队伍建设，从梳理专业架构、分析匹配程度、规划发展方向和建立电子档案等全方位开展，并与人力资源管理通过价值链相互作用，有机结合。

通过系统梳理专业架构，盘点各类专业人才。一是对接三大体系，即 611 所专业技术体系、集团航空技术体系、教育部学科体系全面对标，为机构优化和专业调整提供参考；二是进行专业能力全面评估，即通过包括人员结构、各类专家人数和比例、设计手段（平台、软件）、试验设施及水平、成果、专利、论文、立功情况等在内的能力要素表，科学评价各专业及子专业在国内外的发展水平，为补足包括人员在内的资源短板提供依据；三是盘点各类专业人才，通过 e－HR 平台建立授权开放、动态管理的设计师电子档案，为后续通过数据挖掘发现特长和潜质，合理使用人才，助力年轻设计师快速成长打下基础。通过系统分析专业与型号的匹配性，合理规划专业发展路径与发展方向。一是根据专业现状的梳理情况以及未来型号任务的需求，分析目前的专业设置是否满足型号研制及预研的需要。找准专业发展关键点和问题所在，提出分步实施的改进措施。二是及时设立和重点培育新兴专业，打造柔性组织或体现组织的柔性。三是坚持内部专业全面、均衡发展的同时，坚持有所为、有所不为，更大范围去配置资源，集智攻关、广域协同。

近几年，611 所因应新机研制和技术发展，一直没有停止组织优化和专业调整的步伐。在构建新的业务平台的同时，设置新的研究部和专业室，开展技术状态及构型管理、六性及大修技术、预测与健康管理（PHM)、指控与数据链、隐身与反隐身、人工智能应用、协同空战等一系列新技术的研究，为设计师队伍的技术创新和才华施展提供广阔的土壤和平台。与此同时，611 所一直重视预先研究，配备相当数量（占比 12%以上）的创新能力极强的专职设计师队伍，新机研制也长期得益于这批人在技术新领域的积极探索和深厚积累。

（四）构建新型人力资源管理体系，为设计师人才队伍营造良好的机制环境

1. 创新人才引进机制，树立高品质的雇主品牌

选人是最关键的环节，611 所及时提出和修正人才招聘的核心素质模型，将价值观、创造力放到核心位置。价值观就是指对航空事业的热爱与航空报国的信念，创造力就是指创新意识和创新能力。根据主机所工作性质和特点，差异化地定义对智商和情商的要求。IQ 包括快速学习能力、扎实的专业知识和解决问题的实践能力；EQ 包含良好的人际关系和主动沟通协调的能力。要成为优秀设计师，上述四个要素缺一不可。

611 所多年来一直非常重视“创新型的一流飞机研究所，卓越飞机设计师的摇篮”的雇主品牌营销和建设，通过设立高校 611 奖学金，赞助“歼十杯”“枭龙杯”设计大赛和学术活动，逐步建立起差异化的品牌优势，吸引一大批真正热爱航空、有报国情怀、认同研究所价值观、忠诚度高的优秀人才前来应聘加盟，形成“优秀人才的蓄水池”。在行业内率先举办“大学生开放日活动”，并已成功举办 6 届，每年有新的主题、新的创意，并使招聘工作前移，产生很大的影响力；在行业内率先建立依托在校学生进行品牌宣传的校企俱乐部，收到良好效果。将专业能力建设获取的数据作为重要输入，合理规划人员结构，提出“百博千硕”计划，近年来引进的优秀硕士、博士人才比例超过 90%。611 所曾连续两年荣获“成都市十佳雇主”称号。

2. 多维度创新设计师队伍培训体系，提升创造活力

611 所将培训视为知识管理重要组成部分，根据设计师成长不同阶段的需求特点，开展有针对性、差异化、个人化定制的培养模式。一是将各级专家作为内训师，将技术讲授、分享交流和工程经验的传承以及师带徒作为考核的 KPI 要素和指标，将内部专家讲坛作为单位培训品牌来打造。二是尝试和推广对新生代员工实行双导师（专业导师＋生活导师）培养，给予他们职业生涯初期专业技能的指导和情

感上的帮助，引导新人尽快融入工作，完成角色转变，成为一名合格的飞机设计师直至成为优秀的611航空人。三是多路径培养型号领军人才。从设计师队伍中多批次选派人员参加《国际系统工程师认证（SEP）培训》，让新方法、新工具助力研发能力提升和研发模式的创新；陆续从设计师队伍中选派人员参加飞行驾驶经历培训，让飞机设计师体验真实环境，增强客户、质量和安全意识，提高飞机设计品质；试点开展面向设计师的全职业生涯导师制，在覆盖全所的120余个专业、近400个专业方向中，选取少量重点专业的重点人员，实施本专业、跨专业、跨部门的多导师培养，为有意愿、有潜质的年轻设计师们提供一个全新的发展平台。

同时，高度重视人才国际化培养和新技术培训。一方面，利用多方资源和渠道走出去。自2008年以来共派出近50名重点专业和急需专业的设计师出国攻读硕士、博士学位或访问学者，培养出一批具备国际视野，把握前沿方向，能够与国际接轨的飞行器设计人才。另一方面，积极开展智力引进。在现代飞行控制理论应用、复合材料机身设计、先进气动试验方法等新技术方面邀请多位欧美航空强国的知名专家学者来611所交流，效果突出。

此外，611所还积极推进培训价值链的延伸，利用主机所型号主导、产业牵引、技术优势及品牌效应，将培训工作向产业链两端延伸，对客户、制造厂、成品厂所、修理厂开展培训，旨在传递和统一型号研制理念、思想、方法、流程和标准，达到有效配套、同步研制、同步使用、同步维护保障，促进新机型号研制、生产、使用、维护的一体化和全产业链技术升级。

3. 进一步完善设计师职岗位体系，构建职业发展通道

611所搭建了完整的职岗位体系和设计师成长通道，如表1所示，对初期的“小步快跑”到成熟期的“大步慢走”都有明确的定义。

表1 611所科研岗位体系框架表

职类／职级	科研技术T				
特级	总设计师		—	—	—
一级			—	—	—
二级					—
三级	副总设计师、总质量师、总信息师				—
四级	主任设计师	主任设计师	主任计量师	主任信息师	主任情报师
五级	副主任设计师	副主任设计师	副主任计量师	副主任信息师	副主任情报师
六级	主管设计师	主管设计师	主管计量师	主管信息师	主管情报师
七级	设计师	设计师	计量师	信息师	情报师
八级	助理设计师	助理设计师	助理计量师	助理信息师	助理情报师
九级	设计员	设计员	计量员	信息员	情报员

通过专业能力建设的全面梳理和人才盘点，及时发现运行中的问题和不足，并逐步加以完善。一方面，积极建立新员工和核心骨干能力素质模型，借助专业化分析工具扩大个人对自身性格特质和成就因子的认知，找准个人发展方向，使用上尽可能做到知人善任，实现人岗匹配。另一方面，坚决贯彻“能上能下”的动态管理思想，鼓励竞争、鼓励长家分离，使年轻的设计师们不再去挤管理通道的独木桥。具体措施如下：一是高度重视、强化管理，所长牵头、总设计师主抓，相关部门联动；二是坚持和严格

执行主管设计师以上三年聘任期满，全体解聘，重新竞聘的基本规则；三是针对职数不能完全满足专业发展需求、职数分配没有与专业能力相关联、某些关键管理要素与实际需求不符、评聘流程不够完善、评聘按资排辈等诸多问题系统性加以解决落实，制定新的《设计师管理办法》，进一步明确各级设计师任期内的权责和考核要素。

4. 完善激发设计师队伍创造活力的绩效管理及分配制度

611所经过长期的摸索实践，逐步建立一套基于平衡计分卡思想、引入360度综合评价的绩效管理体系，每年考核数据达20000余条。通过对当年大量绩效考核数据以及历年考核情况的分析，能及时发现个人、部门以及管理中的各种问题，制定相应的改进措施。通过绩效管理的有效实施，不但帮助设计师队伍提升自身工作能力，牵引设计师们持续改进工作，也提升部门和研究所的整体绩效，增进团队合作，保证航空武器装备科研生产任务的完成。

基于绩效考核的结果，611所建立一套相对灵活和多元的薪酬分配制度，推行向设计师队伍倾斜的多样化岗位绩效工资制，适时推出《设计研究部绩效工资二次分配指导意见》，重点突出业绩导向和群众公认。目前，已逐步形成了一套个人薪酬与岗位、能力、业绩和效益密切挂钩、与劳动力市场价位相衔接的内部分配模式，最大限度地激发设计师们的创造力，良好的福利和具有激励性的薪酬体系增强了对611所的信任和忠诚度。

此外，611所进一步构建多元化激励机制，通过多种价值分配要素满足不同层次设计师的需求。比如设立用于鼓励优势专业和扶持弱势专业的基金；建立贡献和荣誉的多重分级奖励机制，充分发挥物质和精神的双重激励作用；设立所长特别奖等，对解决重大关键技术难题、创新能力突出的科技人才和团队给予重大奖励，最高额度达到150万元。

（五）多渠道实战培养锻炼，助推设计师快速成长

1. 多型号锤炼助推年轻设计师队伍快速成长

611所坚持把重大国家型号任务和开展前沿预先研究作为锤炼设计师队伍的熔炉，坚持“型号成功我成才”。实践中注重“赛马”而不是“相马”；注重在“实战”中尽早识别和发现人才，有目的、有意识地大胆使用；注重通过内部人才的精准配置和合理有序流动，设计师的多岗位、跨专业锻炼，在重点培养大量技术带头专才的同时，着力打造一批领军型号的通才。目前，很多富于创造活力、实绩突出、发展潜力大的年轻设计师担当专业副总师、型号副总师、总师助理、部长助理等重任。

2. 着力打造具备创造活力的创新团队

组建各种IPT创新工作团队，为型号技术攻关发挥重要作用。IPT团队在项目负责人的领导下，在特定时间内独立开展工作、独立进行考核，这种不改变人员隶属关系，可以依托和利用原部门和专业的技术资源，兼顾短期任务和长期工作的矩阵式管理模式，充分调动成员的积极性。例如，进气道创新团队实现BUMP进气道在枭龙战机上的首次成功应用，使我国成为世界上第二个掌握该技术的国家。“太阳能无人机”创新团队，将结构件功能化，在国内首次实现地面车载颤振试验，实现结构梁力学特性和电学特性一体化设计。

3. 设立创新基金，挖掘新生代设计师队伍内生原创力

611所2007年开始设立所级创新基金，申报项目涵盖范围广，内容层次丰富，每年投入约500万元，用于激发35岁以下新生代设计师的创造热情，很多年轻人担当起项目负责人的重任。在首批立项的86个项目中，多个研究室多专业联合申报的项目占近三分之一。这种组合有利于整合设计师队伍，实现资源、信息共享，充分发挥不同专业各自所长，促进创新项目研究工作的开展。同时还进一步增进专业之间的沟通交流，增强团结协作能力，对挖掘新生代设计师内生原创力具有重要意义。

4. 建设科研成果孵化机制，长效激励价值创造

611所聚焦核心研发领域的同时，发挥创新主体的示范和带动作用，践行军民融合战略，成立凯迪智慧、创新中心等创新孵化平台，推动实现研究所技术成果的转化和应用，带动相关产业的发展。同时探索建立员工岗位分红等更具活力的激励机制和创新创业新模式，力求进一步激发设计师队伍的工作激情。翼龙系列无人机成功出口海外多个国家就是611所成果转化、产业孵化的典型案例，也是研究所军民融合，产业拓展的成功实践。611所还依托该平台着力打造无人机快速试制中心，形成柔性的无人机快速试制能力，实现产、研一体化，实现组织价值和个人价值的有机结合。

5. 打造非正式组织交流平台，拓展创新思维

611所积极开展学术交流与创新创效竞赛，打造形式多样的非正式学术组织。组建航模协会，为设计师的灵感实现提供平台；举办各类创新技术论坛、仿真论坛、TED论坛、系统工程论坛等，营造科学民主、开放包容的良好学术氛围，为各专业的设计师提供充分交流、碰撞思想、拓展思维、展示自我的舞台；积极组织参加各级各类专业竞赛，包括全国未来飞行器大赛、无人机大赛、航模大赛等，通过与同行的切磋，拓宽视野，激发创新活力。

（六）构建新型人力资源管理队伍，有效支撑设计师队伍建设

611所将“以人为本，人人是人才，人人可出彩”作为设计师队伍管理理念，以基于价值创造的战略性人力资源开发与管理体系为支撑，构建创新型设计师队伍建设新高地，努力营造设计师队伍发展成长新环境，给愿干事的人以机会，给能干事的人以舞台，给干成事的人以回报。

1. 树立现代人力资源管理理念

611所崇尚技术，以技术为本，现任所领导绝大部分出身于飞机设计的总体和系统专业。他们既是各技术领域的专家，也是管理者和全所管理理念的推动者。所领导通过参加中央党校、中航大学的培训和出国交流，掌握先进管理理论，更新人才管理理念，充分认识到人力资源建设者队伍自身的能力建设对研究所战略实现的决定性作用是功在当前、利在长远的系统工程，以此推动611所人力资源开发与管理水平和能力的提升。

2. 建设基于“三支柱”模型的新型人力资源管理队伍

611所人力资源部基于人力资源三支柱模型开展自身能力建设，在以激发创新活力的设计师队伍建设方面同时发挥着COE领域专家中心、SSC共享服务中心、HRBP战略支持的作用。作为COE，负责全所人力资源决策与活动，为业务发展提供支持；作为全职业生涯信息化的共享服务中心，指导基层完善人力资源管理工作，并帮助培养和提高基层管理者的人力资源管理能力；作为HRBP，深入一线，与各基层管理者配合，将各类人力资源管理政策、制度与设计研究部门自身特点紧密结合并落地。

3. 推进基层专业队伍管理者建设

611所的人力资源基层管理者包括研究部领导和研究室主任。611所对基层管理者深入开展各类管理培训、岗位交流、挂职锻炼，持续推进管理能力提升。例如，为使基层管理者转变观念，深入了解新生代设计师队伍，促进其反思和改进带领团队的方式方法，邀请高校和培训机构对基层管理者开展《非人力资源经理的人力资源管理》《新生代员工的管理》《高效沟通》《打造高绩效团队》等专题培训。通过一系列的培训，树立直线经理也是人力资源管理者的理念，注入新的管理思想、理论，并提供在实践中可应用的一些工具、方法和技巧，使基层管理者成为创新型设计师队伍建设的主体及推动者。

三、有效支撑新一代战斗机研制任务的创新型设计师队伍建设效果

（一）多款新型航空武器装备惊艳亮相，不负国家使命担当

近年来，611所设计师队伍的技术创新能力显著提升，成功研发以新一代战斗机、歼十系列飞机和枭龙系列飞机为代表的多型有人战斗机，以及以翼龙无人机为代表的多型无人机，并实现列装部队和交

付多国用户，尤其是611所自主研制新一代战斗机领域取得重大突破，使我国歼击机装备水平实现跨代发展，举国振奋，赢得了世界的瞩目。与此同时，实现了航空装备研发模式的“三个转变”：由串行设计模式向并行设计模式转变，由经验主导模式向开放创新模式转变，由部门工作模式向协同工作模式转变。型号研发质量水平大幅提升，三代主战装备外场平均无故障间隔时间（MTBF）大大超过国外同代先进战斗机。

（二）业界领军人物、创新团队不断涌现，设计师人才结构优化

611所的设计师队伍整体素质稳步提升，人员结构持续优化。在人员总量基本不变的前提下，设计师占比从新机研制之初的70%上升至80%，高级专业技术职务以上的人员比例从38%上升至45%，平均年龄从40岁降至38岁，硕士以上学历占比从47%上升至64%。依托型号任务搭建人才成长平台，以建设卓越创新团队为目标，型号的成功助推了技术带头人不断涌现，包括以新一代战斗机总设计师杨伟为代表的一大批航空业界赫赫有名的领军人物，多名专家先后获得“何梁何利科技贡献奖”“全国五一劳动奖章”“冯如科技精英奖”等荣誉称号。以空天飞行器研发团队为代表的一批国防科技创新团队也不断涌现。

（三）品牌影响力全面提升

富有创造活力的创新型设计师队伍保证了611所研发能力的持续快速发展，打造的多款战机，名扬全球，赢得了社会各界和广大民众的高度赞誉，引起了国内外媒体的深度关注。新一代战机更成为国之重器、护国利剑。611所先后获得“全国五一劳动奖状”“武器装备重大技术贡献奖”“全国企业文化建设优秀单位”“航空报国重大贡献单位”“全国质量奖提名奖”等荣誉称号，获得包括国家科技进步特等奖在内的600余项重大成果和300余项授权有效专利。

（成果创造人：季晓光、许　泽、李　松、王海峰、蒋　平、井　涛、
李　华、汪　亮、郑　雁、周世俊、江秀英、李宏召）

大型供电企业以激发基层活力为目标的班组建设管理

国网吉林省电力有限公司长春供电公司

国网吉林省电力有限公司长春供电公司（以下简称长春供电）是吉林省电力有限公司所属的国家大型一类供电企业。长春电网位于吉林省电网的中部，是吉林省电网的负荷中心，主要担负着长春市区及五个县（市）136 万客户的供电任务和东北电网的电能传输任务，供电区域面积 2.06 万平方公里。长春供电现有职工 1473 人，本部下设 19 个管理部门，直接管理长春供电直属和下属 4 个县（市）供电企业的 725 个班组。负责辖区内 2 座 500 千伏变电站、17 座 220 千伏变电站、271 座 66 千伏变电站的生产运维。2016 年，长春供电资产总额为 101.61 亿元，售电量为 178.13 亿千瓦时，主营业务收入净额为 100.37 亿元。

一、大型供电企业以激发基层活力为目标的班组建设管理背景

（一）优化企业管理模式的需要

随着国家电网公司“三集五大”体系建设的深入实施，电力企业内部实现资源深入整合、流程深化再造、格局深刻调整，主业班组组织架构发生变革，管理模式得到创新，业务流程进一步优化，集约化、扁平化、专业化程度越来越高，班组业务范围、运行方式、人员构成和角色定位等都发生了很大变化，对班组建设提出了新的要求，单一主题的班组建设管理模式已难以整合资源、激发活力、释放动力，难以适应企业发展变革的要求。长春供电班组人员占企业员工总数的 80%，班组处在生产检修、营销服务的一线，但部分单位对班组建设重视不够，成效较差，部分班组成员工作缺少活力与主动性，还有的单位班组建设工作缺乏有效的管理工具和管控手段，深入、持久、全面的工作计划、安排和目标不够完善。因此需要优化企业管理模式，激发员工创争意识和工作信心，积极主动地完成班组创建目标。

（二）提升企业管理水平的需要

长春供电一直重视班组建设，但班组建设理念滞后，建设与管理不协调，受地域、环境、管理、文化的影响，在思想认识、组织领导、资源投入方面存在差距，“重建设、轻管理”现象依然存在，没有对班组基础建设、组织建设、创新建设、技能建设、思想建设、文化建设等进行系统考虑，没有深度思考各项建设之间的内在联系；统一牵头协调、部门各负其责的工作机制尚未完全形成，各专业各自开展、步调不一，班组建设呈现“零散乱”的现象，管理压力传导不畅，层层衰减，影响企业整体管理水平的提升。因此亟须优化班组建设，提升企业管理水平。

（三）班组管理工作适应新形势的需要

国家电网公司围绕“以人为本、民主管理、创新引领、和谐发展”的班组建设总要求，先后制定《关于加强班组建设的实施意见》、“班组建设三十条重点要求”及班组建设管理标准。基层班组承担企业 80%以上的生产经营任务，长春供电的发展战略的实施、经营目标的实现、检修任务的完成、企业文化的落地，最终都要由班组承担落实，班组管理水平的高低直接影响企业安全生产和优质服务水平。长春供电认识到，提升班组工作绩效，提高创新能力，提升员工队伍素质是实现职工与企业、企业与社会共同发展的有效途径，是落实各级管理要求的必要手段。基于以上背景，长春供电于 2014 年开始实施以激发基层活力为目标的班组建设管理。

二、大型供电企业以激发基层活力为目标的班组建设管理内涵和主要做法

长春供电为进一步落实国资委《关于加强中央企业班组建设的指导意见》要求，解决电力企业传统管理模式下班组建设“抓而不紧”等突出问题，坚持问题导向和目标导向，综合运用企业管理方法和工具，厘清责任，明确标准，注重实用实效，构建以激发基层活力为目标的班组建设管理体系，整合和丰富班组建设载体，实现企业发展与人才培养、专业管理与基础管理同向共融、互促互进、共建共享的新格局。主要做法如下。

（一）构建班组建设管理体系，凝聚班组建设合力

1. 确定班组建设总体思路

为全面贯彻国资委、国家电网公司关于班组建设的一系列部署要求，长春供电围绕全面建成“一强三优”现代公司的战略目标，以确保安全生产和优质服务为核心，以优质高效完成班组各项生产经营任务为目标，以落实班组建设责任制为保证，坚持分级管理、量化考核、统一规范、科学评价，充分调动各级各方面积极性，切实减轻班组负担，全面提升班组管理水平、绩效水平、创新能力和队伍素质，为加快推进“两个转变”，全面建成“两个一流”和“一强三优”现代公司奠定坚实基础。

2. 明确班组建设责任体系

长春供电有机整合原有零散的班组管理方式，按照组织机构构建横向到边、纵向到底的班组建设责任体系，坚持“党政领导、工会牵头、专业组织、基层实施、职工参与、全面推进”，突出要求各单位一把手作为班组建设与管理的主体责任，在人、物、财上给予投入和保证；明确各职能部门制定标准、组织推动、过程督导的管理职能以及班组执行的工作职责。长春供电各职能部门根据职责分工，加强对班组的日常指导帮助，统一开展检查评比，细化各级班组建设管理责任和要求，让各管理层级切实感受到班组建设的责任和压力，切实减轻班组负担，解决管理边际效应递减问题。

3. 完善班组建设管理制度

先后修订班组学习制度、民主管理制度、安全生产和劳动保护管理制度、班组基础设施管理制度、班组长管理制度等班组建设管理制度，根据企业发展需要和管理需求补充完善班组建设相关管理制度，实现班组管理的制度化、规范化。明确班组设置、班组长任用、考核、津贴标准等内容。规范班组的安全生产、质量管理、成本核算、民主管理、政治学习等各项工作制度，增加班组基础设施配备标准、班组基础设施管理规定、班组记录、班组园地、公开栏管理规范等新内容。为所有班组配备统一标准的班组园地，本着“实际、实用、实效”的原则，为每个班组配发统一的安全生产、基础管理、民主管理与政治学习三本班组记录本和基础工作登记册，在每个班组设置班务公开栏，形成统一规范的标准化模式，为班组建设提供制度保证。

4. 实施班组结对包保

按地域划分班子成员联系包保点，分别监督各联系点班组建设情况，分别签订《班组建设责任书》。从专业工做出发，各部室与主管领导签订责任书，支持配合。重点实行项目责任制，成立由生产、营销、综合副经理牵头的3个项目组，组织实施精准帮扶、专业帮扶、结对帮扶、专家帮扶，变“输血”为“造血”，提高落后班组自我管控、自我发展能力。每年按班组综合考核结果及同业对标指标排名，评选3个综合标杆与2个专业（营销、运检）标杆对落后单位进行帮扶。

（二）制定班组建设标准体系，规范班组基础管理

1. 构建班组建设标准体系

长春供电坚持问题导向，以《国家电网公司班组建设管理标准》和班组建设工作三十条要求为统领，形成工作有标准、事事有流程的班组工作模式，切实推动班组管理由“组织架构加红头文件”的传统管理模式向统一管理架构下班组自主自发管理模式转变，分类制定《班组（项目部）评价考核标准》

和《生产、营销类班组基础资料管理标准》，健全机制、清晰流程，强化标准规范的落地执行。

2. 规范班组基础管理

长春供电着力推进班组现场标准化作业、“6S”管理、规范化服务，注重班组的安全文明生产，梳理班组通用标准及制度，对班组管理资料进行分类、整理、汇总、简化，规范资料模板。实地踏查、精确统计，建立包含256万条数据及1375条缺陷隐患的真实、准确、唯一的基础信息数据库。依托班组一体化平台，与各专业系统实现“一个数据、一个接口、一次录入”，系统在管理层和班组日常办公中得到重点应用。

3. 建立问题库与措施库

长春供电坚持短板思维，时时关注弱势指标，从人员思想、工作方式、管理措施、设备状况、资金投入等方面找出短板，拟定提升措施，确定相关配合部门及其协同任务，建立“问题库”和“措施库”。运用SDCA循环理论，针对短板问题制定提升措施，确定每种问题对应的标准化实施方案，依据方案清单下达整改任务书，随时检查措施成效，调整偏差，使问题库清单更加全面。

（三）构建班组对标指标体系，提升班组核心业务水平

1. 建立“一套指标体系”

长春供电紧密结合工作实际，梳理各级管理指标，细化量化各项目标、责任和要求，围绕国网公司大型供电企业综合评价指标、省公司同业对标指标、绩效指标以及影响公司发展的突出问题指标，纵向按管理层级，横向按时间节点对指标进行整合、筛选、甄别，构建一套指标体系，剔除相同指标72项，合并类似指标21项，规范指标定义和计算方法180余项，并通过专业研讨、审核和公司审批，构建“一套指标体系”。指标体系分为8大类，每个大类中都明确指标管理责任，指标定义及计算方法，确保指标体系的统一、完整和规范。通过对标搭建班组工作业绩晾晒平台，精准实施业务改进和管理提升。

2. 实施“两书一月历”管理

长春供电根据确定的指标体系及指标历史数据，制定年度工作目标、目标达成计划及分阶段措施，确保工作目标和进度。一是制定目标。分析评估上一年度同业对标结果及关键指标完成情况，根据指标工作要求，结合实际情况及发展方向，研讨制定本年度各类指标的提升目标和措施，编写《目标责任书》。长春供电与各部室、各基层单位负责人签订《目标责任书》。二是编制计划。依据《目标责任书》，专业工作组和对应的部门经过多轮交流研讨，进行流程梳理和价值流分析，制定出具体的工作提升措施，形成年度《工作指导书》。《工作指导书》包涵部门职责、标准依据、部门目标指标、工作项目、工作愿景、组织措施描述、关键节点描述、关联部门、协同任务、执行负责人、起止时间。部门与专业工作组反复研讨，对各项工作内容按月分解，形成《工作月历》，做到目标任务清晰、工作流程标准明确，专业岗位和协同部门职责具体。三是组织实施、检查及控制。建立工作督办机制，实行周协调汇报、月总结分析管理，并分别写成《督办报告》《周计划总结》和《月计划总结》。通过对各项工作执行、落实情况进行督办与控制，确保任务落实到位。

3. 开展班组创先争优活动

长春供电发挥各级工会组织联系职工的平台优势，实施班组创争活动，将“安康杯”竞赛、争创“工人先锋号”、创建“无违章”班组、供电服务技能竞赛等活动融入班组日常管理全过程，充分调动班组创争积极性。及时总结提炼经验，利用信息内网、楼宇电视、报刊等载体，对选树的先进典型、先进班组、典型经验、优秀成果及其创造人员（团队）进行报道，加大宣传推广力度，充分发挥典型示范的引领带动作用。

（四）实施“讲、培、练、赛”，提升员工队伍素质

1. 加强班组员工技能建设

长春供电按照突出技能、注重实效的原则，以岗位技能提升为目的，开展以技术讲课、反事故演习、计算机仿真、模拟培训、导师带徒等为主要形式的岗位培训；适时总结导师带徒、学习型班组工作成效，组织现场会，推广应用经验。同时注重农电员工、社会化用工等员工技能提升，将其作为员工技能建设的重要组成部分，增强技能培训的针对性。

2. 深入开展“班组大讲堂”

长春供电构建实施立足于“实战”角度的“班组大讲堂”培训模式，采用技术培训大讲堂、事故分析大讲堂、作业现场大讲堂、实训实践大讲堂、师傅传承大讲堂、专家人才大讲堂六大模式。不同的模式适用不同形式的工作需求。“班组大讲堂”推行“一个班组一个特点”的实用做法，不断丰富和完善培训内容，以提高班组基础管理、员工岗位技能和业务素质为重点，为全体员工搭建“学业务、学技能、学管理、保安全”的良好平台。在班组打造一个个具有鲜明特色的专家，形成基础稳固、特色明显、实效突出的班组建设亮点。围绕安全生产、营销服务等核心业务，以解决实际工作中遇到的突出问题为目标，引导一线员工自觉自发开展“班组大讲堂”，倡导“工作是上课、处处是课堂”的学习理念，搭建员工学习交流的平台，提升技能人员解决现场实际问题的能力，促进公司和员工共同发展。

3. 搭建技术交流竞赛平台

长春供电广泛开展劳动竞赛、技术比武、岗位练兵、知识竞赛、技术交流等活动，各班组之间通过加强交流，相互借鉴，取长补短。组织开展信息化应用劳动竞赛，把提升员工信息化应用水平作为当务之急，促进员工信息化应用水平的提升。同时学习借鉴国内一流企业班组建设的先进经验、管理方法和手段，不断提高班组素质、能力和活力。积极推动“首席技师”“金牌工人”等先进经验，让“先进身边再出先进、能手身边再出能手”，发挥先进能手的示范带动效应。

4. 强化班组长队伍建设

长春供电把班组长队伍建设纳入三支人才队伍建设总体规划中，加强对班组长的培养、选拔、使用、晋升和管理，通过送出去、请进来、培训与考察等多种途径，确保每年100名班组长经过综合管理能力提升培训，把班组长培养成为政治强、业务精、会管理的基层骨干。打通班组长流动渠道，让学历高、有水平、会管理的班组长走向管理岗位，让有能力、懂技术、年龄大的班组长走技能通道。规范班组长选拔程序，开展竞聘上岗，落实并保障班组长待遇。对班组长给动力、给平台、给机会，在班组长中深化导师带徒活动，促进班组长发挥传帮带作用。

（五）立足实际搭建创新平台，促进班组创新创效

1. 尊重班组员工首创精神

长春供电完善职工技术创新激励机制，发挥创新主体作用，尊重职工首创精神，激发职工创造热情，组织职工投身创新活动。广大职工围绕工作中的问题，主动寻找创新点、发掘创新点、捕捉创新点，积极开展技术革新、技术攻关、发明创造活动。立足班组实际，深入开展职工创新工作室、合理化建议、“五小”成果等活动，建立职工创新工作室，从规模数量、专业类别、组织运转、成果评审、激励机制等方面落地实践，激发职工的创新精神；完善合理化建议、“五小”成果征集、评审、应用与奖励，引导员工为长春供电的生产经营、企业发展献计献策。

2. 打造职工技术创新阵地

长春供电积极组织动员广大职工立足岗位，投身公司的改革创新，集众智、汇众力，搭建职工创新平台，推动跨部门、跨单位、跨专业的创意发掘和联合攻关，开展形式多样的青年创新活动，建立青年创新工作室、创新工作小组、创新攻关团队等多种职工技术创新阵地。以专家、首席技师、劳模等技术

领军人物为核心的劳模（职工）创新工作室、创新团队已经成为企业的智囊团、岗位的创新源、项目的攻关队、人才的孵化器和创新的方向标，在实现职工价值、提高工作绩效、引导职工成长成才、促进职工与企业共同发展中发挥重要作用，为广大员工搭建实训实践、成长成才的平台。

3. 大力推动创新成果共享

长春供电十分重视创新成果的转化应用，建立创新成果评审、展示、生产和推广一体化创新“产业链”，加快成果产品化，由过去的“谁创新、谁应用”转变为“我创新、大家用”，共享创新成果，提升成果价值。通过召开创新成果发布会，设立典型经验网站专栏，促进管理经验、技术应用创新成果在更广范围发挥作用，组织专业管理部门定期深入班组，发掘工作亮点，认真整理提炼，积极推广应用，缩短创新和成果转化之间的距离，2016 年全年在公司范围内直接推广应用职工技术创新成果 153 项，将班组创意、样品、样机等 40 类概念化产品转化为生产检修现场应用工具。

（六）优化班组建设考核体系，促进工作作风转变

1. 确定关键业绩指标

长春供电建立基于目标管理的绩效考核管理体系，改进班组薪酬分配方式，采用关键绩效指标考核法（KPI）确定关键业绩指标，并将单项目标层层分解到各部门、各岗位。一是建立评价指标体系。根据长春供电的战略目标，建立企业级 KPI。并按专业职能分工负责，单项指标落实到各部门、各岗位。二是设定评价标准。各专业部门根据本专业情况，选择采用目标比较法、历史比较法、标杆比较法等方法设定关键业绩指标评价标准。三是审核关键绩效指标。各部门依据评价标准，在反复研讨的基础上，结合各专业实际情况审核确定关键绩效指标。

2. 建立评价考核机制

长春供电编制班组建设综合考评实施方案，建立反映班组工作业绩、体现工作效果的考评体系，从组织机构、考核流程、评价方式等方面进行考评，做到工作内容全方位和班组考核全覆盖。一是班组考核。开展班组预考核，不扣分只查找问题，制定整改措施；变定期考核为“指标完成＋日常评价＋现场考核”相结合的常态化考核；借助整改“回头看”复核整改落实情况。二是岗位考核。组织员工签订年度和月度绩效合约，通过反复沟通培训，全员上下达成共识；采用不同工作岗位、不同考核方式，对机关管理岗、基层班组长和班组两人及以下从事同种工作的人员采用“目标任务制”考核，对两人以上从事同种工作的人员采用“工作积分制”考核，对从事抄收工作的农电工采用“指标责任制”考核，通过“三制”考核实现了全员参与、全程管控；建立绩效经理人制度和绩效看板制度，由部门负责人和一线班组长作为绩效经理人与员工确定绩效目标、签订绩效合约、实施绩效评价、进行沟通反馈、制定改进工作计划等，通过绩效看板制度实施绩效考核的全过程监控。

3. 建立绩效激励机制

长春供电按照绩效考评办法实行“优绩优先、优绩优酬”双优奖励机制，绩效考核实行机关与基层责任连带，个人与团队责任连带，部门、班组、员工采取“目标任务制”“工作积分制”和“指标责任制”考核。采取同专业排名和得分评价两种方式确定奖罚，推行机关与基层责任连带，考核结果与绩效奖金联动。对考核排名靠前的班组，给予全员上浮工资 100 元的奖励。年度评先选优按从前到后排名顺序依次推荐。对考核排名靠后的班组，给予全员下浮工资、黄牌警告以及负责人免职惩罚。对供电所安全员、配电班长、营业班长、综合班长实行单独排名，给予前十名上浮工资 100 元的奖励。

4. 强化考核结果应用

长春供电将先进班组纳入公司先进评比体系，年度被评为先进的班组同时被授予“工人先锋号”称号，其班组长被授予“优秀班组长”称号；先进班组年度绩效考核 A 级员工比例可适当上调（5%）；评为不达标班组，其班组 A 级员工比例则适当下调（5%），其班组长不得评为 A 级员工。班组评价结

果还要与人才选拔、升迁竞聘、评先树优、职称评定、技能鉴定、教育培训等挂钩。

三、大型供电企业以激发基层活力为目标的班组建设管理效果

（一）班组活力有效激发，队伍素质提升

激发班组活力，实现人员有序流动、梯次成长，由过去不愿下班组、班组留不住，转变为现在主动到一线班组接受锻炼。涌现出一批优秀创新团队和个人，建成基层一线创新工作室 16 个，1 个创新工作室被评为省公司优秀创新工作室，4 个创新工作室被长春市总工会命名为星级劳模（高技能人才）创新工作室，2 个创新工作室被命名为长春市劳模（高技能人才）创新工作室。通过开展“创建先进班组、争当工人先锋号”活动，93%的班组达到“国家电网公司达标班组”标准，10 个班组荣获国家、省市劳动竞赛先进班组和中央企业红旗班组，20 个班组荣获全国工人先锋号、国家电网公司先进班组和吉林省工人先锋号，荣获全国“安康杯”竞赛活动示范企业等称号。

（二）班组负担有效减轻，经济效益显著

减少“数、表、账”，严控“考、评、比”，精简“文、会、训”，实现班组轻装上阵、管理减负。开展无人机、机器人巡检，全面建成智能化安全工器具室、作业现场视频监控终端和供电所视频会议系统，大大提高了管理效率和安全保障水平，实现科技减负。班组工作负担的有效减轻，让班组成员有更多的精力注重安全生产、聚焦核心业务，长春供电各项指标提升显著，2016 年累计打造“零树障”配电线路 732 条，占总量的 64%，全市配电线路跳闸数量连续 3 个月环比下降，配网故障停运率同比降低 58%。带电作业团队发挥积极作用，完成带电作业 1268 次，减少停电 19.69 时/户，增供电量 219 万千瓦时。

（三）班组建设模式更加优化，公司服务水平显著提升

长春供电班组建设模式由“主题单一”向“综合管控”转变，由“分散管控”向“一体管理”转变，形成了“基础管理制度化，制度管理指标化，指标落实考核化，考核反馈周期化”的工作方式，使各级管理者和广大一线员工深刻认识到班组建设与自身发展、企业发展、社会进步之间的密切联系。长春供电服务能力、服务水平显著提升，近年来，圆满完成抢险救灾 10 余次，重点保电任务 50 余项。2016 年，故障报修到达现场及时率达 100%，供电可靠率达到 99.96%，投诉业务量同比下降 42.3%，累计完成供电量 194 亿千瓦时，客户满意率提高到 99.95%，行风测评实现全省第 3 名、地区第 1 名，连续六年蝉联省级“文明单位”称号。

（成果创造人：冷传东、真大伟、李双林、贾中辉、王鹏宇、焦明曦、
姜冬辉、纪光明、李　波、李　岩、费东东、何　涛）

石油钻井企业盘活人力资源的“双线”用工管理

中石化胜利石油工程有限公司黄河钻井总公司

中石化胜利石油工程有限公司黄河钻井总公司（以下简称黄河钻井）地处山东省东营市，在册职工8160人，在用钻机69台套，其中7000米钻机13台套，5000米钻机12台套，4000米钻机32台套，3000米及以下钻机12台套，具有年钻井1000口、进尺200万米以上的钻井生产能力，可钻定向井、水平井、分枝井、套管开窗井、欠平衡井、小井眼井、超深井等各种型井；可提供从工程设计、钻前工程与井架安装、钻具供应与管具维修、井控、固井到完井的一体化综合性施工服务，同时配套提供钻井设备的维修、螺杆钻具、井下工具附件的设计制造、钻井液技术等相关服务。

一、石油钻井企业盘活人力资源的“双线”用工管理背景

（一）盘活人力资源是应对当前严峻生产经营形势的需要

在严峻的生产经营形势下，钻井行业的生存环境已经完全改变。以往，黄河钻井年均进尺总量为200多万米，在2013年还达到过288万米的高峰，而这些进尺80%以上来自于内部市场。如今，受低油价影响，油田投资进一步优化、工程造价持续降低，钻井工作量大幅度萎缩，同比减少七成以上，使黄河钻井盈利能力大幅下滑，生存问题真正成为当前最大的难题。面对寒冬期带来的巨大冲击，国外的大型石油公司纷纷通过控投资、控成本等措施降低损失，而裁员就成为控成本最直接、最有效的方式。以斯伦贝谢为例，仅2015年就削减了2万多个岗位，约占其员工总数的15%，并且裁员一直延续到2016年。但是，黄河钻井作为与胜利油田同龄的国有企业，不仅承担着经济责任，还承担着政治责任和社会责任，面对人员多、包袱重的实际，绝不能依靠简单地将员工推向社会来减亏，必须通过盘活现有人力资源实现创收减亏。

（二）创新用工形式是推进国有企业体制机制改革的内在要求

国有企业改革是中央实施做强、做大国有企业方针的重大战略步骤，改革国有企业内部人事、劳动、分配制度，是充分调动职工积极性、增强企业市场竞争力的一个关键因素。由于寒冬期严峻形势的巨大冲击，使黄河钻井转方式、调结构、提质增效的任务更加艰巨。因此，黄河钻井大力实施“瘦身”计划，精简机构和岗位设置，撤销了钻井分公司，分区域组建5个钻井工程部，通过区域管理，实现了二级单位直接管理到基层井队。同时，实施内部专业化整合，剥离钻井公司的生产保障、生活服务、物业管理等相关业务，在全公司范围对同质化业务进行整合，实施集中管理。在这种形势下，传统的用工管控方式已经无法适应发展需要，这就要求黄河钻井必须在用工管控上积极探索新的途径。

（三）实施用工分类管理是破除企业发展壁垒的有效举措

黄河钻井是由当初的六、七家二级单位历经多次改革整合而成的，之后成立塔里木、西南分公司和海外沙特项目部等单位，又从黄河钻井抽调了大批精干力量，把负担和包袱全部留了下来，客观上造成了用工队伍结构复杂、一二三线结构不合理等矛盾。特别是在新常态下，钻井工作量骤减，后勤服务岗位用工富余的矛盾更加突出。虽然近年来通过开展业务承揽工作，先后输出500余人进入社区承揽物业管理工作，但仍无法完全盘活后勤富余劳动力，成为黄河钻井发展进程中躲不开、绕不过的一大壁垒。因此，黄河钻井必须按照深化国有企业改革的要求，坚持“分类预算、分灶吃饭”的指导思路，找准落实改革要求与推进公司发展的结合点、着力点，通过实施用工分类管理，调动全员闯市场、创效益的积极性。基于上述情况，从2015年开始，黄河钻井实施了石油钻井企业盘活人力资源的“双线”用工管理。

二、石油钻井企业盘活人力资源的"双线"用工管理内涵和主要做法

黄河钻井按照"分类预算、分灶吃饭，价值引领、效益创造"的整体思路，对全部用工进行定员分解，优化岗位配置，显现富余劳动力，通过实施主营业务、非主营业务"双线"管理，促进人力资源优化，提升整体创收创效能力。主营业务按照"人机分离"管理模式，打破固有的钻井队定员标准，建立若干管理团队和标准化施工班组，实施"标准化"管理。根据市场需求和生产需要，择优组建施工队伍，实现钻井队用工优化组合、单井效益最大化；非主营业务根据与"井筒工程"的疏密关系，区分直接保障单元、业务承揽单元、待岗单元，实施"模块"化管理。厘清业务类别、业务价值，分类预算，以薪酬分配为杠杆，拉大收入分配差距，最大限度地调动各个层面创收创效的积极性。主要做法如下。

（一）确立"双线"用工管理的基本目标和组织管理体系

1. 划分双线员工，明确"双线"用工管理基本目标

黄河钻井将胜利市场、国内外部市场、海外市场一线钻井队员工划为主营业务，将生产辅助、后勤机关、劳务输出员工划为非主营业务，围绕"稳固主营市场、开拓劳务市场、锤炼员工队伍"的目标，实施"双线"用工管理，持续提升公司创收创效水平。

一是稳固主营市场。通过"双线"用工管理，推进生产作业队伍瘦身，降低人工运行成本，以此抵消单井工程造价下降带来的影响。同时，提升队伍独立作战能力，真正实现员工岗位能高能低、收入能增能减的激励导向，提高资源配置效率和劳动生产率，赢得竞争性市场中的稳固地位。

二是开拓劳务市场。通过"双线"用工管理，将"全产业链一体化竞争、全价值链协同性创效"的工作策略落到实处，大力开展业务承揽，有效盘活存量，实现从后勤保障、围绕井筒业务"吃饭"向价值再造、自主生存转变，从传统生产管理向项目绩效管理转变，努力在困境中闯出一条生存发展的新路子。

三是锤炼员工队伍。通过"双线"用工管理，构建"精品化""模块化""竞赛式"等特色培训管理模式，因材施教，分类管理，全面提升技能人才素质水平，打造一支市场开拓、岗位创效的人才队伍。

2. 构建"双线"用工管理组织体系

成立"双线"用工管理领导小组，主要领导为组长，副职领导为副组长，人力资源、市场开发、经营管理、QHSE管理、生产运行等职能部门负责人为成员，从方案制定、定编定员、队伍管理、经营考核等方面进行统筹规划。领导小组负责管理体系的统筹策划、方案制定、协调运行、组织推进工作；对管理体系运行情况进行跟踪检查、全面监控，建立评价考核机制；定期总结、考核、评比实施情况，对成功的经验及做法做好提升转化工作，固化为制度标准和流程规范。领导小组成立后，按照部门职能和管理权重，成立用工管控组、市场开拓组、考核评价组、素质提升组4个工作组，负责"双线"用工管理体系的具体实施，督促落实运行责任，努力构建"双线"用工管理体系网络。

（二）按主营和非主营测算定员，核定岗位配置

1. 按照文件批复对管理机关进行劳动定员

严格按照上级机构定员批复文件对二、三级管理机关进行用工总量定员，压减机关用工数量，降低机关运行成本，提高管理运行效率。根据《二级机关及直属机构设置实施方案的批复》（胜油工程发编字〔2016〕），黄河钻井机关定员95人，机关直属定员96人；根据《二、三级机关及直属单位定编定员指导意见》（胜油工程发编字〔2016〕16号），各国内钻井工程部机关定员40人，各国内外部、海外钻井工程部机关定员20人。黄河钻井两级管理机关定员538人。

2. 按实际用工状况确定直接生产队伍的劳动定员

黄河钻井共有钻机69部，钻井工程部直接生产队伍定员人数＝∑（油区内部＋国内外部＋国外）。按照《钻井工程劳动定员》（Q/SH0259－2009）标准，胜利油区市场和国内外部市场每支井队应配置4

个班组，平均50人，海外市场定员即实际用工人数。实际运行中，胜利油区、国内外部市场为3班制，与标准相比，一线钻井队用工存在缺员。按照目前一线钻井队实际用工数量进行定员，直接生产队伍用工定员2910人。

3. 按照服务钻机数量测算辅助队伍劳动定员

辅助生产队伍包括钻前工程、钻井技术服务、钻井液技术服务、管具工程、固井工程、钻机搬迁运输6项业务。以钻前工程定员为例。根据《钻井工程劳动定员》要求，依据钻前工程劳动定员计算公式（钻前工程劳动定员＝50＋6.4X，X为服务的钻机台数，当前服务钻机台数为37台）测算出钻前工程劳动定员人数＝50＋6.4×37＝287人。钻前工程主要包含井架基础、工程机械、环保工程、物资配送7项业务，按《钻井工程劳动定员》标准分别测算7项相关业务的劳动定员。其中井架基础23人，水电安装49人，设备安装56人，工程机械53人，机修41人，环保工程33人，物资配送32人。由于钻前工程所含各项业务分布在各钻井工程部及钻前公司，所以根据各单位业务类型及服务钻机台数的多少，按照比例将钻前工程劳动定员指标进行了分解。钻前公司业务为井架基础、工程机械、环保工程、物资配送4项；各钻井工程部业务为水电安装、设备安装、机修3项。

按照上述方法，分别对钻前工程、钻井技术服务、钻井液技术服务、管具工程、固井工程、钻机搬迁运输6项辅助生产业务进行定员测算分解，确定各业务、各单位的劳动定员人数。黄河钻井辅助生产队伍定员＝钻前工程＋钻井技术服务＋钻井液技术服务＋管具工程＋固井工程＋钻机搬迁运输＝1094人。

4. 区分7项业务对后勤服务队伍进行劳动定员

后勤服务队伍主要包括职工培训、生活服务、行政服务、护卫保安、车辆服务、环卫保洁、非在职管理7项业务和综合服务大队、技能训练中心、综合公司3家特有业务单位。按照《钻井工程劳动定员》中后勤服务队伍劳动定员测算要求，依据直接生产和辅助生产队伍定员之和，对照用工配置标准测算出职工培训、生活服务、行政服务、护卫保安、车辆服务、环卫保洁6项业务劳动定员人数为387人。根据《社区服务系统劳动定员》（Q/SH0285－2009）中“每200名离退休等非在职人员配置1名工作人员”的标准，黄河钻井现有离、退休人员4570人，内退人员245人，家属7095人，需配置工作人员60人；按照“每300㎡老年活动场所配置一名服务人员”的标准，黄河钻井老年活动场所面积为20291㎡，需配置服务人员68人；因此，非在职管理业务劳动定员为128人。此外，按照《汽车运输专业队伍劳动定员》《社区服务系统劳动定员》标准，测算综合公司业务定员为45人，综合服务大队业务定员为52人，职业技能训练中心业务定员为43人。综合以上测算情况，黄河钻井后勤服务队伍定员为655人。

在此基础上，再按照各单位直接生产、辅助生产、管理机关和业务承揽队伍定员总数的比例，将655人的总定员指标进行分解，确定所属单位后勤服务队伍的劳动定员数量。

总定员人数＝管理机关＋直接生产＋辅助生产＋后勤服务＝538＋2910＋1094＋655＝5179人，另外已有746人承揽了社会业务，除去2016年到龄退休用工302人，与黄河实际用工8160人相比，实际富余人数＝8160－5179－746－302＝1915人。总定员结果作为主营业务和非主营业务“分线”管理的依据，富余用工数量作为各单位业务承揽盘活人力资源的依据。

（三）以主营业务为主线，实施“标准化”管理

1. 根据钻机数量，核算队伍配置标准

以市场工作量为依据，合理确定队伍规模。外部市场根据项目需要保持队伍同步增减；油区内部根据不同时段工作量，统一核定调整钻井生产、停待队伍数量，保持与工作量相匹配的队伍规模；生产保障单位根据钻机运行情况核定队伍运行数量。通过调控生产与停待队伍比例，以适当的队伍运行规模延

长生产运行周期，促进全年均衡生产，保持队伍运转有序。对管理团队、钻井队运行指标进行分解，根据井队的机构设置和岗位设置分解人员总数。

对于未运行的管理团队，通过对内部油区管理团队富余人员实施调整转岗，完成运行指标要求。对于未运行的钻井队，在通过对内部油区生产班组富余人员调整转岗，满足骨干岗位用工需求的基础上，适当补充社会劳务用工，满足钻井队生产运行的用工需求。

2. 编制“两册”，统一管理和操作标准

秉承“管理精细到点，工作落实有责”理念，按照“依法合规、务实管用”的原则，编制基层管理手册和岗位操作手册。对现有企业制度、管理体系和专业管理要求进行优化整合，通过工作量化写实的方法，进一步明确基层管理人员的管理权限、工作内容、工作标准和基层操作人员的岗位职责、操作标准、操作流程等，为管理团队提供行动指南和标准依据。坚持兼收并蓄、合理取舍，合并相同、相近事项内容，将钻井队管理制度分成 9 大类、57 小类管理制度。坚持化繁为简、便于执行，归集同一事项不同规定，把实际工作中能用到的标准、规范等要素，对同一事项多个规定简化为一项，将近千项资料缩减为 166 项资料目录。坚持合规适用、长效应用，对所有的制度条款标注清楚来源依据，标明引用出处，用标注号追根溯源，方便日后更新、升级。将纯文本样式的请销假、薪酬管理等业务流程，绘制成简单直观的图表式工作流程，形成简洁有效的管理制度，使基层员工一目了然、便于掌握。特别是在操作手册编制中，对各项工作内容及操作步骤、工作标准、风险提示、规避措施等，采用表格形式表述，明确检查节点、操作标准、考核要求、问题描述等内容，使员工清楚做什么、怎么做、做到什么程度。累计绘制工艺流程图、现场定置图等 52 张，编制业务分类表、管理职责表等 256 个。

3. 将质量效益作为管理团队的考核评价

坚持以质量效益为中心，围绕党群工作、生产运行管理、QHSE 管理、技术装备管理、经营管理 5 项内容，专门出台《单机单井考核办法》《基层井队管理办法》《基层建设考核办法》等考核标准。

4. 将实现“五化”作为基层队班组的考核评价

贯彻落实“抓素质、抓班长、抓机制、抓文化、抓典型”五项基本任务，深入开展“星级班组”创建活动，逐步实现工作内容指标化、工作要求标准化、工作步骤程序化、工作考核数据化、工作环境人文化，把班组建设成为学习型、创新型、安全型、效益型、和谐型的“五型”班组。按照“五型”班组标准条件，“三星级班组”要达到 80 分以上，“四星级班组”要达到 90 分以上，“五星级班组”要达到 95 分以上。

（四）以非主营业务为主线，实施“模块化”管理

黄河钻井根据与“井筒工程”的疏密关系，将非主营业务划分为直接保障单元、业务承揽单元、待岗单元三个模块，实施“模块化”管理。

一是直接保障单元。改变原来以行政命令为主的生产组织形式为甲乙方的市场化关系。建立完善专业化、市场化运营机制。按照管控到位、权责匹配原则，以钻井业务为中心，建立规范、高效的内部专业化服务市场，完善市场价格体系，准确反映经营成果，真实传递经营压力。完善服务标准体系，强化工程监督和市场监管，规范队伍准入和使用，落实项目分包管理的规定，提高保障质量和施工效率。参照主营业务承包经营的模式，制定考核激励政策，鼓励直接保障单元发挥比较优势，积极外拓市场，提升自主发展能力。

二是业务承揽单元。以有组织、整建制的业务承揽盘活富余劳动力资源。建立以市场为导向的考核激励机制。对于“瘦身计划”完成后显现的富余人员，以投入业务承揽为主要形式，拓展创收渠道，增加现金流，减轻人工成本压力。在前期开展业务承揽的基础上，与油田内部企业加强沟通交流，进一步扩大市场规模。参照胜利工程公司制定的外闯市场 24 条激励措施，建立业务承揽的考核激励机制。建

立承揽社会项目的奖励机制，推行项目经理市场化，对于市场信息提供人能够担任项目经理的，由其牵头组织业务承揽，实行承包经营；不能够胜任项目经理的，给予相应的市场咨询费用或一定比例的业务提成作为报酬。针对业务承揽单元建立考核评价。检查考核项目和标准参照油田和社区检查评比要求，以社区每月检查结果为依据，建立内部评比排名机制，每月在网站主页公布一次。

三是待岗单元。建立标准统一的保障机制。对于其他与井筒业务彻底分开、无法胜任相关岗位要求、不参加业务承揽的富余人员，采取合理的薪酬分配模式，保障基本生活需求。一方面，多方寻求市场机遇，积极创造与其年龄、能力相匹配的就业岗位，通过正面的宣传教育，引导这部分人员实现就业，创收创效，提高个人收入。在此基础上，加强政策解读，让符合条件的人员自愿内退或提前退休。

（五）创新开展培训练兵，全面提升员工综合素质

1. 实施“精品化”培训

将举办传统知识培训延伸到举办专业技术人才、关键岗位人员等专题培训，举办钻井新员工岗前培训、资质取证培训、安全管理培训、技能提升培训、国际化钻井培训等“精品”培训班，改变一刀切培训方式，因人因岗施教，有针对性的提升员工素质。

2. 实施“模块化”培训

针对“寒冬期”队伍停待特点，制定培训计划，厘清两级业务部门的任务和职责，明确授课内容、适用对象、授课教师、授课时长，统一建立涵盖主要业务的15个培训模块，形成两级培训资源库，让员工选择性学习，实施“模块化”培训。通过“需求—培训—运用”的提升培训，融理论和实践为一体，满足了广大员工自主培训的需求。

3. 实施“竞赛式”培训

牢固树立二三级统筹运作、各部门共同参与的“大培训、大练兵”理念，改变以往“二级单位组织一三级单位推荐”的竞赛模式，将往年基层党支部书记擂台赛、“金钥匙”技术竞赛、职业技能竞赛等各专业部门组织的各类业务竞赛进行整合，编制《全员“岗位练兵、业务竞赛”活动方案》，黄河钻井所属全部基层单位的全部工种、全部岗位、全部员工统一纳入“岗位练兵、业务竞赛”活动范畴，按照经营管理、专业技术、技能操作三个序列，形成“四级练兵、三级选拔、二级决赛”的新模式，组织开展全员“岗位练兵业务竞赛”，切实以赛促学、以赛促练，加速人才队伍成长。

（六）发挥薪酬和绩效考核的经济杠杆作用，发动全员闯市场

面对当前的生产经营困局，黄河钻井充分利用严峻形势带来的倒逼压力，加快建立完善符合现代企业管理的薪酬和绩效考核分配机制，专门制定出台《工资浮动管理办法》和《指标考核办法》，不断提升公司整体管理水平。

1. 改变薪酬考核方式，充分激发创效热情

针对公司现金流难以为正的实际，黄河钻井通过实施《工资浮动管理办法》，全员浮动、超员浮动同时运行，将薪酬分配向市场倾斜，进一步拉大收入分配差距，体现员工岗位价值，做到“干与不干不一样，干多干少不一样，干好干坏不一样”，充分调动全员闯市场、出劳务、提效益的积极性。

各单位将基础工资分类切块（分为生产一线、后勤辅助、业务承揽、管理机关四类），并将工资明细表上报，由人力资源科（劳资）核定各类人员月度基础工资计划。

依据各单位现有人员情况及定员分解指标，测算各单位浮动工资额度。每月浮动工资总额度分为超员浮动工资和全员浮动工资两部分。超员浮动工资根据各单位超员人数按人均定额浮动。全员浮动工资根据人员分类情况按照经营考核的系数浮动。

将浮动扣减的工资总额分解到各类人员，核定各单位当月分类人员工资计划。

各单位按照总公司核定的分类人员工资计划，编制工资发放表。各类人员工资必须按照核定的工资

计划发放，不得相互占用。

浮动工资部分按照经营绩效考核结果发放。

2. 有效传递经营压力，提升绩效管理水平

黄河钻井通过实施《指标考核办法》，将产值计划完成率、资金回收率、单井利润率等指标完成情况与全员绩效考核挂钩，员工收入与单位效益同步浮动，促进经营和管理压力的有效传递。

每月对各钻井工程部和分公司进行薪酬浮动考核，实行月、季、年度考核。

每月根据各单位产值、资金回收率指标完成情况进行浮动考核。由预算管理委员会下达生产经营考核指标确定产值、资金回收率定额指标，钻井工程部实际产值由经营管理科依据当月完成井提供，外部市场实际产值按当月实际进尺完成情况估算产值。后勤专业公司实际产值由经营管理科依据当月考核产值提供，实际资金回收率由财务计划管理中心提供。根据指标完成情况确定浮动系数。产值（内部油区占 30%，外部市场占 40%）与资金回收率权重分别为 70%和 30%。

浮动系数＝实际产值/定额产值 70%＋实际资金回收率÷定额资金回收率 30% 。

考核薪酬＝薪酬基数浮动系数。

凡发生综合治理事件、因井身质量不合格等原因造成无法交井的或发生安全事故的，每一起扣除考核单位当月考核工资的 10%。每季度考核业务承揽人员数量和效益贡献（效益贡献只考核钻井工程部），定额及实际输出人员数量由人力资源科（劳资）提供，定额人员部分奖励 1000 元/人，超定额人员奖励 2000 元/人，少输出人员按 2000 元/人扣罚；效益贡献定额依据预算管理委员会下达的生产经营考核指标，实际依据进入完成井考核成本及井队的人员基本工资进行测算。按每节（超）1%奖（扣）5000 元。

三、石油钻井企业盘活人力资源的“双线”用工管理效果

（一）生产经营建设有序推进，各类市场全线发力

针对油服市场内部投资低、工作量严重不足，外部业务量萎靡、竞争加剧的严峻形势，将全员闯市场作为破解困局的全新出路，在各类市场上全线发力、集中突破，内部市场保持了高效运行，外部市场取得了逆势上升，非油领域开辟了新的空间，技术服务拓宽了业务市场。与 2015 年相比，在销售收入同比下降 51.86%的情况下，同比减亏 2212.58 万元。

（二）业务承揽队伍不断壮大，生存空间持续扩展

在前期开展业务承揽的基础上，与油田内部企业加强沟通交流，2016 年，先后在超市配送、面点加工、信息测绘、修井作业、鲜果分销等多个领域扩展了合作空间、赢得了良好声誉，为盘活人力资源、增加员工收入开辟了新阵地。81 号加油站成为中石化集团公司上中下游一体化发展项目样板典范；成立了山东省首家社区“易捷”便利店；“铁军馒头”日销量达 2.2 万个。2016 年黄河钻井劳务输出 1100 余人，实现收入 3000 余万元；2017 年上半年，劳务输出项目增至 44 个，累计盘活富余人员 1700 余人（超过公司用工总量的 20%），实现收入 2600 余万元。

（三）人才队伍活力竞相迸发，队伍建设成效显著

在 2016 年胜利油田第十九届职业技能竞赛中，黄河钻井一举夺得奖牌 28 枚，其中金奖 12 枚、银奖 7 枚、铜奖 9 枚。2016 年，共有 521 人报名参加了 32 个工种的初、中、高级工技能鉴定，共有 340 人通过鉴定，其中高级 88 人、中级 107、初级 145 人，通过率为 65%，另有 31 人晋升技师，13 人晋升高级技师。

（成果创造人：曹新华、张建阔、李　迅、张加义、付立新、杨钟山、刘明亮、张志国、刘　乐、王　宁、吴春刚）

煤炭企业以“双增双降”为目标的岗位管理

冀中能源峰峰集团有限公司

冀中能源峰峰集团有限公司（以下简称峰峰集团）是冀中能源集团下属的子公司，是一家有百年开采历史、建企68年的国有老企业，是我国第二大焦煤生产基地。现已发展为集煤炭采选、化工、电力、装备制造、建筑施工、现代物流等多产业综合发展的大型企业。企业年产原煤2600万吨、精煤1000万吨。2016年企业总资产395亿元，营业收入280亿元，利润5亿元。峰峰集团下辖48个分（子）公司，在册职工28807人。

一、煤炭企业以“双增双降”为目标的岗位管理背景

（一）应对严峻煤炭市场形势的必然选择

2013年至2015年，国际金融危机深层次的影响持续显现，煤炭产能严重过剩，国家对环保的要求更加严格，一方面是压减钢铁、煤炭产能，另一方面是电力企业开工不足，焦化企业限产降价。特别是煤炭下游产业的结构调整，使煤炭企业由卖方市场变为买方市场，直接导致煤炭价格的“断崖式”下跌。经营难、销售难、回款难，煤炭企业普遍出现了效益大幅度下滑的局面。峰峰集团只有实现“双增双降”目标，把岗位作为落实终端，在各岗位推行岗位增值增效“双十策”“1+1”等有效举措，才能激活内生动力，推动企业战胜当前困难，挺过难关，为企业可持续发展奠定坚实基础。

（二）实现企业可持续发展的需要

峰峰集团原有人员多、包袱重、矿型小，且矿井开采越来越深、难度越来越大，单纯靠扩大煤炭增量实现企业发展的路子越来越走不通，又遇到全国性的煤炭产能严重过剩、煤炭价格断崖式下跌、煤炭销售、货款回款的异常艰难形势。仅在2015年1～5月份，主要产品炼焦煤等品种库存月平均在25万吨左右，月回款3亿元左右，回款率不足80%，商品煤平均售价创历年来最低，多个煤种售价低于生产成本，生产经营举步维艰，职工收入降低、生活水平下降。在此情形下，峰峰集团提出企业增效、岗位增值，企业降成本、岗位降事故的“双增双降”目标。无论是企业的增效、增值、降成本还是保安全、降事故，最后落实的终端只能是岗位，无论什么样的指标，只有落实到全集团一万多个岗位上才能实现，所以必须重视、加强岗位管理。

（三）提升职工队伍素质，激励广大职工在岗位上展现自我、创造价值的重要抓手

“双增双降”的主体是广大干部职工，实现“双增双降”目标必须锻造一支素质过硬的职工队伍。特别是针对职工队伍素质参差不齐、思想多元，尤其是青年职工不愿意学技术，一线队伍技术力量匮乏等现状，必须把加强“三功两述三绝”修炼作为打造一支高素质、会经营、懂管理的职工队伍的直接通道，常态化广泛开展多种形式的岗位练兵，不断提高职工队伍的综合素质和能力。“双增双降”是实现企业岗位价值的重要载体和有力抓手，可以并且能够帮助职工牢固树立自主管理、自主经营和经营自我的意识，进而提高效率，多创效益，持续增加收入。让职工真正地以主人翁的心态，立足本职岗位，发挥主动性、积极性、创造性，自觉提高岗位生产效率，强化成本控制，最大限度地发掘岗位价值潜能。从2015年下半年开始，峰峰集团在全公司全面推行以“双增双降”为目标的岗位管理，把各岗位作为落实目标的终端，全面提升企业渡危图存的能力。

二、煤炭企业以“双增双降”为目标的岗位管理内涵和主要做法

峰峰集团通过加强组织领导，明确岗位管理思路，把干部职工的思想和行动统一到实现“双增双

降”目标上来；积极优化岗位设置，实现人岗匹配，规范岗位操作，为岗位价值增值创造条件，打下基础；大力推行岗位增值“双十策”“1+1”，将降本增效落到实处；不断整顿和改进现场管理，打造和建设“五精”管理示范岗位和现场，促进安全生产标准化稳固提升；常态化开展“三功两述三绝”训练，着力培养技术精湛的高素质工人；多种措施开展“万众创新”创客活动，激励岗位创新创效；狠抓岗位安全，深入开展“我的岗位无事故”活动；加强考评激励，推动岗位管理不断深入，使各岗位操作人员的潜力得以充分挖掘，达到在全面提升岗位价值的基础上实现双增双降的目的。主要做法如下。

（一）加强组织领导，明确岗位管理的思路

1. 明确以“双增双降”为目标的岗位管理工作思路

峰峰集团提出从四个方面入手。一是选准岗位降本增效的切入点，推行“双十策”“1+1”；二是选准实现安全生产的出发点和落脚点，以“我的岗位无事故”活动为载体，实现保安全、降事故；三是抓住实现安全生产的基础，以5E现场管理为标准，打造“五精”岗位、现场，进一步规范职工操作行为，提升安全生产标准化水平；四是在激发职工岗位成才、岗位创新创效上想办法，开展“万众创新”创客活动，把蕴藏在职工中的聪明才智激发出来。在具体运作上实施“三步走”。首先，进行岗位优化、实现人岗匹配，即确定有增值可能的岗位，配备能在其岗位上发挥作用的职工，做到人适其岗、人尽其才，为岗位管理打下基础；其次，广泛开展多种形式的岗位练兵，提升职工队伍整体素质，为岗位增值提供人力支撑；再次，以考评激励为手段，把岗位管理不断推向深入。

2. 加强组织领导

峰峰集团成立岗位管理领导小组，由副董事长、总经理任组长；有关领导任副组长。牵头部室为企业管理部、党委宣传部，同时，将此项工作纳入党政一体化重点工作考核。要求各单位把岗位管理纳入一把手工程，明确分工，落实责任，完善机制，运用好激励机制这一杠杆，着力在引导广大职工树立自主管理、自主经营和经营自我的意识上下功夫，在实现“人人都是经营者、岗岗都是利润源”上动脑筋，深入挖掘岗位潜力，努力提升岗位价值，把蕴藏在职工中的聪明才智充分激发出来，全力实现“双增双降”目标。

3. 试点先行，营造氛围引领

峰峰集团在推进中采取试点先行带动整体的方式，选择万年矿、梧桐庄矿、马选厂、电业分公司等14个单位作为以“双增双降”为目标的岗位管理试点单位。试点单位全部制定了任务分解书、项目推进表、奖惩标准，月度调度、季度反馈、年度销号，形成计划、实施、检查、改进的闭环控制过程，做到持续推进落实，确保以“双增双降”为目标的岗位管理直接作用于安全生产和经营管理。通过试点先行带动其他单位有目的、有条件、有选择地开展针对性活动。利用各种会议、多种场合，组织职工深入学习“五精”管理知识，融会贯通，落地做实。发掘典型充分肯定，树立标杆大力褒扬。激发创新创效热情，以职工创新工作室为平台，加大小改革、小发明、小创造力度，以卓越管理法、精优作业法、经济技术创新成果展示文化五精的魅力。

（二）优化岗位设置，规范岗位操作

峰峰集团每年对岗位设置情况进行调查摸底，推行兼职并岗，精简不起作用、不创效益的岗位，新增创造价值的岗位，不断优化岗位设置，努力实现人岗匹配。2016年年初，峰峰集团共有操作岗位424类10661个。至2016年年底，减少无效岗位1220个，新增创价值岗位1008个。

1. 在全面分析的基础上实行定岗定编、优化组合

峰峰集团各单位每年都对人员与岗位匹配情况进行分析，对现有人员数量、现有岗位设置情况进行调查摸底，结合生产经营任务实际需求，采取多种形式的岗位精简、替换、合并、新增，使岗位设置更加合理。2016年，峰峰集团下发《提质增效、降本增效工作实施方案》，要求各单位按照“近远兼顾、

严控总量、从紧从简、精准高效”的原则，按需核定岗位和人员职数。实行兼职并岗作业，提倡一岗多能、一职多责，减少岗位设置。完善动态管理机制，对职能职责相近、重复、弱化的机构和岗位及时整合撤并；生产条件变化、工艺优化、工序调整的据实核定。不得随意增设机构、岗位和管技岗、操作岗职数，严格执行用工报告制，未经集团公司批准，严禁自行用工。

2. 推行机械化减人举措

实现机械化采煤、靠机械化减人是煤矿发展的方向，机械化、自动化程度越高，煤矿开采效率越高，安全系数越大。峰峰集团在各单位大力推广、应用新工艺、新技术，机械化、自动化程度不断提高。例如，2016 年，大社矿在 94610 掘进工作面实施“采掘后路运输集散控制系统”，每个原班减少后路运输用工 3/4，掘进工作效率大大提高。

3. 推行精优作业法

为充分挖掘岗位职工潜力，提升岗位价值，峰峰集团各单位在各岗位大力推行精优作业法，进一步规范岗位操作，提高工作效率。辛安矿开拓区 1110 队大力推广应用岩巷“十一点十一线”和煤巷“六点八线”等精优作业法，施工质量实现过程达标、动态达标。孙庄采矿公司对过去的岗位作业法进行改进、完善，把开关检修精优作业法、煤巷掘进精优作业法等制作成精优作业微电影，利用提能小课堂对职工进行培训。

4. 加强职工培训，实施一专多能措施

煤炭企业用工性质复杂，井下一线 80％都是劳务派遣工，合同到期就要解除劳动关系，尤其是机电工、修理工等技术工种人员匮乏。尽管采取对优秀人才转招为长期合同工的措施，但是由于每年转招人数只有 100 名，不能从根本上解决这一实际问题。因此，峰峰集团在因岗设人基础上，大力加强职工培训，鼓励职工考取多个岗位的作业资格。全年仅大社矿就有井下 1270 余名职工取得了两个以上岗位的作业资格，不仅基本满足了生产需要，而且实现全年减员 110 人。通二矿社区解放思想，创新思路，由过去传统的服务业向打造医疗、租赁、种植、旅游商贸“四项产业”转变，82 个岗位职工转岗到种植、养殖、商贸等新岗位，四项产业初步见到了效果。

（三）推行岗位增值“双十策”“1＋1”，将降本增效落到实处

1. 推行岗位操作增值“双十策”

“双十策”内容包括：“双杜绝”，杜绝丢失、杜绝浪费；“双再生”，回收复用再生、修旧利废再生；“双替代”，低成本替代、高功能替代；“双挖潜”，人的潜能挖潜、物的潜能挖潜；“双改进”，设备改进、工艺改进；“双开发”，劳动组织效率的开发、岗位作业功能的开发；“双精心”，精心操作、精心维护检修；“双卓越”，质量卓越、服务卓越；“双到位”，责任考核到位、奖罚激励到位；“双索取”，岗位增值索酬、岗位损失索赔。各单位结合岗位实际，采取区科由上向下指定项目、岗位职工由下向上认购项目的方式，把“双十策”逐一落到实处。九龙矿实施材料闭合管控，推行材料设备色彩差别管理、保质对标管理、物料运输速递管理，仅三季度就节支创效 35 万元。

2. 实施岗位增值创效“1＋1”

峰峰集团在开展双增双降活动实施意见中明确规定，每人每年岗位创效 1000 元、节约 1000 元。鼓励每名职工开动脑筋、联手互助，拿出至少一个增值创效之策，既要“抱西瓜”，又要“拣芝麻”。激励岗位技术革新和方法创新，最大限度挖掘每个岗位的潜在价值，让所有岗位都成为创效场、利润源。梧桐庄矿设置“材料检查曝光台”，及时把节支降耗的典型、浪费材料的典型在曝光台上亮相，促使职工在岗位上切实做到既抓“西瓜”又不丢“芝麻”。

（四）整顿和改进现场管理，打造和建设“五精”管理示范岗位

1. 明确五精管理内容

峰峰集团把双增双降和五精管理相结合，以双增双降为目标，以精细管理、精准管理、精确管理、

精益管理、精美管理“五精”管理为手段，以岗位管理为终端，为规范职工岗位操作行为，改进生产现场管理，巩固提升安全生产标准化水平，把五精管理的重点放在区队和班组，做在现场和岗位，管在流程和细节。

2. 系统设计改进现场管理，有序推进

按五精管理要求，各系统、各专业、各工种、各岗位进一步完善实施方案，于年初根据生产计划，制定全年要打造和建成的一批高品位的五精管理示范岗位、示范窗口、示范线路、示范区域、示范单位路线图。万年矿按照5E、6S标准对全矿各个岗位进行整顿改进，打造出矿级“主井一部皮带车房”、区科级“机电区新2.5米车房”等十个精品示范岗。

3. 高标准高定位，打造安全生产标准化品牌

峰峰集团各单位在安全生产标准化中，既严格执行标准，又结合实际创标。辛安矿开拓区1110队在－280进风下山掘进中，定位在开工即精品，国家规定巷道开掘执行七条线标准，他们实行十一条线标准，在掘进过程中严格按照十一条线布置施工，抓好小班正规循环，改进“三掘三喷”工艺，实施“一次成巷”管理，一次成巷率达到100％，建成点线特征明显的靓丽巷道，打造出峰峰集团首屈一指的安全生产标准化品牌。

4. 落实到岗位、到现场

峰峰集团各单位把岗位、现场作为五精管理的重点，从细节入手，从一个岗位、一个硐室、一个工作面、一个掘进头做起，严格按照五精现场、岗位标准施工。例如，梧桐庄矿实行分级责任包保制，把安全生产标准化各项任务和职责明确到区科、班组、岗位，严格考评，兑现奖惩，相继打造出182609上下巷五精示范现场、副井口五精示范段。

（五）开展“三功两述三绝”训练，培养技术精湛的高素质工人

“三功”是指知识功底、专业功力、技能功夫；“两述”是指手指口述、岗位描述；“三绝”是指绝招、绝技、绝活。峰峰集团经常性地大力加强这方面的训练，培养技艺精湛的高素质人才，培养“金牌工人”和能工巧匠，锻炼优秀的团队，为企业发展提供人才、智力支持，进而实现企业发展与职工成长的和谐双赢。

1. 实施人才梯队培养

峰峰集团要求各单位加强人才梯队建设，培养方方面面的高素质人才，锻炼优秀的团队，为企业发展提供人才、智力支持。例如，邯郸洗选厂建设“四层四型”人才梯队，明确提出副总师以上厂级领导要成为导师型的领导层，副科级以上领导要成为创新型的中层，技术人员要成为研究型的技术层，职工要成为技能型的岗位层。

2. 实施“双带”育才机制

峰峰集团在各单位推行导师带学生、师傅带徒弟的“双带”机制，实现人才建设和破解生产经营难题的双赢。例如，九龙矿在导师带学生方面，明确副科级以上、中级职称或副总师以上专业领导为导师。近几年新分本科以上学历、两年以上相关专业工作经验且年龄在35周岁以下的大学生为培养对象，双方经有关领导和部门审核通过后，共同签订《导师制培养协议书》，明确细化双方责任。选拔年龄在35周岁以下的勤奋好学、有上进心、专业成绩突出的技术工人作为培养对象，双方经单位推荐、工资部门审核后，签订《师徒制培养协议书》，明确双方权利和义务。每季度组织部和工资部门定期调阅被培养学生、徒弟辅导记录，每半年或季度召开“双带”培养调度会，督导考评培养情况，了解课题项目进展程度等，对培养效果较好的兑现月度奖励。年终根据培养成效和课题项目完成情况，对优秀导师、学生、师傅、徒弟进行表彰奖励。

3. 练兵比武做到常态化

峰峰集团各单位大力开展多种形式的岗位练兵、比武，多渠道培养高素质职工队伍。例如，大淑村矿每周组织状元课堂、技术练兵活动，对全矿32名在册技术员开展画图演练，开展职工实物培训122场次，“三绝”项目由27个增加到31个。在“河钢邯钢杯”暨首届邯郸市“职工网上练兵”闯关竞赛中夺得井下钻井工、掘进机司机两个工种的多项佳绩。牛儿庄采矿公司每季度组织多个工种岗位进行“岗位双述”和技术比赛，培养“岗位双述”专家18人、“绝技绝活”人员19名。

（六）多种措施开展“万众创新”创客活动，激励岗位创新创效

1. 出台政策，激励职工岗位创新创效

峰峰集团立足于培养干部职工的创新意识、提升创业能力、激发岗位实践，专门出台《职工经济技术创新奖励办法》，对公司所有职工在经济技术创新活动中取得的创新成果进行奖励，特别优秀者推荐授予“五一劳动奖章”或“金牌工人”等荣誉称号，并在人、财、物、场地、技术、时间等方面给予大力支持，鼓励职工群众积极开展管理创新、技术革新、课题攻关、劳动竞赛、“五小”成果等活动，着力破解生产经营管理中的各种障碍和难题。

2. 机制保障，为职工岗位创新创效提供条件

各单位以职工创新工作室为平台，以技术状元、科技带头人为引领，搭建服务平台，完善创新容错机制，形成辐射效应，推动精优作业法、卓越管理法、科技小创造喷薄而出。峰煤焦化公司建立14个青年创客工作站，确定职工创新项目80项，申请国家专利3项，节约创效近千万元。

3. 解决问题，岗位创新在安全生产中切实发挥作用

大社矿三采区以“安全、省时、省力、提效”为切入点，开展岗位创新创效，回采副区长靳同锁和生产班采支工张志强，针对井下150溜槽在工作中经常发生底槽因循环煤刮不净易造成压车事故的现状，发明利用废旧锚索制作的循环煤清理装置，将皮带防跑偏辊改造为地插式和双耳调节可移动式，解决了这一问题。机电班电修工郭志勇结合岗位实际，自主发明了钢丝绳分绳器，电动分割钢丝绳，提高了工作效率。

（七）狠抓岗位安全，开展“我的岗位无事故”活动

峰峰集团在岗位管理过程中，把实现安全生产的出发点和落脚点放在岗位上，2016年年初，专门下发《关于开展“我的岗位无事故”活动的通知》，指导各单位以“我的岗位无事故”为目标，以岗位为单元，加强班组安全文化建设，以岗位保班组，以班组保区科，以区科保矿井安全生产。

1. 建立岗位安全管理运行机制

羊东矿建立岗位技能培训、班组竞赛指标对标、群众安全监督、班组竞赛考核、“三违”人员“1＋N”教育培训、井口安全问询六项机制，推进岗位安全管理向纵深发展。大社矿下发《关于深化“五型”班组建设开展“我的岗位无事故”活动的通知》，确定活动的目标、内容，建立组织机构和旬调度、月小结、季评比机制，明确考核部门的相关职责，每季度表彰奖励优秀班组长和明星员工，调动全矿各班组各岗位强管理保安全、争先创优的积极性。

2. 赋予岗位安全管理具体载体

梧桐庄矿、大淑村矿对井下集体作业班组和岗位全面开展预知预想预控、班中三三整理（每班三次，进行情绪整理、环境整理、隐患整理）确认制，每月评比、表彰、奖励“零工伤”“三无”班组、岗位。峰煤焦化公司在各班组和岗位开展无工伤、无三违、无重大责任和非伤亡事故、无重大责任和严重影响环保事故、无设备故障、无质量事故、无行政处分、无违规上访事件等“九无”竞赛。

（八）加强考评激励，推动岗位管理不断深入

峰峰集团各单位运用典型引路和考核奖惩举措，激励干部职工投身于以“双增双降”为目标的岗位管理工作中，取得明显效果。

1. 严格考评，兑现奖惩

2016年年底，峰峰集团在辛安矿召开双增双降和精细化管理现场会，对双增双降、岗位管理工作进行系统总结。全年对岗位管理组织不力、工作有差距的三个单位进行扣分（联挂单位领导班子绩效考核）。辛安矿制定《“岗位管理”评选奖比办法》，明确“岗位管理”工作具体的评比标准，对一二三等奖单位分别给予3万元、2万元、1万元的奖励，对17名优秀个人分别给予了2000元、1500元、1000元的奖励。孙庄采矿公司开展创建“五精”管理品牌岗、示范头、示范面命名活动，实行每月考评验收，每季度命名奖励。对命名为品牌岗的给予500元奖励，对命名为示范头、示范面的给予1万元奖励。

2. 选树典型，示范引领

大淑村矿在防突区建立“一线三岗”精细化管理示范线路试点，按照5E七步流程，对各项制度进行完善整合，对全区13个岗位，编制《岗位管理工作手册》。新屯矿以开掘区、机电区为试点，打造出260配运料道、253溜子道、一至五部猴车“岗位管理”示范典型。该矿各单位对标典型，纷纷建立示范点、示范岗、示范段，形成一区一“亮点”、一区一“示范”，井下安全生产标准化水平不断提升。峰峰集团在坚持季度考评双增双降、岗位管理工作的同时，实行煤炭运输安全、倒贷借款、资金回收、煤炭货款回收等专项考核，凸显成效。

三、煤炭企业以“双增双降”为目标的岗位管理效果

（一）提升了岗位精细化管理水平

峰峰集团在48个单位、10661个岗位、28807人中，实施了以“双增双降”为目标的岗位管理，参与率达到100%。峰峰集团共建立健全了各项管理业务制度4980项、操作业务制度3186项；梳理了管理业务工作流程6841项、岗位作业流程7963项；规范了岗位职责10661项、工作标准10060项。实现了岗位职责清晰明确，工作标准具体准确，操作流程可控有序，规章制度合理严谨。峰峰集团各单位高标准打造了209个五精管理岗位、现场，巩固提升了安全生产标准化水平，10对矿井成为国家级安全生产标准化矿井，11对矿井建成煤炭工业安全高效特级和一级矿井。通过广泛开展“三功两述三绝”训练，打造方方面面的“能工巧匠”。有2名职工被河北省授予特殊贡献技师，5名职工被河北省命名为金牌工人能工巧匠。12个工作室被授予省级创新工作室。涌现出了职工创新创造成果357项，30项发明创造获得了国家专利。

（二）实现了安全生产

事故发生、预防的源头在岗位，峰峰集团各单位强化岗位安全管理，引导职工自觉做到“双精心”（精心操作、精心维护），强力推行机环双检制（机器设备、工器具、环境等巡检、点检），把事故隐患消灭在萌芽。梧桐庄矿强化重点时段和零星岗位等薄弱环节的安全管理，2016年，全矿28个班组月度实现了零“二违”。新三矿以机电维护、小巷运输等岗位维修工为重点，完善机环双检制，提升职工发现事故苗头、及时处理事故、确保安全生产的能力。2016年，峰峰集团实现了安全生产自然年。

（三）实现增效降本，取得较好经济效益

2016年，峰峰集团通过实施以“双增双降”为目标的岗位管理，企业岗位精细管理水平显著提升，增收节支创效15743万元，推行岗位“双十策”增值18778万元；实施岗位“1+1”创效1502万元；投入费用4537万元，在同行业居于先进地位。2016年，马头洗选厂介耗降至1.14公斤/吨精煤，电耗降低至6.65千瓦时/吨原煤，油耗降低至0.32公斤/吨精煤。精煤回收率比计划提高了15.59%，精煤批合格率达到了96%以上，创出了历史最好水平。

（成果创造人：赵兵文、张德祥、许　凯、邢建军、张和平、刘冀英、杨艳强、王献平、郝曙亮、李明勋、郜玉英、李保华）

能矿企业以国内一流为目标的“四个文化”建设管理

西南能矿集团股份有限公司

西南能矿集团股份有限公司（以下简称西南能矿集团）是贵州省的大（一）型国有企业，是全省知名的能源矿产投融资平台，省政府9大投融资平台之一。西南能矿集团注册资本41.85亿元，总资产130亿元，经营范围为矿产资源开发投融资，投资优势矿产整装勘查和磷矿、铝土矿、锰矿、金矿、重晶石、铅锌矿、罗甸玉、钒矿、钼镍矿、地热、煤层气、页岩气等的探、采、选、冶及精深加工以及矿产资源勘查开发的技术研发。2012年成立以来，生产经营收入平均每年以40%的速度递增，远远高于全国和全省同行业平均水平，“绿色勘查”和“绿色矸电”成为行业示范和全国标杆，连续四年入选“贵州百强企业”，连续两年进入贵州企业五十强。

一、能矿企业以国内一流为目标的“四个文化”建设管理背景

（一）打造国内一流能矿企业的需要

贵州是全国著名的矿产资源大省，能源矿产资源十分丰富，金、磷、锰、地热、煤层气等10多种能矿资源储量名列全国前列。为科学有序地将资源优势转化为经济优势，贵州省于2012年组建成立西南能矿集团，赋予“矿产资源投融资及整合开发重要平台、探采选冶及精深加工龙头企业”三个功能定位目标。西南能矿集团成立之初，国际、国内经济形势开始下行，特别是能源矿产行业形势持续低迷，新组建的企业面临着市场环境压力大、生产经营项目缺乏、技术力量薄弱、组织机构不健全、管理流程不规范、员工观念意识淡薄、团队意识较差等实际问题，企业发展目标、愿景、使命、战略尚未确定。如何学习借鉴国内外企业的成功经验，从打造优秀的企业文化着手，塑造企业灵魂，提高核心竞争力，提升企业“软件”建设能力，进而推动企业“硬件”建设，打造国内一流能矿企业，是西南能矿集团亟须解决的重大问题。

（二）员工归属认同和提高企业凝聚力的需要

在组建之初，西南能矿集团无基地、无人员、无项目，只有一块省政府授予的“牌子”，领导班子由政府机关和其他企业调入，部分员工由三个股东单位省地矿局、省有色局、省煤炭局等地勘单位遴选调入，部分员工由市场公开招聘进入，部分员工为新招的90后应届毕业生，存在人员经历阅历不同、价值观存在差异、专业技术力量薄弱、团结协作能力需要磨合等实际困难。个别员工工作热情和创造性未能充分激发，部分下属企业地处偏僻地区，勘查项目长期居住在荒凉的野外工地，部分年轻员工上班不久就提出辞职，企业稳定发展最关键的人才资源得不到保障。如何探索打造一种员工有归属感、幸福感、成就感的企业文化，增强企业凝聚力和向心力，是西南能矿集团亟须解决的迫切问题。

（三）提高能矿企业管理水平的需要

西南能矿集团从组建成立转向生产经营之初，规章制度不健全，管理体系建设不完善，企业文化建设还没有起步，企业管理水平与国内一流能矿集团的要求相差甚远。如何创建具有自身特点的企业文化，通过文化建设规范和提升管理水平，推进企业生产经营上规模、管理能力上台阶、员工素质上层次，并形成全新、持久、独特的动力机制，成为西南能矿集团亟须解决的重要问题。基于以上原因，西南能矿集团于2012年开始实施能矿企业以国内一流为目标的“四个文化”建设管理。

二、能矿企业以国内一流为目标的“四个文化”建设管理内涵和主要做法

西南能矿集团明确创建国内一流能矿企业的战略目标，紧密结合自身实际，从打基础开始，大力开

展主攻精神文化、健全制度文化、规范行为文化、提升物质文化“四个文化”建设，着力实施“四入活动”和“六大工程”，塑造企业灵魂，提高发展软实力、原动力和核心竞争力，以文化“软实力”助推经济发展“硬实力”，极大地推动企业生产经营发展，实现了经济发展和文化建设“双促进、双丰收”，取得良好成效。主要做法如下。

（一）开展系统调研科学诊断，明确企业文化建设思路目标

1. 开展系统调研和企业文化建设科学诊断

西南能矿集团为抓住文化建设重点，开展系统调研和科学诊断，通过认真分析研究，最终确定西南能矿集团企业文化建设要把握精神文化、制度文化、行为文化、物质文化四个重点层面，其中精神文化管思想，制度文化管约束，行为文化管细节，物质文化管形象。在明确四个重点层面和提升方向的基础上，动员集团全体员工的智慧和力量，全面总结提炼形成集团的企业精神、愿景、使命、目标、核心价值观等，扎实开展落地工程，使全体员工内化于心、外化于行，打造能矿企业独具优势和特点的“软实力”，进而创建国内一流能矿企业品牌。

2. 明确企业文化建设发展思路目标

一是中长期发展目标。从 2012 年开始，用 5～8 年时间，以培育公司企业精神、树立公司品牌为重点，有计划有步骤地开展丰富多彩的文化建设活动，构建特色鲜明、有效实用、全省知名的西南能矿文化体系，到“十三五”末，建成贵州省企业文化建设示范基地。

二是阶段工作目标。将 5～8 年的主要目标细化分解到各个年份、各个阶段，按步骤有序推进。起步阶段（2013—2014 年），以开展精神文化、制度文化建设为重点，归纳提炼形成企业精神、核心价值观和企业愿景等精神文化，规范运用视觉识别系统初见成效。推进阶段（2015—2017 年），以开展制度文化、物质文化、行为文化建设为重点，聘请国际知名的“世界五百强”埃森哲管理咨询公司开展管理咨询，进行专业化扁平化管理流程再造，使管理工作走上制度化、程序化、规范化运作轨道；开展学习型、责任型、文化型、和谐型、幸福型“五型企业”创建，员工行为基本规范，制度文化、物质文化、行为文化工作初见成效，基本形成成熟的文化管理体系。持续提高阶段（2018—2020 年），通过持续提高“四个文化”建设力度，促进生产经营跨越发展，成为贵州省“十强企业”，国内同行业前三十强，跻身国内一流能矿企业，文化核心理念在企业内部认知认同度达 100%，企业社会知名度极大提升，成为全省企业文化建设示范基地。

（二）总结提炼“四个文化”建设具体内涵

1. 主攻精神文化

西南能矿集团根据省政府赋予的“三大”战略定位，以及生产经营过程中逐步形成的文化观念和精神成果，充分挖掘企业精神内涵，总结归纳提炼具有行业特点和时代精神的企业精神、核心价值观、企业愿景、经营理念、管理理念、人才理念等精神文化，形成全体员工共同遵守的企业价值观和行业理念，塑造企业灵魂。

2. 健全制度文化

主动导入管理文化概念，建立规范完善的制度体系，包括工作制度、管理制度、决策制度、运行制度、考核制度、分配制度、培训制度、激励制度等各项管理规定，符合现代企业管理要求，使企业文化与加强企业管理融会贯通，规范企业管理行为，提高企业管理科学化水平，并与国际现代管理接轨。

3. 规范行为文化

扎实推进标准化、规范化管理，包括员工行为规范、生产现场规范、“6S”管理规范、人际关系规范等，制订《员工手册》，建立并完善《员工行为规范》，规范礼仪、仪式、会议、活动规格和标准，抓好员工行为养成规范，结合行业和企业特点，确定并推广职工行为养成“6S”管理标准，即清理、清

洁、准时、标准化、素养、安全，强化对员工的职业化训练，提升员工素质，提高文明程度；选树和宣传30多个优秀集体和个人典型，通过典型和榜样彰显企业文化内涵和品位，树立企业和员工的良好形象。

4. 提升物质文化

规范办公楼、生产环境、厂容厂貌、技术工艺、标识标志等方面的物质要素表现，准确直观地表现西南能矿集团的文化氛围、精神风貌和管理水平。以品牌建设为重点，设计开发VI视觉识别系统，规范使用CI视觉形象系统，制定《文化建设手册》，建立和推行《生产现场管理办法》和《公司环境建设标准》，提升物质文化，树立公司品牌，提升公司形象。

（三）构建企业文化建设组织领导架构

西南能矿集团成立以董事长、党委书记为组长，副董事长、总经理、专职党委副书记为副组长，班子其他成员和权属公司党政主要负责人参加的企业文化建设领导小组，负责集团层面和子公司企业文化建设工作的决策、领导、监督与评价。下设企业文化建设办公室，中层管理干部全部参与，负责具体组织、推进企业文化落地的各项具体工作。

（四）构建涵盖集团全系统的企业文化建设落实体系

西南能矿集团组织带领全体员工在企业文化建设中发挥主体作用，先后在12家子公司成立下属企业文化建设机构24个，建设“横向到边、纵向到底、涵盖集团”的文化建设体系，在西南能矿集团企业文化建设领导小组的统一规划运筹下，形成集团主导抓、子公司具体抓、主要领导负总责、分管领导负专责、班子成员协同抓、群工部门牵头抓、专业部门归口抓、全体员工共同参与的工作格局，营造全员参与企业文化建设的良好氛围。

（五）扎实开展“四入活动”和“六大工程”

1. 扎实开展“四入活动”

一是入眼。西南能矿集团广泛组织动员500多名干部员工，开展对企业文化的学习认知，主要包括组织开展LOGO标识设计、企业精神、核心价值观等的征集、讨论、提炼活动，先后开展20多场讨论，集思广益，总结提炼具有行业特点和时代精神的西南能矿精神和核心价值观等，用三个月时间设计集团公司LOGO标识，设计并编制完成《西南能矿集团VI视觉系统》，编写《西南能矿集团文化手册》，达到全员认知、文化入眼的目的。

二是入脑。组织1000多名员工，参加各类比较系统的培训、宣讲、竞赛、考试等，让全体员工理解、掌握企业文化，促进对西南能矿集团企业文化的认可，五年来开展各类培训5000多人（次）。

三是入心。利用身边感人的企业文化故事进行持续教育，组织开展30多场演讲、报告、征文、座谈、研讨、故事征集、成果汇报等，使全体员工认可、接受西南能矿集团的企业文化。通过对普通的身边人、身边事的演讲，使大家明白平凡中见伟大、立足岗位能成才，增强员工脚踏实地自觉践行企业精神的自觉性；组织评选五位“首届劳动模范”，组织劳模上讲台，演讲自己无私奉献的奋斗故事，激励广大员工积极进取；编写出版《西南能矿集团企业文化故事集》，收录西南能矿集团成立五年来发生的22个感人故事，分发到广大干部员工中宣传学习，使大家深受教育和鼓舞。

四是入手。编制《员工行为规范》《规章制度汇编》《生产现场管理办法》等，规范员工的行为养成，做到行为规范、人际关系规范，通过全面实施“6S”管理和规章制度，促进物质文化践行落地。

2. 全面实施“六大工程”

第一，提炼工程，总结提炼企业精神文化具体内涵。西南能矿集团文化领导小组统一安排部署，党群文化部门牵头，组织10家权属公司600多名干部员工，结合省政府赋予的战略定位和西南能矿集团实际，开展LOGO标识、企业精神、核心价值观等征集活动。确定以西南能矿集团首字“西”为元素创意设计的LOGO标识，提炼完成“创业、创新、跨越、卓越”八个字的企业精神，提炼完成“引领绿色矿业，竭诚奉献社会，成就精彩人生”核心价值观、“建设中国一流能矿资源产业投资运营集团”企业愿景等表述语，提高员工的认同感，增强自觉践行意识。

第二，品牌工程，着力打造具有核心竞争力的行业品牌。西南能矿集团把品牌工程作为企业文化的重点，将“西南能矿”品牌作为核心竞争力进行培育打造。一是打造现场品牌。实施生产现场品牌管理，所有子企业、工厂、矿区、项目都实现规范管理，现场标识统一。二是品牌策划推广。党群文化工作部门牵头组织开展产品品牌定位、品牌传播、品牌运营工作，先后开展罗甸玉、西南紫金黄金、能矿锰产品等品牌宣传策划和推广运营，如今罗甸玉、西南紫金黄金等品牌已成为贵州著名品牌。三是规范企业形象。全面规范使用VI视觉系统，在会议横幅、标语、宣传品、笔记本、名片、座牌、工作装等办公用品中，全面广泛运用以绿色为主基调的LOGO标识，准确使用标准字、标准色，将企业理念、企业文化等抽象概念转换为具体符号，塑造出独特的西南能矿集团形象。四是创作电视专题片。根据在全国率先实施绿色勘查、发布《绿色行动宣言》的实际，组织拍摄人员走遍20多个一线勘查工地，拍摄专题片在贵州卫视等新闻媒体滚动宣传，增强西南能矿集团绿色环保理念的社会影响力。五是树立形象品牌。创作《西南能矿集团之歌》，设计西南能矿集团旗帜，开通员工手机彩铃，通过声音、形象展示“西南能矿”品牌形象，增强传播力和感染力。

第三，平台工程，全力打造企业文化建设六大平台。西南能矿集团十分注重平台建设，打造企业文化重要载体，逐步建立“一站一网一报一刊一信一会”，全方位展示经济和文化发展成果，传播“西南能矿”文化。一站：2014年建立院士工作站和博士后工作站，广泛与中科院、北矿所及20多所高校开展科研技术合作，推动具有核心竞争力的科技成果。一网：“西南能矿网站”五年来上传公布信息20000多条，极大提升西南能矿集团社会知名度。一报：创办《西南能矿信息》《西能文艺》等报纸，加强信息沟通交流，加大品牌宣传推广。一刊：创办《西南能矿电子期刊》，刊登反映优秀团队或个人的感人故事，用身边榜样激励教育员工。一信：建立西南能矿集团微信公众平台，通过新媒体的不同受众对象，定期上传重要工作成果，提高社会关注度。一会：成立各类协会，如西南能矿集团科学技术协会、文学艺术联合会、作家协会、摄影协会等，共有会员200多人，不定期开展科技和文艺创作研讨活动，突出能矿行业特色，成为丰富职工精神文化生活、培养科技文化骨干的园地。

第四，人才工程，培养骨干人才队伍，占领“半壁江山”。西南能矿集团高度重视各类人才的培养和引进，人力资源部门组织制定人才计划，五年来采取“送出去、请进来、自己讲”等形式，培养建设一支200名左右的工程技术、经济金融、企业管理、文艺科普传媒等骨干人才队伍，10多位员工成为省级科技、文艺协会会员。创新开展“一、二、三级人才梯队”建设，成立地质勘查、产业运营、经济管理、企业管理、党群文化等人才梯队小组，通过“师带徒”结对子30多对，发挥骨干人才在文化建设中的“传帮带”作用，促进“出人才、出成果”，中高级人才已占员工总数的50%以上。

第五，精品工程，着力打造具有行业特点的四大文化精品。一是产业项目精品。围绕矿产、能源、金融三大产业板块，逐年打造项目精品工程，每季度召开项目建设推进观摩会，组织集团专家和领导现场“把脉”，提出改进意见建议，快速提高建设质量和进度，五年来打造6个精品工程，为转型升级树立标杆。二是绿色勘查精品。认真落实中央“五大发展”理念，在全国首次提出生态环保型绿色能矿、科技创新型智慧能矿、资本运营型金融能矿“三型能矿”目标，率先探索实施绿色能矿勘查，先后在遵义、毕节、黔西南等地区开展金、铝、锰、天然气、地热等30多个绿色勘查项目，总结编制《绿色勘查企业标准》，发布《绿色行动宣言》，取得良好示范效应，成为全国同行业绿色勘查标杆。三是歌曲旗帜品牌。2015年启动《西南能矿之歌》征集活动，山东、浙江等地和本系统员工共20多名作者踊跃创作歌词、歌曲，经过三上三下群众投票评选，并由专家三轮严格评审，最终修改完善确定《西南能矿之歌》，歌曲诠释西南能矿集团企业精神和核心价值观，赢得职工一致认可和好评，同时设计完成以绿色为主基调的旗帜，成为企业著名文化品牌。四是文化艺术节品牌。从 2014 年起，每年举办一届文化艺术节，着力打造文化艺术节品牌。通过每年轮流举办文化节、体育节，员工凝聚力极大增强。同时创作丰富的文化成果，先后创作 5 部报告文学，出版一部散文专著，增添员工爱岗敬业的责任感、自豪感，收到良好激励效果。

第六，落地工程，通过丰富多彩的文化活动促进落地。一是通过经常性文化活动，促进精神文化落地。在轮流举办文艺节、体育节的同时，充分利用元旦、春节、国庆等节假日，组织开展员工喜闻乐见的宣贯会、演讲、体育、歌咏等文娱体育活动，组织文艺骨干和爱好者开展文学、摄影、书法、绘画、音乐、舞蹈等文艺创作、采风、展览和参评活动，各子公司因地制宜地建立职工健身房、活动室、阅览室、乒乓球场等活动场室，增加活动设施，提升文化水平，扩大社会影响力；组织员工到孔学堂听取传统文化讲座、重走长征路，到遵义会议会址、红军四渡赤水渡口等接受革命传统教育，到野外开展拓展训练，增强团队意识，开展以文明企业、文明矿山、文明家庭为重点的企业文化建设活动，打造“五型企业”品牌。二是通过完善规章制度，促进制度文化落地。聘请国际知名的埃森哲管理公司，对西南能矿集团进行历时半年的管理咨询服务，理清企业产业重点、发展路径，在此基础上全面修订完善投资决策、生产经营、财务管理、人才管理、风险管理、党务管理、文化管理等 80 多个管理制度和 100 余项工作流程，汇总编辑出版《集团公司规章制度汇编》，建立 52 个大项“三重一大”制度清单，定期开展执行情况督查，促进制度文化落到实处。三是通过规范现场管理，促进行为文化落地。各生产工厂、项目注重规范现场管理，提升管理品牌。遵义能矿苟江精品砂建材厂为抓好行为文化落地，全面推进“6S”管理标准，即清理、清洁、准时、标准化、素养、安全，按照“分步实施，规范运行，全省一流”思路，通过不断提出问题、不断整改完善，改善环境、规范管理、培养良好的习惯，提升工厂品牌形象，先后打造中央电子控制样板区、生产现场样板区、出料场地及库房管理样板区等样板区，厂容厂貌焕然一新，设备干净整洁，员工行为规范，成为黔北地区最具规模、最规范、最现代化的大型精品砂生产矿山。四是通过不断探索创新，促进物质文化落地。各职能部门协调配合，建立健全物质文化制度体系，提升文化氛围、精神风貌和管理水平。各子公司在自觉提升和规范办公区、工厂、矿区和日常显性文化的基础上，扎实开展精神文化、廉政文化、安全文化建设，5 家权属公司在高楼楼顶设立电子宣传标牌。坚持把拍摄专题片作为文化落地的常态化活动，每年拍摄一部反映重大成就、重大事件的专题宣传片，在门户网站、电子屏幕、社会交流中播放。2015 年春节，集团总部拍摄每个员工的笑脸和春节祝福语，在宣传片中滚动播放，极大增强员工爱企如家的精神和自豪感。每年编制一本图文并茂的周年纪念册，采用图片 200 多幅，文字 2000 多字，分发权属公司班组、部门一册，成为企业文化建设的最佳教材和载体。注重发挥门户网站、QQ 交流群及各类简报等宣传媒体的作用，结合丰富多彩的文化娱乐和竞赛形式，寓教于乐，丰富员工业余文化生活，全面展示西南能矿集团的企业精神等核心理念。

三、能矿企业以国内一流为目标的“四个文化”建设管理效果

（一）企业凝聚力增强，生产经营成果丰硕

“四个文化”建设发挥强大驱动作用，西南能矿集团从成立以来，生产经营收入平均每年递增 40%以上，远远高于全国和同业增长水平，经营指标不断攀高，利润不断增长，连续五年超额完成省国资委下达的绩效考核指标，连续五年实现安全生产，连续四年入选“贵州省百强企业”。五年来累计实现经营收入 126 亿元，实现利润 1.2 亿元，上缴国家税金 2.3 亿多元，已成为贵州省能矿产业很大的投融资平台。

（二）员工素质显著提升，人才核心竞争力增强

西南能矿集团通过加强人才培训、“人才梯队”建设、建立人才竞争激励机制，干部员工干事创业

积极性高涨，涌现出贵州省劳动模范1人，省级劳模创新工作室3个，省级各类学会会员12人，省级文艺创作奖12项，省级游泳冠军3个，省国资委系统优秀共产党员5人，优秀党务工作者2人，省级青年五四奖章2人，集团公司劳动模范5人，先进工作者32人，优秀共产党员30人，“优秀师徒”5对。建立了高、中、低金字塔梯次结构的人才队伍，中高级专业技术人才占比达到50%以上。

（三）国内一流能矿企业品牌形象基本树立

西南能矿集团“四个文化”建设极大提升“西南能矿”品牌形象和文化品牌效应，360网站搜索“西南能矿”信息100多万条，百度搜索“西南能矿”信息30万条，网络知名度和社会影响力名列贵州省大型企业前茅，“绿色勘查”“绿色矸电”成为全国行业典范和标杆，2014—2017年连续四年被评为“贵州省百强企业”，2016、2017年连续两年进入前五十强，先后荣获“贵州省最佳信用企业”“贵州省诚信文化建设示范企业”“贵州省五星级工会”“贵州省国资系统五好基层党组织”等称号。获得“贵州省新长征职工文艺创作奖”12项。

（成果创造人：李在文、何毓敏、赵震海、王永茂、龙正毕、尹云省、曾繁钰、臧　朕、何　骁）

大型钢铁企业基于能力提升和配置优化的操作员工测评管理

太原钢铁（集团）有限公司

太原钢铁（集团）有限公司（以下简称太钢）是集矿山采掘和钢铁生产、加工、配送、贸易为一体的特大型钢铁联合企业，也是全球不锈钢行业领军企业，具备年产1200万吨钢（其中450万吨不锈钢）的能力，可生产高品质冷轧卷板、热轧卷板、热轧中厚板、复合钢板、棒材、线材、无缝管、焊管、精密带钢、大型铸件等各类碳钢和不锈钢系列产品，形成了以不锈钢、冷轧硅钢、高强韧系列钢材为主的高效节能长寿型产品集群，实现了不锈钢品种规格的全覆盖，是全球品种规格最全的不锈钢企业。20多个品种国内市场占有率领先，30多个品种成功替代进口，笔尖钢、高锰高氮不锈钢、AP1000第三代核电用挤压不锈钢C型钢等新产品满足市场急需，为我国关键材料的国产化发挥着重要作用。

一、大型钢铁企业基于能力提升和配置优化的操作员工测评管理背景

（一）提升操作员工精益生产能力，增强企业竞争力的需要

2013年太钢的操作员工约22000人，约占太钢总人数的70%，45岁以上员工约占操作人员总数的45%，初级工和无技能等级的操作员工约占42%，初中及以下学历的操作员工约占20%，总体来看太钢操作人员队伍年龄老化、知识陈旧，整体素质不高，培训任务艰巨。然而，2013年以前太钢针对操作员工的培训绝大多数是国家法律法规要求的持证类培训。此类培训的特点是具备国家统一的培训大纲，无法针对员工在履行工作职责中体现出的能力短板进行针对性地培训。太钢要想发展，要想生产出精益求精的产品，要想打造一支具备工匠精神的操作人员队伍，就必须满足每位操作员工个性化的培训需求。

（二）优化操作岗位人力资源配置，实现员工与岗位动态平衡的需要

太钢是从采矿、选矿、烧结、球团、炼焦到炼铁、炼钢、轧钢及钢材深加工的全工序、现代化钢铁联合企业。任何一个局部工序上的操作能力“短板”都会影响到全局，影响到终端产品的质量，影响到整体效益。因此太钢需要通过科学的测评管理体系寻找操作员工的能力“短板”，配置符合要求的操作员工，主要表现在三个方面：一是各个工序都需要分门别类地设置专业化的、符合岗位要求的操作员工；二是工序与工种相互交织，相似或相近工序需要配置的技能操作员工往往是一个工种，但不同工序对操作员工的能力要求又存在着明显的差异，例如，同是电工岗位，在炼钢厂与轧钢厂对电工的要求是不一样的，即使是在同一个单位里不同工序之间，由于操作的设备不一样也会导致对操作员工能力要求的不一样；三是太钢的新产品研发与制造活动是持续提升和推进的，随着市场需求结构的变化，操作员工的技能也需随之同步、动态提升，必须通过动态化的测评，不断考量操作员工的技能水平，保证企业对员工的最优化配置。

（三）完善操作人员激励机制，提升操作员工内在驱动力的需要

2002年以来太钢逐步推行岗绩工资制，即操作员工的薪酬包括岗位工资和绩效工资两个部分，其中岗位工资根据操作员工所在的岗位工作职责、工作内容通过岗位价值度评估来确定，绩效工资则根据操作员工的工作业绩来确定。岗绩工资制在最初的实施过程中由于直接与绩效挂钩，对太钢的发展起到了很好的促进作用。但随着时间的推移也出现了诸多问题，主要表现在由于缺乏知识与技能在薪酬分配时的考虑，导致员工对提升工作能力没有了外在驱动力，操作员工参加培训的积极性大幅降低，申报技能鉴定的员工逐年下降，2013年太钢高级技师、技师的人数仅为721人，约占当年操作人数的3.5%，

而直接的后果就是员工的能力无法满足太钢产品换代、技术升级、设备更新的需要，个人薪酬受到影响，操作员工的积极性无法有效调动。因此，通过对操作员工的能力进行测评并将结果融入薪酬机制成为太钢必然的选择。另外，太钢没有建立完善的员工职业晋升通道，行政管理序列的提升仍是企业提升员工积极性的重要手段，千军万马过独木桥的情况依然存在。从 2013 年开始太钢在全公司范围内对所有操作员工开展了基于能力提升和配置优化的操作员工测评管理。

二、大型钢铁企业基于能力提升和配置优化的操作员工测评管理内涵和主要做法

太钢在认真分析行业特点、现有操作员工基本能力与操作岗位人力资源配置现状的基础上，摒弃以工种要求衡量员工能力的方式，建立以岗位要求为核心的考评体系，以覆盖全部操作员工、差异化岗位能力标准、量化员工测评结果、动态化测评体系为原则，通过员工测评、能力提升、配置优化三个维度推进员工职业测评管理工作的开展。太钢通过操作员工能力测评的开展，推进操作员工能力与企业效益的共同发展，实现人尽其才，弘扬工匠精神，营造不断提升自我技能、精益求精的企业文化氛围。主要做法如下。

（一）明确操作员工测评管理目标，构建测评管理体系

太钢制订操作员工测评管理的整体目标。一是对所有操作员工进行以每两年为一个周期的滚动式测评，覆盖率 100%；二是通过精准化培训，不断提升操作技能水平，每年高级工、技师、高级技师通过人数在 300 人以上；三是通过岗位能力标准的确定与操作员工能力素质的提升，实现操作岗位在上岗、招聘、晋升、淘汰等方面的人力资源动态优化配置；四是打造企业的工匠精神，树立“精益求精、创造品牌”的理念，营造不断追求卓越的企业文化。太钢通过制订《太原钢铁（集团）有限公司员工职业技能测评管理办法》，确定员工测评的工作步骤，明确测评管理工作中各环节的要求。

为建立科学、合理的操作员工测评管理体系，太钢在测评工作中遵循四个原则：一是全覆盖原则，所有操作岗位的知识与技能要全部制定，所有操作员工要全部测评；二是差异化原则，不同岗位能力标准对操作员工能力的要求一定要有差异性，否则应归并为同一个岗位能力标准，同时不同员工能力不尽相同，测评报告要分析到每个个体；三是测评结果量化原则，为使测评结果能更好地应用于人力资源管理中，操作员工在测评过程中的所有过程数据与最终数据必须是量化数据；四是不断优化原则，能力标准与测评题库要依据企业的发展与岗位的需要不断进行动态维护。

为了更好地组织操作测评，推进测评管理各项工作的顺利开展，太钢成立测评管理组织机构，其中成立由总经理直管的测评领导组，下设业务组、技术组与保障组，负责确定测评思路、开发测评软件、指导测评工作开展、分析测评结果、出具测评报告并提出能力提升建议。在各二级单位成立以厂长（经理）为组长的测评实践组，下设项目组织小组、标准编制小组、题库开发小组，负责开展本单位岗位梳理，编制与修订岗位专业能力标准，开发与维护专业能力测评题库，组织本单位员工的能力测评，并依据测评结果制定员工能力提升方案与测评结果应用方案。

（二）创建具有冶金行业特色的测评模型，实施操作员工精准测评

1. 编制基于企业需要与行业要求的操作岗位能力标准

太钢编制下发《岗位能力标准编制指导说明书》，明确岗位能力标准是从战略层面，对员工完成岗位工作应具备的知识、技能、行为素质等能力的基本要求，是衡量员工岗位专业技能的标尺，标尺不准，测评结果就会出偏差，就不具备科学性。操作岗位能力标准主要包括核心能力、通用能力和岗位专业能力三个方面。太钢要求在编制岗位专业能力时要保证一一对应，即工作内容能覆盖工作职责，工作技能满足履行工作内容的需要，工作知识保证工作技能的掌握。

太钢现有操作岗位 2951 个，涉及采矿、炼焦、烧结、炼铁、炼钢、轧钢等多个工序，必须动用大量的熟悉现场工作、专业水平高的专家、操作能手来编制岗位专业能力标准。在实际编制过程中，太钢

共动用管理与技术专家、操作能手2234名，耗费约40个工作日，编制岗位能力标准2689个，编写知识与技能标准118316条。

2. 开发与标准相适应的操作岗位测评题库

核心能力与通用能力题库的开发是太钢根据核心能力、通用能力各要素的内涵，在分析钢铁行业特色，结合国内外人才素质测评的实践，定制开发的，实现先进理念、行业特点与企业要求的三位一体的结合。

岗位专业能力题库的开发因其专业性强、牵扯面广、关注度高，涉及的人员多、投入大，成为整个测评工作的重点与难点。太钢下发《岗位专业能力题库开发指导书》，突出以下三方面的要求：一是将题库分为知识题与技能题两部分；二是设计生产工艺/操作、设备维护/检测、质量控制、安全环保、故障处理等维度，将岗位要求的知识标准和技能标准对应的试题分类归附在这几个维度之内，作为测评结果分析、开展针对性培训的重要依据；三是通过信息化手段，以“题库题量统计与配分电子表”规范题库开发行为，实现题型、维度和难易度的均衡分布，为测评的科学性奠定基础。

在进行岗位专业能力题库开发时，太钢测评领导组要求每个岗位专业能力题库试题量不低于1000道，每道题均对应一个岗位的知识或技能。为此，各单位组建由操作能手、技术人员和相关领域的专家“三结合”的题库开发团队，运用约70个工作日的时间开发测评题库，同时强化测评题库的审定环节，编制《题库审定评分标准》，通过初审、复审、交叉互审、终审，形成开发、审定、修订“三位一体”的运行机制。太钢完成22个主线生产单位职业技能测评工作，共动用相关专家4743人，开发试题约280万余道。

3. 编制理论与实践相结合的、量化的测评方案

一是确定测评方式。根据核心能力、通用能力、岗位专业能力的特点，太钢采取不同模式，通过上机测评与日常行为评价开展员工能力测评工作。上机测评是通过受测者上机答题，由测评系统自动评分生成结果的测评方法。为高效开展上机测评，太钢定制开发测评软件，以保证测评整体工作统一组织、统一编制、统一发布、统一实施、统一评价为目标，经过系统设计、反复调试、压力检测等环节，研制开发出“员工职业技能测评计算机软件系统”，该系统具有信息管理、考试管理、测评答卷、测评分析等强大功能，很好地满足了测评工作的需要。日常行为评价由直接上级主管针对受测者的核心能力、通用能力与技能在日常工作中的行为表现进行评价，同时太钢还要求受测者的直接上级主管就受测者在日常工作中的“动手能力、问题解决能力、业绩表现”进行描述，以弥补无法通过理论考试进行定量评价的不足。

二是量化测评指标。太钢将测评体系中难于量化的测评要素转化为可衡量的测评指标。首先，太钢对每个能力要素的打分范围给出总体的分类标准，满分为10分，每2分对应一个程度等级。其次，将每个测评要素根据自身特点划分等级，并给出每个等级的文字定义。再次，各能力要素的得分分别按5分制进行折算，并根据得分情况，将员工各能力要素划分为“优秀胜任、良好胜任、胜任、不胜任”四个等级，其中优秀胜任、良好胜任等级的能力要素确定为优势资质，胜任等级的能力要素确定为胜任资质，不胜任等级的能力要素确定为待发展要素。最后，对核心能力分值、通用能力分值、岗位专业能力分值按10%、20%、70%进行加权得出综合胜任能力。

4. 实施分类的操作人员能力测评

根据测评时间的不同，太钢操作员工测评分为全员测评与特定对象测评。其中，全员测评指的是全体操作员工都要在两年内完成一次测评，每个测评周期测评操作员工2万余人次。特定对象测评指的是转岗人员、试用期满人员、师带徒工作中拟出徒人员，为了保证上述人员能够及时通过测评，从而上岗、出徒，太钢根据各生产单位的实际需要及时组织测评，每年组织500余人

次的特定对象测评。

根据测评岗位的不同，太钢操作员工测评分为简单操作岗位测评、一般操作岗位测评和班组长岗位测评三类。其中简单操作岗位测评指的是操作员工涉及的较简单的知识与技能，测评过程中太钢将重点放在对操作员工的日常行为评价方面，加大对其行为表现的评估力度；一般操作岗位测评则既重视对知识与技能的掌握，同时也看重直接上级主管对其日常行为的评价；班组长岗位的测评不仅要测评知识与技能，还要针对班组长的管理能力，在生产管理、设备管理、安全管理、成本管理、环保管理、团队建设等方面开展测试与评价。

5. 建立动态优化的员工能力测评机制

为保证岗位能力标准与岗位工作职责、工作内容不脱节，测评题库与岗位新知识、新技能不脱节，太钢建立岗位能力标准和测评题库的动态维护与优化机制，主要包括两个方面，一是要求每两年对岗位标准与测评题库进行一次整体维护，截至 2017 年 6 月，太钢已经对岗位能力标准与测评题库进行了两个轮次的维护，共修订岗位能力标准 2644 个，在修订原有题库的基础上新增试题 150 余万道。二是在组织机构与工作流程发生变化、岗位工作职责与工作内容发生变化、岗位知识与技能需要发生变化时，岗位能力标准与测评题库要实时更新。

（三）科学分析测评结果，编制分层级的测评报告

太钢对测评结果的分析，一是对上机测评、日常行为评价结果的数据进行定量分析，并使用大量的图表体现分析结果。二是对日常行为评价的文字评语进行定性分析，重点是将受测者的定量数据结果与定性文字评价进行比较，看是否有较大的出入。

通过历时约 30 个工作日的测评结果分析，太钢共得出两类分析报告，分别是群体分析报告与个人分析报告，其中群体分析报告又包括关键岗位分析报告、作业区分析报告、单位分析报告与企业总体分析报告。具体内容如下。

个人分析报告。凡受测员工均获得 1 份个人测评分析报告，太钢共出具个人分析报告 2 万余份，内容包括受测员工的职业兴趣特点、行为风格类别、核心能力得分、通用能力得分以及专业能力得分，针对各项测评结果，为员工提出个性化建议，为员工提升个人素质、弥补短板提供依据。

关键分析报告。针对太钢 22 个主线单位 210 个影响产品质量与生产效率的关键性岗位，太钢重点分析关键岗位的工作职责与工作内容的特点，并根据岗位能力标准的要求对关键岗位员工群体特征进行分析，提出关键岗位整体性诊断建议，推进管理者对关键岗位员工的适应性调整。

作业区分析报告。太钢对 22 个主线单位的每一个作业区测评结果进行分析，内容包括整体胜任度、职业兴趣、行为风格、优秀胜任员工胜任度、不胜任员工胜任度的分析，让每个作业区主管能够掌握本作业区胜任度的整体情况与目标员工的具体情况，为开展具有本作业区特色的人力资源管理，提升本作业区绩效水平提供保证。

单位整体分析报告。针对 22 个主线单位测评情况各提出 1 份分析报告，太钢重点对单位的整体胜任度、内部作业区之间各测评要素得分进行分析，以及对细分群体（不同岗位、年龄、工龄、技能等级、性别、学历）进行分析，使每个单位的领导者都能掌握本单位的整体胜任度水平与各作业区员工的素质状况，为下一步各单位强化内部管理提供保障。

企业总体分析报告。太钢通过分析 22 个主线生产单位 2 万余名员工的测评结果，提出企业总体分析报告，重点是分析员工整体胜任度，单位之间各测评要素得分的横向对比，使太钢高层管理者掌握企业员工整体素质，为下一步制定人力资源规划、调整产业布局、确定实现企业目标的工作步骤提供可靠的战略支撑。

(四) 完善精准培训与多元化激励机制，稳步提升操作员工的能力水平

1. 开展多层次精准培训

太钢运用岗位能力标准，为员工提供技能与知识的地图。在建立测评体系的过程中，太钢全面分析《太钢操作岗位说明书》中的每一条工作内容，明确完成工作内容所需的能力。

太钢运用岗位能力题库，为操作员工提升能力提供学习工具。基于岗位能力标准开发的测评题库明确、细化岗位技能与知识的所有要点。太钢要求各单位要组织员工对题库进行集中讲解与自学，为员工快速提升能力提供良好的学习途径。

太钢测评体系从“核心能力、通用能力、岗位专业能力”三个方面对员工进行定量评价，特别是在岗位专业能力方面，找出员工在“生产工艺/操作、设备维护/检测、质量控制、安全环保、故障预防/处理、班组管理”六个维度上的短板，并将短板对应到每条“岗位专业能力标准”，在此基础上制定提升员工技能的培训计划并组织实施。每年开展新员工培训、岗前培训与岗位能力提升培训 4500 余期，开发培训教材与案例 400 余个，培训员工 30 余万人次。

根据对测评结果的分析，安全是岗位标准要求最高、最多，员工掌握程度与现实运用相对较差的能力要素。太钢大力开展安全培训与教育工作，安全生产管理部门与培训部门加强合作，每年开发安全教材与案例 30 余个，加强安全内训师队伍建设，现有高级、中级、初级安全内训师 220 余名，每年对太钢全体操作员工进行 2 万余人次的安全轮训，加大安全考试的监督力度与考核力度，保证员工安全素质的提升与安全培训质量的提高。

此外，根据对单位细分群体的分析，太钢普遍存在工龄在 20 年以上的员工胜任度较低的现状。各单位针对该部分员工大力开展培训与教育工作，取得了很好地实施效果，该部分员工素质有了较大的提高。

2. 实施多元化员工激励

太钢打破原有的岗绩工资制，将能力提升与薪酬激励机制适度挂钩。各单位一方面把测评结果直接应用于薪酬分配，规定对技能测评中“优秀胜任”的员工给予一次性奖励 1000～3000 元或每月发放补助 200～500 元，对“不胜任”的员工则每月扣发 200～500 元不等，待其胜任等级提升后再给予调整；另一方面鼓励员工弥补短板，自我提升，鼓励员工参加技能等级鉴定，对通过技能等级鉴定的员工给予物质奖励，激励操作员工不断提高技能，向更高胜任等级提升。

同时，太钢加速员工职业晋升通道的建设，以培养、激励相关专业领域的技能骨干，加快以首席技师为核心的高层次技能人才队伍建设，提高公司综合竞争力为目标，制定《太原钢铁（集团）有限公司首席师队伍建设管理办法》。首席技师薪酬的最高标准比照本单位科级管理人员当年薪酬平均水平设定，连续被评为优秀的比照本单位厂/部副职人员当年薪酬平均水平设定，同时还给予每月通勤补贴 500～1000 元不等，体检比照公司劳模的福利。由于测评结果在各单位受到管理层与员工的广泛认可，以岗位能力标准为标尺，以技能测评为依据，成为选拔与评比首席技师的重要依据。

(五) 设计员工、单位、公司三个层级的岗位配置模式，实现企业人力资源整合的最大化

太钢编制操作岗位能力标准并在各单位内部下发，让操作员工掌握所在岗位的能力要求，同时还可了解自已感兴趣的、能够发挥自身优势与特长的目标岗位的能力标准。太钢要求每一位操作员工，特别是测评等级为不胜任的员工必须提升与所在岗位的匹配度，在此基础上鼓励操作员工确定自身发展的目标岗位，努力掌握所需知识与技能，通过单位搭建的选拔、招聘平台选择适合自己职业发展的岗位。

各单位在分析厂级与作业区级分析报告的基础上，重点做好四个方面的工作：一是仔细分析管辖范围内操作岗位，特别是涉及企业产品质量、设备运行等关键岗位的员工胜任度情况，将测评结果为“优秀胜任”“良好胜任”的操作员工，配置到班组长、作业长、设备主操等关键岗位；二是转岗人员、试

用期满人员须在上岗前实施员工能力测评，结果为胜任等级以上的方可上岗；三是对测评结果为“不胜任”的操作员工，直接上级领导要与其一起寻找差距，认真分析原因，通过外在的管理改进与内在的培训提升，使“不胜任”等级的操作员工在较短的时间里提升为“胜任”等级，如上述工作仍无法使其提升胜任等级，则必须将其从原岗位调离，调至其能力胜任的岗位；四是单位内部进行招聘、晋升时，首先候选人的范围要从测评结果为“优秀胜任、良好胜任”的操作员工中选择，其次要分析招聘、晋升的岗位所要求的能力标准是否与候选人现岗位的能力标准重合度较大，最后要看直接上级主管对其日常行为的评价，三者结合综合考量候选人的能力水平，从而实现客观、公正的识才、用才的岗位优化配置。

太钢人力资源部对内部岗位配置进行总体统筹安排，重点做好三个方面的工作：一是依据各单位总体胜任度情况，对各单位不胜任员工比例提出考核要求，每轮次不胜任比例要比前一次低 3 个百分点，以此提升操作岗位的人岗匹配率；二是将全公司知识与技能相近的岗位，如电工、天车工、皮带工等看成一个整体统筹安排，鼓励各单位在全太钢范围内进行选拔与招聘；三是对于两次均不胜任，在本单位调岗仍无法胜任的员工，要将其放在整个太钢人力资源平台上，为其寻找合适的、与其能力相匹配的岗位。

三、大型钢铁企业基于能力提升和配置优化的操作员工测评管理效果

（一）提升操作员工的技能水平，实现个人与企业的共同成长

太钢通过对 22 个生产单位开展职业技能测评工作，员工的工作积极性有了明显提高。高技能人才队伍不断壮大。通过不断找“短板”、补“短板”，高技能操作员工人数逐年增长，2017 年具有高级工以上技能等级的员工比 2013 年高出 1444 人。操作员工能力的提升，促进了太钢核心竞争力的提升，2013 年太钢劳动生产率为 262 吨/人·年，实现利润 5.02 亿元，2016 年劳动生产率为 294 吨/人·年，实现利润 12.94 亿元，分别比 2013 年提高了 12.2%和 158%，真正实现员工与企业的共同成长。精益求精的工匠精神在整个企业树立了起来，产品质量有了明显提升，与 2013 年相比，产品质量异议下降了 30%。

（二）优化操作员工配置，实现人岗相宜，人尽其才

为操作员工个人职业生涯设计指明方向。目前太钢通过评选共有 20 人成为公司级的首席技师。在企业内部班组长、作业长、作业区主管的选拔过程中，太钢综合考虑员工的工作表现及能力，充分利用各项能力的测评结果得分，每年约有 120 余名测评等级为“优秀胜任”“良好胜任”的员工因此走上了基层管理岗位。在单位与作业区的操作员工岗位配置上，各层级管理者充分分析每位员工的个人分析报告与本单位的群体报告，将个人的能力、岗位的特点、单位的发展充分结合起来，实现人力资源管理的最佳配置。2014 年 12 月至 2017 年 6 月，太钢共有 955 名员工依据测评结果重新配置了岗位。

（三）创新测评理念，探索出一条适用于钢铁企业操作员工的测评机制

太钢基于能力提升与配置优化的操作员工技能测评机制，很好地解决了钢铁企业工艺复杂、操作岗位多、测评样本大的现实问题。太钢基于能力提升和配置优化的操作员工测评管理为其他钢铁企业开展员工测评提供了方法与思路。

（成果创造人：李晓波、高祥明、张敏芳、孟永刚、毋建贞、
黄万管、张　鹏、郭长宝、徐新华、任变变、杨　俊）

邮政企业助推战略转型的企业文化体系建设

中国邮政集团公司

中国邮政集团公司（以下简称中国邮政）是大型国有独资企业，下设31个省（区、市）邮政分公司和中国邮政储蓄银行、中国邮政速递物流股份有限公司、中邮人寿保险股份有限公司、中邮证券公司、中邮资本公司等5个控股子公司以及中国集邮总公司等14个直属单位，拥有94万员工，遍布城乡的各类服务网点5万多处及便民服务站33万多个，主要经营邮政基础性业务和金融、速递物流、电子商务等邮政业务，受政府委托提供邮政特殊服务，对竞争性邮政业务实行商业化运营。

一、邮政企业助推战略转型的企业文化体系建设背景

（一）落实党中央文化强国战略的需要

建设统一的邮政企业文化，毫不动摇地坚持马克思主义指导地位和中国特色社会主义共同理想，把社会主义核心价值观融入邮政企业经营发展，是中国邮政作为国企在社会主义文化强国建设过程中义不容辞的责任，也是各级邮政企业和广大员工落实中央要求、坚定政治方向、传承历史文化、共铸理想信念的具体表现。

（二）推动邮政“三大战略转型”全面落地的需要

面对复杂的市场环境，中国邮政改革发展进入深水区、面临攻坚战，业务格局、经营模式、组织形式都有新变化。中国邮政新时期立足新起点、谋求新发展，提出“三大战略转型”：一是从“单一化”向“多元化”的业务格局转型，从经营单一传统邮政业务，向经营包括邮政基础性业务、金融业务、速递物流业务和电子商务业务等在内的多元业务的转型。二是从工业化向智能互联的运营模式转型，在生产经营上实现“从产品中心到用户中心，着力提升用户体验，从专业化规模运作到智能化集成服务，从依靠制度强调管理到依靠文化强调激活”的转型。三是从依赖国家支持求生存向自我造血谋求可持续发展的目标转型，在发展定位上，实现从“政”字为大、依靠国家扶持，到“企”字凸显、形成企业自身有能力开拓市场、创造价值追求效益的发展目标转型。要完成三大战略转型，要求全系统干部员工切实转变思想、凝聚共识，强化以“诚信”赢得市场、以“担当”筑牢发展基石的理念，为战略转型提供文化支撑。

（三）发挥文化支撑引领作用的需要

传统观念固化、经营领域跨度大、专业板块多、业务差异大、员工年龄和知识结构复杂等是中国邮政的突出特点，在此基础上开展统一的企业文化建设面临诸多的实际困难和现实挑战。一是文化无纲领、意志不统一。邮电分营特别是集团公司化运营以来，各级邮政企业在深化企业改革、开拓经营发展、履行普遍服务义务的同时，开展了形式多样的企业文化建设实践，形成各自的文化理念和员工守则，价值观念多元、文化实践深浅不一，难以统领和引领全局。二是服务无品牌、管理缺抓手。为实现战略转型，需要苦练内功，全面提高素质，打造中国邮政新品牌。以往文化建设停留在概念层面的多，落实到行动层面的少，需要完成从传统的经验管理向科学管理进而向更高层面的企业文化管理转型，推动各业务板块共举邮政大旗，走协同发展之路。三是传统难继承、特色不彰显。中国邮政在悠久的发展历程中，“一封信、一颗心”“用户是亲人”等优良传统，以及新形势下所具有的政治性、社会性、经济性、企业性等属性特质没有得到充分表达和体现，蕴含的独特而深厚的邮政精神，还缺少有效稳定的文化载体承接起来、传承下去。建设与发展形势相适应、具有先进性、统领性、系统性的统一企业文化，

坚定战略自信、经营模式自信、企业文化自信，是中国邮政实现战略转型的必然选择。

二、邮政企业助推战略转型的企业文化体系建设内涵和主要做法

中国邮政基于使命定位和目标愿景，着眼集团化发展和多元经营格局下的文化内涵需要，将百年邮政的历史纵深、改革发展的现实要求、基业长青的前瞻视角有机结合，建设形成了包含“一个理念系统、三个行为模型和五个视觉模块”的企业文化体系，破解了企业文化“重概念，轻落地”的难题，助推实现了企业的战略转型和品牌打造，企业经济效益和社会效益同步快速增长，形成了推动企业可持续发展的文化软实力。主要做法如下。

（一）统一思想，明确企业文化建设的总体思路

1. 建设思路和基本要求

中国邮政历史悠久、积淀丰厚，体量庞大、业务多样，开展企业文化建设既要高度概括，做到兼容并蓄，又要彰显特色，体现企业特质，还要在落地应用中能够同时发挥引领性、包容性和实用性作用。为此，集团公司党组确定了“统一领导、综合协调、上下互动、内外结合”的建设思路和“内涵丰富、寓意精准、特征明显、易记乐颂”的基本要求，在中国邮政企业文化建设领导小组的统一领导和推动下，逐步实施《中国邮政集团公司企业文化建设工作方案》，把企业各项战略部署不断推向深入。

2. 基本原则和实施路径

按照集团公司党组确定的“高度概括与保持特色相统一，领导者主导与员工参与相结合，传承与创新相结合，集团文化与所属文化相结合”的基本原则，企业文化建设工作确立了“传承优秀文化基因、立足企业发展实际、着眼创新发展要求、对标先进企业实践、应用相关科学理论”的实施路径。一是深入梳理邮政业历史渊源和发展脉络，总结提炼邮政文化基因和宝贵精神财富，使之成为涵养新时代邮政企业文化的重要源泉。二是立足企业发展实际，对邮政企业的本质属性、企业经营管理和文化建设的现状进行全方位诊断，做到固本创新，补足文化短板。三是着眼创新发展要求，通过文化体系的框架构建和内涵诠释，反映中国邮政向现代企业转型的时代要求，做到与社会发展相同步、与时代变化相适应、与企业战略相契合。四是借鉴先进企业实践，对标分析国内外优秀企业在企业文化建设方面的先进经验，梳理出各企业在文化反哺管理上的成熟做法，为中国邮政企业文化体系建设找到经验借鉴。五是创新应用经典理论，深入研究和运用管理学、组织行为学、传播学、心理学等相关学科的理论成果，确保中国邮政企业文化体系邮政特征特色鲜明、理论内涵机理丰厚，发挥文化引领作用，助力实现基业长青。

3. 总体框架

中国邮政企业文化体系突破企业文化建设的一般性常规，打破将建设重心聚焦于理念识别系统的做法，把行为识别系统和视觉识别系统建设纳入企业文化体系整体规划，创造性地构建了包含“一个理念系统、三个行为模型、五个视觉模块”的中国邮政“一三五”企业文化体系，将企业文化建设由单纯注重理念设计，推进到强调理念、行为与视觉传播联动的管理高度，形成统一的中国邮政企业文化体系。

（二）深入研究，建设“一三五”企业文化体系

1. 上下互动，内外结合，深挖邮政企业文化特质

一是科学诊断，量化分析。组织专业咨询公司、行业专家等先后深入十几个省市分公司和三大板块进行调查研究，通过实地考察、面对面访谈，从不同层面梳理诊断中国邮政企业文化现状，提炼出数百项“诚信”“奉献”等优秀基因和“创新”“协同”等文化短板，以及邮政独特的文化活动、金融板块突出的风险合规等文化要项；先后多次组织全系统开展抽样问卷调查，几十万人参与了调查，为全面了解不同板块员工的思想状况、准确探析企业发展中存在的普遍问题提供了数据支持和客观依据。

二是群策群力，上下互动。在全系统多次组织面向全员的理念设计活动，广泛调动全体员工参与文

化建设的积极性和创造性。全系统共征集到企业文化理念534194条、参与员工达443625人，员工参与率达48%；期间四次发起员工大讨论，征询反馈意见，共314018人参与互动，梳理归集形成意见、建议2125条。在反复的上下互动、板块联动、一致行动过程中，中国邮政逐步实现了认识的统一，使企业文化的研究提炼过程同时成为干部员工提高认识和统一思想的文化宣贯过程。

三是吸收借鉴先进经验。研究知名企业的文化建设实践，在开展充分内部调研的基础上，深入中粮、招商等集团进行座谈，研究中国电信、国家电网、中石化、工商银行等央企在组织架构、行为规范、宣传活动等方面的经验，跟踪华为、阿里巴巴、海尔、万达、腾讯等民营企业在文化管理方面的实践，同时借鉴德国、日本、美国等国际邮政企业在组织层面、领导者层面、员工层面的行为要求，在研究分析国内外优秀企业在企业文化建设方面经验的基础上，找准邮政企业文化反哺管理的系统做法。

2. 以五大要素打造理念识别系统

理念识别系统作为核心价值体系，是企业文化体系的最高层次和最核心部分。中国邮政量身定制构建了五个理念要素，形成了能够覆盖邮政各业务板块、彰显邮政精神品质、引领邮政发展方向的理念识别系统。在提炼内涵时，充分挖掘了中国邮政具有的政治性、社会性、经济性、企业性和传承性特质，注入了责任担当、健康发展、优质服务、效益利润、诚信可靠等文化因子，使文化理念内涵源于企业本质，能作用于企业实际。

3. 以三大模型打造行为识别系统

行为识别系统作为中国邮政企业发展的行动规范，在逻辑构建时，突破了传统行为识别系统“仅关注领导者行为或员工行为”的局限，将“组织行为”纳入行为识别系统的逻辑架构并置于重要位置，同时，通过由里到外深入剖析其战略格局、组织建设和运营管理三个层面，甄选出影响企业生存发展的关键行为，提炼出经营发展战略、组织管理、人才发展、团队建设、质量管理、服务规范六个组织行为关键要项，并对应设计为六个行为模型，共同形成组织行为模型总体框架，建设了组织、领导者、员工三个行为模型，形成了“行动规范、价值遵循和评价标准”等较为“道”的宏观指向和实施路径，成为邮政各级领导和员工易学易用，可操作、可量化的管理工具体系。

4. 以五大模块打造视觉识别系统

中国邮政把传统视觉、动态传播、文化活动、榜样人物、环境建设等具有呈现作用和载体功能的传播途径进行了归纳和规范，设计形成了静态视觉、动态视听、文化活动、邮政榜样、环境建设五个视觉模块，构成中国邮政“大视觉”传播体系，对中国邮政对内实现政令畅通，增强凝聚力和战斗力，对外树立良好企业形象，扩大公信力和影响力具有重要指导意义。

5. 提炼编制《中国邮政企业文化手册》

在中国邮政企业文化建设过程中，通过对建设成果的全面梳理和系统、准确、完整的表述，编制完成了《中国邮政企业文化手册》，涵盖了中国邮政企业发展的核心理念、行动规范和传播指南，实现了文化体系的可视化呈现。

（三）系统推进，着力实现企业文化体系落地生根

1. 深入培训宣贯，推动文化认同

抓关键群体、抓有效载体、抓整合传播，多措并举推动文化认同。一是抓领导带头示范。通过文件、会议、邮政网络学院等“行政载体”反复推动，使各级领导全面深刻掌握建设背景、重大意义和核心内涵，强化文化认同。二是抓培训，形成机制。选拔培训集团级企业文化内训师180人，省级内训师数千人，形成了覆盖全系统的培训师资网络；按照“理念+”的原则开展培训，针对不同受众群体，分层分类确定培训课程、编制课件教材和案例；将企业文化纳入邮政党校、业务培训、员工晋升和入职考试等“常规动作”。三是抓文化活动，营造氛围。开展周年庆、品牌征文、视频征集等系列大型活动，

策划制作了“图解企业文化”“漫话企业文化”“企业文化传唱歌曲”“企业文化微信书 H5”等宣传作品；在《企业文明》《中国邮政报》《中国邮政》等报刊撰写解读文章；在邮政网院、邮政官网、邮政官方微信等平台组织企业文化知识普及教育等。四是抓规范应用，提升品质。制定中国邮政企业文化《理念识别系统应用规范》，统一视觉呈现和表现效果。五是抓学习交流，推动深化。建立党建信息企业文化专刊、邮政官网企业文化专区和《中国邮政报》企业文化专栏，定期刊登基层企业文化建设先进成果，推动企业文化建设不断提升深化。

2. 强化机制建设，推动文化落地

抓组织保障、抓责任落实、抓典型示范，务实有效推动有效落地。一是制定下发《中国邮政企业文化宣贯工作实施意见》，落实组织保障、队伍建设、工作路径和目标任务，指导全系统开展企业文化宣贯工作，为基层企业提供政策支持。二是依托集团公司培训中心设立企业文化建设研究支撑办公室，支撑开展企业文化宣贯和落地应用；建立职能部门责任清单，将企业文化各部分内容有效落实到企业经营管理。三是推动企业文化示范点建设，制定《关于开展企业文化示范点建设工作的实施意见》，通过树标杆、以点带面，推动企业文化全面落地。

3. 通过评估考核实现闭环管理

为避免“一阵风”现象，中国邮政通过评估考核推动文化建设水平逐年提升。一是制定了《中国邮政企业文化评估考核体系考评办法（暂行）》，对企业文化建设进行了全面细化和量化，指导基层企业开展自我评价，培育并提炼亮点和典型，不断查找存在的不足。二是逐级开展企业文化建设评估考核，以《评估考核体系》细化和量化的指标对照各级邮政企业在物质文明和精神文明方面的建设成效，形成评估报告，纳入对各级邮政企业党建工作和战略绩效指标的考核体系。三是将企业文化理念认同和领导者行为识别、员工行为识别纳入企业人才测评体系和岗位资格认证体系，加强企业文化的战略引领功能，把企业文化价值规范与集体和个人成长深入融合。四是建立各级邮政企业文化建设数据库，形成优秀成果资料体系，并实行动态管理，以此作为企业宣传、教材编写和精神文明创建评选、推荐优秀的基础数据。

（四）凝聚共识，用价值理念引领战略转型

1. 全面推动，形成创新协同发展的新动力

大力弘扬“创新、协同、诚信、担当”的企业精神，统一全员意志，增强干事创业的精气神和战斗力。一是打造协同发展机制。全面统一品牌形象，网点标准化率已达到 83%。建立板块协同机制，落实协调会议、信息共享和业务协同研发等制度。积极承接政府重大战略任务和公共服务项目，联合国税总局 8400 多处邮政网点开办了代开发票业务，积极参与“一带一路”建设，与世界 200 多个国家和地区建立了通邮关系。二是强化协同发展管控体制。完成了集团公司、速递物流公司母子制到总分制改革，加强了集团管控，全网资源配置效率大幅提升。健全邮储银行治理结构，邮银协同稳健发展资本市场投资业务。三是建立激励创新的工作机制。成立创新工作领导机构，建立总经理创新发展基金，建设云创平台和“创新直通车”，激发全员创新活力，得到国务院领导的批示和肯定。四是积极推动改革创新，投资近千亿元提升服务能力。加快信息化改造，全面推进路运网改造，全面提升快递包裹、国际小包、国际速递、运费核算等业务系统，以强化网运管控体系为关键的网运改革和县域分拣、转运、投递“三合一”改革，提升了全网资源利用率。完成了陆运网邮速资源整合，实施“火改汽”，推动百年传统邮政网提速。大幅提升航空网能力，邮航机队规模 33 架，运营航线 47 条。建设华北、华中、华东三个区域营运中心和 25 个重点地市物流营销中心，基本形成区域协同发展的战略格局。

2. 践行使命宗旨，着力强化国企诚信担当精神

积极践行“情系万家、信达天下”的企业使命和“人民邮政为人民”的服务宗旨，传承优秀文化基

因，推动核心理念落实为自觉行动。一是认真履行普遍服务和特殊服务义务，补建空白乡镇邮政局所8793处，实现邮政网点乡镇覆盖率100%，积极开展“爱心邮路”“预防邮路”等特色帮扶活动，加强了普遍服务省、市、县的三级管控体系，持续开展全国普遍服务管理专项检查。二是积极探索服务基层和乡村的发展道路，全面加强综合便民服务平台建设，推出了“中国邮政便民服务”品牌形象标准，开发了实体运营管理系统，开展了平台“百千工程”建设活动，全国新增邮乐购便民服务站点33.8万个，“农产品进城、工业品下乡”成为有影响的邮政服务品牌。三是牢记央企的政治和社会责任，认真践行普惠金融，加大服务“三农”和小微企业的工作力度，成立了邮储银行三农金融事业部，构建了专业化的为农服务体系。积极落实国家精准扶贫战略，推动邮政金融扶贫、电商扶贫，形成集团和省市县四级扶贫机构，探索出邮政特色的扶贫经验，得到了各级党委政府的充分肯定和人民群众的广泛赞誉。

3. 以人为本，全力营造服务用户和关爱员工的氛围

深入贯彻“用户至上、员工为本”的价值理念。对外，牢固树立“以用户为中心”的价值观念，满足用户需求，提升用户体验，为用户创造价值。对内，坚持发展依靠员工、发展成果与员工共享，不断营造关心员工、关爱员工、关注员工的氛围。一是强化客服管理，改善客户体验，严格包裹快递运行质量专项检查，62个重点城市标快次日递率达到80%以上，城市包裹快递当日妥投率达到92.2%，妥投信息实时反馈率达到98.6%。邮政用户申诉处理满意率达96.3%。二是推进金融网点转型升级，实施网点轻型化、交易自助化、服务智能化改造，开展“服务行为改进年”活动，2016年全年金融网点服务投诉量下降了22.3%，中邮保险在保监会年度服务评价考核中获得行业最高的2A评级。三是倡议EMS“对用户全环节呵护”活动，建立五大营销中心，形成主动客服机制，完善主动客服的补救体系，加快推进客户服务的转型，EMS服务满意度保持行业第2位，获万国邮联客服质量奖。四是尊重员工主体地位，畅通员工职业发展通道和诉求表达渠道。几年来，从优秀劳务用工中择优招用合同用工20.7万人，稳步推进工资集体协商制度，薪酬收入“向一线员工倾斜”，实现了一线员工人均收入五年翻番。健全了职代会、主席信箱、座谈会、问卷调查、代表提案等民主渠道，员工可以及时反映意见和诉求。五是拓宽了邮政榜样模范选树范围和层次。开展了“最美邮递员”“金方向盘驾驶员”、全国金融双先、先进科技工作者等表彰奖励活动，制定《全国邮政系统劳动模范（先进个人）管理办法》，落实先进典型的物质和精神奖励、慰问疗养、学习进阶等政策。六是深入实施关爱工程，完善困难职工档案，摸清困难职工底数，加大了帮扶力度。2016年“两节”期间，全国邮政系统共慰问生产一线职工、劳模先进、困难受灾职工4.68万人，发放慰问金约5540万元。全系统共建成“职工小家”2.9万余个，受益员工52万人，职工满意率达96%。

（五）优化人才工作，打造企业人力资源优势

“人才发展模型”和“团队建设模型”作为“过程型”模型（行为文化），提供了中国邮政战略转型时期“个体”人才和“群体”人才的发展路径。邮政企业领导者行为模型和员工行为模型的建设，回应了企业关于“人”的基本命题，做到了文化牵引更有能量、制度践行更加有力，很好地指引了企业人力资源管理的“顶层设计”，其影响深刻并深远。

“人才发展模型”系统总结了邮政企业人才发展规律，以其为方法论指导了《中国邮政集团公司人才发展规划（2015－2020年）》的制定、全网人才盘点及领军人才选拔等工作。“团队建设模型”所凝练的五个核心要素及内涵解析，以培训课程的形式广泛传播并被企业各类型团队负责人所理解掌握，有效解决了很多从生产经营一线提拔上来的团队“一把手”不会带团队的问题。

在“领导者行为模型”落地过程中，人力资源管理部门遵循模型内容制定了领导者360测评指标体系，并将其结果用于领导者的考核评价及选聘依据，提升了干部管理能力，实现了寓文化规范于管理制度之中，软文化与硬制度共同发力，指引约束领导者政治素质和专业能力的提升。

“员工行为模型”为员工的职业素养和履职表现提供了可以评价的标尺，人力资源管理部门据此完善了岗位人才评价晋级、职业技能鉴定考评等制度设计，使模型为员工成长提供发展指引，为员工绩效提供考核依据，实现以文化助推员工素质提升并凝聚企业转型发展的人才力量。

（六）强化行为规范，推动邮政服务提质增效

“质量管理模型”和“服务规范模型”承接企业文化核心理念，为企业质量管理提供方法论，为促进质量管理方法更科学、质量管理过程更规范、质量管理执行更到位提供行动指引。对传承服务文化、促进全网协同、规范服务行为、提升用户体验等提供规范性准则，确保以服务品质赢得用户满意。在两大模型的价值指引下，通过领导高度重视、全员的倡导参与，组织开展了质量管理年、服务技能竞赛、用户“一杯水”等活动，快速形成了“强用户中心、树质量品牌”的文化氛围。通过管理思路和举措的创新，推动服务质量监查部门从后台走向前台，并从集团公司层面完善了服务质量监督检查体系，健全完善了《邮政营业服务规范》《邮政投递服务规范》等管理制度，使文化模型的内容真正融入企业运营机理，有力提升了邮政运营质量和服务品牌。

三、邮政企业助推战略转型的企业文化体系建设效果

中国邮政企业文化建设秉承“文化引领、文化凝聚、文化管理、文化渗透”的价值追求，在把理论研究转化为应用成果上狠下功夫，创新性地将企业的价值标准、行为规范和传播规律深度融入企业的战略落地和经营管理，有效增强了企业文化软实力。

（一）形成了中国邮政可持续发展的文化支撑

构建起中国邮政“一三五”企业文化体系，着力将企业文化体系内涵要义落实到企业经营和管理，形成了中国邮政可持续发展的战略支撑。一是通过推动理念识别系统的入脑入心，邮政全系统上下“创新、协同、诚信、担当”的精神得到强化，“人民邮政为人民”的宗旨意识明显增强，“用户至上、员工为本”的价值理念进一步落实，“情系万家、信达天下”的使命意识和“建设世界一流邮政企业”的目标愿景深入人心。二是通过推动行为识别系统的落地实践，使“经营发展战略、组织管理、人才发展、团队建设、质量管理、服务规范”组织行为要项落实到管理，提升了中国邮政的企业文化软实力。领导者行为文化落实到各级领导干部谋划与推动邮政企业发展过程中，推动个人行为的改进和能力的提升，更好地引领企业创新发展。员工行为文化落实到员工思想观念和行为习惯，促进员工成为严格遵守行为准则的合格执行人，成为企业文化的传播载体和建设主体。三是通过视觉识别系统的推广应用，全系统特别是各级领导者提升了传播意识，更新了传播观念，掌握了企业传播的有效载体和基本方法，进一步优化了传播实践，形成了“一报两刊三网四平台”有效覆盖全网的媒体矩阵和传播平台，图解、漫画、H5、微电影、创意歌曲、纪录片等高质量的新媒体作品不断涌现。

（二）有效推动了中国邮政的战略转型

中国邮政企业文化建设统一了发展共识、激发了人才活力、规范了运营管理、推动了战略转型，提升了邮政企业的综合管理效能和业务发展绩效，激发了百万员工的向心力、凝聚力和战斗力，很好地向社会公众传播了邮政价值、塑造了品牌形象，助力企业转型升级、提升效益。一是经营效益大幅提升。2012 年到 2016 年间，业务收入从 3213.5 亿元发展到 4358.4 亿元，年均增长 7.9%；利润总额从 318.2 亿元提高至 439.8 亿元，年均增长 8.4 %，实现了邮政经营的快速发展。二是重大改革稳步推进。完成了集团公司、速递物流公司管理体制由母子制到总分制的改革，提升了协同能力；邮储银行成功在港交所主板上市，完善了公司治理结构；完成了各省邮政分公司经营组织架构的改革工作，促进“以产品为中心”向“以用户为中心”转型；重组了中邮资本和中邮资产，参股前海再保险、上海票据交易所，对速递物流公司、中邮保险、中邮证券、蚂蚁金服进行增资，控股收购了国内领先的智能包裹柜运营公司速递易，协同能力大幅提升。三是战略重点业务取得重大突破。2016 年，中邮保险提前完成了期交

“百亿工程”目标，实现期交保费137.4亿元，同比增长121.6%；快递包裹业务量完成29.6亿件，同比增长40.5%，收入完成472.7亿元，同比增长24.4%；农村电商积极拓展线上线下渠道，新增邮乐购站点23.3万个，累计达33.8万个，年交易额726.1亿元，同比增长458.5%。

（三）为大型企业集团的企业文化建设探索了有效路径

作为大型央企，中国邮政将企业文化建设提升到企业文化管理的战略高度进行谋划，建设形成了中国邮政文化管理理论体系、方法论体系和实践工具体系，形成助力企业向文化管理推进的有力抓手。社会形象得到全面提升。

（成果创造人：李国华、李丕征、赵双占、陈剑锋、谢　册、杜永壮、张　宇、邢迎春、郭冬芬、李莹辉、刘俊英、杨宁宁）

德资企业践行匠心致远理念的工匠精神培育

普罗名特流体控制（大连）有限公司

普罗名特流体控制（大连）有限公司（以下简称普罗名特大连）由德国普罗名特集团于1994年在辽宁省大连市经济技术开发区投资成立，是同行业中进入中国市场最早的外国公司之一。总部位于德国海德堡，是由德国工程学博士维克多·杜尔格先生于20世纪60年代创立的家族公司发展而成的一家全球化、高科技、专注于水处理行业的设备制造企业，在全球设有近60个分公司、12个生产基地，产品包括：工业过程中各种化学药品的精密计量、定量添加、实时控制及各种水处理成套设备等，不仅可以提供各种标准产品，还为客户提供从技术方案、系统设计、工程实施、安装调试直至售后等全方位的高标准服务。普罗名特大连凭借精湛的技艺、卓越的产品质量和专业的水准，连续多年获得大连市高新技术企业、大连市免检企业、水业用户满意设备品牌、通用水处理最具成长奖等殊荣，公司产品质量和服务赢得社会一致好评。

一、德资企业践行匠心致远理念的工匠精神培育背景

（一）坚守匠心精神，应对国内市场竞争的需要

工匠精神是指工匠对自己的产品精雕细琢、精益求精、追求更完美的精神理念。每一位工匠都十分热爱自己的职业，愿意不断提升自己的技艺，享受产品在双手中升华的过程。工匠精神的目标是打造本行业优质，且其他同行无法匹敌的卓越产品。概括起来，工匠精神就是追求卓越的创新精神、精益求精的品质精神、用户至上的服务精神以及文化感染的传承精神。普罗名特大连成立最初的十几年，凭借品牌和技术优势，依托中国经济的迅速腾飞，取得了较好的发展。但最近十年，国内的竞争对手迅速崛起，他们业务方式灵活，价格具有明显优势，对公司发展构成了强大的竞争压力。此外，我国许多行业仍然存在产能过剩，企业生存压力大，许多客户对价格的过度关注也直接导致公司发展速度趋缓，甚至市场份额有缩小的趋势。但是，普罗名特作为一家有着60多年历史的德国家族企业，始终秉承品质第一，严把每一个质量关口，对下属分公司更是有着严格的质量管理要求，涉及产品的技术变更事宜，需要在总部和分公司之间经过反复沟通、论证才可实施。每年德国总部还会派专人到各个分公司审核质量管理体系，帮助培训技术和一线操作人员。在这种背景下，是追求低成本策略，还是坚守品质第一、精益求精，成为摆在普罗名特大连面前的一个重要课题。

（二）提升员工职业精神和职业技能的需要

普罗名特大连的产品主要应用在环保行业，得益于各级政府的重视，近年来环保产业发展迅猛，政府也陆续出台了一系列行业标准。然而，整个社会产业技术工人培养体制不完善，具有高超匠艺技能的产业工人非常匮乏，能满足企业要求的新匠人更是凤毛麟角。缺乏明确的工艺标准和刚刚起步的产业技术工人培养体制，不能满足企业的要求。为此，普罗名特大连必须有效传承德国总部的企业价值观和工匠精神，依靠企业自身提升员工职业素养和职业技能。

（三）改变企业传统激励分配制度，培育企业匠人的需要

在买方市场的现实环境下，订单是企业生存的重要支撑，企业在开拓市场阶段，销售是龙头。为激发销售人员积极性，给企业带来更大收益，企业薪酬激励制度更多倾向于销售类岗位，许多员工更乐于从事销售业务，以获得短期高回报，从事技术研发和生产的员工难以安心本职工作，而是纷纷转行销售领域，以谋取更高的收入。然而，要打造百年企业，提供高品质产品和服务，更重要的是要培育和形成

工匠精神，提升基层员工的技能和素养，培育大批企业工匠。

二、德资企业践行匠心致远理念的工匠精神培育内涵和主要做法

普罗名特大连公司坚守为客户提供价值最大化的产品的核心理念，在企业经营层面，坚守企业战略，谋求长远发展，从产品全生命周期角度看待品质控制、质量提升的投入产出，持之以恒地精耕细作，不为短期诱惑所动摇；在员工发展层面，追求精益求精、坚守品质，培育具备精湛技能的工匠人才；通过企业文化培育员工的思想意识，树立匠心；通过培训、比赛、传帮带等方式培养员工的技能，提升匠艺；通过机制引导，从制度上保障形成匠制，孕育并向社会输送更多匠人。主要做法如下。

（一）不忘初心，坚守严谨专注的企业价值观

1. 德国总部引导，中方高层升华

德国普罗名特集团一直坚信遵守企业道德、精益求精制造产品是德国企业与生俱来的天职和义务，自 1960 年成立就始终专注于各种化学流体控制系统及部件这一水处理细分领域设备的研发和生产。普罗名特集团一直持之以恒的坚守这一细分领域，并且要求各国下属分公司坚决贯彻执行。每年一度的集团总经理会议有三个议题必不可少：一是各国分公司的总经理汇报如何将总部战略落地，要求有数据、有具体案例；二是集团德方高层组织深入剖析集团战略在执行过程中遇到的问题，进而制定解决措施，确保集团战略的稳固前行；三是分析讨论并批准各国分公司上报的下年度各项预算支出，只要是关系到产品质量提升的预算项目，基本都会获批。同时，集团每年还会组织各分公司技术和生产骨干赴德国总部学习，了解集团文化。通过上述方法，引导集团下属的各国分公司更加关注对产品质量的提升。

普罗名特大连在贯彻执行集团总部“质量取优”经营方针的过程中，看到优质客户不断增加，企业效益逐年递增，各项企业指标也全面向好，更加“重质量”“深挖潜”，从前期不折不扣的执行集团战略，到后期的欣赏、崇尚集团的这种严谨专注的工匠精神。同时不断从各种渠道汲取工匠精神的精髓，结合企业自身情况加以推广运用。随着高层自身修养的提升，越来越认可工匠精神，最终将集团战略升华到一个新的高度——工匠情怀。

2. 贯穿产品全生命周期，化解质量与成本矛盾

普罗名特大连依据“产品全生命周期”理念，用以平衡和抉择质量和成本这一企业经营过程中的基本矛盾。普罗名特大连更加注重当期主动投入资金提升产品质量，而非后期被迫产生质保期内的质量成本。尤其专注于对产品设计优化的提升。通过产品设计的实用创新、人机界面的完美融合，为客户提供更安全、可靠的产品，从根源上确保产品质量。例如，2013 年前如遇到客户在使用大型系统设备时出现技术故障，在双方技术人员反复沟通无法解决的情况下，需要派人员到现场解决，不仅维修成本高，偶尔还会延误客户的正常生产。为解决这一难题，2014 年年初，公司成立了专项攻关研发小组，投入资金和人力，经过近一年的反复试验论证，最终开发出“远程网络通信模块”。该模块全面兼容中国电信、中国移动、中国联通三大运营商网络的各种网络制式，安装在大型系统设备上，无须技术工程师亲临现场就可以实现对设备的远程维护和故障分析，有效降低了外地项目的售后服务成本，也为客户端设备的持续运行提供了技术保障。

3. 坚守企业战略，专注精耕细作

普罗名特大连是德国普罗名特集团的全资子公司，要遵循集团战略目标，但面对国内民用净水器市场的迅猛发展，对于公司是否要向集团申请进军民用的饮用水净水器行业，普罗名特大连全体中高层管理者有过多次激烈的讨论。在 2014 年年初管理层会议上，公司总经理带领全体管理层运用“SWOT 分析法”，全面客观分析了普罗名特大连目前的主要优势、劣势和外部的机会和威胁等，最终得出结论：公司要始终坚守集团工业化领域，坚守化学流体控制系统及部件生产商的战略定位，并且只有在这一领域继续精耕细作，才能够充分利用现有优势取得长远发展。通过本次 SWOT 分析，普罗名特大连也发

现了很多企业运营中存在的新机会和新风险。之后 SWOT 分析也成为公司管理层会议每年例行的自省自查的有效方法。也正是基于这样严谨专注的管理方式，普罗名特大连着眼于长远发展，不为短期诱惑所动摇，在坚守集团战略的前提下，得以不断自我调整优化。

（二）多方铸魂，践行匠心致远

普罗名特大连秉承了德国集团公司严谨专注的初衷，从成立初期就确立了公司的发展方向：不追求快速扩张，而是专注于水处理行业的细分市场，通过打造卓越的产品质量，为客户提供优质的服务及解决方案。在这种工匠精神基因的传承下，普罗名特大连一直在水处理细分领域内精耕细作，对产品精雕细琢、以质为本，愿以匠心精神实现企业百年品牌的打造。

1. 绩效 KPI 指标引导全员质量第一意识

在公司绩效 KPI 考核内，按照重要性对各要素进行排序：质量、交期、成本、效率，其中质量方面的 KPI 指标权重占 60%左右，这样在制度中就将“质量第一，不过分追求效率和成本”的意识潜移默化地传递给所有员工，为形成工匠精神奠定内部价值体系。普罗名特大连遵循质量管理的“三不原则”：不接受不合格品、不制造不合格品、不流出不合格品。“三不原则”也是对全面质量管理（TQM）认真贯彻的要求和结果。“三不原则”的实施更是导入了“供应商——客户”的市场关系，每个人既是供应商又是客户，既是产品的使用者也是制造者，因此每个人都要牢固树立“下道工序是客户”的观念。“三不原则”的成效就是要求以“零缺陷”的观念去打造卓越的产品。

通过《品质异常处置单》将可能出现“质量隐患”的因素都尽早显露出来，变救火为预防，发现任何质量异常必须上报。公司全员都有提出品质异常的权利，质管部必须在 1 个工作日内通过《品质异常处置单》给提出人答复，而且《品质异常处置单》还与员工积分关联。所以，在普罗名特大连，发现、提出、解决品质异常已经成为常态，质量隐患无处可藏。在车间内部设立了生产管理看板，实时反映生产现场发生的问题，及早采取行动并进行追踪及改善，进一步提升现场目视化管理水平。将“自检”“互检”“专检”制度真正落到实处。装配人员依据作业指导书进行自检，班组长或车间主任依据工厂规范、工艺流程进行互检，质检员则依据出厂检验标准进行专检，此举大幅提升全员质量意识，一次检验合格率从 95%提升到现在的 99.5%，并且持续稳定。将质量缺陷消灭在萌芽之中，进而提升产品质量，达到为客户提供优质服务的目的。

2. 爱物惜物，物尽其用，融入匠心

“匠心”不仅意味着对质量的执着追求，还体现在爱物、惜物的意识上，“物尽其用，融于我心”是普罗名特大连倡导的“匠心”精神的一部分，具体体现在以下两个方面。一是系统装配车间的“板材、型材节约政策”。普罗名特大连鼓励车间员工通过下料的规划，最大限度的利用板材、型材的边角料，提高整体出材率，真正做到“物尽其用”。对于节约的板材、型材，公司会给予员工一定的物质鼓励。二是项目退料制度。当系统设备项目装配完工后，即使剩余少量螺栓、平垫、弹垫、螺母等均会被送到指定的零件盒内进行分类保管，以备下次使用。这些举措也从一个侧面化解了工匠精神的追求对成本的影响，在保证产品质量的基础上，员工技能得到提高，生产效率同步提升，而人工成本并没有影响企业效益。

3. 稳步务实，匠心求精

在普罗名特大连，不乏已工作十余年的工人，他们不挑剔项目的难易，凭借踏实的工作作风，点滴积累经验并相互学习，在普罗名特大连这个小环境中，他们坚守“初心”，把时间和精力投入到专业技能发展中，个人和团队业务能力逐年稳步提升。工人们有着“人有我优”的技术追求，选定一个目标，定会精心打造。让技术和产品在“从 99%到 99.99%”的过程中，不厌其烦，努力坚守，把每一个产品当作工艺品一样精雕细刻，耐心打磨。对质量的不断改进、对制造的一丝不苟、对完美的孜孜追求，是这些新时代“匠人”的座右铭。他们不仅技艺精湛，而且愿意传道授业；他们不再性情孤僻、情商低下，而是乐于相互协作；他们相信术业有专攻，只在某个领域、某个岗位上，兢兢业业、凝神聚力地从事着本职工作。

（三）立足本土，践行匠艺制造

1. 优化流程，完善标准

流程优化不仅仅指做正确的事，还包括如何正确地做这些事。所以，流程优化是一项策略，通过不断发展、完善、优化业务流程保持企业的竞争优势。普罗名特大连近年来相继出台并完善了一系列控制程序，如《原材料采购控制程序》《装配过程控制程序》《成品检验控制程序》《不合格品控制程序》等。另外，公司也一直致力于优化自身工艺流程，更新作业指导，完善出厂规范，出台检验标准。技术工人依据规范及标准进行作业，从而起到有理有据、有章可循的作用。

2. 多维度培养员工专业技能

仅从意识形态上具备“匠心”精神是不够的，普罗名特大连还通过多种培训方式，培养员工的专业技能。对于管理团队：通过迷你 MBA 培训、网络课程学校、外聘专家授课、企业拜访参观等方式，对各级管理人员进行团队管理及沟通能力的培训。对专业技术工程师以“复盘培训”方式促进设计人员不断优化产品结构，定期组织与生产技工的交流，复盘回顾生产装配中及客户现场安装调试过程中发现的可提升的设计方案。同时通过赴总部学习、到分公司拜访的方式，也使得专业技术工程师得以提升自我专业技术能力。对一线操作技工“以赛促学，以学促做”，以技能比武的方式激发员工对“匠艺”的追求。

部门内部的经验分享也是普罗名特大连经常开展的一类活动，装配经验心得、设计改善想法等都是公司鼓励员工分享的内容，这些经验分享简单实用，积跬步以至千里。公司采取的鼓励措施包括为积极分享的员工在绩效考核、员工晋级等方面给予专项加分。正是这种正向的激励机制促使员工自觉、自发、踊跃的分享自己的个人经验，达到提升全员装配技能的目的。

3. 开展员工技能考核，建立岗位技能矩阵

“无专精则不能成，无涉猎则不能通”。普罗名特大连鼓励员工“深”学、“多”学专业技能，通过员工技能考核和内部竞赛形式，采用一次性奖励或直接与员工的技能工资挂钩的方式，再配以岗位技能矩阵的张贴展示，形成了一种“技能为主，技能光荣，自发学习，竞相进步”的良好氛围。根据不同的部门，不同的车间，采用不同的考核机制。例如，在计量泵装配车间，技能考核分为“口试”和“实操”2 个环节，装配人员口述及实操的都是岗位工艺要求和操作流程。在普罗名特大连，所有的装配都有一个标准的操作程序，每个人都必须对这些内容了如指掌。其最终作用，不仅令泵车间每条生产线各岗位关键技能更加清晰，还明确了各岗位的学习和培训方向，进而激励并帮助员工规划未来发展方向。最终，依据技能竞赛结果形成技能矩阵。如表 1 所示。

表 1　计量泵装配车间技能矩阵

计量泵车间技能矩阵									
员工信息				产品类型：CONC					
序号	姓名	生产线	岗位	控制面板装配	电磁铁装配	驱动装配	泵头装配	成品泵拼装	测试包装
1	甲	电磁泵	组长	●	●	◕	●	●	◕
2	乙	电磁泵	装配工	◕	◕	◑	○	◔	◑

续表

计量泵车间技能矩阵									
员工信息				产品类型：CONC					
序号	姓名	生产线	岗位	控制面板装配	电磁铁装配	驱动装配	泵头装配	成品泵拼装	测试包装
3	丙	电磁泵	装配工						
能够独立工作，分析问题，解决问题，培训他人					能够独立工作，并可以自检				
可上岗		只能简单协助			不具备任何技能				

4. 完善传统师徒传帮带制度

一是完善各项制度。完善薪酬管理制度、开展双通道发展制度、建立传帮带激励制度，以加快新员工的培养，提高成长中员工的工作效率和工作质量，创建一个以“一对一”“一对多”帮扶为主要手段的人才培养制度及竞争好学的企业文化氛围。在普罗名特大连，传帮带师傅可以在帮带新员工期间获得专项津贴，另外，所带新员工在公司获得的任何奖励，师傅可获得同等奖励。完善的制度打破师傅与徒弟的隔阂和提防，使其相互理解、相互尊重，促进了师傅与徒弟之间关于文化知识、技术技能、经历经验等方面的指导和交流，避免了教会徒弟、饿死师傅情况的发生，实现了师傅愿意教、徒弟愿意学的良性循环，真正做到把优秀的产品技艺、文化基因、人文情怀都承过来、传下去。

二是加强过程中的执行力。普罗名特大连始终要求员工加强学习和实践锻炼，努力提高自身素质，时刻端正工作态度，树立实干之风。公司不断健全工作机制，强化监督检查，努力开拓创新，改进工作方法。正是因为“管理重在执行”，所以公司更加重视过程中的管理，检查与指导并行，定期与不定期结合，交流与考核融合，从点到面规范活动的各个层面，发现潜在问题，寻找闪光之处，逐步用制度进行规范和管理。

三是健全激励机制。为加强企业文化建设，树立标杆，有效引导员工的工作行为，激发全体员工的工作热情，推动普罗名特大连的创新发展，公司按年度开展“传帮之星”“最佳拍档”“进步之星”“优秀团队”等评选活动。其中，每一个候选人或团队必须有突出事迹，并对公司产生较大价值和正面影响，可以成为广大员工学习的榜样；评选过程以事实为依据，严格遵守公平公正的原则，评选以投票方式进行，结果将受广大员工的监督。对每一个核心传帮组成员、优秀个人、团队进行物质奖励。激发全员热情，创建学习型组织和团队，形成和谐、互助的企业文化，推动团队成员综合素质的成长。

（四）制度引导，孕育匠人

岗位虽然千差万别，但是每个人都应该努力成为自己工作中的“匠人”。公司的机制管理是沃土，员工是种子，匠人是在这片土壤上经过精心培育最终结出的果实。通过对员工进行“匠心”和“匠艺”的培养，逐渐培育出一批批“匠人”个体。

1. “双职业”发展通道，铺垫匠人功成名就之路

为鼓励员工成功，激励员工成长为高水平的专业人才或高素质的管理人才，公司制定了“员工双职业发展通道”。“双通道”一指管理通道，员工通过管理通道，承担更多责任来实现职位晋升；二是专业技术通道，员工通过专业技能和经验的提升，成长为某个领域的专家。管理通道的晋升，由公司直接任命产生。专业技术通道的晋升，每年举行一次，晋升必须满足一定条件，晋升至3～5等级还必须经过

本人申请→演讲（幻灯片）→答辩→打分→评定→公示等环节。以生产部门为例，生产部员工除有机会晋升为班组长、车间主任、经理、高级经理、总监之外，也可以通过专业技术通道晋升为一级技师、二级技师、高级技师，并享受同等级管理职位的各项福利待遇，比如通信费补助、驾车补助、出差补助、参与管理层会议及外埠培训等。

这种基于员工个人能力和性格上的客观差异，以及管理类、专业技术类岗位工作的不同特性而制定的双职业发展通道，为员工的职业发展提供了更广阔的空间，进而实现员工个人目标和公司目标的双赢。通过这种制度，让员工相信在普罗名特大连，有手艺同样也可以“名利双收”，进而保证了技术人才的稳定，使他们可以踏踏实实、专注于产品质量。

2. 员工“崇尚技能”，“技师制”初步形成

表 2 为 2013—2016 年生产部的岗位等级分布比例及 2017 年目标。到 2016 年年底，技师以上级别的员工占了 50%，预计 2017 年将达到 55%。

表 2　生产部岗位等级分布比例

No	岗位技能等级	2013 年	2014 年	2015 年	2016 年	2017 年目标
5	高级技师	1%	2%	4%	5%	5%
4	技师（二级）	5%	10%	15%	20%	25%
3	技师（一级）	10%	16%	20%	25%	25%
2	操作工（二级）	34%	32%	31%	30%	30%
1	操作工（一级）	50%	40%	30%	20%	15%

3. “技能工资”为匠人保驾护航

普罗名特大连的工资结构及权重如下：岗位工资（25%）、技能工资（50%）、绩效工资（20%）、其他补助（5%）。其中技能工资的权重就占了工资总额的 50%，这样的工资结构就为“重视技能”提供了政策保证，为匠人的出现提供了强有力的政策保障。例如，在系统装配车间就有这样一位工人，学历虽只有中专水平，但入厂 20 年来，他一直在不停地钻研焊接技能，对每一种材料、每一道工序、每一个产品都追求完美和极致，因“匠心”求“匠艺”。期间通过“专业技术通道”晋升，目前已成为公司焊接方面的“高级技师”。在他焊接的整个过程中必须发力精准、心平手稳、呼吸轻缓，保持住焊条与母件的恰当角度。这样才能让焊液在焊缝里均匀分布，不出现气孔、沙眼，保证焊接面的平整光滑。做到所有这一切的第一前提，就是精神上必须保持高度专注。即便是夏季燥热难耐，也不能因此而失去专业化的冷静心和职业化的敬畏心。在普罗名特大连，像他这样的“高级技师”不在少数，公司不仅为他们提供“高级技师”的职称，使他们备受同事们的尊敬，而且还为他们提供“高薪高酬”的物质保障。这样的薪酬待遇形成的“匠制”，就培育出一批批新时代的“匠人”个体。

三、德资企业践行匠心致远理念的工匠精神培育效果

（一）产品质量持续提升，产品全生命周期综合成本下降

通过追求工匠精神，公司产品质量得到大幅提高，一次检验合格率不断上升，从 2012 年的 92%上升到 2016 年的 99.5%，已经达到德国总公司的水平。随着一次检验合格率的提升、不合格品数量的相应减少，返工、返修、人工、产品损失等不合格品处理成本逐年下降，直接处理成本已经从 2012 年的 50.2 万元下降到 2016 年的 6.1 万元。由于产品质量造成的客户投诉数量也越来越少，客户投诉率也已经从 2012 年的 2.28%下降到 2016 年的 0.76%。客户投诉率下降，投诉数量相应减少，普罗名特大连在处理投诉时产生的产品更换、赔偿及差旅费、人工费等直接或间接成本也在逐年下降，投诉处理总成

本从2012年的30.5万元下降到2016年的3.1万元。在本行业内，即使在德国总部，客户投诉率都很难达到1%，但普罗名特大连做到了。这样的成绩也更加坚定了普罗名特大连持续实施工匠精神管理机制的信心。

（二）全球市场份额逐年上升

管理的精益求精，产品质量的提高，也提升了普罗名特品牌在中国的影响力，一些失去的大客户又重新回归。例如，国际大客户A公司，由于以前产品质量问题多发，2009年中止了和普罗名特大连的合作，但是在了解到公司近年来管理进步和产品质量提升后，经过对公司的实地考察，2013年又与普罗名特大连恢复了合作，并且业务量每年都有20%以上的增长，2016年已经超过1000万元。普罗名特大连在集团全球生产基地中，所占份额越来越重，出口的比例也在逐年上升，产品甚至返销到欧美市场。随着亚太区销售份额的逐步扩大，将有更多的产品在普罗名特大连生产，距成为亚太区经济型产品生产基地的战略目标更近了一步。

（三）实现了与供应商的共赢发展

在和上游供应商合作中，普罗名特大连不以“甲方”或“老大”自居，不单纯以经济手段进行制约，而是以普罗名特大连的匠心精神为引导，帮助他们增强质量意识，完善内部质量体系，提高产品质量，实现“双赢”的结果。从2014年开始，普罗名特大连开始将工匠精神传递给供应商、带动供应商提升管理水平及产品质量。先后对二十余家供应商进行了专门的培训指导，邀请供应商到普罗名特大连公司，对其人员进行产品知识培训、检验方法培训，介绍普罗名特大连如何将工匠精神贯穿到整个生产管理过程中；同时也到供应商处，按普罗名特大连的工匠精神帮助供应商建立进货检验、生产、成品检验过程中的品质控制制度。通过培训指导，这几家供应商的产品质量得到了质的飞跃，供货合格率都提高到99.5%以上。供应商产品质量的提高、流入到普罗名特大连的不合格品数量减少，又促使普罗名特大连处理进货不合格品的质量成本逐年减少。随着普罗名特大连匠心文化的深入，很多供应商已走上良性发展之路，不仅成为普罗名特大连的优质供应商，也吸引了更多的客户，甚至接到了很多来自国际客户的订单。

（成果创造人：王轶敏、关景华、王朝龙、郑　伟、李清海）

军工集团基于“四能四力”导向的人事用工分配制度改革与实践

中国兵器装备集团公司

中国兵器装备集团公司（以下简称兵器装备集团）是中央直接管理的国有重要骨干企业，是国防科技工业的核心力量，是国防建设和国民经济建设的战略性企业，是我国军民结合特大型军工集团之一。兵器装备集团拥有长安、天威、嘉陵、建设等50多家企业和研发机构，在全球建立30多个研发、生产基地和营销网络，拥有特种产品、车辆、装备制造等主业板块。兵器装备集团主要经济指标稳居国防科技工业前列，2017年跃居世界500强第101位。

一、军工集团基于“四能四力”导向的人事用工分配制度改革与实践背景

（一）贯彻落实中央全面深化改革战略部署的客观要求

《中共中央 国务院关于深化国有企业改革的指导意见》以及系列配套文件对深化国资国企改革做出制度安排。全国组织工作会议强调，要贯彻党管干部原则，着眼选拔党和人民需要的好干部，深化干部制度改革，着力形成科学有效的选人用人机制。中央企业用工分配工作会议要求完善与自身功能定位相匹配的激励约束机制，深化与市场化、国际化新形势相适应的用工分配制度改革，激发发展新动力。上述战略部署要求，是在新时期、新形势下对国有企业破除改革阻力、进一步深化人事制度改革和用工分配市场化改革提出的新目标、新要求。兵器装备集团作为军工集团、中央企业，要以高度的使命担当和行动自觉，认真贯彻落实党中央深化国资国企改革的部署要求，深化人事用工分配制度改革，助推战略目标顺利实现。

（二）推动兵器装备集团转型升级，实现提质增效的迫切需要

受严峻的外部宏观经济形势影响，兵器装备集团发展面临着诸多矛盾和问题，发展增速趋缓、下行压力加大，对企业人力资源管理带来新的机遇与挑战。同时，新经济、新业态带来的商业模式变革、产业升级换代，也对人力资源的理念、数量、结构、知识、能力、素质、效能、价值创造能力提出新要求。深化人事用工分配制度改革成为兵器装备集团一项重大而迫切的课题，需要主动适应经济新常态，紧紧围绕“领先发展”战略，坚持市场化改革导向，不断提高人力资源供给质量和投入产出效率，尽快破解人事用工分配制度存在的突出问题，逐步消除体制机制障碍，持续提升人力资源价值创造能力，努力实现提质增效升级。

（三）破解成员企业人力资源管理难题，增强发展活力和竞争能力的内在需要

近年来，兵器装备集团各企业结合自身需要持续推进人事用工分配制度改革，取得一定成效。但随着经济发展步入新常态、改革不断深入，人事用工分配管理方面存在的深层次问题逐渐显现，改革动力不足、效率不高、机制不活。民营企业、互联网企业市场化的人才吸引、激励手段对兵器装备集团汽车、输变电等民品企业员工观念、人才流动造成较大冲击，部分企业市场化选人用人机制未真正形成，管理人员能上不能下。员工退出通道不畅，能进不能出现象较为普遍，个别企业不在岗职工达到30%。职工工资能增难减，工效联动机制不完善。内部分配结构不合理，收入结构性矛盾突出，企业科技人员薪酬激励不足。部分企业组织机构臃肿，运行效率较低。上述问题已成为制约转型升级、提质增效的瓶颈。因此，深化人事用工分配制度改革，构建基于“四能四力”导向的人力资源管理新机制，是破解兵器装备集团人力资源管理难题，增强发展活力和市场竞争能力的内在需求。2014年，兵器装备集团拟定出《中国兵器装备集团公司全面深化人事用工分配制度改革指导意见》，经总经理办公会、党政联席

会审议通过后印发实施。

二、军工集团基于“四能四力”导向的人事用工分配制度改革与实践内涵和主要做法

兵器装备集团坚持以“领先发展”战略为牵引，以核心问题为导向，秉持市场化理念、体系化运行、制度化保障，以管理人员能上能下为先导、员工能进能出为突破、收入能升能降为杠杆、组织机构能增能减为协同，聚焦利益格局、利益关系的调整，持续深入推进人事用工分配制度改革，实现管理人员能上能下、员工能进能出、收入能升能降、组织机构能增能减（简称“四能”），激发企业发展活力、催生主动变革动力、传递生产经营压力、赋予干部职工能力（简称“四力”），着力构建基于战略、适应市场、制度完备、运转高效、创造价值的现代人力资源管理体系，为建成世界一流军民结合型企业集团提供坚强组织保障、人才支撑和智力支持。主要做法如下。

（一）聚焦战略目标，抓好统筹谋划，创新改革顶层制度设计

2014 年以来，兵器装备集团围绕“领先发展”战略和建设世界一流军民结合型企业集团愿景，根据战略转型、管理提升和价值创造的新要求，基于“四能四力”导向抓好深化人事用工分配改革的顶层设计，对人事用工分配制度体系进行系统梳理和修订完善，构建以《“十三五”人才工作规划》为统领，以《全面深化人事用工分配改革指导意见》（以下简称指导意见）为核心，以《领导人员管理规定》《企业用工管理办法》《工资总额预算管理办法》等为支撑的制度体系，为企业深化改革提供政策支持和制度保障。特别是《指导意见》确定 15 项改革举措、40 个制度清单、7 条保障措施，建立 9 大改革指标。针对各产业板块特点及人事用工分配个性问题，可量化、可评估、可跟踪，分类细化各产业板块改革目标、重点举措和指标体系。在此基础上，各单位从完善管理制度体系入手，陆续出台或修订涉及人事用工分配制度改革的制度办法 160 余个，为统筹推进改革提供制度保障。

（二）突出能力导向，畅通退出渠道，建立管理人员能上能下机制

管理人员能上能下是“四能”的核心任务，具有先行示范效应。“能上”就是选贤任能，使能者得其位、尽其才；“能下”就是新陈代谢、优胜劣汰。兵器装备集团坚持推进用人理念、用人导向和用人机制创新，构建让想干事、能干事、干成事的优秀人才脱颖而出的选拔机制，切实将不守纪律、不讲规矩、不敢担当、不负责任、不在状态的领导人员调整出去，形成“能者上、庸者下、平者让”的管理人员能上能下工作机制。

一是完善领导人员选拔任用机制。根据功能定位和管控模式优化，修订《党组管理的领导人员职务名称表》，优化管理方式和管理流程，突出重点和资源富集企业管理，强化“一把手”管理，企业直管由 43.4％上升至 72.4％，“一把手”直管提高到 88.2％。完善《企事业单位领导人员选拔任用管理办法》，规范领导人员动议程序，明确领导人员提名办法，健全选拔任用全过程纪实制度。深化“四好”领导班子创建，完善分析研判机制，进一步优化班子结构，增强班子整体功能，加强董事会、监事会、党委班子、经理班子、纪委班子五大班子建设。加大对各产业板块领导人员统筹使用的工作力度，抓好党政正职、专职纪委书记、总会计师等关键岗位的交流任职。

二是强化领导人员退出。制定实施《党组管理领导人员能上能下暂行办法》，建立完善中层管理人员退出机制，严格执行领导人员到龄退休、最高任职年龄退出、任期届满离任、问责处理、不适宜担任现职调整、健康原因退出、违纪违法免职等规定，畅通退出渠道，切实解决能下问题。加大班子建设调研力度，加强日常近距离接触了解领导人员，完善领导班子和领导人员综合考核评价机制，强化考评结果运用，对不作为、不胜任、不适宜、不在状态的领导人员及时调整退出。制订《防止领导人员“带病提拔”规定》，把廉洁审查、个人事项报告核查、个人档案审查作为前置程序，从源头坚决挡住“带病”人员。2016 年所属企业领导人员提拔 82 人，平调 16 人，退出 27 人；所属长安工业开展末位竞聘上岗，做好干部“能下”工作，全年中干退出 30 人，占中干总人数的 22.2％。

三是加强领导人员日常监督管理。严格个人有关事项报告制度，坚持领导人员“凡提必核”，做好随机抽查和重点抽查，对发现的漏报、瞒报行为及时处理。结合内部巡视，开展企事业单位选人用人工作专项检查，持续抓好“裸官”管理、干部人事档案审核、超职数配备总经理助理级领导人员、违规兼职、违规办理和持有因私出国（境）证件治理等工作。发挥大监督体系的作用，建立联席会议机制，运用好综合分析研判、民主生活会、年度考核、巡视、审计、举报受理等监督成果。坚持严格要求和关心爱护相结合，完善促进领导人员交流任职的激励保障机制，加强精神激励和人文关怀。

（三）突出效率导向，科学高效用工，建立员工能进能出机制

员工能进能出是关系到全员效率提升的战略性问题，“能进”就是严格按经济规模、劳动效率决定用工规模，精准高效配置用工。“能出”就是全力畅通“出口”，合理利用依法退出通道，用足政策，发挥智慧，加大减员增效力度。兵器装备集团坚持依法合规、科学高效的基本思路，健全以合同管理为核心、以岗位管理为基础的契约化、市场化用工机制，实现“控总量、调结构、能进出、提效率”的协调推进。

一是以劳动效率为杠杆，严格把好员工“进口”。着眼战略发展需要和人才规划，强化人均效率外部对标，通过机械化换人、自动化减人、改进生产工艺等手段严把人员入口，优化用工结构，重点引进“高精尖”、急需等促进形成核心竞争力的人才。指导企业建立内部劳动力市场与人力资源预算配置模型，分析研判用工富余和岗位空缺情况，建立跨单位、跨区域、跨产业、跨工种的用工调剂机制，通过集团内部和企业内部调剂人员满足增人需求，提高人力资源使用效率。要求各企业在编制用工预算时，要用精益的思维精算人工成本这笔细账。2016 年兵器装备集团在营业收入、利润分别较 2013 年增长 30.7%、199.8%的情况下，人员规模同比减少 4.7%，劳动生产率提高 81.8%。

二是以合同管理为核心，积极畅通员工“出口”。坚持实施劳动合同精细管理，细化劳动合同条款，切实提高劳动合同履行质量，真正发挥劳动合同对员工能进能出的决定性作用。围绕劳动合同条款，强化定岗定员定编管理，明确岗位职责、任职资格和员工不胜任岗位要求的认定标准，强化员工绩效考核和能力评价。细化员工违法违纪和严重违反企业规章制度的具体情形与处罚标准。加强对长期不在岗员工清理清退工作，加大瘦身健体、减员增效力度，2014－2016 年累计通过协商解除劳动合同、内部退养、劳务输出、内部转岗等方式安置富余人员 1.6 万人。同时，分类指导企业精简用工规模，所属长安汽车等效益稳步增长、劳动生产率水平较高的企业，引导对标行业先进水平，科学配置用工，人员增幅得到有效控制；2014－2016 年集团员工依法退出率年均达 3%以上，持续亏损、劳动效率较低的摩托车、输变电等企业，人员减幅达 10%以上，减员增效显著。所属东安动力公司多渠道畅通人员出口，大幅减少冗员，在产量同比提升 98.2%的前提下，从业人员由 2013 年的 3618 人减少为 2549 人，减幅达 23.8%，劳动生产率同比提高 101.1%，单台工时（HPU）降低 37.6%。

三是以行业先进为标杆，优化员工队伍结构。根据战略规划和生产经营需要，建立健全岗位交流、岗位竞聘、职业发展和关重岗位履职期限长效机制，推行管理人员竞聘上岗，强化绩效考核，构建企业内部员工正常流动机制。坚持“提升高端、增强中端、减少低端”人员结构调整方针，分类指导企业对标行业先进，提高科研开发、工艺技术和生产技能人员比例。例如，所属重庆青山变速器公司强化定岗定编定员管理，推行多元化用工，人力资源配置效率明显提高，同比降低 1.6 个百分点，全员劳动生产率达 26.8 万元/人，同比增长 59%。

（四）突出效益导向，强化预算管控，建立收入能升能降机制

收入能升能降主要指两方面内容，一方面是薪酬总额、员工薪酬水平要与企业经营效益、岗位价值、个人业绩贡献紧密挂钩；另一方面是内部分配结构优化，要体现内部公平性。兵器装备集团按照“效益决定分配”的原则，健全工资效益同向联动机制，完善与财务预算、业绩考核目标挂钩的工资总

额预算管理办法，建立市场决定、效益导向的收入能升能降机制，增强激励有效性和分配科学性，健全市场化、价值化、差异化、多元化的全面薪酬体系，构建薪酬水平适度、内部结构合理、激发员工活力的分配格局。

一是健全预算调控机制，突出“精细化”管理。健全与经济效益同向协调联动的工资总额预算管理机制，以经营性利润、经济增加值为主，结合产业企业特点分类确定工资总额调控机制。分类调控固定和变动工资总额，固定工资参考居民消费价格指数（CPI）、最低工资标准、社会平均工资等因素综合确定，变动工资调整与企业经济效益和员工业绩贡献紧密挂钩。结合企业深化改革方案和发展定位，实施“一企一策”，逐级打开分析，区分本部和合资企业，区分盈利和亏损企业，区分具体业务、产品和盈利结构，分类配置人员和工资总额资源。同时，严格薪酬预算执行过程监控，实行月分析、季预警、半年动态调整、现场督导、年度清算评价的闭环管理。2014—2016 年，兵器装备集团薪酬预算总体执行良好，工效同向联动机制进一步落实，各项人力资源指标均控制在预算内，工资与效益保持同步、同向、协调增长，劳动生产率、人工成本利润率大幅提升。

二是调整优化分配结构，实施多元激励模式。分层分类建立完善反映劳动力市场供求关系和岗位价值、业绩贡献的激励约束机制，逐步形成岗位绩效工资制、计件工资制、科研项目工资制、销售收入提成制、年薪制、关重人才特殊津贴制以及中长期激励等多元化分配体系。梳理现行薪酬制度体系，加大对不合理的偏高、过高收入的调节力度。优化调整员工薪酬结构，浮动薪酬加大与企业效益、个人绩效挂钩力度，管理人员浮动薪酬所占比重原则上大于基本薪酬。企业效益下降时，员工浮动薪酬相应下降。按照“倾斜核心、激励中坚、稳定低端”的原则理顺内部各类人员分配关系，薪酬分配向能力强、效率高、业绩优、贡献大的科研技术人员、关键岗位和生产骨干人员倾斜，实现“关键核心人才薪酬具有行业竞争力、科研技术人员薪酬具有市场竞争力、一般岗位员工薪酬与劳动力市场价位接轨”。实施以增加知识价值为导向的分配政策，建立工资水平市场对标机制，对海外高层次人才、青年英才、重点项目带头人实行单列工资政策，对高端金融人才实行市场领先薪酬政策，对核心科研人才、管理骨干人才和高技能人才实行倾斜工资政策，明确提出研发人员平均工资要逐步达到职工平均工资 2 倍以上，对专业技术人员和一线生产工人实行激励工资政策，对辅助和后勤服务人员实行稳健工资政策。指导有条件的企业实行企业年金、补充医疗保险、任期目标奖励、超利润奖励、股票期权、员工持股等中长期激励。如所属长安汽车制订实施股权激励计划，成为兵器装备集团首家实施股权激励的企业。加大科技创新激励力度，组织有意向的 5 家单位积极探索科技型企业股权和分红激励政策。指导符合条件的企业实行企业年金，目前已有 24 家企业实行了企业年金。

三是激励约束措施并重，高管薪酬能增能减。坚持战略导向、目标传递和责权利相结合原则，对企业高管加大激励约束，突出效益导向、拉开分档差距、强化能增能减。及时修订《企事业单位领导人员绩效管理办法》，新增改革、党建重点工作考核，加大党建考核权重。制订“僵尸”和特困企业治理及“压减”考核办法。建立企业负责人年薪收入与经济效益、职工工资同向联动机制，明确规定企业负责人年薪增幅最高不超过本单位效益增幅和职工工资增幅；职工工资不增长的，企业负责人年薪不予增长；净利润不增长的，企业负责人年薪不予增长，并视效益降幅适当调减，使其薪酬与经营业绩、岗位价值及职工工资相协调。

（五）突出客户导向，强化价值创造，建立组织机构能增能减机制

组织机构能增能减是兵器装备集团“瘦身健体、提质增效”的具体措施。“能增”就是每一个新设立的部门或子公司都要以能否提升企业经营效率、创造新价值、满足市场需求为标尺，搭建反应敏捷、协同高效的机构。“能减”就是大刀阔斧砍掉不创造价值的部门和机构，清理淘汰低效、僵尸企业、子公司，坚决减少不必要的职能交叉。兵器装备集团按照“直达客户、扁平化、价值驱动”的要求，积极

推进精简组织机构和压缩管理人员工作，以解决与发展不相适应的组织效率问题。

一是压减管理层级。针对成员企业经营规模、发展阶段、行业特点、盈亏状态等不同情况实施分层分类督导，对企业现有的组织机构进行全面诊断评估，对管理职责和业务流程进行梳理，明确要求特大型企业内部管理层级不超过3级，其他企业不超过2级。

二是精简职能机构。2014－2016年，已实施组织机构精简的单位职能部门精简数量不低于10%，近三年没有实施组织机构精简的单位职能部门精简数量不低于15%，亏损企业职能部门精简数量不低于20%。

三是精干管理人员。明确对成员企业提出压缩管理层级，并减职能机构推进实施大部制，精简组织机构，管理人员比例控制在15%以内，中干职数压缩等不能打折扣、搞变通。合理确定中层管理人员职数，要求企业职能部门中层管理人员职数最高不超过“一正一副”，鼓励有条件的企业实行“一长制”。

（六）强化责任传导，狠抓措施落地，建立改革配套保障体系

一是逐级传递责任压力。兵器装备集团成立专项领导小组，明确专责部门，建立工作制度和运行机制，层层传递改革责任和压力，构建人事用工分配制度改革组织体系和共同责任体系。集团总部加强深化改革的总体推动和调研指导，抓好战略规划、制度建设、经验交流、考核评价等；各专业公司（事业部）切实担当责任，注重统筹谋划，一企一策，推动改革，加强过程跟踪、进度跟进、效果督查，及时发现和解决推进中遇到的问题；各企事业单位在巩固已有改革成果的基础上，结合内外部环境，找准突出问题，制订改革方案，明确目标任务、路线图、时间表和责任分工，把握改革时机和力度，稳步推进改革。

二是狠抓改革方案落实。兵器装备集团指导所属企业结合实际情况制定各有侧重的改革实施方案，逐户明确改革目标措施，明确专责部门并指定专人负责改革推进，建立改革推进工作制度、运行机制和管理台账。按照“目标要有挑战性，与自身比持续向好。与行业比，较高企业要保持领先，落后企业要加快提高”的原则，下达人事用工分配制度改革指标值，纳入企业经营责任书和绩效考核体系，作为经济运行分析和全员绩效考核的重要内容。专门制订重点企业改革推动计划，成立改革推动组、专家组，深入企业进行“一帮一”或“多对一”诊断指导。坚持每季度发布对标看板和工作简报，分层级举办专题培训班、现场交流会，共享集团内外优秀企业及行业指标数据和经验，引导企业开展对标分析。开设《中国兵器报》报道专栏，宣传典型案例，推广成功经验。

三是配套政策促进改革。兵器装备集团专门出台《支持困难企业富余人员安置措施》，建立人员安置资金周转帮扶机制，支持困难企业减员增效。通过过程追踪、现场评估、定期考核、监督检查等加大新机制改革成效考核评价力度，考核结果与评先评优、领导班子考评、高管薪酬兑现“三挂钩”。对改革成效突出的单位给予一定工资总额奖励，对从事改革工作有成效的个人在职业发展上给予重点支持。确因改革成本支出对企业当期经营业绩产生较大影响的，在年度绩效考核时给予适当考虑。

三、军工集团基于“四能四力”导向的人事用工分配制度改革与实践效果

（一）提升了兵器装备集团的经营业绩和核心竞争力

2014－2016年，兵器装备集团经济效益继续保持快速提升，累计实现营业收入13375.9亿元，年均增长6%；累计实现利润总额757.7亿元，年均增长34.2%；累计实现经济增加值618.5亿元，年均增长34.1%。反映质量效益的主要经济指标位列中央企业和军工集团前列，连续11年获得中央企业年度经营业绩考核A级。

（二）增强了兵器装备集团人力资源价值创造能力

与2013年相比，2016年兵器装备集团选人用人总体满意度提高5个百分点、全员劳动生产率提高

81.7%、人均 EVA 同比提高 236.6%、职工人均工资增长 51.9%、人工成本利润率提升 5 个百分点、人才资源占比提升 32.5 个百分点，人工成本投入产出水平保持军工集团领先，增幅位居中央企业前列。

（三）提高了兵器装备集团人力资源管理精细化水平

兵器装备集团所属各企业逐级成立专项领导小组，对标先进企业，制定各有侧重的人事用工分配改革方案，逐户明确改革目标措施，明确专责部门和专人负责改革推进，狠抓改革方案落实，建立了改革推进工作制度、运行机制和管理台账。通过改革推进，把市场理念、价值规律精细化管理与人才规划相衔接，与人力资源管理体系大提升、内部管理机制大变革相融合，以上带下、层层联动、久久为功，持续推进全行业企业人力资源精细化管理水平的提升。

（成果创造人：皇甫莹、李　宁、张　叙、邓　比、王　岩、
余　洪、熊全胜、傅　升、余小虎、邓育福、任建峰）

编辑说明

一、本书是根据第二十四届全国企业管理现代化创新成果创造单位报送的资料编辑而成的。由于篇幅限制，我们在编辑过程中对各成果材料进行了相应压缩，特别是申报材料中的大量截图、图表不符合排版要求，故均删除。如需详细成果材料，可与编辑部联系。

二、全国企业管理现代化创新成果审定委员会文件《关于发布和推广第二十四届全国企业管理现代化创新成果的通知》中成果按等级列出名单，本书收录时未再分等级排序。另外，成果正文后的创造人名单根据企业要求略有调整。

三、为了便于阅读，本书编排时按成果主要内容涉及的企业管理类别分成10篇，包括：协同管理与营销服务、组织变革与集团管控、商业模式与战略管理、金融服务与财务管理、社会责任管理与国际化经营、技术创新与双创管理、生产运营与安全管理、提质增效与精益管理、两化融合与智能管理、人力资源管理与文化建设。

四、本书由中国企业联合会管理现代化工作委员会组织编辑。参加编辑组织工作的有程多生、张文彬、周蕊、常杉、张倩、杜巧男等同志。

五、由于时间仓促，加之编辑水平有限，难免有疏漏和不当之处，欢迎读者指正。

编辑部

2018年3月